Springer-Lehrbuch

Michael Sachs

Verfassungsrecht II - Grundrechte

3. Auflage

 Springer

Michael Sachs
LS für Staats- und Verwaltungsrecht
Universität zu Köln
Köln, Deutschland

ISSN 0937-7433
Springer-Lehrbuch
ISBN 978-3-662-50363-8   ISBN 978-3-662-50364-5 (eBook)
DOI 10.1007/978-3-662-50364-5

Springer

Gedruckt auf säurefreiem und chlorfrei gebleichtem Papier

Springer ist Teil von Springer Nature
Die eingetragene Gesellschaft ist Springer-Verlag GmbH Berlin Heidelberg
Die Anschrift der Gesellschaft ist: Heidelberger Platz 3, 14197 Berlin, Deutschland

Vorwort

Nach einer Verzögerung von mehr als dreizehn Jahren habe ich mich doch zu einer Neuauflage meines Lernbuchs entschlossen. Die Grundrechtsbestimmungen des Grundgesetzes sind in dieser Zeit zwar als Verfassungstext unverändert geblieben. Sie haben sich aber unter der ständig mit ihnen befassten Rechtsprechung zumal des Bundesverfassungsgerichts weiterentwickelt, die sich – ohne Berücksichtigung der häufig auch wichtigen Kammerentscheidungen – in mehr als 30 Bänden der „Entscheidungen des Bundesverfassungsgerichts" niedergeschlagen hat. Nicht nur, aber doch maßgeblich an der Judikatur orientiert hat sich das Schrifttum unermüdlich damit befasst, ihre Aussagen, auch kritisch, dogmatisch zu erfassen und zu ordnen. Diesen Entwicklungen sucht die Neuauflage gerecht zu werden.

Die Grundkonzeption der Darstellung ist unverändert geblieben. Sie wendet sich gleichermaßen an Anfänger, denen die Auswirkungen der Grundrechte auch auf ihnen noch fremde Rechtsgebiete nahe gebracht werden, wie an Fortgeschrittene, die aufgrund der erworbenen Kenntnisse der Rechtsordnung im Übrigen zusätzliche Erkenntnisse gewinnen können.

Gegenstand der Darstellung sind die allgemeinen Lehren von den Grundrechten, deren Kenntnis und Verständnis die Anwendung der einzelnen Grundrechtsbestimmungen erst ermöglicht, und vor diesem Hintergrund auch sämtliche Grundrechte und grundrechtsgleichen Rechte des Grundgesetzes in je einzelnen Kapiteln in der von der Verfassung vorgegebenen Reihenfolge.

Die Darstellung der Grundzüge der jeweiligen Dogmatik ist maßgeblich orientiert an ihrer Ausformung durch die, wo nötig auch kritisch gewürdigte, bundesverfassungsgerichtliche Judikatur; sie wird durch zahlreiche Beispiele, meist aus dieser Rechtsprechung, veranschaulicht, und durch weiter führende Hinweise auf zusätzliche Fragestellungen ergänzt. Für einen raschen Überblick findet sich zu jedem Abschnitt eine hervorgehobene Zusammenfassung der wichtigsten Ergebnisse; diese dient der Kontrolle von Lernerfolg bzw. Wissensstand, die Kenntnis ihrer Aussagen allein ersetzt nicht die gedankliche Arbeit mit dem gesamten Text mit seinen Beispielen und Hinweisen.

Jedem Kapitel sind Hinweise auf wichtige Gerichtsentscheidungen und Literaturnachweise vorangestellt. Letztere beschränken sich auf Gesamtdarstellungen in den großen Handbüchern und auf Beiträge in Zeitschriften, die sich zumeist speziell an Studierende richten, darunter insbesondere auch Falllösungen. Diese Hinweise sind als ein Angebot von Möglichkeiten zum vertieften Studium zu verstehen. Dagegen wird auf Einzelnachweise, insbesondere zu den unterschiedlichsten, im Schrifttum vertretenen Sichtweisen, verzichtet, deren Vielfalt und Komplexität dem Lernenden oft eher hinderlich als hilfreich sind. Diese kann sich zumal der Fortgeschrittene anhand der zahlreichen Kommentare problemlos erschließen, wenn daran, etwa wegen einer Haus- oder Seminararbeit, besonderes Interesse besteht.

Für wertvolle Mitarbeit bei der Drucklegung habe ich meinen Mitarbeitern Sascha Bijan Argomand Khageh, Sonja Dörrenbach, Dr. Christian Jasper, Karolin Keiser, Alexander Lethaus und Bejamin Schnäbelin zu danken.

Köln   Michael Sachs
im März 2016

Inhaltsverzeichnis

Teil I

Allgemeine Grundrechtslehren

Die Geschichte der Grundrechte

Inhalt

Literatur zu I.: *Klaus Stern,* §59, Die historischen und ideengeschichtlichen Grundlagen der Grundrechte, in: ders., Staatsrecht III/1, 1988, S.51; *Thomas Würtenberger,* §2, Von der Aufklärung zum Vormärz, in: HGR I, 2004, S.49; *Jörg-Detlef Kühne,* §3, Von der bürgerlichen Revolution bis zum Ersten Weltkrieg, ebda. S.97; *Horst Dreier,* §4, Die Zwischenkriegszeit, ebda. S.153; *Bodo Pieroth,* Geschichte der Grundrechte, Jura 1984, 568; *Hasso Hofmann,* Zur Herkunft der Menschenrechtserklärungen, JuS 1988, 841; *Hartmut Maurer,* Idee und Verwirklichung der Grundrechte, JZ 1999, 689; **zu II.:** *Klaus Stern,* §60, Die Entstehung des Grundrechtskatalogs des Grundgesetzes, in: ders., Staatsrecht III/1, 1988, S.128; JöR n. F. 1 (1951), 41; *Angela Bauer/ Matthias Jestaedt,* Das Grundgesetz im Wortlaut, 1997; *Klaus Kröger,* Die Entstehung des Grundgesetzes, NJW 1989, 1318; *Michael Sachs,* Die Entstehungsgeschichte des Grundgesetzes, Jura 1984, 519.

© Springer-Verlag Berlin Heidelberg 2017
M. Sachs, *Verfassungsrecht II - Grundrechte*, Springer-Lehrbuch,
DOI 10.1007/978-3-662-50364-5_1

I. Zur Entwicklung bis zum Grundgesetz

1. Ideengeschichtliche Ursprünge

1   Die heutigen Vorstellungen von Grund- und Menschenrechten reichen in der abend-
ländischen Ideengeschichte bis in die antike Philosophie und zur frühchristlichen
Vorstellung von der Gottesebenbildlichkeit des Menschen zurück. Das im Mittelalter
zunächst theologische, dann säkularisierte Naturrecht gelangte vor dem Hintergrund
dieser Ansätze in ganz Europa zur Annahme gewisser **Bindungen des Herrschers**
mit Rücksicht auf zentrale Persönlichkeitsgüter des einzelnen Menschen. Diese auf
der Ebene von Gerechtigkeitspostulaten angesiedelten Herrscherpflichten waren
allerdings zunächst kaum sanktioniert; die herrschaftsunterworfenen Menschen wurden auf ein nur in extremen Fällen zu nutzendes natürliches Recht zum Widerstand
oder auf ein Auswanderungsrecht verwiesen.

2   Grundlage der Bindungen der Herrschaftsgewalt war dabei vielfach die Vorstellung
eines **Herrschafts-** oder **Gesellschaftsvertrages**. Insoweit ist die zukunftsweisende
Fassung hervorzuheben, die *John Locke* dieser Lehre in seinen „Two treatises on
government" von 1690 gab, weil sie die philosophische Grundlegung für die weitere
Entwicklung in den britischen Kolonien Nordamerikas darstellt. Die Beiträge der
deutschen Naturrechtslehre des 17. und 18. Jahrhunderts bleiben demgegenüber stärker den im absoluten Staat bestehenden Verhältnissen verpflichtet.

2. Entwicklung der Grundrechtsgewährleistungen

a) Rechts- und Freiheitsgarantien des Hochmittelalters

3   Als erste Vorläufer der Grundrechte sind die ständischen und städtischen Rechts- und
Freiheitsgarantien des europäischen Hochmittelalters zu nennen, von denen die englische **Magna Charta Libertatum** von 1215 die mit Abstand berühmteste ist. Die
Garantien dieser Epoche waren aber personell auf Angehörige bestimmter Adels-
schichten beschränkt und hatten inhaltlich eher historisch-zufälligen Charakter. Sie
beruhten regelmäßig darauf, dass sich ein Herrscher nach Auseinandersetzungen mit
der Bevölkerung seines Machtbereichs zu gewissen Zugeständnissen genötigt sah
und Zusicherungen machen musste, die sich insbesondere darauf richteten, Übergriffe
der vorangegangenen Zeit in Zukunft zu vermeiden.

b) Ansätze des 17. Jahrhunderts

4   Vor demselben Hintergrund sind letztlich auch die berühmten, ebenfalls aus England
stammenden Dokumente des 17. Jahrhunderts zu sehen, namentlich die **Habeas
Corpus-Akte** von 1679, die Schutz gegen willkürliche Verhaftungen bieten sollte
(näher u. Kap. 14, Die Grundrechte des Art. 2 GG, Rn. 113), und die **Bill of Rights** von
1689, die trotz dieser Bezeichnung allerdings längst noch keinen umfassenden
Grundrechtskatalog, sondern vor allem Befugnisse des Parlaments und justizbezo-
gene Gewährleistungen enthielt. Zur gleichen Zeit wurde bereits in die grundlegenden
Dokumente der englischen Kolonien in Amerika oft eine ganze Fülle verschiedener
Freiheitsgewährleistungen aufgenommen, die weit über die englischen Vorbilder
hinausgingen.

> **Beispiel:**
> So enthielt etwa das Massachusetts Body of Liberty von 1641 eine detaillierte Festlegung der persönlichen Rechte für beinahe alle Lebensbereiche.

c) Unabhängigkeitserklärung und Verfassunggebung in den USA

Als maßgebliche Zäsur wird allerdings durchweg mit Recht erst das Jahr 1776 genannt. Es brachte die **Unabhängigkeitserklärung** der nordamerikanischen Kolonien Englands, die als selbstverständliche Wahrheiten proklamierte, dass alle Menschen von Geburt gleich und von ihrem Schöpfer mit gewissen unveräußerlichen Rechten ausgestattet seien, zu denen Leben, Freiheit und das Streben nach Glückseligkeit gehörten. Von demselben natur- bzw. menschenrechtlichen Ansatz getragen war das **Virginia Bill of Rights** aus eben diesem Jahre, das wie die Rechtekataloge der in den nächsten Jahren folgenden Verfassungen anderer Einzelstaaten vor allem prozessuale Rechte, aber auch die Religionsfreiheit und zumal die Pressefreiheit verbürgte. In die gesamtstaatliche Verfassung der USA von 1787 wurden solche Rechte zunächst nicht aufgenommen, sondern erst in den ersten zehn Verfassungszusätzen, dem sog. Bill of Rights, im Jahre 1791 hinzugefügt. **5**

d) Menschenrechtserklärung in Frankreich

Zu dieser Zeit war es auch in Frankreich zur „Déclaration des droits de l'homme et du citoyen" von 1789 gekommen. Diese erweiterte zwar den Kreis der schon aus den amerikanischen Erklärungen bekannten Rechte nicht wesentlich, enthielt aber ebenso klangvolle wie doktrinäre **Formulierungen**, insbesondere **zur Bedeutung von Freiheit** und zu ihren nur durch das Gesetz zu aktualisierenden Grenzen, im Speziellen etwa zur Unschuldsvermutung bis zum Schuldspruch, zur Unverletzlichkeit und zur Heiligkeit des Eigentums oder zur Bewertung der Meinungsäußerungsfreiheit. Diese zunächst isoliert geschaffene Rechteerklärung wurde der 1791 erlassenen ersten französischen Verfassung vorangestellt; zugleich nahm die Verfassung selbst in ihrem ersten Titel diese und weitere Rechte in konkreter Form als grundlegende, von ihr gewährleistete Vorkehrungen auf. **6**

e) Anfänge in Deutschland

Von Frankreich aus verbreiteten sich verfassungsgarantierte Grundrechte in den folgenden Jahren über ganz Europa. Im deutschen Raum wurden nach dem Ende des alten Reiches in den **Staaten des Rheinbundes** (mit Frankreich) von Napoleon beeinflusste erste **Verfassungen** erlassen, die zwar keinen besonderen Abschnitt über Rechte der Einwohner enthielten, aber doch eine Reihe von Regelungen zu Materien trafen, die später in den Rechtekatalogen wiederkehren sollten. Hierbei ging es namentlich um die Gleichheit vor dem Gesetz, aber auch um Aspekte von Religions- und Gewissensfreiheit, Pressefreiheit, Eigentumsgarantie und justizbezogenen Gewährleistungen. Diese Verfassungen überdauerten jedoch ihren Protektor Napoleon nicht. Längerfristigen Einfluss auch auf Deutschland hatte nach Restituierung des Königtums in Frankreich zunächst die Charte constitutionelle von 1814 mit vom König gewährten Untertanenrechten. **7**

Für den Deutschen Bund als solchen kam es allerdings im Rahmen der auf dem Wiener Kongress völkerrechtlich vereinbarten Deutschen Bundesakte von 1815 **8** nur zu eng begrenzten, punktuellen Gewährleistungen von Gleichheit (in Bezug auf [christliches] Religionsbekenntnis und Einzelstaatsangehörigkeit) sowie von Freizügigkeit (Art. XVI, XVIII). Die maßgeblichen Grundrechtskataloge der Epoche wurden dagegen in die **frühkonstitutionellen Verfassungen der deutschen Einzelstaaten** aufgenommen. Dabei machten die süddeutschen Verfassungen, die ab 1818 in Bayern, Baden, Württemberg (1819) und im Großherzogtum Hessen (1820) erlassen wurden, den Anfang. Im Zusammenhang mit Entwicklungen in Frankreich und der Verfassunggebung in Belgien kam es ab 1831 in Deutschland (Kurhessen, Sachsen u. a.) zu einer zweiten Welle der Verfassunggebung. Diese frühkonstitutionellen Verfassungen enthielten regelmäßig einen ausführlichen Abschnitt mit „Rechten und Pflichten der Untertanen", der sich allmählich erweiterte.

Beispiele:

Gewissensfreiheit, Pressefreiheit, § 9 Abs. 1 Hs. 1, § 11 VU Bayern 1818; Gleichheit staatsbürgerlicher Rechte, § 7 Abs. 1 VU Baden 1818; Freiheit der Person und des Eigentums, Berufswahlfreiheit, §§ 24, 29 VU Württemberg 1819; Briefgeheimnis, Meinungsäußerungsfreiheit, § 38 Satz 1, § 39 VU Kurhessen 1831; Glaubensfreiheit, Eheschließungsfreiheit, § 44 Abs. 2, § 64 Abs. 1 Satz 1 GG Sachsen-Altenburg 1831; Abgabenfreiheit, § 37 VU Sachsen 1831.

---

f) Reichsverfassungen von 1849 und 1871

9   Mit dem Versuch der Reichsgründung in den Jahren **1848/49** und der Schaffung einer gesamtstaatlichen deutschen Verfassung wurden erstmalig in Deutschland maßgebliche Akzente der Grundrechtsgesetzgebung auf übereinzelstaatlicher Ebene gesetzt. Bereits Ende 1848 wurde ein ausführlicher Grundrechtskatalog als „Gesetz betreffend die Grundrechte des deutschen Volkes" verabschiedet. Dieses bildete später mit geringfügigen Erweiterungen den „Abschnitt VI. Die Grundrechte des deutschen Volkes", §§ 130–189, im Rahmen der Verfassung des deutschen Reiches vom 28.3.1849. Der **Rechtekatalog der Paulskirche** fasste den bis dahin in den frühkonstitutionellen Verfassungen verankerten Grundrechtsbestand zusammen, erweiterte ihn aber auch um zahlreiche Materien, die bislang entweder in den Verfassungen außerhalb des Abschnitts über die Rechte und Pflichten der Untertanen geregelt oder noch gar nicht verfassungsrechtlicher Festlegung unterworfen worden waren.

Beispiele:

In den Grundrechtsabschnitt aufgenommen wurden etwa die Unverletzlichkeit der Wohnung, § 140, und die Vereinigungsfreiheit, § 162; zu den erstmaligen Garantien gehörten die Abschaffung der Todesstrafe, § 139, die Wissenschaftsfreiheit, § 152, die Versammlungsfreiheit, § 161. Außerdem enthielt der Grundrechtsteil einige spezifisch gesamtstaatliche Garantien, wie die Garantie des deutschen Reichsbürgerrechts, die Freizügigkeit im Reichsgebiet und das Verbot der Benachteiligung anderer Deutscher gegenüber den Einzelstaatsangehörigen, §§ 132–134.

Mit dem Scheitern der Reichsgründung blieben diese **Grundrechte** allerdings weit-　**10** gehend **ohne unmittelbare Wirkung**. Dagegen konnte sich ein großer Teil der grundrechtlichen Gewährleistungen in den Landesverfassungen, die gleichzeitig mit der Paulskirchenverfassung erlassen bzw. in ihrem Sinne ergänzt worden waren, auch über die Restitution von 1850/51 hinaus, wenngleich in abgeschwächter Form, behaupten.

Nach dem Auseinanderbrechen des Deutschen Bundes wurde bei der Verfassung-　**11** gebung für den Norddeutschen Bund von 1867 und später in der **Reichsverfassung von 1871** bewusst auf einen **Grundrechtskatalog verzichtet**. Man wollte den Prozess der gesamtstaatlichen Einigung nicht erneut wie 1848/49 wegen dieser Fragen gefährden; auch sah man die Grundrechte in den Verfassungen der Einzelstaaten hinreichend verankert. Auf der Reichsebene sollte an die Stelle mehr oder weniger abstrakter, wenig wirkungskräftiger verfassungsrechtlicher Garantien die Grundrechtsverwirklichung durch einschlägige Gesetzgebung treten. Dabei sah die Reichsverfassung für die wesentlichsten Materien Gesetzgebungskompetenzen des Reiches vor, von denen schon seit 1867 in recht umfassender Weise Gebrauch gemacht wurde, auch wenn vielfach der Anspruch der Paulskirchenverfassung nicht voll eingelöst wurde.

Beispiele:
Freizügigkeitsgesetz 1867, Gewerbeordnung 1869; Gesetz, betreffend die Gleichberechtigung der Konfessionen, 1869; Preßgesetz 1874; Vereinsgesetz 1908.

g) Weimar, NS-Staat, Nachkriegsverfassungen der Länder

So blieb es der **Weimarer Reichsverfassung** von 1919 vorbehalten, als ihren Zweiten　**12** Hauptteil, „Grundrechte und Grundpflichten der Deutschen", Art. 109–165, den ersten verfassungsrechtlichen **Grundrechtskatalog** von gewisser Dauer **auf gesamtstaatlicher Ebene** zu verwirklichen. Der umfassend angelegte Hauptteil war in fünf Abschnitte mit den Überschriften „Die Einzelperson", „Das Gemeinschaftsleben", „Religion und Religionsgemeinschaften", „Bildung und Schule" sowie „Das Wirtschaftsleben" untergliedert. Er enthielt neben den überkommenen liberal-rechtsstaatlichen Garantien Ansätze für soziale Grundrechte, Möglichkeiten der Vergesellschaftung von Wirtschaftsunternehmen und sah ein System von Arbeiter- und Wirtschaftsräten vor; vieles hiervon wurde nicht realisiert.

Mit einer Notverordnung des Reichspräsidenten vom 28.2.1933 (RGBl. I, S. 83)　**13** wurde ein Teil der Grundrechtsgarantien der Weimarer Verfassung schon vor dem Gesetz zur Behebung der Not von Volk und Reich vom 24.3.1933 (RGBl. I, S. 141) (sog. Ermächtigungsgesetz) „bis auf weiteres außer Kraft gesetzt". Diese wie auch die anderen Grundrechte blieben dann bis zum Ende des **NS-Staates**, der die Weimarer Verfassung nie formell beseitigt hat, bedeutungslos.

Wieder aufgegriffen wurde die Grundrechtsthematik nach dem Ende des Zweiten　**14** Weltkriegs bei der Wiederbegründung deutscher Staatlichkeit auf Landesebene **seit 1946**. Die in den **einzelnen Ländern** erlassenen Verfassungen enthielten meist ausführliche **Grundrechtskataloge**, die in ihrer Gesamtanlage und in vielen wesentlichen Einzelpunkten an das Vorbild der Weimarer Grundrechte anknüpften.

3. Bedeutung der Grundrechtsgarantien in der deutschen Verfassungsentwicklung

a) Frühkonstitutionelle Verfassungsurkunden

15   Die Grundrechte der **frühkonstitutionellen Verfassungsurkunden** (o. Rn. 8) sollten die Rechte des einzelnen Untertanen gegen die im Rahmen des monarchischen Prinzips vom Fürsten ausgehende Staatsgewalt schützen. Das wichtigste **Schutzinstrument** der Untertanenrechte war dabei die Bindung des Monarchen an die **Zustimmung der Stände** bei der Gesetzgebung. Soweit Eingriffe in Freiheit und Eigentum der Untertanen erfolgen sollten, bedurfte der Monarch der Zustimmung der Stände, die als Vertretung der Untertanen deren Einverständnis zu erklären hatten. Dadurch war nach dem Grundsatz „volenti non fit iniuria" eine Verletzung der Rechte der Untertanen ausgeschlossen, weil diese ja durch ihre Vertretung zustimmen mussten.

16   Neben dieser primär organisationsrechtlichen Sicherung vor monarchischen Rechtsverkürzungen enthielten die einschlägigen Bestimmungen über Untertanenrechte vielfach ausdrücklich so formulierte **Programme**, die erst durch eine detaillierte neue Gesetzgebung umgesetzt werden sollten.

> **Beispiele:**
> Tit. IV § 9 Abs. 8 und § 11 VU Bayern 1818 garantierten die Religions- bzw. die Pressefreiheit nach Maßgabe besonderer Edikte, die in diesem Fall der Verfassungsurkunde als (detaillierte) Beilagen von vornherein mitgegeben waren.

Unmittelbare Rechtswirkungen zugunsten des Einzelnen, auf die dieser sich gegenüber der Staatsgewalt hätte berufen können, entfalteten die verfassungsrechtlichen Grundrechtsbestimmungen dieser Epoche indes zunächst kaum.

b) Reichsverfassung von 1849

17   Die **Grundrechte** der **Paulskirchenverfassung von 1849** (o. Rn. 9) waren demgegenüber offenbar **stringenter** angelegt, wollten jedenfalls in einigen Bestimmungen erkennbar auch die Befugnisse der Gesetzgebung einschränken. Zudem sollten sie Möglichkeiten gerichtlicher Durchsetzung bieten; dies kommt in § 126 lit. g zum Ausdruck, wonach das Reichsgericht über Klagen deutscher Staatsbürger wegen Verletzung der durch die Reichsverfassung ihnen gewährten Rechte entscheiden sollte. Nach dem praktischen Scheitern der Paulskirchenverfassung bleibt dies alles freilich spekulativ.

c) Reichsverfassung von 1871

18   In der Zeit der **Reichsverfassung von 1871** löste sich die Bedeutung der einzelnen Grundrechtsbestimmungen zunehmend im jetzt immer klarer erkannten rechtsstaatlichen Vorbehalt des Gesetzes auf. Freiheit wurde verstanden als **Freiheit von gesetzwidrigem Zwang**. Die Grundrechte stellten danach nur zufällige Ausprägungen des übergreifenden Grundsatzes der Gesetzmäßigkeit der Verwaltung dar; da eine

Bindung der Gesetzgebung an verfassungsrechtliche Grundrechtsbestimmungen durchweg abgelehnt wurde, hatten sie keine praktische rechtliche Bedeutung mehr.

Der von der Rechtsbindung durch Grundrechtsbestimmungen nunmehr ge- **19** danklich klarer getrennte programmatische Gehalt solcher Bestimmungen wurde durch die (o. Rn. 11) erwähnte **grundrechtsverwirklichende Reichsgesetzgebung** auch ohne verfassungsrechtliche Festlegung mehr oder häufig auch weniger weitgehend realisiert. Diese Reichsgesetze waren nicht nur für das zunehmend gerichtlicher Kontrolle unterworfene Verwaltungshandeln unmittelbar verbindlich, sondern konnten aufgrund des Vorrangs des Reichsrechts auch entgegenstehende Gesetze der Bundesstaaten aufheben und für die Zukunft ausschließen. Insofern waren die reichsgesetzlichen Bestimmungen den von ihnen zunehmend überlagerten Grundrechtsgarantien der einzelstaatlichen Verfassungen an Wirkungskraft überlegen.

d) Weimarer Verfassung

Bei den Grundrechten der **Weimarer Verfassung** (o. Rn. 12) war die Frage ihrer **20** rechtlichen Verbindlichkeit von vornherein in der Diskussion. Allerdings wurden in den Grundrechtskatalog zahlreiche Bestimmungen aufgenommen, die – wie Grundrechtsbestimmungen früherer Epochen (o. Rn. 15) – eindeutig programmatischen Charakter hatten und als „**bloße Programmsätze**" auf gesetzliche Umsetzung angewiesen waren. Diesen ist in der Folgezeit die unmittelbare rechtliche Verbindlichkeit denn auch überwiegend abgesprochen worden.

> **Beispiele:**
> Vgl. die Aufträge zur Sorge um die Bildung der Jugend und um gesunde und bedürfnisgerechte Wohnungen, Art. 143 Abs. 1 Satz 2, 155 Abs. 1 Satz 1 WRV, zum Schutz der Arbeitskraft und des Mittelstandes, Art. 157 Abs. 1, 164 WRV, zur Einrichtung eines umfassenden (Sozial-) Versicherungswesens, Art. 161 WRV.

Im Hinblick auf die stringenter gefassten Grundrechtsbestimmungen, insbeson- **21** dere die dem überkommenen Grundrechtsbestand nachempfundenen Garantien, wurde aber die **Verbindlichkeit auch für die Gesetzgebung** zunehmend stärker ins Auge gefasst. Diese Entwicklung entspricht dem 1918/19 erfolgten Wechsel der Staatsform zur Republik, in der das Parlament nicht mehr dem Monarchen als dem eigentlichen Träger der Staatsgewalt als Garant der Untertanenrechte gegenübersteht, sondern selbst maßgeblich die vom Volke ausgehende Staatsgewalt ausübt. Das Parlament wurde damit für die Einzelnen zum natürlichen Gegenüber, vor dem die individuellen Rechte der Bürger zu schützen sind. Während die dem entsprechende, in den USA seit langem selbstverständliche Grundrechtsbindung des Gesetzgebers im Schrifttum vermehrt angenommen wurde, war die Rechtsprechung noch zurückhaltend. So blieb die Frage der Verbindlichkeit der Grundrechte auch für den Gesetzgeber, die sich mit der Problematik eines richterlichen Prüfungsrechts (bezüglich der Verfassungsmäßigkeit von Gesetzen) verknüpfte, bis zum Ende der Weimarer Republik letztlich ungelöst.

4. Zusammenfassung

22
- Die wichtigsten Vorläufer der Grundrechte sind die englische Magna Charta Libertatum von 1215, die ebenfalls aus England stammende Habeas Corpus-Akte von 1679, das Virginia Bill of Rights von 1776 sowie die Menschenrechtserklärung in Frankreich von 1789.
- Für den deutschen Bund enthielt die Deutsche Bundesakte von 1815 nur eng begrenzte Grundrechtsgewährleistungen, während die seitdem entstandenen frühkonstitutionellen Verfassungen der deutschen Einzelstaaten z.T. umfangreichere Grundrechtskataloge vorsahen.
- Diese wurden mit gesamtstaatlichem Anspruch im Rechtekatalog der Paulskirchenverfassung von 1849 zusammengefasst und erweitert, der aber mit Scheitern der Reichsgründung ohne unmittelbare Wirkung blieb.
- Die Reichsverfassung von 1871 verzichtete bewusst auf einen Grundrechtskatalog und begnügte sich damit, dem Reich die für eine grundrechtsverwirklichende Gesetzgebung erforderlichen Kompetenzen einzuräumen.
- Die Weimarer Reichsverfassung von 1919 enthielt den ersten verfassungsrechtlichen Grundrechtskatalog von gewisser Dauer auf gesamtstaatlicher Ebene in Deutschland. Die dort neben Programmsätzen vorgesehenen Grundrechte waren für Exekutive und Judikative unmittelbar verbindlich; die Bindung auch der Legislative konnte sich noch nicht eindeutig durchsetzen.
- Die ab 1933 zumindest praktisch außer Kraft gesetzten Grundrechtsgarantien der WRV wurden seit 1946 auf Landesebene aufgegriffen und in einzelnen Landesverfassungen durch umfangreiche Grundrechtskataloge verankert.

II. Entstehung und Entwicklung der Grundrechte des Grundgesetzes

1. Die Entstehung der Grundrechte des Grundgesetzes

23   Als die Militärgouverneure der westlichen Besatzungszonen im September 1948 die Ministerpräsidenten der deutschen Länder dieses Gebiets autorisierten, eine verfassunggebende Versammlung einzuberufen, enthielt das zu diesem Zweck überreichte **(Frankfurter) Dokument I** einige zentrale inhaltliche Vorgaben. Zu diesen gehörte die Forderung, dass die neue Verfassung Garantien der individuellen Rechte und Freiheiten enthalten sollte.

24   Dementsprechend wurde in den **Entwurf des Herrenchiemseer Konvents** ein Grundrechtskatalog aufgenommen, der – unter dem Leitmotiv der Menschenwürde an die Spitze der Verfassung gestellt – im Wesentlichen die klassischen (liberalen) Abwehrrechte zum Schutz von Freiheit, Gleichheit, Eigentum und Persönlichkeit, aber auch Wahl- und Stimmrecht sowie den gleichen Ämterzugang enthielt. Die Grundrechte sollten ausdrücklich auch den Gesetzgeber unmittelbar binden[1] und

---

[1] Vgl. Art. 21 Abs. 2 HChEntw.: Die Grundrechte binden den Gesetzgeber, den Richter und die Verwaltung unmittelbar.

nur durch Gesetz unter näher festgelegten allgemeinen Voraussetzungen einschränkbar sein.[2]

Der **Parlamentarische Rat**, bestehend aus 65 nach Bevölkerungsproporz von den   25
Landtagen der beteiligten Länder gewählten Mitgliedern, ist der (rechtlich nicht verbindlichen) Vorlage des Herrenchiemseer Entwurfs in wesentlichen Punkten gefolgt. Zwar wurden in begrenztem Umfang Regelungen zu sog. Lebensordnungen (Ehe und Familie, Schule, Kirche einerseits, dem Arbeitsleben andererseits) in das Grundgesetz aufgenommen, doch blieb es im Grundsatz bei einem vergleichsweise engen Kreis klassischer individueller Abwehrrechte, deren Katalog unter dem Leitbegriff der Menschenwürde das Grundgesetz einleitet und nach Art. 1 Abs. 3 GG unmittelbare Verbindlichkeit auch gegenüber dem Gesetzgeber beansprucht. Aufgegeben wurde allerdings die generelle Regelung der Einschränkbarkeit zugunsten je spezieller Vorbehalte zu Einzelgrundrechten. Einiges an traditionellem Grundrechtsbestand fand außerhalb des ersten Abschnitts an anderer Stelle im Grundgesetz seinen Standort (u. Kap. 2, Grund- und Menschenrechtsgarantien des geltenden Rechts, Rn. 7 ff.).

2. Die Entwicklung der Grundrechte des Grundgesetzes

Der **Grundrechtsabschnitt** hat bis heute im Vergleich zum Grundgesetz insgesamt   26
relativ wenige Änderungen erfahren. Im Rahmen der Begründung einer Wehrverfassung wurden 1956 die Art. 1 Abs. 3 und Art. 12 geändert, Art. 17a neu eingefügt. Die Notstandsverfassung führte 1968 zu Änderungen der Art. 9 Abs. 3, Art. 10, 11, 12 und 19 Abs. 4, neu aufgenommen wurde Art. 12a. Seit dem Beitritt der DDR zum Grundgesetz nach Art. 23 Satz 2 a. F. gelten die Grundrechte in ganz Deutschland; die zunächst geltenden Begrenzungen nach Art. 143 GG sind inzwischen durch Zeitablauf erledigt.

Seit Herstellung der deutschen Einheit wurde 1993 die umgestaltete Regelung   27
des Asylrechts von Art. 16 Abs. 2 Satz 2 in den neuen Art. 16a verlagert, dabei wurde Art. 18 angepasst. Entsprechend der Empfehlung der Gemeinsamen Verfassungskommission wurde 1994 im Rahmen der (doch nicht gar so) großen Verfassungsreform nach der deutschen Einigung der Garantie der Gleichberechtigung von Männern und Frauen nach Art. 3 Abs. 2 als Satz 2 eine Förderungs- und Hinwirkensklausel beigegeben; außerdem wurde dem Art. 3 Abs. 3 als Satz 2 das Verbot angefügt, jemanden wegen seiner Behinderung zu benachteiligen. 1998 ist die Unverletzlichkeit der Wohnung gem. Art. 13 zusätzlichen Begrenzungen unterworfen worden, um den sog. Großen Lauschangriff zu ermöglichen. Im Jahre 2000 hatten übernationale Einbindungen Deutschlands zur Folge, dass Art. 16 Abs. 2 GG ein qualifizierter Gesetzesvorbehalt angefügt wurde und dass Art. 12a Abs. 4 Satz 2 GG eine neue Fassung erhielt. Die Gesamttendenz der Neuregelungen ist trotz einzelner Erweiterungen des Grundrechtsschutzes dabei doch eher restriktiv.

---

[2] Vgl. Art. 21 Abs. 3 HChEntw.: Die Grundrechte sind, soweit sich aus ihrem Inhalt nichts anderes ergibt, im Rahmen der allgemeinen Rechtsordnung zu verstehen. – Art. 21 Abs. 4 HChEntw.: Eine Einschränkung der Grundrechte ist nur durch Gesetz und unter der Voraussetzung zulässig, daß es die öffentliche Sicherheit, Sittlichkeit oder Gesundheit zwingend erfordert. Die Einschränkung eines Grundrechtes oder die nähere Ausgestaltung durch Gesetz muß das Grundrecht als solches unangetastet lassen.

28   Praktisch haben die **Grundrechte** seit Inkrafttreten des Grundgesetzes wohl vor allem aufgrund ihrer Bewehrung durch die Verfassungsbeschwerde und die (nicht nur) dadurch ermöglichte Judikatur des BVerfG eine so bei der Entstehung des Grundgesetzes **nicht vorhersehbare Bedeutung** erlangt. Aufgrund neu entwickelter Bedeutungsdimensionen und Wirkungsweisen der Grundrechte (u. Kap. 4, Subjektive Grundrechte und objektive Grundrechtsgehalte, Rn. 57 ff.) ist die gesamte Rechtsordnung von ihnen durchdrungen und ohne Rücksicht auf die Grundrechte nicht mehr zutreffend zu erfassen.

3. Zusammenfassung

29   • Ausgangspunkt der Entstehung des Grundgesetzes waren die Frankfurter Dokumente, in denen die Militärgouverneure der westlichen Besatzungszonen Anfang Juli 1948 als eine der zentralen Vorgaben für die künftige Verfassung die Garantie individueller Rechte und Freiheiten verlangten.
   • Auf dieser Grundlage entstand im August 1948 der Entwurf eines Grundgesetzes des Herrenchiemseer Konvents, der an seiner Spitze einen Grundrechtskatalog enthielt, der im Wesentlichen die klassischen Abwehrrechte umfasste.
   • Der Parlamentarische Rat als verfassunggebende Versammlung entwickelte auf der Grundlage des Herrenchiemseer Entwurfs die abschließende Fassung des Grundrechtskatalogs, der seit dem Beitritt der DDR in ganz Deutschland gilt.
   • Der Grundrechtsabschnitt hat seit Inkrafttreten des Grundgesetzes nur relativ wenige Änderungen erfahren.

Grund- und Menschenrechtsgarantien des geltenden Rechts

2

Inhalt

Literatur zu I.: *Michael Sachs,* § 63, Der Bestand der Grundrechte, in: Stern, Staatsrecht III/1, 1988, S. 350;; **zu II.:** *Rolf Grawert,* § 81, Wechselwirkungen zwischen Bundes- und Landesgrundrechten, in: HGR III, 2009, 1033; *Klaus Lange,* § 83, Grundrechtliche Besonderheiten in den Landesverfassungen, ebda, S. 1147; *Hartmut Maurer,* § 82, Landesgrundrechte im Bundesstaat, ebda, S. 1097; *Jörg Menzel,* Landesverfassungsrecht, 2002; *Jochen Rozek,* § 85, Landesgrundrechte als Kontrollmaßstab für die Anwendung von Bundesrecht, in: HGR III, 2009, S. 1225; *Helge Sodan,* § 84, Schutz der Landesgrundrechte durch die Landesverfassungsgerichtsbarkeit, ebda, S. 1185; *Klaus Stern,* § 93, Bundes- und Landesgrundrechte in den deutschen Verfassungen, in: ders., Staatsrecht III/2, 1994, S. 1413; *Johannes Dietlein,* Landesgrundrechte

© Springer-Verlag Berlin Heidelberg 2017
M. Sachs, *Verfassungsrecht II - Grundrechte*, Springer-Lehrbuch,
DOI 10.1007/978-3-662-50364-5_2

im Bundesstaat, Jura 1994, 57; *ders.*, Die Rezeption von Bundesgrundrechten durch Landesverfassungsrecht, AöR 120 (1995), 1; *Michael Sachs,* Die Grundrechte im Grundgesetz und in
den Landesverfassungen, DÖV 1985, 469; *ders.*, Die Landesverfassung im Rahmen der bundesstaatlichen Rechts- und Verfassungsordnung, ThürVBl 1993, 161; *Ute Sacksofsky,* Landesverfassungen und Grundgesetz – am Beispiel der Verfassungen der neuen Bundesländer, NVwZ
1993, 235; **zu III.:** *Dirk Ehlers* (Hrsg.), Europäische Grundrechte und Grundfreiheiten, 4. Aufl.
2014; *Klaus Stern,* § 94, Nationale Grundrechte und internationale Menschenrechte, in: ders.,
Staatsrecht III/2, 1994, S. 1513; die Beiträge in HGR VI/1, 2009, und VI/2, 2010; *Christoph
Grabenwarter/Katharina Pabel*, Europäische Menschenrechtskonvention, 6. Aufl. 2016; *Hans
D. Jarass,* EU-Grundrechte, 2005; *Patrick Braasch,* Einführung in die Europäische Men-
schenrechtskonvention, JA 2013, 602; *Jan Martin Hoffmann/Kathrin Mellech/Verena Rudolphi,*
Der Einfluss der EMRK auf die grundrechtliche Fallbearbeitung, Jura 2009, 256; *Mehrdad
Payandeh,* Die EMRK als grundrechtsbeschränkendes Gesetz?, JuS 2009, 212; *Benedikt
Quarthal,* Nachträglich verlängerte Sicherungsverwahrung und der EGMR – zur innerstaatlichen
Rechtswirkung der Europäischen Konvention für Menschenrechte, Jura 2011, 495; *Baran Kizil,*
EU-Grundrechtsschutz im Vertrag von Lissabon, JA 2011, 277; *Markus Ogorek,* Anwendungs-
bereich der EU-Grundrechte-Charta – Inhalt des Grundsatzes „ne bis in idem", JA 2013, 956;
zu IV.: *Uwe Wesel,* Recht und Gerechtigkeit, JA 1992, 289.

Rechtsprechung zu I. BVerfGE 108, 251 (Verfassungsbeschwerde des Bundestagsab-
geordneten); BVerfGE 134, 141 (Verfassungsbeschwerde des Landtagsabgeordneten); **zu II.:**
BVerfGE 36, 342 (Mit dem Grundgesetz übereinstimmendes Landesverfassungsrecht); BVerfGE
96, 345 (Prüfungsbefugnis der Landesverfassungsgerichte); **zu III.:** BVerfGE 37, 271 (Solange I);
BVerfGE 73, 339 (Solange II); BVerfGE 111, 307 (Görgülü); BVerfGE 128, 326 (Sicherungsverwahrung II); **zu IV.:** BVerfGE 23, 98 (Ausbürgerung); BVerfGE 54, 53 (Wieder-
einbürgerung); BVerfGE 95, 96 (Mauerschützen).

I. Grundrechtsgarantien im Grundgesetz

1. Die Bestimmungen des Grundrechtsabschnitts

1   Das Grundgesetz überschreibt seinen Abschnitt I mit „Die Grundrechte". Damit ist
der **Standort der Grundrechte** klar. Hieran ändert auch Art. 1 Abs. 3 GG nichts, der
von den „nachfolgenden Grundrechten" spricht, weil Art. 1 GG trotz dieser Formulierung mit der Menschenwürdegarantie des Absatzes 1 Satz 1 eine grundrechtliche
Gewährleistung enthält (s. u. Kap. 13, Die Garantie der Würde des Menschen, Art. 1
Abs. 1 GG, Rn. 3). Ähnliches gilt für die Rechtsweggarantie des Art. 19 Abs. 4 GG,
deren Grundrechtsqualität ohne Rücksicht darauf anzuerkennen ist, dass Art. 142 GG
davon spricht, dass in „den Art. 1 bis 18 dieses Grundgesetzes Grundrechte" gewährleistet seien.

2   Allerdings sind die verschiedenen **Einzelbestimmungen** des Katalogs der Art. 1
bis 19 GG nicht von einheitlichem Charakter. Nur einige, die regelmäßig allein als
die Grundrechte angesprochen werden, enthalten **selbständige normative Anordnungen**; daneben finden sich **unselbständige** Begrenzungs-, Ergänzungs- oder
sonstige Hilfsbestimmungen.

3   Dabei folgt die äußere Zuordnung der unterschiedlichen Einzelbestimmungen
nicht konsequent einem Muster; insbesondere sind die verschiedenen Texteinheiten
(Artikel, Absatz, Satz oder Halbsatz) in diesem Zusammenhang nur begrenzt aussagekräftig. Es gibt einerseits Artikel, die – einem oder mehreren selbständigen
Grundrechten zugeordnet – als ganze unselbständig sind (vgl. Art. 15 gegenüber

dem Eigentumsgrundrecht des Art. 14 GG bzw. Art. 17a GG gegenüber einer Reihe enumerierter Grundrechte), andererseits können in einem Satz eines Absatzeseines Artikels mehrere selbständige Grundrechtsgarantien enthalten sein (vgl. Art. 5 Abs. 3 Satz 1 GG oder auch Art. 14 Abs. 1 Satz 1 GG). Im Einzelnen können schon auf dieser Ebene Zweifelsfragen bestehen, die nur durch umfassende inhaltliche Analyse der jeweiligen Zusammenhänge zu lösen sind (vgl. zum Zensurverbot des Art. 5 Abs. 1 Satz 3 GG u. Kap. 17, Die Grundrechte des Art. 5 GG, Rn. 67 f.).

Von herausragender Bedeutung sind unter den selbständigen Grundrechtsbe-   **4** stimmungen diejenigen, die subjektive Berechtigungen begründen, also **Grundrechte im subjektiven Sinne** (näher u. Kap. 4, Subjektive Grundrechte und objektive Grundrechtsgehalte, Rn. 1 ff.), für deren Durchsetzung Art. 93 Abs. 1 Nr. 4a GG die Verfassungsbeschwerde vorsieht. Hierher gehören zumal die Regelungen, die Personen ausdrücklich „Rechte" zusprechen.

Beispiele:
Art. 2 Abs. 1 und 2 Satz 1, Art. 5 Abs. 1, Art. 8 Abs. 1, Art. 9 Abs. 1, Art. 12 Abs. 1 Satz 1, Art. 17 GG.

Ebenso zählen hierher aber auch die Bestimmungen, die für den Einzelnen Freiheiten, Gleichheit oder andere Schutzgüter grundrechtlich garantieren (näher u. Kap. 7, Der Grundrechtstatbestand, Rn. 14). Die Terminologie ist insoweit eher zufällig und ohne Aussagekraft, zumal solche Garantien gelegentlich in zugehörigen Bestimmungen mittelbar als „Rechte" qualifiziert werden.

Beispiele:
Art. 2 Abs. 2 Satz 3 (für Satz 2), Art. 5 Abs. 2 (für Abs. 1 Satz 2), Art. 11 Abs. 2 GG.

Nur vereinzelt finden sich im Grundrechtskatalog selbständige Bestimmungen   **5** anderer Art, die von vornherein als **nur objektiv-rechtliche Regelungen** konzipiert, also nicht auf die Begründung subjektiver Grundrechtsberechtigungen angelegt sind. Derartige Bestimmungen können zu den Grundrechten gezählt werden, wenn man sich von der subjektiv-rechtlichen Bedeutung des Begriffs „Recht" löst, auch wenn diese für Begriffe wie Menschenrechte oder auch Grundrechte im Ausgangspunkt prägend ist. Bereits der Einschluss einer Bestimmung in den Abschnitt „I. Die Grundrechte" des Grundgesetzes spricht dagegen, sie allein aus sprachlichen Gründen generell aus dem Kreis der Grundrechtsbestimmungen auszugrenzen. Die inhaltliche Legitimation, derartige Gewährleistungen trotz der fehlenden subjektiv-rechtlichen Dimension als Grundrechtsnormen anzuerkennen, ergibt sich daraus, dass sie ihrem Inhalt nach Regelungen enthalten, die **für die Person des Einzelnen von herausragender Bedeutung** sind.

Beispiel:
So scheint es etwa legitim, eine Vorschrift wie Art. 7 Abs. 1 GG als Grundrechtsbestimmung anzusehen (dazu *Sachs*, in: Stern, Staatsrecht III/1, S. 357 f.), auch wenn der Staatsaufsicht wohl kein subjektives Grundrecht einzelner Grundrechtsträger entspricht (u. Kap. 19, Die grundrechtlichen Bestimmungen über das Schulwesen, Art. 7 GG, Rn. 1 f.).

6   Im Übrigen finden sich im Grundrechtskatalog zahlreiche **Begrenzungsregelungen**, die als unselbständige Ergänzungen der primären Grundrechtsbestimmungen anzusprechen sind. Namentlich handelt es sich hierbei um Begrenzungsvorschriften, die als Absätze einem Artikel (wie Art. 5 Abs. 2 GG) oder als Sätze einem Absatz (wie Art. 2 Abs. 2 Satz 3 GG) zugeordnet sind, die sich aber auch als eigenständige Artikel auf in anderen Vorschriften gewährte Grundrechte beziehen können (wie Art. 17a GG). Als Sonderfall lässt sich auch Art. 18 GG hierher zählen. Daneben gibt es andersartige **Hilfs- oder Ergänzungsnormen**, die sich auf einzelne Grundrechte (vgl. Art. 4 Abs. 3 Satz 2 GG) oder auf die Grundrechte im Allgemeinen beziehen können (vgl. Art. 1 Abs. 3, Art. 19 Abs. 1 bis 3 GG). Auch diese verfassungsrechtlichen Regelungen des ersten Abschnitts gehören in einem weiteren Sinne zu den Grundrechtsbestimmungen, ohne dass sie für sich als „Grundrechte" anzusprechen wären.

2. Grundrechtsgleiche Rechte

7   Das Grundgesetz kennt neben den in Abschnitt I gewährten Grundrechten weitere Bestimmungen, die nachfolgend als grundrechtsgleiche Rechte bezeichnet werden sollen. Dabei handelt es sich um Regelungen, die wie die Grundrechtsbestimmungen von **grundlegender Bedeutung** für das Verhältnis des Einzelnen zur staatlichen Gemeinschaft sind und die darüber hinaus in **Art. 93 Abs. 1 Nr. 4a GG** mit der prozessualen Möglichkeit verbunden sind, sie wie die dort ausdrücklich so genannten „Grundrechte" (des I. Abschnitts) mittels Verfassungsbeschwerde beim BVerfG geltend zu machen, soweit in ihnen subjektive Rechte des Einzelnen enthalten sind.

8   Als **grundrechtsgleiche Rechte** sind demnach anzuerkennen:

- das Widerstandsrecht nach Art. 20 Abs. 4 GG (u. Kap. 31, Das Widerstandsrecht, Art. 20 Abs. 4 GG, Rn. 1 ff.);
- die in Art. 33 Abs. 1 bis 3 GG verbürgten Gleichheitsgewährleistungen (u. Kap. 32, Die grundrechtsgleichen Rechte des Art. 33 GG, Rn. 1 ff.);
- im Rahmen des Art. 33 Abs. 5 GG das Recht auf Berücksichtigung gezielt begünstigender hergebrachter Grundsätze des Berufsbeamtentums (u. Kap. 32, Die grundrechtsgleichen Rechte des Art. 33 GG, Rn. 23);
- das aktive und das passive Bundestagswahlrecht nach Maßgabe der Wahlrechtsgrundsätze, Art. 38 Abs. 1 Satz 1, Abs. 2 GG (u. Kap. 33, Die grundrechtsgleichen Rechte des Art. 38 GG, Rn. 1 und 3);
- das Recht auf den gesetzlichen Richter nach Art. 101 Abs. 1 Satz 2 GG (u. Kap. 34, Die Garantie des gesetzlichen Richters, Art. 101 Abs. 1 Satz 2 GG, Rn. 1);
- der Anspruch auf rechtliches Gehör vor Gericht, Art. 103 Abs. 1 GG, sowie die Rechte, nicht unter Verstoß gegen Art. 103 Abs. 2 und 3 bestraft zu werden (u. Kap. 35, Die Grundrechte des Art. 103 GG, Rn. 1, 14, 24);
- die besonderen Garantien des Art. 104 bei Beschränkungen der persönlichen Freiheit (u. Kap. 14, Die Grundrechte des Art. 2 GG, Rn. 126 ff.).

9   **Keine grundrechtsgleichen Rechte** ergeben sich hingegen im Rahmen der folgenden in Art. 93 Abs. 1 Nr. 4a GG genannten Grundgesetzbestimmungen:

- aus Art. 33 Abs. 4 GG, weil der Funktionsvorbehalt keine Rechte Einzelner begründet (BVerfGE 6, 376 [385]; BVerfG [K], NVwZ 1988, 523);
- aus Art. 38 Abs. 1 Satz 2 GG, weil das freie Mandat des Abgeordneten ein Recht der staatsorganschaftlichen Sphäre darstellt, welches dementsprechend im Organstreitverfahren nach Art. 93 Abs. 1 Nr. 1 GG geltend zu machen ist (BVerfGE 6, 445 [447 f.]). Besteht allerdings (etwa gegenüber gerichtlich angeordneten Durchsuchungen oder nachrichtendienstlicher Beobachtung) diese Möglichkeit nicht, soll (nach BVerfGE 108, 251 [266 f.] = Jus 2004, 71) gleichwohl die Verfassungsbeschwerde zulässig sein. Den dabei offenbar vorausgesetzten Grundsatz lückenlosen verfassungsgerichtlichen Rechtsschutzes kennt das Grundgesetz allerdings nicht. BVerfGE 134, 141 Rn. 103 ff., hat diese Konstruktion aber „vermittelt über Art. 28 Abs. 1 GG" sogar auf Landtagsabgeordnete ausgedehnt.

3. Grundrechtsähnliche Rechte

Auch über die in Art. 93 Abs. 1 Nr. 4a GG genannten Fälle hinaus finden sich in der Verfassung Bestimmungen, die nach ihrem materiellen Gehalt, nämlich ihrer **primären Orientierung auf das Individuum**, den Grundrechten ähnlich erscheinen; im Gegensatz zu den grundrechtsgleichen Rechten sind sie aber **nicht als solche mit der Verfassungsbeschwerde** bewehrt, auch wenn sie Rechtspositionen des Einzelnen begründen. In Abgrenzung zu den grundrechtsgleichen Rechten werden sie hier als (nur) grundrechtsähnliche Rechte bezeichnet. Welche Bestimmungen zum Kreis dieser grundrechtsähnlichen Rechte zu zählen sind, ist mangels ausdrücklicher Festlegung im Grundgesetz weitaus problematischer als bei den durch Art. 93 Abs. 1 Nr. 4a GG eingegrenzten grundrechtsgleichen Rechten. **10**

Im Schrifttum werden diesbezüglich unterschiedliche Vorschriften genannt, besonders häufig **Art. 140 GG**, der eng mit der Religionsfreiheit des Art. 4 GG verbunden ist (u. Kap. 16, Die Grundrechte des Art. 4 GG, Rn. 3, 35 ff.), außerdem **Art. 21 GG**, soweit er als Sonderfall der Vereinigungsfreiheit, Art. 9 Abs. 1 GG, die Freiheit enthält, Parteien zu gründen (u. Kap. 21, Die Grundrechte des Art. 9 GG, Rn. 24). Hinzu kommen weitere Bestimmungen wie etwa **Art. 102 GG**, der in sachlichem Konnex zum Lebensrecht steht, **Art. 28 Abs. 1 S. 2 GG** mit den Wahlrechtsgrundsätzen für die Landes- und Kommunalebene, **Art. 48 Abs. 1, 2 GG**, der Verbindungslinien zur Garantie der gleichen Wählbarkeit aufweist, oder etwa **Art. 42 Abs. 3 GG**, der mit der freien Meinungsäußerung zusammenhängt. **11**

An die Qualifikation als grundrechtsähnliches Recht knüpfen allerdings keine rechtlichen Konsequenzen an; daher kann hier auf eine abschließende Festlegung der in Frage kommenden Regelungen verzichtet werden. Bedeutsam ist insoweit vor allem, dass sich auch außerhalb der Grundrechte (des I. Abschnitts) und der grundrechtsgleichen Rechte im Grundgesetz Bestimmungen finden, aus denen sich für den Einzelnen **individuelle Rechte** ergeben können, die als solche zwar nicht mit der Verfassungsbeschwerde, aber doch **gerichtlich geltend gemacht** werden können (vgl. für Rechtsverletzungen durch die öffentliche Gewalt Art. 19 Abs. 4 GG, s. u. Kap. 30, Die Rechtsweggarantie des Art. 19 Abs. 4 GG, Rn. 13 ff.). **12**

4. Zusammenfassung

13
- Grundrechtsbestimmungen sind die Artikel 1 bis 19 des Grundgesetzabschnitts „I. Die Grundrechte". Grundrechte sind die sich aus diesen Artikeln ergebenden subjektiven Rechte.
- Grundrechtsgleiche Rechte sind die sich aus den Artikeln 20 Abs. 4, 33, 38, 101, 103 und 104 GG ergebenden subjektiven Rechte des Einzelnen, für die Art. 93 Abs. 1 Nr. 4 a GG die Möglichkeit der Verfassungsbeschwerde vorsieht.
- Das BVerfG lässt die Verfassungsbeschwerde auch zu, wenn Abgeordnete ihre organschaftlichen Rechte aus Art. 38 GG gegen Staatsorgane verteidigen wollen, gegen die kein Organstreit möglich ist.
- Grundrechtsähnliche Rechte sind Rechte des Einzelnen, die sich aus anderen Bestimmungen des Grundgesetzes ergeben; sie können nicht als solche mit der Verfassungsbeschwerde geltend gemacht werden.

II.   Grundrechtsgarantien in den Landesverfassungen

1. Der Bestand landesverfassungsrechtlicher Grundrechte

14   Die Ausgestaltung der Grundrechte durch die Landesverfassungen ist je nach deren Entstehungszeitpunkt recht unterschiedlich.

a) Vorgrundgesetzliche Landesverfassungen

15   Die **vor dem Grundgesetz** in den Ländern der westlichen Besatzungszonen **entstandenen Verfassungen** sind – abgesehen von den in der baden-württembergischen Verfassung aufgegangenen Verfassungen von Württemberg-Baden, Baden und Württemberg-Hohenzollern – bis heute **in Kraft**, namentlich die von Bayern, Hessen, Rheinland-Pfalz und Bremen, ferner die des erst später beigetretenen Saarlandes. Die insoweit trotz mancher Annäherung an das Grundgesetz in ihren Grundstrukturen nicht entscheidend veränderten Verfassungen kennen sämtlich ausführliche Abschnitte, die im Wesentlichen dem Vorbild des 2. Hauptteils der **Weimarer Verfassung** von 1919 **nachgebildet** sind. Dementsprechend kennen sie neben dem Grundbestand der klassischen Individualrechte und der zum Teil einbezogenen justiziellen Garantien auch Gewährleistungen zu den Lebensordnungen Ehe und Familie, Religion, Bildung und Schule sowie zur Wirtschafts- und Sozialordnung.

Beispiele:
- Sorge für Kinder und Jugendliche, Art. 125, 126 Abs. 3 BayVerf.; Art. 30 Abs. 2 und 3 HessVerf.; Art. 24, 25 Abs. 2 RhPfVerf.
- Stellung der Religionsgemeinschaften, Art. 142 ff. BayVerf.; Art. 49 ff. HessVerf.; Art. 41 ff. RhPfVerf.

- Bildungsziele, Art. 131 BayVerf.; Art. 56 Abs. 3 Satz 1, Abs. 4 und 5 HessVerf.; Art. 33 RhPfVerf.
- Recht auf Arbeit, Art. 166 Abs. 2 BayVerf., Art. 28 Abs. 2 HessVerf.; Art. 53 Abs. 2 RhPfVerf.

Im Einzelnen haben diese Verfassungen gegenüber dem Weimarer Vorbild und der **16** älteren Grundrechtsgeschichte in Deutschland aber auch einige **Erweiterungen** gebracht, die nicht zuletzt aus den Erfahrungen der NS-Zeit zu verstehen sind und dann in das Grundgesetz übernommen wurden.

> **Beispiele:**
> Schutz der Menschenwürde, Grundrechte auf Leben und körperliche Unversehrtheit, Unterscheidungsverbote hinsichtlich Abstammung und Rasse, Ausschluss des Zwangs zum Kriegsdienst, Beschränkung persönlicher Dienstleistungspflichten, Asylrecht.

Insgesamt decken die Regelungen dieser Verfassungen das Grundrechtsspektrum des Grundgesetzes ab und enthalten eine Reihe **zusätzlicher Gewährleistungen**.

> **Beispiel:**
> Recht auf Naturgenuss, Art. 141 Abs. 3 Satz 1 BayVerf.

b) Nachgrundgesetzliche Verfassungen der alten Länder

Von den **nach dem Grundgesetz** in dessen ursprünglichem Geltungsbereich ent- **17** standenen Landesverfassungen ist keine dem bis dahin üblichen Muster gefolgt, doch hat sich auch **kein** neuer **einheitlicher Trend** durchsetzen können. Überwiegend erklären die Landesverfassungen durch **Bezugnahmeklauseln** die Grundrechte des Grundgesetzes auch zu ihrem Bestandteil. In Nordrhein-Westfalen und Baden-Württemberg wenden sich die Verfassungen daneben recht ausführlich mit eigenen Abschnitten den „Lebensordnungen" zu. In Niedersachsen findet sich die Bezugnahme seit 1993, Schleswig-Holstein hat sich 2014 angeschlossen; daneben enthalten diese Verfassungen (oft: Auftrags-) Bestimmungen zu unterschiedlichen Einzelfragen, namentlich aus den Bereichen Bildung und Kultur. Einen eigenen Grundrechtskatalog enthält von den Verfassungen dieser Phase überhaupt nur die von Berlin, deren Grundrechte nach Umfang und Inhalt denen des Grundgesetzes ähneln. Allein in Hamburg spart die Verfassung die Grundrechte bis heute weitgehend aus.

c) Verfassungen der neuen Länder nach dem Beitritt der DDR

Die mit dem Beitritt der DDR entstandenen neuen Länder haben alle das **Thema 18** „**Grundrechte**" aufgegriffen, aber **in unterschiedlicher Form behandelt**. Neben der Übernahme der zum Teil in Orientierung an Ergebnissen der Judikatur des BVerfG fortgeschriebenen Grundrechte des Grundgesetzes (wie Datenschutzgrundrechte, Rundfunkordnung, Petitionsbescheidungsanspruch, Auslieferungsverbote bei drohender Todesstrafe oder Folter) stellt die **Akzentuierung von**

Staatszielbestimmungen die auffälligste Gemeinsamkeit der Verfassungen der neuen Länder dar.

19   Im Einzelnen verzichtet nur die Verfassung von **Mecklenburg-Vorpommern** auf eine umfassende eigene Regelung, indem sie die Grundrechte des Grundgesetzes zu ihrem Bestandteil erklärt. Sie enthält gleichwohl noch einen kurzen Grundrechtskatalog und eine Liste von Staatszielen. Einen Grundrechtskatalog, der weitgehend dem des Grundgesetzes entspricht, enthält neben einigen Staatszielbestimmungen die Verfassung von **Sachsen**. **Sachsen-Anhalt** gliedert den „Bürger und Staat" überschriebenen Hauptteil seiner Verfassung in Abschnitte zu den am Bestand des Grundgesetzes orientierten Grundrechten, zu gegenüber dem Grundgesetz etwas erweiterten Einrichtungsgarantien und zu Staatszielen. Die Verfassungen von **Brandenburg und Thüringen** kommen in der Struktur den vorgrundgesetzlichen Landesverfassungen am nächsten, indem sie neben den klassischen Grundrechten auch Abschnitte zu Fragen der überkommenen Lebensordnungen enthalten, wobei das Element der Staatsziele zusätzlich betont wird.

2. Die Bedeutung landesverfassungsrechtlicher Grundrechte neben denen des Grundgesetzes

20   Grundrechte der Landesverfassungen richten sich mit ihrem spezifischen Geltungsanspruch (u. Kap. 5, Grundrechtsverpflichtete, Rn. 3, dort, Rn. 31 ff., auch zur Frage der „Drittwirkung") nur gegen die verfasste *Landes*staatsgewalt, nicht gegen die des Bundes. Daher wird insbesondere die **Gesetzgebung des Bundes** durch sie **nicht verpflichtet**. Dagegen können die landesverfassungsrechtlichen Grundrechte wie sonstiges Landesrecht im Rahmen der Bindung der vollziehenden Gewalt und der Rechtsprechung an Gesetz und Recht nach Art. 20 Abs. 3 GG für die Behörden und Gerichte auch des Bundes verbindlich sein, soweit sie für deren Verhalten einschlägig sind und nicht durch vorrangiges Bundesrecht verdrängt werden.

21   Die Bedeutung landesverfassungsrechtlicher Grundrechte wird in diesem Rahmen durch die für ihre Geltung im Bundesstaat überhaupt maßgeblichen Art. 31 und 142 GG bestimmt. Die **Kollisionsnorm des Art. 31 GG** hat zur Folge, dass Landesrecht jeder Rangstufe, also auch Landesverfassungsrecht, gebrochen wird, d. h. nichtig oder zumindest unanwendbar ist, wenn es irgendeiner Norm des Bundesrechts widerspricht. Ein Normwiderspruch ist gegeben, wenn die Anwendung zweier Rechtsnormen auf ein und denselben Sachverhalt zu Ergebnissen führt, die miteinander nicht in Einklang zu bringen sind. Fehlt es an einem Normwiderspruch, wird die Norm des Landesrechts nicht gebrochen; dies ist jedenfalls für das Verhältnis zwischen Bestimmungen des Grundgesetzes und solchen des Landesverfassungsrechts auch vom BVerfG anerkannt (vgl. in diesem Sinne schon BVerfGE 36, 342 [366]).

22   ### a) Landesgrundrechte und Grundrechte des Grundgesetzes

Legt man dieses Verständnis des Art. 31 GG zugrunde, hat **Art. 142 GG nur klarstellende Bedeutung**; denn er stellt lediglich fest, dass Grundrechte der

Landesverfassungen in Kraft bleiben, soweit sie in Übereinstimmung mit denen des Grundgesetzes stehen, setzt also tatbestandlich voraus, dass kein Normwiderspruch besteht, der die Rechtsfolgen des Art. 31 GG auslösen würde. Bei diesem rein deklaratorischen Verständnis des Art. 142 GG kann seine missverständliche Textfassung auf die nach dem Grundgesetz erlassenen Landesverfassungen und auf die grundrechtsgleichen Gewährleistungen (o. Rn. 8) erstreckt werden. Dies entspricht auch dem erkennbaren Normzweck, die besonderen Kontrollmöglichkeiten der Landesverfassungsgerichtsbarkeit nicht zu verkürzen.

Dementsprechend sind zumal solche landesverfassungsrechtlichen Grund- **23** rechtsbestimmungen neben denen des Grundgesetzes gültig, die mit ihnen **inhaltlich übereinstimmen**, d. h. in ihren Tatbestandsvoraussetzungen und Rechtsfolgen, nicht unbedingt in allen Einzelheiten des Wortlauts.

Beispiel:
Das mit Art. 103 Abs. 1 GG inhaltsgleiche Recht auf rechtliches Gehör nach Art. 78 Abs. 2 SächsVerf. wird nicht durch Art. 31 GG gebrochen, sondern bleibt in Geltung (s. BVerfGE 96, 345 [364]).

Wegen ihrer prinzipiell gleichen Wirkungsrichtung stehen die Landesgrundrechte aber auch dann **nicht im Widerspruch** zu denen des Grundgesetzes, wenn sie einen **weitergehenden** oder auch einen **geringeren Schutz** verbürgen, sofern das jeweils engere Grundrecht als Mindestgarantie nicht den zusätzlichen Normbefehl enthält, einen weitergehenden Grundrechtsschutz zu unterlassen (BVerfGE 96, 345 [365]), wovon regelmäßig auszugehen ist.

Beispiel:
Art. 17 BbgVerf. bietet mit der Freizügigkeitsgarantie für alle Menschen weitergehenden Schutz als der auf Deutsche beschränkte Art. 11 GG (dazu u. Kap. 23, Das Grundrecht der Freizügigkeit, Art. 11 GG, Rn. 7). Ein Normwiderspruch liegt darin nicht, weil Art. 11 GG ja nicht verbietet, auch Ausländern Freizügigkeit zu gewähren. Andererseits gewährt Art. 17 BbgVerf., indem sein Abs. 2 gesetzliche Einschränkungen aus beliebigen Gründen zulässt, weniger weitgehenden Schutz als Art. 11 GG, der in Abs. 2 einschränkende Gesetze nur für abschließend bestimmte Fälle erlaubt. Auch hier fehlt es an einem Normwiderspruch, weil die landesrechtliche Begrenzungsbestimmung ja nicht gebietet, gesetzliche Einschränkungen vorzusehen, die über das nach Art. 11 Abs. 2 GG zulässige Maß hinausgehen.

24

Ein Normwiderspruch zwischen Grundrechtsbestimmungen kommt auch im Übrigen nur ausnahmsweise in Betracht. Namentlich ist dies der Fall bei Grundrechtsbestimmungen mit **konträrer Wirkungsrichtung**, wenn also die eine Grundrechtsnorm gerade das gebietet, was die andere verbietet.

Beispiel:
Ein solcher Fall könnte vorliegen, wenn eine Landesverfassung ein Grundrecht auf Abtreibung vorsehen würde, das gesetzlich nicht eingeschränkt werden

dürfte, während die Schutzpflicht zugunsten des werdenden Lebens aus Art. 2 Abs. 2 Satz 1 GG ein gesetzliches Abtreibungsverbot gebieten soll (u. Kap. 14, Die Grundrechte des Art. 2 GG, Rn. 97). Selbst hier fehlt es an einem Normwiderspruch, sofern die Landesverfassung selbst ihren Geltungsanspruch von vornherein dem Vorrang des Bundesrechts unterordnet, wovon regelmäßig auszugehen sein dürfte (vgl. ausdrücklich Art. 2 Abs. 5 Satz 1 BbgVerf.).

25   Denkbar ist ferner, dass eine auf eine bestimmte Personengruppe bezogene Landesgrundrechtsbestimmung als solche wegen der vorgenommenen Differenzierung, unabhängig von den durch sie notwendigerweise ausgelösten Rechtsfolgen, gegen grundgesetzliche Gleichheitssätze verstößt.

> **Beispiel:**
> Wenn Art. 131 Abs. 4 BayVerf. bis 1998 vorsah, dass in den Schulen die Mädchen außerdem in der Säuglingspflege, Kindererziehung und Hauswirtschaft besonders zu unterweisen sind, dürfte die Grundrechtsbestimmung wegen ihrer Ausrichtung nur auf Mädchen gegen die Gleichberechtigung von Mann und Frau nach Art. 3 Abs. 2, 3 GG verstoßen haben, auch wenn sie es nicht verboten haben mag, dass der *besondere* Unterricht auch für die (inzwischen einbezogenen) „Buben" vorgesehen und durchgeführt wird (a.A. BayVerfGH, JuS 1988, 645 ff. Anm. *Sachs*).

b) Landesgrundrechte und sonstiges Bundesrecht

26   Die (in Art. 142 GG allein angesprochene) Vereinbarkeit mit den Grundrechten des Grundgesetzes schließt allerdings nicht aus, dass Landesgrundrechte von **einfachgesetzlichem Bundesrecht gebrochen** werden, das nach Art. 31 GG ebenfalls Geltungsvorrang vor dem gesamten Landesrecht einschließlich des Landesverfassungsrechts genießt. Voraussetzung für die Anwendung des Art. 31 GG ist allerdings, dass sowohl die Norm des Bundesrechts wie das Landesgrundrecht **je für sich gesehen gültig** sind.

27   Dazu gehört insbesondere, dass die jeweilige Norm die Voraussetzungen hinsichtlich der **Gesetzgebungskompetenz** nach den diesbezüglichen Regeln des Grundgesetzes erfüllt. Namentlich kann ein **Bundesgesetz** nur dann die Wirkungen des Art. 31 GG auslösen, wenn es selbst den Anforderungen der **Art. 70 ff. GG** entsprechend erlassen ist; untergesetzliche Bundesrechtsnormen bedürfen einer entsprechenden Ermächtigung. Eine Norm des Bundesrechts, die diesen Anforderungen nicht genügt, kann ein inhaltlich widersprechendes landesverfassungsrechtliches Grundrecht nicht brechen.

> **Beispiel:**
> Ein Bundesgesetz, das für das Landtagswahlrecht ein höheres Mindestalter vorschreiben würde als die Landesverfassung, wäre mangels Gesetzgebungskompetenz des Bundes nichtig. Die Garantie des Wahlrechts nach der Landesverfassung auch für die jüngeren Personen würde nicht nach Art. 31 GG gebrochen.

Auf der anderen Seite muss für **landesgrundrechtliche Bestimmungen** eine **28** **Gesetzgebungskompetenz des Landes** bestehen (str.). Die Regelung der Verfassungsänderung in Art. 79 GG zeigt, dass das Grundgesetz Verfassungsgesetzgebung als Fall der Gesetzgebung ansieht, so dass die diesbezüglichen Kompetenzverteilungsregeln des Grundgesetzes eingreifen, die freilich auf der Bundesebene in den Grenzen des Art. 79 Abs. 3 GG zur Disposition des grundgesetzändernden Bundesgesetzgebers stehen. Das Kompetenzerfordernis ist daher in erster Linie für die Landesverfassungsgesetzgebung von Bedeutung.

Grundlage der Gesetzgebungskompetenz des Landes für den Inhalt seiner **29** Verfassung sind aber nicht allein Art. 70 Abs. 1 GG und spezielle Ermächtigungsregelungen; vielmehr steht den Ländern eine aus der **Natur der Sache**, nämlich ihrer eigenen Staatlichkeit, folgende **Kompetenz für die Materie „Landesverfassung"** zu, die in bestimmten Bereichen originären Landesverfassungsrechts scheinbar einschlägige Kompetenzbestimmungen zugunsten des Bundes verdrängen kann. Regelungen des Landes können insoweit durch Verfassungsbestimmungen, aber auch durch einfache Landesgesetze (als nur materielles Landesverfassungsrecht) erfolgen.

> **Beispiel:**
> Die Kompetenz des Bundes für Gerichtsverfassung und gerichtliches Verfahren nach Art. 74 Abs. 1 Nr. 1 GG erstreckt sich nicht auf die Landesverfassungsgerichtsbarkeit (BVerfGE 96, 345 [368]).

> ▶ **Hinweis:** Für die schon vor dem Grundgesetz entstandenen Landesverfassungen, deren Erlass nicht an die Kompetenzbestimmungen des späteren Grundgesetzes gebunden war, wirkt sich die Kompetenz für das materielle Verfassungsrecht rückschauend dahin aus, dass einschlägige Regelungen entgegen den andernfalls maßgeblichen Art. 124, 125 GG nicht als Bundesrecht, sondern als Landesrecht fortgelten.

Die Gesetzgebungskompetenz des Landes für seine Verfassung umfasst die **30** Befugnis, die gesamte Landesstaatsgewalt verfassungsrechtlich auf die **Beachtung von Grundrechten** des Einzelnen **festzulegen**, was zudem in Art. 142 GG erkennbar vorausgesetzt ist. Diese Befugnis greift durch ohne Rücksicht darauf, ob zugleich der Bereich einer Bundesgesetzgebungskompetenz berührt ist. Doch schließt diese Landeskompetenz, die nur für formelles Verfassungsrecht, also Bestimmungen der Verfassungsurkunde, genutzt werden kann, die Kompetenz für bundesgesetzliche Regelungen der fraglichen Rechtsmaterie, wie sie sich aus den Kompetenzzuweisungsnormen des Grundgesetzes, insb. Art. 73, 74 GG, ergibt, nicht aus.

> **Beispiel:**
> Trotz der sogar ausschließlichen Bundesgesetzgebungskompetenz für die Regelung der Freizügigkeit nach Art. 73 Nr. 3 Alt. 1 GG sind landesverfassungsrechtliche

Freizügigkeitsgarantien nicht mangels Gesetzgebungskompetenz verfassungswidrig.

31 Kommt es auf diese Weise zum Zusammentreffen bundesgesetzlicher und landes-
grundrechtlicher Bestimmungen, könnten sich Normkonflikte ergeben, soweit die
Landesgrundrechte die an sie gebundenen Landesstaatsorgane mit normativen
Anordnungen konfrontieren, die zu denen des Bundesrechts in Widerspruch stehen.
Zumindest regelmäßig werden solche **scheinbaren Normkonflikte** allerdings – s.
bereits o. Rn. 24 – dadurch aufgelöst, dass das Landesgrundrecht unter dem glied-
staatlich selbstverständlichen, immanenten **Vorbehalt vorrangigen Bundesrechts**
steht, also nur Geltung beansprucht, wenn die angesprochene Landesstaatsgewalt
keinen entgegengesetzten Verpflichtungen durch vorrangiges Bundesrecht unterliegt.

Beispiel:
Uneingeschränkte Garantien des Asylrechts in alten und neuen Landesverfassungen (vgl. Art. 105 BayVerf. oder Art. 18 Abs. 1 BbgVerf.) erheben nicht
den Anspruch, die Organe der Landesstaatsgewalt auch dann zu binden, wenn
Bundesrecht ihnen die Ausweisung oder Auslieferung des politisch Verfolgten
vorschreiben sollte.

---

32 Wenn **Bundesrecht** Landesgrundrechte nach Art. 31 GG brechen soll, muss es
auch materiell dem Grundgesetz, insbesondere seinen Grundrechtsbestimmungen,
entsprechen. Aus diesem Grunde kann ein Landesgrundrecht, das mit einem
Bundesgrundrecht in jeder Hinsicht vollständig übereinstimmt, nicht von einem
Bundesgesetz gebrochen werden. Denn ein solches Bundesgesetz steht notwendig
auch im Widerspruch zum inhaltsgleichen Bundesgrundrecht und ist nach dem
Vorrang der Verfassung, Art. 20 Abs. 3 GG, nichtig. Entsprechendes gilt, wenn das
Bundesgrundrecht weitergehenden Schutz als das Landesgrundrecht bietet. Der
verbleibende Fall, dass ein Bundesgesetz in Widerspruch zu Anforderungen eines
über grundgesetzliche Bindungen hinausgehenden Landesgrundrechts zu stehen
scheint, ist regelmäßig durch den selbst-beschränkten Geltungsanspruch des Landesgrundrechts (o. Rn. 31) ohne Rückgriff auf Art. 31 GG zu lösen.

33 Besteht ein gültiges Landesgrundrecht, wirkt es für die gesamte Landesstaatsgewalt, insbesondere für die Landesgesetzgebung prinzipiell ebenso wie ein Grundrecht des Grundgesetzes. Noch nicht abschließend geklärt ist die Bedeutung der
Landesgrundrechte für die **Anwendung von Bundesrecht durch Behörden und
Gerichte des Landes.** Soweit das Bundesgesetz Handlungsspielräume für das
rechtsanwendende Landesorgan eröffnet, die nicht ausschließlich nach bundesrechtlich vorgegebenen Leitlinien zu schließen sind, kann die Bindung an das
Landesgrundrecht auch hier eingreifen. Das BVerfG hat die Landesgerichte auch in
bundesrechtlich geregelten Gerichtsverfahren jedenfalls durch die landesverfassungsrechtlichen Verfahrensgrundrechte gebunden gesehen, will dies in nicht voll
überzeugender Weise auf den Fall vollständig gleicher Bundes- und Landesgrundrechte beschränken (BVerfGE 96, 345 [363, 366 ff.]). Ob Entsprechendes

auch für inhaltsgleiche *materielle* Landesgrundrechte gilt, wird (auch von verschiedenen Landesverfassungsgerichten) unterschiedlich beurteilt; soweit für die Stellen des Landes bei der Anwendung des Bundesrechts Spielräume bestehen, steht ihrer Bindung an die Grundrechte der Landesverfassung aber nichts entgegen.

▶ **Hinweis:** Ausgeschlossen ist aber eine Überprüfung der angegriffenen Entscheidungen der Landesgerichte zugrundeliegenden bundesrechtlichen Verfahrensvorschriften am Maßstab der Landesverfassungen (BayVerfGH, NVwZ-RR 2014, 121).

3. Zusammenfassung

- Die Grundrechte der vorgrundgesetzlichen Landesverfassungen sind weitgehend dem zweiten Hauptteil der Weimarer Verfassung nachgebildet. Sie decken das Grundrechtsspektrum des Grundgesetzes ab, enthalten daneben z. T. zusätzliche Gewährleistungen.   34
- Die nachgrundgesetzlichen Verfassungen der alten Länder sparen das Grundrechtsthema teils ganz oder weitgehend aus, teils enthalten sie einen eigenen Grundrechtskatalog, teils erklären sie die Grundrechte des Grundgesetzes über sog. Bezugnahmeklauseln zu ihren Bestandteilen. Ähnlich verhält es sich bei den Verfassungen der neuen Länder, bei denen allgemein eine Betonung von Staatszielen zu beobachten ist.
- Die Grundrechte der Landesverfassungen richten sich spezifisch an die Landesstaatsgewalt; die Gesetzgebung des Bundes wird nicht gebunden.
- Die Grundrechte der Landesverfassungen beruhen auf der Kompetenz der Länder, ihre materielle Verfassung zu regeln.
- Grundrechte der Landesverfassungen werden nach Art. 31 GG gebrochen, wenn sie dem Grundgesetz oder sonstigem Bundesrecht widersprechen.
- Ein Widerspruch zwischen Landesgrundrechten und Bundesrecht ist in aller Regel ausgeschlossen.
- Landesgrundrechte binden Behörden und Gerichte des Landes auch bei der Anwendung von Bundesrecht, soweit dieses Handlungsspielräume offen lässt; dies gilt zumindest für Verfahrensgrundrechte.

III. Garantien von Individualinteressen auf übernationaler Rechtsebene

Die fundamental bedeutsamen Individualinteressen genießen nicht allein im staatli- 35
chen Verfassungsrecht grundrechtlichen Schutz, sondern sind heute auch auf übernationalen Rechtsebenen gewährleistet. Der Inhalt dieses zusätzlichen Schutzes

liegt außerhalb des Gegenstandes „Grundrechte" als solchen. Daher sollen hier nur einige **Hinweise auf die konkurrierenden Garantiesysteme** gegeben werden, die für das Verständnis des Stellenwerts des verfassungsrechtlichen Grundrechtsschutzes wichtig sind.

1. Völkerrechtliche Menschenrechtsgarantien

a) Rechtsgrundlagen im Völkerrecht

36   Für das zunächst mit den Rechtsbeziehungen von Staaten und sonstigen Völkerrechtssubjekten zueinander befasste Völkerrecht sind die **Menschenrechte** trotz ihrer ideengeschichtlich von Anfang an universellen Ausrichtung (vgl. o. Kap. 1, Die Geschichte der Grundrechte, Rn. 1 ff.) erst unter dem Eindruck der Greuel in der Zeit des 2. Weltkrieges zu einem zentralen, **eigenständigen Thema** avanciert.

37   Auf der **globalen Ebene** nennt die 1945 verabschiedete UN-Charta als einen der Zwecke der Vereinten Nationen die Förderung und Ermutigung der Anerkennung von Menschenrechten und grundlegenden Freiheiten, Art. 1 Abs. 3, die von der Organisation wie von den Mitgliedern gefördert werden sollen, Art. 55 lit. c, Art. 56, auch Art. 62, 68, 76 UN-Charta. Erster Ausdruck dieser Bemühungen war 1948 die Allgemeine Erklärung der Menschenrechte, die einen ausführlichen Katalog individueller Rechte jedes Einzelnen als allgemeinen Standard der Entwicklung proklamierte. Rechtsverbindliche Festlegungen nebst gewisser Durchsetzungsmechanismen brachten erst die beiden Internationalen Pakte von 1966 über wirtschaftliche, soziale und kulturelle Rechte einerseits, bürgerliche und politische Rechte andererseits. Von spezielleren Instrumenten sind die Konventionen gegen Diskriminierung wegen der Rasse (1966), wegen des Geschlechts (1979) und wegen Behinderungen (2006) hervorzuheben.

38   Wichtige Ergänzungen des internationalen Menschenrechtsschutzes finden sich auf der **regionalen Ebene**. Erhebliche praktische Bedeutung für Europa hat insbesondere die **Europäische Menschenrechtskonvention** erlangt, die 1950 von Mitgliedstaaten des Europarates unterschrieben und später mehrfach erweitert wurde. Neben zentralen Garantien wichtiger Menschenrechte ist besonders das inzwischen fortentwickelte Durchsetzungssystem von Bedeutung, das zumal die Möglichkeit individueller Beschwerden kennt. Das BVerfG misst den Entscheidungen des EGMR maßgebliche Bedeutung bei und bemüht sich um eine angleichende Auslegung der Grundrechte (BVerfGE 111, 307 [315 ff.]), hat dazu sogar eine eigene Entscheidung umgekehrt (BVerfGE 128, 326 [363 ff.]). Wie weit so Völkerrechtsverstöße durch deutsche Rechtsprechung am Maßstab der Grundrechte ausgeräumt werden können, ist nicht abschließend geklärt (für die Notwendigkeit eines Gesetzes BVerwG, NVwZ 2014, 736).

b) Bedeutung für den innerstaatlichen Bereich

39   Die vorgenannten völkerrechtlichen Menschenrechtsgarantien können auch im innerstaatlichen Bereich von rechtlicher Bedeutung sein. **Art. 1 Abs. 2 GG** mit dem Bekenntnis zu unverletzlichen und unveräußerlichen Menschenrechten ist dabei von eher symbolischer Bedeutung, seine normativ greifbaren Rechtsfolgen bleiben

ungewiss, betreffen über Art. 79 Abs. 3 GG wohl am ehesten Grenzen der Verfassungsänderung. Art. 1 Abs. 2 GG bietet jedenfalls keine Grundlage für die Annahme innerstaatlicher Geltung der genannten völkerrechtlichen Menschenrechtsinstrumente.

Allgemein vermittelt auch **Art. 25 GG** solche Geltung nicht, doch werden inzwi- 40
schen immerhin **einige Menschenrechte**, wie das Recht auf Leben und das Verbot der Folter, zu den gewohnheitsrechtlich anerkannten **allgemeinen Regeln des Völkerrechts** gezählt, die in Deutschland unmittelbar geltendes Recht sind, dem Vorrang selbst vor formellen Bundesgesetzen zukommt.

Maßgebliche Grundlage der innerstaatlichen Geltung der völkerrechtlichen 41
Menschenrechtsgarantien sind in der Regel aber die **Zustimmungsgesetze** zum Abschluss des jeweiligen völkerrechtlichen Vertrags gem. **Art. 59 Abs. 2 Satz 1 GG**, durch die zugleich die Geltung des Vertragsinhalts als Teil der deutschen Rechtsordnung, und zwar im Range eines formellen Bundesgesetzes, herbeigeführt wird.

▶ **Hinweis** Während BVerfG, Beschl. v. 15.12.2015, 2 BvL 1/12, DS+R 2016,
35g generell annimmt, der Bundesgesetzgeber könne ohne Verfassungsverstoß von völkervertragsrechtlichen Festlegungen abweichen, hat es
diese Frage für völkervertragsrechtliche Menschenrechtsgarantien wohl
offenlassen wollen (dort Rn. 76).

Weitergehende Bedeutung gewinnen die Garantien der EMRK dadurch, dass die 42
Grundrechte des Grundgesetzes, soweit methodisch vertretbar (und mit den Vorgaben des Grundgesetzes vereinbar), dahin **ausgelegt** werden, dass auch sie von konventionswidrigem Staatshandeln verletzt werden. Dadurch hat das BVerfG die Möglichkeit, in solchen Fällen eine Verletzung der grundgesetzlichen Grundrechte anzunehmen und so zugleich den Völkerrechtsverstoß auszuräumen, wozu andernfalls der für Deutschland handelnde Gesetzgeber verpflichtet wäre.

Beispiel:
Nachdem in BVerfGE 109, 133 Neuregelungen zur Sicherungsverwahrung für grundgesetzgemäß erklärt worden waren, hat BVerfGE 128, 326 (366 ff.) nach Feststellung der Konventionswidrigkeit dieser Bestimmungen durch den EGMR unter völkerrechtsfreundlicher Auslegung der Art. 104 Abs. 1 Satz 1, Art. 2 Abs. 2 Satz 2 GG jetzt auch einen Verstoß gegen die grundgesetzlichen Maßstäbe (unter dem Aspekt fehlender Verhältnismäßigkeit) angenommen. – S. für den Ausschluss einer solchen Möglichkeit beim Streikverbot für Beamte u. Kap. 21, Die Grundrechte des Art. 9 GG, Rn. 45; zu Konflikten zwischen Persönlichkeitsrechten und Pressefreiheit u. Kap. 14, Die Grundrechte des Art. 2 GG, Rn. 69.

2. Supranationale Grundrechte der Europäischen Union

Die Europäische Union hat als solche keine formelle Verfassung wie ein Staat. 43
Doch gab es seit Gründung der Europäischen Gemeinschaften **in den Verträgen** Bestimmungen, die grenzüberschreitende wirtschaftliche Grundfreiheiten

garantierten und vor Diskriminierungen wegen der Staatsangehörigkeit und des Geschlechts schützten. Mit der **Unionsbürgerschaft** sind weitere Rechte verbunden (Freizügigkeit, Wahlrecht, gleicher diplomatischer und konsularischer Schutz, Petitionsrecht, vgl. jetzt Art. 20 ff. AEUV).

44   Darüber hinaus hatte der **EuGH ungeschriebene Grundrechte des Europarechts** entwickelt. Inzwischen ist aber die auf der Grundlage dieser Judikatur schon 2000 beschlossene **Charta der Grundrechte der EU** in Art. 6 Abs. 1 EUV als den Verträgen rechtlich gleichrangig anerkannt; sie bindet nach ihrem Art. 51 Abs. 1 zumal die Stellen der Union.

45   **Innerstaatlich** wurde schon durch die richterrechtlich geschaffenen Grundrechte des Europarechts dem letzten Glied der **Struktursicherungsklausel** des Art. 23 Abs. 1 Satz 1 GG genügt. Darüber hinaus hatte das BVerfG die ursprünglich beanspruchte **Kontrolle von Rechtsakten der Union** bzw. die ihrer Ausführung durch deutsche Staatsorgane (BVerfGE 37, 271 [281 ff.]) am Maßstab der grundgesetzlichen Grundrechte bereits grundsätzlich aufgegeben (seit BVerfGE 73, 339; näher u. Kap. 5, Grundrechtsverpflichtete, Rn. 24). Die EUGRCh gilt nach ihrem Art. 51 Abs. 1 für die Mitgliedstaaten „ausschließlich bei der Durchführung des Rechts der Union." Die genaue Reichweite dieser Klausel ist noch nicht abschließend bestimmt.

3. Zusammenfassung

46   • Der nationale Grundrechtsschutz wird auf internationaler Ebene durch globale und regionale Menschenrechtsverträge ergänzt, die innerstaatlich nach Art. 59 Abs. 2 GG mit bundesgesetzlichem Rang ausgestattet sind.
      • Die Grundrechte des Grundgesetzes sind völkerrechtsfreundlich möglichst so auszulegen, dass ihre Beachtung zugleich eine Verletzung der Rechte der EMRK ausschließt.
      • Das Recht der EU enthält mit der EUGRCh mittlerweile einen geschriebenen Grundrechtskatalog als geltendes, mit den Verträgen gleichrangiges Recht (s. auch Art. 6 EUV).

IV. Überpositive Grundrechte

47   Angesichts der aufgezeigten Vielzahl von Grundrechtsgewährleistungen auf nationaler und supranationaler Ebene ist die Frage, ob es Grundrechte gibt, die unabhängig von jeder Positivierung durch eine von Menschen geschaffene Rechtsordnung gelten, beinahe müßig. Die Frage stellt sich praktisch erst, wenn die Staatsmacht außerhalb funktionierender Rechtsordnungen **letzte Grenzen der Gerechtigkeit** überschreitet. Dies ist rückblickend etwa für die im NS-Staat getroffenen Regelungen

zur Ausbürgerung von Juden angenommen worden (BVerfGE 23, 98 [105 f.];
BVerfGE 54, 53 [67 ff.]) und später für den Schießbefehl der DDR gegenüber
Grenzverletzern, wobei auch auf die völkerrechtlichen Menschenrechtsgarantien
Bezug genommen wurde (BVerfGE 95, 96 [133 ff.]). Da es in beiden Fällen des
überpositiven Rechts um zentrale Grundrechtsinteressen ging, scheint es gerecht-
fertigt, insoweit von **überpositiven Grundrechten** zu sprechen.

Grundsatzfragen der Grundrechte des Grundgesetzes

3

Inhalt

Literatur zu I.: *Michael Sachs,* § 65, Die Grundrechte als objektives Recht und als subjektive Rechte, in: Stern, Staatsrecht III/1, 1988, S. 477; **zu II.:** *Peter Badura,* § 47, Der räumliche Geltungsbereich der Grundrechte, in: HGR II, 2006, S. 1059; *Florian Becker,* § 240, Grenzüberschreitende Reichweite deutscher Grundrechte, in: HStR XI[3], 2013, S. 515; *Klaus Stern,* § 72, Grundsatzfragen der Geltungs- und Bindungskraft der Grundrechte, in: ders., Staatsrecht III/1, 1988, S. 1224; **zu III.:** *Hans Heinrich Rupp,* § 36, Einteilung und Gewichtung der Grundrechte, in: HGR II, 2006, 573; *Michael Sachs,* § 64, Die Einteilung der Grundrechte, in: Stern, Staatsrecht III/1, 1988, S. 388; *Klaus Stern,* § 185, Idee und Elemente eines Systems der Grundrechte, in: HStR IX[3], 2011, S. 57; *Hans D. Jarass,* Bausteine einer umfassenden Grundrechtsdogmatik, AöR 120 (1995), 345 (354 ff.); **zu IV.:** *Fritz Ossenbühl,* § 15, Grundsätze der Grundrechtsinterpretation, in: HStR I, 2004, S. 595 ff.; *Klaus Stern,* § 95 Die Auslegung der Grundrechte, in: ders., Staatsrecht III/2, 1994, S. 1633 ff.; Ino Augsberg/Sebastian Unger (Hrsg.), Basistexte: Grundrechtstheorie, 2012; *Ernst-Wolfgang Böckenförde,* Grundrechtstheorie und Grundrechtsinterpretation, NJW 1974, 1529; *Winfried Brugger,* Elemente verfassungsliberaler Grundrechtstheorie, JZ 1987, 633; *Peter Häberle,* Grundrechtsgeltung und Grundrechtsinterpretation im Verfassungsstaat, JZ 1989, 913; *Andreas Voßkuhle/Anna-Bettina Kaiser,* Grundwissen – Öffentliches Recht: Funktionen der Grundrechte, JuS 2011, 411.

© Springer-Verlag Berlin Heidelberg 2017
M. Sachs, *Verfassungsrecht II - Grundrechte*, Springer-Lehrbuch,
DOI 10.1007/978-3-662-50364-5_3

Rechtsprechung zu II.: BVerfGE 6, 290 (Deutsch-Schweizer-Abkommen); BVerfGE 17, 99 (Familienname bei vorgrundgesetzlicher Adoption); BVerfGE 19, 76 (Keine Rückwirkung der Gleichberechtigung); BVerfGE 29, 166 (Keine Rückwirkung des Art. 6 Abs. 1 GG); BVerfGE 37, 217 (Keine Rückwirkung des Art. 3 Abs. 2 GG vor 1.4.1953); BVerfGE 84, 90 (SBZ-Enteignungen); BVerfGE 100, 313 (Rasterfahndung; Abhören im Ausland geführter Telefonate); BVerwGE 75, 285 (Grenzüberschreitende Abwehrklage gegen Atomkraftwerk).

I.   Grundrechte als Verfassungsrechtsnormen

1. Die Grundrechtsbestimmungen als Rechtsnormen

1   Die **Grundrechte** sind aus juristischer Sicht zunächst einmal nichts anderes als **Rechtsnormen**. Als solche erheben sie wie alle anderen Rechtsnormen Anspruch darauf, von ihren Adressaten beachtet zu werden. Die in den Grundrechten angeordneten Rechtsfolgen sind damit für die Normadressaten prinzipiell normativ strikt verbindlich. Diese **Verbindlichkeit** wird für die Grundrechtsbestimmungen durch Art. 1 Abs. 3 GG heute ausdrücklich klargestellt. Die Grundrechte werden dort explizit als unmittelbar geltendes Recht qualifiziert, weil ihnen diese Eigenschaft in der verfassungsgeschichtlichen Entwicklung von Anfang an immer wieder abgesprochen worden ist (o. Kap. 1, Die Geschichte der Grundrechte, Rn. 15 ff.).

2   Art. 1 Abs. 3 GG setzt mit seiner Formulierung erkennbar voraus, dass das Grundgesetz seine Grundrechtsbestimmungen jedenfalls für den Regelfall so verstanden wissen will, dass sie nicht erst der normativen Aktualisierung durch den Gesetzgeber (sogenannte interpositio legislatoris) bedürftig sind. Gleichwohl kann auch Art. 1 Abs. 3 GG die der einzelnen Grundrechtsbestimmung eigene **Bindungsintensität** nicht verändern. Da Rechtsnormen nicht nur in der Form strikt verbindlicher Regeln, sondern auch als nur grundsätzlich verbindliche, die Einzelfallentscheidung aber nicht abschließend festlegende Prinzipien vorkommen, kann das Ergebnis strikter Verbindlichkeit dann nicht erreicht werden, wenn bzw. soweit einer Grundrechtsbestimmung nur Rechtsfolgeanordnungen grundsätzlicher Art entnommen werden können (dazu noch näher u. Kap. 4, Subjektive Grundrechte und objektive Grundrechtsgehalte, Rn. 49).

> **Beispiel:**
> Art. 33 Abs. 5 GG verlangt regelmäßig nur die „Berücksichtigung" der hergebrachten Grundsätze des Berufsbeamtentums (u. Kap. 32, Die grundrechtsgleichen Rechte des Art. 33 GG, Rn. 26).

2. Die Grundrechtsbestimmungen als Teil des Verfassungsrechts

3   Grundrechtsbestimmungen sind seit den ersten modernen Verfassungsurkunden integrale Bestandteile vollwertiger Verfassungen, die neben den grundlegenden organisatorischen Bestimmungen als ihren materiellen Kern eben auch die grundsätzliche Stellung des Einzelnen in dem verfassten Staatsverband betreffen. Damit sind die Grundrechte **Teil der** das konkrete Staatswesen konstituierenden, sein Wesen prägenden Gesamtentscheidung, seiner **materiellen Verfassung**. Durch die Aufnahme in die Verfassungsurkunde, namentlich in das Grundgesetz, sind die Grundrechtsbestimmungen auch Teil des **formellen Verfassungsrechts** und haben damit an dessen wesentlichen Eigenschaften teil, also zumal an der erschwerten Abänderbarkeit (vgl. Art. 79 GG) und an dem Vorrang der Verfassung vor allen anderen Akten der konstituierten Staatsgewalt.

3. Zusammenfassung

- Grundrechtsbestimmungen sind Rechtsnormen; als solche sind sie für die   4
  Normadressaten prinzipiell strikt verbindlich, soweit sie nicht Rechtsfolgen
  nur grundsätzlicher Art anordnen.
- Grundrechtsbestimmungen sind Teil des formellen und materiellen Verfassungsrechts.

II. Geltungsbereich der Grundrechte

1. Räumlicher Geltungsbereich

Der Geltungsanspruch der Grundrechte unterliegt **grundsätzlich keiner räumli-**   5
chen Begrenzung. Die Frage nach einer solchen Begrenzung stellt sich allerdings im Regelfall nicht, weil sich die Betätigungsmöglichkeiten der durch die Grundrechte allein verpflichtend angesprochenen deutschen Staatsgewalt (s. u. Kap. 5, Grundrechtsverpflichtete, Rn. 1 f., 23 ff.) schon aufgrund völkerrechtlicher Begrenzungen regelmäßig nicht über das eigene Staatsgebiet hinaus erstrecken. Im Inland ausgeübte deutsche Staatsgewalt unterliegt der Grundrechtsbindung allerdings auch dann, wenn ihre rechtlichen oder faktischen Wirkungen im Ausland eintreten.

Beispiele:
Der Abschluss völkerrechtlicher Verträge, die im Ausland zu vollziehen sind, unterliegt der Grundrechtsbindung (BVerfGE 6, 290 [295]; zur Zurechnung der Vollziehung durch die fremde Staatsgewalt s. u. Kap. 8, Grundrechtseingriff und sonstige relevante Grundrechtsbeeinträchtigungen, Rn. 33). – Die Genehmigung eines Atomkraftwerks, das die Gesundheit von jenseits der Grenze lebenden Menschen gefährdet, kann deren Grundrechte aus Art. 2 Abs. 2 Satz 1 GG verletzen (vgl. BVerwGE 75, 285 ff., dort bezogen auf gesetzlich begründete Rechtspositionen). – Das Abhören im Ausland geführter Telefonate mit Hilfe auf deutschem Boden stationierter Empfangsanlagen wird von Art. 10 GG erfasst (BVerfGE 100, 313 [362 ff.], wobei dort auch die Auswertung auf deutschem Boden stattfand; s. auch u. Kap. 22, Das Brief-, Post- und Fernmeldegeheimnis nach Art. 10 GG, Rn. 2, 11).

6   Die Grundrechtsbindung der deutschen Staatsgewalt ist aber auch dann nicht ausgeschlossen, wenn sie ausnahmsweise außerhalb des eigenen Staatsgebietes ausgeübt wird. Namentlich die **abwehrrechtliche Wirkung** der Grundrechte (u. Kap. 4, Subjektive Grundrechte und objektive Grundrechtsgehalte, Rn. 13 ff.) ist von Organen der deutschen Staatsgewalt auch dann zu respektieren, wenn sie außerhalb des deutschen Staatsgebiets handeln; ob solches Staatshandeln völkerrechtlich zulässig ist oder nicht, ist dabei grundsätzlich ohne Bedeutung. Die Einhaltung völkerrechtlicher Bindungen als solche kann die Verletzung weitergehender Verfassungspflichten nicht ausschließen; erst recht wird Staatshandeln nicht dadurch von seinen verfassungsrechtlichen Bindungen frei, dass es das Völkerrecht verletzt.

> **Beispiele:**
> Deutsche Botschaften im Ausland müssen z. B. die Diskriminierungsverbote des Art. 3 Abs. 3 GG beachten. – Die Bundeswehr muss bei Auslandseinsätzen die Grundrechte der einheimischen Bevölkerung respektieren; ob der Auslandseinsatz insgesamt dem Völkerrecht entspricht oder nicht, ist für die Grundrechtsbindung ohne Bedeutung, kann allerdings im Rahmen einer verfassungsrechtlichen Begrenzung eine Rolle spielen (u. Kap. 9, Grundrechtsbegrenzungen, Rn. 2). – Die gezielte Tötung von Terroristen im Ausland, etwa durch Drohnen, ist verfassungsrechtlich allenfalls auf gesetzlicher Grundlage zulässig.

7   Dagegen ist es nach dem Territorialprinzip **prinzipiell ausgeschlossen**, aus Grundrechtsbestimmungen **Ansprüche auf positives Tun** des Staates (dazu allgemein u. Kap. 4, Subjektive Grundrechte und objektive Grundrechtsgehalte, Rn. 20 ff.) **im Ausland** abzuleiten. Dies gilt namentlich für Aktivitäten, die von seiner Gebietshoheit nicht gedeckt sind; denn das Grundgesetz geht insgesamt von der Einordnung des deutschen Staates in die Völkerrechtsordnung aus. Auch nach Völkerrecht nicht verbotene Auslandsaktivitäten sind nur ausnahmsweise Gegenstand grundrechtlicher Verpflichtungen der deutschen Staatsgewalt. Sie kommen am ehesten zugunsten deutscher Bürger im Ausland in Frage, und zwar vor allem in Bezug auf die Gewährung von Schutz. Das Lebensgrundrecht eines Deutschen kann es gebieten, dass den Regeln des Völkerrechts entsprechende diplomatische Schutzmaßnahmen gegen die drohende Vollstreckung eines gegen ihn ergangenen Todesurteils ergriffen werden, nicht aber, dass der Betroffene durch ein Kommandounternehmen aus der Todeszelle befreit wird. Dagegen bieten die Grundrechte keine Basis für weltweit für alle Menschen gültige Ansprüche auf soziale Leistungen.

2. Zeitlicher Geltungsbereich

8   Die Grundrechte des Grundgesetzes beanspruchen **keine rückwirkende Geltung**. Als Bestandteile des Grundgesetzes gelten auch sie frühestens seit dessen Inkrafttreten nach Art. 145 Abs. 2 GG. Rechtsnormen aus der Zeit vor dem Inkrafttreten des Grundgesetzes, die den Grundrechtsbestimmungen des Grundgesetzes nicht entsprechen, können wegen dieser Widersprüche lediglich nachträglich unwirksam

geworden sein (vgl. Art. 123 Abs. 1 GG), nicht aber rückwirkend für den Zeitraum vor dem Inkrafttreten des Grundgesetzes. Eine **vorgrundgesetzliche Unwirksamkeit** früherer Rechtsnormen kann sich vielmehr nur aufgrund der Verletzung seinerzeit bereits gültiger vorrangiger überpositiver Rechtsnormen ergeben (o. Kap. 2, Grund- und Menschenrechtsgarantien des geltenden Rechts, Rn. 47). Andererseits kann die volle Wirksamkeit grundrechtlicher Bestimmungen **aufgeschoben** sein, so in Art. 117 Abs. 1 GG zugunsten zeitweiliger Fortgeltung grundgesetzwidrigen Altrechts (u. Kap. 15, Die Gleichheitssätze des Art. 3 GG, Rn. 130).

Zu noch weitergehenden Konsequenzen führt der Ausschluss der Rückwirkung der **9** Grundrechtsbestimmungen in Bereichen, in denen es aufgrund heute als grundrechtswidrig erscheinender vorkonstitutioneller Rechtsnormen vor Wirksamwerden des Grundgesetzes zu **Vorgängen mit statusbegründender Wirkung** gekommen ist. Die dadurch bewirkten Rechtsfolgen bleiben auch nach dem Inkrafttreten des Grundgesetzes bzw. nach dem späteren Stichtag unberührt, obwohl sie danach nicht mehr ohne Verfassungsverstoß hätten begründet werden können.

Beispiel:

Eheschließung unter Verstoß gegen Art. 6 Abs. 1 GG, BVerfGE 29, 166 (175 f.); entschädigungslose Legalenteignungen, BVerfGE 52, 1 (28 f.); zu Art. 3 Abs. 2, 117 Abs. 1 GG für den Erwerb der Staatsangehörigkeit BVerfGE 37, 217 (262 f.); für Namenserwerb BVerfGE 17, 99 (105 ff.); BVerfGE 48, 327 (340 f.).

Auch **behördliche Einzelakte**, Verwaltungsakte wie Gerichtsentscheidungen, kön- **10** nen nicht an den grundrechtlichen Maßstäben des Grundgesetzes gemessen werden, wenn sie vor dessen Inkrafttreten endgültig wirksam geworden sind.

Beispiele:

Unterschiedliche Bewertung der Unterhaltsleistungen von Mann und Frau, BVerfGE 17, 38 (50 f.); Entlassung aus dem Beamtenverhältnis aufgrund § 63 DBG in der Frauen benachteiligenden Fassung von 1937, BVerfGE 19, 76 (86); Enteignungsmaßnahmen, die während der Besatzungszeit in der SBZ vorgenommen worden sind, BVerfGE 84, 90 (123 f.).

Entsprechend sind die Grundrechte auch nicht automatisch für die noch in der **11** **DDR** ergangenen **Einzelakte** der Gerichte und Behörden maßgeblich. Für diese sehen die Art. 18, 19 Einigungsvertrag vielmehr vor, dass sie auch nach dem Beitritt der DDR zum Grundgesetz fortgelten, wobei bei Unvereinbarkeit mit rechtsstaatlichen Grundsätzen, wozu auch Grundrechtsverletzungen gehören können, eine Überprüfung bzw. Aufhebung vorgesehen ist.

▶ **Hinweis:** Aus einzelnen Grundrechten lässt sich auch keine Pflicht der Bundesrepublik zur Wiedergutmachung von Unrecht einer nicht an das Grundgesetz gebundenen Staatsgewalt herleiten, die allerdings vom Sozialstaatsprinzip geboten sein kann (BVerfGE 102, 254 [297 f.]).

3. Zusammenfassung

12
- Der räumliche Geltungsbereich der Grundrechte umfasst die Ausübung deutscher Staatsgewalt im Inland, aber auch im Ausland. Allerdings schließt das Territorialprinzip grds. grundrechtliche Ansprüche auf Tätigwerden des Staates im Ausland aus.
- Die Grundrechte des Grundgesetzes beanspruchen erst seit dessen Inkrafttreten Geltung. Vorher erlassene Rechtsnormen gelten bei Widerspruch insbes. zu den Grundrechten des Grundgesetzes nicht fort, Art. 123 Abs. 1 GG. Einzelakte können nicht an den Grundrechten des Grundgesetzes gemessen werden, wenn sie vor dessen Inkrafttreten endgültig wirksam geworden sind. Für DDR-Staatsakte gilt Entsprechendes.

III. Einteilung der Grundrechtsbestimmungen

13   Im Unterschied zu anderen in- und ausländischen Verfassungen der Geschichte wie der Gegenwart verzichtet das Grundgesetz darauf, den Bestand seiner Grundrechte ausdrücklich einzuteilen. Auch entsprechende Versuche der Rechtswissenschaft, die auf eine lange Tradition zurückblicken, stoßen auf Probleme, weil eine Grundrechtsbestimmung vielfach Grundlage ganz unterschiedlicher Rechtsfolgen ist. Zahlreiche, früher zu Einteilungszwecken verwendete Kategorien dienen heute eher dazu, für mehrere Grundrechtsbestimmungen gleichermaßen eingreifende Konsequenzen oder für sie geltende Eigenschaften zu bezeichnen, als dazu, den Bestand der Grundrechtsbestimmungen zu klassifizieren. Insbesondere gilt dies für Kategorien wie Abwehrrechte, Freiheitsrechte, Gleichheitsrechte, Leistungsrechte, Mitwirkungsrechte, Schutzrechte oder Teilhaberechte, die kaum mehr geeignet scheinen, die Gesamtheit einer Grundrechtsbestimmung und ihrer rechtlichen Konsequenzen zu erfassen, sondern nur noch als **strukturelle Kategorien** für Eigenarten subjektiver Rechte heranzuziehen sind, die sich aus den jeweiligen Grundrechtsbestimmungen, vielfach mehrere zugleich, ergeben können (dazu u. Kap. 4, Subjektive Grundrechte und objektive Grundrechtsgehalte, Rn. 12 ff.).

14   Klassifizierungen sind indes auch heute noch anhand der für das Grundrecht maßgeblichen Rechtsquelle möglich. So können Grundrechte danach unterschieden werden, ob es sich um solche aus dem **Grundgesetz**, aus den **Landesverfassungen**, aus dem **Europarecht** oder aus **völkerrechtlichen Dokumenten** handelt, wobei im letzteren Falle überwiegend von Menschenrechten die Rede ist. Dieser Begriff ist insoweit mehrdeutig, als er neben der Verwendung im internationalen Kontext auch auf Rechte bezogen wird, die dem Menschen von Natur aus zustehen, also zum überpositiven Recht gehören; zudem wird er teilweise für Grundrechte verwendet, die jedermann zustehen (u. Rn. 15).

15   Eine weitere Verwendungsmöglichkeit findet sich im Zusammenhang mit der Einteilung der Grundrechte nach den angesprochenen Berechtigten. Soweit Grundrechte für

jedermann gelten sollen, kann man sie auch als Menschenrechte bezeichnen. Wegen der angesprochenen Mehrdeutigkeit (und wegen der möglichen Geltung der Grundrechte auch für juristische Personen, u. Kap. 6, Die Grundrechtsberechtigten, Rn. 42 ff.) ist allerdings der sprachlich weniger schöne Begriff der **Jedermann-Rechte** wohl vorzugswürdig. Den Jedermann-Rechten werden vielfach die sogenannten **Deutschenrechte** gegenübergestellt, die auch als Bürgerrechte, dann in der Gegenüberstellung „Menschen- und Bürgerrechte" erscheinen. Ähnlich wie die Menschenrechte sind allerdings auch die Bürgerrechte einer mehrfachen Ausdeutung zugänglich, können insbesondere als Gegenüber zu den sogenannten Staatsbürgerrechten fungieren (dazu u. Kap. 6, Die Grundrechtsberechtigten, Rn. 3). Im Übrigen gibt es neben den Deutschenrechten auch andere Grundrechte, deren Berechtigtenkreis durch unterschiedliche Kriterien eingegrenzt ist, etwa auf Eltern, Mütter, Lehrer, Kinder oder politisch Verfolgte (siehe näher u. Kap. 6, Die Grundrechtsberechtigten, Rn. 19 f.).

Die Einteilung der Grundrechte nach dem Kreis der aus ihnen Verpflichteten **16** ist deswegen unergiebig, weil sie grundsätzlich umfassend verbindlich sind (vgl. Art. 1 Abs. 3 GG, und u. Kap. 5, Grundrechtsverpflichtete, Rn. 1 f.). Denkbar ist hier mit Rücksicht auf die sogenannte Drittwirkung der Grundrechte (näher u. Kap. 5, Grundrechtsverpflichtete, Rn. 31 ff.) eine Unterscheidung zwischen Grundrechten, die **nur die Staatsgewalt** binden, und solchen, die darüber hinaus **auch für Privatpersonen verpflichtend** sind, wie dies etwa bei Art. 9 Abs. 3 GG angenommen wird. Dies führt zu einer Einteilung in Grundrechte mit und Grundrechte ohne solche Drittwirkung.

Schließlich ist an eine Einteilung der Grundrechte nach der in ihnen angesproche- **17** nen Materie zu denken. Dieser Ansatz, der etwa der Weimarer Verfassung mit ihrer Abschnittsbildung, aber auch ihr folgenden geltenden Landesverfassungen zugrunde liegt, teilt den Grundrechtsbestand nach dem Bezug einzelner Rechte auf **Themenbereiche** wie Religion, Kultur, Wirtschaft, Privatleben, politische Betätigung und ähnliche Kategorien ein. Für die Grundrechte des Grundgesetzes lässt sich diese Zuordnung durchweg nur **schwerpunktmäßig**, in der Regel jedenfalls nicht trennscharf vornehmen, so dass auch diese Kategorie keine echte Einteilung ermöglicht.

Beispiele:

- Die Freizügigkeit nach Art. 11 GG kann einer Kategorie wirtschaftlicher Rechte zugeordnet werden (u. Kap. 23, Das Grundrecht der Freizügigkeit, Art. 11 GG, Rn. 4), erfasst aber gleichwohl auch den davon ganz unabhängigen freien Zug des nichtwirtschaftenden Privatmannes.
- Die Unverletzlichkeit der Wohnung nach Art. 13 GG kann einem Kreis von Grundrechten zum Schutz des Privatlebens zugeordnet werden, wird gleichwohl verbreitet auch auf den Schutz von Geschäftsräumen bezogen (u. Kap. 25, Die Unverletzlichkeit der Wohnung, Art. 13 GG, Rn. 5 ff.).
- Die Versammlungsfreiheit nach Art. 8 GG wird üblicherweise einem Kreis besonders politischer Grundrechte zugeordnet, wirkt aber auch zugunsten gänzlich unpolitischer Versammlungen (u. Kap. 20, Die Versammlungsfreiheit, Art. 8 GG, Rn. 4).

Zusammenfassung

18   • Grundrechte können anhand der Rechtsquelle in solche des Grundgesetzes,
         der Landesverfassungen, des Europarechts oder aus völkerrechtlichen
         Dokumenten eingeteilt werden.
       • Stellt man auf den Berechtigten ab, ist zwischen Jedermann-Rechten und
         Deutschenrechten zu differenzieren; wird an die Verpflichteten angeknüpft,
         ergeben sich Grundrechte mit und ohne Drittwirkung.
       • Grundrechte können zudem anhand der in ihnen angesprochenen Materie
         unterschieden werden, was regelmäßig nur eine schwerpunktmäßige
         Zuordnung zulässt.

IV. Grundrechtsinterpretation und Grundrechtstheorien

1. Auslegungsgrundsätze

19   Als Rechtsnormen des Verfassungsrechts unterliegen Grundrechtsbestimmungen
     den **allgemein gültigen Grundsätzen juristischer Auslegung**, die den objektiven
     Bedeutungsgehalt einer Norm unter Berücksichtigung ihres Wortlauts, geschicht-
     licher Hintergründe und ihrer Entstehungsgeschichte, ihres systematischen
     Zusammenhangs, ihrer auf dieser Grundlage ermittelten Zielrichtung sowie rechts-
     vergleichender Einsichten und völkerrechtlicher Bindungen (o. Kap. 2, Grund- und
     Menschenrechtsgarantien des geltenden Rechts, Rn. 41) zu ermitteln sucht. Da es an
     einer Rangfolge dieser Gesichtspunkte fehlt, ist ein allein richtiges Verständnis
     methodisch oft nicht feststellbar; hier kommt es auf die Überzeugungskraft der
     Argumente an, aus der sich auch die Autorität der zur verbindlichen Entscheidung
     berufenen Stelle herleiten muss. In diesem Rahmen ist zudem Besonderheiten des
     Verfassungsrechts, wie zumal großer Offenheit der Formulierungen und häufig
     gegenläufig scheinender Gehalte, Rechnung zu tragen. Speziell für die Grundrechte
     ist deren größtmögliche Effektivität als Auslegungsmaxime anerkannt; nicht
     einhellig wird beurteilt, inwieweit Grundrechtsbegrenzungen zur systematischen
     Interpretation des Grundrechtstatbestands dienen können (u. Kap. 7, Der Grund-
     rechtstatbestand, Rn. 25 f.).

2. Grundrechtstheorien

20   Bedeutung für die Grundrechtsauslegung können sog. Grundrechtstheorien als
     grundlegende, auslegungsleitende Ansätze für das Verständnis der Grundrechts-
     bestimmungen überhaupt erlangen. Der Rückgriff auf Grundrechtstheorien birgt die
     Gefahr in sich, dass für die Auslegung eines Grundrechts ein von außen herangetra-
     genes Vorverständnis bestimmend wird, ja den eigentlichen Verfassungsinhalt ver-
     drängen kann, wenn es sich nicht aus dem Grundgesetz selbst ableiten lässt.

Derartige Grundrechtstheorien sind als solche kaum einmal als geschlossene 21
Gesamtentwürfe formuliert worden, sondern ergeben sich aus allgemeinen oder
auch speziellen Beiträgen zur Grundrechtsdogmatik dadurch, dass mehr oder weniger beiläufig ein bestimmtes Grundverständnis der Grundrechte erkennbar wird.
Diese Ansätze hat *Böckenförde* bereits 1974 in einem grundlegend bedeutsamen
Aufsatz **zusammengefasst**, der bis heute wesentliche Verständnismöglichkeiten
der Grundrechte des Grundgesetzes maßgeblich bezeichnet.[1] Ausgehend von dieser
Darstellung sind die nachstehend (u. Rn. 22 ff.) aufgeführten Grundrechtstheorien
zu unterscheiden.

> **Hinweis:** Demgegenüber ist die „Prinzipientheorie" der Grundrechte[2]
> eher rechtstheoretischer Natur; sie nimmt an, dass die Grundrechtsbe-
> stimmungen einen Doppelcharakter als (strikt zu befolgende) Regeln und
> als (für Abwägung offene) Prinzipien haben; sie ist damit ein Erklärungs-
> modell für die Wirkungsweise von Grundrechten insgesamt, zielt nicht
> auf ihre Auslegung im Einzelnen.

Die **liberale (bürgerlich-rechtsstaatliche) Grundrechtstheorie** sieht die Grund- 22
rechte als Sphären natürlicher Freiheit des Einzelnen, die als negative Kompetenznor-
men staatlichen Ingerenzen grundsätzlich entgegenstehen und so Räume individueller
Beliebigkeit sichern. Dieses Verständnis gibt im Grundansatz bis heute die Bedeutung
der meisten Grundrechte des Grundgesetzes im Kern zutreffend wieder. Wenn danach
die Abwehrrechtsfunktion dieser Grundrechte zentral bedeutsam bleibt, schließt dies
doch ergänzende Ansätze nicht aus.

Die **institutionelle Grundrechtstheorie** setzt über den Bereich der überkommenen 23
Einrichtungsgarantien hinaus (u. Kap. 4, Subjektive Grundrechte und objektive Grundrechtsgehalte, Rn. 51 ff.) auch bei den Freiheitsrechten traditionelle und rechtliche
Vorprägung wesensbestimmender Elemente von Lebensbereichen an die Stelle autonomer Selbstbestimmung; damit wird indes das Wesen der Freiheit verkannt. Zudem verliert das Grundrecht den Vorrang gegenüber dem danach nicht mehr einschränkenden,
sondern nunmehr im institutionellen Rahmen ausgestaltenden Gesetzesrecht.

Beispiel:
Folgt man diesem Grundrechtsverständnis, ist etwa die gesetzliche Regelung der
inneren Pressefreiheit problemlos möglich, da sie nicht dem begrenzten Einschränkungsvorbehalt des Art. 5 Abs. 2 GG unterfällt (*Böckenförde*, NJW 1974,
1529 [1532]).

Nach der **Werttheorie der Grundrechte** wird in den Grundrechtsbestimmungen 24
ein „Wertsystem" festgelegt; auch dabei besteht die Gefahr, dass die Offenheit für

---

[1] *Ernst-Wolfgang Böckenförde*, Grundrechtstheorie und Grundrechtsinterpretation, NJW 1974,
1529 ff.
[2] *Robert Alexy*, Theorie der Grundrechte, 1985, insbes. S. 71 ff., 104 ff.

selbstbestimmtes Verhalten durch inhaltliche Vorgaben für die mehr oder weniger wertgerechte Betätigung des Einzelnen ersetzt wird. Das BVerfG beruft sich vielfach auf „Wertentscheidungen" oder auch eine „Wert[e]ordnung"; letztere hat es freilich bislang nicht nachzuweisen vermocht, jedenfalls nicht im Sinne einer Wert*rang*ordnung. Ob mit dieser Redeweise des Gerichts ein grundrechtstheoretischer Anspruch verbunden ist, scheint fraglich.

> **Beispiel:**
>
> Legt man dieses Grundrechtsverständnis zugrunde, könnte etwa die Pressefreiheit nach Art. 5 Abs. 1 Satz 2 GG nur für Druck-Erzeugnisse gelten, die der Verwirklichung des in diesem Grundrecht angelegten Meinungsbildungswertes dienen. Diese Differenzierung zwischen wertverwirklichendem und wertgefährdendem Freiheitsgebrauch kann die Reichweite grundrechtlichen Schutzes in problematischer Weise in Frage stellen.

Die nicht nur in den Grundrechten verankerten Verfassungs-„Werte" erlangen vor allem im Rahmen der objektiven Grundrechtsgehalte (u. Kap. 4, Subjektive Grundrechte und objektive Grundrechtsgehalte, Rn. 47 ff.) und im Zusammenhang mit der Rechtfertigung von Grundrechtseinschränkungen zugunsten anderer Grundrechte oder sonstiger Verfassungsgüter (u. Kap. 8, Grundrechtseingriff und sonstige relevante Grundrechtsbeeinträchtigungen, Grundrechtsbegrenzungen, Anforderungen an Grundrechtsbeeinträchtigungen) Bedeutung.

25   Die **demokratisch-funktionale Grundrechtstheorie** versteht die Grundrechtsgewährleistungen vor allem des politischen Lebens als im Interesse des demokratischen Prozesses übertragene und auszuübende Kompetenzen des Einzelnen; die individuelle Freiheit wird als Mittel dieses Prozesses funktionalisiert, ist nicht Selbstzweck. Eine solche Reduktion der Freiheit ist in ihrer Einseitigkeit nicht gerechtfertigt, weil sie die davon weitgehend unabhängige Bedeutung der Grundrechte für andere Lebensbereiche, wie etwa Wirtschaft oder Kultur, oder den engeren Bereich der Persönlichkeit vernachlässigt; dies hindert nicht, die Bedeutung zumal der einschlägigen Grundrechte auch für das demokratische System anzuerkennen.

> **Beispiel:**
>
> Problematischer Ausdruck dieser im strengen Sinne verstandenen Grundrechtstheorie ist es etwa, wenn die Versammlungsfreiheit des Art. 8 GG von vornherein auf politische, öffentlicher Meinungsbildung dienende Versammlungen begrenzt wird (s. auch u. Kap. 20, Die Versammlungsfreiheit, Art. 8 GG, Rn. 4).

26   Die **sozialstaatliche Grundrechtstheorie** zielt darauf ab, über die allein rechtliche Gewährleistung der Grundrechte hinaus durch geeignete Vorkehrungen auch tatsächlich sicherzustellen, dass von den grundrechtlichen Freiheiten wirklich Gebrauch gemacht werden kann und dass vorgeschriebene Gleichheit auch realisiert wird. Doch scheidet eine Umdeutung von Abwehrrechten in (originäre) Leistungsrechte grundsätzlich aus. Ihre strikte Verbindlichkeit darf nicht zugunsten nur grundsätzlich bindender Leistungspflichten in Frage gestellt werden.

Beispiel:
Nach dieser Grundrechtstheorie begründet die sozialstaatlich verstandene Freiheit der Religionsausübung nach Art. 4 Abs. 2 GG die Pflicht des Staates, für die wirtschaftliche Existenzbasis der Religionsgemeinschaften einzustehen (vgl. *Böckenförde*, NJW 1974, 1529 [1536]).

Keine der vorgenannten „Theorien" hat sich als allein maßgebliche Auslegungsleit- 27
linie durchzusetzen vermocht; vielmehr wird weithin eine für Ergänzungen offene **„Multifunktionalität" der Grundrechte** anerkannt, wonach den Grundrechten verschiedene „Funktionen" oder auch „Dimensionen" zugeschrieben werden. Tatsächlich schließen sich die Zusammenhänge der Grundrechte mit Prinzipien des Art. 20 GG (Rechtsstaat, Demokratie und Sozialstaat) nicht gegenseitig aus, sondern können im Rahmen der systematischen Interpretation durchaus nebeneinander oder den Gegebenheiten der Einzelgrundrechte entsprechend einzeln Beachtung finden. Dagegen bietet die Wertetheorie kaum Hilfen für die Grundrechtsinterpretation, da der maßgebliche Inhalt der jeweiligen grundrechtlichen Werte selbst erst im Wege der Auslegung festgestellt werden soll. Die institutionelle Sichtweise kann allenfalls bei einzelnen Grundrechten denkbare Auslegungsergebnisse vorzeichnen.

3. Zusammenfassung

- Die Auslegung der Grundrechtsbestimmungen erfolgt auf der Grundlage der 28
  allgemeinen juristischen Interpretationsgrundsätze unter Berücksichtigung
  von Besonderheiten des Verfassungsrechts und speziell der Grundrechte
  selbst.
- Mit dem Begriff „Grundrechtstheorie" werden meist grundlegende, auslegungsleitende Verständnisansätze für die Grundrechtsbestimmungen
  bezeichnet.
- Es kann zwischen der liberalen, der institutionellen, der demokratischfunktionalen und der sozialstaatlichen Grundrechtstheorie sowie der Werttheorie der Grundrechte unterschieden werden. Die Theorien können im Rahmen der sog. Multifunktionalität der Grundrechte alternativ oder kumulativ herangezogen werden, auch eine Ergänzung um weitere Theorien ist denkbar.

Subjektive Grundrechte und objektive Grundrechtsgehalte

4

Inhalt

Literatur zu I.: *Josef Isensee,* §191 Das Grundrecht als Abwehrrecht und als staatliche Schutzpflicht, in: HStR IX³, 2011, S. 413; *Hans D. Jarass,* §38 Funktionen und Dimensionen der Grundrechte, in: HGR II, 2006, S. 625; *Dietrich Murswiek,* §192 Grundrechte als Teilhaberechte, soziale Grundrechte, in: HStR IX³, 2011, S. 569; *Wolfgang Rüfner,* §40 Leistungsrechte, in: HGR II, 2006, S. 679; *Michael Sachs,* §65 Die Grundrechte als objektives Recht und als subjektive Rechte, in: Stern, Staatsrecht III/1, 1988, S. 473; *ders.:* §66, Abwehrrechte, ebda, S. 619; *ders.:* §67, Leistungsrechte, ebda, S. 687; *ders.:* §39 Abwehrrechte, in: HGR II, 2006, S. 655; *Christian Starck,* §41, Teilnahmerechte, ebda, S. 709; *Horst Dreier:* Subjektiv-rechtliche und objektiv-rechtliche Grundrechtsgehalte, Jura 1994, 505; *Wolf Heintschel von Heinegg/Ulrich Haltern,* Grundrechte als Leistungsansprüche des Bürgers gegenüber dem Staat – Grund- und Übungsfälle, JA 1995, 333; *Ulrich Ramsauer,* Die Dogmatik der subjektiven öffentlichen Rechte, JuS 2012, 769; *Andreas Voßkuhle/Anna-Bettina Kaiser,* Grundwissen – Öffentliches Recht: Funktionen der

© Springer-Verlag Berlin Heidelberg 2017
M. Sachs, *Verfassungsrecht II - Grundrechte*, Springer-Lehrbuch,
DOI 10.1007/978-3-662-50364-5_4

Grundrechte, JuS 2011, 411; **zu II.:** *Brun-Otto Bryde,* § 17 Programmatik und Normativität der Grundrechte, in: HGR I, 2004, S. 679; *Christian Callies,* § 44 Schutzpflichten, in: HGR II, 2006, S. 963; *Erhard Denninger,* § 113 Staatliche Hilfe zur Grundrechtsausübung durch Verfahren, Organisation und Finanzierung, HStR IX³, 1992, S. 621; *Udo Di Fabio,* § 46 Zur Theorie eines grundrechtlichen Wertesystems, ebda, S. 1031; *Hans D. Jarass,* § 38 Funktionen und Dimensionen der Grundrechte, ebda, 625; *Michael Kloepfer,* § 43 Einrichtungsgarantien, ebda, S. 921; *Eberhard Schmidt-Aßmann,* § 45 Grundrechte als Organisations- und Verfahrensgarantien, ebda, S. 993; *Klaus Stern,* § 68 Die Einrichtungsgarantien, in: ders., Staatsrecht III/1, 1988, S. 754; *ders.,* § 69 Die objektiv-rechtlichen Grundrechtsgehalte, ebda, S. 890; *Christoph Brüning,* Voraussetzungen und Inhalt eines grundrechtlichen Schutzanspruchs – BVerwG, NVwZ 1999, 1234, JuS 2000, 955; *Horst Dreier,* Subjektiv-rechtliche und objektiv-rechtliche Grundrechtsgehalte, Jura 1994, 505; *Hans-Uwe Erichsen,* Grundrechtliche Schutzpflichten in der Rechtsprechung des Bundesverfassungsgerichts, Jura 1997, 85; *Tobias Gostomzyk,* Grundrechte als objektiv-rechtliche Ordnungsidee, JuS 2004, 949; *Annette Guckelberger,* Die Drittwirkung der Grundrechte, JuS 2003, 1151; *Oliver Klein,* Das Untermaßverbot – über die Justiziabilität grundrechtlicher Schutzpflichterfüllung, JuS 2006, 960; *Jörn Lüdemann,* Die verfassungskonforme Auslegung von Gesetzen, JuS 2004, 27; *Alexandra Pietrzak,* Die Schutzpflicht im verfassungsrechtlichen Kontext – Überblick und neue Aspekte, JuS 1994, 748; *Klaus Stern,* Die Schutzpflichtenfunktion der Grundrechte: Eine juristische Entdeckung, DÖV 2010, 241; *Andreas Voßkuhle/Anna-Bettina Kaiser,* Grundwissen – Öffentliches Recht: Funktionen der Grundrechte, JuS 2011, 411.

Rechtsprechung zu I.: BVerfGE 27, 297 (Schutznormlehre – subjektive Rechte aus Ermessensnormen); BVerfGE 33, 303 (Numerus clausus); BVerfGE 38, 175 (Rückenteignung); BVerfGE 46, 160 (Schleyer); BVerfGE 88, 203 (Schwangerschaftsabbruch II); **zu II.:** BVerfGE 7, 198 (Lüth); BVerfGE 39, 1 (Schwangerschaftsabbruch I); BVerfGE 53, 30 (Mülheim-Kärlich); BVerfGE 84, 34 und 59 (Prüfungsrecht); BVerfGE 85, 1 (Kritische Bayer-Aktionäre); BVerfGE 85, 69 (Eilversammlung); BVerfGE 88, 203 (Schwangerschaftsabbruch II); BVerfGE 90, 263 (Ehelichkeitsanfechtungsfrist); BVerfGE 93, 165 (Erbschaftsteuer).

Übungsfälle zu I.: *Christian Calliess/Axel Kallmayer,* Der praktische Fall – Öffentliches Recht: Abwehrrechte und Schutzpflichten aus Grundrechten, JuS 1999, 785; *Wolf Heintschel von Heinegg/ Ulrich Haltern,* Grundrechte als Leistungsansprüche des Bürgers gegenüber dem Staat – Grund- und Übungsfälle, JA 1995, 333; *Sebastian von Kielmansegg,* Grundfälle zu den allgemeinen Grundrechtslehren, JuS 2009, 19, 118, 216; **zu II.:** *Ulrich Haltern/Lars Viellechner,* Der praktische Fall – Öffentliches Recht: Import embryonaler Stammzellen zu Forschungszwecken, JuS 2002, 1197; *Sebastian von Kielmansegg,* Grundfälle zu den allgemeinen Grundrechtslehren, JuS 2009, 216; *Armin von Weschpfennig,* Referendarexamensklausur – Öffentliches Recht: Grundrechtliche Schutzpflichten – Apokalypse und Schwarze Löcher, JuS 2011, 61.

I. Grundrechte als subjektive Rechte

1. Grundsätzliche Problematik und Begriff des subjektiven Grundrechts

1   Eine der großen Streitfragen des späten 19. Jahrhunderts drehte sich um das Problem, ob man die Grundrechte als subjektive Rechte auffassen kann. Eine solche Frage stößt heute eher auf Unverständnis, da man mit Recht gewohnt ist, die Grundrechte geradezu als Musterfall subjektiver Berechtigungen des Individuums anzuerkennen. Gleichwohl lohnt es sich, auch im vorliegenden Zusammenhang

der – sonst vor allem im Hinblick auf die problematischeren Bereiche des Verwaltungsrechts diskutierten – Frage nachzugehen, **worauf sich** eigentlich die **Ableitung subjektiver Berechtigungen** aus objektiven Rechtsnormen (zumindest) des öffentlichen Rechts **stützt**.

Das Wort „Recht" hat in der deutschen Sprache zwei Grundbedeutungen. Zum **2** einen bezeichnet es einen für die Adressaten verbindlichen Bestand an **objektiven Rechtsnormen** (wie etwa: das deutsche Recht, das Verfassungsrecht, das Landesrecht o. Ä.). In einem objektiven Sinne ist der Begriff auch in Art. 20 Abs. 3 GG gemeint, der die vollziehende Gewalt und die Rechtsprechung für an Gesetz und Recht gebunden erklärt. Als Grundrecht in diesem objektiven Sinne kann nur eine **Grundrechtsbestimmung** gemeint sein. Entsprechendes gilt für grundrechtsgleiche und grundrechtsähnliche Rechte (zu diesen o. Kap. 2, Grund- und Menschenrechtsgarantien des geltenden Rechts, Rn. 7 ff.).

Auf der anderen Seite werden Interessen, die dem Einzelnen durch eine Bestim- **3** mung des objektiven Rechts als seine Rechtspositionen, als seine Berechtigungen zugeordnet sind, als sein **subjektives Recht** bezeichnet. Eine über diese ganz allgemeine Aussage hinausgehende Begriffsbestimmung des subjektiven Rechts ist bislang nicht gelungen, erscheint auch für Zwecke der Grundrechtsdogmatik nicht erforderlich. Jedenfalls stellen Grundrechte in diesem subjektiven Sinne die dem Einzelnen aufgrund einer Grundrechtsbestimmung zustehenden Rechtspositionen, **seine Grundrechte** (oder Grundrechtsberechtigungen) dar. Entsprechendes gilt für grundrechtsgleiche und grundrechtsähnliche Rechte.

2. Voraussetzungen des subjektiven Grundrechts

Größere praktische Relevanz kommt der Frage zu, unter welchen Voraussetzungen **4** ein subjektives Recht angenommen werden kann. Hierzu sind insbesondere für den Bereich des öffentlichen Rechts, dessen Normen vielfach ausdrücklich (nur) Verpflichtungen der Träger öffentlicher Gewalt ansprechen, Kriterien entwickelt worden, die auch für subjektive Rechte gelten, die aus dem Verfassungsrecht abzuleiten sind. Dabei hat sich die schon um die vorletzte Jahrhundertwende entwickelte, auf *Ottmar Bühler*[1] zurückgehende so genannte **„Schutznormlehre"** trotz gewisser Anfechtungen in der Literatur in der Praxis so gut wie allgemein durchgesetzt (vgl. nur BVerfGE 27, 297 [307]).

Nach dieser Lehre ergibt sich aus einer öffentlich-rechtlichen Bestimmung ein **5** subjektives öffentliches Recht unter **drei Voraussetzungen**:

- Die Norm muss eine Person **objektiv begünstigen**;
- diese Begünstigung muss **vom Gesetz bezweckt** sein;
- schließlich muss die **Durchsetzbarkeit** der Rechtsfolge für die gezielt begünstigte Person **vom Gesetz intendiert** sein, was vielfach vernachlässigt wird.

---

[1] *Ottmar Bühler*, Die subjektiven öffentlichen Rechte und ihr Schutz in der deutschen Verwaltungsrechtsprechung, 1914.

▶ **Hinweis:** Die Intention oder Anlage auf Durchsetzbarkeit darf nicht mit dem *Bestehen* der Durchsetzungsmöglichkeit, insbesondere im Wege der Klage, verwechselt werden. Dies zeigt Art. 19 Abs. 4 GG: Wenn danach die klageweise Durchsetzungsmöglichkeit von Rechten gegen die öffentliche Gewalt gesichert wird, muss es die tatbestandlich vorausgesetzten Rechte auch ohne die tatsächlich bestehende Möglichkeit der Durchsetzung geben (u. Kap. 30, Die Rechtsweggarantie des Art. 19 Abs. 4 GG, Rn. 16 f.).

Dies lässt sich kurz dahin zusammenfassen, dass das Gesetz darauf angelegt sein muss, für einen Begünstigten ein subjektives Recht zu begründen.

6   Dementsprechend lässt sich ein **subjektives Grundrecht** einer Person dann annehmen, wenn eine Grundrechtsbestimmung für diese Person objektiv günstige Rechtswirkungen gezielt und mit der Intention ihrer Durchsetzbarkeit begründet, oder kürzer: wenn eine Grundrechtsbestimmung darauf angelegt ist, für eine Person ein subjektives Grundrecht zu begründen. Diese Frage ist letztlich nur für jede einzelne Grundrechtsbestimmung zu entscheiden; immerhin scheinen einige Generalisierungen möglich.

7   Subjektive Grundrechte kommen nur in Betracht, soweit eine Grundrechtsbestimmung **für bestimmte Personen günstige Rechtsfolgen** vorsieht. Dies ist bei den meisten selbständig bedeutsamen (vgl. o. Kap. 2, Grund- und Menschenrechtsgarantien des geltenden Rechts, Rn. 2 f.) Bestimmungen des Grundrechtskatalogs unzweifelhaft der Fall. Auf die (wohl unter diesem Aspekt) erhobenen Bedenken gegen die Qualität des (allgemeinen) Gleichheitssatzes als subjektives Recht ist später (unten Kap. 15, Die Gleichheitssätze des Art. 3 GG, Rn. 3) einzugehen.

8   Neben die objektiv günstige Wirkung muss als zweites Element des subjektiven Grundrechts die **Begünstigungsabsicht** treten; ergibt sich die Begünstigung nur zufällig in Folge der Anwendung der Grundrechtsnorm, handelt es sich nach einer vor langer Zeit entwickelten Unterscheidung um einen **bloßen (Grund-) Rechtsreflex.** Auch dieses Kriterium bereitet für den Bereich der Grundrechte **regelmäßig keine Probleme.** Vielmehr kann im Normalfall ohne weiteres davon ausgegangen werden, dass das Grundgesetz die begünstigenden Wirkungen der Grundrechtsbestimmungen für die betroffenen Einzelnen als solche beabsichtigt.

9   Doch müssen **nicht notwendig alle Personen,** für die sich eine Grundrechtsbestimmung vorteilhaft auswirkt, in die Begünstigungsabsicht des Gesetzes eingeschlossen sein.

Beispiele:
Der Schutz der Ehe nach Art. 6 Abs. 1 GG mag auch den Ehevermittlern objektiv zugutekommen, doch sind solche Wirkungen jedenfalls nur (unbezweckte) Rechtsreflexe, so dass sich die Ehevermittler gegenüber dem Ausschluss der Klagbarkeit des Ehemäklerlohns nach § 656 BGB nicht auf ein subjektives Grundrecht aus Art. 6 Abs. 1 GG stützen könnten (vgl. BVerfGE 20, 31 [33 f.]). – Ebenso wenig werden etwa die Verkäufer von Treibstoff in ihren Absatzinteressen gezielt durch das Grundrecht der Freizügigkeit nach Art. 11 GG geschützt, sondern allenfalls ihre Auto fahrenden Kunden.

Gelegentlich kann auch fraglich sein, zugunsten welcher der in einer Grundrechts- **10** bestimmung **ausdrücklich angesprochenen** Personen die Rechtsfolgen des Grundrechts bezweckt sind.

Beispiele:

Wenn Art. 6 Abs. 3 GG eine Trennung der Kinder von der Familie gegen den Willen der Erziehungsberechtigten untersagt, kommen als Berechtigte in der Reihenfolge des Verfassungstextes die Erziehungsberechtigten, die Kinder, ggf. ausnahmsweise nicht erziehungsberechtigte Eltern und sonstige Angehörige der Familie (Geschwister) in Betracht (näher u. Kap. 18, Die Grundrechte des Art. 6 GG, Rn. 52 f.). Im Rahmen des Art. 104 Abs. 4 GG ist fraglich, ob neben den von der Freiheitsentziehung Betroffenen auch deren Angehörige oder Vertrauenspersonen als Berechtigte anzuerkennen sind (u. Kap. 14, Die Grundrechte des Art. 2 GG, Rn. 132).

Bei den **Grundrechtsbestimmungen** besteht **in aller Regel** auch hinsichtlich **11** der dritten Voraussetzung kein Zweifel. Vielmehr sind Grundrechtsbestimmungen durchweg auch darauf ausgerichtet, dass die von ihnen bezweckten günstigen Wirkungen für die Betroffenen auch **durchsetzbar** sein sollen. Dies gilt auch dann, wenn der Text des Grundrechts nicht ausdrücklich den Bezug zum begünstigten Einzelnen herstellt, wie etwa bei der Freiheit der Kunst nach Art. 5 Abs. 3 Satz 1 GG. Aufgrund der historischen Entwicklung ist für das Grundgesetz grundsätzlich davon auszugehen, dass die dem Einzelnen gewährten Grundrechte für ihn auch durchsetzbar sind. Auch hier kann sich allerdings die **Frage** ergeben, ob die durch ein Grundrecht gezielt bewirkte Begünstigung **für jede so betroffene Person** auf Durchsetzbarkeit angelegt und damit (auch) ihr subjektives Grundrecht ist.

Beispiele:

Art. 6 Abs. 2 Satz 1 GG lässt durch die Inpflichtnahme der ausdrücklich berechtigten Eltern erkennen, dass durch deren Pflege und Erziehung jedenfalls auch die Kinder begünstigt werden sollen; trotzdem werden nur die Eltern als Träger des Grundrechts angesehen (u. Kap. 18, Die Grundrechte des Art. 6 GG, Rn. 33 ff.). – Auch wenn die Rundfunkfreiheit des Art. 5 Abs. 1 Satz 2 GG als dienendes Grundrecht u. a. dazu bestimmt ist, individuelle Meinungsbildung zu gewährleisten, wird dennoch der Rundfunkkonsument als solcher nicht zu den Grundrechtsträgern der Rundfunkfreiheit gezählt (u. Kap. 17, Die Grundrechte des Art. 5 GG, Rn. 43).

---

3. Arten subjektiver Grundrechtsberechtigungen

Die Frage nach den Arten subjektiver Grundrechte zielt nicht auf eine Qualifikation **12** ganzer Grundrechtsbestimmungen, wie sie zumal früher vielfach zu deren Einteilung verwendet wurde (s. o. Kap. 3, Grundsatzfragen der Grundrechte des Grundgesetzes,

Rn. 13), sondern will die vielfach bei ein und derselben Grundrechtsbestimmung nebeneinander in Frage kommenden subjektiven Berechtigungen nach ihrer rechtlichen Struktur unterscheiden. Dabei kommen namentlich die folgenden **Grundkategorien** subjektiver Rechte in Betracht.

a) Abwehrrechte

13   Die schon nach der Formulierung der meisten Grundrechtsbestimmungen im Vordergrund stehende Art subjektiver Grundrechte sind **Rechte an ihren Schutzgegenständen,** an den in den einzelnen Grundgesetzartikeln unter Grundrechtsschutz gestellten Interessen der jeweiligen Berechtigten. Diese unterschiedlichen Schutzgegenstände (näher u. Kap. 7, Der Grundrechtstatbestand, Rn. 13 ff.) sind nach der Formulierung zahlreicher Grundrechtsbestimmungen Objekt der subjektiven Grundrechtsberechtigung, das Grundrecht besteht an diesen Schutzgegenständen der Grundrechtsträger, an ihrer (Verhaltens-) Freiheit, ihrem Leben, ihrer Wohnung, ihrem Eigentum usw.

14   Für Rechte dieser Art wird nachfolgend der Begriff der **Abwehrrechte** verwendet, weil er gegenüber sonstigen Bezeichnungen (wie: Herrschaftsrechte, absolute Rechte) die Zielrichtung dieser Grundrechtsbestimmungen am besten zum Ausdruck bringt. Die Abwehrrechte wirken dahin, dass sie **gegenüber störenden Einwirkungen** von dritter Seite **Schutz** bieten, die Abwehrrechte sind von den grundrechtlich Verpflichteten zu respektieren, ihr jeweiliger Schutzgegenstand darf nicht beeinträchtigt werden. Das Paradigma dieses Abwehrrechts ist das zivilrechtliche Eigentum, das nach § 903 Satz 1 BGB dem Eigentümer einer Sache das Recht gibt, mit ihr nach Belieben zu verfahren und andere von jeder Einwirkung auszuschließen.

15   Die so beschriebenen Abwehrrechte kennzeichnen in sich ruhende Rechtspositionen, deren sich die Berechtigten erfreuen können; erst im Fall einer Störung erwachen sie zu vollem rechtlichen Leben. Es entstehen bei Beeinträchtigungen des Gegenstands eines Abwehrrechts **Ansprüche auf Beseitigung** der Störung, darüber hinaus im Falle einer erneut oder auch erstmalig drohenden Beeinträchtigung Ansprüche **auf Unterlassung** der störenden Einwirkung. Wie beim zivilrechtlichen Eigentum (vgl. § 1004 BGB) treten diese Beseitigungs- und Unterlassungsansprüche als Hilfsrechte zu den durch sie (hier) grundrechtlich geschützten Abwehrrechten hinzu.

Beispiele:

Stellt sich bei der Enteignung eines Grundstücks nach Art. 14 Abs. 3 GG heraus, dass dieses für das Unternehmen nicht benötigt wird, hat der betroffene Grundstückseigentümer auf Grund der Garantie des Art. 14 Abs. 1 Satz 1 GG einen Anspruch auf Rückübereignung, um den verfassungsmäßigen Zustand wiederherzustellen (BVerfGE 38, 175 [179 ff.]). – Gegenüber ehrverletzenden öffentlichen Warnungen staatlicher Stellen steht den Betroffenen ein Unterlassungsanspruch aus Art. 2 Abs. 1 i.V.m. Art. 1 Abs. 1 GG zu (dazu BVerwGE 82, 76 [77 ff.]). – Bei grundrechtsverletzenden Verwaltungsakten hat der Betroffene einen Anspruch darauf, dass dieser aufgehoben wird.

▶ **Hinweis:** Der nicht positivierte allgemeine Folgenbeseitigungsanspruch des Verwaltungsrechts kann so als Hilfsrecht der Grundrechte begründet werden, bleibt aber damit auf der Rechtsfolgenseite engen Grenzen unterworfen. In der aktuellen Diskussion wird weitergehend versucht, unmittelbar aus den Grundrechten, also ohne besondere gesetzliche Regelung, auch Schadensersatz- oder Entschädigungsansprüche abzuleiten, vgl. namentlich *Wolfram Höfling*, VVDStRL Band 61 (2002), S. 260 (268 ff.). In der Rechtspraxis hat sich dies bislang jedoch noch nicht durchsetzen können.

Für die Verwendung der dargelegten **Konzeption** spricht vor allem, dass sie den **16** Grundrechtsbestimmungen **des Grundgesetzes** wie seiner historischen Vorläufer zugrunde liegt. Die Grundrechtsbestimmungen sprechen regelmäßig ausdrücklich Rechte an bestimmten Schutzgütern an, sie garantieren Leben, Freiheit, Eigentum. Auch Art. 19 Abs. 4 Satz 1 GG geht in erster Linie von subjektiven (öffentlichen) Rechten im dargelegten Sinne aus, deren Verletzung geltend gemacht werden kann.

An eben dieser Vorstellung orientiert sich – im Einklang mit der Formulierung **17** des Art. 93 Abs. 1 Nr. 4a GG zur Verfassungsbeschwerde – regelmäßig auch die praktisch für die Falllösung entscheidende **Frage, ob eine Grundrechtsverletzung** gegeben ist. Um diese Frage zu beantworten, ist regelmäßig nicht zu prüfen, ob ein Unterlassungs- oder Beseitigungsanspruch nicht erfüllt wurde, vielmehr geht es um die Feststellung der unzulässigen Einwirkung auf den grundrechtlich geschützten Schutzgegenstand des Abwehrrechts. Terminologisch ist es dann freilich wichtig, **zwischen** den so verstandenen **Abwehrrechten** an den grundrechtlich geschützten Gegenständen und den ihnen als Annex zugehörigen **Beseitigungs- und Unterlassungsansprüchen** klar zu **trennen**.

Normtheoretisch ist es allerdings denkbar, diese negatorischen bzw. quasi-ne- **18** gatorischen Störungsabwehrrechte als die eigentlichen Grundrechte aufzufassen. Dies ist insbesondere aus der Sicht der sogenannten **Imperativentheorie** zwingend, die die gesamte Rechtsordnung durch Verpflichtungsnormen mit zugehörigen Hilfsnormen zu erklären sucht und namentlich die Vorstellung von Rechten an etwas ablehnt. Allerdings kann diese Konstruktion es nicht ausschließen, die für das bessere Verständnis der Rechtsordnung sinnvolle Konzeption eines Rechtes an geschützten Gegenständen zu verwenden, auch wenn es sich letztlich als Reflex gebündelter Störungsabwehransprüche darstellen mag.

Anders als die oben genannten Abwehrrechtsbestimmungen sind allerdings ein- **19** zelne **Grundrechtsbestimmungen als bloße Unterlassungspflichten** gegenüber dem Grundrechtsberechtigten formuliert.

Beispiele:
Art. 3 Abs. 3, Art. 4 Abs. 3 Satz 1, Art. 12 Abs. 2, Art. 16 Abs. 2 GG.

Die diesen Unterlassungspflichten entsprechenden Unterlassungsansprüche sind aber – nicht anders als bei den anderen Abwehrrechten – negatorische Hilfsrechte, sie dienen der Verteidigung eines Schutzgegenstandes, den die Grundrechtsverpflichteten – hier allerdings nur nach Maßgabe des speziellen Verbotsgehalts – zu respektieren haben; die Tatsache, dass dieser Schutzgegenstand nicht angesprochen (wie in Art. 12 Abs. 2 GG) oder doch nicht als Objekt eines (Abwehr-) Rechtes in den Mittelpunkt gestellt wird (vgl. die Erwähnung des Gewissens in Art. 4 Abs. 3 Satz 1 GG), ändert an der Struktur der Rechte als Abwehrrechte nichts.

> ▶ **Hinweis:**   Für die Prüfung einer Grundrechtsverletzung wird es allerdings bei solchen Bestimmungen regelmäßig nicht erforderlich sein, den Schutzgegenstand, zumal wenn er (wie bei Art. 12 Abs. 2 GG) nicht ohne weiteres erkennbar ist, zu definieren und in die Prüfung einzubeziehen, weil sich der Verstoß gegen die (negatorische) Unterlassungspflicht ohne dies unproblematischer untersuchen lässt. Für Art. 3 Abs. 3 GG gilt mit Rücksicht auf die Eigenart der Gleichheit als Schutzgegenstand Entsprechendes (u. Kap. 15, Die Gleichheitssätze des Art. 3 GG, Rn. 90).

b) Leistungsrechte

20   Leistungsrechte begründen für ihre Inhaber die Berechtigung, von dem Verpflichteten eine **Leistung** zu verlangen. Die Leistung kann grundsätzlich in einem positiven Tun, aber auch in einem Unterlassen bestehen (vgl. § 241 Satz 2 BGB). Klammert man die Hilfsansprüche der Abwehrrechte auf Unterlassung von Störungen aus, so geht es im grundrechtlichen Zusammenhang durchweg nur noch um **Ansprüche auf Handlungen des Grundrechtsverpflichteten.** Solchermaßen strukturierte Rechte sind nach dem Wortlaut der Grundrechtsbestimmungen nur vereinzelt festzustellen.

> **Beispiele:**
> Anspruch der Mutter auf den Schutz und die Fürsorge der Gemeinschaft aus Art. 6 Abs. 4 GG; Anspruch auf rechtliches Gehör, Art. 103 Abs. 1 GG.

In anderen Fällen, wie etwa bei Art. 19 Abs. 4 GG, muss die Ausrichtung des gewährten Grundrechts auf eine durch positive Handlungen zu erbringende Leistung durch Auslegung ermittelt werden.

21   Die **Problematik** grundrechtlicher **Leistungsrechte** liegt in der Frage, wie weit es möglich ist, nicht in diese Richtung, sondern **abwehrrechtlich formulierte Grundrechtsbestimmungen** im Wege der Auslegung auch als Grundlage für spezielle Leistungsberechtigungen heranzuziehen. Die Schwierigkeit liegt hier vor allem darin, dass der genaue Umfang der so begründeten Leistungsberechtigung wie schon der ihr entsprechenden Verpflichtung unklar bleibt. Während bei den Abwehrrechten die eingetretene oder drohende Störung des grundrechtlichen Schutzgutes den Umfang der entstehenden Beseitigungs- bzw. Unterlassungsansprüche und vor allem den Eintritt der Rechtsverletzung klar zu bestimmen erlaubt, fehlt es bei Leistungsrechten, die aus abwehrrechtlich formulierten Grundrechtsbestimmungen hergeleitet werden, weitgehend an Anhaltspunkten, die es erlauben würden, die fraglichen Pflichten näher zu bestimmen.

22   Daher ist es bei Annahme grundrechtlicher Leistungsrechte vielfach unverzichtbar, dem **Gesetzgeber** die **Präzisierung der Verpflichtungen** zu überlassen. Das

hat allerdings zur Konsequenz, dass seine Bindung an die Leistungsgrundrechte leerläuft, wenn man nicht dem BVerfG die Befugnis einräumt, die (hinreichende) Pflichterfüllung des Gesetzgebers zu überprüfen. Mangels greifbarer Maßstäbe im Grundgesetz ist aber eine solche **Überprüfungsmöglichkeit** überaus **problematisch**, zumal im Hinblick auf das Gewaltenteilungsprinzip und die Stellung des BVerfG als Rechtsanwendungsorgan. Weitere Bedenken ergeben sich daraus, dass unmittelbar aus dem Grundgesetz abgeleitete Leistungspflichten **auch für den Haushaltsgesetzgeber verbindliche Vorgaben** darstellen; er wäre insoweit ohne eigenen Entscheidungsspielraum verpflichtet, die zur Erfüllung der grundrechtlich gebotenen Leistungen erforderlichen Mittel bereitzustellen.

In besonderem Maß richten sich die vorgenannten Bedenken gegen die Annahme   **23** so genannter **originärer Leistungsgrundrechte**, die im Umfang weitestgehend offene Verpflichtungen der Staatsgewalt begründen würden, im Sinne eines mehr oder weniger bestimmten Zieles tätig zu werden. Das Urbild solcher Leistungsrechte sind die klassischen „sozialen Grundrechte" (Rechte auf Arbeit, Wohnung, soziale Sicherheit, Bildung), die in das Grundgesetz von 1949 bewusst nicht aufgenommen worden sind.

Trotz dieser Ausgangslage hat das BVerfG in seinem **ersten numerus clausus –**   **24** **Urteil** die Möglichkeit in Betracht gezogen, dass aus dem in Art. 12 Abs. 1 Satz 1 GG enthaltenen Recht, die Ausbildungsstätte frei zu wählen, ein sozialstaatlicher Verfassungsauftrag zur Bereitstellung ausreichender Ausbildungskapazitäten für die verschiedenen Studienrichtungen folgen könne, aus dem sich unter besonderen Voraussetzungen ein einklagbarer **Individualanspruch** des Staatsbürgers (sic!; wohl gemeint: des Deutschen) **auf Schaffung von Studienplätzen** ableiten ließe.

Doch wurde zugleich aufgezeigt, warum solche originären Leistungsrechte weit-   **25** gehend bedeutungslos bleiben müssen: Sie stehen nämlich „unter dem **Vorbehalt des Möglichen** im Sinne dessen, was der Einzelne vernünftigerweise von der Gesellschaft beanspruchen kann." Was dies sei, habe wiederum in erster Linie der auch zahlreichen anderen Zielen verpflichtete Gesetzgeber in eigener Verantwortung zu entscheiden (BVerfGE 33, 303 [333]). Danach ist es zu begrüßen, dass einschlägige Bestimmungen auch nach der deutschen Einheit trotz entsprechender Forderungen nach ausführlicher Diskussion **in das Grundgesetz nicht** einmal in Form sozialer Staatsziele aufgenommen worden sind.

Anders zu beurteilen sind die so genannten **derivativen Leistungsrechte** oder   **26** auch **Teilhaberechte**, die sich dann ergeben, wenn es bei staatlich gewährten Leistungen einen Nachfrageüberhang gegenüber den vorhandenen Möglichkeiten gibt, so dass nicht jeder Berechtigte die von ihm begehrte Leistung erhalten kann. In solchen Fällen beschränkt sich der „Leistungsanspruch" auf das Recht, bei der Verteilung der knappen, erschöpfend zu nutzenden Ressourcen gleichheitsgemäß berücksichtigt zu werden. Damit handelt es sich letztlich um eine Frage des **Gleichheitssatzes**, der auch Maßstäbe für die verfassungsgerichtliche Prüfung zur Verfügung stellt.

Beispiel:

Das Recht auf Zulassung zum frei gewählten Hochschulstudium nach Art. 12 Abs. 1 GG verwandelt sich angesichts der Beschränktheit der vorhandenen

Ausbildungskapazitäten in das in diesem Rahmen auf Art. 3 Abs. 1 GG gestützte Recht auf sachgerechte, gleichheitsmäßige Auswahl(-kriterien) (vgl. BVerfGE 33, 303 [332 ff.]).

27   Besondere Bedeutung unter den Leistungsrechten haben in neuerer Zeit die so genannten **Schutzansprüche** erlangt. Sie korrespondieren mit den meist unabhängig von den Leistungsrechten diskutierten so genannten **Schutzpflichten**. Diese äußern sich darin, dass der Grundrechtsverpflichtete den Grundrechtsberechtigten davor schützen muss, dass seine grundrechtlichen Schutzgüter von dritter Seite, namentlich von anderen Personen, eventuell auch von fremden Staaten oder durch die Natur beeinträchtigt werden. Bei nicht voll einsichtsfähigen Menschen kommt sogar ein Schutz gegen sich selbst in Betracht. Auch diese Schutzdimension der Grundrechte kommt im Verfassungstext nur gelegentlich zum Ausdruck. In diese Richtung zielt etwa Art. 1 Abs. 1 Satz 2 GG, wenn er nicht nur zur Achtung der Menschenwürde verpflichtet, sondern auch dazu, sie zu schützen. Textliche Anhaltspunkte kann man ferner etwa in Art. 4 Abs. 2 GG erkennen, wenn man die Gewährleistung der ungestörten Religionsausübung auf Störungen von dritter Seite bezieht.

28   Die Annahme staatlicher Schutzpflichten zugunsten der grundrechtlichen Schutzgüter der Bewohner entspricht dem **klassischen** Verständnis der **Staatsaufgaben**, die in erster Linie darauf ausgerichtet sind, dass der Staat als Ordnungsmacht dafür Sorge trägt, dass die **Bürger einander nicht schädigen**. Ein Staat, der dieser Schutzaufgabe nicht nachkäme, hätte seine primäre Legitimation verloren. Entsprechendes gilt für den Schutz der Bürger eines Gemeinwesens vor Übergriffen auswärtiger Mächte. Der Schutz vor sonstigen Gefahren, etwa Naturkatastrophen, tritt als Aufgabe im Sozialstaat hinzu. Die grundsätzliche Anerkennung der staatlichen Schutzaufgaben bedeutet allerdings keineswegs notwendigerweise, dass sich die **Pflicht zum Schutz der Grundrechtsgüter** der Bevölkerung auch als Konsequenz der Grundrechtsbestimmungen darstellt. Vielmehr ist diese Aufgabe des Staates bereits vor der Anerkennung von Grundrechten gesehen worden und im Prinzip von der Existenz solcher Bestimmungen unabhängig.

29   Gleichwohl hat das BVerfG früh auch eine **grundrechtliche Fundierung** dieser zentralen Staatsaufgabe angenommen. Sie ist zuerst im Hinblick auf das Grundrecht auf Leben entwickelt (näher u. Kap. 14, Die Grundrechte des Art. 2 GG, Rn. 73), mittlerweile aber auf eine Reihe anderer Grundrechte (Art. 3 Abs. 2, Art. 4 Abs. 1, 2, Art. 7 Abs. 4, Art. 12 Abs. 1, auch Art. 2 Abs. 1 GG) ausgedehnt worden. Inzwischen geht das BVerfG konsequenterweise davon aus, dass die Freiheitsgrundrechte allgemein den Staat auch verpflichten, die jeweilige Freiheitssphäre des Individuums zu schützen und zu sichern (BVerfGE 92, 26 [46]). Damit dürften Schutzpflichten bei allen primär abwehrrechtlich angelegten Grundrechtsbestimmungen in Betracht kommen.

30   Gelegentlich wird die Vorstellung einer staatlichen Schutzpflicht auch mit andersartigen Grundrechtsbedeutungen in Verbindung gebracht, etwa mit einer sozialstaatlichen Förderpflicht (bei Art. 7 Abs. 4 GG; u. Kap. 19, Die grundrechtlichen Bestimmungen über das Schulwesen, Art. 7 GG, Rn. 42 ff.) oder mit der Pflicht zu grundrechtsgemäßen Organisationsvorkehrungen (bei Art. 5 Abs. 3 GG, u. Kap. 17, Die Grundrechte des Art. 5 GG Rn. 102, 119).

Beispiel:

Die Gestaltung des Leistungsrechts der gesetzlichen Krankenversicherung soll sich an der Pflicht des Staates orientieren müssen, sich schützend und fördernd vor die Rechtsgüter des Art. 2 Abs. 2 Satz 1 GG zu stellen; insbesondere soll die Verantwortungsübernahme des Staates Konsequenzen für eine Mindestversorgung bei krankheitsbedingter Lebensgefahr haben (BVerfGE 115, 25 [44 f., 49]).

Die **dogmatische Unklarheit** ist perfekt, wenn gar von Schutzpflichten gegenüber Aktivitäten des Staates selbst die Rede ist, die doch schon als abwehrrechtlich relevante Störungen erfasst sein müssten.

Die Hauptschwierigkeit bei der Annahme grundrechtlicher Schutzpflichten und **31** -ansprüche besteht aber darin, dass der Staat dadurch **gegenläufigen Grundrechtsbindungen** unterworfen wird. Während die Freiheitsgarantien als Abwehrrechte den Staat dazu verpflichten, die Verhaltensmöglichkeiten der Rechtsunterworfenen nicht zu verkürzen, so dass sie tun und lassen können, was sie wollen, wird der Staat auf der anderen Seite verpflichtet, zugunsten Dritter dafür zu sorgen, dass das freie Handeln der anderen ihre grundrechtlich geschützten Positionen nicht beeinträchtigt. Dadurch sind ständige **Grundrechtskollisionen** (näher u. Kap. 9, Grundrechtsbegrenzungen, Rn. 54 ff.) unausweichlich, bei denen die Gefahr besteht, dass der Staat unter Berufung auf die Notwendigkeit des Grundrechtsschutzes zugunsten Dritter immer weitergehende Befugnisse zu Verkürzungen der grundrechtlich geschützten Freiheit beansprucht.

Beispiel:

So könnte etwa die Freiheit der Forschung mit Rücksicht auf den Schutz der informationellen Selbstbestimmung eingeschränkt werden (müssen), so dass Historikern die Nutzung bestimmter Daten verwehrt werden würde.

Immerhin stellt schon der rechtsstaatliche Vorbehalt des Gesetzes sicher, dass auch unter Berufung auf Schutzpflichten vorgenommene Freiheitsbeschränkungen **nur auf gesetzlicher Grundlage** möglich sind.

Die Schutzpflichten teilen zudem die allgemeine Schwäche der Leistungsgrund- **32** rechte, dass ihr Inhalt nicht näher in der Verfassung fixiert und auch durch Auslegung nicht hinreichend zu präzisieren ist (s. auch o. Rn. 21 f.). Immerhin besteht hier durch den Bezug auf den abwehrrechtlichen Schutzgegenstand insoweit Klarheit, als das Ziel feststeht, der ungestörte Genuss des grundrechtlichen Schutzgegenstandes durch den Berechtigten. **Wie der Schutz** aber **konkret aussehen soll**, wie weit er gehen muss, welche Maßnahmen im Einzelnen erforderlich sind, **steht** damit noch **keineswegs fest**. Auch das sog. Untermaßverbot als eher terminologische Neuerung, nach dem die Vorkehrungen des Gesetzgebers für einen – unter Berücksichtigung entgegenstehender Rechtsgüter – angemessenen und wirksamen Schutz ausreichend sein und zudem auf sorgfältigen Tatsachenermittlungen und vertretbaren Einschätzungen beruhen müssen, ändert in der Sache nichts. Sieht man die Judikatur dazu berufen, all dies mit bindender Wirkung für den Gesetzgeber festzulegen bzw. eine dahingehende Überprüfung der Gesetzgebung vorzunehmen, bestehen auch hier die bereits angesprochenen Gefahren für die Gewaltenteilung (o. Rn. 22); andernfalls bleibt die Reichweite der Bindung vage, ihre Beachtung dem Ermessen der zuständigen Staatsorgane überlassen.

> **Beispiele:**
> Im zweiten Abtreibungsurteil formuliert das BVerfG weitreichende, detaillierte Vorgaben, die der Gesetzgeber bei der Umsetzung der Schutzpflicht aus Art. 1 Abs. 1 i.V.m. Art. 2 Abs. 2 GG beachten müsse (BVerfGE 88, 203 [252 ff.]). – Andererseits blieb es trotz der Schutzpflicht für das Leben des Entführten der Regierung überlassen, (ob und) welche Maßnahmen gegenüber der lebensbedrohenden terroristischen Erpressung im Falle *Schleyer* ergriffen werden sollten (BVerfGE 46, 160 [164 f.]).

33 Zudem können auch Schutzpflichten nur **nach Maßgabe des verfassungsrechtlich Zulässigen** erfüllt werden, sind von der Bindung an die Verfassungsordnung im Übrigen (etwa hinsichtlich der Gesetzgebungskompetenzen, aber auch hinsichtlich der Grundrechte anderer) nicht schlechthin freigestellt. Allerdings können Grundrechtsbestimmungen, die Schutzpflichten begründen, im Einzelfall durchaus zugleich die zusätzliche Wirkung besitzen, zu andernfalls unzulässigen Grundrechtsbeschränkungen zu ermächtigen (u. Kap. 9, Grundrechtsbegrenzungen, Rn. 33 ff., 54 ff.).

c) Bewirkungsrechte

34 Bei den Bewirkungsrechten handelt es sich um subjektive Rechtspositionen, die im Grundrechtskatalog äußerlich kaum ausdrücklich hervortreten. Ihr Wesen besteht darin, dass sie für den Berechtigten die **Möglichkeit** schaffen, durch rechtlich erhebliches Tun **Rechtsfolgen auszulösen**. Dies entspricht dem Vorbild der zivilrechtlichen Gestaltungsrechte, die aber weitaus spezifischere Voraussetzungen haben, als dies im Grundrechtsbereich anzunehmen ist. Als hier einschlägiges Recht ist namentlich das **aktive Wahlrecht** nach Art. 38 Abs. 1 Satz 1 GG zu erwähnen: Der Grundrechtsberechtigte kann aufgrund des Wahlrechts im Zusammenwirken mit den anderen Wahlberechtigten durch seine Stimmabgabe die Zusammensetzung des gewählten Parlaments (mit-) bestimmen. Ähnliches gilt für das (im Grundgesetz kaum entwickelte) **Abstimmungsrecht**, durch dessen Ausübung der Einzelne die vom Volk zu treffende Sachentscheidung mitbestimmt.

35 Bewirkungsrechte können sich zudem als **Nebenaspekte** primär anders ausgerichteter Grundrechtsgarantien ergeben, so etwa im Rahmen der Erbrechtsgarantie des Art. 14 Abs. 1 GG hinsichtlich der Testierfreiheit (u. Kap. 26, Die Grundrechte des Art. 14 GG, Rn. 68) oder auch bei der durch Art. 2 Abs. 1 GG geschützten Vertragsfreiheit (vgl. u. Kap. 14, Die Grundrechte des Art. 2 GG, Rn. 48). Die genannten „Freiheiten" garantieren zunächst die **rechtliche Bewirkungsmacht** (oder Kompetenz), die gewünschten Rechtsfolgen allein oder mit anderen herbeizuführen, auf deren **Grundlage** erst die **freie Betätigung** möglich ist.

36 Unabhängig von ihrer spezifischen Eigenart sind Bewirkungsrechte für die Grundrechtsprüfung durchweg nur insoweit relevant, als sie zugleich den

Schutzgegenstand einschlägiger Abwehrrechte bilden. Diese schützen den Grundrechtsberechtigten davor, dass ihm sein jeweiliges Bewirkungsrecht entzogen oder eingeschränkt wird. Grundsätzliche Besonderheiten für die Prüfung von Grundrechtsverletzungen ergeben sich insoweit deshalb nicht.

Beispiel:
Würde die Abmeldung vom Religionsunterricht nach Art. 7 Abs. 2 GG gesetzlich von irgendwelchen sachlichen Voraussetzungen abhängig gemacht, wäre dies wie bei jedem Abwehrrecht ein rechtfertigungsbedürftiger Eingriff. Spezifische Auswirkungen des Bewirkungsrechts zeigen sich etwa dann, wenn die vorgenommene Abmeldung in ihren rechtlichen Konsequenzen von den Schulbehörden nicht beachtet würde.

d) Rechtsstellungen

Rechtsstellungen sind subjektive Grundrechte an **rechtlich begründeten Eigen-**   37
schaften oder Situationen von Personen, die von übergreifender präjudizieller Bedeutung für vielfältige weitere Rechtsverhältnisse sind. Hierher gehören namentlich Mitgliedschaften und Fähigkeiten, die ihre Grundlage in der Verfassung oder in anderen Rechtsnormen haben können. Als in der Verfassung jedenfalls angesprochene **Mitgliedschaft** ist die Staatsangehörigkeit zu nennen, grundrechtlichen Schutz kann aber etwa auch die auf Grundrechtsausübung beruhende Mitgliedschaft in einer Vereinigung genießen (vgl. Art. 16 Abs. 1, Art. 9 Abs. 1 GG). Als **Fähigkeiten** auf verfassungsrechtlicher Grundlage sind die Wählbarkeit und die Ämterfähigkeit (vgl. Art. 38 Abs. 1 Satz 1, Abs. 2, Art. 33 Abs. 2 GG), auf gesetzlicher Grundlage die Rechts- und Geschäftsfähigkeit zu nennen; letztere genießen als solche Grundrechtsschutz im Rahmen des allgemeinen Persönlichkeitsrechts (vgl. u. Kap. 14, Die Grundrechte des Art. 2 GG, Rn. 56 f.).

Für die Grundrechtsanwendung werden diese Rechtsstellungen – wie schon die   38
Bewirkungsrechte – vor allem dadurch relevant, dass sie zugleich den **Schutzgegenstand von Abwehrrechten** bilden. Besonders deutlich tritt dies in Art. 16 Abs. 1 GG für die deutsche Staatsangehörigkeit hervor, wenn dort die Rechtsstellung der Staatsangehörigkeit gegen Entzug oder sonstigen Verlust gesichert wird (u. Kap. 27, Die Grundrechte des Art. 16 GG, Rn. 4). Eine Verletzung der garantierten Rechtsstellungen liegt aber auch dann vor, wenn ihr Vorliegen bei der Anwendung von Vorschriften ignoriert wird, die an die fraglichen Fähigkeiten oder Mitgliedschaften anknüpfen.

4.   Die Status-Lehre Georg Jellineks

Große Bedeutung hat in der Darstellung der Grundrechte bis heute die so genannte   39
Status-Lehre, die *Georg Jellinek* schon 1892 entwickelt hat.[2] **Bezugspunkt** seiner Überlegungen waren damals allerdings keineswegs die Grundrechte, vielmehr ging

---

[2] System der subjektiven öffentlichen Rechte, 1892, 2. Aufl. 1905, Nachdruck 1979.

es darum, die **Gesamtheit der Rechtsbeziehungen des Einzelnen zum Staat** systematisch zu erfassen. Dementsprechend gehört zur eigentlichen Status-Lehre auch der so genannte status passivus, der Zustand der Gesetzesunterworfenheit, also der Bereich, in dem der Bürger dem Staat rechtlichen Gehorsam schuldet. Dies bleibt bei der Projektion der Status-Lehre auf den Bereich der Grundrechte durchweg ganz ausgeklammert.

40   Berücksichtigt werden üblicherweise nur die **drei Status**, bei denen es um **Berechtigungen des Bürgers gegenüber** dem **Staat** geht. Insoweit ist gegenüber der ursprünglichen Konzeption *Georg Jellineks* eine maßgebliche Veränderung eingetreten, da sich seine Überlegungen stets auf gesetzlich begründete Berechtigungen bezogen. Eine Verpflichtung auch der Gesetzgebung gegenüber dem Bürger und korrespondierende subjektive Berechtigungen kannte der Vater der Status-Lehre noch nicht. Eine Übertragung seiner Lehre auf den Grundrechtsbereich muss diese Erweiterung der Wirkungsdimension der Grundrechte in Rechnung stellen.

41   Der Standort der Grundrechte in der herkömmlichen Status-Lehre war traditionell der so genannte status negativus, in dem es vor allem darum geht, dass die Staatsgewalt den Einzelnen nicht hindern darf, sich nach seinem Belieben zu verhalten; zum status negativus gehört außerdem die gesamte sonstige individuelle Rechtssphäre, die die Staatsgewalt nicht eigenmächtig berühren darf. Der status negativus beschreibt umfassend den Bereich der **Freiheit des Bürgers vom Staat**, entspricht also dem, was die Abwehrrechte für den Einzelnen sichern. Während der status negativus ursprünglich auf die Freiheit von gesetzwidrigem Zwang beschränkt war, ist er heute auch auf die Freiheit von verfassungswidrigem gesetzlichen Zwang zu erstrecken.

42   Der status positivus bezeichnet den Bereich, in dem der Einzelne **vom Staat** (positive) **Leistungen verlangen** kann. Dabei kommen staatliche Handlungen aller Art in Betracht. Eine hervorgehobene Bedeutung hatte schon nach der Konzeption *Georg Jellineks* der Anspruch des Bürgers auf staatlichen Schutz (durch das Reich), den Art. 3 Abs. 6 RV 1871 allen Deutschen dem Ausland gegenüber zusicherte. Der grundrechtliche status positivus ist heute angesichts der wenigen sonstigen Leistungsrechte ebenfalls vor allem durch die Schutzpflichten geprägt.

43   Der status activus bezeichnet die Rechte der **politischen Beteiligung am inneren Staatsleben**, die auch als die staatsbürgerlichen Rechte (vgl. auch u. Kap. 32, Die grundrechtsgleichen Rechte des Art. 33 GG, Rn. 3) bezeichnet werden. Hierzu gehören namentlich das Wahlrecht sowie das Abstimmungsrecht. Der Bereich des status activus deckt sich indes nicht mit dem der Bewirkungsrechte. Diese können ja auch im Rahmen der Individualsphäre bestehen (o. Rn. 36). Umgekehrt erfasst der status activus seinerseits auch anders geartete Rechtsgarantien, die Mitwirkungsmöglichkeiten in der Staatsorganisation sicherstellen. Hervorzuheben sind insoweit die Wählbarkeit und der Ämterzugang (Art. 38 Abs. 1 Satz 1, Abs. 2, Art. 33 Abs. 2 GG).

44   In der heutigen Diskussion werden die von *Georg Jellinek* für alle öffentlich-rechtlichen Rechtspositionen entwickelten **Status** vielfach **nicht in ihrer ursprünglichen Bedeutung verstanden**. So werden etwa politisch bedeutsame Freiheitsrechte,

wie die Freiheit der Meinungsäußerung oder die Versammlungsfreiheit, nicht zum status negativus gezählt, sondern als Fall des status activus betrachtet, weil durch sie auch an der demokratischen Willensbildung mitgewirkt werde. Eine solche Terminologie weicht vom ursprünglichen Inhalt der Status-Lehre ab und ist daher angetan, Verwirrung zu stiften.

Dasselbe gilt für heute von manchen formulierte **weitere Status**, die in beliebiger Vielfalt unterschiedliche Aspekte grundrechtlicher Wirkungen aufgreifen und zu einem Status erheben. Beispiele sind etwa der so genannte status constituens, der status activus processualis oder der status positivus socialis (dazu *Sachs*, in: Stern, Staatsrecht III/1, S. 426 mit Fn. 181). Jede solche Bezeichnung kann für sich genommen plausibel und in der ihr eigenen Bedeutung treffend sein; unabhängig davon bedeutet jede Abweichung von der ursprünglichen Begriffsbildung des Statuslehre notwendig die Gefahr von Missverständnissen.   45

5. Zusammenfassung

- Unter einem subjektiven Recht versteht man Interessen, die dem Einzelnen durch eine Bestimmung des objektiven Rechts als seine Berechtigung zugeordnet worden sind.   46
- Ein subjektives Grundrecht einer Person ist gegeben, wenn eine Grundrechtsbestimmung für diese Person objektiv günstige Rechtswirkungen gezielt und mit der Intention ihrer Durchsetzbarkeit begründet.
- Subjektive Grundrechtsberechtigungen können nach ihrer rechtlichen Struktur den Grundkategorien „Abwehrrechte", „Leistungsrechte" und „Bewirkungsrechte" zugeordnet werden; hinzu kommen Rechtsstellungen.
- Abwehrrechte schützen den grundrechtlichen Schutzgegenstand gegenüber störenden Einwirkungen durch die Grundrechtsverpflichteten. Droht eine oder kommt es zu einer Grundrechtsverletzung, entstehen Ansprüche auf Unterlassung bzw. Beseitigung der Störung, die von dem durch sie bewehrten Abwehrrecht zu trennen sind.
- Leistungsrechte begründen Ansprüche auf aktives Tun der Grundrechtsverpflichteten. Dabei ist zwischen originären und derivativen Leistungsgrundrechten (sog. Teilhaberechten) zu differenzieren.
- Eine besonders wichtige Gruppe der Leistungsgrundrechte sind die Ansprüche auf Schutz.
- Nach der Status-Lehre *Georg Jellineks* werden heute oft die Grundrechtspositionen des Einzelnen gegliedert: Der status negativus bezeichnet die Freiheit des Bürgers von staatlichen Einwirkungen, entspricht damit den Abwehrrechten. Der status positivus beschreibt den Bereich, in dem der Einzelne vom Staat (positive) Leistungen verlangen kann. Der status activus bezeichnet die Rechte der politischen Beteiligung am inneren Staatsleben; er überschneidet sich nur z. T. mit den Bewirkungsrechten.

II. Objektive Grundrechtsgehalte

1. Die Grundrechte als objektive Rechtsnormen

47   Alle Grundrechtsbestimmungen sind für die Grundrechtsverpflichteten bindende **objektive Rechtsnormen** (o. Kap. 3, Grundsatzfragen der Grundrechte des Grundgesetzes, Rn. 1 f.). Als solche bilden sie zugleich die **Grundlage** für die zwar nicht ausnahmslos, aber doch in aller Regel zugleich begründeten **subjektiven Grundrechte** der von den vorgesehenen Rechtswirkungen begünstigten Personen (o. Rn. 4 ff.). Diese Bedeutung des Begriffs der objektiven Rechtsnorm entspricht dem allgemeinen juristischen Sprachgebrauch und ist auch für das Verständnis der Grundrechte unverzichtbar.

48   Leider weicht die gegenwärtige Grundrechtsdogmatik von dieser Grundlage mit einer eigentümlichen Vorstellung von „objektiven" Grundrechtsgehalten ab, die aus den Grundrechtsbestimmungen abgeleitete zusätzliche Wirkungen besonderer Art erfassen soll. Eine solche Begrifflichkeit ist gleich in zweifacher Hinsicht **terminologisch irreführend**: Die „objektiven" Grundrechtsgehalte sind zum einen nicht die einzigen objektivrechtlichen Rechtsgehalte der Grundrechtsbestimmungen, weil die Grundrechtsbestimmungen auch in ihrer primären, den subjektiven Grundrechten zugrundeliegenden Bedeutung objektive Rechtsnormen sind. Andererseits betreffen die „objektiven" Grundrechtsgehalte auch nicht allein Fälle *ausschließlich* objektivrechtlicher Wirkungen, vielmehr können in bestimmten Fällen durchaus auch subjektive Berechtigungen auf den besonders gearteten „objektiven" Grundrechtsgehalten aufbauen.

49   Trotz der angesprochenen Bedenken kann angesichts der weiten Verbreitung dieser Terminologie nicht ganz auf sie verzichtet werden. Gemeint sind mit dem Begriff der „objektiven" Grundrechtsgehalte solche normativen **Inhalte von Grundrechtsbestimmungen**, die einen **abgeschwächten**, nicht strikt, sondern nur grundsätzlich (prinzipiell) verbindlichen **Geltungsanspruch** erheben; sie stehen in der Nachfolge der früheren Bedeutung der Grundrechte als „bloßer Programmsätze" (s. o. Kap. 1, Die Geschichte der Grundrechte, Rn. 19), die so aber zu einer gewissen, auch normativen Relevanz verstärkt wird. Der Grund für die Fehlbezeichnung als „objektive" Grundrechtsgehalte dürfte darin liegen, dass nur abgeschwächt verbindliche Rechtsgehalte nach früherem Verständnis nicht ausgereicht hätten, um ein subjektives Recht zu begründen.

50   Legt man diese Vorstellung von „objektiven Grundrechtsgehalten" zugrunde, lassen sich zwei Kategorien unterscheiden, nämlich einmal die bereits vor der Entstehung des Grundgesetzes dogmatisch anerkannten so genannten **Einrichtungsgarantien** (u. Rn. 51 ff.), zum anderen **„objektiv-rechtliche" Grundrechtsgehalte**, die erst in der Judikatur des BVerfG entwickelt worden sind (u. Rn. 57 ff.).

2. Einrichtungsgarantien

51   Bei den Einrichtungsgarantien handelt es sich um **traditionell anerkannte Elemente des Verfassungsrechts**, deren Frühformen bereits in der **Weimarer Zeit** als

solche verstanden worden sind. Nach einer seinerzeit geprägten Begrifflichkeit unterscheidet man die Einrichtungsgarantien in die auf das Privatrecht bezogenen „Institutsgarantien" und die dem öffentlichen Recht zugehörigen „institutionellen Garantien".

Beispiele:

Für Institutsgarantie: Ehe (Art. 119 Abs. 1 WRV); Eigentum (Art. 153 Abs. 1 Satz 1 WRV); Erbrecht (Art. 154 WRV); für institutionelle Garantie: kommunale Selbstverwaltung (Art. 127 WRV); Berufsbeamtentum (Art. 129 WRV).

Als privatrechtsbezogene **Institutsgarantien** werden im Rahmen des Grundgeset-   **52** zes insbesondere die in Art. 6 Abs. 1 GG genannte **Ehe,** das **Elternrecht** nach Art. 6 Abs. 2 GG und die in Art. 14 Abs. 1 GG angesprochenen Bereiche des **Eigentums** und des **Erbrechts** angesehen.

Institutionelle Garantien finden sich dagegen nicht nur im Grundrechtsbereich,   **53** sondern etwa auch im jedenfalls heute zur Staatsorganisation zu rechnenden Fall der kommunalen Selbstverwaltung, Art. 28 Abs. 2 GG. Im weiteren Grundrechtsbereich ist hier in erster Linie (der grundrechtsgleiche) Art. 33 Abs. 5 GG zu nennen, der sich mit den hergebrachten Grundsätzen des Berufsbeamtentums befasst. Darüber hinaus wird im Rahmen des Art. 5 Abs. 3 Satz 1 GG an eine institutionelle Garantie der Universität gedacht, wie sie die meisten Landesverfassungen ausdrücklich formulieren. Die Privatschule nach Art. 7 Abs. 4 GG läge wegen ihrer Zugehörigkeit zum primär öffentlich-rechtlichen Schulsystem als Einrichtung im Grenzbereich der beiden Varianten.

Wie bereits diese Beispiele verdeutlichen, handelt es sich bei Einrichtungsgarantien   **54** um Verfassungsbestimmungen, die den **Bestand gewisser Normkomplexe garantieren,** allerdings (anders als die zur Weimarer Verfassung so genannten stringenten status quo-garantien) nicht in allen Einzelheiten, sondern nur in ihren wesensprägenden Grundstrukturen. Eine solche Bestandsgarantie hindert den Gesetzgeber nicht schlechthin, in dem fraglichen Rechtsbereich überhaupt Rechtsänderungen vorzunehmen, doch dürfen diese nicht den Wesenskern des als Einrichtung garantierten Normkomplexes tangieren.

Beispiel:

Eine gesetzliche Anhebung der Erbschaftsteuer, durch die der Erbe übermäßig belastet würde, so dass das Vererben vom Standpunkt eines wirtschaftlich denkenden Eigentümers nicht mehr ökonomisch sinnvoll wäre, würde gegen das durch die Erbrechtsgarantie des Art. 14 Abs. 1 Satz 1 GG gewährleistete Rechtsinstitut der Privaterbfolge verstoßen (BVerfGE 93, 165 [172 ff.]).

Die bereits in anderem Zusammenhang (s. o. Kap. 3, Grundsatzfragen der Grund-   **55** rechte des Grundgesetzes, Rn. 23) angesprochene institutionelle Grundrechtstheorie versucht diesen zunächst auf einzelne, darauf besonders ausgerichtete Grundrechtsgarantien bezogenen Ansatz auszuweiten, so dass zusätzliche oder gar **alle Grundrechte als Einrichtungsgarantien** verstanden werden könnten oder müssten. In einer so verallgemeinerten Form begegnet ein solches Grundrechtsverständnis durchgreifenden **Einwänden**. Wenn Grundrechte stets als Institution im Sinne der für die Grundrechtsmaterie insgesamt einschlägigen Normkomplexe verstanden würden, wäre eine Trennung von Grundrechtsgehalt und grundrechtszugeordneter Gesetzgebung kaum noch möglich. Die in Art. 1 Abs. 3 GG angeordnete Bindungswirkung der Grundrechte für den Gesetzgeber würde auf diese, an die reichsgesetzliche Grundrechtsverwirklichung nach 1867 (s. o. Kap. 1, Die Geschichte der Grundrechte, Rn. 11, 18) erinnernde Weise unterlaufen.

56 Eher diskutabel scheint es, die traditionell anerkannten Fälle von **Einrichtungsgarantien** in vorsichtiger Weise auf weitere, erst im Laufe der Zeit zu einer Einrichtung herausgebildete Aspekte des Grundrechtsspektrums **auszuweiten**. Besonders heftig diskutiert wurde insoweit die Vorstellung, dass aus Art. 5 Abs. 1 Satz 2 GG unter anderem eine Garantie des Rechtsinstituts einer „freien Presse" abgeleitet werden könnte. Ähnliche Vorstellungen sind mit verschiedenen anderen Grundrechtsbereichen in Verbindung gebracht worden. Die Anerkennung der nachstehend behandelten „objektiv-rechtlichen Grundrechtsgehalte" dürfte allerdings inzwischen einen Rückgriff auf institutionelle Modelle weitgehend entbehrlich machen.

3. Objektiv-rechtliche Grundrechtsgehalte

57 Allen „objektiv-rechtlichen Gehalten" der Grundrechte ist gemeinsam, dass sie über eine **nur grundsätzlich wirksame Verpflichtungskraft** verfügen, also nicht in einem strikten Sinne als Rechtsregeln verbindlich sind. Solche „objektiv-rechtlichen Gehalte" machen nach den einschlägigen Interpretationsansätzen regelmäßig nicht den Hauptgehalt eines Grundrechts aus, der vielmehr nach Art. 1 Abs. 3 GG unmittelbar rechtsverbindlich ist und durchweg entsprechende subjektive Grundrechtsberechtigungen begründet. Vielmehr handelt es sich um zur Verstärkung und Ergänzung des primären Grundrechtsschutzes dienende **zusätzliche normative Elemente**, die über die zentrale Rechtsfolge des Grundrechts im Umfang hinausgehen, dafür in der Wirkungsintensität hinter ihr zurückbleiben. Nach der zwischenzeitlich eingetretenen dogmatischen Entwicklung lassen sich jedenfalls **drei besondere Formen** „objektiv-rechtlicher" Grundrechtsgehalte unterscheiden.

58 Die in der Rechtsprechung zuerst anerkannte Variante „objektiv-rechtlicher" Grundrechtsgehalte ist die so genannte **Ausstrahlungswirkung**. Sie bezeichnet den Einfluss, den die Grundrechtsbestimmungen auf die Bedeutung von Vorschriften aller Rechtsbereiche ausüben sollen. Soweit bei der Auslegung und Anwendung von Recht für die rechtsanwendenden Organe Spielräume bestehen, müssen diese im Lichte der auf die gesamte Rechtsordnung „ausstrahlenden" Grundrechte genutzt werden. Dieser Gehalt der Grundrechte wurde in erster Linie für das Zivilrecht entwickelt, wo auf diese Weise die anfangs heftig umstrittene Problematik einer Drittwirkung der Grundrechte (u. Kap. 5, Grundrechtsverpflichtete, Rn. 31 ff.) adäquat gelöst werden konnte. Doch ist die Ausstrahlungswirkung zwischenzeitlich auch

für andere Rechtsbereiche, namentlich für das Strafrecht, aber auch für das Verwaltungsrecht angenommen worden.

Beispiele:

- Gegen den Aufruf zum Boykott eines Filmes steht den Betroffenen ein Unterlassungsanspruch nach § 826 BGB zu, wenn damit sittenwidrig geschädigt wird. Bei der Beurteilung dieses Tatbestandsmerkmals ist die Bedeutung der einschlägigen Grundrechte, insb. der Meinungsfreiheit des Aufrufenden (Art. 5 Abs. 1 Satz 1 GG), aber auch der berührten Grundrechte des Boykott-Betroffenen, zu berücksichtigen (grundlegend das *Lüth*-Urteil, BVerfGE 7, 198 [205 ff.]). S. auch Kap. 5, Grundrechtsverpflichtete, Rn. 41 ff.
- Bei der Entscheidung, ob herabsetzende Behauptungen über Dritte den Tatbestand einer Straftat nach §§ 185 ff. StGB verwirklichen, ist (auch) festzustellen, ob und ggfs. in welchem Umfang diese Äußerungen nach ihrem tatsächlichen Verständnis und ihrer rechtlichen Bewertung an den Gewährleistungen des Grundrechts auf Meinungsfreiheit teilhaben, dessen Bedeutung und Tragweite sachangemessen zu würdigen ist (BVerfGE 85, 1 [13 f.]).
- Bei Auslegung und Anwendung des § 1 Abs. 1 GjS musste die Bundesprüfstelle den Schutz der freien Kommunikation angemessen in Rechnung stellen. Das gilt z. B. bei der Frage, ob eine falsche Darstellung der Kriegsschuldfrage, die die NS-Ideologie aufwertet, allein dadurch Jugendliche sittlich gefährdet (BVerfGE 90, 1 [18 ff.]).
- Bei der Auslegung des Krankenversicherungsrechts kann die Schutzpflicht des Staates zugunsten von Leben und körperlicher Unversehrtheit zu berücksichtigen sein (BVerfGE 115, 25 [44 f.]).

Aus der Sicht der von der **Ausstrahlungswirkung betroffenen** und in ihrem Lichte   59
angewandten **einfachgesetzlichen Rechtsnormen** bestätigt diese Ausprägung „objektiv-rechtlicher" Grundrechtsgehalte die auch gegenüber anderen Verfassungsnormen anerkannte Notwendigkeit verfassungskonformer sowie verfassungsorientierter Auslegung des einfachen Gesetzesrechtes; zu ergänzen ist die Notwendigkeit, die Bedeutung der Grundrechte auch bei der Anwendung der Gesetze auf den Einzelfall hinreichend zu berücksichtigen.

Die verfassungskonforme Auslegung betrifft insofern einen Extremfall. Sie   60
greift ein, wenn die nach den regelmäßigen Auslegungsmethoden naheliegende Interpretation eines Gesetzes dazu führen würde, dass dieses verfassungswidrig und deshalb nichtig wäre. In dieser Situation greift die Methode der verfassungskonformen Auslegung im Sinne eines **normerhaltenden Prinzips** ein und verpflichtet den Rechtsanwender dazu, statt der eigentlich ins Auge zu fassenden Interpretation eine Auslegung zugrunde zu legen, bei der das Gesetz als verfassungsmäßig erscheint und deshalb als gültig angesehen werden kann. Die nicht immer hinreichend beachteten **Grenzen** dieser Methode liegen da, wo der eindeutige Wortlaut oder der erkennbare Wille des Gesetzgebers ignoriert werden würde.

Beispiele:

- Eine verfassungskonforme Auslegung des § 1598 Hs. 2 BGB a. F. in dem Sinne, dass die Frist für die Ehelichkeitsanfechtung durch das volljährige Kind erst mit dessen Kenntnis von den für die Anfechtung erheblichen Umständen zu laufen beginnt, scheiterte am eindeutige Wortlaut dieser Vorschrift (BVerfGE 90, 263 [274 ff.]).
- Dagegen soll es möglich sein, § 14 VersG mit Blick auf die Versammlungsfreiheit nach Art. 8 GG verfassungskonform dahin auszulegen, dass Eilversammlungen (bei denen eine Anmeldung innerhalb der vorgeschriebenen 48-Stunden-Frist unmöglich ist) anzumelden sind, sobald die Möglichkeit dazu besteht (BVerfGE 85, 69 [74 f.] m. abw. M. der Richter *Seibert* und *Henschel* wegen des klaren Wortlauts der Fristbestimmung). Dazu noch u. Kap. 20, Die Versammlungsfreiheit, Art. 8 GG, Rn. 25 f.

61   Auf breiterer Basis dient die sogenannte **verfassungsorientierte Auslegung** einem ähnlichen Anliegen. Bei ihr geht es nicht um die Ersetzung einer zur Verfassungswidrigkeit führenden Auslegung, sondern darum, von mehreren, je für sich durchaus verfassungsgemäßen Interpretationen einer Norm jeweils diejenige als maßgeblich anzunehmen, die den Zielvorstellungen der Grundrechte im höchsten Maße gerecht wird.

62   Bei der **Grundrechtsanwendung** wirkt sich die Ausstrahlungswirkung dergestalt aus, dass der von einer Normanwendung durch die Staatsorgane betroffene Grundrechtsträger sich unter Berufung auf seine **Grundrechtsberechtigung** dagegen wehren kann, dass der **Ausstrahlungswirkung** bei Auslegung und Anwendung der einschlägigen Gesetze nicht hinreichend **Rechnung getragen** worden ist. Auf diese Weise wirken die Grundrechte materiell in die unterschiedlichsten Rechtsverhältnisse, auch solche zwischen Privaten, hinein und führen **prozessual** dazu, dass über die **Verfassungsbeschwerde** gegen das staatliche Handeln der Gerichte das BVerfG mit Rechtsfragen aus dem gesamten Rechtsordnung konfrontiert werden kann.

63   Ein auch unabhängig vom bestehenden Normensystem eigenständig wirksamer „objektiv-rechtlicher" Grundrechtsgehalt ist in der Judikatur des BVerfG seit dem ersten Abtreibungsurteil in Gestalt der so genannten **Schutzpflichten** entwickelt worden (BVerfGE 39, 1 [41 ff.]; s. auch BVerfGE 88, 203 [251 ff.]). Diese Pflichten und die daraus folgenden, auf Schutzgewährung gerichteten grundrechtlichen Schutzansprüche sind bereits als Fall der grundrechtlichen Leistungsrechte (o. Rn. 27 ff.) näher behandelt worden. Ihre inhaltliche Unbestimmtheit erweist sich als Konsequenz der Begründung aus dem auch insoweit nur grundsätzlich verbindlichen objektiv-rechtlichen Gehalt der betroffenen Grundrechte.

64   Die den Grundrechtsbestimmungen zugemessenen Wirkungen für Organisation und Verfahren stellen sich in erster Linie als eine **Variante der Ausstrahlungswirkung** hinsichtlich der einschlägigen Rechtsvorschriften dar. Ihre Hervorhebung beruht auf der Erkenntnis, dass sich grundrechtliche Schutzgüter vielfach nur dann wirksam garantieren lassen, wenn es bereits im Vorfeld zu organisatorischen und

verfahrensmäßigen Vorkehrungen kommt, die Verletzungen der Grundrechte Einzelner verhindern. In solchen Zusammenhängen bewirkt die Ausstrahlungswirkung der Grundrechte namentlich, dass einschlägige **Rechtsvorschriften** über Organisation und Verfahren **so auszulegen** sind, **dass Gefährdungen von Grundrechten vorgebeugt** wird. S. auch Kap. 30, Die Rechtsweggarantie des Art. 19 Abs. 4 GG, Rn. 18.

Beispiel:

Das Grundrecht auf Leben und körperliche Unversehrtheit nach Art. 2 Abs. 2 Satz 1 GG beeinflusst auch Anwendung und Auslegung der atomrechtlichen Vorschriften über das behördliche und gerichtliche Verfahren bei der Genehmigung von Kernkraftwerken, deren vorrangige Aufgabe gerade darin besteht, Leben und Gesundheit vor den Gefahren der Kernenergie zu schützen (BVerfGE 53, 30 [65 f.]).

Fehlt es für einen Rechtsbereich an einschlägigen Rechtsvorschriften oder reicht   **65**
das vorhandene Normenmaterial auch bei verfassungskonformer Auslegung nicht aus, um die Grundrechte in angemessener Weise zu schützen, ergeben sich auch für den Gesetzgeber **unmittelbar aus der Verfassung abgeleitete Pflichten**, für eine adäquate Ausgestaltung der Rechtsvorschriften über die Organisation und das Verfahren in einschlägigen Grundrechtsbereichen zu sorgen. Subjektive Grundrechte auf derartige Rechtssetzungsakte dürften indes allenfalls in Ausnahmefällen in Betracht kommen. Praktisch relevante Grundrechtsverletzungen treten vielmehr regelmäßig dadurch ein, dass in materiell einschlägigen Einzelfällen insoweit defizitäres Recht Anwendung gefunden hat oder Entscheidungen getroffen worden sind, ohne dass den Erfordernissen hinsichtlich von Organisation und Verfahren genügt worden ist.

Beispiel:

Aus Art. 12 Abs. 1 GG ergeben sich für berufsbezogene Abschlussprüfungen eine Vielzahl von Garantien für das Prüfungs- und Bewertungsverfahren, die insb. Objektivität, Neutralität und Chancengleichheit gewährleisten sollen (BVerfGE 84, 34 [45 ff.]; BVerfGE 84, 59 [72 f.]).

---

4. Zusammenfassung

- Die sog. „objektiven" Grundrechtsgehalte sind zusätzliche normative   **66**
  Inhalte von Grundrechtsbestimmungen, die einen abgeschwächten Geltungsanspruch erheben, also für die Normadressaten nicht strikt, sondern nur prinzipiell verbindlich sind.
- Erscheinungsformen „objektiver" Grundrechtsgehalte sind die bereits in der Weimarer Zeit anerkannten Einrichtungsgarantien und die erst vom BVerfG entwickelten „objektiv-rechtlichen" Grundrechtsgehalte.

- Einrichtungsgarantien sind Verfassungsbestimmungen, die einen Bestand gewisser Normkomplexe in seinen wesensprägenden Grundstrukturen garantieren und den Gesetzgeber an der Veränderung dieses Wesenskerns hindern. Dabei können privatrechtsbezogene Institutsgarantien und institutionelle Garantien im Bereich des öffentlichen Rechts unterschieden werden.
- „Objektiv-rechtliche" Grundrechtsgehalte sind zum einen die sog. „Ausstrahlungswirkung", also der Einfluss, den Grundrechtsbestimmungen auf die Bedeutung bestehender Vorschriften sämtlicher Rechtsbereiche entfalten, zum anderen grundrechtliche Schutzpflichten, die mit den grundrechtlichen Schutzansprüchen korrespondieren, und schließlich die Auswirkung der Grundrechte auf Organisation und Verfahren, die eng mit der Ausstrahlungswirkung zusammenhängt.

Grundrechtsverpflichtete

5

Inhalt

Literatur zu I: *Bernhard Kempen,* § 54 Grundrechtsverpflichtete, in: HGR II, 2006, S. 1293; *Wolfgang Rüfner,* § 197 Grundrechtsadressaten, in: HStR IX³, 2011, S. 793; *Klaus Stern,* § 72 Grundsatzfragen der Geltungs- und Bindungskraft der Grundrechte, in: ders., Staatsrecht III/1, 1988, S. 1177; *ders.,* § 73 Die Bindung der Gesetzgebung, ebda, S. 1253; *ders.,* § 74 Die Bindung der vollziehenden Gewalt, ebda, S. 1320; *ders.,* § 75 Die Bindung der Rechtsprechung, ebda, S. 1425; *Hans-Uwe Erichsen,* Die Grundrechtsbindung des privatrechtlich handelnden Staates, Jura 1999, 373; *Wolfram Höfling,* Die Grundrechtsbindung der Staatsgewalt, JA 1995, 431; *Helmut Lecheler,* Zum Bananenmarkt-Beschluss des Bundesverfassungsgericht, NJW 2000, 3124, JuS 2001, 120; *Torsten Lörcher,* Das Verhältnis des europäischen Gemeinschaftsrechts zu den Grundrechten des Grundgesetzes, JuS 1993, 1011; *Martin Nettesheim,* Die Bananenmarkt-Entscheidung des BVerfG: Europarecht und nationaler Mindestgrundrechtsstandard, Jura 2001, 686; *Kerstin Odenthal,* Das „Kooperationsverhältnis" zwischen BVerfG und EuGH in Grundrechtsfragen, JA 2000, 219; **zu II.:** *Hans-Jürgen Papier,* § 55 Drittwirkung, in: HGR II, 2006, 1331; *Wolfgang Rüfner,* § 197 Grundrechtsadressaten, in: HStR IX³, 2011, S. 793 (823 ff.);

© Springer-Verlag Berlin Heidelberg 2017

M. Sachs, *Verfassungsrecht II - Grundrechte*, Springer-Lehrbuch,

DOI 10.1007/978-3-662-50364-5_5

Klaus Stern, §76 Die Drittwirkung der Grundrechte in der Privatrechtsordnung, in: ders.: Staatsrecht III/1, 1988, S. 1509; *Ino Augsberg/Lars Viellechner,* Die Drittwirkung der Grundrechte als Aufbauproblem, JuS 2008, 406 ff.; *Claus Dieter Classen,* Die Drittwirkung der Grundrechte in der Rechtsprechung des Bundesverfassungsgerichts, AöR 122 (1997), 65; *Hans-Uwe Erichsen,* Die Drittwirkung der Grundrechte, Jura 1996, 527; *Annette Guckelberger,* Die Drittwirkung der Grundrechte, Jus 2003, 1151; *Friedrich E. Schnapp/Markus Kaltenborn,* Grundrechtsbindung nicht staatlicher Institutionen, JuS 2000, 935.

Rechtsprechung zu I.: BVerfGE 25, 167 („Ultimatum" des BVerfG); BVerfGE 30, 415 (Anknüpfung der Kirchensteuerpflicht); BVerfGE 31, 58 (Spanierbeschluss); BVerfGE 36, 146 (Eheverbot der Geschlechtsgemeinschaft); BVerfGE 37, 271 (Solange I); BVerfGE 61, 82 (Sasbach); BVerfGE 73, 339 (Solange II); BVerfGE 89, 155 (Maastricht); BVerfGE 102, 147 (Bananenmarkt); BVerfGE 111, 307 (Görgülü); BVerfGE 113, 273 (Europäischer Haftbefehl); BVerfGE 118, 79 (Treibhausgas-Emissionshandel); BVerfGE 128, 226 (Fraport); BVerfGE 128, 326 (Sicherungsverwahrung II); **zu II.:** BVerfGE 7, 198 (Lüth); BVerfGE 89, 214 (Bürgschaftsverträge); BVerfG (K), NJW 2015, 2485 (Bierdosen-Flashmob).

Übungsfälle zu II.: *Werner Frotscher/Urs Kramer,* Zur Übung – Öffentliches Recht: Die Prinzessin als Objekt journalistisch-fotografischer Begierde, JuS 2002, 861; *Sebastian Graf von Kielmansegg,* Grundfälle zu den allgemeinen Grundrechtslehren, JuS 2009, 216 (220); *Wolfgang Schulz,* Ein verkommenes Subjekt: Ehrenschutz und Meinungsfreiheit, Jura 2000, 528; *Carsten Bäcker,* Anfängerklausur – Öffentliches Recht: Verfassungsrecht – Die O-Söhne, JuS 2013, 523.

I. Grundrechtsbindung der deutschen Staatsgewalt

1 Art. 1 Abs. 3 GG sieht vor, dass die Grundrechte des Grundgesetzes Gesetzgebung, vollziehende Gewalt und Rechtsprechung als unmittelbar geltendes Recht binden. Durch den Bezug auf die drei klassischen Funktionen des gewaltengeteilten Staates (vgl. Art. 20 Abs. 2 Satz 2, Abs. 3 GG) bringt das Grundgesetz zum Ausdruck, dass **jede Ausübung öffentlicher Gewalt** (vgl. so zur Verfassungsbeschwerde Art. 93 Abs. 1 Nr. 4 a GG) in allen ihren Zweigen und Erscheinungsformen **durch die grundrechtlichen Bestimmungen,** denen die grundrechtsgleichen Rechte (o. Kap. 2, Grund- und Menschenrechtsgarantien des geltenden Rechts, Rn. 7 ff.) gleichzustellen sind, **gebunden** sein soll. Dies gilt auch für Erscheinungsformen der öffentlichen Gewalt, die sich der Einteilung in das Schema der drei genannten Gewalten entziehen.

> **Beispiel:**
> Wenn für die staatliche Planung angenommen wird, sie sei weder der Legislative noch der Exekutive eindeutig zuzuordnen, lässt dies die Grundrechtsbindung unberührt, gleich ob Verwaltungsbehörden oder – ausnahmsweise – das Parlament in Form eines Gesetzes den Plan für ein Verkehrsvorhaben beschließen (vgl. BVerfGE 95, 1 [15 f., 21 ff.]).

Letztlich soll jedes Handeln der Rechtsträger der öffentlichen Gewalt (u. Rn. 2), das in Erfüllung öffentlicher Aufgaben oder des Gemeinwohlauftrags erfolgt, an die Grundrechte gebunden sein. Lange war umstritten, ob es für bestimmte Aktivitäten der betroffenen Rechtsträger, die außerhalb der öffentlichen Aufgaben liegen, Exklaven von der Grundrechtsbindung gibt. Dieser für die in ihrem Wirken vielfältige Exekutivfunktion bestehenden Sichtweise hat das BVerfG im Jahre 2011 (BVerfGE 128, 226 [244] – Fraport) eine wohl definitive Absage erteilt und sieht jetzt jedes Handeln öffentlicher Rechtsträger als grundrechtsgebunden, *weil* (nicht mehr: wenn) solches in Wahrnehmung des Gemeinwohlauftrags erfolge (näher u. Rn. 14 ff.).

Die in Art. 1 Abs. 3 GG ausgesprochene Grundrechtsbindung der Staatsfunktionen ist damit mit der umfassenden **Grundrechtsverpflichtung der Rechtsträger der öffentlichen Gewalt** gleichgesetzt. Die Verpflichtung durch die Grundrechte trifft in ihrem gesamten Verhalten alle Rechtspersonen, die an der Ausübung öffentlicher Gewalt teilhaben, namentlich Bund und Länder und die sonstigen (bundes- sowie landesunmittelbaren) juristischen Personen des öffentlichen Rechts, wie insbesondere die Kommunen, aber auch ihnen zuzuordnende juristische Personen des Privatrechts, was nur im Bereich der vielgestaltigen Verwaltungsfunktion in Betracht kommt (u. Rn. 14 ff.). Die Grundrechtsbindung wird gleichwohl für Gesetzgebung, Verwaltung und Rechtsprechung dargestellt, um ihre Besonderheiten bei den verschiedenen Staatsfunktionen berücksichtigen zu können.

Die Geltung der im Grundgesetz als der Bundesverfassung niedergelegten Grundrechte auch **für die Länder** – mit ihren im Bundesstaat prinzipiell eigenständigen Verfassungsräumen samt eigener Grundrechte – wird als selbstverständlich vorausgesetzt. Die Grundrechte sind aus bundesstaatlicher Sicht **Durchgriffsnormen**, mit denen die Bundesverfassung unmittelbar auch das Verhalten der Landesstaatsgewalt anspricht.

▶ **Hinweis:** Vgl. demgegenüber noch die ausdrückliche Anordnung der Geltung der reichsverfassungsrechtlichen Grundrechte für die Einzelstaaten in § 130 Paulskirchenverfassung. Im internationalen Vergleich ist der grundrechtliche Durchgriff der bundesstaatlichen Gesamtverfassung auf die Gliedstaaten keineswegs selbstverständlich, vgl. nur den ersten Zusatz zur US-Verfassung („Congress shall make no law ..."), der sich ausdrücklich (nur) an den Bundesgesetzgeber richtet. Der Grundrechtsschutz der Bundesverfassung wurde erst viel später mittelbar auch auf die Einzelstaaten erstreckt.

1. Die Bindung der Gesetzgebung

Die vielleicht wichtigste Fortentwicklung, die das Grundgesetz gegenüber dem Grundrechtsschutz früherer Epochen der deutschen Verfassungsgeschichte bewirkt hat, ist die Bindung auch der Gesetzgebung an die Grundrechte, die erst in der Weimarer Verfassung ernstlich ins Auge gefasst worden, aber seinerzeit kontrovers geblieben war (vgl. Kap. 1, Die Geschichte der Grundrechte, Rn. 20). Neben der in Art. 20 Abs. 3 GG verankerten Bindung der Gesetzgebung an die verfassungsmäßige Ordnung insgesamt betont Art. 1 Abs. 3 GG die Bindung der Gesetzgebung an die Grundrechte noch einmal besonders. Zur **Qualität dieser Bindung** stellt Art. 1 Abs. 3 GG klar, dass die Grundrechte als „unmittelbar geltendes Recht" wirksam werden sollen, und schließt damit aus, dass sie – wie bis in die Weimarer Zeit hinein – als bloße Programmsätze abqualifiziert werden.

5   Als unmittelbar geltendes Verfassungsrecht verpflichten die Grundrechte die Träger der Staatsfunktion Gesetzgebung nach Maßgabe ihrer jeweiligen Bindungsintensität (s. schon o. Kap. 3, Grundsatzfragen der Grundrechte des Grundgesetzes, Rn. 2) und inhaltlichen Aussage. Besonders bedeutsam ist die abwehrrechtliche Seite der Grundrechte (vgl. o. Kap. 4, Subjektive Grundrechte und objektive Grundrechtsgehalte, Rn. 13 ff.). Sie **verbietet** der Gesetzgebung, selbst grundrechtliche Schutzgegenstände der Grundrechtsträger zu **beeinträchtigen** oder die Verwaltung oder die Rechtsprechung zu Grundrechtsbeeinträchtigungen zu **ermächtigen**, wenn keine hinreichende verfassungsrechtliche Rechtfertigung dafür besteht.

6   Verstößt ein Gesetz gegen dieses Verbot, ist es aufgrund der Kollisionsregel vom **Vorrang der Verfassung** grundsätzlich nichtig; zumindest kann es die vorgesehenen grundrechtsverletzenden normativen Wirkungen nicht mehr entfalten. Diese Konsequenz ist von der Rechtsprechung, ggf. unter Einschaltung des BVerfG nach Art. 100 Abs. 1 GG, und wohl auch von der Verwaltung grundsätzlich zu beachten, so dass ein grundrechtsverletzendes Gesetz nicht mehr angewendet werden darf. Zur Sicherung des Vorrangs der verfassungsrechtlichen Grundrechte kann im Übrigen das BVerfG angerufen werden, das in Normenkontrollverfahren sowie im speziell dem Grundrechtsschutz verpflichteten Verfassungsbeschwerdeverfahren grundrechtsverletzende Gesetze mit allseitiger Wirkung, § 31 Abs. 2 BVerfGG, für nichtig erklären kann. Das BVerfG nimmt allerdings auch die Befugnis für sich in Anspruch, die zeitweilige Fortgeltung als verfassungswidrig erkannter Gesetze anzuordnen.

7   Soweit die Grundrechte die Staatsgewalt zu Leistungen im weitesten Sinne und damit zu positivem Tätigwerden verpflichten, richten sich diese **positiven Gebote** auch an die Gesetzgebung. Wegen der regelmäßig bestehenden inhaltlichen Unbestimmtheit solcher Grundrechtsgehalte (o. Kap. 4, Subjektive Grundrechte und objektive Grundrechtsgehalte, Rn. 21 ff.) ist gerade sie aufgerufen, solche noch vagen grundrechtlichen Gebote mit konkretem Inhalt zu füllen. Dies gilt für grundrechtlich gebotene soziale Leistungen ebenso wie für die Erfüllung grundrechtlicher Schutzpflichten oder die notwendigen Regelungen grundrechtsrelevanter Verfahren und Organisationsvorkehrungen (o. Kap. 4, Subjektive Grundrechte und objektive Grundrechtsgehalte, Rn. 64 ff.).

8   Bleiben die **Gesetzgebungsorgane** in solchen Fällen **untätig** oder werden nur unzulängliche Regelungen getroffen, stellt auch dies **grundrechtsverletzende Verfassungsverstöße** dar, die das BVerfG feststellen kann. Beheben müssen den Verfassungsverstoß grundsätzlich die zuständigen Gesetzgebungsorgane selbst, von deren Loyalität die Verfassungsordnung ausgehen muss. Bleibt der Gesetzgeber allerdings – auch nach Feststellung der Verfassungswidrigkeit und eventueller Fristsetzung – hartnäckig untätig, kann es nötig werden, dass ersatzweise die Rechtsprechung das grundrechtswidrige Gesetzgebungsdefizit ausgleicht.

Beispiel:
Anfang 1969 hat das BVerfG nach vergeblichen früheren Mahnungen ausgesprochen, dass die Rechtsprechung den Willen der Verfassung verwirklichen werde, wenn der Gesetzgeber bis zum Ende der laufenden (fünften) Legislaturperiode den damals schon seit fast zwanzig Jahren unerfüllten Auftrag zur Reform des Unehelichenrechts aus Art. 6 Abs. 5 GG nicht erfülle (BVerfGE 25, 167 [173 ff.]).

Die Bindung der Gesetzgebung als Staatsfunktion betrifft vor allem den Erlass **for-**   9
meller Gesetze, der prinzipiell – also abgesehen von Sondersituationen nach Art. 81 oder Art. 115e GG – den Volksvertretungen im Bund und – neben dem plebiszitär wirksamen Landesvolk – in den Ländern vorbehalten ist. Neben der formellen ist aber auch **jede andere nur materielle Normsetzung** von der Grundrechtsbindung der Gesetzgebung erfasst, insbesondere der Erlass von Rechtsverordnungen und autonomen Satzungen durch dazu berufene Exekutivorgane der verschiedenen öffentlichen Rechtsträger. Grundrechtswidriges **Gewohnheitsrecht** kann sich – schon wegen des Vorrangs der Verfassung – nicht bilden. Gegenüber widersprechendem **vorkonstitutionellen Recht** setzen sich die Grundrechte nach Art. 123 Abs. 1 GG, der die Fortgeltung grundrechtsverletzender Rechtsnormen nicht zulässt, durch.

▶   **Hinweis:** Entsprechendes gilt für grundrechtswidriges Altrecht der DDR nach Art. 9 Abs. 1, 2 des Einigungsvertrags.

2. Die Bindung der vollziehenden Gewalt

Die **Grundrechtsbindung** der vollziehenden Gewalt ist materiell wie prozessual   10
weitgehend **mediatisiert**. Ihre **Bindung an Gesetz und Recht** nach Art. 20 Abs. 3 GG stellt im Zusammenspiel mit der Verfassungsmäßigkeit der Gesetzgebung und deren Grundrechtsbindung sicher, dass das Verwaltungshandeln Grundrechte zumeist von vornherein nicht verletzen kann, solange es nur gesetzmäßig ist. Selbständige Bedeutung haben die Grundrechte für die vollziehende Gewalt nur, soweit sie ausnahmsweise unabhängig von gesetzlichen Grundlagen oder Einschränkungen ausgeübt werden kann oder wenn ihr im Rahmen der Gesetze – wie beim Ermessen – Verhaltensspielräume eingeräumt sind. Die **umfassende Gerichtskontrolle** gegenüber Rechtsverletzungen durch die exekutive öffentliche Gewalt führt prozessual dazu, dass Grundrechtsverstöße schon durch die Rechtsprechung ausgeräumt werden; die andernfalls verbleibende Verfassungsbeschwerde bezieht sich dann – wegen der regelmäßig erforderlichen Rechtswegerschöpfung, § 90 Abs. 2 BVerfGG – zumindest auch auf die grundrechtlich mangelhaften Gerichtsentscheidungen (u. Rn. 20 f.).

11   Die Grundrechtsbindung der **vollziehenden Gewalt** richtet sich im Regelfall an die **Organe der Exekutive**, betrifft aber auch die ausnahmsweise im Bereich dieser Staatsfunktion entfalteten Aktivitäten von **Parlamenten und Gerichten**. Erfasst ist auch der Sonderfall, dass aufgrund entsprechender gesetzlicher Regelungen ausnahmsweise Privatpersonen als „**Beliehene**" im Bereich der Verwaltung öffentliche Gewalt ausüben. Zur vollziehenden Gewalt gehört neben der **Verwaltung**, auf die Art. 1 Abs. 3 GG bis zu seiner Änderung von 1956 allein Bezug nahm, alle sonstige öffentliche Gewalt, die nicht Gesetzgebung oder Rechtsprechung darstellt. Namentlich betrifft dies die Wahrnehmung der **Regierungsfunktion**, die allerdings aufgrund ihres gesamtleitenden Charakters meist nicht unmittelbar für die Grundrechte Einzelner relevant wird.

12   Außerdem geht es um die Grundrechtsbindung der **Verteidigungsfunktion**, die – bei Begründung der Bundeswehr – den Anlass zur Änderung des Art. 1 Abs. 3 GG gegeben hat. Dabei geht es einerseits um die Bindung an die **Grundrechte der Soldaten** und die damit verbundene Absage an „Besondere Gewaltverhältnisse" als grundrechtsfreie Räume (vgl. auch Art. 17a GG und allgemeiner u. Kap. 9, Grundrechtsbegrenzungen, Rn. 48 ff.), andererseits um die durch Wahrnehmung der Verteidigungsfunktion im Inland berührten Grundrechte **sonstiger Personen** (vgl. Art. 17a Abs. 2 GG). Welche Bedeutung die – neben den Verpflichtungen des Kriegsvölkerrechts stehende – Grundrechtsbindung (o. Kap. 3, Grundsatzfragen der Grundrechte des Grundgesetzes, Rn. 6, u. Kap. 9, Grundrechtsbegrenzungen, Rn. 2) im Hinblick auf Grundrechte **ausländischer Soldaten oder Zivilpersonen** im Inland oder im Ausland im Verteidigungsfall oder bei sonstigem (Kriegs-) Einsatz der Bundeswehr im Einzelnen hat, wirft vielfältige ungelöste Fragen auf.

13   Auch die Reichweite der Grundrechtsbindung der **Verwaltungstätigkeit** bereitet, wie (o. Rn. 1 f.) angesprochen, Probleme. Angesichts der Vielgestaltigkeit der Handlungs- und Organisationsformen von Verwaltung besteht allerdings weitgehend Einigkeit, dass die Grundrechtsbindung die Wahrnehmung öffentlicher Aufgaben (außerhalb besonderer Staatsfunktionen) überhaupt erfasst.

14   Dies bedeutet insbesondere, dass sich die öffentliche Gewalt ihren grundrechtlichen Verpflichtungen nicht schon dadurch entziehen kann, dass sie sich zur Wahrnehmung der Verwaltungsaufgaben privatrechtlicher Formen des Handelns (Abschluss privatrechtlicher Verträge) oder auch der Organisation (in Formen juristischer Personen des Privatrechts, wie AG oder GmbH) bedient. Die nur formale **Flucht ins Privatrecht** lässt die **Grundrechtsbindung** bei der Wahrnehmung der öffentlichen Aufgabe nicht entfallen (sog. Verwaltungsprivatrecht).

Beispiele:
Entschließt sich eine Gemeinde, die Benutzung ihres Schwimmbades nicht durch eine öffentlichrechtliche Satzung, sondern privatrechtlich zu regeln, führt dies nicht zum Wegfall ihrer Grundrechtsbindung. Wenn die Gemeinde ihre öffentlichen Einrichtungen von einer zu diesem Zweck gegründeten GmbH betreiben lässt, unterliegt diese der Grundrechtsbindung.

15   Traditionell wurden allerdings zwei Betätigungsfelder sog. fiskalischer Verwaltung nicht als Ausübung vollziehender Gewalt qualifiziert und dementsprechend

von der Grundrechtsbindung ausgenommen. Dabei handelt es sich zum einen um die **Beschaffungsverwaltung**, durch die öffentliche Rechtsträger ihren Bedarf an Sachen und Dienstleistungen decken, die sie benötigen, um ihre öffentlichen Aufgaben zu erledigen. Denn Beschaffungsvorgänge dienen nicht unmittelbar dem erst mit Hilfe der beschafften Güter oder Dienste zu verfolgenden öffentlichen Zweck. BVerfGE 116, 135 (151) hat gleichwohl erwogen, dass eine staatliche Stelle bei der Vergabe von Aufträgen in privatrechtlicher Form auf der Ebene der Gleichordnung nach Art. 1 Abs. 3 GG an die Grundrechte gebunden sein könnte, allerdings ohne sich insoweit festzulegen.

Zum anderen wurde eine Ausnahme von der Grundrechtsbindung für die *rein* **16** **erwerbswirtschaftlichen Betätigungen** der Verwaltung angenommen. Diese sollten dadurch charakterisiert sein, dass die fragliche Aktivität ausschließlich die Erzielung wirtschaftlicher Einkünfte anstrebt, ohne zusätzlich einen auch nur zugleich öffentlichen Zweck zu verfolgen.

> **Beispiel:**
> Eine Gemeinde ist Eigentümerin von landwirtschaftlich nutzbaren Grundstücken, die sie zu diesem Zweck verpachtet, um mit dem Pachtzins Einnahmen zu erwirtschaften. Inwieweit dies nach der Gesetzeslage überhaupt zulässig ist, ist eine andere Frage; zweifelnd insoweit das Sasbach-Urteil (BVerfGE 61, 82 [106 ff.]).

Die Reichweite dieser Ausnahme von der Grundrechtsbindung wurde allerdings dadurch reduziert, dass die Bestimmung der (mit-)verfolgten öffentlichen Zwecke großzügig gehandhabt wird. So sollte etwa ein staatlich getragenes Wirtschaftsunternehmen schon dann dem Verwaltungsprivatrecht zuzuordnen sein, wenn jedenfalls auch die Sicherung von Arbeitsplätzen angestrebt wird.

Das **Fraport-Urteil** von 2011 (BVerfGE 128, 226 [244] – Hervorhebung **17** nicht im Original) hat diese seit einiger Zeit in die Kritik geratenen Ausnahmen ohne nähere Diskussion verabschiedet und losgelöst von dessen Formulierung ganz allgemein „**jedes Handeln staatlicher Organe oder Organisationen**" der Grundrechtsbindung nach Art. 1 Abs. 3 GG unterworfen, und zwar nicht mehr *wenn*, sondern „weil es in Wahrnehmung ihres dem Gemeinwohl verpflichteten Auftrags erfolgt." Die Reichweite der **unmittelbaren Bindung an die Grundrechte** ist danach unabhängig von den Zielen des Verwaltungshandelns problemlos festzustellen.

Als staatliche *Organe* sind die aller öffentlichen Rechtsträger angesprochen, als **18** staatliche *Organisationen* sind neben öffentlichen Rechtsträgern jeglicher Art auch von ihnen getragene juristische Personen des Privatrechts stets von der Grundrechtsbindung erfasst. Dabei bezieht das Fraport-Urteil **auch gemischtwirtschaftliche Unternehmen** – entsprechend dem Ausschluss ihrer Grundrechtsberechtigung (u. Kap. 6, Die Grundrechtsberechtigten, Rn. 90 ff.) – dann ein, wenn sie von der öffentlichen Hand beherrscht werden; das soll in der Regel der Fall sein, wenn dieser die Mehrheit der Anteile zustehen.

Die angenommene Reichweite der Grundrechtsbindung sollte in ihrer Bedeutung **19** **nicht überbewertet** werden. Die (im weitesten Sinne) staatlichen Organe und

Organisationen sind, soweit sie sich auf der Ebene des Privatrechts bewegen, auf dessen Instrumentarium beschränkt, haben damit prinzipiell aufgrund der Privatautonomie der betroffenen Privatpersonen nicht die Möglichkeit, Grundrechtsverkürzungen durch einseitigen Rechtsakt anzuordnen. Im Fraport-Fall stand mit dem zivilrechtlichen Hausrecht ausnahmsweise eine einseitige Bestimmungsmöglichkeit zur Verfügung; die angenommene Grundrechtsbindung hatte im Wesentlichen die Konsequenz, die Ausübung der Eigentümerbefugnisse Anforderungen der Verhältnismäßigkeit (u. Kap. 10, Anforderungen an Grundrechtsbeeinträchtigungen, Rn. 36 ff.) zu unterwerfen. Auswirkungen könnten sich auch im Hinblick auf Ungleichbehandlungen ergeben, auf die das BVerfG allerdings schon unabhängig von der Frage der Grundrechtsbindung im Allgemeinen Art. 3 Abs. 1 GG angewendet hat (BVerfGE 116, 135 [151] für Vergabeentscheidungen). Inwieweit zivilrechtliche Abwehransprüche gegen rechtswidrige faktische Einwirkungen auf Grundrechtsgüter auf der Grundlage der Fraport-Rechtsprechung durch solche grundrechtlicher Natur ersetzt sind, ist nicht ganz klar, dürfte aber im sachlichen Ergebnis kaum von Bedeutung sein; für den Rechtsschutz dürfte es jedenfalls gegenüber privatrechtsförmlichen Organisationen beim Zivilrechtsweg bleiben.

3. Die Bindung der rechtsprechenden Gewalt

20   Auch die Grundrechtsbindung der allein den Gerichten vorbehaltenen rechtsprechenden Gewalt wird zuallererst durch die **Bindung an das verfassungsgemäße Gesetz** nach Art. 20 Abs. 3 GG verwirklicht. Dabei können die Gerichte den Vorrang der Verfassung und namentlich ihrer Grundrechte auf der Grundlage ihres **richterlichen Prüfungsrechts** teilweise selbst durchsetzen, indem sie grundrechtswidrige Rechtsnormen außer Anwendung lassen. Bei formellen und nachkonstitutionellen Gesetzen können und müssen sie die Grundrechtswidrigkeit des Gesetzes nach Art. 100 Abs. 1 GG mit Hilfe des BVerfG feststellen lassen. Soweit sich Privatpersonen vor den Gerichten gegen Grundrechtsverletzungen durch die vollziehende Gewalt wehren, hat die Grundrechtsbindung der Rechtsprechung vor allem die Bedeutung, hier Abhilfe zu schaffen und damit Verfassungsbeschwerden zu erübrigen.

21   **Unmittelbare Relevanz für die Rechtsprechung** haben die Grundrechte – abgesehen von den grundrechtsgleichen Prozessrechten – wie für die vollziehende Gewalt nur bei den hier selteneren Fällen unvollständiger gesetzlicher Festlegung. Im Rahmen der Anwendung grundrechts- und verfassungsmäßiger Rechtsnormen aus allen Bereichen des Rechts, namentlich auch des Privatrechts, können die Gerichte aber gleichwohl die Bedeutung der Grundrechte für die Auslegung und Anwendung der einschlägigen Rechtsvorschriften verkennen (zur Ausstrahlungswirkung o. Kap. 4, Subjektive Grundrechte und objektive Grundrechtsgehalte, Rn. 59 ff.); dies ist insbesondere auch dann der Fall, wenn die Auslegungsergebnisse auch als so erlassene Gesetze das Grundgesetz verletzen würden. Die Rechtsprechung wird vom BVerfG grundsätzlich (s. aber Kap. 17, Die Grundrechte des Art. 5 GG,

Rn. 97; Kap. 28, Das Asylrecht nach Art. 16 a GG, Rn. 2) nur auf derartige Verstöße gegen „spezifisches Verfassungsrecht" überprüft; „bloße" Rechtsanwendungsfehler, die im Ergebnis auch zu Grundrechtsverletzungen des durch die Fehlentscheidung benachteiligten Grundrechtsträgers führen, bleiben von Willkürfällen abgesehen (u. Kap. 15, Die Gleichheitssätze des Art. 3 GG, Rn. 80) außer Betracht.

4. Grundrechtsbindung der öffentlich-rechtlichen Religionsgesellschaften?

Nach Art. 140 GG i.V.m. dem in das Grundgesetz inkorporierten Art. 137 Abs. 5 **22** WRV sind bis heute diejenigen Religionsgesellschaften Körperschaften des öffentlichen Rechts geblieben, die dies – wie zumal die großen christlichen Kirchen – (bereits) 1919 waren (Satz 1); anderen Religionsgesellschaften wird dieser Status auf ihren Antrag gewährt, wenn sie durch ihre Verfassung und Mitgliederzahl die Gewähr der Dauer bieten (Satz 2). Ungeachtet ihrer Rechtsform bleiben aber materiell alle Religionsgesellschaften außerhalb des Bereichs öffentlicher Gewalt; ihr Wirken stellt sich prinzipiell als Grundrechtsausübung dar (u. Kap. 6, Die Grundrechtsberechtigten, Rn. 74). Dementsprechend stehen auch öffentlich-rechtlichen Religionsgesellschaften zumal gegenüber Nichtmitgliedern prinzipiell keine Hoheitsbefugnisse zu. Ihr Verhalten wird daher als solches von der Grundrechtsbindung der öffentlichen Gewalt nicht erfasst. Abweichendes gilt nur, soweit die Kirchen ausnahmsweise vom Staat mit der Ausübung öffentlicher Gewalt betraut sind, wie dies auch bei beliehenen Privatpersonen angenommen wird.

Beispiel:
Bei der Erhebung von Kirchensteuern durch die evangelische Landeskirche in Schleswig-Holstein ist diese grundrechtsgebunden, da sie hierbei in Wahrnehmung eines nach Art. 140 GG i.V.m. Art. 137 Abs. 6 WRV vom Staat abgeleiteten, in den weltlichen Bereich hineinwirkenden Hoheitsrechtes handelt (BVerfGE 30, 415 [422] m.w.N.).

5. Inländische Staatsgewalt/Europäische Unionsgewalt in Deutschland

Die umfassend angelegte **Grundrechtsbindung** der öffentlichen Gewalt findet **23** allerdings prinzipiell eine Begrenzung darin, dass sich die Grundrechte als Teil der staatlichen Verfassung **nur** auf die **inländische Staatsgewalt** beziehen. Nicht gebunden war namentlich die noch während der Geltung des Grundgesetzes in Deutschland ausgeübte **Besatzungsgewalt**; zumal das von den Besatzungsmächten geschaffene Besatzungsrecht galt zum Teil noch bis zum sog. Zwei-Plus-Vier-Vertrag von 1990 weiter und war nur teilweise der Disposition deutscher

Staatsorgane unterstellt. Soweit dies nicht der Fall war, konnte nur eine Verpflichtung der deutschen Staatsorgane angenommen werden, sich im Zusammenwirken mit den Besatzungsmächten um die Beseitigung von Akten der Besatzungsgewalt zu bemühen, die grundrechtliche Schutzgegenstände beeinträchtigten.

> **Beispiel:**
> Das mit Art. 6 Abs. 1 GG nicht zu vereinbarende Eheverbot der Geschlechtsgemeinschaft nach § 4 Abs. 2 Ehegesetz galt ungeachtet dessen als Kontrollratsrecht zunächst fort und konnte erst nach Konsultation der Drei Mächte von den für die Gesetzgebung zuständigen Verfassungsorganen außer Wirksamkeit gesetzt werden (BVerfGE 36, 146 [169 ff.]).

24   Auch die **Rechtsakte der EU** sind als solche **nicht Gegenstand der Bindungswirkung** des Grundgesetzes und insbesondere seiner Grundrechte; entsprechend hat das BVerfG früh angenommen, „niemals" über die Gültigkeit von Gemeinschaftsrecht zu entscheiden (BVerfGE 37, 271 [281 f.]). Vielmehr kann nur die Zustimmungsgesetzgebung zu den Gründungsverträgen der supranationalen Zusammenschlüsse und deren Fortschreibung Gegenstand einer Grundrechts- oder sonstigen Verfassungskontrolle sein (wie in BVerfGE 123, 267 [328 ff.] – Lissabon), weil insoweit der deutsche Gesetzgeber in Ausübung deutscher Staatsgewalt tätig wird.

> ▶   **Hinweis:**   Allerdings hat das Maastricht-Urteil (BVerfGE 89, 155 [174]) festgestellt, die Aufgaben des BVerfG hätten „den Grundrechtsschutz in Deutschland und insoweit nicht nur gegenüber deutschen Staatsorganen zum Gegenstand". Der damit anscheinend erhobene **direkte Geltungsanspruch** der deutschen Grundrechte **gegenüber Akten der EU** ist seither nicht wiederholt worden. BVerfGE 102, 147 (163 f.) sieht keine Abweichung von der sonstigen Judikatur (u. Rn. 25).

Dagegen sieht sich das BVerfG weiterhin „gehindert, über die Gültigkeit von Gemeinschaftsrecht zu entscheiden" (BVerfGE 118, 79 [95], allerdings mit dem Zusatz „grundsätzlich"). Dies wird insbesondere mit dem durch Art. 23 Abs. 1 S. 2 GG gebilligten **grundsätzlichen Anwendungsvorrang** gerechtfertigt, den das Unionsrecht vor dem nationalen Recht, auch vor dem Verfassungsrecht, beansprucht.

25   **Ausnahmsweise** hält sich das BVerfG aber für befugt, zwar nicht die Ungültigkeit, aber doch die **Unanwendbarkeit von Unionsrecht in Deutschland** festzustellen, soweit dieses die durch Art. 79 Abs. 3 GG bestimmte Verfassungsidentität berührt **(Identitätskontrolle)** oder die der Union vertraglich eingeräumten Befugnisse offensichtlich schwerwiegend überschreitet **(Ultra-vires-Kontrolle)** (zusammenfassend NJW 2016, 49, Rn. 42 f. m.w.N.). Daneben behält es sich mit derselben möglichen Konsequenz der Unanwendbarkeit die Überprüfung anhand der deutschen Grundrechte vor, solange die EU nicht „eine Grundrechtsgeltung gewährleistet, die nach Inhalt und Wirksamkeit dem Grundrechtsschutz, wie er nach dem Grundgesetz unabdingbar ist, im Wesentlichen gleichkommt" (so die

Formulierung in BVerfGE 123, 267 [335] m.w.N. – Lissabon; sog. **Solange-Vorbehalt**).

▶ **Hinweis:** Das BVerfG ging zunächst grundsätzlich von der Anwendbarkeit der Grundrechte auf die innerstaatliche Durchsetzung des Unionsrechts durch deutsche Staatsorgane aus, hat allerdings seine diesbezügliche Kontrolle unter Vorbehalt gestellt, und zwar zunächst für den (damals noch nicht gegebenen) Fall, dass auf der Ebene der damaligen EG selbst ein adäquater Grundrechtsschutz sichergestellt wäre (BVerfGE 37, 271 [280 ff.] – Solange I). Diese Bedingung hat es als erfüllt angesehen, nachdem der EuGH im Rahmen seiner prätorischen Rechtsprechung die im geschriebenen Recht der EU lange weitgehend fehlenden Grundrechte (o. Kap. 2, Grund- und Menschenrechtsgarantien des geltenden Rechts, Rn. 43 f.) aus den allgemein in den Mitgliedstaaten anerkannten diesbezüglichen Rechtsgrundsätzen und der EMRK herausgelesen und zunehmend zur Anwendung gebracht hatte, und konsequenterweise – unter diesen Bedingungen – auf eine Anwendung der innerstaatlichen Grundrechte verzichtet (BVerfGE 73, 339 [387] – Solange II).

Auch wenn sich die Solange-Rechtsprechung nur auf die Ausübung deutscher Verfassungsgerichtsbarkeit bezieht, kommt dies dem entsprechend weitgehenden Ausschluss der Bindung an die grundgesetzlichen Grundrechte im Ergebnis gleich.

Im Regelfall der Anwendbarkeit von Unionsrecht sieht das BVerfG heute seine **26** Grundrechtskontrolle sowohl für die Anwendung des Unionsrechts durch Rechtsprechung und Verwaltung, als auch für dessen **Umsetzung durch deutsche Gesetzgebung** ausgeschlossen. Dies gilt allerdings nur, soweit bei der Umsetzung des Unionsrechts, etwa von Rahmenbeschlüssen (BVerfGE 113, 273 [300 f.]) oder Richtlinien (BVerfGE 118, 79 [95]), zwingende Vorgaben gemacht sind; soweit der deutschen Gesetzgebung **Umsetzungsspielräume** verbleiben, greift die (verfassungsgerichtlich kontrollierte) Grundrechtsbindung durch. Entsprechendes hat bei der Rechtsanwendung eingeräumten Spielräumen zu gelten. Zuletzt hat das BVerfG (Njw 2016, S. 49, Rn. 41 ff.) im Rahmen einer Identitätskontrolle wegen Verletzung der Menschenwürde nach Art. 1 Abs. 1 GG die Entscheidung eines deutschen Gerichts im Auslieferungsverkehr aufgehoben, die zugleich gegen **übereinstimmende Anforderungen** der abschließenden Festlegungen des umgesetzten Unionsrechts verstieß. Da in solchen Fällen mangels Kollision zwischen Unionsrecht und Verfassungsrecht der Anwendungsvorrang nicht eingreift, wäre es konsequent, auch insoweit die Anwendung und Umsetzung von Unionsrecht durch Organe der deutschen Staatsgewalt insgesamt umfassend der verfassungsgerichtlichen Grundrechtskontrolle zu unterwerfen.

▶ **Hinweis:** Dem entspricht es auch, dass BVerfGE 116, 202 (214 f.) bei nicht feststehender Unionsrechtswidrigkeit eines Gesetzes dessen Vorlage nach Art. 100 Abs. 1 GG wegen Verfassungswidrigkeit, auch aufgrund von Grundrechtsverletzungen, zulässt.

6. Im Inland anzuwendendes ausländisches Recht

27   Bei Sachverhalten mit einer Verbindung zum Recht eines ausländischen Staates kann es nach den gem. Art. 3 EGBGB hierfür grundsätzlich maßgeblichen Regeln des EGBGB zum **Internationalen Privatrecht** dazu kommen, dass von deutschen Rechtsanwendungsorganen **ausländische Rechtsnormen** anzuwenden sind. Dies war allerdings stets nur bei Vereinbarkeit mit wesentlichen Grundsätzen des deutschen Rechts, des sog. ordre public, möglich, vgl. heute Art. 6 Satz 1 EGBGB. Die Bedeutung, die den Grundrechten in diesem Zusammenhang zukommt, war lange umstritten.

28   Wenig Zweifel konnte es eigentlich von Anfang daran geben, dass die **Regeln des IPR als solche** im vollen Umfang an die Grundrechte **gebunden** sind, weil es sich insoweit um deutsche Gesetzgebung handelt; dennoch blieb diese Frage in einigen Bereichen lange im Zweifel.

> **Beispiel:**
> Nach Art. 17 Abs. 1 EGBGB a. F. richtete sich das maßgebliche Scheidungsrecht bei gemischt-nationalen Ehen nach der jeweiligen Staatsangehörigkeit des Ehemannes; dies hat das BVerfG erst 1985 für nichtig erklärt (BVerfGE 68, 384 ff.).

29   Nichts anderes gilt im Ergebnis auch für die **Anwendung** der nach den Regeln des IPR maßgeblichen **ausländischen Normen** durch deutsche Gerichte und Behörden, weil **auch** damit **deutsche Staatsgewalt** ausgeübt wird. Würde die Anwendung ausländischen Rechts zu Grundrechtsverletzungen führen, ist sie wegen der Grundrechtsbindung der rechtsanwendenden deutschen Staatsorgane ausgeschlossen. Heute bestimmt Art. 6 Satz 2 EGBGB dementsprechend ausdrücklich, dass ausländische Rechtsnormen insbesondere dann nicht anzuwenden sind, wenn dies mit den Grundrechten unvereinbar ist. Gleichwohl bleiben im Einzelnen vielfältige schwierige Fragen (s. auch Kap. 9, Grundrechtsbegrenzungen, Rn. 12).

> **Beispiel:**
> Das nach den Regeln des IPR für die geplante Eheschließung mit einer deutschen Frau für die Ehefähigkeit des spanischen Verlobten maßgebliche spanische Recht schloss die Erteilung des erforderlichen Ehefähigkeitszeugnisses im Hinblick auf eine frühere Ehe des Verlobten mit einer anderen Deutschen aus, weil die von deutschen Gerichten ausgesprochene Scheidung nicht als gültig angesehen wurde. Das BVerfG sah in der Verweigerung der Möglichkeit zur erneuten Eheschließung durch die zuständigen deutschen Stellen eine Verletzung des Art. 6 Abs. 1 GG (BVerfGE 31, 58 [70 ff.]).

7. Zusammenfassung

30   • Art. 1 Abs. 3 GG legt fest, dass die Grundrechte des Grundgesetzes Gesetzgebung, vollziehende Gewalt und Rechtsprechung als unmittelbar geltendes

Recht binden. Die Grundrechtsbindung gilt nicht nur für den Bund, sondern auch für die Länder.

- Für die Gesetzgebungsfunktion stellt die unmittelbare Verfassungsbindung klar, dass Grundrechte keine bloßen Programmsätze sind, dass vielmehr ihre inhaltlichen Aussagen nach Maßgabe der jeweiligen Bindungsintensität (auch) von ihr umfassend beachtet werden müssen. Ein grundrechtsverletzendes Gesetz ist aufgrund des Vorrangs der Verfassung grundsätzlich nichtig. Das gilt für formelle Gesetze, aber auch für jede andere Normsetzung, da Art. 1 Abs. 3 GG die Gesetzgebung als Staatsfunktion bindet.
- Die Grundrechtsbindung der vollziehenden Gewalt ist durch die Bindung an Gesetz und Recht nach Art. 20 Abs. 3 GG i.V.m. der Grundrechtsbindung der Gesetzgebung materiell wie prozessual weitgehend mediatisiert. Demzufolge scheidet ein Grundrechtsverstoß durch exekutives Handeln als solches grds. aus, soweit es gesetzmäßig ist. Selbständige Bedeutung entfalten die Grundrechte für die vollziehende Gewalt nur im Falle eines eigenen Verhaltensspielraums, der etwa bei nicht gesetzesgebundenem Handeln oder bei Ermessen angenommen wird.
- Die Grundrechtsbindung der vollziehenden Gewalt betrifft nach der neueren Rechtsprechung des BVerfG jedes Handeln staatlicher Organe oder Organisationen, das nicht Gesetzgebung oder Rechtsprechung darstellt. Als Grundrechtsverpflichtete werden neben juristischen Personen des öffentlichen Rechts auch von ihnen getragene juristische Personen des Privatrechts erfasst, einschließlich gemischtwirtschaftlicher Unternehmen, die aufgrund der Mehrheitsverhältnisse staatlich beherrscht sind, sowie Beliehene.
- Auch für die rechtsprechende Gewalt wird die Grundrechtsbindung vor allem durch die Bindung an das Gesetz nach Art. 20 Abs. 3 GG verwirklicht, die nur für nicht grundrechtsverletzende Gesetze durchgreift. Die gerichtliche Auslegung und Anwendung der Gesetze muss der Bedeutung der Grundrechte Rechnung tragen. Unmittelbare Relevanz haben die Grundrechte für die Rechtsprechung, soweit ihre Ergebnisse (oder ihr Verfahren) gesetzlich nicht abschließend festgelegt sind.
- Das Verhalten der Religionsgesellschaften unterliegt prinzipiell nicht der Grundrechtsbindung nach Art. 1 Abs. 3 GG; das gilt auch dann, wenn sie nach Art. 140 GG i.V.m. Art. 137 Abs. 5 WRV Körperschaften des öffentlichen Rechts sind. Anders verhält es sich nur in den Fällen, in denen sie ausnahmsweise vom Staat mit der Ausübung öffentlicher Gewalt betraut sind, etwa bei der Erhebung von Kirchensteuer.
- Die Grundrechtsbindung der öffentlichen Gewalt nach Art. 1 Abs. 3 GG ist nur auf die inländische Staatsgewalt bezogen. Rechtsakte der EU können bei Widerspruch zum Grundgesetz, insbesondere zu seinen Grundrechten, vom BVerfG nicht für ungültig erklärt werden. Doch beansprucht das BVerfG die Befugnis, in Ausnahmefällen die Unanwendbarkeit von (im Regelfall anwendungsvorrangigem) Unionsrecht in Deutschland festzustellen. Namentlich gilt dies in den Fällen der an Art. 79 Abs. 3 GG

- orientierten Identitätskontolle und der Ultra-vires-Kontrolle auf offensichtliche, schwerwiegende Überschreitung der vertraglich begründeten
  Kompetenzen
- Zudem kann die Anwendung von Unionsrecht durch deutsche Stellen an
  den Grundrechten gemessen werden, solange und soweit die Union keine
  Grundrechtsgeltung gewährleistet, die nach Inhalt und Wirksamkeit dem
  nach dem Grundgesetz unabdingbaren Grundrechtsschutz im Wesentlichen
  gleichkommt.
- Unabhängig davon beansprucht das BVerfG, im Hinblick auf die Menschenwürde nach Art. 1 Abs. 1 GG eine Identitätskontrolle durchzuführen.
- Von den genannten Ausnahmefällen abgesehen werden die grundgesetzlichen Grundrechte auch auf Rechtsakte deutscher Staatsorgane, die Unionsrecht anwenden oder umsetzen, nur angewendet, soweit dies nicht zum
  Widerspruch zu anwendungsvorrangigem Unionsrecht führt. Dies ist vor
  allem der Fall, soweit für die deutschen Staatsorgane ein Spielraum für
  eigenständige Gestaltung besteht. Es muss konsequenterweise aber auch
  gelten, soweit das Unionsrecht mit den Grundrechten des Grundgesetzes
  übereinstimmende Anforderungen stellt.
- Ausländisches Recht darf von deutschen Gerichten auf Sachverhalte mit
  Auslandsberührung nach den Regeln des Internationalen Privatrechts nur
  angewandt werden, wenn dies nicht mit den Grundrechten unvereinbar ist
  (Art. 6 Satz 2 EGBGB).

II. Drittwirkung der Grundrechte

1. Unmittelbare Drittwirkung

31   Eine unmittelbare Drittwirkung der Grundrechte, also eine unmittelbar für andere
Privatpersonen verpflichtende Wirkung der Grundrechtsbestimmungen als solcher,
kommt im Allgemeinen nach der prinzipiell abschließenden Bindungsklausel des
Art. 1 Abs. 3 GG nicht in Betracht. Grundrechte sind Teil des Verfassungsrechts,
dessen materieller Gegenstand einerseits wichtige Regelungen über die Staatsorganisation, andererseits grundlegende Rechtsbeziehungen der Bürger und Menschen
zum Staat sind. **Rechtsbeziehungen zwischen Privaten** fallen dementsprechend
grundsätzlich **nicht** in den **Regelungsbereich einer Verfassung**, ihre Regelung ist
inhaltlich Privatrecht und als solches in den einschlägigen privatrechtlichen
Kodifikationen geregelt. Allerdings ist der Verfassungsgesetzgeber nicht gehindert,
auch zivilrechtliche Normen in die Form des Verfassungsrechts zu kleiden (dazu u.
Rn. 38 f.); ohne zwingende oder doch sehr überzeugende Anhaltspunkte ist eine
dahingehende Interpretation von Verfassungsnormen allerdings nicht in Betracht zu
ziehen.

Durch die Ablehnung einer unmittelbaren Drittwirkung grundrechtlicher **32** Bestimmungen wird der gegenüber der Staatsgewalt abwehrrechtlich garantierte Schutz der Grundrechtsgüter einer Privatperson vor anderen Privatpersonen in keiner Weise vernachlässigt. Vielmehr ist dieser Schutz durch die Normen des Zivilrechts in jeder Beziehung hinreichend sichergestellt oder doch aufgrund grundrechtlicher Schutzpflichten (o. Kap. 4, Subjektive Grundrechte und objektive Grundrechtsgehalte, Rn. 27 ff., 64) dort gesetzlich sicherzustellen. Demgegenüber haben die Grundrechte eine spezifische Ausrichtung gegen die Staatsgewalt, die die **Erweiterung ihrer Bindungswirkung auf Private kaum sinnvoll** erscheinen lässt. Dies gilt für beide in Frage kommenden Arten störender Einwirkung auf grundrechtliche Schutzgegenstände, namentlich durch tatsächliches Verhalten oder durch Rechtshandlungen, gleichermaßen (vgl. für die Beeinträchtigungen durch die Staatsgewalt näher u. Kap. 8, Grundrechtseingriff und sonstige relevante Grundrechtsbeeinträchtigungen, Rn. 6 ff.).

Gegen faktische Störungen Dritter ist nach den Normen des BGB nicht nur das **33** Eigentum an Sachen (vgl. § 1004 BGB) oder das Namensrecht (§ 12 BGB) geschützt, vielmehr sind auch ohne ausdrückliche Festlegung solchen Schutzes quasinegatorische **Störungsabwehransprüche der Privatpersonen** hinsichtlich ihrer wesentlichen Persönlichkeitsinteressen **im Privatrecht** (vgl. trotz seiner unmittelbaren Beziehung auf die Rechtsfolge des Schadensersatzes § 823 Abs. 1 BGB) ebenso anerkannt wie durch die Grundrechte im Verfassungsrecht. Deren zusätzliche Geltung zwischen Privatpersonen würde die Rechtslage beim Schutz gegen tatsächliche Übergriffe nicht ändern. Zum Schutz vor Ungleichbehandlungen, deren Eingriffscharakter bis heute nicht allgemein anerkannt ist, s. u. Rn. 36 und Kap. 15, Die Gleichheitssätze des Art. 3 GG, Rn. 10 ff.

Die Anerkennung von gegen die Staatsgewalt gerichteten Grundrechten erklärt **34** sich insoweit historisch daraus, dass es bei ihrer Begründung darum ging, die bis dahin rechtlich mehr oder weniger ungebundene Staatsgewalt überhaupt gegenüber den Rechtsgütern des Einzelnen wirksam in die Pflicht zu nehmen. In ihrer Funktion als Schutz gegen unberechtigte faktische Übergriffe stellen die Grundrechte lediglich eine **Erweiterung des (quasi-) negatorischen Rechtsgüterschutzes des Zivilrechts** in personeller Hinsicht dar. Sie treten neben den schon vorher anerkannten privatrechtlichen Rechtsgüterschutz gegen Dritte und schließen die insoweit bis dahin bestehende Rechtsschutzlücke gegenüber der Staatsgewalt. Eine **Drittwirkung der Grundrechte** in diesem Bereich wäre nicht nur überflüssig, sondern erscheint gegenüber der Rechtsentwicklung **nahezu paradox**.

Die Grundrechte haben allerdings für den Schutz der einzelnen Grundrechtsträ- **35** ger insoweit eine spezielle Bedeutung, als sie sich vor allem auch gegen die Möglichkeit der Staatsgewalt richten, durch **rechtsverbindliche Anordnungen einseitig** auf die Rechtssphäre der einzelnen Grundrechtsträger einzuwirken. Eine Ausdehnung dieser Dimension der Grundrechtswirkung auf das Verhältnis zwischen Privaten ist entbehrlich, da der Grundsatz der im Privatrecht anerkannten **Privatautonomie** einseitige Einwirkungen Privater auf die Rechtssphäre anderer Privatpersonen ohnehin prinzipiell **von vornherein ausschließt**. Soweit die

Privatrechtsordnung abweichend hiervon Privatpersonen einseitige Einwirkungsmöglichkeiten auf die Rechtssphäre anderer eröffnet, bedürfen die zugrunde liegenden Regelungen schon wegen der Grundrechtsbindung der Gesetzgebung der Rechtfertigung vor den Grundrechten, die nur in engen Grenzen in Betracht kommt.

> **Beispiele:**
>
> Die einseitigen Fremdbestimmungsmöglichkeiten der Eltern gegenüber Kindern im Rahmen der elterlichen Sorge nach §§ 1626 ff. BGB sind prinzipiell durch Art. 6 Abs. 2 GG gedeckt (näher u. Kap. 18, Die Grundrechte des Art. 6 GG, Rn. 30). – Wäre es aufgrund von Störungen der Vertragsparität einem übermächtigen Partner möglich, trotz der Vertragsform in Wahrheit einseitig auf die Rechtssphäre des anderen Beteiligten einzuwirken, verstieße dies gegen den grundrechtlichen Schutz der Privatautonomie; dahingehende Rechtsnormen wären nicht verfassungsgemäß bzw. verfassungskonform auszulegen und zu handhaben (BVerfGE 89, 214 [230 ff.]; dazu noch u. Kap. 14, Die Grundrechte des Art. 2 GG, Rn. 48).

36 Das Rechtsgebiet, für das eine **unmittelbare Drittwirkung** in erster Linie postuliert wurde, war nicht zufällig das **Arbeitsrecht**. Denn gerade in diesem Bereich ging man von einem **typischen Machtgefälle** der Beteiligten aus, das die Gefahr von Übergriffen der Arbeitgeber zu Lasten der grundrechtlich geschützten Positionen ihrer Arbeitnehmer begründet. Diese Gefahr ist aber sachgemäß nicht dadurch zu bewältigen, dass die Verpflichtungswirkung der Grundrechte unmittelbar auf private Arbeitgeber erstreckt wird, sondern durch normative Regelungen des Arbeitsrechts, die dem Schutz der Grundrechtsgüter der Arbeitnehmer hinreichend Rechnung tragen, und durch eine entsprechende Rechtsanwendung. Dies gilt auch für den Schutz vor Ungleichbehandlungen, der gerade im Arbeitsrecht, etwa für die Lohngleichheit der Geschlechter, früh Bedeutung erlangt hat und inzwischen namentlich im AGG von 2006 gesetzlich verankert ist.

> **Beispiel:**
>
> Da der Arbeitgeber sein durch den Arbeitsvertrag begründetes Direktionsrecht nur nach billigem Ermessen gem. § 315 Abs. 1 BGB ausüben darf, ist er in diesem Rahmen verpflichtet, bei der Festlegung der Leistungspflichten des Arbeitnehmers im Einzelnen auf dessen Gewissensfreiheit Rücksicht zu nehmen. Dadurch kann der Arbeitgeber gehindert sein, den Arbeitnehmer für Arbeiten einzusetzen, deren Erledigung diesen in einen Gewissenskonflikt bringen würde, wie etwa die Mitwirkung an der Herstellung eines Medikaments mit militärischen Nutzungsmöglichkeiten (BAGE 62, 59 [67 ff.]).

37 Die grundsätzliche Ablehnung einer unmittelbaren Drittwirkung der Grundrechte (s. o. Rn. 31 ff.) schließt nicht aus, dass **einzelnen Verfassungsnormen** eine **Schutzrichtung auch gegenüber Privatpersonen** zukommt, namentlich dann, wenn der effektive Schutz eines der Verfassung wesentlich erscheinenden Individualinteresses vor anderen Privatpersonen durch die Privatrechtsordnung nicht hinreichend gewährleistet erscheint. In solchen Fällen übernimmt die Verfassung ausnahmsweise die Aufgabe, die aus ihrer Sicht gebotene Ausgestaltung der Privatrechtsordnung selbst vorzunehmen.

Das wichtigste gegenwärtig anzuerkennende Beispiel einer unmittelbar dritt- **38** wirksamen Grundrechtsbestimmung im Grundgesetz ist **Art. 9 Abs. 3 Satz 2 GG**, der sich zumal in seiner ersten Variante erkennbar auch gegen Privatpersonen richtet (näher u. Kap. 21, Die Grundrechte des Art. 9 GG, Rn. 37; aber auch u. Kap. 18, Die Grundrechte des Art. 6 GG, Rn. 38). Parallelen finden sich noch bei den grundrechtsähnlichen Bestimmungen über den Urlaubsanspruch nach **Art. 48 Abs. 1 GG** und (für die Zeit vor der Mandatsübernahme) über Behinderungsverbote nach **Art. 48 Abs. 2 GG** (vgl. erweiternd § 2 Abs. 3 Satz 3 und 4 AbgG).

> **Hinweis:** Auf der Ebene der Landesverfassungen ist Art. 5 Abs. 1 BbgVerf. erwähnenswert, wonach die Grundrechte der Landesverfassung auch Dritte als unmittelbar geltendes Recht binden. Diese generelle Aussage gilt allerdings nur, soweit die Landesverfassung das (besonders) bestimmt; sie bleibt daher ohne selbständige normative Bedeutung. Wie im Grundgesetz ist unmittelbare Drittwirkung die von ihrer Festlegung in einzelnen Bestimmungen (wie Art. 7 Abs. 2 BbgVerf.) der Verfassung abhängige Ausnahme; allenfalls mag die Klausel des Art. 5 Abs. 1 BbgVerf. die Vermutung gegen grundrechtliche Drittwirkung abschwächen.

2. Mittelbare Drittwirkung

Die prinzipielle Ablehnung einer unmittelbaren Drittwirkung der Grundrechte im **39** Verhältnis **zwischen Privatpersonen** untereinander bedeutet nicht, dass die **Grundrechte** keine **Auswirkungen** auf diese **Rechtsbeziehungen** hätten. Sie wirken vielmehr mittelbar auch auf diesen Bereich der Rechtsordnung intensiv ein.

Dies geschieht zunächst durch die Ausstrahlungswirkung (o. Kap. 4, Subjektive **40** Grundrechte und objektive Grundrechtsgehalte, Rn. 59 ff.), die Grundrechte gegenüber dem Inhalt der bestehenden Privatrechtsordnung entfalten, indem sie die **Interpretation der Normen** in einem für den Schutz der grundrechtlichen Schutzgüter günstigen Sinn **beeinflussen**. Die Ausstrahlungswirkung äußert sich insbesondere **bei** der **Ausfüllung der Generalklauseln** des Zivilrechts. Diese Bedeutung, die die Grundrechte aufgrund ihrer Ausstrahlungswirkung nicht nur, aber eben auch für das Zivilrecht erlangen, kann insoweit als „mittelbare Drittwirkung" bezeichnet werden. Entscheidend ist, dass die Grundrechte nicht selbst verpflichtend für die Privatpersonen wirken, sondern ihre Wirksamkeit nur vermittelt durch das Medium der von den Gerichten entsprechend anzuwendenden privatrechtlichen Bestimmungen entfalten.

Grundlegend für die Entwicklung dieser Wirkungsdimension war das soge- **41** nannte **Lüth-Urteil** (BVerfGE 7, 198): Herr Lüth hatte im dortigen Ausgangsfall die deutschen Theaterbesitzer und Filmverleiher aufgefordert, einen unter der Regie des Filmregisseurs Veit Harlan entstandenen Film zu boykottieren, weil dieser

Regisseur in der NS-Zeit durch Propagandafilme im Sinne des Regimes hervorgetreten war. Nachdem der Boykottaufruf von den Zivilgerichten als vorsätzliche sit-
tenwidrige Schädigung im Sinne des § 826 BGB und als damit verboten qualifiziert
worden war, stellte das BVerfG aufgrund der Ausstrahlungswirkung der Grundrechte fest, dass die aufgrund der Umstände des Einzelfalls als legitim anerkannte
Ausübung des Grundrechts der Meinungsäußerungsfreiheit nicht den Tatbestand
der sittenwidrigen Schädigung erfüllen könne.

42   In neuerer Zeit wird die Problematik der mittelbaren Drittwirkung (mit diesem
Begriff wieder BVerfGE 128, 226 [248, 249, 252]) meist im **Zusammenhang mit
den Schutzpflichten** behandelt, die als zusätzliche objektiv-rechtliche Gehalte der
primär abwehrrechtlichen Grundrechtsbestimmungen den Staat auch verpflichten,
die grundrechtlichen Schutzgüter des Grundrechtsträgers vor Übergriffen anderer
Menschen in Schutz zu nehmen (näher o. Kap. 4, Subjektive Grundrechte und
objektive Grundrechtsgehalte, Rn. 27 ff., 64). Solcher Schutz ist außer durch die
besonders   sanktionierende   Strafrechtsgesetzgebung   primär   durch   die
Zivilrechtsgesetzgebung zu gewährleisten. Der **Gesetzgeber** ist insoweit verpflichtet, für einen hinreichenden **rechtlichen Schutz** der Grundrechtsträger **vor
Übergriffen** anderer zu **sorgen**, die – unbeschadet der Notwendigkeit weitergehender Sanktionen, wie Schadensersatz o. Ä. – jedenfalls zu verbieten sind; dieser
gesetzliche Schutz setzt sich in der Anwendung der die Grundrechtsgüter schützenden Bestimmungen durch die staatlichen Gerichte fort.

43   Entsprechende Rechtspflichten zur Respektierung der wechselseitigen (grund-)
rechtlich geschützten Interessen sind in der Privatrechtsordnung seit jeher durch das
Deliktsrecht einerseits, die Privatautonomie andererseits prinzipiell umfassend verwirklicht. Daher geht es zur umfassenden Verwirklichung der Schutzpflicht gegenüber privaten Dritten – abgesehen von der Schließung etwaiger Lücken durch
ergänzende Schutzgesetzgebung – noch darum, die bestehenden Privatrechtsnormen
im Hinblick auf einen effektiven Schutz der grundrechtlich geschützten Interessen
in adäquater Weise auszulegen und anzuwenden. Damit trifft sich die Bedeutung
grundrechtlicher Schutzpflichten für die gesetzesanwendenden Staatsorgane mit
den Ergebnissen der Ausstrahlungswirkung der Grundrechtsbestimmungen.

Beispiel:

Das **Fraport-Urteil** (BVerfGE 128, 226 [248 ff.]) hat es nicht ausgeschlossen,
dass Private – „etwa im Wege der mittelbaren Drittwirkung – [...] genauso weit
durch die Grundrechte in die Pflicht genommen werden, insbesondere wenn sie
in tatsächlicher Hinsicht in eine vergleichbare Pflichten- und Garantenstellung
hineinwachsen wie traditionell der Staat." Es hat dies für den Schutz der
Kommunikation in Betracht gezogen, wenn Private „die Bereitstellung schon der
Rahmenbedingungen öffentlicher Kommunikation selbst übernehmen und damit
in Funktionen eintreten, die [...] früher dem Staat als Aufgabe der Daseinsvorsorge zugewiesen waren." – Zuletzt hat BVerfG (K), NJW 2015, 2485 f. in einer
Eilentscheidung die zivilgerichtliche Bestätigung des gegen einen „Bierdosen-
Flashmob" gerichteten Hausverbots des privaten Eigentümers eines Einkaufs-
platzes mit Rücksicht auf Art. 8 GG aufgehoben.

Entscheidend bleibt, dass eine **Verletzung der Grundrechte** – abgesehen von besonders geregelten Ausnahmefällen – nur durch ein **Verhalten der Staatsgewalt** eintreten kann.

Soweit ausnahmsweise **unmittelbar drittwirksame Grundrechtsbestim-** **44** **mungen** bestehen (o. Rn.38), handelt es sich dabei trotz des Standortes in der Verfassung **der materiellen Qualität nach** um **Zivilrecht**; die daraus folgenden subjektiven Rechte sind gleichfalls zunächst privatrechtlicher Natur und dementsprechend in den hierfür einschlägigen zivil- und zumal arbeitsgerichtlichen Verfahren zur Geltung zu bringen.

Beispiel:

Ein wegen der Übernahme eines Bundestagsmandats entlassener Arbeitnehmer kann sich gestützt auf (den grundrechtsähnlichen) Art. 48 Abs. 2 GG mit der Kündigungsschutzklage gegen den Arbeitgeber vor den Arbeitsgerichten zur Wehr setzen.

Durch die Verankerung in der Verfassung ist nur die Änderung solcher Bestimmungen dem einfachen Gesetzgeber entzogen. Soweit wie zumal bei Art. 9 Abs. 3 GG eine Verfassungsbeschwerde in Betracht kommt, würde die Kontrolle von Gerichtsentscheidungen jedenfalls die Verkennung dieser Grundrechtsbindung oder ihrer Reichweite erfassen.

3. Zusammenfassung

- Grundrechte haben grundsätzlich keine unmittelbare Drittwirkung, d.h. **45** sie verpflichten nur die Staatsgewalt, nicht auch andere Privatpersonen.
- Mittelbar wirken die Grundrechte allerdings auf private Rechtsbeziehungen ein, indem sie Auslegung und Anwendung der Privatrechtsnormen beeinflussen.
- Die entsprechende Gestaltung der Privatrechtsnormen lässt sich als Ausdruck der grundrechtlichen Schutzpflichten des Staates verstehen.

Die Grundrechtsberechtigten

6

Inhalt

Literatur zu II. und III: *Markus Heintzen*, § 50 Ausländer als Grundrechtsträger, in: HGR II, 2006, S. 1163; *Peter M. Huber*, § 49 Natürliche Personen als Grundrechtsträger, in: HGR II, 2006, S. 1129; *Wolfgang Rüfner*, § 196 Grundrechtsträger, in: HStR IX[3], 2011, S. 731; *Klaus Stern*, § 70 Die Grundrechtsberechtigung natürlicher Personen, in: *ders.*, Staatsrecht III/1, 1988, S. 997; *Sebastian Graf von Kielmansegg*, Grundfälle zu den allgemeinen Grundrechtslehren, JuS 2009, 216 (219); *Michael Sachs*, Ausländergrundrechte im Schutzbereich von Deutschengrundrechten,

© Springer-Verlag Berlin Heidelberg 2017
M. Sachs, *Verfassungsrecht II - Grundrechte*, Springer-Lehrbuch,
DOI 10.1007/978-3-662-50364-5_6

BayVBl 1990, 385; *Stelios Tonikidis*, Die Grundrechtsfähigkeit und Grundrechtsberechtigung natürlicher Personen, JA 2013, 38; **zu IV.:** *Josef Isensee*, § 199 Anwendung der Grundrechte auf juristische Personen, in: HStR IX³, 2011, S. 911; *Wolfgang Rüfner*, § 196 Grundrechtsträger, ebda, S. 731 (754 ff.); *Peter Selmer*, § 53 Zur Grundrechtsberechtigung von Mischunternehmen, in: HGR II, 2006, S. 1255; *Friedrich E. Schnapp*, § 52 Zur Grundrechtsberechtigung juristischer Personen des öffentlichen Rechts, ebda, S. 1235; *Klaus Stern*, § 71 Die Grundrechtsberechtigung der juristischen Personen, in: ders., Staatsrecht III/1, 1988, S. 1077; *Peter J. Tettinger*, § 51 Juristische Personen des Privatrechts als Grundrechtsträger, in: HGR II, 2006, S. 1203; *Friedrich Schoch*, Grundrechtsfähigkeit juristischer Personen, Jura 2001, 201; *Stelios Tonikidis*, Die Grundrechtsfähigkeit juristischer Personen nach Art. 19 III GG, Jura 2012, 517.

Rechtsprechung zu II. und III.: BVerfGE 78, 179 (Heilpraktikererlaubnis für Ausländer); **zu IV.:** BVerfGE 15, 256 (Universitäre Selbstverwaltung); BVerfGE 18, 441 (Schweizer AG); BVerfGE 19, 1 (Neuapostolische Kirche); BVerfGE 21, 362 (Landesversicherungsanstalt); BVerfGE 31, 314 (2. Rundfunkentscheidung); BVerfGE 42, 312 (Bremische Evangelische Kirche); BVerfGE 45, 63 (Stadtwerke Hameln AG); BVerfGE 59, 231 (Freie Mitarbeiter); BVerfGE 61, 82 (Sasbach); BVerfGE 68, 193 (Zahntechniker-Innungen); BVerfGE 70, 1 (Orthopädietechniker-Innungen); BVerfGE 75, 192 (Grundrechtsfähigkeit öffentlich-rechtlicher Sparkassen); BVerfGE 107, 299 (Frontal); BVerfGE 128, 226 (Fraport); BVerfGE 129, 78 (Cassina).

Übungsfälle zu IV.: *Sabine Ahlers/Werner Schroeder*, Stille Tage in Bayern: Kunstfreiheit oder Feiertagsschutz?, Jura 2000, 641; *Stefan Korte*, Zur Übung – Öffentliches Recht: Grundrechtsgeltung für Personengesellschaften, JuS 2003, 444; *Daniel Krausnick*, Grundfälle zu Art. 19 III GG, JuS 2008, 869, 965.

I. Begriffliches

1   Grundrechtsberechtigter (oder auch Grundrechtsträger) ist derjenige, dem eine grundrechtliche Berechtigung, ein subjektives Grundrecht zusteht. Diese **Grundrechtsberechtigung** oder Grundrechtsträgerschaft setzt die Fähigkeit voraus, Träger subjektiver grundrechtlicher Berechtigungen zu sein. Diese **Grundrechtsfähigkeit** ist der Rechtsfähigkeit einer Person vergleichbar, wie sie dem BGB zugrunde liegt. Sie erstreckt sich allerdings auch bei Menschen nicht stets auf alle Grundrechte. Soweit einer Person die Grundrechtsfähigkeit fehlt, kann sie nicht grundrechtsberechtigt sein.

2   Auch soweit Personen grundrechtsfähig sind, sind sie nur **grundrechtsberechtigt**, wenn sie die weiteren Tatbestandsvoraussetzungen einer Grundrechtsbestimmung erfüllen. Soweit es um Abwehrrechte (Kap. 4, Subjektive Grundrechte und objektive Grundrechtsgehalte, Rn. 13 ff.) geht, gehört dazu insbesondere, dass **der Person der Schutzgegenstand des Grundrechts zusteht.** Dies ist bei unmittelbar in der Person begründeten Schutzgütern (wie Menschenwürde, Leib und Leben, Verhaltensfreiheiten) im Hinblick auf die *eigene Person* (also für die eigene Menschenwürde, das eigene Leben usw., die eigene Religionsfreiheit) ohne Weiteres der Fall. Bei externen, außerhalb der Person begründeten Schutzgütern hängt es von weiteren Voraussetzungen ab, inwieweit sie einer bestimmten Personen zustehen; so ist nur der Inhaber einer vermögenswerten Rechtsposition als deren

Eigentümer insoweit nach Art. 14 Abs. 1 GG grundrechtsberechtigt, nur der Inhaber einer Wohnung ist grundrechtsberechtigt nach Art. 13 GG im Hinblick auf deren Unverletzlichkeit. Auch bei rechtlich erfassten Aspekten von Verhaltensfreiheit kann es auf deren Zuordnung ankommen (s. etwa Kap. 24, Die Grundrechte des Art. 12 GG, Rn. 21).

II. Natürliche Personen als Grundrechtsträger

1. Grundsätzliche Grundrechtsfähigkeit aller Menschen

Die im Grundgesetz gewährleisteten Grundrechte wurzeln, wie die Verbindungslinie **3** zwischen Art. 1 Abs. 2 und 3 GG aufzeigt, in Menschenrechten (s. o. Kap. 1, Die Geschichte der Grundrechte, Rn. 5 f.). Diesem Zusammenhang entspricht es, dass die meisten Grundrechte grundsätzlich **jedem Menschen** zustehen können. Diese Grundrechte werden deshalb zum Teil als „Menschenrechte" bezeichnet; das kann aber schon gegenüber Art. 1 Abs. 2 GG zu Missverständnissen führen und blendet juristische Personen als mögliche Grundrechtsträger aus (u. Rn. 42 ff.). Klarer ist es, insoweit von **Jedermann-Rechten** zu sprechen (o. Kap. 3, Grundsatzfragen der Grundrechte des Grundgesetzes, Rn. 14 f.).

In zahlreichen Grundrechtsbestimmungen kommt diese personelle Reichweite **4** schon in der **Formulierung** zum Ausdruck, namentlich wenn „jedermann" (so in Art. 9 Abs. 3 Satz 1, Art. 17 GG) oder „jeder" (so in Art. 2 Abs. 1, Art. 2 Abs. 2 Satz 1, Art. 5 Abs. 1 Satz 1 GG) als Inhaber eines Grundrechts bezeichnet wird. Dasselbe gilt für Art. 3 Abs. 1 GG, der „alle Menschen" als vor dem Gesetz gleich anspricht; auch Art. 3 Abs. 2 Satz 1 GG soll mit „Männern und Frauen" alle Menschen als Grundrechtsberechtigte einbeziehen (u. Kap. 15, Die Gleichheitssätze des Art. 3 GG, Rn. 120). Ebenso umfassend ist das „jemand" in Art. 19 Abs. 4 Satz 1 GG zu verstehen. Gleichbedeutend sind ferner Bestimmungen, die **negativ** aussprechen, dass „niemand" bestimmten verbotenen Einwirkungen ausgesetzt sein darf (so Art. 3 Abs. 3 Satz 1 und 2, Art. 4 Abs. 3 Satz 1, Art. 12 Abs. 2 GG).

Die prinzipiell umfassende Geltung der Grundrechte für natürliche Personen, die **5** in den genannten Bestimmungen ausdrücklich hervortritt, gilt grundsätzlich auch bei Grundrechten, die ohne ausdrückliche Erwähnung des geschützten Personenkreises lediglich einen grundrechtlichen **Schutzgegenstand** benennen (so in Art. 1 Abs. 1, Art. 2 Abs. 2 Satz 2, Art. 4 Abs. 1 und 2, Art. 5 Abs. 1 Satz 2, Art. 5 Abs. 3 Satz 1, Art. 6 Abs. 1, Art. 7 Abs. 4 Satz 1, Art. 10 Abs. 1, Art. 13 Abs. 1, Art. 14 Abs. 1 GG).

Ebenso verhält es sich bei den **grundrechtsgleichen Rechten** (o. Kap. 2, Grund- **6** und Menschenrechtsgarantien des geltenden Rechts, Rn. 7 ff.). So ist nach Art. 103 Abs. 1 GG „jedermann" berechtigt, darf nach Art. 33 Abs. 3 Satz 2, Art. 101 Abs. 1 Satz 2, Art. 103 Abs. 3 GG „niemand" in der dort verbotenen Weise behandelt werden. Auch Art. 33 Abs. 3 Satz 1 und Art. 103 Abs. 2 GG, die die möglichen Grundrechtsberechtigten nicht ausdrücklich ansprechen, gehören zu den Jedermann-Rechten.

2. Grundrechte mit begrenztem Berechtigtenkreis

7 Andere Grundrechtsbestimmungen grenzen den Kreis der (möglichen) Grundrechtsberechtigten durch **zusätzliche Kriterien** ein, die in der Person des Grundrechtsträgers verwirklicht sein müssen. So wird an die Eigenschaft als Deutscher oder Ausländer (u. Rn. 8 ff.) oder an sonstige personengebundene Merkmale (u. Rn. 19 f.) angeknüpft. Dabei hat nur der erste Fall weitergehende dogmatische Relevanz.

a) Deutschengrundrechte

8 Die wichtigste Eingrenzung der Grundrechtsfähigkeit ist die Garantie gewisser Grundrechte **nur für „Deutsche"**. Eine ganze Reihe von grundrechtlichen und grundrechtsgleichen Bestimmungen sind mit dieser ausdrücklichen personellen Festlegung formuliert, namentlich Art. 8, Art. 9 Abs. 1, Art. 11, Art. 12 Abs. 1, Art. 16 Abs. 2, Art. 20 Abs. 4, Art. 33 Abs. 1 und 2 GG. Zu den **„Deutschengrundrechten"** gehört ferner Art. 38 Abs. 1 Satz 1 GG, weil das Wahlrecht nur Angehörigen des deutschen Staatsvolks zusteht (u. Kap. 33, Die grundrechtsgleichen Rechte des Art. 38 GG, Rn. 7). Diese personelle Einengung kann zum Teil mit der Zugehörigkeit dieser Rechte zum status activus (Kap. 4, Subjektive Grundrechte und objektive Grundrechtsgehalte, Rn. 44) oder ihrem damit zusammenhängenden (auch) politischen Bezug erklärt werden, zum Teil mit der besonderen Bedeutung des Rechts zum Aufenthalt im Gebiet des eigenen Staates für Staatsangehörige (Art. 11, 16 Abs. 2 GG) oder mit der nur bei ihnen angenommenen Landeszugehörigkeit (Art. 33 Abs. 1 GG) oder nur mit dem Ziel, eigene Staatsangehörige wirtschaftlich zu privilegieren (Art. 12 Abs. 1 GG).

9 Eine allerdings unter dem Vorbehalt anderweitiger gesetzlicher Regelung stehende verfassungsrechtliche **Definition des Deutschen** im Sinne des Grundgesetzes, die insbesondere für die Grundrechtsfähigkeit bei Deutschengrundrechten maßgeblich ist, enthält **Art. 116 Abs. 1 GG**. Nach dieser Definition sind zwei für die Frage der Grundrechtsfähigkeit grundsätzlich gleichwertige Kategorien von Deutschen zu unterscheiden.

10 Deutscher ist in erster Linie, wer die **deutsche Staatsangehörigkeit** besitzt. Wann das der Fall ist, ergibt sich nicht unmittelbar aus dem Grundgesetz, sondern aus den jeweils maßgeblichen Regelungen des gesetzlichen Staatsangehörigkeitsrechts. Auch bei Änderungen einschlägiger Bestimmungen handelt es sich nicht um einen Fall der in Art. 116 Abs. 1 GG vorbehaltenen anderweitigen gesetzlichen Regelungen, vielmehr füllen die jeweiligen Vorschriften des Staatsangehörigkeitsrechts den Deutschenbegriff (mittelbar) tatbestandlich aus. Zum Grundrechtsschutz der deutschen Staatsangehörigkeit durch Art. 16 Abs. 1 GG s. u. Kap. 27, Die Grundrechte des Art. 16 GG, Rn. 1 ff. Eine zusätzliche fremde Staatsangehörigkeit ist für die Deutscheneigenschaft unschädlich (BVerwGE 144, 141 Rn. 30; u. Kap. 23, Das Grundrecht der Freizügigkeit, Art. 11 GG, Rn. 7).

11 Deutsche sind ferner die sog. **Statusdeutschen**. Das sind die Personen, die als Flüchtlinge oder Vertriebene **deutscher Volkszugehörigkeit** oder deren Ehegatten oder Abkömmlinge in dem Gebiet des Deutschen Reiches nach dem Stand vom 31. Dezember 1937 Aufnahme gefunden haben, ohne deutsche Staatsangehörige zu sein. Die Kriterien für den Kreis der sog. Statusdeutschen stehen danach von Verfassungs wegen fest; der ausdrückliche Vorbehalt des Art. 116 Abs. 1 GG erlaubt es aber, hiervon im Wege anderweitiger gesetzlicher Regelung abzuweichen. Zur Frage des Grundrechtsschutzes der Deutscheneigenschaft vgl. Kap. 27, Die Grundrechte des Art. 16 GG, Rn. 2.

Andererseits wird verbreitet das durch Art. 16a GG gewährte Asylrecht der politisch Verfolgten als **reines Ausländerrecht** betrachtet, das nur diesen, nicht aber Deutschen zustehen könne. Diese Einschätzung trifft zwar auf den typischen Fall des Asylrechts durchaus zu, ist aber **nicht zwingend**, zumal sie im Text des Grundrechtsgewährleistungssatzes, Art. 16a Abs. 1 GG, keine Grundlage findet (näher u. Kap. 28, Das Asylrecht nach Art. 16a GG, Rn. 25 ff.). **12**

Die Deutschengrundrechte können als solche unzweifelhaft nur Deutschen im dargelegten Sinne zustehen, weil nur sie insoweit grundrechtsfähig sind. Davon zu trennen ist die Frage, inwieweit auch **Ausländer** im Hinblick auf die jeweiligen sachlichen Schutzgegenstände der Deutschen-Grundrechte *überhaupt* **Grundrechtsschutz** beanspruchen können, weil zu ihren Gunsten andere Grundrechte eingreifen. Als Grundlage eines solchen Schutzes für Ausländer im sachlichen Geltungsbereich von Deutschengrundrechten kommen namentlich Art. 1 Abs. 1, Art. 2 Abs. 1 und Art. 3 Abs. 1 GG in Betracht. **13**

Soweit **Art. 1 Abs. 1 GG** in Deutschengrundrechten aufgegriffene Elemente von Menschenwürde schützt, kommt dies auch betroffenen Ausländern zugute. Denn die Menschenwürdegarantie gilt für jeden Menschen, und ihre Schutzwirkung kann durch zusätzliche Grundrechtsgarantien, auch wenn sie personell beschränkt sind, für niemanden verkürzt werden. Allerdings bleibt die Reichweite der Menschenwürdegarantie hinter dem Schutzumfang der in Betracht kommenden Deutschengrundrechte deutlich zurück. **14**

Art. 3 Abs. 1 GG schließt nicht alle Differenzierungen zwischen Personengruppen aus, sondern nur solche, die nicht an relevante Unterschiede anknüpfen (näher Kap. 15, Die Gleichheitssätze des Art. 3 GG, Rn. 10). Für Unterscheidungen zwischen Deutschen und Ausländern gelten ansonsten strenge Maßstäbe (u. Kap. 15, Die Gleichheitssätze des Art. 3 GG, Rn. 81), doch zeigt schon die Existenz der Deutschengrundrechte, dass sie in deren Anwendungsbereich jedenfalls nicht ausnahmslos unzulässig sind. Damit ist allerdings nicht jede Schlechterstellung von Ausländern in diesen Bereichen gerechtfertigt; vielmehr bedarf jede Differenzierung hinreichend überzeugender Gründe. Solche können sich aber aus denselben Erwägungen ergeben, die die Begrenzung der Reichweite dieser Grundrechte auf Deutsche tragen. **15**

Beispiel:

Wenn das aus dem Jahre 1939 stammende Verbot für Ausländer, als Heilpraktiker tätig zu werden, mit dem ansonsten ausschließlich präventiven Konzept der mittlerweile weiterentwickelten Rechtsmaterie des Heilpraktikerrechts keine „sinnvolle Einheit" mehr bildet, könnte in dem Verbot deshalb eine gleichheitswidrige Differenzierung liegen (nach BVerfGE 78, 179 [196 ff.], dort entschieden zu Art. 2 Abs. 1 GG).

16   Jedenfalls im Ausgangspunkt umfassenden Grundrechtsschutz bietet den Aus-
ländern auch für die Gegenstände von Deutschengrundrechten hingegen **Art. 2
Abs. 1 GG**. In ihrer Bedeutung als allgemeine Verhaltensfreiheit (u. Kap. 14,
Die Grundrechte des Art. 2 GG, Rn. 5) schützt die Bestimmung auch alle durch
Spezialgrundrechte geschützten Verhaltensmöglichkeiten; sie wird allerdings von
diesen Bestimmungen im Umfang ihrer Reichweite verdrängt (dazu Kap. 11,
Grundrechtskonkurrenzen, Rn. 4; Kap. 14, Die Grundrechte des Art. 2 GG,
Rn. 45). Da für Ausländer keine vorrangigen Spezialfreiheitsrechte einschlägig
sind, bleibt Art. 2 Abs. 1 GG für sie auch im sachlichen Anwendungsbereich der
Deutschengrundrechte anwendbar. Objektivrechtlich stellt schon der rechtsstaatli-
che Vorbehalt des Gesetzes sicher, dass die gesamte Verhaltensfreiheit auch von
Ausländern nicht ohne gesetzliche Grundlage eingeschränkt werden kann; dies ent-
spricht der Reichweite von Art. 2 Abs. 1 GG (u. Kap. 14, Die Grundrechte des Art. 2
GG, Rn. 45).

17   Gegen diese Sichtweise lässt sich der Einwand der **Nivellierung des** vom
Grundgesetz bewusst differenziert gestalteten **Grundrechtsschutzes** erheben: Die
personell begrenzte Gestaltung der Deutschengrundrechte werde unterlaufen, wenn
auch in ihrem sachlichen Anwendungsbereich Ausländer über Art. 2 Abs. 1 GG
Grundrechtsschutz beanspruchen könnten. Dabei würde übersehen, dass der durch
die Spezialfreiheitsrechte einerseits, durch Art. 2 Abs. 1 GG andererseits begründete
Grundrechtsschutz keineswegs die gleiche Stringenz aufweist. Vielmehr unterliegen die **Spezialfreiheitsrechte weniger weitgehenden Begrenzungen** als Art. 2
Abs. 1 GG, der der gesamten verfassungsmäßigen Rechtsordnung unterworfen ist
(u. Kap. 14, Die Grundrechte des Art. 2 GG, Rn. 30 ff.). Dies ist bei einem Grundrecht
mit streng qualifiziertem Gesetzesvorbehalt, wie Art. 11 GG, offenkundig, trifft
aber auch für Art. 12 Abs. 1 GG zu, insbesondere wenn es um die nur unter strengen
Anforderungen einschränkbare Freiheit der Berufswahl (näher u. Kap. 24, Die
Grundrechte des Art. 12 GG, Rn. 33 ff.) geht.

18   **Besonderheiten** ergeben sich für den Grundrechtsschutz von Ausländern, die
Unionsbürger sind; ihnen stehen zwar wie allen anderen Ausländern allein nach
deutschem Recht nur die Jedermann-Grundrechte zu. Doch hat die unionsrechtlich
gebotene Gleichbehandlung mit den Inländern, vgl. insb. Art. 18 AEUV, Art. 21
Abs. 2 EUGRCh, eine „Anwendungserweiterung" der Deutschengrundrechte zur
Folge. Diese (und weitere) Diskriminierungsverbote des Unionsrecht verlangen, dass im Anwendungsbereich des Unionsrechts den Unionsbürgern dieselben freien Betätigungsmöglichkeiten, namentlich beruflicher Art, einschließlich
gerichtlicher Durchsetzungsmöglichkeiten, eröffnet sind wie den Deutschen. Der
Anwendungsvorrang des Unionsrecht führt dazu, dass die Unionsbürger ungeachtet der abweichenden Gestaltung der nationalen Rechtslage insoweit dieselben
Entfaltungs- und Durchsetzungsmöglichkeiten genießen wie die Deutschen. Sie
sind also insoweit so zu behandeln, *als ob* die allein nach deutschem Recht nur für
Deutsche durchgreifenden Deutschengrundrechte auch für sie gelten (für juristische Personen BVerfGE 129, 78 [97] und u. Rn. 54; für Menschen s. BVerwGE
148, 344 Rn. 11).

b) Sonstige Grundrechte mit personenbezogenen Tatbestandsmerkmalen

Auch eine Reihe anderer Grundrechtsbestimmungen sind in personeller Hinsicht so **19** formuliert, dass sie nicht jeden Menschen schlechthin ansprechen, sondern die möglichen Berechtigten durch enger gefasste Begriffe bezeichnen.

> **Beispiele:**
> Eltern, Art. 6 Abs. 2 Satz 1 GG, Kinder und/oder Erziehungsberechtigte, Art. 6 Abs. 3 Satz 1, Mütter, Art. 6 Abs. 4 GG, uneheliche Kinder, Art. 6 Abs. 5 GG, Erziehungsberechtigte, Art. 7 Abs. 2 GG, Lehrer, Art. 7 Abs. 3 Satz 3, politisch Verfolgte, Art. 16a Abs. 1, vorläufig Festgenommene, Art. 104 Abs. 3 Satz 1, Festgehaltene, Art. 104 Abs. 4 GG.

Zusätzliche Anforderungen an **Eigenschaften in der Person des Grundrechtsberechtigten** unterscheiden sich nicht substanziell von sonstigen Tatbestandsmerkmalen der Grundrechte, die in Bezug auf einen Grundrechtsträger erfüllt sein müssen, damit die Rechtsfolgen des Grundrechts zu seinen Gunsten eingreifen können. Daher ist es wenig sinnvoll, die Kategorie der Grundrechtsfähigkeit zu verwenden. Dies leuchtet insbesondere in den Fällen ein, in denen die in der Person gelegenen Eigenschaften sich auf ganz vorübergehende Situationen beziehen; hier sind alle Menschen gemeint, die sich in der jeweiligen Situation befinden.

> **Beispiele:**
> Der Festgehaltene nach Art. 104 Abs. 4 GG, der vorläufig Festgenommene nach Art. 104 Abs. 3 Satz 1 GGi, bei der festgehaltenen Person nach Art. 104 Abs. 1 Satz 2 GG zeigt dies schon die Formulierung; der politisch Verfolgte nach Art. 16a Abs. 1 GG (zur möglichen Geltung nur für Ausländer o. Rn. 12, Kap. 28, Das Asylrecht nach Art. 16a GG, Rn. 24 ff.) ist ein Grenzfall zur folgenden Fallgruppe, da die politische Verfolgung eine Person durchaus dauerhaft treffen kann.

Auch soweit es um **dauerhafte persönliche Eigenschaften** geht, die über die Anwen- **20** dung des Grundrechts im Einzelfall hinaus bestehen, etwa bei Art. 6 Abs. 5 GG für uneheliche Kinder, bei Art. 6 Abs. 4 GG für Mütter, bei Art. 6 Abs. 3, Art. 7 Abs. 2 GG für Erziehungsberechtigte (oder Kinder), bei Art. 7 Abs. 3 Satz 3 GG für Lehrer, führt die Annahme einer entsprechend personell begrenzten Grundrechtsfähigkeit nicht weiter. Die jeweils vorausgesetzten persönlichen Merkmale haben für die Anwendbarkeit des betreffenden Grundrechts dieselbe Bedeutung wie andere weniger eng an die Person gebundene Tatbestandsmerkmale, etwa die Betätigung bestimmter Freiheiten (s. auch u. Kap. 7, Der Grundrechtstatbestand, Rn. 12).

> ▶ **Hinweis:** Entsprechend können Grundrechte trotz Bezugs auf dauerhaft eng mit der Person verbundene Eigenschaften als Jedermann-Grundrechte formuliert sein, so Art. 3 Abs. 3 Satz 2 GG („Niemand … wegen seiner Behinderung …").

Daher sollten auch diese Grundrechte als Jedermann-Grundrechte behandelt werden; der Begriff ist dann nur als Gegenbegriff zu den Deutschengrundrechten zu verstehen, als auf Grundrechte bezogen, die für Menschen unabhängig davon gelten, ob sie Deutsche sind. Die Ungenauigkeit der Begriffsbildung dadurch, dass nicht immer wirklich *alle* Menschen auch nur in Betracht kommen (wie als Mütter nach Art. 6 Abs. 4 GG), ist bedauerlich, kann aber wegen des eingeführten Sprachgebrauchs mangels griffiger Alternativen wohl hingenommen werden.

c) Beginn und Ende der Grundrechtsfähigkeit

21   Ein für die Grundrechtsfähigkeit natürlicher Personen im Allgemeinen klärungsbedürftiger Punkt betrifft die Frage ihres Beginns und ihres Endes in Bezug auf die **menschliche Lebenszeit**. Diese stellt sich bei Jedermann-Rechten, Deutschenrechten und etwa sonst besonderen Personenkreisen vorbehaltenen Rechten in grundsätzlich gleicher Weise.

aa) Der Beginn der Grundrechtsfähigkeit

22   Auf der einen Seite ist problematisch, ob die **Grundrechtsfähigkeit** des Menschen, wie die Rechtsfähigkeit nach § 1 BGB, erst **mit der Geburt beginnt**. Dies erscheint grundsätzlich naheliegend, da der Bezug der Grundrechte auf die menschliche Person ihre Existenz als Person voraussetzt, auf die sich ja auch die Rechtsfähigkeit des BGB bezieht. Allerdings ist die Definition der menschlichen Person für die Grundrechte von so zentraler Bedeutung, dass nicht anzunehmen ist, dass die Verfassung sie schlechthin der Gestaltungsfreiheit des einfachen Gesetzgebers überlassen hat. Vielmehr ist von einem verfassungsunmittelbar vorgegebenen, wenn auch nicht im Einzelnen ausformulierten Verständnis der menschlichen Person auszugehen, deren Anfang in bestimmten Fällen schon vor der Geburt anzusetzen ist.

23   Das BVerfG ist namentlich beim Grundrecht auf Leben nach Art. 2 Abs. 2 Satz 1 GG erkennbar von einer solchen Einschätzung ausgegangen. Nachdem es zunächst die objektive Verpflichtung zur Respektierung des menschlichen Lebens in den vorgeburtlichen Zeitraum ausgedehnt hatte, hat es inzwischen auch die Grundrechtsträgerschaft des noch nicht geborenen Menschen jedenfalls hinsichtlich des Grundrechts auf Leben mit der Formulierung vom „**Lebensrecht des Ungeborenen**" deutlich festgestellt (BVerfGE 39, 1 [37 ff.]; BVerfGE 88, 203 [251 f.]). Zum Beginn dieser vorgeburtlichen Grundrechtsberechtigung s. u. Kap. 14, Die Grundrechte des Art. 2 GG, Rn. 75 ff.

24   Nicht abschließend geklärt ist, inwieweit eine solche **Vorverlegung** der Grundrechtsträgerschaft auch **für andere Grundrechte** in Betracht kommt. Abgesehen von der Menschenwürdegarantie, die mit dem Lebensgrundrecht untrennbar verknüpft ist und daher nicht später eingreifen kann als dieses, ist auch das Grundrecht der **körperlichen Unversehrtheit** bereits für den nasciturus anzuerkennen, der nicht nur vor Tötung, sondern ebenso vor Verstümmelung o. Ä. Schutz verdient.

25   Auch **Gleichheitsrechte** dürften schon vor der Geburt bestehen können, zumal gegenüber diskriminierenden Praktiken der Abtreibung, etwa im Hinblick auf das Geschlecht – was in weiten Teilen der Welt gängige Praxis sein soll – oder gar auf die Rasse, aber auch im Hinblick auf Behinderungen. Eine Benachteiligung durch

abgeschwächten strafrechtlichen Schutz im Rahmen einer wenn auch verbrämten embryopathischen Indikation für Abtreibungen ist daher auch an Art. 3 Abs. 3 Satz 2 GG zu messen.

Für alle Grundrechte, die nach den Regeln der allgemeinen Rechtsordnung be-　**26** gründete Rechtspositionen betreffen, ergibt sich dies kraft Akzessorietät: So wird Eigentum ebenso **erst mit der Geburt erworben** wie etwa die deutsche Staatsangehörigkeit.

> **Hinweis:** Insoweit scheidet auch ein vorgeburtlicher Schutz der Deutschengrundrechte, soweit sie aufgrund der Staatsangehörigkeit einschlägig sind, aus (so für Art. 11 GG SächsOVG NJW 2009, 2839).

Vorgeburtliche Rechtsänderungen, die einen zunächst erwarteten Rechtserwerb vereiteln, berühren keine Rechtspositionen des später geborenen Kindes. Dies gilt auch im Fall des nach § 1923 Abs. 2 BGB berufenen Erben, der erst (und nur), nachdem er lebend geboren ist, in den Genuss der grundrechtlichen Erbrechtsgarantie kommt.

> **Hinweis:** Eine Streichung der Vorschrift vor der Geburt des prospektiven Erben könnte daher sein Erbrecht nicht beeinträchtigen. Dagegen würde ein vor der Geburt geregelter diskriminierender Ausschluss bestimmter Personen vom Erbrecht deren Grundrecht aus Art. 3 Abs. 3 GG beeinträchtigen.

bb) Ende der Grundrechtsfähigkeit

Auf der anderen Seite tritt das **Ende der Grundrechtsfähigkeit** ebenfalls wie bei　**27** der Rechtsfähigkeit im Allgemeinen regelmäßig mit dem **Tod** des Menschen ein. Insofern ergibt sich einmal das Problem, den maßgeblichen Zeitpunkt genau zu fixieren. So besteht gegenwärtig eine gewisse Rechtsunsicherheit darüber, ob schon mit dem Eintritt des sog. Hirntodes das menschliche Leben als beendet angesehen werden kann (dazu näher beim Lebensgrundrecht, u. Kap. 14, Die Grundrechte des Art. 2 GG, Rn. 81 ff.).

Unabhängig davon wird heute verbreitet angenommen, dass jedenfalls bestimmte　**28** Grundrechte **über den Tod** des Grundrechtsberechtigten **hinausgehende Wirkungen** zugunsten seiner Grundrechtsgüter entfalten sollen. Während das BVerfG im Mephisto-Urteil ein postmortales Persönlichkeitsrecht abgelehnt hat und lediglich der Menschenwürdegarantie weiterwirkende Konsequenzen entnehmen wollte (BVerfGE 30, 173 [194]), hat sich zwischenzeitlich weitgehend die Auffassung durchgesetzt, dass gewissen Elementen des allgemeinen Persönlichkeitsrechts, wie namentlich der Ehre der Person, postmortale Wirkungen zukommen sollen. Doch ziehen auch neuere Entscheidungen als Maßstabsnorm nur Art. 1 Abs. 1 GG heran (s. u. Kap. 13, Die Garantie der Würde des Menschen, Art. 1 Abs. 1 GG, Rn. 26).

Ob mit dieser Sichtweise nicht eher Empfindlichkeiten oder Pietätsgefühle von　**29** Angehörigen oder sonst dem Verstorbenen nahestehenden Personen geschont werden sollen, ist allerdings nicht zweifelsfrei (s. auch u. Kap. 13, Die Garantie der

Würde des Menschen, Art. 1 Abs. 1 GG, Rn. 26). Eine **Ausdehnung** in weitere grundrechtlich geschützte Bereiche ist **allenfalls mit größter Vorsicht** möglich. Zu denken wäre vielleicht an über den Tod hinauswirkende Konsequenzen des Gleichheitssatzes, etwa des Diskriminierungsverbotes.

> **Beispiel:**
> Abgetrennte Sonderfriedhöfe für bestimmte Personengruppen.

Dagegen scheidet der postmortale Schutz von Lebensgütern, die mit dem Tode des Grundrechtsträgers wegfallen, naturgemäß ebenso aus wie der von Freiheiten. Wer im Sargzwang eine Verletzung des Grundrechts schon Verstorbener aus Art. 4 Abs. 1, 2 GG sehen will, muss dem Grundrecht neben der Verhaltensfreiheit auch ein Persönlichkeitsrecht als Schutzgegenstand entnehmen.

▶ **Hinweis:** Eine andere Frage ist es, ob ein Verfassungsbeschwerdeverfahren nach dem Tod des Beschwerdeführers im öffentlichen Interesse fortgeführt wird (so BVerfGE 124, 300 [318 f.]).

III. Grundrechtsmündigkeit natürlicher Personen

1. Begriff und Anwendungsbereich

30   Von Grundrechtsmündigkeit ist im Grundgesetz jedenfalls nicht ausdrücklich die Rede. Sie bezeichnet üblicherweise in Anlehnung an die Geschäftsfähigkeit des BGB die **materiellrechtliche Fähigkeit zur selbständigen Wahrnehmung eines Grundrechts** und ist von der damit allenfalls mittelbar verknüpften prozessualen Kategorie der Prozessfähigkeit zu unterscheiden. Grundrechtsmündigkeit soll nicht notwendig jedem Grundrechtsberechtigten zustehen, sondern vom Erreichen eines je nach betroffenem Grundrecht variierenden Reifegrades abhängig sein können.

31   Legt man dieses Verständnis zugrunde, kommt Grundrechtsmündigkeit von vornherein nur bei solchen Grundrechten in Betracht, die eine **Wahrnehmung** durch den Berechtigten **erfordern**, von ihm ausgeübt werden müssen. Grundrechtsmündigkeit kann daher nur die Grundrechte betreffen, die Verhaltensfreiheiten schützen oder Bewirkungsrechte beinhalten.

32   Dagegen hängen **Rechte des Güterschutzes** in ihrer Wirksamkeit nicht davon ab, dass sie vom Berechtigten ausgeübt werden, sondern entfalten ihre Wirkungen unabhängig davon allein gegenüber einer einschränkenden Einwirkung. Dies gilt für das (ja schon auf den nasciturus angewandte!) Grundrecht auf Leben und körperliche Unversehrtheit nach Art. 2 Abs. 2 Satz 1 GG, ferner etwa für das Recht auf Freiheit der Person nach Art. 2 Abs. 2 Satz 2 GG, auch für das Eigentumsrecht des Art. 14 GG, soweit es vor Substanzverringerungen schützt, und für den Bestandsschutz der deutschen Staatsangehörigkeit. Ebenso verhält es sich beim Grundrechtsschutz von Persönlichkeitsgütern und bei der grundrechtlich geschützten Gleichheit.

▶ **Hinweis:** Allerdings kann die Grundrechtsmündigkeit in diesen Fällen im Hinblick auf die Einwilligungsfähigkeit für die Frage eines Grundrechtsverzichts Bedeutung erlangen (dazu u. Kap. 8, Grundrechtseingriff und sonstige relevante Grundrechtsbeeinträchtigungen, Rn. 35 ff., 41).

2. Voraussetzungen

Für den potenziell verbleibenden Anwendungsbereich der Grundrechtsmündigkeit **33** ist grundsätzlich davon auszugehen, dass für nur tatsächlich wirksame Handlungen die **natürliche Handlungsfähigkeit** als ausreichend anzusehen ist, um den Grundrechtsschutz eingreifen zu lassen. Die Mitwirkung der Eltern ist insoweit auch bei Minderjährigen nicht Voraussetzung für das Eingreifen der Grundrechte.

Beispiele:
Ein Jugendlicher, der gegenüber einem Polizisten verbal sein Missfallen gegenüber dessen Vorgehensweise zum Ausdruck bringt, genießt dafür grundsätzlich den Schutz der Meinungsäußerungsfreiheit. – Der fünfzehnjährige Schüler S kann an den Landtag seines Landes unter dem Schutz des Art. 17 GG die Petition richten, wonach Schulen bei Außentemperaturen von unter 10 Grad minus grds. den Schülern „kältefrei" geben sollen. – Ein Kleinkind besitzt die Grundrechtsmündigkeit für sein nach Art. 2 Abs. 1 GG grundrechtsgeschütztes Spiel im Sandkasten.

Die Vorschriften der §§ 1626 ff. BGB über das **elterliche Sorgerecht** berühren die **34** Frage der Grundrechtsmündigkeit als solche nicht unmittelbar, sind vielmehr eigenständige Grundrechtsbeschränkungen gegenüber den minderjährigen Kindern, soweit sie elterliche Fremdbestimmung über die kindliche Grundrechtsausübung zulassen. Dies ist durch das elterliche Erziehungsrecht nach Art. 6 Abs. 2 Satz 1 GG grundsätzlich legitimiert. Die Fremdbestimmung durch die Eltern muss allerdings mit steigender Fähigkeit des Kindes zur Selbstbestimmung allmählich zurücktreten und kann durch staatliche Schutzmaßnahmen zugunsten des Kindes im Rahmen des staatlichen Wächteramtes, Art. 6 Abs. 2 Satz 2 GG, eingeschränkt werden.

3. Zur Bewertung genereller Altersgrenzen

Während der Rückgriff auf das Vorliegen tatsächlich für die selbständige Grund **35** rechtsausübung erforderlicher Fähigkeiten im Einzelfall nur vorgegebene Bedingtheiten der Grundrechtsausübung widerspiegelt, kann die Festlegung **genereller Altersgrenzen** für die selbständige Ausübung eines Grundrechts dazu führen, dass Grundrechtsträger, die untypisch früh die geistig-physischen Voraussetzungen der Grundrechtsausübung erfüllen, wegen der von ihnen noch nicht erreichten Altersgrenze von der selbständigen Wahrnehmung ihrer Grundrechte ausgeschlossen bleiben. Solche Regelungen von Altersgrenzen stellen sich daher als **grundrechtseinschränkende** Regelungen dar, die vor dem eingeschränkten Grundrecht anhand der in Frage kommenden Grundrechtsbegrenzungen gerechtfertigt werden müssen. Soweit nicht schon hierfür geeignete Gesetzesvorbehalte bestehen, kommt von den sonstigen Bestimmungen des Grundgesetzes wiederum vor allem **Art. 6 Abs. 2 Satz 1 GG** in Betracht.

36   Auf die **rechtsgeschäftliche Ausübung von Grundrechten** im Allgemeinen finden die Bestimmungen des Bürgerlichen Gesetzbuchs über die Geschäftsfähigkeit Anwendung. Daher ist insoweit die Wahrnehmung der Grundrechte bis zum Erreichen der Volljährigkeit grundsätzlich nur durch die Eltern möglich, die kraft ihres Sorgerechts auch gesetzliche Vertreter des Kindes sind, § 1629 Abs. 1 BGB. Allgemeine Bedenken gegen diese Regelungen mit Rücksicht auf Kindesgrundrechte greifen im Hinblick auf den Zweck des Minderjährigenschutzes und wegen der Bindungen des Elternrechts nicht durch.

> **Beispiel:**
> Will der Zwölfjährige Eigentümer eine wertvolle Sache veräußern oder in einen Sportverein eintreten, müssen seine gesetzlichen Vertreter für ihn handeln oder seiner Willenserklärung zustimmen.

37   Das fortgeltende Gesetz über die religiöse Kindererziehung vom 15.7.1921 (RGBl. S. 939) sieht ausdrücklich vor, dass – abweichend vom Eintritt der Geschäftsfähigkeit im Allgemeinen – die Befugnis zur persönlichen **Bestimmung über die Religionszugehörigkeit** bereits mit Vollendung des 14. Lebensjahres im vollen Umfang eintritt, während schon vorher mit Vollendung des 12. Lebensjahres ein fremd-, d. h. namentlich von den Eltern bestimmter Religionswechsel gegen den Willen des Kindes nicht mehr stattfinden kann. Obwohl damit der selbständigen Grundrechtsausübung des Kindes gegenüber den allgemeinen Regeln über die Geschäftsfähigkeit und die elterliche Sorge größerer Raum gegeben wird, können die starren Altersgrenzen im Einzelfall religiös frühreifer Kinder noch beschränkende Wirkungen entfalten, deren Legitimität problematisch sein kann.

> **Beispiel:**
> Dem zwölfjährigen Religionsstifter könnte verboten werden, seine Glaubenslehren öffentlich zu verkünden (vgl. Evangelium des Lukas 2, 41 ff.).

4. Abgrenzung zur Prozessfähigkeit

38   Eine ganz andere Frage ist die gelegentlich mit der Grundrechtsmündigkeit verquickte verfassungsprozessuale Problematik der sog. **Prozessfähigkeit** im Rahmen der Verfassungsbeschwerde. Darunter ist die Fähigkeit zu verstehen, die Grundrechte selbst gerichtlich mittels Verfassungsbeschwerde durchzusetzen, insb. die hierfür erforderlichen Verfahrenshandlungen vor- und entgegenzunehmen.

39   In anderen Rechtsgebieten wird die Altersgrenze für die Prozessfähigkeit regelmäßig **in Anlehnung an die Geschäftsfähigkeit** bestimmt, vgl. etwa § 62 Abs. 1 Nr. 1 VwGO; § 51 Abs. 1, § 52 Abs. 1 ZPO. Eine derartige Parallele kann

im Verhältnis von Grundrechtsmündigkeit und Prozessfähigkeit für die Verfassungsbeschwerde grundsätzlich nicht gezogen werden. Während die Fähigkeit, Rechtsgeschäfte des materiellen Rechts vorzunehmen, mit der Fähigkeit verknüpft wird, auch Prozesshandlungen selbst vorzunehmen, lässt sich ein entsprechender Zusammenhang zwischen der Fähigkeit zur selbständigen Wahrnehmung der einzelnen Grundrechte und der Fähigkeit ihrer prozessualen Verteidigung im Verfassungsbeschwerdeverfahren allgemein nicht erkennen.

Beispiel:
Schon das Kleinkind kann für das von Art. 2 Abs. 1 GG erfasste Ballspielen die etwa für erforderlich gehaltene Grundrechtsmündigkeit besitzen, ebenso der Fünftklässler für die Ausübung der Meinungsäußerungsfreiheit im Rahmen einer Schülerzeitung, ohne dass diese Kinder deshalb zugleich über die Fähigkeit verfügen, einen Prozess oder gar ein Verfassungsbeschwerdeverfahren selbst zu führen.

Für das insoweit lückenhafte Verfassungsprozessrecht ist hinsichtlich der **Prozessfähigkeit bei der Verfassungsbeschwerde** an die Prozessfähigkeit im Rahmen der sonstigen Prozessordnungen anzuknüpfen. Danach ist diese Prozessfähigkeit prinzipiell mittelbar an die Geschäftsfähigkeit des Zivilrechts gekoppelt. Bei einer Herabsetzung von Altersgrenzen in bestimmten Rechtsbereichen, die sich auf das jeweilige Prozessrecht auswirkt, spricht nichts dagegen, solche Sonderregelungen auch auf die Fortsetzung einer rechtlichen Auseinandersetzung mittels Verfassungsbeschwerde nach Erschöpfung des Rechtsweges zu übertragen.   40

Beispiele:
Minderjährige Wehrpflichtige, die es bei dem früheren Volljährigkeitsalter von 21 Jahren gab, sind für Verfassungsbeschwerden wegen ihres aus Art. 4 Abs. 3 GG fließenden Rechts zur Kriegsdienstverweigerung vom BVerfG als prozessfähig angesehen worden, da sie auch in den einschlägigen Verfahren der Verwaltungsgerichtsbarkeit als prozessfähig anerkannt waren (BVerfGE 28, 243 [254 f.]). – Die in § 2 Abs. 1 AsylVfG a.F. für Verfahrenshandlungen vorgesehene Altersgrenze von 16 Jahren dürfte – wie für den Verwaltungsprozess nach § 62 Abs. 1 Nr. 2 VwGO – auch im Rahmen einer Verfassungsbeschwerde wegen des Asylrechts nach Art. 16a GG zu beachten gewesen sein.

5. Zusammenfassung

- Grundrechtsfähigkeit als personelle Grundvoraussetzung jeder Grundrechtsberechtigung haben in erster Linie die Menschen.   41
- Bei Jedermann-Grundrechten als dem grundgesetzlichen Regelfall sind alle Menschen grundrechtsfähig. Die Deutschengrundrechte können nur Deutschen i. S. des Art. 116 GG zustehen.
- Ausländer können sich im gegenständlichen Anwendungsbereich der Deutschengrundrechte auf Art. 2 Abs. 1 GG stützen, eine Nivellierung des

Grundrechtsschutzes tritt wegen der unterschiedlichen Grundrechtsbegrenzungen nicht ein.

- Unionsbürger, die nicht Deutsche sind, sind diesen im Rahmen der innerstaatlichen Rechtsordnung unmittelbar durch die Diskriminierungsverbote des Europarechts gleichgestellt. Eine Ausdehnung der personellen Reichweite der Deutschengrundrechte nach deutschem Recht ist daneben entbehrlich.
- Grundsätzlich beginnt die Grundrechtsfähigkeit des Menschen mit der Geburt und endet mit dem Tode. Vorgeburtlicher Grundrechtsschutz ist vor allem für das Lebensgrundrecht anzunehmen, postmortale Fortwirkungen kommen für die Menschenwürdegarantie oder das allgemeine Persönlichkeitsrecht in Betracht.
- Grundrechtsmündigkeit ist die durch faktische Voraussetzungen der Persönlichkeitsentwicklung bedingte Fähigkeit, Grundrechte höchstpersönlich auszuüben.
- Gesetzliche Altersgrenzen, die die Grundrechtsmündigkeit typisierend erfassen, können grundrechtseinschränkende Wirkung haben und bedürfen deshalb insoweit der Rechtfertigung anhand geeigneter Grundrechtsgrenzen.
- Abgesehen von Gesetzesvorbehalten ist das elterliche Erziehungsrecht nach Art. 6 Abs. 2 GG die maßgebliche Grundlage für derartige Regelungen.
- Die Prozessfähigkeit im Verfassungsbeschwerdeverfahren ist nicht von der Grundrechtsmündigkeit abhängig, sondern führt die nach dem sonstigen Prozessrecht maßgeblichen Regelungen im Verfassungsprozess fort.

IV. Juristische Personen als Grundrechtsträger, Art. 19 Abs. 3 GG

1. Allgemeines

42   Die einzelnen Grundrechtsbestimmungen stehen nach dem Eindruck, den ihre Formulierung im Gesamtzusammenhang des Grundrechtsteils vermittelt, **grundsätzlich** zunächst einmal **natürlichen Personen** zu. Das ist für die Grundrechte, die ausdrücklich auf den Menschen abstellen (vgl. Art. 1 Abs. 1, Art. 3 Abs. 1 GG), ebenso offensichtlich wie bei Grundrechten, die die Grundrechtsträger sonst in einer Weise bezeichnen, die nur für natürliche Personen sinnvoll ist (vgl. Art. 3 Abs. 2, Art. 6 Abs. 2–5 GG). Entsprechendes gilt für Grundrechte, die durch die Bezeichnung ihres Schutzgegenstandes einen notwendigen Bezug auf natürliche Personen erkennen lassen, wie etwa Art. 2 Abs. 2 Satz 1 und 2 oder Art. 6 Abs. 1 GG.

43   Auch wenn die Grundrechte aufgrund solcher Formulierungen durchgängig als Grundrechte der natürlichen Person erscheinen (s. dazu schon o. Rn. 3 ff.), schließt das eine Erweiterung der **Grundrechtsträgerschaft auf juristische Personen** nicht von vornherein aus. **Art. 19 Abs. 3 GG** sieht die Geltung der Grundrechte für

(inländische) juristische Personen ausdrücklich vor, allerdings nur, soweit sie ihrem Wesen nach auf diese anwendbar sind. Dies verweist auf die Eigenart der einzelnen Grundrechtsbestimmungen; mittelbar wird damit ferner eine im Wortlaut nicht ausdrücklich angesprochene Einteilung der juristischen Personen relevant, nämlich in solche des privaten und solche des öffentlichen Rechts, wobei die letzteren eine Sonderstellung einnehmen (u. Rn. 70 ff.).

2. Juristische Personen des Privatrechts

a) Begriff der juristischen Person

Mit der Verwendung des Begriffs „juristische Person" nimmt das Grundgesetz **44** Bezug auf eine Kategorie der allgemeinen Rechtslehre, wie sie auch dem BGB, §§ 21 ff., zugrunde liegt. Als juristische Personen werden solche rechtlichen **Gebilde** bezeichnet, denen die Rechtsordnung im Rechtsverkehr die sonst für Menschen als natürliche Personen vorgesehene Stellung einer Person eingeräumt hat, die somit **voll rechtsfähig** sind. Zumeist handelt es sich dabei um organisierte Zusammenschlüsse natürlicher (oder von ihnen gebildeter juristischer) Personen.

Beispiele:

Vereine, §§ 21 ff. BGB; Gesellschaft mit beschränkter Haftung (GmbH) nach § 13 Abs. 1 GmbHG; Aktiengesellschaft (AG) nach § 1 Abs. 1 Satz 1 AktG.

Voll rechtsfähig ist aber auch die in §§ 80 ff. BGB als juristische Person anerkannte **45** **Stiftung**, ein für einen Stiftungszweck zur Rechtsperson verselbständigtes Stiftungsvermögen. Als juristischer Person i.S.d. Art. 19 Abs. 3 GG steht auch der Stiftung **Grundrechtsfähigkeit** zu; soweit die Rechtsordnung die Stiftung zulässt, ist sie dadurch als Träger schutzwürdiger Interessen rechtlich anerkannt und kann daher auch mit diesen Interessen verfassungsrechtlich geschützt werden. Dabei kommt es nicht darauf an, ob man durch Rückgriff auf den fortwirkenden Stifterwillen, gegebenenfalls auch postmortal, oder auf die in den Stiftungsorganen tätigen natürlichen Personen ein personales Substrat der Stiftung konstruieren kann.

Weitergehend wird in Rechtsprechung und Schrifttum verbreitet angenommen, **46** dass im Rahmen des Art. 19 Abs. 3 GG im Sinne eines effektiven Grundrechtsschutzes nicht nur die Vollrechtsfähigkeit einer echten juristischen Person, sondern bereits die **Teilrechtsfähigkeit** rechtlich weniger weitgehend verselbstständigter Gebilde **ausreichen soll**. Namentlich gilt dies für die OHG und die KG, die aufgrund handelsrechtlicher Bestimmungen unter ihrem Namen klagen und verklagt werden können, vgl. §§ 124 Abs. 1, 161 Abs. 2 HGB, daher im Rechtsverkehr weitgehend juristischen Personen angenähert scheinen. Entsprechendes gilt nach § 3 ParteienG für politische Parteien. Als ausreichend für die Grundrechtsträgerschaft wird aber auch die Stellung sog. nicht rechtsfähiger Vereine, vgl. § 54 BGB, angesehen. Nach Anerkennung der eigentumsbezogenen Teilrechtsfähigkeit und der zivilprozessualen Parteifähigkeit durch den BGH ist ferner die GbR insoweit als grundrechtsfähig anerkannt worden (BVerfG [K], NJW 2002, 3533 m.w.N.). Auch noch nicht als juristische Person entstandene Vorgesellschaften werden als Grundrechtsträger anerkannt (BVerfGE 135, 90 Rn. 44, 52 ff.).

47   Diese Sichtweise wird teilweise mit der Erwägung begründet, dass die Grundrechte letztlich und eigentlich auf die eine oder andere Weise die hinter der juristischen Person stehenden natürlichen Personen begünstigen sollen. Wenn dieser Effekt sogar bei vollständiger rechtlicher Personifizierung eintrete, so müsse dies **erst recht** dann gelten, wenn – wie im Falle bloßer Teilrechtsfähigkeit – die Entfernung von dem personellen Substrat des juristischen Gebildes noch weniger ausgeprägt ist.

48   Diese Argumentation scheint nur auf den ersten Blick schlüssig. Sie kann insofern **kaum überzeugen**, als erst die Vollrechtsfähigkeit die Distanz zwischen dem juristischen Gebilde und den dahinter stehenden natürlichen Personen schafft, die es für die betroffenen Menschen unmöglich macht, ihre eigenen Grundrechte zu reklamieren. Erst der Schritt zur vollen rechtlichen Verselbständigung in einer eigenständigen juristischen Person macht somit den Rückgriff auf deren Grundrechtsfähigkeit nötig. Solange sich Menschen für ihre Grundrechtsausübung einer nicht voll verselbständigten juristischen Einheit bedienen, bleibt es ihnen immer möglich, ihre eigenen, auf diesem Wege wahrgenommenen Grundrechtsinteressen unmittelbar zur Geltung zu bringen.

49   Besteht danach keine Notwendigkeit, die Grundrechtsträgerschaft auch auf teilrechtsfähige Gebilde zu erstrecken, lässt sich ihre Anerkennung am ehesten mit dem Ziel erklären, die durch die Teilrechtsfähigkeit im Rahmen der allgemeinen Rechtsordnung begründeten **Erleichterungen der Rechtswahrnehmung** für die so zusammengeschlossenen Personen konsequenterweise auch auf den Grundrechtsbereich, namentlich in prozessualer Hinsicht auf die Verfassungsbeschwerde, auszudehnen.

50   Nicht anerkannt werden kann die **Grundrechtsfähigkeit nicht rechtsfähiger Gebilde**, bei denen keine auch nur partielle Annäherung an die Stellung einer Person gegeben ist. Fehlt es im Rahmen der allgemeinen Rechtsordnung an jeder rechtlichen Verstetigung eines Zusammenschlusses, ist er in keiner Weise als Zuordnungssubjekt irgendwelcher Rechtssätze qualifiziert, bietet Art. 19 Abs. 3 GG keinen Ansatzpunkt, davon gerade im Hinblick auf die Grundrechtsträgerschaft abzuweichen.

Beispiele:

Spontanversammlung; Fußballmannschaft; die Studenten des 2. Semesters an einer juristischen Fakultät.

51   **Keine Grundrechtsfähigkeit** kommt ferner für die **Organe** mehr oder weniger weitgehend rechtlich verselbständigter Organisationseinheiten in Betracht, deren Handeln stets allein dem sie tragenden Rechtsgebilde zuzurechnen ist. Soweit es in Wahrheit um individuelle Belange der natürlichen Personen geht, die die Organstellung wahrnehmen, kommen nur deren, ihnen als natürlichen Personen zustehenden Grundrechte in Betracht.

> **Beispiele:**
> Vorstand eines Vereins; Vorstand und Aufsichtsrat einer Aktiengesellschaft.

b) Inländische juristische Personen

Art. 19 Abs. 3 GG erstreckt die Grundrechtsträgerschaft nur auf „**inländische**" juristi- **52**
sche Personen; ausländische juristische Personen kommen daher als Grundrechtsträger
grundsätzlich nicht in Betracht. Dies bedeutet nicht, dass die Schutzgegenstände der
Grundrechte (wie: Freiheiten, Eigentum, Geheimnisse, Rechtsschutzmöglichkeiten)
für solche juristischen Personen von vornherein völlig ungeschützt wären. Im Gegenteil
bewirkt die Gesetzmäßigkeit der Verwaltung im Rahmen der allgemeinen Rechtsordnung auch für sie prinzipiell gleichwertigen Schutz der in den Grundrechtsbestimmungen angesprochenen Belange. Mangels Grundrechtsträgerschaft sind aber
abweichende gesetzliche Regelungen zum Nachteil ausländischer juristischer Personen **zulässig**.

Die Ausgrenzung ausländischer juristischer Personen aus dem Grundrechts- **53**
schutz beruht auf der Erwägung, dass die völkerrechtliche **Aktionsfähigkeit** der
Bundesrepublik im Verhältnis zu ausländischen Staaten hinsichtlich der Behandlung
der wechselseitigen juristischen Personen **nicht** durch das eigene Verfassungsrecht
einseitig **eingeschränkt** sein sollte. Der Ausschluss des Grundrechtsschutzes für
die ausländischen juristischen Personen sichert die Möglichkeit, im Verhältnis zum
Ausland das Gegenseitigkeitsprinzip zur Geltung zu bringen und ggfs. durchzusetzen, um inländischen juristischen Personen eine möglichst günstige Behandlung im
Ausland zu sichern. Wird aufgrund entsprechender völkerrechtlicher Verträge eine
Gleichbehandlung ausländischer juristischer Personen in grundrechtsrelevanten
Angelegenheiten vereinbart und ins innerstaatliche Recht umgesetzt, beschränken
sich diese Wirkungen auf die Ebene des einfachen Rechts und haben auf das Fehlen
der Grundrechtsträgerschaft als solcher keine Auswirkungen.

> **Beispiel:**
> Ein amerikanisches Luftfahrtunternehmen kann Entschädigung aufgrund enteig-
> nungsgleichen Eingriffs für den Schaden verlangen, der ihm aufgrund eines
> rechtswidrigen Streiks deutscher Fluglotsen entstanden ist, da es infolge des dem
> Gegenseitigkeitsprinzip genügenden deutsch-amerikanischen Freundschafts-,
> Handels- und Schifffahrtsvertrags vom 29.10.1954 der Sache nach in seinem
> Eigentum geschützt ist (BGHZ 76, 387 [390 f., 395 f.]). Grundrechtsträgerschaft
> und die daran anknüpfende Fähigkeit, Verfassungsbeschwerde zu erheben, sind
> gleichwohl nicht begründet.

Im Hinblick auf die europäische Integration ist zu beachten, dass ausländische juris- **54**
tische Personen mit Sitz in der EU durch Art. 18 AEUV keine Grundrechtsfähigkeit erlangen; vielmehr bewirken die unionsrechtlichen Diskriminierungsverbote
durch ihren Anwendungsvorrang vor dem nationalen Recht, dass sie hinsichtlich
ihrer bei inländischen juristischen Personen grundrechtsgeschützten Interessen

nicht schlechter behandelt werden als diese (vgl. entsprechend für natürliche Personen o. Rn. 18). Die Grundrechte des Grundgesetzes erfahren so eine unionsrechtlich begründete „Anwendungserweiterung" (BVerfGE 129, 78 [97]).

55   Die **Qualifikation** einer juristischen Person **als inländisch** kann, anders als bei natürlichen Personen, nicht an die Staatsangehörigkeit anknüpfen. Da eine entsprechende rechtliche Festlegung für juristische Personen fehlt, besteht eine gewisse Unsicherheit über die maßgeblichen Kriterien für die Beurteilung der in Art. 19 Abs. 3 GG vorausgesetzten Inlandszugehörigkeit. In Anlehnung an allgemeine gesellschafts- und steuerrechtliche Grundsätze wird man insofern grundsätzlich auf den **Sitz** einer juristischen Person abzustellen haben. Dieser Sitz ist allerdings zur Vermeidung von Manipulationen nicht rein formal zu bestimmen; vielmehr wird überwiegend das **tatsächliche Aktionszentrum** einer juristischen Person als maßgeblich erachtet. Liegt dieses in Deutschland, dessen Grenzen nach der Wiedervereinigung und dem Zwei-Plus-Vier-Vertrag nicht mehr in Zweifel stehen, handelt es sich um eine inländische juristische Person, die als Grundrechtsträger in Betracht kommt.

56   Nicht abschließend geklärt ist, inwieweit neben dem Kriterium des effektiven Sitzes auch die **Staatsangehörigkeit der Mitglieder** von Bedeutung ist. Danach wäre eine juristische Person mit Sitz im Ausland als inländisch zu behandeln, wenn sie völlig oder überwiegend von Deutschen beherrscht wird, während umgekehrt eine im Inland ansässige juristische Person, die von Ausländern dominiert wird, für den Grundrechtsschutz als ausländische juristische Person disqualifiziert wäre. Ein solcher Durchgriff auf die hinter der juristischen Person stehenden natürlichen Personen ist **abzulehnen**, weil es um den Grundrechtsschutz des verselbständigten juristischen Gebildes als solchen geht; die individuellen Grundrechtsinteressen der Mitglieder sind unabhängig davon unmittelbar grundrechtsgeschützt. Angesichts des weitgehend auch für Ausländer durchgreifenden Grundrechtsschutzes scheint es auch wenig konsequent, dass ihre (dominierende) Mitgliedschaft in einer juristischen Person mit Sitz im Inland deren Grundrechtsschutz fast völlig ausschließen sollte.

Beispiel:

Ein nur aus Ausländern bestehender Verein mit Sitz in Deutschland ist als inländische juristische Person Träger des Grundrechts der Meinungsäußerungsfreiheit nach Art. 5 Abs. 1 Satz 1 GG (BVerfG [K] NVwZ 2000, 1281 [1282]; s. aber noch Kap. 21, Die Grundrechte des Art. 9 GG, Rn. 14.

57   Eine **Ausnahme** vom Ausschluss ausländischer juristischer Personen vom Grundrechtsschutz wird insoweit angenommen, als es um die in gerichtlichen Verfahren wirksamen **grundrechtsgleichen Rechte aus Art. 101 Abs. 1 Satz 2 und Art. 103 Abs. 1 GG** geht. Dies wird vom BVerfG u. a. damit begründet, dass es sich bei diesen Gewährleistungen in Wahrheit nicht um Grundrechte, sondern um rechtsstaatliche Grundsätze handle, die gegenüber jedermann zu beachten seien (BVerfGE 21, 362 [373]).

Demgegenüber ist allerdings zu bedenken, dass auch der grundrechtliche Schutz   **58**
insbesondere der Freiheitsrechte die subjektivrechtliche Entsprechung zum allgemeinen Vorbehalt des Gesetzes einschließt, der **ebenso als rechtsstaatlicher
Grundsatz** anzusprechen ist, was im Übrigen auch für **die Geltung der Freiheitsrechte überhaupt** zutrifft. Wie wenig der Bezug zum Rechtsstaatsprinzip eine
Erweiterung der Grundrechtsträgerschaft rechtfertigen kann, zeigt sich daran, dass
für spezielle rechtsstaatliche Grundsätze wie das Verbot des Selbstbezichtigungs-
zwangs der korrespondierende Grundrechtsschutz für juristische Personen
schlechthin als ausgeschlossen angesehen wird, weil er spezifisch auf Menschen
zugeschnitten sei (BVerfGE 95, 220 [241 f.]; s. auch u. Kap. 14, Die Grundrechte
des Art. 2 GG, Rn. 61 f.).

Plausibler als mit der Verbindung zum Rechtsstaatsprinzip und problemspezi-   **59**
fisch begrenzt lassen sich die genannten Ausnahmen damit begründen, dass bei
Zulassung ausländischer juristischer Personen zu einem gerichtlichen Verfahren
konsequenterweise verfahrensimmanent die maßgeblichen prozessualen Grundsätze auch zugunsten solcher Beteiligter gelten müssen, weil ein rechtsstaatliches
gerichtliches Verfahren nur auf der Basis einer **prinzipiellen Waffengleichheit**
denkbar ist.

Beispiele:
Die Ware einer im Ausland ansässigen Aktiengesellschaft A wird durch das
Hauptzollamt München beschlagnahmt. In dem daraufhin eingeleiteten gericht-
lichen Verfahren kann sich A auf den durch Art. 103 Abs. 1 GG verbürgten
Anspruch auf rechtliches Gehör berufen, weil sie von dem Verfahren eines
Gerichts der Bundesrepublik Deutschland unmittelbar betroffen wird (BVerfGE
12, 6 [8]). – Unterlässt ein deutsches Gericht eine gebotene Vorlage, etwa an das
BVerfG, kann eine am Ausgangsverfahren beteiligte ausländische juristische
Person geltend machen, ihr Recht auf den gesetzlichen Richter nach Art. 101
Abs. 1 Satz 2 GG sei verletzt (BVerfGE 18, 441 [447]).

Von diesem Ausgangspunkt aus ist eine Ausdehnung der Grundrechtsgeltung zu-   **60**
gunsten ausländischer juristischer Personen auf andere Grundrechte nicht schon
dann anzunehmen, wenn sie einen Bezug zum Prozess bzw. zu sonstigen Verfahren
aufweisen. Die vielfach angenommene Geltung aller **Prozess- oder Verfahrensgrundrechte**, insbesondere des Art. 19 Abs. 4 GG, teilweise auch des Art. 17 GG
für ausländische juristische Personen, erweist sich als unzulässige, bisher von der
Judikatur des BVerfG nicht gedeckte Verallgemeinerung (s. noch u. Rn. 72). Vielmehr ist gerade die Eröffnung gerichtlichen Rechtsschutzes ein Bereich, der – ungeachtet seiner rechtsstaatlichen Bedeutung – für eine Ausgestaltung nach Maßgabe
des völkerrechtlichen Gegenseitigkeitsprinzips offen gehalten werden sollte.

c) Wesensmäßige Anwendbarkeit der Grundrechte
Auch für inländische juristische Personen gelten die Grundrechte nach Art. 19   **61**
Abs. 3 Hs. 2 GG nur, „soweit sie ihrem Wesen nach auf diese anwendbar sind". Die

sog. Wesensklausel bezieht sich grammatisch auf das **Wesen der Grundrechte**, nicht auf das der juristischen Personen. Abgesehen von der Sonderproblematik der juristischen Personen des öffentlichen Rechts (u. Rn. 70 ff.) spielen daher die Eigenarten der unterschiedlichen juristischen Personen für die Grundrechtsgeltung keine entscheidende Rolle. S. zur Stiftung schon o. Rn. 45.

62 Dabei geht Art. 19 Abs. 3 GG erkennbar von der prinzipiellen Geltung der Grundrechte zugunsten der inländischen juristischen Personen aus, jedenfalls soweit es sich um juristische Personen des Privatrechts handelt. Dies bedeutet, dass als Geltungsbedingung der Grundrechte **nicht** ihre **wesensmäßige Anwendbarkeit** auf juristische Personen **überhaupt** zu prüfen ist. So allgemein ließe sich das Wesen der Grundrechte auch nur in höchst abstrakter Weise bestimmen, etwa dahin, dass bestimmte individualisierte Interessen gegenüber der gesamten Staatsgewalt verfassungsrechtlich in Schutz genommen sind; Zweifel an der prinzipiellen Anwendbarkeit auf juristische Personen ergeben sich insoweit nicht.

63 Dementsprechend geht es bei Art. 19 Abs. 3 GG vor dem Hintergrund dieser prinzipiell vorausgesetzten Möglichkeit darum, ob das **Wesen einzelner Grundrechtsbestimmungen** ihrer Anwendung auf juristische Personen entgegensteht. Die Bedeutung der Klausel wesensmäßiger Anwendbarkeit bezieht sich danach auf die Eigenart der einzelnen Grundrechte, wie sie sich namentlich aus der Natur der durch sie geschützten Interessen, die jeweiligen Schutzgegenstände des Grundrechts, ergibt.

Beispiel:

Ein Verlag kann sich gegenüber einem Gesetz, das die Preisbindung bei Schulbüchern regelt, gem. Art. 19 Abs. 3 GG auf das Grundrecht der Berufsfreiheit nach Art. 12 Abs. 1 GG berufen (BVerfGE 53, 1 [13]). Der Geheimnisschutz nach Art. 10 GG passt auch auf juristische Personen (BVerfGE 100, 313 [356]).

64 Soweit es dabei um **Interessen** geht, die ihrer Natur nach **nur natürlichen Personen zustehen** können, ist die Anwendbarkeit eines Grundrechts auf juristische Personen ausgeschlossen. Dies ist insbesondere bei Grundrechten anzunehmen, die Interessen der körperlichen oder geistigen Existenz eines Menschen als solche betreffen.

Beispiel:

Juristische Personen können sich nicht auf die Grundrechte auf Leben und körperliche Unversehrtheit nach Art. 2 Abs. 2 Satz 1 GG berufen.

65 Ebenso verhält es sich bei sonstigen Interessen, die wesensmäßig **natürliche Personen** als **Zuordnungssubjekt** voraussetzen.

Beispiele:

Garantie der Ehe gem. Art. 6 Abs. 1 GG; Schutz vor Diskriminierungen wegen des Geschlechts durch Art. 3 Abs. 2, 3 GG; Schutzanspruch der Mutter nach Art. 6 Abs. 4 GG; Gleichstellungsanspruch der unehelichen Kinder nach Art. 6

Abs. 5 GG; Gewissensfreiheit nach Art. 4 Abs. 1 GG (so BVerwGE 64, 196 [198]; nicht eindeutig BVerfGE 19, 206 [215]).

Für diese Grundrechtsbestimmungen kommt eine Anwendung auf juristische Per- **66**
sonen wesensmäßig nicht in Betracht. Dies gilt auch gegenüber **Vereinen**, die sich den **Schutz eines derartigen Grundrechts** zum Ziel gesetzt haben, etwa als Verein zum Schutze des (ungeborenen) Lebens oder behinderter Menschen. Die vom Vereinszweck umfassten grundrechtsgeschützten Interessen können in diesen Fällen gegenüber Einschränkungen der Vereinstätigkeit (s. noch u. Kap. 21, Die Grundrechte des Art. 9 GG, Rn. 6) allenfalls in ihrer objektivrechtlichen Bedeutung im Rahmen anderer Grundrechte relevant werden, begründen aber als solche kein Grundrecht des Vereins selbst.

> **Beispiel:**
> Ein Verein zum Schutze unehelicher Kinder kann sich nicht auf die Gewährleistungen des Art. 6 Abs. 5 GG berufen. Die in dieser Bestimmung zum Ausdruck kommende objektive Grundsatzentscheidung kann aber beispielsweise bei der Beurteilung der Verhältnismäßigkeit von Einschränkungen der Vereinstätigkeit oder auch bei der Entscheidung zu berücksichtigen sein, ob der Verein staatliche Fördermittel erhält.

Bei der Bestimmung der wesensmäßig nur auf natürliche Personen passenden Grund- **67**
rechte ist von der **Eigenart des** jeweiligen grundrechtlichen **Schutzgegenstandes** auszugehen, der im Rahmen einer Grundrechtsbestimmung vielfach unterschiedliche Elemente umfassen kann, von denen nicht notwendig alle einer einheitlichen Beurteilung unterliegen. Selbst im Rahmen *eines* normativen Schutzgegenstandselements können im Einzelfall unterschiedliche faktische Einzelinteressen erfasst werden, die möglicherweise nur zum Teil auch auf juristische Personen passen.

> **Beispiele:**
> Im Rahmen der allgemeinen Verhaltensfreiheit nach Art. 2 Abs. 1 GG (s. u. Kap. 14, Die Grundrechte des Art. 2 GG, Rn. 4 ff.) sind teilweise Handlungen geschützt, die nur bei Menschen vorstellbar sind, etwa das Reiten im Walde (BVerfGE 80, 137), während andererseits Elemente eingeschlossen sein können, die auch bei juristischen Personen in Betracht kommen, wie etwa die – durch die Organe des Rechtsträgers wahrzunehmende – Freiheit, Verträge abzuschließen (s. nur BVerfGE 10, 89 [99] – Erftverband).

Für die Frage der wesensmäßigen Anwendbarkeit auf juristische Personen ist die **68**
Bedeutung des jeweiligen Grundrechts maßgeblich, die mit allen Hilfsmitteln der **Grundrechtsauslegung** festzustellen ist. Zu kurz greift es jedenfalls, allein auf den Wortlaut einer Grundrechtsbestimmung abzustellen. Insbesondere steht die Erwähnung des Wortes „Mensch" als Grundrechtsträger keineswegs notwendig einer Geltung dieses Grundrechts für juristische Personen entgegen, die ja durch Art. 19 Abs. 3 GG gerade über die Einzelgrundrechte hinausgehend begründet wird.

Beispiele:

Wenn Art. 3 Abs. 1 GG „alle Menschen" für vor dem Gesetz gleich erklärt, schließt dies nicht aus, dass auch juristische Personen ein Interesse an ihrer Gleichbehandlung durch den Staat besitzen, zumal, aber nicht nur, im Verhältnis zur Behandlung anderer juristischer Personen. Dagegen ist etwa die Würde des Menschen nach Art. 1 Abs. 1 GG ein Interesse, das allein natürlichen Personen eigen ist, so dass hier eine Grundrechtsgeltung zugunsten juristischer Personen nicht in Betracht kommt.

69   In ähnlicher Weise kann auch die nur scheinbar spezifisch **menschenbezogene tatbestandliche Formulierung** des grundrechtlichen Schutzgegenstandes täuschen. Die oft aus der menschenrechtlichen Tradition erwachsenen Grundrechtstexte können insoweit für die Beurteilung der Grundrechtsträgerschaft nicht im Sinne eines naiven Wortverständnisses zugrunde gelegt werden; vielmehr ist die Bedeutung der Schutzgegenstände maßgeblich, die dem Stand der Dogmatik entspricht.

Beispiele:

Die freie Entfaltung der Persönlichkeit ist trotz dieser Formulierung jedenfalls insoweit auf juristische Personen anwendbar, als Art. 2 Abs. 1 GG den Schutz der Verhaltensfreiheit betrifft. – Wenn man unter „Wohnung" im Sinne des Art. 13 GG nicht nur für Bedürfnisse des menschlichen Aufenthalts (Schlafen, Essen usw.) bestimmte Räume, sondern auch Geschäftsräume versteht, ergibt sich für letzteres die Möglichkeit der Anwendung auch zugunsten juristischer Personen ohne weiteres.

3. Juristische Personen des öffentlichen Rechts

a) Prinzipieller Ausschluss eines Grundrechtsschutzes

70   Juristische Personen des öffentlichen Rechts gehören jedenfalls in aller Regel zur Sphäre der organisierten staatlichen Gewalt. Sie stehen damit auf der Seite der durch die Grundrechte verpflichteten Staatsgewalt (o. Kap. 5, Grundrechtsverpflichtete), prinzipiell aber nicht auf Seite der Grundrechtsberechtigten. Als Teil der Staatsgewalt stehen sie dieser grundsätzlich nicht in derselben Weise gegenüber, wie dies bei grundrechtsberechtigten natürlichen Personen und juristischen Personen des Privatrechts regelmäßig der Fall ist (**fehlende grundrechtstypische Gefährdungslage**).

> **Hinweis:** Nicht ausgeschlossen ist, dass juristische Personen, wenn sie für ihre Tätigkeit ausnahmsweise Grundrechtsschutz genießen (u. Rn. 77 ff.), zugleich ihrerseits grundrechtsgebunden sind, etwa öffentlich-rechtliche Rundfunkanstalten an Persönlichkeitsrechte von Berichterstattung betroffener Personen oder Universitäten an Grundrechte von ihr geprüfter Studenten.

Zwar ist auch im Verhältnis juristischer Personen des öffentlichen Rechts zueinan- **71** der die Konstellation denkbar und praktisch häufig anzutreffen, dass eine solche Person von der anderen unter Einsatz hoheitlicher Gewalt in ihren Interessen beeinträchtigt wird. Hierbei handelt es sich jedoch um **Konflikte innerhalb der staatlichen Sphäre** im weitesten Sinne; die beeinträchtigten Interessen sind regelmäßig solche im Zusammenhang mit staatlichen Funktionen. Grundrechte sollen aber dem Schutz privater Interessen gegenüber der Staatsgewalt dienen, ein Grundrechtsschutz für Staatsfunktionen ist im Rahmen des Grundgesetzes ein Fremdkörper. Konflikte innerhalb der Sphäre der öffentlichen Gewalt sind nicht über die dem Staat-Bürger-Verhältnis entstammenden Grundrechte, sondern nach andersartigen Regeln zu lösen, die für das Verhältnis öffentlicher Rechtsträger zueinander gelten. Demzufolge hat namentlich das BVerfG einen Grundrechtsschutz für juristische Personen des öffentlichen Rechts stets prinzipiell ausgeschlossen.

> **Beispiel:**
> Eine öffentlich-rechtliche Sparkasse kann sich gegenüber einer Gerichtsgebühr aus den genannten Gründen nicht auf die materiellen Grundrechte berufen (BVerfGE 75, 192 [195 ff.]).

b) Die Geltung der innerprozessualen grundrechtsgleichen Rechte

Wie bei den ausländischen juristischen Personen (näher o. Rn. 57 ff.) ist auch für **72** die juristischen Personen des öffentlichen Rechts anerkannt, dass sie sich im Falle ihrer Beteiligung an gerichtlichen Verfahren wie alle Beteiligten auf die **innerprozessualen grundrechtsgleichen Rechte** nach Art. 101 Abs. 1 Satz 2 GG und Art. 103 Abs. 1 GG berufen können. Dies gilt selbst für die staatlichen Körperschaften Bundesrepublik Deutschland und Länder. Die Geltung des Art. 19 Abs. 4 GG ist grundsätzlich genauso selbstverständlich ausgeschlossen wie die anderer, materieller Grundrechte (für AOK BVerfGE 39, 302 [316]; offen lassend BVerfGE 61, 82 [109]); soweit sich allerdings eine juristische Person des öffentlichen Rechts ausnahmsweise auf (materielle) Grundrechte berufen kann (u. Rn. 73 ff.), steht ihr auch der Schutz des Art. 19 Abs. 4 GG zu (so BVerfGE 107, 299 [310 f.]).

c) Personelle Ausnahmen

Außerdem sind stets gewisse **Durchbrechungen** des Grundsatzes einer fehlenden **73** Grundrechtsträgerschaft juristischer Personen des öffentlichen Rechts in personeller Hinsicht als zulässig angesehen worden. Die inzwischen nicht mehr abschließende klassische **Trias** von Ausnahmen umfasst folgende drei Bereiche.

Nach Art. 140 GG i. V. mit Art. 137 Abs. 5 Satz 1 WRV sind diejenigen **Religions-** **74** **gesellschaften** bis heute **Körperschaften des öffentlichen Rechts** geblieben, die bei Inkrafttreten der Weimarer Verfassung 1919 solche waren, also vor allem die großen Kirchen; andere Religionsgesellschaften haben nach Satz 2 der Vorschrift diese Rechtsform später erworben. Ungeachtet dieser Rechtsform nehmen die öffentlich-rechtlichen Religionsgesellschaften aber grundsätzlich keine Staatsaufgaben wahr (s. schon o. Kap. 5, Grundrechtsverpflichtete, Rn. 22), sondern dienen der Verwirklichung der insbesondere durch Art. 4 Abs. 1, 2 GG geschützten

grundrechtlichen Interessen ihrer Mitglieder. Materiell betrachtet bleiben die Kirchen **außerhalb der staatlichen Sphäre**; sie stehen der Staatsgewalt trotz öffentlich-rechtlicher Rechtsform wie privatrechtlich organisierte Grundrechtsträger in einer grundrechtstypischen Gefährdungslage gegenüber.

> **Beispiel:**
>
> Das vom Kirchentag der Bremischen Evangelischen Kirche (BEK), einer Körperschaft des öffentlichen Rechts, beschlossene Kirchengesetz wurde vom Bremischen Staatsgerichtshof partiell für unzulässig erklärt. In dem dagegen angestrengten Verfahren vor dem BVerfG konnte sich die BEK auf die durch Art. 4 Abs. 1, 2 GG garantierte Freiheit des religiösen Bekenntnisses berufen (BVerfGE 42, 312).

75   Soweit den öffentlich-rechtlichen Kirchen **Hoheitsaufgaben** zur Wahrnehmung übertragen sind, handelt es sich um punktuelle Zuweisungen öffentlicher Gewalt, die einer **Beleihung** zumindest vergleichbar sind. Die Erfüllung solchermaßen übertragener öffentlicher Aufgaben ist selbst keine grundrechtsgeschützte Tätigkeit, kann aber die prinzipielle Grundrechtsfähigkeit öffentlich-rechtlicher Religionsgesellschaften nicht in Zweifel stellen.

76   Die Grundrechtsfähigkeit öffentlich-rechtlicher Religionsgesellschaften unterscheidet sich deren materiellem Wesen entsprechend nicht von der privatrechtlich organisierter Religionsgesellschaften. Sie beschränkt sich nicht auf die religionsspezifischen Grundrechte des Art. 4 Abs. 1, 2 GG, sondern erstreckt sich auf **alle Grundrechte**, die für juristische Personen des Privatrechts eingreifen, etwa auf Art. 3 Abs. 1 GG oder auf die Eigentumsgarantie des Art. 14 Abs. 1 GG.

> **Beispiel:**
>
> Die Neuapostolische Kirche des Landes Nordrhein-Westfalen konnte sich gegenüber ihrer gebührenrechtlichen Schlechterstellung im Vergleich zu den großen Kirchen auf Art. 3 Abs. 1 GG berufen (BVerfGE 19, 1 [5]).

77   Die beiden anderen klassischen personellen Ausnahmen betreffen öffentlich-rechtlich organisierte Rechtsträger, die in spezifischer Weise die Aufgabe haben, einzelne Grundrechtsinteressen der Bürger durch ihre Tätigkeit sicherzustellen. Ihre **Grundrechtsfähigkeit** wird daher grundsätzlich **auf** die **speziellen Grundrechte beschränkt**, zu deren Realisierung die öffentlich-rechtlichen juristischen Personen jeweils geschaffen sind. Weitere Grundrechte werden allerdings einbezogen, soweit sie im konkreten Zusammenhang ein die Ausübung des spezifisch zugeordneten Grundrechts unterstützendes Verhalten schützen (Beispiel u. Rn. 79).

78   Im Einzelnen handelt es sich um **Hochschulen bzw. Fakultäten**, die als Einrichtungen des Staates im Bereich der Freiheit der Wissenschaft wesentliche Wahrnehmungsvoraussetzungen schaffen und als Körperschaften wissenschaftlich tätiger Menschen ein Instrument zur Realisierung der **Wissenschaftsfreiheit** dieser natürlichen Personen darstellen. Sie sind zwar Einrichtungen des Staates, da sie von ihm gegründet und unterhalten werden, aber in Bezug auf Wissenschaft, Forschung und

Lehre frei; sie verteidigen somit diese Grundrechte aus Art. 5 Abs. 3 Satz 1 GG in einem Bereich, in dem sie vom Staat unabhängig sind.

Beispiel:

Eine Universität bzw. Fakultät kann sich gegenüber der gerichtlichen Verurteilung, eine bestimmte Person zum außerordentlichen Professor zu ernennen, auf die durch Art. 5 Abs. 3 Satz 1 GG garantierte Wissenschaftsfreiheit berufen (BVerfGE 15, 256 [261 f.]). Zur Annäherung der Fachhochschulen an die Universitäten (für dort tätige Hochschullehrer) zuletzt BVerfGE 126, 1 (19 ff.).

Entsprechend verhält es sich bei den **öffentlich-rechtlichen Rundfunkanstalten**, **79** denen lange Zeit die Wahrnehmung der **Rundfunkfreiheit** allein vorbehalten war. Schon damals wurden sie als Einrichtungen qualifiziert, die ungeachtet ihrer öffentlich-rechtlichen Organisationsform dem Staat selbständig gegenüberstehen, um durch diese Selbständigkeit die Freiheit des Rundfunks nach Art. 5 Abs. 1 Satz 2 GG zu gewährleisten. An der diesem Schutzgut verpflichteten Unabhängigkeit der öffentlich-rechtlichen Rundfunkanstalten hat sich auch durch die zwischenzeitlich erfolgte Zulassung privater Rundfunkveranstalter nichts geändert.

Beispiel:

Eine öffentlich-rechtliche Rundfunkanstalt kann gegenüber einer umsatzsteuerlichen Regelung, durch die ihre Gebühreneinnahmen gemindert werden, die Rundfunkfreiheit des Art. 5 Abs. 1 Satz 2 GG geltend machen, weil ihr Status als vom Staat unabhängige, sich selbst verwaltende Anstalt des öffentlichen Rechts der Verwirklichung dieses Grundrechts dient (BVerfGE 31, 314 [322]; s. auch BVerfGE 74, 297 [317 f.]).

Öffentlich-rechtliche Rundfunkanstalten können sich neben Art. 5 Abs. 1 Satz 2 GG **80** grundsätzlich **nicht auf andere Grundrechte** berufen. Dies wurde vom BVerfG ausdrücklich für Art. 2 Abs. 1, Art. 3 Abs. 1, Art. 5 Abs. 1 Satz 1, Art. 9 Abs. 3 und Art. 14 Abs. 1 Satz 1 GG hervorgehoben (BVerfGE 59, 231 [254 f.]; BVerfGE 78, 101 [102 f.]). Abweichend davon sollen sie auch Grundrechtsschutz aus Art. 10 GG genießen, soweit es um den Schutz der Vertraulichkeit der Informationsbeschaffung und der Redaktionsarbeit geht, der allerdings auch unmittelbar durch die Rundfunkfreiheit gewährleistet ist (BVerfGE 107, 299 [310]).

Grundrechtsschutz abgelehnt hat das BVerfG insbesondere im Falle **kommuna-** **81** **len Eigentums**. Soweit Eigentum der Gemeinden, Kreise und sonstigen kommunalen Gebietskörperschaften zur **Erfüllung öffentlicher Aufgaben** dient, wird es aufgrund dieser Funktion dem Bereich der Ausübung öffentlicher Gewalt zugerechnet und genießt deshalb keinen Grundrechtsschutz nach Art. 14 GG.

Beispiel:

Die Stadt Hameln kann sich als Gebietskörperschaft des öffentlichen Rechts im Rahmen der Wasserversorgung als Teil der öffentlichen Daseinsvorsorge nicht auf Art. 14 GG berufen (BVerfGE 45, 63 [78 ff.]).

82 Soweit **kommunales Eigentum** keiner öffentlichen Funktionsbestimmung unterworfen ist, sondern lediglich **zu wirtschaftlichen Zwecken** genutzt wird, hat das
BVerfG die Anwendung des Art. 14 Abs. 1 Satz 1 GG ausgeschlossen, da sich die
Gemeinde auch in solchen Fällen nicht in einer „grundrechtstypischen Gefährdungslage" befinde. Schlagwortartig verkürzt stellt es fest: Art. 14 GG als Grundrecht
schützt nicht das Privateigentum, sondern das Eigentum Privater. Zur Begründung
hebt das Gericht außerdem auf besondere rechtliche Bestimmungen ab, die juristische Personen des öffentlichen Rechts gegenüber Zugriffen auf ihr Eigentum in
besonderer Weise sichern. Unabhängig davon lässt es deutliche Skepsis erkennen, ob
die wirtschaftliche Nutzung kommunalen Eigentums außerhalb öffentlicher Aufgaben überhaupt als legitim anzusehen ist.

> **Beispiel:**
>
> Eine Gemeinde kann sich gegen eine atomrechtliche Genehmigung nicht mit der
> Behauptung wehren, diese verletze sie in ihrem lediglich landwirtschaftlich
> genutzten Grundeigentum (BVerfGE 61, 82 [105 ff.]).

83 Demgegenüber erkennt der BayVerfGH für kommunales Eigentum in Bayern den
Grundrechtsschutz nach der **Landesverfassung** an. Dies steht nicht in Widerspruch zum Verdikt des BVerfG, da die Prüfungsmaßstäbe divergieren und Landesverfassungen auch personell weitergehende Grundrechtsgewährleistungen enthalten
können als das Grundgesetz. Dazu näher o. Kap. 2, Grund- und Menschenrechtsgarantien des geltenden Rechts, Rn. 22 ff.

> **Beispiele:**
>
> Einer bayerischen Gemeinde steht insb. wegen der besonderen Stellung, die
> Art. 11 der bayerischen Verfassung ihr einräumt, der Eigentumsschutz des
> Art. 103 Abs. 1 BayVerf. hinsichtlich ihrer Fischereirechte zu (BayVerfGH,
> NVwZ 1985, 260 [261 f.]); dagegen soll kein solcher Grundrechtsschutz
> gegenüber fernstraßenrechtlichen Planfeststellungsbeschlüssen durchgreifen
> (BVerwG, NVwZ 2001, 1160 [1161]).

84 Bemerkenswert ist auch, dass die **Eigentumsgarantie der Weimarer Verfassung**
in Art. 153 Abs. 2 Satz 4 WRV eine Enteignung durch das Reich gegenüber Ländern
und Gemeinden nur gegen Entschädigung zuließ, während die Enteignung Privater
bei entsprechender reichsgesetzlicher Grundlage auch ohne Entschädigung zulässig
sein sollte. Den Kommunen stand der Schutz der Eigentumsgarantie mithin damals
sogar in verstärkter Form zu. Doch hat das BVerfG dem verfassungsgeschichtlichen
Hintergrund insoweit keine Bedeutung beigemessen.

85 Wenn demgegenüber heute jedenfalls auf Bundesebene den **Gemeinden** der
Grundrechtsschutz ihres Eigentums versagt wird, schließt dies nicht aus, dass sie
nach den allgemeinen **privatrechtlichen Regeln Eigentümer** sein und ihr
Eigentum im Rahmen der Rechtsordnung frei nutzen können. Soweit dem keine
besonderen kommunalrechtlichen Bestimmungen entgegenstehen, können sie ihr
Eigentum nach ihren Vorstellungen privatwirtschaftlich nutzen, aber auch Störungen

durch Privatpersonen oder durch Hoheitshandeln mit entsprechenden Rechtsbehelfen abwehren, ohne dass es insoweit auf die fehlende Grundrechtsträgerschaft ankommt.

Die bereits (o. Rn. 73 ff.) behandelte Ausnahmetrias von Kirchen, Universitäten **86** und Rundfunkanstalten schien lange Zeit als abschließende Größe, die prinzipiell keiner Erweiterung zugänglich war. Später hat das BVerfG dann allerdings die **Möglichkeit weitergehender Ausnahmen** zugunsten einer Grundrechtsträgerschaft öffentlich-rechtlicher juristischer Personen erkennen lassen. Nachdem es in einem ähnlichen Fall noch vor der Anerkennung der Grundrechtsfähigkeit einer Zahntechniker-Innung zurückgeschreckt war (BVerfGE 68, 193 [207 ff.]), hat es wenig später die Orthopädietechniker-Innungen als Grundrechtsträger anerkannt, weil sie durch eine gesetzliche Regelung beim Abschluss von Verträgen im Interesse der hinter ihnen stehenden Menschen betroffen waren, wobei sich ihre Rechtslage in nichts von derjenigen privater Zusammenschlüsse von Orthopädietechnikern unterschied. Das BVerfG verstand die Orthopädietechniker-Innungen ungeachtet ihrer öffentlich-rechtlichen Rechtsform jedenfalls im gegebenen Zusammenhang als **echte Interessenvertretung der Mitglieder** und stellte sie insoweit privaten Berufsverbänden gleich (BVerfGE 70, 1 [15 ff.]).

Diese im speziellen Zusammenhang angestellte Überlegung ist der **Verallge-** **87** **meinerung** auf andere Fälle **fähig**, in denen juristische Personen des öffentlichen Rechts als Organisationsform eingeführt sind, um als Interessenvertretung der in ihnen zusammengeschlossenen Grundrechtsträger zu agieren, womit die Möglichkeit grundrechtsrelevanter Konflikte mit der Staatsgewalt eröffnet ist. Allerdings ist das BVerfG bei der Annahme weiterer Fälle funktionsbedingter Grundrechtsberechtigung bisher sehr zurückhaltend.

Beispiele:
Eine Schreiner-Innung kann sich gegen die Aufforderung der Handwerkskammer, in der Satzung das Innungsgebiet zu ändern, nicht auf Grundrechte berufen, da sie insoweit allein in ihrem Status als juristische Person des öffentlichen Rechts und damit als Teil der öffentlichen Verwaltung betroffen ist (BVerfG [K], NVwZ 1994, 262). – Eine kassenärztliche Vereinigung kann keine Verfassungsbeschwerde gegen gerichtliche Entscheidungen erheben, die gegen sie im Streit mit Kassenärzten über die Honorarverteilung ergangen sind, da sie durch Gesetz geschaffen wurde, um die öffentliche Aufgabe der ärztlichen Versorgung der Versicherten sicherzustellen (BVerfG [K], NJW 1996, 1588 f.). – Kommunale Sparkassen bleiben von der Grundrechtsträgerschaft ausgeschlossen, da sie in der Hand des kommunalen Gewährträgers Aufgaben der öffentlichen Daseinsvorsorge wahrnehmen, selbst wenn diese inzwischen in manchem der Tätigkeit privater Banken nahe kommen. Die Möglichkeit, die Sparkassen als Interessenvertretung ihrer Privatkunden für grundrechtsfähig zu erklären, wurde gar nicht erst angesprochen (BVerfGE 75, 192).

Auch in umgekehrter Richtung **weicht** das BVerfG bei der Abgrenzung der Grund- **88** rechtsträgerschaft **von der alleinigen Orientierung an der Rechtsform** der fraglichen juristischen Person **ab**. Es hat schon früh entschieden, dass Grundrechtsschutz für die Wahrnehmung öffentlicher Aufgaben nicht dadurch erlangt werden kann, dass sich der öffentliche Rechtsträger zur Erfüllung einer solchen Aufgabe einer privatrechtsförmlichen juristischen Person bedient.

> **Beispiel:**
>
> Obwohl die Stadtwerke Hameln als Aktiengesellschaft organisiert waren (deren Aktien sämtlich der Stadt Hameln gehörten), stand ihnen jedenfalls hinsichtlich der wahrgenommenen öffentlichen Aufgaben der Daseinsvorsorge ein Grundrechtsschutz nicht zu (BVerfGE 45, 63 [78 ff.]).

89 Entsprechendes gilt für Unternehmen, die als juristische Personen des Privatrechts verfasst sind, auch ohne Abhängigkeit von einer öffentlich-rechtlichen Trägerkörperschaft, soweit sie als **Beliehene** ausschließlich im öffentlichen Interesse tätig werden.

> **Beispiele:**
>
> Ein als eingetragener Verein organisierter TÜV kann sich nicht mit der Verfassungsbeschwerde gegen die seiner Meinung nach vom Verordnungsgeber zu niedrig festgesetzten Gebühren für seine Amtshandlungen wehren; er ist nicht grundrechtsfähig, da er in Wahrnehmung gesetzlich zugewiesener öffentlicher Aufgaben tätig wird (BVerfG [K], NJW 1987, 2501 [2502]). – Eine als (privatrechtliche) Baugenossenschaft verfasste gemeinnützige Unternehmung, die gem. § 1 Abs. 3 RHG als Ausgeberin von Reichsheimstätten zugelassen ist, kann sich bei Ausübung der entsprechenden Befugnisse nicht auf Grundrechte berufen, da ihr die Befugnisse nur im öffentlichen Interesse eingeräumt worden sind (BVerfG [K], NJW 1996, 584).

90 In Erweiterung dieses hinter die Rechtsform zurückgreifenden Ansatzes hat das BVerfG in neuerer Zeit angenommen, dass sog. **gemischt-wirtschaftliche Unternehmen** keinen Grundrechtsschutz genießen, soweit sie mehrheitlich von juristischen Personen des öffentlichen Rechts getragen sind und im Sinne einer Gesamtverantwortung von diesen beherrscht werden.

> **Beispiel:**
>
> Die Fraport AG, deren Anteile zu mehr als 50 % von öffentlichen Anteilseignern gehalten werden, ist deshalb als einerseits grundrechtsgebunden und andererseits entsprechend nicht grundrechtsfähig eingestuft worden (BVerfGE 128, 226 [244 ff.]).

91 Diese allgemeine Konzeption von Beherrschung soll der Kritik Rechnung tragen, die gegenüber einer älteren Entscheidung (BVerfG [K], NJW 1990, 1783 – HEW) im Hinblick auf Einschränkungen konkreter Einwirkungsbefugnisse auf die Geschäftsführung erhoben worden waren. Allerdings hat das BVerfG für die Postnachfolgeunternehmen sogar schon für die Zeit vor ihrer Privatisierung Grundrechtsfähigkeit

angenommen, da ein beherrschender Einfluss des Bundes auf die Unternehmensführung aufgrund gesetzlicher Regelungen ausgeschlossen war (BVerfGE 115, 205 [227 f.]). Die **grundrechtlichen Belange der privaten Minderheitsaktionäre** sieht das Fraport-Urteil nicht ungerechtfertigt beeinträchtigt, weil diese sich frei für die Beteiligung an solchen Unternehmen entscheiden könnten.

4. Zusammenfassung

- Grundrechtsträger können nach Art. 19 Abs. 3 GG auch inländische juristische Personen sein.   92
- Juristische Personen sind vor allem die Körperschaften und Stiftungen mit voller Rechtsfähigkeit. Zur Erleichterung der Grundrechtswahrnehmung werden auch nur teilrechtsfähige Gebilde zu den juristischen Personen i. S. des Art. 19 Abs. 3 GG gezählt.
- Ausländische juristische Personen, also solche, deren Sitz im Sinne des effektiven Aktionszentrums sich im Ausland befindet, sind in die Erweiterung des Grundrechtsschutzes nach Art. 19 Abs. 3 GG nicht einbezogen.
- Unabhängig von allen personellen Einengungen gelten die innerhalb des Gerichtsverfahrens gültigen grundrechtsgleichen Rechte nach Art. 101 Abs. 1 Satz 2 GG und Art. 103 Abs. 1 GG aus Gründen prozessualer Chancengleichheit für jeden Prozessbeteiligten.
- Grundrechte gelten für (inländische) juristische Personen nur, soweit sie ihrem Wesen nach auf diese anwendbar sind. Maßgeblich ist die Eigenart des jeweiligen Grundrechts, insbesondere seines Schutzgegenstandes.
- Juristische Personen des öffentlichen Rechts sind als grundrechtsverpflichteter Teil der öffentlichen Gewalt nicht in der grundrechtstypischen Gefährdungslage und deshalb grundsätzlich nicht grundrechtsfähig.
- Als klassische Ausnahmentrias sind demgegenüber anerkannt:
  - allgemein die nur formal öffentlich-rechtlichen Religionsgesellschaften;
  - für die Rundfunkfreiheit die öffentlich-rechtlichen Rundfunkanstalten;
  - für die Wissenschaftsfreiheit die öffentlich-rechtlichen Universitäten.
- Bei prinzipieller Ablehnung weiterer Ausnahmen wird inzwischen die Grundrechtsfähigkeit juristischer Personen des öffentlichen Rechts bejaht, wenn sie als Organisationsform eingeführt sind, um als Interessenvertretung der in ihnen zusammengeschlossenen Grundrechtsträger zu agieren.
- Verneint wird auch die Grundrechtsfähigkeit privatrechtsförmlicher Rechtsträger, die öffentliche Aufgaben erfüllen.
- Die Ablehnung der Grundrechtsfähigkeit gemischt-wirtschaftlicher, nur mehrheitlich von öffentlichen Rechtsträgern beherrschter Unternehmen ist problematisch.

Der Grundrechtstatbestand

7

Inhalt

Literatur: *Christian Hillgruber,* § 200, Grundrechtlicher Schutzbereich, Grundrechtsausgestaltung und Grundrechtseingriff, in: HStR IX³, 2011, S. 981; *Detlef Merten,* § 56, Grundrechtlicher Schutzbereich, in: HGR III, 2009, S. 3; *Michael Sachs,* § 39, Abwehrrechte, in: HGR II, 2006, S. 655; *ders.:* § 66, Abwehrrechte, in: Stern, Staatsrecht III/1, 1988, S. 622; *ders.:* § 77, Der Gewährleistungsgehalt der Grundrechte, in: Stern, Staatsrecht III/2, 1994, S. 3; *Wolfram Höfling,* Grundrechtstatbestand – Grundrechtsschranken – Grundrechtsschrankenschranken, Jura 1994, 169; *Monika Meinke,* Verbindungen mit Grundrechten in der Rechtsprechung des BVerfG, JA 2009, 6; *Dietrich Murswiek,* Grundrechtsdogmatik am Wendepunkt?, Der Staat 45 (2006), 473.

Rechtsprechung: BVerfGE 6, 32 (Elfes).

Übungsfälle: *Sebastian Graf von Kielmansegg,* Grundfälle zu den allgemeinen Grundrechtslehren, JuS 2009, 19.

© Springer-Verlag Berlin Heidelberg 2017   115
M. Sachs, *Verfassungsrecht II - Grundrechte,* Springer-Lehrbuch,
DOI 10.1007/978-3-662-50364-5_7

I. Begriffliches

1   Der **Begriff des Tatbestandes** wird in der Rechtswissenschaft **unterschiedlich gebraucht**. Zum einen wird er im Rahmen eines normlogischen Modells verwendet, um die Gesamtheit der Voraussetzungen zu bezeichnen, von denen der Eintritt einer Rechtsfolge abhängig ist. Im idealtypischen Modell findet sich der Tatbestand einer Norm im Konditionalsatz, während die Rechtsfolge im daran anschließenden Hauptsatz steht („wenn ..., dann ..."). Andererseits wird in manchen Rechtsgebieten, wie vor allem im Strafrecht, der Begriff des Tatbestandes nur für einen bestimmten Ausschnitt der Voraussetzungen für die letztlich entscheidende Rechtsfolge, etwa die Strafbarkeit, verwendet.

2   Für die Grundrechtsdogmatik spielt der Tatbestandsbegriff keine vergleichbar herausgehobene Rolle. Sein Gebrauch ist für die Bearbeitung von Grundrechtsproblemen nicht unerlässlich. Wo er verwendet wird, ist seine Bedeutung nicht immer einheitlich. Zweckmäßig scheint es, den Tatbestandsbegriff **auf** die in den jeweiligen Grundrechtsbestimmungen genannten **Voraussetzungen für den Grundrechtsschutz** zu **beziehen**. So kann er auf alle Grundrechte gleichermaßen angewendet werden. Zudem ist eine solche Begriffsverwendung für die vor allem bedeutsame abwehrrechtliche Dimension der Grundrechte nützlich, da sie eine abgeschichtete Prüfung verschiedener Problemkomplexe erleichtern kann.

3   In dieser pragmatischen Absicht lässt sich der Grundrechtstatbestand als **Inbegriff der notwendigen Voraussetzungen der grundrechtlichen Rechtsfolge** bezeichnen, soweit sie in dem Grundrechtsgewährleistungssatz selbst enthalten sind. Diese Voraussetzungen stellen einen Ausschnitt aus der Gesamtheit der Voraussetzungen dar, die vorliegen müssen, damit eine Grundrechtsverletzung angenommen werden kann, wobei die zusätzlichen Anforderungen insbesondere von der Struktur der Grundrechtsberechtigung abhängig sind.

II. Stellung des Grundrechtstatbestands im Aufbau der Abwehrrechtsprüfung

4   Für das Abwehrrecht als in sich ruhendes Recht des Berechtigten an einem geschützten Gegenstand (o. Kap. 4, Subjektive Grundrechte und objektive Grundrechtsgehalte, Rn. 13 ff.) besteht die Rechtsfolge insoweit allein darin, dass das fragliche Abwehrrecht dem Grundrechtsträger überhaupt zusteht. Bei Grundrechtsbestimmungen zum Schutz von Interessen, die mit der Person des Menschen untrennbar verbunden sind, wie beim Recht auf Leben oder körperliche Unversehrtheit nach Art. 2 Abs. 2 Satz 1 GG, ergibt sich der Tatbestand allein aus der körperlichen Existenz des lebenden Grundrechtsträgers als solcher, dem diese Grundrechtsgüter **ohne weitere Voraussetzungen** zustehen (o. Kap. 6, Die Grundrechtsberechtigten, Rn. 2). Dies gilt grundsätzlich auch für die Grundrechte, die Verhaltensfreiheit schützen. Soweit allerdings bestimmte Ausschnitte von Verhaltensfreiheit (Religionsausübung, Meinungsäußerung, Versammlung usw.) geschützt sind, kann nur anhand der **Begriffsmerkmale des jeweiligen Freiheitsbereichs**

festgestellt werden, ob die maßgebliche Freiheitsgarantie eingreift. Insoweit sind auch diese zu den Tatbestandsvoraussetzungen zu zählen.

Bei Abwehrrechten, die sich auf Interessen außerhalb der Person des Berechtigten　5 beziehen, gehören zum Tatbestand neben der Person des Berechtigten die Merkmale, die das **geschützte Interesse** kennzeichnen: Beim Briefgeheimnis nach Art. 10 GG müssen Briefe vorliegen, bei Art. 13 GG muss es sich um Wohnungen, bei Art. 14 GG um Eigentumspositionen handeln.

Außerdem muss eine rechtliche oder tatsächliche **Beziehung** des Berechtigten　6 **zu dem geschützten Gegenstand** festgestellt werden. So schützt das Briefgeheimnis nur den Absender und den Empfänger des Briefes (u. Kap. 22, Das Brief-, Post- und Fernmeldegeheimnis nach Art. 10 GG, Rn. 14), steht das Grundrecht der Unverletzlichkeit der Wohnung nur dem Inhaber der fraglichen Wohnung zu (u. Kap. 25, Die Unverletzlichkeit der Wohnung, Art. 13 GG, Rn. 9), das Eigentumsgrundrecht nur demjenigen, dem ein bestimmter Gegenstand als sein Eigentum zuzuordnen ist (u. Kap. 26, Die Grundrechte des Art. 14 GG Rn. 4).

Bei Grundrechtsfällen ist allerdings regelmäßig nicht nur danach gefragt, ob der　7 Schutz durch ein bestimmtes grundrechtliches Abwehrrecht eingreift. Zu prüfen ist vielmehr, ob eine Grundrechts**verletzung** gegeben ist. Diese Frage stellt sich erst im Hinblick auf eine eingetretene oder bevorstehende **Beeinträchtigung des geschützten Gegenstandes**. Erst die (drohende) Beeinträchtigung löst möglicherweise Störungsabwehransprüche (Unterlassungs- oder Beseitigungsansprüche) aus. Die Ermittlung der relevanten Beeinträchtigung des tatbestandlich betroffenen grundrechtlichen Schutzgegenstandes ist die zweite Stufe der Prüfung, ob ein grundrechtliches Abwehrrecht verletzt worden ist (dazu u. Kap. 8, Grundrechtseingriff und sonstige relevante Grundrechtsbeeinträchtigungen).

▶　**Hinweis**: Terminologisch möglich ist sicher auch, beide vorgenannten Prüfungsstufen zusammen als Tatbestand der angesprochenen Abwehr- und Beseitigungsansprüche zu bezeichnen; bezogen auf die Prüfung, ob ein grundrechtliches Abwehrrecht verletzt ist, ist die hier zugrunde gelegte Trennung in die zwei Stufen (Tatbestand und relevante Beeinträchtigung) zweckmäßiger.

Manche **Grundrechtsbestimmungen** sind so gefasst, dass sie nicht ein bestimm-　8 tes, als Grundrecht geschütztes Interesse des Berechtigten als solches bezeichnen und ein daran bestehendes Abwehrrecht garantieren; vielmehr **richten** sie sich **gegen bestimmte Einwirkungen** der Staatsgewalt als solche.

Beispiele:

Art. 3 Abs. 3 GG verbietet, Personen wegen bestimmter Merkmale zu benachteiligen (oder zu bevorzugen). Nach Art. 4 Abs. 3 GG darf niemand gegen sein Gewissen zum Kriegsdienst mit der Waffe gezwungen werden. Art. 16 Abs. 1 Satz 1 GG schließt den Entzug der deutschen Staatsangehörigkeit, Art. 16 Abs. 2 Satz 1 GG die Auslieferung eines Deutschen an das Ausland aus. S. ferner Art. 6 Abs. 3, Art. 7 Abs. 3 Satz 3, Art. 12 Abs. 2, Art. 33 Abs. 3 Satz 2, Art. 101 Abs. 1 Satz 2, Art. 103 Abs. 3 GG. Gelegentlich ist das maßgebliche Verbot auch hinter

Formulierungen verborgen, die eine Behandlung nur in abschließend bestimmten Ausnahmefällen zulassen, so in Art. 12 Abs. 3 GG für die Zwangsarbeit und in Art. 103 Abs. 2 GG für die Bestrafung. Zur Bedeutung der Formulierung „ohne Anmeldung oder Erlaubnis" in Art. 8 Abs. 1 GG s. u. Kap. 20, Die Versammlungsfreiheit, Art. 8 GG, Rn. 15.

9   Bei diesen Grundrechten **fasst** der Text der grundgesetzlichen Garantie die **Ebenen des Grundrechtstatbestandes und der Grundrechtsbeeinträchtigung zusammen.** Dabei wird teilweise der Schutzgegenstand mehr oder weniger deutlich angesprochen, wie namentlich bei Art. 16 Abs. 1 Satz 1 GG mit der deutschen Staatsangehörigkeit, wohl auch bei Art. 4 Abs. 3 GG mit der Gewissensfreiheit. In anderen Fällen, etwa beim Verbot des Zwangs zu einer bestimmten Arbeit nach Art. 12 Abs. 2 GG, kann unklar sein, welchem Schutzgegenstand das verfassungsrechtlich formulierte Beeinträchtigungsverbot überhaupt dient. Für die Prüfung solcher Grundrechtsbestimmungen empfiehlt es sich, in möglichst enger Anlehnung an die Fassung der jeweiligen grundrechtlichen Bestimmung nur zu prüfen, ob ein Fall der verbotenen Beeinträchtigung vorliegt, und nicht in unter Umständen spekulative Erwägungen über den (ungenannten) Schutzgegenstand einzutreten, die für die Prüfung der Grundrechtsverletzung nicht erforderlich sind.

10   Wird eine relevante Beeinträchtigung des geschützten Grundrechtsgegenstandes festgestellt, ist damit die Frage nach einer Grundrechtsverletzung allerdings erst konkret gestellt, keinesfalls bereits beantwortet. Vielmehr können **Grundrechtsbeeinträchtigungen durch verfassungsrechtliche Begrenzungen des Grundrechtsschutzes gerechtfertigt** sein. Nur wenn diese Rechtfertigung misslingt, kann von einer Grundrechtsverletzung gesprochen werden. Diese dritte Stufe der Prüfung, ob ein abwehrrechtliches Grundrecht verletzt ist, lässt sich wiederum in zwei Schritte aufgliedern. Dabei geht es zunächst darum festzustellen, ob das fragliche Grundrecht überhaupt verfassungsrechtlichen Begrenzungen unterliegt und welche dies ggf. sind (u. Kap. 9, Grundrechtsbegrenzungen). Danach folgt die Prüfung, ob die Voraussetzungen einer nach der einschlägigen verfassungsrechtlichen Begrenzungsregelung an sich möglichen Rechtfertigung der Beeinträchtigung im Einzelfall gegeben sind. Auf dieser Ebene sind sowohl die in der Begrenzungsregelung selbst enthaltenen besonderen Anforderungen an die Rechtfertigung einer Beeinträchtigung als auch aus der Verfassung im Übrigen folgenden allgemeinen Anforderungen daran zu berücksichtigen (u. Kap. 10, Anforderungen an Grundrechtsbeeinträchtigungen).

Beispiel:
Das gesetzliche Verbot des Vertriebs von offensichtlich jugendgefährdenden Schriften beeinträchtigt die Freiheit der Meinungsäußerung nach Art. 5 Abs. 1 Satz 1 GG. Diese Grundrechtsbeschränkung ist aber aufgrund der Grundrechtsbegrenzung des Art. 5 Abs. 2 GG gerechtfertigt, da es sich um eine gesetzliche Bestimmung zum Schutz der Jugend im Sinne dieser Vorschrift handelt und die Anforderungen des im Rechtsstaatsprinzip des Art. 20 GG wurzelnden Grundsatzes der Verhältnismäßigkeit eingehalten sind (vgl. BVerfGE 30, 336 [347 ff.]).

III. Elemente des Grundrechtstatbestands

1. „Positive" und „negative" Tatbestandsmerkmale?

Innerhalb des Grundrechtstatbestands wird teilweise anhand der Auswirkungen der **11** Tatbestandsmerkmale auf die Grundrechtsgewährleistungen zwischen positiven und negativen Tatbestandsmerkmalen unterschieden. Als Anwendungsfall ist wohl nur das „ohne Waffen", das die tatbestandliche Reichweite der Versammlungsfreiheit nach Art. 8 Abs. 1 GG einengt, erwähnenswert (dazu u. Kap. 20, Die Versammlungsfreiheit, Art. 8 GG, Rn. 6 ff.). Die Hervorhebung negativer Tatbestandsmerkmale des Grundrechtstatbestandes ist aber **bedeutungslos**, weil jedes Tatbestandsmerkmal, ob positiv oder negativ formuliert, die Reichweite des Grundrechtsschutzes mitbestimmt und gegenüber einem umfassender gedachten (hypothetischen) Maximalumfang einer Grundrechtsgarantie damit einengt. Gerade Art. 8 Abs. 1 GG zeigt dies deutlich, weil die auch inhaltlich ähnlichen Anforderungen der Friedlichkeit als positives Tatbestandsmerkmal einerseits, der Waffenlosigkeit als negatives Tatbestandsmerkmal andererseits gleichermaßen die tatbestandliche Reichweite des Grundrechtsschutzes der Versammlungsfreiheit restriktiv bestimmen. Positive wie negative Tatbestandsmerkmale sind in gleicher Weise bei der Abgrenzung des Schutzgegenstandes zu berücksichtigen, d. h. das **grundrechtlich geschützte Interesse** ist von vornherein, schon **auf der Tatbestandsebene**, durch die zusätzlichen Merkmale **eingeengt**.

> ▷ Hinweis: Entsprechend tatbestandlich einengend wirkt es etwa auch, wenn die Informationsfreiheit nach Art. 5 Abs. 1 Satz 1 GG nur bezüglich allgemein zugänglicher Quellen garantiert wird oder wenn der Schutz vor Zwang zum Kriegsdienst nach Art. 4 Abs. 3 GG allein auf solchen „mit der Waffe" bezogen ist.

2. Personeller und sachlicher Grundrechtstatbestand

Eher relevant ist die Differenzierung zwischen personellen und sachlichen Elementen des Grundrechtstatbestands, also zwischen den Anforderungen an die Person des Grundrechtsberechtigten und solchen, die den grundrechtlich geschützten Gegenstand betreffen. Unter diesem Aspekt lassen sich der personelle und der sachliche Tatbestand des Grundrechts unterscheiden. Der personelle Tatbestand enthält die in der Grundrechtsbestimmung enthaltenen **Voraussetzungen der Grundrechtsberechtigung** oder Grundrechtsträgerschaft (dazu schon o. Kap. 6, Die Grundrechtsberechtigten, Rn. 3 ff., 19 ff.), die sachlichen Tatbestandsvoraussetzungen betreffen den Gegenstand der Grundrechtsgarantie, namentlich bei den Abwehrrechten deren **Schutzgegenstand** (o. Kap. 4, Subjektive Grundrechte und objektive Grundrechtsgehalte, Rn. 13; näher u. Rn. 13 ff.). Die **Abgrenzung** zwischen personellen und sachlichen Tatbestandsmerkmalen ist allerdings – jenseits der allgemeinen persönlichen Eigenschaften als Mensch oder Deutscher – **nicht trennscharf** durchzuführen, da bei allen „sachlichen" Kriterien ein Bezug auf die Person des Grundrechtsträgers gegeben sein muss.

IV. Der Schutzgegenstand der Abwehrrechte

13 Zentrales sachliches Tatbestandselement der Abwehrrechte ist das jeweilige Schutzgut, ihr Schutzgegenstand. Dieser wird mit einer räumlichen Metapher vielfach auch als **„Schutzbereich" des Grundrechts** bezeichnet. Insoweit wird gelegentlich gegen ein verräumlichendes Denkens beim Grundrechtsschutz polemisiert. Allzu wichtig sollte man diese Frage allerdings nicht nehmen; die Verwendung von Metaphern hat hier wie auch sonst nur den Sinn, die rechtlichen Gegebenheiten anschaulich und dadurch leichter verständlich zu machen. Dies dürfte der „Schutzbereich" in Bezug auf Freiheiten leisten können; dagegen ist die Bereichsmetapher bei Grundrechten, die dem abwehrrechtlichen Schutz verschiedenster Güter (vgl. u. Rn. 14) dienen, oft weniger geeignet. Problematischer ist, dass mit dem Begriff des Schutzbereichs teilweise über das Schutzgut des Grundrechts hinaus auch die Frage der Ausrichtung des Grundrechtsschutzes gegen bestimmte Arten des Staatshandelns erfasst wird (so etwa BVerfGE 105, 252 [265 ff.] verneinend für das Informationshandeln der Regierung), die zur Problematik relevanter Grundrechtsbeeinträchtigungen gehört (allgemein u. Kap. 8, Grundrechtseingriff und sonstige relevante Grundrechtsbeeinträchtigungen, Rn. 32 und speziell u. Kap. 14, Die Grundrechte des Art. 12 GG, Rn. 29). Der so verstandene (funktionale) „Schutzbereich" betrifft nicht, *was* geschützt ist, sondern *wovor*. Die mit diesen unterschiedlichen Bedeutungsgehalten verbundene Unklarheit wird vermieden, wenn beim sachlichen Tatbestand des Grundrechts unmissverständlich von seinem **Schutz*gegenstand*** gesprochen wird.

1. Arten der Schutzgegenstände

14 Der auch für die Schutzpflichten (o. Kap. 4, Subjektive Grundrechte und objektive Grundrechtsgehalte, Rn. 32) maßgebliche (abwehr-) grundrechtliche Schutzgegenstand bezeichnet das **Interesse**, das im Text der jeweiligen Grundrechtsbestimmung genannt ist. An solchen Schutzgegenständen finden sich im Grundgesetz namentlich:

- **Freiheiten,** verstanden als Möglichkeiten, sich nach eigenen Vorstellungen zu verhalten, als die wichtigsten Schutzgegenstände der grundgesetzlichen Grundrechte (vgl. etwa die Meinungsäußerungsfreiheit nach Art. 5 Abs. 1 Satz 1 GG oder die Versammlungsfreiheit nach Art. 8 GG); wenn vielfach von „Freiheitsrechten" in noch weiter gehendem Umfang die Rede ist, ist das wenig glücklich;
- **Elemente der natürlichen Persönlichkeit,** zu denen reale **Eigenschaften** des Einzelnen, wie – materiell greifbar – sein Leben und seine körperliche

Unversehrtheit (Art. 2 Abs. 2 Satz 1 GG) oder auch – immateriell – die Ehre und sonstige Aspekte des allgemeinen Persönlichkeitsrechts (Art. 2 Abs. 1 i.V.m. Art. 1 Abs. 1 GG) ebenso gehören wie tatsächliche **Situationen** (auch) im Verhältnis zu anderen (vgl. Art. 10, 13, auch Art. 6 Abs. 1 GG hinsichtlich der Familie);

*   **Rechtspositionen**, die den Einzelnen nicht schon faktisch, „von Natur aus" zukommen, sondern erst durch Regelungen der Rechtsordnung begründet und ihnen zugewiesen sind, etwa die in Art. 16 Abs. 1 Satz 1 GG in ihrem Bestand geschützte deutsche Staatsangehörigkeit als Fall einer reinen Rechtsposition oder das Eigentum nach Art. 14 GG als eine Berechtigung an Gegenständen, wie insbesondere Sachen.

Nach dem heutigen Stand der Grundrechtsdogmatik werden in vielen Fällen **einer**   15 einzelnen **Grundrechtsbestimmung unterschiedliche Interessen zugeordnet**, so dass eine klassifizierende Einteilung der Grundrechtsbestimmungen in ihrer abwehrrechtlichen Bedeutung (s. im Übrigen schon o. Kap. 3, Grundsatzfragen der Grundrechte des Grundgesetzes, Rn. 13; Kap. 4, Subjektive Grundrechte und objektive Grundrechtsgehalte, Rn. 12) nach den durch sie geschützten Gütern nur bedingt möglich ist.

> **Beispiel:**
> Die Eigentumsgarantie des Art. 14 Abs. 1 GG schützt einerseits konkrete Rechtspositionen in ihrem Bestand, beim Sacheigentum andererseits auch das sächliche Substrat der Eigentumsposition; zugleich wird die Freiheit des Eigentümers, mit einem Eigentumsobjekt nach Belieben zu verfahren, gewährleistet sowie die rechtliche Bewirkungsmacht, über ein Eigentumsobjekt rechtswirksam zu verfügen.

Von der Eigenart der grundrechtlich geschützten Interessen hängt ab, **auf welche**   16 **Weise Grundrechtsverletzungen** erfolgen können. So wird Verhaltensfreiheit durch Gebote oder Verbote rechtlich eingeschränkt, werden Rechtspositionen durch (sonstige) Rechtsgestaltungen geschmälert, werden tatsächliche Lebensgüter durch faktische Einwirkungen verkürzt, bei materiellen Gütern wie Leben oder körperlicher Unversehrtheit körperlich (durch Töten, Verstümmeln u. Ä.), bei immateriellen Gütern geistig (etwa bei der Ehre durch kränkende Äußerungen), bei Gleichheitsrechten durch differenzierende Behandlungen jeder Art.

> **Beispiel:**
> So schützt Art. 14 Abs. 1 GG den Bestand von Rechtspositionen gegen Enteignung, das Sacheigentum gegen faktische Beschädigung oder Zerstörung, die Eigentümerfreiheit gegen die Begründung eigentumsbezogener Verhaltenspflichten, die Verfügungsmacht gegen Entziehung oder Beschränkung.

Allerdings wird im Rechtsstaat eine (nicht von vornherein rechtswidrige) Beein-   17 trächtigung grundrechtlicher Schutzgegenstände durch die grundrechtsgebundene Staatsgewalt in aller Regel auch dann, wenn sie letztlich nur faktisch verwirklicht werden kann,

Beispiele:

Das Gesetz, das die Todesstrafe vorsieht, nimmt dem Straftäter ebenso wenig das Leben wie das gegen ihn verhängte Todesurteil; die Abrissverfügung bringt das Haus des Eigentümers nicht zum Einsturz; der Haftbefehl nimmt nicht die Bewegungsfreiheit; die Durchsuchungsanordnung öffnet nicht die Wohnungstür usw.

ihre Grundlage in einer **rechtlichen Anordnung** dieser Einwirkung finden. Unbeschadet der Notwendigkeit des tatsächlichen Vollzugs wird bereits durch die Anordnung der Rechtskreis des Betroffenen maßgeblich beeinträchtigt. Dementsprechend greift der Grundrechtsschutz schon gegenüber solchen rechtlichen Anordnungen durch.

18   Ein besonders wichtiges, durch eine Reihe von Grundrechten geschütztes Interesse ist die **Freiheit**, die in den einzelnen Grundrechtsbestimmungen für verschiedene Teilbereiche menschlicher Verhaltensmöglichkeiten garantiert ist. Allgemein ist zu den Freiheiten des Grundgesetzes zu bemerken, dass sie grundsätzlich **positiv**, in Richtung auf eine Betätigung der angesprochenen Handlungsmöglichkeiten formuliert sind.

Beispiele:

Die Freiheit des religiösen und weltanschaulichen Bekenntnisses und der Religionsausübung, Art. 4 Abs. 1 und 2 GG; auch die „Rechte", seine Meinung zu äußern und sich zu unterrichten, Art. 5 Abs. 1 Satz 1 GG, sich zu versammeln, Art. 8 Abs. 1 GG, Vereine und Gesellschaften zu bilden, Art. 9 Abs. 1 GG, Beruf, Arbeitsplatz und Ausbildungsstätte frei zu wählen, Art. 12 Abs. 1 GG, betreffen (jedenfalls in erster Linie) die genannten Handlungsmöglichkeiten, schützen damit – auch ohne ausdrücklich Verwendung dieses Begriffs im Grundgesetz – Teilbereiche der Handlungsfreiheit.

19   Gelegentlich sind im Grundgesetz **ausdrücklich Elemente negativer Freiheit**, gerichtet auf die Möglichkeit zur Unterlassung bestimmter Handlungen, durch besondere Grundrechtsbestimmungen **geschützt**, etwa in Bezug auf die negative religiöse Bekenntnisfreiheit durch Art. 136 Abs. 3 Satz 1 und Abs. 4 WRV, die aufgrund des Art. 140 GG Bestandteil des Grundgesetzes sind. Danach wird die Freiheit, seine religiöse Überzeugung *nicht* zu offenbaren, kirchliche Handlungen *nicht* vorzunehmen, an religiösen Übungen *nicht* teilzunehmen, eine religiöse Eidesformel *nicht* zu benutzen, im Hinblick auf einschlägige (frühere) Bedrohungen speziell herausgestellt.

20   Aber auch ohne besondere Erwähnung negativer Elemente der Freiheit besitzen die auf die **Gewährleistung von Freiheiten** gerichteten, unter Bezug auf positive Handlungsmöglichkeiten formulierten Grundrechte **regelmäßig eine negative Dimension**. Ohne die Möglichkeit, die fragliche Form der Freiheitsbetätigung zu unterlassen, könnte von einer echten Freiheit nicht die Rede sein; eine „Freiheit", das tun zu können, was man nicht unterlassen darf, verdient diesen Namen nicht.

> **Beispiel:**
> Von Versammlungsfreiheit könnte keine Rede sein, wenn sie sich in der Befugnis erschöpfen würde, der Pflicht zur Teilnahme an staatlich angeordneten Versammlungen nachzukommen.

Die Tatsache, dass es für die Funktionsfähigkeit, ja den Bestand des **freiheitlichen** **21** **demokratischen Systems** von entscheidender Bedeutung sein kann, dass eine Vielzahl von Grundrechtsträgern ihre Freiheitsgarantien, namentlich solche mit politischem Bezug, positiv betätigen (ihre Meinung äußern, sich informieren, sich versammeln, Vereine bilden, usw.), ändert daran nichts. Denn die Wirksamkeit der positiven Betätigung individueller Handlungsfreiheit zugunsten des Systems steht und fällt eben damit, dass dies in Freiheit geschieht, also trotz der Möglichkeit, die fraglichen Betätigungen auch zu unterlassen.

Diese Einsicht darf **nicht** dahin missverstanden werden, dass **jeder** einzelnen **22** freiheitsbezogenen **Grundrechtsbestimmung ein Gegenbild entsprechen** muss, das den Inhalt der jeweiligen Garantie auch mit umgekehrtem Vorzeichen erfasst. Dies kommt insbesondere für Grundrechtsbestimmungen, die sich gegen bestimmte staatliche Einwirkungen auf die Freiheit richten, nicht in Betracht. Namentlich kann das Recht, nicht zu bestimmten Tätigkeiten gezwungen zu werden, wie es in Art. 4 Abs. 3, Art. 7 Abs. 3 Satz 3, Art. 12 Abs. 2 GG niedergelegt ist, nicht ins Positive gekehrt werden; ein Recht auf entsprechenden Zwang kann es sinnvollerweise nicht geben (vgl. insb. u. Kap. 16, Die Grundrechte des Art. 4 GG, Rn. 73). Auch sonst können sich Probleme mit dem negativen Gehalt einzelner Grundrechte ergeben, etwa für den Fall einer negativen Berufsfreiheit (dazu näher u. Kap. 24, Die Grundrechte des Art. 12 GG, Rn. 10 f.), die im jeweiligen Einzelzusammenhang sachangemessen zu lösen sind.

2. Auslegungsfragen hinsichtlich der Schutzgegenstände im Allgemeinen

Die **Schutzgegenstände** der einzelnen Abwehrrechte sind in den jeweiligen Grund- **23** rechtsbestimmungen vielfach nur sehr knapp durch recht globale Begriffe gekennzeichnet, etwa bei Art. 6 Abs. 1 GG („Ehe" und „Familie") oder bei Art. 14 Abs. 1 Satz 1 GG („Eigentum" und „Erbrecht"). Es bestehen daher vielfach **Auslegungsprobleme**, für die einige grundsätzliche Überlegungen von mehr oder weniger allgemeiner Gültigkeit angestellt werden können.

Die Anwendung der Grundrechte als Rechtsnormen (dazu o. Kap. 3, Grundsatz- **24** fragen der Grundrechte des Grundgesetzes, Rn. 1 f.) setzt voraus, dass sich ihr Anwendungsbereich überhaupt festlegen lässt. Ohne Festlegung des grundrechtlichen Tatbestandes kann es keine grundrechtliche Rechtsfolge geben. Das heißt insbesondere, dass der **Schutzgegenstand** eines Grundrechts **notwendig bestimmbar sein muss.** Daher ist es auch in Fällen größter Schwierigkeit, wie etwa bei der Kunst oder bei der Religion (dazu u. Kap. 17, Die Grundrechte des Art. 5 GG, Rn. 74 ff.,

Kap. 16, Die Grundrechte des Art. 4 GG, Rn. 5 ff.) unverzichtbar, eine Definition des jeweiligen Schutzgegenstandes zu erarbeiten, die allerdings durchaus breit und variabel ausfallen kann.

25   Die Bedeutung, die einem Grundrecht effektiv zukommt, entscheidet sich letztlich erst im Zusammenspiel von Grundrechtstatbestand und den Einschränkungsmöglichkeiten aufgrund der zugehörigen Grundrechtsbegrenzungen (zu diesen u. Kap. 9, Grundrechtsbegrenzungen). Daher liegt es nahe, schon **bei** der **Auslegung des grundrechtlichen Schutzgegenstandes auf** die zugehörigen oder fehlenden **Begrenzungen** zu **blicken**, um den Schutzgegenstand sachgemäß abzugrenzen, um ihn so zu interpretieren, dass es nicht zu von der Verfassung ersichtlich nicht gewollten Konsequenzen kommt. Insbesondere sollte verhindert werden, dass Betätigungen geschützt werden, deren Einschränkung praktisch unverzichtbar, aber durch die Grundrechtsbegrenzungen nicht zu legitimieren ist. Die Berücksichtigung der Begrenzungsbestimmungen entspricht dem engen systematischen Zusammenhang, der zwischen der Formulierung des Grundrechtstatbestandes und den zugehörigen Einschränkungsmöglichkeiten besteht. Wenn systematische Auslegung irgendwo am Platze ist, so in diesem Falle.

> **Beispiele:**
> Angesichts der weiten Fassung des Gesetzesvorbehalts in Art. 8 Abs. 2 GG besteht keine Notwendigkeit, den in Art. 8 Abs. 1 GG verwendeten Begriff der Friedlichkeit eng zu verstehen und damit den Geltungsbereich der Grundrechtsgewährleistung von vornherein derart einzuschränken, dass der Gesetzesvorbehalt weitgehend funktionslos wird (so ausdrücklich BVerfGE 73, 206 [248]; die Erwägung trifft allerdings nur für Versammlungen unter freiem Himmel zu). – Umgekehrt gilt im Sinne der Einengung der Freizügigkeit durch Bezug nur auf rechtlich bewohnbare Flächen: „Die Ausgestaltung der Einschränkungsmöglichkeiten […] in Art. 11 Abs. 2 GG spricht gegen ein die rechtlichen Voraussetzungen der Bodennutzung einschließendes Schutzbereichsverständnis […]" (BVerfGE 134, 242 Rn. 262) (Garzweiler).

26   Demgegenüber hat das BVerfG im Zusammenhang des Art. 13 GG gefordert, bei der Auslegung des grundrechtlichen Schutzbereichs dürfe **die Frage der Reichweite der Begrenzungen noch nicht berücksichtigt** werden (BVerfGE 32, 54 [72]). Es hat sich durch diesen Ausgangspunkt in nicht unerhebliche Auslegungsschwierigkeiten hineinmanövriert (u. Kap. 25, Die Unverletzlichkeit der Wohnung, Art. 13 GG, Rn. 28 ff.), die bei einer sachgerechten Beachtung der systematischen Zusammenhänge von Grundrechtstatbestand und Grundrechtsbegrenzungen wohl hätten vermieden werden können. Allerdings hat das Gericht diese einmal postulierte **Auslegungsmaxime nicht allgemein** seiner Judikatur zugrunde gelegt. Ganz im Gegenteil, abgesehen von den vorstehend zitierten Beispielen hat es gerade bei der umfassendsten grundrechtlichen Garantie, dem Recht auf freie Entfaltung der Persönlichkeit nach Art. 2 Abs. 1 GG, dessen Verständnis im Sinne einer allgemeinen Verhaltensfreiheit maßgeblich auch in Abstimmung mit der Interpretation der Begrenzungen gefunden und das weite Verständnis des grundrechtlichen

Tatbestandes durch ein ebenso weites Verständnis der Begrenzung durch die „verfassungsmäßige Ordnung" ergänzt (BVerfGE 6, 32 [36 ff.]; dazu näher u. Kap. 14, Die Grundrechte des Art. 2 GG, Rn. 30 ff.).

Der Blick auf **fehlende Grundrechtsbegrenzungen** kann z. B. Anlass dafür 27 sein, die Reichweite der Gewissensfreiheit gem. Art. 4 Abs. 1 GG **restriktiv** dahin zu verstehen, dass sie nicht die Freiheit zu beliebigem, auf das Gewissen gestütztem Verhalten umfasst, sondern sich auf ein forum internum ohne Störungspotenzial für andere beschränkt (dazu u. Kap. 16, Die Grundrechte des Art. 4 GG. Rn. 56). Ähnlich lässt sich zur Reichweite der Vereinsbetätigungsfreiheit gem. Art. 9 Abs. 1 GG argumentieren (u. Kap. 21, Die Grundrechte des Art. 9 GG, Rn. 6).

Allerdings darf die Berücksichtigung der Grundrechtsbegrenzungen nicht alle 28 anderen Auslegungskriterien verdrängen, sondern muss in den **allgemeinen Kanon der Auslegungsmethoden** harmonisch eingefügt werden. Dabei ist nach dem heutigen Stand der Grundrechtsbegrenzungsdogmatik in Rechnung zu stellen, dass auch bei Fehlen ausdrücklicher Begrenzungsklauseln die Möglichkeit besteht, aus anderen Verfassungsnormen eine Rechtfertigung von Grundrechtseinschränkungen herzuleiten (dazu u. Kap. 9, Grundrechtsbegrenzungen, Rn. 33 ff.).

Deshalb ist es **bedenklich**, wenn schon bei der Auslegung des **grundrechtli-** 29 **chen Schutzgegenstandes** versucht wird, allen denkbaren Problemlagen durch dessen **Einengung** auf nicht problemanfällige Modalitäten Rechnung zu tragen. Der Grundrechtsschutz wird bei einer solchen Sichtweise auf einen Schutz der **Freiheitsbetätigung an sich** verengt, soll hinsichtlich konkreter Verwirklichungsmodalitäten jedoch von vornherein nicht eingreifen, so dass auf problematische Formen der Grundrechtsausübung bezogene Freiheitsbeschränkungen nicht mehr der Rechtfertigung im Rahmen der Grundrechtsbegrenzungen bedürftig sind. Ein solches „Herausdefinieren" kritischer Ausübungsmodalitäten aus dem grundrechtlich geschützten Freiheitsbereich kann nur in engen Grenzen in Betracht kommen, soweit es nicht (wie etwa bei Art. 8 GG: Schutz nur für Versammlungen, die friedlich und ohne Waffen stattfinden) ausdrücklich im Text dafür Anhaltspunkte gibt.

Beispiel:

Wäre das künstlerische Trompetespielen nach Art. 5 Abs. 3 Satz 1 GG nur an sich, nicht aber für alle denkbaren Varianten dieser Betätigung geschützt, würde ein Verbot nächtlichen Trompetespielens in bewohnten Gegenden den Schutzgegenstand der Kunstfreiheit von vornherein gar nicht berühren und bedürfte insoweit keiner weiteren Legitimation; s. auch u. Kap. 17, Die Grundrechte des Art. 5 GG, Rn. 82, 84.

Ebenso wie auf die Begrenzungen ist zum Verständnis der einzelnen Grundrechte **auf** 30 **die Beziehung zu anderen Grundrechten**, gegebenenfalls auch zu sonstigen Verfassungsnormen, **Rücksicht zu nehmen**. So kann z. B. die Auslegung des Grundrechts der Freiheit der Person nach Art. 2 Abs. 2 Satz 2 GG dadurch beeinflusst werden, wie Art. 2 Abs. 1 GG verstanden wird und was Freizügigkeit im Sinne des Art. 11 Abs. 1 GG bedeutet (vgl. u. Kap. 14, Die Grundrechte des Art. 2 GG, Rn. 111, 120, 136).

V. Zusammenfassung

31
- Unter dem Grundrechtstatbestand versteht man den Inbegriff der notwendigen Voraussetzungen der grundrechtlichen Rechtsfolge, soweit sie in dem Grundrechtsgewährleistungssatz selbst enthalten sind.
- Eine Unterscheidung zwischen positiven und negativen Tatbestandsmerkmalen ist bedeutungslos, da beide gleichermaßen das grundrechtlich geschützte Interesse bereits auf der Tatbestandsebene durch zusätzliche Merkmale einengen.
- Bei der Unterscheidung zwischen personellem und sachlichem Grundrechtstatbestand bezeichnet ersterer die in der Grundrechtsbestimmung enthaltenen Voraussetzungen der Grundrechtsberechtigung, letzterer den Gegenstand der Grundrechtsgarantie, der bei Abwehrrechten „Schutzgegenstand" genannt werden sollte, weil mit dem vielfach verwendeten Begriff „Schutzbereich" teils auch die Wirkungsrichtung des Abwehrrechts erfasst wird.
- Mit dem Begriff des Schutzgegenstandes wird das durch die jeweilige Grundrechtsbestimmung geschützte Interesse bezeichnet, namentlich Freiheiten, Rechtspositionen und Elemente der natürlichen Persönlichkeit (Eigenschaften und tatsächliche Situationen). Einer Grundrechtsbestimmung werden vielfach unterschiedlich strukturierte Interessen zugeordnet.
- Die Freiheit als wesentliches Schutzinteresse ist in den einzelnen Grundrechtsbestimmungen grds. positiv, in Richtung auf eine Betätigung der angesprochenen Handlungsmöglichkeiten formuliert, umfasst aber regelmäßig auch ohne besondere Erwähnung die negative Dimension, die fragliche Form der Freiheitsbetätigung zu unterlassen.
- Der Schutzgegenstand eines Grundrechts muss definiert sein, da andernfalls sein Anwendungsbereich offen bleibt. Für die Auslegung des Grundrechtstatbestandes können die zugehörigen Grundrechtsbegrenzungen eine wichtige Rolle spielen.

Grundrechtseingriff und sonstige relevante Grundrechtsbeeinträchtigungen

Inhalt

Literatur zu I.-III.: *Herbert Bethge*, § 58, Mittelbare Grundrechtsbeeinträchtigungen, in: HGR III³, 2009, S. 113; *Christian Hillgruber*, § 200, Grundrechtlicher Schutzbereich, Grundrechtsausgestaltung und Grundrechtseingriff, in: HStR IX³, 2011, S. 981; *Franz-Josef Peine*, § 57, Der Grundrechtseingriff, in: HGR III³, 2009, S. 87; *Michael Sachs*, § 78, Grundrechtseingriff und Grundrechtsbetroffenheit, in: Stern, Staatsrecht III/2, 1994, S. 76; *Marion Albers*, Faktische Grundrechtsbeeinträchtigungen als Schutzbereichsproblem, DVBl 1996, 233; *Herbert Bethge*, Der Grundrechtseingriff, VVDStRL 57 (1998), S. 7; *ders.*, Zur verfassungsrechtlichen Legitimation informalen Staatshandelns der Bundesregierung, Jura 2003, 327; *Christian von Coelln*, Zulässigkeit staatlicher Informationen zum Verbraucherschutz, JA 2003, 116; *Peter M. Huber*, Die Informationstätigkeit der öffentlichen Hand – ein grundrechtliches Sonderregime aus Karlsruhe?, JZ 2003, 290; *Jörn Ipsen*, Gesetzliche Einwirkungen auf grundrechtlich geschützte Rechtsgüter, JZ 1997, 473; *Dietrich Murswiek*, Das

© Springer-Verlag Berlin Heidelberg 2017
M. Sachs, *Verfassungsrecht II - Grundrechte*, Springer-Lehrbuch,
DOI 10.1007/978-3-662-50364-5_8

Bundesverfassungsgericht und die Dogmatik der Grundrechtseingriffe, NVwZ 2003, 1; *Michael Sachs*, Die relevanten Grundrechtsbeeinträchtigungen, JuS 1995, 303; *Alexander Schink*, Smileys in der Lebensmittelkontrolle – Verfassungsrechtliche Zulässigkeit einer amtlichen Information der Öffentlichkeit über die Ergebnisse der amtlichen Lebensmittelkontrolle, DVBl 2011, 253; *Friedrich Schoch*, Die Schwierigkeiten des BVerfG mit der Bewältigung staatlichen Informationshandelns, NVwZ 2011, 193; *Andreas Voßkuhle/Anna-Bettina Kaiser*, Der Grundrechtseingriff, JuS 2009, 31; **zu IV.:** *Peter M. Huber*, § 49, Natürliche Personen als Grundrechtsträger, in: HGR II, 2006, S. 1129 (1160 f.); *Detlef Merten*, § 73, Grundrechtsverzicht, in: HGR III, 2009, 717; *Klaus Stern*, § 86, Der Grundrechtsverzicht, in: ders., Staatsrecht III/2, 1994, S. 887; *Philipp S. Fischinger*, Der Grundrechtsverzicht, JuS 2007, 808; *Gerhard Robbers*, Der Grundrechtsverzicht, JuS 1985, 925.

Rechtsprechung zu I.-III.: BVerfGE 28, 151 (Belastender Freispruch); BVerfGE 46, 160 (Schleyer); BVerfGE 50, 290 (Mitbestimmung); BVerfGE 51, 324 (Verhandlungsfähigkeit des Angeklagten); BVerfGE 64, 108 (Chiffreanzeige); BVerfGE 66, 39 (NATO-Doppelbeschluss); BVerfGE 105, 252 (Glykol); BVerfGE 105, 279 (Osho); **zu IV.:** BVerfG (VPr), NJW 1982, 375 (Lügendetektor); BVerfG (K), NJW 1999, 3399 (Altruistische Organtransplantation); BVerfGE 128, 282 (Zwangsbehandlung Untergebrachter); BVerwGE 64, 274 (Peep-Show).

Übungsfälle: *Sebastian Graf von Kielmansegg*, Grundfälle zu den allgemeinen Grundrechtslehren, JuS 2009, 19.

I. Allgemeines

1. Grundrechtsbeeinträchtigung und Grundrechtsverletzung

1   Der abwehrrechtliche Grundrechtsschutz wird aktiviert und löst Unterlassungs- bzw. Beseitigungsansprüche aus, wenn es zu verkürzenden, beschädigenden oder sonst in irgendeiner Weise **nachteiligen Einwirkungen** der grundrechtsverpflichteten, regelmäßig staatlichen Stellen **auf** den **Schutzgegenstand eines Abwehrrechts** kommt. Solche Einwirkungen stellen potentielle Grundrechtsverletzungen dar. Beeinträchtigungen der abwehrrechtlichen Schutzgegenstände können zwar auf der Grundlage entsprechender verfassungsrechtlicher Begrenzungen des Grundrechtsschutzes, wie zumal der ausdrücklichen Gesetzesvorbehalte, **gerechtfertigt** werden (u. Kap. 9, Grundrechtsbegrenzungen, zumal Rn. 5 ff.). Ist dies jedoch **nicht möglich**, stellt sich die Beeinträchtigung des grundrechtlichen Schutzgegenstandes als **Grundrechtsverletzung** dar.

2. Grundrechtsbeeinträchtigung und Grundrechtsausgestaltung

2   Grundrechtsrelevantes Staatshandeln ist nicht stets als Grundrechtsbeeinträchtigung zu qualifizieren. Vielmehr kann der Staat auch **zugunsten** der **grundrechtlich geschützten Interessen** der Bürger **tätig werden**, kann sie unterstützen und fördern, die Betätigungsmöglichkeiten erweitern usw. Fehlt es an restriktiven Auswirkungen, stellt sich das Staatshandeln nicht als Grundrechtsbeeinträchtigung dar; insoweit lösen die Grundrechte keine abwehrrechtlichen Rechtswirkungen aus. Eine weitergehende Reduzierung des Grundrechtschutzes im Hinblick auf geringfügige

Beeinträchtigungen hat im Grundgesetz aber keine Basis (s. auch u. Kap. 14, Die Grundrechte des Art. 2 GG, Rn. 105).

Beispiele:

Keine Grundrechtsbeeinträchtigungen sind etwa (für die Begünstigten) staatliche Darlehen für Existenzgründer, Schaffung zusätzlicher Studienplätze, steuerliche Begünstigung von Presseunternehmen, polizeilicher Schutz von Versammlungen, Zeugnisverweigerungsrechte für Journalisten u. Ä.

Insbesondere für die grundrechtsrelevante Gesetzgebung müssen die grundrechtsbeeinträchtigenden Aktivitäten von solchen der bloßen **Ausgestaltung** oder **Konkretisierung** abgegrenzt werden. Die letztgenannten Kategorien werden nicht immer einheitlich verwendet. Am sinnvollsten erscheint es, sie als Gegenbegriffe zur Grundrechtsbeeinträchtigung dahin zu definieren, dass sie nur dann vorliegen, wenn sich das Handeln des Gesetzgebers **nicht als Grundrechtsbeeinträchtigung** darstellt.   3

Bei diesem Verständnis gehören hierher namentlich Regelungen zur **Ausformung normgeprägter Schutzgegenstände**. Beispiel hierfür ist eine Änderung der gesetzlich vorgesehenen Rechtsformen für Vereinigungen. Der Schutzgegenstand der Vereinigungsfreiheit erstreckt sich nicht auf den einmal gegebenen status quo der rechtlichen Gestaltungsmöglichkeiten, sondern setzt sie in ihrem jeweiligen Bestand voraus, der einer Modifizierung durch den Gesetzgeber durchaus zugänglich ist. Werden diesbezüglich Änderungen vorgenommen, schränken sie daher den Schutzgegenstand des Vereinigungsgrundrechts nicht ein, und zwar auch dann nicht, wenn dies zu erhöhten Anforderungen an die Betätigung des Vereinigungsgrundrechts führt. Damit handelt es sich soweit um eine Ausgestaltung oder Konkretisierung der Vereinigungsfreiheit, die keiner Rechtfertigung als Einschränkung des Grundrechts aus Art. 9 Abs. 1 GG bedarf (näher u. Kap. 21, Die Grundrechte des Art. 9 GG, Rn. 3, 25 f.).   4

Beispiel:

Würde § 56 BGB dahingehend geändert werden, dass die Mindestmitgliederzahl eines einzutragenden Vereins von sieben auf acht Mitglieder erhöht wird, läge darin nur eine Ausgestaltung der Vereinigungsfreiheit (vgl. allgemeiner BVerfGE 50, 290 [354 f.]).

Auch bei **Grundrechtsgarantien**, die **nicht** in dieser Weise **normgeprägt** sind oder gar zu den Einrichtungsgarantien gehören (z. B. Eigentum oder Ehe, näher o. Kap. 4, Subjektive Grundrechte und objektive Grundrechtsgehalte, Rn. 52 ff.), kann es **ausgestaltende Regelungen** geben, deren Änderung die Frage einer Grundrechtsbeeinträchtigung aufwerfen kann. So lässt sich etwa ein Zeugnisverweigerungsrecht für Journalisten als eine Ausgestaltung von Pressefreiheit verstehen, weil es der Pressearbeit förderlich ist, wenn Informanten ohne Furcht vor Entdeckung durch die Behörden mit Journalisten ihres Vertrauens sprechen können. Wird das Zeugnisverweigerungsrecht eingeschränkt oder abgeschafft, kann sich dies (genauer: die damit   5 durchgreifende gesetzliche Zeugnispflicht) als relevante Beeinträchtigung der Pressefreiheit darstellen (vgl. BVerfGE 64, 108 [114 f.] und u. Kap. 17, Die Grundrechte des Art. 5 GG, Rn. 32, 35).

II. Der klassische Grundrechtseingriff

6   Eine Sonderstellung unter den Beeinträchtigungen grundrechtlicher Schutzgegenstände nimmt der sog. klassische Grundrechtseingriff ein. Ein solcher Eingriff erfolgt **final** (zielgerichtet), **unmittelbar**, er stellt sich als **Rechtsakt** dar, und wirkt auf den Betroffenen durch **Befehl und Zwang** ein. Gelegentlich wird auch noch die **Wirkung im Einzelfall** hierher gezählt; dies erscheint aber in einem System der Grundrechtsbindung auch des Gesetzgebers als **überholt**.

> **Beispiele:**
> (Straf-)gesetzliches Verbot; polizeiliche Anordnungen (Platzverweis u. Ä.); Verurteilung zu einer Leistung.

7   Der „klassische" Eingriffsbegriff stammt nicht aus der Entstehungsphase der Grundrechte, sondern hat sich in der **Entwicklung** zum formellen Rechtsstaat im Laufe des 19. Jahrhunderts herausgebildet. Bedeutsam waren dabei insbesondere die Zusammenhänge mit der (entschädigungspflichtigen) Enteignung und mit dem Verwaltungsakt, der damals allein den erst entstehenden verwaltungsgerichtlichen Rechtsschutz ermöglichte.

8   Ein grundlegendes **Missverständnis** wäre es anzunehmen, die Grundrechte hätten „klassischerweise" **nur gegen** Einwirkungen **durch „klassische" Eingriffe** Schutz bieten sollen. Vielmehr sollten sie die jeweils angesprochenen zentralen Interessen der Grundrechtsträger stets auch gegen rein tatsächliche Übergriffe der Staatsgewalt schützen. Dies gilt vor allem dann, wenn diese gezielt erfolgten, erfasst aber auch unbeabsichtigte Beeinträchtigungen der grundrechtlichen Schutzgegenstände, die sich als (Grund-) Rechtsverletzungen darstellen. Ähnliches gilt, wenn der Staat nicht durch seine Behörden unmittelbar grundrechtlich geschützte Güter beeinträchtigt, sondern Übergriffe von Privatpersonen veranlasst. Derartige Einwirkungen sind zumindest ganz regelmäßig von vornherein verboten.

9   Dagegen ist **der „klassische" Eingriff** die Form der Beeinträchtigung grundrechtlich geschützter Interessen, die **überhaupt prinzipiell rechtfertigungsfähig** erscheint. Er bezeichnet das Staatshandeln, das die (Grund-) Rechtssphäre des Grundrechtsträgers den Bedingungen der Rechtsordnung entsprechend mit rechtlicher Wirksamkeit einzuschränken geeignet ist. Der klassische Eingriff stellt somit das Mittel dar, mit dem die Kluft zwischen den Rechtssphären des Staates einerseits, der Grundrechtsträger andererseits ohne die hierfür zwischen Privatpersonen notwendige Willenseinigung der Beteiligten durch Staatsorgane einseitig verbindlich überbrückt werden kann.

Dem entspricht es, wenn anstelle der vorgenannten Aufzählung von Merkmalen **10**
des „klassischen" Eingriffs (o. Rn. 6) versucht wird, sein Wesen mit einem einzigen
Begriff auf den Punkt zu bringen, nämlich mit dem der **Imperativität**. Der als
Imperativ verstandene Eingriff liegt in der **rechtsverbindlichen Anordnung,** die die
Rechtssphäre des Betroffenen **verkürzt.** So können einem Grundrechtsberechtigten
grundrechtsgeschützte Elemente seiner bisherigen Rechtssphäre durch **rechtsgestal-**
tende Anordnungen genommen werden.

> **Beispiele:**
> Entziehung der Personensorge; Entzug der Staatsangehörigkeit; Enteignung
> eines Grundstücks.

Vor allem kann dem Adressaten durch den Imperativ die Freiheit verkürzt wer- **11**
den, indem unmittelbar durch Gesetz oder durch auf Grund eines Gesetzes erlassene behördliche oder gerichtliche Entscheidungen **Gebote oder Verbote** an ihn
gerichtet werden. Diese können auch gegenüber Grundrechtsbestimmungen, die
nicht (primär) Verhaltensfreiheiten schützen, als Eingriffe wirksam werden,
wenn sie dem Grundrechtsberechtigten aufgeben, seine Grundrechtsgüter selbst
zu beeinträchtigen, oder ihre Beeinträchtigung durch Staatsorgane oder Dritte zu
dulden.

> **Beispiele:**
> Die Pflicht zur Abtretung eines Grundstücks, die in frühen Verfassungsurkunden
> noch als umständlicherer Vorläufer der später eingeführten Enteignung vorgesehen
> war. – Pflichten, die eigene körperliche Unversehrtheit, z. B. durch eine Impfung
> oder einen Haarschnitt, beeinträchtigen zu lassen.

Für Einwirkungen auf **natürliche Schutzgegenstände** der Grundrechte außerhalb **12**
des Bereichs der (Verhaltens-) Freiheit und auf das reale Substrat grundrechtsgeschützter Rechtspositionen (zumal beim Sacheigentum) stellt sich der Imperativ als
die **Selbstermächtigung der Staatsgewalt** zur letztlich nur faktisch möglichen
Einwirkung auf diese Schutzgüter dar. Gelegentlich wird insoweit davon gesprochen, dass dem Grundrechtsträger Duldungspflichten auferlegt würden. Dies trifft
indes die Rechtsfolge nicht in jedem Fall präzise, da es auch möglich ist, dass der
Grundrechtsträger, wenn er sich zur Wehr setzt, der zwangsweisen Durchsetzung
der zugelassenen Beeinträchtigung auch gegen seinen Willen, also ohne dass er
duldet, ausgesetzt wird. Ebenso wenig lässt sich mit der Duldungspflicht die Zulassung heimlicher Einwirkungen erfassen.

> **Beispiele:**
> Eine Durchsuchungsanordnung berechtigt auch dazu, den Widerstand des Woh-
> nungsinhabers zu brechen, wenn er seiner Duldungspflicht nicht nachkommt. –
> Die Anordnung der Telefonüberwachung erfolgt regelmäßig ohne Wissen der
> überwachten Person, so dass sich die Frage einer Duldung für sie nicht stellt.

13   Der „klassische" Eingriff ist heute weniger wegen besonderer Rechtsfolgen als vielmehr **heuristisch bedeutsam.** Denn sein Vorliegen bedeutet in jedem Falle, ohne dass es weiterer Überlegungen bedarf, eine potentiell grundrechtsverletzende, damit für die Grundrechtsprüfung relevante **Beeinträchtigung,** die **rechtfertigungsbedürftig** ist. Wird durch einen Rechtsakt der Staatsgewalt gezielt und unmittelbar zwangsweise die geschützte Grundrechtssphäre einer Person verkürzt, bedarf dies stets besonderer Rechtfertigung – damit ist immer ein Grundrechtsfall, ein Anlass zur Prüfung einer Grundrechtsverletzung, gegeben.

14   Das nur zu Eingriffen im Einzelfall ermächtigende Gesetz wird für die Prüfung seiner Vereinbarkeit mit dem Grundgesetz gleichfalls als klassischer Eingriff behandelt, obwohl es selbst noch keine freiheitsverkürzende Verhaltenspflicht begründet oder sonstige Beeinträchtigungen der grundrechtlich geschützten Interessen der Grundrechtsberechtigten herbeiführt. Damit wird die generelle abwehrrechtliche Schutzwirkung der Grundrechte auf den Ausschluss normativer **Ermächtigungen zu Freiheitsbeschränkungen** erweitert (s. auch o. Kap. 7, Der Grundrechtstatbestand, Rn. 17).

> ▷   **Hinweis:**   Ein Grundrechtseingriff gegenüber dem einzelnen Grundrechtsträger durch das nur ermächtigende Gesetz lässt sich konstruieren, indem man entweder einen Schutz schon vor der Gefährdung (u. Rn. 22) annimmt, die die Ermächtigung dadurch schafft, dass Eingriffe im Einzelfall auf sie gestützt werden können, oder einen zusätzlichen Schutzgegenstand des Grundrechts postuliert, nämlich die Rechtsposition, sich keiner Eingriffsermächtigung ausgesetzt zu sehen. Für die Prüfung, ob ein Gesetz gegen die Grundrechtsbestimmung verstößt, kommt es auf die Frage der Konstruktion allerdings nicht an. – Für die Verfassungsbeschwerde wird demgegenüber die unmittelbare Betroffenheit des Beschwerdeführers verlangt, die in den genannten Fällen erst dann gegeben ist, wenn von einer Eingriffsermächtigung im Einzelfall tatsächlich Gebrauch gemacht wird.

III.   Sonst relevante Grundrechtsbeeinträchtigungen

1. Voraussetzungen sonst relevanter Grundrechtsbeeinträchtigungen

15   Stellt sich die staatliche Einwirkung auf einen Bürger nicht als klassischer Eingriff in dem aufgezeigten Sinne dar, wurde vor dem Hintergrund beschränkter Rechtsschutzmöglichkeiten **traditionell ihre grundrechtliche Relevanz,** ihre Rechtfertigungsbedürftigkeit, als **problematisch** angesehen. Dabei ist in einem Rechtsstaat eher die Rechtfertigungsfähigkeit von staatlichen Einwirkungen auf

die Rechtssphäre der Bürger, die nicht in den dafür vorgesehenen Rechtsformen vorgenommen, sondern durch (rechtlich nicht besonders zugelassenes) faktisches Staatshandeln oder vermittelt durch staatlich angestoßenes Handeln Dritter bewirkt werden, fraglich. Grundrechtsverkürzungen ohne darauf gerichteten rechtsnormativen Staatsakt erscheinen ähnlich den unerlaubten Handlungen des Privatrechts als grundsätzlich verboten. Dementsprechend wurden derartige Übergriffe der Behörden auch in „klassischer" Zeit keineswegs als unbedenklich angesehen.

Unter dem Grundgesetz besteht inzwischen Einigkeit darüber, dass **nicht nur**   16
klassische Eingriffe grundrechtliche Relevanz besitzen, sondern dass auch sonstige, faktische und/oder mittelbare Beeinträchtigungen grundrechtlicher Schutzgegenstände gerechtfertigt werden müssen, auch wenn über die Voraussetzungen dafür noch manche Unklarheit besteht (zur Notwendigkeit einer gesetzlichen Regelung u. Kap. 10, Anforderungen an Grundrechtsbeeinträchtigungen, Rn. 9; zum Zitiergebot u. Kap. 10, Anforderungen an Grundrechtsbeeinträchtigungen, Rn. 25). Zudem bestehen teilweise noch Befürchtungen, durch eine zu großzügige Abgrenzung relevanter Einwirkungen den Grundrechtsschutz zu überdehnen und möglicherweise die Handlungsmöglichkeiten der Staatsgewalt grundrechtlich abzuschnüren.

So motivierte Eingrenzungen der relevanten Einwirkungen überzeugen schon im   17
Ausgangspunkt nicht. Der abwehrrechtliche Schutz der Grundrechtsbestimmungen ist darauf gerichtet, die Integrität der abwehrgrundrechtlichen Schutzgegenstände gegen jede Einwirkung der grundrechtsgebundenen Staatsgewalt in vollem Umfang zu schützen. Dem entspricht allein ein Ansatz, der von den **Störungen der grundrechtlichen Schutzgegenstände** ausgeht. Gemeinsames Merkmal solcher Störungen ist, dass sie grundsätzlich alle dem Schutzziel der Grundrechtsbestimmungen zuwiderlaufen oder doch zuwiderlaufen können.

Eine Mindestvoraussetzung ist dabei die **Kausalität** staatlichen Handelns für die   18
eingetretene Störung: Da sich die verpflichtende Wirkung der Grundrechtsbestimmungen nur gegen die Staatsgewalt in all ihren Erscheinungsformen richtet (Art. 1 Abs. 3 GG), können auch nur solche störenden Einwirkungen Grundrechtsrelevanz besitzen, die sich als Konsequenzen staatlichen Handelns darstellen. Kausalität des Staatshandelns ist damit **notwendige Voraussetzung** jeder abwehrrechtlich relevanten Grundrechtsbeeinträchtigung.

Doch wird die bloße Kausalität verbreitet als unzureichend empfunden, um   19
eine staatliche Verantwortung für Grundrechtsbeeinträchtigungen zu begründen. Dies führt zu der **Frage**, ob es neben der Kausalität **weitergehender Anforderungen** als Korrektiven der staatlichen Verantwortung bedarf, wie sie aus anderen Rechtsbereichen bekannt sind (etwa: die Adäquanz im Zivilrecht, die Unmittelbarkeit der Verursachung im Polizeirecht, Vorsatz und Fahrlässigkeit, Verschulden im Strafrecht). Forderungen, dass es sich um funktionale Äquivalente eines Eingriffs (seit BVerfGE 105, 252 [273]) oder eingriffsgleiche Maßnahmen (etwa BVerfGE 113, 63 [76]) handeln muss, führen nicht wirklich weiter, sondern formulieren nur die Ausgangsfrage neu.

20   Die vielfach diskutierten Kriterien, die in Orientierung an einer **besonderen Nähe zum klassischen Eingriff** bzw. seinen einzelnen Merkmalen vorgeschlagen werden, können als notwendige Bedingungen für die Relevanz staatlich verursachter Grundrechtsbeeinträchtigungen **nicht recht überzeugen.** Namentlich dürfte die Orientierung am Gewicht einer Beeinträchtigung die umfassend angelegte Schutzwirkung der Grundrechte allzu pauschal verkürzen; vielmehr sind auch geringfügige Verletzungen der Grundrechte verboten. „Unmittelbarkeit" ist stets leerformelverdächtig und ggfs. leicht zu umgehen; Finalität würde nur Feindseligkeiten des Staates, nicht aber seine kaum weniger gefährlichen Fehlleistungen abdecken.

21   Vor allem bleibt bei solchen Überlegungen ganz grundsätzlich zu sehr außer Betracht, worum es bei der Abgrenzung der grundrechtsrelevanten Verhaltensweisen des Staates auf der Seite der **Rechtsfolgen** eigentlich geht. Eine relevante Grundrechtsbeeinträchtigung führt im Rahmen der Abwehrrechte dazu, dass die dadurch eingetretene **Störung zu beseitigen** ist; für den Fall erst drohender Störungen entsteht ein **Unterlassungsanspruch**, wenn sich eine Gefahr für die grundrechtlichen Schutzgüter hinreichend konkret abzeichnet.

> ▶   **Hinweis:**   Die Judikatur zur Relevanz von Grundrechtsgefährdungen, vgl. BVerfGE 51, 324 (346 f.), ist daher für die abwehrrechtliche Wirkung der Grundrechte eher trivial.

Dagegen geht es in diesem Zusammenhang noch keineswegs darum, mit der Annahme von Grundrechtsverantwortung zugleich Ersatzansprüche gegen dem Staat o. Ä. zu begründen. Für solche weitergehenden Rechtsfolgen sind vielmehr im Rahmen des Staatshaftungsrechts zusätzliche, die Ersatzpflichtigkeit eingrenzende Kriterien vorstellbar und in manchen Bereichen auch erforderlich.

22   Orientiert man sich für die Bestimmung der relevanten Beeinträchtigungen an den Rechtsfolgen, die sie unmittelbar auslösen, nämlich den quasi-negatorischen Unterlassungs- und Beseitigungsansprüchen, so ist grundsätzlich nicht erkennbar, warum der Staat in diesem Umfang nicht für sein Tun sollte einstehen müssen, wie ja auch im Privatrecht der Störer der **negatorischen Haftung ohne Rücksicht auf über die Kausalität hinausgehende Einschränkungskriterien** unterworfen wird. Wenn man die Rechtsfolgen strikt auf die Pflichten zur Beseitigung und zur Unterlassung störender Handlungen beschränkt, können sich kaum Wirkungen ergeben, die die Staatsorgane unzuträglich belasten. Jedenfalls scheinen die so begrenzten Pflichten der Staatsgewalt als Störer eher zumutbar zu sein als dem Grundrechtsträger die wehrlose Hinnahme der Beeinträchtigung seiner Grundrechtsgüter.

23   Namentlich sind auch die **Unterlassungsansprüche** gegenüber noch nicht eingetretenen Störungen **nicht** geeignet, zu einer weitgehenden **Lähmung des Staatshandelns** zu führen. Denn diese Ansprüche ergeben sich erst dann, wenn der Eintritt der Gefahr bereits unmittelbar bevorsteht und von daher konkret absehbar ist. Solange dies nicht der Fall ist, ist die Staatsgewalt keinen Unterlassungsansprüchen der betroffenen Grundrechtsträger unterworfen. Kommt es zu unvorhergesehenen

Beeinträchtigungen eines Grundrechtsträgers, zieht dies zwar als Rechtsfolge des grundrechtlichen Abwehrrechts die Beseitigungspflicht nach sich, kann aber in der Zeit vor Eintritt der Störung keine Lähmung des Staatshandelns bewirken, da jedenfalls die bloße Denkmöglichkeit etwaiger Grundrechtsbeeinträchtigungen noch nicht zur Passivität verpflichtet. Die Verpflichtung, auf vorhersehbare Grundrechtsbeeinträchtigungen des Staatshandelns Rücksicht zu nehmen, kann wohl kaum als zu weitgehend erscheinen. Einschränkungen der staatlichen Grundrechtsverantwortlichkeit trotz gegebener Kausalität können daher nur in bestimmten Konstellationen in Betracht kommen (u. Rn. 29 ff.).

Dagegen scheint es durchaus treffend, mittels der Nähe eines Beeinträchtigungsvorgangs zu Merkmalen eines „klassischen" Grundrechtseingriffs dessen Relevanz als mögliche Grundrechtsverletzung positiv zu untermauern. Dies gilt insbesondere für das Kriterium der **Finalität** als hinreichender Bedingung für grundrechtliche Relevanz einer Beeinträchtigung. Insoweit ist die Annahme gerechtfertigt, dass jede gezielte Einwirkung des Staates auf die grundrechtlichen geschützten Güter seiner Bürger auch grundrechtlich bedeutsam ist, unabhängig davon, welche Umwege und Vermittlungen die Staatsgewalt bei ihrem Tun benutzt. Im Gegenteil ist es so, dass die Vermeidung des „klassischen" Eingriffs eine besondere Gefährlichkeit des finalen staatlichen Handelns begründen kann, die den Grundrechtsschutz erst recht erforderlich macht. **24**

Beispiel:
Staatliche Förderung einer Vereinigung, deren Ziel es ist, vor Aktivitäten sog. „Jugendreligionen" oder „Jugendsekten" zu warnen, stellt eine relevante Beeinträchtigung der Grundrechte solcher Gruppen dar (BVerwGE 90, 112 [120]).

Das gelegentlich genannte Kriterium der **zwangsgleichen Wirkung** kann vor allem insoweit eine Rolle spielen, als es darum geht festzustellen, ob bei unmittelbar vom Grundrechtsträger selbst mitverursachten Beeinträchtigungen seiner Grundrechtsgüter eine Unterbrechung des Zurechnungszusammenhangs anzunehmen ist, weil er in freier Selbstbestimmung so gehandelt hat (vgl. noch u. Rn. 31). **25**

2. Fallgruppen sonst relevanter Grundrechtsbeeinträchtigungen

Aus der Vielzahl der **Fallgestaltungen**, aus denen sich bei Fehlen eines klassischen Eingriffs relevante Grundrechtseinwirkungen ergeben können, lassen sich einige **typische Konstellationen** herausheben, die die Gesamtproblematik verdeutlichen. Dabei kann auf einer ersten Ebene zwischen den Fällen, in denen allein der Staat die maßgeblichen Ursachen der Grundrechtsbeeinträchtigung setzt, und Fällen mit Beteiligung anderer Akteure am Verursachungszusammenhang unterschieden werden. **26**

a) Alleinverursachte Grundrechtsbeeinträchtigungen

Allein von der grundrechtsgebundenen Staatsgewalt verursachte Grundrechtsbeeinträchtigungen können sich – abgesehen von den „klassischen" **27**

Grundrechtseingriffen – aus staatlichen Realakten ergeben. Bei planmäßigem Handeln kommt dies am ehesten im Fall von **Äußerungen** in Betracht, die durch ihren bloßen Inhalt dazu führen, dass grundrechtliche Schutzgüter von Grundrechtsträgern beeinträchtigt werden, namentlich bei immateriellen Schutzgegenständen der Persönlichkeitssphäre oder besonderer Grundrechtsbereiche.

> **Beispiel:**
>
> Ehrverletzende Ausführungen in den Entscheidungsgründen eines (freisprechenden) Strafurteils beeinträchtigen das allgemeine Persönlichkeitsgrundrecht des Angeklagten nach Art. 2 Abs. 1 i. V. m. Art. 1 Abs. 1 GG (vgl. BVerfGE 28, 151 [160]; weitere Fälle in BVerfG, NJW 2016, 229 Rn. 49 ff.). Ein belehrender Hinweis der Rechtsanwaltskammer kann den Rechtsanwalt in seiner Berufsfreiheit verletzen (BVerfG [K], NJW 2002, 503 f.).

28   Bewusste **faktische Einwirkungen auf materielle Grundrechtsgüter** erfolgen grundsätzlich nur auf der Grundlage eines „klassischen" Eingriffs im Einzelfall (Urteil, Verwaltungsakt), zu dessen Durchführung sie vorgenommen werden; lediglich in Ausnahmefällen lassen die Gesetze als sofortigen Vollzug tatsächliche Einwirkungen auf Grundrechtsträger auch ohne derartige Grundlage zu (§ 6 Abs. 2 VwVG Bund). In diesen Fällen sind die gezielten tatsächlichen Einwirkungen jedenfalls als mögliche Grundrechtsverletzungen rechtfertigungsbedürftig. Unbeabsichtigte Übergriffe stellen prinzipiell immer Grundrechtsverletzungen dar, ebenso Durchsetzungsakte, die von ihrer Rechtsgrundlage bewusst abweichen.

b) Mitverursachte Grundrechtsbeeinträchtigungen

29   Bei den unter **Beteiligung anderer** vom Staat verursachten Grundrechtsbeeinträchtigungen lassen sich **drei Fallgruppen** danach bilden, um wen es sich bei dem mitwirkenden Verursacher handelt, und zwar Selbstbeeinträchtigungen, Drittbeeinträchtigungen und Fremdbeeinträchtigungen.

30   Namentlich kann es aufgrund staatlichen Handelns zu Einwirkungen auf die Grundrechtssphäre des Adressaten kommen, die dieser durch sein eigenes Verhalten herbeiführt (**Selbstbeeinträchtigungen**). Dabei ist die Spannbreite der Fallgestaltungen sehr groß. Hierher gehören beispielsweise Lenkungssteuern, die – was die Begründung der Steuerpflicht als solche betrifft – einen „klassischen" Eingriff darstellen, aber darüber hinaus dazu führen, dass sich die besteuerten Adressaten zur Vermeidung der Besteuerung so verhalten, wie vom Gesetzgeber beabsichtigt, und auf diese Weise selbst bestimmte Verhaltensoptionen aufgeben oder andere eigene Grundrechtsgüter beeinträchtigen. In diesem Zusammenhang gehört auch der Fall, dass aufgrund einer staatlich veranstalteten Aufklärungskampagne Personen zu Verhaltensweisen veranlasst werden, die sich dann als selbstschädigend erweisen (z. B. Gesundheitsschäden nach staatlich empfohlener Schutzimpfung). Ferner kommt der Ausschluss von allgemein

gewährten Vorteilen wegen des Grundrechtsgebrauchs als relevante Beeinträchtigung dieses Grundrechts in Betracht; Art. 3 Abs. 3 Satz 1 GG bringt diesen Zusammenhang mit dem Verbot von Bevorzugungen und Benachteiligungen wegen der religiösen und politischen Anschauungen für Art. 4 und 5 GG exemplarisch zum Ausdruck.

In derartigen Konstellationen ist das Staatshandeln für etwa eingetretene Grundrechtsbeeinträchtigungen kausal. Gleichwohl wird man hier fragen müssen, ob nicht das **Dazwischentreten des Grundrechtsträgers**, der nach freier Entscheidung seine eigenen grundrechtlichen Schutzgüter beeinträchtigt, Anlass genug sein muss, den **Zurechnungszusammenhang zu unterbrechen**. In der Tat passt es nicht in das Bild des selbstbestimmten Grundrechtsträgers, wenn er die Konsequenzen seiner Entscheidungen, die er zwar auf staatliche Veranlassung hin, aber gleichwohl frei getroffen hat, später als Verkürzung seiner Grundrechte beanstandet. Allerdings wird man fordern müssen, dass in der Person des betroffenen Grundrechtsträgers die Voraussetzungen **echter Freiwilligkeit** erfüllt sind, wie sie beim sog. Grundrechtsverzicht gelten (dazu u. Rn. 42). Insoweit kann hier die Vorstellung von zwangsgleichen Wirkungen des staatlichen Handelns verwendet werden, um den Zurechnungszusammenhang aufrechtzuerhalten. Der Grundrechtsschutz vor Einschüchterungseffekten staatlichen Handelns ergibt sich somit (auch) aus dem Grundrecht, von dem der Betroffene aufgrund der (nicht notwendig angestrebten) Einschüchterung keinen Gebrauch macht (andeutungsweise BVerfGE 113, 29 [46]).

In der zweiten Fallgruppe führt der Staat Einwirkungen auf die Schutzgüter 32 eines Grundrechtsträgers dadurch herbei, dass er grundrechtsbeeinträchtigendes Verhalten Dritter verursacht (**Drittbeeinträchtigung**). In diesem Zusammenhang ist an drittgerichtete Imperative zu für den Grundrechtsträger nachteiligem Verhalten zu denken (Beispiele u. Kap. 14, Die Grundrechte des Art. 2 GG, Rn. 89, Kap. 22, Das Brief-, Post- und Fernmeldegeheimnis nach Art. 10 GG, Rn. 15, auch Kap. 15, Die Gleichheitssätze des Art. 3 GG, Rn. 127), ferner etwa an die finanzielle Unterstützung von Personen, die einem Grundrechtsträger feindlich gesinnt sind und sein grundrechtlich geschütztes Tun bekämpfen wollen (vgl. das Beispiel o. Rn. 24), oder auch an staatliche Warnungen, die Dritte von der Aufnahme grundrechtsgeschützter Interaktion abschrecken (vgl. u. Kap. 16, Die Grundrechte des Art. 4 GG, Rn. 18, 31, Kap. 17, Die Grundrechte des Art. 5 GG, Rn. 34; Kap. 24, Die Grundrechte des Art. 12 GG, Rn. 29). Ferner zählt hierzu der Fall, dass der Staat durch Fahndungsaufrufe, insbesondere auch über die Medien, zu menschenjagdähnlichen Veranstaltungen Anlass gibt, die dann für die Betroffenen und andere in unter Umständen gravierende Grundrechtsbeeinträchtigungen münden. Ein weiteres Beispiel bilden schließlich Übergriffe von Mithäftlingen in staatlichen Strafanstalten. Für diese Fallgruppe kommt eine **Unterbrechung des Zurechnungszusammenhangs** zum Nachteil des Grundrechtsträgers grundsätzlich **nicht** in Betracht, und zwar selbst dann nicht, wenn der Dritte sich in einer vom Staat nicht vorhersehbaren Weise verhält. Denn auch in diesem Falle ist die grundrechtsgebundene Staatsgewalt der eingetretenen Störung immer noch näher als der in seinen geschützten Grundrechten betroffene Bürger.

▶   **Hinweis:** Anderes dürfte etwa gelten, wenn der Staat trotz krimineller
Drohungen mit der Verletzung grundrechtlich geschützter Güter (etwa
des Lebens eines Entführten) in legitimer Weise gegen die Rechtsbrecher
vorgeht. Der zur Wahrung der Rechtsordnung erfolgte staatliche Beitrag
zur Verursachung der dann durch die Rechtsbrecher vorgenommenen
Beeinträchtigungen von Grundrechtsgütern muss in solchen Fällen
zurücktreten. Die Bindung an grundrechtliche Schutzpflichten bleibt
unabhängig davon bestehen. Vgl. BVerfGE 46, 160 (162), wo immerhin
vorgebracht war, das staatliche Verhalten komme „einem bewussten
Einwirken der staatlichen Gewalt auf Leib und Leben" des entführten
Arbeitgeberpräsidenten Schleyer gleich.

33   Ähnliches gilt schließlich für die besonders schwierige Fallgruppe, dass die grundrechtsgebundene deutsche Staatsgewalt zu Handlungen fremder Staatsgewalt
Anlass gibt, die dann grundrechtlich geschützte Güter beeinträchtigen (**Fremdbeeinträchtigungen**). Hierher zählt insbesondere die Auslieferung oder auch die
Abschiebung eines Grundrechtsträgers an das Ausland, wo ihm von dortigen Staatsorganen Grundrechtsbeeinträchtigungen zugefügt werden, die von Inhaftierungen
bis zu Folter und Tötung reichen können (s. auch u. Kap. 14, Die Grundrechte des
Art. 2 GG, Rn. 89).

▶   **Hinweis:**   Kommt es im Ausland zu Übergriffen Privater (vgl. zum auch
dann bei Gefahr für Leib oder Leben durchgreifenden Abschiebungsschutz
BVerwGE 147, 8 Rn. 25), handelt es sich um Drittbeeinträchtigungen, wenn
nicht die Zuständigkeit der fremden Staatsgewalt die Zurechnung
ausschließt.

Ebenso ist das Auslieferungsersuchen deutscher Stellen an das Ausland erfasst,
wenn der Auszuliefernde daraufhin dort in Auslieferungshaft genommen wird
(anders BVerfGE 57, 9 [23 ff.]). Gegenstand eines Verfahrens war die Frage, ob
es der deutschen Staatsgewalt zuzurechnen sei, dass ein potentieller militärischer
Gegner in einer grundrechtsgefährdenden Weise auf die Verteidigungsbemühun-
gen der deutschen Staatsgewalt reagiert (BVerfGE 66, 39 [59 ff.]). In den Fällen
auch dieser Gruppe wird man den Zurechnungszusammenhang durch das Tätigwerden der fremden Staatsgewalt trotz deren Souveränität grundsätzlich nicht als
unterbrochen ansehen können, sondern ggf. die vorhersehbaren oder eingetretenen zurechenbaren Grundrechtsbeeinträchtigungen auf anderweitiger verfassungsrechtlicher Ebene rechtfertigen müssen. Anders muss es allerdings im
Interesse der Bewahrung außenpolitischer Handlungsfähigkeit wohl sein, wenn
sich das Verhalten der fremden Staatsgewalt als Reaktion auf völkerrechtlich legitimes Verhalten der deutschen Staatsgewalt darstellt. Eine Kombination von Dritt-
und Fremdbeeinträchtigung wäre eine staatlich angestoßene Lieferung von
Waffen durch ihre Produzenten an einen fremden Staat, der sie gegen missliebige
Teile seiner Bevölkerung einsetzt.

3. Zusammenfassung

- Grundrechtsbeeinträchtigungen sind alle nachteiligen Einwirkungen grund- **34** rechtsverpflichteter Stellen auf den Schutzgegenstand eines Abwehrrechts. Solche Beeinträchtigungen führen zu einer Grundrechtsverletzung, wenn sie nicht auf der Grundlage verfassungsrechtlicher Begrenzungen des Grundrechtsschutzes gerechtfertigt werden können.
- Von der Grundrechtsbeeinträchtigung ist die Grundrechtsausgestaltung zu unterscheiden. Sie tritt vor allem bei Grundrechten mit normgeprägtem Schutzgegenstand auf und lässt sich negativ definieren als grundrechtsrelevantes Handeln des Gesetzgebers, das keine Grundrechtsbeeinträchtigung darstellt.
- Ein sogenannter „klassischer" Grundrechtseingriff ist bei einem Rechtsakt gegeben, der final und unmittelbar durch Befehl und Zwang auf den grundrechtlichen Schutzgegenstand einwirkt. Sein wesentliches Merkmal ist die Imperativität, also die rechtsverbindliche Anordnung, die die Rechtssphäre des Betroffenen rechtsgestaltend insb. durch Ge- oder Verbote, aber auch durch Selbstermächtigung der Staatsgewalt zu faktischer Einwirkung auf die Schutzgüter verkürzt. Solche Grundrechtsbeeinträchtigungen sind rechtfertigungsbedürftig und prinzipiell auch rechtfertigungsfähig.
- Sonstige relevante Grundrechtsbeeinträchtigungen sind alle anderen nachteiligen Einwirkungen auf den grundrechtlichen Schutzgegenstand, die der grundrechtsgebundenen Staatsgewalt zuzurechnen sind. Sie unterliegen neben dem Erfordernis der Kausalität keinen weitergehenden, an den Merkmalen des „klassischen" Grundrechtseingriffs, wie etwa der Unmittelbarkeit oder der Finalität, ausgerichteten Anforderungen. Umgekehrt ist allerdings bei finalen Beeinträchtigungen stets Grundrechtsrelevanz gegeben. Staatliches Informationshandeln (insbes. durch Warnungen) wird zum Teil besonderen Grundsätzen unterworfen.
- Innerhalb der sonstigen relevanten Grundrechtsbeeinträchtigungen ist zwischen allein- und mitverursachten Grundrechtsbeeinträchtigungen zu unterscheiden. Letztere lassen sich in die Unterfälle „Selbstbeeinträchtigung", „Drittbeeinträchtigung" und „Fremdbeeinträchtigung" gliedern. Die freiwillige Selbstschädigung durch den Betroffenen schließt es aus, die Beeinträchtigung dem Staat zuzurechnen.

IV.   Der so genannte Grundrechtsverzicht

1. Bedeutung

Einen Verzicht, d. h. eine Willenserklärung, durch die das Erlöschen eines Rechtes **35** herbeigeführt wird, gibt es in Bezug auf die Grundrechte im strengen Sinne nicht.

Gemeint ist mit der irreführenden Formulierung vom Grundrechtsverzicht durchweg die **Einwilligung des Grundrechtsträgers in die staatliche Einwirkung auf seine grundrechtlichen Schutzgüter** mit der Folge, dass sie als nicht mehr verboten erscheint.

> **Beispiele:**
>
> Einwilligung in die Durchsuchung seiner Wohnung; Einverständnis mit einer Fangschaltung am Telefon; Bereitschaft, sich einem Lügendetektortest zu unterziehen (dazu u. Rn. 39).

36   **Nicht** unter den Begriff des Grundrechtsverzichts fallen **unterlassene Betätigungen grundrechtlicher Freiheiten**, weil diese Nichtbetätigung als solche eine Variante der Ausübung der Freiheitsrechte darstellt (dazu o. Kap. 7, Der Grundrechtstatbestand, Rn. 19 ff.).

> **Beispiel:**
>
> Wer freiwillig nicht zu einer Versammlung geht, verzichtet nicht auf sein Grundrecht der Versammlungsfreiheit, er übt es vielmehr in seiner negativen Dimension aus.

37   Regelmäßig keine entscheidende Bedeutung hat bei den Grundrechten die für das Strafrecht aufgrund der anderen dogmatischen Ausgangslage u. U. relevante Frage, ob eine Einwilligung dem grundrechtlichen **Tatbestand zuzuordnen** ist, den **Eingriff** oder die Relevanz der sonstigen Beeinträchtigung **entfallen** lässt **oder** aber **rechtfertigende Wirkung** hat. Für die Grundrechtsdogmatik allein entscheidend ist, dass eine den Anforderungen des Grundrechtsverzichts genügende Einwilligung des Grundrechtsträgers zur Folge hat, dass die Beeinträchtigung des jeweiligen Schutzgegenstandes keiner weiteren Rechtfertigung mehr bedarf.

> ▶ **Hinweis:**   Die Einwilligung des für einen untergebrachten Einsichtsunfähigen bestellten Betreuers schließt bei Zwangsbehandlungen gegen den insoweit maßgeblichen natürlichen Willen des Betreuten den Eingriff nicht aus, der aber gesetzlich gerechtfertigt werden kann (BVerfGE 128, 282 [301 ff.]); auch u. Rn. 41.

2. Voraussetzungen eines wirksamen Grundrechtsverzichts

a) Dispositionsbefugnis des Grundrechtsträgers

38   Inwieweit bei grundrechtlichen Schutzgütern die Möglichkeit eines sog. Grundrechtsverzichts besteht, hängt zum Teil vom jeweils betroffenen Grundrecht ab. Einige **Bestimmungen** bringen in ihrem **Wortlaut ausdrücklich** zum Ausdruck, dass Einwirkungen nur dann relevant sind, wenn sie gegen den Willen des Betroffenen erfolgen. Derartige Formulierungen finden sich etwa in Art. 6 Abs. 3 und

Art. 7 Abs. 3 Satz 3 GG, in einer etwas abweichenden Konstellation auch in Art. 16 Abs. 1 Satz 2 GG. Wenn eine entsprechende Ausrichtung nicht schon im Text der jeweiligen Grundrechtsbestimmung hervortritt, so muss durch insbesondere an **Sinn und Zweck der Grundrechtsgewährleistung** orientierte Auslegung festgestellt werden, ob sie einem Verzicht überhaupt zugänglich sein kann. Dabei kommt es namentlich darauf an, ob die Grundrechtsbestimmung den Grundrechtsschutz auch ohne bzw. sogar gegen den Willen des Berechtigten gewährleisten will. Soweit dies der Fall ist, fehlt dem Grundrechtsträger die Dispositionsbefugnis, ohne die es keinen wirksamen Grundrechtsverzicht geben kann.

Ein **Ausschluss der Dispositionsbefugnis** ist vor allem damit zu begründen, **39** dass eine Grundrechtsgewährleistung **zugleich übergeordnete Gemeinschaftszwecke** verfolgt. Dies kann etwa für die grundrechtsgleiche Gewährleistung der geheimen Wahl nach Art. 38 Abs. 1 Satz 1 GG angenommen werden, deren unbedingte, vom Willen des Wahlberechtigten unabhängige Einhaltung allein die Gewähr dafür bietet, dass keine Gefahren für die Freiheit der Wahl entstehen, die nur bei allgemeiner Wahrung des Wahlgeheimnisses garantiert ist (u. Kap. 33, Die grundrechtsgleichen Rechte des Art. 38 GG, Rn. 24 f.). Ein anderes Beispiel ist der die Menschenwürde berührende Lügendetektortest (u. Kap. 13, Die Garantie der Würde des Menschen, Art. 1 Abs. 1 GG, Rn. 23), dem sich ein Unschuldiger vielfach würde unterziehen wollen, wenn dies die einzige Möglichkeit wäre, eine ungerechtfertigte Verurteilung zu vermeiden. Trotz der gravierenden Folgen für einen unschuldigen Betroffenen wird hier verbreitet ein Grundrechtsverzicht für unzulässig gehalten, weil selbst die Zulassung eines freiwilligen Testes dieser Art zur Folge haben könnte, dass sich andere Betroffene genötigt sehen würden, sich einem derartigen Test zu unterwerfen, um nicht von vornherein verstärkt in Verdacht zu geraten.

Besonders problematisch wird die Annahme fehlender Dispositionsbefugnis **40** über das eigene Grundrecht, wenn keine Gemeinschaftsgüter im Spiel sind, sondern dem Grundrechtsberechtigten ein **Grundrechtsschutz wider Willen zu seinem eigenen Wohl**, d. h. zum Schutz gerade seines eigenen Grundrechts **aufgezwungen** wird. In diese Richtung geht etwa die Judikatur, die im Falle sogenannter Peep-Shows eine Verletzung der Menschenwürde auch dann annimmt, wenn die Darstellerinnen selbst überhaupt keine diesbezüglichen Bedenken haben (vgl. nur BVerwGE 64, 274 (280); dazu *Höfling*, NJW 1983, 1582 ff.; s. auch u. Kap. 13, Die Garantie der Würde des Menschen, Art. 1 Abs. 1 GG, Rn. 35).

Beispiel:

Höchst bedenklich scheint es, wenn das Gesetz die altruistische Organspende im Interesse des Spenders selbst verbietet, soweit keine besondere persönliche Verbundenheit zum Empfänger besteht (auch dies billigend aber BVerfG [K], NJW 1999, 3399 [3400 ff.]).

b) Wirksame Einwilligungserklärung

41   Soweit eine Grundrechtsgarantie überhaupt einem Grundrechtsverzicht zugänglich ist, kommt es auf die Anforderungen an, die an die Einwilligung des Betreffenden zu stellen sind. Dazu gehört jedenfalls, dass eine Einwilligung erklärt wird.

> **Hinweis:** Die Aufgabe physischen Widerstands kann nicht ohne Weiteres als Einwilligung verstanden werden (BVerfGE 128, 282 [300 f.]).

Zudem muss zumindest das **natürliche Bewusstsein** vorliegen, durch eine solche Einwilligungserklärung auf den ansonsten bestehenden Grundrechtsschutz konstitutiv **zu verzichten.** Die Einwilligung muss **grundsätzlich persönlich** erfolgen; dabei ist hinreichende Einsichtsfähigkeit erforderlich (vgl. BVerfGE 128, 282 [301 f., 308]). Soweit im Rahmen des Elternrechts Kindesinteressen verfolgt werden, kann gesetzliche Vertretung in Frage kommen; doch kann, wie auch im Falle einer Betreuung, ggf. der entgegenstehende natürliche Wille des Kindes/Betreuten maßgeblich bleiben (BVerfGE 128, 282 [301 f.]; auch o. Rn. 37). Zur Einwilligung in eine Beschneidung männlicher Kinder u. Kap. 14, Die Grundrechte des Art. 2 GG, Rn. 106, Kap. 16, Die Grundrechte des Art. 4 GG, Rn. 26, Kap. 18, Die Grundrechte des Art. 6 GG, Rn. 31.

c) Freiwilligkeit

42   Im Übrigen wird für einen wirksamen Grundrechtsverzicht jedenfalls **echte Freiwilligkeit** verlangt werden müssen, d. h. eine Willensentscheidung, die der Grundrechtsträger abgibt, ohne irgendwelchem, auch mittelbarem Zwang oder einer Täuschung zu unterliegen. Inwieweit ein bloßer Irrtum die Freiwilligkeit ausschließen kann, scheint fraglich; insbesondere bei gravierenden Eingriffen in besonders wichtige Grundrechtsgüter wird man allerdings verlangen müssen, dass dem Grundrechtsträger bei der Einwilligung die Reichweite seiner Erklärung auch bewusst ist.

> **Beispiel:**
> Die Unterbringung von Häftlingen in einem Haftraum mit rauchenden Mithäftlingen ist wegen der Gefahren des Passivrauchens als Eingriff in das Grundrecht der körperlichen Unversehrtheit zu bewerten, wenn die Durchsetzung des für solche Fälle bestehenden gesetzlichen Rauchverbots nicht unabhängig von Beschwerden betroffener nichtrauchender Häftlinge erfolgt, weil diese ggf. mit Repressalien rechnen müssten (BVerfG [K], NJW 2013, 1943 [1945]).

43   Die Einwilligung in eine Grundrechtsbeeinträchtigung ist **grundsätzlich widerruflich.** Soweit sie weitergehende Bedeutung haben soll, handelt es sich um eine Bindung aufgrund des Selbstbestimmungsrechts, die (nur) insoweit anzuerkennen ist, als die Rechtsordnung hierfür Raum lässt. Entsprechende Möglichkeiten bestehen insbesondere beim Abschluss eines Vertrages, der etwa im Bereich der Berufsfreiheit dazu führen kann, dass ein Grundrechtsträger bestimmte berufliche Betätigungsmöglichkeiten (vielfach zugunsten anderer Betätigungen) für die Dauer des Vertrages nicht mehr ausüben darf.

3. Zusammenfassung

- Der Grundrechtsverzicht bezeichnet die Einwilligung des Grundrechts-**44** trägers in die staatliche Einwirkung auf seine grundrechtlichen Schutzgüter, so dass sie als nicht mehr verboten erscheint. Dabei spielt es in der Regel keine Rolle, ob der Verzicht den Eingriff als solchen entfallen lässt oder ihn rechtfertigt.
- Voraussetzungen eines wirksamen Grundrechtsverzichts sind die Dispositionsbefugnis des Grundrechtsträgers und die Wirksamkeit der Einwilligungserklärung. Letztere verlangt neben dem natürlichen Bewusstsein eines konstitutiven Verzichts auf den Schutz eines Grundrechts die echte Freiwilligkeit der Einwilligungserklärung sowie grds. ihre persönliche Abgabe.

Grundrechtsbegrenzungen

9

Inhalt

© Springer-Verlag Berlin Heidelberg 2017   145
M. Sachs, *Verfassungsrecht II - Grundrechte*, Springer-Lehrbuch,
DOI 10.1007/978-3-662-50364-5_9

Literatur zu I.: *Christian Hillgruber,* § 201, Grundrechtsschranken, in: HStR IX³, 2011, S. 1033; *Juliane Kokott,* § 22, Grundrechtliche Schranken und Schrankenschranken, in: HGR I, 2004, S. 853; *Michael Sachs,* § 79, Begriff und Arten der Begrenzungen der Grundrechte, in: Stern, Staatsrecht III/2, 1994, S. 225; *Wolfram Höfling,* Grundrechtstatbestand – Grundrechtsschranken – Grundrechtsschrankenschranken, Jura 1994, 169 (171); **zu II.:.** *Georg Hermes,* § 63, Grundrechtsbeschränkungen auf Grund von Gesetzesvorbehalten, in: HGR III, 2009, S. 333; *Michael Sachs,* § 80, Die Gesetzesvorbehalte, in: Stern, Staatsrecht III/2, 1994, S. 369; *ders.:* Die Gesetzesvorbehalte der Grundrechte des Grundgesetzes, JuS 1995, 693; **zu III.:** *Wolfgang Loschelder,* § 202 Grundrechte im Sonderstatus, in: HStR IX³, 2011, S. 1077; *Hans-Jürgen Papier,* § 64, Vorbehaltlos gewährleistete Grundrechte, in: HGR III, 2009, S. 365; *Franz-Joseph Peine,* § 65 Grundrechtsbeschränkungen in Sonderstatusverhältnissen, in: HGR III, 2009, 405; *Michael Sachs,* § 81, Die verfassungsunmittelbaren Begrenzungen, in: Stern, Staatsrecht III/2, 1994, S. 494 (insb. S. 513 ff.); *Guy Beaucamp,* Die Strafgefangenen-Entscheidung, JA 2003, 937; *Graf v. Kielmansegg,* Das Sonderstatusverhältnis, JA 2012, 881 ff.; *Sebastian Lenz/Philipp Leydecker,* Kollidierendes Verfassungsrecht – Verfassungsrechtliche Maßstäbe der Einschränkbarkeit vorbehaltloser Freiheitsrechte, DÖV 2005, 841; *Michael Sachs,* Grundrechtsbegrenzungen außerhalb von Gesetzesvorbehalten, JuS 1995, 984; *Michael Selk,* Einschränkung von Grundrechten durch Kompetenzregelungen?, JuS 1990, 895; **zu IV.:** *Herbert Bethge,* § 72, Grundrechtskollisionen, in: HGR III, 2009, S. 667; *Klaus Stern,* § 82, Grundrechtskollisionen, in: *ders.,* Staatsrecht III/2, 1994, S. 602; *Andreas Dietz,* Grundrechtskollisionen im öffentlichen Raum, AöR 133 (2008), 556; **zu V.:** *Hasso Hofmann,* § 195, Grundpflichten und Grundrechte, in: HStR IX³, 2011, S. 699; *Albrecht Randelzhofer,* § 37, Grundrechte und Grundpflichten, in: HGR II, 2006, S. 595; *Klaus Stern,* § 88, Die Grundpflichten und ihr Verhältnis zu den Grundrechten, in: *ders.,* Staatsrecht III/2, 1994, S. 985; *Herbert Bethge,* Die verfassungsrechtliche Problematik der Grundpflichten, JA 1985, 249; **zu VI.:** *Peter M. Huber,* § 49, Natürliche Personen als Grundrechtsträger, in: HGR II, 2006, S. 1129 (1155 ff.); *Walter Schmitt Glaeser,* § 74, Grundrechtsverwirkung, in: HGR III, 2009, S. 749; *Klaus Stern,* § 87, Die Grundrechtsverwirkung, in: *ders.,* Staatsrecht III/2, 1994, S. 929; *Michael Brenner,* Grundrechtsschranken und Verwirkung von Grundrechten, DÖV 1995, 60.

Rechtsprechung zu II: BVerfGE 31, 58 (Spanier); BVerfGE 33, 125 (Facharzt); BVerfGE 33, 171 (Kassenarzt); BVerfGE 78, 179 (Heilpraktikererlaubnis für Ausländer); BVerfGE 92, 26 (Zweitregister); BVerfG (K), NJW 2013, 1943 (Nichtraucher im Strafvollzug); **zu III.:** BVerfGE 28, 243 (Dienstpflichtverweigerung); BVerfGE 30, 173 (Mephisto); BVerfGE 33, 1 (Strafgefangene); BVerfGE 35, 311 (Untersuchungshaft); BVerfGE 69, 1 (Kriegsdienstverweigerungs-Neuordnungsgesetz); BVerfGE 77, 240 (Herrnburger Bericht); BVerfGE 81, 278 (Bundesflagge); BVerfGE 81, 298 (Deutschlandlied '86); **zu IV.:** BVerfGE 30, 173 (Mephisto); BVerfGE 35, 202 (Lebach); BVerfGE 88, 203 (Schwangerschaftsabbruch II); BVerfGE 115, 118 (159 f.) (Luftsicherheitsgesetz). – **zu V.:** BVerfGE 48, 127 (Grundsätzliche Wehrdienstpflicht). **zu VI.:** BVerfGE 2, 1 (74 f.) (SRP-Verbot); BVerfGE 10, 118 (Verwirkungsmonopol des BVerfG).

Übungsfälle: *Sebastian Graf von Kielmansegg,* Grundfälle zu den allgemeinen Grundrechtslehren, JuS 2009, 118.

I. Allgemeines

1   **Grundrechtsbegrenzungen** sind die verfassungsrechtlichen Regelungen, durch die die Reichweite des durch die Grundrechtsgewährleistungssätze garantierten **Grundrechtsschutzes** bereits **auf** der **Maßstabsebene der Verfassung** wieder

reduziert ist. Grundrechtsbegrenzungen sind sozusagen das Kleingedruckte, die Allgemeinen Geschäftsbedingungen der Grundrechtsgarantien.

> **Hinweis:** Im Interesse begrifflicher Klarheit ist es sehr ratsam, Grundrechtsbegrenzungen terminologisch streng von Grundrechtsbeschränkungen oder -einschränkungen (als Formen der Grundrechtsbeeinträchtigung) zu unterscheiden, wie sie durch die (grundrechtsbegrenzenden) Gesetzesvorbehalte (u. Rn. 5) erlaubt werden und allgemeiner in Art. 19 Abs. 1 GG terminologisch in diesem Sinne festgelegt sind. Leider geschieht dies nicht immer. Für synonyme Verwendung von Einschränkung und Begrenzung s. etwa BVerfG (K), NJW 2000, 1711 (1712); BVerfG, NJW 2015, 1359 (Kopftuch der Lehrerin II) spricht gleichbedeutend von „Einschränkungen" und von „verfassungsimmanenten Schranken". Der häufig anzutreffende Begriff der „Schranken" (vgl. nur die o. angegebene Literatur) wird hier wegen der sprachlichen Verwandtschaft zur Einschränkung und seiner entsprechenden Verwendung im Grundgesetz (u. Rn. 45) vermieden.

Die Rechtswirkung von Grundrechtsbegrenzungen besteht darin, dass sie der an die Grundrechtsgewährleistungen gebundenen Staatsgewalt die Möglichkeit eröffnen, von den Ge- und vor allem Verboten der Grundrechtsbestimmungen abzuweichen. Dabei sind zwei grundsätzlich verschiedene Formen von Begrenzungen zu unterscheiden.

Quasi-tatbestandliche Begrenzungen, die im Grundgesetz nur vereinzelt vor- **2** kommen, wirken wie zusätzliche Merkmale des grundrechtlichen Tatbestandes (dazu o. Kap. 7, Der Grundrechtstatbestand, Rn. 11) dahin, dass sie die in der Grundrechtsbestimmung vorgesehene Rechtsfolge für bestimmte Fälle von vornherein gar nicht durchgreifen lassen (vgl. Art. 16a Abs. 2 und Art. 141 GG). Denkbar ist auch, dass die dem Grundgesetz jedenfalls für den Verteidigungsfall (Art. 115a GG) zu entnehmende Zulässigkeit militärischer Kampfeinsätze diese, soweit die implizite verfassungsrechtliche Zulassung reicht, von der Grundrechtsbindung (bei allein verbleibender Verpflichtung auf das Kriegsvölkerrecht) freistellt, so dass es dafür keiner grundrechtsbeschränkenden Gesetzgebung bedarf. In bestimmten Fällen kommt dies in verschärfter Form zum Ausdruck, wenn bestimmte Betätigungen nicht nur aus dem Grundrechtsschutz ausgegrenzt, sondern (zugleich mit dieser stillschweigenden Begrenzung) verfassungsunmittelbar verboten werden.

Beispiel:
Der Kriegswaffenhandel, der andernfalls von Art. 12 Abs. 1 GG als berufliche Betätigung geschützt wäre, ist unmittelbar durch Art. 26 Abs. 2 Satz 1 GG einem Verbot (unter Genehmigungsvorbehalt) unterworfen.

Demgegenüber wirken **Vorbehaltsbestimmungen** zu Grundrechten dahin, (Teilen) **3** der grundrechtsgebundenen Staatsgewalt im Rahmen der grundsätzlich unberührten Geltung des Grundrechts ausnahmsweise Verhaltensmöglichkeiten zu eröffnen, die bei Verwirklichung des Grundrechtstatbestandes sonst ausgeschlossen wären; im

Bereich der Abwehrrechte erlauben sie also namentlich, sonst verbotene Beeinträchtigungen der Schutzgegenstände vorzunehmen. Abgesehen von den sogleich näher zu behandelnden Gesetzesvorbehalten spielen solche Begrenzungen, die auch den rechtsstaatlichen Vorbehalt des Gesetzes (u. Rn. 6 ff.) durchbrechen, praktisch nur eine ganz untergeordnete Rolle.

Beispiel:

Art. 13 Abs. 7 Hs. 1 GG lässt Eingriffe und Beschränkungen (durch die Exekutive) erkennbar ohne gesetzliche Grundlage zu (Exekutivvorbehalt) (dazu näher Kap. 25, Die Unverletzlichkeit der Wohnung, Art. 13 GG, Rn. 29). Sog. Richtervorbehalte, wie Art. 13 Abs. 2 GG, sind in Wahrheit verfahrensbezogen qualifizierte Gesetzesvorbehalte (u. Kap. 25, Die Unverletzlichkeit der Wohnung, Art. 13 GG, Rn. 13 f.).

Zusammenfassung

4   • Grundrechtsbegrenzungen sind die verfassungsrechtlichen Regelungen, durch die der durch die Grundrechtsgewährleistungssätze garantierte Grundrechtsschutz auf der Maßstabsebene der Verfassung wieder reduziert ist.
   • Die seltenen quasi-tatbestandlichen Begrenzungen wirken wie zusätzliche Merkmale des Grundrechtstatbestandes dahin, dass sie die in der Grundrechtsbestimmung vorgesehene Rechtsfolge für bestimmte Fälle von vornherein nicht durchgreifen lassen.
   • Vorbehaltsbestimmungen eröffnen der Staatsgewalt ausnahmsweise die Möglichkeit zu ansonsten durch Grundrechte verbotenem Verhalten.

II. Gesetzesvorbehalte

1. Grundsätzliche Bedeutung

5   Die bei weitem wichtigste Form der Grundrechtsbegrenzungen, die das Grundgesetz kennt, sind die Gesetzesvorbehalte. Sie **erlauben** der (grundsätzlich dazu nicht berechtigten, weil grundrechtsgebundenen) **Gesetzgebung,** selbst („durch Gesetz") in die **Schutzgegenstände von Abwehrrechten einzugreifen, sie einzuschränken oder zu beschränken** oder die Organe der Staatsgewalt im Übrigen („auf Grund eines Gesetzes") dazu zu ermächtigen.

Beispiel:

Art. 8 Abs. 2 GG ermöglicht der grundrechtsgebundenen Staatsgewalt, die Versammlungsfreiheit nach Art. 8 Abs. 1 GG für Versammlungen unter freiem Himmel durch Gesetz oder auf Grund eines Gesetzes zu beschränken. Von dieser verfassungsrechtlichen Ermächtigung hat der Gesetzgeber u. a. in § 16 VersG

Gebrauch gemacht, der solche öffentlichen Versammlungen innerhalb des befriedeten Bannkreises der Gesetzgebungsorgane der Länder verbietet, und etwa in § 15 VersG, der das Verbot und die Auflösung solcher Versammlungen durch die zuständige Behörde unter dort genannten Voraussetzungen zulässt (s. auch u. Kap. 20, Die Versammlungsfreiheit, Art. 8 GG, Rn. 19). Zur Grundrechtsrelevanz schon der gesetzlichen Ermächtigung s. o. Kap. 8, Grundrechtseingriff und sonstige relevante Grundrechtsbeeinträchtigungen, Rn. 14.

Der Gesetzesvorbehalt kann ausdrücklich als solcher gefasst sein (wie etwa in Art. 2 Abs. 2 Satz 3, Art. 8 Abs. 2, Art. 10 Abs. 2 Satz 1, Art. 11 Abs. 2 GG), verbirgt sich aber in manchen Fällen auch hinter in verschiedener Hinsicht abweichenden Formulierungen (wie in Art. 2 Abs. 1, Art. 5 Abs. 2, Art. 12 Abs. 1 Satz 2, Art. 14 Abs. 1 Satz 2 GG; dazu auch u. Kap. 10, Anforderungen an Grundrechtsbeeinträchtigungen, Rn. 20 ff.) oder wird im Normtext gar nicht ausdrücklich angesprochen (wie in Art. 6 Abs. 2 Satz 2 oder Art. 13 Abs. 2 GG) (dazu näher bei den jeweiligen Grundrechten).

2. Gesetzesvorbehalt und Vorbehalt des Gesetzes

Die Formulierung „Gesetzesvorbehalt" wird vielfach synonym mit dem Begriff **6** „Vorbehalt des Gesetzes" verwendet. Das wirft die Frage auf, in welchem Verhältnis die den Grundrechtsbestimmungen beigefügten **grundrechtlichen Gesetzesvorbehalte** zum **allgemeinen rechtsstaatlichen Vorbehalt** des Gesetzes stehen. Dieser erstreckt sich nach seiner klassischen Reichweite auf Eingriffe in Freiheit und Eigentum, was heute als Kurzformel für die Gesamtheit der grundrechtlich geschützten Positionen des Einzelnen zu verstehen ist. Eingriffe in diese Schutzgüter sind durch den Vorbehalt des Gesetzes der Gesetzgebung vorbehalten, der Exekutive und Judikative hingegen grundsätzlich, d. h. soweit die Gesetzgebung sie nicht dazu ermächtigt, verboten.

Damit steht der **Vorbehalt des Gesetzes** in seiner Wirkungsweise in einer offenkundigen **Parallele zu den Grundrechtsgarantien**, die ja ebenfalls darauf abzielen, staatliche Eingriffe in „Freiheit und Eigentum", im Sinne der grundrechtlich geschützten Individualsphäre, grundsätzlich auszuschließen. Der Vorbehalt des Gesetzes und die Grundrechtsgarantien sind gleichgerichtete Verfassungsinhalte, sie wenden sich **beide** gleichermaßen als **Verbotsnormen** an die Staatsgewalt und verbieten ihr grundsätzlich, Grundrechte einzuschränken; die Grundrechte gehen dabei nur insoweit weiter, als ihre prinzipielle Verbotswirkung neben Exekutive und Judikative nach Art. 1 Abs. 3 GG auch die Gesetzgebung erfasst. Andererseits gilt der rechtsstaatliche Vorbehalt des Gesetzes auch, wenn die Grundrechte wegen fehlender Grundrechtsberechtigung der belasteten Personen (o. Kap. 6, Die Grundrechtsberechtigten, Rn. 52 ff., 70 ff.) nicht durchgreifen. Angesichts der übereinstimmenden Schutzrichtung ist auch der Vorbehalt des Gesetzes wie die Grundrechte selbst nicht allein gegen klassische Eingriffe gerichtet, sondern verlangt auch bei anderweitig bewirkten relevanten Beeinträchtigungen der Grundrechte

(o. Kap. 8, Grundrechtseingriff und sonstige relevante Grundrechtsbeeinträchtigungen, Rn. 15 ff.) Beachtung.

8   Die Parallelität der Wirkungsrichtung von Vorbehalt des Gesetzes und abwehrrechtlichem Grundrechtsschutz schließt es aus, den Vorbehalt des Gesetzes und die den Grundrechten beigefügten Gesetzesvorbehalte gleichzusetzen. Während der Vorbehalt des Gesetzes eine an die Staatsgewalt gerichtete Verbotsnorm gegen Eingriffe in grundrechtlich geschützte Interessen darstellt, sind die grundrechtlichen **Gesetzesvorbehalte** gerade umgekehrt darauf gerichtet, **Ausnahmen von den grundrechtlichen Eingriffsverboten** zu begründen bzw. zu ermöglichen. Aufgrund dieser Verschiedenheit sollte Verwechslungen schon auf der terminologischen Ebene vorgebeugt werden; es empfiehlt sich insbesondere nicht, den allgemeinen rechtsstaatlichen Vorbehalt des Gesetzes mit dem Begriff des „Gesetzesvorbehalts" zu bezeichnen.

9   Der **Begriff des „Vorbehalts"** hat beim Vorbehalt des Gesetzes und beim Gesetzesvorbehalt eine **grundsätzlich verschiedene Bedeutung**. Beim Vorbehalt des Gesetzes geht es darum, den Bereich denkbarer staatlicher Eingriffe zu kennzeichnen, deren Vornahme „der Gesetzgebung vorbehalten", ausschließlich ihr erlaubt und der Staatsgewalt im Übrigen verboten ist. Insoweit ist der **Vorbehalt des Gesetzes eine Verbotsnorm**. Demgegenüber betreffen die grundgesetzlichen Gesetzesvorbehalte die Situation, dass die als Abwehrrechte wirksamen Grundrechtsbestimmungen Eingriffsverbote für die (gesamte) Staatsgewalt einschließlich der Gesetzgebung aufgerichtet haben. Der **Gesetzesvorbehalt** stellt als **Erlaubnisnorm** die Gesetzgebung von diesen Verboten frei. Der Grundrechtsschutz gilt dann nicht absolut, sondern nur „vorbehaltlich gesetzlicher Einwirkungsmöglichkeiten".

3. Das durch die Gesetzesvorbehalte zugelassene Gesetz

10   Die Gemeinsamkeit von Vorbehalt des Gesetzes einerseits, Gesetzesvorbehalten andererseits besteht allerdings darin, dass in dem jeweils betroffenen Bereich einschränkende Regelungen nur durch Gesetz oder auf seiner Grundlage zulässig sind. Insoweit stellt sich gleichermaßen die Frage, **welche Art von Gesetz** im Rahmen des Vorbehalts des Gesetzes bzw. des Gesetzesvorbehaltes **zulässig** sein soll. Während man sich beim allgemeinen Vorbehalt des Gesetzes überwiegend mit jedem (ggf. ordnungsgemäß ermächtigten) materiellen Gesetz, also jeder Rechtsnorm, begnügt und nur nach Maßgabe der Wesentlichkeitstheorie zur Forderung nach einem Parlamentsgesetz gelangt (sog. Parlamentsvorbehalt; s. noch u. Rn. 14), wird für die Gesetzesvorbehalte der Grundrechte teilweise angenommen, es sei stets ein formelles Gesetz, also insbesondere ein Parlamentsgesetz, erforderlich; andererseits wird für einzelne Gesetzesvorbehalte diskutiert, ob es sich jeweils um einen Vorbehalt zugunsten des formellen Gesetzgebers handele oder um einen bloßen „Rechtssatzvorbehalt", dem auch untergesetzliche Rechtsnormen (Rechtsverordnungen, Satzungen) genügen können.

Beispiele:
Der Gesetzesvorbehalt der verfassungsmäßigen Ordnung in Art. 2 Abs. 1 Hs. 2 GG wird wegen seiner Gleichsetzung mit allen formell und materiell verfassungskonformen Rechtssätzen teilweise als Rechtssatzvorbehalt qualifiziert (z. B. *Merten*, JuS 1976, 345 [346]); umgekehrt ist ein (Parlaments-) Vorbehalt des förmlichen Gesetzes bei verschiedenen Grundrechten angenommen worden, ist aber allgemein (nur) bei Beschränkungen der Freiheit der Person – wegen Art. 104 Abs. 1 Satz 1 GG – anerkannt.

▶ **Hinweis:** Sog. Richterrecht als solches ist keine Rechtsquelle, kann daher nicht selbständig Grundrechtsbeschränkungen begründen, sondern ist darauf beschränkt, mit den Mitteln verfassungsrechtlich zulässiger Rechtsfortbildung grundrechtsbeschränkende Folgerungen aus der vorgegebenen Rechtsordnung zu ziehen; schwierig zu bestimmen bleibt, wie weit dies im Einzelnen möglich ist.

Differenzierungen der zulässigen Normkategorien anhand der den verschiedenen   **11** Grundrechten beigefügten Gesetzesvorbehalte haben in den Formulierungen des Grundgesetzes durchweg keine Basis und werden auch durch die allgemeinen verfassungsrechtlichen Anforderungen an die Gesetzgebung nicht gedeckt. Die Forderung nach einem förmlichen Gesetz findet sich ausdrücklich lediglich in Art. 104 Abs. 1 Satz 1 GG für die Freiheit der Person beschränkende Gesetze. Für diese ist in der Tat zu verlangen, dass sich die Zulässigkeit der Freiheitsbeschränkungen unmittelbar aus dem formellen Gesetz selbst ergibt und nicht erst aus untergesetzlichen Rechtsnormen, die aufgrund der formell-gesetzlichen Ermächtigung ergehen. Im Übrigen ist mangels entsprechender Festlegungen jeder grundgesetzliche Gesetzesvorbehalt grundsätzlich für die **Ausfüllung durch** beliebige Rechtsnormen als **Gesetze im materiellen** Sinne offen.

▶ **Hinweise:** Ob die Formulierung der Gesetzesvorbehalte zwischen Einschränkungen „durch Gesetz oder aufgrund eines Gesetzes" differenziert oder nicht, ist für die Zulässigkeit von Einschränkungen durch Rechtsverordnungen und Satzungen ohne Bedeutung (vgl. BVerfGE 33, 125 [156]). Sie sind auch dann möglich, wenn nur Einschränkungen „durch Gesetz" vorgesehen sind (vgl. heute noch Art. 14 Abs. 1 Satz 2 GG); die insoweit zum Teil vorgenommenen Erweiterungen der Gesetzesvorbehalte (bei Art. 11 Abs. 2 und Art. 12 Abs. 1 Satz 2 GG) waren daher nur Klarstellungen ohne konstitutive Bedeutung.

Die Rechtsnormen müssen allerdings ihrerseits gültig sein. Hierfür ist bei unterge-   **12** setzlichen, nur materiellen Gesetzen erforderlich, dass sie aufgrund einer **gültigen,** d. h. aber grundsätzlich auf einer **formell-gesetzlichen Grundlage** ergangen sind. Das Grundgesetz mit seinen demokratischen und rechtsstaatlichen Anforderungen lässt keinen Raum für den Erlass von Rechtsverordnungen, untergesetzlichen Satzungen oder sonstigen Rechtsnormen unabhängig von einer solchen normativen Grundlage.

▶ **Hinweis:** In die staatliche Rechtsordnung nach Art. 25 oder Art. 23, 24 GG
integrierte fremde Rechtsnormen sind grundsätzlich auch als „Gesetze" im
Rahmen der Gesetzesvorbehalte ausreichend. Entsprechendes gilt für
fremde Sachrechtsnormen, die aufgrund gesetzlicher Kollisionsregeln im
Inland angewendet werden (vgl. BVerfGE 31, 58 [72 ff.]; auch BVerfGE 92, 26
[49 f.]). Allerdings müssen elementarste Minimalanforderungen einer
demokratischen Gesetzgebung erfüllt sein (vgl. für einschränkende Gesetze
im Sinne der EMRK EGMR [GK], NJW 2001, 1995 Nrn. 36 ff.). S. allgemein zu
Fragen des Kollisionsrechts auch Kap. 5, Grundrechtsverpflichtete, Rn. 28 ff.

Eine Abweichung ist für nach Art. 123 Abs. 1 GG (oder Art. 9 Einigungsvertrag)
fortgeltendes untergesetzliches Recht anzuerkennen. Danach sind (neben vorkons-
titutionell möglichem Gewohnheitsrecht) untergesetzliche Rechtsnormen, wenn
sie nach den für ihren Erlass maßgeblichen Anforderungen ohne formell-gesetzliche Grundlage erlassen werden konnten, unabhängig vom Erlöschen ihrer den
grundgesetzlichen Anforderungen nicht mehr entsprechenden Ermächtigung (vgl.
Art. 129 Abs. 3 GG) als weiter geltende Teile der grundgesetzlichen Rechtsordnung einzustufen, sofern sie nur in inhaltlicher Hinsicht mit dem Grundgesetz
übereinstimmen.

▶ **Hinweis:** Von diesem in der Judikatur lange gesicherten Ausgangspunkt
ist das BVerfG später jedenfalls für einen besonders gelagerten Fall abgewichen, ohne aber die damit wieder aufgeworfene Frage nach der
Fortgeltung vorkonstitutioneller Rechtsverordnungen, die ohne formell-
gesetzliche Grundlage erlassen sind, grundsätzlich zu entscheiden
(BVerfGE 78, 179 [198 f.] m.w.N.).

13   Ausdrücklich geregelt sind **Gültigkeitsanforderungen an Rechtsnormen,** denen
auch grundrechtsbeschränkende Regelungen zu genügen haben, in Art. 80 Abs. 1
Satz 2 GG. Danach müssen bundesgesetzliche Ermächtigungen zum Erlass von
Rechtsverordnungen nach Inhalt, Zweck und Ausmaß hinreichend bestimmt sein.
Diese Bestimmtheitsanforderungen gelten in besonderem Maße dann, wenn ein
Gesetz Einwirkungen auf die Grundrechtssphäre zulässt. Je stärker die diesbezüglichen Einwirkungen sind, desto intensiver sind die Bestimmtheitsanforderungen zu
fassen (s. allgemeiner auch u. Kap. 10, Anforderungen an Grundrechtsbeeinträchti-
gungen, Rn. 53).

14   Art. 80 Abs. 1 Satz 2 GG ist insofern Spezialfall eines übergreifenden verfassungsrechtlichen Prinzips, das nach der so genannten **Wesentlichkeitstheorie** formuliert wird. Inhalt dieser „Theorie" ist das Postulat, dass alle wesentlichen
normativen Entscheidungen dem Parlament vorbehalten sein sollen (sog. **Parlamentsvorbehalt**). Dieser Grundsatz gilt über den Rahmen des Art. 80 Abs. 1 Satz 2
GG hinaus auch für landesgesetzliche Ermächtigungen zu Rechtsverordnungen,
ferner für grundrechtsbeschränkende Satzungen (grundlegend BVerfGE 33, 125
[157 ff.]; s. auch BVerfGE 33, 171 [183]). Unabhängig von der Art der untergesetzlichen Rechtsnorm ist allgemein zu fordern, dass die formell-gesetzliche

Ermächtigung zu grundrechtsbeschränkender exekutiver Normsetzung hinreichend präzise ist.

Der **Vorbehalt des Gesetzes** und der sog. **Parlamentsvorbehalt** sind über die **15** Fragen der Grundrechtsbeschränkung hinaus von Bedeutung. Sie gehören **schwerpunktmäßig** in den Bereich des **Staatsorganisationsrechts** und sind mit ihren weitergehenden Implikationen dort zu behandeln. Dies gilt namentlich für die Abgrenzung des Anwendungsbereichs des Vorbehaltes des Gesetzes überhaupt, der bekanntlich über seinen klassischen Geltungsbereich der Grundrechtseingriffe hinaus ausgedehnt wird, sei es in institutioneller Hinsicht, sei es in Bezug auf sozialstaatliche Leistungen und Ähnliches. Aus grundrechtlicher Sicht ist insofern nur zu bemerken, dass sich auch unabhängig von der abwehrrechtlichen Wirkung der Grundrechte ein Anlass zu parlamentsgesetzlicher Regelung daraus ergeben kann, dass Regelungen in anderer Weise von Relevanz für Grundrechte sind.

> **Beispiel:**
> Ausgangspunkt der Wesentlichkeitstheorie waren namentlich Fälle, in denen es um die Festlegung von schulischen Lehrinhalten ging (insb. Sexualkunde). Obwohl diesen Regelungen keine grundrechtseinschränkende Wirkung beigemessen wurde, hat das BVerfG gleichwohl aus der Bedeutsamkeit der Regelungen für die Grundrechte der Schüler und ihrer Eltern gefolgert, dass hier eine Regelung ohne gesetzliche Grundlage nicht genügte. Da die Festlegung durch Kultusministererlass, als bloße Verwaltungsvorschrift, erfolgt war, ging es primär allerdings nicht um die Abgrenzung des Bereichs des Parlamentsvorbehalts von dem des allgemeinen Vorbehalts des Gesetzes, sondern um die Reichweite des letzteren überhaupt (vgl. nur BVerfGE 47, 46 [78 ff.] m. w. N.).

4. Schlichte und qualifizierte Gesetzesvorbehalte

Bei den Gesetzesvorbehalten sind insbesondere schlichte und qualifizierte Geset- **16** zesvorbehalte zu unterscheiden. **Schlichte Gesetzesvorbehalte** sind solche, die dem Gesetzgeber Einschränkungen der grundrechtlichen Schutzgegenstände erlauben, ohne hierfür besondere Anforderungen aufzustellen.

> **Beispiele:**
> Art. 2 Abs. 1 Hs. 2 GG hinsichtlich der verfassungsmäßigen Ordnung; Art. 10 Abs. 2 Satz 1; Art. 12 Abs. 1 Satz 2; Art. 14 Abs. 1 Satz 2; auch Art. 2 Abs. 2 Satz 3 GG für sich genommen gehört hierher, wird aber durch ergänzende Spezialbestimmungen (Art. 102, Art. 104 Abs. 1 Satz 1 und 2 GG) hinsichtlich aller drei betroffenen Schutzgegenstände (extern) qualifiziert.

Demgegenüber handelt es sich um **qualifizierte Gesetzesvorbehalte**, wenn die **17** Möglichkeit grundrechtsbeschränkender Gesetzgebung an besondere, in dem Gesetzesvorbehalt im Einzelnen aufgeführte Erfordernisse gebunden wird.

Beispiele:

Art. 5 Abs. 2 GG; Art. 6 Abs. 2 Satz 2 und Abs. 3 GG; Art. 10 Abs. 2 Satz 2 GG; Art. 11 Abs. 2 GG; Art. 14 Abs. 3 Satz 1 bis 3 GG; Art. 16 Abs. 2 Satz 2 GG; auch der sog. Richtervorbehalt des Art. 13 Abs. 2 GG (o. Rn. 3, u. Kap. 25, Die Unverletzlichkeit der Wohnung, Art. 13 GG, Rn. 13 f.).

18   Obwohl die **Differenzierung** zwischen schlichten und qualifizierten Gesetzesvorbehalten gelegentlich nicht einheitlich vorgenommen wird, wie etwa bei Art. 8 Abs. 2 GG (u. Kap. 20, Die Versammlungsfreiheit, Art. 8 GG, Rn. 18), ist die Abgrenzung der Sache nach **in aller Regel unproblematisch.** Hinsichtlich der schlichten Gesetzesvorbehalte ist noch zu beachten, dass auch sie den Grundrechtsschutz nur scheinbar in vollem Umfang zur Disposition des Gesetzgebers stellen. In Wahrheit greifen auch hier bestimmte Anforderungen an die Gesetzgebung ein, die sich aber nicht aus dem einzelnen Gesetzesvorbehalt ergeben (oder ihm speziell zugeordnet sind), sondern von übergreifender Bedeutung sind (zu diesen u. Kap. 10, Anforderungen an Grundrechtsbeeinträchtigungen). Weitere, nicht recht überzeugende Differenzierungen werden zumal mit Blick auf die Anforderungen des Art. 19 Abs. 1 Satz 2 GG anhand unterschiedlicher Bezeichnung der zugelassenen Gesetzgebung vorgenommen (u. Kap. 10, Anforderungen an Grundrechtsbeeinträchtigungen, Rn. 18).

5. Gesetzesvorbehalte und Vorbehalte zur Regelung des Näheren

19   Die an vielen Stellen im Grundgesetz anzutreffenden Vorbehalte zur Regelung des Näheren enthalten eine ausdrückliche Ermächtigung des Gesetzgebers zur näheren Ausgestaltung eines Lebensbereichs. Dies kommt in Formulierungen wie „Das Nähere regelt ein (Bundes-) Gesetz" (vgl. Art. 4 Abs. 3 Satz 2, Art. 12a Abs. 2 Satz 3 GG) oder „Das Nähere ist durch Gesetz zu bestimmen" (vgl. Art. 16a Abs. 4 Satz 2 GG) zum Ausdruck. Aus dem im weiteren Sinne grundrechtsbezogenen Kontext (o. Kap. 2, Grund- und Menschenrechtsgarantien des geltenden Rechts, Rn. 7 ff., 10 ff.) sind neben vorgenannten Bestimmungen namentlich Art. 21 Abs. 3, Art. 38 Abs. 3 GG zu nennen. Im Gegensatz zu den Gesetzesvorbehalten spricht diese Vorbehaltsform nur Gesetze ohne beschränkende Wirkung an; sie hebt (abgesehen von der meist zugleich ausgesprochenen kompetenzrechtlichen Zuweisung an den Bund) letztlich nur die ohnehin bestehende Befugnis der Legislative zur gesetzlichen Ausgestaltung (Konkretisierung) insbesondere grundrechtlicher Lebensbereiche hervor, ohne ihr aber zugleich die Möglichkeit zu beschränkenden Regelungen einzuräumen. **Vorbehalte zur Regelung des Näheren** sind daher keine Grundrechtsbegrenzungen, sondern der bloßen **Grundrechtsausgestaltung** zuzuordnen (dazu o. Kap. 8, Grundrechtseingriff und sonstige relevante Grundrechtsbeeinträchtigungen, Rn. 2 ff.).

▶ **Hinweis:** Art. 12 Abs. 1 Satz 2 GG, nach dem die Berufsausübung „geregelt" werden kann, ist dagegen ein auch Einschränkungen ermöglichender Gesetzesvorbehalt (o. Rn. 5; u. Kap. 24, Die Grundrechte des Art. 12 GG, Rn. 33 ff.); allerdings hat die Formulierung das BVerfG veranlasst, an solche Gesetze abweichende Anforderungen zu stellen (zum Zitiergebot u. Kap. 10, Anforderungen an Grundrechtsbeeinträchtigungen, Rn. 15, 20).

6. Zusammenfassung

- Die wichtigste Form der Grundrechtsbegrenzung ist der Gesetzesvorbehalt. **20** Er erlaubt der grundrechtsgebundenen Gesetzgebung, die Schutzgegenstände von Abwehrrechten einzuschränken oder die sonstigen staatlichen Organe zu Eingriffen in diese Rechte zu ermächtigen.
- Der grundrechtliche Gesetzesvorbehalt ist gegenüber dem allgemeinen rechtsstaatlichen Vorbehalt des Gesetzes (nicht nur terminologisch) abzugrenzen. Während ersterer als Erlaubnisnorm die Gesetzgebung von dem durch den Gewährleistungssatz des Grundrechts begründeten Eingriffsverbot in beschränktem Umfang freistellt, errichtet letzterer ein Verbot für Exekutive und Judikative, in die individuelle Rechtssphäre einzugreifen, indem es solche Beeinträchtigungen der Gesetzgebung vorbehält.
- Gemeinsamkeiten von Gesetzesvorbehalt und Vorbehalt des Gesetzes sind hinsichtlich der Art des notwendigen Gesetzes zu erkennen. Hierfür genügt mit Ausnahme der allein dem formellen Gesetzgeber vorbehaltenen Freiheitsbeschränkungen nach Art. 104 Abs. 1 Satz 1 GG jede beliebige Rechtsnorm. Daher reichen auch Rechtsverordnungen und Satzungen aus, sofern sie sich auf eine gültige, zumal hinreichend bestimmte formell-gesetzliche Grundlage stützen können. Insoweit hängen die Bestimmtheitsanforderungen maßgeblich vom Rang des betroffenen Rechtsgutes und der Intensität der Einwirkung ab.
- Innerhalb der Gesetzesvorbehalte ist zwischen schlichten und qualifizierten Gesetzesvorbehalten zu unterscheiden. Qualifizierte Gesetzesvorbehalte knüpfen die Ermächtigung des Gesetzgebers zu Einschränkungen der grundrechtlichen Schutzgegenstände an besondere Anforderungen, schlichte Gesetzesvorbehalte enthalten dagegen keine solchen Erfordernisse.
- Die sog. Vorbehalte zur Regelung des Näheren, zumal in Art. 4 Abs. 3 Satz 2 GG, sind im Gegensatz zu Gesetzesvorbehalten nicht der Grundrechtsbegrenzung zuzuordnen, da sie keine grundrechtsbeschränkenden Gesetze zulassen, sondern nur Befugnisse der Gesetzgebung zur Ausgestaltung grundrechtlicher Lebensbereiche hervorheben.

III. Sonstige Grundrechtsbegrenzungen

1. Grundsätzliche Anerkennung

21   Das Grundgesetz enthält eine Reihe von **Grundrechtsbestimmungen,** denen **kein Gesetzesvorbehalt** beigefügt ist, wie etwa Art. 4 Abs. 3 GG oder auch Art. 5 Abs. 3 Satz 1 GG. Nimmt man diese Form der Gewährleistung beim Wort, wofür insbesondere der Vergleich zu den Grundrechtsbestimmungen mit Gesetzesvorbehalten Anlass gibt, so erscheint es auf den ersten Blick **ausgeschlossen,** dass insoweit **überhaupt Einschränkungen** möglich sein könnten. Dafür spricht zudem, dass eine für alle Grundrechte geltende Begrenzungsregelung, wie sie namentlich die Bayerische Verfassung in ihrem Art. 98 Satz 2 und 3 vorsieht, trotz dahingehender Vorschläge ganz bewusst nicht in das Grundgesetz aufgenommen worden ist (vgl. auch o. Kap. 1, Die Geschichte der Grundrechte, Rn. 25).

22   Gleichwohl ergeben sich zumindest für alle Freiheitsrechte, deren Betätigung sich auf andere Personen oder Gemeinschaftsinteressen auswirken kann, geradezu **unabweisbare Notwendigkeiten,** doch **zu gewissen Einschränkungsmöglichkeiten** zu kommen.

Beispiel:

Auch die vorbehaltlos garantierte Wissenschaftsfreiheit kann nicht Gesetzen entgegenstehen, die dem Wissenschaftler Experimente am Menschen verbieten, wenn die Versuchsperson nicht einverstanden ist und das Experiment zu ihrem sicheren Tode führt (vgl. u. Kap. 17, Die Grundrechte des Art. 5 GG, Rn. 116, 124).

---

23   Jedenfalls für Fälle solcher Art muss trotz der vorbehaltlosen Gewährleistungsform die Einschränkung des Grundrechts im Ergebnis möglich bleiben. **Entsprechendes** gilt im Übrigen auch für **Grundrechte mit qualifiziertem Gesetzesvorbehalt,** soweit dieser derart zwingend notwendige Einschränkungen nicht abdeckt. Allerdings ist hier zusätzlich zu prüfen, inwieweit die Qualifikation des Gesetzesvorbehaltes einen Umkehrschluss gegen zusätzliche Einschränkungsmöglichkeiten trägt.

Beispiel:

Obwohl Art. 8 Abs. 2 GG gesetzliche Einschränkungen ausdrücklich nur für Versammlungen unter freiem Himmel zulässt, kann dies nicht der Auflösung einer Versammlung in geschlossenen Räumen entgegenstehen, bei der Leib und Leben der Teilnehmer in unmittelbarer Gefahr sind (s. § 13 Abs. 1 Nr. 2 VersG). – Ob neben der Schrankentrias des Art. 5 Abs. 2 GG Raum für Begrenzungswirkungen sonstigen Verfassungsrechts ist (dafür BVerfGE 66, 116 [136]; 111, 147 [157 f.]), scheint angesichts der weiten Auslegung der „allgemeinen Gesetze" fraglich (s. Kap. 17, Die Grundrechte des Art. 5 GG, Rn. 61 f).

---

24   Dieses zunächst nur vom Ergebnis her aufgestellte Postulat führt zu der weiteren Frage, wie eine solche **Einschränkungsmöglichkeit** im Rahmen eines Grundrechtskatalogs, der bei seinen einzelnen Gewährleistungen sehr unterschiedliche, zum Teil fein ziselierte Abstufungen der Einschränkungsbefugnisse des

Gesetzgebers vorsieht, **dogmatisch konsistent begründet** werden kann. Sofern hinter der Unterschiedlichkeit der in der Verfassung formulierten Einschränkungsmöglichkeiten ein geschlossenes System stecken sollte, bliebe kaum Raum für die Anerkennung zusätzlicher Grundrechtsbegrenzungen.

Tatsächlich besteht ein solches System im Rahmen des Grundrechtskatalogs des   25
Grundgesetzes jedoch nicht. Dies zeigt schon Art. 2 Abs. 2 Satz 3 GG, der das Grundrecht auf Leben nach Satz 1 der Bestimmung einem schlichten Gesetzesvorbehalt unterwirft, obwohl doch dieses Grundrecht als vitale Basis jeder weiteren Grundrechtsbetätigung ersichtlich nicht Einschränkungsmöglichkeiten unterworfen sein soll, wie sie in einem Rechtsstaat weiter nicht denkbar sind. Die **Ausgestaltung der Begrenzungen** der einzelnen Grundrechtsbestimmungen **beruht** vielmehr **erkennbar auch auf Zufälligkeiten**, je nachdem, ob bei der Formulierung der Verfassung Einschränkungsmöglichkeiten näher bedacht worden sind oder nicht. Dabei erklären sich einige Diskrepanzen auch daraus, dass die Reichweite der Grundrechtsbestimmungen, so wie sie sich in der Judikatur nach und nach ergeben hat, nicht immer von Anfang an vorhergesehen worden ist oder vorgesehen werden konnte.

2. Begrenzungsmodelle

Zur Lösung der aufgezeigten Problematik sind eine Reihe von Begrenzungsmodellen   26
entwickelt worden, die anfangs unter dem Stichwort der **„immanenten Schranken"** der Grundrechte behandelt wurden. Bei den Lösungsvorschlägen war indes nicht immer klar, ob schon der Anwendungsbereich des jeweiligen Grundrechts mit Rücksicht auf Einschränkungsnotwendigkeiten zurückgedrängt, also die tatbestandliche Reichweite seiner Geltung überhaupt reduziert werden sollte (wie bei quasi-tatbestandlichen Begrenzungen, vgl. o. Rn. 2), oder ob es nur darum ging, eine Legitimation für Einschränkungen der unverändert weit bestimmten grundrechtlichen Schutzgegenstände zu begründen.

> ▶ **Hinweis:** Die ältere Redeweise von „grundrechtsimmanenten Schranken" ging davon aus, dass den einzuschränkenden Grundrechten selbst gewisse Begrenzungen selbstverständlich innewohnen, wobei die gedankliche Trennung zwischen Begrenzungen und Beschränkungen zumeist fehlte. Der heute gelegentlich verwendete Begriff der „verfassungsimmanenten Schranken" (zuletzt etwa BVerfG, NJW 2015, 1359 Rn. 98) knüpft nur terminologisch an dieses Vorbild an, meint indes in der Sache anderes und ist auch sonst durchaus missverständlich (s. u. Rn. 45).

a) Frühere Ansätze: Gemeinschaftsvorbehalt, allgemein gültige Schrankentrias, Rechtsordnungsvorbehalt

Von den verschiedenen Lösungsmodellen sind heute nur noch einige wenige erwäh-   27
nenswert. Dies gilt etwa für den vom BVerwG in seiner frühen Rechtsprechung vertretenen so genannten **Gemeinschaftsvorbehalt** (BVerwGE 1, 92 [94]). Dieser

Ansatz zeichnet sich durch ein hohes Maß an Unbefangenheit aus, die kaum von rechtsdogmatischen Finessen verkleidet ist. Die vorgeschlagene Lösung bestand schlicht darin, aus der als anthropologisch vorgegeben angesehenen **Gemeinschaftsgebundenheit** des grundrechtsberechtigten Individuums zu schließen, dass jede Grundrechtsgarantie immer nur mit der unausgesprochenen (dem Grundrecht immanenten) Maßgabe gelten kann, dass das Grundrecht auch in gemeinschaftsverträglicher Weise ausgeübt wird (vgl. BVerwGE 1, 92 [94], wobei gedanklich nur Freiheitsrechte erfasst waren).

28   Dogmatisch anspruchsvoller sind demgegenüber die in verschiedenen Varianten vorgetragenen Theorien, die aus Art. 2 Abs. 1 GG eine **allgemeingültige Schrankentrias** gewinnen wollten, die letztlich für alle Grund- bzw. Freiheitsrechte einschlägig sein sollte. Hierbei wurde im Kern Art. 2 Abs. 1 GG als Muttergrundrecht der übrigen Freiheitsrechte angesehen, das die für alle diese Rechte gemeinsamen Einschränkungsnotwendigkeiten einheitlich zum Ausdruck bringt. Danach wären alle Einzelfreiheitsrechte durch die Rechte anderer, die verfassungsmäßige Ordnung und das Sittengesetz begrenzt gewesen.

29   Beide vorgenannten Ansätze leiden darunter, dass sie zu einer **gänzlichen Schrankennivellierung** führen; jedes Einzelgrundrecht wäre ungeachtet seiner verschiedenartigen Ausgestaltung im Ergebnis im gleichen Umfang den Einschränkungen des Gesetzgebers ausgesetzt. Auch wenn man mit gutem Grund davon ausgeht, dass ein System der Grundrechtsbegrenzungen nicht festzustellen ist (o. Rn. 25), so geht doch eine solche unifizierende Lösung an der erkennbar vom Verfassungsgesetzgeber gewollten Unterschiedlichkeit der Beschränkungsmöglichkeiten für die verschiedenen Grundrechte allzu leicht vorbei. Zur Möglichkeit einer „Schrankenübernahme" bei Grundrechtskonkurrenz s. u. Kap. 11, Grundrechtskonkurrenzen, Rn. 9 ff.

30   Denselben Bedenken unterliegt auch die Annahme, die grundrechtsgeschützte Freiheit sei – unabhängig von den Gesetzesvorbehalten der einzelnen Grundrechtsbestimmungen – stets im **Rahmen der allgemeinen Rechtsordnung** auszuüben. In einer besonders interessanten Variante steht dahinter der Gedanke, dass die Grundrechte **nicht** die Bedeutung haben sollen, als **Privilegien zu** wirken, die es ermöglichen, die sonst gültigen rechtlichen Schranken der Freiheit zu unterlaufen. Danach sollen Verhaltensweisen, die allgemein verboten sind, nicht dadurch zulässig werden bzw. prinzipiellen Grundrechtsschutz erlangen, dass sie im Einzelfall unter Verwirklichung der Tatbestandsvoraussetzungen einer Grundrechtsbestimmung vorgenommen werden (dazu mit Bezug auf Art. 5 Abs. 3 Satz 1 GG u. Kap. 17, Die Grundrechte des Art. 5 GG, Rn. 116, 124).

Beispiel:

Weder die Religionsfreiheit (beim rituellen Menschenopfer) noch die Berufsfreiheit (beim Berufskiller) sollen diese Formen vorsätzlicher Tötung von Menschen zur durch Art. 4 Abs. 1, 2 bzw. Art. 12 Abs. 1 GG prinzipiell geschützten Freiheitsbetätigung qualifizieren, so dass nach diesem Begrenzungsmodell die einschlägigen Verbotsnormen des StGB erst gar keine Einschränkungen der genannten Grundrechte darstellen, die noch vor ihnen gerechtfertigt werden müssten.

Dieser gedankliche **Ansatz** ist **im Grundgesetz** an verschiedenen Stellen **positi-** **31** **viert**, am klarsten wohl in Art. 140 GG i.V.m. Art. 136 Abs. 1 WRV, wonach die bür- gerlichen und staatsbürgerlichen Pflichten durch die Ausübung der Religionsfreiheit nicht beschränkt werden. Zumindest das Ergebnis dieser Auffassung hat auch im Wortlaut des Art. 5 Abs. 2 GG (Schranke der „allgemeinen Gesetze") und ähnlich in Art. 140 GG i.V.m. Art. 137 Abs. 3 Satz 1 WRV Niederschlag gefunden.

> **Hinweis:** Der Konzeption entspricht ferner die ausdrückliche Beschrän- kung der Informationsfreiheit auf allgemein zugängliche Quellen, Art. 5 Abs. 1 Satz 1 GG, das für den Berufsbegriff diskutierte Kriterium, dass die- ser eine nicht verbotene Tätigkeit darstellen müsse, sowie die Forderung nach einer berufsregelnden Tendenz der für Art. 12 Abs. 1 GG beachtli- chen Eingriffe (vgl. u. Kap. 24, Die Grundrechte des Art. 12 GG, Rn. 4 ff., 27), wie auch die Annahme, die Kunstfreiheit umfasse von vornherein nicht das Recht, sich unbefugt an fremdem Eigentum künstlerisch zu betätigen (vgl. u. Kap. 17, Die Grundrechte des Art. 5 GG, Rn. 81 f.; s. ferner zur Pressefreiheit u. Kap. 17, Die Grundrechte des Art. 5 GG, Rn. 30, zur Wissenschaftsfreiheit u. Kap. 17, Die Grundrechte des Art. 5 GG, Rn. 116, sowie zu weiteren Grundrechten u. Kap. 14, Die Grundrechte des Art. 2 GG, Rn. 120; Kap. 20, Die Versammlungsfreiheit, Art. 8 GG, Rn. 12, Kap. 23, Das Grundrecht der Freizügigkeit, Art. 11 GG, Rn. 6). Im Überblick auch *mein* Beitrag in Festschrift Jarass, 2015, S. 235 ff.

Diese Konzeption ist in sich durchaus schlüssig und würde weitgehend sachge- **32** rechte Ergebnisse zulassen. Sie ist freilich von dem Nachweis abhängig, dass das Grundgesetz die **Privilegierung der grundrechtsgeschützten Freiheiten** gegen- über den Anforderungen der Rechtsordnung im Allgemeinen tatsächlich nicht will, sondern die Freiheit von vornherein nur in deren Rahmen gewährleistet sieht. Dies wird in der Tat mit oder ohne Anknüpfungspunkt im Text der Grundrechtsbestim- mungen in einigen Fällen angenommen, kann aber nach dem Stand der Diskussion nicht verallgemeinert werden. Nachdem das BVerfG im Rahmen des Art. 5 Abs. 2 GG sogar die dort ausdrücklich als „Schranken" vorgesehenen allgemeinen Gesetze der Abwägung mit den Kommunikationsfreiheiten unterworfen hat (u. Kap. 17, Die Grundrechte des Art. 5 GG, Rn. 57 ff., 64 f.), sind für diesen Bereich und damit erst recht für die Grundrechte im Übrigen die dogmatischen Würfel grundsätzlich in die entgegengesetzte Richtung gefallen.

b) Grundrechtsbegrenzung durch kollidierendes Verfassungsrecht

Die Defizite der vorgenannten Modelle vermeidet die vom BVerfG entwickelte und **33** zwischenzeitlich weitgehend auch in der Lehre rezipierte Konstruktion, die auf **Begrenzungen der Grundrechte durch kollidierendes Verfassungsrecht** abstellt (zuerst BVerfGE 28, 243 [260 f.], näher u. Rn. 36 ff.). Diese Lösung hat den Vorzug, dass sie im Ausgangspunkt an der je spezifischen Begrenzungsregelung für das einzelne Grundrecht festhält. Zudem nimmt sie die Verfassungsbindung des Geset- zgebers und den Vorrang der Verfassung ernst (Art. 20 Abs. 3 Hs. 1 GG), da sich

Begrenzungen der Grundrechtsgarantien nur aus dem Verfassungsrecht selbst ergeben können. Schließlich passt sie auf Grundrechtsgewährleistungen jeder Art; allerdings darf auch in diesem Rahmen nicht übersehen werden, dass die Anforderungen der Gemeinverträglichkeit, die an jede aktive Freiheitsausübung mit Rücksicht auf dadurch bedrohte verfassungsrechtlich geschützte Güter anderer zu stellen sind, auf andersartige Grundrechtsgewährleistungen ohne solches Störungspotenzial (wie negative Freiheiten, Gleichheitsrechte, Rechte des Bestandsschutzes) nicht passen.

34   Die **grundsätzliche Berechtigung** des Begrenzungsmodells ist in der Tat nicht von der Hand zu weisen; denn es steht dem Verfassungs(gesetz)geber frei, ob er einem Grundrecht Begrenzungen in Form eines zugeordneten Gesetzesvorbehaltes beifügt oder die Möglichkeiten seiner Einschränkung an anderer Stelle der Verfassung vorsieht. In offenkundiger Weise ist das etwa in **Art. 17a GG** der Fall. Er sieht für verschiedene Grundrechte Einschränkungsmöglichkeiten vor, die über das hinausgehen, was die einschlägigen Grundrechtsbestimmungen erlauben, sei es, dass Qualifikationen spezieller Gesetzesvorbehalte erweitert werden (z. B. gegenüber Art. 11 Abs. 2 GG), sei es, dass ein ansonsten vorbehaltlos garantiertes Grundrecht auf diese Weise einer Begrenzung unterworfen wird (z. B. für Art. 17 GG). Was so in Art. 17a GG ausdrücklich geschehen ist, kann an anderen Stellen der Verfassung konkludent erfolgt sein.

35   Die **Problematik** des Modells des BVerfG liegt somit nicht in seiner theoretischen Struktur, die durchaus Zustimmung verdient, sondern – abgesehen von den Gefahren übermäßiger Relativierung der Grundrechte durch die Ungewissheiten kaum einzugrenzender Abwägungsvorgänge – vor allem darin, den Kreis der **Verfassungsbestimmungen abzugrenzen, denen grundrechtsbegrenzende Inhalte entnommen werden können.** Insbesondere besteht die Gefahr, dass Verfassungsbestimmungen, die jedenfalls nicht in erster Linie auf Grundrechtsbegrenzungen abzielen, derartige Inhalte beigelegt werden, obwohl sie aus ihnen in Wahrheit nicht herzuleiten sind.

36   Die Problematik macht schon die **erste einschlägige Entscheidung** des BVerfG deutlich (BVerfGE 28, 243). Dabei ging es darum, ob ein bereits bei der Bundeswehr dienender Wehrpflichtiger, der nachträglich zu der Erkenntnis kommt, dass sein Gewissen ihm den Kriegsdienst verbietet, aufgrund des seinerzeitigen Wehrpflichtgesetzes dazu gezwungen werden konnte, weiter Dienst zu tun, bis seine Berechtigung zur Kriegsdienstverweigerung rechtskräftig geklärt war. Das BVerfG sah in dieser Regelung mit Recht einen Eingriff in das Grundrecht gem. Art. 4 Abs. 3 Satz 1 GG, nicht gegen sein Gewissen zum Kriegsdienst mit der Waffe gezwungen zu werden, und erkannte auch den Vorbehalt der Regelung des Näheren nach Art. 4 Abs. 3 Satz 2 GG nicht als taugliche Grundlage für Grundrechtseinschränkungen an. Damit stand der **gesetzlichen Einschränkung** ein **vorbehaltlos garantiertes Grundrecht** gegenüber, und zwar sogar eines, dass die bloße Passivität des Berechtigten schützt, also nicht einmal Übergriffe in den Rechtskreis anderer ermöglicht.

▶   **Hinweis:**   Aus diesem Grunde konnte zur Lösung der speziellen Problematik
        auch nicht auf die Schrankentriaslehre, den Sozialverträglichkeitsvorbehalt

oder die Einfügung in die allgemeine Rechtsordnung zurückgegriffen werden (dazu o. Rn. 26 ff.).

Das BVerfG verwies in diesem Zusammenhang darauf, dass sich **Begrenzungen** für 37 das vorbehaltlos garantierte Recht aus Art. 4 Abs. 3 Satz 1 GG **nur aus** der **Verfassung** ergeben könnten. Verfassungsbestimmungen, die in deutlicher Weise eine entsprechende Begrenzungstendenz hätten erkennen lassen, gab es aber auf den ersten Blick nicht. Das Gericht wurde gleichwohl fündig, indem es aus dem damaligen Bestand einschlägiger Bestimmungen des Grundgesetzes über die Existenz der Bundeswehr und die diesbezüglichen Kompetenzen (Art. 12a Abs. 1, 73 Nr. 1, 87a Abs. 1 Satz 1 GG) einen weiterreichenden Grundsatz der Wehrhaftigkeit der Bundesrepublik herleitete, aus dem sich ein verfassungsrechtliches **Gebot** ergab, **für den Erhalt der Wehrfähigkeit der Bundeswehr zu sorgen**. Für dieses Gebot wurde dann angenommen, dass es zu dem grundrechtlichen Verbot des Zwangs zum Kriegsdienst in Widerspruch geraten könne.

Zur Auflösung dieses Widerspruchs wurde gefordert, dass ein Ausgleich im 38 Wege der praktischen Konkordanz gesucht werden müsse, bei dem beide beteiligten Verfassungspositionen in möglichst optimaler Weise realisiert werden müssten, so dass jedenfalls keiner der beiden Belange völlig außer Betracht bleiben dürfe. Für die Ausgangsproblematik führte dies zu einer **Abwägung** zwischen dem Interesse des „spät erwachten" Kriegsdienstverweigerers auf sofortige Befreiung vom Wehrdienst, der ja immerhin nur in Friedenszeiten abzuleisten war, einerseits, der Funktionstüchtigkeit der Bundeswehr andererseits. Dabei ging das BVerfG ohne weiteres davon aus, dass eine sofortige Möglichkeit zum Verlassen der Bundeswehr bei Behauptung von Gewissensgründen die Funktionstüchtigkeit der Bundeswehr nachhaltig erschüttern würde. Auf dieser Grundlage kam es zu dem dann nicht überraschenden Ergebnis, dass die Abwägung zugunsten der Belange der Bundeswehr ausfallen musste (BVerfGE 28, 243 [261 ff.]).

Gegen dieses Lösungsmodell sind später erhebliche **Bedenken** vorgebracht worden, die sich insbesondere darauf stützen, dass **Kompetenzbestimmungen** des 39 Grundgesetzes sich grundsätzlich **nicht** dafür eignen, aus ihnen **Begrenzungsaussagen** gegenüber grundrechtlichen Garantien abzuleiten. Aufgabe von Kompetenzbestimmungen als solchen ist in der Tat lediglich, die innerhalb des Staatsganzen für ein bestimmtes Staatshandeln zuständige Stelle festzulegen, ohne dass die Existenz einer einschlägigen Regelung irgendetwas über die verfassungsrechtliche Bedeutung der fraglichen Aktivität aussagen kann. Dementsprechend erlaubt insbesondere die Erwähnung einer Materie in den Kompetenzkatalogen der Art. 73f. GG grundsätzlich keine Rückschlüsse darauf, ob es im Interesse der angesprochenen Materie zulässig ist, Grundrechte ohne Grundlage in einem Gesetzesvorbehalt zu beschränken (vgl. abw. M. *Mahrenholz/Böckenförde* BVerfGE 69, 1, 57 [59 ff., 65 ff.]; hierzu ferner u. Kap. 16, Die Grundrechte des Art. 4 GG, Rn. 77 f.).

Beispiel:
Die Gesetzgebungskompetenz des Bundes für den Tierschutz nach Art. 74 Abs. 1 Nr. 20 GG allein sagt nichts darüber aus, ob die ohne Gesetzesvorbehalt

garantierte Wissenschaftsfreiheit aus diesem Grunde eingeschränkt werden darf; das Anliegen des Tierschutzes wäre nicht weniger bedeutsam, wenn es in die Kompetenz der Landesgesetzgebung fiele (s. u. Kap. 16, Die Grundrechte des Art. 4 GG, Rn. 126). Die Einfügung des Tierschutzes als materielles Ziel in Art. 20a GG, das auch begrenzende Bedeutung gegenüber Grundrechten haben kann, macht aber den Rückgriff auf die Kompetenzbestimmung für die Rechtfertigung von Einschränkungen jetzt entbehrlich.

40   In besonderen Fällen kann freilich anderes gelten. Namentlich in Hinblick auf die **Funktionstüchtigkeit der Bundeswehr** ist nämlich zu bedenken, dass die Verankerung der einschlägigen Regelungen im Grundgesetz, auch wenn sie sich rechtstechnisch als Kompetenzbestimmungen darstellen, nicht eigentlich darauf abzielten, in diesem Bereich eine Kompetenzverteilung zwischen Bund und Ländern vorzunehmen. Vielmehr bestand insoweit von vornherein kein Zweifel, dass für den Bereich der Verteidigung allein eine Bundeskompetenz in Betracht kommen konnte. Die einschlägigen Regelungen wurden in das Grundgesetz vielmehr mit der viel grundsätzlicheren Absicht eingeführt, die bis dahin aufgrund der Erfahrungen des vorangegangenen Krieges und alliierter Bedenken von Verfassungs wegen nicht wehrbereite Bundesrepublik in einen Staat umzuwandeln, der wieder willens und fähig ist, im Außenverhältnis notfalls mit Gewalt seine Verteidigung zu betreiben. Diese dezidiert materielle Einwirkung auf den Staatscharakter, der sich hinter den einschlägigen Kompetenzbestimmungen zur Wehrverfassung verbirgt, erlaubt es wohl, in der **Wehrfähigkeit** der Bundesrepublik ein **von der Verfassung positiv bewertetes Anliegen**, ja eine verfassungsrechtliche Festlegung auf die Sicherung dieses Anliegens, zu erkennen. Damit war eine als Grundrechtsbegrenzung grundsätzlich taugliche Verfassungsnorm gegeben. Zum Ausgangsfall s. aber noch u. Kap. 16, Die Grundrechte des Art. 4 GG, Rn. 78; wegen des Verhältnisses der Koalitionsfreiheit zu den Gesetzgebungskompetenzen des Bundes aus Art. 74 Abs. 1 Nr. 11, 12 GG u. Kap. 21, Die Grundrechte des Art. 9 GG, Rn. 44).

41   In der zweiten diesbezüglichen Leitentscheidung, dem so genannten **Mephisto-Beschluss** (BVerfGE 30, 173, dazu näher u. Kap. 17, Die Grundrechte des Art. 5 GG, Rn. 91 ff.), sah das BVerfG eine Kollision zwischen der Kunstfreiheit des Verlegers des Romans *Mephisto* (von *Klaus Mann*) und dem allgemeinen Persönlichkeitsrecht (Art. 2 Abs. 1 i.V.m. Art. 1 Abs. 1 GG) von *Gustav Gründgens*, der hinter einer negativ geschilderten Romanfigur als gemeinte Vorlage erkennbar war. Die von seinen Erben gestützt auf § 823 Abs. 1 BGB erwirkte Verurteilung des Verlegers dazu, die Publikation des Buches zu unterlassen, konnte als Einschränkung einer von der Kunstfreiheit geschützten Betätigung nicht aufgrund eines Gesetzesvorbehaltes gerechtfertigt werden.

42   Das BVerfG verlangte nun eine Abwägung zwischen Persönlichkeitsrecht und Kunstfreiheitsgarantie mit dem Ziel der Herstellung praktischer Konkordanz. Diese **Abwägung** wurde aber diesmal **nicht** auf der abstrakten Ebene **für das einschlägige Gesetz** durchgeführt, so dass der § 823 Abs. 1 BGB als solcher auf seine Verfassungsmäßigkeit geprüft worden wäre. Vielmehr unterstellte das BVerfG unausgesprochen die Verfassungsmäßigkeit dieser Vorschrift auch gegenüber der

Ausübung der Kunstfreiheit und beschränkte sich insoweit darauf zu überprüfen, ob ihre **Anwendung** die auf beiden Seiten berührten grundrechtswerten Schutzpositionen zutreffend berücksichtigt hatte.

Die zur Auflösung des Widerspruchs zwischen den Verfassungsbestimmungen notwendige **Abwägungsentscheidung** wird so von der Ebene der Gesetzgebung, für die sie noch im kurz vorher entschiedenen Fall des den Kriegsdienst verweigernden Soldaten global erfolgt war, **auf die der Rechtsanwendung verlagert.** Das einschränkende Gesetz (§ 823 Abs. 1 BGB) wird im Ergebnis (verfassungskonform) dahin verstanden, dass es für Einschränkungen der Kunstfreiheit nur insoweit die Grundlage bilden kann, wie sich diese im Einzelfall bei ordnungsgemäßer Abwägung mit den betroffenen Persönlichkeitsrechten als legitim erweisen. Die Diskrepanz der Abwägungsebenen blieb dabei unkommentiert, die dafür maßgeblichen Verschiedenheiten der Fälle wurden nicht angesprochen. Sie hängen jedenfalls mit dem Grad der Allgemeinheit des Gesetzes zusammen, auf das eine Einschränkung gestützt wird, sowie mit der Möglichkeit, Bewertungen der jeweiligen Kollisionslage allgemeingültig vorzunehmen. Nähere, grundsätzliche Klärungen sind in der Judikatur bis heute nicht erfolgt.

Eine weitere Unklarheit, die den Lösungsentwurf des BVerfG – zumindest in seinen Ursprüngen – kennzeichnet, betrifft die Frage, ob das als Grundrechtsbegrenzung instrumentalisierte sonstige **Verfassungsrecht** die Wirkung einer Schutzbereichsrestriktion hat (**quasi-tatbestandliche Begrenzung**) oder den Gesetzgeber zu Einschränkungen des grundrechtlichen Schutzgutes **ermächtigt** (**Quasi-Gesetzesvorbehalt**). Inzwischen dürfte sich mehr und mehr die letztgenannte Auffassung durchgesetzt zu haben. Dabei tritt allerdings unübersehbar hervor, dass im praktischen Ergebnis vorbehaltlos garantierte Grundrechte eben doch einem (aus kollidierenden Verfassungsbestimmungen begründeten) Gesetzesvorbehalt unterworfen werden. Indes erweist sich die Alternative, dass durch die kollidierende Verfassungsnorm als solche bereits der dem begrenzten Grundrecht verbleibende Schutzumfang abschließend bestimmt werden könnte, als gänzlich undurchführbar. Zudem macht schon der Vorbehalt des Gesetzes, der für alle Grundrechtseingriffe aus dem Rechtsstaatsprinzip folgt (o. Rn. 6), in jedem Falle eine gesetzliche Umsetzung des Anliegens der anderen Verfassungsbestimmung erforderlich (vgl. deutlich etwa BVerfGE 111, 147 [158] m.w.N.), wenn nicht das Grundgesetz selbst Abweichendes vorsieht (o. Rn. 3).

Im Ergebnis ist damit heute bei Beschränkungen vorbehaltlos gewährleisteter oder einem nicht hinreichenden qualifizierten Gesetzesvorbehalt unterworfener Grundrechte (o. Rn. 23, 33) zu prüfen, inwieweit anderen Verfassungsbestimmungen, die dies auf den ersten Blick nicht erkennen lassen, im Wege der Auslegung zusätzliche Begrenzungsgehalte entnommen werden können, die – wie dies ausdrücklich durch die Gesetzesvorbehalte geschieht – den Gesetzgeber stillschweigend zu Einschränkungen des betroffenen Grundrechts ermächtigen. Solchermaßen abgeleitete **Quasi-Gesetzesvorbehalte** sind dadurch **qualifiziert**, dass sie nur Einschränkungen erlauben, die den Wert schützen, dem die als Begrenzung herangezogene Grundgesetzbestimmung verpflichtet ist. Mit diesem Ziel vorgenommene Einschränkungen sind nur zulässig, soweit sie den allgemeinen Anforderungen an

Grundrechtsbeschränkungen genügen, insbesondere verhältnismäßig sind; soweit die grundrechtsbegrenzende Verfassungsbestimmung zugleich verpflichtenden Charakter hat, ist dies unter Berücksichtigung der Anforderungen praktischer Konkordanz zu prüfen (u. Rn. 58, Kap. 10, Anforderungen an Grundrechtsbeeinträchtigungen, Rn. 36 ff., 46).

> **Hinweis:** Der in diesem Zusammenhang zum Teil verwendete Begriff der „verfassungsimmanenten Schranken" (zuletzt etwa BVerfG, NJW 2015, 1359 Rn. 98; s. zur Kritik auch schon o. Rn. 1, 26) ist missverständlich, weil auch die Gesetzesvorbehalte sich aus der Verfassung selbst ergeben und weil bei beiden Formen der Grundrechtsbegrenzung die Beschränkungen erst durch die danach zulässigen Gesetze vorgenommen werden; für solche Gesetze verwendet das Grundgesetz selbst den Begriff der „Schranken" (Art. 5 Abs. 2, Art. 14 Abs. 1 Satz 2, Art. 140 GG i. V. mit Art. 137 Abs. 3 WRV); s. auch o. Rn. 1. Zudem gibt er Anlass zu Missverständnissen gegenüber den vor allem früher verbreitet angenommenen, dem einzelnen Grundrecht immanenten Begrenzungen.

46   Gegenüber gelegentlich recht undifferenzierten Ansätzen seiner früheren Judikatur bei der Annahme begrenzender Verfassungsgehalte hat das **BVerfG** später teilweise betont, dass es eine **restriktivere Linie** für geboten hält. Es hat gegenüber der einschlägigen Kritik (vgl. namentlich die Abw. Meinung der Richter *Mahrenholz* und *Böckenförde*, BVerfGE 69, 1 [57]) bei der Prüfung einer Strafbestimmung insb. zugegeben, dass es unzulässig ist, lediglich aufgrund allgemeinster Prinzipien wie des Schutzes der Verfassung oder der Funktionstüchtigkeit der Strafrechtspflege Einschränkungsmöglichkeiten zu postulieren. Geboten sei vielmehr, anhand einzelner Grundgesetzbestimmungen die konkret geschützten Rechtsgüter festzustellen, die bei realistischer Einschätzung der Tatumstände den Interessen widerstreiten, die das zu begrenzende Grundrecht schützt (BVerfGE 77, 240 [255]). Die Anwendung dieser insoweit überzeugend bestimmten Grundsätze in der Rechtsprechungspraxis will nicht stets überzeugend gelingen (vgl. u. Kap. 17, Die Grundrechte des Art. 5 GG, Rn. 96, Kap. 18, Die Grundrechte des Art. 6 GG, Rn. 43).

47   „[U]ngeschriebene verfassungsimmanente Schranken" zum Schutz der freiheitlichen demokratischen Grundordnung hat BVerfGE 111, 147 (158) allerdings zutreffend mit Rücksicht auf die als **abschließend qualifizierten ausdrücklichen Grundgesetzbestimmungen** mit diesem Ziel abgelehnt. Andererseits hat es das Sozialstaatsprinzip trotz seiner inhaltlichen Unbestimmtheit als prinzipiell taugliche Grundlage für gesetzliche Einschränkungen der Vereinigungsfreiheit qualifiziert (BVerfGE 124, 25 [36 f.]).

c) Grundrechtsbegrenzung bei Besonderen Gewaltverhältnissen

48   Eine besondere Problematik stellt die aus dem Spätkonstitutionalismus des ausgehenden 19. Jahrhunderts überkommene Figur des so genannten „Besonderen Gewaltverhältnisses" dar. Dieses bezeichnet in seiner **ursprünglichen Bedeutung** den Bereich, in dem der Staat zu bestimmten Personen nicht in dem allgemeinen Gewaltverhältnis stand, in dem er als Rechtsstaat gegenüber seinen Untertanen an

den Vorbehalt des Gesetzes gebunden war, sobald er Freiheit und Eigentum des Einzelnen in Anspruch nehmen wollte. Demgegenüber sollte es sich bei den Besonderen Gewaltverhältnissen um Bereiche handeln, in denen der Einzelne dem Staat in besonderer Weise zugeordnet und daher auch weitergehenden Einwirkungsmöglichkeiten unterworfen war. Im Besonderen Gewaltverhältnis sollte der **Staat nicht durch** den **Vorbehalt des Gesetzes gebunden** sein; die damals nur als dessen Ausprägungen verstandenen **Grundrechte** sollten hier ebenfalls **nicht gelten.** Anwendungsfälle waren neben den allerdings schon lange weitgehend verrechtlichten Dienstverhältnissen der Beamten und Soldaten insbesondere Anstaltsverhältnisse der verschiedensten Art, wie namentlich bei Schulen oder auch bei Strafanstalten.

Auch **unter der Geltung des Grundgesetzes** hielt man **zunächst an der** Rechtsfigur des Besonderen Gewaltverhältnisses fest. Es wurde insbesondere **darauf verzichtet, Anstaltsverhältnisse** mit den in ihnen bestehenden Rechten und Pflichten der betroffenen Personen **durch Gesetze zu ordnen.** Das galt auch für den sensitiven Bereich des Strafvollzuges, obwohl es gerade hier zu vielfach besonders gewichtigen Einschränkungen der Grundrechte kam und bis heute kommt. Vom Ansatz der Grundrechtsbegrenzung durch kollidierendes Verfassungsrecht her hätte man hier argumentieren können, dass aufgrund der im Grundgesetz erkennbaren Zulassung der Freiheitsstrafe (vgl. Art. 2 Abs. 2 Satz 3, Art. 102, Art. 103 Abs. 2 und 3, Art. 104 GG) auch die mit einem solchen Strafvollzug notwendigerweise verbundenen Grundrechtsbeeinträchtigungen zulässig sein müssten.   49

Geht man davon aus, dass kollidierendes Verfassungsrecht allenfalls in der Weise grundrechtsbegrenzend wirksam werden kann, dass es die Grundlage für gesetzliche Einschränkungsregelungen schafft, für die ein hinreichender Gesetzesvorbehalt sonst nicht zur Verfügung steht, so wird deutlich, dass auch bei einer solchen Konstruktion an der Notwendigkeit einer gesetzlichen Grundlage dieses Anstaltsverhältnisses nichts zu ändern war. Dementsprechend hat das BVerfG (recht spät) die **Rechtsfigur des Besonderen Gewaltverhältnisses** mit ihren besonderen Rechtsfolgen im berühmten Strafgefangenenbeschluss ein für allemal **verabschiedet** (BVerfGE 33, 1; s. auch u. Kap. 22, Das Brief-, Post- und Fernmeldegeheimnis nach Art. 10 GG, Rn. 18). Dies schließt nicht aus, dass bei nur im Rahmen der allgemein gültigen Grundrechtsbegrenzungen zulässigen gesetzlichen Regelungen solcher Verhältnisse aufgrund ihrer sachlichen Gegebenheiten Grundrechtseinschränkungen zulässig sein können, die außerhalb eines solchen Sonderverhältnisses nicht möglich wären. Dies zeigt sich im positiven Verfassungsrecht beispielhaft etwa an Art. 17a Abs. 1 GG, der für die besonderen Verhältnisse des Wehrdienstes und des Ersatzdienstes ausdrücklich zusätzliche Einschränkungsmöglichkeiten für die dort genannten Grundrechte schafft.   50

Der **Abschied vom Besonderen Gewaltverhältnis** erwies sich allerdings bald als eher **halbherzig.** So hat das BVerfG zwar im Strafgefangenenbeschluss gefordert, es müsse eine möglichst bestimmte gesetzliche Regelung der einschlägigen Grundrechtsbeschränkungen stattfinden. Es akzeptierte aber schon bald darauf den § 119 Abs. 3 StPO a.F. als ausreichende Grundlage für **alle** danach mit der **Untersuchungshaft verbundenen Grundrechtseinschränkungen,** obwohl diese Vorschrift ganz allgemein alle Beschränkungen zuließ, die entweder durch den   51

Zweck der Untersuchungshaft oder aber durch die Ordnung in der Anstalt geboten waren (BVerfGE 35, 311 [316 ff.]; s. auch u. Kap. 22, Das Brief-, Post- und Fernmeldegeheimnis nach Art. 10 GG, Rn. 18).

52   Damit bleiben die Rechtsgrundlagen für den Vollzug der Untersuchungshaft hinsichtlich ihrer Bestimmtheit bis heute deutlich hinter denen zurück, die mit dem Strafvollzugsgesetz für die Freiheitsstrafe geschaffen worden sind. Die vom BVerfG zur Untersuchungshaft entwickelte Auffassung begnügt sich mit **derart allgemeinen gesetzlichen Grundlagen**, dass im Ergebnis **kaum ein Unterschied** zu der überholten Konstruktion eines Besonderen Gewaltverhältnisses bleibt. Denn danach reicht es aus, ein in der Verfassung angelegtes „Besonderes Gewaltverhältnis" in einer gesetzlichen Bestimmung aufzugreifen, die nur auf Sinn und Zweck des Sonderverhältnisses hinweist.

3. Zusammenfassung

53   • Auch bei vorbehaltlos gewährleisteten Grundrechten, also Grundrechtsbestimmungen, die keinem Gesetzesvorbehalt unterworfen sind, sind die zum Teil unabweisbar notwendigen gesetzlichen Einschränkungen nicht schlechthin ausgeschlossen.
      • Solche Begrenzungen können sich nach der ständigen Rechtsprechung des BVerfG allein aus dem Verfassungsrecht ergeben. Ob sich aus einer Verfassungsnorm begrenzungstaugliche Inhalte ableiten lassen, muss sorgfältig geprüft werden.
      • Begrenzungsgehalte von Verfassungsnormen werden nicht als quasi-tatbestandliche Begrenzung, sondern als Quasi-Gesetzesvorbehalt wirksam, weil nicht der Schutzgegenstand des begrenzten Grundrechts verkürzt, sondern der Gesetzgeber zu seiner Einschränkung ermächtigt wird.
      • Grundrechte gelten auch in sog. Besonderen Gewaltverhältnissen, die durch eine besonders enge, mit erhöhten wechselseitigen Pflichten verbundene Rechtsbeziehung zwischen Staat und Bürger gekennzeichnet sind. Grundrechtseinschränkungen sind auch hier nur durch Gesetze möglich, die durch Grundrechtsbegrenzungen gedeckt sind.

IV. Grundrechtskollisionen

54   Als Grundrechtskollisionen werden die Situationen bezeichnet, in denen für einen Lebenssachverhalt grundrechtlich geschützte Positionen verschiedener Grundrechtsträger in gegenläufiger Richtung von Bedeutung sind. Grundrechtsdogmatisch stellt sich dies regelmäßig so dar, dass einem Grundrechtsberechtigten **Grundrechtsbeschränkungen** auferlegt werden, **um** die **grundrechtlichen Interessen** des anderen Grundrechtsträgers **zu schützen**. Damit betrifft die Frage der Grundrechtskollisionen dogmatisch die Möglichkeiten zur Einschränkung von Grundrechten.

Solche Kollisionslagen können – wie am Beispiel des Mephisto-Beschlusses gezeigt (o. Rn. 41 ff.) – vorbehaltlos garantierte Grundrechte wie die Kunstfreiheit betreffen, aber genauso bei Grundrechten mit Gesetzesvorbehalten auftreten, wie etwa beim Verbot des Schwangerschaftsabbruchs, das Persönlichkeitsrechte der Mutter beschränkt, um das Lebensgrundrecht des ungeborenen Kindes zu schützen (BVerfGE 88, 203 [253 f.]).

Im einfachsten Fall, der vielfach gar nicht besonders als Grundrechtskollision **55** besonders ausgewiesen wird, geht es darum, dass auf der Grundlage des einem Grundrecht beigefügten **Gesetzesvorbehalts Einschränkungsregelungen** getroffen werden, um auf diese Weise grundrechtliche Interessen anderer Beteiligter zu schützen. Die **Grundrechtskollision** muss in diesen Fällen nicht schon zur Begründung der Grundrechtsbegrenzung berücksichtigt werden, sondern wird erst bei den Anforderungen relevant, die an die auf Gesetzesvorbehalte gestützten Grundrechtsbeschränkungen im Rahmen der (ggf. im Hinblick auf die Herstellung praktischer Konkordanz der beteiligten Verfassungsgüter modifizierten) **Verhältnismäßigkeitsprüfung** (u. Kap. 10, Anforderungen an Grundrechtsbeeinträchtigungen, Rn. 36 ff., 46) zu stellen sind. Der Schutz der anderen Grundrechte ist dabei ein verfassungsrechtlich legitimes Ziel, das grundsätzlich die Ausnutzung des Gesetzesvorbehalts rechtfertigen kann. Erweisen sich die einschränkenden Regelungen als zu diesem Zwecke geeignet und erforderlich, stehen sich die den Schutzzweck des Gesetzes bildenden Grundrechte der anderen einerseits, die eingeschränkten Grundrechtspositionen andererseits auf der Verfassungsebene in einer „Kollisionslage" gegenüber.

Beispiel:
Der durch Art. 2 Abs. 1 i.V.m. Art. 1 Abs. 1 GG grundrechtlich garantierte Schutz der Persönlichkeit kann im Rahmen der Begrenzung gem. Art. 5 Abs. 2 GG gesetzliche Einschränkungen des Grundrechts auf Freiheit der Berichterstattung durch den Rundfunk nach Art. 5 Abs. 1 Satz 2 GG rechtfertigen (BVerfGE 35, 202 [219 ff.]).

Spezifischere Bedeutung erlangen Grundrechtskollisionen dann, wenn es um die **56** **Einschränkung vorbehaltloser Grundrechte** geht. In diesen Fällen müssen der Grundrechtsbestimmung, die die durch das Gesetz geschützten Grundrechtsinteressen beinhaltet, zunächst Begrenzungsgehalte gegenüber dem eingeschränkten Grundrecht entnommen werden, um überhaupt die für diese Einschränkung notwendige verfassungsrechtliche Grundlage zu begründen. Nach der Judikatur des BVerfG zur Grundrechtsbegrenzung ist dies grundsätzlich bei allen Grundrechtsbestimmungen des Grundgesetzes möglich. Diese werden damit über ihre primäre Zielrichtung, die grundrechtlichen Individualbelange vor der Staatsgewalt zu schützen, um eine Bedeutungsdimension erweitert, die darin besteht, dass sie zusätzlich **andere Grundrechtspositionen**, deren Ausübung die geschützten Grundrechtsgüter gefährden könnte, **begrenzen**, in dem sie den Gesetzgeber zu schützenden Einschränkungen ermächtigen und so als Ersatz für den fehlenden Gesetzesvorbehalt fungieren.

Beispiel:

Der grundrechtliche Persönlichkeitsschutz begrenzt das vorbehaltlos gewährte Grundrecht auf Kunstfreiheit nach Art. 5 Abs. 3 Satz 1 GG, so dass gesetzliche Einschränkungen – wie durch § 823 Abs. 1 BGB – zulässig sein können (BVerfGE 30, 173 [195 ff.]; s. schon o. Rn. 41 ff.).

57   Ob eine Grundrechtsbestimmung eine andere Grundrechte begrenzende Nebenbedeutung besitzt, ist allerdings keineswegs selbstverständlich, sondern – ebenso wie bei sonstigen Verfassungsbestimmungen (o. Rn. 45 f.) – jeweils sorgfältig zu begründen; eine verfassungsrechtliche Auftragsbestimmung zur Förderung bestimmter grundrechtlicher Belange kann durchaus dahin zu verstehen sein, dass sie nur im Rahmen der unberührt bleibenden Vorgaben der (anderen) Grundrechte (und sonstigen Verfassungsbestimmungen) zu erfüllen ist (s. für den Förderauftrag des Art. 3 Abs. 2 Satz 2 GG u. Kap. 15, Die Gleichheitssätze des Art. 3 GG, Rn. 119 f.). Schutzpflichten sollen „immer nur" durch verfassungsrechtlich unbedenkliche Mittel erfüllt werden dürfen (BVerfGE 115, 118 [160]). Zu diesen Mitteln gehören auch solche, die erst aufgrund einer Begrenzungswirkung der die Schutzpflicht begründenden Grundrechtsbestimmung gegenüber dem einzuschränkenden Grundrecht verfassungsrechtlich legitimiert werden.

58   Kommen einer Grundrechtsbestimmung zugleich begrenzende Wirkungen gegenüber anderen Grundrechten zu, wird sie vielfach zugleich **Schutzpflichten für den Gesetzgeber** erzeugen (o. Kap. 4, Subjektive Grundrechte und objektive Grundrechtsgehalte, Rn. 27 ff., 63), so dass neben den Eingriffsermächtigungen des Gesetzgebers auch entsprechende Verpflichtungen zu gesetzgeberischer Tätigkeit begründet werden. Unter diesem Aspekt hat der Begriff der „Grundrechtskollisionen" eine besondere sachliche Berechtigung, und zwar auch bei Grundrechtsbeschränkungen aufgrund von Gesetzesvorbehalten. Denn in solchen Fällen stehen sich in der Tat **gegenläufige verfassungsrechtliche Verpflichtungen** des Gesetzgebers gegenüber: Während ihn die schutzpflichtbegründende Grundrechtsnorm dazu verpflichtet, ihre grundrechtlichen Schutzgüter vor Eingriffen und Verkürzungen durch Dritte zu bewahren, ist er zugleich durch den Abwehrgehalt der Grundrechte in die Pflicht genommen, die einzuschränkenden Freiheiten dieser Dritten zu respektieren. Dabei ist er gehalten, im Rahmen der ihm verfassungsrechtlich offen stehenden Möglichkeiten beiden verfassungsrechtlichen Pflichten möglichst weitgehend zu entsprechen und damit praktische Konkordanz beider berührter Grundrechtspositionen herzustellen (näher Kap. 10, Anforderungen an Grundrechtsbeeinträchtigungen, Rn. 46).

59   Entscheidend ist auch hier, dass bei der **Überprüfung grundrechtsbeschränkender Schutzgesetze** nicht von vornherein pauschal in eine freihändige Abwägung kollidierender Grundrechtspositionen eingetreten wird, sondern dass die Eigenart der Grundrechtsposition berücksichtigt wird, um deren Verletzung es jeweils geht. Auch zur Erfüllung einer Schutzpflicht vorgenommene gesetzliche Grundrechtsbeschränkungen bedürfen der Rechtfertigung durch eine Grundrechtsbegrenzung. Soweit beim beschränkten Grundrecht Gesetzesvorbehalte fehlen, ist zunächst zu klären, ob die Beschränkungen auf zusätzliche Begrenzungsgehalte der geschützten Grundrechtsbestimmungen gestützt werden können, bevor weitere Anforderungen,

zumal ihre Verhältnismäßigkeit (u. Kap. 10, Anforderungen an Grundrechtsbeeinträchtigungen, insbes. Rn. 36 ff.), untersucht werden. Bleibt andererseits der Gesetzgeber (mehr oder weniger) untätig, sind umgekehrt für die damit gestellte Frage der Verletzung einer grundrechtlichen Schutzpflicht die dem Gesetzgeber durch die Freiheitsrechte der abzuwehrenden Störer gezogenen Grenzen möglicher Schutzvorkehrungen zu beachten. Soweit diese Freiheitsrechte unter Gesetzesvorbehalt garantiert sind oder die schutzpflichtbegründende Grundrechtsbestimmung den Gesetzgeber zugleich zu ihrer Einschränkung ermächtigt, ist das Maß des verfassungsrechtlich effektiv gebotenen Schutzes unter Berücksichtigung der Anforderungen praktischer Konkordanz (o. Rn. 45, Kap. 10, Anforderungen an Grundrechtsbeeinträchtigungen, Rn. 46) zu bestimmen.

▶   Hinweis: Gelegentlich ist in diesen Zusammenhängen auch von „mehrpoligen Grundrechtsverhältnissen" die Rede (etwa BVerfGE 128, 326 [371]; 137, 273 Rn. 129, 144), ohne dass damit ein erkennbarer Erkenntnisgewinn verbunden wäre.

Zusammenfassung

- Mit dem Begriff der Grundrechtskollision werden Situationen bezeichnet, **60** in denen für einen Lebenssachverhalt grundrechtlich geschützte Positionen verschiedener Grundrechtsträger in gegenläufiger Richtung von Bedeutung sind.
- Bei Grundrechtskollisionen geht es um Möglichkeiten zur Grundrechtseinschränkung, die einem Grundrechtsberechtigten auferlegt werden, um die grundrechtlichen Interessen des anderen Grundrechtsträgers zu schützen.
- Besondere Bedeutung entfalten Grundrechtskollisionen bei vorbehaltlosen Grundrechten, gegenüber denen andere Grundrechte als prinzipiell begrenzungstaugliches kollidierendes Verfassungsrecht fungieren.
- Spezifische Grundrechtskollisionen, in denen der Gesetzgeber gegenläufigen verfassungsrechtlichen Verpflichtungen ausgesetzt ist, bestehen, wenn die begrenzend wirkende Grundrechtsbestimmung auch Schutzpflichten begründet, während der Abwehrgehalt des begrenzten Grundrechts den Gesetzgeber verpflichtet, die geschützten Freiheiten des Störers zu respektieren.
- Grundrechtliche Schutzpflichten dürfen nur mit Mitteln erfüllt werden, deren Einsatz mit der Verfassung in Einklang steht. Grundrechtseingriffe zur Erfüllung der Schutzpflicht können auch bei vorbehaltlosen Grundrechten nach Maßgabe praktischer Konkordanz zulässig sein, wenn die die Schutzpflicht begründende Grundrechtsbestimmung zugleich einen das andere Grundrecht begrenzenden Gehalt aufweist.

V. Grundpflichten

61   Eine vollständige Regelung der grundsätzlichen Rechtsstellung des Einzelnen in der staatlichen Ordnung könnte sich nicht auf die Grundrechte beschränken, sondern müsste auch **grundsätzliche Pflichten des Einzelnen gegenüber der staatlichen Gemeinschaft** einbeziehen. Tatsächlich ist die verfassungsrechtliche Stellung des Individuums vielfach unter Berücksichtigung auch derartiger Verpflichtungen ausgeformt worden. So enthielt etwa schon die **Französische Verfassung von 1795** – abweichend von den vorhergehenden Verfassungen – eine „Déclaration des droits et des devoirs de l'homme et du citoyen". In Deutschland waren die auf die Stellung des Einzelnen bezogenen Abschnitte in den Verfassungen des 19. Jahrhunderts regelmäßig auf die Rechte und Pflichten der Untertanen bezogen. Entsprechend stand noch der Zweite Hauptteil der **Weimarer Verfassung** von 1919 unter der Überschrift „Grundrechte und Grundpflichten der Deutschen"; die frühen Nachkriegsverfassungen in den Ländern schlossen sich dieser Tradition weitgehend an.

▸   **Hinweis:** Vgl. von den noch geltenden Landesverfassungen namentlich die entsprechend überschriebenen Hauptteile der Verfassungen in Bayern und Bremen, ähnlich auch in Rheinland-Pfalz.

62   Als **traditionelle Fälle von Grundpflichten** sind in erster Linie die **Wehrpflicht** und die **Steuerpflicht** hervorzuheben. Mit der Erfüllung dieser Pflichten leistet der Einzelne seinen Beitrag dazu, dass die staatliche Gemeinschaft ihrer Schutzaufgabe nach außen und nach innen gerecht werden kann. Von allgemeiner Bedeutung sind ferner die **Friedenspflicht** und die **allgemeine Treuepflicht** des Bürgers. Mit der Vervollständigung des Rechtsstaates erschienen diese wie andere, speziellere Grundpflichten mehr und mehr als bloße Anwendungsfälle einer umfassenden, dann allerdings nur formalen Grundpflicht, nämlich der **Pflicht zum Gesetzesgehorsam**.

63   In der Tat scheint die **Betonung von Grundpflichten neben** der als selbstverständlich vorauszusetzenden **Pflicht zum Gesetzesgehorsam normativ entbehrlich**. Die gleichgewichtige Erwähnung von Grundpflichten neben Grundrechten und im minderen Maße die Aufnahme von Grundpflichten in die Verfassung überhaupt haben denn auch mehr symbolischen Gehalt als praktische rechtliche Auswirkungen. Unter diesem Gesichtspunkt ist es nur allzu verständlich, dass das Grundgesetz nach der Phase der völkischen Totalinpflichtnahme durch den NS-Staat darauf verzichtet hat, den Gedanken von Grundpflichten verfassungsrechtlich zu betonen; es konnte insoweit auch an die Tradition der Paulskirche anknüpfen, die 1849 ihren Abschn. VI. lediglich den Grundrechten des deutschen Volkes gewidmet hatte (o. Kap. 1, Die Geschichte der Grundrechte, Rn. 9).

64   Der Gedanke von **Grundpflichten** ist dem **Grundgesetz** allerdings auch nicht vollständig fremd. Vielmehr ist im nachträglich eingefügten **Art. 12a GG** die Wehrpflicht jedenfalls als Möglichkeit anerkannt worden. Auch das ursprüngliche Grundgesetz sah im Grundrechtsteil schon einige Elemente vor, die Verpflichtungen des Einzelnen zum Gegenstand haben, wie etwa **Art. 6 Abs. 2 GG**, wonach die

Eltern (auch) die Pflicht trifft, ihre Kinder zu pflegen und zu erziehen, oder **Art. 5 Abs. 3 Satz 2 GG**, wonach der wissenschaftliche Lehrer eine Pflicht zur Verfassungstreue hat. Die Gehorsamspflicht gegenüber den Gesetzen ist ohnehin zentrales Element jeder (rechts-)staatlichen Ordnung, die Steuerpflicht wird in den Verfassungsbestimmungen über die Kompetenzen zur Steuererhebung und ihre Verteilung, Art. 105 ff. GG, mit größter Selbstverständlichkeit vorausgesetzt.

Die fehlende verfassungsrechtliche Hervorhebung von Grundpflichten bedeutet **65** nicht, dass die **Begründung** entsprechender **gesetzlicher Verpflichtungen** von vornherein ausgeschlossen wäre. Sie bedarf jedoch der Legitimation, da jede Verpflichtung des Einzelnen durch die Staatsgewalt eine **Einschränkung grundrechtlicher Freiheit** darstellt. Verfassungsrechtlicher Maßstab sind insoweit in erster Linie die Grundrechtsbestimmungen, an die auch eine Gesetzgebung gebunden wäre, die als grundlegend bedeutsam erachtete Pflichten begründen wollte. Die maßgeblichen rechtlichen Grundlagen, um solche Pflichten des Einzelnen gesetzlich zu verankern, bilden allein die den Grundrechten zugehörigen Begrenzungen (o. Rn. 1, 5), zu denen auch Verpflichtungsbestimmungen, wie z. B. Art. 6 Abs. 2 Satz 1 GG, gehören können. Ob und inwieweit dem Einzelnen gesetzliche Pflichten auferlegt werden dürfen, ist – mangels besonderer verfassungsrechtlicher Grundlage – allein von den Begrenzungen der betroffenen Grundrechte her zu beantworten. Die überkommene Konzeption von Grundpflichten vermag als solche mangels Verankerung in der Verfassung keine weitergehende Legitimation für Grundrechtseinschränkungen zu bieten.

Beispiel:
Die in §§ 1 ff. WPflG (praktisch nur noch für den Spannungs- oder Verteidigungsfall) vorgesehene allgemeine Wehrpflicht ist durch Art. 12a Abs. 1 GG gedeckt, der die mit der Erfüllung dieser Pflicht zwangsläufig oder doch nahe liegender Weise verbundenen Grundrechtsbeeinträchtigungen grundsätzlich zu rechtfertigen vermag (dazu BVerfGE 48, 127 [159 ff.]); näher u. Kap. 24, Die Grundrechte des Art. 12 GG, Rn. 88 ff.

Zusammenfassung

- So genannte Grundpflichten, die grundsätzlich bedeutsame Pflichten des   **66**
  Einzelnen gegenüber der staatlichen Gemeinschaft begründen, sind dem
  Grundgesetz nicht grundsätzlich fremd. Das belegen die in Art. 12a GG
  verankerte Wehrpflicht und die in den Art. 105 ff. GG vorausgesetzte Steuerpflicht.
- Grundpflichten sind im Grundgesetz nicht als den Grundrechten gleichrangige Verfassungselemente verankert; einschlägige Verpflichtungen müssten vielmehr durch grundrechtsbeschränkende Gesetze geregelt und vor den beschränkten Grundrechten im Rahmen ihrer Begrenzungen gerechtfertigt werden.

VI. Grundrechtsverwirkung

67   Der in der deutschen Verfassungsentwicklung neuartige Art. 18 GG gehört (wie die
Grundrechtsbegrenzung des Art. 9 Abs. 2 GG und das Parteiverbot des Art. 21 Abs. 2
GG) in den Kreis der Bestimmungen des Grundgesetzes, die als **Ausdruck wehr-
hafter Demokratie** die freiheitliche demokratische Grundordnung davor schützen
sollen, von ihren Gegnern mit Hilfe ihrer freiheitlichen Garantien beseitigt oder in
Gefahr gebracht zu werden. Die nur bei der Umstellung des Asylrechts einmal
redaktionell geänderte Bestimmung ist bis heute ohne praktische Bedeutung geblieben. Ihr Ziel kann in der Tat durch strafrechtliche Staatsschutzbestimmungen und
administrativen Verfassungsschutz schon im Rahmen der allgemeinen Grundrechtsbegrenzungen ausreichend gewährleistet werden.

68   Die **tatbestandlichen Voraussetzungen** der Grundrechtsverwirkung bestehen
nach Art. 18 Satz 1 GG darin, dass ein Grundrechtsberechtigter eines oder mehrere
der aufgeführten Grundrechte zum Kampf gegen die freiheitliche demokratische
Grundordnung missbraucht. Der für sich genommen problematische **Missbrauchs-
begriff** erhält durch den Kontext klare Konturen, indem er alle unter dem Schutz
der bezeichneten Grundrechte zur Beseitigung der freiheitlichen demokratischen
Grundordnung (zum Begriff BVerfGE 2, 1 [12 f.]) entfalteten, diese ernstlich
gefährdenden Aktivitäten erfasst.

69   Dieser Ansatz passt ohne weiteres bei den Freiheitsrechten der Meinungsäußerungsfreiheit, Pressefreiheit, Versammlungsfreiheit, die in dem verfassungsfeindlichen Sinne ausgeübt werden können. Bei den anderen in Art. 18 GG angesprochenen
Grundrechten ist darauf abzustellen, ob ihre je unterschiedliche **Schutzwirkung
ausgenutzt** wird, um die freiheitliche demokratische Grundordnung zu bekämpfen.
Die Vereinigungsfreiheit kann genutzt werden, um Verfassungsfeinde zu organisieren, die Kommunikationsgeheimnisse gewährleisten die Möglichkeit heimlicher
Aktionen gegen die freiheitliche demokratische Grundordnung, das Eigentum kann
zu ihrer Finanzierung genutzt werden, das Asylrecht schließlich schützt den Aufenthalt im Inland, der die Voraussetzung aller nicht von außen geführten Angriffe
auf die Verfassungsordnung bietet.

70   Als **Grundrechtsberechtigte** von der Grundrechtsverwirkung bedroht sind grundsätzlich **natürliche** Personen, aber auch die inländischen **juristischen Personen**,
denen die meisten der verwirkungsfähigen Grundrechte nach Art. 19 Abs. 3 GG
zustehen können. Insoweit kann es zu einer Konkurrenz mit Art. 9 Abs. 2 GG kommen. Eine Verwirkung scheidet aus, wenn eine Person keine Grundrechte hat (ausländische juristische Personen) und soweit sie keine hat. Daher können Ausländer
die Deutschengrundrechte nach Art. 8 und 9 Abs. 1 GG nicht verwirken.

▶   **Hinweis:** Mit Rücksicht darauf, dass missbrauchtes und verwirktes
Grundrecht nicht übereinstimmen müssen (u. Rn. 77), ist allerdings daran
zu denken, bei Ausländern Kampfaktionen durch Vereinigungen oder
Versammlungen für einen Verwirkungsausspruch hinsichtlich der anderen
Grundrechte ausreichen zu lassen. Dagegen spricht freilich neben dem
Wortlaut des Art. 18 Satz 1 GG der Umstand, dass es Sache der Staatsgewalt

ist, ungehindert durch die einschlägigen Spezialgrundrechtsnormen derartigen Aktivitäten von Ausländern entgegenzutreten.

Die **Verwirkung** von Grundrechten als die **Rechtsfolge** des Art. 18 GG ist in Satz 1 **71** so angesprochen, als ginge es um eine ipso iure eintretende Konsequenz der Verwirklichung des Tatbestandes des Grundrechtsmissbrauchs. Demgegenüber zeigt Satz 2 unmissverständlich, dass die Verwirkung keineswegs von allein eintritt, sondern von einem **vorherigen Ausspruch des BVerfG** abhängt. Die Einzelheiten des dazu nötigen Verfahrens sowie des Entscheidungsinhalts sind in den §§ 36 bis 41 BVerfGG geregelt.

Welche **Bedeutung** eine vom BVerfG festgestellte Verwirkung hat, ist im **72** Grundgesetz nicht näher erläutert. In Anlehnung an die Verwendung des Verwirkungsbegriffs in anderen Rechtsgebieten und im Anschluss an die entstehungsgeschichtlichen Diskussionen geht es jedenfalls darum, dass der **Betroffene den Schutz durch das verwirkte Grundrecht einbüßt**. Soweit sein subjektives Grundrecht (einschließlich subjektiver Wirkungen aufgrund sog. objektiv-rechtlicher Grundrechtsgehalte) verwirkt ist, kann er es nicht mehr geltend machen, muss das Grundrecht von der grundrechtsgebundenen Staatsgewalt ihm gegenüber nicht mehr beachtet werden.

Dieser Verlust des Grundrechtsschutzes bedeutet im grundgesetzlichen Rechts- **73** staat nicht, dass der Betroffene vogelfrei wäre. Zum einen stehen ihm seine **nicht von der Verwirkung erfassten Grundrechte** unverändert zu. Eingriffe, die Schutzgegenstände eines verwirkten Grundrechts einschränken, sind dadurch nicht dem Rechtfertigungszwang im Hinblick auf konkurrierend eingreifende Grundrechte (allgemein u. Kap. 11, Grundrechtskonkurrenzen) enthoben.

> **Beispiel:**
> Auch bei verwirkter Meinungsäußerungs- und Pressefreiheit greift zugunsten künstlerischer Äußerungen Art. 5 Abs. 3 Satz 1 GG ein.

Auch innerhalb der Reichweite der Verwirkung gelten die **allgemeinen rechts-** **74** **staatlichen Anforderungen** weiter; dies betrifft neben Anforderungen an die Gesetzgebung (etwa: Bestimmtheit, Rückwirkungsverbot) namentlich die **Gesetzmäßigkeit der zweiten und dritten Gewalt**, Art. 20 Abs. 3 GG. Verwaltung und Gerichte müssen die Gesetze auch zugunsten derjenigen anwenden, die einschlägige Grundrechte verwirkt haben, und zwar auch in einer generell gebotenen verfassungskonformen Auslegung; sie sind zu gesetzlosen Übergriffen auf Freiheit und Eigentum auch insoweit nicht ermächtigt, wie deren Grundrechtsschutz verwirkt ist. Soweit allerdings im Einzelfall eine Abwägung mit durch verwirkte Grundrechte geschützten Interessen geboten wäre, fällt diese zum Nachteil der Betroffenen ersatzlos aus.

> ▶ **Hinweis:** Das sonst verdrängte Auffanggrundrecht des Art. 2 Abs. 1 GG
> dürfte bei Verwirkung des speziellen Grundrechts aufleben. Dies ergibt
> sich daraus, dass die Verwirkung der Deutschengrundrechte aus Art. 8 und

Art. 9 Abs. 1 GG, die bei Ausländern ausscheidet, nicht dazu führen kann, dass diese besser stehen, obwohl ihnen diese Grundrechte von vornherein nicht zustehen. Damit bleibt auch im Falle der Verwirkung auch subjektiv-rechtlich der Mindestgrundrechtsschutz aus Art. 2 Abs. 1 GG in jedem Fall gewährleistet, über den etwa rechtsstaatswidrige Gesetze erfasst wären.

75   Die **Gesetzgebung** allerdings hat die Möglichkeit, für die von einer Grundrechts-verwirkung betroffenen Personen **Sonderrecht zu schaffen**, ohne dabei auf die ver-wirkten Grundrechte Rücksicht nehmen zu müssen. Soweit der Grundrechtsschutz durch die Verwirkung entfallen ist, sind solche Regelungen keine Grundrechtsein-schränkungen. Einschlägige Regelungen müssen weder durch Grundrechtsbegren-zungen gedeckt sein, noch müssen sie irgendwelchen speziellen oder allgemeinen Anforderungen genügen, die andernfalls eingreifen würden, auch nicht dem Grund-satz der Verhältnismäßigkeit (s. aber u. Rn. 78).

> **Beispiele:**
> So könnten der Gebrauch der verwirkten Lehrfreiheit gesetzlich verboten, die Beachtung der verwirkten Kommunikationsgeheimnisse den Behörden freige-stellt, die entschädigungslose Einziehung verwirkten Eigentums zugelassen oder angeordnet werden.

76   Die Gesetzgebung hat diese Möglichkeiten bislang nicht in der aufgezeigten Weise genutzt. Doch ist durch § 39 Abs. 1 Satz 3 BVerfGG das **BVerfG ermächtigt** wor-den, bei Feststellung einer Grundrechtsverwirkung dem Betroffenen **Beschränkun-gen aufzuerlegen**, auf deren Basis die Verwaltungsbehörden nach Satz 4 der Vorschrift ohne weitere gesetzliche Grundlage vorgehen können. Nicht verwirkte Grundrechte dürfen dabei nicht beeinträchtigt werden. Die nach § 39 Abs. 2 BVerfGG vorgesehene Aberkennung des Wahlrechts, der Wählbarkeit und der Fähigkeit zur Bekleidung öffentlicher Ämter bedeutet Beschränkungen der nicht der Verwirkung unterworfenen grundrechtsgleichen Rechte aus Art. 33 Abs. 2 und Art. 38 GG, die daher vor diesen im Rahmen der allgemeinen Grundrechtsbegren-zungen gerechtfertigt werden müssen.

77   Nach Art. 18 Satz 2 GG spricht das BVerfG nicht nur die Verwirkung, sondern auch ihr **Ausmaß** aus. Dies betrifft zum einen die Frage, **welche Grundrechte** im Einzelfall verwirkt sind (vgl. § 39 Abs. 1 Satz 1 BVerfGG). Während der Wortlaut des Art. 18 Satz 1 GG es nahe legen könnte, dass nur die jeweils missbrauchten Grundrechte verwirkt werden können, spricht die gefahrenabwehrende Zielsetzung der Regelung dafür, das Ausmaß der Verwirkung an dem **Gefahrenpotenzial** zu bemessen, das die in Art. 18 Satz 1 GG genannten **verwirkungsfähigen Grund-rechte insgesamt** im jeweiligen Fall begründen.

> **Beispiel:**
> Daher wäre es nach einem Missbrauch nur der Pressefreiheit durch einen vermö-genden Verleger durchaus möglich, auch sein Eigentumsgrundrecht für verwirkt

zu erklären, falls damit zu rechnen ist, dass er anderweitige verfassungsfeindliche Bestrebungen finanzieren würde.

Bei der Entscheidung über das Ausmaß der Verwirkung ist das BVerfG rechtlich **78** durch die **Notwendigkeiten der Abwehr** der Gefahr für die freiheitliche demokratische Grundordnung gebunden, hat aber dabei zwangsläufig einen nicht unerheblichen Einschätzungsspielraum. Da die Verwirkungsentscheidung auf ein noch vorhandenes Grundrecht trifft, ist sie an den **Grundsatz der Verhältnismäßigkeit** gebunden, namentlich unter dem Aspekt der Erforderlichkeit. Diesem Gedanken entsprechen auch die Möglichkeiten des BVerfG, die Verwirkung von vornherein zu befristen (§ 39 Abs. 1 Satz 2 BVerfGG) oder sie später ganz oder teilweise aufzuheben bzw. ihre Dauer abzukürzen (§ 40 BVerfGG).

VII. Zusammenfassung

- Die Grundrechtsverwirkung nach Art. 18 GG setzt als Grundrechtsmiss- **79** brauch voraus, dass eines der in Satz 1 genannten Grundrechte zum Kampf gegen die freiheitliche demokratische Grundordnung genutzt wird.
- Die Grundrechtsverwirkung tritt als Folge des Grundrechtsmissbrauchs nicht ipso iure ein, sondern nur aufgrund eines dem BVerfG vorbehaltenen Verwirkungsausspruchs.
- Die Rechtsfolge der Grundrechtsverwirkung besteht darin, dass im Umfang der Verwirkung der einschlägige Grundrechtsschutz entfällt; andere grundrechtliche und rechtsstaatliche Anforderungen an Einwirkungen der Staatsgewalt auf Betroffene bleiben bestehen.
- Die Gesetzgebung kann für Fälle der Grundrechtsverwirkung Sondergesetze erlassen, die nicht an die verwirkten Grundrechte gebunden sind.
- Durch das BVerfGG ist das BVerfG ermächtigt, im Bereich verwirkter Grundrechte konkrete Beschränkungen anzuordnen, auf deren Basis die Behörden ohne weitere gesetzliche Grundlage einschreiten können.
- Das BVerfG hat den Umfang der Verwirkung nach Maßgabe seiner Einschätzung des Gefährdungspotenzials für die freiheitliche demokratische Grundordnung unter Berücksichtigung des Grundsatzes der Verhältnismäßigkeit festzulegen.
- Die Verwirkung kann nicht nur das missbrauchte Grundrecht betreffen, sondern in ihrem Umfang auf alle in Art. 18 Satz 1 GG genannten Grundrechte erstreckt werden.

Anforderungen an Grundrechtsbeeinträchtigungen

10

Inhalt

Literatur zu I.: *Christian Hillgruber,* § 201, Grundrechtsschranken, in: HStR IX[3], 2011, S. 1033, § 201 Rn. 33 ff.; *Juliane Kokott,* § 22, Grundrechtliche Schranken und Schrankenschranken, in: HGR I, 2004, S. 853 (884 ff.); *Klaus Stern,* § 83, Die formellen Schranken, in: *ders.,* Staatsrecht III/2, 1994, S. 692; *Wolfram Höfling,* Grundrechtstatbestand – Grundrechtsschranken – Grundrechtsschrankenschranken, Jura 1994, 169; *Cremer,* Der Osho-Beschluss des BVerfG, JuS

© Springer-Verlag Berlin Heidelberg 2017
M. Sachs, *Verfassungsrecht II - Grundrechte*, Springer-Lehrbuch,
DOI 10.1007/978-3-662-50364-5_10

2003, 747 ff.; *P. M. Huber,* Die Informationstätigkeit der Öffentlichen Hand – ein grundrechtliches Sonderregime aus Karlsruhe?, JZ 2003, 290 ff.; *Murswiek,* Das Bundesverfassungsgericht und die Dogmatik mittelbarer Grundrechtseingriffe, NVwZ 2003, 1 ff.; **zu II.:** *Joachim Lege,* § 66, Verbot des Einzelfallgesetzes, in: HGR III, 2009, S. 439; *Klaus Stern,* § 83, Die formellen Schranken, in: *ders.,* Staatsrecht III/2, 1994, S. 712; *Philip Kunig,* Einzelfallentscheidungen durch Gesetz, Jura 1993, 308; **zu III.:** *Klaus Stern,* § 83, Die formellen Schranken, in: *ders.,* Staatsrecht III/2, 1994, S. 744; *Michael Selk,* Zum heutigen Stand der Diskussion um das Zitiergebot, Art. 19 I 2 GG, JuS 1992, 816; *Singer, Jörg,* Das Bundesverfassungsgericht und das Zitiergebot, DÖV 2007, 496; **zu IV.:** *Anna Leisner-Egensperger,* § 70, Wesensgehaltsgarantie, in: HGR III, 2009, S. 591; *Klaus Stern,* § 85, Der Schutz des Wesensgehalts der Grundrechte, in: *ders.,* Staatsrecht III/2, 1994, S. 837; *Max Middendorf,* Zur Wesensgehaltsgarantie des Grundgesetzes, Jura 2003, 232; **zu V.:** *Christian Hillgruber,* § 201, Grundrechtsschranken, in: HStR IX³, 2011, S. 1033; *Detlef Merten,* § 68, Verhältnismäßigkeitsgrundsatz, in: HGR III, 2009, S. 517; *Klaus Stern,* § 84, Übermaßverbot und Abwägungsgebot, in: *ders.,* Staatsrecht III/2, 1994, S. 761; *Albert Bleckmann,* Begründung und Anwendungsbereich des Verhältnismäßigkeitsprinzips, JuS 1994, 177; *Markus Heintzen,* Die einzelgrundrechtlichen Konkretisierungen des Grundsatzes der Verhältnismäßigkeit, DVBl 2004, 721; *Matthias Klatt/Moritz Meister,* Der Grundsatz der Verhältnismäßigkeit, JuS 2014, 193; *Walter Krebs,* Zur verfassungsrechtlichen Verortung und Anwendung des Übermaßverbotes, Jura 2001, 228; *Lothar Michael,* Grundfälle zur Verhältnismäßigkeit, JuS 2001, 654, 764, 866; *Frank Raue,* Müssen Grundrechtsbeschränkungen wirklich verhältnismäßig sein?, AöR 131 (2006), 79; *Thomas Reuter,* Die Verhältnismäßigkeit im engeren Sinne – das unbekannte Wesen, Jura 2009, 511; *Andreas Voßkuhle,* Der Grundsatz der Verhältnismäßigkeit, JuS 2007, 429; **zu VI.:** *Philip Kunig,* § 69, Rechtsstaatliches Rückwirkungsverbot, in: HGR III, 2009, S. 569; *Michael Sachs,* in: *ders.* [Hrsg.], Grundgesetz, 7. Aufl. 2014, Art. 20 Rn. 122 ff.; *Kristian Fischer,* Die Verfassungsmäßigkeit rückwirkender Normen, JuS 2001, 861; *Holger Grefrath,* Der Grundsatz der Normenklarheit in der Fallbearbeitung, JA 2008, 710; *Philip Kunig,* Zur „hinreichenden" Bestimmtheit von Norm und Einzelakt, Jura 1990, 495; *Ulrich Gassner,* Gesetzgebung und Bestimmtheitsgrundsatz, ZG 11 (1996), 37; *Hans-Jürgen Papier/Christoph Möller,* Das Bestimmtheitsgebot und seine Durchsetzung, AöR 122 (1997), 177; *Bodo Pieroth,* Grundlagen und Grenzen verfassungsrechtlicher Verbote rückwirkender Gesetze, Jura 1983, 122, 250; *Kyrill Schwarz,* Rückwirkung von Gesetzen, JA 2013, 683; *Rainer Wernsmann,* Grundfälle zur verfassungsrechtlichen Zulässigkeit rückwirkender Gesetze, JuS 1999, 1177.

Rechtsprechung zu II.: BVerfGE 13, 225 (Bahnhofsapotheke Frankfurt/M.); BVerfGE 25, 371 (lex Rheinstahl); BVerfGE 85, 360 (Akademie-Auflösung); BVerfGE 95, 1 (Südumfahrung Stendal); BVerfGE 99, 367 (Mannesmann); BVerfGE 134, 33 (Therapieunterbringungsgesetz); **zu III.:** BVerfGE 2, 121 (Keine Rückwirkung des Zitiergebots); BVerfGE 5, 13 (Wiederholte Grundrechtsbeschränkungen); BVerfGE 10, 89 (Erftverband); BVerfGE 13, 97 (Handwerksordnung); BVerfGE 24, 367 (Deichordnung); BVerfGE 28, 36 und 282 (Meinungsäußerung von Offizieren bzw. Soldaten); BVerfGE 64, 72 (Prüfingenieure); BVerfGE 83, 130 (Josefine Mutzenbacher); BVerfGE 113, 348 (Zitat im Änderungsgesetz); BVerfGE 120, 274 (Verfassungsschutzgesetz NRW); BVerfGE 130, 1 (Keine Zitierpflicht für Verwertungsregelung); **zu IV.:** BVerfGE 2, 226 (Notaufnahme); BVerfGE 22, 180 (Jugendpflege); BVerfGE 45, 187 (Lebenslange Freiheitsstrafe); BVerfGE 80, 367 (Tagebuch); BVerfGE 109, 133 (Sicherungsverwahrung I); BVerfGE 115, 118 (Luftsicherheitsgesetz); **zu V.:** BVerfGE 7, 377 (Apothekenurteil); BVerfGE 20, 150 (Sammlungsgesetz); 20, 162 (Spiegel); BVerfGE 30, 292 (Erdölbevorratung); BVerfGE 33, 171 (Kassenarzt); **zu VI.:** BVerfGE 11, 139 (Rückwirkung bei Gerichtskosten); BVerfGE 39, 128 (Studienbeihilfe); BVerfGE 65, 1 (Volkszählung); BVerfGE 72, 200 (Doppelbesteuerungsabkommen); BVerfGE 80, 269 (Sozietätsverbot für Anwaltsnotare II); BVerfGE 87, 287 (Rechtsanwalt mit Zweitberuf); BVerfGE 98, 49 (Sozietätsverbot/Anwaltsnotare III); BVerfGE 135, 1 (Rückwirkung klarstellender Gesetze); **zu VII.:** BVerfGE 6, 32 (Elfes); BVerfGE 13, 181 (Schankerlaubnissteuer);

BVerfGE 32, 319 (Außenwerbung); BVerfGE 34, 139 (Ortsdurchfahrt); BVerfGE 85, 191 (Nachtarbeitsverbot); BVerfGE 109, 64 (Mutterschaftsgeld).

Übungsfälle: *Sebastian Graf von Kielmansegg,* Grundfälle zu den allgemeinen Grundrechtslehren, JuS 2009, 118; *Daniel Krausnick,* Grundfälle zu Art. 19 I und II GG, JuS 2007, 991, 1088.

I. Allgemeines

Soweit Grundrechte Begrenzungen unterliegen, die gesetzliche oder auf Gesetze 1 gestützte Einschränkungen der grundrechtlichen Schutzgegenstände zulassen, sind solche Einschränkungen nicht in jedem beliebigen Umfang zulässig (vgl. schon o. Kap. 9, Grundrechtsbegrenzungen, Rn. 18). Vielmehr bestehen weitergehende **Anforderungen**, die ein **grundrechtseinschränkendes Gesetz** einhalten muss.

> **Hinweis:** Insoweit findet im Schrifttum oft der Ausdruck „Schranken-Schranken" Verwendung, was an den nicht empfehlenswerten Begriff der „Schranken" (für Begrenzungen) (o. Kap. 9, Grundrechtsbegrenzungen, Rn. 1) anknüpft und zudem sprachlich irritiert.

Spezifische Anforderungen an grundrechtsbeschränkende Gesetze finden sich **in den** 2 **qualifizierten Gesetzesvorbehalten** (o. Kap. 9, Grundrechtsbegrenzungen, Rn. 17). Wird der Gesetzgeber ermächtigt, unter ganz bestimmten Voraussetzungen Grundrechtseinschränkungen vorzunehmen, etwa um in dem jeweiligen Vorbehalt festgelegte Ziele zu erreichen, so ist diese Einschränkungsermächtigung dadurch begrenzt, dass die in der Qualifikation angesprochenen Voraussetzungen erfüllt sein müssen. Sind sie dies nicht, bietet der qualifizierte Gesetzesvorbehalt keine verfassungsrechtliche Grundlage für eine etwa doch vorgenommene Einschränkung, die dann mangels Rechtfertigung aufgrund kollidierenden Verfassungsrechts (o. Kap. 9, Grundrechtsbegrenzungen, Rn. 23, 33 ff.) das Grundrecht verletzt.

Eine Parallele zu den qualifizierten Gesetzesvorbehalten besteht bei den Ein- 3 schränkungsmöglichkeiten, die durch kollidierendes Verfassungsrecht begründet werden. Wie aufgezeigt (o. Kap. 9, Grundrechtsbegrenzungen, Rn. 44 f.) wirken sie als Quasi-Gesetzesvorbehalte, wobei aber der Gesetzgeber nur insoweit zu Einschränkungen ermächtigt wird, als dies zum Schutz der durch die begrenzende Verfassungsnorm geschützten Werte (Güter, Interessen, Ziele) in Abwägung mit dem betroffenen Grundrecht nach den Anforderungen der praktischen Konkordanz (näher u. Rn. 46) unerlässlich ist. Insoweit handelt es sich um **Anforderungen**, die sich aus dem Wechselspiel der jeweils betroffenen **kollidierenden Verfassungsgehalte** ergeben.

4   Zu behandeln bleiben nachfolgend weitere, **allgemeine Anforderungen**, die grundsätzlich **für jede gesetzliche Einschränkung** von Grundrechten eingreifen. Eine Reihe solcher allgemeiner Anforderungen findet sich in Art. 19 GG, zusätzliche Vorgaben ergeben sich aus der gesamten Verfassung im Übrigen, insbesondere aus dem Rechtsstaatsprinzip. Sie alle werden in die Prüfung der Vereinbarkeit des Gesetzes mit dem Grundrecht einbezogen, wenn die prinzipielle Einschränkbarkeit des betroffenen Grundrechts aufgrund von Gesetzesvorbehalten oder sonstigen Grundrechtsbegrenzungen festgestellt ist.

5   Einige dieser Anforderungen, namentlich die Wesensgehaltgarantie nach Art. 19 Abs. 2 GG sowie Elemente des Rechtsstaatsprinzips (vgl. u. Rn. 29 ff., 36 ff.), gelten weitergehend für **jede Grundrechtsbeschränkung überhaupt**, also auch für solche, die auf gesetzlicher Grundlage durch exekutive Handlungen und gerichtliche Entscheidungen vorgenommen werden. Dadurch können diese Anforderungen im Rahmen der Prüfung einer Grundrechtsverletzung zweimal eine Rolle spielen, nämlich zunächst hinsichtlich der gesetzlichen Ermächtigung und dann für die darauf gestützte Gesetzesanwendung selbst. Dabei sind verschiedene Konstellationen zu beachten.

6   Im Fall abschließender, die Gesetzesanwendung **strikt bindender grundrechtsbeschränkender Gesetze** bleibt bei *korrekter Anwendung* kein Raum für Grundrechtsverletzungen, die nicht bereits in der Verfassungswidrigkeit des Gesetzes selbst begründet sind. Einzelakte, die nur den im Gesetz abschließend und zwingend vorgeschriebenen Grundrechtseingriff gesetzesgemäß vornehmen, können keine eigenständige Grundrechtsverletzung begründen. Hat sich das Gesetz als verfassungsgemäß erwiesen, bleibt im Hinblick auf die Umsetzungsakte für eine weitere verfassungsrechtliche Prüfung kein Raum.

7   Dagegen kann die *fehlerhafte Anwendung* eines Gesetzes, auch wenn es selbst durchaus verfassungsgemäß ist, zu einer Beeinträchtigung grundrechtlicher Schutzgegenstände führen; ein solcher Anwendungsakt ist materiell eine Grundrechtsverletzung, weil die gesetzliche Ermächtigung nicht eingreift, die allein die Grundrechtsbeeinträchtigung rechtfertigen könnte (ausdrücklich zuletzt BVerwG, NVwZ 2016, 535 Rn. 21). Im Rahmen einer Verfassungsbeschwerde bleiben allerdings bei der Überprüfung von Entscheidungen, die auf ein verfassungsgemäßes Gesetz gestützt sind, bloße Rechtsanwendungsfehler trotzdem grundsätzlich außer Betracht. Anderes gilt nur, wenn die Fehler gerade verfassungsrechtliche Gesichtspunkte betreffen, insbesondere wenn die Bedeutung der betroffenen Grundrechte oder sonst für die Grundrechtsverletzung relevanten Verfassungsrechts (u. Rn. 57) für die Auslegung und Anwendung der (einfachen) Gesetze verkannt wird. Nur in solchen Fällen, bei denen terminologisch wenig glücklich von **Verletzung spezifischen Verfassungsrechts** gesprochen wird, kann eine auch verfassungsprozessual relevante Grundrechtsverletzung angenommen werden.[1]

---

[1] Der Grund für diese Beschränkung liegt darin, dass die gerichtliche Kontrolle bzw. der gerichtliche Instanzenzug als hinreichender Schutz (auch) der Grundrechte vor Beeinträchtigungen durch beliebige Rechtsanwendungsfehler der Behörden und (Unter-) Gerichte anzusehen ist. Andernfalls würde das BVerfG in die seiner speziellen Aufgabe nicht angemessene Rolle einer allumfassenden

> **Beispiel:**
> Aufgrund trotz sorgfältiger Recherchen fehlerhafter Informationen der zuständigen Behörde wird dem Anti-Alkoholiker A die Gaststättenerlaubnis nach § 4 Abs. 1 Nr. 1 GaststättenG versagt, weil er dem Trunke ergeben sei; damit ist materiell eine Verletzung seiner Berufsfreiheit gem. Art. 12 Abs. 1 GG gegeben. Bleibt die Verpflichtungsklage des A vor den Verwaltungsgerichten trotz ordnungsgemäßen Verfahrens in allen Instanzen erfolglos, könnte seine Verfassungsbeschwerde gleichwohl grundsätzlich keinen Erfolg haben.

Soweit für die **Gesetzesanwendung Spielräume** bleiben, die von den Organen der   **8** Exekutive und Judikative eigenverantwortlich zu nutzen sind, wie insbesondere bei Ermessensnormen, können die fraglichen **Anforderungen eigenständige Bedeutung** erlangen, und zwar unabhängig davon, ob die gesetzliche Grundlage selbst ihnen entspricht. Die Prüfung, ob eine behördliche Entscheidung ein Grundrecht verletzt, hat dann auf zwei Ebenen zu berücksichtigen, ob die einschlägigen Anforderungen eingehalten worden sind, nämlich zunächst bei der Frage, ob überhaupt eine verfassungsgemäße gesetzliche Grundlage gegeben ist, sowie unter dem Aspekt, ob bei der Anwendung der Vorschrift selbständig gegen die Anforderungen verstoßen worden ist.

> **Beispiele:**
> Die Ausweisung eines straffällig gewordenen Ausländers aufgrund einer für diesen Fall vorgesehenen, selbst (gerade wegen des verbleibenden Ermessensspielraums) verhältnis- und verfassungsmäßigen gesetzlichen Ermessensermächtigung kann sich nach den Umständen des Einzelfalls (Gewicht der Straftat und der Schuld des Täters, Dauer des bisherigen beanstandungslosen Aufenthalts, persönliche Umstände im Übrigen) als unverhältnismäßig erweisen und daher Grundrechte des Betroffenen verletzen. – Eine gesetzliche Bestimmung, die es in das Ermessen der Behörde stellt, ob ein ohne die erforderliche Baugenehmigung errichtetes Gebäude abgerissen wird, selbst wenn es materiell allen baurechtlichen Anforderungen genügt, kann schon als solche Bedenken hinsichtlich ihrer Verhältnismäßigkeit begegnen; soweit die gesetzliche Ermächtigung verfassungsgemäß ist, kann die im Einzelfall erlassene Abrissverfügung ihrerseits wegen Unverhältnismäßigkeit ermessensfehlerhaft sein und daher das Eigentumsgrundrecht verletzen (vgl. auch u. Rn. 44).

Während die Rechtfertigung behördlicher Grundrechtseingriffe regelmäßig wegen   **9** des rechtsstaatlichen Vorbehalts des Gesetzes (o. Kap. 9, Grundrechtsbegrenzungen

---

Superkontrollinstanz genötigt, die mit dem gängigen Begriff der „Superrevisionsinstanz" nicht einmal voll erfasst wird, denn im Unterschied zur Revision wären nicht nur Rechtsanwendungsfehler, sondern auch solche der Tatsachenermittlung und -bewertung einzubeziehen. Zur Abgrenzung des damit bei der Verfassungsbeschwerde verbleibenden Prüfungsumfangs des BVerfG s. etwa *Michael Sachs*, Verfassungsprozessrecht, 4. Aufl. 2016, Rn. 509 ff.; näher *Klaus Schlaich/Stefan Korioth*, Das Bundesverfassungsgericht, 10. Aufl. 2015, Rn. 280 ff. m.w.N.

Rn. 6 ff.) voraussetzt, dass sie auf einer gültigen gesetzlichen Grundlage beruhen, will das BVerfG hiervon in (bestimmten) Fällen sonstiger relevanter Grundrechtsbeeinträchtigungen abweichen, weil der sie auslösende komplexe Geschehensablauf sich einer gesetzlichen Regelung entziehe. Jedenfalls soll die **Informationstätigkeit der Regierung**, insbesondere im Fall von Warnungen, grundsätzlich keiner gesetzlichen Grundlage bedürfen, es sei denn, die Maßnahme stellt sich nach der Zielsetzung und ihren Wirkungen als Ersatz für eine staatliche Maßnahme dar, die als Grundrechtseingriff im herkömmlichen Sinne zu qualifizieren ist. Nur bei Wahl „eines solchen **funktionalen Äquivalents** eines Eingriffs" soll eine gesetzliche Grundlage nötig sein (BVerfGE 105, 279 [303 und ff.] – Hervorhebung hinzugefügt; auch BVerfGE 105, 252 [273]; s. aber noch Kap. 17, Die Grundrechte des Art. 5 GG, Rn. 34). Dies kann zumindest dann, wenn es sich um vorhersehbare Grundrechtsbeeinträchtigungen handelt, nicht überzeugen; es besteht aber auch sonst kein Grund, warum der Staat nicht verpflichtet sein sollte, durch sein gesetzloses Handeln eingetretene Grundrechtsbeeinträchtigungen zu beseitigen.

II. Das Verbot des Einzelfallgesetzes nach Art. 19 Abs. 1 Satz 1 GG

10   Art. 19 Abs. 1 Satz 1 GG sieht für grundgesetzlich vorgesehene Einschränkungen eines Grundrechts durch Gesetz oder aufgrund eines Gesetzes (dazu näher u. Rn. 18 ff.) vor, dass das **Gesetz allgemein** und nicht nur für den Einzelfall **gelten muss**. Diese Regelung lässt sich als Anwendungsfall des **Gleichheitsgedankens** verstehen. Außerdem knüpft sie an die klassische Aufgabe der Gesetzgebung an, abstrakt-generelle Regelungen zu schaffen, deren Anwendung im Einzelfall den gesetzesanwendenden Gewalten der Judikative und besonders der Exekutive überlassen bleiben sollte. Dieser Aspekt des **Gewaltenteilungsgrundsatzes** (zustimmend BVerfG, NVwZ 2015, 1434 Rn. 132 unter Hinweis auch auf die Sicherung effektiven Rechtsschutzes) ist jedenfalls heute nicht mehr bereits durch den Gesetzesbegriff sichergestellt, weil nach geltendem Verständnis der Gesetzgeber auch nicht abstrakt-generelle Regelungen treffen darf; selbst das in allerengstem Sinne verstandene Einzelfallgesetz ist nicht allgemein ausgeschlossen (vgl. BVerfGE 95, 1 [17]). Der weniger eng begrenzte Begriff des Maßnahmegesetzes, der aus konkretem Anlass erlassene, aber gleichwohl abstrakt und generell gefasste Gesetze bezeichnet, ist ohnehin verfassungsrechtlich neutral (BVerfGE 25, 371 [396]; BVerfGE 99, 367 [400]). Auch Organisationsgesetze für eine einzige Einrichtung sollen wegen ihrer Anwendbarkeit in einer Vielzahl von Fällen keine Einzelfallgesetze darstellen (BVerfGE 136, 338 Rn. 97).

11   Echte Einzelfallgesetze sind nicht allgemein, sondern nach Art. 19 Abs. 1 Satz 1 GG lediglich insoweit verboten, als sie vom Grundgesetz grundsätzlich zugelassene Grundrechtseinschränkungen nur für den Einzelfall vorsehen. Ein **Einzelfallgesetz** im Sinne dieser Regelung liegt nur dann vor, wenn das Gesetz nur für einen Kreis

bereits **abschließend bestimmter Fälle** gilt, während seine Anwendung auf weitere, neu entstehende Fälle von vornherein ausgeschlossen ist.

> **Beispiel:**
> Ein Gesetz, das Bahnhofsapotheken von den privilegierenden Regelungen über den Ladenschluss von Verkaufsstellen in Bahnhöfen ausschließt, ist auch dann kein Einzelfallgesetz, wenn es zum Zeitpunkt des Inkrafttretens des Gesetzes nur eine einzige Apotheke in Bahnhöfen gibt (vgl. BVerfGE 13, 225 [228 f.]).

Das BVerfG hat einen Verstoß gegen Art. 19 Abs. 1 Satz 1 GG verneint, weil bei einem nur bereits Sicherungsverwahrte betreffenden Gesetz nicht feststand, auf welche aus diesem Kreis es anwendbar sein würde (BVerfGE 134, 33 Rn. 131).

Außerdem soll das Einzelfallgesetzverbot nur eingreifen, wenn das Gesetz aus **12** einer Reihe gleichartiger Sachverhalte einen Fall herausgreift und zum Gegenstand einer Sonderregelung macht; dagegen soll es für **Regelungen singulärer Sachverhalte unanwendbar** sein.

> **Beispiel:**
> Die Überleitung der in der Akademie der Wissenschaften der DDR zusammengefassten Einrichtungen in die Forschungsstruktur des vereinigten Deutschlands wurde als abgrenzbare und geschlossene Aufgabe qualifiziert, deren gesetzliche Regelung deshalb nicht unter Art. 19 Abs. 1 Satz 1 GG fiel (BVerfGE 85, 360 [374 f.]). Sehr lapidar für die gesetzlich angeordnete Fusion zweier Hochschulen BVerfGE 139, 148 (176) Rn. 53.

Aufgrund dieser restriktiven Auslegung bleibt Art. 19 Abs. 1 Satz 1 GG für die heutige Gesetzgebung durchweg ohne Bedeutung.

Das Gesetz im Rahmen des Art. 19 Abs. 1 Satz 1 GG ist jedenfalls **grundsätzlich 13 nur das förmliche Gesetz,** weil nur materielle Gesetze als Rechtsnormen schon begrifflich allgemein und nicht nur für den Einzelfall gelten; allenfalls ist an eine Geltung auch für nur formelle Rechtsverordnungen oder Satzungen zu denken.

III. Das Zitiergebot nach Art. 19 Abs. 1 Satz 2 GG

Art. 19 Abs. 1 Satz 2 GG ist im Zusammenhang mit Satz 1 zu lesen; danach muss **14** ein Gesetz, das Grundrechtseinschränkungen vornimmt oder ermöglicht, das **Grundrecht unter Angabe des Artikels nennen.**

> **Beispiele:**
> Nach § 21 G 10 wird das Grundrecht des Brief-, Post- und Fernmeldegeheimnisses (Art. 10 GG) durch das G 10 eingeschränkt; im IfSG, das für Teile des Gesetzes mehrere Zitiervorschriften enthält, bestimmt u. a. § 17 Abs. 7, dass die Grundrechte

der Freiheit der Person (Art. 2 Abs. 2 Satz 2 GG), der Freizügigkeit (Art. 11 Abs. 1 GG), der Versammlungsfreiheit (Art. 8 GG) und der Unverletzlichkeit der Wohnung (Art. 13 Abs. 1 GG) im Rahmen der Absätze 1 bis 5 der Vorschrift eingeschränkt werden, Art. 20 Abs. 7 sieht vor, dass das Grundrecht der körperlichen Unversehrtheit (Art. 2 Abs. 2 Satz 1 GG) eingeschränkt werden kann. Nach § 32 Satz 1 VSG NRW wird durch die §§ 5 bis 22 des Gesetzes das Grundrecht auf informationelle Selbstbestimmung (Art. 2 Abs. 1 i. V. mit Art. 1 Abs. 1 GG) eingeschränkt.

Durch dieses Zitiergebot soll sichergestellt werden, dass es aufgrund von Gesetzen nicht unbemerkt zu Grundrechtseinschränkungen kommt. Der Gesetzgeber muss sich vielmehr stets bewusst sein, welche Grundrechte er jeweils einschränkt. Auch für Gesetzesanwender und -adressaten wird so die grundrechtsbeschränkende Bedeutung des Gesetzes verdeutlicht. Daher muss die Zitierung ausdrücklich im Gesetzestext erfolgen (BVerfGE 120, 274 [343]); auch muss ein Änderungsgesetz, das im Stammgesetz bereits zitierte Grundrechtsbeschränkungen erweitert, selbst ein Zitat enthalten (BVerfGE 113, 348 [366 f.]). Demgegenüber ist die verbreitete Praxis, diverse Grundrechtsbeschränkungsregelungen eines Gesetzes pauschal in einer Sammelbestimmung zu zitieren, zumindest unbefriedigend.

▶   Hinweis: Eine Vorschrift, die dem Zitiergebot für die in einem Gesetz vorgesehenen Grundrechtsbeschränkungen genügen soll, bietet selbst keine Grundlage für weitergehende Grundrechtseingriffe (vgl. zu § 32 VereinsG BVerwGE 79, 119 [117]).

15   Die Rechtsprechung des BVerfG hat die Bedeutung dieses Zitiergebots sehr restriktiv bestimmt. Namentlich soll das **Zitiergebot nicht** gelten:

- für vorkonstitutionelle Gesetze und sonstige Gesetze, die nur eine schon bestehende Grundrechtsbeschränkung wiederholen oder sie fortführen (u. Rn. 16 f.),
- für Einschränkungen vorbehaltlos gewährleisteter Grundrechte, etwa aus Art. 5 Abs. 3 GG (u. Rn. 18 f.),
- für die Grundrechte aus Art. 2 Abs. 1, Art. 5 Abs. 1, Art. 12 Abs. 1 und Art. 14 Abs. 1 GG (u. Rn. 20 ff.),
- für Grundrechtsbeeinträchtigungen, die keine klassischen Grundrechtseingriffe darstellen (u. Rn. 25) und
- für offensichtliche Grundrechtseinschränkungen (u. Rn. 17, 23).

16   Überzeugend begründet ist von diesen **Ausnahmen** vor allem die **für das vorkonstitutionelle Recht**. Art. 19 Abs. 1 Satz 2 GG betrifft nicht den Inhalt, sondern die formelle Gestaltung eines Gesetzes. Vor Inkrafttreten des Grundgesetzes konnte der damalige Gesetzgeber die Anforderungen des Zitiergebotes, das zu diesem Zeitpunkt nicht bestand, schlechterdings nicht berücksichtigen. Würde

man das Zitiergebot auf solche Gesetze anwenden, wären sie unabhängig von ihrer inhaltlichen Vereinbarkeit mit dem Grundgesetz stets als nichtig anzusehen. Eine solche Konsequenz strebt das Grundgesetz ersichtlich nicht an, wenn es in **Art. 123 Abs. 1 GG** Recht aus der Zeit vor dem Zusammentritt des Bundestages fortgelten lässt, „soweit es dem Grundgesetz nicht widerspricht". Mit dieser Vorschrift, die das Altrecht in die neue Verfassungsordnung überleitet, ist **nicht** bezweckt, **formelle Anforderungen des Grundgesetzes** auf die frühere Rechtsetzungspraxis **zurück zu projizieren**; vielmehr geht es allein darum, den Fortbestand von Regelungen auszuschließen, die inhaltlich mit dem Grundgesetz unvereinbar sind.

Beispiel:

Die Unterbringung zwecks psychiatrischer Beobachtung nach § 81 StPO schränkt zwar die persönliche Freiheit nach Art. 2 Abs. 2 Satz 2 GG ein, unterliegt aber als vorkonstitutionelle Regelung nicht dem Zitiergebot nach Art. 19 Abs. 1 Satz 2 GG (BVerfGE 2, 121 [122]).

Nicht überzeugend ist demgegenüber die Auffassung der Judikatur, dass das Zitiergebot auch für solche unter der Geltung des Grundgesetzes erlassenen Gesetze nicht gelte, die lediglich eine bereits aufgrund älterer Normen **bestehende Grundrechtsbeschränkung wiederholen**, ohne substantiell weitergehende Grundrechtseinschränkungen zu bewirken. Jedenfalls besteht bei solchen Wiederholungsgesetzen problemlos die Möglichkeit, dem Zitiergebot Rechnung zu tragen. Darüber hinaus trifft aber auch der Sinn des Zitiergebots, dass sich der Gesetzgeber über die grundrechtsbeschränkenden Wirkungen seiner Regelungen Rechenschaft ablegen soll, hier durchaus zu. Die Vergewisserung über grundrechtsbeschränkende Wirkungen der Gesetze ist nicht nur bei neuartigen Regelungen wichtig, sondern zumindest ebenso bei schon gewohnten Einschränkungen, weil hier die Gefahr besteht, dass sie unreflektiert für die Zukunft fortgeschrieben werden. **17**

Beispiel:

Das BVerfG hat das Zitiergebot auf den 1950 in die ZPO eingefügten § 372a (Duldungspflicht von Blutentnahmen zur Abstammungsprüfung) mit der Begründung nicht angewendet, dass dieser die Eingriffsbefugnisse gegenüber der früheren vorkonstitutionellen Regelung nicht erweitert habe (BVerfGE 5, 13 [16]).

Auch die Offenkundigkeit der grundrechtsbeschränkenden Wirkung solcher Bestimmungen gibt keinen Anlass, vom Zitiergebot abzuweichen (so aber BVerfGE 35, 185 [189]; s. noch u. Rn. 23). Bedenklich ist es auch, wenn gesetzliche Regelungen von Möglichkeiten der Verwertung von Informationen, die aufgrund dem Zitiergebot genügender Eingriffsgesetze erhoben worden sind, von einer (erneuten) Zitierpflicht freigestellt werden (BVerfGE 130, 1 [38 ff.]).

18   Ebenso wenig überzeugend ist es schließlich, dass das **Zitiergebot für Ein-schränkungen vorbehaltlos garantierter Grundrechte** nicht gelten soll (BVerfGE 83, 130 [154] m.w.N.). Zugrunde liegt wohl die Annahme, dass es sich bei den Einschränkungen vorbehaltlos garantierter Grundrechte in Wahrheit gar nicht um Einschränkungen handele. Bei dem heute erreichten Stand der Grundrechtsbegrenzungsdogmatik lässt sich indes nicht mehr leugnen, dass auch bei vorbehaltlosen Grundrechten zulässigerweise echte gesetzliche Einschränkungen erfolgen können. Der Unterschied gegenüber Grundrechten mit Gesetzesvorbehalt liegt allein darin, dass Einschränkungen, die bei diesen Grundrechten durch den Gesetzesvorbehalt legitimiert werden, bei den vorbehaltlosen Grundrechten eine anderweitige Basis in grundrechtsbegrenzend wirkenden Bestimmungen der Verfassung haben müssen (o. Kap. 9, Grundrechtsbegrenzungen, Rn. 33 ff.).

> **Beispiel:**
>
> Die im JuSchG vorgesehene Indizierung jugendgefährdender Schriften und die darauf gestützten repressiven Einwirkungsmöglichkeiten schränken ersichtlich die Kunstfreiheit ein, soweit es sich um künstlerische Schriften handelt.

19   Die **Tatbestandsmerkmale des Art. 19 Abs. 1 Satz 2 GG** sind damit jedenfalls **gegeben**: Wenngleich nicht aufgrund eines ausdrücklichen Gesetzesvorbehaltes, können doch auch die vorbehaltlosen Grundrechte „nach diesem Grundgesetz", nämlich aufgrund anderer begrenzend wirkender grundgesetzlicher Bestimmungen „durch Gesetz oder aufgrund eines Gesetzes eingeschränkt werden". **Sinn und Zweck** des Art. 19 Abs. 1 Satz 2 GG geben keinen Anlass, das Zitiergebot trotzdem für unanwendbar zu erklären, im Gegenteil: Die Einschränkung vorbehaltlos garantierter Grundrechte ist regelmäßig in höherem Maße problematisch als die aufgrund von Gesetzesvorbehalten; der fehlende Gesetzesvorbehalt lässt es als besonders wichtig erscheinen, dass sich der Gesetzgeber bei der Einschränkung eines solchen Grundrechts der rechtlichen Konsequenzen seiner Normierung bewusst ist.

20   Grundsätzlich fragwürdig ist auch die Auffassung, dass das **Zitiergebot für** Regelungen im Rahmen der Schrankentrias des **Art. 2 Abs. 1 GG** (BVerfGE 10, 89 [99])**,** für die allgemeinen Gesetze nach **Art. 5 Abs. 2 GG** (BVerfGE 28, 282 [293]), für Regelungen nach **Art. 12 Abs. 1 Satz 2 GG** (BVerfGE 13, 97 [122]) **und** für die (Inhalts- und) Schrankenbestimmungen gem. **Art. 14 Abs. 1 Satz 2 GG** (BVerfGE 24, 367 [396, 398]) nicht gelten soll. Grundlage dieser Ausnahme war jenseits der besonderen Formulierung dieser Vorbehalte in der frühen Judikatur die Annahme, dass Regelungen, die aufgrund der genannten Begrenzungsbestimmungen vorgenommen würden, inhaltlich keine Einschränkungen im Sinne des Art. 19 Abs. 1 GG darstellten. Die „Schranken" des Art. 5 Abs. 2 GG, die „Regelungen" des Art. 12 Abs. 1 Satz 2 GG, die „Inhalts- und Schrankenbestimmungen" des Art. 14 Abs. 1 Satz 2 GG wie auch die Bestandteile der „verfassungsmäßigen Ordnung" im Sinne des Art. 2 Abs. 1 GG sollten eine andersartige, nicht im technischen Sinne „einschränkende" Qualität besitzen. Dahinter stand die Vorstellung, gesetzliche

Regelungen aufgrund der vorerwähnten Begrenzungen brächten nur von vornherein vorgegebene „immanente" Restriktionen der fraglichen Grundrechte deklaratorisch zum Ausdruck, ohne indes konstitutive Verkürzungen der geschützten Grundrechtsgegenstände zu bewirken.

▷ **Hinweis:** Das Zitiergebot soll zwar nicht für allgemeine Gesetze nach Art.5 Abs.2 GG gelten, würde aber für nicht „allgemeine" Einschränkungen der Meinungsäußerungsfreiheit auf der Grundlage von Art.17a Abs.1 GG durchgreifen (wohl vorausgesetzt in BVerfGE 28, 282 [289]).

Demgegenüber sollte heute klar sein, dass es sich bei diesen **Begrenzungen** ungeachtet der abweichenden Formulierung um **echte Gesetzesvorbehalte** handelt, die den Gesetzgeber nicht nur zu Ausgestaltungen oder Konkretisierungen im Grundrechtsbereich ohne Einschränkungswirkung ermächtigen, sondern jedenfalls auch echte Grundrechtseinschränkungen zulassen. Entsprechende Regelungen würden danach vom Tatbestand des Art. 19 Abs. 1 Satz 2 GG erfasst.   **21**

In der neueren Judikatur ist denn auch die ursprüngliche Begründung um einen weiteren Ansatz ergänzt worden. Danach soll das Zitiergebot für die genannten Grundrechte deswegen nicht gelten, weil dem Gesetzgeber in diesen Fällen in der Regel ohnehin bewusst sei, dass er sich im grundrechtsrelevanten Bereich bewege. Durch die Erstreckung des Zitiergebots auf solche Regelungen würde es zu einer die Gesetzgebung **unnötig behindernden leeren Förmelei** kommen (BVerfGE 64, 72 [80]).   **22**

Schon die Prämisse dieser wohl als teleologische Reduktion zu deutenden Annahme **überzeugt nicht:** Gerade wenn auch nur ausgestaltende Bestimmungen im Anwendungsbereich eines Grundrechts in Betracht kommen, bedarf es besonderer Aufmerksamkeit, um festzustellen, ob die für die abwehrrechtliche Wirkung entscheidende Grenze zu einschränkend wirkenden Regelungen überschritten ist. Eher könnte das Zitiergebot umgekehrt bei den Grundrechten, die ihm nach der Judikatur noch unterworfen bleiben, funktionslos sein, weil hier die Einschränkungswirkungen eindeutig und offensichtlich zu erkennen sind (s. auch die Fälle o. Rn. 14 und Rn. 17 a.E.). Auch Offensichtlichkeit ist freilich kein hinreichender Anlass, das Zitiergebot zu vernachlässigen.   **23**

▷ **Hinweis:** BVerfGE 30, 185 (188 f.) hat allerdings das Zitiergebot u.a. deswegen nicht auf die Regelung eines zusätzlichen Haftgrundes in § 112 StPO angewendet, weil die dadurch ermöglichten Einschränkungen der persönlichen Freiheit offenkundig gewesen seien.

Unabhängig hiervon vermag die Argumentation mit der „leeren Förmelei" im Hinblick auf **Art. 2 Abs. 1 GG** zu überzeugen, weil dieser in Folge seines umfassenden Schutzgegenstandes in der Tat für jegliche einschränkende Wirkung irgendeines Gesetzes gelten und damit die nahezu ausnahmslose Geltung des Zitiergebots für   **24** die gesamte Gesetzgebung auslösen würde. Entscheidend ist dabei aber nicht die angebliche Behinderung der Gesetzgebung, die damit problemlos fertig werden könnte, sondern die Entwertung des **zur bloßen Formalie herabgewürdigten Zitiergebots**. Dagegen ist im Bereich der Schutzgegenstände der Art. 5 Abs. 1, Art. 12 Abs. 1 und Art. 14 Abs. 1 GG nicht einzusehen, warum sich der Gesetzgeber nicht auch hier Rechenschaft über die vorgenommenen Einschränkungen hinsichtlich der betreffenden Freiheitsrechte geben sollte.

25   Eine letzte Restriktion des **Zitiergebots** wird schließlich dahingehend vorgenommen, dass es **nur für klassische Eingriffe** (o. Kap. 8, Grundrechtseingriff und sonstige relevante Grundrechtsbeeinträchtigungen, Rn. 6 ff.) gelten soll, nicht aber für faktische oder mittelbare Beeinträchtigungen der Grundrechte, die sich aus einem Gesetz ergeben. Hinter dieser Ausnahme steht der Gedanke, dass der Gesetzgeber nur die unmittelbar grundrechtsbeeinträchtigenden Eingriffswirkungen seiner Regelung voraussehen kann, während dies für die sonstigen Beeinträchtigungen nicht möglich ist (vgl. BVerfGE 28, 36 [46 f.]). Diesem Ansatz dürfte insoweit zuzustimmen sein, als es um vom Gesetzgeber nicht bezweckte Auswirkungen seiner Regelungen geht. Ist ein Gesetz hingegen darauf angelegt, über die durch die gesetzlichen Anordnungen als solche verursachten Grundrechtseinschränkungen hinaus weitergehende mittelbare Beeinträchtigungen auszulösen, so besteht kein Anlass, den Gesetzgeber von seiner Rechenschaftspflicht über solche finalen Einschränkungen der Grundrechte freizustellen.

26   In diesen Zusammenhang gehört auch, dass **allgemeine Bestimmungen des Privatrechts**, wie die allerdings ohnehin als vorkonstitutionelles Recht nicht berührten §§ 903, 1004 BGB, auch wenn privatrechtsförmlich handelnde Teile der öffentlichen Gewalt Grundrechtseingriffe auf sie stützen, vom Zitiergebot nicht erfasst werden, weil dieses insofern seine Warnfunktion nicht erfüllen kann (BVerfGE 128, 226 [258]).

27   Soweit das BVerfG wider Erwarten seinen **restriktiven Kurs** bezüglich des Zitiergebotes **korrigiert**, muss dies nicht die Nichtigkeit der zahllosen grundrechtsbeschränkenden Gesetze zur Folge haben, die zwischenzeitlich ohne das eigentlich gebotene Zitat ergangen sind; vielmehr kann das Gericht die Konsequenzen der neuen Sichtweise auf die in Zukunft zu erlassenden Gesetze beschränken, weil sich der Gesetzgeber auf die bisherige Verfassungsjudikatur einstellen durfte (so mit begrenztem Anwendungsbereich in der Tat BVerfGE 113, 348 [367]).

28   Auch das Zitiergebot bezieht sich auf den Erlass förmlicher Gesetze. Dem Schutzzweck des Art. 19 Abs. 1 Satz 2 GG ist am besten gedient, wenn bereits das zum Erlass untergesetzlicher Rechtsnormen ermächtigende **förmliche Gesetz** dem Zitiergebot genügen muss. Eines weiteren Zitats in den ermächtigten untergesetzlichen Rechtsvorschriften bedarf es daneben nicht.

▶   **Hinweis:**   S. aber für Rechtsverordnungen auf bundesgesetzlicher Grundlage das ganz anders gelagerte Zitiergebot des Art. 80 Abs. 1 Satz 3 GG.

IV. Die Wesensgehaltgarantie des Art. 19 Abs. 2 GG

1. Individuelle Grundrechtsposition oder Bedeutsamkeit der Grundrechtsbestimmung als Bezugspunkt

Als materielle Anforderung an Grundrechtsbeschränkungen nennt das Grundgesetz **29** in Art. 19 Abs. 2 ausdrücklich das Verbot, ein Grundrecht in seinem Wesensgehalt anzutasten. Die Bedeutung dieser Bestimmung ist in einigen Punkten bis heute unklar geblieben. Namentlich besteht **keine Einigkeit** darüber, ob der unantastbare Wesensgehalt eines Grundrechts auf die individuelle Grundrechtsposition eines einzelnen Grundrechtsberechtigten abzielt oder die generelle Bedeutsamkeit einer Grundrechtsbestimmung für die Verfassungsordnung insgesamt anspricht (ausdrücklich offengelassen schon in BVerfGE 2, 266 [285]).

Für die **Wahrung nur der generellen Bedeutung** einer Grundrechtsbestim- **30** mung lässt sich die durch **Art. 2 Abs. 2 Satz 3 GG** begründete Möglichkeit ins Feld führen, in das Grundrecht auf Leben nach Art. 2 Abs. 2 Satz 1 GG aufgrund eines Gesetzes einzugreifen. Denn durch die Tötung des Grundrechtsberechtigten würde der Schutzgegenstand des Grundrechts vernichtet und von der individuellen Grundrechtsposition seines Lebens wäre nichts mehr übrig, was noch unangetastet bleiben könnte. Doch bleibt fraglich, ob sich diese Argumentation über den Bereich des Lebensgrundrechts hinaus verallgemeinern lässt (ohne Stellungnahme BVerfGE 45, 187 [270 f.] zur lebenslangen Freiheitsstrafe). Stattdessen lässt sich daran denken, dass der Wesensgehalt des Grundrechts erst berührt ist, wenn sein Geltungsanspruch (auch für einzelne Betroffene) mehr als nur für Ausnahmefälle negiert wird (vgl. BVerfGE 115, 118 [165]).

Für den regelmäßigen Bezug **auch auf das jeweilige Grundrecht des einzelnen** **31** Grundrechtsträgers spricht vor allem, dass die Grundrechte in erster Linie diesen individuellen Schutzzweck verfolgen. Außerdem ist zu berücksichtigen, dass sich Art. 19 Abs. 2 GG in auffälligem Gegensatz zu den Anforderungen des Art. 19 Abs. 1 GG unmittelbar nicht nur an die Gesetzgebung richtet, sondern – mit der Festlegung, dass *in keinem Falle* ein Grundrecht in seinem Wesensgehalt angetastet werden darf – auch Exekutive und Judikative anspricht, deren Grundrechtsbeschränkungen den Einzelfall betreffen.

2. Absoluter oder relativer Garantiegehalt

Eine andere Unklarheit zur Wesensgehaltgarantie betrifft die Frage, ob sie absolut **32** oder relativ zu bestimmen ist. Bei einem **absoluten Verständnis** würde ein bestimmter, **zentraler Teilbereich** des grundrechtlichen Gewährleistungsgehalts vor jeglicher Verkürzung geschützt, und zwar ohne Rücksicht auf die Bedeutung der damit von der öffentlichen Gewalt verfolgten Zwecke. Bei **relativer Betrachtungsweise** bliebe es von den **Gründen** der Grundrechtseinschränkung abhängig, ob die

Wesensgehaltgarantie angetastet wäre. Infolge dieser Abhängigkeit würde die Wesensgehaltgarantie im Ergebnis weitgehend dem Grundsatz der Verhältnismäßigkeit (u. Rn. 36 ff.) angenähert; damit bliebe sie ohne selbständige Bedeutung.

Beispiel:

Das BVerfG nahm an, dass die Anstaltseinweisung nach § 73 Abs. 2 und 3 BSHG a.F. den Wesensgehalt des Grundrechts auf Freiheit der Person nach Art. 2 Abs. 2 Satz 2 GG antaste, weil der dieser Regelung zugrunde liegende Zweck der Besserung eines Erwachsenen keine Staatsaufgabe sei und als gewichtiger Grund für die Entziehung der persönlichen Freiheit nicht ausreichen könne (BVerfGE 22, 180 [219 f.]). Das Gericht bediente sich somit einer Argumentation, die auch bei der Prüfung des daneben recht konturenlos geprüften Verhältnismäßigkeitsgrundsatzes (dazu u. Rn. 36 ff.) hätte berücksichtigt werden können. BVerfGE 125, 260 (322) prüft Art. 19 Abs. 2 GG gleich innerhalb der Verhältnismäßigkeit, BVerfGE 115, 118 (165) sieht den Wesensgehalt unangetastet, solange die Verhältnismäßigkeit gewahrt ist.

---

33   Legt man deshalb ein absolutes Verständnis der Wesensgehaltgarantie zugrunde, bleibt zu klären, wie der jeweilige **Wesensgehalt** einer Grundrechtsbestimmung im Einzelnen festgestellt werden kann. Dabei dürfte es nach Sinn und Zweck der Vorschrift darum gehen, einen unverzichtbaren Mindestinhalt der jeweiligen Grundrechtsbestimmung zu ermitteln, der jeglichem Eingriff der öffentlichen Gewalt entzogen bleiben muss. Insoweit wird vielfach auf den **Menschenwürdekern** abgestellt, der in dem jeweiligen grundrechtlichen Schutzgegenstand enthalten ist (s. auch u. Kap. 13, Die Garantie der Würde des Menschen, Art. 1 Abs. 1 GG, Rn. 38 f.). Dies dürfte in der Tat ein für viele Grundrechte zutreffender Ansatz für die Bestimmung des Wesensgehalts sein.

Beispiel:

Das BVerfG erkennt etwa beim allgemeinen Persönlichkeitsrecht nach Art. 2 Abs. 1 i. V. m. Art. 1 Abs. 1 GG unter Berufung auf die Wesensgehaltgarantie des Art. 19 Abs. 2 GG einerseits, die Menschenwürdegarantie des Art. 1 Abs. 1 GG andererseits einen letzten unantastbaren Bereich privater Lebensgestaltung an, der der öffentlichen Gewalt schlechthin, ohne Notwendigkeit irgendeiner Abwägung, entzogen ist, lehnte es allerdings im Einzelfall ab, private Tagebuchaufzeichnungen diesem Kernbereich zuzuordnen (BVerfGE 80, 367 [373 ff.]). BVerfGE 125, 260 (322) nennt allerdings Art. 19 Abs. 2 GG *neben* dem Menschenwürdekern.

Allgemeiner wird der Wesensgehalt von Grundrechten im Allgemeinen angetastet, „wenn **jeglicher Störungsabwehranspruch**…materiellrechtlich **beseitigt** oder wenn verfahrensrechtlich verwehrt wird, ihn wirkungsvoll geltend zu machen…" (BVerfGE 61, 82 [113]).

3. Abgrenzung gegenüber der Ewigkeitsgarantie des Art. 79 Abs. 3 GG

Gerade bei absoluter Betrachtungsweise ist es wichtig, den **grundsätzlichen Unter-** **34** **schied** zwischen der Wesensgehaltgarantie des Art. 19 Abs. 2 GG und der Ewigkeitsgarantie des Art. 79 Abs. 3 GG im Auge zu behalten, die sich ja nicht zuletzt auf die Menschenwürdegarantie als einen der Grundsätze des Art. 1 GG bezieht. Dabei darf nicht vergessen werden, dass sich **Art. 79 Abs. 3 GG** ausschließlich an den **verfassungsändernden Gesetzgeber richtet**, also nur dann eingreift, wenn ausdrückliche (Art. 79 Abs. 1 Satz 1) oder inhaltliche (Art. 23 Abs. 1 Satz 3 GG) Änderungen des Grundgesetzes zu beurteilen sind.

Demgegenüber ist die Wesensgehaltgarantie des **Art. 19 Abs. 2 GG** aufgrund des **35** Zusammenhangs mit Art. 19 Abs. 1 GG eine Anforderung, die die an die Verfassung, Art. 20 Abs. 3 GG, und ihre Grundrechte, Art. 1 Abs. 3 GG, gebundene Staatsgewalt, zumal der **einfache Gesetzgeber**, bei **Einschränkungen bestehender Grundrechte** zu beachten hat; die Befugnisse des verfassungsändernden Gesetzgebers beschneidet sie in keiner Weise.

V. Der Grundsatz der Verhältnismäßigkeit

1. Geltungsgrundlage

Von praktisch überragender Bedeutung unter den Anforderungen an Grundrechts- **36** beschränkungen ist der Grundsatz der Verhältnismäßigkeit, der z. T. auch als Übermaßverbot bezeichnet wird. Dieser Grundsatz ist ein Element des **Rechtsstaatsprinzips** (Art. 20, 28 Abs. 1 Satz 1 GG). Für die Frage der Rechtfertigung gesetzlicher wie auf gesetzlicher Grundlage vorgenommener Grundrechtseingriffe ist er meist der letztlich entscheidende Gesichtspunkt. Die Anwendung des Verhältnismäßigkeitsgrundsatzes auf die grundrechtsbeschränkende Gesetzgebung beruht auf der Überlegung, dass die verfassungsrechtliche Ermächtigung zu Einschränkungen eines Grundrechts, wie sie ausdrücklich in Gesetzesvorbehalten vorgesehen ist oder sich aus anderen Grundgesetzbestimmungen begründen lässt (dazu o. Kap. 9, Grundrechtsbegrenzungen, Rn. 5 ff., 21 ff., 33 ff.), nie die völlige Preisgabe des Grundrechtsschutzes gegenüber dem Gesetzgeber bedeuten kann, weil andernfalls in diesen Bereichen seine in Art. 1 Abs. 3 GG hervorgehobene Grundrechtsbindung leer laufen würde.

2. Voraussetzungen

a) Das mit der Einschränkung verfolgte Ziel als Bezugspunkt

Die Anwendung des Grundsatzes der Verhältnismäßigkeit setzt als ihren Bezugs- **37** punkt in jedem Falle einen von der grundrechtsbeschränkenden Staatsgewalt, insbesondere vom Gesetzgeber verfolgten **Zweck** voraus, der als solcher **verfassungsrechtlich unbedenklich** sein muss. Dieses Erfordernis ist nicht nur bei jedem von der Verfassung selbst formulierten Zweck erfüllt, den die Staatsgewalt aufgrund ausdrücklicher verfassungsrechtlicher Vorgabe verfolgen darf oder gar muss, wie etwa den Umwelt- und den Tierschutz nach Maßgabe des Art. 20a GG. Vielmehr kommen grundsätzlich auch in der Verfassung nicht angesprochene Zielsetzungen in Betracht, die der demokratisch legitimierte Gesetzgeber für sich selbst und für die die Gesetze anwendenden Staatsorgane aufstellt. Ausgeschlossen sind nur Zielsetzungen, die als solche mit der Verfassung in Widerspruch stehen.

Beispiele:

Ein Gesetz, das darauf abzielen würde, Frauen möglichst wieder auf eine Tätigkeit im Heim und am Herd zurückzuführen, würde schon daran scheitern, dass diese Zielsetzung der Gleichberechtigung gem. Art. 3 Abs. 2 GG und bei Ehegatten ihrem aus Art. 6 Abs. 1 GG folgenden Recht widerspricht, ihr eheliches Zusammenleben nach eigenen Vorstellungen zu gestalten. Vgl. auch o. Rn. 32 zur Unzulässigkeit des Regelungszwecks der „Besserung" von Bürgern (BVerfGE 22, 180 [219 f.]); (zumindest) gegenüber Jugendlichen hat das BVerfG später allerdings das staatliche Recht zum Eingriff zu Erziehungszwecken problemlos bejaht (BVerfGE 74, 102 [122 f.]). – Auch ein Schutz vor Selbstgefährdungen kann bei Minderjährigen legitim sein (BVerfG [K], NJW 2012, 1062 [1063] – Sonnenbank), sonst nur ausnahmsweise bei krankheitsbedingter Einsichtsunfähigkeit (BVerfGE 128, 282 [308]).

---

38   Welches **Ziel** ein Gesetz verfolgt, ist im Wege der **Auslegung** zu ermitteln. Dabei spielen ausdrückliche Hinweise, etwa in seiner Präambel, eine herausragende Rolle; daneben sind die entstehungsgeschichtlichen Materialien, insbesondere die Begründungen von Gesetzentwürfen und die Diskussionen in den Gesetzgebungsorganen, eine wichtige Quelle zur Feststellung der gesetzgeberischen Absichten. Allerdings entscheidet letztlich auch insoweit nicht die subjektive Sichtweise des historischen Gesetzgebers, sondern der objektive Sinngehalt der gesetzlichen Regelung.

▶   **Hinweis:** In Fallaufgaben wird der maßgebliche Gesetzeszweck oft in entsprechenden Aussagen des Sachverhalts angesprochen sein. Ansonsten ist der Bearbeiter aufgefordert, den nach dem Gesetzesinhalt sinnvoll erscheinenden Gesetzeszweck selbst zu ermitteln und der weiteren Prüfung zugrunde zu legen.

Ergeht das grundrechtsbeschränkende Gesetz in Erfüllung einer verfassungsrechtlichen Pflicht, wird die sonst einseitig angelegte Prüfung der Verhältnismäßigkeit durch die Notwendigkeit modifiziert, **praktische Konkordanz** zwischen gegenläufigen Geboten der Verfassung herzustellen (s. u. Rn. 46).

b) Eignung, Erforderlichkeit und Proportionalität des grundrechtsbeschränkenden Mittels

39   **Bezogen auf** das gesetzgeberische **Ziel** verlangt der Verhältnismäßigkeitsgrundsatz, dass das eingesetzte **grundrechtsbeschränkende Mittel** zur Erreichung des

Ziels geeignet und erforderlich ist. Außerdem muss die Verhältnismäßigkeit im engeren Sinne, die Proportionalität zwischen Ziel und Mittel, gewahrt sein.

Geeignet ist ein gesetzlich vorgesehenes Mittel dann, wenn die Regelung die **40** **Wahrscheinlichkeit**, dass der **angestrebte Erfolg erreicht** wird, **erhöht**. Nicht erforderlich ist, dass der Zweck auch mit Sicherheit tatsächlich erreicht wird.

Beispiele:

Die im Gesetz über Mindestvorräte an Erdölerzeugnissen von 1965 vorgesehene Bevorratungspflicht für Mineralölprodukte war zur Verwirklichung der gesetzgeberischen Ziele geeignet, da sie u. a. die Sicherheit der Energieversorgung erhöhen konnte (BVerfGE 30, 292 [319]). – Die Kürzung der Honoraranforderungen für kassenärztliche Behandlung durch entsprechende Änderung des (damals) einschlägigen § 368f Abs. 1 Satz 5 RVO war ebenfalls geeignet, da mit ihrer Hilfe der angestrebte Erfolg, eine übermäßige Ausdehnung der Kassenarzttätigkeit einzuschränken, gefördert werden konnte (BVerfGE 33, 171 [186 f.]).

Erforderlich ist ein grundrechtsbeschränkendes Mittel dann, wenn es keine die **41** grundrechtlichen Schutzgegenstände weniger beeinträchtigende Alternative gibt, um das angestrebte Ziel zu erreichen, die zugleich die Wahrscheinlichkeit der Zielerreichung in demselben Maße erhöht (o. Rn. 40). Es darf also kein **milderes Mittel mit gleicher Erfolgstauglichkeit** vorhanden sein.

Beispiel:

Die kassenärztliche Regelung in obigem Beispiel war erforderlich, weil sich dem Gesetzgeber keine andere gleich wirksame, aber das Grundrecht aus Art. 12 Abs. 1 GG weniger einschränkende Möglichkeit bot, eine Kassenarztpraxis von außen her in Grenzen zu halten (BVerfGE 33, 171 [187]).

▶ **Hinweis:** Als milderes Mittel bleibt die Möglichkeit, eine Aufgabe statt durch Belastung von Grundrechtsträgern unter Finanzierung aus öffentlichen Haushalten wahrzunehmen, außer Betracht (BVerfGE 109, 64 [86]; 123, 186 [243] m.w.N.).

Das Kriterium gleicher Erfolgstauglichkeit dürfte allerdings in Extremfällen Abweichungen zulassen, so dass namentlich ein weitaus weniger grundrechtsbelastendes Mittel auch dann den Vorrang verdient, wenn es gegenüber dem fraglichen Eingriff (nur) beinahe ebenso gute Erfolgsaussichten birgt.

Speziell bei der für die Grundrechtsprüfung besonders wichtigen Anwendung **42** dieser Grundsätze auf Gesetze ist zu beachten, dass im Hinblick auf Eignung und Erforderlichkeit des Mittels wegen der zwangsläufigen Unsicherheiten ihrer Anwendung ein **Einschätzungs-** und insbesondere **Prognosespielraum des Gesetzgebers** anerkannt wird. Anders als bei der Kontrolle verwaltungsbehördlicher Maßnahmen durch die Fachgerichtsbarkeit wird hier vielfach ein Verstoß gegen den Verhältnismäßigkeitsgrundsatz erst dann anzunehmen sein, wenn die Eignung oder die Erforderlichkeit offensichtlich nicht gegeben ist.

So wurde bei der Erdölbevorratungspflicht (o. Rn. 40) dem Gesetzgeber bei der Auswahl und Gestaltung dieser wirtschaftslenkenden Maßnahme ein weites Ermessen zugestanden mit der Folge, dass nicht jeder einzelne Vorzug einer anderen Lösung gegenüber der vom Gesetzgeber gewählten zu deren Verfassungswidrigkeit führte; vielmehr musste die gleiche Erfolgstauglichkeit bei dem als Alternative ins Feld geführten Eingriff in jeder Hinsicht eindeutig feststehen (BVerfGE 30, 292 [319]).

43 Besonders problematisch ist das dritte Element der Verhältnismäßigkeit, die **Proportionalität.** Insoweit geht es um die Frage, ob die durch ein Gesetz bewirkte **Grundrechtseinschränkung gemessen an** dem **zu erreichenden Ziel legitim** ist. Die Antwort hierauf verlangt einen Vergleich der Wertigkeit des angestrebten Zieles einerseits, der dafür in Kauf genommenen Grundrechtseinschränkung andererseits. Je schwerwiegender eine Grundrechtseinschränkung ist, desto gewichtiger muss auch das mit der Regelung zu erreichende Ziel sein.

Beispiel:

Die erwähnte Kürzung der Honoraranforderungen von Kassenärzten war kein schwerwiegender Eingriff in ihre Berufsfreiheit, da nur eine begrenzte Anzahl von Ärzten in beschränktem Umfang betroffen wurde. Demgegenüber erschien das Ziel, das persönliche Tätigwerden des Kassenarztes und die Gründlichkeit der Behandlung im Einzelfall sicherzustellen, zur Legitimation der Einschränkung hinreichend bedeutsam (BVerfGE 33, 171 [188]).

44 Die Problematik liegt vor allem darin begründet, dass die Verfassung **keine eindeutige Wertehierarchie** vorgibt, die als Maßstab für die insoweit erforderliche Abwägung dienen könnte. Daher ist es regelmäßig von vornherein ausgeschlossen, die Bedeutung betroffener Grundrechte und gesetzgeberischer Ziele abstrakt in ihrer relativen Wertigkeit zu erfassen. Vielmehr sind die besonderen Gegebenheiten der Einschränkungssituation zu berücksichtigen, also namentlich der erreichte Nutzen für das angestrebte Ziel und das Ausmaß der dafür in Kauf genommenen Beeinträchtigungen. Je nach Kontext wird auch insoweit ein weiter Gestaltungsspielraum des Gesetzgebers anerkannt (u. Kap. 24, Die Grundrechte des Art. 12 GG, Rn. 43). Bedarf es der Umsetzung einer gesetzlichen Regelung auf betroffene Einzelfälle, kann es dazu kommen, dass gesetzliche Regelungen deswegen als proportional erscheinen, weil durch gesetzlich eröffnete Spielräume **noch bei der Anwendung im Einzelfall** sichergestellt werden kann, dass es nicht zu unangemessenen Einzelergebnissen kommt. Andererseits kann das Fehlen von Ausnahmen für besondere (Härte-) Fälle zur Folge haben, dass eine grundsätzlich angemessene Regelung teilweise unangemessen erscheint.

Beispiel:

Das ausnahmslose Verbot anwaltlicher Erfolgshonorare wurde als insoweit unangemessen eingestuft, als es keine Möglichkeit vorsah, besonderen Umständen in

der Person der Auftraggeber Rechnung zu tragen, die diese sonst von der Rechts-
verfolgung abhalten (BVerfGE 117, 163 [192 ff.]).

Im Rahmen der Abwägung kann im Übrigen sowohl die generelle Bedeutung der   **45**
(gesetzlichen) Grundrechtseinschränkung im Rahmen der Rechtsordnung insgesamt
eine Rolle spielen als auch die Einwirkung auf die individuell Betroffenen. Im letzteren Fall wird häufig auf die **Zumutbarkeit** für die Betroffenen abgestellt. Für diese
können wiederum flankierende Ausgestaltungen des Gesetzes von Bedeutung sein,
wie namentlich Übergangsregelungen oder Abmilderungen eines Eingriffs durch
begleitende materielle Vorkehrungen, etwa finanzielle Kompensationen (vgl. u. Kap.
26, Die Grundrechte des Art. 14 GG, Rn. 39), oder verfahrensrechtliche Sicherungen,
wie ein gesetzlicher Richtervorbehalt bei heimlichen Eingriffen (BVerfGE 120, 274
[331 ff.]; für besondere Verfahrensanforderungen für die Zwangsbehandlung untergebrachter Menschen BVerfGE 128, 282 [311 ff.] und Kap. 14, Die Grundrechte des
Art. 2 GG, Rn. 108). Sind mehrere Grundrechte desselben Grundrechtsträgers oder
auch weiterer Personen beeinträchtigt, kann dies zu erhöhten Anforderungen an die
Rechtfertigung führen (so bei „Kumulation von Grundrechtseingriffen" BVerfGE
130, 372 [392]).

Wird aufgrund eines Gesetzesvorbehalts oder der Begrenzungswirkung kollidie-   **46**
renden Verfassungsrechts (o. Kap. 9, Grundrechtsbegrenzungen, Rn. 33 ff., 59) durch
ein grundrechtsbeschränkendes Gesetz eine andere verfassungsrechtliche Verpflichtung erfüllt, muss **praktische Konkordanz** der einander entgegengesetzten
verfassungsrechtlichen Anforderungen hergestellt werden, durch die beiden so weit
wie möglich Rechnung getragen wird. Dies darf nicht in einer undifferenzierten
„Abwägung" berührter „Verfassungsgüter" erfolgen, sondern – unter Beachtung
gewisser Besonderheiten – im Rahmen der gesamten Prüfung der Verhältnismäßigkeit
der Grundrechtsbeschränkung. Schon bei der Eignung ist zu beachten, dass eine
Regelung nur dann als zwecktauglich anerkannt werden kann, wenn sie den gegenläufigen verfassungsrechtlichen Geboten hinter dem Gesetzeszweck (etwa einer
grundrechtlichen Schutzpflicht) gerecht wird. Im Rahmen der Erforderlichkeit muss
neben der Frage nach dem mildesten Einschränkungsmittel berücksichtigt werden,
dass auch das Ziel, weil gleichfalls verfassungsrechtlich geboten, möglichst weitgehend zu realisieren ist (vgl. für die Schutzpflichten o. Kap. 4, Subjektive Grundrechte
und objektive Grundrechtsgehalte, Rn. 32). Die Proportionalitätsprüfung schließlich
ist in besonderem Maße mit Ungewissheiten behaftet, weil gerade im Verhältnis verschiedener Grundrechte zueinander eine allgemeingültige verfassungsrechtliche
Wertigkeitsrelation nicht vorgegeben ist. Vgl. exemplarisch etwa Kap. 16, Die
Grundrechte des Art. 4 GG, Rn. 28, 32, 62, 79; Kap. 17, Die Grundrechte des Art. 5
GG, Rn. 92.

▶   **Hinweis:** Vgl. für den Fall der Kollision gleichwertiger Rechte schon § 97
     Einl prALR, wonach „jeder der Berechtigten von dem seinen so viel nach-
     geben (muss), als erforderlich ist, damit die Ausübung beyder zugleich
     bestehen könne."

3. Spezielle Ausprägungen des Verhältnismäßigkeitsgrundsatzes

47   Der Grundsatz der Verhältnismäßigkeit ist als Anforderung auf alle im Rahmen von Grundrechtsbegrenzungen vorgenommenen Grundrechtsbeschränkungen anwendbar, hat allerdings in der Rechtsprechungsentwicklung zum Teil **spezifische Ausformungen** erfahren. Namentlich gilt dies für **Art. 12 Abs. 1 GG** mit der sogenannten „Drei-Stufen-Theorie" (u. Kap. 24, Die Grundrechte des Art. 12 GG, Rn. 35 f.) und für die „Wechselwirkungslehre" zu **Art. 5 Abs. 1, 2 GG** (u. Kap. 17, Die Grundrechte des Art. 5 GG, Rn. 64 f.), die allerdings eher terminologisch abweichen, in der Sache aber durchaus den allgemeinen Regeln entsprechen. Zur besonderen Problematik beim allgemeinen Gleichheitssatz s. u. Kap. 15, Die Gleichheitssätze des Art. 3 GG, Rn. 19 ff. insbesondere Rn. 36.

48   Ein unabhängig vom betroffenen Grundrecht standardisierter Fall unterschiedlich weit reichender Eingriffe ist die Differenzierung zwischen präventiven und repressiven gesetzlichen Verboten. **Präventive Verbote** sehen mit Rücksicht auf abzuwehrende Gefahren eine staatliche Unbedenklichkeitsprüfung vor, die den prinzipiellen Anspruch des Grundrechtsträgers auf Verwirklichung seines Grundrechtsinteresses nicht in Frage stellt. **Repressive Verbote** schließen dagegen bestimmte Tätigkeiten prinzipiell aus, beinhalten also eine grundsätzliche Absage an die Realisierung des grundrechtlichen Schutzgegenstandes. Zielt eine gesetzliche Regelung auf die Abwehr bestimmter, von der Grundrechtsbetätigung drohender Gefahren, darf sie nur dann repressiven Charakter annehmen, wenn ein präventives Verbot aus besonderen Gründen zur Zweckerreichung nicht ausreichend erscheint. Andernfalls fehlt die Erforderlichkeit für den weitergehenden Eingriff (vgl. allgemeiner o. Rn. 41).

49   Diese Abstufung setzt sich auf der Ebene der gegenüber beiden Verbotsarten möglichen, von den Behörden zuzulassenden Ausnahmen fort. Soweit bei repressiven Verboten überhaupt Ausnahmeregelungen bestehen, handelt es sich um **Befreiungsvorbehalte**, die von den Behörden nur nach pflichtgemäßem Ermessen erteilt werden. Es besteht daher grundsätzlich kein strikter Anspruch des Grundrechtsberechtigten, dass seine vom Gesetz als prinzipiell illegitim ausgeschlossene Freiheitsbetätigung von dem Verbot freigestellt wird. Die mit präventiven Verboten verbundenen **Erlaubnisvorbehalte** begründen hingegen regelmäßig einen Anspruch des Grundrechtsberechtigten, dass ihm eine von dem Verbot freistellende Erlaubnis zu seiner nicht prinzipiell missbilligten Betätigung erteilt wird, wenn die vorsorgliche Prüfung anhand der gesetzlich festzulegenden Kriterien zeigt, dass die abzuwendenden Gefahren im Einzelfall nicht bestehen. Im Zweifel ist dieses Ergebnis durch verfassungskonforme Auslegung der Erlaubnisregelung sicherzustellen (allgemeiner o. Kap. 4, Subjektive Grundrechte und objektive Grundrechtsgehalte, Rn. 60).

Beispiel:

Das Sammlungsgesetz unterstellte öffentliche Sammlungen einem Verbot mit Befreiungsvorbehalt, stellte es also in das Ermessen der Behörden, die Durchführung solcher Sammlungen zu genehmigen. Das BVerfG hielt diese Form der Einschränkung der allgemeinen Handlungsfreiheit nach Art. 2 Abs. 1 GG für nicht erforderlich, weil das öffentliche Interesse es nicht rechtfertigen könne, die freie Durchführung von Sammlungen als prinzipiell sozialschädlich zu verbieten. Zulässig sei als weniger einschneidendes Mittel mit gleicher Erfolgseignung nur ein präventives Verbot mit Erlaubnisvorbehalt (BVerfGE 20, 150 [155 ff.]).

In **Sonderfällen** kann allerdings abweichend von dieser typischen Differenzierung **50** ein vom Gesetz nicht als sozialschädlich materiell verpöntes Verhalten einem Verbot mit Befreiungsvorbehalt unterworfen werden, so wenn hierzu gleichwohl mit Rücksicht auf das Ausmaß der mit dem Verhalten verbundenen Risiken und auf die trotz präventiver Prüfung verbleibenden Ungewissheiten hinreichender Anlass besteht.

> **Beispiel:**
> Die Genehmigung eines Atomkraftwerks ist nach § 7 Abs. 2 AtG auch dann in das Ermessen der Behörden gestellt, wenn alle gesetzlich vorgesehenen Voraussetzungen erfüllt sind; dies ist aufgrund der exzeptionellen Risiken der Kerntechnik als gerechtfertigt angesehen worden (BVerfGE 49, 89 [145 ff.]).

Ein repressives Verbot mit Befreiungsvorbehalt ist jedenfalls immer dann unbe- **51** denklich, wenn sogar ein **ausnahmsloses Verbot** als noch verhältnismäßig gerechtfertigt werden könnte. Denn auch wenn das Verbot mit Befreiungsvorbehalt die Möglichkeit zur Grundrechtsausübung in das behördliche Ermessen stellt, ist dies gegenüber einem ausnahmslos durchgreifenden Verbot der weniger weitreichende Eingriff.

> **Beispiel:**
> Die Zulassung von Sportwettunternehmen und Spielbanken durfte in das behördliche Ermessen gestellt werden, weil die von der Ausnutzung der Spielleidenschaft der Bevölkerung drohenden Gefahren als so schwerwiegend eingestuft wurden, dass sie sogar ein gesetzliches Verbot ohne jede Ausnahme legitimiert hätten (BVerwGE 96, 293 [298 ff.]; BVerwGE 96, 302 [311 f.]). S. auch Kap. 24, Die Grundrechte des Art. 12 GG, Rn. 4. – Für Befreiungen von den Festsetzungen eines rechtmäßigen Bebauungsplans nach § 31 Abs. 2 BauGB besteht ein (wenn auch enges) Ermessen, weil dem Grundeigentümer auch bei deren Versagung noch dem Art. 14 GG genügende Nutzungsmöglichkeiten verbleiben (BVerwGE 117, 50 [55 f.]).

VI. Die Rechtssicherheit

Das wie der Grundsatz der Verhältnismäßigkeit aus dem **Rechtsstaatsprinzip** **52** **abzuleitende** Gebot der Rechtssicherheit stellt an alle staatlichen Entscheidungen **Anforderungen** hinsichtlich ihrer Klarheit, Bestimmtheit und Beständigkeit. Soweit es um Verwaltungshandeln und Gerichtsentscheidungen geht, sind die verfassungsrechtlichen Erfordernisse allerdings durch gesetzliche Regelungen des Verwaltungs(verfahrens)rechts und des Prozessrechts in rechtsstaatlich grundsätzlich unbedenklicher Weise näher geregelt. Unmittelbar von Bedeutung sind die verfassungsrechtlichen Anforderungen der Rechtssicherheit vor allem für **gesetzliche Grundrechtsbeschränkungen**.

1. Der Bestimmtheitsgrundsatz

53 Der Grundsatz der Bestimmtheit des einschränkenden Gesetzes verlangt prinzipiell, dass der von einer einschränkenden Regelung betroffene Grundrechtsträger die Reichweite der gesetzlichen Einschränkung erkennen und sein Verhalten gegebenenfalls darauf einrichten kann. Bei der Anwendung des Bestimmtheitsgrundsatzes hat die Praxis **Abstufungen** entwickelt, die denen beim Verhältnismäßigkeitsgrundsatz (o. Rn. 43 ff.) entsprechen. So richtet sich das geforderte Maß an Bestimmtheit eines Gesetzes danach, wie gravierend eine Einschränkung des grundrechtlichen Schutzgegenstandes ist. **Je schwerer die** bewirkte **Grundrechtsbeeinträchtigung** ausfällt, **desto präziser** muss sie **im Gesetzestext** erkennbaren Ausdruck finden (s. für Ermächtigungen untergesetzlicher Rechtsnormen schon o. Kap. 9, Grundrechtsbegrenzungen, Rn. 13 f.). Unbestimmte Rechtsbegriffe können verwendet werden, solange sich ihr Inhalt im Wege der Auslegung feststellen lässt. Im Zweifel wird hier zur Wahrung der Bestimmtheitsanforderungen eine restriktive Auslegung der Einschränkungsmöglichkeiten erforderlich sein, um die Verfassungsmäßigkeit der Regelung zu erhalten.

> **Beispiele:**
> Für das vom BGH aus der Gesamtregelung der Bundesnotarordnung und des Beurkundungsgesetzes abgeleitete Sozietätsverbot für Anwaltsnotare (und Wirtschaftsprüfer) ist wegen der Schwere des Grundrechtseingriffs eine ausdrückliche Verankerung im Gesetz erforderlich (BVerfGE 98, 49 [59 ff.]; anders noch BVerfGE 80, 269 [279]). – Der Begriff der psychischen Störung ist als Voraussetzung für eine Unterbringung nach dem ThUG bestimmt genug, weil er durch den systematischen Zusammenhang und Bezüge zur EMRK einer restriktiven Auslegung zugänglich ist und die Freiheitsentziehung an weitere Bedingungen geknüpft ist (BVerfGE 134, 33 Rn. 113 ff.).

Die gerichtliche Annahme nachteiliger Rechtsfolgen, für die es an einer hinreichend deutlichen Grundlage im geschriebenen Recht fehlt, überschreitet die verfassungsrechtlichen **Grenzen richterlicher Rechtsfortbildung**.

> **Beispiel:**
> Die Annahme einer Verpflichtung der Mutter, zur Durchsetzung des Regressanspruchs des Scheinvaters (§ 1697 Abs. 3 BGB) Auskunft über die Person des mutmaßlichen biologischen Vaters des Kindes zu erteilen (BVerfGE 138, 377 Rn. 35 ff.).

2. Grenzen rückwirkender Gesetzgebung – Vertrauensschutz

Rückwirkende Gesetze sind nur im Rahmen des Art. 103 Abs. 2 GG (u. Kap. 35, Die   **54**
Grundrechte des Art. 103 GG, Rn. 21) von Verfassungs wegen strikt verboten; im
Übrigen richtet sich ihre **Zulässigkeit nach der Abwägung** zwischen den mit dem
Gesetz verfolgten **öffentlichen Interessen** und dem **schutzwürdigen Vertrauen** der
nachteilig von der Regelung betroffenen Personen. Dabei hat die wegen mancher
Ungewissheiten verbreitet als unbefriedigend empfundene Judikatur für die
Fallgruppen der echten und der unechten Rückwirkung differenzierte Anforderungen
entwickelt, die mangels überzeugender Alternativen als maßgeblich anzusehen sind.

> ▶ **Hinweis:** Gelegentlich löst sich das BVerfG von den nachstehend dar-
> gestellten Kategorien und prüft stattdessen die strikte Verhältnismäßigkeit
> des Eingriffs in das Vertrauen der Betroffenen (vgl. zur nachträglich ent-
> fristeten Sicherungsverwahrung BVerfGE 128, 326 [388 ff.] unter
> Berücksichtigung von Wertungen der EMRK; s. o. Kap. 2, Grund- und
> Menschenrechtsgarantien des geltenden Rechts, Rn. 42).

Echte Rückwirkung entfaltet ein Gesetz dann, wenn es Rechtsbeziehungen, die   **55**
bereits vor seiner Verkündung abgeschlossen sind, nachträglich veränderten Bedingungen unterwirft. Dies ist **grundsätzlich verboten**. Das soll auch gelten, wenn das
Gesetz beansprucht, nur die schon vorher bestehende Rechtslage klarzustellen
(BVerfGE 135, 1 Rn. 41 ff.). Ausnahmen gelten zum einen bei fehlender Vertrau-
ensgrundlage, also wenn die Betroffenen aus bestimmten Gründen nicht mit dem
Fortbestand der bisherigen Regelung rechnen konnten; zum anderen tritt der Schutz
berechtigten Vertrauens zurück, wenn vorrangige Belange des Gemeinwohls es
erfordern oder wenn den Betroffenen keine beachtlichen Nachteile erwachsen.

Unechte Rückwirkung ist anzunehmen, wenn das Gesetz für bereits eingetretene   **56**
Tatbestände, die aber noch andauern, erstmalig belastende oder erschwerend veränderte Rechtsfolgen vorsieht, die mit Wirkung (nur) für die Zukunft eingreifen. Dies
ist, wenn der Grundsatz der Verhältnismäßigkeit beachtet wird, auch unter dem
Aspekt des Vertrauensschutzes **grundsätzlich zulässig**. Ausnahmen gelten hier,
wenn das Vertrauen der Betroffenen schutzwürdig ist und bei Abwägung mit Belangen
des Gemeinwohls den Vorrang verdient, wofür namentlich die Auswirkungen auf die
berührten Grundrechtspositionen maßgeblich sind. Dabei können Bedenken u. U.
durch Übergangsregelungen ausgeräumt werden.

Beispiel:
Nach dem Soldatengesetz mussten Berufssoldaten, deren militärische Ausbildung
mit einem Studium verbunden war, die Kosten des Studiums erstatten, wenn sie
vor Beendigung einer Dienstzeit von *gleicher Dauer* wie der des Studiums auf
eigenen Antrag entlassen wurden. Das Gesetz wurde mit sofortiger Wirkung
dahin geändert, dass die Erstattungspflicht solange eintrat, als der Soldat vor
seiner Entlassung nicht eine Dienstzeit von *dreifacher Dauer* absolviert hatte.
Das BVerfG nahm auch bei Soldaten, die bei Inkrafttreten der Gesetzesänderung

schon die Mindestdienstzeit gedient hatten, noch eine unechte Rückwirkung an. Entscheidend sei nicht, dass bei diesen die Erstattungslage zwischenzeitlich nicht mehr bestanden hatte, sondern allein das noch andauernde Berufssoldatenverhältnis. Bei der Abwägung mit dem öffentlichen Interesse an der Sicherstellung qualifizierten Militärpersonals wurden dann die Interessen auch dieser Berufssoldaten nicht als schutzwürdiger angesehen; sie müssten stets damit rechnen, dass sie ihre Entlassung mit Rücksicht auf öffentliche Interessen nicht nach ihren Wünschen erhalten würden (BVerfGE 39, 128 [143 ff.]).

57   Auch gegenüber **nicht rückwirkenden Gesetzen** kann in begrenztem Umfang **Vertrauensschutz**, namentlich durch Übergangsvorschriften, geboten sein; dabei hat der Gesetzgeber aber einen breiten Gestaltungsspielraum (u. Kap. 24, Die Grundrechte des Art. 12 GG, Rn. 55).

VII. Verfassungsmäßigkeit des einschränkenden Gesetzes im Übrigen

58   Es ist im Grunde selbstverständlich, dass die grundgesetzlichen Ermächtigungen zu Grundrechtseinschränkungen sich nur auf gesetzliche Regelungen beziehen, die **in jeder Hinsicht verfassungsgemäß** sind (ausdrücklich etwa schon BVerfGE 14, 263 [277 f.]). Eine Preisgabe des Grundrechtsschutzes gegenüber nicht der Verfassung entsprechenden Einwirkungen kann den Grundrechtsbegrenzungen als integralen Bestandteilen der mit Vorrang vor jedem Staatshandeln ausgestatteten Verfassung nicht unterstellt werden. Insoweit führen Verstöße des grundrechtsbeschränkenden Gesetzes gegen Verfassungsanforderungen jeder Art dazu, dass sich das Gesetz als Grundrechtsverletzung erweist. Wieso dies vom Schutzzweck der betroffenen Grundrechte nicht gedeckt sein sollte, ist nicht erkennbar. Hervorzuheben sind neben Verstößen gegen die genannten rechtsstaatlichen Anforderungen zwei Fehlergruppen.

1. Formelle Verfassungswidrigkeit

59   Die Einsicht, dass ein gegen formelle Anforderungen des Grundgesetzes verstoßendes grundrechtsbeschränkendes Gesetz die jeweils betroffenen Grundrechte verletzt, hat sich nur langsam durchgesetzt. Das BVerfG hat das Erfordernis formeller Verfassungsmäßigkeit zunächst in seinem berühmten **Elfes-Urteil** im Rahmen des **Art. 2 Abs. 1 GG** entwickelt (BVerfGE 6, 32; s. auch u. Kap. 14, Die Grundrechte des Art. 2 GG, Rn. 32 und 37). Daran anschließend war anfangs teilweise angenommen worden, die Einhaltung der formellen Anforderungen der Verfassungsmäßigkeit sei ein spezieller Schutzgehalt gerade dieser Grundrechtsnorm. Erst später wurde weitgehend erkannt, dass es sich dabei um eine **bei allen Grundrechten zu beachtende Anforderung** handelt. Wenn Grundrechte Einschränkungen durch den Gesetzgeber unterworfen sind, müssen diese stets formell einwandfreie Gesetze

sein. Entsprechende Mängel eines grundrechtsbeschränkenden Gesetzes führen somit zur Verletzung der betroffenen speziellen Grundrechte; es ist daher unzutreffend, in solchen Fällen nur den verdrängten Art. 2 Abs. 1 GG, nicht aber die vorrangigen Spezialgrundrechte als verletzt anzusehen.

> **Beispiele:**
> Gesetzliche Beschränkungen der Berufsfreiheit nach Art. 12 Abs. 1 GG oder des Eigentums nach Art. 14 Abs. 1 Satz 1 GG müssen in jeder Hinsicht, d. h. auch formell verfassungsgemäß sein (s. nur BVerfGE 13, 181 [190]; BVerfGE 32, 319 [326]; BVerfGE 34, 139 [146]).

Die formelle Verfassungsmäßigkeit des Gesetzes muss in jeder Beziehung sicherge- **60** stellt sein. Zu berücksichtigen sind sowohl die Frage der Verbandskompetenz des Gesetzgebers (Bundes-/Landeskompetenz) als auch weitere Anforderungen wie die Organkompetenz, die Mitwirkungsbefugnisse anderer Organe, Verfahrens- und Formerfordernisse. Besteht in irgendeinem dieser Bereiche ein verfassungsrechtlich relevanter Mangel eines Gesetzes, kann es nicht zu einer wirksamen Einschränkung des Grundrechts führen. Der **Verstoß gegen die formellen verfassungsrechtlichen Anforderungen** hat zugleich zur Folge, dass die sachlich vor dem Grundrecht möglicherweise rechtfertigungsfähige Einschränkung sich als **Grundrechtsverletzung** erweist.

Eine prozessual bedeutsame **Abweichung** von dem vorgenannten Grundsatz **61** besteht allein **für Verstöße eines Landesgesetzes gegen landesverfassungsrechtliche Anforderungen**. Ergibt sich die Verletzung eines Grundrechts des Grundgesetzes allein daraus, dass das einschränkende Gesetz gegen Bestimmungen der Landesverfassung verstößt, sieht sich das BVerfG an der Feststellung dieses Mangels durch die vorrangige Zuständigkeit der Landesverfassungsgerichte gehindert. Allein diesen ist die Wahrung der jeweiligen Landesverfassungsordnung aufgegeben. Das BVerfG soll auch zum Zwecke der Wahrung der Schutzgegenstände der Bundesgrundrechte nicht in diesen Zuständigkeitsbereich übergreifen (BVerfGE 60, 175 [208 f.]).

2. Verstöße gegen Grundrechte Dritter

Nicht einheitlich beurteilt wird bis heute die Frage, ob durch ein einschränkendes **62** Gesetz die Grundrechte eines Normadressaten verletzt sind, nur weil das ihm gegenüber ansonsten zu rechtfertigende Gesetz **Grundrechte anderer Beteiligter** verletzt und sich **dadurch** als **verfassungswidrig** erweist. Der Einwand, damit werde es dem Normadressaten unter Überschreitung des Schutzzwecks seiner Grundrechte ermöglicht, sich auch auf die nicht ihm zustehenden Grundrechte Dritter zu berufen, geht fehl. Denn der Normadressat wird durchaus **in seinen eigenen Grundrechten** verletzt, die ihn umfassend schützen sollen; soweit sie einschränkender Gesetzgebung unterworfen sind, gilt dies nur bei Wahrung vollständiger Verfassungsmäßigkeit. Warum dies etwa bei Nichtbeachtung der Beteiligungsrechte des Bundesrates an der

Gesetzgebung gelten soll, nicht aber im Hinblick auf Grundrechte Dritter, ist nicht erkennbar, soweit beide gleichermaßen die Nichtigkeit der Norm zur Folge haben. Auch Popularverfassungsbeschwerden werden nicht eröffnet; denn dazu ist keineswegs jedermann befugt, sondern nur, wer durch das Gesetz in eigenen Grundrechten beeinträchtigt und nach dem Gesagten eben auch verletzt ist.

Beispiel:

§ 19 Abs. 1 AZO enthielt ein bußgeldbewehrtes Verbot, Frauen in Nachtarbeit zu beschäftigen. Die Verhängung des Bußgeldes aufgrund dieser Bestimmung, die sich als Verletzung des Grundrechts der Arbeiterinnen aus Art. 3 Abs. 2, 3 GG darstellt und deswegen verfassungswidrig ist, verletzt daher auch den Arbeitgeber zumindest in seinem Grundrecht aus Art. 2 Abs. 1 GG (BVerfGE 85, 191 [205 f.]); ähnlich auch BVerfGE 109, 64 (84) zu Art. 12 Abs. 1 GG für die als gleichberechtigungswidrig eingestufte und deshalb „unangemessene" Verpflichtung des Arbeitgebers, einen Zuschuss zum Mutterschaftsgeld zu zahlen. Einmal hat das BVerfG die Bedeutsamkeit von Verstößen gegen Grundrechte Dritter (hier sogar des Prozessgegners) nur für Verletzungen von Art. 1 Abs. 1 GG bekräftigt, im Übrigen die Frage aber offengelassen (BVerfGE 96, 375 [398] m.w.N.).

VIII. Zusammenfassung

63
- Allgemeine Anforderungen an grundrechtseinschränkende Gesetze sind insbesondere in Art. 19 Abs. 1 und 2 GG enthalten, ergeben sich im Übrigen aus der gesamten Verfassung, zumal aus dem Rechtsstaatsprinzip.
- Art. 19 Abs. 1 Satz 1 GG verbietet grundrechtsbeschränkende Einzelfallgesetze, d. h. Gesetze, die nur für einen Kreis bereits abschließend bestimmter Fälle gelten.
- Das Zitiergebot nach Art. 19 Abs. 1 Satz 2 GG gilt nicht für vorkonstitutionelle Gesetze. Nach der insoweit fragwürdigen Judikatur des BVerfG soll es zudem insbesondere für Einschränkungen vorbehaltlos gewährleisteter Grundrechte und solche der Grundrechte aus Art. 2 Abs. 1, Art. 5 Abs. 1, Art. 12 Abs. 1 und Art. 14 Abs. 1 GG sowie für Grundrechtsbeeinträchtigungen, die keine klassischen Grundrechtseingriffe darstellen, nicht eingreifen.
- Bezugspunkt der Wesensgehaltgarantie des Art. 19 Abs. 2 GG ist regelmäßig jedenfalls auch die individuelle Grundrechtsposition des einzelnen Grundrechtsträgers. Dabei ist der Wesensgehalt eines Grundrechts nicht relativ, sondern absolut durch einen auf die Menschenwürdegarantie bezogenen Kerngehalt bestimmt.
- Bezugspunkt des als Teil des Rechtsstaatsprinzips garantierten Verhältnismäßigkeitsgrundsatzes (Übermaßverbots) ist das vom Gesetzgeber verfolgte

Ziel der Grundrechtseinschränkung, das seinerseits verfassungskonform sein muss. Darauf bezogen muss das grundrechtseinschränkende Mittel geeignet, erforderlich und proportional sein.

- Geeignet ist ein Mittel dann, wenn es die Wahrscheinlichkeit erhöht, dass der angestrebte Erfolg eintritt. Das Gebot der Erforderlichkeit verlangt, dass kein milderes Mittel mit gleicher Erfolgstauglichkeit vorhanden ist. Für beide Aspekte wird ein Einschätzungs, insb. Prognosespielraum des Gesetzgebers anerkannt.
- Der Grundsatz der Proportionalität zielt auf einen wertenden Vergleich zwischen der mit dem Gesetz bewirkten Grundrechtsbeeinträchtigung und dem angestrebten Ziel.
- Wird durch ein grundrechtsbeschränkendes Gesetz eine andere verfassungsrechtliche Verpflichtung erfüllt, muss im Rahmen der Verhältnismäßigkeitsprüfung praktische Konkordanz der einander entgegengesetzten verfassungsrechtlichen Anforderungen hergestellt werden.
- Das grundrechtseinschränkende Gesetz unterliegt dem rechtstaatlichen Bestimmtheitsgrundsatz; danach muss der Gesetzestext umso präziser gefasst sein, je schwerer die Grundrechtsbeeinträchtigung ausfällt.
- Rückwirkende Grundrechtsbeschränkungen sind nicht allgemein unzulässig. Vielmehr ist der Vertrauensschutz mit den verfolgten öffentlichen Belangen abzuwägen. Dabei gelten für die echte Rückwirkung bei Regelungen für abgeschlossene Sachverhalte strengere Anforderungen als für die unechte Rückwirkung, bei der noch andauernde Sachverhalte von der gesetzlichen Regelung erfasst werden.
- Das grundrechtseinschränkende Gesetz muss in jeder Hinsicht formell und auch mit Blick auf Grundrechte Dritter materiell verfassungsmäßig sein.

Grundrechtskonkurrenzen 11

Inhalt

Literatur: *Winfried Berg,* §71, Grundrechtskonkurrenzen, in: HGR III, 2009, S.633; *Ekkehard Hofmann,* Grundrechtskombinationen in der Fallbearbeitung – Konkurrenzen, Kollisionen, Verstärkungswirkungen, Jura 2008, 667; *Jürgen Schwabe,* Grundrechtskonkurrenzen, JA 1979, 191; *Klaus Stern,* §92, Die Konkurrenzen von Grundrechten des Grundgesetzes, in: *ders.,* Staatsrecht III/2, 1994, S.1365.
Rechtsprechung: BVerfGE 13, 290 (296) (Ehegatten-Arbeitsverhältnisse); BVerfGE 104, 337 (Schächten).

Von Grundrechtskonkurrenzen spricht man dann, wenn **mehrere Grundrechts-** **1** **bestimmungen** einer Verfassung[1] **denselben Lebenssachverhalt tatbestandlich erfassen**, wenn also bei den Abwehrrechten eine Handlung der Staatsgewalt die Schutzgegenstände mehrerer Grundrechtsbestimmungen desselben Grundrechtsträgers in relevanter Weise beeinträchtigt. Namentlich kann das Verbot eines menschlichen Verhaltens verschiedene zugleich einschlägige Freiheitsrechte beschränken, kann eine Differenzierung mehrere Gleichheitsgebote berühren, kann ein Staatshandeln die Integrität sonstiger Schutzgüter verschiedener Grundrechtsbestimmungen zugleich beeinträchtigen. Darüber hinaus treffen vielfach unterschiedlich strukturierte Abwehrrechtsgarantien zusammen, zumal letztlich jede gesetzliche Regelung überhaupt schon durch die Abgrenzung ihres Anwendungsbereichs Gleichheitsfragen aufwirft. Wie solche Fälle zu behandeln sind, unterliegt bis heute vielen Unsicherheiten.

---

[1] In einem weiteren Sinne kann man auch insoweit von Grundrechtskonkurrenzen sprechen, als Grundrechtsgewährleistungen unterschiedlicher Garantieebenen gleichzeitig eingreifen, also namentlich Bundes- und Landesgrundrechte, ferner staatliche und supra- sowie internationale Grundrechte; vgl. in diesem Sinne *Stern,* Staatsrecht III/2, S.1409 ff., der insoweit von „vertikaler Konkurrenz" spricht.

© Springer-Verlag Berlin Heidelberg 2017 205
M. Sachs, *Verfassungsrecht II – Grundrechte,* Springer-Lehrbuch,
DOI 10.1007/978-3-662-50364-5_11

Der Aufruf zu einer Demonstration fällt unter den Schutzbereich der Versammlungsfreiheit nach Art. 8 GG und der Meinungsfreiheit nach Art. 5 Abs. 1 Satz 1 GG (BVerfGE 82, 236 [258]). – Die Bestrafung homosexueller Handlungen (nur) zwischen Männern kann im Vergleich mit der Straflosigkeit lesbischer Handlungen Art. 3 Abs. 2, 3 GG betreffen, außerdem Art. 3 Abs. 1 GG, und zwar im Vergleich mit der Straflosigkeit heterosexueller Handlungen, ferner die freie Entfaltung der Persönlichkeit (vgl. BVerfGE 6, 389). – Ein zwangsweise angeordneter Haarschnitt beeinträchtigt die körperliche Unversehrtheit (Art. 2 Abs. 2 Satz 1 GG) und möglicherweise das allgemeine Persönlichkeitsrecht (Art. 2 Abs. 1 GG i. V. m. Art. 1 Abs. 1 GG) (anders BVerwGE 149, 1). – Die Durchsuchung von Redaktionsräumen beeinträchtigt neben der Unverletzlichkeit der Wohnung auch die Pressefreiheit (BVerfGE 20, 162).

2   **Vorrangig** ist die Frage der **tatbestandlichen Abgrenzung** der möglicherweise einschlägigen Grundrechtsbestimmungen, die ggf. eine Grundrechtskonkurrenz von vornherein ausschließt. Wieweit dies möglich ist, lässt sich nicht allgemeingültig, sondern stets nur durch Auslegung der jeweils möglicherweise berührten einzelnen Grundrechtsbestimmungen feststellen. Eine Vermutung für die Maßgeblichkeit stets nur *eines* Grundrechts besteht nicht.

Im Verhältnis zwischen Meinungsfreiheit und Pressefreiheit soll nach der neueren Judikatur des BVerfG auch die gedruckte Meinungsäußerung allein durch Art. 5 Abs. 1 Satz 1 GG geschützt sein, während die Pressefreiheit nach Art. 5 Abs. 1 Satz 2 GG nur eingreifen soll, wenn es um die Voraussetzungen geht, die gegeben sein müssen, damit die Presse ihre Aufgabe im Kommunikationsprozess erfüllen kann (BVerfGE 86, 122 [127 f.]; s. u. Kap. 17, Die Grundrechte des Art. 5 GG, Rn. 31 f.).

3   Eine Tatbestandsabgrenzung ist nur aufgrund von **Kriterien** möglich, die in jedem Falle **für die Anwendbarkeit eines Grundrechts** entscheidend sind, also namentlich unabhängig davon, ob eine Berührung oder Nähe zum Anwendungsbereich des anderen Grundrechts besteht.

Die spätere öffentliche Präsentation von Kunstwerken nach ihrer erstmaligen Veröffentlichung kann nur insgesamt aus dem Schutzgegenstand der Kunstfreiheit ausgegrenzt werden, nicht aber lediglich insoweit, als es um Fälle wirtschaftlicher Verwertung geht; ist nur letzteres beabsichtigt, geht es in Wahrheit um einen Fall von (u. U. verdrängender) Grundrechtskonkurrenz (zu Art. 14 GG). S. zum Beispielsfall (BVerfGE 31, 229 [238 f.]) noch u. Kap. 17, Die Grundrechte des Art. 5 GG, Rn. 81 und 105.

Einigkeit beim Umgang mit Grundrechtskonkurrenzen besteht vor allem darüber, **4** dass die allgemeine Regel vom **Vorrang der lex specialis** auch für das Verhältnis der Grundrechtsbestimmungen zueinander durchgreift; die allgemeinere Grundrechtsbestimmung wird zur Überprüfung eines Grundrechtseingriffs nicht herangezogen, soweit eine ihr gegenüber speziellere Grundrechtsbestimmung anwendbar ist. Insbesondere schließen die **Spezialfreiheitsrechte** für ihren jeweiligen Anwendungsbereich die allgemeine Verhaltensfreiheit des Art. 2 Abs. 1 GG aus; dabei verdrängen Deutschengrundrechte den Art. 2 Abs. 1 GG nur im Umfang ihrer personellen Reichweite, während seine Geltung zugunsten der Ausländer unberührt bleibt (näher o. Kap. 6, Die Grundrechtsberechtigten, Rn. 16 f.). Entsprechend gehen die **Spezialgleichheitssätze** dem allgemeinen Gleichheitssatz nach Art. 3 Abs. 1 GG vor. Freiheits- und Gleichheitsgrundrechte sind nebeneinander anwendbar; beide schließen als besondere Persönlichkeitsrechte verstanden das allgemeine Persönlichkeitsrecht tatbestandlich aus (u. Kap. 14, Die Grundrechte des Art. 2 GG, Rn. 52 f., Kap. 15, Die Gleichheitssätze des Art. 3 GG, Rn. 3).

Beispiele:
Das Verbot von Beleidigungen gem. § 185 StGB schränkt die Freiheit der Meinungsäußerung nach Art. 5 Abs. 1 Satz 1 GG ein; daneben ist kein Platz für die Anwendung von Art. 2 Abs. 1 GG. Soweit reine Tatsachenbehauptungen aus dem Schutzgegenstand des Art. 5 Abs. 1 Satz 1 GG herausfallen (s. u. Kap. 17, Die Grundrechte des Art. 5 GG, Rn. 3 ff.), greift Art. 2 Abs. 1 GG als Auffanggrundrecht ein. Entsprechendes gilt, wenn sich der Grundrechtsschutz nur gegen bestimmte Eingriffe richtet (s. etwa u. Kap. 24, Die Grundrechte des Art. 12 GG, Rn. 59). Schließt ein Gesetz die Einbürgerung von Personen schwarzafrikanischer Abstammung aus, greift nur das Verbot von Unterscheidungen nach der Rasse gem. Art. 3 Abs. 3 Satz 1 GG ein, nicht auch der allgemeine Gleichheitssatz; wird die Einbürgerung für Personen bestimmter Staatsangehörigkeit ausgeschlossen, ist keines der Merkmale des Art. 3 Abs. 3 Satz 1 GG berührt, so dass hier Art. 3 Abs. 1 GG anzuwenden ist. Gegen eine generelle Verdrängung des Art. 3 Abs. 1 GG durch besondere Gleichheitssätze allerdings BVerfGE 99, 1 (10 f.), wo aber im Ergebnis – gegen die frühere Judikatur – doch die alleinige Maßgeblichkeit der gleichheitsrechtlichen Anforderungen des Art. 28 Abs. 1 Satz 2 GG anerkannt wird (s. Kap. 33, Die grundrechtsgleichen Rechte des Art. 38 GG, Rn. 2).

Die Anwendung der Regel vom Vorrang der lex specialis setzt ein **Spezialitätsver-** **5** **hältnis zwischen zwei Grundrechtsbestimmungen** voraus. Ein solches Verhältnis ist wie in anderen Rechtsbereichen auch für die Grundrechte nur anzunehmen, wenn jeder Anwendungsfall der einen (speziellen) Grundrechtsbestimmung notwendig zugleich auch die Voraussetzungen der anderen (allgemeineren) Grundrechtsbestimmung erfüllt, die noch andere Fälle erfasst. Gleichbedeutend lässt sich dies dahin fassen, dass die speziellere Norm stets alle Tatbestandsvoraussetzungen der allgemeineren Norm und mindestens eine zusätzliche Anforderung beinhalten muss.

6   Für **Freiheit und Gleichheit** greifen neben den besonderen Garantien die diesbezüglichen **allgemeinen Auffangnormen** des Art. 2 Abs. 1 bzw. Art. 3 Abs. 1 GG ein. Diese stehen als besondere Persönlichkeitsrechte *neben* dem allgemeinen Persönlichkeitsrecht; weil Art. 2 Abs. 1, Art. 3 Abs. 1 GG Verhaltensfreiheit und Gleichheit umfassend abdecken, verbleiben als Schutzgegenstände für das **allgemeine Persönlichkeitsrecht** nur sonstige natürliche oder auch rechtlich begründete Persönlichkeitsinteressen, die nicht durch spezielle Garantien (etwa Art. 10, 13 GG einerseits, Art. 14, 16 Abs. 1 GG andererseits) vorrangig geschützt sind. Da die Reichweite des allgemeinen Persönlichkeitsrechts auf Fälle mit (auch nur entfernter) Menschenwürderelevanz beschränkt ist (u. Kap. 14, Die Grundrechte des Art. 2 GG, Rn. 49 ff.), bleibt daneben noch Raum für eine die Rechtsstellung des Einzelnen im Übrigen umfassend abdeckende, auch über Art. 2 Abs. 1 GG geschützte **allgemeine Eingriffsfreiheit** als abwehrrechtliches Auffanggrundrecht letzter Stufe (Kap. 14, Die Grundrechte des Art. 2 GG, Rn. 17 f.).

7   Im Übrigen hängt die Frage der Spezialität damit maßgeblich davon ab, wie die Reichweite der Schutzgegenstände der beteiligten grundrechtlichen Verbürgungen im Einzelnen bestimmt wird. Dabei werden angesichts der extensiven Interpretation der grundrechtlichen Einzeltatbestände die Voraussetzungen einer **Spezialität** nur höchst **selten** vorliegen, am ehesten noch in Fällen **eng miteinander verwandter Grundrechte**.

Beispiele:

Spezialität wird angenommen zwischen der (allgemeinen) Vereinigungsfreiheit des Art. 9 Abs. 1 GG und den an weitere Voraussetzungen gebundenen Vereinigungsfreiheiten nach Art. 9 Abs. 3 GG und Art. 140 GG i. V. m. Art. 137 Abs. 2 WRV, auch der Parteiengründungsfreiheit nach Art. 21 Abs. 1 Satz 2 GG. – Art. 33 Abs. 3 Satz 1 GG ist gegenüber dem Verbot jeder Unterscheidung nach den religiösen Anschauungen in Art. 3 Abs. 3 Satz 1 GG jedenfalls hinsichtlich des gegenständlich abgegrenzten Anwendungsbereichs lex specialis.

---

8   Wenn kein Spezialitätsverhältnis gegeben ist, sind alle einschlägigen Grundrechte nebeneinander anzuwenden. Allerdings werden teilweise Grundrechte auch ohne echte Spezialität aufgrund einer **Konsumtion** als verdrängt angesehen, wenn ein Grundrecht typischerweise, aber nicht notwendig mit anderen Grundrechtsbestimmungen zusammentrifft. Voraussetzung für eine Konsumtion ist aber, dass sich aus dem Verhältnis der jeweils beteiligten Grundrechtsbestimmungen zueinander ergibt, dass die eine gegenüber der anderen für den Fall ihres tatbestandlichen Zusammentreffens abschließende Bedeutung haben, sie verdrängen soll. Das wird nur ausnahmsweise in Betracht kommen.

Beispiel:

Eine Meinung kann – wie bei der engagierten Kunst üblich – auch in künstlerischer Form kundgegeben werden. Geht man davon aus, dass künstlerische Äußerungen nicht notwendig zugleich Meinungsäußerungen darstellen, kommt zur Begründung der alleinigen Maßgeblichkeit des Art. 5 Abs. 3 Satz 1 GG (echte) Spezialität nicht in Betracht (anders zum Teil die Judikatur, vgl. BVerfGE 81, 278 [291] m.w.N.), sondern allenfalls eine sonstige Verdrängungswirkung, für die aber angesichts der unterschiedlichen Werte, denen beide Grundrechtsbestimmungen dienen, keine Basis erkennbar ist. Allerdings bleibt die Verdrängung des aufgrund seines (weitergehenden) Gesetzesvorbehalts schwächeren Grundrechts ohnehin ohne Auswirkung auf das Ergebnis (dazu im nachfolgenden Text).

Von Bedeutung für das Ergebnis ist die Frage eines Anwendungsvorrangs nur in **9** den Fällen, in denen gleichzeitig anwendbare Grundrechtsbestimmungen unterschiedliche Einschränkungsmöglichkeiten kennen (sog. **Schrankendivergenz**). Daher sollte auch die Lösung der Konkurrenzproblematik auf dieser Ebene gesucht werden und nicht in freilich bequemeren Verdrängungspostulaten. Wendet man schrankendivergente Grundrechte nebeneinander auf eine Einschränkung an, kann die Maßnahme gegenüber einzelnen Grundrechten unbedenklich sein, während sie sich bei anderen Grundrechten als unzulässig erweist. Insoweit ist bei einer gleichberechtigten Berücksichtigung aller betroffenen Grundrechtsbestimmungen ein Grundrechtsverstoß schon gegeben, wenn nur eine Grundrechtsbestimmung verletzt wird. Damit ist für die Gesamtbeurteilung im Ergebnis **die jeweils strikteste**, am wenigsten Einschränkungen unterworfene **Grundrechtsbestimmung die ausschlaggebende**.

> **Beispiel:**
> Wird ein Berufsmusiker durch die staatliche Gewalt daran gehindert, sein Instrument zu spielen und damit Geld zu verdienen, muss dieser Eingriff den Gewährleistungen der Freiheit der Kunst, Art. 5 Abs. 3 Satz 1, und der Berufsfreiheit, Art. 12 Abs. 1 GG, genügen, wobei grundsätzlich die mangels Gesetzesvorbehalt strengeren Anforderungen der erstgenannten Grundrechtsbestimmung ausschlaggebend sein werden.

Im konträren Gegensatz dazu steht die Annahme, dass im Ergebnis jeweils **das** **10** **Grundrecht maßgeblich** ist, das den **weitesten Raum für** grundrechtliche **Einschränkungsmöglichkeiten bietet**. Diese würden dann zugleich die Legitimation implizieren, Einschränkungen auch gegenüber den zugleich betroffenen Grundrechtsbestimmungen vorzunehmen, die für sich genommen dafür keinen Raum lassen. Bei dieser Sichtweise werden die normativen Aussagen der Einschränkungsmöglichkeiten höher gewichtet als die Aussagen der Grundrechtsgewährleistungssätze: Wo die Verfassung Einschränkungsmöglichkeiten vorsieht, sollen diese unbedingt durchgesetzt werden können.

> **Beispiel:**
> Das BVerwG hat angenommen, dass das Grundrecht der Kunstfreiheit nach Art. 5 Abs. 3 Satz 1 GG auch den Bereich der Baukunst umfasst, aber dann festgestellt, dass die Betätigung der Kunstfreiheit sich bei der Errichtung baulicher Anlagen zugleich als Ausübung des Eigentums darstellt und deshalb den im

Rahmen von Art. 14 Abs. 1 Satz 2 GG getroffenen gesetzlichen Beschränkungen unterliegt. Aus der Kunstfreiheit erwachse nicht die Befugnis, sich über die dem Eigentum zulässigerweise gezogenen Schranken hinwegzusetzen (BVerwG, BRS 35 Nr. 133; krit. *Würkner*, DÖV 1992, 150 [151]).

11   Diese Sichtweise sieht sich allerdings dem **Bedenken** ausgesetzt, dass sie weitergehende Möglichkeiten, ein Grundrecht zu beschränken, eröffnet, wenn zusätzliche Grundrechte einschlägig sind. Es erscheint zumindest grundsätzlich kaum plausibel, dass mehrfach grundrechtlich garantierte Interessen im Ergebnis weniger weitgehend geschützt sind, als wenn nur einfacher Grundrechtsschutz besteht. Im Gegenteil sollte es schwieriger sein, ein Staatshandeln, das mehrere Grundrechte zugleich beeinträchtigt, zu rechtfertigen, zumal hinsichtlich der Verhältnismäßigkeit (o. Kap. 10, Anforderungen an Grundrechtsbeeinträchtigungen, Rn. 45).

12   Schließlich finden sich auch Auffassungen, die auf eine generelle Lösung verzichten und stattdessen mit **unterschiedlichen Ergebnissen** im Einzelnen auf die Gegebenheiten der **einzelnen Konkurrenzsituationen** abstellen wollen.

> **Beispiele:**
> Ähnlich wie im vorerwähnten Beispielsfall der Kunst am Bau (Rn. 10), mag sich auch bei Art. 12 Abs. 1 GG die Frage stellen können, ob der Maßstab für Einschränkungen beruflicher Kunstausübung auch insoweit gelten kann, als es gerade um Probleme geht, die sich nur beim Berufskünstler stellen, nicht aber bei einem bloßen Dilettanten. – Der Gesetzesvorbehalt für Versammlungen unter freiem Himmel nach Art. 8 Abs. 2 GG könnte auch auf durch Art. 4 Abs. 1, 2 GG geschützte religiöse Versammlungen passen, soweit es darum geht, Einschränkungen mit Rücksicht auf Verkehrserfordernisse u. Ä. vorzunehmen (s. aber die Ausnahmebestimmung des § 17 Versammlungsgesetz).

13   Insgesamt können alle Lösungen, die bei Verwirklichung mehrerer Grundrechte zu einem weniger weitgehenden Schutz gelangen als bei isolierter Geltung nur eines Grundrechts, nicht recht überzeugen, da die Maßgeblichkeit mehrerer Grundrechte grundsätzlich keine plausible Handhabe dafür bietet, die Reichweite des Schutzes eines der beteiligten Grundrechte zu verkürzen. Im Ergebnis sind daher prinzipiell **alle tatbestandlich erfüllten Grundrechtsbestimmungen** mit ihren jeweiligen Begrenzungen **nebeneinander** zur Anwendung zu bringen. Damit setzt sich grundsätzlich das im Einzelfall strengste Grundrecht durch (wie o. Rn. 9). Mit Rücksicht auf besondere Notwendigkeiten der Einschränkung, namentlich aufgrund spezifischer Gefährdungspotenziale aus der Betätigung einzelner Grundrechte, wird man in Ausnahmefällen aber nicht von vornherein ausschließen können, dass diesbezügliche Gesetzesvorbehalte auch gegenüber konkurrierenden Grundrechten ohne passende Begrenzung durchgreifen.

> **Beispiel:**
> BVerfGE 137, 273 Rn. 85 nimmt „Schrankenspezialität" des Art. 137 Abs. 3 WRV für die (auch) in Art. 4 Abs. 1, 2 GG geschützte korporative Religionsfreiheit an, für die der als Gewährsmann genannte *Morlok* stärkere Einschränkungen für

notwendig hält. Das BVerfG will aber bei Anwendung der „Schranke" das Gewicht der vorbehaltlosen Garantie des Art. 4 Abs. 1, 2 GG berücksichtigen. Dazu noch u. Kap. 16, Die Grundrechte des Art. 4 GG, Rn. 39; auch dort Rn. 23 zu Art. 136 Abs. 3 Satz 2 WRV.

Keine Konkurrenz selbständiger Grundrechte besteht, wenn **verschiedene Grundrechtsbestimmungen zusammen** die Grundlage eines eigenständigen Grundrechts bilden, wie dies zumal für das (meist) auf Art. 2 Abs. 1 i. V. mit Art. 1 Abs. 1 GG gestützte allgemeine Persönlichkeits(grund)recht angenommen wird (u. Kap. 14, Die Grundrechte des Art. 2 GG, Rn. 49). Solchen Kombinationsgrundrechten ist schon deshalb mit Skepsis zu begegnen, weil sie Unklarheiten über die maßgeblichen Grundrechtsbegrenzungen schaffen. Der Berührung mehrerer Grundrechte kann ggf. bei der Prüfung der Verhältnismäßigkeit eines Eingriffs Rechnung getragen werden. Wenn Grundrechtsbestimmungen in Verbindung mit sonstigen Bestimmungen oder Grundsätzen der Verfassung als Maßstabsnormen genannt werden, kann dies durch das Bestreben bedingt sein, die Verfassungsbeschwerde zu eröffnen (u. Kap. 14, Die Grundrechte des Art. 2 GG, Rn. 19).

14

Zusammenfassung

- Eine Grundrechtskonkurrenz liegt vor, wenn mehrere Grundrechtsbestimmungen einer Verfassung denselben Lebenssachverhalt tatbestandlich erfassen, d. h. bei Abwehrrechten, wenn ein staatliches Verhalten die Schutzgegenstände mehrerer Grundrechtsbestimmungen beeinträchtigt.
- Bei solchen Konkurrenzen gilt insbesondere die allgemeine Regel vom Vorrang der lex specialis, wonach der ein spezielles Grundrecht betreffende Grundrechtseingriff nicht an der ebenfalls betroffenen allgemeineren Grundrechtsbestimmung gemessen wird. Ein Spezialitätsverhältnis zwischen zwei Grundrechtsbestimmungen ist gegeben, wenn jeder Anwendungsfall der speziellen Grundrechtsbestimmung notwendig zugleich die Voraussetzungen der allgemeineren Grundrechtsbestimmung erfüllt.
- Inwieweit mangels echter Spezialität eine Konsumtion in Betracht kommen kann, ist fraglich. Grundsätzlich sind alle tatbestandlich einschlägigen Grundrechte nebeneinander anwendbar. Wenn gleichzeitig anwendbare Grundrechtsbestimmungen unterschiedlichen Einschränkungsmöglichkeiten unterliegen (sog. Schrankendivergenz), gelten prinzipiell für jedes Grundrecht (nur) die ihm eigenen Begrenzungen, so dass insgesamt die striktesten Anforderungen erfüllt werden müssen.
- Kombinationsgrundrechte („in Verbindung mit") sind schon wegen der unklaren Einschränkungsmöglichkeiten grundsätzlich bedenklich.

15

Prüfungsprogramm für gesetzliche Grundrechtsverletzungen bei Abwehrrechten (ohne Gleichheitsrechte)

12

Literatur: *Christoph Brüning*, Die gutachterliche Prüfung von Freiheitsgrundrechten, JA 2000, 728 ff.; *Sebastian Graf von Kielmannsegg*, Die Grundrechtsprüfung, JuS 2008, 23 ff.; *ders.*, Grundfälle zu den allgemeinen Grundrechtslehren, JuS 2009, 19 ff., 118 ff., 216 ff.; *Ino Augsberg/ Steffen Augsberg/Thomas Schwabenbauer*, Klausurtraining Verfassungsrecht, 2. Aufl. 2016, S. 65 ff.; *Guy Beaucamp/Rainer Lechelt*, Prüfungsschemata Öffentliches Recht, 6. Aufl. 2014, S. 47 ff.; *Christoph Degenhart*, Klausurenkurs im Staatsrecht I, 3. Aufl. 2013, Rn. 101 ff.; *ders.*, Klausurenkurs im Staatsrecht II, 7. Aufl. 2015, Rn. 51 ff.

  I. Grundrechtlicher Tatbestand
   1. Schutzgegenstand
   2. Grundrechtsberechtigter
 II. Relevante Beeinträchtigung
   1. Klassischer Eingriff oder/und
   2. sonstige relevante Beeinträchtigung
III. Bestehen einer Grundrechtsbegrenzung
   1. Gesetzesvorbehalt oder/und
   2. Grundrechtsbegrenzung aufgrund anderer Verfassungsbestimmungen
IV. Anforderungen an gesetzliche Grundrechtseinschränkungen
   1. Spezielle Anforderungen
     a) Qualifikationen des jeweiligen Gesetzesvorbehalts oder
     b) Anforderungen des sonst grundrechtsbegrenzenden Verfassungsrechts
   2. Allgemeine Anforderungen
     a) Einzelfallgesetzverbot, Art. 19 Abs. 1 Satz 1 GG
     b) Zitiergebot, Art. 19 Abs. 1 Satz 2 GG
     c) Wesensgehaltgarantie, Art. 19 Abs. 2 GG
     d) Verhältnismäßigkeit
     e) Rechtssicherheit (Bestimmtheit, Vertrauensschutz)
     f) Formelle Verfassungsmäßigkeit
     g) Materielle Verfassungsmäßigkeit im Übrigen (auch Grundrechte Dritter)

© Springer-Verlag Berlin Heidelberg 2017
M. Sachs, *Verfassungsrecht II - Grundrechte*, Springer-Lehrbuch,
DOI 10.1007/978-3-662-50364-5_12

Das vorstehende Prüfungsprogramm wird bei vielen verfassungsrechtlichen Fällen nützliche Anhaltspunkte geben können, darf aber keinesfalls als starres und vollständiges Aufbauschema missverstanden werden. So fehlen etwa die Aspekte des Grundrechtsverzichts (dazu oben Kap. 8, Grundrechtseingriff und sonstige relevante Grundrechtsbeeinträchtigungen, Rn. 35 ff.) und der Grundrechtskonkurrenzen (oben Kap. 11, Grundrechtskonkurrenzen), die an unterschiedlichen Stellen geprüft werden können. Beim grundrechtlichen Tatbestand kann es vielfach sinnvoll sein, zuerst die Grundrechtsberechtigung zu prüfen, wenn es etwa um Grundrechte von Ausländern geht. In anderen Fällen kann zur Grundrechtsberechtigung nicht sinnvoll Stellung genommen werden, bevor der Schutzgegenstand behandelt ist, wenn es etwa nach Art. 19 Abs. 3 GG um die wesensmäßige Anwendbarkeit eines Grundrechts auf grundrechtsberechtigte juristische Personen geht. Bei grundrechtlichen Verboten bestimmter Eingriffe entfällt die Prüfung des Schutzgegenstandes (oben Kap. 7, Der Grundrechtstatbestand, Rn. 8 f.). Vor allem ist es wichtig, dass sich eine Fallprüfung auf die jeweils aufgeworfenen Fragestellungen konzentriert und nicht Elemente des Prüfungsprogramms (womöglich breit) diskutiert, die gerade keine Rolle spielen.

Modifikationen können auch dann geboten sein, wenn es um Grundrechtsverletzungen durch nur materielle Gesetze, also untergesetzliche Rechtsnormen geht (oben Kap. 9, Grundrechtsbegrenzungen, Rn. 9 ff.), die grundsätzlich einer gültigen formell-gesetzlichen Grundlage bedürfen, andererseits selbst nicht den Anforderungen des Art. 19 Abs. 1 GG unterliegen (oben Kap. 10, Anforderungen an Grundrechtsbeeinträchtigungen, Rn. 13, 28).

Soweit es um Grundrechtseingriffe durch **Verwaltungshandeln oder gerichtliche Entscheidungen** geht, sind allein vom Verfassungsrecht her gedachte Prüfungsprogramme problematisch, weil in diesen Fällen vielfach zunächst Fragen des einfachen Rechts (materielles Verwaltungsrecht und Verwaltungsverfahrensrecht; materielles sonstiges Recht und Prozessrecht) im Vordergrund stehen werden.

Bei Fragen nach der Entscheidung des BVerfG über eine **Verfassungsbeschwerde** gegen gerichtliche Entscheidungen muss zudem die Beschränkung der Begründetheitsprüfung auf Verletzungen des spezifischen Verfassungsrechts berücksichtigt werden (oben Kap. 10, Anforderungen an Grundrechtsbeeinträchtigungen, Rn. 7 f.). Andererseits wird auch hier vielfach das auf Gesetze bezogene Prüfungsprogramm, so wie es vorstehend dargestellt ist, den Kern des zu untersuchenden Rechtsstoffs ausmachen, weil Verwaltung und Gerichte jedenfalls grundsätzlich nur durch gültige Gesetze zu Grundrechtsbeeinträchtigungen ermächtigt sein können.

Teil II

Die einzelnen Grundrechtsbestimmungen

Die Garantie der Würde des Menschen, Art. 1 Abs. 1 GG

13

Inhalt

Literatur: *Peter Häberle,* § 22, Die Menschenwürde als Grundlage der staatlichen Gemeinschaft, in: HStR II[3], 2004, S. 317; *Josef Isensee,* § 87, Würde des Menschen, in: HGR IV, 2011, S. 3; *Klaus Stern,* § 58, Die Menschenwürde als Fundament der Grundrechte, in: ders., Staatsrecht III/1, 1988, S. 3; *ders.:* § 97, Die Würde des Menschen, in: ders., Staatsrecht IV/1, 2006, S. 3; *Manfred Baldus,* Menschenwürdegarantie und Absolutheitsthese, AöR 136 (2011), 529; *Wolfram Höfling,* Die Unantastbarkeit der Menschenwürde, JuS 1995, 857; *Norbert Hoerster,* Sind Lebensrecht und Menschenwürde „abstufbar"?, Jura 2011, 241; *Friedhelm Hufen,* Die Menschenwürde, Art. 1 I GG, JuS 2010, 1; *Josef Franz Lindner,* Die Würde des Menschen und sein Leben, DÖV 2006, 577; *Edzard Schmidt-Jortzig,* Systematische Bedingungen der Garantie unbedingten Schutzes der Menschenwürde in Art. 1 GG, DÖV 2001, 925; *Christian Seiler,* Das Grundrecht auf ein menschenwürdiges Existenzminimum, JZ 2010, 500; *Fabian Wittreck,* Menschenwürde und Folterverbot – Zum Dogma von der ausnahmslosen Unabwägbarkeit des Art. 1 GG, DÖV 2003, 873.

Rechtsprechung: BVerfGE 30, 1 (Abhörurteil); BVerfGE 94, 49 (Sichere Drittstaaten); BVerfGE 107, 275 (Benetton II); BVerfGE 109, 279 (Großer Lauschangriff); BVerfGE 115, 118 (Luftsicherheitsgesetz); BVerfGE 125, 175 (Hartz-IV-Bedarfsermittlung); BVerwGE 64, 274 (Peep-Show); BVerwGE 115, 189 (Laserdrome).

© Springer-Verlag Berlin Heidelberg 2017
M. Sachs, *Verfassungsrecht II - Grundrechte*, Springer-Lehrbuch,
DOI 10.1007/978-3-662-50364-5_13

Übungsfälle: *Christoph Enders/Norman Jäckel,* Klausur Öffentliches Recht: Selbstverschuldete Rettungsbefragung, JA 2012, 119; *Ulrich Haltern/Lars Viellechner,* Der praktische Fall – Öffentliches Recht: Import embryonaler Stammzellen zu Forschungszwecken, JuS 2002, 1197; *Tobias Handschell,* Verbot von Killerspielen, Jura 2010, 461.

I. Allgemeines

1   An die Spitze der Grundrechte, die das Grundgesetz einleiten, stellt Art. 1 Abs. 1 GG die Würde des Menschen. Diese war zwar seit langem ein wesentliches Element des **grund- und menschenrechtlichen Denkens** gewesen, hatte aber in deutschen Verfassungsurkunden nur ganz am Rande Beachtung gefunden. Dies änderte sich nach dem Zweiten Weltkrieg in Reaktion auf die Gräueltaten im NS-Staat. Das Vorbild hierzu begründete die Charta der Vereinten Nationen vom 26. Juni 1945, die schon in ihrer einleitenden Formulierung neben den fundamentalen Menschenrechten ausdrücklich auch die Menschenwürde zu ihrem wesentlichen Anliegen erklärte. Daran knüpften die 1946 und 1947 in den deutschen Ländern erlassenen Landesverfassungen an. Nachdem die **Allgemeine Erklärung der Menschenrechte** von 1948 in ihrer Präambel erneut die Würde jedes Menschen in den Mittelpunkt gerückt hatte, folgte auch das Grundgesetz diesem Vorbild, indem es selbst die Menschenwürde sogar zum Gegenstand seines einleitenden Artikels machte.

2   Die Garantie der Menschenwürde hat schon aufgrund dieser **Spitzenposition im Verfassungstext** eine herausragende Bedeutung. Diese wird zusätzlich dadurch unterstrichen, dass die Grundsätze des Art. 1 GG, zu denen jedenfalls die Garantie der Menschenwürde zählt, nach Art. 79 Abs. 3 GG unter die sog. Ewigkeitsgarantie fallen, also auch im Wege der Verfassungsänderung nicht berührt werden dürfen. Damit gehört die Menschenwürde in jedem Falle zu den für die Verfassung herausragend wichtigen Anliegen.

3   Demgegenüber erscheint es beinahe paradox, dass ausgerechnet für die Menschenwürdegarantie die Anerkennung als verbindliche Grundrechtsbestimmung **vielfältigen Zweifeln** ausgesetzt war. Der Grund hierfür liegt sicherlich zum Teil in der Schwierigkeit, dem Anliegen der Menschenwürde juristisch greifbare Konturen zu verleihen. Hinzu kommt die nicht unmissverständliche Formulierung des Art. 1 Abs. 3 GG, der die Bindungswirkung gegenüber Gesetzgebung, vollziehender Gewalt und Rechtsprechung nur auf die „nachfolgenden" Grundrechte bezieht. Bei einem wörtlichen Verständnis wäre der der Bindungsklausel vorausgehende Art. 1 Abs. 1 GG hiervon nicht erfasst. Doch erscheint diese Formulierung eher als textliche Zufälligkeit, zumal Art. 142 GG die Aufrechterhaltung der landesverfassungsrechtlichen Grundrechtsgewährleistungen auf die Übereinstimmung mit den Art. 1 bis 18 GG bezieht. Diese Formulierung ist umso mehr auch auf Art. 1 Abs. 1 GG zu beziehen, als – wie erwähnt – die Landesverfassungen in ihren Grundrechtskatalogen insbesondere auch die Menschenwürde garantiert hatten. Dementsprechend wird heute die **Grundrechtsqualität** des Art. 1 Abs. 1 GG ganz überwiegend anerkannt.

Die eigene Grundrechtsqualität des Art. 1 Abs. 1 GG schließt es nicht aus, die **4**
Menschenwürde zusätzlich als einen zentralen Bezugspunkt des gesamten Grundrechtskatalogs zu sehen, auf den auch verschiedene sonstige Grundrechtsgewährleistungen bezogen sind, so dass sie mehr oder weniger weitgehend als
besondere Ausprägungen der Menschenwürdegarantie erscheinen. Diese kann
dadurch für die Auslegung der verschiedenen Einzelgrundrechtsgarantien von erheblicher Bedeutung sein. Diese Einschätzung tritt in der Judikatur des BVerfG in
Formulierungen hervor, in denen die Menschenwürde als oberster Wert des Grundgesetzes oder als **tragendes Konstitutionsprinzip** der Verfassung angesprochen
wird (so etwa schon BVerfGE 6, 32 [36, 41]).

II. Subjektiv-rechtliche Bedeutung

Mit der Anerkennung einer Verfassungsbestimmung als Grundrecht (o. Rn. 3) ist **5**
regelmäßig zugleich die **subjektiv-rechtliche Bedeutung** der Garantie anerkannt.
Hieran sollte gerade bei Art. 1 Abs. 1 GG, der am Anfang des Grundrechtskatalogs
und systematisch im Zentrum der Grundrechtsgarantien steht, kein Zweifel bestehen. Schon in der Formulierung des Art. 1 Abs. 1 GG steht die Zuordnung des
Schutzgegenstandes Würde zu ihrem Träger, dem Menschen, ganz vorne; sie geht
damit der erst im zweiten Satz ausdrücklich angesprochenen Verpflichtung aller
staatlichen Gewalt zur Achtung und zum Schutz dieser Würde voraus. Es fehlt jede
Grundlage für die Annahme, die Würde des Menschen könnte aus einem anderen
Grunde als um seiner selbst willen geschützt sein. Es müsste geradezu als Perversion
einer solchen Garantie erscheinen, wollte man dem Einzelnen den Schutz seiner
Würde nur als bloßen Rechtsreflex zugutekommen lassen.

Die Wirkungsrichtung des Menschenwürdeschutzes ist in Art. 1 Abs. 1 GG zum **6**
einen durch die Unantastbarkeit, zum anderen durch die Verpflichtung aller staatlichen Gewalt, sie zu achten und zu schützen, definiert. Damit umfasst sie sowohl
abwehrrechtliche wie **leistungsrechtliche** Komponenten.

1. Abwehrrechtliche Bedeutung

Der abwehrrechtliche Gehalt des Art. 1 Abs. 1 GG kommt besonders anschaulich in **7**
der Formulierung des Satzes 1 zum Ausdruck, wonach sie als rechtlich geschütztes
Gut ihres Trägers **„unantastbar"** ist. Dies wird durch die Verpflichtung aller staatlichen Gewalt, die Menschenwürde **„zu achten"**, Art. 1 Abs. 1 S. 2 GG, erneut bestätigt. Die Menschenwürde wird insoweit als Gut des Einzelnen vor allen störenden
Einwirkungen der Staatsgewalt in Schutz genommen. Damit ist Satz 2 als Präzisierung
und Erweiterung der Schutzwirkung des Satzes 1 zu lesen, nicht aber als eine nur
partielle Spezifikation. Satz 2 macht damit ebenso wie Art. 1 Abs. 3 GG für die
„nachfolgenden Grundrechte" deutlich, dass die Menschenwürdegarantie des Art. 1
Abs. 1 GG ein gegen die Staatsgewalt gerichtetes Recht ist. Eine davon abweichende

unmittelbare Wirkung für Dritte (siehe dazu Kap. 5, Grundrechtsverpflichtete, Rn. 31 ff.) hat auch die Unantastbarkeitsklausel des Art. 1 Abs. 1 Satz 1 GG demgegenüber nicht zur Folge. Soweit ein Grundrechtsschutz der Menschenwürde gegenüber Dritten in Frage kommt, ist er durch entsprechende Schutzvorkehrungen der hierzu verpflichteten staatlichen Gewalt sicherzustellen.

a) Schutzgegenstand

8   Trotz mancher Versuche ist es bis heute nicht gelungen, die Würde des Menschen zufriedenstellend zu definieren. Das Problem liegt schon darin, dass es bei der Würde des Menschen anders als bei anderen Grundrechtsgarantien nicht um einzelne Aspekte menschlicher Existenz geht, sondern um eine jedem Menschen jederzeit unbedingt zustehende, mit der menschlichen Existenz an sich untrennbar verbundene Qualität. Insofern mag man die Würde des Menschen mit dem **Eigenwert des Menschen** an sich umschreiben, ohne dass dies wesentlich weiterführt.

9   **Bedenklich** erscheint es demgegenüber, wenn Menschenwürde als eine Qualität dargestellt wird, die durch **eigene Leistungen** erst hergestellt werden müsste. Ein solches Verständnis stößt jedenfalls dann auf Probleme, wenn es sich um Menschen handelt, die zu irgendeiner Eigenleistung von vornherein nicht in der Lage sind (wie etwa anenzephal Geborene) oder noch nicht fähig sind (wie alle Menschen vor der Geburt); denn auch in diesen Fällen muss die Garantie der Menschenwürde eingreifen. Dementsprechend ist die Fähigkeit zur Selbstbestimmung oder die Eigenverantwortlichkeit des Menschen ohne konstitutive Bedeutung für das Eingreifen der Menschenwürdegarantie im Einzelfall. Dies schließt andererseits nicht aus, dass die Achtung von Selbstbestimmung und Eigenverantwortlichkeit bei den Menschen, die ihrer fähig sind, vom Menschenwürdeschutz erfasst sein können.

10   Angesichts der Schwierigkeiten, dem Begriff der Menschenwürde greifbare Konturen zu verleihen, wird verbreitet auf eine **Definition** des Schutzgegenstandes „Menschenwürde" **verzichtet** und stattdessen eine Perspektive gewählt, die den Schutzgegenstand der Menschenwürde von ihrer Beeinträchtigung her zu erfassen sucht. Hervorzuheben ist insoweit die an Kantianische Vorbilder angelehnte **Objektformel**, die von *Günter Dürig* entwickelt wurde. Danach ist die Menschenwürde dann betroffen, wenn ein Mensch zum bloßen Objekt staatlichen Handelns gemacht wird. Auch das BVerfG greift in seiner Judikatur regelmäßig auf diese Objektformel zurück, die sich positiv dahin wenden lässt, dass der Mensch immer Zweck an sich selbst bleiben müsse.

11   Allerdings hat das BVerfG ausgerechnet im grundsätzlich bedeutsamen **Abhörurteil** die Objektformel als unzureichend disqualifiziert (BVerfGE 30, 1 [25 f.]).

▶   **Hinweis:** Durch das Siebzehnte Gesetz zur Ergänzung des Grundgesetzes wurden Art. 10 GG und Art. 19 Abs. 4 GG dahin geändert, dass unter bestimmten Voraussetzungen Beschränkungen des Brief-, Post- und Fernmeldegeheimnisses auch ohne Bekanntgabe an den Betroffenen unter Ausschluss des Rechtsweges vorgenommen werden dürfen. Das BVerfG verneinte einen Verstoß gegen die „Ewigkeitsgarantie" des Art. 79 Abs. 3 GG, weil es die in den Artikeln 1 und 20 niedergelegten Grundsätze nicht berührt sah.

Das Abhör-Urteil führte dazu aus, der Mensch sei nicht selten bloßes Objekt auch 12
des Rechts, dem er sich ohne Rücksicht auf seine Interessen fügen müsse. Allerdings richtet sich die zitierte Aussage eher gegen ein Fehlverständnis der Objektformel als gegen deren Verwendung überhaupt. Das BVerfG hat nämlich weitergehend
verlangt, dass eine Beeinträchtigung nur bei einer Behandlung vorliegt, die die **Sub-
jektqualität** des Betroffenen **prinzipiell in Frage stellt** oder im konkreten Fall die
Würde des Menschen willkürlich missachtet.

Das Abhör-Urteil nimmt dazu allerdings an, die Behandlung des Menschen 13
berühre die Menschenwürde nur, wenn sie Ausdruck der **Verachtung des Wertes des
Menschen** als Person, in diesem Sinne eine verächtliche Behandlung sei. Versteht
man diese in der späteren Judikatur so nicht wieder aufgegriffene Formulierung als
Verengung auf böswillige, herabwürdigende und kränkende Übergriffe, ist damit
zwar sicherlich ein wichtiges Element des Menschenwürdeschutzes gekennzeichnet;
die Menschenwürdegarantie insgesamt würde aber durch eine solches Erfordernis
allzu weitgehend eingeengt. Der Schutzumfang der Garantie wird wohl besser
getroffen, wenn bei der Prüfung von Verletzungen der Menschenwürde anhand der
Objektformel gefragt wird, ob die jeweilige Behandlung der Tatsache gerecht wird,
dass es um einen in seinem Eigenwert zu achtenden Menschen geht.

Beispiel:
BVerfGE 115, 118 (153 f., 161) sieht aufgrund der Objektformel die Menschenwürde der unschuldigen Insassen eines Flugzeugs, dass von Terroristen gegen ein
Hochhaus gesteuert werden soll, durch dessen staatlichen Abschuss zur Rettung
der Menschen im Hochhaus verletzt, weil den als Opfern selbst schutzbedürftigen
Flugzeuginsassen der Wert abgesprochen werde, der dem Menschen um seiner
selbst willen zukomme. Dagegen entspreche es der Subjektstellung der Angreifer,
durch den Abschuss in die Verantwortung genommen zu werden.

Im Übrigen lassen sich die unterschiedlichen Anwendungsfälle der Menschenwür- 14
degarantie von der Beeinträchtigung her in **Fallgruppen** näher erfassen. Insofern
werden namentlich genannt die Bereiche

- der körperlichen Integrität,
- der menschengerechten Lebensgrundlagen,
- der elementaren Rechtsgleichheit und
- der personalen Identität.

Unter dem Aspekt des Schutzes der **körperlichen Integrität** geht es insbesondere 15
um den Schutz vor Folter und vor erniedrigenden Strafen, gegen die sich heute auch
Art. 3 EMRK richtet.

▶   **Hinweis:**   Schon Art. 139 der Paulskirchenverfassung von 1849 erklärte
u.a. „die Strafen des Prangers, der Brandmarkung und der körperlichen
Züchtigung" für abgeschafft.

16   Ob auch die in Art. 139 Paulskirchenverfassung im Grundsatz gleichfalls schon ausgeschlossene **Todesstrafe** als menschenwürdewidrig zu qualifizieren ist, hat angesichts ihrer verfassungsrechtlichen Abschaffung in Art. 102 GG nur für die Frage Bedeutung, ob eine Wiederzulassung im Wege der an Art. 79 Abs. 3 GG zu messenden Verfassungsänderung zulässig wäre. Trotz der Notwendigkeit, die Ewigkeitsgarantie eng auszulegen, wird dies zu Recht zunehmend verneint. Dem entspricht es, dass das BVerfG auch die **lebenslange Freiheitsstrafe**, wenn sie konsequent und ausnahmslos vollstreckt würde, für mit der Menschenwürde unvereinbar erklärt hat (BVerfGE 45, 187 [228 f.]). Wenn die Menschenwürde es ausschließt, dass der Staat den Menschen zwangsweise seiner Freiheit ohne Chance des Wiedererwerbs entkleidet, kann für die Todesstrafe nichts anderes gelten.

17   Ein spezifischer Fragenkreis, dessen Problematik zunehmend in den Mittelpunkt rückt, wird durch die **Gentechnik** aufgeworfen. Kritisch ist insoweit nicht die Gentherapie, die sich nur auf den schon lebenden Menschen auswirkt; insoweit ist allein die körperliche Unversehrtheit berührt, die Art. 2 Abs. 2 S. 1 GG schützt. Schwierigkeiten bestehen vielmehr bei Eingriffen in das menschliche Erbgut, die von vornherein die Eigenschaften erst noch zu zeugender Menschen gezielt beeinflussen. Man wird dies nicht schlechthin für menschenwürdewidrig halten können, zumal wenn es darum geht, dem künftigen Menschen schwerste Krankheiten zu ersparen. Bedenklich wäre dagegen die Erzeugung nach je aktuellen Leitbildern „maßgeschneiderter" Menschen. Da in diesen Fällen noch kein Träger der Menschenwürde existiert, kann Art. 1 Abs. 1 GG hier zwar keine subjektiven Rechte begründen, aber gegenüber derartigen Eingriffen der Staatsgewalt doch objektiv als stringentes Verbot wirken und damit über die weicheren „objektiv-rechtlichen" Grundrechtswirkungen (u. Rn. 42 f.) hinausgehen.

18   Die in erster Linie unter leistungsgrundrechtlichen Aspekten (u. Rn. 36 ff.) bedeutsamen, aber natürlich auch abwehrrechtlich geschützten Grundlagen eines menschengerechten Lebens,

---

Beispiel:

Hierher lässt sich die Unterbringung eines Häftlings in einer zu kleinen Einzelzelle bei nicht abgetrennter Toilette (BVerfG, EuGRZ 2015, 618 ff.) zählen.

---

die auch mit dem Begriff des **Existenzminimums** beschrieben werden, lassen sich kaum abschließend erfassen. Eingeschlossen ist jedenfalls das für die physische Existenz Nötige, wie Nahrung, Kleidung, Wohnung, Heizung, Hausrat, Hygiene und Gesundheitsversorgung, aber auch die Möglichkeit zu einem Mindestmaß an Teilhabe am gesellschaftlichen, kulturellen und politischen Leben, wobei dem Gesetzgeber ein Gestaltungsspielraum zukommt, der im letzteren Bereich weiter ist (BVerfGE 125, 175 [223 ff.]).

19   Die diesbezüglich maßgeblichen Standards sind wohl nicht allgemeingültig zu formulieren, sondern hängen von den in einer Gesellschaft zu einem gegebenen Zeitpunkt vorhandenen allgemeinen Existenzbedingungen und den diesbezüglichen Anschauungen ab. Eine **Übersteigerung** der Erfordernisse ist allerdings zu **vermeiden**. Nicht alles, was sozialstaatlich wünschenswert oder sogar geboten sein mag, ist bereits eine Bedingung der Wahrung der Menschenwürde.

Elementare Rechtsgleichheit als Element der Menschenwürde betrifft die **glei-** 20
che Achtung jedes Menschen **als Person**. Wird diese – wie etwa in Fällen echter,
herabsetzender Diskriminierung – negiert, ist nicht nur der Gleichheitssatz, sondern
auch die Menschenwürde der Betroffenen beeinträchtigt. Art. 3 Abs. 3 GG richtet
sich in erster Linie gegen solche Diskriminierungen, ist aber im Interesse der
Effektivität des Schutzes auf jede Anknüpfung von Rechtsfolgen an die Verwendung
der verpönten Merkmale zu erstrecken (siehe Kap. 15, Die Gleichheitssätze des Art. 3
GG, Rn. 94 f.).

Unter dem Aspekt der **personalen Identität** ist die Menschenwürdegarantie in 21
den Fällen berührt, in denen dazu fähigen Menschen die Möglichkeit zu autonomer
Selbstdarstellung genommen wird. Der Schutz richtet sich insoweit gegen die verschiedensten Einwirkungen, von Praktiken der Gehirnwäsche über die Missachtung
des Kernbereichs privater Lebensgestaltung (u. Kap. 14, Die Grundrechte des Art. 2 GG,
Rn. 55, 59, 65) bis zur Festlegung auf eine geschlechtliche Identität, die der Betroffene
nach seiner physischen und psychischen Identität abzulegen wünscht (BVerfGE 49,
286 [298]). Der besondere Rang der Menschenwürde verbietet es aber, die Reichweite
der durch sie geschützten personalen Identität allzu weit auszudehnen.

Beispiel:
Die Veränderung der Haar- und Barttracht eines Untersuchungshäftlings zum Zwecke der Gegenüberstellung stellt keinen Verstoß gegen die Menschenwürde dar. Der
Betroffene wird dadurch nicht zum bloßen Schauobjekt herabgewürdigt, die Maßnahme dient vielmehr der Aufklärung von Straftaten (nach BVerfGE 47, 239).

Die Menschenwürde würde auch ein **gegen den Willen des Betroffenen** staatlich 22
angeordneter **Lügendetektortest** verletzen, bei dem der Einzelne nur als Resultante
unterschiedlicher Messdaten, die von seinem Körper ohne die Möglichkeit der Einflussnahme genommen werden, zur Kenntnis genommen wird.

Die Beurteilung eines vom Delinquenten **gewünschten Lügendetektortests** 23
nach den Grundsätzen über den **Grundrechtsverzicht** (siehe Kap. 8, Grundrechtseingriff und sonstige relevante Grundrechtsbeeinträchtigungen, Rn. 35 ff.) wirft
allerdings manche Probleme auf. Der Annahme, dass dem Einzelnen die Disposition
über das Grundrechtsschutzgut versagt ist, steht wohl die enge Verbindung der
Menschenwürde mit der Selbstbestimmung entgegen, zumal die Versagung des Tests
für den Betroffenen bedeuten kann, dass er ohne wirklich bestehende Schuld unter
Umständen lebenslang seine Freiheit einbüßt. Andererseits lässt gerade die drohende
Verurteilung zu einer schweren Strafe die Freiwilligkeit zumindest fraglich erscheinen. Im Zusammenhang damit spricht für ein Verbot solcher Tests das allgemeine
rechtsstaatliche Interesse an einer von solchen Methoden von vornherein freien
Strafrechtspflege. Die Diskussion scheint inzwischen im Hinblick auf die problematischen Resultate solcher Tests abgeflaut zu sein.

▶ **Hinweis:** Während BVerfG (VPr), NJW 1982, 375 (kritisch dazu *Schwabe*,
NJW 1982, 367) angenommen hat, dass die Verwendung eines
Lügendetektors in unzulässiger Weise in das Persönlichkeitsrecht des
Betroffenen eingreife, auch wenn dieser mit einer solchen Beweiserhebung

einverstanden sei, hat BVerfG (K), NJW 1998, 1938, die Vereinbarkeit freiwilliger Lügendetektortests mit dem Grundgesetz offen gelassen und auch für den Fall ihrer verfassungsrechtlichen Zulässigkeit keine Bedenken gegen ein gesetzliches Verbot erhoben. Der BGH hat einen Verstoß gegen die Menschenwürde beim freiwilligen Lügendetektortest verneint, aber dieses Beweismittel jedenfalls in bestimmten Verfahren als völlig ungeeignet disqualifiziert (BGH, NJW 1999, 657 = BGHSt 44, 308; zur Beweisuntauglichkeit zuletzt etwa BGH, NStZ 2011, 474; auch BVerwG, NVwZ-RR 2014, 887).

b) Grundrechtsberechtigung

24   Art. 1 Abs. 1 GG ist ein **Jedermann-Grundrecht**. Auch wenn die Formulierung die Geltung für jeden oder für alle Menschen nicht ausdrücklich hervorhebt, lässt schon der Wortlaut keinen Zweifel, dass die geschützte Würde die des Menschen schlechthin ist, die deshalb notwendig bei jedem einzelnen Menschen Anerkennung finden muss.

25   Dies bedeutet auch, dass der Schutz seiner Menschenwürde in dem Zeitpunkt einsetzen muss, in dem überhaupt von der Existenz eines Menschen gesprochen werden kann. Damit erstreckt sich die Menschenwürde jedenfalls über das **gesamte Leben** des Grundrechtsberechtigten. Mit dieser Feststellung sind die Schwierigkeiten mit Anfangs- und Endzeitpunkt des Grundrechtsschutzes allerdings noch nicht bewältigt (o. Kap. 5, Grundrechtsverpflichtete, Rn. 21 ff.). Der **Beginn** des Würdeschutzes setzt mit dem Beginn des menschlichen Lebens ein. Der insofern maßgebliche Zeitpunkt ist derselbe wie beim Grundrecht auf Leben nach Art. 2 Abs. 2 Satz 1 GG, also spätestens die Nidation der befruchteten Eizelle (näher Kap. 14, Die Grundrechte des Art. 2 GG, Rn. 76 ff.). Andererseits **endet** der Schutz der Menschenwürde jedenfalls nicht vor seinem Tode. Ob als insoweit maßgeblicher Zeitpunkt der Hirntod angenommen werden kann, ist umstritten (dazu näher Kap. 14, Die Grundrechte des Art. 2 GG, Rn. 81 ff.).

26   Ob auch dem **toten Menschen** ein Recht an seiner Würde zukommt, scheint zweifelhaft. Ein subjektives Recht, dessen Rechtsträger nicht mehr als solcher existiert, erscheint als ein Widerspruch in sich. Dies schließt nicht aus, dass die vom BVerfG angenommene Schutzwirkung der Menschenwürdegarantie über den Tod hinaus als eine (nur) objektiv-rechtliche Verpflichtung der Staatsgewalt anzuerkennen ist, für deren Durchsetzung gegebenenfalls auch subjektive Rechte dritter Personen (Hinterbliebener, Erben) angenommen werden mögen.

> **Beispiel:**
>
> *Klaus Mann* schildert in seinem Werk „Mephisto – Roman einer Karriere" den durch einen Pakt mit den Machthabern des Dritten Reiches bedingten Aufstieg des Schauspielers *Hendrik Höfgen*, dem erkennbar *Gustav Gründgens* als Vorlage gedient hatte. Sein Adoptivsohn erwirkte nach dessen Tod ein gerichtliches Verbot der Veröffentlichung des Werkes mit Rücksicht auf das postmortale Persönlichkeitsrecht des Verstorbenen. Das über die dagegen erhobene Verfassungsbeschwerde des Verlages entscheidende BVerfG nahm an, die Pflicht der Staatsgewalt zum Schutz des Einzelnen gegen Angriffe auf seine Menschenwürde aus Art. 1 Abs. 1

GG ende nicht mit dessen Tode (nach BVerfGE 30, 173 [194]). Auch neuere Entscheidungen erkennen den postmortalen Schutz der Persönlichkeit über die Menschenwürdegarantie an (BVerfG [K], NJW 2009, 979 f.).

Ein Schutz der Menschenwürde für **juristische Personen** kommt nach Art. 19 **27** Abs. 3 GG nicht in Betracht, da die Menschenwürde ihrem Wesen nach einen Menschen als biologisch existierenden Organismus voraussetzt und nicht auf juristische Gebilde übertragen werden kann. Dies kann zur Folge haben, dass spezielle grundrechtliche Schutzwirkungen bei Ableitung aus Art. 1 Abs. 1 GG nicht durchgreifen (vgl. BVerfGE 95, 220 [241 f.] = Beispiel u. Kap. 14, Die Grundrechte des Art. 2 GG, Rn. 61).

c) Beeinträchtigungen

Wie die Überlegungen zum Schutzgegenstand (o. Rn. 8 ff.) gezeigt haben, lässt sich **28** dieser am ehesten von seinen möglichen Beeinträchtigungen her erfassen, die durch die Nichtachtung des personalen Eigenwertes jedes Menschen geprägt sind. Über das dort Gesagte hinaus sei festgehalten, dass relevante Einwirkungen auf die Würde des Menschen nicht nur in Form klassischer Eingriffe, sondern gerade auch durch faktisch **herabwürdigende Behandlung**, insbes. Äußerungen entsprechenden Inhalts, denkbar sind.

Beispiele:

Zum militärischen Befehl, Regenwürmer zu essen, s. BVerwG, NJW 1992, 587 f.; in einem anderen Falle nahm ein Leutnant der Reserve seinen unterstellten Soldaten gefangen, bedrohte ihn mit dem Tode und demütigte ihn vor den anderen Soldaten mit sadistischen und sexuellen Anspielungen, s. BVerfGE 93, 56.

Eine Verletzung von Art. 1 Abs. 1 GG wurde auch in der Abweisung einer Amtshaftungsklage nach menschenwürdewidriger Unterbringung eines Häftlings gesehen (BVerfG, EuGRZ 2015, 618 [620]).

d) Begrenzungen

Die Menschenwürdegarantie ist als Abwehrrecht **keinerlei Begrenzungen** unter- **29** worfen. Ein Gesetzesvorbehalt ist dem Art. 1 Abs. 1 GG nicht beigefügt. Aber auch aus anderen Verfassungsbestimmungen lassen sich gegenüber dieser höchstrangigen Grundrechtsgarantie des Grundgesetzes keine Begrenzungen ableiten. Weder Grundrechtsbestimmungen zugunsten anderer Menschen noch solche zum Schutz sonstiger Verfassungsgüter sind nebenbei auch darauf angelegt, Eingriffe in die Menschenwürde zu rechtfertigen.

▶ **Hinweis:** Jedenfalls dem Wortlaut nach einschlägig ist allerdings der zwischenzeitlich wohl faktisch obsolete Art. 139 GG.

Dies bedeutet, dass jeder Eingriff und **jede** sonst als **relevant** anzuerkennende **30** **Beeinträchtigung** der Menschenwürde nicht nur den negatorischen Tatbestand des

Art. 1 Abs. 1 GG verwirklicht, sondern mangels irgendeiner Begrenzung immer zugleich auch eine **Verletzung dieser Garantie** darstellt (vgl. u. Kap. 17, Die Grundrechte des Art. 5 GG, Rn. 98 mit Beispiel). Damit durch diesen absoluten Schutz andere verfassungsrechtliche Güter (Grundrechte Dritter oder Gemeinschaftsbelange) nicht unangemessen zurückgesetzt werden, müssen die tatbestandlichen Voraussetzungen restriktiv gefasst werden, so dass Beeinträchtigungen der Menschenwürdegarantie nur anzunehmen sind, wenn sie unter keinen Umständen rechtfertigungsfähig scheinen. Dadurch ist auch ausgeschlossen, dass die Menschenwürdegarantie gegenüber lapidaren Alltäglichkeiten herangezogen und damit in ihrer fundamentalen Bedeutung herabgesetzt wird (wie etwa bei der Diskussion um die Fernsehproduktion „Big Brother"). Dennoch kann die absolute Geltung der Menschenwürdegarantie in Extremfällen schwierige Fragen aufwerfen.

> **Beispiel:**
>
> Der inhaftierte Terrorist gibt das Versteck der explosionsbereiten Bombe unter einem Hochhaus oder einem Kindergarten nicht preis. Darf die Polizei den triumphierenden Täter wirklich nicht foltern, obwohl dies viele unschuldige Menschen retten könnte?

2. Sonstige subjektiv-rechtliche Gehalte

a) Schutzanspruch

31   Art. 1 Abs. 1 Satz 2 GG lässt bereits im Normtext erkennen, dass der grundrechtliche Schutz der Menschenwürde nicht nur abwehrrechtlicher Natur ist, denn die Staatsgewalt wird – neben ihrer Pflicht, die Menschenwürde zu *achten* – ausdrücklich auch dazu verpflichtet, die Menschenwürde zu *schützen*. Wegen dieser Textfassung ist die Menschenwürdegarantie maßgeblich an der Ableitung von grundrechtlichen **Schutzpflichten** überhaupt (o. Kap. 4, Subjektive Grundrechte und objektive Grundrechtsgehalte, Rn. 27 ff., 63) beteiligt gewesen, indem sie ergänzend zu Art. 2 Abs. 2 Satz 1 GG, der nur das Schutzgut des Lebens anspricht, die Grundlage für die Ableitung der Schutzpflicht gegenüber dem menschlichen Leben gebildet hat.

> **Beispiel:**
>
> Schutzverpflichtung des Staates für das ungeborene Leben in BVerfGE 39, 1 (41 f.) und BVerfGE 88, 203 (251).

32   Bezogen auf die Menschenwürde als solche ist der Staat durch Art. 1 Abs. 1 Satz 2 GG gehalten, die Rechtsbeziehungen zwischen den Privatpersonen so zu gestalten, dass Beeinträchtigungen der Menschenwürde durch andere nicht zulässig sind und möglichst auch faktisch nicht geschehen. Angesichts des höchsten Ranges der Menschenwürde und ihrer Sonderstellung gegenüber allen anderen Verfassungsgütern wird man von einer gegenüber den regelmäßigen Standards **verschärften Intensität** der Schutzpflicht ausgehen können.

Dies bedeutet insbesondere, dass der Staat ein die Menschenwürde beeinträch- **33** tigendes Verhalten Privater keinesfalls als rechtmäßig einstufen darf. Auch die Anforderungen an die Durchsetzung dieser Rechtspflichten dürften strikter zu fassen sein als sonst bei Schutzpflichten üblich. Allerdings bleibt die strukturelle Offenheit dieser Kategorie der grundrechtlichen Pflichten für unterschiedliche Lösungsmöglichkeiten auch bei der Menschenwürde erhalten, so dass dem Gesetzgeber auch insoweit ein **gewisser Spielraum** bezüglich der Instrumente des Menschenwürdeschutzes verbleibt.

Beispiel:

Dem Schutz der Menschenwürde dienen z. B. die Straftatbestände der Volksverhetzung, § 130 StGB, und der Gewaltdarstellung, § 131 StGB, in denen die Verletzung der Menschenwürde Tatbestandsmerkmal ist.

Auch der Schutz der Menschenwürde bleibt auf den Einsatz verfassungsrechtlich **34** zulässiger Mittel beschränkt; dieser Schutzzweck vermag allerdings auch schwerwiegende Grundrechtseingriffe zu rechtfertigen. Ob Schutzmaßnahmen, durch die der Staat aktiv die Menschenwürde anderer verletzt, schlechthin auszunehmen sind, ist nicht unproblematisch.

▶   **Hinweis:**   Nach BVerfGE 115, 118 (159 f.), soll die Schutzpflicht des Staates zugunsten derer, gegen die ein Flugzeug als Tatwaffe missbraucht wird, den mit dem Abschuss verbundenen Eingriff in die Menschenwürde der unschuldigen Passagiere nicht rechtfertigen können; allerdings spricht das Urteil nur die Schutzpflicht zugunsten des Lebens an (u. Kap. 14, Die Grundrechte des Art. 2 GG, Rn. 97), erwähnt die Menschenwürde insoweit nicht. Wieso nicht auch die Schutzverweigerung den dem Menschen zukommenden Eigenwert missachten können soll, leuchtet nicht ein.

Besondere Probleme wirft gerade auch für die Schutzpflichtendimension des Art. 1 **35** Abs. 1 GG die Bedeutung der **Selbstbestimmung** des Betroffenen auf. Insoweit hat die Judikatur in unterschiedlichen Bereichen Verletzungen der Menschenwürde durch Behandlungen angenommen, mit denen der Betroffene einverstanden war. Damit wäre die Menschenwürde von der Selbstbestimmung ihres Trägers gelöst, würde objektiv bestimmt. Ob dies gelingen kann, scheint im Hinblick auf die den Menschen gerade ausmachende Fähigkeit zur Selbstbestimmung in allen Lebensbereichen zweifelhaft.

Beispiel:

Das behördliche Verbot der Veranstaltung eines „Zwergenweitwurfs" wurde als gerechtfertigt angesehen, da die Würde der „geworfenen" Menschen, die gegen Geld wie ein Objekt behandelt würden, verletzt werde (VG Neustadt, NVwZ 1993, 98 ff. – Zur Frage der sog. Peep-Shows s. o. Kap. 8, Grundrechtseingriff und sonstige relevante Grundrechtsbeeinträchtigungen, Rn. 40).

b) Sonstige leistungsrechtliche Gehalte

36 Die Formulierung des Art. 1 Abs. 1 Satz 2 GG, die den Staat zum Schutz der Menschenwürde verpflichtet, kann nicht allein auf die Schutzpflichtendimension der Grundrechte bezogen werden, sondern lässt sich auch auf einen Schutz der Menschenwürde gegenüber **defizitären Lebensbedingungen** beziehen, die das Schutzgut der Menschenwürde – unabhängig von einem Eingriff Dritter oder sonstigen externen Bedrohungen – in Frage stellen. Die damit angesprochene Möglichkeit, dass die Staatsgewalt gehalten sein könnte, den Schutz der Menschenwürde auch durch sozialstaatliche Unterstützungsleistungen sicherzustellen, hat das BVerfG in einer frühen Entscheidung von 1951 allerdings zunächst ausdrücklich verneint.

> **Beispiel:**
> Für das Begehren einer Kriegswitwe mit drei minderjährigen Kindern nach einer besseren Versorgung schloss das BVerfG eine Abstützung auf die Menschenwürdegarantie aus, weil es die Schutzverpflichtung des Art. 1 Abs. 1 Satz 2 GG anfangs nur auf Angriffe wie Erniedrigung, Verfolgung usw. beziehen mochte, nicht auch auf Schutz vor materieller Not (BVerfGE 1, 97 [104]).

37 Das BVerwG hat gleichwohl bereits wenig später die **sozialstaatlich-leistungsrechtliche Dimension** der Menschenwürdegarantie für relevant erklärt, indem es, soweit es um die Sicherung des notwendigen Lebensbedarfs geht, gesetzlich vorgesehene Fürsorgeleistungen nicht mehr als bloße staatliche Wohltaten, sondern als Gegenstand subjektiver öffentlicher Rechte des Einzelnen qualifiziert hat (BVerwGE 1, 159 [161 f.]). Inzwischen hat sich auch das BVerfG – nach früheren Andeutungen – ausdrücklich dazu bekannt, dass die Menschenwürdegarantie in den Bereich der sozialstaatlichen Sicherung des **Existenzminimums** hineinreicht und in Verbindung mit dem Sozialstaatsprinzip, Art. 20 Abs. 1 GG, verfassungsunmittelbar einen gesetzlich realitätsgerecht zu regelnden Anspruch vorgibt, der den gesamten existenznotwendigen Bedarf (o. Rn. 18 f.) deckt.

> **Beispiel:**
> Nachdem zunächst die Freistellung des Existenzminimums vom staatlichen Steuereingriff verlangt worden war (vgl. BVerfGE 82, 60 und dazu bereits Rn. 19), ist die Regelung des sog. Hartz IV-Gesetzes zur Grundsicherung für Arbeitssuchenden nach dem SGB II für unzureichend erklärt worden (BVerfGE 125, 175 [221 ff.])

III. Konkurrenzen

38 Art. 1 Abs. 1 GG als der zentrale Bezugspunkt des gesamten Grundrechtsspektrums schließt in vielen Fällen den existenziell bedeutsamen Kern anderer Grundrechtsgarantien ein. Besonders deutlich zeigt sich dies etwa beim Grundrecht auf körperliche Unversehrtheit, wenn es um die Frage bestimmter entwürdigender körperlicher Strafen geht, oder beim Gleichheitssatz, wenn böswillige Diskriminierungen von

Menschengruppen in Frage stehen, oder etwa auch bei Art. 4 Abs. 1 GG, wenn Mindestgehalte religiöser Freiheiten missachtet werden. Anhaltspunkte dafür, welche **Kernelemente der einzelnen Grundrechte** zugleich von der Menschenwürdegarantie geschützt werden, ergeben sich aus der Judikatur zum Asylgrundrecht, das im Rahmen der politischen Verfolgung unter anderem voraussetzt, dass die Verfolgungsmaßnahmen in ihrer Einwirkung auf den Betroffenen auch die Menschenwürde in Mitleidenschaft ziehen (vgl. BVerfGE 80, 315 [333] und Kap. 28, Das Asylrecht nach Art. 16a GG, Rn. 9).

Soweit Art. 1 Abs. 1 GG Teileelemente anderer Grundrechtsbestimmungen mit in **39** seinen Schutzgegenstand einschließt, sind diese im Ergebnis gegenüber jeglicher Beeinträchtigung durch die staatliche Gewalt geschützt. Selbst wenn gegenüber den betroffenen speziellen Grundrechtsbestimmungen daran zu denken wäre, auf Gesetzesvorbehalte zurückzugreifen oder aus anderen Verfassungsbestimmungen eingriffslegitimierende Begrenzungen zu begründen, scheidet dies doch jedenfalls gegenüber dem Art. 1 Abs. 1 GG aus. Allerdings dürften im Ergebnis Einschränkungen des konkurrierenden **Spezialgrundrechts** insoweit auch an der **Wesensgehaltgarantie** des Art. 19 Abs. 2 GG scheitern, die den Menschenwürdekern des jeweiligen Grundrechts einschließen sollte (o. Kap. 10, Anforderungen an Grundrechtsbeeinträchtigungen, Rn. 33).

Zusätzliche Fragen im Verhältnis des Art. 1 Abs. 1 GG zu anderen Grundrechten **40** ergeben sich daraus, dass die Grundsätze des Art. 1 GG unter die sog. **Ewigkeitsgarantie** des Art. 79 Abs. 3 GG fallen, damit auch durch Verfassungsänderung nicht berührt werden dürfen. Hieran haben sich die verschiedensten Überlegungen zu der Frage geknüpft, inwieweit andere Grundrechtsbestimmungen aufgrund der Überlagerung durch die Menschenwürdegarantie ihrerseits der Verfassungsänderung entzogen sein könnten.

Eine **Notwendigkeit** für einen so erweiterten Bestandsschutz zugunsten anderer **41** Grundrechtsbestimmungen lässt sich indes aus der verfassungsrechtlich unantastbaren Stellung der Menschenwürdegarantie **nicht** ableiten. Diese würde nämlich durch die Beseitigung auch noch so menschenwürderelevanter anderer Grundrechtsbestimmungen selbst nicht berührt. Solange nämlich Art. 1 Abs. 1 GG als solcher nicht angetastet wird, schützt die Menschenwürdegarantie selbst den menschenwürderelevanten Kerngehalt, den andere Grundrechtsbestimmungen aufweisen, auch wenn die einschlägigen Spezialbestimmungen restlos abgeschafft würden. Daher konnte etwa die einengende Neuregelung des Asylrechts nicht gegen Art. 79 Abs. 3 GG verstoßen; auch soweit Art. 16a GG nicht mehr alle Fälle menschenwürderelevanter Verfolgung erfassen sollte, ergibt sich der **Grundrechtsschutz unmittelbar** aus dem unverändert gültigen **Art. 1 Abs. 1 GG** (vgl. BVerfGE 94, 49 [102 ff.] und Kap. 28, Das Asylrecht nach Art. 16a GG, Rn. 37). Entsprechendes wurde bei den 1998 mit Art. 13 Abs. 3, 4 GG eingeführten Überwachungsmöglichkeiten angenommen (vgl. BVerfGE 109, 275 und Kap. 25, Die Unverletzlichkeit der Wohnung, Art. 13 GG Rn. 22). Dagegen hatte das Abhörurteil zu Art. 10 Abs. 2 Satz 2 GG noch auf eine restriktive Deutung der Menschenwürdegarantie zurückgegriffen (BVerfGE 10 Rn. 18 f., o. Rn. 11 ff., u. Kap. 22, Das Brief-, Post- und Fernmeldegeheimnis nach Art. 10 GG, Rn. 20 f.).

IV. Objektiv-rechtliche Bedeutung

42 Die Menschenwürdegarantie schützt zentral bedeutsame, natürlich gegebene Elemente der menschlichen Persönlichkeit, unabhängig von speziellen dafür begründeten rechtlichen Institutionen. Bestimmte normative Regelungskomplexe mögen zwar für die Menschenwürdegarantie unabdingbar scheinen, wie namentlich zur Sicherung des Existenzminimums, doch bezieht sich die Menschenwürdegarantie nicht auf einzelne, normativ verfestigte Gewährleistungswege für das **unabhängig von institutionellen Sicherungsformen** garantierte grundrechtliche Schutzgut.

43 Dagegen kommen auch bei Art. 1 Abs. 1 GG objektiv-rechtliche Gehalte der Grundrechtsbestimmungen in Betracht, die unabhängig von der Begründung subjektiver Rechte wirksam werden. Während die Begründung von **Schutzpflichten** aufgrund der ausdrücklichen Formulierung der Grundrechtsbestimmungen bereits unmittelbar als subjektiv-rechtlicher Inhalt der Norm erfasst werden konnte (o. Rn. 31 ff.), ergeben sich die objektiv-rechtlichen Gehalte der Menschenwürdegarantie aus ihrer wertsetzenden Bedeutung im Grundsatz ebenso wie bei den Garantien anderer Grundrechtsbestimmungen auch. Namentlich ist die **Ausstrahlungswirkung** der Menschenwürdegarantie auf alle Bereiche der Rechtsordnung zu beachten, die bei der Auslegung und Anwendung von Normen sowie bei der Ausschöpfung von Ermessens- und sonstigen Spielräumen stets zu beachten ist. Auch für die Ausgestaltung von **Organisation und Verfahren** des Staatshandelns kann die Menschenwürdegarantie Bedeutung gewinnen.

Beispiele:
Zwischen den Senaten des BVerfG bestand Uneinigkeit darüber, ob Art. 1 Abs. 1 GG es verbietet, die Unterhaltspflicht für ein Kind als Schaden zu begreifen, der – etwa nach einer fehlgeschlagenen Sterilisation – ersatzfähig ist (so BVerfGE 88, 203 [296]; anders BVerfGE 96, 375 [399 ff.]). – Bei Auslegung in § 1 UWG a. F. ist eine Verletzung der Menschenwürde stets als Verstoß gegen die guten Sitten einzustufen, allerdings nur anzunehmen, wenn eine Botschaft den gebotenen Respekt vermissen lässt (BVerfGE 107, 275 [284 f.]). – Auch die Anforderungen an die gesetzliche Regelung zur Ermittlung des Anspruchsumfangs bezüglich des Existenzminimums (o. Rn. 18) gehören in diesen Kontext. – Problematisch scheint die Annahme, dass ein Spiel, bei dem Menschen freiwillig miteinander scheinbar auf Leben und Tod kämpfen und an der Vernichtung des anderen sadistisches Vergnügen haben können, die „Würde des Menschen als Gattungswesen" verletzt und daher die öffentliche Ordnung stört (BVerwGE 115, 189 [199]).

V. Zusammenfassung

44 • Die Garantie der Menschenwürde in Art. 1 Abs. 1 GG hat Grundrechtsqualität und ist tragendes Konstitutionsprinzip des GG. Sie ist von der Ewigkeitsgarantie des Art. 79 Abs. 3 GG umfasst.
• Der Menschenwürdeschutz hat abwehrrechtliche, schutzrechtliche sowie sozialstaatlich-leistungsrechtliche Komponenten.

- Die Menschenwürde als Schutzgegenstand der Grundrechtsgarantie entzieht sich jeder einfachen Definition.
- Bei der Bestimmung des Schutzgegenstandes kann die sog. Objektformel herangezogen werden, nach der es der Menschenwürde widerspricht, wenn das Individuum ohne Rücksicht auf seine Qualität als Person zum bloßen Objekt staatlichen Handelns gemacht wird.
- Die Menschenwürdegarantie unterliegt keinen Begrenzungen, sie greift ohne Rücksicht auf andere Schutzgüter der Verfassung durch; jede Beeinträchtigung der Menschenwürde stellt eine Verletzung des Art. 1 Abs. 1 GG (als Abwehrrecht) dar, da eine Rechtfertigung ausscheidet.
- Bedeutsam wird die Menschenwürdegarantie zumal in vier Fallgruppen. Dies sind der Schutz der körperlichen Integrität, der Schutz der personalen Identität, die Gewährleistung menschengerechter Lebensgrundlagen und die elementare Rechtsgleichheit.
- Art. 1 Abs. 1 Satz 2 GG ist eine maßgebliche Grundlage für die Ableitung grundrechtlicher Schutzpflichten überhaupt. Hinsichtlich der Menschenwürde selbst ist die Intensität der Schutzpflichten verschärft, schließt aber nicht jeden Gestaltungsspielraum bei ihrer Erfüllung aus.
- Der Schutz der Menschenwürde garantiert das Existenzminimum nicht nur abwehrrechtlich gegenüber staatlichen Eingriffen, sondern auch als sozialstaatliches Leistungsgrundrecht.
- Art. 1 Abs. 1 GG schützt zugleich für die Menschenwürde unverzichtbare Kerngehalte anderer Grundrechtsbestimmungen. Eine Abschaffung anderer Grundrechtsbestimmungen berührt den Grundrechtsschutz ihres Menschenwürdekerns nicht, da dieser weiterhin unmittelbar aus Art. 1 Abs. 1 GG folgt.

Die Grundrechte des Art. 2 GG

14

Inhalt

© Springer-Verlag Berlin Heidelberg 2017
M. Sachs, *Verfassungsrecht II - Grundrechte*, Springer-Lehrbuch,
DOI 10.1007/978-3-662-50364-5_14

Literatur zu I. 2.:   *Matthias Cornils,* § 168, Allgemeine Handlungsfreiheit, in: HStR VII³, 2009, S. 1155; *Josef Isensee,* § 150, Privatautonomie, in: HStR VII³, 2009, S. 207; *Wolfgang Kahl,* § 124, Die allgemeine Handlungsfreiheit, in: HGR V, 2013, S. 807; *Klaus Stern,* § 104, Die allgemeine Handlungsfreiheit, in: *ders.,* Staatsrecht IV/1, 2006, S. 871; *Hanno Kube,* Die Elfes-Konstruktion, JuS 2003, 111; *Joachim Lege,* Die allgemeine Handlungsfreiheit gem. Art. 2 I GG, Jura 2002, 753; **zu I. 3.:** *Christoph Enders,* § 89, Schutz der Persönlichkeit und der Privatsphäre, in: HGR IV, 2011, S. 159; *Hans-Detlef Horn,* § 149, Schutz der Privatsphäre, in: HStR VII³, 2009, S. 147; *Hanno Kube,* § 148, Persönlichkeitsrecht, in: HStR VII³, 2009, S. 79; *Klaus Stern,* § 99, Der Schutz der Persönlichkeit und Privatsphäre, in: *ders.,* Staatsrecht IV/1, 2006, S. 177; *Rudolf Walter,* § 90, Recht auf informationelle Selbstbestimmung, in: HGR IV, 2011, S. 233; *Horst Ehmann,* Das Allgemeine Persönlichkeitsrecht, Jura 2011, 437; *Martin Eifert,* Das Allgemeine Persönlichkeitsrecht des Art. 2 Abs. 1 GG, Jura 2015, 1191; *Michael Germann,* Das Allgemeine Persönlichkeitsrecht, Jura 2010, 734; *Mario Martini,* Das allgemeine Persönlichkeitsrecht im Spiegel der jüngeren Rechtsprechung des Bundesverfassungsgerichts, JA 2009, 839; *Friedrich Schoch,* Das Recht auf informationelle Selbstbestimmung, Jura 2008, 352; **zu II.:** *Udo Fink,* § 88, Recht auf Leben und körperliche Unversehrtheit, in: HGR IV, 2011, S. 137; *Ralf Müller-Terpitz,* § 147, Recht auf Leben und körperliche Unversehrtheit, in: HStR VII³, 2009, S. 3; *Michael Sachs,* § 98, Der Schutz der physischen Existenz, in: Stern, Staatsrecht IV/1, 2006, S. 119; *Horst Dreier,* Grenzen des Tötungsverbotes, JZ 2007, 261, 317; *Udo Fink,* Der Schutz des menschlichen Lebens im Grundgesetz – zugleich ein Beitrag zum Verhältnis des Lebensrechts zur Menschenwürdegarantie, Jura 2000, 210; *Philip Kunig,* Grundrechtlicher Schutz des Lebens, Jura 1991, 415; **zu III.:** *Christoph Gusy,* § 93, Freiheit der Person, in: HGR IV, 2011, S. 389; *Markus Möstl,* § 179, Grundrechtliche Garantien im Strafverfahren, in: HStR VIII³, 2010, S. 587 (632); *Michael Sachs,* § 106, Die Freiheit der Bewegung, in: Stern, Staatsrecht IV/1, 2006, S. 1068; *Fabian Wittreck,* § 151, Freiheit der Person, in: HStR VII³, 2009, S. 281; *Knut Amelung,* Die Entstehung des Grundrechtsschutzes gegen willkürliche Verhaftung, Jura 2005, 447; *Peter Hantel,* Das Grundrecht der Freiheit der Person nach Art. 2 Abs. 2 Satz 2 GG, JuS 1990, 865; *Alexander Windoffer,* Die Maßregel der Sicherungsverwahrung im Spannungsfeld von Europäischer Menschenrechtskonvention und Grundgesetz, DÖV 2011, 590.

Rechtsprechung zu I. 2.:   BVerfGE 6, 32 (Elfes); BVerfGE 9, 83 (Eingriffsfreiheit); BVerfGE 10, 89 (Erftverband); BVerfGE 80, 137 m. abw. M. *Grimm* (Reiten im Walde); BVerfGE 89, 214 (Bürgschaftsverträge); **zu I. 3.:** BVerfGE 6, 389 (Homosexuelle Männer); BVerfGE 35, 202 (Lebach); BVerfGE 49, 286 (Transsexuelle I); BVerfGE 54, 148 (Eppler); BVerfGE 65, 1 (Volkszählung); BVerfGE 79, 256 (Kenntnis der eigenen Abstammung); BVerfGE 80, 367 (Tagebuch); BVerfGE 120, 180 (Caroline von Hannover); BVerfGE 120, 274 (Online-Durchsuchung); BVerfGE 133, 277 (Antiterrordatei); **zu II.:** BVerfGE 39, 1 m. abw. M. *Rupp-v. Brünneck, Simon* (Schwangerschaftsabbruch I); BVerfGE 46, 160 (Schleyer); BVerfGE 49, 89 (Kalkar); BVerfGE 51, 324 (Verhandlungsfähigkeit des Angeklagten); BVerfGE 53, 30 m. abw. M. *Simon, Heußner* (Mülheim-Kärlich); BVerfGE 56, 54 (Fluglärm); BVerfGE 88, 203 (Schwangerschaftsabbruch II); BVerfGE 115, 25 (Lebensbedrohliche Erkrankung); BVerfGE 115, 118 (Luftsicherheitsgesetz); BVerfGE 128, 282 (Zwangsbehandlung Untergebrachter); **zu III.:** BVerfGE 22, 21 (Verkehrsunterricht); BVerfGE 42, 1 (Sicherungsverwahrung I); BVerfGE 35, 185 (Untersuchungshaft bei Wiederholungsgefahr); BVerfGE 45, 187 (Lebenslange Freiheitsstrafe); BVerfGE 91, 1 (Entziehungsanstalt); BVerfGE 94, 166 (Flughafenverfahren); BVerfGE 105, 239 (Richtervorbehalt bei Freiheitsentziehung); BVerfGE 109, 133 (Sicherungsverwahrung II); BVerfGE 128, 326 (Sicherungsverwahrung III); BVerfGE 134, 33 (Therapieunterbringungsgesetz).

Übungsfälle zu I.:   *Werner Frotscher/Urs Kramer,* Zur Übung – Öffentliches Recht: Die Prinzessin als Objekt journalistisch-fotografischer Begierde, JuS 2002, 861; *Heike Jochum,* Grundrechte, Strafverfolgung und Kommunikation – Einsatz eines IMSI-Catchers, JuS 2010, 719; *Wolfgang Kahl,* Grundfälle zu Art. 2 I GG, JuS 2008, 499, 595, 682; **zu II.:** *Ulrich Haltern/Lars Viellechner,* Der praktische Fall – Öffentliches Recht: Import embryonaler Stammzellen zu Forschungszwecken, JuS 2002, 1197; *Ulrich Sittard/Martin Ulbrich,* Fortgeschrittenenklausur – Öffentliches Recht: Das Luftsicherheitsgesetz, JuS 2005, 432; *Armin von Weschpfennig,*

Referendarexamensklausur – Öffentliches Recht: Grundrechtliche Schutzpflichten – Apokalypse und Schwarze Löcher, JuS 2011, 61; *Ino Augsberg,* Grundfälle zu Art. 2 II 1 GG, JuS 2011, 28, 128.

I. Das Grundrecht auf freie Entfaltung der Persönlichkeit, Art. 2 Abs. 1 GG

1. Allgemeines

Das in Art. 2 Abs. 1 GG formulierte Recht auf freie Entfaltung der Persönlichkeit **1** gehört nicht zum Bestand der traditionellen Grundrechtsgewährleistungen. Es findet sich in deutschen Verfassungsurkunden überhaupt erst nach dem Zweiten Weltkrieg und ist so vor dem Grundgesetz ausdrücklich wohl nur in Art. 1 Abs. 1 Satz 2 RhPfVerf. niedergelegt worden, findet sich dann auch in Art. 22 AEMR im Kontext des Menschenrechts auf soziale Sicherheit und auf Verwirklichung der wirtschaftlichen, sozialen und kulturellen Rechte des Menschen. Dieser **historische Hintergrund** erklärt die Unsicherheiten über die Bedeutung des Art. 2 Abs. 1 GG, die in der ersten Zeit nach Entstehung des Grundgesetzes vorherrschten. Art. 2 Abs. 1 GG musste seine Bedeutung im Rahmen des Grundrechtsspektrums des Grundgesetzes erst finden.

Hierzu hat die Judikatur des BVerfG maßgebliche Beiträge geleistet. Auch wenn **2** die gefundenen Ergebnisse nicht von vornherein als die allein möglichen erscheinen mögen, können sie aufgrund der langjährigen Praxis des BVerfG doch heute kaum mehr in Zweifel gezogen werden. Auf der Grundlage der bundesverfassungsgerichtlichen Judikatur hat Art. 2 Abs. 1 GG **zwei Bedeutungsgehalte** erlangt, die voneinander weitgehend unabhängig sind und je spezifische Konturen aufweisen. Dabei geht es zum einen um den umfassenden Schutz der Rechtssphäre des Einzelnen insgesamt, zum anderen um den spezifischen, grundrechtlichen Schutz wichtiger Elemente der Persönlichkeit im Zusammenhang mit der Menschenwürde (Art. 1 Abs. 1 GG). Während sich für letzteres der Begriff des allgemeinen Persönlichkeitsrechts, hier auf Grundrechtsebene, eingebürgert hat, wird der übergreifende Gehalt des Art. 2 Abs. 1 GG regelmäßig unter dem im Tatbestand der Bestimmung angesprochenen Begriff der freien Entfaltung der Persönlichkeit behandelt, oft verkürzt zur allgemeinen Handlungsfreiheit.

2. Die allgemeine Verhaltens- und Eingriffsfreiheit

a) Abwehrrechtliche Bedeutung

aa) Schutzgegenstand
Über den Schutzgegenstand des Art. 2 Abs. 1 GG herrschte wegen seiner doch eher **3** blumigen Formulierung zunächst große Unsicherheit. Nicht ohne Grund fanden sich wichtige Interpretationsansätze dahingehend, dass Art. 2 Abs. 1 GG sich nur auf besonders zentrale Elemente der menschlichen Persönlichkeit beziehen solle.

Diese sog. **Persönlichkeitskerntheorie**, die auch vom BVerfG zeitweise als Möglichkeit in Betracht gezogen wurde, harmonierte auch mit der Schranken-Trias des zweiten Halbsatzes, indem sie es ermöglichte, das dort enthaltene Kriterium der verfassungsmäßigen Ordnung ähnlich eng zu interpretieren wie bei seiner sonstigen Verwendung im Grundgesetz (vgl. ursprünglich Art. 9 Abs. 2, Art. 20 Abs. 3, Art. 28 Abs. 1 Satz 1 und Abs. 3, Art. 98 Abs. 2 GG).

4   Das BVerfG hat sich gleichwohl im deshalb berühmten **Elfes-Urteil** (BVerfGE 6, 32) für eine andere Auslegung entschieden, an der es seither in ständiger Rechtsprechung festgehalten hat:

> ▶ **Hinweis:** *Elfes* war ein führendes Mitglied im „Bund der Deutschen", der in den fünfziger Jahren die Politik der Bundesregierung bekämpfte. *Elfes* selbst hatte seine kritische Meinung hierzu, insbesondere zur Wehrpolitik und zur Frage der Wiedervereinigung, im Inland und Ausland mehrfach öffentlich geäußert. Mit dem Hinweis auf seine politische Aktivität wurde ihm die Verlängerung seines Reisepasses verweigert. Das BVerfG nahm an, dass die Ausreisefreiheit als (nicht von Art. 11 GG erfasstes) Element der umfassenden allgemeinen Handlungsfreiheit von Art. 2 Abs. 1 GG geschützt sei. Im Ergebnis blieb die Verfassungsbeschwerde allerdings ohne Erfolg, weil § 7 Abs. 1 lit. a PaßG a. F. als im Rahmen der Schrankentrias des Art. 2 Abs. 1 GG verfassungsgemäße Einschränkung der Handlungsfreiheit qualifiziert wurde, die im Einzelfall ohne Verletzung spezifischen Verfassungsrechts angewendet worden sei.

5   Das BVerfG akzentuiert in diesem Zusammenhang weniger das Tatbestandsmerkmal der Persönlichkeit als vielmehr das „Recht auf freie Entfaltung". Gestützt auch auf die allerdings nicht recht eindeutige Entstehungsgeschichte setzt das BVerfG die freie Entfaltung mit der allgemeinen Handlungsfreiheit gleich, die genauer als **allgemeine Verhaltensfreiheit** zu bestimmen ist. Danach bedeutet Art. 2 Abs. 1 GG zunächst einmal die Freiheit des Einzelnen, zu tun und zu lassen, was er will.

6   Im Grundgesetz findet sich – anders als in den älteren Landesverfassungen und schon in Art. 4 und 5 der Déclaration des droits de l'homme et du citoyen von 1789 – eine ausdrückliche Garantie zugunsten der allgemeinen Verhaltensfreiheit sonst nicht. Soll sie vom Grundrechtsschutz nicht überhaupt ausgeklammert bleiben, musste daher auf der Ebene des Grundgesetzes ein geeigneter Standort gefunden werden. Angesichts einer ähnlich defizitären normativen Ausgangssituation war bereits für die **Weimarer Verfassung** angenommen worden, dass die allgemeine Verhaltensfreiheit jedenfalls Grundrechtsschutz genießen müsse. Uneinigkeit bestand damals nur darüber, ob man von einem ungeschriebenen Grundrecht ausgehen oder die Verhaltensfreiheit als durch die Freiheit der Person im Sinne des Art. 114 WRV (vgl. heute Art. 2 Abs. 2 Satz 2 GG) geschützt ansehen sollte.

7   Entscheidend für den Grundrechtsschutz der allgemeinen Verhaltensfreiheit war seinerzeit und ist bis heute, dass diese seit der Durchsetzung der Rechts- und Verfassungsstaatlichkeit objektiv-rechtlich durch den **Vorbehalt des Gesetzes**, der sich

seit je her auf „Freiheit und Eigentum" der Person bezieht, anerkannt und verfassungsrechtlich geschützt war. Die durch den Vorbehalt des Gesetzes begründete verfassungsrechtliche Pflicht des Staates, die Verhaltensfreiheit des Einzelnen – in Abwesenheit gültiger gesetzlicher Einschränkungen – zu respektieren, muss bei grundrechtlicher Anerkennung der Persönlichkeitssphäre des Einzelnen konsequenterweise ihre subjektiv-rechtliche Kehrseite in einem entsprechenden Grundrechtsschutz finden.

Wenn sich das BVerfG vor diesem Hintergrund dazu entschloss, die allgemeine   **8** Verhaltensfreiheit in Art. 2 Abs. 1 GG verankert zu sehen, scheint dies, auch im Vergleich zu Lösungen im Anschluss an die Weimarer Diskussion (o. Rn. 6), deshalb überzeugend, weil der **Standort der Vorschrift** an der Spitze der grundrechtlichen Einzelgewährleistungen einem so allgemeinen, übergreifenden grundrechtlichen Schutzgegenstand **systematisch** bestens entspricht. Dies gilt insbesondere, wenn man das Grundrechtsspektrum in Freiheits- und Gleichheitsrechte einteilt. In diesem Rahmen stellt Art. 2 Abs. 1 GG mit der allgemeinen Freiheitsgarantie die Ausgangsnorm für den freiheitsrechtlichen Bereich dar, während der allgemeine Gleichheitssatz des Art. 3 Abs. 1 GG sodann die Gleichheitsrechte anführt.

Nach alledem scheint die Interpretation des Art. 2 Abs. 1 GG im Sinne einer   **9** Garantie der allgemeinen Verhaltensfreiheit zwar nicht als von vornherein unausweichlich, hat aber doch gute Gründe auf ihrer Seite. Sie ist auch nach dem Elfes-Urteil – jedenfalls lange – praktisch weithin unangefochten geblieben. Erst vor kürzerer Zeit hat der Richter am BVerfG *Grimm* die Frage der Interpretation des Art. 2 Abs. 1 GG in seinem Sondervotum zu der Entscheidung zum **„Reiten im Walde"** (BVerfGE 80, 137) noch einmal grundsätzlich aufgeworfen.

▶ **Hinweis**: § 50 Abs. 2 Satz 1 des LandschaftsG NRW erlaubt das Reiten im Walde grundsätzlich nur auf solchen Wegen, die als Reitwege gekennzeichnet sind. Der Beschwerdeführer blieb mit seinem Feststellungsantrag, dass er auch sonstige Waldwege zum Reiten benutzen dürfe, vor den Verwaltungsgerichten erfolglos. Das BVerfG stellte auch hier fest, Art. 2 Abs. 1 GG schütze die Handlungsfreiheit in einem umfassenden Sinne, ohne Rücksicht darauf, welches Gewicht der jeweiligen Betätigung für die Persönlichkeitsentfaltung zukomme. Im Ergebnis war auch diese Verfassungsbeschwerde unbegründet, da sich die angegriffene gesetzliche Regelung in Anbetracht des sonstigen Erholungsverkehrs im Wald als verfassungsgemäße Einschränkung erwies.

Grimm plädierte für eine Rückführung des Schutzgegenstandes des Art. 2 Abs. 1   **10** GG auf **besonders wichtige Elemente des Persönlichkeitsschutzes**, womit er – bei Offenheit für Weiterentwicklungen – doch weitgehend zur Persönlichkeitskerntheorie zurückkehrt. Als wesentliches, neues Argument des Sondervotums ist festzuhalten, dass sich *Grimm* ausdrücklich dagegen wendet, dass der gesamte traditionelle Wirkungsbereich des Vorbehalts des Gesetzes grundrechtlich geschützt wird. Dieses Anliegen scheint aus der Sicht eines vieltausendfach mit Verfassungsbeschwerden belasteten Richters am BVerfG prozessökonomisch verständlich, kann aber in der Sache nicht überzeugen.

11   Es leuchtet einfach nicht ein, warum in Bezug auf **die allgemeine Verhaltens-freiheit des Einzelnen** die subjektive Grundrechtsstellung hinter ihrer schon durch den Vorbehalt des Gesetzes gesicherten objektiven Garantie, die auch von *Grimm* nicht in Zweifel gezogen wird, zurückbleiben sollte. Bezogen auf die auch für den Grundrechtsbereich maßgeblichen Kriterien der Schutznormlehre (Kap. 4, Subjektive Grundrechte und objektive Grundrechtsgehalte, Rn. 4 ff.) müsste die verfassungsrechtliche Sicherung individueller Verhaltensfreiheit für die dadurch begünstigten Einzelnen ein **bloßer Rechtsreflex** sein, also eine Wirkung, die das Grundgesetz nicht zumindest auch im Individualinteresse oder ohne die Intention ihrer Durchsetzbarkeit begründet. Angesichts der Bedeutung gerade auch der inhaltlich ganz offenen allgemeinen Verhaltensfreiheit für die selbstbestimmte Entfaltung des menschlichen Individuums erscheint eine solche Annahme **kaum haltbar**.

12   Die von *Grimm* vorgeschlagene Auslegungsalternative würde es im Übrigen erforderlich machen, zwischen „relevanten" und „irrelevanten" Freiheitsbetätigungen zu unterscheiden. Verlässliche Maßstäbe für eine allgemeingültige Abgrenzung dieser Art sind indes nicht erkennbar. Im Gegenteil müsste jeder Versuch einer objektiven Festlegung der allein grundrechtsgeschützten Freiheitsbetätigungen die autonome Freiheit des Einzelnen, die gerade für ihn wichtigen Elemente der Verhaltensfreiheit eigenständig zu bestimmen, essentiell verkürzen. Damit ist im **Ergebnis** daran festzuhalten, dass Art. 2 Abs. 1 GG mit der freien Entfaltung der Persönlichkeit die **Freiheit des individuellen Verhaltens umfassend** schützt.

13   Als **Beispiele** der allgemeinen Verhaltensfreiheit sind etwa zu nennen:

- die Ausreisefreiheit (BVerfGE 6, 32 [41 f.]);
- die freie Gestaltung eigener Rechtsverhältnisse (BVerfGE 8, 274 [238]), die allerdings die Fähigkeit zu rechtsgeschäftlicher Selbstbestimmung (u. Rn. 56) voraussetzt;
- die Verhaltensfreiheit auf wirtschaftlichem Gebiet (BVerfGE 12, 341 [347]);
- die Freiheit, eine nichteheliche Lebensgemeinschaft zu begründen (BVerfGE 82, 6 [16]);
- die freie Nutzung der Straßen im Rahmen des Gemeingebrauchs (BVerwGE 30, 235 [238]), wohl auch darüber hinaus und unabhängig davon;
- das Taubenfüttern im Park (BVerfGE 54, 143 [146]);
- der freie Gebrauch von Drogen (BVerfGE 90, 145 [171]);
- die umfassende Freiheit zur Unterlassung, die sich etwa gegen Abgabepflichten, wie bei Steuern (BVerfGE 87, 153 [169]) oder Kindergartengebühren (BVerfGE 97, 332 [340 f.]), richtet oder auch gegen die Pflicht, einen (Pflegeversicherungs-)Vertrag abzuschließen (negative Vertragsfreiheit) (BVerfGE 103, 197).

14   Bei konsequenter Durchführung umfasst die allgemeine Verhaltensfreiheit des Art. 2 Abs. 1 GG nicht nur weniger relevante, sondern auch nachgerade **sozialschädliche Verhaltensweisen**, die im Ergebnis offensichtlich auf keinen Fall Grundrechtsschutz verdienen. Dies muss indes angesichts der für solche Fälle selbstverständlichen Einschränkungsmöglichkeiten praktisch nicht schrecken und

kann auch keine übermäßigen Bedenken theoretischer Art rechtfertigen, weil ganz entsprechend auch der rechtsstaatliche Vorbehalt des Gesetzes objektiv-rechtlich keinerlei Ausgrenzungen kennt, sondern ausnahmslos für jede noch so zwingende und selbstverständliche Beschränkung des Einzelnen gilt. Es ist nur konsequent, dass dies ebenso für die subjektiv-rechtliche Kehrseite des Vorbehalts (o. Rn. 7) gilt.

Beispiel:

So ist selbst der Mord durch Art. 2 Abs. 1 GG tatbestandlich erfasste Freiheitsbetätigung, die allerdings durch § 211 StGB und andere Elemente der verfassungsmäßigen Ordnung wirksam eingeschränkt ist. Immerhin ist der tatbestandliche Grundrechtsschutz des Tötens als Fall der Verhaltensfreiheit (bezogen auf die Abtreibung) auch in BVerfGE 88, 203 (252 ff.) hinreichend deutlich ausgesprochen, auch wenn dies in der Abwägung der berührten Grundrechtspositionen der Schwangeren mit den Geboten der Schutzpflicht (S. 253 f.) *substantiell* nicht ins Gewicht fällt (vgl. u. Rn. 43).

Auch mit der weiten Auslegung im Sinne allgemeiner Verhaltensfreiheit wird der **15** umfassende Schutzgegenstand des Art. 2 Abs. 1 GG noch nicht vollständig erfasst. Ebenso wie der Vorbehalt des Gesetzes nicht nur die Verhaltensfreiheit erfasst, sondern die gesamte rechtlich anerkannte Sphäre des Einzelnen einbezieht, ist konsequenterweise auch der Grundrechtsschutz des Einzelnen ebenso umfassend auf die **Gesamtheit seiner Rechtsstellung** zu erstrecken. Art. 2 Abs. 1 GG wird bei dieser Betrachtungsweise zu einer **allgemeinen Eingriffsfreiheit** entwickelt, die die Gesamtheit aller überhaupt rechtlich anerkannten individuellen Interessen einbezieht.

Diese Erweiterung wurde zuerst in BVerfGE 9, 83 (88) so formuliert: „Die Frei- **16** heit der Entfaltung der Persönlichkeit erschöpft sich nicht in der allgemeinen Handlungsfreiheit, sondern umfasst in unserer grundgesetzlichen Ordnung auch den grundrechtlichen **Anspruch, durch die Staatsgewalt nicht mit einem Nachteil belastet zu werden**, der nicht in der verfassungsmäßigen Ordnung begründet ist."[1] Diese im Hinblick auf die angefochtene Verurteilung zu einer Geldstrafe eigentlich nicht veranlasste Aussage erweiterte das BVerfG folgendermaßen: „[…]; auch wenn eine Geldstrafe etwa auf Grund eines Gnadenaktes nicht entrichtet zu werden brauchte, dürfte die in dem Grundrecht der freien Persönlichkeitsentfaltung notwendig enthaltene Freiheit von unberechtigten staatlichen Eingriffen verletzt sein."

▶ **Hinweis:** Der mit der Verurteilung amtlich erhobene Schuldvorwurf würde aus heutiger Sicht wohl als Ehrkränkung einen Eingriff in das allgemeine Persönlichkeitsrecht darstellen (vgl. u. Rn. 54).

Eine solche Erweiterung führt nicht zur Uferlosigkeit des Grundrechtsschutzes. **17** **Grenzen der geschützten Rechtssphäre** des Einzelnen ergeben sich daraus, dass die geschützten Interessen des Einzelnen durch die Rechtsordnung spezifiziert sein

---

[1] Hervorhebung nicht im Original.

müssen. Der Schutz betrifft einerseits den Bestand von positiven *Rechts***positionen**, die den Einzelnen durch besondere Rechtsvorschriften als ihre Berechtigungen zugewiesen sind,

---

Beispiel:

Mitgliedschaft im Personalrat (BVerfGE 51, 77 [89]). Organschaftliche Rechte des Binnenbereichs einer Körperschaft sollen allerdings für den Organwalter nicht am Grundrechtsschutz teilhaben (vgl. HessVGH, NVwZ-RR 2015, 735 Rn. 28). Dem entspricht der Ausschluss des Art. 19 Abs. 4 GG für organschaftliche Rechte (BVerfGE 136, 277 Rn. 60; Kap. 30, Die Rechtsweggarantie des Art. 19 Abs. 4 GG, Rn. 13). Die den Abgeordneten durch Art. 46, 47, 48 sowie Art. 38 Abs. 1 Satz 2 GG selbst zum Schutz ihrer individuellen Rechtsstellung eingeräumten Rechtspositionen, die sich gegen Übergriffe außerhalb des organschaftlichen Rechtskreises angesiedelter Stellen öffentlicher Gewalt (oder auch von Privatpersonen, s. Art. 48 Abs. 2 GG) richten, sollten grundrechtlich über Art. 2 Abs. 1 GG, nicht über das allein organschaftliche Recht aus Art. 38 Abs. 1 Satz 2 GG geschützt werden (anders BVerfGE 108, 251 [266 f.]; sogar für Landtagsabgeordnete BVerfGE 134, 141 Rn. 88, 103 ff.). S. auch Kap. 33, Die grundrechtsgleichen Rechte des Art. 38 GG, Rn. 1.

---

andererseits richtet er sich gegen den Einzelnen neu auferlegte, nicht schon durch Verpflichtungen die Verhaltensfreiheit einschränkende Belastungen (u. Rn. 25 f.). So ist die gesamte Rechtsstellung des Einzelnen, die objektiv durch den rechtsstaatlichen Vorbehalt des Gesetzes gesichert ist, in ihrer Integrität auch subjektivrechtlich geschützt.

18 **Natürliche Schutzgüter** der Persönlichkeit, die nicht abschließend zu erfassen wären, liegen im Übrigen außerhalb der allgemeinen Eingriffsfreiheit. Sie genießen Grundrechtsschutz nur, wenn sie **unmittelbar verfassungsrechtliche Anerkennung** gefunden haben. Dies kann durch spezielle Grundrechte, wie z. B. Art. 10 oder 13 GG, geschehen oder durch das allgemeine Persönlichkeitsrecht, das durch seinen Menschenwürdebezug eingegrenzt ist (u. Rn. 49 ff.).

19 Die Dogmatik des Art. 2 Abs. 1 GG wird gesprengt, soweit das BVerfG das Grundrecht mit aus dem Rechtsstaatsprinzip abgeleiteten verfahrensrechtlichen Folgerungen in Verbindung setzt, die zum Teil die Bedeutung ganz **spezifischer Verfahrensrechte** gewinnen. Hervorzuheben sind insoweit neben der Unschuldsvermutung (BVerfGE 74, 358 [369 ff.]) das viele Einzelaspekte einschließende Recht auf ein faires gerichtliches Verfahren sowie die Garantie eines effektiven Rechtsschutzes auch in von Art. 19 Abs. 4 GG nicht erfassten Bereichen (BVerfGE 107, 395 [401 ff.]-Plenum). Auch die Überschreitung der rechtsstaatlichen Grenzen richterlicher Rechtsfortbildung kann über Art. 2 Abs. 1 GG gerügt werden (BVerfGE 128, 193). Hier geht es einfach darum, über Art. 2 Abs. 1 GG einen **Ausgangspunkt für Verfassungsbeschwerden** zu finden.

20 Jenseits herkömmlicher Dogmatik liegen auch gelegentliche Verknüpfungen von Art. 2 Abs. 1 GG mit dem **Sozialstaatsprinzip**, über die Leistungspflichten der grundrechtsgebundenen Hoheitsträger begründet werden.

Beispiele:
BVerfGE 106, 275 (304 f.) sieht durch die krankenversicherungsrechtliche Festbetragsregelung die Handlungsfreiheit der Versicherten hinsichtlich der Auswahl unter ihnen als Sachleistung zur Verfügung gestellten Arznei- und Hilfsmitteln eingeengt. – BVerfGE 115, 25 (41 ff.) sieht Art. 2 Abs. 1 GG nicht nur durch die Pflichtversicherung in der gesetzlichen Krankenversicherung betroffen, sondern will auch die Ausgestaltung der gewährten Leistungen, insbes. Leistungsausschlüsse, mit Blick auf die Unverhältnismäßigkeit von Beitrag und Leistungen an diesem Grundrecht messen.

bb) Grundrechtsberechtigung

Art. 2 Abs. 1 GG ist ein **Jedermann-Recht**, steht also jeder natürlichen Person **21** unabhängig von ihrer Eigenschaft als Deutscher i. S. d. Art. 116 GG zu (o. Kap. 6, Die Grundrechtsberechtigten, Rn. 9 ff.). Die Geltung für juristische Personen scheint auf den ersten Blick fraglich, da diesen eine (menschliche) Persönlichkeit, auf die Art. 2 Abs. 1 GG dem Wortlaut nach abstellt, nicht zukommt. Das erläuterte Verständnis des Schutzgegenstandes des Art. 2 Abs. 1 GG bezieht jedoch auch Schutzgutelemente in den Anwendungsbereich des Grundrechts ein, die nicht notwendig an die Person eines Menschen gebunden sind: Namentlich kann die Verhaltensfreiheit für jede nach der Rechtsordnung mit Handlungsfähigkeit ausgestattete Einheit Bedeutung erlangen, die Eingriffsfreiheit für jeglichen Inhaber individueller Rechtspositionen wirksam werden. Diese Aspekte des Grundrechtsschutzes kommen wesensmäßig auch für juristische Personen in Betracht, so dass nach Art. 19 Abs. 3 GG das Grundrecht aus Art. 2 Abs. 1 GG insoweit auch für juristische Personen gilt.

cc) Beeinträchtigungen

Ebenso umfassend wie der Schutzgegenstand der freien Entfaltung der Persönlich- **22** keit sind auch die in Frage kommenden Beeinträchtigungen. Was die im Mittelpunkt stehende allgemeine Verhaltensfreiheit betrifft, kommen als Beeinträchtigungen insbesondere Imperative in Betracht, also **Gebote oder Verbote**, die den Einzelnen zu einem bestimmten Handeln oder Unterlassen verpflichten. Immer wenn die Freiheit des Einzelnen, zu tun und zu lassen, was er will, durch staatliche Gebote oder Verbote betroffen wird, handelt es sich um eine Einschränkung der freien Entfaltung der Persönlichkeit. Dabei genügen auch Pflichten, die keine besonders gravierende Einschränkung bedeuten.

Beispiele:
Die Regelungen des SammlungsG über die Durchführung von Sammlungen und sammlungsähnlichen Veranstaltungen (BVerfGE 20, 150 [154 ff.]). Das ortsrechtliche Verbot der Fütterung von Tauben (BVerfGE 54, 143 [146 f.]). Die Schutzhelmpflicht für Kraftradfahrer, wobei das BVerfG hier Zweifel äußert, ob die Belastung für eine Verletzung überhaupt ausreichen könnte (BVerfGE 59, 275 [277 f.]). Die Pflicht zur Personalienangabe (BVerfGE 92, 191 [196 ff.]).

23 **Zurückhaltung** ist bei der allgemeinen Verhaltensfreiheit geboten, soweit es um die Relevanz **sonstiger Grundrechtsbeeinträchtigungen** geht. Insbesondere kann nicht in jedem Anstoß, den das Staatshandeln auf das Verhalten des Einzelnen überhaupt ausübt, eine relevante Beeinträchtigung der allgemeinen Verhaltensfreiheit gesehen werden. Vielmehr äußert sich Verhaltensfreiheit auch gerade darin, auf Gegebenheiten der Umwelt zu reagieren, zu denen prinzipiell auch staatliches Verhalten gehört.

24 Relevante faktische Beeinträchtigungen der Verhaltensfreiheit sind daher grundsätzlich nur anzunehmen, wenn dem Einzelnen die selbstbestimmte Entscheidung über sein Verhalten durch **faktisch zwingend** wirkendes Staatshandeln unmöglich gemacht wird; ähnlich wird für den Bereich der Wettbewerbsfreiheit eine mittelbare Einwirkung des Hoheitshandelns nur als relevant angesehen, wenn sie die Fähigkeit der wirtschaftlichen Betätigung im Wettbewerb als solche in Frage stellt. Außerdem bleiben **gezielte Einwirkungen** der Staatsgewalt unabhängig von der Zwangsläufigkeit ihrer Auswirkungen stets beachtlich. Dasselbe gilt für **gegen Dritte gerichtete Imperative**, die diesen ein Zusammenwirken mit dem Grundrechtsträger, etwa den Abschluss eines Vertrages, untersagen.

> **Beispiel:**
> Das gesetzliche Verbot an Sonnenbankbetreiber, Minderjährige zur Benutzung zuzulassen (BVerfG [K], NJW 2012, 1062 [1063]).

25 Bezogen auf die allgemeine Eingriffsfreiheit kommen als Eingriffe der Staatsgewalt insbesondere **rechtsgestaltende Entscheidungen** in Betracht, die die geschützte Rechtsposition aufheben oder verkürzen.

> **Beispiel:**
> Durch die Abberufung aus dem Personalrat wird die Rechtsposition der Mitgliedschaft im Personalrat aufgehoben, deren Bestand vom Schutz durch Art. 2 Abs. 1 GG umfasst wird (BVerfGE 51, 77 [89]).

26 Weitergehend wird die Integrität der gesamten individuellen Rechtsstellung durch **Begründung von nachteiligen Rechtswirkungen** überhaupt beeinträchtigt. Abgesehen von den bereits als Eingriffen in die Verhaltensfreiheit erfassten Geboten oder Verboten zählt hierher insbesondere die Begründung einer **Zwangsmitgliedschaft**.

> ▶ **Hinweis:** Dies gilt, soweit nicht vorrangig Art. 9 Abs. 1 GG eingreift; dazu u. Kap. 21, Die Grundrechte des Art. 9 GG, Rn. 5, 8 ff.

27 Eingriffe sind auch anzunehmen, wenn als solche gesetzlich zulässig begründete Zwangskörperschaften ihren gesetzlich begrenzten **Aufgabenbereich überschreiten**.

> ▶ **Hinweis:** Vgl. zum allgemein-politischen Mandat zwangsverfasster Studentenschaften BVerwGE 59, 231 (237 ff.); s. auch BVerfG (K), NVwZ 1998, 1286 f.

Nicht recht konsequent scheint es demgegenüber, wenn das BVerfG keine Grundrechtsbeeinträchtigung (oder doch jedenfalls keinen entsprechenden Unterlassungsanspruch) des Mitglieds einer Zwangskörperschaft annimmt, die Aufgaben wahrnimmt, die ihr aufgrund eines verfassungswidrigen Gesetzes übertragen sind.

Beispiel:

Abgelehnt wurde der Unterlassungsanspruch einer katholischen Angestellten gegen die Finanzierung von Abtreibungen durch die Krankenkasse, der sie als Pflichtmitglied angehörte, und zwar unabhängig davon, ob die Bedenken gegen die Verfassungsmäßigkeit solcher Abtreibungen zutreffend waren (BVerfGE 67, 26 [36 ff.]).

dd) Begrenzungen

Die Begrenzungen des Art. 2 Abs. 1 GG ergeben sich aus HS. 2 der Vorschrift. Nach **28** diesem Teil der Bestimmung soll das Recht auf freie Entfaltung der Persönlichkeit nur durchgreifen, soweit der Grundrechtsträger nicht die Rechte anderer verletzt und nicht gegen die verfassungsmäßige Ordnung oder das Sittengesetz verstößt. Diese **Schrankentrias** hebt sich in ihrer Formulierung von den Gesetzesvorbehalten anderer Grundrechtsbestimmungen deutlich ab. Im sachlichen Ergebnis erweist sich die Bestimmung insgesamt aber doch nur als Variante eines schlichten Gesetzesvorbehaltes.

Die Begrenzung durch **die Rechte anderer**, deren Achtung im Rahmen gleicher **29** Freiheit aller geradezu denknotwendige Voraussetzung jeglicher Grundrechtsgeltung überhaupt ist, stellt allerdings für sich genommen einen qualifizierten Gesetzesvorbehalt dar. Bei den genannten Rechten anderer geht es keineswegs in erster Linie oder gar nur um (ja grundsätzlich ohnehin nur gegen die Staatsgewalt gerichtete) Grundrechte, sondern um subjektive Rechte Dritter, die aus beliebigen, gültigen Rechtsnormen abzuleiten sind. Damit lässt dieses erste Glied der Schrankentrias normative Freiheitsbeschränkungen dann zu, wenn sie als Berechtigungen Dritter ausgestaltet sind oder sich (schützend) auf Drittberechtigungen beziehen. Praktische Bedeutung hat der so qualifizierte Gesetzesvorbehalt allerdings nicht, weil er von den nach dem zweiten Teil der Schrankentrias bestehenden weitergehenden Einschränkungsmöglichkeiten überlagert wird.

Die weitreichende Begrenzungswirkung der **verfassungsmäßigen Ordnung** ist **30** allerdings aus dem Verfassungswortlaut nicht ohne weiteres abzulesen. Vielmehr wäre ihre Reichweite eher als begrenzt einzustufen, wenn sie nur auf die Kernbestandteile der Verfassungsordnung zu beziehen wäre, die als solche nicht zuletzt auch wegen ihrer Schutzwirkung zugunsten der Grundrechte aufrechterhalten werden müssen. Gegenüber der umfassenden Reichweite, die der Schutzgegenstand des Art. 2 Abs. 1 GG aufgrund der im Elfes-Urteil entwickelten Konzeption des BVerfG erlangt hat, würde sich die Schrankentrias allerdings bei dem genannten engen Verständnis von verfassungsmäßiger Ordnung als unzulänglich erweisen.

Zwar könnten Schutzbestimmungen zugunsten anderer weitgehend über den **31** Schutz der Rechte anderer legitimiert werden; über individuelle Belange hinausgehende **Gemeinschaftsanliegen** wären aber gegenüber der Verhaltensfreiheit des

Einzelnen nicht zur Geltung zu bringen. Die umfassende Bestimmung des Schutzgegenstandes des Art. 2 Abs. 1 GG bedingt daher eine entsprechende Festlegung der Begrenzungen, um die zumal gegenüber der allgemeinen Verhaltensfreiheit notwendigen Einschränkungsmöglichkeiten zu begründen.

32   Dementsprechend hat das BVerfG im Elfes-Urteil den Begriff der verfassungsmäßigen Ordnung abweichend von dem sonst im Grundgesetz maßgeblichen Begriffsverständnis (o. Rn. 3) interpretiert. Im Rahmen des Art. 2 Abs. 1 GG ist die verfassungsmäßige Ordnung gleichzusetzen mit **verfassungsmäßiger Rechtsordnung** und schließt daher jede formell und materiell verfassungsgemäße Rechtsnorm ein. Bei diesem Verständnis von verfassungsmäßiger Ordnung wird die allgemeine Verhaltensfreiheit des Art. 2 Abs. 1 GG (ebenso wie die allgemeine Eingriffsfreiheit) einem schlichten Gesetzesvorbehalt unterworfen, weil gesetzliche Einschränkungen zulässig sind, ohne grundrechtsspezifische Anforderungen erfüllen zu müssen.

33   Das **Sittengesetz** als drittes Glied der Schrankentrias würde daneben eigenständige Bedeutung nur behalten, wenn es unabhängig von einer Verankerung in Rechtssätzen wirksame Einschränkungen legitimieren könnte. Dem allerdings steht bereits der rechtsstaatliche Vorbehalt des Gesetzes entgegen, der Eingriffe ohne rechtssatzmäßige Grundlage aufgrund eines wie auch immer zu verstehenden Sittengesetzes von vornherein unzulässig erscheinen lässt. Daher spielt auch das Sittengesetz keine von normativen Festlegungen (und damit: von der „verfassungsmäßigen Ordnung") unabhängige Rolle mehr.

34   Welche **Bedeutung** das Sittengesetz im Übrigen haben sollte, wirft ohnehin **kaum lösbare** Fragen auf. Manche wollen das Sittengesetz im Sinne ethischer Grundanforderungen, etwa entsprechend dem kategorischen Imperativ nach *Immanuel Kant*, verstehen, womit sie weitgehend bei dem Respekt für die Rechte anderer anlangen. Von anderer Seite ist das Sittengesetz im Sinne der in der Gesellschaft verbreiteten herrschenden Moralvorstellungen oder ähnlicher Kategorien verstanden worden.

35   Solche **zeitbedingten Vorstellungen** als Begrenzung der Verhaltensfreiheit anzuerkennen, ist indes in einem freiheitlichen Gemeinwesen äußerst **bedenklich**. Mangels Grundlegung in objektiven Gemeinwohlanliegen bleibt die Legitimationswirkung selbst dann zweifelhaft, wenn solche Vorstellungen vom Gesetzgeber aufgegriffen werden.

Beispiel:

1957 hat das BVerfG die Strafbarkeit homosexuellen Verhaltens (von Männern) mit größter Selbstverständlichkeit gebilligt, weil dieses eindeutig gegen das Sittengesetz verstoße (BVerfGE 6, 389 [434] – Homosexuelle). Demgegenüber hat das BVerwG im Jahre 1988 ausdrücklich festgestellt, dass die strafrechtliche Sanktionierung von Homosexuellen im Iran jedenfalls für irreversibel homosexuell geprägte Individuen den Charakter politischer Verfolgung, also auch der Menschenwürdebeeinträchtigung, annehmen kann, so dass davon Betroffene Anspruch auf politisches Asyl haben (BVerwGE 79, 143 [146 f.]). 2002 hat BVerfGE 105, 313 die Einführung von eingetragenen Lebenspartnerschaften für Personen desselben Geschlechts gebilligt.

Was Ende der 50er-Jahre als vermeintlich eindeutiger Verstoß gegen das Sittenge-   **36**
setz mit verfassungsrechtlicher Billigung mit Gefängnis bestraft werden konnte, bot
30 Jahre später Anlass, einen Betroffenen als von fremder Staatsgewalt politisch
Verfolgten einzustufen. Der Schutz der allgemeinen Verhaltensfreiheit kann von
derart wechselhaften Moralvorstellungen einer jeweils aktuellen Mehrheit nicht
abhängig gemacht werden; daher besteht kein Anlass, die eingetretene **Bedeu-**
tungslosigkeit des „Sittengesetzes", das in Landesverfassungen der Nachkriegszeit
auch als „natürlich" oder sogar „ewig" bezeichnet wurde, zu bedauern.

ee) Anforderungen an Einschränkungen

Mit dem aus dem Begriff der verfassungsmäßigen Rechtsordnung hergeleiteten Erfor-   **37**
dernis, dass einschränkende Normen als solche in **jeder formellen und materiellen**
Hinsicht mit der Verfassung in Einklang stehen müssen, war seit dem Elfes-Urteil
im Zusammenhang des Art. 2 Abs. 1 GG die Prüfung eröffnet, ob eine normative Einschränkung von Grundrechten in irgendeiner Weise gegen die Verfassung verstößt.
Die übergreifende Bedeutung dieses Gedankens für Einschränkungen aufgrund von
Gesetzesvorbehalten im Allgemeinen wurde nicht sofort realisiert; eine Zeitlang
wurde dieser Aspekt auch dann bei Art. 2 Abs. 1 GG berücksichtigt, wenn Spezialfreiheitsrechte gegenständlich einschlägig waren. Richtigerweise wird dieser Aspekt
heute allgemein beim jeweils einschlägigen Grundrecht als Anforderung an Einschränkungen berücksichtigt (o. Kap. 10, Anforderungen an Grundrechtsbeeinträchtigungen, Rn. 59).

Von den allgemeinen Anforderungen an Grundrechtsbeeinträchtigungen ist bei   **38**
Art. 2 Abs. 1 GG der **Verhältnismäßigkeitsgrundsatz** hervorzuheben, der auch bei
Beschränkungen der allgemeinen Verhaltensfreiheit zu beachten bleibt. Die Weite
des Schutzgegenstandes, die sich auch auf relativ unbedeutende persönliche Anliegen Einzelner erstreckt, bleibt allerdings bei einer Verhältnismäßigkeitsprüfung
nicht ohne Auswirkung. So kann im Rahmen des Art. 2 Abs. 1 GG nahezu jedes
nicht völlig unvernünftige (Gemeinwohl-) Anliegen, das einem Gesetz zugrunde
liegt, als Legitimationsgrundlage ausreichen, wobei sich eine geeignete und erforderliche Einschränkungsregelung nur selten als nicht proportional erweisen wird.

Während das **Einzelfallgesetzverbot** des Art. 19 Abs. 1 Satz 1 GG prinzipiell   **39**
auch bei Art. 2 Abs. 1 GG in Betracht kommen sollte, scheint die Anwendung des
Zitiergebots angesichts der Reichweite des Schutzgegenstandes des Art. 2 Abs. 1
GG sachwidrig, weil dann bei praktisch jedem wirksamen Gesetz die dadurch stets
bewirkte Einschränkung der freien Entfaltung der Persönlichkeit nach Art. 2 Abs. 1
GG angegeben werden müsste (s. allgemein Kap. 10, Anforderungen an Grundrechtsbeeinträchtigungen, Rn. 24).

Eine Beeinträchtigung der **Wesensgehaltgarantie** des Art. 2 Abs. 1 GG in seiner   **40**
Bedeutung als allgemeiner Verhaltensfreiheit käme wohl nur bei Regelungen in
Betracht, die das Prinzip der Verhaltensfreiheit zumindest für einen Grundrechtsträger überhaupt in Frage stellen würden, während spezifische, nur gegenüber bestimmten Verhaltensweisen wirksame Einschränkungen den Wesensgehalt des Grundrechts
nicht tangieren dürften.

ff) Konkurrenzen

41   Aufgrund seines umfassend definierten Schutzgegenstandes stehen die meisten anderen Grundrechtsbestimmungen zu den verschiedenen Bedeutungen des Art. 2 Abs. 1 GG in einem **Spezialitätsverhältnis** (s. Kap. 11, Grundrechtskonkurrenzen, Rn. 6). Dies gilt zumal für spezielle Freiheitsgarantien, die die Verhaltensfreiheit in einzelnen Lebensbereichen schützen. Grundrechtsbestimmungen, die Rechtspositionen oder (andere) Persönlichkeitsgüter schützen, stellen gegenüber Art. 2 Abs. 1 GG in seiner Bedeutung als allgemeiner Eingriffsfreiheit die speziellere Regelung dar, wenn sie nicht wegen ihres Menschenwürdebezug dem allgemeinen Persönlichkeitsgrundrecht (u. Rn. 50 ff.) zuzuordnen sind.

42   Die Spezialität der einschlägigen Grundrechte zu Art. 2 Abs. 1 GG bedeutet, dass dieser als generellere Norm immer dann zurücktritt, wenn zugleich der Tatbestand eines Spezialgrundrechts verwirklicht ist. Raum für Anwendung des Art. 2 Abs. 1 GG bleibt demgegenüber nur, soweit es um eine Grundrechtseinschränkung geht, für die keine andere Grundrechtsvorschrift überhaupt einschlägig ist. In diesem Sinne lässt sich Art. 2 Abs. 1 GG als **Auffanggrundrecht** bezeichnen, das Freiheitsaspekte und sonstige anerkannte rechtliche Interessen des Einzelnen immer dann schützt, wenn ein Schutz durch spezielle Grundrechte tatbestandlich nicht eingreift. Dies schließt nicht aus, dass Freiheitsbeschränkungen außer an Art. 2 Abs. 1 GG in Hinblick auf ihre differenzierende Anordnung zugleich an Gleichheitsgrundrechten gemessen werden (o. Kap. 11, Grundrechtskonkurrenzen, Rn. 4).

43   Nach dem Gesagten fallen **auch solche Freiheitsbetätigungen** tatbestandlich unter den Schutz des Art. 2 Abs. 1 GG, die durch zusätzliche tatbestandliche Anforderungen aus dem Schutzgegenstand speziellerer Grundrechte herausgenommen sind und im Ergebnis **offensichtlich keinen Grundrechtsschutz verdienen**. Diese Reichweite des Grundrechtsschutzes ist deswegen unschädlich, weil die Begrenzungen des Art. 2 Abs. 1 GG jede etwa angezeigte Freiheitsbeschränkung erlauben und weil andererseits schon aufgrund des rechtsstaatlichen Vorbehalts des Gesetzes nur dann eingeschritten werden kann, wenn eine freiheitsbeschränkende gesetzliche Regelung besteht. Nur so wird die Bedeutung des Art. 2 Abs. 1 GG als die subjektiv-rechtliche Entsprechung des Vorbehalts des Gesetzes konsequent verwirklicht (o. Rn. 14). Ein Grund, von dieser allgemeingültigen Reichweite des Auffanggrundrechts abzuweichen, wo Verhaltensweisen aus dem Schutzgegenstand spezieller Freiheitsrechte ausgegrenzt sind, ist nicht erkennbar.

> **Beispiel:**
>
> Entgegen mancher gewichtigen Stimme greift deshalb Art. 2 Abs. 1 GG zugunsten derjenigen ein, die sich unfriedlich oder mit Waffen versammeln und deshalb über Art. 8 Abs. 1 GG keinen Grundrechtsschutz genießen. Entsprechendes gilt auch, wo spezialgrundrechtliche Schutzgegenstände nicht durch ausdrückliche Tatbestandsmerkmale, sondern aufgrund restriktiver Auslegung eingeengt verstanden werden: Sieht man Beleidigungen durch Tätlichkeit nicht mehr als Meinungsäußerungen an (u. Kap. 17, Die Grundrechte des Art. 5 GG, Rn. 12), ist Art. 5 Abs. 1 Satz 1 GG nicht mehr einschlägig, dafür aber Art. 2 Abs. 1 GG maßgeblich.

Art. 2 Abs. 1 GG wird durch jedes tatbestandliche einschlägige Spezialgrundrecht **44**
auch dann verdrängt, wenn eine einschränkende Regelung lediglich an Mängeln
leidet, die den Grundrechtsträger für sich genommen nicht unmittelbar berühren,
etwa an solchen formeller Art. Die frühe Judikatur, die Art. 2 Abs. 1 GG gelegentlich wie ein Spezialgrundrecht für **formelle Verfassungsverstöße** behandelte (o.
Rn. 37), ist seit langem überholt.

> **Beispiel:**
> Ein berufsregelndes Bundesgesetz, das ohne die erforderliche Zustimmung des
> Bundesrates erlassen wurde, verletzt deshalb die durch Art. 12 Abs. 1 GG
> geschützte Berufsfreiheit der Normadressaten, während Art. 2 Abs. 1 GG durch
> das Spezialgrundrecht verdrängt ist.

Besondere Probleme wirft die Konkurrenz des Art. 2 Abs. 1 GG zu den sog. Deut-   **45**
schengrundrechten auf. Hier stellt sich die Frage, ob Art. 2 Abs. 1 GG als Grundlage
für einen **Grundrechtsschutz von Ausländern** in den Bereichen zur Verfügung
steht, in denen nur für Deutsche geltende Spezialgrundrechte eingreifen. Diese
Frage ist, wie bereits an anderer Stelle näher erläutert (o. Kap. 6, Die Grundrechtsberechtigten, Rn. 16 f.), uneingeschränkt zu bejahen. Der unabhängig von der Staatsangehörigkeit durchgreifende Vorbehalt des Gesetzes wird damit durch Art. 2 Abs. 1
GG auch in den Bereichen subjektiv-rechtlich geschützt, in denen spezieller Grundrechtsschutz auf die Deutschen beschränkt ist, wie namentlich bei Art. 8, 9 Abs. 1,
Art. 11 oder 12 Abs. 1 GG.

b) Weitere Grundrechtsgehalte

Nachdem durch Art. 2 Abs. 1 GG sämtliche Freiheitsinteressen des Einzelnen unter   **46**
abwehrrechtlichen Schutz gestellt sind, bleibt für nur objektiv-rechtliche Grundrechtsgehalte dieser allgemeinen Freiheitsgewährleistungen im Grunde kein Raum.
Ein etwa hier anzusiedelndes **„Prinzip der Freiheit"** würde sich immer auch in
subjektiven Freiheitsansprüchen des Einzelnen niederschlagen, so dass darüber hinausgehende objektiv-rechtliche Grundrechtsgehalte wenig Bedeutung erlangen
können. Immerhin mag eine Ausstrahlungswirkung (o. Kap. 4, Subjektive Grundrechte und objektive Grundrechtsgehalte, Rn. 58 ff.) auch dieses ganz allgemeinen
Freiheitsgrundrechts denkbar sein.

Im Rahmen der allgemeinen Entwicklung sind allerdings auch für Art. 2 Abs. 1   **47**
GG staatliche **Schutzpflichten** zugunsten der allgemeinen Verhaltensfreiheit gegenüber übermäßigen Einschränkungen durch Private anzunehmen. Einschlägige
Schutzbestimmungen sind denn auch tatsächlich bekannt; namentlich lässt sich das
strafbewehrte Verbot der Nötigung nach § 240 StGB hierher zählen.

Regelmäßig allerdings wird mit der Frage staatlicher Schutzpflichten gegenüber   **48**
anderen Privaten auch die Frage des Einverständnisses der Betroffenen berührt, da
in einer Privatrechtsordnung, die von der **Privatautonomie** beherrscht wird, rechts-
wirksame Einschränkungen der Verhaltensfreiheit nur über den Vertrag möglich
sind, d. h. aber mit Einverständnis des Eingeschränkten selbst, der dabei seine Vertragsfreiheit ausübt. Soweit die Staatsgewalt hier Schutzpflichten treffen sollen,

müssen sie sich (auch) darauf richten, die privatautonome Verfügungsbefugnis der Grundrechtsträger über ihren eigenen Rechtskreis (s. auch o. Rn. 13, u. Rn. 56 f.) zu beschneiden. Tatsächlich hat sich das BVerfG in diesem Zusammenhang zwar nicht begrifflich, aber in der Sache zu entsprechenden Schutzwirkungen des Art. 2 Abs. 1 GG bekannt, namentlich im viel diskutierten Bürgschaftsfall.

Beispiele:

Zur Sicherheit für ein Darlehen ihres Vaters verbürgte sich eine vermögens- und arbeitslose junge Frau gegenüber der kreditgewährenden Bank selbstschuldnerisch mit einem Höchstbetrag von DM 100.000,--. Das BVerfG war der Ansicht, der Gesetzgeber sei bei der Ausgestaltung der grundsätzlich bestehenden Privatautonomie an die objektiv-rechtlichen Vorgaben der Grundrechte gebunden und müsse einen Ausgleich zwischen den unterschiedlichen Interessen der Privatrechtsubjekte schaffen. Dies gelte insbesondere für eine Fallgestaltung, die eine strukturelle Unterlegenheit des einen Vertragsteils erkennen lasse und den unterlegenen Vertragsteil ungewöhnlich belaste. Eine Korrektur sei dann über die Generalklauseln der §§ 138, 242 BGB angebracht. Im vorliegenden Fall führte die verfassungskonforme Anwendung zur Nichtigkeit des Bürgschaftsvertrages (BVerfGE 89, 214 [230 ff.]). – Gestörte Vertragsparität kann auch bei Eheverträgen in Betracht kommen (BVerfGE 103, 89 [100 ff.]) (dazu noch u. Kap. 18, Die Grundrechte des Art. 6 GG, Rn. 58).

3. Das allgemeine Persönlichkeitsrecht

a) Abwehrrechtliche Bedeutung

aa) Schutzgegenstand

49 Das grundrechtliche allgemeine Persönlichkeitsrecht schützt in primär abwehrrechtlicher Funktion Belange insbesondere der **natürlichen Persönlichkeit**, die im Rahmen des Grundgesetzes keinen spezialgrundrechtlichen Schutz gefunden haben, aber doch grundrechtlich erheblich scheinen. Die normative Grundlage dieses Rechts wird nicht immer einheitlich bestimmt. Zumeist wird in diesem Zusammenhang zugleich auf Art. 2 Abs. 1 GG und Art. 1 Abs. 1 GG hingewiesen, gelegentlich auch nur auf Art. 2 Abs. 1 GG. Mit dem Bezug auf Art. 1 Abs. 1 GG soll erkennbar die Nähe eines Persönlichkeitselements zur Menschenwürde erfasst werden, die den Anlass gibt, für dieses Interesse auch ohne ausdrückliche Verankerung im Grundgesetz einen Grundrechtsschutz zu reklamieren (zur grundsätzlichen Problematik der Verbindung mehrerer Grundrechtsbestimmungen o. Kap. 11, Grundrechtskonkurrenzen, Rn. 14).

50 Für die **praktische Anwendung** bleibt die **Zuordnung zu Art. 2 Abs. 1 GG** maßgeblich. Dies bedeutet insbesondere, dass Beeinträchtigungen des allgemeinen Persönlichkeitsrechts – anders als Beeinträchtigungen der Menschenwürde – nicht stets bereits als Verletzungen des Grundrechts qualifiziert werden müssen, sondern durchaus der Rechtfertigung im Rahmen der Begrenzungen des Art. 2 Abs. 1 GG

zugänglich sind. Der ergänzende Hinweis auf Art. 1 Abs. 1 GG hat demgegenüber am ehesten heuristischen Wert, um die in Frage kommenden Persönlichkeitselemente abgrenzen zu können. Darüber hinaus kann er bei der Verhältnismäßigkeitskontrolle Bedeutung für die Wertigkeit des geschützten Persönlichkeitselements erlangen.

Das allgemeine Persönlichkeitsrecht ist kein gegenständlich völlig offenes, übergreifendes Grundrecht, sondern ist durch den Bezug auf **Persönlichkeitsinteressen** gekennzeichnet, die sich allerdings einer abschließenden positiven Fixierung entziehen. Immerhin lässt sich der Gegenstand des allgemeinen Persönlichkeitsrechts gegenüber den schon behandelten Inhalten des Art. 2 Abs. 1 GG in zweifacher Weise **negativ eingrenzen.** Nicht erfasst wird zum einen die Verhaltensfreiheit, zum anderen der Schutz von individuellen Rechtspositionen ohne hinreichenden Bezug zur Menschenwürde, der Gegenstand der allgemeinen Eingriffsfreiheit ist (o. Rn. 18, 26).   **51**

▶ Hinweis: Aspekte der Persönlichkeit fallen auch dann unter das allgemeine Persönlichkeitsrecht, wenn sie durch einfachgesetzliche Normen geschützt sind, wie etwa das Namensrecht des § 12 BGB (u. Rn. 54).

Von den verbleibenden **natürlichen Persönlichkeitsinteressen** sind im Grundrechtskatalog des Grundgesetzes einige spezialgrundrechtlich anerkannt, etwa das Leben und die körperliche Unversehrtheit in Art. 2 Abs. 2 Satz 1 GG, die Geheimnisse des Art. 10 GG oder die Integrität der Wohnung nach Art. 13 GG; hierher gehört aber auch das insbesondere in Art. 3 Abs. 1 GG als Auffanggrundrecht für diesen Bereich umfassend geschützte Gleichheitsinteresse. Was außerhalb dieser speziellen Persönlichkeitsrechte an Interessen der natürlichen Persönlichkeit grundrechtlichen Schutz genießt, macht den Schutzgegenstand des allgemeinen Persönlichkeitsrechts aus, das danach als **Auffanggrundrecht** für nicht durch besonders niedergeschriebene Regelungen der Verfassung geschützte, gleichwohl mit Blick auch auf Art. 1 Abs. 1 GG schutzwürdige Aspekte der menschlichen Persönlichkeit zur Verfügung steht.   **52**

Die tatbestandliche Problematik dieses allgemeinen Persönlichkeitsrechts ergibt sich aus der Notwendigkeit, (prinzipiell) ohne die Möglichkeit des Rückgriffs auf geschriebene Rechtsnormen die Elemente der menschlichen Persönlichkeit zu bestimmen, die einen Grundrechtsschutz genießen sollen. Hierzu sind in der kasuistischen Rechtsprechung eine ganze Fülle von **Einzelaspekten** behandelt worden. Als Elemente des allgemeinen Persönlichkeitsrechts wurden insbesondere berücksichtigt: **53**

- Das Interesse an der Privatheit (BVerfGE 54, 148 [153]);   **54**
- das (allerdings auch gesetzlich fixierte, vgl. § 12 BGB) Namensrecht (BVerfGE 78, 38 [49]);
- die Ehre (BVerfGE 54, 208 [217]);
- das Recht am eigenen Bild (BVerfGE 54, 148 [154]);
- das Recht am eigenen Wort (BVerfGE 54, 148 [154 f.], BVerfGE 54, 208 [217]);

- das Recht auf Selbstdarstellung in der Öffentlichkeit (BVerfGE 54, 148 [155 f.]);
- das Recht am eigenen Persönlichkeitsbild (BVerfGE 99, 185 [193 f.]);
- das Recht auf eine Gegendarstellung als Konsequenz grundrechtlicher Schutzpflichten (BVerfGE 97, 125 [146]);
- das Recht auf eine Resozialisierungschance (BVerfGE 35, 202 [235]);
- das Recht, sich nicht selbst bezichtigen zu müssen (BVerfGE 38, 105 [114 f.]);
- das Recht, nicht ohne Schuld oder schuldunangemessen hart bestraft zu werden (BVerfGE 54, 100 [108 f.]);
- das Recht auf Anerkennung einer Geschlechtsumwandlung (BVerfGE 49, 286 [298 ff.]);
- das Recht auf Selbstbestimmung über den eigenen Rechtskreis (BVerfGE 72, 155 [170 ff.]) (Entmündigte, Minderjährige);
- das Recht auf Kenntnis der eigenen Abstammung (BVerfGE 79, 256 [268 f.]) und umgekehrt auf die der Abstammung eigener Kinder (BVerfGE 117, 202 [225 f.]).

Der Katalog der berücksichtigten Interessen ist für Entwicklungen offen; einige Aspekte verdienen besondere Beachtung.

55   Zum Persönlichkeitsrecht an der **Privatheit** hat das BVerfG in seiner Judikatur unterschiedlich intensiv geschützte Teilbereiche voneinander abgegrenzt. Dies ist im Sinne einer **„Sphärentheorie"** formuliert worden, bei der namentlich die als Kernbereich privater Lebensgestaltung auch mit Rücksicht auf die Garantie der Menschenwürde (o. Kap. 13, Die Garantie der Würde des Menschen, Art. 1 Abs. 1 GG, Rn. 21) besonders intensiv geschützte Intimsphäre, die immer noch besonders schutzwürdige Privatsphäre und schließlich die kaum mehr geschützte Sozialsphäre voneinander abgegrenzt wurden. Grundsätzlich dürften die genannten Kategorien nach wie vor Anhaltspunkte dafür bieten, wie schutzwürdig ein bestimmter Aspekt von Privatheitsinteressen jeweils ist, wobei für die Abgrenzung die objektiven Gegebenheiten entscheidend sein sollten.

Beispiele:

Ein geisteskranker Mörder machte nach Art eines Tagebuchs als höchstpersönliche Aufzeichnungen konzipierte Niederschriften, in denen er seine Untat in der Phantasie vorwegnahm. Nachdem er den Mord begangen hatte, wurden diese Aufzeichnungen von den Strafverfolgungsbehörden für Zwecke der Strafverfolgung benutzt. Dieses Vorgehen der Strafverfolgungsbehörden hätte sich gegenüber dem allgemeinen Persönlichkeitsrecht, wie es nach der Sphärentheorie bis dahin gehandhabt worden war, kaum rechtfertigen lassen, denn die Aufzeichnungen des Tagebuchs hätten der Intimsphäre zugehört, in die Eingriffe prinzipiell ausgeschlossen hätten sein müssen. Sicher nicht zuletzt mit Blick auf das Ergebnis hat das BVerfG – allerdings nur mit Stimmengleichheit – gleichwohl angenommen, wegen der in dem Tagebuch enthaltenen Aussagen über den Mord reiche das Tagebuch in die Sozialsphäre hinein, weil die in ihm beschriebenen Vorgänge immerhin auch Dritte in Mitleidenschaft gezogen hätten. Die konsequente Durchsetzung dieses Ansatzes müsste dazu führen, die Intimsphäre nur noch auf Reflexionen reiner Innerlichkeit zu beschränken (BVerfGE 80, 367 [376 ff.]). – Wer eine Berichterstattung über sein Privatleben auf Grund von Exklusivverträgen gestattet, kann sich in diesem Bereich nicht auf den öffentlichkeitsabgewandten Privatsphärenschutz berufen (BVerfGE 101, 361 [385] unter Hinweis darauf, dass das Grundrecht nicht die Selbstkommerzialisierung schützen solle).

Ein besonders wesentliches Element des allgemeinen Persönlichkeitsrechts stellt **56** die Fähigkeit zur **rechtlichen Selbstbestimmung** über den eigenen Rechtskreis dar, die die Rechtsordnung grundsätzlich jedem Menschen in vollem Umfang gewähren muss. Insoweit hat das allgemeine Persönlichkeitsrecht auch leistungsrechtliche Elemente, denen allerdings die allgemeinen Regeln der Rechtsordnung bereits prinzipiell umfassend Rechnung tragen. Ausnahmen, wie Regelungen der Geschäftsunfähigkeit und der beschränkten Geschäftsfähigkeit nach §§ 104 ff. BGB, müssen sich vor dem Persönlichkeitsrecht rechtfertigen lassen.

Das Persönlichkeitsrecht zur Selbstbestimmung garantiert nicht nur die rechtli- **57** chen Möglichkeiten eigenen autonomen Verhaltens des Grundrechtsträgers, wie namentlich die im Rechtsverkehr entscheidend wichtige Vertragsfreiheit (o. Kap. 4, Subjektive Grundrechte und objektive Grundrechtsgehalte, Rn. 35), sondern schützt insbesondere auch davor, dass die Rechtsordnung anderen Personen die Fähigkeit einräumt, für einen Grundrechtsträger zu handeln. Derartige Regelungen, die Dritten die Möglichkeit zur **Fremdbestimmung** über den Rechtskreis anderer einräumen, wie dies bei Vormündern, Betreuern sowie vor allem bei Eltern von Minderjährigen der Fall ist, stellen für die Betroffenen Einschränkungen ihres Persönlichkeitsrechts zur Selbstbestimmung dar, die im Rahmen der Grundrechtsbegrenzungen gerechtfertigt werden müssen.

Beispiel:
Die Regelungen der §§ 1629, 1643, 1822 Nr. 1, 3, 5, 8 bis 11 BGB, wonach Eltern kraft ihrer elterlichen Vertretungsmacht einen Minderjährigen bei Fortführung eines ererbten Handelsgeschäfts in ungeteilter Erbengemeinschaft finanziell unbegrenzt verpflichten und so den Minderjährigen vor Erlangen der Volljährigkeit ungehindert seines Vermögens berauben konnten, hat das BVerfG als mit dem allgemeinen Persönlichkeitsrecht unvereinbar qualifiziert. Das BVerfG beanstandete gegenüber den weitreichenden Verfügungsmöglichkeiten der Eltern das Fehlen ausreichender Vorbehalte zugunsten des Vormundschaftsgerichts (vgl. BVerfGE 72, 155 [170 ff.]).

Als weiteres Persönlichkeitselement ist die **informationelle Selbstbestimmung** **58** hervorzuheben, die das BVerfG in seinem Volkszählungsurteil (BVerfGE 65, 1 [41 ff.]) im Anschluss an die zu diesem Zeitpunkt bereits entstandene Datenschutzgesetzgebung entwickelt hat und die seitdem in Landesverfassungen spezielle datenschutzgrundrechtliche Anerkennung gefunden hat. Durch den Fall veranlasst

war die Fortentwicklung der Judikatur nicht, da die angegriffenen gesetzlichen Auskunftspflichten bereits über die allgemeine Verhaltensfreiheit zu erfassen waren.
Eigenständige Bedeutung gewinnt das Recht auf informationelle Selbstbestimmung
dann, wenn ohne Umweg über Verhaltenspflichten des Betroffenen über die ihn
angehenden persönlichen Daten **informationelle Fremdbestimmung** ausgeübt
wird, indem die öffentliche Gewalt ohne seine Mitwirkung Daten über ihn erhebt,
vorhandene Daten nutzt oder Dritten preisgibt.

Beispiele:

Die Feststellung, Speicherung und (künftige) Verwendung eines DNA-Iden-
tifizierungsmusters gemäß § 81 g StPO i. V.m. § 2 DNA-IFG (nicht mehr in Kraft)
(BVerfG [K], BVerfGE 103, 21 [32 f.]) oder die Herausgabe von Stasi-Unterlagen
(BVerwG, NJW 2002, 1815 [1817]).

Bezogen auf Verhaltenspflichten hat die Einsicht in die Schutzwürdigkeit der Informationen über die eigene Person die Bedeutung, dass im Rahmen der Verhältnismäßigkeitsprüfung auch der Bezug des abverlangten Verhaltens auf die Preisgabe von
Informationen, an denen ein anerkennenswertes Selbstbestimmungsinteresse des
Betroffenen besteht, zu berücksichtigen ist. Dass dieser Grundrechtsschutz nur die
Informationen über die *eigene* Person betrifft (BVerfG [K], NJW 2001, 883 [884]
für Ärzte und Patientendaten), versteht sich von selbst (s. aber zur mittelbaren Relevanz der Grundrechte Dritter o. Kap. 10, Anforderungen an Grundrechtsbeeinträchtigungen, Rn. 62 f.).

59   Das in BVerfGE 120, 274 (LS 1, 302 ff.) so bezeichnete „Grundrecht auf Gewährleistung der **Vertraulichkeit und Integrität informationstechnischer Systeme**"
ist ein weiteres informationsbezogenes Element des allgemeinen Persönlichkeitsrechts, das der solchen Systemen mit der Fortentwicklung der Technik zugewachse-
nen Bedeutung für die Lebensführung vieler Menschen Rechnung tragen soll.
Insbesondere die heimliche Infiltration solcher Systeme wird von strengen materiellen Voraussetzungen abhängig gemacht und durch die Forderung nach einem
Richtervorbehalt auch verfahrensrechtlich besonders gesichert. Zudem muss durch
besondere gesetzliche Vorkehrungen dafür gesorgt werden, dass der durch Art. 1
Abs. 1 GG geschützte Kernbereich privater Lebensgestaltung (o. Rn. 55) möglichst
unberührt bleibt; dabei wird hingenommen, dass es insoweit zu mit den jeweiligen
Ermittlungsmethoden praktisch unvermeidbar verbundenen Eingriffen auch in diesen Kernbereich kommt, statt derartige Ermittlungsmethoden deshalb insgesamt
auszuschließen. Außerhalb des Grundrechtsschutzes bleiben grundsätzlich im Internet öffentlich zugängliche Kommunikationsinhalte.

▶   **Hinweis:** BVerfG (K), NJW 2016, 1229, Rn. 11, spricht von einem
     „Grundrecht ... auf sexuelle Selbstbestimmung"; im zitierten Präjudiz
     (BVerfGE 120, 224 [239]) wurde dies nur als Ausprägung des allgemeinen
     Persönlichkeitsrechts angeführt. Die Redeweise von eigenständigen
     „Grundrechten" überzeugt nicht.

bb) Grundrechtsberechtigung

Das allgemeine Persönlichkeitsrecht ist aufgrund seiner Zuordnung zu Art. 2 Abs. 1   **60**
GG ein Recht, das **jedermann**, nicht nur Deutschen, zusteht. Konkurrenzen mit nur
für Deutsche eingreifenden speziellen Persönlichkeitsrechten gibt es – anders als
bei der allgemeinen Verhaltensfreiheit (o. Rn. 45) – nicht. Ein postmortales Persönlichkeitsrecht lehnt das BVerfG ab, das die in der Sache unstrittige Pflicht zur
Achtung der menschlichen Person auch nach ihrem Tode allein aus der Menschenwürdegarantie begründet (BVerfGE 30, 173 [194] – Mephisto; vgl. auch Kap. 6, Die
Grundrechtsberechtigten, Rn. 28; Kap. 13, Die Garantie der Würde des Menschen,
Art. 1 Abs. 1 GG, Rn. 26).

Problematisch ist die Anwendung auf **juristische Personen**, da es beim Persön-   **61**
lichkeitsgrundrecht durchweg um spezifische Rechte menschlicher Persönlichkei-
ten geht. Denkbar ist allerdings, dass gewisse über das allgemeine Persönlichkeitsrecht
erfasste Interessen auch für juristische Personen eingreifen, wie etwa das Namensrecht oder das Recht auf den Geheimnisschutz. Ob solche Parallelen ausreichen,
auch für juristische Personen die nach Art. 19 Abs. 3 GG erforderliche wesensmäßige Anwendbarkeit des allgemeinen Persönlichkeitsrechts anzunehmen, scheint
indessen zweifelhaft. Dagegen spricht schon, dass die Schutzgüter des allgemeinen
Persönlichkeitsrechts aus der **natürlichen menschlichen Persönlichkeit** abgeleitet
werden, was sich zumal im Falle der zusätzlichen Abstützung auf Art. 1 Abs. 1 GG
zeigt. Wegen dieses speziellen Bezuges auf spezifisch menschliche Eigenschaften
kann das allgemeine Persönlichkeitsrecht jedenfalls nicht generell auf juristische
Personen ausgedehnt werden.

Beispiel:
Ein als GmbH verfasster privater Rundfunkveranstalter wird zur Herausgabe von
Sendemitschnitten verpflichtet, die in einem Strafverfahren gegen ihn verwendet
werden könnten. Das BVerfG ist der Ansicht, der Ausschluss des Zwangs zur
Selbstbezichtigung als spezieller Anwendungsfall des allgemeinen Persönlich-
keitsrechtes gelte wegen des Zusammenhangs mit der Menschenwürde nur für
natürliche Personen, könne somit nicht auf juristische Personen ausgedehnt werden (vgl. BVerfGE 95, 220 [241 f.]).

Dies schließt nicht aus, dass entsprechende Schutzinteressen **über andere Grund-**   **62**
rechtsbestimmungen Grundrechtsschutz genießen, wie ihn etwa das Namensrecht
der juristischen Person, soweit es vermögenswerten Charakter hat, durchaus im
Rahmen des Art. 14 GG Schutz erfahren mag. Darüber hinaus stehen Persönlichkeitsgüter, wenn sie als Rechtspositionen auch zugunsten juristischer Personen
anerkannt sind, als solche auch für diese unter dem Schutz der allgemeinen Eingriffsfreiheit nach Art. 2 Abs. 1 GG.

cc) Beeinträchtigungen

Angesichts der Verschiedenheit der in den Grundrechtsschutz eingeschlossenen Per-   **63**
sönlichkeitsinteressen lassen sich die **möglichen Eingriffe** kaum näher eingrenzen.

Gebote und Verbote erreichen als Freiheitsbeschränkungen die Güter des allgemeinen Persönlichkeitsrechts nur mittelbar (vgl. o. Rn. 58); welche faktischen Einwirkungen in Betracht kommen, hängt maßgeblich vom konkret betroffenen Persönlichkeitsinteresse ab: Privatheitsinteressen können durch Ausspitzelung beeinträchtigt werden, die Ehre durch beleidigende Äußerungen usw. Auch die gerichtliche Verwertung von Zeugenaussagen über unter Verletzung des Persönlichkeitsrechts gewonnene Erkenntnisse greift in das Grundrecht ein (BVerfGE 106, 28 [39 ff.]).

dd) Begrenzungen

64 Trotz der Bezüge zu Art. 1 Abs. 1 GG sind die durch das allgemeine Persönlichkeitsrecht grundrechtlich geschützten Persönlichkeitsinteressen nicht von vornherein jeder Einschränkung entzogen, sondern als Schutzgegenstand des Art. 2 Abs. 1 GG grundsätzlich ebenso wie die Verhaltensfreiheit zumal im Rahmen der **verfassungsmäßigen Rechtsordnung einschränkbar** (o. Rn. 30), sind also einem schlichten Gesetzesvorbehalt unterworfen.

ee) Anforderungen an Einschränkungen

65 Die Elemente des allgemeinen Persönlichkeitsrechts besitzen allerdings zumal bei Nähe zur Menschenwürdegarantie eine **höhere verfassungsrechtliche Wertigkeit** als die bloße Beliebigkeit der allgemeinen Verhaltensfreiheit oder die inhaltlich offene allgemeine Eingriffsfreiheit. Daraus ergeben sich regelmäßig erhöhte Rechtfertigungsanforderungen im Rahmen der Verhältnismäßigkeitsprüfung im engeren Sinne. Die Wesensgehaltgarantie des **Art. 19 Abs. 2 GG** wird berührt, wenn Regelungen einen letzten unantastbaren Bereich privater Lebensgestaltung beeinträchtigen, der der öffentlichen Gewalt schlechthin entzogen ist; hier greift zugleich die Garantie der Menschenwürde ein (o. Rn. 55 und Kap. 13, Die Garantie der Würde des Menschen, Art. 1 Abs. 1 GG, Rn. 21).

ff) Konkurrenzen

66 Das allgemeine Persönlichkeitsrecht berührt wegen der tatbestandlichen Ausgrenzung von Verhaltensfreiheit und von Rechtspositionen als solchen den Schutzgegenstand der freien Entfaltung der Persönlichkeit im Übrigen grundsätzlich nicht. Zu Überschneidungen kommt es nur, wenn es um Störungen von Rechtspositionen an Persönlichkeitsgütern oder um Verpflichtungen geht, sich in persönlichkeitsrelevanter Weise zu verhalten. Insoweit können **ausnahmsweise beide Elemente des Art. 2 Abs. 1 GG nebeneinander** zur Anwendung kommen, wobei der Schutz durch das allgemeine Persönlichkeitsrecht durchweg der stärkere sein wird.

> **Beispiel:**
> Die Pflicht zur Angabe persönlicher Daten bei einer Volkszählung ist zunächst eine Einschränkung der Verhaltensfreiheit, durch den Inhalt des verlangten Verhaltens wird aber zugleich das persönlichkeitsrechtliche Recht auf informationelle Selbstbestimmung berührt, das gesteigerte Anforderungen an das einschränkende Gesetz stellt (vgl. BVerfGE 65, 1 [39 ff.]), wo die zuvor an

verschiedenen Spezialgrundrechten gemessene Verpflichtungswirkung dann stark in den Hintergrund tritt.

Soweit Grundrechte eingreifen, die dem Schutz spezieller Persönlichkeitselemente   **67** dienen (z. B. Art. 10 und Art. 13 GG hinsichtlich der Privatheit, Art. 3 GG hinsichtlich des Gleichheitsinteresses), ist das von vornherein nur auf nicht besonders geregelte Bereiche bezogene allgemeine Persönlichkeitsrecht insoweit schon **tatbestandlich nicht betroffen**. Allerdings kann auf eine Wohnungsdurchsuchung mit dem Ziel, Datenträger oder Mobiltelefone mit gespeicherten Verbindungsdaten sicherzustellen, neben Art. 13 GG zugleich das Persönlichkeitsrecht bezüglich der informationellen Selbstbestimmung Anwendung finden (BVerfGE 115, 166 [187], unter Hinweis auf eine „Ergänzungsfunktion zu Art. 10 GG"; s. auch u. Kap. 22, Das Brief-, Post- und Fernmeldegeheimnis nach Art. 10 GG, Rn. 9). Das allgemeine Persönlichkeitsrecht ist wie alle neben ihm stehenden besonderen Grundrechte seinerseits spezieller als die allgemeine, auch individuelle Rechtspositionen erfassende allgemeine Eingriffsfreiheit.

b) Weitere Grundrechtsgehalte

Das allgemeine Persönlichkeitsrecht ist in objektiv-rechtlicher Hinsicht vor allem   **68** durch die Begründung staatlicher **Schutzpflichten** gegenüber Persönlichkeitsrechtsverletzungen durch Private bedeutsam, die wegen der Eigenart der grundrechtlich geschützten Interessen große Bedeutung haben. Sie liegen insbesondere dem gesetzlichen Ehrenschutz zugrunde, dessen Durchsetzung gegenüber der Meinungs- und Pressefreiheit heute allerdings häufig als unzulänglich kritisiert wird.

Auch die **Ausstrahlungswirkung** insbesondere auf die Zivilrechtsordnung   **69** spielt eine wichtige Rolle. Dabei haben vor allem die Zivilgerichte die Aufgabe, die jeweils konkurrierenden grundrechtsgeschützten Interessen verschiedener Beteiligter, ggf. auch unter Berücksichtigung der EMRK, zu beachten.

Beispiel:

BVerfGE 120, 180 (198 ff.) prüft, ob die Persönlichkeitsrechte am eigenen Bild und des Schutzes der Privatsphäre bei der Entscheidung über Unterlassungsansprüche betroffener Prominenter gegen Bildberichterstattung in der Presse vor dem Hintergrund divergierender Abwägungsergebnisse der deutschen Gerichte und des EGMR darauf, ob der Einfluss der deutschen Grundrechte, auch unter Berücksichtigung der EMRK (allgemein Kap. 2, Grund- und Menschenrechtsgarantien des geltenden Rechts, Rn. 42), hinreichend beachtet sind.

Zu weit ging gegenüber der Gesetzesbindung allerdings wohl die Begründung eines Schmerzensgeldanspruchs bei Verletzungen des allgemeinen Persönlichkeitsrechts, obwohl § 253 BGB dies mit unmissverständlichen Worten ausschließt; daran haben die Neufassung des § 253 BGB und die Streichung des § 847 BGB von 2002 nichts geändert. Das BVerfG ist indes in seinem Soraya-Beschluss (BVerfGE 34, 269 ff.) der diesbezüglichen Judikatur der Zivilgerichte von Anfang an ausdrücklich nicht entgegengetreten.

70   Als eine **Anforderung an Organisation bzw. Verfahren** lässt sich das „informationelle Trennungsprinzip" verstehen, das das BVerfG (E 133, 277 Rn. 112 ff.)
angesichts des besonderen Eingriffsgewichts der Zusammenführung von Daten von
Polizeibehörden und Nachrichtendiensten in einer Antiterrordatei zum Schutz der
informationellen Selbstbestimmung aufgestellt hat.

4. Zusammenfassung

71   • Das Grundrecht aus Art. 2 Abs. 1 GG schützt mit der freien Entfaltung der
Persönlichkeit die allgemeine Verhaltensfreiheit, also die Freiheit des
Menschen, zu tun oder zu lassen, was er will; darüber hinaus ist die gesamte
anerkannte Rechtssphäre des Einzelnen gegen Eingriffe geschützt.
     • Die Garantie der freien Entfaltung der Persönlichkeit ist ein Jedermann-
Grundrecht, das grundsätzlich auch für juristische Personen durchgreift.
     • Art. 2 Abs. 1 GG greift als Grundlage für den Grundrechtsschutz von
Ausländern im Anwendungsbereich sog. Deutschengrundrechte ein.
     • Im Rahmen der das Grundrecht begrenzenden Schrankentrias besitzt die
verfassungsmäßige Ordnung überragende Bedeutung. Verstanden als ver-
fassungsmäßige Rechtsordnung umfasst sie jede formell und materiell ver-
fassungsmäßige Rechtsnorm.
     • Die allgemeine Verhaltensfreiheit ist Auffanggrundrecht für jede Form von
Verhaltensfreiheit. Es wird von Grundrechten, die Einzelbereiche von
Verhaltensfreiheit schützen, wegen Spezialität verdrängt.
     • Als eigenständiges Grundrecht hat auch der meist zusätzlich auf Art. 1
Abs. 1 GG gestützte Schutz des allgemeinen Persönlichkeitsrechts seinen
primären Standort in Art. 2 Abs. 1 GG.
     • Das allgemeine Persönlichkeitsrecht schützt außerhalb der Verhaltens-
freiheit gelegene, der Menschenwürde nahestehende Belange der natürlichen Persönlichkeit, die nicht durch besondere Grundrechte erfasst sind.
     • Unter den von der Rechtsprechung entwickelten vielfältigen Einzelaspekten
des allgemeinen Persönlichkeitsrechts verdienen der Schutz der Privatheit
und das Recht auf informationelle Selbstbestimmung besondere Beachtung.
     • Das allgemeine Persönlichkeitsrecht ist ein Jedermann-Recht. Die Anwen-
dung auf juristische Personen kommt nur begrenzt in Frage; insbesondere
muss sie bei notwendigen Bezügen zur Menschenwürde ausscheiden.
     • Das allgemeine Persönlichkeitsrecht kann im Rahmen der verfassungsmä-
ßigen Ordnung eingeschränkt werden; je nach dem Gewicht der geschützten Persönlichkeitsinteressen ergeben sich strengere Anforderungen an die
Verhältnismäßigkeit.

II. Die Rechte auf Leben und körperliche Unversehrtheit, Art. 2 Abs. 2 Satz 1 GG

1. Das Recht auf Leben

a) Allgemeines

Ein Recht auf Leben hat es bis zum Ende des 2. Weltkrieges in deutschen Verfas-   **72**
sungsurkunden nicht gegeben. Dies bedeutet nicht, dass das Recht bis dahin zur
freien Verfügung der Staatsgewalt gestanden hätte. Vielmehr ging man auf der
Grundlage naturrechtlichen Denkens mit Selbstverständlichkeit davon aus, dass
jedenfalls das Leben des Einzelnen grundsätzlich zu respektieren war. Die klassische Dreiteilung der Rechtsstellung des Einzelnen im Staate bei John Locke
erstreckte sich auch ausdrücklich auf „Life, Liberty and Property". Als die ersten
Verfassungsurkunden in Deutschland geschrieben wurden, hielt man aber offenbar
einen speziellen diesbezüglichen Grundrechtsschutz bereits nicht mehr für erforderlich. Erst die **Gräueltaten der nationalsozialistischen Zeit** haben dann die grundrechtliche Schutzbedürftigkeit gerade auch dieses zentralen menschlichen Interesses
wieder in das Bewusstsein gehoben.

Das nach landesverfassungsrechtlichen Vorbildern in das Grundgesetz aufge-   **73**
nommene Grundrecht auf Leben ist in erster Linie ein gegen staatliche Übergriffe
gerichtetes **Abwehrrecht**, hat darüber hinaus aber wesentlich Pate gestanden für
die Entwicklung der Judikatur zu den **grundrechtlichen Schutzpflichten** des Staates (o. Kap. 4, Subjektive Grundrechte und objektive Grundrechtsgehalte, Rn. 29 ff.).

b) Abwehrrechtliche Bedeutung

aa) Schutzgegenstand

Der Schutzgegenstand des Rechts auf Leben besteht darin, dass der Grund-   **74**
rechtsträger als individueller menschlicher Organismus lebt. Das Recht des Menschen auf Leben ist schlechthin gewährleistet, sein Schutz von keiner weiteren
Voraussetzung abhängig. Irgendeine Differenzierung zwischen unterschiedlich
„wertvollem" menschlichen Leben ist nicht vorgesehen. Vielmehr geht es gerade
darum, im Gegensatz zu nationalsozialistischen Missbräuchen **jedem Leben** den
Grundrechtsschutz zu sichern, um Ausgrenzungen etwa „lebensunwerten Lebens" von vornherein auszuschließen. Daher ist jeder lebende menschliche Organismus gleichermaßen über das Grundrecht auf Leben nach Art 2 Abs. 2 Satz 1
GG geschützt.

Dieser natürlich gegebene Schutzgegenstand bereitet **Abgrenzungsprobleme**,   **75**
soweit es um den Anfang und das Ende menschlichen Lebens geht. Der **Anfang**
grundrechtlich geschützten Lebens ist – anders als die Rechtsfähigkeit des Menschen nach dem BGB – nicht erst die Geburt. Vielmehr besteht vorher unstrittig
menschliches Leben, worauf ja auch in unterschiedlichen Rechtsvorschriften bereits
vor dem Grundgesetz Rücksicht genommen wurde.

Beispiele:

Vgl. klassisch 1. Teil 1. Titel, § 10 Abs. 1 Satz 1 ALR: „Die allgemeinen Rechte der Menschheit gebühren auch den noch ungeborenen Kindern, schon von der Zeit ihrer Empfängniß." – Vgl. ferner § 1923 Abs. 2 BGB für die Erbberechtigung des nasciturus; §§ 218 ff. StGB für das strafrechtliche Verbot der Abtreibung.

76 Nicht abschließend geklärt ist allerdings, von welchem Zeitpunkt vor der Geburt an bereits menschliches Leben als grundrechtlicher Schutzgegenstand anzunehmen ist. Im Zusammenhang mit seiner Schutzpflichtenjudikatur zum Schwangerschaftsabbruch hat das BVerfG in seinen beiden Abtreibungsurteilen (BVerfGE 39, 1 [37]; BVerfGE 88, 203 [251]) darauf abgestellt, dass jedenfalls mit dem Zeitpunkt des Abschlusses der Einnistung des befruchteten Eis in der Gebärmutter (**Nidation**), das heißt also bereits etwa maximal 14 Tage nach der Zeugung, menschliches Leben im Sinne des GG gegeben sei.

77 Dieser frühe Beginn des Lebensschutzes entspricht der **Unabhängigkeit des Lebensbegriffes von irgendwelchen qualifizierenden Merkmalen**, etwa von einer bestimmten Einsichtsfähigkeit, von einem Bewusstsein oder ähnlichem. Ebenso wenig wie nach der Geburt derartige Qualitäten des menschlichen Lebens eine Rolle spielen können, sind sie vor Beginn des menschlichen Lebens von Bedeutung. Auch wenn diese Konsequenz für gewisse rechtspolitische Folgerungen namentlich im Abtreibungsrecht unbequem ist, ist er unbedingte Forderung des vom Grundgesetz intendierten Lebensschutzes.

78 Klärungsbedürftig ist allerdings die vom BVerfG problematischer Weise offen gelassene Frage, ob menschliches Leben im Sinne des Grundrechtsschutzes **auch bereits vor der Nidation** gegeben ist (BVerfGE 88, 203 [251]). Die Lösung dieser Frage hängt davon ab, inwieweit bzw. ab welchem früheren Zeitpunkt schon die befruchtete menschliche Eizelle als ein unverwechselbarer, individueller menschlicher Organismus anzusehen ist, was letztlich auf der Grundlage verfeinerter medizinischer Erkenntnisse festgestellt werden muss. Das BVerfG nahm immerhin an, dass „es Erkenntnisse der medizinischen Anthropologie nahelegen, [dass] menschliches Leben bereits mit der Verschmelzung von Ei und Samenzelle entsteht".

79 Entgegen der Einschätzung des BVerfG war (und ist) die Existenz menschlichen Lebens im Zeitraum vor der Nidation keineswegs irrelevant für die grundrechtliche Beurteilung der angegriffenen Vorschriften über den Schwangerschaftsabbruch. Wäre schon vorher menschliches Leben anzunehmen, würde dies zumindest prinzipiell die grundrechtliche Schutzpflicht zugunsten des Lebens auch insoweit auslösen. Gerade die Regelung, nach der das Abtreibungsrecht erst für das bereits eingenistete befruchtete Ei gilt, hätte unter dem Aspekt der Schutzpflicht verfassungsrechtlicher Prüfung bedurft. Die Formulierung des BVerfG von den „[…] verfassungsrechtlich unbedenklichen – Bestimmungen" des StGB über Anfang und Ende der Schwangerschaft ist jedenfalls im Hinblick auf ihre mögliche Insuffizienz gegenüber der Schutzpflicht zugunsten des immerhin schon für die Zeit vor der Nidation für möglich erklärten menschlichen Lebens ohne jeden Ansatz einer Begründung geblieben. Die verfassungsrechtliche **Schutzpflicht** kann **nicht durch einengende Definitionen von Schwangerschaft** für vorgelagerte Stadien menschlichen Lebens **ausgeschlossen**

werden, wenn es denn bereits solches darstellt. Die Frage nach einem früheren Beginn des Lebens hätte daher beantwortet werden müssen.

Im Übrigen müsste bei entsprechender Entwicklung der Fortpflanzungsmedizin **80** jedenfalls ein **extrakorporales Surrogat der Nidation**, das es dem befruchteten Ei ermöglicht, denselben Entwicklungsstand wie bei einer Nidation zu erreichen, als ausreichend für menschliches Leben angesehen werden, das dann Grundrechtsschutz genießt.

Problematisch geworden ist auch, zu welchem **Zeitpunkt** das grundrechtlich **81** geschützte **Leben** als **beendet** anzusehen ist. Anlässlich der Auseinandersetzungen um das Transplantationsgesetz vom 5.11.1997 (BGBl. I, S. 2631) ist kontrovers diskutiert worden, ob der nach der gegenwärtigen medizinischen Praxis als maßgeblich angesehene Zeitpunkt des so genannten **Hirntodes** tatsächlich die für das Grundrecht auf Leben tatbestandlich maßgebliche Zäsur darstellt. Gegenüber dieser Sichtweise ist vor allem zu bedenken, dass menschliches Leben nicht aus der Gehirnfunktion allein besteht und insbesondere nicht auf das Bewusstsein oder bestimmte Gehirnfähigkeiten reduziert werden kann. Andererseits genügt es für menschliches Leben nicht, dass sich (in einer Leiche) noch irgendwelche biochemischen „Lebens-" Prozesse (wie Weiterwachsen von Haaren oder Nägeln) abspielen.

Zwischen diesen Polen ist man sich im Grunde darüber einig, dass es entscheidend **82** dend auf den Fortbestand des **Lebens eines menschlichen Organismus insgesamt** ankommen muss. Damit verengt sich die Kontroverse auf die Frage, ob auch bei Ausfall aller Hirnfunktionen der aufgrund künstlicher Unterstützung weiter funktionierende menschliche Körper noch als ein menschlicher Organismus begriffen werden kann und muss oder ob der Wegfall des Steuerungsorgans Gehirn den maßgeblichen Gesamtzusammenhang des menschlichen Organismus aufhebt. Dabei ist zu bedenken, das auch in einem hirntoten Körper noch durchaus erhebliche Lebensprozesse ablaufen, die möglicherweise sogar die über Monate hinweg erstreckte Vollendung einer Schwangerschaft nach Eintritt des Hirntodes der Mutter (oder der mütterlichen Leiche?) einschließen könnten.

Der Gesetzgeber hat sich angesichts dieser Kontroversen schließlich für eine **83** **Bestätigung der bisherigen Sichtweise** entschieden. Danach soll weiterhin der Eintritt des Hirntodes als Tod des Menschen anzusehen sein; dementsprechend werden von diesem Zeitpunkt an Organentnahmen ohne vorher erklärte persönliche Zustimmung des Betroffenen zugelassen. Ob dieses Ergebnis einer bundesverfassungsgerichtlichen Überprüfung standhalten wird, bleibt abzuwarten (ohne Stellungnahme hierzu BVerfG [K], NJW 1999, 3403). Allein die Notwendigkeiten der Transplantationsmedizin rechtfertigen zweckentsprechende Reduzierungen des Lebensbegriffs nicht, umso weniger, als das Grundrecht auf Leben nicht ohne Begrenzungen garantiert ist und daher Raum für notwendig gehaltene Einschränkungen prinzipiell eröffnet (u. Rn. 92).

Nicht zum Schutzgegenstand des Lebensgrundrechts gehört das Recht auf **84** **Selbsttötung**. Das Grundrecht auf Leben ist allein auf die Bestandssicherung des Rechtsguts Leben gerichtet, nicht aber ein Freiheitsrecht, das in dem Recht auf Selbsttötung eine negative Dimension erfahren würde. Die Freiheit zur Selbsttötung ist mangels spezialgrundgesetzlicher Gewährleistung jedenfalls als Fall der allgemeinen Verhaltensfreiheit über **Art. 2 Abs. 1 GG** gewährleistet, berührt aber zugleich das allgemeine Persönlichkeitsrecht.

85   Gegenüber diesem tatbestandlich einschlägigen Grundrechtsschutz stellt sich die Frage, ob gesetzliche Einschränkungen, die dem Grundrechtsträger – unabhängig von außerhalb seiner Person liegenden Gemeinwohlgütern – **ein Leben wider Willen aufzwingen**, im Rahmen der verfassungsmäßigen Ordnung legitimiert werden können. Jedenfalls bei Personen, die im Vollbesitz ihrer geistigen Kräfte sind und die Entscheidung über ihre Selbsttötung frei und selbstverantwortlich treffen können, scheint die Annahme eines nur mit dem Interesse des Selbsttötungswilligen zu begründenden legitimen Gemeinwohlanliegens fragwürdig.

bb) Grundrechtsberechtigung

86   Art. 2 Abs. 2 Satz 1 GG ist ein **Jedermann-Grundrecht**, das jedem Menschen gleichermaßen zusteht. Soweit das menschliche Leben bereits als vor der Geburt geschützt wird, ist **auch der nasciturus** als Grundrechtsträger anzusehen, obwohl ihm noch die allgemeine Rechtsfähigkeit, § 1 BGB, fehlt (o. Kap. 6, Die Grundrechtsberechtigten, Rn. 23). Für die Verteidigung dieses Rechts bleibt der nasciturus natürlich auf Dritte angewiesen, d. h. namentlich auf seine Eltern (vgl. § 1912 Abs. 2 BGB).

87   Da sich der Schutzgegenstand des Grundrechts nur auf das menschliche Leben bezieht, kommt eine Anwendung der Grundrechtsgarantie auf juristische Personen wesensmäßig nicht in Betracht, vgl. **Art. 19 Abs. 3 GG**. Auch ein Verein zum Schutz des Lebensrechts kann den Schutz dieses Grundrechts nicht beanspruchen, mag aber für seine Tätigkeit von Auswirkungen objektiv-rechtlicher Wirkungen des Lebensgrundrechts profitieren können.

Beispiel:

Bei der Frage, welchen Vereinen anstehende Subventionskürzungen auferlegt werden dürfen, kann die Zielsetzung des Lebensschutzes etwa mit Blick auf den Gleichheitssatz Berücksichtigung erfordern.

cc) Beeinträchtigungen

88   Beeinträchtigt wird das Leben als Schutzgegenstand des Art. 2 Abs. 2 Satz 1 GG, wenn der Einzelne **getötet**, sein Leben beendet wird. Der Eingriff kann damit letztlich nur durch eine tatsächliche Einwirkung auf den Betroffenen bewirkt werden. Mitumfasst von der zentralen Abwehrwirkung des Grundrechts sind allerdings Tötungsanordnungen jeder Art, gleich ob sie durch Urteil, Verwaltungsakt oder schon durch Gesetz erfolgen. Der Grundrechtsschutz richtet sich nach dem historischen Zusammenhang mit den NS-Gräueltaten vor allem gegen Völkermord, aber auch gegen die sog. Euthanasie behinderter Menschen. Besonders im Grundgesetz berücksichtigt ist der Eingriff durch Todesstrafe, Art. 102 GG (u. Rn. 93). Große Beachtung in der Diskussion hat auch die Zulassung der Tötung einer gefährlichen Person durch den sog. gezielten Todesschuss der Polizei gefunden.

89   Über den Bereich klassischer Eingriffe hinausgehend wird insbesondere darüber diskutiert, ob auch die **Auslieferung** eines Menschen oder seine Abschiebung einen Eingriff in sein Grundrecht auf Leben darstellt, wenn dem Betroffenen im

Empfangsstaat die Todesstrafe (oder eine sonstige Tötung) droht (vgl. o. Kap. 8, Grundrechtseingriff und sonstige relevante Grundrechtsbeeinträchtigungen, Rn. 33 – Fremdbeeinträchtigung). Eine solche mittelbare Verursachung der durch einen anderen Staat durchgeführten (oder geduldeten) Tötung kann grundsätzlich der deutschen Staatsgewalt als relevante Grundrechtsbeeinträchtigung zugerechnet werden, vor allem wenn sie gezielt, d. h. in Kenntnis der im Ausland drohenden Konsequenzen, herbeiführt wird. Die Rechtsprechung ist hier aber nicht recht eindeutig. Das **Verbot einer Organspende** wirkt für den Empfänger, dessen Leben sonst gerettet werden könnte, als mittelbarer Eingriff (BVerfG [K], NJW 1999, 3399 [3401]; vgl. o. Kap. 8, Grundrechtseingriff und sonstige relevante Grundrechtsbeeinträchtigungen, Rn. 32 – Drittbeeinträchtigung).

Als Grundrechtseingriff sind grundsätzlich auch die bestimmten Personengruppen auferlegten **Pflichten zum Einsatz ihres Lebens** anzusehen, wie sie etwa für Soldaten, Feuerwehrleute und Polizisten angenommen werden, ohne dass allerdings eine insoweit wohl unverzichtbare klare gesetzliche Grundlage bestünde. Wird den Betroffenen damit die akute Gefährdung ihres eigenen Lebens abverlangt, wird bereits dadurch – wie stets bei Gefährdungen abwehrrechtlich geschützter grundrechtlicher Schutzgegenstände (o. Kap. 8, Grundrechtseingriff und sonstige relevante Grundrechtsbeeinträchtigungen, Rn. 21) – der mit dem Abwehrrecht verbundene Anspruch auf Unterlassung aktiviert.   **90**

Ausgeschlossen kann die Grundrechtsverletzung möglicherweise sein, wenn die fragliche Selbstgefährdungspflicht durch **freiwillige Übernahme** des betreffenden Amtes willentlich übernommen worden ist. Insofern stellt sich dann die Frage, inwieweit eine derartige Verpflichtung auch für den Fall des späteren Sinneswandels gegenüber dem Grundrecht auf Leben rechtsverbindlich übernommen werden kann. Nach den Grundsätzen über den Grundrechtsverzicht muss die Preisgabe des Grundrechtsschutzes grundsätzlich von dem noch aktuellen Willen des Betroffenen getragen sein (o. Kap. 8, Grundrechtseingriff und sonstige relevante Grundrechtsbeeinträchtigungen, Rn. 43). Daher bleibt auch der Berufssoldat, Berufsfeuerwehrmann oder Berufspolizist, der freiwillig seine besondere Pflichtenstellung übernommen hat, dann einem staatlichen Eingriff auf sein Leben ausgesetzt, wenn er in einer bestimmten Situation zu dem von ihm verlangten Einsatz seines Lebens nicht bereit ist. Die Legitimation eines solchen Eingriffs ist (nur) im Rahmen des grundrechtsbegrenzenden Gesetzesvorbehalts möglich.   **91**

dd) Begrenzungen

Das Grundrecht auf Leben unterliegt – wie auch die anderen Rechte des Art. 2 Abs. 2 Satz 1 und 2 GG – dem in Satz 3 der Bestimmung enthaltenen **schlichten Gesetzesvorbehalt**. Auf dessen Grundlage ist der Gesetzgeber grundsätzlich befugt, Einschränkungen des Lebensgrundrechts anzuordnen, ohne dass die Verfassung dafür besondere Anforderungen aufstellt. Wegen der herausragenden Bedeutung gerade dieses grundrechtlichen Schutzgutes, das die vitale Basis aller anderen grundrechtlichen Belange des Menschen bildet, sind die Eingriffsmöglichkeiten des Gesetzgebers gleichwohl nicht beliebig weit, sondern müssen anhand der allgemeinen Anforderungen an Grundrechtseinschränkungen entsprechend eingegrenzt werden.   **92**

ee) Anforderungen an Einschränkungen

93 Eine außerhalb des Art. 2 Abs. 2 Satz 3 GG begründete Sonderbestimmung erfüllt allerdings in ihrem Anwendungsbereich die Funktion einer Qualifikation des Gesetzesvorbehaltes. Indem nämlich Art. 102 GG die **Todesstrafe** verbietet, nimmt er der Staatsgewalt die Möglichkeit, in das Lebensgrundrecht zu Strafzwecken einzugreifen. Die Abkehr von der Todesstrafe war im deutschen Verfassungsrecht mit gewissen Ausnahmen bereits seit längerem erfolgt; die Geschehnisse der NS-Zeit haben aber die inzwischen auch im Völkerrecht verankerte Abkehr von dieser Form der Strafe als nach wie vor aktuelles Anliegen bestätigt.

94 Übergreifende Bedeutung hat auch für das Lebensgrundrecht vor allem der Grundsatz der **Verhältnismäßigkeit**. Die Höchstwertigkeit des Schutzgegenstandes „menschliches Leben" würde Eingriffe wegen weniger bedeutsamer Gemeinwohlbelange regelmäßig unangemessen erscheinen lassen. Die gezielte Tötung wird am ehesten bei einem (verantwortlichen?) Angreifer auf besonders wichtige fremde Rechtsgüter zu rechtfertigen sein. Im Übrigen bleiben offene Fragen: Könnte die Tötung des schuldlos mit einer Seuche infizierten Menschen gesetzlich vorgesehen werden, wenn dies die einzige Rettung vieler tausend Menschen wäre? Könnte das Gesetz, wenn man für den sog. Hirntoten noch das Lebensgrundrecht eingreifen lässt, dessen Tötung zum Zwecke der lebensrettenden Organentnahme vorsehen?

▶ **Hinweis:** In solchen Fällen kommt ein Verstoß gegen Art. 1 Abs. 1 GG wegen einer Behandlung als bloßes Objekt in Betracht, s. Kap. 13, Die Garantie der Würde des Menschen, Art. 1 Abs. 1 GG, Rn. 10 ff., 13.

95 Keine maßgeblichen Anforderungen an Einschränkungen des Lebensgrundrechts dürften sich aus der Garantie seines **Wesensgehalts** nach Art. 19 Abs. 2 GG ergeben. Diese kann jedenfalls gegenüber dem ausdrücklichen Gesetzesvorbehalt in Art. 2 Abs. 2 Satz 3 GG keinen unbedingten Bestandsschutz des individuellen Lebens bedeuten (Kap. 10, Anforderungen an Grundrechtsbeeinträchtigungen, Rn. 30), dürfte insoweit kaum über die Anforderungen der Verhältnismäßigkeit hinausweisen.

96 Dagegen greift das **Zitiergebot** des Art. 19 Abs. 1 Satz 2 GG jedenfalls bei gesetzlich vorgesehenen gezielten Tötungshandlungen des Staates durch. Auch wenn man das Zitiergebot grundsätzlich nicht auf alle mittelbaren oder faktischen Beeinträchtigungen erstrecken mag (o. Kap. 10, Anforderungen an Grundrechtsbeeinträchtigungen, Rn. 25), besteht doch kein Grund, seine Geltung für gezielte Regelungen, wie etwa gesetzliche Verpflichtungen zur Gefährdung des eigenen Lebens (o. Rn. 18 f.), auszuschließen. Entsprechendes gilt für die rechtsstaatlichen Anforderungen an die **Bestimmtheit** derartiger Pflichten.

c) Weitere Grundrechtsgehalte

97 Art. 2 Abs. 2 Satz 1 GG ist zugleich der ursprüngliche und wohl noch zentrale Anwendungsbereich der **Schutzpflichtendimension** der Grundrechte. Allerdings ist gerade für diesen Bereich eine auffällige Abweichung von den regelmäßigen

Strukturen der Schutzpflicht festzustellen (vgl. auch o. Kap. 4, Subjektive Grundrechte und objektive Grundrechtsgehalte, Rn. 27, 32, 63). Denn das BVerfG hat in der Abtreibungsfrage die sonst durchweg respektierte Gestaltungsfreiheit des Gesetzgebers doch recht stark zurückgedrängt und den Einsatz des Schutzmittels strafrechtlicher Bestimmungen – zuletzt unter Berufung auf ein „Untermaßverbot" – als unverzichtbar angesehen. Auch soweit – mit Rücksicht auf kollidierende Grundrechtspositionen der Mutter – begrenzt Raum für abweichende Lösungen bleibt, hat das BVerfG der Schutzpflicht recht konkrete Einzelanforderungen, etwa an die Rahmenbedingungen für ein Beratungskonzept, entnommen (vgl. im Einzelnen die Abtreibungsurteile, BVerfGE 39, 1 [36 ff.]; BVerfGE 88, 203 [251 ff.]). Allerdings soll die Schutzpflicht für das Leben unschuldiger Menschen nicht unter Verstoß gegen die Menschenwürde anderer erfüllt werden dürfen (BVerfGE 115, 118 [159 f.]; o. Kap. 13, Die Garantie der Würde des Menschen, Art. 1 Abs. 1 GG, Rn. 34).

Eher mit den Grundstrukturen der Schutzpflicht vereinbar ist die Absage an   **98** bestimmte Verhaltenspflichten der Bundesregierung in dem Entführungsfall Schleyer. Hier hat sich das BVerfG geweigert, die Bundesregierung zu den von den Angehörigen des entführten Arbeitgeberpräsidenten verlangten Schritten im Sinne der terroristischen Forderungen zu verpflichten, hat vielmehr trotz Anerkennung der staatlichen Schutzpflicht für das Leben der Geisel deren **Offenheit für verschiedene Gestaltungsmöglichkeiten** betont (BVerfGE 46, 160 [164 f.]). Weitreichende Spielräume gegenüber der Schutzpflicht für das Leben sind auch im Hinblick auf die Stationierung von C-Waffen im Bundesgebiet anerkannt worden (BVerfGE 77, 170 [207 ff.]); auch gegenüber den Gefahren der friedlichen Nutzung der Kernenergie ist ein gesetzlich hingenommenes Restrisiko nicht beanstandet worden (BVerfGE 49, 89 [134 ff.]).

▶ **Hinweis**: Jedenfalls erfordert die Schutzpflicht nicht, dass bestimmten Risiken in bestimmten Verfahren entgegengewirkt wird (so BVerwGE 150, 114 Rn. 20, gegen eine Pflicht, den Schutz von atomaren Anlagen vor Flugzeugabstürzen gerade im Verfahren der Festlegung von Flugverfahren zu gewähren).

Ausstrahlungswirkungen des Grundrechts auf Leben auf die Auslegung von   **99** Rechtsvorschriften können überall dort eine Rolle spielen, wo Vorschriften gegen Gefahren für das Leben wirksam werden, wie namentlich im Umweltrecht, etwa für Bestimmungen, die die Zulässigkeit schädlicher Immissionen oder die Anforderungen an gefährliche Anlagen oder Transporte regeln, aber auch in Bereichen wie Lebensmittelrecht, Verkehrsrecht u. Ä.

Beispiel:
Gestützt auf die staatliche Schutzpflicht für das Leben sieht BVerfGE 115, 25 (44 ff., 49 f.) eine grundrechtsorientierte Auslegung des Krankenversicherungsrechts geboten, nach der die Vorsorge in Fällen lebensbedrohlicher Erkrankung zum Kernbereich der Leistungspflicht im Sinne der gebotenen Mindestversorgung gehört.

100   Einwirkungen des Grundrechts auf Leben auf **Organisation und Verfahren** der Staatstätigkeit sind etwa im Zusammenhang mit Zeugen anerkannt worden, die bei Erfüllung ihrer Zeugnispflicht mit Lebensgefahren rechnen müssen und deshalb von der Zeugenpflicht freigestellt sein können (vgl. BVerfGE 57, 250 [284 f.]). Rücksicht muss nach der Rechtsprechung auch auf die mögliche Lebensgefahr genommen werden, die sich aus der Durchführung eines Gerichtsverfahrens für einen Beteiligten ergibt (vgl. BVerfGE 51, 324 [346]). Eine Zwangsvollstreckung kann sich als unzulässig erweisen, wenn im Falle ihrer Durchführung ernsthaft mit dem Selbstmord eines Betroffenen gerechnet werden muss (vgl. BVerfGE 52, 214 [220 f.]). Die Anforderungen des Lebensgrundrechts konnten dabei im Rahmen gesetzlicher Regelungen berücksichtigt werden, die aus allgemeiner gefassten Gründen zu Abweichungen vom regelmäßigen Verfahrensablauf ermächtigen.

2. Das Recht auf körperliche Unversehrtheit

a) Abwehrrechtliche Bedeutung

aa) Schutzgegenstand

101   Schutzgegenstand des Grundrechts auf körperliche Unversehrtheit ist in erster Linie die **Integrität der körperlichen Substanz**, insbesondere ihr Freisein von pathologischen Zuständen. Geschützt sind sämtliche Glieder und Organe des Körpers einschließlich auch der Haare und Nägel (str.), aber auch der Gesamtorganismus, einschließlich der von den physischen Bedingungen der Körperlichkeit nicht abzulösenden psychischen Integrität. Einbezogen wird mit Rücksicht auf den Schutzzweck des Grundrechts auch der Zustand der Schmerzfreiheit. Dagegen geht es über den Schutzzweck des Grundrechts hinaus, den Schutzgegenstand auf die Gesundheit des Menschen in dem weiten Verständnis zu erstrecken, wie es etwa die Weltgesundheitsorganisation vertritt („Zustand des vollständigen körperlichen, geistigen und sozialen Wohlbefindens").

> **Hinweis:** BVerwGE 149, 1 Rn. 44 sieht die körperliche Unversehrtheit durch den Befehl zur Kürzung der Kopfhaare nur berührt, wenn dies zu einer Verunstaltung führt. Ganz selbstverständlich anders für zwangsweise Änderung der Haar- und Barttracht BVerfGE 47, 239 (248).

bb) Grundrechtsberechtigung

102   Auch das Grundrecht auf körperliche Unversehrtheit ist ein **Jedermann-Grundrecht**, das nach der Eigenart seines Schutzgegenstandes nur natürlichen Personen zustehen kann; Grundrechtsträger ist auch hier bereits der noch nicht geborene, lebende Mensch (o. Rn. 86). Ausgeschlossen ist eine Grundrechtsträgerschaft vor der Zeugung. Soweit schon zu diesem Zeitpunkt die Ursachen für körperliche Schäden des erst später entstehenden Grundrechtsträgers gesetzt werden (BGHZ 8, 243), greift allerdings der objektive Gehalt des Grundrechts ein, und zwar gegenüber Einwirkungen der Staatsgewalt auch die strikte Verbotswirkung.

cc) Beeinträchtigungen

Die körperliche Unversehrtheit als ein tatsächlicher Zustand kann unmittelbar nur   **103**
durch **tatsächliche Einwirkungen** beeinträchtigt werden. Dazu gehören auch
medizinische Heilbehandlungen (s. noch Rn. 106). Über die Zufügung der Einwirkungen hinaus sind auch ihre im Rechtsstaat grundsätzlich rechtlich notwendige
Anordnung und deren **gesetzliche Grundlage** wie auch solche Anordnungen
bestätigende Gerichtsentscheidungen als solche von der Schutzwirkung des Grundrechts erfasst.

Die abwehrrechtliche Wirkung der Grundrechte richtet sich bereits gegen **Ge-**   **104**
fährdungen des grundrechtlichen Schutzgegenstandes, die eine Beeinträchtigung
unmittelbar besorgen lassen (o. Kap. 8, Grundrechtseingriff und sonstige relevante
Grundrechtsbeeinträchtigungen, Rn. 21). Wie beim Grundrecht auf Leben (o.
Rn. 90 f.) sind auch hinsichtlich der körperlichen Unversehrtheit insbesondere die
einzelnen Personen in bestimmten Funktionen auferlegten Selbstgefährdungspflichten zu erwähnen.

Eine Ausnahme zugunsten **unwesentlicher Beeinträchtigungen scheint nicht**   **105**
gerechtfertigt, da die körperliche Unversehrtheit für den Staat insgesamt zu respektieren ist und insoweit grundsätzlich keinerlei Verkürzungen in Betracht kommen
(schon o. Kap. 8, Grundrechtseingriff und sonstige relevante Grundrechtsbeeinträchtigungen, Rn. 2). Daher sind nicht nur Amputationen oder Blutentnahmen, sondern
bereits das Abschneiden einzelner Haare und die Entnahme kleinster Hautpartikel
von der Oberfläche des Körpers erfasst, wohl auch die (zwecks gentechnischer
Untersuchungen) erzwungene Speichelprobe o. Ä., nicht allerdings bloße Messungen körperlicher Eigenschaften oder Zustände, wenn sie ohne jede Einwirkung auf
die Körpersubstanz durchgeführt werden.

Eine Grundrechtsverletzung ist nach den Regeln über den Grundrechtsverzicht   **106**
(o. Kap. 8, Grundrechtseingriff und sonstige relevante Grundrechtsbeeinträchtigungen, Rn. 35 ff.) ausgeschlossen, wenn der Betroffene in die Beeinträchtigung seines
Körpers **wirksam einwilligt**. Dafür genügt es keinesfalls, dass der Betroffene keinen physischen Widerstand leistet. Vielmehr eine Einwilligung aufgrund ärztlicher
Aufklärung in voller Freiwilligkeit erteilt werden; daher muss der Betroffene auch
einwilligungsfähig sein. Bei nicht entscheidungsfähigen Personen schließt für (auch
Heil-) Eingriffe gegen ihren natürlichen Willen die Einwilligung eines Dritten, auch
des bestellten Betreuers, die Grundrechtsverletzung nicht aus (BVerfGE 128, 282
[301]); doch kann die auf Art. 6 Abs. 2 GG gestützte Einwilligung der Eltern
genügen.

> **Hinweis:** Problematisch ist, ob das auch für eine im Drittinteresse aus-
> gesprochene Einwilligung (etwa in Knochenmarkentnahmen zum Zweck
> der Übertragung, §8a TPG) oder für die in eine religiös motivierte
> Beschneidung (§ 1631d BGB) gilt.

Ob einem Grundrechtsträger die Dispositionsbefugnis über seine körperliche
Unversehrtheit unter grundrechtlichen Aspekten abgesprochen werden kann, ist mit
Rücksicht auf sein Selbstbestimmungsrecht fraglich.

dd) Begrenzungen

107   Auch das Grundrecht auf körperliche Unversehrtheit nach Art. 2 Abs. 2 Satz 1 GG
unterliegt – wie das Grundrecht auf Leben – dem **schlichten Gesetzesvorbehalt**
nach Art. 2 Abs. 2 Satz 3 GG, ohne dass damit die körperliche Unversehrtheit dem
Zugriff des Gesetzgebers völlig preisgegeben werden sollte.

ee) Anforderungen an Einschränkungen

108   Eine spezifische Anforderung an Einschränkungen der körperlichen Unversehrtheit
findet sich in **Art. 104 Abs. 1 Satz 2 GG** (u. Rn. 131), der körperliche Misshandlun-
gen festgehaltener Personen verbietet. Ob sich hieraus für festgehaltene Personen
ein weitergehender Schutz der körperlichen Unversehrtheit ergibt, als er sonst gelten würde, ist allerdings nicht eindeutig. Für nicht festgehaltene Personen könnte
möglicherweise die Wesensgehaltgarantie des **Art. 19 Abs. 2 GG** zu ähnlichen
Ergebnissen führen, die für die zweite Alternative des Art. 2 Abs. 2 Satz 1 GG auch
individualbezogen eingreifen kann. Es dürfte davon auszugehen sein, dass zum
Wesensgehalt des Grundrechts auf körperliche Unversehrtheit gehört, dass jedenfalls keine Folter stattfindet, die ohnehin auch mit Art. 1 Abs. 1 GG unvereinbar ist
(o. Kap. 13, Die Garantie der Würde des Menschen, Art. 1 Abs. 1 GG, Rn. 15).

109   Im Übrigen ist auch für das Grundrecht der körperlichen Unversehrtheit der
Grundsatz der Verhältnismäßigkeit die praktisch wichtigste Anforderung an Einschränkungen. Dabei ist für die Reichweite gesetzlich möglicher Einschränkungen
die Intensität der zugelassenen Einwirkungen einerseits, die Bedeutung der verfolgten Gemeinwohlbelange andererseits maßgeblich. Bei krankheitsbedingter Einsichtsunfähigkeit kann auch ein Schutz vor sich selbst ein legitimes Ziel sein; doch
ist eine medizinische Zwangsbehandlung zumal untergebrachter Personen nur unter
Beachtung strenger materieller und verfahrensmäßiger Anforderungen zulässig.
Wie beim Grundrecht auf Leben ist auch auf Art. 2 Abs. 2 Satz 1 2. Alt. GG das
Zitiergebot des Art. 19 Abs. 1 Satz 2 GG anwendbar, das auch im Falle gesetzlich
begründeter Selbstgefährdungspflichten zu beachten ist (o. Rn. 96).

b) Weitere Grundrechtsgehalte

110   Im Hinblick auf die **Schutzpflichten** ist der Staat durch die 2. Alternative des Art. 2
Abs. 2 Satz 1 GG in ähnlicher Weise in die Pflicht genommen, wie bei der parallelen
Grundrechtsgewährleistung zugunsten des menschlichen Lebens. Danach ist die
Staatsgewalt verpflichtet, mit den geeigneten Mitteln gegen Einwirkungen Dritter
auf die körperliche Unversehrtheit vorzugehen. Dabei geht es nicht allein um die
wohl auch hier primär strafrechtlich zu bewerkstelligende Abwehr herkömmlicher
Körperverletzungen, sondern insbesondere auch um die Frage, inwieweit der
Betrieb möglicherweise umweltschädlicher Anlagen aufgrund ihrer Auswirkungen
auf den Menschen im Interesse des Grundrechts der körperlichen Unversehrtheit
unterbunden werden muss. Dabei wirkt sich der nur grundsätzliche Charakter der
Schutzpflicht (s. o. Kap. 4, Subjektive Grundrechte und objektive Grundrechtsgehalte,
Rn. 32, 63) dahin aus, dass nicht jede vorstellbare Gefahr mit allen denkbaren Mit-
teln bekämpft werden muss.

Beispiele:

Keine durchgreifenden Bedenken wurden hinsichtlich der Wirkungen von Überlandleitungen und Trafo-Stationen (BVerfG [K], NJW 1997, 2509) oder von Mobilfunkanlagen (BVerfG [K], NJW 2002, 1638 f.) gesehen. – Auch gegenüber Gefahren erhöhter Ozonkonzentrationen soll der Gesetzgeber seiner Schutzpflicht genügt haben (so BVerfG [K], NJW 1996, 651; zustimmend BVerwGE 109, 29 [39 f.]). – Das BVerwG (NJW 1996, 1297) hat trotz der Risiken auch für Passivraucher einen Anspruch auf ein absolutes Rauchverbot bei Inlandsflügen verneint. – Die bekannten Gefahren des Straßenverkehrs sollen nicht die Einführung eines allgemeinen Tempolimits gebieten (BVerfG [K], NJW 1996, 651 f.).

Auch im Übrigen gilt Ähnliches wie beim Grundrecht auf Leben (vgl. o. Rn. 99 f.).   **111**

Beispiele:

BVerwGE 150, 44 Rn. 32 ff. verneint mangels hinreichender verfassungsrechtlicher Maßstäbe eine unzureichende Bemessung der Renten für besonders schwer geschädigte Personen nach dem Conterganstiftungsgesetz, bezieht sich dabei allerdings allein auf das Sozialstaatsgebot. – Zur Schutzpflicht gegen Fluglärm s. etwa BVerwGE 142, 234 Rn. 147 ff. m.w.N.

3. Zusammenfassung

- Die Grundrechte aus Art. 2 Abs. 2 Satz 1 GG schützen das menschliche   **112**
  Leben und die körperliche Unversehrtheit jedenfalls in dem Zeitraum zwischen Nidation und Eintritt des Hirntodes.
- Als relevante Grundrechtsbeeinträchtigung kommt neben der Tötung und
  der gezielten Körperverletzung durch Staatsorgane mit den darauf gerichteten Anordnungen und den zugrunde liegenden gesetzlichen Ermächtigungen auch die Auferlegung von Selbstgefährdungspflichten in Betracht, ferner etwa die Überstellung an fremde Staatsgewalt, von der entsprechende Verletzungen drohen.
- Die Grundrechte auf Leben und körperliche Unversehrtheit unterliegen
  dem schlichten Gesetzesvorbehalt des Art. 2 Abs. 2 Satz 3 GG. Neben speziellen Anforderungen durch das Verbot der Todesstrafe in Art. 102 GG und das Folterverbot in Art. 104 Abs. 1 Satz 2 GG ist vor allem der Grundsatz der Verhältnismäßigkeit als Anforderung an einschränkende Gesetze von Bedeutung.
- Art. 2 Abs. 2 Satz 1 GG begründet eine Schutzpflicht des Staates für das
  Leben und die körperliche Unversehrtheit des Menschen. Für die

Ausgestaltung dieser Pflicht genießt der Gesetzgeber weitgehende
Gestaltungsfreiheit. Gegenüber gezielten Eingriffen Dritter soll allerdings
grundsätzlich der Einsatz des Strafrechts geboten sein.

• Objektiv-rechtliche Auswirkungen zeigen sich neben der etwa im Umweltrecht wirksamen Ausstrahlungswirkung insbesondere auch im gerichtlichen Verfahrensrecht.

III. Die Freiheit der Person, Art. 2 Abs. 2 Satz 2, Art. 104 GG

1. Allgemeines

113   Das Grundrecht der Freiheit der Person gehört zu den **ältesten Grundrechtsgewährleistungen** überhaupt. In prozessualer Ausformung ist es insbesondere in
England in der Habeas Corpus Akte von 1679 als eine bereits überkommene Garantie zum Schutz gegen willkürliche Verhaftungen verankert worden. Mit dieser Verknüpfung ist jedenfalls das heute vorherrschende Verständnis des Grundrechts der
Freiheit der Person erfasst, deren Bedeutung allerdings in der deutschen Verfassungsgeschichte gelegentlich durchaus abweichend bestimmt wurde. So wurde
etwa zur Weimarer Zeit von wichtigen Stimmen die allgemeine Verhaltensfreiheit
aus der damaligen Garantie der Freiheit der Person, Art. 114 Abs. 1 Satz 1 WRV,
abgeleitet; zudem bestehen Zusammenhänge mit der Abschaffung der Leibeigenschaft, die in den deutschen Verfassungsurkunden des 19. Jahrhunderts erfolgte.

114   Das Grundrecht der Freiheit der Person ist unter Verwendung des Freiheitsbe-
griffs formuliert, meint allerdings damit im Gegensatz zu sonstigen Freiheitsrechten
nicht eine Garantie bestimmter Möglichkeiten freien Verhaltens, sondern einen
Zustand, in dem noch von Freiheit der Person die Rede sein kann. Von daher lässt
sich die Garantie der Freiheit der Person wie die des Lebens und der körperlichen
Unversehrtheit als ein Fall des **grundrechtlichen Güterschutzes** auffassen.

2. Abwehrrechtliche Bedeutung

a) Schutzgegenstand

115   Der Schutzgegenstand des Grundrechts der Freiheit der Person wird ungeachtet der
angesprochenen weitergehenden Verständnismöglichkeiten heute durchweg auf die
körperliche Bewegungsfreiheit bezogen. Der gedankliche Ausgangspunkt ist
dabei in der Tradition der habeas-corpus-Garantien der Schutz dagegen, eingesperrt
zu werden. Der Wortlaut des Art. 2 Abs. 2 Satz 2 GG richtet sich indes weder gerade
gegen diese Art der Einwirkung auf die Freiheit der Person noch überhaupt gegen
bestimmte Einwirkungsmodalitäten, sondern spricht den Schutzgegenstand
schlechthin an. Auch Art. 104 GG zeigt, dass es nicht nur um Freiheitsentziehungen

(Abs. 2–4) geht, sondern um Freiheitsbeschränkungen überhaupt (Abs. 1 Satz 1). Im Einzelnen bestehen gleichwohl über die Abgrenzung des Schutzgegenstandes erhebliche Meinungsverschiedenheiten.

Geht man von einem **umfassenden Verständnis** körperlicher Bewegungsfrei-   **116** heit aus, so schließt dies jedenfalls die Möglichkeit ein, sich vom Aufenthaltsort zu entfernen. Konsequenterweise müsste dies die Möglichkeit implizieren, jeden anderen gewünschten Ort aufzusuchen; negativ gewendet kommen die Möglichkeiten hinzu, den gegebenen Aufenthaltsort nicht zu verlassen und von beliebigen anderen Orten fernzubleiben. Gegenüber diesem umfassenden Ausgangspunkt werden wohl allgemein **gewisse Einengungen** für nötig gehalten, über deren Inhalt jedoch keine Einigkeit besteht.

Das BVerfG hat jedenfalls für die Freiheitsbeschränkung im Sinne des Art. 104   **117** Abs. 1 GG angenommen, dass **nur unmittelbarer Zwang** erfasst werden solle, also Verhaftungen, Festnahmen und ähnliche Eingriffe (BVerfGE 105, 239 [247]). Es hat deshalb die Verpflichtung zur Teilnahme an einem Verkehrsunterricht nicht als Freiheitsbeschränkung angesehen, solange der Verpflichtete nicht etwa dazu zwangsweise vorgeführt wird (BVerfGE 22, 21 [26]). Voll überzeugen kann dies angesichts der Formulierung des Art. 2 Abs. 2 Satz 2 GG nicht. Auch scheint zweifelhaft, ob die einem Menschen auferlegte Verpflichtung, einen bestimmten Ort, etwa: seine Wohnung, nicht zu verlassen, erst dann die Freiheit der Person berührt, wenn sie durch Wachen oder Gitterstäbe zwangsweise durchgesetzt wird.

Ein anderer Ansatz geht dahin, die körperliche Bewegungsfreiheit entsprechend   **118** dem **Schutzzweck** des Grundrechts nur gegen solche Rechtspflichten als geschützt anzusehen, bei denen es gerade um die Einschränkung der körperlichen Bewegungsfreiheit als solche geht. Regelungen mit **anderer Zielrichtung**, die sich nur deshalb auf die körperliche Bewegungsfreiheit auswirken, weil die fragliche, weitergehende Pflicht die persönliche Anwesenheit voraussetzt, sollen für Art. 2 Abs. 2 Satz 2 GG außer Betracht bleiben. Auch danach käme die Pflicht zur Teilnahme am Verkehrsunterricht nicht als Freiheitsbeschränkung in Betracht, ebenso wenig die im Gerichtssaal wahrzunehmende Zeugenpflicht, die im Schulgebäude zu erfüllende Schulpflicht oder die mit dem Aufenthalt in der Kaserne verbundene Wehrpflicht. Umgekehrt ist bei der Anwendung unmittelbaren Zwanges die Zielrichtung gegen die körperliche Bewegungsfreiheit stets anzunehmen.

In neueren Entscheidungen hat das BVerfG nur die „im **Rahmen der geltenden**   **119** **allgemeinen Rechtsordnung** gegebene körperliche Bewegungsfreiheit vor staatlichen Eingriffen" als geschützt bezeichnet und deshalb für das Grundrecht angenommen, „sein Gewährleistungsbereich umfa(sse) von vornherein nicht eine Befugnis, sich unbegrenzt überall aufhalten und überall hin bewegen zu dürfen." Die Freiheit der Person bedeutet für den Einzelnen dann nur noch die Möglichkeit, „einen Ort aufzusuchen oder sich dort aufzuhalten, der ihm an sich (tatsächlich und rechtlich) zugänglich ist" (BVerfGE 94, 166 [198] [Flughafenverfahren]; daran anknüpfend BVerfGE 96, 10 [21]).

Dieser Ansatz entspricht im Kern der oben (Rn. 118) angesprochenen Einengung   **120** des Schutzgegenstandes in Orientierung am Schutzzweck des Grundrechts und verdient insoweit Zustimmung. Die allgemeine Rechtsordnung stellt in der Tat einen als **vorgegeben hinzunehmenden Rahmen** der körperlichen Bewegungsfreiheit dar, soweit sich ihre Bestimmungen nicht spezifisch darauf richten, die körperliche Bewegungsfreiheit bestimmter Personen oder Personengruppen einzuschränken.

Beispiele:

Regelungen über privates Eigentum, nach denen das Betreten fremder Grundstücke oder fremder Wohnungen nicht erlaubt ist; öffentlich-rechtliche Regelungen, etwa im Straßenverkehrs- oder Naturschutzrecht, die den Aufenthalt auf Autobahnen oder in Schutzgebieten verbieten.

---

121   In seiner Entscheidung zum Flughafenverfahren hat das BVerfG (BVerfGE 94, 166 [198 f.]) angenommen, die **Staatsgrenze** und die auf ihr Überschreiten bezogenen Regelungen seien als Teile der allgemeinen Rechtsordnung Vorgaben der körperlichen Bewegungsfreiheit, die diese deshalb nicht einschränkten, und hat daher die Regelungen über die Unterbringung von Asylsuchenden im Transitbereich des Einreiseflughafens nicht an Art. 2 Abs. 2 Satz 2 GG gemessen. Dem ist nur im Ergebnis zuzustimmen, weil die Einreisefreiheit (ebenso wie im Übrigen die Ausreisefreiheit) vom Schutzgegenstand der körperlichen Bewegungsfreiheit nach ihrem Schutzzweck nicht erfasst wird.

122   Auch für Regelungen des Asylrechts, nach denen der **Aufenthalt von Asylsuchenden** auf den Bezirk der zuständigen Ausländerbehörde **beschränkt** war, kann die Annahme, diese gehörten zur allgemeinen Rechtsordnung, in deren Rahmen sich die körperliche Bewegungsfreiheit von vornherein zu halten habe (so BVerfGE 96, 10 [21]), nicht überzeugen. Denn diese Bestimmungen sind spezifisch gerade darauf ausgerichtet, die Bewegungsfreiheit der Asylsuchenden einzuengen. Art. 2 Abs. 2 Satz 2 GG lässt sich aber wohl deshalb als unanwendbar ansehen, weil die Entfernung aus dem Bereich der Aufenthaltsgestattung als Ortswechsel von hinreichendem Gewicht erscheint, für den statt des Art. 2 Abs. 2 Satz 2 GG das Freizügigkeitsgrundrecht nach Art. 11 GG eingreift (u. Rn. 139), das als Deutschengrundrecht Ausländern nicht zusteht; allerdings ist zugunsten der Ausländer Art. 2 Abs. 1 GG einschlägig (o. Rn. 45), den das BVerfG auch herangezogen hat.

▶   **Hinweis:** Der „Rahmen der allgemeinen Rechtsordnung" wäre etwa berührt, wenn aus der Bewegungsfreiheit das Recht abgeleitet werden sollte, sich auf nahe gelegene Grundstücke in fremdem Eigentum zu begeben. Der Eigentumsordnung ist eine spezifische Ausrichtung gegen die Bewegungsfreiheit anderer fremd.

b) Grundrechtsberechtigung

123   Grundrechtsberechtigter ist auch bei der Freiheit der Person **jedermann,** d. h. jeder Mensch unabhängig von seiner Eigenschaft als Deutscher; einer Anwendung auf juristische Personen ist das Grundrecht wesensmäßig nicht zugänglich, vgl. Art. 19 Abs. 3 GG.

c) Beeinträchtigungen

Fasst man Art. 2 Abs. 2 Satz 2 GG als ein Grundrecht des Güterschutzes auf, so ist **124** auch hier der Eingriff letztlich nur durch **tatsächliche Einwirkungen**, die die körperliche Bewegungsfreiheit real aufheben, herbeizuführen. Erfasst als Eingriffe werden aber auch die normativen Grundlagen der letztlich faktisch durchzuführenden Freiheitsbeschränkungen, namentlich die diesbezüglichen Einzelakte von Verwaltungsbehörden oder Gerichten, wenn etwa eine Freiheitsstrafe verhängt, die Untersuchungshaft angeordnet oder eine vorläufige Festnahme vorgenommen wird. Darüber hinaus werden als Eingriffe in die Freiheit der Person auch die Gesetze aufgefasst, die zu solchen Einzeleingriffen ermächtigen.

d) Begrenzungen

Das Grundrecht der Freiheit der Person ist nach Art. 2 Abs. 2 Satz 3 GG wie die **125** Grundrechte des Absatzes 2 Satz 1 einem **allgemeinen Gesetzesvorbehalt** unterworfen. Dieser allgemeine Gesetzesvorbehalt wird aber in einem viel weitergehenden Umfang als bei den anderen beiden Grundrechtsgarantien durch Spezialvorschriften überlagert. Namentlich sind hier die Art. 104 Abs. 1 Satz 1, Abs. 2 und 3 GG zu nennen, die sich als die Entsprechung zu den traditionellen habeas-corpus-Garantien des englischen Rechts darstellen. Auf Grundlage dieser Vorschriften bestehen zahlreiche Anforderungen an Freiheitsbeschränkungen, so dass das Grundrecht im Ergebnis einem qualifizierten Gesetzesvorbehalt in sehr differenzierter Ausführung unterworfen ist.

e) Anforderungen an Einschränkungen

Spezielle Anforderungen an Beschränkungen der Freiheit der Person ergeben sich **126** aus **Art. 104 GG** in unterschiedlichen Formen. Allgemein schreibt Art. 104 Abs. 1 Satz 1 GG für jede Beschränkung der Freiheit der Person vor, dass diese nur aufgrund eines **förmlichen Gesetzes** erfolgen kann. Art. 104 Abs. 1 GG ist damit die einzige Grundrechtsbegrenzung, die ausdrücklich ein (regelmäßig vom Parlament zu beschließendes) förmliches Gesetz verlangt. Damit ist grundsätzlich eine Ermächtigung zur Regelung von Freiheitsstrafen durch Rechtsverordnungen ausgeschlossen; nur Detailspezifizierungen der gesetzlichen Regelung sollen der Rechtsverordnung überlassen werden können. Darüber hinaus verlangt Art. 104 Abs. 1 Satz 1 GG, dass die Freiheitsbeschränkung auch nur unter Beachtung der in dem förmlichen Gesetz **vorgeschriebenen Formen** erfolgen kann (vgl. auch Kap. 25, Die Unverletzlichkeit der Wohnung, Art. 13 GG, Rn. 20). Die Nichtbeachtung der einfachgesetzlich festgelegten, der Bedeutung des Grundrechts angemessen auszulegenden Formvorschriften wird damit zum Grundrechtsverstoß erhoben und verfassungsbeschwerdefähig gemacht.

Beispiel:

Die gerichtliche Anordnung einer Freiheitsentziehung auf Antrag einer dafür unzuständigen Behörde verletzt (jedenfalls) dann die Freiheit der Person, wenn die Zuständigkeit unter keinem vertretbaren Gesichtspunkt angenommen werden konnte (BVerfG [K], NVwZ 2011, 1254 [1255]).

▶ **Hinweis:** Eine Beschränkung auf (besonders) bedeutsame Verfahrensvorschriften, auf die die Judikatur teils Bezug nimmt, lässt Art.104 Abs.1
Satz 1 GG nicht erkennen.

127 Art. 104 Abs. 2 GG betrifft **Freiheitsentziehungen** im Allgemeinen. Freiheitsentziehungen sind Sonderfälle von Freiheitsbeschränkungen, die sich durch ihren weitergehenden Wirkungsgrad von der schlichten Freiheitsbeschränkung unterscheiden.
Eine Freiheitsentziehung liegt nur dann vor, wenn die körperliche Bewegungsfreiheit vollständig aufgehoben wird. Für Freiheitsentziehungen im dargelegten Sinne
sieht **Art. 104 Abs. 2 Satz 1 GG** vor, dass die Entscheidung über ihre Zulässigkeit
und Fortdauer ausschließlich vom Richter zu treffen ist. Es besteht insoweit ein sog.
Richtervorbehalt. Weil der Richter auch in diesem Falle nur aufgrund und nach
Maßgabe der einschlägigen Gesetze entscheiden darf (vgl. Art. 20 Abs. 3, Art. 97
Abs. 1 GG), handelt es sich in Wahrheit um einen Gesetzesvorbehalt, der durch die
Zuständigkeit des Richters als durchführendes Organ in formeller Hinsicht qualifi-
ziert ist.

128 **Art. 104 Abs. 2 Satz 2 GG** stellt gegenüber dem Satz 1 klar, dass eine Freiheitsentziehung nicht immer von Anfang an vom Richter angeordnet sein muss, sondern
auf entsprechender gesetzlicher Grundlage zunächst auch von anderen Organen
veranlasst sein kann; diese Möglichkeit soll nur in Ausnahmefällen eingreifen, und
zwar dann, wenn bei vorheriger richterlicher Anordnung der mit der Freiheitsentziehung verfolgte verfassungsrechtlich zulässige Zweck nicht erreichbar wäre.
Auch in diesen Fällen muss dann aber unverzüglich eine richterliche Entscheidung
herbeigeführt werden. Mit Rücksicht auf die Bedeutung des Grundrechtsinteresses
an der Freiheit der Person sind an die Unverzüglichkeit strenge Anforderungen zu
stellen; danach muss jede Verzögerung vermieden werden, die sich nicht aus sachlichen Gründen rechtfertigen lässt. Siehe dazu BVerfGE 105, 239 (248 f.).

129 **Art. 104 Abs. 2 Satz 3 GG** betrifft speziell die auch im Rahmen des Satzes 2
wohl primär betroffene Polizei als die die Freiheit entziehende staatliche Stelle.
Speziell für sie wird – neben dem Erfordernis, unverzüglich eine richterliche Entscheidung herbeizuführen – eine absolute zeitliche Grenze festgelegt, bis zu der die
Polizei auch ohne richterliche Anordnung eine Person in ihrem Gewahrsam halten
kann. Diese Frist läuft am Ende des Tages nach dem Ergreifen durch die Polizei ab,
kann also maximal 48 Stunden betragen. Die gesetzliche Regelung des Näheren
nach **Art. 104 Abs. 2 Satz 4 GG** ist allgemein für Freiheitsentziehungen aufgrund
Bundesrechts im FreihEntzG, ferner insbesondere in der Strafprozessordnung,
namentlich in §§ 112 ff. StPO, erfolgt, außerdem in den Polizeigesetzen der Länder,
z. B. §§ 35 ff. PolG NRW, und in Spezialbestimmungen, wie in §§ 20 ff. PsychKG
NRW oder in § 62 f. AufenthG für die Abschiebungshaft.

130 Eine weitere Spezialisierung bringt **Art. 104 Abs. 3 GG**, der den Fall der **vorläufigen Festnahme** wegen des Verdachts einer strafbaren Handlung betrifft. Dieser
Fall trifft partiell mit der Situation des Art. 104 Abs. 2 Satz 3 GG zusammen, die
weitergehend auch Fälle von Gewahrsam einschließt, die nicht mit dem Verdacht
einer strafbaren Handlung zusammenhängen. Für den wegen des Verdachts einer
Straftat vorläufig Festgenommenen ist vorgesehen, dass er spätestens an dem Tage

nach der Festnahme dem Richter vorzuführen ist. Mit der Formulierung „spätestens" wird wie in Art. 104 Abs. 2 Satz 3 GG eine Maximalfrist festgelegt, die mit Rücksicht auf den Grundsatz der Verhältnismäßigkeit gegebenenfalls auch unterschritten werden muss.

Für den **Richter** selbst sieht der Art. 104 Abs. 3 Satz 1 GG die **Verpflichtung**   131
vor, dem Festgenommenen die Gründe der Festnahme mitzuteilen, ihn zu vernehmen und ihm Gelegenheit zu Einwendungen zu geben (vgl. auch Art. 103 Abs. 1 GG). Neben diesen verfahrensrechtlichen Pflichten stellt Satz 2 der Bestimmung den Richter vor die Alternative, einen mit Gründen versehenen schriftlichen Haftbefehl zu erlassen oder die Freilassung anzuordnen. Auch insoweit finden sich die gesetzlichen Grundlagen in der StPO (vgl. § 128). Neben den genannten Anforderungen an die Beschränkungen der Freiheit als solche bringt der Art. 104 in Abs. 1 Satz 2 und Abs. 4 GG ergänzende Anforderungen, die keinen unmittelbaren Bezug zur Freiheitsbeschränkung haben. So **verbietet Art. 104 Abs. 1 Satz 2 GG** die **Misshandlung** festgehaltener Personen und qualifiziert insoweit den Gesetzesvorbehalt zum Grundrecht auf körperliche Unversehrtheit (o. Rn. 108). Soweit davon der Schutz vor seelischer Misshandlung nicht erfasst ist, begründet Art. 104 Abs. 1 Satz 2 GG einen eigenständigen Grundrechtsschutz, der weitgehend mit dem Schutz der Menschenwürde zusammentreffen dürfte.

Art. 104 Abs. 4 GG enthält jedenfalls objektiv-rechtlich eine **Benachrichti-**   132
gungspflicht bei jeder richterlichen Entscheidung über die Anordnung oder Fortdauer einer Freiheitsentziehung. Nicht eindeutig ausgesprochen wird, ob und wer gegebenenfalls ein **subjektives Recht** auf diese Benachrichtigung hat. Angesichts der Alternative hinsichtlich der zu benachrichtigenden Person des Art. 104 Abs. 4 GG dürfte von einem subjektiven Recht nur des Festgehaltenen selbst auszugehen sein (vgl. BVerwG, NJW 1985, 339), der dementsprechend auch über das Wahlrecht zwischen Angehörigen und sonstigen Vertrauenspersonen verfügen dürfte. Im Interesse der Effektivität des Freiheitsschutzes ist es allerdings problematisch, diese Berechtigung des Festgehaltenen ganz seiner Disposition zu überlassen, insbesondere einen **Verzicht auf die Benachrichtigung** zuzulassen. Auch wenn hierfür in manchen Fällen schutzwürdige Gründe bestehen mögen, überwiegt doch wohl das allgemeine Interesse daran, dass Personen nicht ohne Kenntnis ihrer Bezugspersonen aus dem Verkehr gezogen werden und einfach unbemerkt verschwinden.

Von den **allgemeinen Anforderungen an Beschränkungen** der persönlichen   133
Freiheit ist der Grundsatz der **Verhältnismäßigkeit** von besonderer Bedeutung. Insoweit hat das BVerfG insbesondere die **lebenslange Freiheitsstrafe** mit Rücksicht auf Art. 1 Abs. 1 GG nur dann als verhältnismäßig angesehen, wenn der Bestrafte eine rechtlich geregelte Chance erhält, die Freiheit wiederzuerlangen (BVerfGE 45, 187 [223]). Eine im umfassenden Sinn lebenslange Freiheitsstrafe wird damit im Ergebnis grundrechtlich ausgeschlossen.

Unterschiedliche Probleme der Verhältnismäßigkeit werfen die Regelungen der   134
Untersuchungshaft auf, die in ihrem klassischen Anwendungsbereich der Flucht- und der Verdunklungsgefahr in Relation zu dem fraglichen Delikt und zu der in einem Strafverfahren drohenden Strafe stehen muss. Hier ist auch die Möglichkeit von Kautionen zu berücksichtigen. Kritisch scheint insbesondere die Untersuchungshaft bei

Wiederholungsgefahr, jedenfalls soweit es nicht um die schwersten Delikte überhaupt geht (vgl. dazu BVerfGE 35, 185 [191 f.]).

135   Die Verhältnismäßigkeit ist auch bei den **freiheitsentziehenden Maßregeln** nach §§ 63 ff. StGB von beherrschender Bedeutung, wobei das BVerfG verlangt, dass ein gerechter und vertretbarer Ausgleich zwischen dem Freiheitsanspruch des Einzelnen und dem Sicherungsbedürfnis der Allgemeinheit gefunden werden muss (BVerfGE 70, 297 [311 f.], zur Unterbringung in einem psychiatrischen Krankenhaus). Einzelheiten zu diesen Fragen können nur auf der Grundlage der einschlägigen gesetzlichen Regelungen des Strafrechts, Strafprozessrechts und Strafvollzugsrechts behandelt werden.

136   In spektakulärer Weise hat BVerfGE 128, 326 (366 ff.) die wenig früher ausdrücklich für grundgesetzgemäß erklärte Neuregelung einer zeitlich unbefristeten **Sicherungsverwahrung** (BVerfGE 109, 133 [149 ff.]) und eine Fülle weiterer damit zusammen hängender Regelungen des StGB wegen fehlender Verhältnismäßigkeit als Grundrechtsverletzungen qualifiziert, weil es sich nach einer zwischenzeitlichen Entscheidung des EGMR zur Unvereinbarkeit dieser Regelungen mit der EMRK zu einer konventionskonformen Auslegung der Bestimmungen des Grundgesetzes verpflichtet sah (o. Kap. 2, Grund- und Menschenrechtsgarantien des geltenden Rechts, Rn. 42). Entsprechend wurde auch die Rückwirkung des Gesetzes nunmehr als unvereinbar mit dem **Vertrauensschutz** der Betroffenen verworfen (o. Kap. 10, Anforderungen an Grundrechtsbeeinträchtigungen, Rn. 54). Das zwischenzeitlich erlassene Therapieunterbringungsgesetz hat BVerfGE 134, 33 Rn. 109 ff. in einer verfassungskonform-restriktiven Auslegung gebilligt.

137   Die **Wesensgehaltgarantie nach Art. 19 Abs. 2 GG** hat das BVerfG durch eine sozialhilferechtliche Regelung zur Anstaltsunterbringung willensschwacher und verwahrloster Personen verletzt gesehen, weil diese nicht dem Schutz der Allgemeinheit oder des Betroffenen selbst gedient, sondern allein die „Besserung" des Betroffenen angestrebt habe. Der Staat habe nicht die Aufgabe, seine Bürger zu „bessern" (BVerfGE 22, 180 [219 f.]). Letztlich ging es dabei weniger um das „Wesen" der persönlichen Freiheit als um die generelle Unzulässigkeit der gesetzgeberischen Zielsetzung; dies hätte wohl überzeugender im Rahmen der stets auf die gesetzlichen Zwecke bezogenen Verhältnismäßigkeit bzw. als deren Vorfrage geprüft werden können. In der Sache ist ein Spannungsverhältnis zur späteren Judikatur (seit dem Lebach-Urteil, BVerfGE 35, 202 [235 f.]) nicht zu verkennen, die ganz selbstverständlich die Resozialisierung Gefangener zwar nicht als einziges, aber doch als herausragendes Ziel des Vollzuges von Freiheitsstrafen ansieht.

f) Konkurrenzen

138   Im Verhältnis zu den **verschiedenen Freiheitsrechten**, deren Wahrnehmung durch Einschränkungen der Freiheit der Person zwangsläufig reflexartig mitbetroffen wird, ist Art. 2 Abs. 2 Satz 2 GG als vorrangig anzusehen. Dagegen sind zusätzliche Grundrechtsbeschränkungen während einer Freiheitsentziehung gesondert vor dem betroffenen Grundrecht zu rechtfertigen. Wird allerdings die Freiheitsbeschränkung als Mittel eingesetzt, um die Wahrnehmung des anderen Grundrechts zu verhindern, ist auch dieses – mit seinen u.U. weniger weitgehenden Einschränkungsmöglichkeiten – anzuwenden.

Beispiel:

Kann ein Forscher einen lange geplanten wissenschaftlichen Vortrag nicht halten, weil er gerade wegen Mordverdachts in Untersuchungshaft sitzt, greift Art. 5 Abs. 3 Satz 1 GG nicht neben Art. 2 Abs. 2 Satz 2 GG ein. Dient die Freiheitsentziehung gerade dem Zweck, den wissenschaftlichen Vortrag zu verhindern, ist zugleich die Wissenschaftsfreiheit einschlägig. Werden einem Wissenschaftler im Strafvollzug dort an sich mögliche Forschungstätigkeiten verboten, liegt ein zusätzlicher Grundrechtseingriff vor.

Im Verhältnis zu **Art. 11 GG** gilt grundsätzlich nichts anderes. Das Konkurrenzverhältnis ist aber wegen der nicht abschließend geklärten tatbestandlichen Abgrenzung, die auch mit Rücksicht auf den unterschiedlichen Kreis der Grundrechtsträger unerlässlich ist, problembehaftet. Man wird wohl die Freizügigkeit nach Art. 11 GG auf Fälle eines Ortswechsels von einigem räumlichen oder zeitlichen Gewicht beziehen und diesen als solchen aus der Freiheit der Person ausgrenzen müssen (o. Rn. 122, u. Kap. 23, Das Grundrecht der Freizügigkeit, Art. 11 GG, Rn. 2, 12). **139**

3. Weitere Grundrechtsgehalte

Schutzpflichten aus Art. 2 Abs. 2 Satz 2 GG erfordern, dass die Staatsgewalt grund- **140**
sätzlich Freiheitsberaubungen durch Dritte verhindert. Die **Ausstrahlungswirkung** kann die verfassungskonform-restriktive Auslegung von Vorschriften über Freiheitsentziehungen erfordern. Für das **Verfahren** gehen die Anforderungen des Grundrechts namentlich dahin, dass in Haftsachen größtmögliche Beschleunigung herrscht.

4. Zusammenfassung

- Der Schutzgegenstand des Jedermann-Grundrechts aus Art. 2 Abs. 2 Satz 2 **141**
  GG umfasst die körperliche Bewegungsfreiheit, wohl auch in der negativen Dimension.
- Die Bewegungsfreiheit wird nach ihrem Schutzzweck nur gegenüber spezifisch ausgerichteten Verkürzungen garantiert, nicht aber gegenüber Auswirkungen der Rechtsordnung im Allgemeinen; stets erfasst ist die Anwendung unmittelbaren Zwangs auf die Bewegungsfreiheit.
- Als relevante Beeinträchtigungen (und zwar in Gestalt klassischer Eingriffe) werden bereits behördliche und gerichtliche Anordnungen tatsächlicher Einwirkungen auf die körperliche Bewegungsfreiheit sowie die zugrunde liegenden normativen Ermächtigungen erfasst.
- Art. 2 Abs. 2 Satz 2 GG unterliegt dem Gesetzesvorbehalt des Art. 2 Abs. 2 Satz 3 GG, der durch die Spezialbestimmungen des Art. 104 GG in mehrfacher Hinsicht qualifiziert wird.

Die Gleichheitssätze des Art. 3 GG

15

Inhalt

© Springer-Verlag Berlin Heidelberg 2017
M. Sachs, *Verfassungsrecht II - Grundrechte*, Springer-Lehrbuch,
DOI 10.1007/978-3-662-50364-5_15

Literatur zu I.: *Paul Kirchhof,* § 181, Allgemeiner Gleichheitssatz, in: HStR VIII³, 2010, S. 697; *Jost Pietzcker,* § 125, Der allgemeine Gleichheitssatz, in: HGR V, 2013, S. 883; *Michael Sachs,* § 120, Der allgemeine Gleichheitssatz, in: Stern, Staatsrecht IV/2, 2011, S. 1438; *Marion Albers,* Gleichheit und Verhältnismäßigkeit, JuS 2008, 945; *Brun-Otto Bryde/ Ralf Kleindiek,* Der allgemeine Gleichheitssatz, Jura 1999, 36; *Stefan Huster,* Gleichheit und Verhältnismäßigkeit, JZ 1994, 541; *Kerstin Odenthal,* Willkürverbot und „neue Formel" als Prüfungsmaßstäbe, JA 2000, 170; *Walter Pauly,* Gleichheit im Unrecht als Rechtsproblem, JZ 1997, 647; *Michael Sachs,* Die Maßstäbe des allgemeinen Gleichheitssatzes – Willkürverbot und so genannte neue Formel, JuS 1997, 124; *der./Christian Jasper,* Der allgemeine Gleichheitssatz, JuS 2016, 769; **zu II. 1. und 2.:** *Michael Sachs,* § 182, Besondere Gleichheitsgarantien, in: HStR VIII³, 2010, S. 839; *ders.:* § 122, Die sonstigen besonderen Gleichheitssätze, in: Stern, Staatsrecht IV/2, 2011, S. 1702; *Robert Uerpmann-Wittzack,* § 128, Strikte Privilegierungs- und Diskriminierungsverbote, in: HGR V, 2013, S. 1057; **zu II. 3.:** *Dagmar Richter,* § 126, Gleichberechtigung von Mann und Frau, in: HGR V, 2013, S. 943; *Michael Sachs,* § 121, Die Gleichberechtigung von Mann und Frau, in: Stern, Staatsrecht IV/2, 2011, S. 1596; *ders.:* § 182, Besondere Gleichheitsgarantien, in: HStR VIII³, 2010, S. 839; *Felix Welti,* Rechtsgleichheit und Gleichstellung von Frauen und Männern, JA 2004, 310; *Rainer Wernsmann,* Grenzen unterschiedlicher Förderung von Männern und Frauen, JuS 2002, 959; **zu II. 4.:** *Guy Beaucamp,* Das Behindertengrundrecht (Art. 3 Abs. 3 Satz 2 GG) im System der Grundrechtsdogmatik, DVBl 2002, 997; *Andreas Jürgens,* Der Diskriminierungs-schutz im Grundgesetz, DVBl 1997, 410; *Markus Krajewski,* Benachteiligungsverbot für Behinderte und integrativer Unterricht, JuS 1999, L 73; *Michael Sachs,* Das Grundrecht der Behinderten aus Art. 3 Abs. 3 Satz 2 GG, RdJB 1996, 154.

Rechtsprechung zu I.: BVerfGE 1, 14 (Südweststaat); BVerfGE 55, 72 (Neue Formel); BVerfGE 84, 239 (Zinsbesteuerung); BVerfGE 88, 87 (Vornamensänderung für Transsexuelle); BVerfGE 105, 73 (Besteuerung von Beamtenpensionen und Renten); BVerfGE 106, 166 (Kindergeldrecht); BVerfGE 117, 1 (Erbschaftssteuer-Bewertung); BVerfGE 122, 210 (Pendlerpauschale); BVerfGE 124, 199 (Hinterbliebenenversorgung für Lebenspartner); BVerfGE 129, 49 (BAföG-Rückzahlungsregelung); BVerfGE 130, 240 (Erziehungsgeld nach Staatsangehörigkeit); BVerfGE 133, 377 (Ehegattensplitting für Lebenspartner); **zu II. 1. und 2.:** BVerfGE 39, 334 (Radikalenerlass); BVerfGE 63, 266 (298 [abw. M. Simon]) (Verfassungsfeindlicher Rechtsanwalt); BVerfGE 75, 40 (Privatschulförderung I); BVerfGE 104, 337 (Schächten); BVerwGE 106, 191 (Spätaussiedler); BGH, NJW 1999, 567 (Erbausschluss wegen nicht „ebenbürtiger" Ehe oder Abstammung); **zu II. 3.:** BVerfGE 3, 225 (Wirksamwerden der Gleichberechtigung); BVerfGE 6, 389 (Strafbarkeit männlichen homose-xuellen Verhaltens); BVerfGE 10, 59 (Stichentscheid des Vaters); BVerfGE 52, 369 (Hausarbeitstag); BVerfGE 74, 163 (Rentenalter); BVerfGE 85, 191 (Nachtarbeitsverbot); BVerfGE 92, 91 (Feuerwehrabgabe); BVerfGE 121, 241 (Schlechterstellung teilzeitbeschäftig-ter Beamter); BVerfGE 132, 72 (Erziehungsgeld); BVerfG (K), NJW 2009, 661 (Kosmetika im Strafvollzug); BVerwG, NJW 2002, 2045 (Perückenbeihilfe); BVerwG, NVwZ 2003, 92 (Meis-terinnenprämie); BVerwGE 149, 1 (Bundeswehr-Haarerlass); EuGH, NJW 1995, 3109 (Kalanke); EuGH, NJW 1997, 3429 (Marschall); EuGH, NJW 2000, 497 (Kreil); **zu II. 4.:** BVerfGE 96, 288 (301 ff.) (Integrative Beschulung); BVerfGE 99, 341 (356–358) (Testiermöglichkeit schreib- und sprechunfähiger Personen); BVerfGE 128, 138 (156 f.) (Kürzung der Invalidenrente).

Übungsfälle: *Kyrill-A. Schwarz,* Grundfälle zu Art. 3 GG, JuS 2009, 315, 417; **zu II. 3.:** *Sebastian Müller-Franken,* Referendarexamensklausur – Öffentliches Recht: Frauenförderung im Subventionswesen, JuS 2005, 723.

I. Der allgemeine Gleichheitssatz, Art. 3 Abs. 1 GG

1. Allgemeines

Der Gleichheitsgedanke geht als **grundlegendes Gerechtigkeitsprinzip** auf Wur- 1
zeln zurück, die schon älter sind als das Menschen- und Grundrechtsdenken überhaupt. Doch gehört die Gleichheit auch in diesem speziellen Kontext zu den
entscheidenden Grundlagen. Wenn man Rechte aus der Natur des Menschen überhaupt ableitet und sie dem Menschen an sich zuspricht, so gilt dies eben für alle
Menschen. Menschenrechtliche Freiheit ist notwendig **für alle Menschen gleiche
Freiheit.** Auch die wechselseitige Kompatibilität der Freiheiten der Einzelnen ist
nur auf der Basis gleicher Freiheit denkbar. Von daher sind Freiheit und Gleichheit
auf das engste verknüpft.

Trotzdem oder auch vielleicht deswegen wird der **eigenständige Grundrechts-** 2
gehalt der Gleichheit nicht stets gesehen oder jedenfalls nicht angemessen gewürdigt. Allzu leicht drängt sich das Anliegen, für das Gleichbehandlung begehrt wird,
in den Vordergrund; vielfach geht es darum, unter Berufung auf den Gleichbehandlungsanspruch anderweitige Vorteile zu erreichen oder Nachteile abzuwenden, ohne
dass das Gleichheitsinteresse selbst das eigentliche Anliegen darstellt.

Diese Zusammenhänge dürfen aber über die Eigenwertigkeit des Gleichheits- 3
interesses nicht hinwegtäuschen. Dieses ist unabhängig von den betroffenen
Gegebenheiten ein selbständiges Anliegen und daher Gegenstand eines durchaus
eigenständigen subjektiven Rechts. Jeder, dem noch ein gewisses Gerechtig-
keitsgefühl verblieben ist, wird sich auch dann gleichheitswidrig und deshalb
ungerecht behandelt fühlen, wenn ihm Vorzüge gegenüber anderen eingeräumt
werden, von denen er sich in keinem relevanten Punkt unterscheidet.

▶ **Hinweis:** Daher hängt der Verstoß gegen den Gleichheitssatz nicht davon
ab, ob zugleich noch andere Rechte des Betroffenen beeinträchtigt
werden. Allerdings muss er „betroffen" sein (vgl. BVerfGE 132, 195 Rn. 95);
dies ist der Fall, wenn er selbst durch das Staatshandeln in eigenen
Interessen berührt ist oder wenn dies für die gleich zu behandelnden
Personen gilt. S. noch u. Rn. 72 ff. Konsequenter Weise ist sogar ein
Abwehranspruch des Begünstigten aus dem Gleichheitsgrundrecht
dagegen, dass ihm gleichheitswidrig Vorteile gewährt werden, anzuerkennen (anders die ganz h. M.).

Dass hinter diesem Gleichheitsempfinden stehende Interesse daran, nicht ungleich
behandelt zu werden, ist zwar materiell nicht greifbar, lässt sich aber sehr wohl als
ein **immaterielles Persönlichkeitsrecht** der Gleichheit darstellen. Das Gleichheitsinteresse als Schutzgegenstand der Gleichheitsgrundrechte kann Gegenstand von
Beeinträchtigungen sein, die dann aufgrund verfassungsrechtlicher Begrenzungen
unter Einhaltung allgemeiner Anforderungen gerechtfertigt werden müssen; die
Struktur der Gleichheitsrechte entspricht nach diesem **Eingriffsmodell** ganz der
anderer **Abwehrrechte.**

▶   **Hinweis:** Diese Sichtweise wird weitgehend (noch) nicht anerkannt.
Gelegentlich findet der Eingriffsbegriff aber auch schon bei des Prüfung
von Gleichheitsrechten in der Judikatur Verwendung, so etwa in BVerfGE
139, 1g Rn. 68 (zu Art. 33 Abs. 2); BVerfG, NVwZ 2015, 1361 Rn. 66, 69, 94,
114 (zur Chancengleichheit der Parteien).

4   Für die praktische **Prüfung von Gleichheitsverstößen** spielt allerdings diese
Struktur des Rechts eine eher untergeordnete Rolle. Insbesondere hilft es nicht weiter, das den Schutzgegenstand des Grundrechts bildende Gleichbehandlungsinte-
resse herauszuarbeiten und dann eine Subsumtion zu versuchen; nichts anderes gilt
angesichts der Eigenart der verbotenen Ungleichbehandlungen für die allgemeinen
Kriterien relevanter Beeinträchtigungen. Daher sind auf der tatbestandlichen Ebene
zur Feststellung eines relevanten Grundrechtseingriffs **gleichheitsspezifische Wege**
zu gehen. Dementsprechend unterscheidet sich die nachfolgende Darstellung in
ihrer Gliederung von der bei anderen Grundrechten, obwohl die Gleichheitsgrundrechte in die allgemein für Abwehrrechte maßgeblichen Strukturen eingefügt sind.

5   **Verfassungsgeschichtlich** ist der allgemeine Gleichheitssatz insbesondere auf
die französische Revolution zurückzuführen, bei der die Gleichheit zu der Trias der
drei klassischen Grundforderungen nach liberté, égalité und fraternité gehörte. Im
deutschen Verfassungsrecht ging es bei der Gleichheit zunächst vielfach nur um die
Herstellung gleicher Rechtsvorschriften in territorial oder sonst zersplitterten
Rechtsordnungen, dann vor allem um die **Gleichheit der Rechtsanwendung** auf
jedermann, die im ständestaatlichen System nicht gewährleistet war. Erst für den
Gleichheitssatz der Weimarer Verfassung wurde auch eine Bindung der Gesetzgebung ernstlich diskutiert, blieb aber umstritten.

6   Im heutigen gegliederten Verfassungsstaat ist durch eine Vielzahl gesamtstaat-
lich gültiger Bundesgesetze die **Rechtseinheit** in vielen Bereichen gewährleistet.
Andererseits hält der bundesstaatliche Aufbau mit seinen eigenständigen Gesetzgebungskompetenzen für die Länder die **Möglichkeit der Rechtsverschiedenheit**
gezielt offen, auch wenn hiervon im unitarischen Bundesstaat selbst in den schwin-
denden Reservaten eigenständiger Landesgesetzgebung – zugunsten der Orientierung an gemeinschaftlich erarbeiteten Musterentwürfen o. Ä. – häufig nicht mehr
Gebrauch gemacht wird. Bundesstaatlich bedingte rechtliche Uneinheitlichkeit
wird durch den **Gleichheitssatz** nicht in Frage gestellt, weil er nur den jeweils
zuständigen Grundrechtsverpflichteten **für** seinen **jeweiligen Kompetenzbereich**
bindet.

Beispiel:
Die besonderen Regelungen des ärztlichen Berufsrechts in Bayern im Hinblick
auf die Möglichkeiten zur Schwangerschaftsunterbrechung waren (im Vergleich
zum Berufsrecht in den anderen Ländern) nicht am Maßstab des Art. 3 Abs. 1
GG zu prüfen (BVerfGE 98, 265 [328]). – Doch soll (für Art. 33 Abs. 5 GG; u.
Kap. 32, Die grundrechtsgleichen Rechte des Art. 33 GG, Rn. 27) ein Querver-
gleich mit der Besoldung des Bundes und anderer Länder ein Indiz für die Bestimmung des Kerngehalts der Alimentation sein können (BVerfGE 139, 64 Rn. 113).

Ebenso sind auch Verschiedenheiten des Rechts oder seiner Anwendung zwischen verschiedenen Kommunen oder sonstigen für ihren Bereich selbständigen Rechtsträgern und wohl auch Behörden grundsätzlich keine Frage des Gleichheitssatzes.

Die **Gleichheit der Rechtsanwendung** ist heute durch die **Bindung** der vollziehen- **7** den Gewalt und der Rechtsprechung **an Gesetz und Recht** gem. Art. 20 Abs. 3 GG rechtlich sichergestellt. Verstöße gegen die Anforderungen der Gesetzmäßigkeit sind als solche zu bekämpfen, durch sie eintretende Gleichheitsverletzungen haben keine selbständige Bedeutung. Dennoch stellen sich für den Bereich der Rechtsanwendung einige besondere Gleichheitsprobleme (dazu u. Rn. 61 ff.). Im Vordergrund steht allerdings die aufgrund des Art. 1 Abs. 3 GG gesicherte **Geltung für die Gesetzgebung** als Staatsfunktion (o. Kap. 5, Grundrechtsverpflichtete, Rn. 4 ff.), auf die zunächst einzugehen ist.

Grundrechtsverpflichtet ist auch bei den Gleichheitssätzen **allein die öffentliche** **8** **Gewalt.** Eine gerade im Arbeitsrecht, zumal im Zusammenhang der Lohngleichheit der Geschlechter, früher geforderte unmittelbare Drittwirkung hat sich auch hier nicht durchsetzen können (o. Kap. 5, Grundrechtsverpflichtete, Rn. 33, 36); vielmehr werden Private durch Gesetze, die der auch für die Gleichheitsrechte anzunehmenden staatlichen Schutzpflicht Rechnung tragen, auch zur Achtung der Gleichheitsinteressen anderer verpflichtet (u. Rn. 115). Im Übrigen wird eine „mittelbare Drittwirkung" über die Ausstrahlungswirkung auf die Privatrechtsordnung im Übrigen bewirkt (u. Rn. 115). Dabei sind solchen Verpflichtungen Grenzen gezogen durch die prinzipielle Freiheit Privater, andere nach ihrem Belieben unterschiedlich zu behandeln.

2. Die Bedeutung des allgemeinen Gleichheitssatzes für die Rechtsetzung

Die grundlegende Schwierigkeit, die mit der Anwendung des Gleichheitssatzes auf **9** die Gesetzgebung verbunden ist, wird eher verharmlost, wenn man die Aussage des Gleichheitssatzes mit einer in der Judikatur des BVerfG vielfach (zuerst in BVerfGE 1, 14 [52]) verwendeten eingängigen Formel dahin beschreibt, er gebiete es, **Gleiches** **gleich und Ungleiches ungleich** zu behandeln. Immerhin sind damit zwei mögliche Wirkungsrichtungen des Gleichheitssatzes mit konträrem Inhalt angesprochen, nämlich die dem Wortlaut und dem Grundgedanken des Art. 3 GG vor allem entsprechende Ausrichtung auf gleiche Behandlung (u. Rn. 10 ff.), aber eben auch die durchaus problematische Ausrichtung auf eine ungleiche Behandlung (u. Rn. 52 ff.).

a) Das Gleichbehandlungsgebot

aa) Die Ungleichbehandlung als Grundrechtseingriff

Auch das in der vorgenannten Formel zuerst genannte Gebot, dass **Gleiches gleich** **10** **behandelt** werden muss, birgt Schwierigkeiten in sich, die auf den ersten Blick kaum lösbar scheinen. Immerhin lässt sich die **Rechtsfolge** des Gleichbehandlungsgebots durchaus greifbar fassen: Die verlangte **Gleichbehandlung** besteht eben darin, für die betroffenen Fälle die gleiche Rechtsfolge anzuordnen, wobei hier mit der gleichen Rechtsfolge die übereinstimmende, die identische, also: *dieselbe* **Rechtsfolge** gemeint ist. Dabei ist grundsätzlich auf den Regelungsgehalt des grundrechtsgebundenen Staatshandelns als solchen abzustellen, unterschiedliche Auswirkungen einer einheitlich angeordneten Rechtsfolge bleiben außer Betracht; anderes gilt nur dann, wenn die Regelung auf relativ, etwa durch einen Maßstab bestimmte Folgen ausgerichtet ist.

▶   **Hinweis:** Identisch ist danach die Rechtsfolge einer absolut für alle gleich hohen Zahlungspflicht. Nicht identisch sind relativ bestimmte Rechtsfolgen, etwa eine durch einen bestimmten Prozentsatz des Einkommens festgelegte Zahlungspflicht, die je nach Höhe der Einkommen zu Verpflichtungen in absolut unterschiedlicher Höhe führt. Eine nicht in dieser Weise relativ festgelegte Rechtsfolge, etwa die Pflicht zum Abriss eines einsturzbedrohten Gebäudes, ist aber auch dann als *dieselbe* Rechtsfolge zu behandeln, wenn die im Einzelfall betroffenen Gebäude ganz unterschiedlichen Wert haben oder der Abriss ganz unterschiedliche Kosten verursacht. Anders als bei einer durch einen Maßstab festgelegten Rechtsfolge werden die bei verschiedenen Anwendungsfällen eintretenden Unterschiede nicht zum Regelungsgehalt der Bestimmung, die Unterschiede bleiben solche der betroffenen Realität.

11   Greift nicht dieselbe Rechtsfolge ein, liegt eine **Verschiedenbehandlung** vor. Wegen der Bindung jeder Rechtsfolge an bestimmte Tatbestandsmerkmale sind Verschiedenbehandlungen prinzipiell mit jeder normativen Regelung verbunden; sie werfen deshalb als solche nicht notwendig ein Gleichheitsproblem auf. Dem sollte auch terminologisch Rechnung getragen werden, indem insoweit nicht von **Ungleichbehandlungen** gesprochen wird. Dieser Begriff sollte vielmehr auf die Fälle beschränkt werden, in denen eine Verschiedenbehandlung tatbestandlich „Gleiches" betrifft, also Fälle, die in den maßgeblichen Punkten (u. Rn. 13) miteinander übereinstimmen. Erst in diesem Falle liegt – mangels *gleichheitsinterner* Erklärung der Differenzierung durch entsprechende Unterschiedlichkeiten – ein tatbestandsmäßiger Verstoß gegen den Gleichheitssatz vor; die damit anzunehmende Ungleichbehandlung kann allerdings – wie Grundrechtseingriffe sonst auch – gerechtfertigt sein und stellt **nicht** zwangsläufig eine **Verletzung des Gleichheitssatzes** dar.

12   Die für die Qualifikation einer Verschiedenbehandlung als Ungleichbehandlung entscheidende Frage, ob auf der **Tatbestandsseite „Gleiches"** vorliegt, ist weit schwieriger zu beantworten, als dies auf den ersten Blick scheinen könnte. Anders als auf der Rechtsfolgenseite (o. Rn. 10) kann hier die geforderte Gleichheit **nicht** als **Identität** verstanden werden. Hinter dem tatbestandlichen Erfordernis, dass es in einer Mehrzahl von (zumindest zwei) Vergleichsfällen um gleiche Gegebenheiten (gleiche Personen, gleiche Fallgestaltungen, usw.) gehen muss, verbirgt sich die Ausgangssituation, dass jedes **Vergleichspaar notwendig** zwei gerade nicht identische Gegebenheiten umfasst, die miteinander eben **nicht in jedem Punkte gleich** sein können, sondern notwendig in gewisser Hinsicht voneinander verschieden sein müssen.

Beispiel:
Zwei auf den ersten Blick völlig gleich erscheinende Hühnereier sind doch möglicherweise von verschiedenen Hennen, zu einem verschiedenen Zeitpunkt, an verschiedenen Orten gelegt, unterscheiden sich (geringfügig) in Größe und

Gewicht usw.; zumindest nehmen sie in demselben Zeitpunkt nicht denselben Platz im Raum ein.

Nach dem Gleichheitssatz gleich zu behandelnde „gleiche" Gegebenheiten sind daher immer auch „ungleiche" Gegebenheiten. Damit scheint sich der Gleichheitssatz in eine Paradoxie zu verlieren, die das Verständnis dieses Grundrechts erschweren könnte.

Aufzulösen ist diese Paradoxie gedanklich recht einfach. Ausgehend von der **13** Erkenntnis, dass mit der tatbestandlich vorauszusetzenden Gleichheit eben nicht Identität gemeint ist, sondern lediglich Übereinstimmung in bestimmten Beziehungen, die Verschiedenheiten in anderen Beziehungen nicht ausschließt, ist klar, dass es für die Beurteilung als „gleich" immer nur auf die Übereinstimmung in bestimmten, für den jeweiligen Vergleich entscheidenden Hinsichten ankommen kann. Gleich zu behandeln sind also (nur) Gegebenheiten, die **in der maßgeblichen Hinsicht gleich** sind.

Diese gedankliche Klärung löst allerdings noch nicht das sachliche **Problem,** **14** **welches die jeweils entscheidende Hinsicht** ist. Hier besteht der große Unterschied zwischen dem allgemeinen Gleichheitssatz und den meisten besonderen Gleichheitssätzen darin, dass letztere ausdrücklich aussprechen, welche Elemente der Vergleichssachverhalte für das Gleichheitsurteil heranzuziehen sind bzw. nicht herangezogen werden dürfen. Demgegenüber enthält der allgemeine Gleichheitssatz hierzu keine näheren Angaben; er erschöpft sich in einem ganz **abstrakten Gleichbehandlungspostulat,** ist in weitem Umfang inhaltlich offen und daher auf **Ausfüllung durch Wertungen** angewiesen, die aus der Verfassungsbestimmung als solcher nicht zu gewinnen sind.

Bei dieser Ausgangssituation hat die Rechtsprechung des BVerfG früh unter der **15** Führung seines damaligen Richters *Leibholz*[1] den allgemeinen Gleichheitssatz in recht zurückhaltender Weise ausgelegt. Es hat angenommen, dass angesichts der tatbestandlichen Offenheit des Gleichheitssatzes der **Gesetzgeber** (d. h. der jeweilige Normsetzer) selbst berechtigt sei, die für den Vergleich jeweils heranzuziehenden **Kriterien zu bestimmen.** Die rechtliche Kontrolle (und wohl auch die rechtliche Bindung) bei der Auswahl der Kriterien soll demgegenüber erst dann eingreifen, wenn sich eine Differenzierung als sachlich überhaupt nicht tragfähig und daher **willkürlich** erweist. Dies führte zu der Formulierung, dass es für die Festlegung unterschiedlicher Rechtsfolgen sachliche Gründe geben müsse, dass sie nicht willkürlich sein dürfe.

Die Prüfung, ob eine Rechtsnorm eine Ungleichbehandlung vornimmt, erfolgt **16** danach in folgenden zwei Schritten: Zunächst werden den Fällen, für die eine Rechtsfolge angeordnet wird, **Vergleichsfälle gegenübergestellt,** für die die Rechtsfolge nicht vorgesehen ist, sei es, dass sie von den Tatbestandsmerkmalen der Regelung nicht erfasst werden, sei es, dass sie ausdrücklich von der Geltung der Rechtsfolge ausgenommen sind. Als Vergleichsfälle werden dabei sinnvoller Weise nicht völlig andersartige

---

[1] Dieser hatte schon in der Weimarer Zeit eine einschlägige Monographie mit dem Titel: Die Gleichheit vor dem Gesetz, 1925, 2. Auflage 1952, verfasst, die im Anschluss an US-amerikanische und schweizerische Vorbilder die maßgeblichen Grundgedanken der Willkürrechtsprechung entwickelt hatte.

Gegebenheiten herangezogen, sondern solche, die ein hinreichendes Maß von **Überein-stimmungen** aufweisen, die für das Gleichheitsurteil entscheidend sein könnten.

Beispiele:

Soll die Regelung einer Hundesteuer am Gleichheitssatz gemessen werden, können die dadurch belasteten Hundehalter im Hinblick auf mögliche Gleichheitsverletzungen sinnvollerweise etwa mit den nicht so besteuerten Katzenhaltern verglichen werden oder auch mit den Haltern von Blindenhunden, die durch eine Ausnahmeregelung von der Steuerpflicht befreit sind; weniger nahe liegend wären als Vergleichsgruppen die Freunde von Zimmerpflanzen oder guten Büchern, obwohl sie ebenfalls nicht so besteuert werden. – Geht es etwa um eine Reduzierung der Hundehaltung aus Lärmschutzgründen, könnte eher ein Vergleich mit ebenso lautstark spielenden Kindern in Betracht kommen.

▷   **Hinweis:** Vergleichsfälle müssen mit Bezug auf die fraglichen Rechtsfolgen und ihre Voraussetzungen sorgfältig bestimmt werden. Wenn etwa für den Zugang zur Rechtsform der eingetragenen Lebenspartnerschaft gleichgeschlechtliche Lebensgemeinschaften anderen sozialen Personengemeinschaften gegenübergestellt werden (so BVerfGE 105, 313 [352]), wird verkannt, dass das Gesetz zwei Personen gleichen Geschlechts grundsätzlich ohne weitere Voraussetzungen hinsichtlich einer schon bestehenden oder der geplanten Gemeinschaftlichkeit die Möglichkeit eröffnet, eine Lebenspartnerschaft zu schließen. Als Vergleichsfälle wären also beliebige Personen desselben Geschlechts und solche gegenüberzustellen, denen das Gesetz ausnahmsweise diese Möglichkeit versperrt (wie bestimmten Verwandten) (näher *Sachs*, JR 2001, 45 [49 f.]).

Nicht weiterführend, gleichwohl weit verbreitet ist es, schon bei der Bestimmung der Vergleichsfälle nach **„wesentlich gleichen" Fällen** oder nach deren **Vergleichbarkeit** zu fragen. Denn damit wird meist das Fehlen von Unterschiedlichkeiten der Fälle angesprochen, die hinreichend gewichtige sachliche Gründe für die unterschiedliche Behandlung darstellen. Will man diese Problematik nicht abschließend unter den genannten Kriterien behandeln, müsste sie mehrfach untersucht werden. Beides wäre der Klarheit der Prüfung nicht förderlich.

▷   **Hinweis:** Hinzu kommt, dass die (fehlende) Vergleichbarkeit im Rahmen der Gleichberechtigung der Geschlechter (u. Rn. 123 ff.) eine spezifische, dort auch selbständig relevante Bedeutung hat, sodass ihre Verwendung auch beim allgemeinen Gleichheitssatz bei der Fallbearbeitung zu Verwechslungen führen könnte.

17   Sodann werden die so ausgewählten **Vergleichsfälle** daraufhin untersucht, ob sie – trotz der für ihre „Auswahl" maßgeblichen Übereinstimmungen mit den von der Regelung betroffenen Fällen – andererseits doch **Unterschiedlichkeiten** ihnen gegenüber aufweisen, die die Beschränkung der Regelung auf die tatbestandlich erfassten Fälle unter irgendeinem in Frage kommenden Gesichtspunkt sachlich angemessen, also **nicht evident unsachlich** oder in diesem Sinne „**willkürlich**" erscheinen lassen.

Beispiele:

Die Nichtbesteuerung der Blindenhunde dürfte durch die besondere Funktion der Tiere für ihre behinderten Halter ohne weiteres sachgerecht erscheinen, die Nichtbesteuerung der Katzen mag in der größeren Lästigkeit von Hunden eine Erklärung finden. – Gegenüber dem Versuch, die Zahl von Hunden aus Lärmschutzgründen zu reduzieren, mag die trotz allem höhere Wertschätzung, die menschlichem Leben und seinen Äußerungen nach dem Grundgesetz zusteht, die Nichtgeltung für lärmende Kinder sachlich begründen.

Die Möglichkeit von Differenzierungen bis hin zu einer Willkürgrenze wurde allerdings nicht stets als befriedigend empfunden.   **18**

> **Hinweis:** Für Spezialbereiche lässt sich das Problem dadurch lösen, dass man neben Art. 3 Abs. 1 GG oder an seiner Stelle andere Verfassungsnormen heranzieht und dazu strengere Maßstäbe entwickelt, so zu Art. 21 GG für die Chancengleichheit der politischen Parteien.

Übergreifende Ansätze **verschärfter Maßstabsbildung** liefert(e) etwa das Postulat der **Systemgerechtigkeit**, das sich nicht mit irgendeinem sachlich nachvollziehbaren Grund für gesetzliche Differenzierungen begnügt, sondern die Beachtung der vom Gesetz selbst statuierten Sachgesetzlichkeit, seine innere Folgerichtigkeit verlangt. Doch ist die Stringenz dieser zumal im Steuerrecht bis heute vielfach herangezogenen Forderung (zuletzt etwa BVerfGE 137, 350 Rn. 41) gegenüber der Gestaltungsfreiheit des Gesetzgebers begrenzt.

Beispiel:

Immerhin hat das BVerfG zuletzt die Verschonung von Erbschaftsteuer beim Übergang betrieblichen Vermögens angesichts ihres Ausmaßes und der eröffneten Gestaltungsmöglichkeiten wegen der Intensität der Ungleichbehandlung teilweise für mit Art. 3 Abs. 1 GG unvereinbar erklärt (BVerfGE 138, 136 Rn. 118 ff.). – Dasselbe gilt für die besonderen Bewertungsregeln für Grundbesitz (BVerfGE 139, 285 Rn. 68 ff.).

Später hat das BVerfG in einer nicht sofort allgemein in ihrer grundlegenden   **19** Bedeutung erkannten Entscheidung, deren Gegenstand für eine so grundlegende Weichenstellung kaum einen angemessenen Anlass bot, einen neuen, verschärften Prüfungsmaßstab für den allgemeinen Gleichheitssatz entwickelt.

> **Hinweis:** Die Entscheidung betraf die Frage, ob eine Verletzung des allgemeinen Gleichheitssatzes darin liegt, dass in zivilrechtlichen Streitigkeiten Angriffs- und Verteidigungsmittel, die im ersten Rechtszug zu

Recht (als nicht rechtzeitig vorgebracht) zurückgewiesen worden sind, im Berufungsverfahren nach § 528 Abs. 3 ZPO generell ausgeschlossen bleiben, während nach § 528 Abs. 1, 2 ZPO diese Konsequenz nicht für Angriffs- oder Verteidigungsmittel eintritt, die in der ersten Instanz überhaupt nicht geltend gemacht worden sind.

In der **Leitentscheidung BVerfGE 55, 72 (88 und ff.**) lautete die seither vielfach herangezogene, zwischenzeitlich in mehrfacher Hinsicht fortentwickelte „**neue Formel**" zur Bedeutung des Art. 3 Abs. 1 GG so: „Diese Verfassungsnorm gebietet, alle Menschen vor dem Gesetz gleich zu behandeln. Demgemäß ist dieses Grundrecht vor allem dann verletzt, wenn eine Gruppe von Normadressaten im Vergleich zu anderen Normadressaten anders behandelt wird, obwohl zwischen beiden Gruppen keine Unterschiede von solcher Art und solchem Gewicht bestehen, dass sie die ungleiche Behandlung rechtfertigen könnten [...]".

20   Im Anwendungsbereich dieser „neuen Formel" verlangt das BVerfG nicht nur, dass sich für die Differenzierung irgendein Grund angeben lässt, der nicht völlig unsachlich (willkürlich) ist. Vielmehr muss die Verschiedenbehandlung aufgrund von Unterschieden der Vergleichsgruppen sachlich wohl begründet, überzeugend zu erklären sein. Durch diesen **verschärften Maßstab** wird die Argumentationslast im Grunde umgekehrt: Während eine Regelung gegenüber dem Willkürverbot im Zweifel standhält, soweit nicht ihre Sachwidrigkeit festgestellt werden kann, sind nach der „neuen Formel" gerade umgekehrt die erfassten **Verschiedenbehandlungen** prinzipiell suspekt und können **nur durch überzeugende Sachgründe** als gleichheitsrechtlich unbedenklich qualifiziert werden.

21   Die „neue Formel" zur Bedeutung des Gleichheitssatzes soll allerdings die „alte Formel" des Willkürverbotes nicht vollkommen verdrängen, sondern nur partiell ersetzen. In der erwähnten Grundsatzentscheidung hat das BVerfG diese neuen Anforderungen **neben das Willkürverbot** gestellt und für beide Formeln je unterschiedliche Anwendungsbereiche gesehen. US-amerikanischen Vorbildern ähnlich, die seit langem bei der Gleichheitsprüfung strengere Maßstäbe („strict scrutiny") für Differenzierungen nach „suspect classifications" und bei Auswirkungen auf anderweitig grundrechtlich geschützte Anwendungsgebiete anlegen, sind strengere Anforderungen zunächst an Unterscheidungen nach personenbezogenen Merkmalen, dann auch bei Berührung anderer grundrechtlich geschützter Interessen aufgestellt worden. Zur Weiterentwicklung zu einem gleitenden Prüfungsmaßstab s. u. Rn. 30.

22   Während die Willkürformel auf Fälle nur **sachbezogener Differenzierungen** zu beziehen ist, kommt die **„neue Formel"** auf Unterscheidungen zwischen **Personengruppen zur Anwendung**. Diese Abgrenzung knüpft an die bereits in der Weimarer Zeit besonders behandelte Kategorie der persönlichen Rechtsgleichheit an, um die es beim Gleichheitssatz schon nach dem Verfassungstext („Alle Menschen ...") in erster Linie geht.

23   Die **markantesten Fälle persönlicher Rechtsgleichheit** sind in **Art. 3 Abs. 3 GG** aufgeführt, wo bestimmte menschliche Eigenschaften als Gründe für Differenzierungen ausgeschlossen werden (u. Rn. 97 ff.). Dabei handelt es sich jeweils um Eigenschaften, die eine Person entweder unausweichlich, oft von Geburt an kennzeichnen (Geschlecht,

Abstammung, Rasse, auch: Sprache, Heimat, Herkunft sowie Behinderung) oder die doch aus Gründen des Grundrechtsschutzes im Übrigen als für die Person vorgegeben und unverfügbar behandelt werden müssen (Glaube, religiöse und politische Anschauungen). **Differenzierungen nach solchen persönlichen Merkmalen** erscheinen **besonders problematisch**, und zwar in zwei Beziehungen: Auf der einen Seite geht es um Eigenschaften, für die der Normadressat nichts kann und die er auch nicht zu ändern vermag; auf der anderen Seite geht es um Eigenschaften, die der Normadressat für sich selbst im Rahmen seiner grundrechtsgeschützten Freiheit begründet und ungestört behalten können soll.

Art. 3 Abs. 3 GG behandelt auf der Grundlage historischer Erfahrungen mit Diskri-   **24**
minierungen nur exemplarisch besonders gravierende Fälle persönlicher Rechtsungleichheit. Im Rahmen der „neuen" Formel wird die **persönliche Rechtsungleichheit** auch im Übrigen, **als Kategorie**, strengeren Anforderungen unterworfen als sonstige, nur sachbezogene Differenzierungen. Entsprechend den beiden angesprochenen Grundgedanken richtet sich dies vor allem gegen Differenzierungen nach Eigenschaften des Normadressaten, die seine Person unabänderlich prägen und/oder die, auch wenn sie sich ändern ließen, als Teil seiner Persönlichkeit grundrechtlich geschützt sind.

> **Beispiel:**
> Die Altersgrenze des § 1 Abs. 1 Nr. 3 TranssexuellenG a.F. schloss eine Vornamensänderung vor Vollendung des 25. Lebensjahres aus. Die Regelung knüpfte an das Lebensalter, ein nicht zu beeinflussendes personenbezogenes Merkmal, an und wirkte sich erheblich auf das Persönlichkeitsrecht, insbesondere auf den Intim- und Sexualbereich, aus. Daher kam hier die neue Formel zur Anwendung (BVerfGE 88, 87 [96 ff.]).

Sachliche Verschiedenbehandlung meint dagegen Fälle, in denen Fallgestaltun-   **25**
gen verschieden geregelt werden, ohne dass dafür die Person der jeweils Betroffenen irgendeine Rolle spielt. Weil der Gleichheitssatz als Grundrecht in erster Linie ein Recht auf Gleichbehandlung der Grundrechtsträger als solcher beinhaltet, ist es gerechtfertigt, nur sachbezogene Ungleichbehandlungen weniger strikten Merkmalen zu unterwerfen, so dass hier weiterhin **nur das Willkürverbot** eingreift.

> **Beispiele:**
> Die Zulassung des in der ersten Instanz völlig vernachlässigten Vorbringens im Berufungsverfahren gegenüber der Nichtzulassung des erstinstanzlich immerhin vorgebrachten, aber als verspätet ausgeschlossenen Vorbringens hat mit der Person der Prozessbeteiligten im Grunde nichts zu tun; jede beliebige Person kann je nach prozessualer Situation einmal Nutznießer der günstigen Rechtsfolge sein, beim nächsten Mal ungünstig betroffen werden. Außerdem lassen sich die Rechtsfolgen durch eigenes Verhalten problemlos günstig beeinflussen (nach der bereits erwähnten Entscheidung BVerfGE 55, 72). – Entsprechendes gilt für die nach § 81 Abs. 6 GWB nur für behördlich, nicht aber für gerichtlich festgelegte Geldbußen vorgesehene Verzinsungspflicht (BVerfGE 133, 1 Rn. 66).

26 Nicht immer ist die **Unterscheidung zwischen sachlicher und persönlicher Rechtsgleichheit** so offenkundig plausibel wie in den genannten Beispielsfällen. Eine stringente Unterscheidung zwischen persönlichen und sachlichen Merkmalen ist vielmehr **äußerst problematisch**, wenn nicht sogar unmöglich. Denn letztlich kann jedes „rein sachbezogene" Tatbestandsmerkmal in ein personenbezogenes umformuliert werden, indem man die Gruppe der Personen anspricht, bei denen das Kriterium vorliegt.

Beispiel:

Im Zusammenhang mit dem Versorgungsausgleich wurden Regelungen getroffen, um durch eine Anpassung zu vermeiden, dass Anrechte ausgleichspflichtiger Personen verkürzt werden, wenn dies keine angemessenen Auswirkungen zugunsten der ausgleichsberechtigten Person hat. Dabei beschränkt das Gesetz die anpassungsfähigen Versorgungsanrechte auf solche gegen bestimmte Versorgungsträger. Obwohl dadurch die Personen mit Anrechten gegen diese Versorgungsträger besser gestellt wurden als die mit Anrechten gegen andere Versorgungsträger, hat das BVerfG mangels Bezugs auf persönliche Merkmale der betroffenen ausgleichspflichtigen Personen „keine besonders strengen Anforderungen" gestellt (BVerfGE 136, 152 Rn. 67); s. noch Rn. 27.

---

27 Eine solche Sichtweise würde indes der Kategorie der „persönlichen Rechtsgleichheit" alle Konturen nehmen und damit die Legitimität strengerer Anforderungen in Zweifel ziehen. Daher ist als **Mindestbedingung für ein personenbezogenes Merkmal** zu verlangen, dass es sich um eine Eigenschaft handelt, die auch unabhängig von der überprüften gesetzlichen Regelung für eine abgrenzbare Personengruppe kennzeichnend ist. Umgekehrt formuliert: Ein Tatbestandsmerkmal ist nicht personenbezogen, wenn erst seine gesetzliche Regelung selbst eine Gruppe der Normadressaten konstituiert, die unabhängig von dem Gesetz als solche nicht zu erfassen ist.

Beispiel:

Die besonderen Regelungen für Emittenten, die ihr Grundstück unter Einsatz von Gentechnik nutzen, gegenüber dem allgemeinen Nachbarrecht unterliegenden sonstigen Emittenten definieren selbst die abweichend behandelte Personengruppe, so dass nur der Willkürmaßstab herangezogen wurde (BVerfGE 128, 1 [89]). – Dagegen sind Personen mit Versorgungsanrechten gegenüber bestimmten Versorgungsträgern bereits durch andere Normen (zur Begründung der unterschiedlichen Versorgungsbeziehungen) zuvor rechtlich abgegrenzt, so dass bei Anknüpfung daran (entgegen BVerfGE 136, 152; o. Rn. 26) durchaus ein personenbezogenes Merkmal anzunehmen wäre, wie dies etwa BVerfGE 100, 104 (127 ff.) für die unterschiedliche Ermittlung des monatlichen Rentenbetrags von Zusatz- und Sonderversorgten gegenüber anderen Rentnern aus dem Beitrittsgebiet angenommen hat.

---

28 Das BVerfG nimmt zwar auf das Begriffspaar persönlicher und sachlicher Rechtsgleichheit nur ausnahmsweise ausdrücklich Bezug (vgl. BVerfGE 78, 104 [121]),

hat aber schon in seiner Leitentscheidung Hinweise für die Abgrenzung gegeben. Während der Anwendungsbereich der „neuen Formel" mit der „Verschiedenbehandlung mehrerer Personengruppen" recht vage bleibt, heißt es zu dem für das Willkürverbot verbleibenden Anwendungsbereich wörtlich, der Gleichheitssatz lasse „dem Gesetzgeber weitgehende Freiheit, **Lebenssachverhalte und das Verhalten einer Person** je nach dem Regelungszusammenhang verschieden zu behandeln." Der anschließende Satz macht das Gemeinte deutlicher: „Es ist dann grundsätzlich Sache des **Betroffenen, sich auf diese Regelung einzustellen** und nachteiligen Auswirkungen durch eigenes Verhalten zu begegnen." (BVerfGE 55, 72 [89] – ohne Hervorhebungen).

In der Folgezeit hat das BVerfG den Anwendungsbereich der strengeren **29** Anforderungen nach der „neuen Formel" auch unabhängig von der Verwendung personenbezogener Tatbestandsmerkmale auf alle Regelungen erstreckt, die in anderer Beziehung **besondere Grundrechtsrelevanz** aufweisen. Namentlich dann, wenn eine Verschiedenbehandlung sich auf die Ausübung grundrechtlich geschützter Freiheiten nachteilig auswirken kann, verlangt das grundlegende Postulat, dass gerade die grundrechtlichen Freiheiten für alle gleich sein sollen, dass auch in diesem Bereich **strengere Anforderungen an die Gleichbehandlung** gestellt werden.

Beispiel:

Formvorschriften für Testamente, die dazu führen, dass unverheiratete schreibunfähige Stumme keine Testiermöglichkeiten haben, während sie als Verheiratete im Rahmen eines Ehe- und Erbvertrages letztwillige Verfügungen treffen können, unterliegen hinsichtlich dieser Unterscheidung wegen ihrer Auswirkungen auf die Testierfreiheit im Rahmen des Art. 3 Abs. 1 GG strengen Anforderungen (BVerfGE 99, 341 [356]); zudem unterliegt der Familienstand als Differenzierungsgrund auch als personenbezogenes Merkmal strikten Gleichheitskriterien.

Für beide grundsätzlichen Anwendungsbereiche hat die Rechtsprechung dann zuneh-   **30** mend **Differenzierungen** der gleichheitsrechtlichen Anforderungen entwickelt, die von dem zweispurigen Ausgangspunkt („neue Formel" oder „Willkürverbot") zu einem gleitenden Prüfungsmaßstab ohne feste Abstufungen geführt haben. Für die Fälle der **persönlichen Rechtsgleichheit** wird zur Feinabstimmung der Gleichheitsmaßstäbe auf die mehr oder weniger große Nähe eines Differenzierungsmerkmals zur Person abgestellt: Großzügigere Anforderungen gelten danach für Differenzierungen zwischen Personengruppen, die an nicht personen*gebundene* Merkmale anknüpfen; insoweit spricht das BVerfG auch davon, dass eine Ungleichbehandlung von Sachverhalten mittelbar eine Ungleichbehandlung von Personengruppen bewirkt (vgl. BVerfGE 88, 87 [96]; BVerfGE 103, 310 [318 f.]; siehe auch u. Rn. 100 f.).

Beispiel:

Der Sachverhalt der Zugehörigkeit zu einer bestimmten Krankenkasse wurde als nicht personengebundenes Merkmal qualifiziert (BVerfGE 89, 365 [375 f.]); strengen Anforderungen wurde hingegen die Differenzierung zwischen Versicherungsnehmern privater Pflege-Pflichtversicherungen und Mitgliedern der sozialen Pflegeversicherung unterworfen (BVerfGE 103, 271 [289]). – Die Zuweisung des landwirtschaftlichen Betriebes an einen der nach dem BGB gleichrangigen Miterben gemäß § 13 GrundStVG betrifft gleichfalls Personengruppen, ist aber nicht an personengebundene Merkmale geknüpft (BVerfGE 91, 346 [363 f.]).

Dagegen ist die Gleichheitsbindung umso enger, je mehr eine Regelung den Einzelnen als Person betrifft, die Kriterien einer differenzierenden Regelung seinem Einfluss entzogen sind, sich insb. den in Art. 3 Abs. 3 GG genannten Merkmalen annähern, was die Gefahr der Diskriminierung von Minderheiten begründen kann.

Beispiel:

Differenzierungen zwischen Gruppen von Seeleuten mit ständigem Aufenthalt im Ausland oder im Inland (vgl. Art. 3 Abs. 3 Satz 1 GG: Heimat) wurden einem relativ strengen Maßstab unterworfen, auch mit Rücksicht darauf, dass die Betroffenen diese Gegebenheiten praktisch nur schwer ändern können (BVerfGE 92, 26 [52]). – Auch auf Unterscheidungen anhand der Staatsangehörigkeit, die selbst nicht zu den Merkmalen des Art. 3 Abs. 3 GG gehört, können strenge Maßstäbe anzuwenden sein (im Einzelnen offenlassend BVerfGE 130, 240 [254 f.]), ebenfalls auf Unterscheidungen nach der sexuellen Orientierung, obwohl deren Aufnahme in Art. 3 Abs. 3 GG 1994 explizit abgelehnt wurde (BVerfGE 131, 239 [257]).

31   Das BVerfG hat insoweit die ohnehin problematische Figur der **mittelbaren Diskriminierung** (u. Rn. 100 f.) auch bei der Prüfung des allgemeinen Gleichheitssatzes herangezogen, weil die unterschiedliche Behandlung von Verheirateten und eingetragenen Lebenspartnerschaften mittelbar an die typischerweise mit diesen Rechtsinstituten jeweils verbundene (hetero- bzw. homo-) sexuelle Orientierung anknüpfe (BVerfGE 133, 377 Rn. 77 ff. m.w.N.).

▶   **Hinweis:** Das BVerfG hat in einer Serie von Entscheidungen zunächst verbliebene Unterschiede der Rechtsfolgen von Ehe und Lebenspartnerschaft bei der betrieblichen Hinterbliebenenversorgung im öffentlichen Dienst (BVerfGE 124, 199), bei der Erbschafts- und Schenkungssteuer (BVerfGE 126, 400), beim besoldungsrechtlichen Familienzuschlag (BVerfGE 131, 239), bei der Grunderwerbssteuer (BVerfGE 132, 179), bei der Sukzessivadoption (BVerfGE 133, 59) und beim Ehegattensplitting in der Einkommensteuer (BVerfGE 133, 377), mangels nicht zuletzt wegen des Lebenspartnerschaftsrechts nicht mehr hinreichender Verschiedenheiten zwischen den Lebensverhältnissen der in diesen Instituten lebenden Menschen für gleichheitswidrig erklärt. Damit hat das Lebenspartnerschaftsgesetz mittelbar trotz der dafür seinerzeit nicht zu erreichenden Zustimmung des Bundesrates (BVerfGE 105, 313 [315 ff.]; 131, 239 [244]) mit Hilfe der Judikatur doch eine inzwischen praktisch umfassende Gleichstellung erreicht. S. auch Kap. 18, Die Grundrechte des Art. 6 GG., 18 Rn. 23.

Bei den Anforderungen **an Differenzierungen mit relevanten Wirkungen für**   **32**
andere Grundrechte sind die Bedeutung des betroffenen Grundrechts, die Intensität
der Berührung, die Reichweite der Differenzierung und Ähnliches dafür ausschlaggebend, wie überzeugend die Begründung für die Differenzierung im Einzelnen ausfallen muss.

Beispiele:

Verschärfungen der Anforderungen sind etwa angenommen worden bei Berührung
von Art. 2 Abs. 1 GG (BVerfGE 97, 271 [290 f.] zur allgemeinen Handlungsfreiheit
[bei Zwangsmitgliedschaft von Versicherten]; BVerfGE 115, 51 [69 f.] zur
Privatautonomie), von Art. 2 Abs. 1 GG i. V. m. Art. 1 Abs. 1 GG (BVerfGE 116,
243 [259 f.]), von Art. 5 Abs. 3 GG (BVerfGE 81, 108 [118]), von Art. 6 Abs. 1
GG (BVerfGE 133, 59 Rn. 73 zur Familie), von Art. 6 Abs. 2 GG (BVerfGE 130,
240 [254 f.]), von Art. 6 Abs. 4 GG (BVerfGE 65, 104 [113]), von Art. 12 Abs. 1
GG (Berufsfreiheit, BVerfGE 129, 208 [262], und freie Wahl der Ausbildungsstätte
BVerfGE 134, 1 Rn. 56), von Art. 13 GG (BVerfGE 83, 82 [86 f.] im Rahmen der
Willkürkontrolle), von Art. 14 Abs. 1 GG (BVerfGE 99, 367 [391 f.]), der
Rechtsschutzgarantie (BVerfGE 93, 99 [111]). Für strengere Anforderungen all-
gemein „aus jeweils betroffenen Grundrechten" BVerfGE 134, 1 Rn. 56; „aus
jeweils betroffenen Freiheitsrechten" etwa BVerfGE 136, 152 Rn. 66 m.w.N.

Die differenzierende Behandlung muss die anderen Grundrechte lediglich berühren.
Nicht erforderlich ist jedenfalls, dass diese Grundrechte zugleich für sich genommen
auch verletzt sind, womit die Verletzung des Gleichheitssatzes im Ergebnis stets
bedeutungslos wäre. Es überzeugt auch nicht, dass nur die (rechtfertigungsbedürf-
tige) Beeinträchtigung eines grundrechtlichen Schutzgegenstandes den strengeren
Maßstab auslösen soll. Vielmehr erfordern auch nicht nachteilige Auswirkungen auf
grundrechtsgeschützte Interessen, etwa Begünstigungen (nur) bestimmter Freiheitsbetätigungen, verstärkte gleichheitsgrundrechtliche Aufmerksamkeit; exemplarisch
wird dies durch das Verbot von Bevorzugungen wegen religiöser Anschauungen
nach Art. 3 Abs. 3 Satz 1 GG verdeutlicht.

Beispiel:

Für strenge Maßstäbe trotz explizit verneinter Verletzung des beeinträchtigten
anderen Grundrechts BVerfGE 133, 59 Rn. 73, für die Nichtzulassung der
Sukzessivadoption bei Lebenspartnern, die die Rechte des betroffenen Kindes
aus Art. 6 Abs. 1 GG nicht verletzte, aber doch nachteilig berührte. – Natürlich
kann zugleich auch das betroffene andere Grundrecht verletzt sein, so die
Testierfreiheit nach Art. 14 Abs. 1 GG in BVerfGE 99, 341 (353 ff.). – Gegen
strenge Maßstäbe mangels Beeinträchtigung des allerdings durch eine „Inhalts-
und Schrankenbestimmung" (u. Kap. 26, Die Grundrechte des Art. 14 GG, Rn. 22 ff.,
41) schon berührten Art. 14 Abs. 1 GG BVerfGE 136, 152 Rn. 67.

Unabhängig von der Judikatur zur „neuen Formel" sind **weitere Abwandlungen der**   **33**
Gleichheitsmaßstäbe anerkannt, die zusätzlich eingreifen und ggf. auch gegenläufig
zu sonst angezeigten Verschärfungen wirksam werden können. So gelten geringere

Anforderungen an den Gleichheitssatz für Gesetze, die die Ordnung von **Massener-scheinungen** zum Gegenstand haben, welche fortwährenden Veränderungen unterliegen. Dort wird dem Gesetzgeber grundsätzlich ein weiter Gestaltungsspielraum mit der Möglichkeit insbesondere zu (angemessen) typisierenden Regelungen eingeräumt.

▶ Hinweis: (Dies gilt insbesondere für die Bereiche des Sozial versicherungs) rechts (vgl. etwa BVerfGE 113, 167 [215]; 126, 369 [398]), des Steuerrechts (BVerfGE 137, 350 Rn. 41 f., 66) oder auch des Besoldungsrechts (BVerfGE 131, 239 [257 f.] m.w.w.N.). Differenzierungen zwischen Personen mit Ehegatten und solchen mit eingetragenen Lebenspartnern wurden trotzdem auch im Besoldungsrecht (a.a.O.) und im Steuerrecht (BVerfGE 133, 377 Rn. 86 ff.) strengen Maßstäben unterworfen.

Ähnliches wird für die Abgrenzung des begünstigten Personenkreises bei gewährender Staatstätigkeit angenommen.

Beispiel:

Gleichwohl wurden zusätzliche gesetzliche Anforderungen für die Gewährung von Erziehungsgeld an Nicht-EU-Ausländer strengen verfassungsrechtlichen Maßstäben unterworfen (BVerfGE 130, 240 [254 fff.]).

Schließlich wird ein Einzelvergleich unterschiedlicher Regelungen ausgeschlossen, wenn sie jeweils zu generell unbedenklich **verschiedenen Regelungssystemen** gehören.

Beispiele:

Deshalb wurde kein Gleichheitsverstoß angenommen für die Anrechnung des auf Kindererziehungszeiten beruhenden Teils des Altersruhegeldes auf die Sozialhilfe bei Müttern der Geburtsjahrgänge ab 1921 nach dem HEZG, während für die Mütter der Geburtsjahrgänge bis 1920 nach dem für sie geltenden KLG eine solche Anrechnung nicht erfolgte (BVerfGE 97, 103 [114 ff.]). – Die nur für kartellrechtliche, nicht aber für anderweitige Geldbußen vorgesehene Verzinsungspflicht wurde mangels eines zusammenhängenden rechtlichen Ordnungsbereichs als nicht vergleichbar und deshalb gleichheitsrechtlich unbedenklich eingestuft (BVerfGE 133, 1 Rn. 63 f.).

---

34 Die Annahme, dass es nur bei Willkür gegen den Gleichheitssatz verstößt, nur einen Teil in gleicher Weise **strafwürdiger Verhaltensweisen** unter Strafe zu stellen, ist angesichts der Grundrechtsrelevanz der Strafbarkeit nicht unproblematisch; sie ist allenfalls darauf zu stützen, dass es trotz gleicher Strafwürdigkeit hinreichend gewichtige Unterschiede der hinsichtlich der Strafbarkeit verschieden behandelten Fallgruppen geben kann.

Beispiele:

BVerfGE 50, 142 (166) hat – unter nicht recht passendem Hinweis auf das Fehlen eines Anspruchs auf „Gleichheit im Unrecht" (dazu u. Rn. 72 ff.) – die

Regelung des § 170b StGB a.F., die nicht alle gleich zu bewertenden Fälle der Verletzung der Unterhaltspflicht erfasste, gebilligt und allenfalls (!) bei Willkür eine Grenze gesehen. – BVerfGE 90, 145 (195 ff.) hat die verschiedene strafrechtliche Behandlung des Gebrauchs von Cannabis einerseits, Alkohol und Nikotin andererseits trotz potentiell gleicher Schädlichkeit der Stoffe aufgrund von (anderen) Unterschiedlichkeiten der Vergleichsfälle akzeptiert.

Insgesamt gelangt die neuere Rechtsprechung damit zu einem höchst **differenzier-** **35** **ten Komplex von Maßstäben der Gleichheitsprüfung,** der auch für weitere Fortentwicklungen Raum lässt. Gelegentlich scheint auch die Judikatur von der Vielfalt der selbst geschaffenen Kriterien so beeindruckt, dass sie sich ohne nähere Erläuterung nur auf die Anforderungen der „neuen Formel" oder des „Willkürverbots" bezieht, die auch miteinander verbunden als einheitlicher Gesamtmaßstab angeführt werden. Misslich ist aber vor allem, dass vielfach ein Bündel von teils auch gegenläufigen Anforderungskriterien zusammengestellt wird, ohne dass das sich daraus ergebende Anforderungsniveau für die jeweilige Entscheidung präzisiert wird.

▶ **Hinweis:** Angesichts der Komplexität der Maßstäbe führt es nicht weiter, sich der Gleichheitsprüfung mit der Frage nach dem richtigen „tertium comparationis" zu nähern; wonach verglichen werden darf, kann erst nach Bestimmung der jeweiligen Maßstäbe festgestellt werden.

Die geschilderten Unterschiedlichkeiten der anzulegenden Maßstäbe werden von **36** vielen Stimmen, zum Teil auch vom BVerfG selbst, dahin **missverstanden,** dass es sich um Fragen der **Verhältnismäßigkeit** handelt. Namentlich findet sich in der Judikatur ständig die Formulierung, die gleichheitsrechtlichen Grenzen für den Gesetzgeber reichten „vom bloßen Willkürverbot bis zu einer strengen Bindung an Verhältnismäßigkeitserfordernisse" (seit BVerfGE 88, 87 [96]; zuletzt etwa BVerfGE 135, 126 Rn. 52 m.w.N.). Dabei wird Folgendes verkannt: Bei der Verhältnismäßigkeit geht es darum, ob Einschränkungen, die in Bezug auf ein verfolgtes Ziel vorgenommen werden, darauf bezogen geeignet, erforderlich und angemessen sind (o. Kap. 10, Anforderungen an Grundrechtsbeeinträchtigungen, Rn. 36 ff. und u. Rn. 49); dagegen sind bei den Differenzierungen im Rahmen der „neuen Formel" ausschließlich Vergleiche verschieden behandelter Fall- oder Personengruppen anzustellen, die mit einer Ziel-Mittel-Relation unmittelbar nichts zu tun haben.

▶ **Hinweis:** Mittelbar kann sich allerdings eine Verbindung dadurch ergeben, dass Unterschiedlichkeiten von Sachverhalten oder Personengruppen Bedeutung für die Erreichbarkeit gesetzlich verfolgter Ziele haben, so dass etwa für verschiedene Fallgruppen Eignung bzw. Erforderlichkeit einer Regelung unterschiedlich zu beurteilen sind. Dies kann eine entsprechend unterschiedliche Behandlung der genannten Fallgruppen gleichheitsrechtlich legitimieren. Teils wird die besondere Behandlung einer relevant unterschiedlichen Gruppe als „legitimes Ziel"

zur Rechtfertigung herangezogen, wobei dann bei Verwendung unge-
nauer Abgrenzungskriterien der Regelung die Eignung abgesprochen
wird (vgl. BVerfGE 132, 72 Rn. 26, 27).

37   Aufgrund der dargestellten Entwicklung hat die **Gleichheitsprüfung** heute zweck-
mäßigerweise in folgenden Schritten zu erfolgen:

- Vorab sind die im Rahmen des Art. 3 Abs. 1 GG **anwendbaren gleichheitsrecht-
  lichen Maßstäbe zu ermitteln**; namentlich ist also zu klären, ob sich der fragliche
  Fall im Bereich der sachlichen Rechtsungleichheiten bewegt, die bis zur Willkürgrenze zulässig sind, oder ob es sich um Fälle handelt, die – wegen Berührung
  der persönlichen Rechtsgleichheit oder wegen Grundrechtsrelevanz der geregelten
  Materie – nach den Maßstäben der „neuen Formel" zu behandeln sind.
- Nach Klärung dieser Vorfrage ist für beide Bereiche gleichermaßen nach der
  Legitimation der Differenzierung durch Verschiedenheiten der zu vergle-
  chenden Sachverhalte zu fragen, wobei allerdings dann die **unterschiedlich
  strengen Anforderungen** durchgreifen: Dabei genügt im Anwendungsbereich
  des Willkürverbots jeder irgendwie nachvollziehbar sachliche Grund, während
  im Geltungsbereich der „neuen Formel" überzeugende, aus der Natur der Sache
  durchschlagende Gründe bestehen müssen.
- Von diesem zweigeteilten Ansatz aus bleibt anhand der angesprochenen Kriterien
  noch hinreichend Raum, um die anzuwendenden **Maßstäbe** je nach den Gegebenheiten der Regelungsmaterie bezogen auf die konkrete Problemstellung im
  Einzelnen mehr oder weniger stringent **auszudifferenzieren**.

38   In der Konsequenz dieser Prüfung lässt sich dann jeweils feststellen, ob eine Verschiedenbehandlung aufgrund der besonderen Gegebenheiten des Regelungsgegenstandes den Anforderungen des Gleichheitssatzes entspricht. Ist dies anzunehmen,
liegt schon tatbestandlich kein Fall der Ungleichbehandlung vor; (nur) andernfalls
ist nach der hier verwendeten Terminologie (o. Rn. 11) eine **Ungleichbehandlung**
gegeben, die – nach den allgemeinen abwehrrechtlichen Kategorien – den rechtfertigungsbedürftigen Eingriff in den Schutzgegenstand des Gleichheitsgrundrechts
ausmacht, weil ihr die gleichheits*interne* Legitimität fehlt.

bb) Begrenzungen des Gleichbehandlungsgebots

39   Ausdrückliche Begrenzungen kennt der allgemeine Gleichheitssatz nicht, insbesondere unterliegt er **keinem Gesetzesvorbehalt**. Eine willkürliche Verschiedenbehandlung oder eine Differenzierung zwischen Personengruppen oder im
Anwendungsbereich von Grundrechten, die aus den bestehenden Unterschieden nicht befriedigend zu begründen sind, soll (auch) dem Gesetzgeber prinzipiell versagt bleiben.

▶   **Hinweis:**   Die wohl auch gegenüber Art. 3 Abs. 1 GG durchgreifende
Freistellung bestimmter Entnazifizierungsvorschriften von der Geltung
des Grundgesetzes gemäß Art. 139 GG kann als heute weitgehend
obsolet hier außer Betracht bleiben.

Allerdings sind Gleichheitsrechte nicht etwa strukturell für eine Begrenzung durch Gesetzesvorbehalte ungeeignet; dies zeigt Art. 137 Abs. 1 GG, der gesetzliche Einschränkungen des grundrechtsgleichen Gleichheitsrechts der allgemeinen Wählbarkeit nach Art. 38 Abs. 1 GG ermöglicht (u. Kap. 33, Die grundrechtsgleichen Rechte des Art. 38 GG, Rn. 8).

Nach den Kriterien der allgemeinen Grundrechtsbegrenzungsdogmatik (o. Kap. 9, **40** Grundrechtsbegrenzungen, Rn. 33 ff.) können Ungleichbehandlungen als Eingriffe in das Gleichheitsgrundrecht dennoch gerechtfertigt sein, wenn sich aus nicht ausdrücklich darauf gerichteten **anderen Bestimmungen des Grundgesetzes Begrenzungen** des Gleichheitssatzes ableiten lassen (*externe* Rechtfertigung). Erfordert etwa ein anderweitiges verfassungsrechtliches Gebot zwingend bestimmte Unterschiede, so mag dies den Gesetzgeber zu entsprechenden Differenzierungen ungeachtet eines Widerspruchs zum Gleichheitssatz berechtigen. **Praktisch** wird dies beim allgemeinen Gleichheitssatz **kaum in Betracht** kommen (für Unterscheidungen nach dem Geschlecht s. u. Rn. 130 ff.), weil gerade seine Offenheit genügend Raum bietet, in der Verfassung angelegte Anlässe für Differenzierungen bereits im Rahmen der Tatbestandsprüfung des Gleichheitssatzes als unterscheidungsrelevante Besonderheiten des Regelungsgegenstandes zu berücksichtigen.

Beispiele:
Ansätze für die Annahme einer Begrenzung des Art. 3 Abs. 1 GG durch andere Verfassungsbestimmungen sind erkennbar, wenn die unterschiedliche Behandlung von Eltern durch nach dem Einkommen gestaffelte Kindergartengebühren mit dem Hinweis auf Schutzpflichten für Ehe und Familie, die Gleichberechtigung der Geschlechter und das ungeborene Leben nach Art. 6 Abs. 1, Art. 3 Abs. 2 und Art. 2 Abs. 2 Satz 1 GG gerechtfertigt wird (so BVerfGE 97, 332 [347]). – Ähnliches gilt für die abgelehnte Rechtfertigung der Differenzierung zwischen Partnern von Ehen und eingetragenen Lebenspartnerschaften bezüglich der Sukzessivadoption durch Belange des Kindes, den Schutz der Ehe oder der Familie oder das Elternrecht (BVerfGE 133, 59 Rn. 78 ff.).

Allerdings ist das Willkürverbot nicht auf den Bereich des Gleichheitssatzes be- **41** schränkt, sondern stellt eine über ihn hinausweisende selbständige Ausprägung des Rechtsstaatsprinzips dar. Im Rahmen einer Willkürprüfung können daher als „**sachliche Gründe**" für eine differenzierende gesetzliche Regelung auch solche in Betracht kommen, die mit den Verschiedenheiten der unterschiedlich behandelten Fallgruppen nichts zu tun haben, sondern etwa **aus der Verfolgung eines wichtigen Zieles** abgeleitet werden.

Beispiel:
Im vorerwähnten Fall gestaffelter Kindergartengebühren finden sich die zitierten Überlegungen des BVerfG denn auch unter dem Gesichtspunkt, dass die „ungleiche Behandlung der Eltern … durch hinreichend gewichtige sachliche Gründe gerechtfertigt" werde. Der im Ausgangspunkt im Sinne der neuen Formel geforderte Bezug auf Unterschiede der verschieden behandelten Personengruppen ist hier nicht mehr erkennbar (BVerfGE 97, 332 [344, 347]).

Vor allem die für **Typisierungen** und **Stichtagsregelungen** angeführten, in ihrer Berechtigung grundsätzlich kaum anzuzweifelnden „sachlichen Gründe" der Verwaltungspraktikabilität bzw. der zwangsläufigen Notwendigkeit irgendeiner zeitlichen Grenze können den Willkürvorwurf ausräumen, ohne dass indes dafür irgendeine Verschiedenheit der danach unterschiedlich zu behandelnden Fälle selbst angeführt werden kann (s. aber u. Rn. 45).

> **Beispiel:**
>
> Die Ausbildungsförderung nach dem BAföG wurde in der Zeit von 1983 bis 1990 als (zurückzuzahlendes) Volldarlehen gewährt, davor und danach jedenfalls zum Teil als (nicht rückzahlbarer) Zuschuss. Die Ungleichbehandlung der mit Volldarlehen geförderten Studenten gegenüber denen, die vorher oder später studierten, wurde u. a. mit Rücksicht auf das vom Gesetzgeber „für die Zukunft angestrebte Ziel einer Steigerung der Förderzahlen" sogar vor einem (auf die neue Formel bezogenen) „strengen Maßstab" als gerechtfertigt angesehen (so BVerfGE 96, 330 [341 f.]).

42   In den Fällen derartiger „sachlicher Gründe", die sich aus der Orientierung auf ein gesetzliches Ziel ergeben, sind – anders als in den Fällen vergleichsrelevanter Verschiedenheiten der geregelten Fälle – die **tatbestandlichen Voraussetzungen einer Verletzung des allgemeinen Gleichheitssatzes** gegeben, weil insoweit „Gleiches ungleich" behandelt wird; dies bedeutet einen Eingriff in das geschützte Grundrechtsinteresse (hier: an der Gleichbehandlung) (o. Rn. 3, 38). Für die Fälle des Willkürverbots wird dies durch das dehnbare Kriterium des sachlichen Grundes verdeckt, das sowohl relevante Unterschiede als auch vernünftige Ziele erfasst. Dagegen lässt die neue Formel für den von ihr erfassten Bereich diese Konsequenz klar erkennen. Denn ihre Bedeutung liegt ja wesentlich gerade darin, dass sie für Differenzierungen hinreichende bedeutsame Unterschiede gerade zwischen den verschieden behandelten Personengruppen verlangt, damit sie gleichheitsrechtlich von vornherein unbedenklich sind.

43   Gleichheitsrechtlich nicht unbedenkliche, nicht durch Unterschiede der verschieden behandelten Personengruppen oder Gegebenheiten (intern) zu erklärende Differenzierungen, also Ungleichbehandlungen als Eingriffe in das Gleichheitsgrundrecht, können auf der Grundlage dieses (noch) recht neuen Verständnisses des Gleichheitssatzes[2] nur aufgrund verfassungsrechtlicher Begrenzungen gerechtfertigt werden. Gegenüber der bisherigen Willkür-Dogmatik bedeutet das, dass **„sachliche Gründe"**, die nicht auf Unterschieden der Vergleichsfälle beruhen, sondern in der Verfolgung bestimmter Ziele bestehen, nur anzuerkennen sind, wenn sie sich auf **kollidierendes Verfassungsrecht** stützen können. Warum Ungleichbehandlungen als Beschränkungen des Gleichheitsgrundrechts unabhängig davon schon bei Verfolgung nur legitimer, im Sinne verfassungsrechtlich nicht missbilligter Ziele (o. Kap. 10, Anforderungen an Grundrechtsbeeinträchtigungen, Rn. 37) zulässig sein sollten, ist nicht erkennbar.

---

[2] Namentlich entwickelt in der auf seiner Dissertation aufbauenden Monographie von *Stephan Huster*, Rechte und Ziele, 1993, insbes. S. 164 ff.; vgl. auch *ders.*, JZ 1994, 541 ff. Allerdings stellt *Huster* den Gleichheitssatz unter einen allgemeinen Vorbehalt der Verfolgung legitimer Ziele.

Umgekehrt bestehen auch keine prinzipiellen Bedenken dagegen, das grundrecht- **44** lich geschützte **Gleichheitsinteresse hinter andere Verfassungsanliegen zurücktreten** zu lassen. Es ist nicht ersichtlich, warum beim Gleichheitssatz nicht erlaubt sein sollte, was etwa bei den Grundrechten auf Leben, körperliche Unversehrtheit und Freiheit der Person in Art. 2 Abs. 2 Satz 3 GG ausdrücklich zugelassen ist und auch bei (anderen) vorbehaltlos garantierten Grundrechten anerkannt wird. Dabei ist zu berücksichtigen, dass mit der Rechtfertigung selbst insoweit willkürlicher Unterscheidungen nicht Willkür schlechthin ermöglicht wird – was rechtsstaatlich unerträglich sein dürfte –; vielmehr muss ein durch das kollidierende Verfassungsrecht qualifizierter „sachlicher Grund" als Ziel verfolgt werden, der Willkür ausschließt. Im Übrigen bleiben auch bei den besonders problematischen Differenzierungen, die den für sie maßgeblichen strengeren Anforderungen an notwendige Unterschiedlichkeiten nicht genügen, die allgemeinen Anforderungen an Ungleichbehandlungen als Grundrechtsbeschränkungen (u. Rn. 47 ff.) zu beachten.

Als kollidierendes Verfassungsrecht kommt insbesondere die Notwendigkeit wirksa- **45** mer Wahrnehmung der auf das Grundgesetz gestützten Staatsfunktionen (s. insbesondere Art. 20 Abs. 2 GG) in Betracht. So impliziert die **Möglichkeit einer gestaltungsfähigen Gesetzgebung**, dass es mit neuen Gesetzen zu Unterschieden in der Zeit kommt; darauf lassen sich Stichtagsregelungen stützen, auf deren Grundlage in der Sache völlig gleich gelagerte Fälle vor und nach dem jeweiligen Stichtag unterschiedlich behandelt werden. Die **wirksame Wahrnehmung der Verwaltungsfunktion**, die auch vom Grundgesetz gewollt ist, kann eine Grundlage für Gesetze bieten, die für einen effizienten Vollzug notwendige Typisierungen vornehmen oder sie der Verwaltung selbst ermöglichen, obwohl mit der bloßen Annäherung an die eigentlich maßgeblichen Gründe für die Unterscheidung untypische Fälle nicht erfasst und damit ungleich behandelt werden (zu Stichtagsregelungen und Typisierungen schon o. Rn. 41).

Dagegen werden **sachspezifische Verfassungsaussagen nur selten** dahin ver- **46** standen werden können, dass auf ihrer Grundlage Ungleichbehandlungen, also Differenzierungen ohne angemessene Grundlage in den Unterschiedlichkeiten der verschieden geregelten Vergleichsfälle, zulässig sein sollen. Es wird meistens möglich sein, andere verfassungsrechtlich vorgegebene Ziele ohne den Rückgriff auf Ungleichbehandlungen sinnvoll anzustreben.

Beispiel:

Eine Differenzierung nach der Leistungsfähigkeit von Unterhaltspflichtigen dadurch, dass (nur) Unterhaltspflichtige, die ansonsten kein zur Sicherung des Existenzminimums des Kindes ausreichendes Einkommen erzielten, das ihnen gewährte Kindergeld vorrangig für das Kind verwenden mussten, stellt schon keine Ungleichbehandlung dar. Wenn dies anders zu sehen wäre, wäre die dann notwendige Rechtfertigung der Ungleichbehandlung aufgrund des staatlichen Wächteramts nach Art. 6 Abs. 2 Satz 2 GG möglich (BVerfGE 108, 52 [72 f.]). S. auch schon o. Rn. 40.

cc) Anforderungen an gesetzliche Ungleichbehandlungen

Eine Ungleichbehandlung muss, auch wenn sie sich auf kollidierendes Verfassungs- **47** recht stützen kann, nach dem hier verwendeten Eingriffsmodell der Gleichheitsrechte auch den **allgemeinen Anforderungen** genügen, die nach dem Grundgesetz für Grundrechtsbeschränkungen überhaupt gelten (o. Kap. 10, Anforderungen an Grundrechtsbeeinträchtigungen).

48   Die Anforderungen des **Art. 19 Abs. 1 GG** kommen nicht in Betracht, wenn man sie mit der allerdings nicht unbedenklichen Judikatur des BVerfG nur auf die Grundrechte anwendet, die einem ausdrücklichen Einschränkungsvorbehalt unterliegen (vgl. Kap. 10, Anforderungen an Grundrechtsbeeinträchtigungen, Rn. 10, 18 ff.). Die Wesensgehaltgarantie des **Art. 19 Abs. 2 GG** wird hinsichtlich zentraler Aspekte der Rechtsgleichheit mit der Menschenwürdegarantie zusammentreffen. Eigenständig bedeutsam könnten aber bestehende Defizite bei der Durchsetzung des Gleichheitssatzes (u. Rn. 75 f.) werden (o. Kap. 10, Anforderungen an Grundrechtsbeeinträchtigungen, Rn. 33).

49   Die praktisch wichtigste allgemeine Anforderung dürfte auch beim allgemeinen Gleichheitssatz der ([nur] insofern passende [o. Rn. 36]) **Grundsatz der Verhältnismäßigkeit** sein. Bezogen auf das vom jeweils kollidierenden Verfassungsrecht vorgegebene Ziel muss die Ungleichbehandlung dazu beitragen können, dieses Ziel zu erreichen (Eignung). Dies dürfte nicht ebenso gut ohne die Ungleichbehandlung oder durch eine weniger weit reichende möglich sein (Erforderlichkeit). Zudem müsste der zu erreichende Vorteil für das verfassungsrechtlich vorgegebene Ziel bei einer Abwägung mit der Zurücksetzung des Gleichheitsanliegens gewichtiger sein (Angemessenheit).

Beispiel:

So in der Sache für das Ziel der Verwaltungsvereinfachung durch einen degressiven Tarif bei der Zweitwohnungssteuer teils gegen Eignung, teils gegen Angemessenheit BVerfGE 135, 126 Rn. 69 ff. Hinsichtlich als zulässig angesehener Lenkungszwecke der Besteuerung, ebda, Rn. 78 ff. (auch insoweit im Hinblick auf Verhältnismäßigkeit geprüft), sind mangels nur ausnahmsweise eingreifender besonderer verfassungsrechtlicher Legitimation der Ziele für vom Leistungsfähigkeitsprinzip abweichende Differenzierungen anderweitige überzeugende Gründe aus den Unterschieden der Vergleichsgruppen zu verlangen, die dann schon die Ungleichbehandlung ausschließen.

---

50   Aber auch **alle anderen Verfassungsverstöße** der gleichheitswidrig differenzierenden, damit in das Gleichheitsgrundrecht eingreifenden Norm, also Verstöße gegen andere rechtsstaatliche Anforderungen, gegen formelle Anforderungen an die Gesetzgebung und sogar die Verletzung von Grundrechten anderer (o. Kap. 10, Anforderungen an Grundrechtsbeeinträchtigungen, Rn. 58 ff.) haben zur Folge, dass auch das Gleichheitsgrundrecht verletzt ist.

dd) Prüfungsprogramm für Verstöße differenzierender Gesetzgebung gegen den allgemeinen Gleichheitssatz

51   I. Genaue Bezeichnung der zu prüfenden gesetzlichen (auch im Übrigen nachteiligen, vgl. o. Rn. 3) Verschiedenbehandlung
zu beziehen auf den Grundrechtsträger und im Sachverhalt angegebene oder sinnvoll ausgewählte anders behandelte Vergleichspersonen:

Grundrechtsträger als Adressat belastender Regelungen wird anders behandelt als die nicht zu den Adressaten zählenden Vergleichspersonen *oder* Vergleichspersonen als Adressaten begünstigender Regelungen werden anders behandelt als der Grundrechtsträger.

Ergebnis: (nachteilige) Verschiedenbehandlung wird festgestellt.

II. Ungleichheitlichkeit der festgestellten Verschiedenbehandlung

Klärung des einschlägigen Maßstabs (Willkürformel oder neue Formel)
Gleichheitsimmanente Legitimität der Verschiedenbehandlung anhand der Unterschiede zwischen den Vergleichspersonen und dem Grundrechtsträger nach dem einschlägigen Maßstab (Willkürformel oder neue Formel)?

Nur die danach nicht legitime Differenzierung ist eine tatbestandlich relevante Ungleichbehandlung, ein „Eingriff in das Gleichheitsgrundrecht".

III. Bestehen einer Grundrechtsbegrenzung

Mangels Gesetzesvorbehalts ist kollidierendes Verfassungsrecht zur Rechtfertigung von Ungleichbehandlungen erforderlich.

IV. Anforderungen an gesetzliche Ungleichbehandlungen

1. Spezielle Anforderungen des grundrechtsbegrenzenden Verfassungsrechts (Notwendigkeit zur Erhaltung der Gestaltungsfreiheit des Gesetzgebers, der Handlungsfähigkeit der Verwaltung u. Ä.).

2. Allgemeine Anforderungen

[a) *Einzelfallgesetzverbot, Art. 19 Abs. 1 Satz 1 GG]*

[b) *Zitiergebot, Art. 19 Abs. 1 Satz 2 GG]*

c) Wesensgehaltgarantie, Art. 19 Abs. 2 GG

d) Verhältnismäßigkeit (bezogen auf das jeweilige Sachziel des Gesetzes)

e) Rechtssicherheit (Bestimmtheit, Vertrauensschutz)

f) Formelle Verfassungsmäßigkeit

g) Materielle Verfassungsmäßigkeit im Übrigen.

b) Ungleichbehandlungsgebot?

Besondere, kaum näher diskutierte und daher nicht als abschließend gelöst anzusehende Fragen wirft die in der Judikatur des BVerfG heute ganz selbstverständlich verwendete, wenn auch praktisch kaum je relevant werdende Formulierung auf, wonach der Gleichheitssatz nicht nur darauf abzielt, dass (wesentlich) Gleiches gleich behandelt werden muss, sondern in gleicher Weise auch anordnet, dass (wesentlich) **Ungleiches ungleich** zu behandeln sei. Aus dem Gleichheitssatz wird so unversehens ein Ungleichheitssatz. Eine **Begründung** hierfür wird **nicht gegeben**. 52

Beispiele:
Diesbezügliche funktionslose Aussagen finden sich im Zusammenhang mit der Überprüfung differenzierender Regelungen etwa in BVerfGE 130, 52 (65) m.w.N.; BVerfGE 136, 152 Rn. 66; BVerfGE 137, 1 Rn. 47; 138, 136 Rn. 121; 139, 1 Rn. 38.

▶ **Hinweis:** Statt von einem Ungleichbehandlungsgebot sollte wohl terminologisch besser von Differenzierungs- oder Unterscheidungsgebot gesprochen werden, weil der Begriff der „Ungleichbehandlung" zu sehr einen Verstoß gegen Art. 3 Abs. 1 GG nahelegt, obwohl diesem doch nach der hier abgelehnten Auffassung gerade Rechnung getragen werden soll. In der Sache ändert sich dadurch freilich nichts; um eine Ungleichbehandlung im hier verwendeten Sinne einer rechtfertigungsbedürftigen Gleichheitsbeeinträchtigung (o. Rn. 10 ff.) geht es jedenfalls nicht.

53   Die Wurzel dieser Auffassung liegt offenbar in der Vorstellung der **„geometrischen"** **Gleichheit** im Gegensatz zur „arithmetischen" Gleichheit: Während letztere „jedem dasselbe" verspricht, zielt erstere darauf, dass **„jedem das Seine"** zuteil wird, also „suum cuique" statt „idem cuique". Verselbständigt man diese Formel, schließt sie in der Tat das Ziel gleicher Behandlung ebenso ein wie das ungleicher Behandlung. Der Wortlaut des verfassungsrechtlichen Gleichheitssatzes wie seine Verwurzelung in der Absage an die wohlgegliederte Gesellschaft des Ständestaates legen demgegenüber seine prinzipielle **Ausrichtung auf Egalität** nahe. Im Rahmen dieser Zielsetzung wirkt das „suum cuique" mäßigend, begrenzt die Pflicht zur Gleichbehandlung auf Gleiches, schließt den Zwang zur Gleichbehandlung auch des Ungleichen aus. Eine Pflicht zur Ungleichbehandlung bedeutet dies aber keineswegs.

> ▶   **Hinweis:**   So im Ausgangspunkt auch die erste einschlägige Aussage des BVerfG (BVerfGE 1, 14 [16 Leitsatz 18 Satz 2, und S. 52]). Wie problematisch eine Ungleichbehandlungspflicht ist, zeigt *Carl Schmitts* Vorstellung von substanzieller Gleichheit in der Demokratie, die die Ausscheidung oder Vernichtung des Heterogenen fordere.[3]

54   Die Erweiterung der Formel, dass Gleiches gleich behandelt werden müsse, auf ihre negative Entsprechung, dass Ungleiches auch ungleich zu behandeln sei, erklärt sich auch aus dem lange Zeit nahezu ausschließlich vertretenen Verständnis des Gleichheitssatzes als **Willkürverbot**. Denn es kann in der Tat ebenso willkürlich sein, Verschiedenheiten unberücksichtigt zu lassen, wie die Nichtbeachtung von Gemeinsamkeiten eines sachlichen Grundes entbehren kann – nur reicht das Willkürverbot, wie bereits in anderem Zusammenhang deutlich wurde (o. Rn. 41), über den Bereich des Gleichheitssatzes hinaus und mag insoweit davon unabhängige, eigenständige Konsequenzen begründen.

55   Die willkürliche Gleichbehandlung sollte deshalb – gegen die bundesverfassungsgerichtliche Judikatur – aus dem Anwendungsbereich des Art. 3 Abs. 1 GG ausgeschieden werden. Damit entfällt für einschlägige Fälle nicht jeder **Grundrechtsschutz**. Vielmehr kann jeder von einer willkürlich unterschiedslosen Regelung nachteilig Betroffene geltend machen, dass die Regelung gegen das Rechtsstaatsprinzip verstößt und deswegen keinen Bestandteil der verfassungsmäßigen Ordnung im Sinne des **Art. 2 Abs. 1 GG** darstellt.

56   Im Rahmen des Gleichheitssatzes bereitet das Postulat, Ungleiches müsse ungleich behandelt werden, erhebliche **Anwendungsprobleme**. Unklar ist schon, wie die Vergleichsfälle beschaffen sein sollen, die die Pflicht zur Ungleichbehandlung auslösen sollen. Die bloße Verschiedenheit in einem relevanten Punkt, die von der Verpflichtung zur Anordnung gleicher Rechtsfolgen freistellt, kann insoweit jedenfalls nicht genügen. Ob die Anordnung unterschiedsloser Rechtsfolgen für Fallgruppen, die bestimmte Verschiedenheiten aufweisen, gegen die Anforderung

---

[3] *Carl Schmitt*, Die geistesgeschichtliche Lage des heutigen Parlamentarismus, 1961, S. 13 f.

des (Un-) Gleichheitssatzes verstößt, ist vielmehr in der verfassungsgerichtlichen Judikatur an **strengere Voraussetzungen** gebunden worden. Namentlich wird verlangt, dass „für eine am Gerechtigkeitsgedanken orientierte Betrachtungsweise die tatsächlichen Ungleichheiten in dem jeweils in Betracht kommenden Zusammenhang so bedeutsam sind, dass der Gesetzgeber sie bei seiner Regelung beachten muss."

> **Beispiel:**
> Die zitierte Formulierung hat das BVerfG etwa gegenüber den Mitarbeitern der Bauakademie verwendet, deren Arbeitsverträge wie die anderer Einrichtungen der DDR nach dem Einigungsvertrag beendet wurden; die geltend gemachten Besonderheiten der Bauakademie seien nicht so gewichtig, dass eine differenzierende Regelung verfassungsrechtlich geboten gewesen wäre (BVerfGE 86, 81 [87] im Anschluss an BVerfGE 1, 264 [275 f.]).

Nach der Fortentwicklung der Gleichheitsdogmatik durch die **„neue Formel"** 57 **fehlt** im Übrigen auf der Maßstabsebene eine **entsprechende Parallele** gegenüber unzulässigen Gleichbehandlungen. Diese ließe sich zwar wohl formulieren, erscheint aber wenig sinnvoll, weil es grundsätzlich weder im Bereich der persönlichen Eigenschaften noch im Zusammenhang der Grundrechtsausübung einen Anlass gibt, unterschiedslose Behandlungen mit besonderem Nachdruck zu bekämpfen. Auch hierin zeigt sich die prinzipiell einseitig auf gleiche Behandlung (und nicht auch auf ungleiche Behandlung) orientierte Ausrichtung des Gleichheitssatzes. Einwände gegen gleichbehandelnde Regelungen sind denn auch vielfach erfolglos geblieben.

> **Beispiele:**
> Das auch für industrielle Großbäckereien geltende Nachtbackverbot findet seine Rechtfertigung im gesetzgeberischen Ziel des Handwerkschutzes (BVerfG 87, 363 [389]). – Keine unzulässige Gleichbehandlung wurde darin gesehen, dass auch bei Arbeitslosen, die keiner Kirche angehören, bei der Berechnung des Nettoentgelts, nach dem sich die Höhe des Arbeitslosengeldes bestimmt, ein Kirchensteuerhebesatz mindernd zu berücksichtigen ist (BVerfGE 90, 226 [239 f.]). – Nur durch verfassungskonforme Auslegung vermieden wurde eine unzulässige Gleichbehandlung dadurch, dass in Großstädten alle Grundstücke, auch solche ohne potentiellen Gebrauchsvorteil, der Beitragspflicht für Verkehrsanlagen unterworfen worden wären (BVerfGE 137, 1 Rn. 55, 61 ff.).

Soweit Verstöße gegen das dem Art. 3 Abs. 1 GG zugeordnete Ungleichbehand- 58 lungsgebot angenommen wurden, stehen diese durchweg in engster Beziehung zu Abweichungen von **anderweitigen verfassungsrechtlichen Anforderungen**, die nur für einen Teil der von der unterschiedslos gefassten Regelung betroffenen Fälle gelten. Die Nichtberücksichtigung dieser Anforderungen begründet einen primären Verfassungsverstoß; eine daneben angenommene gleichheitswidrige Gleichbehandlung hat keine selbständige Bedeutung.

Beispiele:

Der im Prinzip gebilligte Ausschluss der Entschädigung für Verfolgte, die die freiheitliche demokratische Grundordnung bekämpfen, durfte wegen Art. 21 GG nicht auch auf die Personen erstreckt werden, die dies im Rahmen einer nicht verbotenen politischen Partei taten (BVerfGE 13, 46 [53]). – Die für die Zulassung zum Lebensmitteleinzelhandel geforderte umfassende Sachkunde erwies sich gegenüber Personen, die solchen Handel nur mit eng begrenztem Sortiment betreiben wollten, als unverhältnismäßig, so dass diese in Ermangelung einer Sonderregelung in ihrer Berufsfreiheit nach Art. 12 Abs. 1 GG verletzt wurden (BVerfGE 34, 71 [80 f.]). – Die Einheitsberechnung von Zusatzrenten bei Ausscheiden aus dem öffentlichen Dienst bedeutete (vor allem) für die Inhaber von Versorgungszusagen mit Art. 12 Abs. 1 GG nicht zu vereinbarende faktische Bindungen an den bisherigen Arbeitgeber (BVerfGE 98, 365 [395 ff.]). – Menschen mit Kindern mit gleich hohen Beiträgen zur Pflegeversicherung zu belasten wie kinderlose Personen widerspricht den Anforderungen des Art. 6 Abs. 1 GG (BVerfGE 103, 242 [257, 263 ff.]).

c) Wirkungen des normativen Gleichheitsverstoßes

59   Normative Verstöße gegen den Gleichheitssatz sollen nach der Rechtsprechung des BVerfG **prinzipiell nicht** zur **Nichtigkeit** der gleichheitswidrigen Norm führen. Das BVerfG beruft sich für seine Annahme **bloßer Unvereinbarkeit mit dem Grundgesetz** vor allem darauf, dass im Hinblick auf die verschiedenen Möglichkeiten, den Gleichheitsverstoß zu beseitigen, die Gestaltungsfreiheit des Gesetzgebers gewahrt bleiben müsse. Dies scheint nicht recht überzeugend, weil der Gesetzgeber grundsätzlich auch nach einer Nichtigerklärung frei ist, die Rechtsfolgen anzuordnen, die er insgesamt für zuträglich hält, ggf. auch mit Rückwirkung.

60   Die bloße Unvereinbarkeit mit der Verfassung bezeichnet einen in seiner Bedeutung nur schwer zu bestimmenden **Schwebezustand der Norm**, die zwar nicht ungültig sein, aber doch auch **nicht mehr angewendet** werden können soll. Vielmehr sollen regelmäßig die Verfahren, die unter Anwendung einer mit der Verfassung nicht zu vereinbarenden, aber nicht nichtigen Norm zu entscheiden wären, bis zur erforderlichen Neuregelung des Gesetzgebers offengehalten werden. Bis dahin sollen insbesondere anhängige Gerichtsverfahren auszusetzen sein (vgl. BVerfGE 87, 234 [262 f.]; BVerfGE 91, 389 [404 f.]). Strafsanktionen dürfen aber auch für Verstöße gegen gleichheitswidrige Normen, die nur für unvereinbar mit dem Grundgesetz erklärt sind, nicht mehr verhängt werden (BVerfGE 85, 191 [211 f.]).

▶   **Hinweis:** Zumal in neuerer Zeit ordnet das BVerfG allerdings zunehmend bei festgestellter Unvereinbarkeit von Gesetzen mit dem Grundgesetz, auch aufgrund von Gleichheitsverletzungen, deren (teils modifizierte) vorübergehende Fortgeltung an (etwa BVerfGE 133, 377 [378 und Rn. 104 f., 113]).

3. Die Bedeutung des allgemeinen Gleichheitssatzes für die vollziehende Gewalt und die Rechtsprechung

Gleichbehandlung durch die vollziehende Gewalt und die Rechtsprechung wird **61** weitgehend bereits durch deren Bindung an verfassungsmäßige Rechtsvorschriften sichergestellt (o. Rn. 7). Dennoch **verbleiben Gleichheitsprobleme.** Sie ergeben sich zum einen daraus, dass die rechtsgebundenen Gewalten in ihren Entscheidungen vielfach nicht abschließend durch Rechtsvorschriften festgelegt sind, sondern über Entscheidungsspielräume verfügen, von denen gleichheitsgemäß Gebrauch zu machen ist (u. Rn. 62 ff.). Zum anderen kann es dadurch zu Ungleichbehandlungen kommen, dass bestehende Rechtsnormen nicht in allen von ihnen erfassten Fällen gleichermaßen Anwendung finden (u. Rn. 69 ff.).

a) Ungleichbehandlung bei Entscheidungsspielräumen

Gesetzlich nicht abschließend determinierte **Freiräume für eigene Entscheidun-** **62** **gen** sind vor allem für Verwaltungsbehörden anerkannt: Sie können, soweit der Vorbehalt des Gesetzes dem nicht entgegensteht, gänzlich gesetzesfrei tätig werden. Wichtiger sind angesichts der heute bestehenden Regelungsdichte die Spielräume, die die gesetzlichen Grundlagen des Verwaltungshandelns selbst eröffnen, namentlich in Gestalt von **Ermessens- und Beurteilungsspielräumen.** Ähnliches gilt für die Rechtsprechung, die allerdings abgesehen von Fällen zulässiger Rechtsfortbildung nicht zum Handeln ohne gesetzliche Grundlage berufen ist.

Im Rahmen solcher Spielräume sind die Staatsorgane prinzipiell frei, nach ihren **63** eigenen Vorstellungen von Gerechtigkeit und Gemeinwohl zu entscheiden, soweit sie ihnen dabei vorgegebene spezielle Ausrichtungen (z. B. auf den Zweck der Ermächtigung, § 40 VwVfG) beachten und nicht gegen anderweitige gesetzliche Festlegungen verstoßen. Zu diesen Festlegungen gehört neben anderen Grundrechten zumal der allgemeine Gleichheitssatz. Er steht – mit dem Rechtsstaatsprinzip – **völlig willkürlichen Entscheidungen entgegen**, die im jeweiligen Einzelfall nach Belieben ganz regellos getroffen werden.

Dies hat zum einen die im Verwaltungsrecht näher zu behandelnde Konsequenz **64** einer **Selbstbindung an** eine einmal entwickelte **Entscheidungspraxis**, die zugunsten einer neuen Ausrichtung aufgegeben, aber nicht im Einzelfall beliebig durchbrochen werden kann. Die Wirkung des Gleichheitssatzes besteht insoweit darin, die Stetigkeit des behördlichen Handelns sicherzustellen, die sonst durch die Bindung an die gesetzlichen Voraussetzungen gewährleistet ist.

In jeder Entscheidungspraxis verkörpert sich indes eine häufig (allgemein in Ver- **65** waltungsvorschriften oder in der Begründung der Einzelentscheidung) ausdrücklich ausgesprochene, u. U. aber auch nie formulierte **Entscheidungsmaxime**, die die **quasi-normative Grundlage der Einzelentscheidung** bildet. Solche Entscheidungsmaximen können – anders als die isolierte, nicht begründete Einzelentscheidung – wie Rechtsnormen an den Erfordernissen des Gleichheitssatzes, so wie sie oben (Rn. 9 ff.) dargelegt wurden, gemessen werden. Damit wird auch gegenüber einer gleichförmigen Entscheidungspraxis insgesamt eine inhaltliche Kontrolle des Gleichheitlichkeit möglich. Als Maßstab ist neben dem Willkürverbot in den entsprechenden Fällen auch hier die „neue Formel" heranzuziehen (vgl. ausdrücklich etwa BVerfGE 101, 239 [269]), die bislang noch oft vernachlässigt wird.

Beispiele:

Als gleichheitswidrig wurde (unter Rückgriff auf die „neue Formel") die in einer ermessensleitenden Verwaltungsvorschrift niedergelegte Begrenzung einer pauschalierten Reisekostenerstattung auf Vollzeitbeschäftigte angesehen, weil diesbezüglich keine erheblichen Besonderheiten von Teilzeitbeschäftigten festzustellen waren (BVerwGE 91, 159 [164 ff.]). – Anlass zur entsprechend verschärften Prüfung anhand des Gleichheitssatzes besteht auch gegenüber der behördlichen Praxis, die Verlängerung der Fahrerlaubnis zur Fahrgastbeförderung mit Kraftomnibussen nur bei über 50jährigen Bewerbern von der Vorlage eines medizinisch-psychologischen Gutachtens abhängig zu machen (ohne ausdrückliche Erwähnung des Art. 3 Abs. 1 GG gebilligt von BVerwGE 98, 221 [225]).

---

66   Für **gerichtliche Entscheidungen** im Rahmen von gesetzlich eröffneten Entscheidungsspielräumen, wie es sie etwa im Rahmen des Prozessrechts vielfach gibt, haben **inhaltlich die gleichen Anforderungen** zu gelten. Eine Spruchpraxis, die sich an willkürlichen oder den maßgeblichen Anforderungen der neuen Formel nicht genügenden Kriterien orientiert, verletzt den Gleichheitssatz. Praktisch eröffnet dies dem BVerfG vor allem die Möglichkeit, krasse Fehler bei der richterlichen Rechtsanwendung im Rahmen der Willkürkontrolle zu korrigieren.

Beispiel:

Für die Abweisung einer mit der Zahlungsklage verbundenen Räumungsklage mit der Begründung, eine Kündigung wegen Zahlungsverzuges sei erst dann gerechtfertigt, wenn auf eine entsprechende Verurteilung nicht bezahlt werde, fand das BVerfG im Gesetz keine Stütze und hielt sie angesichts des § 554 a.F. BGB für nicht mehr verständlich, so dass das Willkürverbot des Art. 3 Abs. 1 GG verletzt sei (BVerfGE 80, 48 [51 ff.]).

Die Tatsache, dass entsprechende Fälle ebenso über eine Verletzung von Art. 2 Abs. 1 in Verbindung mit dem Rechtsstaatsprinzip gelöst werden, belegt, dass das Willkürverbot als rechtsstaatliches Anliegen nicht auf die Gleichheitsproblematik beschränkt ist (o. Rn. 41). Dem entspricht es, wenn dem Willkürverbot als Grenze richterlicher Rechtsfortbildung dieselbe Bedeutung beigemessen wird wie der Bindung des Richters an Gesetz und Recht nach Art. 20 Abs. 3 GG (so für Art. 3 Abs. 1 GG BVerfGE 132, 99 Rn. 88). Soweit es nicht um Unterscheidungen geht, ist die Willkürkontrolle allerdings nicht auf Art. 3 Abs. 1 GG zu stützen, sondern allein auf das Rechtsstaatsprinzip.

67   Hinsichtlich der **Selbstbindungsproblematik** ist für die Entscheidungen ein und desselben Richters ebenfalls von einem Verbot willkürlicher Durchbrechungen einer feststehenden Entscheidungspraxis auszugehen.

▶ **Hinweis:** Wenn weitergehend verlangt wird, dass die Kammer eines Gerichts ihre jahrelang geübte Beurteilung einer bestimmten Frage grundsätzlich auch nicht ohne Hinweis an die darauf vertrauenden Beteiligten abrupt ändern dürfe, ist dafür der Vertrauensschutz ausschlaggebend (vgl. BVerfGE 78, 123 [126 f.]).

Im Übrigen ist aber die **Unabhängigkeit des Richters** nach Art. 97 Abs. 1 GG zu berücksichtigen, die nicht nur den Verwaltungsvorschriften vergleichbare, nicht gesetzliche Rechtsprechungsrichtlinien von welcher Seite auch immer ausschließt, sondern prinzipiell auch keine Bindung an die Spruchpraxis übergeordneter Gerichte zulässt (BVerfGE 98, 17 [48]).

▶ **Hinweis:** Entsprechendes gilt aber auch für die unterschiedliche Behandlung paralleler Fälle durch verschiedene gleichgeordnete Gerichte und durch einzelne Spruchkörper desselben Gerichts.

Insoweit hat es bei der durch den Instanzenzug bewirkten Gewährleistung einer einheitlichen Judikatur sein Bewenden.

Lässt sich eine im Rahmen des Verwaltungshandeln oder der Rechtsprechung **68** vorgenommene Differenzierung nach den jeweiligen Anforderungen intern nicht hinreichend begründen, kann der damit gegebene Eingriff in das allgemeine Gleichheitsgrundrecht wegen des rechtsstaatlichen Vorbehalts des Gesetzes nur aufgrund einer allen Anforderungen (u. Rn. 47 ff.) genügenden **gesetzlichen Ermächtigung** gerechtfertigt werden (vgl. dazu noch u. Rn. 137).

b) Ungleichbehandlung aufgrund fehlerhafter Rechtsanwendung

Im Rahmen rechtlich abschließend gebundenen Verhaltens der Staatsorgane besteht **69** aufgrund der Gesetzesbindung der Staatsorgane nur eine allein rechtmäßige Möglichkeit des Verhaltens.

▶ **Hinweis:** Die Schwierigkeiten, diesen allein richtigen Inhalt festzustellen, und die daran anknüpfenden methodischen Vorbehalte gegen die prinzipielle Anerkennung eines allein richtigen Gesetzesinhalts bleiben hier außer Betracht.

Wird davon abgewichen, liegt eine Fehlentscheidung und damit ein Rechtsverstoß vor, ohne dass es darauf ankommt, dass mit der Abweichung vom geltenden Recht zugleich die Gleichheit verletzt ist bzw. sein könnte. Eine **Verletzung des Gleichheitssatzes** bleibt – jedenfalls für die objektive Rechtslage – **ohne selbständige Bedeutung**.

Dies bedeutet indes nicht, dass kein Gleichheitsverstoß gegeben sein könnte. **70** Vielmehr stellt die Fehlentscheidung dann eine Verletzung des Gleichheitssatzes dar, wenn sie **von der sonstigen**, regelmäßig richtigen **Entscheidungspraxis** des maßgeblichen Entscheidungsträgers **abweicht**.

▶ **Hinweis:** Die gleichheitsrechtliche Verantwortung von Hoheitsträgern und ihren Behörden beschränkt sich prinzipiell auf ihren jeweiligen

Zuständigkeitsbereich (o. Rn. 6). Bei den Gerichten ist wegen der Unabhängigkeit der Richter jeder Spruchkörper in seiner jeweiligen Zusammensetzung nur für die Gleichheitlichkeit der eigenen Entscheidungen verantwortlich (o. Rn. 67).

Verschieden behandelt werden dabei die Adressaten der Fehlentscheidung einerseits, die Adressaten der zutreffenden Entscheidungen andererseits. Entsprechendes gilt allerdings auch umgekehrt für die richtigen Entscheidungen im Verhältnis zur Fehlentscheidung. Dagegen verletzt die konstant fehlerhafte Rechtsanwendung durch den maßgeblichen Entscheidungsträger als solche den Gleichheitssatz ebenso wenig wie eine gleichmäßig richtige Auslegung des Gesetzes.

▶ **Hinweis:** Wenn allerdings schon die gesetzliche Regelung so gestaltet ist, dass die Gleichheit der Rechtsanwendung prinzipiell verfehlt wird, liegt darin ein Verstoß des Gesetzes gegen Art. 3 Abs. 1 GG. So muss namentlich ein materielles Steuergesetz die Gewähr seiner regelmäßigen Durchsetzung so weit wie möglich in sich tragen (so gegenüber der früheren Zinsbesteuerung BVerfGE 84, 239 [271]).

71 Die aufgrund der **Verletzung des Gleichheitssatzes** durch uneinheitliche – teils richtige, teils falsche – Rechtsanwendung eintretende Verletzung der Rechtsordnung muss schon aufgrund der Gesetzesbindung der rechtsanwendenden Staatsgewalt **vermieden** werden; ist sie einmal eingetreten, ist sie **rückgängig** zu **machen**. Während der Gleichheitssatz als solcher prinzipiell offen lässt, welche der möglichen Varianten gleicher Behandlung – die (im Übrigen) rechtmäßige oder die (im Übrigen) rechtswidrige – verwirklicht werden soll (o. Rn. 59), legt die Bindung an das Gesetz im Übrigen die Richtung fest, in der die Gleichheit zu bewahren bzw. herzustellen ist, nämlich durch einheitlich gesetzmäßige Entscheidungen. Indem Fehlentscheidungen vermieden bzw. aufgehoben werden, wird zusammen mit der allseitigen Gesetzmäßigkeit auch die Gleichheit gewahrt bzw. wiederhergestellt.

72 Besondere Akzente erhält die Problematik, wenn man sie aus der Warte der **subjektiven Rechte** Betroffener betrachtet, auf die das Gesetz ordnungsgemäß Anwendung findet, während anderen in gleicher Lage entweder gesetzlich vorgeschriebene Belastungen erspart bleiben oder gesetzlich nicht vorgesehene Begünstigungen zu Teil werden. Das Gesetz selbst gibt demjenigen, auf den es zutreffend angewendet worden ist, weder einen Anspruch auf die versagte gesetzwidrige Begünstigung noch ein Recht auf Abwehr der gesetzlich vorgeschriebenen Belastung; ebenso wenig begründet es (grundsätzlich) für ihn subjektive Rechte im Hinblick auf die Korrektur der gesetzwidrigen Behandlung der anderen.

73 Als **Anspruchsgrundlage** für den gesetzmäßig, aber gleichheitswidrig behandelten Bürger bleibt der **Gleichheitssatz**. Der eingetretene Gleichheitsverstoß muss aufgrund der abwehrrechtlichen Wirkung des Gleichheitssatzes beseitigt werden, der in seinem Gleichheitsrecht Verletzte hat einen entsprechenden abwehrrechtlichen Beseitigungsanspruch. Der Inhalt eines **Gleichstellungsanspruchs** ist – wie die zugrunde liegende Gleichbehandlungspflicht – prinzipiell in seiner Richtung offen, er kann durch gleichheitsgemäße Belastung wie Nichtbelastung, Begünstigung wie Nichtbegünstigung aller Vergleichspersonen gleichermaßen erfüllt werden. Im Bereich gesetzlich gebundenen Verhaltens ist indes der Gleichbehandlungsanspruch – wieder wie die Gleichbehandlungspflicht – einseitig **auf die (für alle) gesetzmäßige Lösung** festgelegt.

Dementsprechend kann derjenige, der sich gegen die Ungleichbehandlung durch   **74** anderen Personen gesetzwidrig gewährte Begünstigungen wehren will, nicht verlangen, dass auch ihm eine gesetzwidrige Begünstigung eingeräumt wird. Eine solche Lösung würde auf **Gleichheit im Unrecht** hinauslaufen, die es nach dem bereits Gesagten aufgrund der gleichzeitigen Geltung des Gleichheitssatzes **und** des Gesetzmäßigkeitsprinzips im Übrigen **nicht geben** kann. Vielmehr darf die Gleichheit nur auf gesetzmäßige Weise hergestellt werden, also dadurch, dass den gesetzwidrig begünstigten Dritten die gleichheitswidrig erlangten Vorteile wieder entzogen werden.

Ein darauf gerichteter Gleichstellungsanspruchs des dem Gesetz entsprechend   **75** Nichtbegünstigten wird verbreitet mit dem Argument abgelehnt, damit würde eine **Popularklage des Neides** eröffnet. Diese Formulierung ist ebenso klangvoll wie **falsch**, denn es geht weder um eine Popularklage noch um Neid:

- Eine **Popularklage** (als Klage eines quivis ex populo) ist **nicht** gegeben, da nicht *jede beliebige Person* den Entzug von Vorteilen verlangen kann, die irgendeine andere erhalten hat, sondern *nur eine Person*, die sich *in der gleichen Lage* befunden hat wie der gesetzwidrig Begünstigte, so dass ihr gegenüber die Einräumung des gesetzwidrigen Vorteils als Verstoß gegen den Gleichheitssatz erscheint.

▶   Hinweis: Dem entspricht die Ablehnung eines (jedermann zustehenden) allgemeinen Gesetzesvollziehungsanspruchs aus Art. 3 Abs. 1 GG (BVerfGE 135, 317 [388], allerdings gegenüber einer besonderen gesetzlichen Regelung).

- Zum anderen wird die Disqualifikation des Begehrens nach Gleichbehandlung durch Entzug der gleichheitswidrigen Begünstigung des anderen als **Neid** der grundrechtlichen Legitimität des Gleichheitssatzes und der daraus folgenden Gleichstellungsansprüche **nicht** gerecht. Die Abwehr einer gleichheitswidrigen Behandlung als solche ist ein durch Art. 3 GG grundrechtlich geschützter Selbstzweck, er kann nicht allein wegen des Fehlens zusätzlicher, insbesondere materieller Vorteile als unwertig denunziert werden.

Beispiel:
Werden den Betreibern von Bekleidungsladengeschäften in einer Einkaufspassage unter Verstoß gegen den maßgeblichen § 23 LSchlG ständig Ausnahmebewilligungen von den Ladenschlusszeiten erteilt, können die nicht entsprechend begünstigten Betreiber von Ladengeschäften in der Nähe – wenn es an tragfähigen Unterschieden fehlt – aufgrund des Art. 3 Abs. 1 GG die Aufhebung der Ausnahmebewilligungen und die Unterlassung ihrer erneuten Erteilung beanspruchen, und zwar unabhängig davon, ob sie Konkurrenten sind (nach BVerwGE 65, 167 [170 f.] – für Konkurrenten; dort blieb ausdrücklich offen, ob der Gleichheitssatz überhaupt subjektive Rechte vermittelt).

76   Aus der verfassungsrechtlichen Anerkennung eines auch subjektiven Gleichheitsgrundrechts folgt, dass sich eine Person gegen gesetzwidrige Begünstigungen Dritter, die sich in einer für die Maßgeblichkeit des Gleichheitssatzes nach den jeweiligen
Maßstäben relevanten Ausgangslage befinden, wehren können muss; der **gleichheitsrechtliche Aufhebungsanspruch** richtet sich hier auf die Herstellung gesetz-
mäßiger Gleichheit dadurch, dass dem **anderen die gesetzwidrige Begünstigung**
entzogen wird.

77   Wenn umgekehrt eine Person einer **gesetzlich angeordneten Belastung** ausgesetzt wird, von der andere in **gleichheitswidriger Weise** verschont werden, kann
auch hier die endgültige Behebung des Gleichheitsverstoßes nur darin bestehen,
dass die gesetzlich vorgeschriebene Belastung auch gegenüber den bislang gleichheitswidrig Ausgenommenen durchgesetzt wird. Dennoch kann sich der Betroffene zunächst gegen die ihm zugefügte Belastung wehren, weil sie einen **rechtlich
unzulässigen Eingriff** in seinen Rechtskreis darstellt. Die Gesetzmäßigkeit der
Verwaltung verlangt, dass bei belastenden Hoheitsakten *alle* einschlägigen Rechtsnormen beachtet werden, also neben den maßgeblichen Gesetzen eben auch der
Gleichheitssatz. Der Betroffene hat einen Anspruch darauf, dass seine Belastung,
auch wenn sie „nur" den Gleichheitssatz verletzt, im Übrigen (!) aber rechtmäßig
ist, aufgehoben wird.

78   Das allein der Rechtsordnung insgesamt entsprechende Ziel, sowohl den Gleichheitssatz als auch die übrigen Bestimmungen der Rechtsordnung einzuhalten und
damit **Gleichheit im Recht** herzustellen, wird damit keineswegs aufgegeben. Vielmehr bleibt die Verwaltung dazu verpflichtet, für die auch dem Gleichheitssatz entsprechende, d. h. allseitige Verwirklichung der gesetzlichen vorgesehenen Belastung
zu sorgen. Die Aufhebung der gesetzlich vorgeschriebenen Belastung wegen des
Gleichheitsverstoßes ist also nur vorläufiger Natur; sobald die **gesetzmäßige Belastung ohne Gleichheitsverstoß erneut angeordnet** wird, kann sich der Betreffende
gegen die dann insgesamt rechtmäßige Belastung nicht wehren.

Beispiel:

Für im Landschaftsschutzgebiet errichtete Bauwerke sieht das Gesetz zwingend
vor, dass die zuständige Behörde den Abriss anordnen muss. Dies hat die Behörde
gegenüber dem A wegen seines Wochenendhauses im Landschaftsschutzgebiet
auch getan, nicht aber in mehreren ihr bekannten Parallelfällen. Der A hat die nur
ihm gegenüber gleichheitswidrig erlassene Abrissverfügung mit Erfolg ange-
fochten (HessVGH, NVwZ 1986, 683 m. Anm. *Sachs,* JuS 1987, 903 f. m.w.N.).

79   **Für die Gerichte** ist die Entscheidung anhand rechtlich abschließend vorgegebener
Maßstäbe – anders als für die Verwaltung – die Regel. Solange ein Gericht regelmäßig richtig entscheidet, verletzt es mit einer abweichenden unrichtigen Entscheidung
zugleich den Gleichheitssatz. Das BVerfG kann allerdings gegen Ungleichbehandlungen, die sich nur als Reflex „normaler" Rechtsanwendungsfehler ergeben, nicht
erfolgreich angerufen werden, weil es sich auf die Kontrolle von Verstößen gegen
spezifisches Verfassungsrecht beschränkt (o. Kap. 5, Grundrechtsverpflichtete, Rn. 21).
Die abweichende Auslegung einer Norm durch verschiedene Gerichte verstößt von

vornherein nicht gegen den Gleichheitssatz, der stets nur für den jeweils eigenen Kompetenzbereich eines Entscheidungsträgers gilt (o. Rn. 6).

Das BVerfG verwendet allerdings Art. 3 Abs. 1 GG als Maßstab, um unabhängig **80** von jeder Gleichheitsprüfung krasse Fehlentscheidungen als Fälle **objektiv willkürlicher Rechtsanwendung** zu erfassen. Im Übrigen verletzen gerichtliche Auslegungsergebnisse dann Art. 3 Abs. 1 GG, wenn der Gesetzgeber sie gegenüber den Anforderungen des Gleichheitssatzes so nicht festlegen dürfte (o. Kap. 5, Grundrechtsverpflichtete, Rn. 21); insoweit sind ggf. auch die seit der „neuen Formel" verschärften Anforderungen (o. Rn. 19 ff.) heranzuziehen (vgl. BVerfGE 115, 51 [61 f.]).

4. Grundrechtsberechtigung

Grundrechtsberechtigte des allgemeinen Gleichheitssatzes sind nach Art. 3 Abs. 1 **81** GG **alle Menschen**, also nicht nur Deutsche (so noch die Formulierung des Art. 109 Abs. 1 WRV). Dies schließt nicht aus, dass zwischen Deutschen und anderen Menschen, insbesondere Ausländern, differenzierende Regelungen getroffen werden, die allerdings an den strengeren Anforderungen der neuen Formel zu messen sind (s. auch u. Rn. 107).

Beispiel:

Für den Ausschluss von Ausländern vom Erziehungsgeld gelten strenge Maßstäbe nicht nur wegen der Berührung des Elternrechts, sondern auch, weil die Staatsangehörigkeit für die Betroffenen kaum zu beeinflussen ist (BVerfGE 130, 240 [254 f.]).

Unionsbürger haben **vor** dem verfassungsrechtlichen **Gleichheitssatz keine Sonderstellung**, werden aber durch das unionsrechtliche Diskriminierungsverbot davor geschützt, gegenüber Deutschen zurückgesetzt zu werden (s. auch o. Kap. 6, Die Grundrechtsberechtigten, Rn. 18).

Trotz der Erwähnung der Menschen in Art. 3 Abs. 1 GG findet der allgemeine **82** Gleichheitssatz nach Art. 19 Abs. 3 GG auch zugunsten inländischer **juristischer Personen des Privatrechts** Anwendung. Differenzierungen zwischen verschiedenen Arten juristischer Personen und solche gegenüber natürlichen Personen sind an Art. 3 Abs. 1 GG zu messen.

Beispiel:

Die nur juristische Personen und Personenvereinigungen treffende Pflicht zur Verzinsung behördlich festgesetzter Geldbußen nach § 81 Abs. 6 GWB wurde im Hinblick auf andere Gegebenheiten bei natürlichen Personen als gleichheitsgemäß gebilligt (BVerfGE 133, 1 Rn. 48 ff.).

Dabei sind die strengeren Anforderungen der „neuen Formel" grundsätzlich jedenfalls dann heranzuziehen, wenn die juristischen Personen auch bezüglich betroffener Grundrechte grundrechtsfähig sind. Im Übrigen soll das Maß der individuellen

Betroffenheit hinter der juristischen Person stehender natürlicher Personen für die Maßstabsbildung von Bedeutung sein.

Beispiel:

Obwohl die Sonderregelungen zur Mitbestimmung von Konzernunternehmen mit Montanbezug zur Ungleichbehandlung einer Gruppe von (juristischen) Personen führt, ist kein strenger Gleichheitsmaßstab anzulegen, weil das personale Element bei Konzernobergesellschaften, die aus juristischen Personen oder einem breit gestreuten Kreis natürlicher Personen zusammengesetzt sind, zurücktritt (BVerfGE 99, 367 [388 ff.]).

Juristische Personen des öffentlichen Rechts scheiden als Grundrechtsträger dagegen auch hier aus; zu ihren Gunsten kann aber das rechtsstaatlich begründete Willkürverbot als objektiver Rechtssatz durchgreifen. Auch wird dem Bundes- und dem Rechtsstaatsprinzip ein Gebot für Bund und Länder zur Gleichbehandlung nachgeordneter Hoheitsträger entnommen (BVerfGE 137, 108 Rn. 107 f.).

5. Weitere Grundrechtsgehalte

83   Wegen der Nähe des allgemeinen Gleichheitssatzes zu allgemeinen Gerechtigkeits- anforderungen und seiner geringen materiellen Dichte dürfte die objektiv-rechtliche Bedeutung des allgemeinen Gleichheitssatzes ohne große selbständige Bedeutung bleiben. Ein Surrogat namentlich für die **Ausstrahlungswirkung** liegt aber darin, dass der allgemeine Gleichheitssatz im Kontext des jeweils betroffenen Rechtsge- bietes aus dessen Sachhaltigkeit bereichsspezifische Konturen erwirbt. In ähnlicher Weise gibt es auch besondere Gleichheitsanforderungen im Bereich des **Verfahrens** (Stichwort z. B. Waffengleichheit). **Schutzpflichten** dürften am ehesten im engeren Bereich persönlicher Rechtsgleichheit in Betracht kommen, wo gegenüber Diskri- minierungen zugleich die Menschenwürde in Frage steht (Kap. 13, Die Garantie der Würde des Menschen, Art. 1 Abs. 1 GG, Rn. 20, 36). In Verbindung mit dem Sozi- alstaatsprinzip wird man eine prinzipielle **Zielvorgabe** auf die Verwirklichung von **Chancengleichheit** anerkennen können, die allerdings im Interesse der gleichzeitig zu garantierenden Freiheitlichkeit nicht mit einer Garantie nivellierender Ergebnis- gleichheit verwechselt werden darf.

6. Zusammenfassung

84   • Der allgemeine Gleichheitssatz ist in erster Linie ein Abwehrrecht zum Schutz des persönlichkeitsrechtlichen, immateriellen Interesses an gleich- heitsgerechter Behandlung. Die Eigenart dieses Schutzgegenstandes führt dazu, dass Verletzungen des allgemeinen Gleichheitssatzes in besonderer Weise geprüft werden müssen.

- Der allgemeine Gleichheitssatz verlangt als Gleichbehandlungsgebot, dass Gegebenheiten, die in maßgeblicher Hinsicht übereinstimmen, ohne Unterschied behandelt werden müssen. Er richtet sich schon im Ansatz nicht schlechthin gegen differenzierende Regelungen.
- Jeder Verstoß gegen das Gleichbehandlungsgebot setzt auf der Tatbestandsebene die unterschiedliche Behandlung zweier Vergleichssachverhalte voraus, die aus deren Unterschiedlichkeiten nicht hinreichend zu erklären ist. Ob eine erst dann anzunehmende „Ungleichbehandlung", also ein Eingriff in das Gleichheitsgrundrecht, gegeben ist, ist nach differenzierten Maßstäben zu beurteilen.
- Eine nur sachbezogene Verschiedenbehandlung ist insoweit nach der überkommenen „Willkürformel" zu beurteilen; die Verschiedenbehandlung verstößt dann gegen das Gleichbehandlungsgebot, wenn für die vorgenommene Differenzierung keine Unterschiede der verschieden geregelten Fälle bestehen, die einen noch irgendwie „sachlichen Grund" darstellen.
- Auf eine personenbezogene Verschiedenbehandlung findet die strengere „neue Formel" Anwendung; danach müssen, um eine Ungleichbehandlung auszuschließen, bei den unterschiedlich behandelten Personengruppen Unterschiede von solcher Art und solchem Gewicht gegeben sein, dass sie die Differenzierung erklären.
- Die so verschärften Anforderungen gelten auch für nicht personenbezogene Verschiedenbehandlungen, die im Anwendungsbereich anderer Grundrechtsbestimmungen wirksam werden.
- Die großzügigere Willkürformel und die strengere „neue Formel" sind nicht zwei jeweils abschließend feststehende Maßstäbe, sondern Grundmodelle auf einer gleitenden Skala von Anforderungen an den Ausschluss der Gleichheitsbeeinträchtigung.
- Die Stringenz der Anforderungen steigt mit der Intensität der Beziehung eines Unterscheidungskriteriums zur Persönlichkeit, wie sie beispielhaft in den Merkmalen des Art. 3 Abs. 3 GG besteht, bzw. mit der Intensität der Grundrechtsberührung im Übrigen.
- Die Behandlung dieser Abstufungen als Frage der Verhältnismäßigkeit geht grundsätzlich fehl. Beim Gleichheitssatz geht es auf der Tatbestandsebene um die vergleichende Bewertung verschieden geregelter Sachverhalte, nicht um die für die Verhältnismäßigkeit maßgebliche Zweck-Mittel-Relation.
- Die nach den jeweils maßgeblichen Maßstäben gleichheitsintern nicht zu erklärende Verschiedenbehandlung (und nur sie) ist eine Ungleichbehandlung; sie beeinträchtigt den Schutzgegenstand des Gleichheitsgrundrechts, stellt einen rechtfertigungsbedürftigen Grundrechtseingriff dar.
- Der allgemeine Gleichheitssatz kennt keinen Gesetzesvorbehalt. Grundlage für die Rechtfertigung von Ungleichbehandlungen kann nur die Begrenzungswirkung anderer Bestimmungen des Grundgesetzes gegenüber dem Gleichheitssatz sein. Dies gilt im Anwendungsbereich der neuen Formel

ebenso wie für Unterscheidungen, die vor dem (gleichheitsbezogenen) Willkürverbot aus den Unterschieden der verschieden geregelten Sachverhalte nicht zu erklären sind.

- Als kollidierendes Verfassungsrecht kommt insbesondere die Notwendigkeit wirksamer Wahrnehmung von Staatsfunktionen in Betracht. So impliziert die grundgesetzlich vorgegebene Möglichkeit der Gesetzgebung, dass es mit neuen Gesetzen zu Unterschieden in der Zeit kommt, die einer effektiven Verwaltungsführung, dass Typisierungen vorgenommen werden.
- Von anderen Grundgesetzbestimmungen zugelassene Abweichungen vom allgemeinen Gleichheitssatz müssen durch oder aufgrund eines Gesetzes erfolgen und die besonderen Anforderungen der begrenzenden Grundgesetzbestimmungen sowie die in Frage kommenden allgemeinen Anforderungen an Grundrechtsbeschränkungen erfüllen, insbes. den insoweit wie bei anderen Abwehrrechten passenden Grundsatz der Verhältnismäßigkeit beachten.
- Neben dem Gebot, (wesentlich) Gleiches unterschiedslos zu behandeln, ist dem allgemeinen Gleichheitssatz ein Postulat, (wesentlich) Ungleiches unterschiedlich zu behandeln, entgegen der vorherrschenden Auffassung nicht zu entnehmen. Ein solches Ungleichbehandlungs-, besser: Differenzierungsgebot folgt allerdings aus dem rechtsstaatlich abzuleitenden Willkürverbot. Grundrechtlicher Schutz besteht insoweit über Art. 2 Abs. 1 GG.
- Der Gleichheitssatz findet in erster Linie Anwendung auf Staatshandeln, das – wie regelmäßig die Gesetzgebung – im Rahmen von Entscheidungsspielräumen explizit Regeln setzt oder implizit selbst gesetzten Regeln folgt.
- Bei gesetzlich determiniertem Staatshandeln tritt der Gleichheitssatz neben das Gesetzmäßigkeitsprinzip; zusammen sind beide auf die Gleichheit der Rechtsanwendung gerichtet. Zur Beseitigung eines Gleichheitsverstoßes ist für alle betroffenen Fälle die gesetzlich vorgesehene Konsequenz herbeizuführen.
- Wird ein Dritter gesetzwidrig begünstigt, kann der nicht so Begünstigte nicht verlangen, dass er ebenso begünstigt und dadurch dem Dritten im Unrecht gleichgestellt wird. Vielmehr ist die Gleichbehandlung dadurch herzustellen, dass dem Dritten die ungesetzliche Besserstellung wieder entzogen wird. Dies kann der Nichtbegünstigte auch beanspruchen.
- Gegenüber gleichheitswidrigen Belastungen hat der Betroffene auch dann einen Aufhebungsanspruch, wenn sie im Übrigen gesetzmäßig erfolgt sind. Doch kann die gesetzmäßige Belastung bei Wahrung der Gleichheitlichkeit erneut angeordnet werden.
- Gegenüber der Judikative wird der allgemeine Gleichheitssatz vom BVerfG vor allem als Anknüpfungspunkt für eine Willkürkontrolle gerichtlicher Entscheidungen auf krasse Fehler bei der Rechtsanwendung benutzt.
- Wegen der Gestaltungsfreiheit des Gesetzgebers und der Offenheit des Gleichheitssatzes für alle gleichheitlichen Lösungen erklärt das BVerfG

gleichheitswidrige Normen in der Regel nicht für nichtig, sondern nur für mit der Verfassung unvereinbar und überlässt die gleichheitsgemäße Neuregelung dem Gesetzgeber. Voll überzeugen kann das nicht.

II. Die besonderen Gleichheitssätze des Art. 3 Abs. 2, 3 GG

1. Allgemeines

Neben dem allgemeinen Gleichheitssatz kennt das Grundgesetz eine Reihe **beson-** **85** **derer Gleichheitssätze**, die die Gleichheitsforderung in unterschiedlichen Richtungen spezifizieren; die wichtigsten finden sich in Art. 3 Abs. 2 und 3 GG. Daneben gehören vor allem Art. 6 Abs. 5 sowie einige der grundrechtsgleichen Garantien aus Art. 33 und 38 GG in diesen Zusammenhang, die im Einzelnen bei der Darstellung der jeweiligen Artikel behandelt sind. Auch primär anders ausgerichtete Grundrechtsbestimmungen können als Nebenwirkung Gleichheit sichern, schon weil die an den Freiheitsgebrauch anknüpfende Schlechterstellung sich als relevante Beeinträchtigung der betroffenen Freiheit darstellen kann (o. Kap. 8, Grundrechtseingriff und sonstige relevante Grundrechtsbeeinträchtigungen, Rn. 30).

Beispiele:
Subventionen können die Pressefreiheit beeinträchtigen, wenn sie nach inhaltlichen Kriterien differenzierend vergeben werden (u. Kap. 17, Die Grundrechte des Art. 5 GG, Rn. 35); für Art. 6 Abs. 1 GG spricht das BVerfG geradezu davon, dass die Bestimmung auch einen besonderen Gleichheitssatz enthält (BVerfGE 99, 216 [232]; u. Kap. 18, Die Grundrechte des Art. 6 GG, Rn. 2).

Die wichtigste Kategorie besonderer Gleichheitssätze sind die **Unterscheidungs-** **86** **verbote**, die Verschiedenbehandlungen aufgrund bestimmter Merkmale für unzulässig erklären. Umgekehrt gibt es Gleichheitssätze, die die Orientierung des Staatshandelns an bestimmten **Differenzierungskriterien** vorschreiben. In beiden Fällen wird die besondere Problematik fehlender Maßstäbe, die der allgemeine Gleichheitssatz aufwirft, durch die **positive oder negative Festlegung von Kriterien der Gleichbehandlung** ausgeräumt.

Eine dritte Gruppe besonderer Gleichheitssätze zeichnet sich dadurch aus, dass sie in **87** ihrem sachlichen Anwendungsbereich eingeschränkt ist und sich nur auf bestimmte Situationen bezieht. Mit einem solchen Gleichheitssatz wird regelmäßig **für den betroffenen Lebensbereich** eine **besonders stringente** Beachtung der inhaltlich aber nicht weiter fixierten **Gleichheitsanforderungen** angestrebt. Schließlich gibt es Bestimmungen, bei denen die genannten Formen besonderer Gleichheitssätze in ein und derselben Grundrechtsnorm zusammentreffen, indem auf bestimmte (positive oder negative) Kriterien festgelegte Gleichheitsanforderungen für begrenzte Lebensbereiche festgelegt werden.

Als **Spezialregelungen** haben die besonderen Gleichheitssätze Vorrang vor der **88** Anwendung des allgemeinen Gleichheitssatzes (u. Rn. 154). Die Anwendung der besonderen Gleichheitssätze kann nicht an den Kriterien des allgemeinen Gleichheitssatzes, insbesondere dem Willkürverbot, orientiert werden, die sich nur aus der besonderen Offenheit gerade des allgemeinen Gleichheitssatzes ergeben und daher auf weitergehend präzisierte Verfassungsnormen nicht passen.

89   Neben ihrer Bedeutung als strikt wirksame Abwehrrechte gegen die jeweiligen Ungleichbehandlungen können auch die besonderen Gleichheitssätze **objektiv-rechtliche Wirkungen** entfalten, etwa durch Ausstrahlungswirkung die Auslegung von Rechtsnormen beeinflussen oder Schutzpflichten gegenüber privaten Gleichheitsverletzungen begründen. Solche Wirkungen haben bei einzelnen speziellen Gleichheitssätzen besondere Bedeutung erlangt (siehe z. B. u. Rn. 103, 152).

2. Das Unterscheidungsverbot des Art. 3 Abs. 3 Satz 1 GG

a) Allgemeines

90   Art. 3 Abs. 3 Satz 1 GG verbietet alle Regelungen, die an die im Einzelnen aufgezählten Merkmale des **Unterscheidungsverbots** irgendwelche Rechtsfolgen knüpfen. Die Tatbestandsmerkmale der Bevorzugung oder Benachteiligung bieten keinen Anlass für eine irgendwie geartete Restriktion der verbotenen Differenzierung. Namentlich ist nicht erforderlich, dass eine unterschiedliche Behandlung als *unangemessene* Privilegierung oder Zurücksetzung qualifiziert werden kann. Als **Bevorzugung** sind vielmehr alle die Adressaten **begünstigenden Handlungen** der Staatsgewalt zu erfassen, die den Vergleichspersonen vorenthalten werden; als **Benachteiligungen** erscheinen andererseits alle **belastenden Staatshandlungen**, die die Vergleichspersonen nicht treffen.

91   Begünstigungen oder Belastungen können Vergleichspersonen auch treffen, wenn eine Regelung Rechtsfolgen für dritte Personen anordnet, die (nur) zu **tatsächlich bedeutsamen Auswirkungen** in der Rechtssphäre der Vergleichspersonen führen. So hat die Regelung des erst 1974 für grundgesetzwidrig erklärten § 4 Abs. 1 RuStAG, wonach eheliche Kinder (unabhängig von *ihrem* Geschlecht) nur bei deutscher Staatsangehörigkeit des Vaters die deutsche Staatsangehörigkeit durch Geburt erworben haben, durch die Bedeutung der gemeinsamen Staatsangehörigkeit für den Eltern-Kind-Zusammenhang die Väter bevorzugt (BVerfGE 37, 217 [244 ff.], wo allerdings eher die Benachteiligung der Mutter akzentuiert ist). Entsprechend wurde angenommen, dass eine erleichterte Erteilung der Aufenthaltserlaubnis für ein Kind bei Vorliegen eines Aufenthaltstitels der Mutter (nicht aber: des Vaters) angesichts der grundrechtlich geschützten familiären Bindungen neben den Kindern auch die Elternteile betrifft (BVerfGE 114, 357 [363 ff.]), also in diesem Fall die Mutter bevorzugt. S. auch u. Rn. 95.

92   Das Verbot des Art. 3 Abs. 3 Satz 1 GG greift allerdings nur ein, wenn eine Differenzierung „wegen" der aufgezählten Merkmale erfolgt. An dieses Bindeglied zwischen verpöntem Merkmal und differenzierender Behandlung haben sich vielfältige Bemühungen geknüpft, die Stringenz des Unterscheidungsverbots zu untergraben und auszuhöhlen. So wurde unter dem Aspekt des „wegen" gerne verlangt, eine Differenzierung müsse ihren eigentlichen Grund in dem verpönten Merkmal haben, sie müsse zielgerichtet gerade auf dieses Merkmal und seine besondere Behandlung angelegt sein oder es müsse für die Differenzierung allein auf das verpönte Merkmal ankommen und nicht etwa auf irgendeinen anderen Grund. Gelegentlich ist auch das BVerfG der Versuchung erlegen, die sich aus dieser vom Wortlaut her durchaus verständlichen Interpretationsmöglichkeit ergibt.

Beispiele:

Die gesetzliche Bevorzugung privater Bekenntnis- und Weltanschauungsschulen gegenüber sonstigen privaten Ersatzschulen durch einen höheren Subventionierungsprozentsatz (77 oder 82 % gegenüber nur 25 %) wurde damit gerechtfertigt, dass diese Besserstellung von konfessionellen und weltanschaulichen Schulträgern nicht „wegen" ihrer inhaltlichen Ausrichtung erfolgt sei, sondern aufgrund von fiskalischen Erwägungen (sic!) und wegen des Vertrauensschutzes dieser Träger im Hinblick auf die bisherige Förderungspraxis (BVerfGE 75, 40 [70 f.]). – Die im Rentenrecht für Frauen vorgesehene Möglichkeit, früher als Männer Altersruhegeld zu beziehen, wurde auch damit legitimiert, die Regelung sei keine Ungleichbehandlung „wegen" des Geschlechts, sondern eine Maßnahme, die auf eine Kompensation erlittener Nachteile abziele (BVerfGE 74, 163 [180]). – Radikalen sollte die Aufnahme in den öffentlichen Dienst nicht „wegen" ihrer politischen Anschauungen verweigert worden sein, weil diese Benachteiligung nicht bezweckt, sondern Folge einer ganz anders, nämlich zum Schutz der verfassungsmäßigen Ordnung intendierten Regelung sei (vgl. BVerfGE 39, 334 [368]).

Die Beispiele zeigen wohl hinreichend deutlich auf, dass bei einer Verwendung des **93** Kriteriums „wegen" in der genannten Weise das Unterscheidungsverbot des Art. 3 Abs. 3 Satz 1 GG **in weitestem Umfang** der **Durchbrechung** durch Differenzierungen ausgesetzt wäre, für die sich irgendein anderer, angeblich allein oder vorrangig entscheidender Grund schon finden lassen sollte.

Inzwischen hat sich das BVerfG (BVerfGE 85, 191 [206]) ausdrücklich von allen **94** derartigen Interpretationsbemühungen um das „wegen" im Sinne des Art. 3 Abs. 3 Satz 1 GG distanziert. Es versteht die Bestimmung mit Recht als **Verbot jeder Anknüpfung** an die verbotenen Merkmale, das auch dann gilt, wenn eine Regelung nicht auf eine verbotene Ungleichbehandlung angelegt ist, sondern in erster Linie andere Ziele verfolgt. In der Tat folgt aus Sinn und Zweck des Unterscheidungsverbots, dass der Begriff des „wegen" nichts anderes bedeuten kann als „anhand" oder „nach". Art. 3 Abs. 3 Satz 1 GG erfasst daher alle Differenzierungen, die ein verpöntes Kriterium zum Tatbestandsmerkmal einer Regelung erheben.

Beispiel:

Problematisch scheint es demgegenüber, wenn BVerwGE 106, 191 (194 f.) eine gesetzliche Differenzierung zwischen Vertriebenen aus der Sowjetunion und solchen aus anderen Ostvertreibungsgebieten billigt, weil nicht an die verbotenen Kriterien (zumal die Heimat), sondern an die jeweils unterschiedlichen Lebensverhältnisse in den Vertreibungsgebieten angeknüpft wurde.

95   Der **Tatbestand des Unterscheidungsverbotes** ist erfüllt, wenn eine Entscheidung in einem bestimmten Sinne ausfällt, sofern ein verpöntes Merkmal in der Person des Adressaten (vgl. „wegen *seines* Geschlechts, *seiner* Abstammung …"; dazu o. Rn. 91) verwirklicht ist, während die Entscheidung im Falle der Nichtverwirklichung des Merkmals anders ausfiele.

> ▶ **Hinweis:** Diese Voraussetzung ist auch erfüllt, wenn an die Kombination von verpönten Merkmalen in einer Personenverbindung angeknüpft wird, etwa durch Verbote geschlechtlicher Beziehungen zwischen Personen verschiedener Rasse (wie in Deutschland nach 1935) oder Eheverbote zwischen Personen verschiedener Religion (wie im ausländischen Recht); der Umstand, dass solche Verbote für alle Beteiligten (Juden und Arier; Katholiken und Nichtkatholiken) gleichermaßen gelten, ändert daran nichts; denn der einzelne Grundrechtsträger wird gerade wegen seiner spezifischen Eigenart anders behandelt, als wenn bei ihm das fragliche Merkmal in der Alternative verwirklicht wäre (*Sachs* in: HStR VIII[3], § 182 Rn. 27 m.w.N.). S. noch für das Geschlecht u. Rn. 122.

Dasselbe gilt, wenn eines der verbotenen Differenzierungskriterien als ungeschriebenes Merkmal einer vielleicht nicht einmal formulierten Maxime des Verwaltungshandelns die Grundlage einer tatsächlichen Verwaltungspraxis bildet (vgl. für Art. 3 Abs. 1 GG o. Rn. 65). Sofern sich derartige **versteckte Diskriminierungen** feststellen lassen, greift das Unterscheidungsverbot selbstverständlich auch für sie durch.

Beispiel:
Bleiben bei einer Einbürgerungsbehörde lange Zeit gerade die Anträge von Schwarzafrikanern erfolglos, kann dies zumindest den Verdacht rassischer Diskriminierung erzeugen, auch wenn solche Gründe nicht ausdrücklich genannt werden. Es bleibt freilich ein Beweisproblem.

96   Eine andere dem Art. 3 Abs. 3 Satz 1 GG selbst immanente Möglichkeit, die Reichweite des Differenzierungsverbotes einzuschränken, besteht in dem Rückgriff auf ein ungeschriebenes **Erfordernis fehlender Unvergleichbarkeit**, das aber nur mit Rücksicht auf die Verschiedenbehandlung wegen des Geschlechts praktische Bedeutung erlangt hat. Deshalb soll es im Zusammenhang des Art. 3 Abs. 2 GG besonders berücksichtigt werden (u. Rn. 123 ff.).

b) Die einzelnen verbotenen Merkmale

97   Ein gemeinsamer Nenner der **Merkmale** des Art. 3 Abs. 3 Satz 1 GG lässt sich nicht leicht ausmachen. Zum Teil handelt es sich um Eigenschaften der Person, mit denen der Einzelne geboren wird, auf die er keinen Einfluss hat, die ihm **unabänderlich** anhaften; zum anderen geht es um Anschauungsmerkmale, die für den Einzelnen zwar nicht unabänderlich sind, zu denen er vielmehr **aufgrund freier Grundrechtsausübung** gelangt. Dieser grundrechtliche Ursprung lässt die Anschauungsmerkmale für die Staatsgewalt jedoch als ebenso unverfügbar erscheinen wie angeborene

Eigenschaften, da es dem Betroffenen wegen des Respekts vor seinen zugrunde liegenden Grundrechten nicht zugemutet werden soll, mit Rücksicht auf irgendwelche anderweitigen Vor- oder Nachteile über seine religiösen oder politischen Anschauungen zu disponieren (s. auch o. Rn. 23 f.).

Unabhängig von diesem doppelten sachlichen Hintergrund gehen alle genann- **98** ten Merkmale auf eine mehr oder weniger lange Tradition im Rahmen von Unterscheidungsverboten zurück, die sich ihrerseits jeweils in Reaktion auf **frühere Diskriminierungspraktiken** herausgebildet haben. Der Katalog der Merkmale fasst Diskriminierungserfahrungen mehrerer Jahrhunderte zusammen, zählt Merkmale auf, die erfahrungsgemäß immer wieder Anlass zu Ungleichbehandlungen gegeben haben. Der Grundgesetzgeber hat nicht darauf vertraut, dass die Überzeugung von der Unzulässigkeit solcher Unterscheidungen hinreichend gefestigt war, so dass keine diesbezügliche Gefahr mehr bestanden hätte. Daher hat er die Merkmale des Art. 3 Abs. 3 Satz 1 GG in ein striktes Unterscheidungsverbot aufgenommen, um dem Gesetzgeber oder sonst zuständigen Organen von vornherein die Möglichkeit zu den zu befürchtenden Diskriminierungen anhand dieser Kriterien zu nehmen; die Frage nach der rechtlichen Relevanz der verpönten Kriterien darf gar nicht mehr gestellt werden (BVerfGE 3, 225 [240]).

Die **Aufzählung der Merkmale** ist vor diesem Hintergrund als **abschließend** **99** anzusehen. Eine analoge Anwendung auf ähnliche Merkmale scheidet aus, weil der allgemeine Gleichheitssatz keine Regelungslücke offenlässt, zumal im Rahmen der neuen Formel gerade bei Ähnlichkeit mit den Kriterien des Art. 3 Abs. 3 GG strengste Anforderungen zu stellen sind (o. Rn. 30).

Ebenso entbehrlich sind neben Art. 3 Abs. 1 GG Erweiterungen des Unterschei- **100** dungsverbots auf **sog. mittelbare Diskriminierungen**. Als mittelbare Diskriminierungen werden Regelungen bezeichnet, die tatbestandlich nicht an verbotene Merkmale anknüpfen (o. Rn. 94), sondern an mit diesen nur typischerweise verbundene, selbst neutrale Kriterien. Damit unterscheiden sie sich von den versteckten Diskriminierungen (o. Rn. 95), die, wenn auch nicht offen, so doch präzise an die verbotenen Merkmale selbst anknüpfen.

Beispiel:

Regelungen zur Teilzeitarbeit, die ganz überwiegend (mit mehr als 70 %) Frauen betreffen, können deshalb als mittelbare Diskriminierungen im Hinblick auf das Geschlecht gesehen werden, obwohl teilzeitbeschäftigte Männer und Frauen unterschiedslos behandelt werden. Irreführend wird dabei teils sogar von einer „Anknüpfung" an das Geschlecht gesprochen (BVerfGE 121, 241 [254 f.]).

Die Anwendung des Art. 3 Abs. 3 GG auf diese Fälle widerspricht der Grundstruktur **101** der strikten Anknüpfungsverbote, könnte deren Stringenz insgesamt in Frage stellen und ist deshalb abzulehnen. Den sachgerechten Ansatz zur Bewältigung des Problems mittelbarer Diskriminierung bietet vielmehr der **allgemeine Gleichheitssatz**, der in entsprechend **verschärfter Weise** zur Geltung gebracht werden kann, soweit dies mit Rücksicht auf die personenbezogenen Auswirkungen solcher Regelungen angezeigt scheint (o. Rn. 30, 31). Bei Anwendung der Unterscheidungsverbote auf solche Fälle müsste deren strikte Verbotswirkung vielfach durchbrochen werden, weil sich die typische Verknüpfung mit einem der verpönten Merkmale auch in gleichheitsrechtlich ganz unbedenklichen Fallkonstellationen findet.

> **Beispiel:**
>
> Obwohl nach § 211 StGB zu über 90 % Männer wegen Mordes verurteilt werden, sind Bedenken wegen einer mittelbaren Geschlechtsdiskriminierung durch die Strafbestimmung ersichtlich unbegründet.

102 Abgesehen von dem auch in Art. 3 Abs. 2 GG angesprochenen Kriterium des Geschlechts (u. Rn. 120 ff.) haben die anderen verbotenen Unterscheidungskriterien des Art. 3 Abs. 3 Satz 1 GG in der Judikatur des BVerfG wie überhaupt nur sehr **untergeordnete Bedeutung** erlangt. Dementsprechend finden sich oft nur beiläufige Hinweise zum richtigen Verständnis der ausgeschlossenen Merkmale, die damit keine scharfen Konturen in der praktischen Anwendung gewonnen haben. Im Einzelnen ist auf folgendes hinzuweisen:

103 Unter **Abstammung** wird verstanden die Beziehung einer Person zu ihren Vorfahren, Eltern, Großeltern usw., wie sie sich auf der Grundlage prinzipiell biologischer Zuordnung nach den Regeln des Familienrechts bestimmen. Das Merkmal hat eine noch relativ aktuelle traurige Relevanz etwa in dem Phänomen der Sippenhaft im Nationalsozialismus erlangt, war aber auch in dessen System der Judenverfolgung mit maßgeblich.

> ▶ **Hinweis:** § 5 der 1. VO zum Reichsbürgergesetz von 1935 definierte:
> „Jude ist, wer von mindestens drei ... volljüdischen Großeltern abstammt."

Das Postulat der Bedeutungslosigkeit der Abstammung eines Menschen steht in einem ausgeprägten Gegensatz zu den Grundrechtsgewährleistungen insbesondere der Art. 6 Abs. 1 und des Art. 14 Abs. 1 Satz 1 GG hinsichtlich des Erbrechts, weil beide Bestimmungen die durch Abstammung vermittelten interpersonellen Zusammenhänge unter besonderen grundrechtlichen Schutz stellen. Diese Verfassungsbestimmungen dürften in vielen Fällen die **an die Abstammung anknüpfenden** Regelungen legitimieren, die in der **gesamten Rechtsordnung** anzutreffen sind, aber kaum ernstlich wegen Art. 3 Abs. 3 GG in Zweifel gezogen werden.

> **Beispiele:**
>
> Unterhaltspflichten, § 1601 BGB; gesetzliche Erbfolge, §§ 1924 ff. BGB; Ansprüche auf Sozialleistungen, etwa § 2 Abs. 1 SGB XII; Zeugnisverweigerungsrechte, etwa § 383 Abs. 1 Nr. 3 ZPO; verfahrensrechtliche Ausschlussvorschriften, etwa § 20 Abs. 1 Nr. 2 VwVfG; Staatsangehörigkeiterwerb durch die Geburt, § 4 StAG.

Als verfassungsunmittelbare Realisierung einer Schutzpflicht gegenüber einschlägigen Unterscheidungen durch Private lässt sich Art. 7 Abs. 4 Satz 3 GG verstehen, soweit er sich gegen eine Sonderung der Schüler nach den Besitzverhältnissen der Eltern richtet.

Das Kriterium der **Rasse** ist 1949 in erkennbarer Reaktion auf den nationalsozi-   **104**
alistischen Rassenwahn in das Grundgesetz aufgenommen worden. Bei näherer
Betrachtung erweist sich allerdings, dass die biologischen Implikationen des Rasse-
begriffs wohl nicht konsequent durchgehalten werden können.

> ▶   **Hinweis:** Die für die Judeneigenschaft maßgebliche Abstammung von
> **volljüdischen Großeltern musste durch § 2 Abs. 2 Satz 2 der 1. VO
> zum Reichsbürgergesetz von 1935 so ergänzt werden: „Als voll-
> jüdisch gilt ein** Großelternteil ohne weiteres, wenn er der jüdischen
> Religionsgemeinschaft angehört hat."

Der Zielsetzung des Merkmals entsprechend wird man daher den Begriff „Rasse"
auf alle Menschengruppen beziehen können, die nach auch nur vermeintlich biologischen, vererbbaren Kriterien definiert werden.

Mit dem Merkmal der **Sprache** ist, wie sich aus dem Zusammenhang mit den   **105**
umgebenden Merkmalen ergibt, nicht etwa die Fähigkeit gemeint, sich in einer
bestimmten Sprache zu verständigen oder diese zu beherrschen; vielmehr ist auch
hier ein prinzipiell unveränderliches Merkmal des Menschen angesprochen, nämlich
seine eigentliche, seine **Muttersprache**, mit der er ähnlich eng, wenn auch kulturell
und nicht biologisch verbunden ist wie mit Geschlecht, Abstammung und Rasse.

> **Beispiel:**
> Die Nichtanstellung eines im Ausland aufgewachsenen Deutschen, weil er der
> deutschen Sprache nicht mächtig ist, gehört deshalb nicht hierher; anders offen-
> bar BVerfGE 39, 334 (368).

Praktisch hat dieses Kriterium kaum Bedeutung erlangt. Es bereitet allerdings gewisse
Probleme im Zusammenhang mit besonderen Vorschriften zum Schutz von **Minderheiten**, wenn diese anhand einer Sprache definiert werden.

> **Beispiele:**
> So etwa die Bestimmung zum Schutz der Sorben im Freistaat Sachsen in Art. 6
> SächsVerf. sowie die Regelung zum Schutz der dänischen Minderheit in Schles-
> wig-Holstein und (wohl) der friesischen Volksgruppe in Art. 6 Abs. 2 Satz 2
> SchlHVerf.; der dort zudem ausgesprochene Schutz der Minderheit der deut-
> schen Sinti und Roma dürfte von der Sprache unabhängig sein.

Die Bedeutung, die die deutsche Sprache (ggfs.: von Vorfahren) im **Vertriebenenrecht** haben kann (vgl. § 6 BVFG), dürfte durch Art. 116 Abs. 1 GG zu legitimieren
sein.

Unter **Heimat** soll die örtliche Herkunft eines Menschen zu verstehen sein. Was   **106**
dies genau bedeutet, ist allerdings nicht recht geklärt. Nicht erfasst ist jedenfalls der
bloße Wohnsitz als solcher, der jederzeit mehr oder weniger beiläufig aufgegeben
werden kann. Als Teil des Kataloges von prinzipiell unveränderlichen Merkmalen
ist das Kriterium der Heimat vielmehr im Sinne einer prinzipiell unabänderlichen

Zuordnung zu bestimmten örtlichen Gegebenheiten zu verstehen, seien diese nun durch die Geburt hergestellt oder durch langjährigen Aufenthalt, insbesondere während der Jugendzeit. Praktisch ist das Kriterium ohne große Relevanz, da die vielfachen örtlich bezogenen Regelungen durchweg an den Wohnsitz oder den Aufenthalt einer Person anknüpfen können, ohne Art. 3 Abs. 3 zu berühren.

> **Beispiel:**
>
> Durch den Wohnsitz oder ständigen Aufenthalt in einem der beiden vor der Wiedervereinigung bestehenden Teile Deutschlands an einem bestimmten Stichtag soll die Heimat eines Menschen nicht bestimmt werden (BVerfGE 102, 41 [53 f.] – anders mit guten Gründen die abw. Meinung, ebda., S. 63 ff.). Zu einem Recht auf Heimat aus Art. 11 GG u. Kap. 23, Das Grundrecht der Freizügigkeit, Art. 11 GG, Rn. 5.

107 Weder Heimat noch Sprache noch Abstammung oder gar Rasse werden berührt, wenn Regelungen an die **Staatsangehörigkeit** anknüpfen, die als solche **nicht** zu den Merkmalen des Art. 3 Abs. 3 Satz 1 GG gehört. Doch bestehen im Rahmen der flexiblen Maßstäbe des **allgemeinen Gleichheitssatzes** hinreichende Möglichkeiten, derartige Regelungen als gleichheitswidrig zu entlarven, wenn etwa mit der Anknüpfung an bestimmte Staatsangehörigkeiten die mit diesen typischerweise verbundenen ethnischen Gruppen getroffen werden (sog. mittelbare Diskriminierung, o. Rn. 100).

> **Beispiel:**
>
> Regelungen, die für die Einbürgerung der Staatsangehörigen afrikanischer oder asiatischer Staaten erschwerte Voraussetzungen aufstellen würden, auch wenn davon in geringem Maße Personen europäischer Abstammung miterfasst wären.

108 Die **Herkunft** soll demgegenüber die sozial-ständische Verwurzelung eines Menschen betreffen, also die Zugehörigkeit zu einer bestimmten Gesellschaftsschicht oder einer bestimmten Klasse. Nach Wegfall der früher bestehenden ständischen Gliederung der Gesellschaft sind solche Zuordnungen in Deutschland kaum noch mit der für ein verpöntes Differenzierungsmerkmal nötigen Schärfe vorzunehmen. Auch hier wird man sich allerdings damit begnügen können, wenn eine Regelung auch nur den Versuch macht, an derartige Schichtungen anzuknüpfen. Es wären etwa Vorzugsregelungen zugunsten des (Hoch-) Adels, z. B. im diplomatischen Dienst, ebenso als verboten anzusehen wie jede positive oder negative Sonderbehandlung für Arbeiter- oder Akademikerkinder.

> **Beispiel:**
>
> Hierher gehört auch die Regelung in Art. 101 Abs. 3 HessVerf., nach der **Angehörige ehemals oder noch heute regierender Häuser nicht Mitglieder der** Landesregierung werden können.

109 Bei **Glauben und religiösen Anschauungen** geht es – wie auch bei Art. 33 Abs. 3 GG und dem über Art. 140 GG geltenden Art. 136 Abs. 1, 2 WRV – um die

Überzeugungen, die eine Person aufgrund der Ausübung der Religions- und Weltanschauungsfreiheit nach Art. 4 Abs. 1 GG gewonnen hat (u. Kap. 16, Die Grundrechte des Art. 4 GG, Rn. 5 ff.).

> **Hinweis:** Das Verhältnis zu Art. 4 GG ist problematisch, weil Art. 3 Abs. 3 Satz 1 GG es prinzipiell unmöglich macht, Personen aufgrund ihrer besonderen religiösen Vorstellungen von für alle gültigen Verpflichtungen auszunehmen, weil dies eine verbotene Bevorzugung wäre. Sofern Art. 4 GG (trotz Art. 140 GG/Art. 136 Abs. 1 WRV; dazu u. Kap. 16, Die Grundrechte des Art. 4 GG, Rn. 19 ff.) die Freistellung von der Pflicht zwingend erfordern sollte, ist es ja grundsätzlich möglich, die Pflicht für alle aufzuheben und so den Gleichheitsanforderungen zu genügen. S. ganz unbefriedigend zu den gleichheitsrechtlichen Fragen einer Freistellung muslimischer Metzger vom Verbot des Schächtens BVerfGE 104, 337 (355), wobei insoweit heute der allgemeinen Aufhebung des Schächtverbots Art. 20a GG entgegenstehen könnte (s. u. Kap. 16, Die Grundrechte des Art. 4 GG, Rn. 30).

Verboten ist aber nicht nur die Anknüpfung an die innere, ggf. nur mit großer Mühe, wenn überhaupt feststellbare religiöse Anschauung, sondern vor allem die an die äußerlich greifbare religiöse Zugehörigkeit, die in der Vergangenheit regelmäßig Anknüpfungspunkt für Diskriminierungen oder auch Privilegierungen war.

Beispiel:
BVerfGE 138, 296 Rn. 124 ff., hat eine Ausnahme vom gesetzlichen Verbot religiöser Bekundungen durch Lehrer in der Schule zugunsten der Darstellung christlicher Bildungswerte nach § 57 Abs. 4 Satz 3 SchulG NRW als Benachteiligung muslimischer Lehrer eingestuft. Eine explizite Anknüpfung an die Religion der Lehrer findet sich im Gesetz allerdings nicht, wenn man keinen Bezug des Bekundungsverbots nur auf die je eigene Religion in die Norm hineinliest.

Daneben lassen aber auch individuelle Religionsüberzeugungen oder der vom Einzelnen diesbezüglich erweckte Anschein das Unterscheidungsverbot eingreifen (vgl. für ein Beispiel u. Kap. 16, Die Grundrechte des Art. 4 GG, Rn. 45).

> **Hinweis:** Verbreitet werden bei an die Religion anknüpfenden Regelungen statt des Unterscheidungsverbots auf etliche Verfassungsbestimmungen gestützte Grundsätze der staatlichen Neutralität oder auch der Parität herangezogen (vgl. BVerfGE 137, 304 Rn. 84, 86 ff.). Der dogmatischen Klarheit ist das nicht dienlich.

Entsprechend geht es auch bei den **politischen Anschauungen** um eine gleichheitsrechtliche Flankierung gegenüber der Freiheit zur politischen Betätigung im weitesten Sinne, wie sie insbesondere in Art. 5 Abs. 1 Satz 1 GG (u. Kap. 17, Die Grundrechte des Art. 5 GG, Rn. 1 ff.), aber auch in einer Reihe weiterer Grundrechte ihren Niederschlag gefunden hat. Auch hier sind nicht die inneren politischen Überzeugungen einer Person allein als Anknüpfungspunkt verboten, sondern auch

110

äußerliche Affirmationen, wie insbesondere die Zugehörigkeit zu einer politischen Partei, mag der Betreffende auch in Wahrheit die Überzeugungen einer solchen Gruppierung nicht teilen oder geteilt haben. Auch für dieses Diskriminierungsverbot haben die negativen wie positiven Differenzierungen der NS-Zeit anhand der Parteizugehörigkeit bei Verabschiedung des Grundgesetzes aktuellen Anlass gegeben.

111   Nicht unproblematisch ist die vom BVerfG, wiederum im Radikalenbeschluss (BVer fGE 39, 334 [368]), zu diesem Merkmal geäußerte Auffassung, das Diskriminierungsverbot betreffe **lediglich das bloße Haben** einer politischen Anschauung, es schließe hingegen die Anknüpfung an die Betätigung bestimmter politischer Anschauungen nicht aus. Diese Interpretation, die in entsprechender Weise auf die religiösen Anschauungen übertragbar wäre, ist jedenfalls bedenklich, wenn man sie auch auf die besondere Sanktionierung von Verhaltensweisen erstreckt, die von Menschen mit bestimmten politischen (oder religiösen) Anschauungen entfaltet werden, während dieselben Verhaltensweisen bei Personen mit anderen politischen Anschauungen unsanktioniert blieben (s. ablehnend auch das Sondervotum *Simon*, BVerfGE 63, 266, 298 [304]).

c) Grundrechtsberechtigung

112   Grundrechtsberechtigte des Art. 3 Abs. 3 Satz 1 GG können **weitgehend nur natürliche Personen** sein, weil es sich bei den verpönten Differenzierungskriterien überwiegend um Eigenschaften handelt, die nur ihnen zukommen, wie namentlich Geschlecht, Abstammung, Rasse, Sprache, Heimat und Herkunft. Auch Zusammenschlüsse von Menschen mit gemeinsamen Merkmalen dieser Art (etwa: feministische Frauenvereinigungen, Vertriebenenverbände u. Ä.) haben diese Eigenschaften selbst nicht; gegen Verschiedenbehandlungen können sie sich daher nur auf den allerdings mit verschärften Anforderungen eingreifenden allgemeinen Gleichheitssatz stützen. Bei den religiösen und politischen **Anschauungen** sind hingegen nach Art. 19 Abs. 3 GG **Vereinigungen einzubeziehen**, für die ja auch die entsprechenden Freiheitsrechte gelten können (u. Kap. 16, Die Grundrechte des Art. 4 GG, Rn. 13, Kap. 17, Die Grundrechte des Art. 5 GG, Rn. 14).

d) Begrenzungen

113   Das Unterscheidungsverbot nach Art. 3 Abs. 3 Satz 1 GG kennt **keinen Gesetzesvorbehalt**. In spezifischer Hinsicht durchbrochen wird es durch Art. 139 GG, der 1949 gegen die Protagonisten des überwundenen Regimes ungeachtet der allgemeingültigen Maßstäbe des Grundgesetzes selbst diskriminierende Regelungen aufrechterhalten sollte. Abgesehen hiervon kommen als Begrenzungen des Unterscheidungsverbots **nur andere Verfassungsbestimmungen** in Frage, die diese begrenzende Ausrichtung ggf. im Text nicht ausdrücklich erkennen lassen.

> ▶ **Hinweis:** Hierher dürften hinsichtlich des Merkmals der Abstammung bereits die erwähnten Art. 6 und 14 GG, hinsichtlich der Sprache Art. 116 Abs. 1 GG gehören (o. Rn. 103, 105). – Ob gegenüber dem Unterscheidungsverbot nach den politischen Anschauungen Schutzbestimmungen zugunsten der freiheitlichen demokratischen Grundordnung durchgreifen können (so wohl BVerfGE 39, 334 [368 f.]), scheint demgegenüber zweifelhaft. Es leuchtet nicht ein, wieso bereits

das Haben einer politischen Anschauung entgegen Art. 3 Abs. 3 GG zwingenden Anlass für Benachteiligungen geben soll, wenn doch die Gefahr für die geschützte Ordnung jedenfalls nur von einem verfassungsfeindlichen Verhalten der Person ausgehen kann.

e) Anforderungen an Eingriffe

Auf der Grundlage kollidierenden Verfassungsrechts können **gesetzliche Bevorzugungen und Benachteiligungen** wegen der ausgeschlossenen Merkmale gerechtfertigt sein, wenn die auch hier maßgeblichen Anforderungen an Einschränkungen eingehalten sind (o. Rn. 47 ff.). Rechtsprechung und Verwaltung bedürfen zu einer Abweichung vom Unterscheidungsverbot einer gesetzlichen Grundlage (s. noch u. Rn. 137).   **114**

f) Weitere Grundrechtsgehalte

Objektiv-rechtliche Gehalte des Unterscheidungsverbots haben – abgesehen vom Sonderfall des Geschlechts (u. Rn. 117 ff.) – **bisher kaum zu Problemen** geführt, was deren Maßgeblichkeit aber nicht in Frage stellt; vielmehr greifen die allgemeinen Formen dieser Gehalte durch. So wirkt die Ausstrahlungswirkung auf die Rechtsordnung (etwa über §§ 138, 826 BGB) vor allem gezielten Diskriminierungen Dritter entgegen.   **115**

Beispiel:
Ein letztwilliger Ausschluss von Abkömmlingen aus nicht ebenbürtigen Ehen von der Erbschaft aus Gründen der Familientradition ist vom BGH allerdings trotz des Widerspruchs zu Art. 3 Abs. 3 Satz 1 GG (hinsichtlich Abstammung und Herkunft) nicht als sittenwidrig angesehen worden (BGH, NJW 1999, 567 [569 f.]).

Wo entsprechende Rechtsgrundlagen fehlen, verpflichtet die Schutzpflicht den Gesetzgeber prinzipiell zum Erlass geeigneter Regelungen (etwa: von Antidiskriminierungsgesetzen, vgl. das aufgrund unionsrechtlicher Vorgaben erlassene AGG von 2006; s. auch o. Rn. 8), die freilich nicht nur bei Bezug auf von Art. 3 Abs. 3 GG nicht erfasste Merkmale (wie sexuelle Identität [o. Rn. 30, 31] und Alter) jedenfalls nicht notwendig als strikte Unterscheidungsverbote ausgestaltet sein müssen. Auch für Organisation und Verfahren scheinen Konsequenzen geboten, die etwa gegenüber den schamlosen Praktiken von Parteienpatronage (s. auch Kap. 32, Die grundrechtsgleichen Rechte des Art. 33 GG, Rn. 10) Abhilfe schaffen könnten.

g) Zusammenfassung

- Die in Art. 3 Abs. 3 Satz 1 GG enthaltenen Unterscheidungsverbote haben als Spezialregelungen Anwendungsvorrang gegenüber dem allgemeinen Gleichheitssatz.   **116**
- Die abschließend aufgezählten Merkmale des Art. 3 Abs. 3 Satz 1 GG betreffen persönliche Eigenschaften, die ihren Trägern entweder prinzipiell unabänderlich zukommen oder als wesentliche Elemente der Persönlichkeit in freier Grundrechtsausübung begründet sind.

- Als Differenzierungen „wegen" eines verpönten Merkmals werden unabhängig von ihren Zielsetzungen oder Hintergründen alle Regelungen erfasst, die tatbestandlich an ein verpöntes Merkmal anknüpfen.
- Das Unterscheidungsverbot gilt auch für versteckte Diskriminierungen, die an verbotene Merkmale anknüpfen, ohne dies offen auszusprechen; dagegen fallen sog. mittelbare Diskriminierungen, die an Kriterien anknüpfen, die an sich unbedenklich, aber typischerweise mit verpönten Merkmalen verbunden sind, nur unter im Rahmen des Art. 3 Abs. 1 GG verschärfte Maßstäbe.

3. Insbesondere: Die Gleichberechtigung von Männern und Frauen, Art. 3 Abs. 2 und Abs. 3 Satz 1 GG

a) Allgemeines

117   Der Grundsatz der **Gleichberechtigung von Männern und Frauen** ist im deutschen Verfassungsrecht seit 1919 heimisch, aber erst im Grundgesetz in dem hier anzutreffenden weitgehenden Umfang zwingend verwirklicht. Hier gehörte das Geschlecht von Anfang an zum Katalog der nach Art. 3 Abs. 3 GG verbotenen Merkmale. Aus Misstrauen gegen die Effektivität dieser Bestimmung wurde zusätzlich in Art. 3 Abs. 2 GG die Gleichberechtigung von Männern und Frauen verankert, die in erster Linie das Unterscheidungsverbot stärken sollte. Mit dem politischen Schlagwort der Gleichberechtigung waren seinerzeit außerdem in eher diffuser Weise weitergehende Gleichstellungsvorstellungen verbunden, wie sie sich in den Landesverfassungen insbesondere in Garantien des gleichen Lohns für gleiche Arbeit unabhängig von dem Geschlecht niedergeschlagen haben.

118   In der Rechtspraxis sind zunächst über Jahrzehnte hinweg Art. 3 Abs. 2 und Art. 3 Abs. 3 GG in ihrer ursprünglichen Fassung bezogen auf das Geschlecht als **gemeinsame Grundlage des Unterscheidungsverbots** angewendet worden. Die insbesondere mit **Art. 3 Abs. 2 GG** in Verbindung gebrachte Vorstellung, dass das Grundgesetz über die Beseitigung rechtlicher Unterschiede hinaus **auch die tatsächliche Durchsetzung der Gleichberechtigung** der Geschlechter als Ziel anstrebe, hat später in der Judikatur des BVerfG zunehmend dazu geführt, dass Art. 3 Abs. 2 GG a.F. nur noch im Hinblick auf diese, neben dem Unterscheidungsverbot stehenden Gehalte herangezogen wurde, während das Unterscheidungsverbot hinsichtlich des Geschlechts als der klassische Gehalt auch der Gleichberechtigungsgarantie nur noch über Art. 3 Abs. 3 GG a.F. zur Geltung gebracht wurde (vgl. etwa BVerfGE 85, 191 [207] m.w.N.).

119   Im Rahmen der Verfassungsrevision im Anschluss an die Wiedervereinigung ist mit Art. 3 Abs. 2 Satz 2 GG ein **ausdrücklicher Förderauftrag** zugunsten der tatsächlichen Durchsetzung der Gleichberechtigung von Frauen und Männern in das Grundgesetz aufgenommen worden, der diesen bereits zuvor vom BVerfG aus Art. 3 Abs. 2 GG a. F. entnommenen objektiv-rechtlichen Gehalten einen neuen normativen Standort verleiht. Daneben scheint es nahe liegend, in Art. 3 Abs. 2 Satz 1 GG wieder allein die zusätzliche Gewährleistung des auch in Art. 3 Abs. 3 Satz 1 GG enthaltenen Unterscheidungsverbots wegen des Geschlechts zu sehen. Praktische Konsequenzen hat die genaue Zuordnung des Unterscheidungsverbots nicht.

b) Das Unterscheidungsverbot wegen des Geschlechts

Art. 3 Abs. 2 Satz 1, Abs. 3 Satz 1 GG verbietet **Unterscheidungen wegen des** **120** **Geschlechts**, d. h. alle Unterscheidungen, die an das Geschlecht als Tatbestandsmerkmal für Rechtsfolgen anknüpfen (o. Rn. 94). Mit dem Kriterium Geschlecht ist grundsätzlich die Zugehörigkeit zum männlichen oder weiblichen Geschlecht gemeint, wie sie sich nach den **biologischen Gegebenheiten** oder im Ausnahmefall aufgrund rechtlich anerkannter Neubestimmungen des Geschlechts (Transsexuellengesetz) ergibt. Gemeint ist also prinzipiell die Eigenschaft als Mann oder als Frau, auf die Art. 3 Abs. 2 GG allein abstellt; davon abweichende Sonderformen der Geschlechtlichkeit, wie sie inzwischen § 22 Abs. 3 PStG anspricht, sind aber ggf. über das dafür offene Merkmal „Geschlecht" des Art. 3 Abs. 3 Satz 1 GG einzubeziehen.

Im Gegensatz zu dem Dornröschenschlaf, den Art. 3 Abs. 3 Satz 1 GG im Übri- **121** gen seit seiner Begründung hält, ist Art. 3 Abs. 2 GG immer wieder Gegenstand bundesverfassungsgerichtlicher Entscheidungen gewesen. Immerhin war 1949 die gesamte **Rechtsordnung** noch in einem durchaus **patriarchalischen** Sinne geprägt und musste mehr oder weniger weitgehend umgestellt werden. Gleichwohl zeigt der Ablauf der Ereignisse, wie wenig die politischen Entscheidungsträger bereit waren, die **überkommenen Differenzierungen abzuschaffen** und so das verfassungsrechtliche Gebot der Gleichberechtigung von Männern und Frauen zu realisieren, weil dies den noch vorherrschenden Vorstellungen in der Gesellschaft doch wohl allzu sehr widersprochen hätte.

Auch das BVerfG war insbesondere in den frühen Entscheidungen zur Gleichbe- **122** rechtigung der Geschlechter von solchen Vorverständnissen nicht frei. Gleichwohl hat seine **Judikatur maßgeblich zur Durchsetzung** der Gleichberechtigung von Männern und Frauen beigetragen. Das BVerfG hat von Anfang an den **strikten** **Charakter** des Unterscheidungsverbots auch wegen des Geschlechts bekräftigt. Wie die anderen Unterscheidungsmerkmale des Art. 3 Abs. 3 GG darf auch das **Geschlecht** nach der Absicht des Art. 3 Abs. 2 Satz 1, Abs. 3 Satz 1 GG **kein** **Anknüpfungspunkt** für Vor- oder Nachteile sein.

Beispiel:

Die Öffnung der Ehe nur für Personen verschiedenen Geschlechts, die der Lebenspartnerschaft nur für solche desselben Geschlechts sind Regelungen, die an das Geschlecht der einzelnen Beteiligten anknüpfen und stellen damit Verschiedenbehandlungen wegen des Geschlechts dar (vgl. für Kombinationen anderes verpönter Merkmale in einer Personenverbindung bei anderen Merkmalen schon o. Rn. 95). Zwar werden Männer und Frauen als Gruppen durchaus gleichbehandelt (daher gegen eine Differenzierung BVerfGE 105, 313 [351 f.]). Dem einzelnen Grundrechtsträger, auf den es beim Grundrechtsschutz ankommt, wird aber die Eheschließung (Lebenspartnerschaft) mit einer bestimmten Person verwehrt, weil er ein bestimmtes Geschlecht hat und nicht das andere – dabei ist dies bei der Ehe durch Art. 6 Abs. 1 GG verfassungsrechtlich problemlos zu rechtfertigen. Zu anderen verpönten Merkmalen s. o. Rn. 95.

Als eine strukturell für das gesamte Unterscheidungsverbot gültige, aber nur für das **123** Geschlecht (wenn auch selten) auch praktisch bedeutsame ungeschriebene

Voraussetzung der Anwendung des Gleichberechtigungsgrundsatzes liegt dabei darin, dass die Situation der regelungsbetroffenen Männer und Frauen nicht **unvergleichbar** sein darf. Die Anwendung des Unterscheidungsverbots setzt danach voraus, dass ein Lebenssachverhalt überhaupt für die Personen beiderlei Geschlechts bedeutsam sein kann.

> ▶ **Hinweis:** Wegen dieser spezifischen Bedeutung darf die Unvergleichbarkeit nicht mit fehlender Vergleichbarkeit in dem Sinne verwechselt werden, wie sie verbreitet wenig glücklich für den allgemeinen Gleichheitssatz verwendet wird (o. Rn. 16).

124   Die Unvergleichbarkeit besteht im Falle des Art. 3 Abs. 2 Satz 1 GG dann, wenn ein **Lebenssachverhalt nur bei einem Geschlecht** vorkommt bzw. wenn er bei dem einen Geschlecht so viele Eigentümlichkeiten aufweist, dass im Falle seiner Verwirklichung bei Personen des anderen Geschlechts etwa noch verbleibende Gemeinsamkeiten jedenfalls vollkommen zurücktreten. Unter diesen Voraussetzungen ist die verschiedene rechtliche Regelung mit den Begriffen „Bevorzugen" und „Benachteiligen" nicht mehr sinnvoll zu erfassen.

Beispiel:

Entwickelt wurde dieser Gedanke im Hinblick auf die damals bestehende Strafbarkeit der Homosexualität von Männern (§ 175 StGB a.F.), die homosexuelles Verhalten von Männern mit Gefängnesstrafe bedrohte, während homosexuelles Verhalten von Frauen strafrechtlich nicht erfasst wurde. Das BVerfG hat gestützt auf sexualwissenschaftliche Gutachten gemeint, zwischen männlicher und weiblicher Homosexualität bestünden so wenige Berührungspunkte, dass das postulierte ungeschriebene Kriterium der Vergleichbarkeit nicht bestehe (BVerfGE 6, 389 [422 ff.]). Diese Einschätzung, die im Grunde schon durch den einheitlichen Sprachgebrauch widerlegt ist, scheint äußerst zweifelhaft; inzwischen hat der Gesetzgeber im Sexualstrafrecht Differenzierungen nach dem Geschlecht, die noch lange fortgegolten hatten, weitgehend beseitigt (s. aber noch § 183 Abs. 1 StGB).

125   Als denkbare Aspekte so grundlegender Verschiedenheit, dass Unvergleichbarkeit bestehen könnte, hat das BVerfG neben **biologischen** Unterschieden auch **funktionale (arbeitsteilige) Unterschiede** in Erwägung gezogen. Gemeint waren damit offensichtlich traditionelle Aufgabenverteilungen im Rahmen der überkommenen Hausfrauenehe.

Beispiel:

In einem obiter dictum hat das Gericht unter diesem Aspekt die noch nach dem Gleichberechtigungsgesetz von 1958 als Regelmodell vorgesehene Hausfrauenehe (§ 1360 BGB a. F.) gebilligt (BVerfGE 10, 59 [74 f.]).

Ungeachtet vielfacher Kritik hat das BVerfG den genannten Ansatz in seiner Rechtsprechung lange Zeit ständig wiederholt, wobei die dogmatische Grundlegung in der fehlenden Vergleichbarkeit nach und nach in den Hintergrund trat. Später wurde vielfach nur noch formuliert, dass unter Umständen biologische und funktionale Unterschiede zwischen den Geschlechtern Differenzierungen rechtfertigen könnten.

Zu praktischen Konsequenzen in der Judikatur haben diese Ansätze indes kaum geführt. Dies liegt zum einen daran, dass es zwischen Männern und Frauen zwangsläufige **„funktionale" Unterschiede überhaupt nicht** gibt; vielmehr sind Männer und Frauen in ihren sozialen Funktionen durchaus zum Rollentausch fähig und in deren Wahrnehmung jedenfalls nicht unvergleichbar. Funktionsunterschiede haben dementsprechend dem BVerfG nie zur Rechtfertigung einer zur Überprüfung gestellten nach dem Geschlecht differenzierenden Regelung genügt. **126**

Beispiel:
Das Gleichberechtigungsgesetz von 1958 gab bei im Ausgangspunkt gleichberechtigter Entscheidungsbefugnis im Rahmen der elterlichen Gewalt dem Vater den Stichentscheid, wenn er sich mit der Mutter nicht einigen konnte. Das BVerfG hat hinsichtlich der persönlichen Beziehung der Eltern zu den Kindern keine funktionalen Unterschiede gesehen, die diese Regelung hätten rechtfertigen können (BVerfGE 10, 59 [74 f.]).

Allerdings musste das BVerfG sich noch 1979 gegen die (auch bundes-) arbeitsgerichtliche Anerkennung funktionaler Unterschiede der Geschlechter wenden, wonach Hausarbeit Frauensache sei.

Beispiel:
§ 1 des Gesetzes des Landes Nordrhein- Westfalen über Freizeitgewährung für Frauen mit eigenem Hausstand billigte Arbeitnehmerinnen mit eigenem Hausstand einen bezahlten arbeitsfreien Hausarbeitstag pro Monat zu. Ihre männlichen Kollegen hingegen hatten diesen Anspruch nicht. Die Feststellung der Verfassungswidrigkeit der Bestimmung wurde auf alleinstehende Frauen beschränkt; für verheiratete Frauen hingegen wurde die Frage ausdrücklich offengelassen (BVerfGE 52, 369 [377 f.]).

Auch für **biologische Unterschiede** gilt im Ergebnis nichts anderes. Solche Unterschiede können – dem gedanklichen Ausgangspunkt der Unvergleichbarkeit entsprechend – nur auf solche Merkmale zu beziehen sein, die im strengsten Sinne **für ein Geschlecht spezifisch** sind, also nie bei irgendeinem Vertreter des anderen Geschlechts vorkommen und nicht unter einen Oberbegriff gefasst werden können, der zusätzlich nur Personen des anderen Geschlechts erfasst. Von diesem Ausgangspunkt aus könnte etwa die Schwangerschaft als ein nicht vergleichbarer Zustand erscheinen, da sie allein bei Frauen vorkommt, niemals aber bei Männern. **127**

▶ **Hinweis:** Selbst insoweit ist Vergleichbarkeit nicht logisch ausgeschlossen, da die (schwangere) Mutter und der Vater gleichermaßen die genetischen Urheber des nasciturus und aufgrund dieser Gemeinsamkeit „vergleichbar" sind. Soweit es um die Berücksichtigung besonderer gesundheitlicher

Erfordernisse geht, die zu vernachlässigen willkürlich wäre, wird man aber eine natürliche Unvergleichbarkeit der Eltern beiderlei Geschlechts annehmen können. – Nicht im logischen Sinn unvergleichbar sind ferner Frauen, die vom Verbot der Eizellenspende betroffen sind; denn auch die Samenzellen der Männer gehören zu den bei beiden Geschlechtern anzutreffenden Keimzellen. Daher ist das Verbot als Unterscheidung wegen des Geschlechts an Art. 3 Abs. 2, 3 GG zu messen (ohne Prüfung von Art. 14 EMRK aber EGMR GK, Nr. 57813/00 [S. H. und andere] vom 3.11.2011, Rn. 119 f.). – Dasselbe gilt für das Verbot der Verstümmelung der äußeren Genitalien einer weiblichen Person nach § 226a StGB, weil auch Männer äußere Genitalien besitzen, die verstümmelt werden können, auch wenn die üblichen Beschneidungen von Knaben, die § 1631d BGB billigt, keine hinreichend gravierende Verletzung (vgl. BT-Dr. 17/13707, S. 6) darstellen mögen. – BVerfGE 109, 64 (89 ff.) hat die Anwendbarkeit bei Schwanger- und Mutterschaft angenommen und den „Schutzauftrag aus Art. 3 Abs. 2 GG" dadurch verletzt gesehen, dass das Gesetz Arbeitgeber zur Zahlung von Zuschüssen zum Mutterschaftsgeld verpflichtete, ohne durch geeignete Vorkehrungen faktische Diskriminierungen durch Vermeidungsverhalten der Arbeitgeber zu vermeiden. Tatsächlich war dies eine abwehrrechtlich relevante „Drittbeeinträchtigung" (o. Kap. 8, Grundrechtseingriff und sonstige relevante Grundrechtsbeeinträchtigungen, Rn. 32) der Gleichberechtigung durch die das Verhalten der Arbeitgeber auslösende gesetzliche Regelung.

128   Dagegen mag etwa eine Körpergröße von 1,90 m oder eine bestimmte Muskelkraft eher bei Männern als bei Frauen anzutreffen sein; solche **nur typischen Eigenschaften** können aber jedenfalls in Ausnahmefällen immer auch bei Angehörigen des anderen Geschlechts vorkommen und sind deshalb **keine biologischen Unterschiede**, die die Anwendung des Unterscheidungsverbots (wegen Unvergleichbarkeit) ausschließen könnten.

Beispiel:

Dementsprechend verstößt es gegen Art. 3 Abs. 2 GG, wenn beamtenrechtliche Beihilfen bei Aufwendungen für Perücken nur zugunsten von Frauen, nicht aber für Männer vorgesehen sind, obwohl letztere häufiger zur Kahlköpfigkeit neigen (BVerwG, NJW 2002, 2045 f.).

▶   **Hinweis:** Regelungen, die (nur) geschlechtstypische Eigenschaften als Tatbestandsmerkmale verwenden, sind aber als sog. mittelbare Diskriminierung einzustufen, die im Rahmen des Art. 3 Abs. 1 GG strengen Anforderungen genügen müssen (o. Rn. 100 f.).

129   Dieses enge Verständnis biologischer Unterschiede hat das BVerfG nicht stets konsequent zugrunde gelegt. Wohl endgültig hat es erst im Nachtarbeitsbeschluss (BVerfGE 85, 191 [207]) Klarheit geschaffen. Die Frage, ob Nachtarbeit typischerweise für Frauen größere gesundheitliche Gefahren birgt als für Männer, war danach nicht mehr entscheidend; allein die Tatsache, dass entsprechende gesundheitliche

Risiken der Nachtarbeit auch für Männer bestehen können, genügte bereits, um den möglichen Einwand der Unvergleichbarkeit auszuräumen. Vereinfachend hat das BVerfG den dabei herangezogenen Maßstab hier dahin formuliert, dass Differenzierungen zulässig sein können, soweit sie **zur Lösung von Problemen, die ihrer Natur nach entweder nur bei Männern oder bei Frauen vorkommen, zwingend erforderlich** sind. Das Kriterium der zwingenden Erforderlichkeit überzeugt dabei nicht, weil bei geschlechtsspezifischen Regelungen ja schon die Vergleichbarkeit fehlt, die das Unterscheidungsverbot überhaupt erst Anwendung finden lässt.

Beispiel:
Die auf Männer beschränkte landesrechtliche Feuerwehrdienstpflicht wurde anhand des vorgenannten Maßstabs schließlich im Jahre 1995 vom BVerfG für verfassungswidrig erklärt (BVerfGE 92, 91 [109 f.]; ausführlich in diesem Sinne bereits *Sachs,* VBlBW 1981, 273).

c) Begrenzungen

Als Sonderfall einer Begrenzung des Gleichberechtigungsgrundsatzes kann **Art. 117**   **130**
Abs. 1 GG angesprochen werden. Die Regelung berührte die Geltung des Gleichberechtigungsgrundsatzes für das aktuelle Staatshandeln nicht, so dass insbesondere auch die Gesetzgebung von vornherein auf das Gleichberechtigungsgebot verpflichtet blieb. Doch sollte das überkommene, in hohem Maße patriarchalisch geprägte Recht trotz seiner Unvereinbarkeit mit der Gleichberechtigung der Geschlechter auf den verschiedensten Rechtsbereichen für eine Übergangszeit in Kraft bleiben dürfen, weil der Umbau einer Rechtsordnung insgesamt eine gewisse Zeit erfordert.

> **Hinweis:** Die aus der Sicht späterer, vom BVerfG verfügter Fristsetzungen äußerst knapp bemessene Frist von weniger als vier Jahren wurde vom Gesetzgeber nicht eingehalten, der erst 1958 mit einem zudem noch überaus unzulänglichen Gleichberechtigungsgesetz fertig wurde. Für die Zeit nach dem 31. März 1953 hat das BVerfG (vgl. BVerfGE 3, 225) eine Ausdehnung der verfassungsrechtlichen Frist zugunsten eines weiteren Fortbestandes des gleichberechtigungswidrigen Altrechts abgelehnt und angenommen, dass die Gerichte die Aufgabe hätten, das durch Wegfall der diskriminierenden Altregelungen eintretende rechtliche Vakuum auszufüllen, was in der Folgezeit auch realisiert wurde.

Eine ausdrückliche Durchbrechung des Grundsatzes der Gleichberechtigung der   **131**
Geschlechter findet sich in **Art. 12a Abs. 1 GG**, wonach nur Männer zum Dienst in den Streitkräften verpflichtet werden können. Diese Regelung geht dem Art. 3 Abs. 2 Satz 1, Abs. 3 Satz 1 GG als ausdrückliche Ausnahmeregelung vor. Man muss allerdings fragen, ob die diesbezügliche Verfassungsänderung nicht die nach Art. 79 Abs. 3 GG geschützten Grundsätze des Art. 1 Abs. 1 GG verletzt hat. Wenn es eine dem individuellen grundrechtlichen Schutzanspruch entsprechende gemeinschaftsbezogene Pflicht der Bürger eines demokratisch verfassten Staates ist, zur Sicherung dieser Verfassungsordnung beizutragen (so BVerfGE 48, 127 [161]), bedeutet die Beschränkung dieser staatsbürgerlichen Grundpflicht auf Männer, dass

den Frauen der gleichwertige Status voller Staatsbürgerschaft mit den zugehörigen Rechten *und* Pflichten vorenthalten wird, dass sie – wie Kinder und Alte – zu Schutzbefohlenen degradiert werden.

132 Aus **Art. 12a Abs. 4 Satz 2 GG a.F.** („Sie dürfen auf keinen Fall Dienst mit der Waffe leisten") hat das BVerwG (vgl. BVerwG, NJW 1996, 2173; ähnlich BVerfG [K], NJW 1998, 57) ein Verbot jeden Waffendienstes von Frauen abgeleitet, das sich insbesondere auch auf die Verwendung von Berufssoldatinnen erstrecken sollte. Nach dem systematischen Zusammenhang lag es freilich immer schon näher, die Bestimmung nur auf die nach Art. 12a Abs. 4 Satz 1 GG a.F. dienstverpflichteten Frauen zu beziehen und damit eine so weitreichende Durchbrechung des Art. 3 Abs. 2 GG zu vermeiden. Nach Nachhilfe aus Luxemburg (EuGH, NJW 2000, 497 [Tanja Kreil]) konnte den Frauen der freiwillige berufliche Waffendienst nicht mehr versperrt bleiben; dazu ist Art. 12a Abs. 4 Satz 2 GG unmissverständlich dahin neugefasst worden, dass er nur *Verpflichtungen* zum Dienst mit der Waffe ausschließt.

133 Abgelehnt hat es das BVerfG, Einschränkungen der Gleichberechtigung durch **Art. 6 Abs. 1 GG** und den dort verankerten Schutz der Ehe zu rechtfertigen. Es hat vielmehr von vornherein den Standpunkt bezogen, dass die im Grundgesetz garantierte Ehe in Zukunft eine maßgeblich vom Grundsatz der Gleichberechtigung der beiden Partner geprägte Einrichtung sei und deshalb nicht in eine Kollision mit Gleichberechtigungsforderungen treten könne (vgl. BVerfGE 3, 225 [241 f.]). Dagegen wurde der ursprüngliche gänzliche Ausschluss des Erzeugers eines nichtehelichen Kindes vom allein der Mutter zugewiesenen Elternrecht durch § 1705 BGB a.F. als durch **Art. 6 Abs. 5 GG** gerechtfertigt angesehen (s. aber inzwischen u. Kap. 18, Die Grundrechte des Art. 6 GG, Rn. 37 f.). Bis heute wird es mit dem Interesse des Kindes an einer von Anfang an feststehenden verantwortlichen Bezugsperson gerechtfertigt, dass der Vater zunächst einmal an der Sorge für das Kind nicht teilhat (BVerfGE 127, 132 [147 f.]).

134 Besondere Bedeutung in der aktuellen Diskussion hat die Möglichkeit erlangt, dass der früher aus Art. 3 Abs. 2 GG a.F. abgeleitete, heute in Art. 3 Abs. 2 Satz 2 GG auch ausdrücklich positivierte **Förderauftrag** des Staates zugunsten der tatsächlichen Durchsetzung der Gleichberechtigung von Frauen und Männern (o. Rn. 119) die Grundlage für Einschränkungen gegenüber dem Unterscheidungsverbot nach dem Geschlecht bieten könnte. Relevanz hat dies insbesondere für die viel diskutierten **Quotenregelungen** zugunsten von Frauen für den Zugang zum öffentlichen Dienst, die als Einschränkungen des Unterscheidungsverbots durch die Zielvorgabe des Art. 3 Abs. 2 Satz 2 GG legitimiert sein sollen.

135 Dies kann indes aus vielen Gründen **nicht überzeugen**. Vor allem zielt auch der Verfassungsauftrag nach Art. 3 Abs. 2 Satz 2 GG auf Chancengleichheit der Einzelperson und nicht auf irgendwelche Gruppenproporze (s. auch u. Rn. 139).

Beispiel:

BVerwGE 149, 1 Rn. 68 ff. sieht allerdings einen Förderzweck im Sinne des Art. 3 Abs. 2 Satz 2 GG darin, „zu einer weiteren Erhöhung des Anteils der Soldatinnen in der Bundeswehr" beizutragen, und dadurch die weitergehende Zulässigkeit des Tragens langer Haare für Frauen in der Bundeswehr gerechtfertigt.

Für wirkliche Chancengleichheit der Person ist aber neben zusätzlichen Bemühungen um tatsächliche Durchsetzung der Gleichberechtigung die rechtliche Gleichbehandlung unverzichtbare Mindestbedingung, da ungleiches Recht in seiner Anwendung notwendig tatsächlich wirksame Ungleichbehandlung bedeutet. Im Übrigen entbindet die Aufgabe, für mehr faktische Gleichberechtigung zu sorgen, die Staatsgewalt nicht von ihren sonstigen verfassungsrechtlichen Bindungen, zu denen das Unterscheidungsverbot zählt. Ein Konflikt zwischen Unterscheidungsverbot und Förderauftrag entsteht nicht, weil längst nicht alle Möglichkeiten der Förderung ohne Differenzierung nach dem Geschlecht ausgeschöpft wurden. Gäbe es einen solchen Konflikt, hätte das strikt verbindliche Unterscheidungsverbot den Vorrang vor dem zu seiner besseren Verwirklichung geschaffenen Förderauftrag.

Ohne unmittelbare Auswirkungen auf die verfassungsrechtliche Lage bleibt   136
die **europarechtliche Beurteilung** von Quotenregelungen, bei der die Judikatur des EuGH (seit NJW 1995, 3109 [Kalanke], NJW 1997, 3429 [Marschall], NJW 2000, 1549 [Badeck]) wenig konsequent erscheint. Denn die Unvereinbarkeit mit dem Unionsrecht führt auch ohne die zusätzliche Annahme von Verfassungswidrigkeit zur Unanwendbarkeit entsprechender Regelungen. Umgekehrt schließt die Vereinbarkeit mit Unionsrecht einen Verfassungsverstoß nicht aus; dies kommt nur in Betracht, wenn Unionsrecht die verfassungswidrige Regelung gebietet.

d) Anforderungen an Eingriffe

Soweit kollidierendes Verfassungsrecht Unterscheidungen wegen des Geschlechts   137
zulässt, ist damit **nur die Gesetzgebung** zur Abweichung vom Unterscheidungsverbot berechtigt. Für Verwaltungshandeln und Rechtsprechung ist dazu wie bei jedem anderen Grundrechtseingriff aufgrund des Vorbehalts des Gesetzes eine gesetzliche Ermächtigung erforderlich (allgemein o. Rn. 68).

> ▶ Hinweis: Das BVerwG hat demgegenüber für die Frauen bevorzugende
> Vergabe einer Meisterinnenprämie von der Regierung aufgestellte Vergabe
> berichtlinien, also bloße Verwaltungsvorschriften, und einen haushalts
> gesetzlich gebilligten Ansatz entsprechender Mittel genügen lassen
> (BVerwG, NVwZ 2003, 92 [94]). Allgemeiner hat das Sondervotum zum
> Kopftuchurteil (BVerfGE 108, 282, 314 [318]) die Geltung des „Geset
> zesvorbehalts" für Gleichheitsbeeinträchtigungen abgelehnt, weil sie
> „nicht zu einem Eingriff in ein Freiheitsrecht" führten, während der Senat
> eine gesetzliche Regelung u. a. zur Gewährleistung der Gleichbehandlung
> gefordert hat (BVerfGE 108, 282 [313]).

Ein solches Gesetz und ggf. seine Anwendung müssen allen Anforderungen an Eingriffe in das Gleichheitsgrundrecht genügen (o. Rn. 47 ff.).

e) Weitere Grundrechtsgehalte – die Förderpflicht nach Art. 3 Abs. 2 Satz 2 GG

Objektiv-rechtliche Grundrechtsgehalte kommen für Art. 3 Abs. 2 GG grundsätzlich   138
ebenso in Betracht wie für Art. 3 Abs. 3 Satz 1 GG (o. Rn. 115). In der anfangs stark durch

unterschiedliche Geschlechterrollen geprägten Wirklichkeit hat sich auch nach der zum Teil mühsamen Beseitigung rechtlicher Unterscheidungen, die heute weitgehend realisiert ist, **keine vollständige Angleichung der Lebensverhältnisse** von Männern und Frauen ergeben. Im Anschluss an entsprechende Ansätze in der Judikatur des BVerfG (o. Rn. 118) ist deshalb Art. 3 Abs. 2 Satz 2 GG geschaffen worden, der den Staat umfassend dazu verpflichtet, die tatsächliche Durchsetzung der Gleichberechtigung von Frauen und Männern zu fördern und auf die Beseitigung bestehender Nachteile hinzuwirken. Dabei ist eine klare Trennung zwischen beiden Alternativen nicht möglich.

139   Die Ziele dieser Bestimmung richten sich **nicht** auf die Herstellung einer **Gruppengleichheit**, also gleicher Repräsentanz beider Geschlechter, in allen Lebensbereichen, sondern auf die **Durchsetzung individueller Chancengleichheit**, wo immer diese wegen des Geschlechts trotz rechtlicher Gleichstellung nicht besteht (s. auch o. Rn. 135). Dieses Ziel kann gegenüber privatem Verhalten etwa durch Antidiskriminierungsgesetze verfolgt werden. Praktisch entscheidend wichtig wäre allerdings, günstige rechtliche oder tatsächliche Bedingungen in Bereichen zu schaffen, in denen sich typischerweise oder überwiegend Frauen betätigen, wie immer noch im Bereich der Familienarbeit, und dadurch Nachteile haben.

140   Die durch solche Ansätze (etwa: Elternurlaub mit Arbeitsplatzgarantie oder eine Vollversorgung mit Ganztagskindergartenplätzen) bewirkte **mittelbare Bevorzugung der** meist günstig betroffenen **Frauen** ist gegenüber dem verschärften Maßstab des allgemeinen Gleichheitssatzes durch Art. 3 Abs. 2 Satz 2 GG **legitimiert**. Nach dem Geschlecht unterscheidende Regelungen scheiden hingegen schon deshalb aus, weil sie die individuelle Chancengleichheit nie herstellen, sondern mit rechtlicher Zwangsläufigkeit auch tatsächlich beeinträchtigen. Im Übrigen widersprechen sie der dienenden Funktion des objektiv-rechtlichen Art. 3 Abs. 2 Satz 2 GG gegenüber dem abwehrrechtlichen Unterscheidungsverbot. Daher ändert Art. 3 Abs. 2 Satz 2 GG auch nichts an der Verfassungswidrigkeit von Quotenregelungen (o. Rn. 134 f.).

f) Zusammenfassung

141   • Das Unterscheidungsverbot nach Art. 3 Abs. 2 Satz 1, Abs. 3 Satz 1 GG verbietet alle Regelungen, die an das Geschlecht als Tatbestandsmerkmal anknüpfen.
   • Das Unterscheidungsverbot greift nicht bei Unvergleichbarkeit der Situation der regelungsbetroffenen Männer und Frauen ein; diese besteht nur im höchst seltenen Fall geschlechtsspezifischer Unterschiede.
   • An das Geschlecht anknüpfende differenzierende Regelungen sind demnach mit dem Unterscheidungsverbot vereinbar, wenn sie zur Lösung von Problemen, die ihrer Natur nach nur entweder bei Männern oder bei Frauen auftreten können, erlassen sind.
   • Der in Art. 3 Abs. 2 Satz 2 GG positivierte Förderauftrag des Staates zugunsten der Frauen bietet keine taugliche Grundlage für Abweichungen vom Unterscheidungsverbot, wie etwa durch sog. Quotenregelungen.

4. Das Verbot, eine Person wegen ihrer Behinderung zu benachteiligen Art. 3 Abs. 3 Satz 2 GG

Art. 3 Abs. 3 Satz 2 GG ist wie Art. 3 Abs. 2 Satz 2 GG anlässlich der Verfassungs-   **142**
revision im Anschluss an die deutsche Einheit in das Grundgesetz aufgenommen
worden. Dahinter stand die Absicht, die in mancher Beziehung als unbefriedigend
empfundene **Situation von Behinderten verbessern** zu helfen. Ein Unterscheidungsverbot kann seiner Struktur nach diesem Ziel nur bedingt gerecht werden.
Anders als bei den Kriterien des Art. 3 Abs. 3 Satz 1 GG sind Menschen mit Behinderungen nicht in jeder denkbaren relevanten Beziehung wesentlich gleich mit
anderen Menschen; eine unterschiedslose Behandlung wird ihren besonderen Problemen nicht immer gerecht, vielmehr kann die Behinderung sehr wohl eine sachgerechte Grundlage für Differenzierungen sein, ja solche geradezu gebieten.

Insbesondere wird eine sachlich angemessene Behandlung von Behinderten in   **143**
vielen Fällen **nicht ohne Bevorzugungen** auskommen, die den besonderen Notwendigkeiten, die sich aus der Behinderung ergeben, Rechnung tragen.

Beispiel:

Einem Behinderten, der mit den Füßen oder mit dem Mund schreiben muss, so
dass seine Schreibgeschwindigkeit beeinträchtigt wird, muss gerechterweise für
seine Examensklausur eine entsprechend längere Bearbeitungszeit eingeräumt
werden.

Insoweit hat das Grundgesetz immerhin den Fehler der Verfassung des Landes
Brandenburg vermieden, die durch Erweiterung der verpönten Merkmale des Unterscheidungsverbots ihres Art. 12 Abs. 2 um das Kriterium der Behinderung auch die
daran anknüpfende Bevorzugung untersagt hat, nur um in ihrem Art. 29 Abs. 3 Satz
2 im glatten Gegensatz dazu anzuordnen, dass (im öffentlichen Bildungswesen)
Menschen mit Behinderungen besonders zu fördern sind. Ein Gebot der adäquaten
Bevorzugungen enthält der strikte Primärgehalt des Art. 3 Abs. 2 Satz 2 GG aber
auch nicht.

Das **Verbot der Benachteiligung** wegen einer Behinderung erweist sich als   **144**
wenig tauglich, um die die angestrebten Ziele zu herbei zu führen. Regelungen, die
an eine Behinderung rechtliche Nachteile knüpfen, die Nichtbehinderte nicht treffen
(u. Rn. 151), sind der geltenden Rechtsordnung weitestgehend fremd. Dem Verfas-
sungsänderungsgesetzgeber ging es denn auch nicht um die Beseitigung benachtei-
ligender Regelungen, sondern – abgesehen von notwendigen, bevorzugenden
Sonderbehandlungen – vor allem um eine möglichst behindertengerechte Gestaltung
der Umwelt, die aber mit dem bloßen Verbot von Benachteiligungen nicht zu erreichen ist.

Immerhin hat sich ein Anwendungsbereich für Art. 3 Abs. 3 Satz 2 GG gefunden,   **145**
indem die **Zuweisung behinderter Kinder an Sonderschulen** von den Eltern als
Benachteiligung bekämpft wird. Der stringenten Natur des (bisherigen) Unterscheidungsverbots würde es am besten entsprechen, jede an die Behinderung anknüpfende, **gegen den Willen** des Betroffenen, d. h. bei Minderjährigen und sonst nicht

selbst entscheidungsfähigen Personen gegen den Willen der Eltern bzw. der sonst Vertretungsberechtigten, angeordnete besondere Behandlung – unabhängig von ihrem Inhalt im Übrigen und von der dahinter stehenden Motivation – allein wegen ihrer **Zwangswirkung** als Belastung und daher als **Benachteiligung** gegenüber nicht so behandelten nicht behinderten Personen zu begreifen. Für Missbrauchsfälle (z. B. gänzlich uneinsichtiger Eltern) müssen bei dieser Konzeption notwendige Grenzen dadurch gezogen werden, dass den vertretungsberechtigten Personen ihre Befugnisse aberkannt werden (vgl. § 1666 BGB).

146   Das BVerfG hat sich demgegenüber in einer grundsätzlichen Entscheidung für einen **spezifischen Benachteiligungsbegriff** zu Art. 3 Abs. 3 Satz 2 GG entschieden. Danach soll eine Benachteiligung nicht schon mit jedem Ausschluss von Entfaltungs- und Betätigungsmöglichkeiten an sich gegeben sein, sondern erst dann, wenn keine hinreichende Kompensation durch Förderungsmaßnahmen den Nachteil ausgleicht. Damit wird der Begriff der Benachteiligung **von Wertungen**, wissenschaftlichen Erkenntnissen und prognostischen Einschätzungen **abhängig**. Auf diese Weise wird nur *die* Benachteiligung vom Verbot des Art. 3 Abs. 3 Satz 2 GG erfasst, die nicht der Sache nach unvermeidbar ist, so dass vernünftige Ergebnisse erzielt werden können.

Beispiel:

Die Überweisung eines behinderten Schülers an eine Sonderschule gegen seinen bzw. seiner Eltern Willen stellt (nur) dann eine Benachteiligung i.S. des Art. 3 Abs. 2 Satz 2 GG dar, wenn sie erfolgt, obwohl eine Unterrichtung an der allgemeinen Schule mit sonderpädagogischer Förderung im Rahmen der vorhandenen Mittel ohne Beeinträchtigung schutzwürdiger Belange Dritter möglich wäre (BVerfGE 96, 288 [Leitsatz 2 und S. 301 ff.]).

---

147   Art. 3 Abs. 3 Satz 2 GG enthält damit allerdings anders als Satz 1 **kein striktes Anknüpfungsverbot**, sondern lässt – wie der allgemeine Gleichheitssatz – grundsätzlich Raum für sachlich gerechtfertigte Differenzierungen. Zwar wird insoweit im Einklang mit den strengen Anforderungen, die bei Art. 3 Abs. 1 GG für Differenzierungen nach personenbezogenen Merkmalen gelten (o. Rn. 19 ff.), mit Recht verlangt, dass für eine rechtliche Schlechterstellung Behinderter **zwingende Gründe** vorliegen müssen.

Beispiel:

Ein zwingender Grund, einer Person die Möglichkeit zur Testamentserrichtung zu versagen, liegt nicht darin, dass sie weder sprechen noch schreiben kann, sondern nur im Fehlen der erforderlichen Handlungs- oder Einsichtsfähigkeit (BVerfGE 99, 341 [357]). Hierzu noch u. Rn. 150 f.

Dennoch bleibt die Frage nach der rechtlichen Erheblichkeit, die bei den Merkmalen des Art. 3 Abs. 3 Satz 1 GG nicht mehr zulässig ist (o. Rn. 98), bei der für die Möglichkeiten der betroffenen Menschen oft faktisch relevanten Behinderung legitim.

Beispiel:

Ein Sehbehinderter kann von der Führung von Kraftfahrzeugen im Straßenverkehr ohne geeignete Sehhilfe ausgeschlossen werden.

Angesichts der weitgehend gleichen Formulierung und der systematischen Ver-   148
knüpfung der beiden Sätze des Art. 3 Abs. 3 GG darf die **Gefahr** nicht übersehen werden, dass auch der formale Benachteiligungsbegriff in **Art. 3 Abs. 3 Satz 1 GG** entsprechend materiell aufgeweicht und damit das strikte Unterscheidungsverbot **entwertet** wird.

Beispiel:

In den USA wurde die Rassentrennung in den Schulen lange damit gerechtfertigt, es fehle an einer Benachteiligung, solange die getrennten Schulen nur gleichwertig seien („separate but equal"); aufgegeben in der berühmten Entscheidung des Supreme Court: Brown vs. Board of Education, U.S. Bd. 347 (1954), S. 483.

Es scheint deshalb geboten, die Dogmatik des einer ganz andersartigen Problematik gewidmeten Art. 3 Abs. 3 Satz 2 GG von der zu den bisherigen Unterscheidungsverboten, soweit erforderlich, abzulösen und jede Rückübertragung auf Art. 3 Abs. 3 Satz 1 GG konsequent auszuschließen.

▶ **Hinweis:** So erscheint es zutreffend, bei Fehlen für bestimmte Tätigkeiten unerlässlicher geistiger oder körperlicher Fähigkeiten den Ausschluss so behinderter Menschen nicht als verbotene Benachteiligung zu qualifizieren (BVerfGE 99, 341 [357] für das Fehlen der für eine Testamentserrichtung notwendigen Einsichtsfähigkeit; auch BVerwGE 145, 275 Rn. 19 zur Zulassung Blinder als Heilpraktiker). Doch verkürzt es die Problematik, wenn das BVerfG dabei an das Nachtarbeitsurteil (BVerfGE 85, 191 [206 f.]) anknüpft, weil die dort entscheidende Voraussetzung ausgeblendet wird, dass es sich um Probleme handelt, „die ihrer Natur nach nur entweder bei Männern oder bei Frauen auftreten können" (o. Rn. 129). Zu geschlechtsspezifischen Eigenschaften gibt es im Bereich der Behinderungen keine Parallele.

Den **Begriff der Behinderung** hat das BVerfG im Anschluss an das Schwerbehinder-   149
tengesetz zu definieren gesucht. Behinderung ist danach die Auswirkung einer nicht nur vorübergehenden Funktionsbeeinträchtigung, die auf einem regelwidrigen körperlichen, geistigen oder seelischen Zustand beruht. Dabei blieb allerdings offen, ob damit das Merkmal der Behinderung abschließend bestimmt ist (BVerfGE 96, 288 [301]).

Die gegebene Definition würde die **Anknüpfung** nachteiliger Rechtsfolgen **an**   150
regelwidrige Zustände als solche (also: unabhängig davon, ob sie nur vorübergehend bestehen oder nicht) nicht ausschließen: Weil sie für dauernd betroffene Behinderte und zeitweise betroffene Nichtbehinderte in gleicher Weise eingreifen könnten, würde die Benachteiligung nicht „wegen" der Behinderung erfolgen. Solche Fälle sind als nur **mittelbare Diskriminierungen** über Art. 3 Abs. 1 GG

sachgerecht zu erfassen (o. Rn. 100 f.); das BVerfG hat allerdings Art. 3 Abs. 3 Satz 2 GG durchgreifen lassen.

Beispiel:

Im Fall der erbrechtlichen Formvorschriften, die sprech- und schreibunfähige Personen an der Errichtung eines wirksamen Testaments hinderten, wurde eine Verletzung des Art. 3 Abs. 3 Satz 2 GG angenommen, obwohl ausdrücklich festgestellt wurde, dass auch nichtbehinderte Menschen infolge eines Unfalls oder einer schweren Erkrankung betroffen sein können. Ohne den Begriff der mittelbaren Diskriminierung anzusprechen, begnügte sich das BVerfG damit, dass die Sprech- und Schreibfähigkeit „häufig auch Folge einer Behinderung" sei (BVerfGE 99, 341 [356]).

---

151 In Parallele zu Art. 3 Abs. 3 Satz 1 GG wäre es eigentlich nahe liegend, dass vom Verbot (nur) die Benachteiligung **aller Behinderten im Vergleich zu Nichtbehinderten** erfasst würde; bei solchem Verständnis könnte sogar – wie dort – auch bei Art. 3 Abs. 3 Satz 2 GG ein striktes Verbot der Anknüpfung von (dann wohl stets sachwidrigen) Nachteilen haltbar sein. Doch dürfte dies den Sachgegebenheiten der Behinderungsproblematik und dem Ziel der Verfassungsergänzung nicht gerecht werden. Vielmehr muss im Sinne eines effektiven Schutzes aller Behinderten **auch** die Benachteiligung von **in spezifischer Weise Behinderten** vom Verbot erfasst sein. Die wohlklingende Formulierung, Art. 3 Abs. 3 Satz 2 GG richte sich gegen „eine Verschlechterung der Lebenssituation Behinderter im Vergleich zur Lebenssituation Nichtbehinderter" (BVerfGE 99, 341 [357]), ist dann freilich nicht mehr haltbar; vielmehr geht es auch, ja regelmäßig um Benachteiligungen im Vergleich sowohl mit allen nicht Behinderten als auch allen nur in anderer Weise Behinderten.

Beispiele:

Die Benachteiligung dauerhaft Sprech- und Schreibunfähiger setzt diese nicht nur gegenüber gar nicht behinderten, sondern auch im Vergleich zu blinden oder gelähmten Menschen zurück. – Wird eine nur für körperlich Behinderte vorgesehene Sozialleistung geistig behinderten Menschen vorenthalten, wird nur zwischen Menschen mit unterschiedlichen Behinderungen differenziert.

---

152 Unabhängig von diesen Unsicherheiten im Einzelnen liegt die eigentliche Bedeutung des Art. 3 Abs. 3 Satz 2 GG weniger in seiner unmittelbaren Anwendung als strikt verbindliches Grundrecht, sondern in seiner **objektiv-rechtlichen Bedeutung**. Namentlich dürften umfassende **Schutz- und Förderpflichten** der Staatsgewalt, insbesondere der Gesetzgebung, von Bedeutung sein, die aufgerufen ist, in geeigneter Weise dafür zu sorgen, dass Behinderte ein menschenwürdiges, möglichst „normales" Leben führen können. Zudem kann die **Ausstrahlungswirkung** in alle Teile der Rechtsordnung diese in einem für die Behinderten günstigen Sinn beeinflussen.

Beispiel:
Der Grundstücksnachbar muss nicht uneingeschränkt dulden, dass Behinderte im Garten durch Schreie, Stöhnen und Kreischen, auch im vergeblichen Versuch der sprachlichen Kommunikation miteinander, unerträglichen Lärm erzeugen (OLG Köln, NJW 1998, 763 mit Anm. *Sachs*, JuS 1998, 1061). Das Urteil ist viel gescholten worden, weil es den „Lästigkeitsfaktor" der menschlichen Laute höher als bei beliebigen Geräuschen angesetzt hat; dabei hat es allerdings die Grenze des hinzunehmenden Lärms mit Rücksicht auf Art. 3 Abs. 3 Satz 2 GG höher angesetzt, als wenn nicht behinderte Personen entsprechende Geräusche verursacht hätten, also die Behinderten legitimer Weise sogar bevorzugt. Die Begrenzung der Toleranzforderung durch eine Zumutbarkeitsgrenze scheint durch BVerfGE 96, 288 gedeckt.

Zusammenfassung

- Art. 3 Abs. 3 Satz 2 GG bedeutet im Gegensatz zu Art. 3 Abs. 3 Satz 1 GG kein striktes Verbot, belastende Rechtsfolgen an die Behinderung zu knüpfen.   **153**
- Vielmehr bleiben sachlich unvermeidbare Sonderbehandlungen zulässig. Verbotene Benachteiligungen sollen erst anzunehmen sein, wenn es an möglichen Kompensationen fehlt.
- Unter einer Behinderung wird die Auswirkung einer nicht nur vorübergehenden Funktionsbeeinträchtigung verstanden, die auf einem regelwidrigen körperlichen, geistigen oder seelischen Zustand beruht.
- Die Bedeutung der Bestimmung dürfte vornehmlich in objektiv-rechtlichen Gehalten zugunsten verbesserter Lebensbedingungen behinderter Menschen liegen.

III. Konkurrenzen

Im Verhältnis der **verschiedenen Gleichheitssätze zueinander** gehen die speziellen den allgemeinen für ihren jeweiligen Anwendungsbereich vor (o. Rn. 88 und o. Kap. 11, Grundrechtskonkurrenzen, Rn. 4). Dies bedeutet vor allem, dass der Rückgriff auf den allgemeinen Gleichheitssatz ausgeschlossen ist, soweit für eine Differenzierung eine spezielle Gleichheitsgarantie eingreift.   **154**

▷ **Hinweis:** BVerfGE 99, 1 (10 f.) lehnt einen allgemeinen Vorrang der Spezialgleichheitsgrundrechte vor Art. 3 Abs. 1 GG ab, den es bis dahin auf Verletzungen der Allgemeinheit und Gleichheit der Wahl bei Wahlen in den Ländern angewendet und damit die Verfassungsbeschwerde ermöglicht hatte. Insoweit fehlte es indes an einer lex specialis, weil Art. 28 Abs. 1 Satz 2 GG eben keine verfassungsbeschwerdefähige grundrechtliche Garantie darstellte. S. noch u. Kap. 33, Die grundrechtsgleichen Rechte des Art. 38 GG, Rn. 2.

Sind von einer Regelung mehrere Grundrechtsträger in unterschiedlicher Hinsicht gleichheitswidrig betroffen, schließen die besonderen Gleichheitsrechte des einen Grundrechtsträgers die Geltung des allgemeinen Gleichheitssatzes für den anderen ohnehin nicht aus.

▶ **Hinweis:** Unglücklich aufgrund einer konkreten Normenkontrolle BVerfGE 118, 45 (77), wonach der zugunsten der Eltern in Betracht kommende Art. 3 Abs. 1 GG durch Art. 6 Abs. 5 GG als allein maßgebliche Grundrechtsnorm verdrängt sein soll. Eine Verfassungsbeschwerde benachteiligter Eltern wäre jedenfalls möglich.

Trifft eine Regelung mehrere Differenzierungen, kann Art. 3 Abs. 1 GG auch zugunsten desselben Grundrechtsträgers neben speziellen Gleichheitsrechten Anwendung finden. Mehrere spezielle Gleichheitsgarantien treten nebeneinander, soweit kein engeres Spezialitätsverhältnis zwischen beiden besteht (u. Kap. 32, Die grundrechtsgleichen Rechte des Art. 33 GG, Rn. 21).

Beispiele:
So ist neben Art. 38 Abs. 1 GG kein Raum für Art. 3 Abs. 1 GG. Dagegen würde eine Beschränkung des Frauenwahlrechts zusätzlich Art. 3 Abs. 2, 3 Satz 1 GG verletzen. Ebenso betrifft die Vergabe öffentlicher Ämter anhand des Geschlechts diese Garantien und den Art. 33 Abs. 2 GG zugleich. – Eine Altersgrenze für Ärztinnen ist im Vergleich zu den Ärzten am Unterscheidungsverbot nach Art. 3 Abs. 2, 3 Satz 1 GG zu messen (o. Rn. 118 f.), im Vergleich zwischen den betroffenen Ärztinnen unterschiedlichen Alters oder zu Frauen anderer Berufsgruppen auch an Art. 3 Abs. 1 GG.

155 Soweit sich Differenzierungen auf Schutzgegenstände **anderer Grundrechte** beziehen, gelten beide Garantien **nebeneinander**.

Beispiele:
Die Vergabe von Pressesubventionen nach parteipolitischen Gesichtspunkten verletzt Art. 3 Abs. 3 Satz 1 GG ebenso wie – gerade wegen der Gleichheitswidrigkeit – die Pressefreiheit nach Art. 5 Abs. 1 Satz 2 GG. – Die Zulassung von Abtreibungen bei eugenischer Indikation würde neben dem Lebensgrundrecht auch Art. 3 Abs. 3 Satz 2 GG berühren.

Entgegen einer auch in der Judikatur verbreiteten Praxis empfiehlt es sich nicht, stattdessen mit Grundrechtskombinationen zu arbeiten, die nur die Maßstäbe undeutlich werden lassen. Das schließt nicht aus, dass bei der Prüfung zumal des allgemeinen Gleichheitssatzes die Berührung anderer Grundrechte maßstabsverschärfend zu berücksichtigen ist (o. Rn. 29, 32). Entsprechendes kann auch für Differenzierungen im Bereich sonstiger Verfassungsbestimmungen, etwa Art. 21 GG, gelten, soweit man die „Chancengleichheit der Parteien" nicht allein dieser Bestimmung zuordnet (für beide Varianten etwa BVerfG, NVwZ 2015, 1361 Rn. 60 und Rn. 74, 76, 106 sowie u. Kap. 33, Die grundrechtsgleichen Rechte des Art. 38 GG, Rn. 3).

Die Grundrechte des Art. 4 GG

16

Inhalt

© Springer-Verlag Berlin Heidelberg 2017
M. Sachs, *Verfassungsrecht II - Grundrechte*, Springer-Lehrbuch,
DOI 10.1007/978-3-662-50364-5_16

Literatur zu I.:   *Axel Fr. v. Campenhausen,* § 157, Religionsfreiheit, in: HStR VII³, 2009, S. 597; *Stefan Korioth,* § 97, Freiheit der Kirchen und Religionsgemeinschaften, in: HGR IV, 2011, S. 541; *Stefan Muckel,* § 96, Schutz von Religion und Weltanschauung, in: HGR IV, 2011, S. 541; *Stefan Mückl,* § 161, Freiheit kirchlichen Wirkens, in: HStR VII³, 2009, S. 831; *Klaus Stern,* § 118, Die Freiheit des Glaubens, des Gewissens und die Freiheit des religiösen und des weltanschaulichen Bekenntnisses, die ungestörte Religionsausübung sowie das Recht, den Kriegsdienst mit der Waffe aus Gewissensgründen zu verweigern, in: ders., Staatsrecht IV/2, 2011, S. 882; *Frank Fechner,* Zur Verleihung des Körperschaftsstatus an Religionsgemeinschaften, Jura 1999, 515; *Meinhard Fehlau,* Die Schranken der Religionsausübung, JuS 1993, 441; *Walter Frenz,* Die Religionsfreiheit, JA 2009, 493; *Winfried Kluth,* Die Grundrechte des Art. 4 GG, Jura 1993, 137; *Georg Neureither,* Die jüngere Rechtsprechung des BVerfG im Kontext von Recht und Religion, NVwZ 2011, 1492; *Bodo Pieroth/Christoph Görisch,* Was ist eine „Religionsgemeinschaft"?, JuS 2002, 937; *Hannah Rubin,* Das islamische Gebet in der Schule, Jura 2012, 718; *Reiner Tillmanns,* Die Religionsfreiheit (Art. 4 I, II GG), Jura 2004, 619; *Uhle, Arnd,:* Integration durch Schule, NVwZ 2014, 541; *Unruh, Peter,:* Zur Verfassungsmäßigkeit des obligatorischen Ethikunterrichts, DÖV 2007, 625; **zu II.:** *Herbert Bethge,* § 158, Gewissensfreiheit, in: HStR VII³, 2009, S. 663 (698 ff.); *Matthias Herdegen,* § 98, Gewissensfreiheit, in: HGR IV, 2011, S. 541 (690 ff.); *Klaus Stern,* § 118, Die Freiheit des Glaubens, des Gewissens und die Freiheit des religiösen und des weltanschaulichen Bekenntnisses, die ungestörte Religionsausübung sowie das Recht, den Kriegsdienst mit der Waffe aus Gewissensgründen zu verweigern, in: ders., Staatsrecht IV/2, 2011, S. 882 (1069 ff.); *Guy Beaucamp/Harald Maihold,* Steuerverweigerung aus Gewissensgründen, JA 1997, 213; *Markus Kotzur,* Gewissensfreiheit contra Gehorsamspflicht, oder: der Irak-Krieg auf verwaltungsrechtlichem Prüfstand, JZ 2006, 25; **zu III.:** *Wilfried Berg,* Neue Fragen zum Grundrecht der Kriegsdienstverweigerung, JA 1983, 632; *Friedrich K. Schoch,* Das neue Kriegsdienstverweigerungsrecht, Jura 1985, 127.

Rechtsprechung zu I.:   BVerfGE 12, 1 (Tabak-Missionierung); BVerfGE 24, 236 (Aktion Rumpelkammer); BVerfGE 30, 415 (Anknüpfung der Kirchensteuerpflicht); BVerfGE 32, 98 (Gesundbeter); BVerfGE 33, 23 (Eidesverweigerung aus Glaubensgründen); BVerfGE 35, 366 (Kreuz im Gerichtssaal); BVerfGE 44, 37 (Überlegungsfrist für Kirchenaustritt); BVerfGE 49, 375 (Religionszugehörigkeit auf der Lohnsteuerkarte); BVerfGE 52, 223 (Schulgebet); BVerfGE 67, 26 (Krankenkassenleistungen für Schwangerschaftsabbrüche); BVerfGE 70, 138 (Arbeitsvertragliche Loyalitätspflicht); BVerfGE 83, 341 (Bahá'í); BVerfGE 93, 1 (Kreuz im Klassenzimmer); BVerfGE 102, 370 (Zeugen Jehovas); BVerfGE 104, 337 (Schächten); BVerfGE 105, 279 (Osho); BVerfGE 108, 282 (Kopftuch der Lehrerin I); BVerfGE 123, 148 (Verteilung staatlicher Mittel); BVerfGE 125, 39 (Sonntagsöffnung des Einzelhandels); BVerfGE 137, 273 (Loyalität kirchlicher Arbeitnehmer); BVerfGE 138, 296 (Kopftuch der Lehrerin II); BVerfG, NVwZ 2015, 1434 (Zeugen Jehovas – Bremen); BVerwGE 68, 62 (Liturgisches Glockengeläut); BVerwGE 90, 112 (Osho-Abwehrfinanzierung); BVerwGE 112, 314 (Religiöser Marihuana-Konsum); BVerwG, NJW 1999, 805 (Verbot politischer und religiöser Werbung an Taxen); BVerwG, NVwZ 2003, 986 (Kalifatstaat); BVerwGE 141, 223 (Islamisches Gebet in öffentlicher Schule); BVerwGE 147, 362 (Koedukativer Schwimmunterricht); LG Köln, NJW 2012, 2128 (Strafbarkeit der religiös motivierten Beschneidung); **zu II.:** BVerfGE 23, 191 (Wiederholte Ersatzdienstverweigerung); BVerwGE 105, 73 (Teilnahme an Tierversuchen); BVerwGE 113, 361 (Gewissensentscheidung bei Postzustellung); BVerwGE 127, 302 (Militärischer Befehls zu gewissenswidrigem Verhalten); **zu III.:** BVerfGE 12, 45 (Situationsunabhängige Kriegsdienstverweigerer); BVerfGE 19, 135 (Totalverweigerer); BVerfGE 28, 243 (Verweigerung von Soldaten); BVerfGE 48, 127 (Grundsätzliche Wehrdienstpflicht); BVerfGE 69, 1 (Kriegsdienstverweigerungs-Neuordnungsgesetz); BVerwG, NVwZ-RR 1996, 671

(Rückzahlung für Studium während Bundeswehrdienstzeit); BVerwG, NVwZ-RR 2010, 156 (Kriegsdienstverweigerung von Zeitsoldatin); BVerwGE 142, 48 (Verweigerung des waffenlosen Dienstes).

Übungsfälle zu I.: *Kathrin Groh*, Übungsklausur – Öffentliches Recht: Eine Muslima als Schöffin?, JuS 2007, 538; *Bernd Jeand'Heur/Wolfram Cremer*, Der praktische Fall – Öffentliches Recht: Warnungen vor Sekten, JuS 2000, 991; *Georg Neureither*, Grundfälle zu Art. 4 I, II GG, JuS 2006, 1067, JuS 2007, 20; *Sonja Rademacher/Norbert Janz*, Schulpflicht auch im Glauben?, Jura 2008, 223; *Sebastian Graf von Kielmansegg/Louis Rolfes*, „Rotlicht im Himmel", JA 2013, 911; *Julia Kühn/Christina Wank*, Helm oder Glaube?, Jura 2014, 94; **zu II.:** *Markus Winkler*, Der Zwangsgenosse, JA 2013, 676; **zu III.:** *Stefan Magen*, Grundfälle zu Art. 4 III GG, JuS 2009, 995.

I. Die Religions- und Weltanschauungsfreiheit, Art. 4 Abs. 1, 2 GG

1. Allgemeines

Die Grundrechtsgewährleistung des Art. 4 GG geht auf eine der **ältesten grund-** **1** **rechtlichen Materien** zurück, die von manchen als Ursprung des Grundrechtsdenkens überhaupt angesehen werden, die Garantie religiöser Freiheit, insbesondere in der Tradition der USA. In Deutschland war das Interesse an religiöser Freiheit nach der Reformation und den daran anschließenden, zum Teil kriegerischen Auseinandersetzungen bis zum Ende des 30jährigen Krieges erst ganz allmählich aufgrund einschlägiger Verträge in beschränktem Umfang anerkannt worden. In die ersten Verfassungsurkunden des 19. Jahrhunderts fand das Anliegen lediglich in beschränkter Form, insbesondere weitgehend nur für Christen, Eingang. Nach der nicht effektiv verwirklichten weitergehenden Garantie der Paulskirchenverfassung ist die Religionsfreiheit schließlich mittels des Reichsgesetzes über die konfessionelle Gleichberechtigung von 1869 für ganz Deutschland grundsätzlich durchgesetzt worden. Erst in der Weimarer Verfassung findet sich aber erstmals eine wirksame Verfassungsgarantie für ganz Deutschland.

Art. 4 Abs. 1 GG fasst – älteren Vorbildern folgend ·(namentlich Art. 135 **2** WRV; s. für Glaubens- und Gewissensfreiheit auch schon II. Theil, 11. Titel, § 2 prALR, § 144 Abs. 1 Paulskirchenverfassung) – die Freiheit der Religion mit ihren unterschiedlichen Elementen mit der über diesen Bereich hinausweisenden Garantie der Gewissensfreiheit (u. Rn. 55 ff.) zusammen. In Art. 4 Abs. 1, 2 GG werden als Elemente religiöser Freiheit die **Freiheit des Glaubens** und **des religiösen Bekenntnisses** für unverletzlich erklärt und die **ungestörte Religionsausübung** gewährleistet. Diese drei Elemente lassen sich begrifflich jedenfalls ansatzweise voneinander abgrenzen: Die Freiheit des Glaubens wäre danach auf die inneren religiösen Überzeugungen, auf das religiös geprägte *forum internum* zu beziehen, die Freiheit des religiösen Bekenntnisses würde die Dokumentation der inneren Glaubensüberzeugungen nach außen schützen (*forum externum*), während die ungestörte Ausübung der Religion sonstige Verhaltensweisen beträfe, die durch die religiösen Überzeugungen der Grundrechtsträger veranlasst sind.

3   Allerdings sind die Übergänge insbesondere zwischen Religionsbekenntnis und
Religionsausübung kaum scharf zu definieren; zugleich ist der bloß innerlich relevante Glauben für praktische Konsequenzen zu wenig greifbar, als dass er daneben
eine selbständige Rolle spielen könnte. Angesichts der Geltung des Grundrechtsschutzes nach Art. 4 Abs. 1, 2 GG für alle angesprochenen Bereiche kann auf
eine **begriffliche Unterscheidung** der verschiedenen Elemente religiöser Freiheit
verzichtet werden. Dementsprechend geht das BVerfG in seiner Judikatur zumeist
auch ohne Differenzierung der einzelnen Bestandteile von *einem* Recht der Religionsfreiheit aus, das die vorgenannten Elemente zusammenfasst. Diesem werden
auch spezielle Ausprägungen individueller und namentlich kollektiver religiöser
Freiheit zugeordnet, die in den durch **Art. 140 GG** in das Grundgesetz **inkorporierten Art. 136 ff.** **WRV** verankert sind; diese können insoweit deshalb auch mit der
auf Art. 4 Abs. 1, 2 GG gestützten Verfassungsbeschwerde geltend gemacht werden.

4   Die Freiheit der Weltanschauung hat im Wortlaut des Art. 4 Abs. 1 GG nur hinsichtlich des **weltanschaulichen Bekenntnisses** ihren Ausdruck gefunden. Die
Zusammenhänge zwischen der (wie beim „Glauben") zugrunde liegenden innerlichen Begründung der Weltanschauung einerseits, ihrer über die bloße Dokumentation
nach außen hinausgehenden Betätigung andererseits, sind aber hier ebenso eng wie
bei der Religion, so dass entsprechend von einem einheitlichen Grundrecht der
Weltanschauungsfreiheit auszugehen ist. Dies findet auf der kollektiven Ebene
seine Bestätigung in Art. 140 GG/Art. 137 Abs. 7 WRV.

2. Abwehrrechtliche Bedeutung

a) Schutzgegenstand

5   Der Schutzgegenstand der Religionsfreiheit hängt maßgeblich von der Bedeutung
des Religionsbegriffs ab. Er lässt sich nicht auf die überlieferten Religionen, insbesondere des christlich-abendländischen Kulturkreises, reduzieren, sondern ist ein
für ganz unterschiedliche Erscheinungsformen von **Religion offener Begriff**.
Gemeint sind alle metaphysischen Erklärungsmodelle für die Existenz der Welt und
der in ihr lebenden Menschen. In der wohl nicht trennscharf durchzuführenden
Abgrenzung zur **Weltanschauung** erfasst Religion dabei insbesondere die transzendenten Erklärungsmodelle, die im Zusammenhang mit der Annahme von Gottheiten
stehen. Gleichermaßen geschützt sind (als Weltanschauungen) auch atheistische
und antireligiöse Überzeugungen.

6   Die Religions- und Weltanschauungsfreiheit umfasst hinsichtlich der geschützten Verhaltensmöglichkeiten die Freiheit des Einzelnen, derartige Überzeugungen
überhaupt zu haben und sie **nach außen zu dokumentieren**, namentlich auch
durch Mitgliedschaft und Mitwirkung in einschlägigen Gruppen (s. auch u.
Rn. 13 f.). Weil somit bereits der Schutzgegenstand des Art. 4 Abs. 1, 2 GG die
Freiheit einschließt, Religion und Weltanschauung im Zusammenwirken mit anderen kollektiv auszuüben, haben **Art. 137 Abs. 2 WRV**, der die Freiheit der
Vereinigung zur Religionsgesellschaft ausdrücklich garantiert, und die Gleich-
stellungsklausel für Weltanschauungsvereinigungen in Art. 137 Abs. 7 WRV insoweit **lediglich deklaratorische Bedeutung**.

Außerdem erstreckt sich die Grundrechtsgarantie auf die Freiheit, sein Verhalten   **7**
nach den genannten Überzeugungen auszurichten. Diese **Betätigungsfreiheit** wird
dabei vom BVerfG in einem sehr **umfassenden Sinne** verstanden. Sie soll nicht nur
die Betätigung der Überzeugungen durch rituelle oder kultische Handlungen erfassen, sondern schützt auch darüber hinausgehendes Verhalten, soweit es nur nach
dem Selbstverständnis der Religions- oder Weltanschauungsgemeinschaften auf
solchen Überzeugungen beruht; für Personen mit gruppenunabhängigen, individuellen Überzeugungen kann nichts anderes gelten.

Beispiel:
Die katholische Landjugendbewegung Deutschland veranstaltete im gesamten
Bundesgebiet eine Sammlung gebrauchter Kleider, Lumpen und Altpapier zu
wohltätigen Zwecken („Aktion Rumpelkammer"). Die Sammelaktionen ließ sie
durch Kanzelankündigungen in den katholischen Kirchen bekannt machen. Das
von einem Wettbewerber erwirkte Unterlassungsurteil wurde wegen Verletzung
von Art. 4 Abs. 1, 2 GG aufgehoben, weil sich die aus religiös-karitativen Motiven
veranstaltete Sammlung einschließlich der Kanzelankündigung nach dem von
der Landjugend geteilten kirchlichen Selbstverständnis als tätige Nächstenliebe
und somit als Religionsausübung darstellte (vgl. BVerfGE 24, 236 [245 ff.]).

Mit dem Rekurs auf das Selbstverständnis sind im Grunde **äußerlich beliebige**   **8**
Verhaltensweisen in den Schutzgegenstand der Religions- und Weltanschauungsfreiheit einbezogen, solange sie sich nur als Konsequenz religiös-weltanschaulicher
Überzeugungen darstellen lassen. Hängt aber der maßgebliche Inhalt solcher Überzeugungen allein von den frei gebildeten Vorstellungen der Grundrechtsträger bzw.
ihrer religiösen Vereinigungen ab, ist eine objektive Eingrenzung der im Einzelnen
noch von der Religionsfreiheit geschützten Verhaltensweisen nicht möglich. Sie
können namentlich für sich genommen höchst sozialschädliche Aktivitäten einschließen. Probleme ergeben sich daraus insbesondere dann, wenn man für die Religionsfreiheit des Grundgesetzes keine (ausdrücklichen) Begrenzungsregelungen im
Grundgesetz annimmt (dazu u. Rn. 19 ff.).

> **Hinweis:**   Ein Strafgefangener versprach seinen Mitgefangenen Tabak, wenn
> sie aus der Kirche austräten. Das BVerfG sah grundsätzlich die Abwerbung
> von einem Glauben durch einen Anders- oder Nichtgläubigen als durch Art. 4
> Abs. 1, 2 GG geschützt an, problematischer Weise aber nicht die als miss-
> bräuchlich aus dem Schutzgegenstand ausgegrenzte Abwerbung durch das
> Versprechen von Vorteilen, hier von Genussmitteln (vgl. BVerfGE 12, 1 [4 f.]).

Durch Art. 4 Abs. 1, 2 GG ist auch die **negative Religions- und Weltanschauungs-**   **9**
freiheit geschützt, also die Freiheit, eine derartige Überzeugung nicht zu haben, sie
nicht zu bekennen oder sie nicht auszuüben. **Punktuelle Spezialvorschriften**
hierzu finden sich in den durch Art. 140 GG rezipierten Bestimmungen des **Art. 136**
Abs. 3 Satz 1 WRV, wonach niemand verpflichtet ist, seine religiöse Überzeugung
zu offenbaren, und in **Art. 136 Abs. 4 WRV**, wonach niemand zu einer kirchlichen
Handlung oder Feierlichkeit oder Teilnahme an religiösen Übungen oder zur

Benutzung einer religiösen Eidesformel gezwungen werden kann. Über Art. 4 Abs. 1, 2 GG ist die negative Seite dieser Freiheitsgewährleistung aber auch über diese Beispielsfälle hinaus **umfassend geschützt**.

Beispiel:

Eine Person, die jeden Eid, also auch den ohne religiöse Form aus religiös-weltanschaulichen Gründen nicht zu leisten bereit ist, genießt auch insoweit Grundrechtsschutz aus Art. 4 Abs. 1, 2 GG, während Art. 136 Abs. 4 WRV hiervor nicht schützt; ein Umkehrschluss aus dieser Bestimmung wird mit Recht ausgeschlossen (BVerfGE 33, 23 [28 ff.]).

Namentlich schützt Art. 4 Abs. 1, 2 GG vor **Zwangsmitgliedschaften** in Religions- oder Weltanschauungsvereinigungen, verlangt insbesondere die Möglichkeit, jederzeit aus einer solchen Vereinigung austreten zu können.

Beispiele:

Mit dem Recht zum jederzeitigen Kirchenaustritt unvereinbar war eine gesetzliche „Überlegungsfrist", nach der ein Kirchenaustritt erst nach einem Monat rechtlich wirksam werden sollte (BVerfGE 44, 37 [50 ff.]). – Art. 4 Abs. 1 verbietet es auch, die Kirchensteuerpflicht auf eine kirchliche Mitgliedschaftsregelung zu stützen, die eine Person einseitig und ohne Rücksicht auf ihren Willen der Kirchengewalt unterwirft (BFH, NVwZ 1999, 1149 – für die allein durch Abstammung von einer jüdischen Mutter begründete Zugehörigkeit zur jüdischen Gemeinde). – Hingegen hat das BVerfG eine Regelung, nach der Protestanten, die von der Möglichkeit des Kirchenaustritts keinen Gebrauch machen, auch gegen ihren Willen Mitglieder der für ihren jeweiligen Wohnsitz zuständigen Landeskirche werden, nicht als grundrechtswidrige Zwangsmitgliedschaft eingestuft (BVerfGE 30, 415 [423 f.]). – Die nach staatlichem Recht begründete Möglichkeit des Austritts aus einer Religionsgesellschaft mit dem Status einer Körperschaft des öffentlichen Rechts kann davon abhängig gemacht werden, dass sie ohne Zusätze, insbesondere zum Verbleib in der Glaubensgemeinschaft trotz des Austritts, abgegeben wird (BVerwGE 144, 171 Rn. 13 ff.).

---

10   Eine Sonderproblematik, die entgegen vielfach anzutreffender Begriffsverwendung nicht in den Bereich negativer religiöser Verhaltensfreiheit als solcher fällt, ist die durch die Staatsgewalt erzwungene **Konfrontation** des Bürgers **mit religiösen Symbolen**. Vielmehr geht es hier um ein **Integritätsinteresse der Persönlichkeit** auf religiös-weltanschaulichem Gebiet, das gleichfalls den Schutz der Religionsfreiheit genießt. Dem hat das BVerfG im Einklang mit seiner früheren Entscheidung zum Kruzifix im Gerichtssaal auch in seinem Beschluss zum Kruzifix im Klassenzimmer jedenfalls im Ergebnis Rechnung getragen. Ein insoweit verbreitet angenommener Konflikt zwischen positiver und negativer Religionsfreiheit besteht auch deswegen nicht, weil erstere zwar als Abwehrrecht die Freiheit des Einzelnen einschließen mag, immer und überall, also auch in der Schule, die ihm wichtigen religiösen

Symbole zu verwenden; ein Anspruch darauf, dass die öffentliche Schule ihrerseits solche Symbole nutzt, ist darin aber keineswegs eingeschlossen.

Beispiele:

Das BVerfG hat im Beschluss zum Kreuz im Klassenzimmer die Freiheit des Einzelnen betont zu entscheiden, welche religiösen Symbole er anerkennt und verehrt und welche er ablehnt, andererseits ein Recht darauf, von Glaubensbekundungen usw. anderer Menschen verschont zu bleiben, verneint. Unzulässig sei es demgegenüber jedoch, wenn der Staat eine Lage schaffe, in der der Einzelne ohne Ausweichmöglichkeiten den Symbolen ausgesetzt ist, in denen sich ein bestimmter Glaube manifestiert. Der betroffene Schutzgegenstand wurde dabei nicht abschließend bestimmt (BVerfGE 93, 1 [15 ff.]; hierzu auch BVerwGE 109, 40 ff.). Entsprechend hatte es früher entschieden, dass es mit Rücksicht auf die Religionsfreiheit jüdischer Prozessbeteiligter unzulässig ist, dass für ihre Rechtsstreitigkeiten nur ein Gerichtssaal zur Verfügung steht, der mit einem Kreuz als Symbol christlicher Glaubensüberzeugungen versehen ist (BVerfGE 35, 366 [373]). – Dagegen hat es sich gegenüber dem Schulgebet in öffentlichen Schulen damit begnügt, dass Schüler in zumutbarer Weise der Teilnahme ausweichen konnten, da regelmäßig wegen der Nichtteilnahme am Gebet keine Diskriminierung zu befürchten sei; ob das dabei (abstrakt) geäußerte Vertrauen auf die Toleranz der Mitschüler und deren Förderung durch die Lehrer (BVerfGE 52, 223 [248 ff.]) der Realität standgehalten hat, ist eine andere Frage.

Den Schutz der Religionsfreiheit soll hingegen auch die **Lehrerin** genießen, wenn   **11**
sie im Unterricht an einer öffentlichen Schule aufgrund einer von ihr angenommenen religiösen Pflicht dazu ein **Kopftuch** trägt. Obwohl sie mit ihrer Lehrtätigkeit grundrechtsgebundene öffentliche Gewalt ausübt, rechnet das BVerfG die von ihr dabei getragene Kleidung noch zu ihrer individuellen Grundrechtssphäre, die nach Abschaffung des besonderen Gewaltverhältnisses (o. Kap. 9, Grundrechtsbegrenzungen, Rn. 50 ff.) auch dem staatlichen Bediensteten zusteht (BVerfGE 108, 282; BVerfG E 138, 296, Rn. 104, 107, 116; s. noch u. Rn. 16, 27, 51).

b) Grundrechtsberechtigung

Art. 4 Abs. 1 und 2 GG bezeichnet den Kreis der Grundrechtsberechtigten nicht   **12**
ausdrücklich; daher steht die Grundrechtsberechtigung **allen Menschen** unabhängig von ihrer Eigenschaft als Deutschen zu. Zur gesetzlich besonders geregelten Grundrechtsmündigkeit s. o. Kap. 6, Die Grundrechtsberechtigten, Rn. 30 ff., 37.

Hinsichtlich **juristischer Personen** ist in mehrfacher Hinsicht zu unterscheiden.   **13**
Zu Art. 19 Abs. 3 GG lässt sich zunächst festhalten, dass die Freiheit, einen Glauben oder eine Weltanschauung zu haben, wesensmäßig nur auf natürliche Personen passt, weil es sich dabei um psychische Phänomene handelt. Dagegen können juristische Personen **mit entsprechender Zweckbindung** Inhalte von Religionen und Weltanschauungen durchaus nach außen sichtbar machen (bekennen) und sich auch sonst entsprechend religiös-weltanschaulichen Überzeugungen verhalten (diese ausüben).

> **Beispiele:**
> Die Katholische Landjugendbewegung als nicht rechtsfähiger Verein (o. Kap. 6, Die Grundrechtsberechtigten, Rn. 46) mit dem satzungsmäßigen Ziel, den weltweiten Aufgaben der lebendigen Kirche und der Linderung geistiger und leiblicher Not zu dienen (BVerfGE 24, 236 [246 f.]). – Krankenhausträger in der Rechtsform einer Stiftung mit dem Stiftungszweck, karitative Aufgaben zu erfüllen und damit eine Grundforderung des religiösen Bekenntnisses zu verwirklichen (BVerfGE 70, 138 [161 f.]).

14   Eine Sonderstellung nehmen die **Religions- und Weltanschauungsgesellschaften** ein, deren Rechtsstellung in **Art. 140 GG/Art. 137 WRV** eine spezielle Regelung erfahren hat (dazu noch u. Rn. 33, 35 ff.). Dabei handelt es sich um Zusammenschlüsse natürlicher Personen auf der Grundlage gemeinsamer religiös-weltanschaulicher Überzeugungen mit dem Ziel, im Rahmen eines umfassenden Ansatzes diese Überzeugungen nach außen sichtbar zu machen und in sonstiger Weise zu betätigen. Werden neben den religiös-weltanschaulichen Zielen auch wirtschaftliche Zwecke verfolgt, ist dies unschädlich (BVerwGE 114, 356 [360]; anders ist es allerdings, wenn die religiös-weltanschaulichen Lehren nur den Vorwand für ökonomische Aktivitäten darstellen).

> **Beispiel:**
> Ob die umstrittene Scientology-Organisation und ihre Gliederungen mit Rücksicht auf ihre satzungsmäßigen Zwecke Religionsgesellschaften darstellen oder wegen ihrer wirtschaftlichen Aktivitäten diesen Charakter nicht haben, wird unterschiedlich beurteilt (ablehnend etwa BAGE 79, 319; offenlassend BVerwGE 105, 313 [321]; s. auch BVerwG, NVwZ 1999, 766).

15   Religions- und Weltanschauungsgesellschaften sind wohl schon kraft dieser Grundlage in Art. 140 GG/Art. 137 WRV Grundrechtsträger der (kollektiven) Religionsfreiheit, sie erfüllen aber zugleich die Anforderungen des Art. 19 Abs. 3 GG. Dies gilt **auch** für die Religionsgesellschaften und Weltanschauungsvereinigungen, die nach Art. 140 GG/Art 137 Abs. 5 WRV **Körperschaften des öffentlichen Rechts** sind, da sie ungeachtet dieser Rechtsform substanziell nicht Teil der öffentlichen Gewalt sind, sondern ihr als Erscheinungen des freien gesellschaftlichen Lebens in Wahrnehmung von Grundrechten gegenüberstehen (o. Kap. 6, Die Grundrechtsberechtigten, Rn. 74 ff. und noch u. Rn. 41 ff.).

c) Beeinträchtigungen

16   Klassische Grundrechtseingriffe durch **imperative Regelungen** können sich gegen alle Manifestationen religiös-weltanschaulicher Überzeugungen des Einzelnen richten. Während Gebote und Verbote, solche Überzeugungen überhaupt zu haben, zumindest unpraktikabel erscheinen, können sie sich auf beliebige Formen des Bekenntnisses nach außen beziehen, z. B. das Tragen bestimmter Symbole oder Kleidungsstücke.

> **Beispiele:**
> Verbote für Lehrer, die den Lehren des Bhagwan entsprechende rote Kleidung und eine besondere Halskette (Mala) zu tragen (BVerwG, NVwZ 1988, 937 [938]). – Verbote für muslimische Lehrerinnen, als Ausdruck religiöser Überzeugungen Kopftücher zu tragen (BVerfGE 108, 282; BVerfGE 138, 296; s. auch u. Rn. 48).

Als Eingriffe stellen sich auch allgemeine gesetzliche Pflichten dar, wenn das vorgeschriebene Verhalten für bestimmte Adressaten den Zwang zum Verstoß gegen einschlägige Überzeugungen bedeuten würde.

> **Beispiel:**
> Die Schulpflicht beeinträchtigt im Fall koedukativen Sportunterrichts die Religionsfreiheit einer Schülerin, der es ihr Glaube verbietet, gemeinsam mit Jungen Sport zu treiben (BVerwGE 94, 82).

Relevante Beeinträchtigungen können sich daraus ergeben, dass **nachteilige Rechts-** **17** **folgen** an ein von der Religionsfreiheit umfasstes Verhalten geknüpft werden, so dass der Grundrechtsberechtigte mehr oder weniger intensiv von der Grundrechtsausübung **abgeschreckt** wird. Dies muss sich nicht einmal gezielt gegen die Religionsfreiheit richten.

> **Beispiel:**
> Einer Person wird nach § 159 SGB III die Arbeitslosenunterstützung versagt, wenn sie eine ihr vermittelte Arbeitsmöglichkeit nicht wahrnimmt, auch wenn die Ablehnung darauf beruht, dass die Ausübung gerade dieser Tätigkeit ihren religiösen Überzeugungen widerspricht (etwa: Arbeit am Samstag; dazu BSGE 51, 70 ff.).

Als relevante **faktische Beeinträchtigungen** haben insbesondere *Warnungen* staat- **18** licher Organe vor bestimmten Religionsgesellschaften Anerkennung gefunden, weil sie auf die vom Grundrechtsschutz mitumfassten mitgliederwerbenden Aktivitäten der Religionsgesellschaften nachteilig einwirken (BVerfGE 105, 279 [301 ff.]; s. auch u. Rn. 31). Ebenso stellt es eine relevante Beeinträchtigung des Art. 4 Abs. 1, 2 GG dar, wenn staatliche Stellen religiös-weltanschauliche Vereinigungen mit Hilfe privater Dritter bekämpfen.

> **Beispiele:**
> Wenn die Bundesregierung aus Haushaltsmitteln gezielt einen privaten Verein fördert, der sich mit der Aufklärung über sog. Jugendsekten beschäftigt und vor deren Aktivitäten warnt, stellt dies eine rechtfertigungsbedürftige Grundrechtsbeeinträchtigung der betroffenen religiösen Vereinigungen dar (BVerwGE 90, 112 [118 ff.]; s. noch u. Rn. 31).

d) Begrenzungen

19   Art. 4 Abs. 1, 2 GG selbst enthält zu den garantierten Freiheiten **keinen Gesetzesvorbehalt**. Die Möglichkeit gesetzlicher Einschränkungen ist allerdings in **Art. 140 GG/Art. 136 Abs. 1 WRV** (für die Ausübung der Religionsfreiheit) vorgesehen. Diese Vorschrift ist zwar abweichend von den üblichen Fassungen eines Gesetzesvorbehalts formuliert; sie hat durch die Formulierung, dass die Rechte und Pflichten des Einzelnen nicht durch die Religionsausübung *bedingt* sind, insoweit auch die Wirkung eines religionsbezogenen Unterscheidungsverbots (o. Kap. 15, Die Gleichheitssätze des Art. 3 GG, Rn. 109). Die Wendung, dass die *Pflichten* des Einzelnen durch die Ausübung der Religionsfreiheit *nicht beschränkt* werden, bedeutet aber nichts Anderes, als dass Pflichten, die ja durch das Gesetz begründet werden, der Religionsfreiheit vorgehen, diesen grundrechtlichen Schutzgegenstand mithin im abwehrrechtlichen Sinne beschränken können.

20   Die Anwendbarkeit von Art. 140 GG/Art. 136 Abs. 1 WRV auf Art. 4 Abs. 1, 2 GG ist allerdings umstritten. Das BVerfG geht – im Gegensatz zu gewichtigen Stimmen im Schrifttum[1] – davon aus, dass eine Übertragung des Gesetzesvorbehalts gem. Art. 140 GG/Art. 136 Abs. 1 WRV auf Art. 4 Abs. 1, 2 GG ausscheiden müsse (BVerfGE 33, 23 [30 f.]). Dafür lässt sich immerhin aus der Entstehungsgeschichte anführen, dass Art. 4 Abs. 1, 2 GG in den Grundrechtskatalog **bewusst ohne Gesetzesvorbehalt** aufgenommen worden ist. Auch ist Art. 136 WRV erst ganz zum Schluss der Beratungen in die Übernahme des Weimarer Staatskirchenrechts einbezogen worden, ohne dass seine Bedeutung für Art. 4 GG diskutiert worden wäre. Allerdings bestand bei der Streichung des ursprünglich für die Religionsfreiheit vorgesehenen Gesetzesvorbehalts über die sich daraus ergebenden Konsequenzen keineswegs Klarheit, so dass die genetische Argumentation nicht zu hoch bewertet werden sollte.

21   Abgesehen von der Entstehungsgeschichte des Grundgesetzes lässt sich für die Sicht des BVerfG die Tatsache anführen, dass der den einschlägigen Verfassungsabschnitt der Weimarer Verfassung einleitende **Art. 135 WRV nicht übernommen** worden ist, der die stattdessen in Art. 4 Abs. 1, 2 GG getrennt aufgenommenen Grundrechtsgarantien enthielt. Dabei waren diese einem ausdrücklichen und eindeutig formulierten **Gesetzesvorbehalt** unterworfen, der in Art. 4 GG gerade nicht übernommen wurde. Dies könnte auf ein Redaktionsversehen bei der Übernahme des für einen Gesetzesvorbehalt untypisch formulierten Art. 136 Abs. 1 WRV ins Grundgesetz hindeuten.

22   Bedenken begegnet allerdings die wohl für die Auffassung des BVerfG zentrale These, Art. 4 Abs. 1, 2 GG sei dadurch, dass er im Grundrechtskatalog **an der Spitze der Verfassung** stehe, gegenüber einer im Schlussabschnitt des Grundgesetzes weniger prominent platzierten Regelung des Staatskirchenrechts von größerem Gewicht und werde deshalb nicht durch Art. 140 GG/Art. 136 Abs. 1 WRV begrenzt. Art. 136 Abs. 1 WRV ist wie die übrigen Bestimmungen des Weimarer Staatskirchenrechts aufgrund der Übernahme durch Art. 140 GG trotz dessen Stellung am Ende der Verfassung ebenso **vollwertiger Bestandteil des Grundgesetzes** geworden wie die vorne im Grundrechtskatalog verankerten Bestimmungen.

---

[1] Vgl. nur *Ehlers,* in: Sachs (Hrsg.), Grundgesetz, 7. Aufl. 2014, Art. 140 Rn. 4 m.w.N.

Dementsprechend hat das BVerfG auch ohne Bedenken die speziellere Begren- **23**
zungsregelung der Art. 140 GG/Art. 136 Abs. 3 Satz 2 WRV gegenüber der negativen
Bekenntnisfreiheit des Art. 4 Abs. 1, 2 GG durchgreifen lassen (u. Rn. 24; auch dies ist ein
Fall von „Schrankenspezialität", vgl. u. Rn. 39). Zudem scheint es kaum plausibel, dass
sich ausgerechnet die Selbstbestimmung von Religionsgesellschaften hinsichtlich ihrer
eigenen Angelegenheiten nach Art. 140 GG/ AA. 137 Abs. 3 Satz 1 WRV (u. Rn. 38 f.)
innerhalb der Schranken des für alle geltenden Gesetzes halten muss, während die sehr
viel konfliktträchtigere, nach außen gerichtete Religionsausübung keinem Gesetzesvorbehalt unterliegt. Bedenkt man schließlich die dogmatischen Probleme, die sich aus
dem Fehlen eines Gesetzesvorbehalts ergeben (u. Rn. 25), überwiegen insgesamt wohl
doch die Gründe **dafür, Art. 140 GG/Art. 136 Abs. 1 WRV als Gesetzesvorbehalt** der
Religions- und Weltanschauungsfreiheit nach Art. 4 Abs. 1, 2 GG anzuerkennen.

Nicht dem allgemeinen Gesetzesvorbehalt unterworfen waren allerdings **24**
bereits nach den in das Grundgesetz übernommenen Garantien der Weimarer Verfassung **bestimmte Bestandteile der Religionsfreiheit**, so namentlich Art. 136 Abs. 4
WRV, der die dort genannten Aspekte negativer Religionsfreiheit außerhalb des
Gesetzesvorbehalts unbegrenzt verbindlich vorschrieb (o. Rn. 9). Die in Art. 136
Abs. 3 Satz 1 WRV garantierte Freistellung von der Pflicht, seine religiöse Überzeugung zu offenbaren, war (und ist) nur dem Vorbehalt des behördlichen Frage-
rechts nach Maßgabe von Satz 2 der Bestimmung unterworfen.

Beispiele:
Die Eintragung der Religionszugehörigkeit auf der Lohnsteuerkarte mit Rücksicht auf die Kirchensteuerpflicht (BVerfGE 49, 375 f.). – Die Pflicht, bei der
Volkszählung (als gesetzlich angeordneter statistischer Erhebung) die Zugehörigkeit zu einer Religionsgesellschaft anzugeben (BVerfGE 65, 1 [38 f.]).

▶   **Hinweis:** Ungeachtet der mittelbaren Beziehung auf gesetzliche Grundlagen (für die Rechte und Pflichten ebenso wie für die statistischen
Erhebungen) ist das Fragerecht als solches unmittelbar von der Verfassung zugunsten der Behörden begründet, seine Ausübung erfordert
daher keine weitere gesetzliche Grundlage; es handelt sich also nicht um
einen Gesetzesvorbehalt, sondern um einen allgemeinen Behörden-
vorbehalt (*Sachs*, in: Stern, Staatsrecht III/2, 1994, S. 511 f.).

Ungeachtet der aufgezeigten Zweifel ist für die Rechtspraxis heute weitgehend die **25**
Auffassung des BVerfG maßgeblich, dass **Art. 136 Abs. 1 WRV nicht für die Religionsfreiheit nach Art. 4 Abs. 1, 2 GG herangezogen werden kann** (dezidiert
anders allerdings BVerwGE 112, 227 [231 f.] m.w.N.). Von diesem Standpunkt aus
fehlt es an einer ausdrücklichen Begrenzungsregelung in Form eines Gesetzesvorbehalts. Einschränkungen der Religionsfreiheit, die mit Rücksicht auf den gegenständlich kaum eingrenzbaren Schutzgegenstand der Freiheit religiös getragenen
Verhaltens unabdingbar (dazu o. Rn. 8) sind, können daher nur auf begrenzende
Wirkungen anderweitiger Verfassungsbestimmungen zurückgeführt werden
(dazu allgemein o. Kap. 9, Grundrechtsbegrenzungen, Rn. 33 ff.).

26   Der klassische Beispielsfall ist insoweit die Geltung der Tötungsverbote (vgl. §§ 211 ff. StGB) auch für diejenigen, denen eine Tötung aus religiösen Gründen geboten ist. Das aus religiöser Überzeugung dargebrachte **Menschenopfer** bleibt als Tötungsdelikt strafbar, weil das Grundrecht auf Leben, Art. 2 Abs. 2 Satz 1 GG, als verfassungsrechtliche Begrenzung die strafrechtlichen Verbote auch gegenüber Art. 4 GG legitimiert.

> ▶ **Hinweis:** Ob dies auch gilt, wenn die als Menschenopfer auserwählte Person – ggf. gleichfalls aufgrund religiöser Überzeugungen – unter Wahrung voller Freiwilligkeit einwilligt, hängt davon ab, ob man dem Einzelnen im Rahmen des Grundrechtsverzichts die Dispositionsbefugnis über sein Leben überhaupt und insbesondere bei religiöser Motivation zugesteht oder nicht (o. Kap. 8, Grundrechtseingriff und sonstige relevante Grundrechtsbeeinträchtigungen, Rn. 38 ff.).

Praxisnäher ist der Rückgriff auf das Grundrecht der körperlichen Unversehrtheit und damit die „Volksgesundheit", um das Fehlen einer gesetzlichen Ausnahmeregelung vom Verbot des Cannabisanbaus zugunsten der Anhänger der Religion „Rastafari", deren Kult den Gebrauch von Cannabis einschließt, gegenüber Art. 4 GG zu rechtfertigen (so BVerwGE 112, 314 [318]). Auch gegenüber der von Eltern in Ausübung von Religionsfreiheit und Elternrecht veranlassten Beschneidung männlicher Kinder, zu deren Legalisierung § 1631d BGB erlassen wurde, kommt eine Begrenzungswirkung des Grundrechts auf körperliche Unversehrtheit in Betracht, die die Behandlung als Körperverletzung rechtfertigen könnte (vgl. LG Köln, NJW 2012, 2128; o. Kap. 8, Grundrechtseingriff und sonstige relevante Grundrechtsbeeinträchtigungen, Rn. 41, Kap. 14, Die Grundrechte des Art. 2 GG, Rn. 106, u. Kap. 18, Die Grundrechte des Art. 6 GG, Rn. 31).

27   Erhebliche Bedeutung als **Begrenzung der Religionsfreiheit** hat auch **Art. 7 Abs. 1 GG**. So kann sich das daraus folgende staatliche Bestimmungsrecht im Bereich der Schule im Rahmen praktischer Konkordanz gegen die Ablehnung bestimmter Unterrichtsinhalte und -gestaltungen aus religiösen Gründen durchsetzen (s. etwa BVerwGE 147, 362 Rn. 10 ff. zu koedukativem Schwimmunterricht). Die in Art. 7 Abs. 1 GG vorausgesetzte Wahrung des Schulfriedens soll auch genügen, um bei konkreten Gefährdungen durch allgemein gehaltene Gesetze ermöglichte Einschränkungen religiös begründeten Verhaltens von Schülern, wie eines islamischen Gebets außerhalb des Unterrichts in der Schule, zu rechtfertigen (BVerwGE 141, 223 Rn. 42 ff.). Auch für das Kopftuchverbot für Lehrerinnen zieht BVerfGE 138, 296 Rn. 99 ff., insbesondere den vom Erziehungsauftrag des Art. 7 Abs. 1 GG geforderten Schulfrieden als Rechtfertigungsgrundlage in Betracht. S. auch u. Kap. 19, Die grundrechtlichen Bestimmungen über das Schulwesen, Art. 7 GG, Rn. 4 ff.

28   Weniger eindeutig zu beantworten ist demgegenüber die Frage, ob wegen Tötung durch **Unterlassen** bestraft werden kann, wer sich aufgrund religiöser Überzeugungen weigert, eine **lebensnotwendige medizinische Behandlung** einer seiner Obhut anvertrauten Person zu veranlassen.

Beispiel:

Eine Frau weigerte sich aus religiöser Überzeugung, in eine notwendige Bluttransfusion für sich einzuwilligen. Ihr denselben Überzeugungen verpflichteter Ehemann, Angehöriger derselben Glaubensgemeinschaft wie seine Ehefrau, wurde wegen unterlassener Hilfeleistung verurteilt, weil er nicht auf seine Ehefrau eingewirkt hatte, die lebensrettende Bluttransfusion anzunehmen. Beide hatten geglaubt, sich allein auf die Kraft des Gebets verlassen zu müssen. Das BVerfG hob die Verurteilung auf; es war der Auffassung, das Strafrecht müsse zurückweichen, wenn der konkrete Konflikt zwischen der gesetzlichen Pflicht und einem Glaubensgebot den Täter in eine seelische Bedrängnis bringe, die eine strafrechtliche Ahndung nicht mehr adäquat erscheinen lasse (BVerfGE 32, 98 [106 ff.]; vgl. auch zur Bestellung eines Betreuers wegen einer vom Patienten aus religiösen Gründen abgelehnten Bluttransfusion BVerfG [K], NJW 2002, 206 f.).

Selbst gegenüber dem Lebensgrundrecht tritt die Religionsfreiheit nicht von vornherein automatisch zurück; vielmehr muss die jeweilige Einzelproblematik sorgfältig im Licht der betroffenen Grundrechtsbestimmungen bewertet werden, die nach den Regeln über die **Herstellung praktischer Konkordanz** beide gleichermaßen möglichst weitgehend zur Geltung gebracht werden sollen (s. auch o. Kap. 9, Grundrechtsbegrenzungen, Rn. 38).

Das Beispiel des Schächtverbots nach § 4a Abs. 1 TierschutzG macht deutlich,   **29** dass es für die **Ableitung begrenzender Wirkungen** aus anderweitigen Verfassungsnormen **Grenzen** geben muss.

▶ **Hinweis:** Ob der Schutzgegenstand der Religionsfreiheit durch das Schächtverbot überhaupt berührt ist, wenn eine Person aus religiösen Gründen lediglich gehindert ist, das Fleisch geschächteter Tiere zu essen, ist schon fraglich; denn ihr bleibt die Möglichkeit, auf den Konsum tierischen Fleischs überhaupt zu verzichten (BVerwGE 99, 1 ff.). Dies soll allerdings schwerlich als zumutbar angesehen werden können, da Fleisch nach den Essgewohnheiten in Deutschland ein weit verbreitetes Nahrungsmittel sei (so BVerfGE 104, 337 ohne klare Aussage zum Eingriff).

Das im Jahre 1933 in Wahrheit sicher primär aus anderen Gründen eingeführte Schächtverbot wird heute mit dem Ziel des **Tierschutzes** erklärt, der im Grundgesetz lange ausdrücklich nur in Art. 74 Abs. 1 Nr. 20 GG angesprochen war. Die bloße Tatsache dieser Kompetenzzuweisung genügte indes nicht, um den Tierschutz als ein Anliegen des Grundgesetzes zu qualifizieren. Kompetenzbestimmungen sagen grundsätzlich über die Bewertung des Kompetenzgegenstandes nichts aus, sondern legen nur fest, ob die damit zusammenhängenden Fragen auf Bundes- oder auf Landesebene gesetzlich geregelt werden können (o. Kap. 9, Grundrechtsbegrenzungen, Rn. 39). Allzu fernliegend war es auch, den Tierschutz aus der Würde des Menschen, **Art. 1 Abs. 1 Satz 1 GG**, zu legitimieren und auf dieser Basis gegen die Religionsfreiheit zu kehren. Ebenso wenig konnte die Ergänzung des Grundgesetzes um den **Art. 20 a GG** in seiner Ursprungsfassung (Schutzpflicht des Staates für

die natürlichen Lebensgrundlagen) eine als Begrenzung der Religionsfreiheit taugliche Verankerung des Tierschutzes im Grundgesetz bedeuten.

30   Dementsprechend ist für den damaligen Verfassungszustand angenommen worden, dass mit Rücksicht auf die Religionsfreiheit das Schächtverbot so auszulegen
sei, dass muslimische Metzger eine **Ausnahmegenehmigung für das Schächten**
bekommen können (so BVerfGE 104, 337, wo unmittelbar [nur] Art. 2 Abs. 1 GG
herangezogen wurde, der aber als durch Art. 4 GG verstärkt gesehen wurde; zur
Vernachlässigung des Art. 3 Abs. 3 Satz 1 GG s. o. Kap. 15, Die Gleichheitssätze des
Art. 3 GG, Rn. 109). Seit der **Tierschutz selbst** im Jahre 2002 **in Art. 20a GG** als
Schutzgut aufgenommen worden ist, ergeben sich freilich veränderte Perspektiven,
die bei Annahme einer begrenzenden Wirkung gegenüber der Religionsfreiheit zu
abweichenden Ergebnissen führen könnten (s. auch u. Kap. 17, Die Grundrechte
des Art. 5 GG, Rn. 126).

31   Selbst wenn die öffentliche Gewalt **für Warnungen** vor bestimmten Religionsgesellschaften (o. Rn. 18) materiell auf Verfassungsbestimmungen zurückgreifen kann, die den Schutz der von den Religionsgesellschaften bedrohten Rechtsgüter
bezwecken, bleibt problematisch, inwieweit derartige Warnungen ohne eine besondere **gesetzliche Grundlage** zulässig sein können, die ja selbst bei Bestehen eines
Gesetzesvorbehalts unverzichtbar wäre.

> **Beispiele:**
> Die Bundesregierung warnte öffentlich vor bestimmten Religionsgesellschaften,
> die sie dabei als destruktive und pseudoreligiöse Psycho-Sekten bezeichnete. Das
> BVerfG hat festgestellt, die Bundesregierung sei bei überregionalen Problemen zu
> solchen Warnungen kraft ihrer Aufgabe der Staatsleitung grundsätzlich berech-
> tigt; sie brauche daneben auch bei mittelbar/faktischen Auswirkungen ihrer
> Öffentlichkeitsarbeit auf grundrechtlich geschützte Güter keine gesetzliche Grund-
> lage, müsse jedoch mit der aufgrund der weltanschaulich-religiösen Neutralität
> des Staates gebotenen Zurückhaltung vorgehen (BVerfGE 105, 279 [292 ff.]; ähn-
> lich schon BVerwGE 82, 76 [80 ff.]). Zur gezielten staatlichen Finanzierung eines
> privaten Vereins, der seinerseits das Ziel verfolgt, vor Jugendsekten zu warnen, s.
> o. Rn. 18.

e) Anforderungen an Einschränkungen

32   Sieht man mit dem BVerfG die Religionsfreiheit als vorbehaltlose Gewährleistung,
sollen nach der problematischen Rechtsprechung die Anforderungen des Art. 19
Abs. 1 GG, insbesondere das Zitiergebot, nicht eingreifen (o. Kap. 10, Anforderungen
an Grundrechtsbeeinträchtigungen, Rn. 18). Entscheidendes Gewicht hat bei der zur
Herstellung praktischer Konkordanz erforderlichen Abwägung der Bedeutung der
Religionsfreiheit mit den Anliegen der begrenzend wirkenden Grundgesetzbestimmungen letztlich der Grundsatz der Verhältnismäßigkeit (o. Kap. 9, Grundrechtsbegrenzungen, Rn. 45).

f) Konkurrenzen

33   Praktisch relevant ist die Frage der Konkurrenzen vor allem, wenn man Art. 4
Abs. 1, 2 GG mit dem BVerfG dem Gesetzesvorbehalt des Art. 140 GG/Art. 136

Abs. 1 WRV nicht unterworfen sieht. Die Gewährleistungen des Art. 4 Abs. 1, 2 GG sind **leges speciales** zur allgemeinen Verhaltensfreiheit und – hinsichtlich der internen Überzeugungsfreiheit – zum allgemeinen Persönlichkeitsrecht. Art. 140 GG/Art. 137 Abs. 2 WRV sind für Religionsgesellschaften (nicht auch für sonstige Religionsvereine) Spezialbestimmung gegenüber Art. 9 Abs. 1 GG; dabei zeigen Art. 137 Abs. 3 und 4 WRV, dass die allgemein für Vereinigungen geltenden Begrenzungen, namentlich also Art. 9 Abs. 2 GG, auch hier gelten sollen.

Beispiel:

BVerwG, NVwZ 2003, 986 (987) (Kalifatstaat) billigt ohne Festlegung hinsichtlich der Ableitung der religiösen Vereinigungsfreiheit jedenfalls ein gesetzlich vorgesehenes Vereinsverbot zur Abwehr von Gefahren für die verfassungsmäßige Ordnung.

Im Übrigen ist Art. 4 Abs. 1, 2 GG **neben den anderen Freiheitsrechten** anzuwenden, die (nur) im Einzelfall tatbestandlich zugleich erfüllt sind. Dies gilt für Bekenntnis- und Meinungsäußerungsfreiheit, vor allem aber bei der freien Religionsausübung, die jedes von religiös-weltanschaulichen Überzeugungen getragene Verhalten umfasst (o. Rn. 8) und daher grundsätzlich mit allen Freiheitsgrundrechten zusammentreffen kann. Dabei ist der **Schutz aus Art. 4 Abs. 1, 2 GG** mangels Gesetzesvorbehalts **regelmäßig der weitergehende**; so soll Art. 5 Abs. 2 GG auch bei Überschneidungen auf die Religionsfreiheit keine Anwendung finden (BVerfGE 32, 98 [107]). Nur in besonderen Fällen mag sich der Gesetzesvorbehalt konkurrierender Grundrechte einmal durchsetzen können, so Art. 9 Abs. 2 GG bei in Ausübung der Religions- und Weltanschauungsfreiheit gegründeten Vereinigungen, die nicht Religionsgesellschaften sind, oder Art. 8 Abs. 2 GG bei religiösen Versammlungen (o. Kap. 11, Grundrechtskonkurrenzen, Rn. 12). Bei den Anforderungen zumal an die Verhältnismäßigkeit so abgedeckter Einschränkungen ist allerdings auch der besonderen Bedeutung der Religionsfreiheit Rechnung zu tragen.

34

3. Weitere Grundrechtsgehalte

a) Die staatskirchenrechtlichen Regelungen der Art. 140 GG/Art. 137 ff. WRV

Spezifische, in erster Linie **objektiv-rechtliche Gehalte**, mit denen aber auch subjektive Berechtigungen verknüpft sein können, die über Art. 4 GG ggf. auch mit der Verfassungsbeschwerde zu verteidigen sind, finden sich in den aus der Weimarer Reichsverfassung in das Grundgesetz übernommenen Bestimmungen des sog. **Staatskirchenrechts**, also zumal in Art. 137, 138, 139 und 141 WRV. Zu diesen traditionsreichen Vorschriften kann hier nicht im Einzelnen Stellung genommen werden; immerhin sollen einige wichtige Aspekte zumindest angesprochen werden.

35

Den Kern des heutigen Rechts der Religionsgesellschaften bilden Art. 140 GG/137 Abs. 1 WRV; danach besteht **keine Staatskirche**. Historisch verbirgt sich dahinter die Abschaffung des früher bestehenden (protestantischen) Landeskirchentums mit landesherrlichem Kirchenregiment, dessen Wiedereinführung im

36

republikanischen Staat ohnehin kaum in Betracht zu ziehen ist. Auch unter den gewandelten Verhältnissen des Grundgesetzes bedeutet der Ausschluss der Staatskirche aber **kein Gebot strikter Trennung von Staat und Kirchen** bzw. Religionsgesellschaften und Weltanschauungsvereinigungen überhaupt, das jegliches Zusammenwirken von vornherein ausschließen würde. Dies zeigt sich in ausdrücklich **im Grundgesetz anerkannten Verbindungslinien**, namentlich in Art. 140 GG/Art. 137 Abs. 5, Abs. 6, Art. 139 und 141 WRV sowie in Art. 7 Abs. 3 GG.

37   Damit stellt das grundgesetzliche Staatskirchenrecht ein System nur **hinkender Trennung** dar, das Kooperation mit Religionsgesellschaften sowie Weltanschauungsvereinigungen und ihre Förderung durch die öffentliche Gewalt wohl auch über die im Grundgesetz ausdrücklich verankerten Fälle hinaus nicht schlechthin ausschließt. Als verfassungsrechtlich vorgegeben werden aber immerhin die **organisatorische Trennung** von Staat und Kirchen, die (auch in den religionsbezogenen Unterscheidungsverboten begründete) staatliche **Neutralität** gegenüber allen religiösen oder weltanschaulichen Gruppierungen und ihren Auffassungen sowie die Pflicht zu ihrer **Gleichbehandlung** und zur **Nichtidentifikation** anerkannt.

38   Als Ausdruck der institutionellen Trennung räumen Art. 140 GG/Art. 137 Abs. 3 WRV den Religionsgesellschaften das Recht ein, ihre Angelegenheiten selbständig zu ordnen und zu verwalten; auch eine Gerichtsbarkeit ist hiervon umfasst. Dieses in seiner sachlichen Reichweite im Einzelnen sehr umstrittene[2] **Selbstbestimmungsrecht** schirmt den Bereich der eigenen Angelegenheiten gegen staatliche Einflussnahme ab.

> **Beispiel:**
>
> Der insoweit prinzipiell begründete Ausschluss staatlicher Gerichtsbarkeit soll die Gerichte nicht hindern, anhand der von den Religionsgesellschaften festgelegten äußeren Kriterien darüber zu entscheiden, wer Mitglied einer solchen ist, soweit es darauf für Rechtsfolgen staatlichen Rechts ankommt (BVerwGE 148, 271 Rn. 44 ff.).

Es entspricht damit im Kern der internen Betätigungsfreiheit, die Art. 9 Abs. 1 GG für sonstige Vereinigungen schützt (u. Kap. 21, Die Grundrechte des Art. 9 GG, Rn. 6 f.). Wie dort sind für die Wirksamkeit der Vereinigung nach außen, also zumal gegenüber nicht der Vereinigung angehörenden Dritten, auch hier die für die jeweils entfaltete Tätigkeit maßgeblichen Grundrechte einschlägig, also namentlich Art. 4 Abs. 1, 2 GG.

39   Nach der Begrenzungsregelung der **Art. 140 GG/Art. 137 Abs. 3 Satz 1 WRV** ist die selbständige Ordnung und Verwaltung der eigenen Angelegenheiten nur innerhalb der Schranken des für alle geltenden Gesetzes zulässig. Diese Formulierung begründet keinen schlichten Gesetzesvorbehalt, sondern enthält eine **qualifizierende Voraussetzung**, die in ähnlicher Weise zu verstehen ist wie bei der Schranke

---

[2] Vgl. dazu etwa *Ehlers*, in: Sachs (Hrsg.), Grundgesetz, 7. Aufl., 2014, Art. 140 GG/Art. 137 WRV Rn. 4 ff.

der allgemeinen Gesetze nach Art. 5 Abs. 2 GG (u. Kap. 17, Die Grundrechte des Art. 5 GG, Rn. 54 ff.) und neben der vom BVerfG angenommenen vorbehaltlosen Garantie der freien Religionsausübung wenig sinnvoll erscheint (o. Rn. 23). Soweit sich die Garantie mit Art. 4 Abs. 1, 2 GG überlagert, nimmt BVerfGE 137, 273 Rn. 85 „Schrankenspezialität" des Art. 137 Abs. 3 WRV an, die der angenommenen Vorbehaltlosigkeit der Garantie der Religionsfreiheit vorgeht; dem ist im Ergebnis zuzustimmen, weil die Einbindung des Selbstverwaltungsrechts in die für alle geltenden Gesetze auch für diese Fälle nicht entfallen sollte. Allerdings fordert das BVerfG wenig konsequent doch, die Einschränkungsmöglichkeiten mit Rücksicht auf Art. 4 GG restriktiv zu bestimmen.

Beispiel:

Das Arbeitsrecht soll in den Fällen kirchlicher Arbeitnehmer besondere Loyalitätsobliegenheiten gegenüber den Religionsgesellschaften in Abwägung mit den Belangen der Arbeitnehmer maßgeblich zu berücksichtigen haben (BVerfGE 137, 273 Rn. 81 ff.).

Art. 140 GG/Art. 137 Abs. 4 WRV garantieren den Religionsgesellschaften die **40** Möglichkeit, im Rahmen der Rechtsformen des Privatrechts **Rechtsfähigkeit** und damit die Möglichkeit zur Teilnahme am allgemeinen Rechtsverkehr zu erwerben. Der Verweis auf die allgemeinen Vorschriften des bürgerlichen Rechts schließt nachteilige Sondergestaltungen aus, soll aber nicht einer grundrechtskonformen Sonderbehandlung religiöser Vereinigungen bei der Anwendung dieser Vorschriften entgegenstehen.

Beispiel:

Der religiösen Bahá'i-Gemeinschaft in Tübingen wurde die Eintragung ins Vereinsregister wegen der Unvereinbarkeit bestimmter Satzungsbestimmungen, die höheren Gliederungen der Gemeinschaft erheblichen Einfluss einräumten, mit Anforderungen der nach den vereinsrechtlichen Bestimmungen des BGB vorgesehenen Vereinsautonomie versagt. Das BVerfG hielt es bei Religionsgesellschaften für unzulässig, die in der Satzung verankerten Bindungen innerhalb eines größeren religiösen Verbandes als unzulässige Fremdbestimmung zu werten (BVerfGE 83, 341 [354 ff.]).

Die **Bestandsgarantie der Korporationsqualität** der bei Inkrafttreten der Weima- **41** rer Verfassung im Jahre 1919 als Körperschaften des öffentlichen Rechts bestehenden Religionsgesellschaften perpetuiert die überkommene **Sonderstellung** zumal der **traditionellen großen Kirchen.** Nur wenn sie durch ihre Verfassung und die Zahl ihrer Mitglieder die Gewähr der Dauer bieten, müssen auch **anderen Religionsgesellschaften auf ihren Antrag gleiche Rechte** gewährt werden. Diese Kriterien sind zwar inhaltlich neutral, würden aber auch gegen Religionsgesellschaften wirken, die aus Gründen ihrer religiösen Überzeugungen nur wenige Mitglieder haben oder (etwa wegen eines erwarteten Weltuntergangs) nur auf begrenzte Zeit wirken wollen.

▷ **Hinweis:** Über die im Verfassungstext genannten Anforderungen hinaus ist für die Anerkennung einer Religionsgesellschaft als Körperschaft des öffentlichen Rechts keine besondere „Loyalität" zum Staat erforderlich. Doch muss sie bereit sein, Recht und Gesetz zu achten und sich in die verfassungsmäßige Ordnung einzufügen. Die Verfassungsprinzipien des Art. 79 Abs. 3 GG sowie Grundrechte Dritter und die Grundprinzipien des freiheitlichen Religions- und Staatskirchenrechts dürfen durch ihr Verhalten nicht gefährdet werden (so BVerfGE 102, 370 [386 ff.]; weitergehend noch BVerwGE 105, 117 [124 ff.]).

42　Das **Verfahren der Gewährung gleicher Rechte** bleibt nach Art. 140 GG/Art. 137 Abs. 8 WRV der Regelung durch die für die Verleihung zuständigen Länder überlassen. Ob die Verleihung durch ein Land bundesweite Gültigkeit hat oder ob neben einer Erstverleihung noch Zweitverleihungen durch jedes einzelne Land nötig sind, in denen der Korporationsstatus ausgeübt werden soll, ist umstritten ([mehrheitlich] für letzteres BVerfGE 139, 321 Rn. 96 ff.). Dass eine landesverfassungsrechtlich vorgesehene Verleihung durch formelles Gesetz den Grundsatz der Gewaltenteilung verletzen soll, ist nicht überzeugend (so aber BVerfGE 139, 321 Rn. 124 ff.) zu Art. 61 Brem. Verf. Ein Entzug des Körperschaftsstatus ist für beide Gruppen im Grundgesetz nicht vorgesehen; die freiwillige Aufgabe muss aber schon zur Wahrung der Religionsfreiheit möglich sein. Auch die Aufhebung einer Verleihung bei Fehlen oder Wegfall der Voraussetzungen kann gesetzlich vorgesehen werden.

43　Der Status einer Körperschaft des öffentlichen Rechts betrifft zunächst einmal nur die **Rechtsform** als solche. Diese bietet zugleich die Grundlage, in den Rechtsformen des öffentlichen Rechts tätig werden zu können. Ein Zwang, sich dieser Handlungsformen zu bedienen, besteht nicht. Doch wird für die typischen Lebensäußerungen dieser Religionsgesellschaften **öffentlich-rechtliches Handeln** regelmäßig vorausgesetzt. Davon betroffene Außenstehende müssen sich daher ggf. vor den Verwaltungsgerichten wehren.

> **Beispiel:**
> Das sakrale Glockengeläut einer inkorporierten christlichen Kirche stellt hoheitliches Handeln dar. Der dadurch gestörte Nachbar muss seine Abwehransprüche vor den Verwaltungsgerichten geltend machen (BVerwGE 68, 62 [63 ff.]).

44　Sachliche Zwangsbefugnisse zu einseitig verbindlichen Regelungen, wie sie der öffentlichen Gewalt zustehen, begründet der Körperschaftsstatus nicht. Auch die einzige ausdrücklich an ihn anknüpfende verfassungsrechtliche Befugnis, nämlich die zur **Erhebung von (Kirchen-) Steuern** nach Art. 140 GG/Art. 137 Abs. 6 WRV, ist auf die Besteuerung von Mitgliedern beschränkt (vgl. auch o. Rn. 9, 24). Für Einwirkungen auf Außenstehende im Übrigen bedarf es – wie bei Beliehenen – besonderer gesetzlicher Grundlagen.

45　Der Körperschaftsstatus dient im Übrigen als Grundlage, um **privilegierende Sonderbehandlungen** der öffentlich-rechtlichen Religionskörperschaften in den unterschiedlichsten Zusammenhängen zu legitimieren. Dies wird gegenüber der staatlichen Neutralitätspflicht (o. Rn. 37) mit der Verankerung der Sonderstellung in

Art. 137 Abs. 5 WRV gerechtfertigt. **Problematisch** wird dies gegenüber den religionsbezogenen Unterscheidungsverboten, zumal Art. 3 Abs. 3 Satz 1 GG, jedenfalls dann, wenn die Mitglieder solcher Religionskörperschaften privilegiert werden, weil diese dadurch wegen ihrer religiösen Anschauungen, die sich von der Mitgliedschaft nicht trennen lassen, bevorzugt werden.

Beispiel:

Nach § 7 Satz 1 Nr. 7 der Sonderurlaubsverordnung des Bundes kann einem Bundesbeamten unter bestimmten Bedingungen Sonderurlaub für die Teilnahme an Tagungen seiner Religionsgesellschaft gewährt werden, wenn es sich um eine öffentlich-rechtliche Körperschaft handelt. Das BVerwG hat dies als zulässige Differenzierung zwischen den Religionsgesellschaften gewertet, das individuelle Gleichbehandlungsrecht der hinsichtlich ihrer Sonderurlaubsmöglichkeiten benachteiligten Beamten anderer Konfession aus Art. 3 Abs. 3 Satz 1 GG dabei nicht durchgreifen lassen (BVerwG, NVwZ 1987, 699 f.; dazu kritisch *Sachs,* BayVBl 1986, 193 ff.). – Nach der Inkorporierung der Zeugen Jehovas hat BVerwG, Urt. v. 25. 11. 2010, – 2 C 32/09 –, juris, Rn. 15 ff.), die gegenüber den Bezirkskongressen der Zeugen Jehovas privilegierte Behandlung des evangelischen und katholischen Kirchentags mit dem unterschiedlichen Charakter der Veranstaltungen legitimiert. Da der Sonderurlaub zu den Kirchentagen nicht von der Kirchenzugehörigkeit der teilnehmenden Beamten abhängt, aber doch typischerweise von den jeweiligen Kirchenmitgliedern genutzt wird, hat es im Ergebnis zu Recht (nur) eine unmittelbare Diskriminierung wegen der Religion abgelehnt (o. Kap. 15, Die Gleichheitssätze des Art. 3 GG, Rn. 100).

Art. 140 GG/Art. 138 Abs. 1 WRV enthalten einen der Trennung von Staat und **46** Kirche auf wirtschaftlichem Gebiet entsprechenden, jedoch seit 1919 unerledigt gebliebenen **Verfassungsauftrag,** besonders titulierte **Staatsleistungen** an die Religionsgesellschaften gesetzlich **abzulösen,** d. h. gegen Entschädigung aufzuheben. Weitgehend mit dem Schutz durch Art. 14 GG fällt es zusammen, wenn Art. 140 GG/Art. 138 Abs. 2 WRV die einer **religiösen Zwecksetzung dienenden Vermögensobjekte** der Religionsgesellschaften und sonstiger religiöser Vereine in ihrem Bestand und nach Maßgabe ihrer vorhandenen rechtlichen Qualitäten **gewährleisten** (vgl. BVerfGE 99, 100 [119 ff]).

Art. 140 GG/139 WRV begründen eine **institutionelle Garantie des Sonntags** **47** und der staatlich anerkannten Feiertage. Die Garantie des in der christlichen Tradition wurzelnden Sonntags dürfte es zumindest legitimieren, auch bei der Anerkennung von Feiertagen auf die des Christentums zurückzugreifen, jedenfalls soweit dies die Religion der Bevölkerungsmehrheit darstellt. Der Fortbestand einzelner Feiertage, die gesetzlich als solche festgelegt werden, ist nicht verfassungsrechtlich gesichert; dagegen ist der verfassungsunmittelbar geschützte Sonntag der Disposition des Gesetzgebers entzogen. BVerfGE 125, 39 (77 ff.) sieht durch Art. 140 GG/Art. 139 WRV eine „Konkretisierung" eines dem Art. 4 Abs. 1, 2 GG beigemessenen, inhaltlich sonst unbestimmten Schutzpflichtengehalts (u. Rn. 51) im Sinne eines Mindestschutzniveaus.

48   Der gesetzliche Schutz der Sonn- und Feiertage als **Tage der Arbeitsruhe und der seelischen Erhebung** muss die Möglichkeit solcher Nutzung sichern; einen Zwang zu entsprechendem Verhalten kann die Vorschrift in einem weltanschaulich neutralen Staat nicht legitimieren. Die in Ladenschluss- und Arbeitszeitrechtsgesetz sowie in den Feiertagsgesetzen der Länder enthaltenen Beschränkungen sind vielmehr allein damit zu erklären, dass die Möglichkeit zum geschützten Gebrauch dieser Tage zugunsten der daran Interessierten vor Störungen gesichert werden soll. Art. 140 GG/Art. 139 WRV dürften zu diesem Zweck gesetzlich vorgesehene Grundrechtsbeschränkungen wohl auch außerhalb bestehender Gesetzesvorbehalte rechtfertigen können. Der Umfang des Schutzes im Einzelnen bleibt dem Gesetzgeber überlassen, der aber ein hinreichendes Niveau sichern und Ausnahmen nur aus gewichtigen Sachgründen zulassen darf (BVerfGE 125, 39 [79 ff.]).

49   Art. 140 GG/Art. 141 WRV durchbrechen die Trennung von Staat und Kirche auch in organisatorischer Hinsicht, wenn im Heer, d. h. heute in der Bundeswehr, und **in öffentlichen Anstalten** aller Art ein Bedürfnis (wohl: der Menschen in diesen Bereichen) nach Gottesdienst und Seelsorge besteht. Für diesen Fall sind **Religionsgesellschaften**, und zwar wohl nur die jeweils benötigten, zur Vornahme religiöser Handlungen **zuzulassen**. Über die Duldung dieser Aktivitäten hinausgehende Pflichten zur Förderung treffen den Staat nicht; er ist aber verpflichtet, von den Menschen in seinen Anstalten jeden Zwang fernzuhalten, muss also sicherstellen, dass sie nicht gegen ihren Willen religiösen Handlungen ausgesetzt werden.

b) Sonstige objektiv-rechtliche Grundrechtsgehalte

50   Die Garantie der Religionsfreiheit kennt im Übrigen dieselben objektiv-rechtlichen Gehalte wie andere Grundrechte. Dies gilt namentlich für die **Ausstrahlungswirkung** auf die Auslegung von Rechtsnormen, etwa der vereinsrechtlichen Regelungen des BGB (o. Rn. 40) oder des § 1 UWG.

> **Beispiel:**
>
> Das gegen die „Aktion Rumpelkammer" ergangene Unterlassungsurteil (o. Rn. 7) war darauf gestützt worden, dass die Kanzelankündigung der Sammlung sittenwidrig i.S. des § 1 UWG sei; damit war die Ausstrahlungswirkung des Art. 4 Abs. 2 GG nicht beachtet worden (vgl. BVerfGE 24, 236 [251 f.]). – Ausländerrechtliche Bestimmungen können im Lichte des Art. 4 Abs. 1 und 2 GG dahin auszulegen sein, dass sie subjektive Rechte im Inland lebender Religionsangehöriger darauf begründen, dass ohne Ermessensfehler über die Einreise des geistlichen Oberhaupts ihrer Religionsgesellschaft entschieden wird (BVerwGE 114, 356 [362]).

51   Staatliche **Schutzpflichten**, in Art. 135 Satz 2 WRV explizit ausgesprochen, klingen in der Formulierung des Art. 4 Abs. 2 GG noch an, wonach ungestörte Religionsausübung gewährleistet werden muss. Ausgefüllt wird dies zumal in § 167 StGB; auch § 166 StGB dürfte von der grundrechtlichen Schutzpflicht gedeckt sein. Ein besonderer Schutzpflichtengehalt wird dem Art. 4 Abs. 1, 2 GG durch Art. 139 WRV vermittelt (o. Rn. 48). Nicht verpflichtet ist der Staat, den Bürger davor zu schützen, dass er die Ausübung der Religionsfreiheit durch andere Grundrechtsträger (etwa: das Tragen eines Kruzifixes) wahrnimmt.

Beispiele:
Das vom BVerwG ohne weiteres als verfassungsgemäß gebilligte Verbot religiöser Werbung an Taxen (BVerwG, NJW 1999, 805 f.) ist daher jedenfalls nicht verfassungsrechtlich notwendig. – Besondere Fragen stellen sich bei der Verwendung religiöser Kennzeichen (Kleidung, Symbole) durch staatliche Bedienstete in Ausübung ihrer Amtsfunktionen, wie beim muslimisch inspirierten Kopftuch einer Lehrerin, dessen Verbot das BVerfGE 138, 296 Rn. 78 ff., unter verfassungskonformer Auslegung des Gesetzes für Fälle konkreter Gefährdung des Schulfriedens billigt, während das Sondervotum dem Schutz der negativen Religionsfreiheit der Schulkinder größeres Gewicht beimessen will (s. auch Rn. 11, 16, 27).

Ansprüche auf bestimmte Leistungen begründet auch Art. 4 Abs. 1, 2 GG **nicht.**   **52**
Soweit Leistungen gewährt werden, ergibt sich der Anspruch auf gleichheitsgemäße Teilhabe letztlich aus den einschlägigen Gleichheitsgrundrechten (allgemein o. Kap. 4, Subjektive Grundrechte und objektive Grundrechtsgehalte, Rn. 26).

Objektiv-rechtliche Grundrechtsanforderungen der Religionsfreiheit an **Orga-**   **53**
nisation und Verfahren staatlicher Stellen können namentlich beim Zusammenwirken mit den ja nicht strikt vom Staat getrennten Religionsgesellschaften von Bedeutung sein. So ist es aus primär rechtsstaatlichen Gründen ausgeschlossen, organisatorisch die Aufteilung staatlicher Fördermittel unter einen Kreis von Religionsgesellschaften einer von diesen zu übertragen (BVerfGE 123, 148 [179 ff.]). Aus dem Verfahrensrecht ist die Notwendigkeit zu nennen, aus religiösen Gründen an der Eidesleistung gehinderten Personen andere Formen zur Bekräftigung ihrer Aussage zur Verfügung zu stellen (vgl. BVerfGE 33, 23 [28 f.] und § 64 Abs. 2 StPO, § 484 ZPO).

4. Zusammenfassung

- Art. 4 Abs. 1 Alt. 1 und Abs. 2 GG ist als einheitliches Grundrecht der Reli-   **54**
  gions- und Weltanschauungsfreiheit zu verstehen, da für die nicht trennscharf abzugrenzenden Elemente des Glaubens, Bekennens und Ausübens
  derselbe Grundrechtsschutz besteht.
- Religion- und Weltanschauung sind offene Begriffe. Religion ist jedes
  metaphysische Erklärungsmodell für die Existenz der Welt und der in ihr
  lebenden Menschen, insbesondere mit Rücksicht auf Gottheiten, während
  Weltanschauungen ohne Transzendenz auskommen (können).
- Umfasst ist die Freiheit des Einzelnen, einen Glauben zu haben, zu
  äußern und danach zu leben; damit sind grundsätzlich alle von
  religiös-weltanschaulichen Überzeugungen getragenen Verhaltensweisen
  durch Art. 4 Abs. 1, 2 GG geschützt. Neben der positiven ist auch die
  negative Religionsfreiheit unter den genannten Aspekten geschützt.

- Neben imperativen Regelungen, zumal Ge- oder Verboten religiös-welt-
  anschaulich getragenen Verhaltens, stellt die Anknüpfung von Rechts-
  nachteilen an solches Verhalten eine relevante Beeinträchtigung dar.
  Dasselbe gilt etwa für staatliche Warnungen vor Religionsgesellschaften
  oder für die finanzielle Förderung ihnen feindlich gesinnter Privater.
- Die Religionsfreiheit unterliegt nach Auffassung des BVerfG keinem
  Gesetzesvorbehalt, weil Art. 140 GG/Art. 136 Abs. 1 WRV mit nicht voll
  überzeugenden Gründen außer Betracht gelassen werden. Danach sind
  Beschränkungen nur im Rahmen grundrechtsbegrenzender Gehalte anderer Verfassungsbestimmungen rechtfertigungsfähig.
- Für Religionsgesellschaften und Weltanschauungsvereinigungen greifen
  die durch Art. 140 GG in das Grundgesetz inkorporierten Bestimmungen
  der Weimarer Verfassung zum sog. Staatskirchenrecht ein, in deren Zentrum
  das sog. Selbstbestimmungsrecht nach Art. 137 Abs. 3 WRV hinsichtlich
  der inneren Angelegenheiten dieser Vereinigungen steht. Für die Betätigung
  der Religionsfreiheit nach außen gilt auch insoweit Art. 4 Abs. 1, 2 GG.
- Das für das Grundgesetz übernommene staatskirchenrechtliche System kennt
  nur eine hinkende Trennung von Staat und Kirche, die Raum für vielfältige
  Formen des Zusammenwirkens lässt. Dabei müssen allerdings die prinzipielle organisatorische Trennung, die Grundsätze staatlicher Neutralität und
  Nichtidentifikation sowie die Gleichbehandlung der Religionsgesellschaften
  und Weltanschauungsvereinigungen gewahrt werden.

II. Die Gewissensfreiheit nach Art. 4 Abs. 1 Alt. 2 GG

1. Abwehrrechtliche Bedeutung

a) Schutzgegenstand

55   Neben der Religionsfreiheit enthält Art. 4 Abs. 1 GG als zweite Alternative mit
der Gewissensfreiheit ein weiteres eigenständiges Element, das zwar herkömm-
licherweise im Zusammenhang mit der Religionsfreiheit gesehen wurde, woraus
sich auch der Standort dieser Gewährleistung erklärt, aber heute **nicht auf den
Bereich der Religion beschränkt** bleibt. Das Gewissen wird vielmehr unabhängig von einer möglichen, aber nicht notwendigen religiösen oder sonst
transzendenten Verwurzelung als die vom Einzelnen als unbedingt **verpflichtend erlebte Empfindung für das sittlich Gebotene**, das Gute und Böse, verstanden. Dabei wird vielfach auf die vom Gewissen bestimmte Entscheidung
Bezug genommen, wobei jede ernsthafte sittliche, an den Kategorien Gut und
Böse orientierte Entscheidung eine Gewissensentscheidung darstellt, sofern sie
vom Betroffenen als ihn unbedingt bindend empfunden wird (vgl. BVerfGE 12,
45 [55] zu Art. 4 Abs. 3 GG).

Abgesehen vom Begriff des Gewissens ist beim Tatbestand der Gewissensfreiheit **56** **umstritten**, ob dieser nur das *forum internum*, die Gewissensbildung des Einzelnen als solche betrifft oder darüber hinaus **auch auf das gewissensgeleitete Handeln** zu erstrecken ist. Gegen die Geltung auch für gewissensgetragenes Verhalten lässt sich aus systematischer Sicht Art. 4 Abs. 3 GG anführen, der (nur) ein bestimmtes gewissensgetragenes Verhalten unter Schutz stellt; diese Regelung wäre unnötig, wenn bereits Art. 4 Abs. 1 GG jede Verwirklichung des Gewissens umfasste. Auch historisch ist eine umfassende Freiheit zu gewissensgebotenem Verhalten ohne Vorbild. Schließlich ist zweifelhaft, ob der Verfassunggeber tatsächlich eine Freiheit, sich in seinem gesamten Verhalten nur nach dem eigenen, höchst subjektiven und kaum zuverlässig verifizierbaren Gewissen zu richten, ohne irgendeinen Gesetzesvorbehalt normiert hätte. Andererseits ist einzuräumen, dass eine Gewissensfreiheit, die nicht auch das Umsetzen der Gewissensentscheidung in das menschliche Verhalten einbezieht, praktisch bedeutungslos wäre. Die Rechtsprechung hat daher die Gewissensfreiheit auch auf das gewissensgeleitete Verhalten erstreckt, womit sich freilich erhebliche Anwendungsprobleme ergeben können.

b) Grundrechtsberechtigung

Träger der Gewissensfreiheit als eines innerlichen, psychischen Phänomens sind **57** **unabhängig von ihrer Eigenschaft als Deutsche nur natürliche Personen**; auf juristische Personen ist die Gewissensfreiheit ihrem Wesen nach nicht anwendbar (Art. 19 Abs. 3 GG).

> **Beispiel:**
>
> Ein als GmbH organisiertes metallverarbeitendes Unternehmen kann sich gegenüber der Pflicht zur Lohnfortzahlung an Arbeiterinnen nach einem Schwangerschaftsabbruch nicht auf ihre Gewissensfreiheit berufen (vgl. mit wenig konsequenter, auf die fehlende religiös-weltanschauliche Zwecksetzung abstellender Begründung BVerfG [K], NJW 1990, 241).

c) Beeinträchtigungen

Beeinträchtigungen der Gewissensfreiheit sind beim *forum internum* des menschli- **58** chen Gewissens derzeit ohne große praktische Bedeutung. In Betracht käme etwa die **Einwirkung auf die Gewissensbildung** in Form von Gehirnwäsche, Umerziehung usw., die sich gegen die bestehende Gewissensbindung des Einzelnen richtet. Dies wird auch bei Bemühungen um die Integration zugereister Menschen aus anderen Kulturkreisen zu beachten sein. Denkbar wäre ferner ein Eingriff durch nachteilige Reaktionen auf die mitgeschützte Äußerung von Gewissensentscheidungen.

Demgegenüber sind relevante **Beeinträchtigungen der Freiheit zu gewissens-** **59** **bezogenem Verhalten** in vielfältigen Konstellationen möglich. Namentlich kommt jeder staatliche Imperativ als Eingriff in Betracht, sofern sich das jeweils gebotene, inhaltlich nicht eingrenzbare Verhalten für einen Normadressaten als gewissenswidrig darstellt. Damit stellt sich letztlich die gesamte Rechtsordnung, soweit sie überhaupt den Einzelnen in die Pflicht nimmt, als potenzielle Beeinträchtigung seines Gewissens dar, deren Reichweite lediglich noch von den Inhalten der Gewissensbildung des Betroffenen abhängt. Eine Einengung der verbotenen Einwirkungen, etwa durch ein Erfordernis der Zielgerichtetheit gerade auf gewissenswidriges Verhalten, würde andererseits der umfassenden Schutzwirkung, die die Grundrechtsgarantien auslösen, nicht gerecht.

Beispiel:

Die Ersatzdienstpflicht kann die Gewissensfreiheit beeinträchtigen, ist aber durch die als Begrenzung des Art. 4 Abs. 1 GG wirksame Verankerung in Art. 12a Abs. 2 GG legitimiert, da Art. 4 Abs. 3 GG als abschließende Regelung für den Gesamtbereich dieser Dienstpflichten zu verstehen ist und auch Art. 12a Abs. 2 Satz 3 GG nur den das Nähere regelnden Gesetzgeber zugunsten allein der Gewissensentscheidung gegen den Kriegsdienst mit der Waffe in die Pflicht nimmt (BVerfGE 19, 135 [137 f.]).

---

60   Neben Geboten zu gewissenswidrigem Verhalten können auch an **gewissensgetragenes Verhalten anknüpfende Nachteile** zu Beeinträchtigungen der freien Gewissensbetätigung führen. So wird etwa die relevante Gewissensbeeinträchtigung nicht dadurch vermieden, dass gegenüber einem Arbeitnehmer die zwangsweise Durchsetzung als gewissenswidrig empfundener Arbeitspflichten (s. auch u. Rn. 62) ausgeschlossen ist, wenn er bei Arbeitsverweigerung mit der Kündigung rechnen muss. Hierher gehört auch der schon zur Religionsfreiheit (o. Rn. 17) angesprochene Fall des § 159 SGB III, wenn nach der Ablehnung einer nachgewiesenen Arbeitsstelle aus Gewissensgründen das Arbeitslosengeld entzogen wird. Auch die Pflicht zur Zahlung öffentlicher Abgaben kann im Hinblick auf eine dem Gewissen widersprechende Verwendung der Einnahmen eine relevante Beeinträchtigung darstellen; dagegen lässt die Verwendung öffentlicher Mittel selbst die Gewissensfreiheit einzelner Abgabenpflichtiger unberührt.

Beispiel:

Ein versicherungspflichtiges Mitglied einer gesetzlichen Krankenkasse wandte sich gegen die Finanzierung nicht medizinisch indizierter Schwangerschaftsabbrüche aus dem allgemeinen Beitragsaufkommen. Ein diesbezüglicher Unterlassungsanspruch ist aus der Gewissensfreiheit nicht abzuleiten, weil diese kein Recht darauf gibt, dass die eigenen Gewissensmaßstäbe für das Verhalten Dritter oder der Staatsgewalt Verbindlichkeit erlangen (BVerfGE 67, 26 [37]). Wird schon die Abgabenpflicht (im Hinblick auf die Verwendung) als gewissenswidrig empfunden, lässt sich die Beeinträchtigung der Gewissensfreiheit aber insoweit wohl nicht verneinen.

---

d) Begrenzungen

61   Die Gewissensfreiheit des Art. 4 Abs. 1 GG kennt **keinen Gesetzesvorbehalt**; anders als bei der Religionsfreiheit kommt insoweit auch kein Rückgriff auf Art. 136 Abs. 1 WRV in Betracht, der nur die Ausübung der Religionsfreiheit anspricht (o. Rn. 19). Dieses Begrenzungsdefizit erweist sich als **besonders problematisch**, weil

die möglichen Inhalte von Gewissensentscheidungen als höchst individuelle Phänomene in keiner Weise eingegrenzt werden können. Dies gilt insbesondere dann, wenn Personen mit fremdem kulturellen Hintergrund und dadurch möglicherweise ganz andersartigen Grundvorstellungen von Gut und Böse betroffen sind, die nicht notwendig mit der Werteordnung des Grundgesetzes harmonieren. Die Möglichkeit, Begrenzungen der Gewissensfreiheit aus anders ausgerichteten Bestimmungen der Verfassung abzuleiten, muss gelegentlich schon arg strapaziert werden, um Konfliktfälle einer sachgerechten Lösung zuzuführen.

Beispiele:
Der Zwang für Studenten, im Rahmen des Biologiestudiums an Tierversuchen teilzunehmen, kann deren Gewissensfreiheit beeinträchtigen. Die vom BVerwG aus der Wissenschaftsfreiheit des veranstaltenden Hochschullehrers nach Art. 5 Abs. 3 Satz 1 GG abgeleitete Grundrechtsbegrenzung (vgl. BVerwG, NVwZ 1998, 853 ff.) scheint doch recht zufällig, weil das Ergebnis bei der nicht akademischen Ausbildung biologischen Hilfspersonals ja kaum anders ausfallen kann. – Unproblematisch scheint es demgegenüber, die auch bei Gewissensbedenken durchgreifende Ersatzdienstpflicht durch die als Begrenzung des Art. 4 Abs. 1 GG wirksame Verankerung in Art. 12a Abs. 2 GG legitimiert zu sehen (BVerfGE 19, 135 [137 f.]). – Gegenüber der Gewissensfreiheit des Soldaten gegenüber militärischen Befehlen soll zwar nicht die Funktionsfähigkeit der Bundeswehr (s. u. Kap. 9, Grundrechtsbegrenzungen, Rn. 36 ff., u. Rn. 78), aber die Befehls- und Kommandogewalt nach Art. 65a GG die Notwendigkeit von Lösungen im Rahmen praktischer Konkordanz bedingen (BVerwGE 127, 302 [362 ff.]).

e) Anforderungen an Einschränkungen
Bei der zur Herstellung praktischer Konkordanz notwendigen Abwägung zwischen der Gewissensfreiheit und den Anliegen der jeweils begrenzend wirksamen Grundgesetzbestimmungen hat der Grundsatz der **Verhältnismäßigkeit** maßgebliche Bedeutung für einschränkende Gesetze und ihre Anwendung. **62**

Beispiel:
Ein Postbeamter ist nicht berechtigt, aus Gewissensgründen die Zustellung von Sendungen der Scientology Kirche zu verweigern, wenn er nicht vorher vergeblich versucht hat, seinen Gewissenskonflikt anders, etwa durch Umsetzung auf einen anderen Dienstposten, zu lösen (BVerwGE 113, 361 [363 f.] mit Rücksicht auf den Ausgleich mit „den gleichrangigen Belangen des Berufsbeamtentums sowie eines funktionierenden Postbetriebs").

f) Konkurrenzen
Während die innere Gewissensfreiheit dem allgemeinen Persönlichkeitsrecht als seine spezielle Ausprägung vorgeht, sind die Gewissensbetätigungsfreiheit und die für die jeweiligen Tätigkeiten sonst einschlägigen Grundrechte **nebeneinander anwendbar**. Dabei wird sich der letztlich entscheidende Maßstab wegen des fehlenden Gesetzesvorbehalts zumeist aus der Gewissensfreiheit ergeben. **63**

2. Weitere Grundrechtsgehalte

64 Die **Ausstrahlungswirkung** der Gewissensfreiheit erfordert es, die Regeln der Rechtsordnung möglichst so auszulegen, dass Konflikte vermieden werden. Dies kann nach dem Vorbild der Ersatzdienstpflicht des Art. 12a Abs. 1 GG insbesondere dadurch geschehen, dass die dem Gewissen widersprechende Pflicht durch die Eröffnung von **gewissensverträglichen Verhaltensalternativen** ersetzt wird, die dem Normzweck und den geschützten Interessen anderer Beteiligter ebenfalls gerecht werden. Ggf. sind aufgrund der staatlichen **Schutzpflicht** geeignete Regelungen zugunsten der Gewissensfreiheit zu schaffen, womit zudem dem Gleichheitssatz genügt wird (vgl. ausdrücklich Art. 13 Abs. 4 BrandVerf.: „Eröffnung gleichbelastender Pflichten").

> **Beispiel:**
>
> Hinsichtlich der Pflicht zur Teilnahme an Tierversuchen beim Biologiestudium hat das BVerwG die Hochschullehrer ungeachtet ihrer Wissenschaftsfreiheit als verpflichtet angesehen, alternative Lehrmethoden zu verwenden, die einen geringeren Eingriff in die Gewissensfreiheit der Studenten darstellten; allerdings wurde es als Aufgabe der betroffenen Studenten angesehen, den Hochschullehrern geeignete alternative Lehrmethoden nachzuweisen (BVerwGE 105, 73 [77 ff., 83 f.]).

65 Auswirkungen auf das **Verfahren** sind etwa im Rahmen von Strafprozessen gegen Totalverweigerer deutlich geworden. Mit Rücksicht auf das Grundrecht der Gewissensfreiheit wurde es als geboten angesehen, den Begriff derselben Tat im strafprozessualen Sinne dahin zu modifizieren, dass ein einmal gefasster Gewissensentschluss zur Verweigerung des Ersatzdienstes auch die nach einer ersten Bestrafung wiederholte Verweigerung als Fortsetzung einer einheitlichen Tat erscheinen lässt, so dass eine erneute Bestrafung gegen Art. 103 Abs. 3 GG verstoßen hätte (BVerfGE 23, 191 [202 ff.]; auch u. Kap. 35, Die Grundrechte des Art. 103 GG, Rn. 25).

3. Zusammenfassung

66
- Das Gewissen meint die vom Einzelnen als unbedingt verpflichtend erlebte Empfindung für das sittlich Gebotene, das Gute und Böse, unabhängig von einer möglichen, aber nicht notwendigen religiösen oder sonst transzendenten Verwurzelung dieser Überzeugung.
- Geschützt ist nicht nur das forum internum der Bildung von Gewissensentscheidungen, sondern auch die Freiheit, sich den Gewissensentscheidungen entsprechend zu verhalten.
- Die Gewissensfreiheit unterliegt keinem Gesetzesvorbehalt, darf daher nur aufgrund begrenzender Gehalte anderer Grundgesetzbestimmungen gesetzlich eingeschränkt werden.

- Konflikte zwischen Gewissensentscheidungen und den allgemeinen Anforderungen der Rechtsordnung sind möglichst durch Eröffnung geeigneter Verhaltensalternativen zu bewältigen.

III. Das Grundrecht, nicht gegen sein Gewissen zum Kriegsdienst gezwungen zu werden, Art. 4 Abs. 3 GG

1. Allgemeines

Ein besonderer Grundrechtsschutz gegenüber dem Zwang zum Kriegsdienst ist im deutschen Verfassungsrecht erst nach dem (verlorenen) Zweiten Weltkrieg in das Verfassungsrecht gelangt. In der unmittelbar nach dem Krieg erlassenen Verfassung des Landes Baden von 1947 war in Art. 3 sogar unabhängig von den Motiven des Einzelnen jeder Zwang zur Leistung militärischer Dienste für unzulässig erklärt worden; bis heute gewährt Art. 30 Abs. 2 Berl. Verf. das Recht, Kriegsdienste verweigern zu dürfen, ohne dass daraus Nachteile entstehen dürfen. Art. 4 Abs. 3 GG gewährleistet nicht die Möglichkeit, sich aus beliebigen Gründen frei gegen den Kriegsdienst zu entscheiden, sondern **schützt nur vor gewissenswidrigem Zwang** in dieser Richtung. Art. 4 Abs. 3 GG ist daher ein **spezieller Anwendungsfall des Grundrechts der Gewissensbetätigungsfreiheit** nach Art. 4 Abs. 1 GG.

67

2. Abwehrrechtliche Bedeutung

a) Verbotsgehalt

Das oft ungenau sog. Recht auf Kriegsdienstverweigerung besteht nach der Formulierung des Art. 4 Abs. 3 GG darin, dass der Grundrechtsträger bei einer Gewissensentscheidung gegen den Kriegsdienst mit der Waffe keinem entgegengesetzten Zwang ausgesetzt werden darf. In nicht unproblematischer Weise hat das BVerfG selbst eine **ernsthafte Gewissensentscheidung** für Art. 4 Abs. 3 GG **nicht ausreichen** lassen, wenn es sich um eine **situationsbedingte**, also nur auf einen bestimmten denkbaren Krieg bezogene Entscheidung handelte; es hat vielmehr eine Gewissensentscheidung gegen das Töten im Kriege schlechthin verlangt (BVerfGE 12, 45 [57]).

68

Der geforderte Bezug der Gewissensentscheidung auf das im Verfassungstext nicht angesprochene Töten ist gleichfalls problematisch, auch wenn er die spezifische Aufgabe des Soldaten und den typischen Grund für ablehnende Gewissensentscheidungen durchaus trifft. Denn es ist jedenfalls denkbar, dass die Ablehnung des Kriegsdienstes nicht auf einem das Gewissen bindenden Tötungsverbot, sondern auf einer hiervon unabhängigen **Gewissensentscheidung gegen die Mitwirkung in einer Armee** mit ihren besonderen Strukturen, aber auch spezifischen Wirkungsformen beruht. Jedenfalls ist nicht eine Gewissensentscheidung zu

69

verlangen, die sich gegen jegliches Töten auch außerhalb des kriegerischen Zusammenhangs richtet.

70   **Kriegs**dienst erfasst jedenfalls die Beteiligung an bewaffneten Konflikten zwischen Staaten, dürfte aber auch auf bewaffnete Kampfeinsätze internationaler Friedenstruppen und wohl auch auf den Einsatz von Streitkräften „bei der Bekämpfung organisierter und militärisch bewaffneter Aufständischer" (Art. 87a Abs. 4 Satz 1 GG), also in Bürgerkriegssituationen, zu erstrecken sein, die prinzipiell übereinstimmende Gewissenskonflikte begründen können.

71   Der Bezug des Grundrechts auf den Kriegsdienst **mit der Waffe** bedeutet, dass die Pflicht zu einem waffenlosen Dienst von Art. 4 Abs. 3 GG schon tatbestandlich gar nicht erfasst wird (o. Kap. 7, Der Grundrechtstatbestand, Rn. 11). Als Dienst mit der Waffe ist jede **Mitwirkung im arbeitsteiligen Apparat der Armee** erfasst, die in einem nach dem Stand der jeweiligen Waffentechnik unmittelbaren Zusammenhang zum Einsatz von Kriegswaffen steht. Dagegen kommt es nicht entscheidend darauf an, ob der betreffende Dienst darin besteht, eigenhändig eine bestimmte einzelne Waffe zu betätigen. Das BVerfG hat trotz Einbindung in den militärischen Funktionszusammenhang z. B. für den Sanitätsdienst und für die Militärverwaltung einen Dienst mit der Waffe verneint (BVerfGE 69, 1 [56]). Daher soll die Berufung auf Art. 4 Abs. 3 Satz 1 GG einer Verwendung in solchen Funktionen bis zur Anerkennung als Verweigerer nicht entgegenstehen. Art. 12a Abs. 2 Satz 3 GG verlangt aber, dass der Ersatzdienst anerkannter Verweigerer in keinem Zusammenhang mit den Verbänden der Streitkräfte steht; damit können sie auch nicht mehr zum waffenlosen Dienst in der Bundeswehr verpflichtet sein.

> **Hinweis:** Daher haben auch Zeitsoldaten im Sanitätsdienst ein Rechtsschutzbedürfnis für einen Antrag auf Anerkennung als Kriegsdienstverweigerer (BVerwGE 142, 48 Rn. 22 ff. unter Aufgabe der gegenteiligen st. Rspr.); s. aber für Frauen u. Rn. 74.

72   Kriegsdienst mit der Waffe ist auch bereits der militärische Waffendienst **in Friedenszeiten**, weil dieser darauf ausgerichtet ist, den Einsatz der Armee für den Fall kriegerischer Konflikte vorzubereiten und jederzeitige Einsatzfähigkeit zu gewährleisten. Dies ist jedenfalls seit dem Zeitpunkt unmissverständlich der Fall, zu dem die Möglichkeit in das Grundgesetz aufgenommen wurde, die Pflicht zu einem Ersatzdienst vorzusehen, der gerade auch an die Stelle des Wehrdienstes im Frieden treten sollte (BVerfGE 12, 45 [56]; vgl. heute Art. 12a Abs. 2 GG).

73   Eine **negative Dimension** kennt das Grundrecht aus Art. 4 Abs. 3 GG nicht. Das Recht, keinem Zwang unterworfen zu werden, lässt sich nicht wie bei auf freie Betätigung gerichteten Rechten ins Negative spiegeln. Selbst wenn man den Inhalt des Grundrechts nach Art. 4 Abs. 3 GG häufig als Recht zur Kriegsdienstverweigerung bezeichnet, ist eine Umkehrung dahingehend, dass man auch das Recht hat, den Kriegsdienst nicht zu verweigern,[3] ebenso wenig sinnvoll. Selbst wenn im Rahmen der Gewissensfreiheit das Recht, sich nicht um sein eigenes Gewissen zu kümmern

---

[3] In diesem Sinne *Herzog*, in: Maunz/Dürig u. a., Grundgesetz, Art. 4 (1988) Rn. 59.

und gewissenlos zu handeln, mit umfasst wäre, trifft dies auf Art. 4 Abs. 3 GG jedenfalls nicht zu. Denn derjenige, der sich trotz entgegenstehender Gewissensgründe
zum Wehrdienst heranziehen lässt, obwohl er die Ablehnungsmöglichkeit hätte, leistet den Kriegsdienst freiwillig, wird somit nicht dazu gezwungen.

b) Grundrechtsberechtigung

Das Grundrecht aus Art. 4 Abs. 3 GG steht unabhängig von der Deutscheneigenschaft   **74**
jedem Menschen zu, der zum Kriegsdienst mit der Waffe gezwungen werden soll.
Primär sind dies die Personen, die nach Art. 12a Abs. 1 GG von der Wehrpflicht
betroffen sind, also insoweit nur Männer; gesetzlich ist die Wehrpflicht nur noch für
Deutsche vorgesehen, § 1 WPflG. Sie greift seit 2011 zudem nur im Spannungs- oder
Verteidigungsfall ein, § 2 WPflG. Der Grundrechtsschutz aus Art. 4 Abs. 3 GG
behält gleichwohl begrenzt praktische Bedeutung, weil er auch für Soldaten gilt, die
ihren Dienst freiwillig übernommen haben; er kann insoweit auch Frauen betreffen
(BVerwG, NVwZ-RR 2010, 156 Rn. 7; s. auch o. Kap. 15, Die Gleichheitssätze des
Art. 3 GG, Rn. 132), wird allerdings durch deren Verpflichtung zum (waffenlosen)
Dienst nach Art. 12a Abs. 4 S. 2 GG nicht tangiert (s. aber o. Rn. 71). Da es beim
Kriegsdienst um die persönliche Tätigkeit als Soldat geht, kommt eine Anwendung
auf juristische Personen wesensmäßig nicht in Betracht; diese scheiden daher als
Grundrechtsberechtigte aus, Art. 19 Abs. 3 GG.

c) Abweichungen von dem Verbot

Ein möglicher Verstoß gegen das Verbot des Art. 4 Abs. 3 GG liegt vor allem in   **75**
jedem Imperativ, Kriegsdienst mit der Waffe zu leisten; erfasst werden entsprechende Gesetze und ihre Anwendung. Als **mittelbare Zwangseinwirkung** sind
grundsätzlich auch Benachteiligungen im Hinblick auf die Ablehnung des
Kriegsdienstes zu nennen, etwa bei der Vergabe von Studienplätzen oder öffentlichen Ämtern; grundsätzlich gehört auch die **Verpflichtung zu einem zivilen
Ersatzdienst** für Kriegsdienstverweigerer hierher, die aber auf Grund der besonderen verfassungsrechtlichen Regelung **nach Art. 12a GG jedenfalls gerechtfertigt
ist** (dazu u. Rn. 78 ff.).

Beispiel

Ein ehemaliger Soldat auf Zeit musste die Kosten für ein im Rahmen der militärischen Ausbildung absolviertes Studium zurückzahlen, nachdem er als Kriegsdienstverweigerer anerkannt und aus der Bundeswehr entlassen worden war. Das
Gericht hielt die Rückzahlungspflicht für vereinbar mit Art. 4 Abs. 3 GG, da die
Rückzahlung keine Sanktion der Gewissensentscheidung darstelle. Mit der
Rückzahlungspflicht solle nur der Vorteil ausgeglichen werden, den der Soldat
auf Kosten des Dienstherrn erlangt hat (vgl. BVerwG, NVwZ-RR 1996, 671).

Die Durchführung eines **Verfahrens zur Überprüfung** der Echtheit einer angege-   **76**
benen Gewissensentscheidung überhaupt berührt als solche das Verbot des Zwangs
zum Kriegsdienst nicht. Wie bei jedem anderen Grundrecht setzt die Anwendung
des Art. 4 Abs. 3 GG voraus, dass sein Tatbestand verwirklicht ist, was zunächst

einmal festgestellt werden muss. Kommt es allerdings in diesem Überprüfungsverfahren zu **Fehlentscheidungen**, wird also eine tatsächlich vorliegende echte Gewissensentscheidung nicht als solche erkannt bzw. anerkannt, verstößt der daraufhin ausgeübte Zwang zum Kriegsdienst gegen das Verbot des Art. 4 Abs. 3 GG. Mit letzter Sicherheit ließe sich dies wohl nur vermeiden, wenn auf jeden Zwang zum Kriegsdienst, also auf jede Wehrpflicht, gänzlich verzichtet würde. S. zu den Verfahrensanforderungen noch u. Rn. 81 f.

d) Begrenzungen

77   Art. 4 Abs. 3 GG kennt keine Ermächtigung des Gesetzgebers, abweichend vom Verbotsgehalt der Bestimmung eine Pflicht zum Kriegsdienst mit der Waffe vorzusehen. Der **Vorbehalt einer Regelung des Näheren durch Bundesgesetz** in Art. 4 Abs. 3 Satz 2 GG ermächtigt **nur** zu **Ausgestaltungen**, insbesondere hinsichtlich des Verfahrens zur Gewissensprüfung, kann aber keinerlei Durchbrechungen des grundrechtlichen Verbots legitimieren (o. Kap. 9, Grundrechtsbegrenzungen, Rn. 19). Gerade vor diesem Hintergrund hat das BVerfG sein Modell für die Begrenzung vorbehaltlos gewährleisteter Grundrechte entwickelt, das auf begrenzende Gehalte anderer Verfassungsnormen zurückgreift (BVerfGE 28, 243; vgl. ausführlich bereits o. Kap. 9, Grundrechtsbegrenzungen, Rn. 33 ff.)

78   Fraglich bleibt allerdings, ob der insoweit allein in Betracht kommenden **Wehrfähigkeit des Staates als verfassungsrechtlichem Wert** zu Recht begrenzende Wirkung gerade gegenüber dem Recht der Kriegsdienstverweigerung beigemessen worden ist. Denn dieses Recht ist ja von vornherein gerade auf den Fall bezogen, dass ein verteidigungsbereiter Staat auf die Kriegsdienstleistungen seiner Bürger auch gegen ihren Willen zurückgreifen will. Der somit in der Grundrechtsgewährleistung bereits vorausgesetzte **Konflikt** zwischen der Verteidigungsbereitschaft des Staates und der Gewissensentscheidung des Einzelnen gegen eine Teilnahme ist **von Art. 4 Abs. 3 GG einseitig zugunsten der Gewissensentscheidung entschieden** (vgl. BVerfGE 69, 1, 57 [64 f.] – Abw. Meinung *Böckenförde* und *Mahrenholz*).

e) Anforderungen an Zwangsregelungen

79   Aus Sicht der bundesverfassungsgerichtlichen Ausgangsposition müssen Einschränkungen im Rahmen der zur Herstellung praktischer Konkordanz gebotenen Abwägung den Anforderungen des Grundsatzes der **Verhältnismäßigkeit** genügen.

Beispiel:

Die Pflicht des kriegsdienstverweigernden Soldaten, bis zu seiner Anerkennung als Kriegsdienstverweigerer weiter Dienst zu tun, wurde unabhängig von den Gegebenheiten des Einzelfalls generell gebilligt, weil sie zur Erhaltung der Einsatzbereitschaft der Streitkräfte erforderlich sei; soweit das Anerkennungsverfahren mit möglichster Beschleunigung geführt werde, sei die Pflicht, im Frieden für eine Übergangszeit weiter zu dienen, eine noch zumutbare Beeinträchtigung einer bloßen Randposition des Grundrechts (BVerfGE 28, 243 [261 ff.]).

f) Konkurrenzen

Art. 4 Abs. 3 GG ist lex specialis zu Art. 4 Abs. 1 GG. Die (allgemeine)   **80**
Gewissensfreiheit wird verdrängt, soweit es um die Erfüllung der Wehrpflicht überhaupt geht. Dagegen greift Art. 4 Abs. 1 GG ein, wenn es um Gewissensentscheidungen eines (freiwilligen oder die Wehrpflicht erfüllenden) Soldaten gegen einzelne Befehle geht (BVerwGE 127, 302 [332 ff.]; o. Rn. 61).

3. Weitere Grundrechtsgehalte

Die objektiv-rechtliche Bedeutung des Art. 4 Abs. 3 GG entfaltet sich insbesondere   **81**
im Hinblick auf das **Verfahren**, das sicherstellen muss, dass es im Rahmen der Feststellung der tatbestandlich vorausgesetzten Gewissensentscheidungen nicht aufgrund von Fehlbeurteilungen zu Verstößen gegen Art. 4 Abs. 3 GG kommt. Grundrechtlich geboten ist jedenfalls, dass die Gestaltung des Überprüfungsverfahrens zugunsten des Verweigerers die Gewähr bietet, dass eine echte Gewissensentscheidung nicht unerkannt bleibt (BVerfGE 69, 1 [25]).

Besondere Probleme ergeben sich insoweit noch daraus, dass es nach Auffassung   **82**
des BVerfG – ungeachtet der nicht etwa wahlweise eröffneten Ersatzdienstpflicht – aus Gründen der **Wehrgerechtigkeit** unzulässig ist, dass eine Person vom Kriegsdienst befreit wird, bei der in Wahrheit Gewissensgründe gegen die Erfüllung der Wehrpflicht nicht bestehen. Auf Grund dieser Forderung ist nämlich auch sicherzustellen, dass **niemand** vom Kriegsdienst **befreit** wird, **ohne** dass eine **echte Gewissensentscheidung** besteht (vgl. BVerfGE 69, 1 [21]). Dieses gegenläufige Verlangen schließt es grundsätzlich aus, in Zweifelsfällen zur Sicherung des Rechts aus Art. 4 Abs. 3 GG von einem Zwang zum Kriegsdienst abzusehen. Da in jedem Einzelfall zugleich auch gewährleistet sein muss, dass die Anforderungen der Wehrgerechtigkeit nicht verletzt werden, ist damit das praktisch nicht einlösbare Postulat aufgestellt, dass für jeden Einzelfall die allein richtige Entscheidung getroffen wird. Die mithin in Kauf genommenen Fehlentscheidungen zum Nachteil der Verweigerer mit un(an)erkannt gebliebenen Gewissensgründen müssten ihre Rechtfertigung wohl in Begrenzungsgehalten des Art. 3 Abs. 1 GG finden.

4. Die Verpflichtung zum Ersatzdienst nach Art. 12a Abs. 2 GG

Im Interesse der **Belastungsgleichheit** aller (männlichen) Bürger sieht Art. 12a   **83**
Abs. 2 GG für die Wehrpflichtigen, die nach Art. 4 Abs. 3 GG ihren Kriegsdienst verweigern, die Pflicht zu einem zivilen Ersatzdienst vor. Dieser kann nach dem Zusammenhang der Art. 4 Abs. 1, 3 und Art. 12a Abs. 2 GG **nicht** unter Berufung auf Gewissensgründe nach Art. 4 Abs. 1 GG **verweigert** werden (o. Rn. 55). Da die Wehrpflicht seit 2011 nicht praktisch wirksam wird (o. Rn. 74), ist auch für einen Ersatzdienst gegenwärtig kein Raum (vgl. auch § 1a ZivildienstG). Er bleibt aber wie die Wehrpflicht auch nach der derzeitigen Gesetzeslage relevant für den Spannungs- und Verteidigungsfall.

84   Nach Art. 12a Abs. 2 Satz 2 GG darf die **Dauer des Ersatzdienstes** die des Wehrdienstes nicht übersteigen. Diese relative Begrenzung der möglichen Länge eines Ersatzdienstes, die als besonderer Gleichheitssatz angesprochen werden kann, stellt eine **flankierende Garantie zu Art. 4 Abs. 3 GG** dar; sie richtet sich dagegen, dass mit der Freistellung vom Kriegsdienstzwang aus Gewissensgründen weitergehende Nachteile verknüpft werden, damit die Betroffenen sich nicht de facto zur Missachtung der Anforderungen ihres Gewissens gedrängt fühlen.

85   Das BVerfG hat diese Regelung (mehrheitlich) sehr großzügig dahingehend ausgelegt, dass die **gleiche Dauer** des Dienstes nicht auf die regelmäßig zu erwartende Zeitdauer beider Dienste zu beziehen sei, sondern auf einen **äußeren rechtlichen Zeitrahmen**, auch wenn dieser in der Praxis nicht ausgenutzt werde.

> **Beispiel:**
> So hat das BVerfG einen Ersatzdienst, der um drei Monate länger dauert als der Grundwehrdienst, mit der Begründung gebilligt, dass die rechtlich möglichen Wehrübungen insgesamt auch einen Zeitraum von drei Monaten ausmachen könnten, obwohl in der Praxis im Durchschnitt nur wenige Tage an Wehrübungen anfielen (BVerfGE 69, 1 [28–35]).

86   Diese Großzügigkeit muss im Zusammenhang gesehen werden mit der Konzeption des Gerichts, die Anforderungen an die Überprüfung der Echtheit einer Gewissensentscheidung zurückzunehmen, weil die Bereitschaft, den **Ersatzdienst als „lästige Alternative"** auf sich zu nehmen, als solche hinreichender Beleg für die Gewissensentscheidung sei. Dieses Vorgehen erscheint problematisch, weil die Unterwerfung unter lästige Alternativen prinzipiell geeignet ist, mittelbar die Gewissensfreiheit zu beeinträchtigen. Art. 4 Abs. 3 GG soll gerade von der Notwendigkeit freistellen, für die Befolgung seines Gewissens Nachteile welcher Art auch immer in Kauf nehmen zu müssen.

5. Zusammenfassung

87   • Die für Art. 4 Abs. 3 GG notwendige ernsthafte Gewissensentscheidung darf nach Meinung des BVerfG nicht situationsbedingt sein, sondern muss sich gegen das Töten im Krieg schlechthin richten.
    • Krieg schließt neben militärischen Auseinandersetzungen zwischen Staaten auch vergleichbare Vorgänge wie Friedenssicherungsmissionen und Bürgerkriege ein.
    • Dienst mit der Waffe ist jede Mitwirkung in der arbeitsteiligen Organisation einer Armee mit unmittelbarem Bezug zum Waffeneinsatz nach dem jeweiligen Stand der Waffentechnik.
    • Art. 4 Abs. 3 GG schützt nicht vor Zwang zu waffenlosem Dienst, der etwa bei Sanitätseinheiten gegeben sein soll.

- Ausgeschlossen ist auch der Zwang zum Waffendienst in Friedenszeiten.
- Die Ernsthaftigkeit der Gewissensentscheidung darf als Teil des Grundrechtstatbestandes durch ein einfachgesetzlich zu regelndes Verfahren festgestellt werden.
- Das Grundrecht aus Art. 4 Abs. 3 GG unterliegt keinem Gesetzesvorbehalt. Der Vorbehalt zur Regelung des Näheren nach Art. 4 Abs. 3 Satz 2 GG ermächtigt nur zu Ausgestaltungen.
- Die vom BVerfG angenommene Begrenzung durch das Verfassungsgut der Wehrfähigkeit des Staates unterliegt Zweifeln, weil die Abwägung dieses Gutes mit der Gewissensfreiheit in Art. 4 Abs. 3 GG selbst entgegengesetzt entschieden ist.
- Art. 4 Abs. 3 GG ist lex specialis zu Art. 4 Abs. 1 GG, soweit es um die Erfüllung der Wehrpflicht überhaupt geht, nicht bei Gewissensentscheidungen eines Soldaten gegen einzelne Befehle.
- Die Ersatzdienstpflicht nach Art. 12a Abs. 2 GG besteht im Interesse der Belastungsgleichheit aller Wehrpflichtigen; eine Berufung auf Art. 4 Abs. 1 GG ist ihr gegenüber nicht möglich.
- Die Garantie des Art. 12a Abs. 2 Satz 2 GG wird vom BVerfG zu Lasten der Gewissensfreiheit nicht hinreichend ernst genommen, wenn die rechtlich mögliche gleiche Dauer als ausreichend angesehen wird, obwohl in der Praxis der Ersatzdienst erheblich länger dauert.

Die Grundrechte des Art. 5 GG

17

Inhalt

© Springer-Verlag Berlin Heidelberg 2017
M. Sachs, *Verfassungsrecht II - Grundrechte*, Springer-Lehrbuch,
DOI 10.1007/978-3-662-50364-5_17

Literatur zu I. 1. und 2.: *Matthias Jestaedt*, § 102, Meinungsfreiheit, in: HGR IV, 2011, S. 875; *Edzard Schmidt-Jortzig*, § 162, Meinungs- und Informationsfreiheit, in: HStR VII³, 2009, S. 875; *Klaus Stern*, § 108, Die Freiheit der Kommunikation und der Information, in: ders., Staatsrecht IV/1, 2006, S. 1371; *Christoph Enders*, Eingriffe in die Meinungsfreiheit, JuS 1997, L 9; *Volker Epping/Sebastian Lenz*, Das Grundrecht der Meinungsfreiheit, Jura 2007, 881; *Hans-Uwe Erichsen*, Das Grundrecht der Meinungsfreiheit, Jura 1996, 84; *Walter Frenz*, Die Meinungs- und Medienfreiheit, Jura 2012, 198; *Dieter Grimm*, Die Meinungsfreiheit in der Rechtsprechung des Bundesverfassungsgerichts, NJW 1995, 1697; *Ute Mager*, Meinungsfreiheit und Ehrenschutz von Soldaten, Jura 1996, 405; *Martin Nolte/Christian J. Tams,* Der Schutzbereich der Meinungsfreiheit, JA 2002, 259; *Harro Otto*, Ehrenschutz und Meinungsfreiheit, Jura 1997, 139; *Nicolas Sonder,* Zu den Grenzen der Meinungsfreiheit innerhalb politischer Parteien, Jura 2011, 355; *Ralph Zimmermann,* Die Meinungsfreiheit in der neueren Rechtsprechung des Bundesverfassungsgerichts, NJ 2011, 145; **zu I. 3.:** *Dieter Dörr*, § 103, Informationsfreiheit, in: HGR IV, 2011, S. 965; *Edzard Schmidt-Jortzig*, § 162, Meinungs- und Informationsfreiheit, in: HStR VII³, 2009, S. 875; *Klaus Stern*, § 108, Die Freiheit der Kommunikation und der Information, in: ders., Staatsrecht IV/1, 2006, S. 1371; *Peter Lerche*, Aktuelle Fragen der Informationsfreiheit, Jura 1995, 561; *Friedrich Schoch*, Das Grundrecht der Informationsfreiheit, Jura 2008, 25; **zu I. 4.:** *Martin Bullinger*, § 163, Freiheit von Presse, Rundfunk, Film, in: HStR VII³, 2009, S. 909 (913 ff.); *Klaus Stern*, § 109, Die Pressefreiheit und die Filmfreiheit, in: ders., Staatsrecht IV/1, 2006, S. 1519; *Hans-Heinrich Trute,* § 104, Freiheit von Presse und Film, in: HGR IV, 2011, S. 1019; *Guy Beaucamp*, Pressefreiheit im Gefängnis, JA 1998, 209; *Philip Kunig*, Die Pressefreiheit, Jura 1995, 589; *Lecheler, Helmut*, Einführung in das Medienrecht, Jura 1998, 225; **zu I. 5.:** *Martin Bullinger*, § 163, Freiheit von Presse, Rundfunk, Film, in: HStR VII³, 2009, S. 909 (939 ff.); *Christoph Degenhart*, § 105, Rundfunkfreiheit, in: HGR IV, 2011, S. 1065; *Klaus Stern*, § 110, Die Rundfunkfreiheit, in: ders., Staatsrecht IV/1, 2006, S. 1630; *Hager, Johannes*, Persönlichkeitsschutz gegenüber Medien, Jura 1995, 566; *Karl-E.Hain/Hans-Christian Poth*, Ausgestaltung und Beschränkung der „dienenden" Rundfunkfreiheit, JA 2010, 572; *Karl-Heinz Ladeur/Tobias Gostomzyk*, Rundfunkfreiheit und Rechtsdogmatik – Zum Doppelcharakter des Art. 5 I 2 GG in der Rechtsprechung des BVerfG, JuS 2002, 145; **zu I. 6.:** *Martin Bullinger*, § 163, Die Freiheit von Presse, Rundfunk, Film, in: HStR VII³, 2009, S. 909 (935 ff.); *Klaus Stern*, § 109, Die Pressefreiheit und die Filmfreiheit, in: ders., Staatsrecht IV/1, 2006, S. 1519; *Hans-Heinrich Trute,* § 104, Freiheit von Presse und Film, in: HGR IV, 2011, S. 1019 (1060 ff.); *Christine Reupert,* Die Filmfreiheit, NVwZ 1994, 1155; **zu I. 7.:** *Matthias Jestaedt*, § 102, Meinungsfreiheit, in: HGR IV, 2011, S. 875 (914 ff.); *Edzard Schmidt-Jortzig*, § 162, Meinungs- und Informationsfreiheit, in: HStR VII³, 2009, S. 875 (897 ff.); *Klaus Stern*, § 108, Die Freiheit der Kommunikation und der Information, in: ders., Staatsrecht IV/1, 2006, S. 1371 (1441 ff.); *Gilbert Gornig*, Die Schrankentrias des Art. 5 II GG, JuS 1988, 274; *Wolfram Höfling/Steffen Augsberg*, Grundrechtsdogmatik im Schatten der Vergangenheit, JZ 2010, 1088; *Mathias Hong*, Das Sonderrechtsverbot als Verbot der Standpunktdiskriminierung – der

Wunsiedel-Beschluss und aktuelle versammlungsgesetzliche Regelungen und Vorhaben, DVBl 2010, 1267; *Bernd Hoppe*, Die allgemeinen Gesetze als Schranke der Meinungsfreiheit, JuS 1991, 734; *Oliver Lepsius*, Einschränkung der Meinungsfreiheit durch Sonderrecht, Jura 2010, 527; *Jan Philipp Schäfer*, Wie viel Freiheit für die Gegner der Freiheit?, DÖV 2010, 379; **zu II.:** *Andreas v. Arnauld*, § 167, Freiheit der Kunst, in: HStR VII³, 2009, S. 1113; *Friedhelm Hufen*, § 101, Kunstfreiheit, in: HGR IV, 2011, S. 801; *Klaus Stern*, § 117, Die Freiheit der Kunst und der Wissenschaft, in: ders., Staatsrecht IV/2, 2011, S. 595; *Stefan Korte*, Die Kunst – ein unbekanntes Wesen?, JA 2003, 225; *Volker Schlette*, Kunstfreiheit contra Feiertagsschutz – ein Anwendungsfall der Lehre von den verfassungsimmanenten Schranken, JA 1996, 955; *Meinhard Schröder*, Die Je-desto-Formel des Bundesverfassungsgerichts in der Esra-Entscheidung und ihre Bedeutung für Grundrechtsabwägungen, DVBl 2008, 146; **zu III.:** *Max-Emanuel Geis*, § 100, Autonomie der Universitäten, in: HGR IV, 2011, S. 767; *Wolfgang Löwer*, § 99, Freiheit wissenschaftlicher Forschung und Lehre, in: HGR IV, 2011, S. 699; *Ute Mager*, § 166, Freiheit von Forschung und Lehre, in: HStR VII³, 2009, S. 1075; *Klaus Stern*, § 117, Die Freiheit der Kunst und der Wissenschaft, in: ders., Staatsrecht IV/2, 2011, S. 595 (723 ff.); *Ann-Katrin Kaufhold*, Wissenschaftsfreiheit als ausgestaltungsbedürftiges Grundrecht?, NJW 2010, 3276; *Martin Nettesheim*, Grund und Grenzen der Wissenschaftsfreiheit, DVBl 2005, 1072; *Ekkehart Stein*, Die Wissenschaftsfreiheit der Studierenden, JA 2002, 253.

Rechtsprechung zu I. 1. und 2.: BVerfGE 7, 198 (Lüth); BVerfGE 7, 230 (Meinungskundgabe aus Mietwohnung); BVerfGE 25, 256 (Blinkfüer); BVerfGE 30, 336 (Jugendschutz vor Nacktkultur); BVerfGE 61, 1 („CSU als NPD Europas"); BVerfGE 85, 1 (Kritische Bayer-Aktionäre); BVerfGE 85, 23 (Echte und rhetorische Fragen); BVerfGE 86, 122 (Meinungsäußerung im Ausbildungsverhältnis); BVerfGE 90, 1 (Kriegsschuld); BVerfGE 90, 241 (Auschwitzlüge); BVerfGE 93, 266 („Soldaten sind Mörder"); BVerfGE 95, 173 (182 f.) (Warnhinweise auf Tabakverpackungen); BVerfGE 114, 339 (Mehrdeutige Meinungsäußerungen); BVerfGE 128, 226 (264 ff.) (Fraport); BVerwGE 72, 183 (Friedenszeichen im Freistempelabdruck); BVerwGE 83, 1 (Meinungsäußerung eines Soldaten); **zu I. 3.:** BVerfGE 15, 288 (Rundfunkgerät in der Untersuchungshaft); BVerfGE 27, 71 (Einfuhrverbot Leipziger Volkszeitung); BVerfGE 33, 52 (Filmeinfuhrverbot); BVerfGE 90, 27 (Parabolantenne); BVerfGE 103, 44 (Fernsehaufnahmen im Gerichtssaal I); BVerfG (K), NJW 2013, 2180 (Parabolantenne II); BVerwG, NJW 2011, 946 (Internetfähige Computer); **zu I. 4.:** BVerfGE 10, 118 (Verwirkungsmonopol des BVerfG); BVerfGE 20, 162 (Spiegel); BVerfGE 21, 271 (Stellenanzeigen); BVerfGE 50, 234 (Kölner Volksblatt); BVerfGE 52, 283 (Kündigung eines Redakteurs); BVerfGE 62, 230 (Boykottaufruf/Presse); BVerfGE 64, 108 (Chiffreanzeige); BVerfGE 66, 116 (Redaktionsgeheimnis); BVerfGE 80, 124 (Postzeitungsdienst); BVerfGE 95, 28 (Werkszeitungen); BVerfGE 97, 125 (Gegendarstellung); BVerfGE 102, 347 (Benetton-Schockwerbung I); BVerfGE 107, 275 (Benetton-Schockwerbung II); BVerfGE 113, 63 (Verfassungsschutz); BVerfGE 117, 244 (Durchsuchung und Beschlagnahme in Redaktionsräumen); BVerfG (K), NJW 2013, 1293 (NSU-Prozess); BVerfG (K), EuGRZ 2015, 629 (Grundrechtsunmittelbarer Auskunftsanspruch); BVerwGE 84, 86 (Sonntagsbeschäftigung im Pressegroßhandel); BVerwGE 146, 156 (Grundrechtsunmittelbarer Auskunftsanspruch); BGHZ 116, 47 (Amtsanzeiger in Anzeigenblatt); **zu I. 5.:** BVerfGE 12, 205 (Deutschland-Fernsehen); BVerfGE 35, 202 (Lebach); BVerfGE 73, 118 (Privatfunk); BVerfGE 79, 29 (Urheberrechte in Vollzugsanstalten); BVerfGE 83, 238 (WDR-Gesetz); BVerfGE 90, 60 (Rundfunkgebührenstaatsvertrag); BVerfGE 95, 220 (Landesmedienanstalt); BVerfGE 97, 228 (Kurzberichterstattung); BVerfGE 103, 44 (Fernsehaufnahmen im Gerichtssaal I); BVerfGE 107, 299 (Fernmeldegeheimnis der Rundfunkanstalten); BVerfGE 114, 371 (Teilnehmerentgelt); BVerfGE 119, 309 (Fernsehaufnahmen im Gerichtssaal II); BVerfGE 121, 30 (Privatrundfunkveranstaltung durch Parteien); BVerfGE 136, 9 (ZDF-Aufsichtsgremien); **zu I. 6.:** BVerfGE 87, 209 (Film-Vorzensur); **zu I. 7 und 8.:** BVerfGE 7, 198 (Lüth); BVerfGE 97, 125 (Gegendarstellung); BVerfGE 28, 282 (Meinungsäußerung von Soldaten); BVerfGE 33, 52 (Filmeinfuhrverbot); BVerfGE 44, 197 (Politische Betätigung in der Bundeswehr); BVerfGE 50,

234 (Kölner Volksblatt); BVerfGE 111, 147 (Schrankendivergenz Art. 5 und 8 GG); BVerfGE 124, 300 (§ 130 IV StGB/Wunsiedel); BVerwGE 111, 51 (Soldaten: Aushang Dienstzimmertür); BVerwGE 113, 48 (Soldaten: ausländerfeindliche Thesen); **zu II.**: BVerfGE 30, 173 (Mephisto); BVerfGE 31, 229 (Urheberrecht und Schulbücher); BVerfGE 36, 321 (Schallplattenumsatzsteuer); BVerfGE 67, 213 (Anachronistischer Zug); BVerfGE 75, 369 (Strauß-Karikatur); BVerfGE 77, 240 (Herrnburger Bericht); BVerfGE 81, 108 (Besteuerung wissenschaftlicher oder künstlerischer Tätigkeit); BVerfGE 81, 278 (Bundesflagge); BVerfGE 81, 298 (Nationalhymne); BVerfGE 83, 130 (Josefine Mutzenbacher); BVerfGE 119, 1 (Esra); BVerfG (VPr), NJW 1984, 1293 (Sprayer von Zürich); BVerwGE 84, 71 (Silhouettenschneiden); **zu III.**: BVerfGE 35, 79 (Gruppen-Universität); BVerfGE 43, 242 (Hamburgisches Universitätsgesetz); BVerfGE 47, 327 (Hessisches Universitätsgesetz); BVerfGE 85, 360 (DDR-Akademie-Auflösung); BVerfGE 90, 1 (Kriegsschuld); BVerfGE 93, 85 (Universitätsgesetz Nordrhein-Westfalen 1993); BVerfGE 94, 268 (Wissenschaftliches Personal); BVerfGE 111, 333 (Evaluation; Hochschulrat Brandenburg); BVerfGE 122, 89 (Veränderung des Aufgabenbereichs eines Theologieprofessors); BVerfGE 126, 1 (Fachhochschullehrer); BVerfGE 127, 87 (Hochschulorgane Hamburg); BVerfGE 130, 263 (299 f.) (Professorenbesoldung – Leistungskomponente); BVerfGE 136, 338 (Medizinische Hochschule Hannover); BVerwGE 102, 304 (Überprüfung der Forschungstätigkeit); BerlVerfGH, NVwZ 1997, 790 (Aufhebung von Studiengängen); BerlVerfGH, NVwZ 2001, 426 (Studentenschaft als Grundrechtsträger); BayVerfGH, NVwZ 2009, 177 (Hochschulrat; Berufungsverfahren).

Übungsfälle zu I. 1. und 2.:   *Carsten Bäcker,* Die Ö-Söhne, JuS 2013, 522; *Lars Dittrich,* Onlineredakteur zwischen allen Stühlen, JuS 2014, 333; *Christoph Enders,* Der praktische Fall – Öffentliches Recht: „Frühling für Deutschland", JuS 2000, 883; *Nolte, Martin/Tams, Christian,* Grundfälle zu Art. 5 I 1 GG, JuS 2004, 111, 199, 294; *Yvonne Schreiber/Eike Michael Frenzel,* „Zoff auf dem Oktoberfest", Jura 2002, 848; *Wolfgang Schulz,* Ein verkommenes Subjekt: Ehrenschutz und Meinungsfreiheit, Jura 2000, 528; *Michaela Staufer,* Die unfaire Professorenbewertung, Jura 2009, 549; *Peter Szczekalla,* Der praktische Fall – Öffentliches Recht: Deutschlandlüge, JuS 1996, 625; **zu I. 3.:** *Martin Stock/Doris Achelpöhler,* Der praktische Fall: Kabelanschluss und Parabolantenne, JuS 1998, 245.; **zu I. 4.:** *Lars Dittrich,* Onlineredakteur zwischen allen Stühlen, JuS 2014, 333; *Petra Helbig,* Lauschangriff auf die Presse, Jura 2000, 255; *Bernd Jeand'Heur/Volker Jorczyk,* Übungshausarbeit Öffentliches Recht: Das Maulkorbgesetz, Jura 1999, 538; *Anna-Katharina Hübler/Constantin Teetzmann,* Geben und Nehmen von Sitzplätzen im Gerichtssaal, JuS 2013, 1014; **zu I. 5.:** *Lars Dittrich,* Onlineredakteur zwischen allen Stühlen, JuS 2014, 333; *Kristian Fischer,* Zur Übung – Öffentliches Recht: „No smoking" im Film, JuS 1998, L 85; *Tim G. Luthra,* Zur Übung – Öffentliches Recht: Die vereitelte Geschwindigkeitskontrolle, JuS 1999, L 4; *Gerrit Manssen/Cord-Rainer Pielemeier,* Zur Übung – Öffentliches Recht: Der Fernsehanwalt, JuS 1999, L 93; **zu II.:** *Sabine Ahlers/Werner Schroeder,* Stille Tage in Bayern: Kunstfreiheit oder Feiertagsschutz?, Jura 2000, 641; *Michael Betzinger,* Grenzen der Kunstfreiheit, JA 2009, 125; *Eike Michael Frenzel,* Anfängerklausur – Öffentliches Recht: Grundrechte – „Marmor, Stein und Eisen bricht...", JuS 2013, 37; *Volker Hofstetter/Dagmar Richter,* Übungsfall „nach den Regeln der Kunst": Der gekränkte Staat, StudZR 2008, Sonderheft, 3; *Hagen Kobor,* Grundfälle zu Art. 5 III GG, JuS 2006, 593; *Tobias Handschell,* Verbot von Killerspielen, Jura 2010, 461; *Sebastian Graf von Kielmansegg/Louis Rolfes,* „Rotlicht im Himmel", JA 2013, 911; *Anne Schäfer/Jan O. Merten,* Klausur Öffentliches Recht, „Der Skandalroman", JA 2004, 548; **zu III.:** *Hagen Kobor,* Grundfälle zu Art. 5 III GG, JuS 2006, 695; *Rainer Wernsmann,* Wassertiere in der Waschmittelforschung: Problematische Tierversuche, Jura 2001, 106.

I. Die Kommunikationsgrundrechte nach Art. 5 Abs. 1 GG

1. Allgemeines

Die Grundrechte der Kommunikationsfreiheit, wie die Meinungsäußerungsfreiheit, **1** insbesondere aber die Pressefreiheit, gehören zu den für die Entwicklung des Verfassungsstaates grundlegenden Bestimmungen. In ihnen äußert sich wie in kaum einem anderen Bereich der Zusammenhang zwischen der liberalen Freiheit des Einzelnen, tun und lassen zu dürfen, was er will, und der demokratischen Freiheit der Mitbestimmung über die Gemeinschaftsfragen des Staates. Dieser heute insbesondere von der demokratisch-funktionalen Sichtweise der Grundrechte (o. Kap. 3, Grundsatzfragen der Grundrechte des Grundgesetzes, Rn. 25) (manchmal über-) pointierte Zusammenhang trat bereits in der **Virginia Bill of Rights von 1776** in aller Deutlichkeit hervor. Dort hieß es nämlich: „That the freedom of the press is one of the great bulwarks of liberty and can never be restrained but by despotic governments". Dabei ist nach dem Zusammenhang klar, dass die durch die Pressefreiheit als Bollwerk geschützte „Freiheit" eben die des freiheitlichen Gemeinwesens insgesamt sein sollte.

Im **Gesamtgefüge des Art. 5 Abs. 1 GG** hat Satz 1 die **individuelle Beteiligung** **2** am Prozess der Meinungsbildung zum Gegenstand; Satz 2 enthält besondere, über den individualschützenden Ansatz hinausführende Bestimmungen zugunsten wichtiger **Medien im Kommunikationsprozess**. Um die Eigenart des Grundrechtsschutzes für die in dieser Bestimmung geschützten Medien ist besonders heftig gestritten worden. Dabei ging es vor allem um die Frage, ob ihnen das klassisch-liberale Verständnis als individuelles Abwehrrecht gerecht wird, oder ob sie stärker aus einer objektiv-rechtlichen Perspektive mit Rücksicht auf ihre Bedeutung für den Kommunikationsprozess insgesamt und damit für ein freiheitliches Gemeinwesen gesehen werden müssen. Die Akzente sind dabei je nach Eigenart des betroffenen Mediums unterschiedlich zu setzen, wobei die Abgrenzung der verschiedenen Medien angesichts der Entwicklung der Kommunikationstechniken zumal im Bereich des Internets zunehmend Probleme bereitet. Doch unterliegen alle Grundrechte des Art. 5 Abs. 1 GG gleichermaßen den Begrenzungen des Art. 5 Abs. 2 GG (u. Rn. 54 ff.).

2. Die Meinungsäußerungsfreiheit des Art. 5 Abs. 1 Satz 1 Alt. 1 GG

a) Abwehrrechtliche Bedeutung

aa) Schutzgegenstand
Zentraler Begriff des grundrechtlichen Tatbestandes der Meinungsäußerungsfreiheit **3** ist die **Meinung**. Damit sind Auffassungen (Überzeugungen, Einschätzungen) des Einzelnen, seine Bewertung von Vorgängen und Gegebenheiten gemeint, unabhängig davon, ob sie mehr oder weniger fundiert, plausibel oder abwegig sind.

Auch polemische und überspitzte Wertungen, ja sogar die nur auf Verunglimpfung zielende Schmähkritik gehören als Meinungen zum grundrechtlichen Schutzgegenstand. Dagegen stellt bloße Faktenkenntnis keine Meinung dar, weil ihr jedes Element subjektiver Wertung fehlt. Auf die Vermittlung nach außen bezogen bedeutet dies, dass vom Grundrecht **nur wertende Stellungnahmen,** nicht aber reine Tatsachenmitteilungen erfasst sind.

4   Soll der Schutz der Meinungsäußerungsfreiheit effektiv sein, muss der Kreis der nicht geschützten **reinen Tatsachenmitteilungen** sehr eng gefasst werden. Vielfach weist schon die Auswahl mitgeteilter Tatsachen als solche wertende Elemente auf, so dass die Tatsachen dadurch Meinungsqualität erlangen.

> **Beispiel:**
> Während über das Treffen eines Politikers mit Arbeitgebervertretern berichtet wird, bleibt die Anwesenheit von Gewerkschaftsvertretern unerwähnt. – Daten über den Anstieg der Ausländerkriminalität werden mitgeteilt, nicht aber das noch stärkere Anwachsen der Kriminalität insgesamt.

Im Übrigen sind wertende Elemente und Tatsachen in Äußerungen regelmäßig so miteinander verbunden, dass sie sich kaum voneinander abgrenzen lassen. Vor allem aber sind Tatsachen notwendige Grundlage jeder Meinungsbildung und sind schon wegen dieses Zusammenhangs **prinzipiell in den Grundrechtsschutz einzubeziehen** (vgl. BVerfGE 85, 1 [15] m.w.N.).

5   Nicht unproblematisch ist auch eine allerdings vom Wortlaut des Art. 5 Abs. 1 Satz 1 GG gedeckte Restriktion des Meinungsbegriffs auf das, was eine Person **wirklich selbst meint** („*seine* Meinung"). Hinsichtlich des eigentlichen, subjektiv wertenden Meinungsgehalts wäre die Echtheit ohnehin oft schwer feststellbar. Unabhängig davon wird man es dem Einzelnen aufgrund seines allgemeinen Persönlichkeitsrechts überlassen müssen, inwieweit er anderen seine Subjektivität unverfälscht darstellt (Kap. 14, Die Grundrechte des Art. 2 GG, Rn. 54). Das Recht, „seine Meinung" zu äußern, bezieht sich von vornherein nicht auf die wahre Innerlichkeit des Einzelnen, sondern auf das, was er in **freier Selbstdarstellung** als seine Meinung präsentieren will.

> **Beispiel:**
> Die Meinungsäußerungsfreiheit deckt auch das Lob desjenigen, der in Wahrheit äußerst kritisch denkt.

6   Bei tatsächlichen Elementen von Meinungen besteht der aufgezeigte Zusammenhang zum allgemeinen Persönlichkeitsrecht des Meinungsträgers grundsätzlich nicht. Gleichwohl ist auch hier fraglich, ob der Grundrechtsschutz schon tatbestandlich auf die Mitteilung **wahrer Tatsachen** beschränkt werden kann. Das BVerfG geht allerdings davon aus, dass die unrichtige Information zur Meinungsbildung nichts beitragen kann und deshalb kein schützenswertes Gut darstellt. Gleichwohl grenzt es unwahre Tatsachenbehauptungen nicht schlechthin aus dem Meinungsbegriff aus, weil sonst die Funktion der Meinungsfreiheit leiden würde.

Anderes soll allerdings für Tatsachenbehauptungen gelten, die **erwiesenerma-**   7
ßen unwahr sind (BVerfGE 85, 1 [15]). Dies begegnet Bedenken, soweit damit von
vornherein der Grundrechtsschutz der Meinung desjenigen ausgeschlossen würde,
der aus wie unvernünftigen Gründen auch immer über die wirkliche Sachlage im
Irrtum ist. Auch die individuelle Überzeugung davon, was die Wirklichkeit ausmacht, wie die reale Sachlage ist, ist „Meinung" im engsten, subjektiven Sinne. Sie
verdient daher zum **Schutz der Freiheit des Irrenden** prinzipiell Grundrechtsschutz,
auch wenn sie mit der (zu einem bestimmten Zeitpunkt von maßgeblichen Instanzen)
als objektiv angesehenen Wirklichkeit nicht übereinstimmt und deshalb der Meinungsbildung im Übrigen nicht förderlich ist.

▶   **Hinweis:** Das BVerfG scheint selbst auch nachweislich unwahre
    Tatsachenbehauptungen in den Grundrechtsschutz einbeziehen zu
    wollen, wenn sie als Voraussetzung für die Meinungsbildung zu weiteren
    Themen aufgestellt werden. So hat es angenommen, die erwie-
    senermaßen unwahre Leugnung der Judenverfolgung im Dritten Reich
    genieße (tatbestandlich) den Schutz des Art. 5 Abs. 1 Satz 1 GG, sofern sie
    „als Voraussetzung für die Meinungsbildung zur ‚Erpreßbarkeit' der
    deutschen Politik" angesehen werde (BVerfGE 90, 241 [250]). Jedenfalls
    muss die Unwahrheit bereits im Zeitpunkt der Äußerung unzweifelhaft
    feststehen (BVerfGE 99, 185 [197]).

Bewusste Unwahrheiten allerdings werden **mit Recht** aus dem Schutz der Mei-   8
nungsäußerungsfreiheit von vornherein prinzipiell **ausgegrenzt** (nur hierfür auch
BVerfGE 90, 1 [15]). Sie können als unrichtige Informationen nichts zur verfassungsrechtlich vorausgesetzten Meinungsbildung beitragen und haben auch mit
Rücksicht auf den sich Äußernden selbst, wenn es nicht um innere, vom persönlichkeitsrechtlichen Selbstdarstellungsrecht geschützte Tatsachen geht (schon o. Rn. 5),
als bloße Lügen keine schutzwürdige Relevanz. Als Indiz für ein entsprechendes
Bewusstsein des Grundrechtsträgers kann der allgemein anerkannte Nachweis der
Unwahrheit bestimmter Tatsachen unbedenklich herangezogen werden.

Beispiel:
Die Behauptung, es habe im Dritten Reich keine Judenverfolgung gegeben, ist
nicht nur erwiesenermaßen unwahr (BVerfGE 90, 241 [249]), sondern dürfte
regelmäßig auch wider besseres Wissen aufgestellt werden.

Für das Vorliegen einer geschützten Meinung kann es danach jedenfalls in bestimmten   9
Fällen auf die **Abgrenzung zwischen wertender Stellungnahme und Tatsachenbe-**
hauptung ankommen, wobei allein letztere einer Beurteilung als wahr oder unwahr
zugänglich ist. Welchen Charakter eine Äußerung im Einzelfall hat, ist im Zweifel im
Wege der Auslegung festzustellen; dabei spricht es für ein Werturteil, wenn eine
Äußerung substanzarm ist und nicht konkret-greifbare Gegebenheiten zum Inhalt hat.
Eine geschützte Meinung liegt auch dann vor, wenn sich bewertende Elemente mit
Elementen einer Tatsachenmitteilung so verbinden oder vermischen, dass sich beide
nicht trennen lassen, wenn der tatsächliche Gehalt insgesamt in den Hintergrund tritt.

> **Beispiele:**
>
> Mit der Aussage: „Soldaten sind Mörder" wird nicht behauptet, dass alle oder bestimmte Soldaten einen Mord im Sinne des § 211 StGB oder überhaupt vorsätzliche, rechtswidrige Tötungshandlungen begangen haben. Vielmehr wird die Tatsache, dass Soldaten bei kriegerischen Kampfhandlungen andere Menschen töten (müssen), in pointierter und verletzender Weise kritisch bewertet (BVerfGE 93, 266 [289 f.]). – Die Wahlkampfäußerung: „Die CSU ist die NPD von Europa" sollte ersichtlich nicht die Tatsache behaupten, die CSU sei identisch mit einer nicht existenten NPD Europas, sondern sollte die politische Position der CSU als ultrarechts bewerten (BVerfGE 61, 1 [10]). – Ein Buch, in dem die Auffassung vertreten wird, das NS-Regime und namentlich Hitler seien nicht für den Ausbruch des Zeiten Weltkriegs verantwortlich, lässt sich angesichts vielfacher Wertungen nicht als (falsche) Tatsachenbehauptung qualifizieren (BVerfGE 90, 1 [15 f.]).

10 Rhetorische Fragen, die nur in Frageform gekleidete Auffassungen des Äußernden wiedergeben, stellen ungeachtet ihrer Formulierung je nach ihrem Aussagegehalt Überzeugungen oder Tatsachenbehauptungen dar. Als Meinung sind aber auch echte **Fragen**, die auf eine Antwort abzielen, geschützt, weil sie eine wichtige Rolle für den Meinungsbildungsprozess spielen. Echte Fragen können nicht als wahr oder unwahr qualifiziert werden und sind daher stets geschützt (BVerfGE 85, 23 [30 ff.]).

11 **Inhaltlich** ist der als Meinung geschützte Kreis von Auffassungen **nicht eingeengt**. So bringt auch **Wirtschaftswerbung** Meinungen zum Ausdruck, jedenfalls sofern sie wertenden, meinungsbildenden Inhalt hat oder der Meinungsbildung dienende Tatsachen mitteilt, was auch durch Bilder geschehen kann.

> **Beispiel:**
>
> Die Werbeanzeigen von Benetton u. a. mit einer auf einem Ölteppich schwimmenden Ente, Kinderarbeitern aus der Dritten Welt oder mit einem nackten menschlichen Gesäß, auf das der Schriftzug „H.I.V. positive" aufgestempelt ist, sind als Meinungsäußerung geschützt (BVerfGE 102, 347 [359 f.]; 107, 275 [280 ff.]).

Selbst **Boykott-Aufrufe** sind als Meinungen zu qualifizieren, wenn sie ablehnende Bewertungen der zu boykottierenden Personen oder Produkte enthalten oder doch implizieren. Wenn in diesem Zusammenhang auch wirtschaftlicher Druck ausgeübt wird, dürfte gleichwohl eine Meinungsäußerung vorliegen, die allerdings in solchen Fällen unbedenklich verboten werden darf.

> **Beispiele:**
>
> Herr *Lüth* wandte sich öffentlich gegen *Veith Harlan*, den Regisseur des antisemitischen Propagandafilms *Jud Süß*, und forderte Verleiher, Kinobesitzer und Publikum auf, den neuen Film dieses Regisseurs („Unsterbliche Geliebte") zu boykottieren (BVerfGE 7, 198). – Der Axel Springer Verlag und andere Verlagshäuser forderten sämtliche Zeitungs- und Zeitschriftenhändler in Hamburg in einem Rundschreiben auf, solche Zeitschriften zu boykottieren,

die – wie die Wochenzeitung „Blinkfüer" – die Rundfunkprogramme der DDR abdruckten; dabei drohten sie, andernfalls die Geschäftsbeziehungen abzubrechen (BVerfGE 25, 256).

Die **„Äußerung"** als zweites Element des Schutzgegenstandes neben der Meinung 12 betrifft jegliche Mitteilung einer Meinung, ihre Kundgabe nach außen; das Verbreiten ist eine auf die Kenntnisnahme durch einen größeren Personenkreis gerichtete Modalität der Äußerung. Meinungsäußerungen können in jeder denkbaren Form erfolgen; die im Verfassungstext genannten **Modalitäten** (Wort, Schrift und Bild) wollen dies **nur exemplarisch** zum Ausdruck bringen, haben aber keine enumerative Bedeutung. Denkbare andere Äußerungsformen, wie etwa Gesten, Mimik, Bekleidung usw., sind ebenso geschützt; nicht geschützt sind hingegen Tätlichkeiten gegen Personen oder Sachen.

> **Beispiel:**
> Die Verwendung des Friedenszeichens bei der Absenderangabe auf dem Freistempelabdruck durch den Verein Greenpeace (Deutschland) e.V. war durch die Meinungsäußerungsfreiheit geschützt (BVerwGE 72, 183). – Das Bespritzen eines Generals mit Blut ist als Tätlichkeit nicht geschützt (BVerwGE 83, 1 [15 f.], zur Indemnität).

Geschützt ist ferner die **freie Wahl von Ort und Zeit** der Äußerung. Dies eröffnet allerdings keinen Anspruch auf Zutritt zu sonst nicht zugänglichen Räumen; doch ist eine Meinungsäußerung überall geschützt, wo der Grundrechtsträger grundsätzlich Zugang hat (BVerfGE 128, 226 [265 f.]).

> **Beispiel:**
> Wird der Zutritt zu einem der Öffentlichkeit sonst allgemein zugänglichen Flughafenbereich verwehrt, wenn jemand dort Flugblätter verteilen will, nimmt BVerfGE 128, 226 (265 f.) einen Eingriff in die Freiheit der Meinungsäußerung an. Dies gilt unabhängig davon, dass es sich um einen Ort allgemeinen kommunikativen Verkehrs handelt; die Meinungsäußerungsfreiheit genießt anders als die Versammlungsfreiheit (u. Kap. 20, Die Versammlungsfreiheit, Art. 8 GG, Rn. 12) etwa auch in Verwaltungsgebäuden oder öffentlichen Schwimmbädern Grundrechtsschutz, wenn sich der Grundrechtsträger dort prinzipiell aufhalten darf.

Als Voraussetzung der freien Äußerung sind **die Bildung und das Haben von Meinungen** vom Grundrechtsschutz mit umfasst.

Die Freiheit der Meinungsäußerung ist ferner **in negativer Hinsicht geschützt.** 13 Dies betrifft zumal das Recht, die **eigene Meinung zu verschweigen.** Dieses Element des Grundrechtsschutzes ist gegenüber bestimmten Auskunftspflichten nach dem Volkszählungsgesetz von 1983 geltend gemacht worden. Der Schutzgegenstand der negativen Meinungsfreiheit war allerdings im konkreten Fall nicht berührt, da sich die Mitteilungspflichten auf reine Tatsachen (Zimmerzahl, Größe der Wohnung etc.) bezogen, nicht auch auf Einschätzungen, ob etwa die Wohnung groß genug, schön gelegen o. Ä. war (BVerfGE 65, 1 [41]). Ferner gehört hierher das Recht, **fremde Meinungen nicht als eigene äußern** zu müssen.

Beispiel:

Die Verpflichtung der Zigarettenhersteller, alle Zigarettenschachteln mit dem Aufdruck „Die EG-Gesundheitsminister: Rauchen gefährdet die Gesundheit." zu versehen, beinhaltet trotzdem keinen Eingriff in die negative Meinungsfreiheit, weil erkennbar ist, dass der Aufdruck nicht die Meinung der Hersteller wiedergibt (BVerfGE 95, 173 [182 f.]).

---

bb) Grundrechtsberechtigung

14   Die Meinungsäußerungsfreiheit ist **Jedermann-Recht.** Sie gilt gem. Art. 19 Abs. 3 GG auch zugunsten **inländischer juristischer Personen des Privatrechts,** die zwar nicht wie Menschen eine „Meinung" als psychisches Phänomen haben können, aber nach den jeweiligen Regeln ihrer Willensbildung zu Bewertungen fähig sind und diese als Meinung äußern und verbreiten können. Ausländische juristische Personen können ungeachtet multinationaler Verflechtungen nicht Grundrechtsträger sein, was sie natürlich nicht daran hindert, im Rahmen der Rechtsordnung ihre Meinung zu äußern.

15   **Juristischen Personen des öffentlichen Rechts** (abgesehen von Religionskörperschaften, o. Kap. 16, Die Grundrechte des Art. 4 GG, Rn. 15, und öffentlich-rechtlichen Rundfunkanstalten, s. u. Rn. 45) steht die Meinungsäußerungsfreiheit ebenso wenig zu wie ihren Organen, Organ- oder Amtswaltern. Soweit sie in amtlicher Funktion Meinungen äußern, ist dies Ausdruck der von ihnen wahrgenommenen öffentlichen Funktion. Dementsprechend gestaltet sich ggf. auch der Rechtsschutz gegenüber Einschränkungen.

Beispiel:

Der Abgeordnete kann sich gegen Verkürzungen seines Rederechts im Parlament nicht mit der auf Art. 5 GG gestützten Verfassungsbeschwerde wehren, sondern muss sein Rederecht als Teil seines organschaftlichen Status im Wege des Organstreits verteidigen (BVerfGE 60, 374 [380]).

---

cc) Beeinträchtigungen

16   Eingriffe in die Meinungsäußerungsfreiheit erfolgen in erster Linie durch einschlägige **Ge- oder Verbote,** die sich nicht notwendig auf bestimmte Inhalte beziehen müssen, sondern auch nur bestimmte Modalitäten der Äußerung (Flugblattverteilung auf der Straße, Werbung auf Verkehrsmitteln) betreffen können. Relevant kann es auch sein, wenn Personen aufgrund ihrer Meinungsäußerung mit nachteiligen Reaktionen seitens der öffentlichen Gewalt rechnen müssen. **Rein tatsächliche Beeinträchtigungen** können ebenfalls genügen, etwa wenn die Personen, für die eine Mitteilung gedacht ist, an ihrem Empfang gehindert werden.

Beispiel:

Die Polizei macht durch Lautsprecherdurchsagen missliebige Meinungsäußerungen eines Redners für das Publikum unhörbar.

b) Weitere Grundrechtsgehalte

Die Freiheit der Meinungsäußerung ist nicht allein Abwehrrecht für individuelle **17** Beliebigkeit, sondern dadurch zugleich ein wesentliches Medium des freien Meinungsbildungsprozesses in der Gesellschaft und damit konstitutives Element der freiheitlichen Demokratie. Daraus können dem Staat Schutzpflichten gegenüber etwaigen Bedrohungen durch Dritte erwachsen. Praktisch bedeutsam ist vor allem die **Ausstrahlungswirkung** des Grundrechts auf die verschiedensten Gebiete der Rechtsordnung, etwa das Straßenrecht (kommunikativer Gemeingebrauch), aber auch im Hinblick auf privatrechtliche Beziehungen, insbesondere solche des Arbeitsrechts.

Beispiele:

Will ein Mieter aus der Mietwohnung heraus politische Plakatwerbung betreiben, ist zu prüfen, ob die privatrechtlichen Beziehungen durch Art. 5 Abs. 1 Satz 1 GG so beeinflusst werden, dass die dem Eigentümer an sich zustehenden Unterlassungsansprüche vor dem Recht des Mieters zur politischen Meinungsäußerung zurücktreten müssen (im konkreten Fall verneinend BVerfGE 7, 230 [234 ff.]). – Die Vertragsabschlussfreiheit des Arbeitgebers kann mit Rücksicht auf die Meinungsäußerungsfreiheit dahingehend eingeschränkt sein, dass er die Übernahme eines Auszubildenden in ein Arbeitsverhältnis nach Beendigung seiner Lehre grundsätzlich nicht wegen eines von ihm verfassten Artikels in einer Schülerzeitung ablehnen darf (BVerfGE 86, 122 [129 f.]).

Insbesondere im Strafrecht muss sichergestellt sein, dass eine Meinungsäußerung nur sanktioniert wird, wenn sie dem Grundrechtsträger auch wirklich zuzurechnen ist; daher müssen bei mehrdeutigen Äußerungen alle Auslegungsvarianten, für die die sanktionierende Bestimmung nicht durchgreift, überzeugend ausgeschlossen werden (BVerfGE 93, 266 [295 f.]). Dies gilt allerdings nicht für Unterlassungsansprüche gegen mehrdeutige, Persönlichkeitsrechte verletzende Äußerungen, weil der Äußernde es hier in der Hand hat, sich in Zukunft eindeutig so auszudrücken, dass Rechtsverletzungen vermieden werden (BVerfGE 114, 339 [350 f.]).

c) Zusammenfassung

- Meinungsäußerung ist die Kundgabe von Auffassungen des Einzelnen, **18** seiner Bewertung von Vorgängen und Gegebenheiten. Reine Tatsachenbehauptungen gehören als solche nicht dazu, sind aber bei Bedeutsamkeit für die Meinungsbildung mitgeschützt.
- Geschützt sind als Ausdruck persönlichkeitsrechtlich freier Selbstdarstellung auch Äußerungen einer Meinung, die der Äußernde nicht wirklich hat, jedoch keine Tatsachenbehauptungen, die bewusst unwahr erfolgen.
- Lassen sich Tatsachenbehauptungen und ihre Bewertung nicht trennen, greift insgesamt die Meinungsäußerungsfreiheit ein.
- Meinungsäußerungen können in Wort, Schrift und Bild, aber auch in jeder erdenklichen anderen Form erfolgen; ausgenommen sind Tätlichkeiten.

- Die negative Meinungsäußerungsfreiheit schützt das Recht, seine Meinung nicht äußern zu müssen, sowie das Recht, eine fremde Meinung nicht als eigene äußern zu müssen.
- Grundrechtsträger sind alle natürlichen und die inländischen juristischen Personen des Privatrechts.
- Von den objektiv-rechtlichen Gehalten ist insbesondere die Ausstrahlungswirkung auch auf privatrechtliche Rechtsnormen von Bedeutung.

3. Die Informationsfreiheit des Art. 5 Abs. 1 Satz 1 Alt. 2 GG

a) Abwehrrechtliche Bedeutung

aa) Schutzgegenstand

19 Die **passive Seite des Kommunikationsprozesses** erfährt eigenständigen Schutz durch die Freiheit, sich aus allgemein zugänglichen Quellen ungehindert zu unterrichten (so genannte Informationsfreiheit). Dabei hat das Adverb „ungehindert" für die Abgrenzung des Schutzgegenstandes keine Bedeutung, sondern unterstreicht nur den Abwehrrechtscharakter des Grundrechts. Die Selbstunterrichtung erfolgt durch die **Kenntnisnahme von Informationen** über Umstände jeglicher Art. Insoweit erstreckt sich der Schutz auch auf alle Bemühungen, sich selbst die Kenntnisnahme zu ermöglichen.

Beispiel:

Die Beschaffung und Nutzung einer Parabolantenne, die den Empfang von Rundfunksendungen ermöglicht, die über Satellit ausgestrahlt werden, ist als Bestandteil der Selbstunterrichtung geschützt (BVerfGE 90, 27 [32 f.]).

20 Der Grundrechtsschutz greift nur bei Informationen aus allgemein zugänglichen Quellen ein. **Quelle** ist grundsätzlich alles, woraus sich Informationen gewinnen lassen: Personen, die Auskünfte geben und Meinungen äußern können, Datenträger, auf denen sich Informationen finden, Massenkommunikationsmittel, das Internet, Gegebenheiten oder Ereignisse, die als solche unmittelbar zur Kenntnis genommen werden können. **Allgemein zugänglich** ist eine Quelle dann, wenn sie nach ihrer Beschaffenheit technisch dazu geeignet und von dem berechtigten Inhaber der Quelle dazu bestimmt ist, von der Allgemeinheit wahrgenommen zu werden. Ein staatliches Verbot bestimmter Quellen hebt ihre allgemeine Zugänglichkeit prinzipiell nicht auf, sondern stellt sich als Einschränkung des Grundrechts dar.

Beispiel:

Im Inland technisch zu empfangender Rundfunk aus dem Ausland gehört zu den allgemein zugänglichen Quellen, auch wenn sein Empfang staatlicherseits verboten ist (BVerfGE 90, 27 [32]). – Die Leipziger Volkszeitung wurde 1964 wegen

Verstoßes gegen strafrechtliche Staatsschutzbestimmungen durch Gerichtsent-
scheidung in der Bundesrepublik allgemein eingezogen. Sie blieb gleichwohl
allgemein zugängliche Quelle (BVerfGE 27, 71 [83 ff.]). – Von Einfuhrverboten
betroffene Filme aus dem Ausland sind trotzdem allgemein zugängliche Quellen
(BVerfGE 33, 52 [65]).

Der bestimmungsberechtigte Inhaber einer Informationsquelle kann auch Art und
Umfang der Zugänglichkeit festlegen. Sind Träger öffentlicher Gewalt bestimmungs-
berechtigt, ist ihre (im Übrigen verfassungsgemäße) Regelung von Modalitäten der
Zugänglichkeit einschließlich der Erhebung von Entgelten (u. Rn. 24) kein Grundrechtseingriff, sondern konstituiert erst den Umfang des Schutzgegenstandes.

Beispiel:
Der gesetzliche Ausschluss von Ton- und Fernseh-Rundfunkaufnahmen in Gerichts-
verhandlungen in § 169 Satz 2 GVG nimmt letzteren insoweit trotz ihrer Öffentlichkeit im Übrigen die allgemeine Zugänglichkeit (BVerfGE 103, 44 [59 ff.]).

Informationen aus der geschäftlichen oder privaten Geheimsphäre eines anderen,   **21**
die dieser nicht der Allgemeinheit als Information zur Verfügung stellt, sind demgegenüber von dem Grundrecht der Informationsfreiheit nach Art. 5 Abs. 1 Satz 1
nicht umfasst. Entsprechendes gilt für **interne Informationen** aus dem Bereich der
öffentlichen Gewalt; namentlich sind behördliche Akten – vorbehaltlich etwa gesetzlich vorgesehener Zugänglichkeit für jedermann – keine allgemein zugänglichen Quellen (s. aber noch u. Rn. 25).

Grundsätzlich dürfte trotz der nur auf die positive Grundrechtsausübung passen-   **22**
den Formulierung („ungehindert") auch die **negative Informationsfreiheit** anzuerkennen sein, die den Einzelnen davor schützt, bestimmte Informationen überhaupt
oder aus bestimmten allgemein zugänglichen Quellen zur Kenntnis nehmen zu müssen. Gegen bloße Konfrontation mit einer Informationsquelle, deren Nutzung dem
Einzelnen überlassen bleibt, richtet sich der Grundrechtsschutz nicht. Auch vor
nachteiligen mittelbaren Konsequenzen unterlassener Selbstinformation schützt die
Informationsfreiheit nicht.

bb) Grundrechtsberechtigung
Grundrechtsträger ist auch hier jede **natürliche Person. Inländische juristische**   **23**
Personen des Privatrechts sind nach Art. 19 Abs. 3 GG ebenfalls Grundrechtsträger;
denn sie können sich durch ihre Organe und Bediensteten Informationen verschaffen und sie als Organisationen zur Kenntnis nehmen.

cc) Beeinträchtigungen
Eingriffe in das Grundrecht der Informationsfreiheit können insbesondere durch   **24**
einschlägige **Verbote oder Gebote,** auch solche der Nutzung bestimmter Quellen,
erfolgen. Außerdem stellen Rechtsakte, die die Zugänglichkeit einer Quelle vereiteln oder erschweren sollen oder dies praktisch zur Folge haben, relevante Beeinträchtigungen dar.

> **Beispiel:**
>
> Die Erhebung der nicht prohibitiven Gebühren für den Empfang von Rundfunk-
> sendungen berührt die Informationsfreiheit grundsätzlich nicht, da sie kein Recht
> auf unentgeltliche Informationen begründet (BVerfG [K], NJW 2000, 649;
> o. Rn. 20). Anderes gilt für die Gebührenpflicht für das Bereithalten eines inter-
> netfähigen PC, da davon eine Vielzahl sonstiger, an sich unentgeltlich zugängli-
> cher Informationsquellen betroffen ist (BVerwG, NJW 2011, 946 [950]).

In Betracht kommen daneben **faktische** Behinderungen des Empfangs, etwa durch
Störsender; gegenüber der negativen Informationsfreiheit kann auch eine faktisch
unentrinnbar aufgedrängte Information (z. B. durch Lautsprecherwagen) genügen.
Als **mittelbare Beeinträchtigungen** können ferner Maßnahmen, die sich gegen
Informanten richten, um sie bereits als Quelle auszuschalten, relevant sein. Rechtliche Nachteile, die dem gutunterrichteten Bürger aus erworbenen Informationen
erwachsen können, werden regelmäßig keine zwangsgleiche Wirkung dahingehend
ausüben, dass lieber auf die Information verzichtet wird. Eher könnte dieser Aspekt
für die negative Seite der Informationsfreiheit bedeutsam sein, weil an Informati-
onsdefizite anknüpfende Nachteile doch vielfach erheblich sein können.

b) Weitere Grundrechtsgehalte

25 Im Zusammenhang der Kommunikationsgrundrechte ist auch die ungehinderte
Information wesentlicher Bestandteil des für das demokratische Gemeinwesen konstitutiven freien Meinungsbildungsprozesses. In Übereinstimmung mit demokratischen Forderungen nach Transparenz kann dies die Entscheidung darüber
beeinflussen, inwieweit Informationen aus dem Bereich der öffentlichen Gewalt
allgemein zugänglich gemacht werden müssen.

> **Beispiel:**
>
> Ob der Ausschluss von Ton- und Fernseh-Rundfunkaufnahmen in Gerichtsver-
> handlungen in § 169 Satz 2 GVG objektivem Verfassungsrecht genügt, wurde
> allerdings primär im Hinblick auf öffentlichkeitsbezogene Anforderungen des
> Rechtsstaats und der Demokratie untersucht (BVerfGE 103, 44 [63 ff.] und das
> Sondervotum [ebda, S. 72 ff.] mit abweichendem Ergebnis).

Die **Ausstrahlungswirkung** des Grundrechts kann im Übrigen die Auslegung und
Anwendung des gesamten Rechts beeinflussen.

> **Beispiel:**
>
> So ist im Mietrecht für die Pflicht des Eigentümers zur Duldung einer vom Mieter
> angebrachten Parabolantenne dessen Informationsinteresse zu berücksichtigen,
> dem durch einen Kabelanschluss nur genügt wird, wenn damit (auch gegen nicht
> abschreckend hohes Entgelt) eine angemessene Zahl von ausländischen Program-
> men empfangen werden kann (BVerfGE 90, 27 [33 f.]). Darüber hinaus sind auch
> spezifische Informationsinteressen einzelner Mieter in die Abwägung einzustel-
> len (BVerfG [K], NJW 2013, 2180 ff.).

Eine **Schutzpflicht** kann namentlich im Interesse der negativen Informationsfreiheit zur Abwehr aufgedrängter (Werbe-) Mitteilungen eingreifen, dürfte aber auch gegenüber Gefahren für ein offenes Informationsangebot, etwa durch Monopolisierung, wirksam werden können. **Organisation und Verfahren** können etwa bei der Regelung von Informationsmöglichkeiten im Rahmen von Freiheitsentziehungen beeinflusst werden.

Beispiel:
Das Verlangen eines Untersuchungshäftlings nach Zulassung eines Radiogeräts kann nicht mit dem Hinweis auf Schwierigkeiten der Überwachung im Rahmen der bestehenden Verwaltungseinrichtungen abgelehnt werden (BVerfGE 15, 288 [296]).

c) Zusammenfassung

- Die Freiheit, sich selbst aus allgemein zugänglichen Quellen zu unterrichten, schützt die ungehinderte Kenntnisnahme von Informationen, einschließlich aller Bemühungen, sich solche zu verschaffen.
- Allgemein zugänglich ist eine Quelle dann, wenn sie technisch dazu geeignet und von dem berechtigten Inhaber der Quelle dazu bestimmt ist, von der Allgemeinheit wahrgenommen zu werden. Ein staatliches Verbot bestimmter Quellen hebt ihre allgemeine Zugänglichkeit nicht auf, sondern beeinträchtigt das Grundrecht.
- Die negative Informationsfreiheit bietet Schutz vor jedem Zwang, sich aus allgemein zugänglichen Quellen unterrichten zu müssen, grundsätzlich aber nicht schon vor der Konfrontation mit Informationen überhaupt oder vor nachteiligen mittelbaren Folgen unterlassener Selbstinformation.

26

4. Die Pressefreiheit des Art. 5 Abs. 1 Satz 2 Alt. 1 GG

a) Abwehrrechtliche Bedeutung

aa) Schutzgegenstand
Der **Begriff der Presse** wird im allgemeinen Sprachgebrauch heute in erster Linie auf periodisch erscheinende, zur Verbreitung an die Allgemeinheit bestimmte Druckwerke, namentlich **Zeitungen und Zeitschriften**, bezogen, reicht aber schon nach seinem historischen Ursprung weiter und muss nach Sinn und Zweck des Grundrechts in mehrfacher Hinsicht weit umfassender verstanden werden. Für einen **weiten und formalen Pressebegriff** ist allein das Kommunikationsmedium entscheidend, nicht der Vertriebsweg oder der Empfängerkreis und schon gar nicht

27

der Inhalt der zu vermittelnden Information, der etwa Tatsachenmitteilungen und Meinungen gleichermaßen einschließt.

Beispiel:

Eine Werkszeitung, die nicht dem Publikum allgemein zum Kauf angeboten, sondern nur unternehmensintern verteilt wird, fällt unter den Schutz der Pressefreiheit (BVerfGE 95, 28 [35]), ebenso Anzeigenteile von Zeitungen (BVerfGE 21, 271 [278]) sowie reine Anzeigenblätter (BGHZ 116, 47 [54]).

---

28   Die Abgrenzung des maßgeblichen **Kommunikationsmediums** ist nicht unproblematisch. Die früher, etwa in § 143 Abs. 2 der Paulskirchenverfassung, „Preßfreiheit" genannte Grundrechtsgarantie erfasst schon nach ihrem historisch begründeten Wortsinn alle zur Verbreitung bestimmten **Druckerzeugnisse**, also insbesondere **auch Bücher**. Damit ist jedenfalls das gedruckte Wort erfasst, eingeschlossen sind aber auch grafische Darstellungen und Fotografien sowie etwa Noten. Für die Funktion des Grundrechts, eine staatlich nicht reglementierte, offene Kommunikation zu gewährleisten, kann es indes **nicht entscheidend** darauf ankommen, dass die Verkörperung der Information **auf Papier** erfolgt. Vielmehr sind auch mittels technischer Geräte lesbare Mikrofiches, CD-ROMs u. Ä. als Träger entsprechender Informationen einzubeziehen.

29   In Abgrenzung zu den Medien des Rundfunks und des Films dürfte das Kommunikationsmedium Presse entscheidend durch das Element der **individualisierten Verkörperung** der für den Empfänger bestimmten Information gekennzeichnet sein. Geht man davon aus, fallen auch **Tonträger**, wie etwa („gepresste") Schallplatten, CDs oder Tonbänder, problemlos unter dieses Informationsmedium. Entsprechendes gilt für **Träger visueller Informationen:** Nicht nur die CD-ROM mit Kunstwerken, die einem herkömmlichen Bildband funktional durchaus nahe steht, gehört zur Presse, sondern auch für die individuelle Nutzung durch das Publikum bestimmte Videobänder mit bewegten Bildern, also (Spiel-) Filme, zählen hierher (s. noch u. Rn. 51).

30   Als grundrechtsgeschützte Handlungen sind **sämtliche Verhaltensweisen im Zusammenhang mit der Erzeugung und Verbreitung von Presseprodukten** geschützt. Dies reicht von der besonders bedeutsamen Beschaffung der Informationen (dazu auch u. Rn. 70) über die inhaltliche und formale Gestaltung eines Presseprodukts bis zur Verbreitung beim Endverbraucher und betrifft damit die Aktivitäten aller im Pressewesen Tätigen, vom Verleger über den Journalisten bis zu den mit dem Vertrieb befassten Personen (s. noch u. Rn. 37 zur inneren Pressefreiheit). Nicht unproblematisch scheint es, die rechtswidrige Beschaffung von Informationen (anders als deren Verbreitung) schon tatbestandlich auszugrenzen, weil auch die für das Rechtswidrigkeitsurteil maßgebenden Rechtsnormen grundrechtsgebunden und daher im Rahmen der Grundrechtsbegrenzungen rechtfertigungsbedürftig sind (vgl. allgemein o. Kap. 9, Grundrechtsbegrenzungen, Rn. 30 ff.)

Beispiel:

Nicht in den Schutzgegenstand der Pressefreiheit einbezogen hat das BVerfG das Vorgehen des Autors *Wallraff*, der sich nach Veränderung seines Aussehens unter einem Decknamen als Journalist bei der „Bild"-Zeitung anstellen ließ und namentlich deren Redaktionskonferenzen ausspionierte (BVerfGE 66, 116 [137]).

Zweifelhaft geworden ist, ob der funktionale Zentralpunkt des Pressewesens, nämlich **31** die durch das Medium der Presse verbreitete **Meinungsäußerung**, überhaupt durch Art. 5 Abs. 1 Satz 2 GG geschützt wird. Das BVerfG hat teilweise angenommen, die Meinungsäußerung in der Presse genieße als solche nur den Grundrechtsschutz des Art. 5 Abs. 1 Satz 1 GG; die Pressefreiheit sei nur einschlägig, wenn es um die im Pressewesen tätigen Personen in Ausübung ihrer Funktion, um ein Presseerzeugnis selbst, um seine institutionell-organisatorischen Voraussetzungen und Rahmenbedingungen sowie um die Institution einer freien Presse gehe (BVerfGE 85, 1 [11]; BVerfGE 86, 122 [128]). Danach stünden Meinungsäußerungsfreiheit und Pressefreiheit mit je getrennten Anwendungsbereichen nebeneinander, während nach überkommener Sicht (z. B. BVerfGE 62, 230 [243]) Meinungsäußerungen in der Presse über die Pressefreiheit geschützt sind. Die Veröffentlichung fremder Meinungen ist allerdings über die Pressefreiheit geschützt worden, in deren Schutz die Meinungsäußerungsfreiheit hier eingebettet sei (so BVerfGE 102, 347 [359]; 107, 275 [280]). Mangels (echter) Spezialität ist es wohl in der Tat richtig, beide Garantien nebeneinander zur Anwendung zu bringen (u. Rn. 69). Sachliche Bedeutung dürfte die Frage angesichts der übereinstimmenden Begrenzungsregelung in Art. 5 Abs. 2 GG kaum haben.

Hintergrund der Abgrenzung des BVerfG ist der **institutionelle Ansatz**, von dem **32** die Rechtsprechung im Bereich der Pressefreiheit auch im Übrigen geprägt ist. Danach geht es bei der Pressefreiheit verstärkt um die Bedingungen eines funktionierenden freien Pressewesens, das in der Lage sein muss, seinen Beitrag zu einem freien Meinungsbildungsprozess als Grundlage funktionierender Demokratie zu leisten. Aus diesem Blickwinkel werden eine ganze Reihe von Rechtskomplexen, die für das funktionierende Pressewesen von Bedeutung sind, mittelbar in den Schutzgegenstand der Pressefreiheit einbezogen.

Beispiele:
Als Element der Pressefreiheit soll das Redaktionsgeheimnis (für das Verhältnis zu Informanten und die Redaktionsarbeit als solche) grundrechtlich geschützt sein, weil es notwendige Bedingung der Funktion einer freien Presse ist (BVerfGE 66, 116 [133 ff.]). – Zeugnisverweigerungsrechte der Presseangehörigen werden von der Pressefreiheit geschützt, da sie zur Gewährleistung einer institutionell eigenständigen und funktionsfähigen Presse beitragen; dies soll sogar für den Anzeigenteil hinsichtlich des Chiffregeheimnisses gelten (BVerfGE 64, 108 [114 f.]).

bb) Grundrechtsberechtigung
Grundrechtsträger der Pressefreiheit sind unabhängig von ihrer Eigenschaft als **33** Deutsche **alle Menschen**, nach Art. 19 Abs. 3 GG außerdem **inländische juristische Personen des Privatrechts**, weil sie sich wesensmäßig mit der Herstellung von Presseerzeugnissen befassen können. Dagegen scheiden juristische Personen des öffentlichen Rechts als Grundrechtsberechtigte aus. Soweit sie im Rahmen ihrer Aufgabenstellung Zeitungen herausgeben oder sich sonst im Bereich Presse

betätigen, bleibt dies grundrechtsgebundene Ausübung öffentlicher Gewalt. Ob außerhalb dieses Bereichs eine nur wirtschaftlich ausgerichtete Pressetätigkeit der öffentlichen Gewalt überhaupt zulässig ist, scheint fraglich; grundrechtlichen Schutz genießt sie jedenfalls auch in diesem Falle nicht.

cc) Beeinträchtigungen

34   Beeinträchtigungen der Pressefreiheit können durch hindernde **Einwirkungen auf alle Aspekte ihres Schutzgegenstandes** erfolgen. Dazu gehören Behinderungen bei der Informationsbeschaffung, wie der Ausschluss von einer öffentlichen Gerichtsverhandlung (BVerfGE 50, 234 [241 f.]), Publikationsverbote und die Beschlagnahme einer Zeitung, Pflichten zum Abdruck von Gegendarstellungen (BVerfGE 97, 125 [144]), Behinderung der Auslieferung einer Zeitung durch Arbeitsverbote an Sonntagen (BVerwGE 84, 86 [92]). In die Pressefreiheit greifen auch Gesetze ein, die fremde Einflüsse (etwa auch: solche des Betriebsrats) auf die Tendenz eines Presseunternehmens oder einer Zeitung begründen oder zulassen (BVerfGE 52, 283 [296 ff.]). Verfassungsschutzberichte über Presseorgane können etwa Leser oder Inserenten veranlassen, sich von einer Zeitung abzuwenden; nach BVerfGE 113, 63 (78) kommt eine solche mittelbare Wirkung einem Eingriff gleich und erfordert eine gesetzliche Grundlage, was mit der sonstigen Judikatur zu staatlichem Informationshandeln (o. Kap. 10, Anforderungen an Grundrechtsbeeinträchtigungen, Rn. 9) kaum zusammenpasst.

35   Soweit institutionelle Elemente, wie ein Redaktionsgeheimnis oder Zeugnisverweigerungsrechte, in den Schutzgegenstand einbezogen werden (o. Rn. 32), stellen auch diesbezügliche Einschränkungen unmittelbare Eingriffe dar; andernfalls sind sie jedenfalls als **mittelbare Beeinträchtigungen** der letztlich behinderten Pressetätigkeit relevant. Hierher würde auch die staatliche Förderung gehören, die einzelnen Presseerzeugnissen Konkurrenzvorteile verschafft. Insoweit unterliegt der Staat einer inhaltlichen **Neutralitätspflicht**, die jede Differenzierung nach Meinungsinhalten verbietet, aber Unterscheidungen nach meinungsneutralen Kriterien erlauben soll.

Beispiel:

Die Zulassung zum verbilligten Postzeitungsdienst darf auf Presseerzeugnisse begrenzt werden, die auf die Verbreitung von Meinungen und Informationen abzielen und primär darauf ausgerichtet sind, einen Beitrag zur Meinungsbildung zu leisten (BVerfGE 80, 124 [133 ff.]).

b) Weitere Grundrechtsgehalte

36   Die Bedeutung der Presse für den freien Meinungsbildungsprozess in einem demokratischen Gemeinwesen begründet die Pflicht des Staates, eine die Freiheit des Kommunikationsprozesses gewährleistende **freie Presse** bezogen auf das Pressewesen insgesamt zu sichern. Hierzu tragen die erwähnten institutionellen Absicherungen einzelner für die freie Pressetätigkeit wichtiger Elemente (o. Rn. 32) bei. Bei zu weitgehender Pressekonzentration kann es auch notwendig werden, Maßnahmen zu ergreifen, um die **Vielfalt des Meinungsspektrums zu bewahren**; dies ist weniger im Sinne einer Schutzpflicht zugunsten der erhaltenen kleineren Presseunternehmen zu verstehen denn als Bewahrung der Institution „freie Presse" als solcher.

Der unter dem Begriff der **inneren Pressefreiheit** diskutierte Problemkreis 37
betrifft die Gestaltung der Rechtsbeziehungen der in einem Presseunternehmen mitwirkenden Personen, die gegenüber Eingriffen des Staates sämtlich als Träger der
Pressefreiheit geschützt werden. Im Innenverhältnis steht im Ausgangspunkt die
Gesamtentscheidungsbefugnis – vorbehaltlich abweichender vertraglicher Festlegungen – grundsätzlich dem Verleger als dem Eigentümer des Unternehmens und
Arbeitgeber der Journalisten und sonstigen Beschäftigten zu. Sie ist auch durch die
Pressefreiheit dagegen geschützt, dass den anderen beteiligten Personen(gruppen)
durch die Staatsgewalt unabhängige Wirkungsmöglichkeiten im Rahmen des
Unternehmens eingeräumt werden. Den Mitarbeitern eingeräumte Rechte müssen
demgegenüber als Grundrechtsbeschränkungen im Rahmen der Grundrechtsbegrenzungen (u. Rn. 54 ff.) legitimiert werden.

Die Pressefreiheit **strahlt** auf die Auslegung und Anwendung der für ihre 38
Tätigkeit maßgeblichen Rechtsnormen **aus**; dies erfordert auch die Berücksichtigung
der Bedeutung der Grundrechtsgarantie bei allen für Pressebetätigungen relevanten
Ermessensentscheidungen, namentlich hinsichtlich des **Zugangs zu Informationen**.
Allerdings besteht **kein** gegen die staatlichen Behörden gerichteter **grundrechtsun-
mittelbarer originärer Leistungsanspruch** auf Mitteilung vorhandener oder gar
Beschaffung erst zu ermittelnder Informationen. Eine etwaige Verpflichtungs-
wirkung des Grundrechts in diesem Sinne müsste sich darauf richten, dass einschlägige Regelungen durch Gesetz geschaffen oder – bei fehlenden extensiven
Auslegungsmöglichkeiten – erweitert werden.

▶ **Hinweis:** BVerwGE 146, 56 Rn. 29 f. hat allerdings mangels (bundes-)
gesetzlicher Regelung unmittelbar aus Art. 5 Abs. 1 Satz 2 GG einen auf
einen Minimalstandard beschränkten Auskunftsanspruch der Presse
hinsichtlich bei Bundesbehörden vorhandenen Informationen angenommen. BVerfG (K), EuGRZ 2015, 629 Rn. 12, 16, hat dies offen gelassen, aber jedenfalls keinen über das aus den Landespressegesetzen
bekannte Maß hinausgehenden Grundrechtsanspruch auf Informationsbeschaffung angenommen. – Im Lichte der Pressefreiheit kann
die Mitteilung von Gerichtsentscheidungen nach den Landespressegesetzen allenfalls aus zwingenden Gründen versagt werden (BVerfG [K],
NJW 2015, 3708 Rn. 17 ff.).

Dagegen begründet Art. 3 Abs. 1 GG einen Anspruch auf **gleichheitliche Teilhabe**
an eröffneten Möglichkeiten der Berichterstattung (vgl. o. Kap. 4, Subjektive Grundrechte und objektive Grundrechtsgehalte, Rn. 26).

Beispiel:
Bei der Berichterstattung über Gerichtsverfahren ist es grundrechtlich geboten,
für alle Medienvertreter realitätsnah Chancengleichheit zu gewährleisten; die
Vergabekriterien im Einzelnen, etwa die Zulässigkeit oder Notwendigkeit einer
Quotierung zwischen verschiedenen, auch ausländischen Medien sind dabei nicht
abschließend geklärt (BVerfG [K], NJW 2013, 1293 f.).

Auch in wirtschaftlicher Hinsicht besteht ein originärer grundrechtlicher Anspruch auf staatliche Förderung nicht (zur Neutralitätspflicht schon o. Rn. 35).

c) Zusammenfassung

39
- Der Begriff der Presse ist weit und formal. Er umfasst alle individuell verkörperten Informationen und nur diese; hierher gehören neben dem geschriebenen Wort (nebst Bildern, Grafiken, Symbolen u. Ä.) auch Tonträger und Videobänder, die zur individuellen Benutzung bestimmt sind.
- Der Grundrechtsschutz erstreckt sich auf alle Verhaltensweisen, die zur Erzeugung und Verbreitung eines Presseerzeugnisses gehören. Die Meinungsäußerung in der Presse allerdings soll nur nach Art. 5 Abs. 1 Satz 1 GG geschützt sein, während Art. 5 Abs. 1 Satz 2 GG die institutionell zur Presse zählenden Verhaltensweisen abdeckt.
- Grundrechtsberechtigt sind alle Menschen und inländische juristische Personen des Privatrechts. Im Verhältnis der in einem Presseunternehmen mitwirkenden Personen zueinander ist grundsätzlich allein der Verleger maßgeblicher Träger der Pressefreiheit.
- Objektiv-rechtlich steht die Aufgabe des Staates im Vordergrund, die institutionellen Voraussetzungen einer freien Presse als Voraussetzung eines freien Meinungsbildungsprozesses in jeder Weise unter Wahrung inhaltlicher Neutralität zu sichern.

5. Die Rundfunkfreiheit des Art. 5 Abs. 1 Satz 2 Alt. 2 GG

a) Struktur

40 Bei der Rundfunkfreiheit ist der **institutionelle Zugriff** der Rechtsprechung des BVerfG noch **stärker ausgeprägt** als bei der Pressefreiheit. Für den herkömmlich auf einzelne Veranstalter beschränkten Bereich des Rundfunks hat das Gericht von Anfang an weniger die einschlägige Betätigungsfreiheit der Akteure in den Vordergrund gestellt als die Aufrechterhaltung eines Systems, durch das ein den Anforderungen an ein freiheitliches Rundfunkwesen in einer demokratischen Gesellschaft gemäßer Inhalt der Rundfunksendungen gewährleistet wird (s. auch u. Rn. 48). Rundfunkfreiheit ist danach vor allem eine (diesem Ziel) **dienende Freiheit**.

Beispiele:

Die Regelungen des bayerischen Teilnehmerentgelts zur finanziellen Unterstützung privater Rundfunkanbieter stellten nicht hinreichend sicher, dass die Vielfalt der bestehenden Meinungen in den Programmangeboten in gleichgewichtiger Vielfalt zu Ausdruck kommen (BVerfGE 114, 371 [393]). – Der gesetzliche

Ausschluss (nur) eines bestimmenden Einflusses politischer Parteien auf private Rundfunkprogramme ist zur Sicherung der auch ihnen gegenüber relevanten Staatsferne gerechtfertigt (BVerfGE 121, 30 [50 ff.]). – Die Zusammensetzung der Aufsichtsgremien des ZDF genügte dem Gebot der Vielfaltssicherung insbesondere wegen unzureichender Staatsferne nicht (BVerfGE 136, 9 ff.).

Die Grundlagen dieser Judikatur sind allerdings zu einer Zeit gelegt worden, in der **41** aufgrund grundlegend **anderer technischer Voraussetzungen** nur sehr begrenzte Kapazitäten für Rundfunktreibende zu Verfügung standen. Nachdem dieser Engpass infolge der technischen Entwicklung an Bedeutung verloren hat und auch das Argument des hohen Kapitalaufwandes eine Sonderbehandlung des Rundfunks gegenüber der Presse kaum noch zu rechtfertigen vermag, bleibt wohl nur die Berufung auf die (jedenfalls gegenüber herkömmlichen Printmedien) **besondere Suggestivkraft** des Rundfunkmediums, insbesondere des Fernsehens (dafür auch unter Berücksichtigung neuer Kommunikationstechnologien BVerfGE 136, 9 Rn. 29), um die institutionelle Ausdeutung der Rundfunkfreiheit auch unter den neuen Gegebenheiten eines stark erweiterten Anbieterkreises aufrecht zu erhalten. Damit stehen auch heute objektiv-rechtliche Grundrechtsgehalte ganz im Mittelpunkt (o. Rn. 40, u. Rn. 48).

b) Schutzgegenstand

Von seinem Schutzgegenstand her umfasst **Rundfunk** jedenfalls den traditionellen **42** Hörfunk und das traditionelle Fernsehen, aber im Rahmen technischer Fortentwicklungen auch sonstige über elektromagnetische Wellen verbreitete Sendungen, und zwar auch dann, wenn sie über Kabel zu den Abnehmern gelangen. Als entscheidendes Abgrenzungskriterium gilt wohl noch, dass es sich um Ausstrahlungen handelt, deren **Empfängerkreis** – anders als bei der Nutzung eines Telefons – **nicht von vornherein abschließend** festliegt (s. auch u. Kap. 22, Das Brief-, Post- und Fernmeldegeheimnis nach Art. 10 GG, Rn. 10). Die Entwicklung neuer Medien und höchst leistungsfähiger Datennetze macht dieses Kriterium allerdings zunehmend unsicherer.

Der Schutz der Rundfunkfreiheit erstreckt sich, ebenso wie bei der Pressefreiheit, **43** auf die **Gesamtheit aller Tätigkeiten**, die für die Ausstrahlung einer Rundfunksendung auch unter Verwendung spezifischer Techniken vorgenommen werden (zur Informationsbeschaffung s. o. Rn. 30 und u. Rn. 70), sowie auf flankierende Absicherungen, wie Zeugnisverweigerungsrechte (BVerfGE 95, 220 [238], o. Rn. 32). Der Inhalt der Rundfunksendung ist für den Schutz des Grundrechts nicht entscheidend. Geschützt wird trotz des irreführend verengenden Verfassungstextes namentlich **nicht nur „die Berichterstattung"** (über Tatsachen), sondern auch die Ausstrahlung bloßer Meinungsäußerungen zu bereits bekannten Fakten; ob die Meinungsäußerung als solche – wie vom BVerfG bei der Pressefreiheit angenommen – (nur) nach Art. 5 Abs. 1 Satz 1 GG geschützt ist, scheint auch hier problematisch. Ungeachtet der dienenden Funktion des Rundfunks für den freien Meinungsbildungsprozess bezieht sich die Rundfunkfreiheit auch nicht nur auf politisch bedeutsame Themen, sondern erfasst **Sendungen jeder Art** wie Musiksendungen, Filme, Fernsehspiele, Puppentheater für Kinder, Sportübertragungen,

schließlich auch Werbesendungen. Der **Rundfunkempfang** ist **nicht** durch die
Rundfunkfreiheit, sondern durch die Informationsfreiheit nach Art. 5 Abs. 1 GG
geschützt (BVerfGE 79, 29 [42]; BVerfG [K], NJW 1990, 311).

c) Grundrechtsberechtigung

44   Die Rundfunkfreiheit ist ohne Hinweis auf eine Begrenzung des Berechtigtenkreises
garantiert. Sie steht daher im Ausgangspunkt **jedem Menschen** unabhängig von seiner Eigenschaft als Deutscher zu. Sie gilt nach Art. 19 Abs. 3 GG auch für **inländische juristische Personen des Privatrechts**, weil sie über ihre Organe und
Beschäftigten als Veranstalter von Rundfunk geeignet sind. Daher ist die Festlegung
auf einen in öffentlich-rechtlicher Trägerschaft betriebenen Rundfunk nach Art. 111a
Abs. 2 BayVerf. unter den heutigen Gegebenheiten nicht unproblematisch; allerdings
sind trotz dieser Vorgabe auch in Bayern die (auch privaten) Programmanbieter
Träger der Rundfunkfreiheit.

45   Nachdem es während der ersten Jahre nach Inkrafttreten des Grundgesetzes
wegen des Frequenzmangels nur sehr wenige Rundfunkveranstalter geben konnte,
durften die diesbezüglichen Möglichkeiten allerdings zunächst bei den **öffentlich-
rechtlichen Rundfunkveranstaltern**, wie es sie bereits vor dem Krieg gegeben
hatte, monopolisiert werden. Der Rundfunk war damit zwar in öffentliche Regie
übernommen, doch sollten die öffentlich-rechtlichen Rundfunkanstalten **staatsfrei**
sein und durch ihre pluralistischen inneren Strukturen die gebotene Meinungsvielfalt
und Ausgewogenheit sicherstellen. Die Veranstaltung des öffentlich-rechtlichen
Rundfunks konnte so grundrechtsgeschützte Betätigung bleiben; seine Träger wurden ungeachtet ihrer öffentlich-rechtlichen Rechtsnatur wegen ihrer besonderen
Zuordnung zum Grundrechtsbereich der Rundfunkfreiheit als Grundrechtsträger
angesehen (o. Kap. 6, Die Grundrechtsberechtigten, Rn. 79 f.).

Beispiel:

Die zunächst von der Bundesrepublik Deutschland und Bundesminister *Schäffer* als
vollmachtlosem Vertreter der Länder gegründete „Deutschland-Fernseh-GmbH"
war nach dem Ausscheiden des letzteren völlig in der staatlichen Hand des Bundes.
Weder der Gesellschaftsvertrag noch das Gesellschaftsrecht kannten Sicherungen
für eine Unabhängigkeit des von der GmbH zu veranstaltenden Rundfunks. Dies
verstieß (u. a.) gegen die Rundfunkfreiheit (BVerfGE 12, 205 [259 ff.).

---

46   Das BVerfG hält auch im Rahmen der gewandelten technischen Bedingungen daran
fest, dass es neben privaten Rundfunkveranstaltern öffentlich-rechtliche Rundfunkanstalten zumindest geben kann, denen im Rahmen eines **dualen Systems** insbesondere die Aufgabe zukommt, die unerlässliche Grundversorgung der Bevölkerung
mit Rundfunkangeboten sicherzustellen (BVerfGE 83, 238 [295 ff. m.w.N.]).

d) Beeinträchtigungen

47   Ausgehend von der objektiv-rechtlichen Bedeutung der Rundfunkfreiheit steht bei
den diesbezüglichen Auseinandersetzungen zumeist die Frage im Vordergrund, ob

die gesetzliche **Ausgestaltung des Rundfunkrechts** den insoweit zu stellenden zumal organisatorischen Anforderungen entspricht (u. Rn. 48). Daneben kann es aber auch zu Eingriffen in die von der Rundfunkfreiheit geschützten Tätigkeiten kommen, wie es sie auch bei der Pressefreiheit gibt, also etwa: Beschlagnahme journalistischen Materials, Zwang zur Aussage über eigene Recherchen, Gebote oder Verbote der Ausstrahlung bestimmter Sendungen u. Ä.

> **Beispiel:**
> Rundfunksendungen werden zum Schutz von Persönlichkeitsrechten betroffener Personen verboten (im Einzelfall als gerechtfertigt und notwendig angesehen in BVerfGE 35, 202 [222 ff.]).

Vertragliche Übertragungsrechte sollen durch gesetzlich begründete Rechte anderer Rundfunkveranstalter zur Kurzberichterstattung nicht verletzt werden können, da es kein Recht gebe, Programmkonkurrenz zu unterbinden (BVerfGE 97, 228 [268]).

e) Weitere Grundrechtsgehalte

Die objektiv-rechtlichen Grundrechtsgehalte der Rundfunkfreiheitsgarantie erge- **48** ben sich zumal aus ihrer Natur als **dienendes Grundrecht**. Dies erfordert eine vor allem organisationsrechtliche Ausgestaltung des Rundfunkrechts, die sicherstellt, dass der Rundfunk seine verfassungsrechtlich vorausgesetzte Aufgabe im Dienst der Meinungsbildung unabhängig von politischen oder ökonomischen Abhängigkeiten erfüllt (s. auch o. Rn. 40). Im Einzelnen hat der Gesetzgeber für diese **Ausgestaltung weitgehende Freiheit**, ist an bestimmte Modelle der Rundfunkordnung oder bestimmte Mittel der Zielerreichung nicht gebunden. Er muss jedoch innere Gesetzmäßigkeiten eines gewählten Modells beachten, wenn sonst das verfolgte Ziel gefährdet würde.

> **Beispiel:**
> Im Rahmen des dualen Systems muss der öffentlich-rechtliche Rundfunk funktionsgerecht so finanziert werden, dass er seinen Auftrag zur Grundversorgung der Bevölkerung erfüllen kann. Dies soll eine von Einschaltquoten und Werbeaufträgen unabhängige Gebührenfinanzierung erfordern, die nach dem Grundsatz der Programmneutralität zu erfolgen hat (vgl. BVerfGE 90, 60).

Die Bedeutung der Rundfunkfreiheit für die öffentliche Meinungsbildung fällt auch bei der Rechtfertigung von **Grundrechtsbeschränkungen anderer** ins Gewicht.

> **Beispiel:**
> Die Berufsfreiheit der an Sportveranstaltungen Mitwirkenden und der kommerziellen Fernsehveranstalter mit Exklusivrechten kann mit Rücksicht auf die Bedeutung der Rundfunkfreiheit durch ein gesetzliches Recht aller Fernsehveranstalter zur nachrichtenmäßigen Kurzberichterstattung beschränkt werden (BVerfGE 97, 228 [256 ff.]).

f) Zusammenfassung

49
- Die Rundfunkfreiheit hat als dienende Freiheit die Aufgabe, eine umfassende Versorgung der Bevölkerung mit vielfältigen Rundfunkangeboten als Grundlage eines freien Meinungsbildungsprozesses im demokratischen Gemeinwesen sicherzustellen.
- Rundfunk umfasst die Verbreitung von Sendungen über elektromagnetische Wellen, deren Empfängerkreis nicht von vornherein abschließend feststeht; mit Rücksicht auf neue technische Entwicklungen ist dieser Begriff nicht mehr unproblematisch.
- Die Rundfunkfreiheit schützt über die „Berichterstattung" hinaus alle Arten von Rundfunksendungen einschließlich der zu ihrer Produktion und Verbreitung entfalteten Aktivitäten.
- Grundrechtsberechtigt sind neben den früher allein dazu berufenen öffentlich-rechtlichen Rundfunkanstalten heute auch natürliche und inländische juristische Personen des Privatrechts.
- Objektiv-rechtlich erfordert die Rundfunkfreiheit zumal organisatorische Ausgestaltungen des Rundfunkrechts, die sicherstellen, dass der Rundfunk seine Funktion für den offenen Meinungsbildungsprozess erfüllt.

6. Die Filmfreiheit des Art. 5 Abs. 1 Satz 2 Alt. 3 GG

50   Die vergleichsweise wenig beachtete dritte Medienfreiheit betrifft den **Film**. Dabei handelt es sich um Abfolgen **bewegter Bilder**, nicht notwendig verbunden mit begleitenden Geräuschen (Stummfilme), die traditionell mit Kameras auf Zelluloidbändern aufgenommen und über Projektoren abgespielt werden; im Zuge technischer Fortentwicklungen sind heute aber auch entsprechende Bildabfolgen, die elektronisch aufgenommen und reproduziert werden, als Filme erfasst.

51   Als **geschützte Verhaltensweisen** sind alle zur Herstellung und Verbreitung eines Films gehörenden Aktivitäten, vom Schreiben des Drehbuchs über die Dreharbeiten bis zur **öffentlichen Vorführung** im „Kino" oder an sonst dafür eingerichteten Stellen, eingeschlossen. Wohl nicht mehr erfasst ist die Vermarktung durch Filme popularisierter Artikel (Merchandising) der verschiedensten Art (Spielzeuge, Bücher, Kleidungsstücke usw.); die ökonomisch-funktionale Bedeutung solcher Aktivitäten für die wirtschaftlich unabhängige Produktion von Filmen wird aber mittelbar zu beachten sein. Die öffentliche Form der Darbietung macht das Spezifikum der Filmfreiheit gegenüber den anderen Massenmedien aus. Werden Filme als Videobänder dem Endverbraucher zum individuellen Gebrauch überlassen, greift die Pressefreiheit ein (o. Rn. 29), werden sie im Rahmen von Fernsehprogrammen ausgestrahlt, handelt es sich insoweit um Rundfunk. Nach der

Konstruktion des BVerfG zur Pressefreiheit (o. Rn. 31) müsste für die Meinungsgehalte auch hier allein Art. 5 Abs. 1 Satz 1 GG eingreifen. Angesichts der einheitlichen Begrenzungsregelung dürften diese Abgrenzungen aus grundrechtlicher Sicht im Ergebnis kaum relevant sein.

Die Filmfreiheit ist in erster Linie als **Abwehrrecht** zu verstehen; sie ist dabei **52** nicht wie insbesondere die Rundfunkfreiheit als dienende Freiheit institutionalisiert. Immerhin wird als **objektiv-rechtlicher Gehalt** eine staatliche Pflicht anzunehmen sein, für die Voraussetzungen der Betätigung von Filmfreiheit zu sorgen, wenn dies für die Erhaltung eines freien Filmwesens erforderlich ist. Dazu kann namentlich die Förderung von Filmen gehören, die allerdings – wie bei der Presse – dem Gebot zur inhaltlichen Neutralität unterliegt (o. Rn. 35, 38).

Zusammenfassung

- Schutzgegenstand der Filmfreiheit ist der Film als Abfolge bewegter **53** Bilder. Geschützte Verhaltensweisen sind alle zur Herstellung und Verbreitung des Films gehörenden Aktivitäten.

7. Begrenzungen und Anforderungen an Einschränkungen

Die Freiheiten des Art. 5 Abs. 1 Satz 2 GG unterliegen gleichermaßen der **54** **Schrankentrias des Art. 5 Abs. 2 GG**, die mit Modifikationen an das Vorbild des Art. 118 Abs. 1 Satz 1 WRV anknüpft. Auf diese Zeit geht auch die Diskussion um die Bedeutung der **„allgemeinen Gesetze"** zurück, deren Vorschriften die umfassendste der drei „Schranken" des Art. 5 Abs. 2 GG bilden. Klar ist insoweit vor allem, dass damit **nicht** eine **personelle Allgemeinheit** gemeint ist, so dass alle generellen Regelungen erfasst wären, zumal heute bereits Art. 19 Abs. 1 Satz 1 GG Einzelfallgesetze ausschließt (o. Kap. 10, Anforderungen an Grundrechtsbeeinträchtigungen, Rn. 10 ff.). Vielmehr ist die **inhaltliche Allgemeinheit** einschränkender Gesetze angesprochen. Zu diesem Kriterium waren in der Weimarer Zeit zwei konträre Interpretationsansätze entwickelt worden, die bis heute gerade auch in der Judikatur fortwirken und daher Aufmerksamkeit verdienen.

Die an den Wortlaut anknüpfende sog. **Sonderrechtslehre** bezieht den Begriff **55** der „Allgemeinheit" auf die Zielsetzung des einschränkenden Gesetzes. Ein allgemeines Gesetz darf danach kein Sonderrecht gegen die Meinungsäußerungsfreiheit darstellen, sondern muss unabhängig davon durchgreifen, ob es eine Meinungsäußerung betrifft oder andersartige Betätigungen. Dies entspricht der **Einbindung in die allgemeine Rechtsordnung**, von deren Pflichten die Meinungsäußerungsfreiheit nicht privilegierend freistellen soll (vgl. o. Kap. 9, Grundrechtsbegrenzungen, Rn. 30 ff.).

Beispiele:

Das Verbot vorsätzlicher sittenwidriger Schädigung anderer kann Boykottaufrufe gegen die Konkurrenz als Meinungsäußerungen (o. Rn. 11) ebenso erfassen wie z. B. das heimliche Vergiften von Konkurrenzprodukten. – Die das Hausrecht des Eigentümers begründenden Bestimmungen der §§ 903 Satz 1, 1004 BGB können Grundlage der Abwehr beliebiger Störungen, auch solcher durch Meinungsäußerungen, sein (mit Recht ganz selbstverständlich BVerfGE 128, 226 [265]). – Vorschriften des GVG über die Entfernung von Störern aus dem Sitzungssaal können jedermann betreffen, richten sich nicht gegen die Beschaffung publizistischer Informationen als solche (BVerfGE 50, 234 [241]).

56   In einer hiervon nicht klar unterschiedenen **Variante** wurde andererseits Allgemeinheit schon dann angenommen, wenn sich ein Gesetz **nicht gegen inhaltlich bestimmte Meinungen** richtet. Ein allgemeines Gesetz kann sich danach durchaus gerade gegen die Betätigung der Meinungsäußerungsfreiheit richten, muss aber **inhaltlich neutral** sein.

Beispiel:

Das für Soldaten aufgrund von § 15 Abs. 2 SoldG vorgesehene Verbot, auf dem Kasernengelände während der Freizeit durch Ansprachen werbend für eine politische Gruppe zu wirken, richtet sich durchaus gerade gegen die Meinungsäußerungsfreiheit, allerdings gleichermaßen gegen alle politisch werbenden Ansprachen, nicht nur gegen solche zugunsten einer bestimmten politischen Richtung (BVerfGE 44, 197 [201 f.]). – Entsprechendes wird für das Verbot des § 15 Abs. 1 Satz 1 SoldG angenommen, sich im Dienst zu Gunsten oder zu Ungunsten einer bestimmten politischen Richtung zu betätigen (BVerwGE 111, 51 [52 f.] für einen Aushang an der Tür eines Dienstzimmers).

57   Demgegenüber sieht die **Abwägungslehre** als allgemeine Gesetze diejenigen an, die dem höheren „Allgemein"-Interesse dienen und deshalb sachlichen Vorrang vor der Meinungsäußerungsfreiheit genießen. Damit wird die Allgemeinheit des Gesetzes vom Ergebnis einer Güterabwägung abhängig gemacht, für die bei der Entwicklung dieser Lehre der Grundsatz der Verhältnismäßigkeit noch keine allgemein anerkannte Grundlage bildete.

58   Für das Grundgesetz hat das Lüth-Urteil (BVerfGE 7, 198 [209 f.]) ausdrücklich an diesen Diskussionsstand angeknüpft, dabei aber die durchaus gegensätzlichen Auffassungen zu einer **vereinheitlichenden Formel verschmolzen**, die mit gewissen Abwandlungen seitdem für die Judikatur maßgeblich geblieben ist. So werden Gesetze als „allgemein" i. S. des Art. 5 Abs. 2 GG qualifiziert, „die sich nicht gegen die Meinungsfreiheit oder die Freiheit von Presse und Rundfunk an sich oder gegen die Äußerung einer bestimmten Meinung richten, die vielmehr dem Schutz eines schlechthin, ohne Rücksicht auf eine bestimmte Meinung, zu schützenden Rechtsguts dienen" (BVerfGE 117, 244 [260]).

▶ **Hinweis:** Zur Informationsfreiheit formuliert BVerfG (K), NJW 2011, 946 Rn. 43 entsprechend: Die Rundfunkgebühren *„richten sich nicht gegen den Zugang zu einer bestimmten Informationsquelle. Sie dienen einem allgemein in der Rechtsordnung geschützten Rechtsgut, nämlich der Funktionsfähigkeit des öffentlich-rechtlichen Rundfunks, …"*.

Im Rahmen dieser Einheitsformel verliert die Ausrichtung gegen Sondergesetze   59
ihre selbständige Bedeutung, weil entscheidend auf das Ziel des Rechtsgüterschutzes abgestellt wird; letztlich ist es diese Zielsetzung, durch die ein Gesetz
als nicht allgemein qualifiziert wird. Das verfolgte Ziel wiederum bildet den
Ausgangspunkt einer Verhältnismäßigkeitsprüfung, wie sie heute als Anforderung an Grundrechtsbeschränkungen ohnehin anerkannt ist (u. Rn. 61, 65).
Damit bleibt die „Allgemeinheit" des Gesetzes nach der Judikatur des BVerfG
im Ergebnis ohne jede eigenständige, den Gesetzesvorbehalt **qualifizierende
Bedeutung.**

Beispiel:
Obwohl das presserechtliche Gegendarstellungsrecht „medienspezifisches Sonderrecht par excellence ist, das sich zudem gegen eine bestimmte tatsachenge-
stützte Meinungsäußerung richtet" (so *Bethge*, in: Sachs [Hrsg.], Grundgesetz,
7. Aufl. 2014, Art. 5 Rn. 144), hat das BVerfG den einschlägigen § 11 HbgPrG
ohne weiteres als allgemeines Gesetz qualifiziert, weil die Einschränkung im
Hinblick auf das seinerseits verfassungsrechtlich geschützte allgemeine
Persönlichkeitsrecht erfolgt sei, und damit eine Verhältnismäßigkeitsprüfung
verbunden (BVerfGE 97, 125 [146 ff.]). – Das Verbot politischer und religiöser
Werbung an Taxen wurde nach seiner Billigung als Berufsausübungsregelung
ohne weiteres auch als vereinbar mit Art. 5 Abs. 1 GG eingestuft (BVerfG [K],
NJW 2000, 1326).

In seinem Beschluss zum Verbot der Verherrlichung der NS-Gewalt- und Willkür-   60
herrschaft nach § 130 Abs. 4 StGB ist das BVerfG etwas von der fragwürdigen
Abwägungslehre abgewichen. Es hält zwar an einer leicht modifizierten Version der
Einheitsformel fest, sieht aber durch das Ziel eines Gesetzes, ein anerkanntes
Rechtsgut zu schützen, dessen Allgemeinheit nur indiziert, nicht mehr zwangsläufig
gegeben. Die Allgemeinheit soll nicht schon dann fehlen, wenn sich ein Gesetz
überhaupt gegen die Meinungsäußerungsfreiheit richtet (o. Rn. 55), sondern nur,
wenn eine inhaltsbezogene Meinungsbeschränkung sich von vornherein nur gegen
bestimmte Überzeugungen richtet; sie soll jedenfalls gegeben sein, wenn ein Verhalten unabhängig vom Inhalt einer Meinungsäußerung erfasst wird (o. Rn. 56). Der
danach nicht als allgemein zu qualifizierende § 130 Abs. 4 StGB wurde gleichwohl
in methodisch fragwürdiger Weise aufgrund einer dem Art. 5 Abs. 1, 2 GG angeblich **immanenten Ausnahme vom** (damit wohl teleologisch reduzierten) **Verbot
des Sonderrechts** für derartige Bestimmungen gebilligt (BVerfGE 124, 300
[321 ff., 327 ff.]).

61   Angesichts der geschilderten Entwicklung haben die weiteren „Schranken" der Kommunikationsgrundrechte in den gesetzlichen Bestimmungen zum **Schutze der Jugend** und in dem **Recht der persönlichen Ehre** keine **eigenständige Bedeutung** (ausdrücklich in diesem Sinne BVerfGE 124, 300 [326 f.). In beiden Fällen geht es um Gesetze, die dem Schutz eines wichtigen, im Grundgesetz auch sonst anerkannten Rechtsgutes dienen, so dass sie allein deshalb auch bei gezielter Ausrichtung gegen Meinungsäußerungen zugleich „allgemeine" Gesetze darstellen; im Übrigen hängt auch ihre Verfassungsmäßigkeit vom Ergebnis einer Verhältnismäßigkeitsprüfung ab. Dabei bleibt die abweichende Textfassung zum Recht der Ehre ohne Bedeutung, weil nach dem Vorbehalt des Gesetzes Grundrechtsbeschränkungen auch zum Zwecke des Ehrenschutzes nur durch oder aufgrund gesetzlicher Regelungen erfolgen können.

62   Hat sich Art. 5 Abs. 2 GG somit der Sache nach zu einem schlichten Gesetzesvorbehalt entwickelt, macht es prinzipiell **keinen Sinn**, nach **grundrechtsbegrenzenden Gehalten anderer Grundgesetzbestimmungen** zu fragen (problematisch daher im Ansatz BVerfGE 66, 116 [136]; o. Kap. 9, Grundrechtsbegrenzungen, Rn. 23). Denn verfassungsrechtlich wichtigen Zielen, die mit den Kommunikationsgrundrechten in Konflikt geraten, ist im Rahmen der allgemeinen Gesetze ohnedies Rechnung zu tragen.

> **Beispiel:**
> Der Schutz des allgemeinen Persönlichkeitsrechts kann, im Übrigen auch dort, wo es nicht um die Ehre der Person geht, durch ein allgemeines Gesetz nach Art. 5 Abs. 2 GG verfolgt werden; ein Rückgriff auf die Grundrechte des Art. 5 Abs. 1 GG begrenzende Gehalte der Art. 2 Abs. 1 i. V. mit Art. 1 Abs. 1 GG ist entbehrlich (BVerfGE 97, 125 [146 f.]).

63   Auch **Art. 17a GG** kann nach dem weiten Verständnis der allgemeinen Gesetze neben Art. 5 Abs. 2 GG **keine weitergehenden Einschränkungsmöglichkeiten** eröffnen; er verdeutlicht lediglich, dass die Belange der Streitkräfte und des Ersatzdienstes legitime Anliegen des allgemeinen Interesses sind, die Einschränkungen der Meinungsäußerungsfreiheit rechtfertigen können (s. noch u. Rn. 66). Für **andere Sonderrechtsverhältnisse**, wie das der Beamten oder der Strafgefangenen (allgemein o. Kap. 9, Grundrechtsbegrenzungen, Rn. 48 ff.), sind die sachlich legitimen Einschränkungen jedenfalls auch im Rahmen des Art. 5 Abs. 2 GG möglich.

64   Die wichtigste Anforderung an die auf Art. 5 Abs. 2 GG gestützten „allgemeinen" Einschränkungsgesetze hat im Lüth-Urteil (s. schon o. Rn. 58 ff.) mit der sog. **Wechselwirkungslehre** eine besondere Formulierung erfahren; dort heißt es: „Die gegenseitige Beziehung zwischen Grundrecht und ‚allgemeinem Gesetz' ist also nicht als einseitige Beschränkung der Geltungskraft des Grundrechts durch die ‚allgemeinen Gesetze' aufzufassen; es findet vielmehr eine Wechselwirkung in dem Sinne statt, dass die ‚allgemeinen Gesetze' zwar dem Wortlaut nach dem Grundrecht Schranken setzen, ihrerseits aber aus der Erkenntnis der wertsetzenden Bedeutung dieses Grundrechts im freiheitlichen demokratischen Staat ausgelegt und so in ihrer das Grundrecht begrenzenden Wirkung selbst wieder eingeschränkt werden müssen."

65   Aus heutiger Sicht ist unschwer zu erkennen, dass es hierbei in der Sache um nichts anderes geht als um den Grundsatz der **Verhältnismäßigkeit,** der auch für die

Beschränkung der Kommunikationsfreiheiten von zentraler Bedeutung ist. Neben seiner Bedeutung für die verfassungskonform restriktive Auslegung einschränkender Gesetze wirkt dieser Grundsatz entsprechend seiner übergreifenden Bedeutung auch als Anforderung an die einschränkende Gesetzgebung als solche und an die Handhabung dieser Gesetze im Rahmen von Entscheidungsspielräumen und schließt alle im Hinblick auf die verfolgten legitimen Ziele ungeeigneten, nicht erforderlichen oder aufgrund der Güterabwägung unangemessenen Einschränkungen aus. Privatrechtsförmliche grundrechtsgebundene Rechtsträger sollen auch in der Ausübung der zivilrechtlichen Befugnisse des Hausrechts allgemein auf die Verfolgung öffentlicher Zwecke beschränkt sein (vgl. etwa BVerfGE 128, 226 [266]).

Das **Zitiergebot** des Art. 19 Abs. 1 Satz 2 GG ist nach der (problematischen) **66** Judikatur auf die „allgemeinen Gesetze" im Sinne des Art. 5 Abs. 2 GG nicht anzuwenden (o. Kap. 10, Anforderungen an Grundrechtsbeeinträchtigungen, Rn. 20). Es kann nach dem dargelegten Verständnis dieser Kategorie dann auch für Gesetze zum Jugend- oder Ehrenschutz nicht eingreifen. Selbst im Bereich des **Art. 17 a GG** dürfte das Zitiergebot im Ergebnis keine Bedeutung erlangen können, weil auch hier mit der einschlägigen Judikatur das grundrechtsbegrenzende Gesetz stets „allgemeines Gesetz" sein müsste, um vor dem Grundgesetz bestehen zu können.

Beispiel:

Die an Soldaten gerichteten Verbote politischer Betätigung im Dienst und der Werbung für politische Gruppen auf Militärgelände während der Freizeit (§ 15 Abs. 1 und 2 SoldG) wurden dem Zitiergebot nicht unterstellt, weil sie allgemeine Gesetze i. S. des Art. 5 Abs. 2 GG seien (BVerfGE 28, 282 [289 ff.]; BVerfGE 44, 197 [201 f.]; für ein allgemeines Gesetz wieder BVerwGE 111, 51 [52 f.]; zu anderen Beschränkungen der Meinungsäußerungsfreiheit durch das Soldatengesetz ebenso BVerwGE 113, 48 [49]).

Eine **besondere Anforderung** an Beschränkungen der Kommunikationsfreiheiten **67** des Art. 5 Abs. 1 Satz 1 und 2 GG enthält das **Zensurverbot des Art. 5 Abs. 1 Satz 3 GG**. Seine Stellung im ersten Absatz des Art. 5 GG und der unmittelbare Anschluss von Art. 5 Abs. 2 GG mit den Worten „Diese Rechte finden ihre Schranken…" legen ein Verständnis dieser Vorschrift im Sinne eines weiteren, als speziell gegen Zensureingriffe ausgerichtete Verbotsnorm gefassten Grundrechts nahe. Ein solches Grundrecht wäre aber dann den Einschränkungsmöglichkeiten nach Art. 5 Abs. 2 GG ausgesetzt, was mit Rücksicht auf die inhaltliche Bedeutung des Zensurverbots nicht in Betracht kommt.

Das Zensurverbot richtet sich nach der vom BVerfG übernommenen, schon zu **68** Art. 118 WRV herrschenden Meinung **nur gegen die Vor- oder Präventivzensur**. Dies entspricht der gegenüber vorangegangenen Praktiken in der Paulskirchenverfassung ausdrücklich hervorgehobenen Zielrichtung.[1] Als (Vor-) Zensur sind einschränkende Maßnahmen vor Herstellung oder Verbreitung eines Geisteswerkes

---

[1] § 143 Abs. 2 formulierte damals: „Die Preßfreiheit darf unter keinen Umständen und in keiner Weise durch vorbeugende Maßregeln, namentlich Censur,…, beschränkt, suspendirt oder aufgehoben werden."

erfasst; insbesondere liegt (Vor-) Zensur vor, wenn eine Publikation von behördlicher Vorprüfung und Genehmigung ihres Inhalts abhängig gemacht wird. Schon die Existenz eines solchen Kontrollverfahrens würde das Geistesleben lähmen, wäre mit einem freien Meinungsbildungsprozess schlechthin unvereinbar und muss deshalb ohne jede Einschränkungsmöglichkeit ausgeschlossen sein. Die Vorwirkungen repressiver Maßnahmen, die nach der unzensierten Publikation drohen, sind für das Zensurverbot nicht von Bedeutung; sie sind im Rahmen der Verhältnismäßigkeitsprüfung mit zu berücksichtigen.

Beispiel:

Nach dem Überwachungsgesetz war es verboten, als Propagandamittel geeignete Filme zum Zwecke der Verbreitung einzuführen. Eine Kopie jedes eingeführten Filmes war binnen einer Woche der Behörde vorzulegen. Stellte diese einen Verstoß gegen das Einfuhrverbot fest, mussten auch die übrigen Kopien der Behörde ausgehändigt werden. Eine Zensur wurde verneint, weil die bloße Vorlagepflicht kein rechtliches Hindernis für die Aufführung des eingeführten Films bedeute (BVerfGE 33, 52 [71 ff.]).

Zusammenfassung

69
- Nach der Sonderrechtslehre darf ein allgemeines Gesetz sich nicht spezifisch gegen die Meinungsäußerungsfreiheit richten, nach einer Variante nicht gegen bestimmte Meinungen.
- Nach der Abwägungslehre ist ein allgemeines Gesetz eines, das einem (im Einzelfall) höherwertigen Allgemeininteresse als der geschützten Freiheit dient.
- Nach der Einheitsformel des BVerfG sind allgemeine Gesetze solche Gesetze, die sich weder gegen die Meinungsfreiheit an sich noch gegen bestimmte Meinungen richten, sondern dem Schutz eines schlechthin, ohne Rücksicht auf eine bestimmte Meinung, zu schützenden Rechtsguts dienen.
- Folge der Einheitsformel ist, dass die gesetzlichen Bestimmungen zum Schutze der Jugend und das Recht der persönlichen Ehre neben den allgemeinen Gesetzen keine eigenständige Bedeutung haben.
- Das allgemeine Gesetz muss seinerseits im Lichte der Bedeutung des Grundrechts aus Art. 5 Abs. 1 GG ausgelegt werden. Diese sog. Wechselwirkungslehre entspricht dem Grundsatz der Verhältnismäßigkeit, der auch sonst die maßgeblichen Anforderungen an Einschränkungen begründet.
- Das Zensurverbot erfasst nur die Vor- oder Präventivzensur. Es unterliegt als Anforderung an einschränkende Regelungen seinerseits nicht dem Art. 5 Abs. 2 GG.

8. Konkurrenzen

Angesichts der einheitlichen Begrenzungsregelung ist das Verhältnis der **unter-** **70** **schiedlichen Kommunikationsfreiheiten** zueinander praktisch weitgehend ohne Bedeutung. Die klarste Lösung dürfte darin bestehen, alle berührten Einzelrechte heranzuziehen und so fruchtlose Abgrenzungsanstrengungen zu vermeiden (zu den Unklarheiten der Judikatur s. o. Rn. 31). Bedeutsam ist allerdings, dass die Medienfreiheiten des Art. 5 Abs. 1 Satz 2 GG im Hinblick auf die Informationsbeschaffung nicht über die jedermann zustehende Informationsfreiheit hinausreichen, also wie diese auf allgemein zugängliche Quellen beschränkt sind (BVerfGE 103, 44 [59 f.]). Wird der Zugang zu einer kraft rechtlicher Vorgaben öffentlich zugänglichen Quelle nicht auch bei Nutzung rundfunkspezifischer Aufnahmetechniken eröffnet, ist die Rundfunkfreiheit beeinträchtigt (BVerfGE 119, 309 [318 ff.]). Zu Art. 5 Abs. 3 GG s. u. Rn. 104.

Mangels echter Spezialität ist auch im Übrigen davon auszugehen, dass zugleich **71** mit den Freiheiten des Art. 5 Abs. 1 GG betroffene Grundrechtsbestimmungen **gleichzeitig eingreifen**. Die gilt etwa für Meinungsäußerungen im Dienste von oder im Zusammenhang mit anderen Grundrechten wie der Religionsfreiheit oder der Koalitionsfreiheit (anders BVerfGE 28, 295 [310]), für Berufsfreiheit und Eigentumsgarantie bei der Tätigkeit von Presse- und Filmunternehmen sowie privatrechtlicher Rundfunkveranstalter, für Art. 13 GG und die Pressefreiheit bei Presseräumen (anders BVerfG[K], NJW 2015, 3430 Rn. 25: Art. 13 tritt zurück, da kein weitergehender Schutz), für Art. 10 GG und die Pressefreiheit bei Kommunikation im Rahmen pressezugehöriger Tätigkeiten. Dabei gelten grundsätzlich für jedes Grundrecht (nur) die eigenen Begrenzungen.

Beispiel:
Nach dem insoweit allein maßgeblichen Art. 5 Abs. 2 GG nach ihrem Inhalt nicht zu unterbindende Meinungsäußerungen in einer Versammlung können auch keine Einschränkungen der Versammlungsfreiheit nach Art. 8 Abs. 2 GG rechtfertigen (BVerfGE 111, 147 [154 ff.], gegen die Anwendung des § 15 Abs. 1 VersG im Hinblick auf die öffentliche Ordnung).

II. Die Freiheit der Kunst nach Art. 5 Abs. 3 Satz 1 Alt. 1 GG

1. Allgemeines

Die Freiheit der Kunst ist wie die im gleichen Zusammenhang geregelte Freiheit der **72** Wissenschaft **Teil der** im Grundgesetz nur in Ansätzen verwirklichten **Kulturstaatlichkeit des Gemeinwesens**. Die Aufnahme des Grundrechts in die Verfassungsurkunden ist erst jüngeren Datums (vgl. Art. 142 WRV). Für seine Verankerung im Grundgesetz haben die nationalsozialistischen Übergriffe gegenüber vermeintlich „entarteter" Kunst neuen, besonderen Anlass gegeben.

73   Nach der Formulierung des Grundrechts ist die „Kunst [...] frei". Nach dieser
Textfassung stehen nicht der Künstler und seine freie Betätigung, sondern deren
Ergebnis im Mittelpunkt der verfassungsrechtlichen Garantie. Dies hat Anlass
gegeben, in besonderem Maße die **objektiv-rechtlichen Gehalte der Kunstfreiheit**
zu betonen (dazu u. Rn. 100 ff.). Gleichwohl ist anerkannt, dass die Kunstfreiheit
zumindest **zugleich** ein **subjektives Abwehrgrundrecht** des Einzelnen darstellt.

2. Abwehrrechtliche Bedeutung

a) Schutzgegenstand

74   Das Hauptproblem des Schutzgegenstandes der Kunstfreiheitsgarantie bildet der
Begriff der „Kunst". Er könnte traditionell verstanden dahin ausgelegt werden, dass
alles und nur das als „Kunst" anzusehen ist, was zu einer anerkannten Kunstgattung
gehört. Abgesehen von den Problemen bei der Bestimmung, was als Kunstgattung
anzusehen ist, bliebe eine solche **traditionelle Begriffsbildung** allerdings **zu sta-
tisch** und ließe gerade die Fortentwicklungen künstlerischer Tätigkeit außerhalb des
Schutzgegenstandes, die am ehesten dem Argwohn und ggf. dem hindernden
Eingriff der Staatsgewalt ausgesetzt wären.

Beispiel:

Das sog. Silhouettenschneiden, also das Anfertigen von Scherenschnitten, auf
einem Jahrmarkt lässt sich keiner der klassischen Kunstgattungen eindeutig
zuordnen, soll aber gleichwohl als Ausdruck freier schöpferischer Gestaltung
den Schutz des Art. 5 Abs. 3 Satz 1 GG genießen (BVerwGE 84, 71 [73 f.]).

---

75   Die dadurch bedingte notwendige Offenheit des Kunstbegriffs für Fortentwicklungen über bisher anerkannte Standards hinaus kann andererseits **nicht** dazu führen,
ein **Verbot der Definition von Kunst** zu postulieren. Denn wenn Art. 5 Abs. 3
Satz 1 GG als Rechtsnorm zugunsten von Kunst Anwendung finden soll, muss festgestellt werden können, auf welche Fälle diese Norm Anwendung finden kann und
auf welche nicht.

76   Ist danach eine Definition von „Kunst" unabdingbar, muss dies allerdings eine
sehr weite Begriffsbestimmung sein, die weder inhaltliche Festlegungen zulässt,
noch bestimmten, bereits bekannten formalen Elementen verhaftet ist. In der
Judikatur ist in diesem Zusammenhang auf die in der Kunst verwirklichte **„freie
schöpferische Gestaltung"** abgehoben worden, die sich einer bestimmten
Formensprache bedient (BVerfGE 30, 173 [188 f.]). Legt man diese Kriterien nicht
engherzig aus, erscheinen sie durchaus als brauchbare Definitionsansätze.

Beispiel:

Auch ein Roman, der mit künstlerischem Gestaltungsanspruch an Vorbilder aus
der Lebenswirklichkeit anknüpft, ist durch die Kunstfreiheit geschützt (BVerfGE
119, 1 [20 f.]).

Um eine noch weitergehende Reichweite des Kunstbegriffs herzustellen, wird zum   **77**
Teil darauf abgestellt, dass Kunst durch eine **Offenheit für immer weitere Interpretation** gekennzeichnet sei. Damit wird die Offenheit der Aussage von Kunst für die Ausfüllung des offenen Kunstbegriffs dienlich zu machen versucht. An der Aussagekraft einer solchen Kunstdefinition bestehen allerdings Zweifel.

Beispiel:

Der sog. Anachronistische Zug, ein politisches Straßentheater, bei dem im Bundestagswahlkampf 1980 Szenen gespielt und ein entsprechendes Gedicht von Brecht gesprochen wurden, ist ungeachtet seiner vordergründigen und eindeutigen politischen Absicht unter allen drei vorgenannten Definitionsansätzen vom BVerfG als Kunst i. S. d. Art. 5 Abs. 3 Satz 1 GG qualifiziert worden (BVerfGE 67, 213 [226 ff.]).

In Zweifelsfällen wird man neben oder auch anstelle der bisher genannten Kriterien   **78**
auf die Absicht der Person abzustellen haben, um deren Tätigkeit es bei der Frage nach der Kunstqualität geht. Kunst würde damit maßgeblich **aus der subjektiven Warte** desjenigen **definiert**, der mit dem Anspruch tätig wird, künstlerisch zu gestalten (BVerfGE 119, 1 [21]). Diese Definition erlaubt es, auch äußerlich neutrale Handlungen in die Kunstfreiheit einzubeziehen, die erst durch Einbindung in einen entsprechenden Kontext objektiv als Kunst zu qualifizieren sind. Eine Gefahr, dadurch den Kunstbegriff bis zur Beliebigkeit zu erweitern, besteht dann nicht, wenn – wie bei anderen subjektiv geprägten Grundrechten, wie Glaubensfreiheit oder Gewissensfreiheit – auch die Ernsthaftigkeit der künstlerischen Absicht verlangt wird.

Beispiele:

Wird ein Gebäude wegen Bauarbeiten mit Planen eingehüllt, liegt keine Kunst vor; dagegen ist die von künstlerischer Absicht getragene Verhüllung eines Gebäudes durchaus als Kunst anzusehen (vgl. VG Berlin, NJW 1995, 2650).

Eine durch die Rechtsprechung eingeführte, für die richtige Abgrenzung des Schutz-   **79**
gegenstandes hilfreiche Differenzierung ist die zwischen dem Werkbereich und dem Wirkbereich der Kunstfreiheit. Beim **Werkbereich** geht es um die Herstellung von Kunst, also um den Prozess der Kunsterzeugung in allen seinen Einzelbestandteilen, beim **Wirkbereich** demgegenüber darum, das bereits hergestellte Kunstwerk zu verbreiten, es insbesondere einem Publikum zugänglich zu machen. Beide Bereiche sind gleichermaßen grundrechtsgeschützte Elemente des Schutzgegenstandes von Kunstfreiheit.

Beispiel:

Die Werbung für ein Kunstwerk (hier: ein Chorwerk) fällt in den Wirkbereich der Kunst, da Kunst auf öffentliche Wahrnehmung angewiesen ist (BVerfGE 77, 240 [250]).

80 Auf diese Weise wird die Kunstfreiheit dagegen abgesichert, dass man sie auf ein in
der Stille wirkendes Grundrecht reduziert (wie im religiösen Bereich früher bei der
einfachen Hausandacht). Zugleich rücken auch auf der subjektiven Seite die am
Verbreitungsprozess eigenständig, auch geschäftsmäßig beteiligten Personen,
wie etwa Verleger, Schallplattenhersteller, Galeristen u. Ä., aufgrund ihrer unent-
behrlichen Mittlerfunktion zwischen Künstler und Publikum zu für die Grundrechtsgarantie relevanten Akteuren auf. Ausgeschlossen bleibt allerdings das
Publikum selbst, das sich darauf beschränkt, die Ergebnisse fremder künstlerischer
Betätigung zu konsumieren. Anders wäre es allerdings, wenn das Publikum nach
der künstlerischen Absicht eines ersten Kunst-Veranlassers selbst zu einem aktiv
mitgestaltenden Teil eines Kunstwerks würde oder eigenständig an seiner Verbreitung teilhätte.

> **Beispiel:**
> Im Rahmen einer Musikdarbietung wird das Publikum einbezogen, indem es
> sich als Chor oder durch rhythmisches Klatschen betätigt.

81 Nicht unproblematisch scheint die **Abgrenzung des Wirkbereichs** der Kunstfreiheit **von Verwertungshandlungen**, die als solche nach Auffassung des
BVerfG nicht von der Kunstfreiheitsgarantie, sondern nur von den Wirtschafts-
grundrechten, wie Art. 14 oder Art. 12 Abs. 1 GG, geschützt werden sollen. Eine
(zeitbezogene) tatbestandliche Abgrenzung danach, ob ein Kunstwerk bereits
erschienen, also der Öffentlichkeit zugänglich gemacht worden ist (vgl. in diese
Richtung BVerfGE 31, 229 [238 f.]), scheint ausgeschlossen. Denn danach wäre
die Geltung der Kunstfreiheit auch für spätere Präsentationen eines bereits ver-
öffentlichten Kunstwerks ausgeschlossen, die nicht (nur?) auf wirtschaftliche
Verwertung gerichtet sind. Es geht wohl eher um eine Konkurrenzproblematik
(u. Rn. 104).

> **Beispiel:**
> So würde etwa das Verbot, den bereits erschienenen Roman „Mephisto" weiter-
> hin zu verkaufen, nicht mehr an Art. 5 Abs. 3 Satz 1 GG zu messen sein; demge-
> genüber schließt BVerfGE 30, 173 (200) hier umgekehrt den Art. 14 GG wegen
> Spezialität der Kunstfreiheit aus.

Die angesprochene Ausgrenzung aus dem Schutzgegenstand der Kunstfreiheit ist
im Übrigen jedenfalls bei Kunstwerken ausgeschlossen, die sich in einer einmaligen
Aufführung – womöglich mehr oder weniger weitgehend spontanen Charakters –
vor zahlendem Publikum erschöpfen.

> **Beispiel:**
> So soll etwa auch der Verkauf von Schattenrissportraits im öffentlichen
> Straßenraum, die ein Silhouettenschneider von vorbeikommenden Passanten
> anfertigt, wegen der unauflösbaren Verknüpfung von Herstellung und wirtschaft-
> licher Verwertung zum Wirkbereich der Kunst gehören (BVerwGE 84, 71 [74]).

Erhebliche Zweifel wirft auch eine weitere Ausgrenzung auf, die in der Kammer-   **82**
rechtsprechung des BVerfG ganz problemlos angenommen worden ist. Namentlich
ging es um den Fall des Herrn *Nägeli,* des sog. Sprayers von Zürich, der mit Sprüh-
dosen im Übrigen unstrittig künstlerische Zeichnungen auf in fremdem Eigentum
stehende Hauswände aufbrachte. Die Kammer ging wie selbstverständlich davon
aus, dass die **Kunstfreiheit** von vornherein **nicht die unbefugte Umgestaltung
fremden Eigentums**, und sei es auch in künstlerischer Absicht, **einschließe**
(BVerfG [VPr], NJW 1984, 1293 [1294]). Diese Annahme stimmt mit den allgemeinen Rechtsprechungsgrundsätzen zu den Grundrechtsbegrenzungen nicht
überein. Sie beruht auf der vom BVerfG grundsätzlich nicht akzeptierten, aber in
verschiedenen Zusammenhängen gleichwohl praktizierten Sichtweise, dass die
Grundrechte **keine Privilegien** begründen, die ihre Ausübung von den allgemeinen Bindungen der Rechtsordnung freistellt (o. Kap. 9, Grundrechtsbegrenzungen,
Rn. 30 ff.).

Die Ausgrenzung der Eigentumsbeeinträchtigung aus dem Schutzgegenstand   **83**
der Kunstfreiheit steht auch **nicht in Einklang** mit der Judikatur zum Verhältnis
von **Kunstfreiheit und Persönlichkeitsrecht**. Diese hält es nämlich keineswegs
von vornherein für ausgeschlossen, dass Aktivitäten, die Persönlichkeitsrechte
anderer verletzen, Kunst sind; vielmehr wird hier Kunst angenommen, ohne zu
prüfen, ob dem Künstler nicht von vornherein die Befugnis dazu fehlt (vgl.
BVerfGE 30, 173 [189 f.]).

Dem entspricht es, die das Eigentum umfassend, damit auch vor dem künstlerischen Übergriff, schützenden Bestimmungen des Zivil- und des Strafrechts als
Beschränkungen der Kunstfreiheit einzustufen, deren Rechtfertigung dann allerdings einen größeren Begründungsaufwand erfordert (u. Rn. 93 ff.).

▶   Hinweis: Nach Andeutungen in BVerfGE 119,1 (23) hat das BVerfG
     zuletzt die Linie des Beschlossenen zum „Spranger von Zürich" aus-
     drücklich aufgegeben, BVerfG, NJW 2016, 2247 Rn. 90.

Ähnlichen Bedenken begegnen auch Tendenzen, die die Kunstfreiheit auf die künst-   **84**
lerische Betätigung *an sich* einschränken wollen und damit **konkrete Betätigungs-
modalitäten** aus dem Schutzgegenstand **ausklammern**.

Beispiele:
Vgl. zum nächtlichen Trompetenspielen bereits Kap. 7, Der Grundrechtstatbestand, Rn. 29. Entsprechendes würde etwa für das Staffeleimalen gelten, das
zwar an sich geschützt wäre, nicht aber für den Fall, dass der Künstler es auf
einer belebten Kreuzung oder mitten auf der Autobahn auszuüben versucht.

Der Grund für diese Konstruktion liegt darin, dass Einschränkungen der Kunstfreiheit in Konstellationen für nötig gehalten werden, für die sich ohne Ausgrenzung
aus dem Schutzgegenstand nur unter Schwierigkeiten eine rechtfertigende Begrenzung finden lässt. Ein dieser Ausgangslage angemessener, ggf. auch nach allen Seiten für flexible Lösungen offener Ansatz dürfte – beim gegebenen Stand der

Begrenzungsdogmatik – dennoch auch hier eher in der **Behandlung auf der Begrenzungsebene** liegen.

> **Beispiele:**
> In obigen Fällen wird man das nächtliche Trompetespielen oder das Staffeleimalen auf der Straßenkreuzung nicht schon aus dem Schutzgegenstand des Art. 5 Abs. 3 Satz 1 GG ausgrenzen, sondern die Gewährleistungen dieser Grundrechtsnorm mit Blick auf kollidierende Verfassungsgüter (z. B. Art. 2 Abs. 2 Satz 1 GG der Anwohner und Autofahrer) auf der Begrenzungsebene in dem erforderlichen Umfang gesetzlichen Einschränkungsmöglichkeiten unterwerfen. Bei der dazu nötigen Abwägung wird dann die Frage, inwieweit Ort und Zeit für die künstlerische Betätigung im Einzelfall unverzichtbare Bedeutung haben oder austauschbar sind, durchaus Bedeutung erlangen. Dabei mag sich gelegentlich auch die Notwendigkeit ergeben, eine Straße zugunsten künstlerischer Betätigung für den Verkehr zu sperren.

b) Grundrechtsberechtigung

85   Die Freiheit der Kunst steht unabhängig von der Eigenschaft als Deutscher **jedermann** zu, der vom Schutzgegenstand der Kunstfreiheitsgarantie umfasste Tätigkeiten entfaltet. Da hierzu nicht nur die unmittelbare künstlerische Gestaltung gehört, sondern zumal im Wirkbereich auch jede sonstige Mitwirkung am Kunstprozess, können in solchen Zusammenhängen auch **juristische Personen** wesensmäßig an der Ausübung der Kunstfreiheit beteiligt sein, so dass das Grundrecht nach Art. 19 Abs. 3 GG insoweit auf inländische juristische Personen des Privatrechts Anwendung finden kann.

> **Beispiele:**
> Museumsvereine, Verlagsgesellschaften u. Ä.

86   Soweit **Kunst in öffentlichen Einrichtungen** stattfindet, sind weder die öffentlichen Trägerkörperschaften (Bund, Länder, Kommunen) selbst noch etwa von ihnen getragene, ggf. auch privatrechtsförmliche Träger als solche grundrechtsberechtigt; für sie handelt es sich um die grundrechtsgebundene Wahrnehmung öffentlicher Aufgaben der Daseinsvorsorge auf kulturellem Gebiet (vgl. o. Kap. 6, Die Grundrechtsberechtigten, Rn. 81, 88).

> **Beispiel:**
> Der als GmbH organisierte Chor eines Staatstheaters ist aufgrund seiner aus Art. 1 Abs. 3 GG folgenden Grundrechtsbindung verpflichtet, nicht gezielt durch lauten Gesang eine durch Art. 8 GG geschützte Versammlung faktisch zu beeinträchtigen. Davon zu trennen ist die Frage der Strafbarkeit der beteiligten Menschen nach § 21 VersG.

Doch sind die in diesen Einrichtungen **künstlerisch tätigen Menschen** bei der Erfüllung ihrer diesbezüglichen Aufgaben grundrechtsberechtigt, und zwar ggf. auch, wenn sie als **Gruppen**, wie Orchester, Ensembles o. Ä. tätig werden.

▶ **Hinweis:** Insoweit stellen sich ähnliche Fragen wie bei der inneren Pressefreiheit (o. Rn. 37) nach der Grundrechtsberechtigung der unterschiedlichen beteiligten Personen (etwa Intendanten, Dirigenten, Solisten, Orchestermitglieder); allerdings fehlt es hier an der Grundrechtsberechtigung des hoheitlichen Trägers. Letzteres mag bei öffentlich-rechtlichen Rundfunkanstalten anders liegen.

c) Beeinträchtigungen

Eingriffe in die Kunstfreiheit können durch **imperative Einwirkungen auf** den **Werk- oder Wirkbereich** erfolgen, namentlich durch das Verbot der künstlerischen Tätigkeit oder der Publikation ihrer Ergebnisse oder durch Beschränkungen ihrer Verbreitung. Hierher gehören auch allgemeingültige Verbote, die sich im Einzelfall auf die Kunstfreiheit auswirken.
87

> **Beispiel:**
> Indizierung eines Romans als jugendgefährdend nach dem (damaligen) GjS mit der Folge von Verkaufsbeschränkungen und Werbeverbot (BVerfGE 83, 130). – Das Verbot, Kennzeichen verfassungswidriger Organisationen zu verwenden (§ 86 a StGB), in seiner Anwendung auf die Werbung für ein Kunstwerk, bei der FDJ-Hemden getragen wurden (BVerfGE 77, 240 [253 ff.]).

In Betracht kommen auch **faktische Behinderungen** unterschiedlichster Art sowie **mittelbare Einschränkungen**, etwa hindernde Einwirkung auf ein mögliches Publikum.
88

> **Beispiele:**
> Bücherverbrennungen; das Verbot des Besitzes bestimmter Kunstwerke; Stromabschaltung für Theater oder Museen.

Die Besteuerung durch künstlerische Tätigkeit erzielter Einkünfte oder getätigter Umsätze sieht das BVerfG jedenfalls dann als unerheblich an, wenn es um allgemeingültige Steuern ohne Erdrosselungswirkung geht (BVerfGE 36, 321 [331 ff.]; BVerfGE 81, 108 [115 ff.]). Dagegen könnten Steuern, die dazu bestimmt oder auch nur geeignet sind, von bestimmten künstlerischen Betätigungen abzuschrecken, durchaus relevant sein.

Problematisch ist geworden, ob auch in der **Auslieferung einer Person an das Ausland** ein Eingriff in die Kunstfreiheit liegt, wenn sie **dort wegen** ihrer unter die Kunstfreiheitsgarantie fallenden **Tätigkeit bestraft** oder sonstigen Sanktionen unterworfen werden soll. Da sich die nachträgliche Sanktionierung von Verstößen gegen Verbote grundrechtsgeschützten Verhaltens als mittelbare Beeinträchtigung der geschützten Kunstfreiheit darstellt, der Staat sich andererseits zumindest bei
89

Kenntnis des Auslieferungsanlasses das mit der Auslieferung ermöglichte Verhalten der fremden Staatsgewalt zurechnen lassen muss, ist auch hier ein **grundrechtsrelevanter Vorgang** anzunehmen.

> **Beispiel:**
>
> Der Fall des Sprayers von Zürich (o. Rn. 82), in dem diese Frage nicht geklärt wurde, weil die Kunstfreiheit von vornherein als nicht betroffen eingestuft wurde.

d) Begrenzungen und Anforderungen an Einschränkungen

90   Art. 5 Abs. 3 GG enthält für die Freiheit der Kunst **keine ausdrückliche Begrenzung**. Zum Teil wird erwogen, die Schranken des Art. 5 Abs. 2 GG auch auf die in Art. 5 Abs. 3 GG garantierten Rechte auszudehnen. Dem steht aber die systematische Anordnung der beiden Absätze im Rahmen des Art. 5 GG entgegen. Dabei spielt neben ihrer bloßen Reihenfolge, die sich ähnlich bei Art. 9 Abs. 2 und 3 GG findet (dazu Kap. 21, Die Grundrechte des Art. 9 GG, Rn. 42), auch eine Rolle, dass Art. 5 Abs. 2 GG mit den Worten „diese Rechte" vom Wortlaut her eng an die vorhergehenden Garantien anschließt. Im Übrigen ist entstehungsgeschichtlich nachzuweisen, dass die Begrenzung des Art. 5 Abs. 2 GG für die nachfolgenden Grundrechte des Art. 5 Abs. 3 GG nicht gelten sollte.

91   Bei dieser Ausgangslage verwundert es nicht, dass es nach Art. 4 Abs. 3 GG (dazu o. Kap. 16, Die Grundrechte des Art. 4 GG, Rn. 77) zunächst die Kunstfreiheit des Art. 5 Abs. 3 Satz 1 GG war, die dem BVerfG Anlass zu seiner Konstruktion gegeben hat, dass vorbehaltlos garantierte Grundrechte **durch anderweitige Gewährleistungen der Verfassung begrenzt** sein können (o. Kap. 9, Grundrechtsbegrenzungen, Rn. 33 ff.). Ausgangspunkt der diesbezüglichen Judikatur war der berühmte **Mephisto-Beschluss** (BVerfGE 30, 173). Bei diesem ging es darum, dass der Autor (*Klaus Mann*) in künstlerischer Weise eine wirkliche Lebensgeschichte zu einem Roman verarbeitete. Dabei war für jeden Kundigen erkennbar, dass die zum Teil wenig schmeichelhafte Darstellung auf *Gustav Gründgens* bezogen war.

92   Bei dem daraufhin entbrannten Streit, ob das Buch gleichwohl veröffentlicht werden durfte, sah das BVerfG einen **Grundrechtskonflikt** zwischen der **Kunstfreiheit** des Verlegers auf der einen, dem **allgemeinen Persönlichkeitsrecht** des Porträtierten aus Art. 2 Abs. 1 i. V. mit Art. 1 Abs. 1 GG auf der anderen Seite. Als Lösung dieses Konflikts versuchte das Gericht, zwischen den beteiligten Verfassungsgütern **praktische Konkordanz** herzustellen, also in möglichst weitgehendem Umfang beiden Verfassungsnormen gerecht zu werden, dabei aber auch jede betroffene Grundrechtsnorm soweit zurückzunehmen, wie dies zur Wahrung der kollidierenden Grundrechtsinteressen geboten war.

93   Die Bedeutung dieser konstruktiv eher schwammigen Überlegungen wird erst deutlich, wenn man sich die rechtliche Grundlage für das dem Künstler auferlegte Publikationsverbot vor Augen führt. Es ging nämlich darum, ob der **quasinegatorische Unterlassungsanspruch**, den das Zivilrecht auch zugunsten des allgemeinen Persönlichkeitsrechts im Kontext des § 823 Abs. 1 BGB kennt, angewandt werden konnte. Damit steht zunächst die Gültigkeit dieser Rechtsnorm in Frage, soweit sie auch auf künstlerische Betätigungen Anwendung findet. Allerdings nähert sich das BVerfG dieser Frage nicht – wie noch im Kriegsdienstverweigerungsfall dem Soldatengesetz – auf der generellen Ebene mit der Frage nach der Gültigkeit des Gesetzes: Diese wird vielmehr unausgesprochen in einer nur formalen Weise bejaht, und zwar für den Fall, dass die **Anwendungsergebnisse im Einzelfall** die Kunstfreiheit nicht unzulässig beeinträchtigen. Damit wird der zivilrechtliche Unterlassungsanspruch restriktiv dahingehend ausgelegt, dass er sich nur noch gegen Einschränkungen richtet, die mit der Kunstfreiheit im Abwägungsergebnis kompatibel sind (BVerfGE 30, 173 [193 ff.]).

Auf der Ebene der Gesetzesgeltung bleibt somit in der Substanz noch alles offen.   **94** Die notwendige **Abwägung** zwischen dem eingeschränkten Grundrecht der Kunstfreiheit und den zu schützenden Persönlichkeitsgütern wird **auf die Ebene der Einzelfallbetrachtung verlagert**. Die Einschränkungsnorm wird als verfassungsgemäß angesehen, soweit sie nur in verfassungsgemäßer Weise zur Anwendung kommt. Dem Anliegen der Wesentlichkeitstheorie, dass die für die Grundrechte bedeutsamen Fragen vom Gesetzgeber entschieden werden sollen (o. Kap. 9, Grundrechtsbegrenzungen, Rn. 14), wird eine solche Weiterwälzung der Problematik auf die Rechtsanwendungsorgane kaum gerecht. Andererseits ist allerdings das Problem, einen auf der generellen Ebene anwendbaren Maßstab zu entwickeln, nach wie vor ungelöst.

Mit entsprechenden Argumentationen werden die Grundrechtsbegrenzungs-   **95** probleme der Kunstfreiheit heute auch in anderen Fällen bewältigt. Namentlich wird der – außer in Art. 5 Abs. 2 GG in anderen Gesetzesvorbehalten (Art. 11 Abs. 2, Art. 13 Abs. 7 GG) erwähnte – **Jugendschutz** als **Grundlage für Einschränkungen** der Kunstfreiheit durch Gesetz (namentlich: das JuSchG) anerkannt, wobei der erforderliche Verfassungsrang aus Art. 6 Abs. 2 GG und dem Persönlichkeitsrecht der Jugendlichen begründet wird (vgl. BVerfGE 83, 130 [139 f.]). Dabei wird auch hier entscheidend darauf abgestellt, ob die Anwendung der gesetzlichen Vorschriften **im Einzelfall** den verfassungsrechtlichen Anforderungen der Kunstfreiheitsgarantie genügt.

Die Strafbarkeit einer Verunglimpfung von Staatssymbolen gem. § 90a Abs. 1   **96** Nr. 2 StGB, wenn sie in künstlerischer Weise erfolgt, wird mit Rücksicht darauf prinzipiell gebilligt, dass **Art. 22 GG** („Die Bundesflagge ist schwarz-rot-gold") in hinreichend klarer Weise erkennen lasse, dass die Kunstfreiheit vor solcher Art verunglimpfenden Handlungen Halt zu machen habe, dass also einschlägige Verbote zulässig sein müssten (BVerfGE 81, 278 [293 ff.]). Bemerkenswerterweise wird neben dem **Schutz der Bundesflagge** in gleicher Weise sogar der strafrechtliche Schutz **anderer Staatssymbole**, insbesondere der im Grundgesetz nicht einmal erwähnten Nationalhymne, grundsätzlich vor der Kunstfreiheit legitimiert (BVerfGE 81, 298 [307 f.]). Die **Entscheidung**, ob **im Einzelfall** die Strafnorm – und damit das Verunglimpfungsverbot – auf eine künstlerische Betätigung trotz des Art. 5 Abs. 3 Satz 1 GG zur Anwendung kommen kann, bleibt allerdings den Strafgerichten überlassen.

97   Bei den somit in vielen Fällen für die Reichweite des Grundrechtsschutzes der
Kunstfreiheit sachlich erst ausschlaggebenden **Einzelfallentscheidung** sind zwei
Elemente maßgeblich: Zunächst müssen bei der Rechtsanwendung auf das jewei-
lige Kunstwerk dessen eigene Strukturmerkmale berücksichtigt werden, das
Kunstwerk muss **werkgerecht interpretiert** werden.

> **Beispiel:**
>
> Die gebotene kunstspezifische Betrachtung soll etwa eine Vermutung für die
> Fiktionalität eines an die Wirklichkeit anknüpfenden literarischen Textes zur
> Folge haben (BVerfGE 119, 1 [28, 33]).

Nur wenn auch auf dieser Basis der Tatbestand der einschlägigen Norm verwirklicht ist, stellt sich für die Rechtsanwendung die weitere Aufgabe, die gegenläufigen, gleichermaßen verfassungsrechtlich geschützten Güter durch eine **fallbezogene
Abwägung** zum gerechten Ausgleich zu bringen.

▶   **Hinweis:** Die Kontrolle gerichtlicher Entscheidungen durch das BVerfG
geht jedenfalls dann über das normale, auf die Feststellung von
Verstößen gegen „spezifisches Verfassungsrecht" beschränkte Maß (o.
Kap. 5, Grundrechtsverpflichtete, Rn. 21) hinaus, wenn die gerichtlichen
Entscheidungen zu einem besonders starken Eingriff in die Kunstfreiheit
führen, wie das Verbot eines Romans. Dann prüft das BVerfG die
Vereinbarkeit der Entscheidungen mit Art. 5 Abs. 3 GG auf der Grundlage
der konkreten Umstände des entschiedenen Falls selbst nach (BVerfGE
119, 1 [22]).

98   Während in den vorgenannten Bereichen letztlich stets die Abwägung den Aus-
schlag über Zulässigkeit oder Unzulässigkeit einer Grundrechtsbeschränkung gibt,
hat das BVerfG eine **absolute Schranke** auch künstlerischer Betätigungen im
Grundgesetz ausgemacht, nämlich die Garantie der **Würde des Menschen nach
Art. 1 Abs. 1 GG**. Es hat hierzu angenommen, dass die Verunglimpfung von Personen, sobald sie nicht mehr nur Persönlichkeitsrechte eines Betroffenen beeinträchtigt, sondern darüber hinaus seine Menschenwürde in Mitleidenschaft zieht,
uneingeschränkt verboten werden könne, ohne dass es noch einer Abwägung zwischen der Kunstfreiheit und der Menschenwürde bedürfe; dies soll offenbar sowohl
auf der generellen Ebene des Verbotsgesetzes wie auch auf der konkreten Ebene
seiner Anwendung gelten.

> **Beispiel:**
>
> Ein solcher Eingriff in den durch Art. 1 Abs. 1 GG absolut geschützten
> Kernbereich menschlicher Ehre wurde angenommen, als der damalige bayeri-
> sche Ministerpräsident Franz Josef Strauß in einer Zeitschrift als Schwein kari-
> kiert wurde, das sich mit anderen Schweinen in Justizrobe und Barett sexuell
> betätigt. Die Verurteilung wegen Beleidigung wurde daher unabhängig von einer
> Güterabwägung bestätigt (BVerfGE 75, 369 [379 f.]).

Ähnliche Ergebnisse können sich aber auch bei künstlerischer Beeinträchtigung **ande-**   **99**
rer Grundrechtsgüter Dritter ergeben. So kann es nicht zweifelhaft sein, dass die
strafrechtlichen Tötungsverbote auch dann ohne weitere Abwägung im Einzelfall
durchgreifen, wenn die Tötung eines anderen Menschen als Kunst gestaltet würde. Von
einem **allgemeinen Vorrang** des Art. 14 GG vor der Kunstfreiheit des Eingreifenden,
der im Ergebnis der Lösung des Sprayer-Falls (o. Rn. 82f) entspräche, ist nicht auszugehen (BVerfG, NJW 2016, 2247 Rn. 90 ff.). Ob das Ansehen der Bundeswehr bei der
Bewertung satirischer Sketche von Soldaten als Dienstvergehen ganz selbstverständlich der Kunstfreiheit vorgeht (so in BVerwGE 111, 45 [47 f.]), scheint fraglich.

3. Weitere Grundrechtsgehalte

Die in der objektiven Formulierung der Freiheitsgarantie des Art. 5 Abs. 3 Satz 1 GG   **100**
angelegte objektiv-rechtliche Bedeutung findet im Bereich der Kunst wohl **keine**
hinreichenden, insbesondere normativen Vorformungen vor, um die Grundlage für
eine **Einrichtungsgarantie** „der Kunst" oder bestimmter Elemente des Kunst-
betriebes auszumachen.

Als objektiv-rechtliche Gehalte kommen im Übrigen alle in diesem Zusammen-   **101**
hang diskutierten Wirkungen in Betracht. Dabei ist vor allem die **Ausstrahlungs-**
wirkung der Kunstfreiheitsgarantie auf Gesetze, die einschränkend wirken
können, zu berücksichtigen; sie wirkt sich insbesondere dahin aus, dass den
Gesetzen ein ungeschriebener Vorbehalt beigemessen wird, der ihre Anwendbarkeit
noch vom Ergebnis einer Abwägung der Kunstfreiheit mit den Schutzgütern einschränkend wirksamer Verfassungsbestimmungen im Einzelfall abhängig macht
(o. Rn. 90 ff.).

Die Bedeutung der Kunstfreiheit für **Organisation und Verfahren** der mit die-   **102**
ser Materie befassten Verwaltungsbehörden hat das BVerfG in Bezug auf das
Gesetz über jugendgefährdende Schriften (GjS; jetzt JuSchG) exemplarisch verdeutlicht.

> **Beispiel:**
> Das BVerfG beanstandete, der parlamentarische Gesetzgeber habe wesentliche
> Fragen des für die Zusammensetzung der Bundesprüfstelle maßgeblichen
> Auswahlverfahrens angesichts der Bedeutung der Entscheidungen dieses
> Gremiums für die Kunstfreiheit nicht hinreichend geregelt (BVerfGE 83, 130
> [149 ff.]).

Der Garantie der Freiheit der Kunst wird zudem eine **grundsätzliche Verpflich-**   **103**
tung des (Kultur-)Staates entnommen, ein freiheitliches Kunstleben zu erhalten
und zu fördern, die freilich über eine solche pauschale Forderung hinaus kaum zu
konkretisieren ist und der öffentlichen Gewalt einen breiten Gestaltungsspielraum
lässt (vgl. o. Kap. 4, Subjektive Grundrechte und objektive Grundrechtsgehalte,
Rn. 24 f.). Jedenfalls ausgeschlossen sind grundrechtsunmittelbare Leistungsansprüche einzelner Künstler auf ganz bestimmte Förderleistungen.

Beispiel:

Bestimmte Steuerbegünstigungen werden weder im Umsatzsteuerrecht noch im Einkommensteuerrecht von der Kunstfreiheit zwingend gefordert (BVerfGE 36, 321 [331 ff.]; BVerfGE 81, 108 [115 ff.]). Wenn dabei auch darauf abgestellt wird, dass die Anwendung der allgemeinen Steuernormen keine erdrosselnde Wirkung für das freie künstlerische Leben habe, wird deutlich, dass es bei der Besteuerung künstlerischer Tätigkeit zunächst um die abwehrrechtliche Perspektive geht (s. schon o. Rn. 88).

Nicht abschließend gelöst ist dabei die Problematik, dass der fördernde Staat zur **Neutralität** gegenüber verschiedenen Kunstrichtungen verpflichtet ist und sich kein Richteramt über die Qualität von Kunst anmaßen soll, andererseits aber auch **nicht zu unterschiedsloser Förderung** jeglicher künstlerischer Betätigung verpflichtet sein kann.

4. Konkurrenzen

104   Das häufigste Zusammentreffen der Kunstfreiheit mit anderen Grundrechten dürfte die **Grundrechte aus Art. 5 Abs. 1 GG** (mit Ausnahme der Informationsfreiheit) betreffen. Da im Hinblick auf Kunst, die keine „Meinung" beinhaltet, keine echte Spezialität besteht, ist davon auszugehen, dass die Grundrechte beider Absätze nebeneinander eingreifen. In der Sache kommt es vor allem darauf an, dass auf die Freiheit der Kunst die Begrenzungen des Art. 5 Abs. 2 GG nicht angewendet werden, auch wenn zugleich Meinungsäußerungen gegeben sind oder Kunst über die Medien des Art. 5 Abs. 1 Satz 2 GG verbreitet wird. Die Geltung auch des Art. 5 Abs. 1 GG stellt andererseits sicher, dass auch gegenüber künstlerischen Publikationen jede Zensur ausscheiden muss.

▶   **Hinweis:** Mehrfach widersprüchlich erscheint demgegenüber die Sichtweise des Mephisto-Beschluss, wonach auf „künstlerische Aussagen…, auch wenn sie Meinungsäußerungen enthalten", „Art. 5 Abs. 1 GG… mangels Vorliegens einer Meinungsäußerung nicht anzuwenden ist", weil sie „ein aliud" darstellen; zugleich soll „Art. 5 Abs. 3 Satz 1 GG gegenüber Art. 5 Abs. 1 GG eine lex specialis", andererseits aber nicht „Unterfall der Meinungsäußerungsfreiheit" sein (BVerfGE 30, 173 [191 f., 200]).

105   Im Wirkbereich der Kunstfreiheit ergibt sich ein schwieriges Konkurrenzverhältnis zu den **Grundrechten**, die die **wirtschaftliche Verwertung** künstlerischer Betätigung schützen, da sich eine zeitliche Trennlinie zur tatbestandlichen Abgrenzung nicht ziehen lässt (o. Rn. 81). Das BVerfG wendet auch dann, wenn das Verbot einer künstlerischen Publikation zugleich die wirtschaftliche Verwertung ausschließt, nur Art. 5 Abs. 3 Satz 1 GG an (BVerfGE 30, 173 [200]); für das Ergebnis bedeutsamer

ist, dass es die Anwendung des vorbehaltlosen Art. 5 Abs. 3 GG ausschließt, wenn bei einer gesetzlichen Regelung die wirtschaftliche Verwertung der künstlerischen, geistigen Leistung im Vordergrund steht (BVerfGE 31, 229 [239]). Der Sache nach wird insoweit die wirtschaftlich relevante Kunstausübung in die allgemeine Rechtsordnung eingeordnet (s. auch o. Rn. 81).

5. Zusammenfassung

- Kunst kann als Ausdruck schöpferischer Gestaltung im weitesten Sinne, die nicht auf traditionelle Erscheinungsformen beschränkt ist, verstanden werden; im Zweifel kann die künstlerische Absicht ausschlaggebend sein.   **106**
- Geschützt wird der Prozess der Kunsterzeugung mit allen Modalitäten als Werkbereich der Kunst, zudem die Verbreitung des hergestellten Kunstwerks als Wirkbereich der Kunst.
- Die vorbehaltlos garantierte Kunstfreiheit kann nur aufgrund (auch) begrenzend wirksamer Grundgesetzbestimmungen gesetzlich eingeschränkt werden.
- Gesetzliche Beschränkungen der Kunstfreiheit sind vielfach nur insoweit zulässig, als ihre Anwendung aufgrund einer Abwägung der gesetzlich geschützten Verfassungswerte mit der Bedeutung der Kunstfreiheit im Einzelfall gerechtfertigt ist.
- Namentlich die Garantie der Menschenwürde erlaubt aber auch unabhängig von einer Abwägung im Einzelfall durchgreifende gesetzliche Einschränkungen.
- Zu den objektiv-rechtlichen Grundrechtsgehalten gehört auch die Pflicht des Kulturstaates, ein freiheitliches Kunstleben zu fördern.

III. Die Wissenschaftsfreiheit nach Art. 5 Abs. 3 Satz 1 Alt. 2 GG

1. Allgemeines

Die Freiheit der Wissenschaft fand sich noch nicht in den frühesten Rechtekatalogen, obwohl gerade das wissenschaftliche Denken maßgeblich zur Auflösung der überkommenen Strukturen und zur Durchsetzung der Aufklärung beigetragen hatte. In Deutschland gelangte sie immerhin bereits im Rahmen der Paulskirchenverfassung von 1849 (§ 152) in den Grundrechtskatalog. Wie die Kunstfreiheit ist auch die Freiheit der Wissenschaft ohne Bezug auf Grundrechtsträger objektiv garantiert. Ihren Charakter als individuelles Grundrecht stellt das nicht in Frage, unterstreicht aber doch die **besondere Bedeutung objektiv-rechtlicher Elemente**.   **107**

2. Abwehrrechtliche Bedeutung

a) Schutzgegenstand

108 Die Wissenschaftsfreiheit gehört, wie auch ihr Standort in Art. 5 GG ausweist, in den Zusammenhang der Grundrechte des freien Denkens und der freien Meinungsäußerung. Der spezifische Charakter der wissenschaftlichen Betätigung wird darin gesehen, dass es der **Wissenschaft** stets um einen ernsthaften, auf einen gewissen Kenntnisstand aufbauenden Versuch der Wahrheitsfindung geht, der sich durch methodisch geordnetes und kritisch reflektiertes Denken auszeichnet. Damit ist allerdings kein bestimmter Status quo des wissenschaftlichen Denkens oder der wissenschaftlichen Methodenlehre festgelegt, vielmehr ist die Wissenschaftsfreiheit für Fortentwicklungen offen. Geschützt werden selbst Forschungsansätze, die als fehlerhaft einzustufen sind, solange nicht schon die Ernsthaftigkeit der Bemühungen verneint werden muss.

> **Beispiel:**
>
> Ein Buch über die Schuldfrage des Zweiten Weltkriegs konnte nicht schon wegen gewisser Einseitigkeiten und Lücken als unwissenschaftlich eingestuft werden, wohl aber deshalb, weil die den vertretenen Thesen entgegenstehende Literatur völlig ausgespart war (BVerfGE 90, 1 [13 f.]).

109 Ausgegrenzt werden können allerdings Verhaltensweisen, denen es **nicht wirklich** auf die **Wahrheitssuche** ankommt oder die dies auf ganz andersartige, etwa religiös-intuitive, parapsychologische oder sonst **unwissenschaftliche Weise** zu tun suchen. Gleiches gilt für Handlungen, die unter dem Deckmantel der Wissenschaftlichkeit andersartige Zwecke verfolgen, sowie für wissenschaftliches Fehlverhalten (BVerwGE 147, 292 Rn. 26). Trotz der objektiven Formulierung der Grundrechtsgarantie ist wissenschaftliche Betätigung nicht an bestimmte, objektiv vorgegebene Strukturen gebunden, sondern kann sich ganz unabhängig davon allein durch das Tätigwerden einzelner Grundrechtsberechtigter vollziehen. Sie ist insbesondere nicht etwa nur innerhalb der Hochschule möglich.

> **Beispiele:**
> Hobbyforscher, Privatgelehrte, Forschungseinrichtungen der Industrie.

110 Die Wissenschaftsfreiheit umfasst als **Freiheit der Forschung** die Wahl des Forschungsgegenstandes, die Bestimmung der Methode und den Gesamtbereich der auf wissenschaftliche Erkenntnis ausgerichteten Bemühungen. Die Ausrichtung auf wirtschaftliche Verwertbarkeit der Ergebnisse schließt die Wissenschaftlichkeit der Forschung nicht aus. Das Grundrecht ist – vergleichbar mit dem Werk- und Wirkbereich bei der Kunstfreiheit (dazu o. Rn. 79) – auch auf die **Veröffentlichung wissenschaftlicher Ergebnisse** zu erstrecken. Für die weitere wirtschaftliche Verwertung wissenschaftlicher Ergebnisse sind wiederum wie bei der Kunstfreiheit (s. o. Rn. 81, 105) nur die wirtschaftsbezogenen Grundrechte des Art. 12 Abs. 1 und 14 GG maßgeblich.

Beispiel:
Die beamtenrechtliche Pflicht, Einnahmen aus wissenschaftlichen Nebentätigkeiten abzuliefern, soll Art. 5 Abs. 3 GG nicht berühren, da dieser nicht das Gewinnstreben schütze (BVerfG, NVwZ 2007, 571 [573]).

In den Schutz der Wissenschaftsfreiheit wird auch eine **redlich erworbene akademische Qualifikation,** wie namentlich ein Doktorgrad, einbezogen; dessen Entzug muss daher als Eingriff in dieses Grundrecht gerechtfertigt werden (so wohl BVerwGE 147, 292 Rn. 27).   **111**

Der Schutzbereich erstreckt sich auch auf die **negative Seite** der Wissenschaftsfreiheit. Geschützt ist also auch derjenige, der bestimmte wissenschaftliche Forschungen nicht anstellen oder von ihm etwa erzielte wissenschaftliche Erkenntnisse nicht publizieren will, und zwar unabhängig davon, aus welchen Motiven dies geschieht.   **112**

> **Hinweis:** Die Ablehnung einer bestimmten Publikationsform (wie „open access") gehört nur dann hierher, wenn deshalb die Veröffentlichung ganz unterbleibt; die Veröffentlichung in anderer Form ist Wahrnehmung der positiven Wissenschaftsfreiheit.

Die **Freiheit der wissenschaftlichen Lehre,** die der Verfassungstext neben der Forschung ausdrücklich anspricht, erstreckt sich auf **alle denkbaren Formen** der Lehre, sei es mündlich, schriftlich oder über andere Medien. Dabei spielt es keine Rolle, ob die Lehrtätigkeit innerhalb oder außerhalb der Universität oder anderer, der wissenschaftlichen Lehre verpflichteter Einrichtungen erfolgt. Inhaltlich erstreckt sich die Freiheit der Lehre jedenfalls auf die Verbreitung **eigener wissenschaftlicher Erkenntnisse;** davon wird zumindest mittelbar auch die Weitergabe originär fremder wissenschaftlicher Erkenntnisse, die sich der Lehrende in wissenschaftlicher Verantwortung zu eigen macht, umfasst. Dagegen dürfte die bloße, nicht aufgrund eigener Überprüfung selbstverantwortete Vermittlung fremder wissenschaftlicher Erkenntnisse von der Freiheit der wissenschaftlichen Lehre nicht mehr umfasst sein.   **113**

Für **Hochschullehrer** ist Kern der Wissenschaftsfreiheit das Recht, ihr Fach in Forschung und Lehre an ihrer Hochschule zu vertreten (BVerfGE 122, 89 [105 f.]). Jeder Hochschullehrer hat die Befugnis, jederzeit von seiner Lehrbefähigung umfasste Lehrveranstaltungen außerhalb des erforderlichen Lehrangebots anzubieten (BVerwGE 144, 195 Rn. 38). Angesichts der gesetzlichen Annäherung von Universitäten und Fachhochschulen nimmt BVerfGE 126, 1 (19 ff.) inzwischen an, dass Art. 5 Abs. 3 Satz 1 GG auch für Fachhochschullehrer gilt.   **114**

Die Tätigkeit von **Lehrern in Schulen** fällt **nicht** in den Bereich der Wissenschaftsfreiheit, auch wenn sie im Einzelfall die allgemeinen Kriterien der Wissenschaftlichkeit erfüllen sollte. Der Gesamtbereich der in den Schulen entfalteten Tätigkeit der Lehrkräfte steht vielmehr unter dem speziellen Regime des Art. 7 Abs. 1 GG, der die Anwendung der Wissenschaftsfreiheit als Spezialregelung ausschließt (s. u. Kap. 19, Die grundrechtlichen Bestimmungen über das Schulwesen, Art. 7 GG, Rn. 3).   **115**

116   Im Übrigen scheinen **tatbestandliche Ausgrenzungen** bestimmter Betätigungen, die die Voraussetzungen der Wissenschaftlichkeit erfüllen, mit der Grundrechtsgarantie nach Art. 5 Abs. 3 Satz 1 GG grundsätzlich **nicht** vereinbar. Dies gilt
vor allem für solche forschenden Tätigkeiten, mit denen auf **(grund-) rechtliche
Interessen Dritter** übergegriffen wird. Die Tatsache, dass ein Forscher in den
Rechtskreis anderer eingreift, nimmt seinem Handeln nicht die Wissenschaftlichkeit.

> **Beispiele:**
> Medizinische Versuche an Menschen; Grabungen auf fremden Grundstücken;
> historische Forschungen zu höchstpersönlichen Fragen der Intimsphäre; heimli-
> che Beobachtung des menschlichen Verhaltens in der eigenen Wohnung.

Ob trotz Vorliegens der Wissenschaftlichkeit der Grundrechtsschutz nicht durchgreift, dürfte keine Frage der Reichweite des grundrechtlichen Tatbestands der Wissenschaftsfreiheit sein, sondern eine Angelegenheit der Grundrechtsbegrenzung
durch kollidierendes Verfassungsrecht (u. Rn. 124). Die Annahme, das Grundrecht
beziehe sich von vornherein nicht auf (ohne Einwilligung) in fremde Rechtskreise
übergreifende Forschung (o. Kap. 9, Grundrechtsbegrenzungen, Rn. 30), dürfte der
Eigenart des durch die Garantie der Wissenschaftsfreiheit geschützten Interesses
nicht gerecht werden.

b) Grundrechtsberechtigte

117   Die Träger der Wissenschaftsfreiheit werden durch die objektive Formulierung des
Verfassungstextes nicht eingrenzend bestimmt. Die Wissenschaftsfreiheit steht daher
als **Jedermann-Grundrecht** jeder natürlichen Person zu. Sie greift grundsätzlich
unabhängig davon durch, ob der Einzelne sie als Privatperson oder im Rahmen wissenschaftlicher Einrichtungen ausübt; die Reichweite des Grundrechtsschutzes kann
allerdings davon abhängen, in welcher Funktion er dort tätig ist.

> **Beispiel:**
> Wissenschaftliche Mitarbeiter, die wissenschaftliche Dienstleistungen nach
> Weisung eines Professors zu erbringen haben, sind insoweit nur im Rahmen der
> ihnen gemachten Vorgaben zu Gegenstand und Methode ihrer Arbeit durch die
> Wissenschaftsfreiheit geschützt; betreiben sie daneben eigene Forschung, greift
> dafür der Grundrechtsschutz umfassend zu.

118   Obwohl die Wissenschaftsfreiheit sich letztlich in den psychischen Prozessen einzelner Menschen verwirklicht, ist auch das Streben nach wissenschaftlicher Erkenntnis einer gemeinsamen Bemühung von Personengemeinschaften zugänglich, in
vielen Fällen sogar geradezu bedürftig. Damit kommt ihre Betätigung wesensmäßig
auch für juristische Personen in Betracht, die eine organisatorische Struktur für
die wissenschaftliche Tätigkeit von Menschen darstellen können. Gemäß Art. 19
Abs. 3 GG sind daher auch inländische juristische Personen des Privatrechts, soweit
sie wissenschaftliche Betätigung ermöglichen, Träger der Wissenschaftsfreiheit.

119   Die Wissenschaftsfreiheit nach Art. 5 Abs. 3 GG gehört darüber hinaus zu
den Grundrechten, bei denen auch die Grundrechtsträgerschaft juristischer

Personen des **öffentlichen Rechts** anerkannt ist, die institutionell im Wissenschaftsbereich tätig sind. Namentlich gilt dies für **Universitäten, Fakultäten und Fachbereiche** (o. Kap. 6, Die Grundrechtsberechtigten, Rn. 78). Der Grund liegt – wie bei der Rundfunkfreiheit (o. Rn. 45) – darin, dass diese Einrichtungen ungeachtet ihrer Rechtsform in spezifischer Weise der Wahrnehmung grundrechtlicher Handlungsmöglichkeiten gewidmet sind, die im Rahmen der und geschützt durch die öffentlich-rechtliche(n) Organisationsform ihre von staatlichen Behinderungen prinzipiell freie Verwirklichung finden sollen. Für den Bereich der Universitäten ist die Wissenschaftsfreiheit damit personell **in zwei Richtungen** geschützt, indem sowohl die individuellen Wissenschaftler, die in der Universität tätig sind, als auch die Einrichtung als solche als Grundrechtsträger erscheinen.

Beispiel:

Gesetzliche Vorgaben für den Erlass von Studien- und Prüfungsordnungen können sowohl Hochschulen, Fakultäten und Fachbereiche als auch die Hochschullehrer in durch Art. 5 Abs. 3 Satz 1 GG geschützten Befugnissen beeinträchtigen (BVerfGE 93, 85 [93]). – Auch die verfasste Studentenschaft ist für den Bereich ihr übertragener wissenschaftlicher Aufgaben als Grundrechtsträgerin qualifiziert worden (BerlVerfGH, NVwZ 2001, 426).

c) Beeinträchtigungen

Wie andere Freiheitsrechte, kann die Wissenschaftsfreiheit in erster Linie durch **Ge- oder Verbote** berührt werden, die bestimmte wissenschaftliche Forschungen oder Methoden verbieten oder vorschreiben bzw. auf andere geschützte Elemente der Wissenschaftsfreiheit übergreifen, etwa ein Publikationsverbot oder -gebot aufstellen.

120

Beispiel:

Die gesetzliche Verpflichtung der Hochschulwissenschaftler, über bedenkliche Forschungsergebnisse öffentlich zu informieren (BVerfGE 47, 327 [381 ff.]).

In die Wissenschaftsfreiheit der Hochschullehrer greift die Zuweisung eines anderen als des zunächst übertragenen Fachs ein, und zwar nicht nur dann, wenn dies in Reaktion auf die von ihm entwickelten und in der Lehre vertretenen Positionen geschieht (nicht recht eindeutig BVerfGE 122, 89 [106 f.]).

Auch die Begründung **begleitender Verpflichtungen**, die geeignet sind, die wissenschaftliche Tätigkeit zu beeinflussen, stellt eine relevante Beeinträchtigung dar.

121

Beispiele:

Die gesetzliche Verpflichtung der Hochschulwissenschaftler, die gesellschaftlichen Folgen wissenschaftlicher Erkenntnisse mit zu bedenken (BVerfGE 47, 327 [377 ff.]). – Die Regelung einer strengen verschuldensunabhängigen Haftung für die Folgen wissenschaftlicher Forschungen ist wegen ihrer Eignung, „die freie wissenschaftliche Betätigung zu beeinflussen und einzuschränken", als „Eingriff" in die Wissenschaftsfreiheit eingestuft worden (BVerfGE 128, 1 [85]).

Mittelbare Eingriffe in die Wissenschaftsfreiheit sind aufgrund von der öffentlichen Gewalt bewirkter ökonomischer Zwänge (in der Form der Selbstbeeinträchtigung, o. Kap. 8, Grundrechtseingriff und sonstige relevante Grundrechtsbeeinträchtigungen, Rn. 30) denkbar; der bloße Entzug persönlicher finanzieller Vorteile reicht dafür „nicht ohne Weiteres" (BVerfGE 131, 66 [81 f.], für die Kürzung von Versorgungsleistungen an ehemalige Wissenschaftler).

122   **Amtliche Stellungnahmen** staatlicher Stellen oder von Hochschulorganen, die die wissenschaftliche Arbeit von Hochschullehrern **fachlich bewerten**, können gleichfalls die Wissenschaftsfreiheit der Betroffenen in grundrechtlich erheblicher Weise beeinträchtigen.

> **Beispiel:**
>
> Eine zur Untersuchung angeblich fehlerhafter Forschungsarbeiten eines Professors eingesetzte ad-hoc-Kommission seiner Fakultät fasst Beschlüsse, die die von ihm erarbeitete Diagnosemethode als verfehlt verwerfen (BVerwGE 102, 304 [307 ff.]).

Allerdings soll die Bewertung der Qualität wissenschaftlicher Leistungen mit Folgen für die Verteilung der Ressourcen zulässig sein, wenn sie in wissenschaftsadäquater Weise erfolgt; dies soll insbesondere die angemessene Beteiligung von Vertretern der Wissenschaft bei der Festlegung der Verteilungskriterien erfordern, die auch Unterschiede zwischen Disziplinen zu berücksichtigen haben (BVerfGE 111, 333 [359]). Auch Leistungsbewertungen als Grundlage der Vergabe leistungsbezogener Besoldungsbestandteile an Professoren müssen **wissenschaftsadäquat** ausgestaltet sein und durchgeführt werden (BVerfGE 130, 263 [300]).

d) Begrenzungen und Anforderungen an Einschränkungen

123   **Art. 5 Abs. 3 Satz 2 GG** enthält eine nach ihrer Wortfassung als grundrechtsbegrenzende Regelung in Betracht kommende Bestimmung über die Freiheit der Lehre, die nicht von der **Treue zur Verfassung** entbinden soll. Allerdings werden schon von der Formulierung her nicht Einschränkungsmöglichkeiten angeordnet, sondern bestehende Bindungen vorausgesetzt. Tatsächlich ist bei vielerlei Unklarheiten, die mit der Auslegung dieser Regelung verbunden sind, im Ergebnis festzustellen, dass Art. 5 Abs. 3 Satz 2 GG heute überwiegend **nicht** als **Grundrechtsbegrenzung** verstanden wird. Die Vorschrift wendet sich nämlich nicht gegen die Verbreitung wissenschaftlicher Erkenntnisse, die zur Kritik an der Verfassung oder zu ihrer Ablehnung Anlass geben könnten, sondern nur gegen verfassungsfeindliche, unsachliche Polemik, die von vornherein nicht vom Schutzgegenstand der Wissenschaftsfreiheit umfasst ist. Damit hat Art. 5 Abs. 3 Satz 2 GG **lediglich klarstellende Bedeutung** für die schon aus dem Wissenschaftsbegriff folgende Reichweite des grundrechtlichen Schutzgegenstandes.

124   Im Übrigen kennt die Wissenschaftsfreiheit **keine ausdrücklichen Begrenzungen**, insbesondere fehlt es an einem Gesetzesvorbehalt. Daher ist auch diese Grundrechtsgarantie nach dem vom BVerfG entwickelten Modell der Begrenzung durch anderweitige Inhalte der Verfassung (o. Kap. 9, Grundrechtsbegrenzungen,

Rn. 33 ff.) zu behandeln. In Betracht kommen vor allem Begrenzungswirkungen von **Grundrechtsbestimmungen zugunsten der Rechte anderer**. In diesem Zusammenhang hat BVerfGE 47, 327 (369 f.) es als ganz selbstverständlich angesehen, dass sich ein Forscher bei seiner Tätigkeit, insbesondere bei etwaigen Versuchen, nicht über die Rechte seiner Mitbürger auf Leben, Gesundheit oder Eigentum hinwegsetzen dürfe. Doch hat es zugleich betont, die durch die Rücksichtnahme auf kollidierende Verfassungswerte notwendig werdende Grenzziehung oder Inhaltsbestimmung könne nicht generell, sondern nur im Einzelfall durch Güterabwägung vorgenommen werden; dies wurde indes nicht ausdrücklich auch auf die vorgenannten Übergriffe auf Rechte Dritter bezogen (s. auch o. Rn. 116).

> **Beispiel:**
> Die Pflicht, die gesellschaftlichen Folgen wissenschaftlicher Erkenntnisse mit zu bedenken, ist bei einem weiten Verständnis der erfassten Folgen mit der Wissenschaftsfreiheit unvereinbar. Bezieht man die Pflicht in verfassungskonform einschränkender Auslegung nur auf schwerwiegende Folgen für verfassungsrechtlich geschützte Gemeinschaftsgüter, die bei einer Abwägung im Einzelfall mehr Gewicht haben als die dem Wissenschaftler zugemutete Verpflichtung, soll sie verfassungsrechtlich unbedenklich sein (BVerfGE 47, 327 [379 ff.]).

Eine gesetzliche Verpflichtung der Hochschule auf **friedliche Ziele** (vgl. § 3 Abs. 6   **125** HG NRW 2014) dürfte verfassungsrechtlich unbedenklich sein, weil sie in dieser Allgemeinheit Einschränkungen der Wissenschaftsfreiheit weder bewirken noch ermöglichen kann. Das Ziel des Friedens in der Welt (Präambel, Art. 1 Abs. 1 GG) und die Wahrung des Friedens (Art. 24 Abs. 2 GG) wie das Verbot des Angriffskriegs (Art. 26 Abs. 1 GG) lassen sich ohnehin nicht gegen für Kriegsführung relevante Forschung richten, die ja auch für den verfassungsrechtlich gebilligten Verteidigungskrieg und die Abschreckung wichtig sein kann. Art. 26 Abs. 2 GG belegt, dass auch Forschung an Kriegswaffen (jedenfalls mit Genehmigung oder auch im Auftrage der Bundesregierung) nicht verfassungsrechtlich geächtet ist.

Besondere Diskussionen haben sich insoweit an der Frage entzündet, ob die   **126** Wissenschaftsfreiheit mit Rücksicht auf **Interessen des Tierschutzes** eingeschränkt werden darf. Als Ansatz für eine Begrenzung durch die Verfassung war zunächst noch am Ehesten an Art. 74 Abs. 1 Nr. 20 GG a.E. (von 1971) zu denken. Einer Kompetenznorm ist indes kein materiellrechtlicher Gehalt im Sinne einer besonderen verfassungsrechtlichen Wertschätzung des Kompetenzgegenstandes zu entnehmen, geschweige denn ein auf die Begrenzung der Wissenschaftsfreiheit gerichteter Aussagewert. Danach bestanden gegenüber gesetzlichen Begrenzungen wissenschaftlicher Tierversuche erhebliche verfassungsrechtliche Bedenken (s. auch o. Kap. 9, Grundrechtsbegrenzungen, Rn. 39 und Kap. 16, Die Grundrechte des Art. 4 GG, Rn. 29 f.). Mit der Einfügung des Tierschutzes in **Art. 20a GG** ist jetzt eine eher tragfähige Basis für Beschränkungen der Wissenschaftsfreiheit geschaffen.

▶   **Hinweis:**   BVerfGE 128,1 (85) zählt ganz selbstverständlich das Staatsziel
des Schutzes der natürlichen Lebensgrundlagen aus Art.20a GG zu
Verfassungswerten,die auch die Einschränkung derWissenschaftsfreiheit
(hier:für gentechnische Versuche) rechtfertigen können.

127   Einschränkungen, denen die selbstbestimmte wissenschaftliche Tätigkeit des an
den **Hochschulen tätigen Personals** unterliegt, ergeben sich daraus, dass diese Personen freiwillig in ein entsprechendes **Dienstverhältnis** eingetreten sind, dessen
Strukturen den hergebrachten Grundsätzen des Berufsbeamtentums nach Art. 33
Abs. 5 GG für diesen Sektor entsprechen und der Bedeutung wissenschaftlich freier
individueller Betätigung je nach der wahrgenommenen Funktion des Einzelnen im
Rahmen der Gesamtorganisation der Universität Rechnung zu tragen suchen.

> **Beispiel:**
> Eine gesetzliche Bestimmung, die den Dekan zur Erfüllung des Lehrangebots
> dazu ermächtigt, Aufgaben auf einzelne Hochschullehrer zu übertragen, soll
> nicht gegen Art. 5 Abs. 3 Satz 1 GG verstoßen, weil diese Übertragung nur im
> Rahmen der für das Dienstverhältnis der Hochschullehrer geltenden Regelungen
> zulässig ist (BVerfGE 93, 85 [98]). – Zugleich werden solche Regelungen, wenn
> es zu keiner freiwilligen Verständigung der Hochschullehrer kommt, auf die
> Sicherung der Studierfreiheit nach Art. 12 Abs. 1 GG gestützt (BVerfGE 127, 87
> [120 f.]; BVerwGE 144, 195 Rn. 32).

128   Die Wissenschaftsfreiheit der einzelnen Hochschullehrer kann auch auf der Grundlage der **Wissenschaftsfreiheit der Fakultäten** (oder Hochschulen) durch Gesetz
oder aufgrund eines Gesetzes eingeschränkt werden, um die Aufgabenerfüllung der
letzteren sicherzustellen. Bei Theologen ergeben sich Grenzen auch aus dem Selbstbestimmungsrecht der Religionsgesellschaft, deren Theologie Gegenstand der wissenschaftlichen Lehre ist.

> **Beispiel:**
> Die Entziehung der Vertretung eines Fachs gegenüber einem vom Bekenntnis
> abweichenden Hochschullehrer kann mit Rücksicht auf die Bekenntnismäßigkeit
> der Lehre einer theologischen Fakultät und das Selbstbestimmungsrecht der
> betroffenen Religionsgesellschaft gerechtfertigt sein (BVerfGE 122, 89 [107 ff.]).

Die objektivrechtliche Bedeutung des Art. 5 Abs. 3 Satz 1 GG (u. Rn. 130 ff.)
zugunsten der Funktionsfähigkeit des Wissenschaftsbetriebs überhaupt wird zur
Rechtfertigung von Eingriffen in die individuelle Wissenschaftsfreiheit herangezogen.

> **Beispiel:**
> So kann der Entzug des redlich erworbenen Doktorgrades (o. Rn. 111) aus die-
> sem Grunde gesetzlich für Fälle späteren wissenschaftsbezogen unwürdigen
> Verhaltens vorgesehen werden (BVerwGE 147, 292 Rn. 27).

3. Weitere Grundrechtsgehalte

Nicht abschließend geklärt ist, ob die Wissenschaftsfreiheit des Art. 5 Abs. 3   **129**
Satz 1 GG eine **Einrichtungsgarantie** der Hochschule und der akademischen
Selbstverwaltung bedeutet. Eine entsprechende Ausgestaltung findet sich ausdrücklich in den Landesverfassungen (z. B. Art. 20 BadWürttVerf.; Art. 16 NRWVerf.),
wurde zudem bereits vor Geltung des Grundgesetzes für die Wissenschaftsfreiheit
der Weimarer Verfassung postuliert. Da diese Ansätze in der Formulierung des
Art. 5 Abs. 3 Satz 1 GG keinen Niederschlag gefunden haben, ist die Existenz einer
solchen Garantie im Grundgesetz allerdings Zweifeln ausgesetzt.

Im Übrigen sind aber **objektiv-rechtliche Grundrechtsgehalte** der Wissen-   **130**
schaftsfreiheit anerkannt, die jedenfalls vergleichbare Wirkungen beinhalten (s. auch
o. Rn. 128). Namentlich hat das BVerfG die Aufgabe des Staats angenommen, die
Pflege der **freien Wissenschaft** und ihre Vermittlung an die nachfolgende Generation
durch Bereitstellung von personellen, finanziellen und organisatorischen Mitteln zu
ermöglichen und zu **fördern.** Insbesondere für den Bereich des mit öffentlichen
Mitteln eingerichteten und unterhaltenen Wissenschaftsbetriebs hat es zusätzlich
verlangt, der Staat müsse durch **geeignete organisatorische Maßnahmen** dafür sorgen, dass das Grundrecht der freien wissenschaftlichen Betätigung soweit unangetastet bleibt, wie das unter Berücksichtigung der anderen legitimen Aufgaben der
Wissenschaftseinrichtungen und der Grundrechte der verschiedenen Beteiligten
möglich ist (vgl. BVerfGE 35, 79 [112 ff.]). Das BVerfG hat auf dieser Basis gegenüber den im Rahmen von Hochschulreformen entwickelten unterschiedlichen
Organisationsmodellen mehr oder (zunehmend) weniger detaillierte Anforderungen
zur Sicherung der Wissenschaftsfreiheit in der Hochschule entwickelt.

Hervorzuheben ist in diesem Zusammenhang der **Anspruch des einzelnen**   **131**
Wissenschaftlers auf eine Grundausstattung, die ihm ein sinnvolles wissenschaftliches Tätigwerden im Rahmen der Universität überhaupt erst ermöglicht
(BVerfGE 43, 242 [285]). Dies geht wohl über ein bloßes Teilhaberecht des Einzelnen
auf gleichheitsgerechte Berücksichtigung bei der Vergabe der verfügbaren Mittel
hinaus (zur Zulässigkeit diesbezüglich wirksamer Evaluationen o. Rn. 122).

Art. 5 Abs. 3 Satz 1 GG garantiert auch eine **hinreichende Mitwirkung von**   **132**
Wissenschaftlern im Gesamtgefüge der Hochschulorganisation, die sich auf alle
wissenschaftsrelevanten Entscheidungen erstreckt (BVerfGE 136, 338 Rn. 58).
Dabei bestehen im Rahmen gesetzlich vorgegebener Selbstverwaltungsstrukturen
Ansprüche auf gleichheitsgemäß abgestufte Teilhabe der am Wissenschaftsbetrieb
Beteiligten an den diesbezüglichen **Mitwirkungsrechten,** die auch als **individuelle**
Grundrechtspositionen einzelner Wissenschaftler geltend gemacht werden kön-
nen. Sachlich begrenzt können monokratischen Leitungsorganen von Hochschulen
Entscheidungskompetenzen zugewiesen werden, solange keine strukturelle
Gefährdung der Wissenschaftsfreiheit eintritt (BVerfGE 111, 333 [355]). Den
Leitungsorganen dürfen aber keine so weitgehenden Entscheidungsbefugnisse im
wissenschaftsrelevanten Bereich zugewiesen werden, dass dem mit Hochschullehrern
besetzten Vertretungsgremium kaum Mitwirkungs- und Kontrollrechte verbleiben
(BVerfGE 127, 87 [116 ff.]).

133   Universitäten und andere öffentliche Einrichtungen des Wissenschaftsbetriebs können grundsätzlich Eingriffe in ihre organisatorischen Strukturen abwehren, die einer freien wissenschaftlichen Betätigung abträglich sind. Einen **Bestandsschutz** für wissenschaftliche Einrichtungen als solche garantiert Art. 5 Abs. 3 Satz 1 GG indes **nicht** (BVerfGE 85, 360 [384 f.]). In **verfahrensrechtlicher Hinsicht** muss vor organisatorischen Eingriffen, wie etwa der Schließung eines Studiengangs, der Hochschule zumindest die Gelegenheit gegeben werden, sich zu der geplanten Maßnahme sachgerecht zu äußern (BerlVerfGH, NVwZ 1997, 790 ff.).

4. Konkurrenzen

134   Für die öffentlich-rechtlichen Grundrechtsträger des Wissenschaftsbereichs können sich Konkurrenzprobleme nicht ergeben, weil ihre Grundrechtsberechtigung allein die Wissenschaftsfreiheit betrifft. Für andere Grundrechtsberechtigte, insbesondere einzelne Wissenschaftler, können **neben der Wissenschaftsfreiheit** namentlich die Grundrechte des Art. 5 Abs. 1 GG Anwendung finden, ferner die Berufsfreiheit des Art. 12 Abs. 1 GG und die Garantie des Art. 33 Abs. 5 GG. Im Ergebnis ändert dies gegenüber der vielfach angenommenen Spezialität des Art. 5 Abs. 3 GG wenig, weil regelmäßig die vorbehaltlose Garantie der Wissenschaftsfreiheit die strengsten Anforderungen stellen und damit ausschlaggebend sein wird.

> **Beispiel:**
> BVerfGE 128, 1 (70 ff.) sieht durch die nachbarrechtliche Regelung der Störerhaftung nach § 36a GenTG neben der Wissenschaftsfreiheit die Grundrechte aus Art. 14 Abs. 1, Art. 12 Abs. 1 und Art. 3 Abs. 1 GG betroffen. Im Ergebnis war das Fehlen eines Gesetzesvorbehalts in Art. 5 Abs. 3 GG für die Annahme der Verfassungsmäßigkeit der Regelung ohne Bedeutung.

Immerhin wird durch die gleichzeitige Anwendung des Art. 5 Abs. 1 GG die Geltung des Zensurverbots auch für wissenschaftliche Publikationen unterstrichen.

5. Zusammenfassung

135   • Wissenschaftliche Forschung meint jeden ernsthaften, auf einen gewissen Kenntnisstand aufbauenden Versuch der Wahrheitsfindung, der sich durch methodisch geordnetes und kritisch reflektiertes Denken auszeichnet.
   • Die Lehrfreiheit schützt die Verbreitung eigener wissenschaftlicher Erkenntnis in allen denkbaren Erscheinungsformen.
   • Grundrechtsberechtigt sind neben den als Wissenschaftlern tätigen Menschen (und nach Maßgabe des Art. 19 Abs. 3 GG inländischen juristischen Personen des Privatrechts) auch die öffentlich-rechtlich organisierten Hochschulen, ihre Fakultäten und Fachbereiche.

- Als relevante Grundrechtsbeeinträchtigungen kommen neben Ge- und Verboten hinsichtlich der wissenschaftlichen Betätigung im Hochschulbereich auch organisationsrechtliche Bestimmungen in Betracht.
- Die Wissenschaftsfreiheit unterliegt keinem Gesetzesvorbehalt, kann aber aufgrund begrenzender Gehalte anderer Verfassungsbestimmungen gesetzlich eingeschränkt werden.
- Art. 5 Abs. 3 Satz 1 GG verpflichtet den Staat objektiv-rechtlich, die freie Pflege der Wissenschaft zu ermöglichen und zu fördern. Im öffentlich-rechtlichen Wissenschaftsbetrieb muss der Staat die Wissenschaftsfreiheit zumal durch geeignete organisatorische Maßnahmen absichern.

Die Grundrechte des Art. 6 GG

Inhalt

© Springer-Verlag Berlin Heidelberg 2017

M. Sachs, *Verfassungsrecht II - Grundrechte*, Springer-Lehrbuch,
DOI 10.1007/978-3-662-50364-5_18

Literatur zu I.: *Jörn Ipsen*, § 154, Ehe und Familie, in: HStR VII³, 2009, S. 431; *Udo Steiner*, § 108, Schutz von Ehe und Familie, in: HGR IV, 2011, S. 1249; *Klaus Stern*, § 100, Der Schutz von Ehe, Familie und Eltern/Kind-Beziehung, in: ders., Staatsrecht IV/1, 2006, S. 315; *Dagmar Coester-Waltjen*, Art. 6 I GG und der Schutz der Ehe, Jura 2008, 108; *dies.*, Art. 6 I GG und der Schutz der Familie, Jura 2008, 349; *dies.*, Art. 6 GG und die Familienautonomie, Jura 2009, 105; *Dominique Jakob*, Homosexuelle Paare zwischen Gleichstellung und Abstandsgebot, Jura 2003, 762; *Kingreen, Thorsten*, Das Grundrecht von Ehe und Familie (Art. 6 Abs. 1 GG), Jura 1997, 401; *Meissner, Claus*, Familienschutz im Ausländerrecht, Jura 1993, 1 und 113; *Rüdiger Zuck*, Die verfassungsrechtliche Gewährleistung der Ehe im Wandel des Zeitgeistes, NJW 2009, 1449; **zu II.:** *Martin Burgi*, § 109, Elterliches Erziehungsrecht, in: HGR IV, 2011, S. 1279; *Wolfram Höfling*, § 155, Elternrecht, in: HStR VII³, 2009, S. 477; *Klaus Stern*, § 100, Der Schutz von Ehe, Familie und Eltern/Kind-Beziehung, in: ders., Staatsrecht IV/1, 2006, S. 315 (497 ff.); **zu III.:** *Wolfram Höfling*, § 155, Elternrecht, in: HStR VII³, 2009, S. 477 (501 ff.); *Klaus Stern*, § 100, Der Schutz von Ehe, Familie und Eltern/Kind-Beziehung, in: ders., Staatsrecht IV/1, 2006, S. 315 (536 ff.); **zu IV.:** *Klaus Stern*, § 100, Der Schutz von Ehe, Familie und Eltern/Kind-Beziehung, in: ders., Staatsrecht IV/1, 2006, S. 315 (540 ff.); **zu V.:** *Klaus Stern*, § 100, Der Schutz von Ehe, Familie und Eltern/Kind-Beziehung, in: ders., Staatsrecht IV/1, 2006, S. 315 (563); *Rudolf Wendt*, § 127, Spezielle Gleichheitsrechte, in: HGR V, 2013, S. 1052; *Eva Schumann*, Das Nichtehelichenrecht: Gesetzeslage und Reformbestrebungen, JuS 1996, 506.

Rechtsprechung zu I.: BVerfGE 6, 55 (Zusammenveranlagung); BVerfGE 10, 59 (Stichentscheid des Vaters); BVerfGE 36, 146 (Eheverbot der Geschlechtsgemeinschaft); BVerfGE 42, 95 (Ehegattenbesuch in der Untersuchungshaft); BVerfGE 49, 286 (Transsexuelle I); BVerfGE 51, 386 (Ausweisung eines ausländischen Straftäters); BVerfGE 53, 224 (Neues Scheidungsrecht für Altehen); BVerfGE 57, 170 (Briefe an Eltern aus der Untersuchungshaft); BVerfGE 62, 323 (Hinkende Ehe); BVerfGE 68, 176 (§ 1632 Abs. 4 BGB/Pflegefamilie); BVerfGE 76, 1 (Familiennachzug); BVerfGE 82, 6 (Kindergeld, Existenzminimum); BVerfGE 89, 315 (Trennscheibe bei Ehegatten); BVerfGE 99, 216 (Familienexistenzminimum und Betreuungsbedarf); BVerfGE 105, 313 (Lebenspartnerschaftsgesetz); BVerfGE 112, 332 (Pflichtteil); BVerfGE 113, 88 (Elternunterhalt); BVerfGE 117, 316 (Künstliche Befruchtung); BVerfGE 120, 224 (Inzestverbot); BVerfGE 121, 175 (Fortbestand der Ehe bei Transsexuellen); BVerfGE 127, 263 (Haftungsprivileg für Eltern); BVerfGE 136, 382 (Vorrang der Familie bei Vormundauswahl); BVerwGE 65, 174 (Aufenthaltserlaubnis bei „Scheinehe"); BVerwGE 71, 228 (Nachzug der Zweitehefrau); BVerwGE 110, 99 (Ehe als Abschiebungshindernis); BVerwG, NVwZ 2001, 924 (Zeugen Jehovas); **zu II.:** BVerfGE 31, 194 (Verkehrsrecht des nichtsorgeberechtigten Elternteils); BVerfGE 47, 46 (Sexualkundeunterricht); B.VerfGE 56, 363 (Gemeinsames Sorgerecht); BVerfGE 84, 168 (Kein Ausschluss gemeinsamen Sorgerechts); BVerfGE 92, 158 (§ 1747 BGB/ nichtehelicher Vater); BVerfGE 96, 288 (Integrative Beschulung Behinderter); BVerfGE 98, 218 (Rechtschreibreform); BVerfGE 99, 145 (Gegenläufige Kindesrückführungsanträge); BVerfGE 103, 89 (Ungleicher Ehevertrag); BVerfGE 107, 104 (Beteiligung der Eltern am Jugendstrafverfahren); BVerfGE 108, 82 (Stellung des leiblichen Vaters); BVerfGE 121, 69 (Erzwingung der Umgangspflicht); BVerfGE 127, 132 (Zustimmung der Mutter zu Sorgerecht des Vaters); BVerfGE 133, 59 (Gleichgeschlechtliche Eltern); BVerfGE 135, 48 (Behördliche Vaterschaftsanfechtung); BVerwG, NJW 2014, 804 („Krabat"); **zu III.:** BVerfGE 24, 119 (Adoption ohne elterliche Einwilligung); BVerfGE 68, 176 (§ 1632 Abs. 4 BGB/Pflegefamilie); BVerfGE 79, 51 (Herausgabe aus Pflegefamilie); **zu IV.:** BVerfGE 37, 121 (§ 14 Abs. 1 Satz 1 MuSchG); BVerfGE 44, 211 (Schwangerschaft kein Eignungsmangel); BVerfGE 65, 104 (Mutterschaftsgeld I); BVerfGE 84, 133 (Warteschleife); BVerfGE 103, 89 (Ungleicher Ehevertrag); BVerfGE 109, 64 (87 f.) (Mutterschaftsgeld II); **zu V.:** BVerfGE 25, 167 („Ultimatum" des BVerfG); BVerfGE 74, 33 (Nichtehelichenerbrecht); BVerfGE 85, 80 (Instanzenzug für Unterhaltsstreitigkeiten nichtehelicher Kinder); BVerfGE 92, 158 (§ 1747 BGB/nichtehelicher Vater); BVerfGE 96, 56 (Anspruch auf Benennung des Vaters); BVerfGE 118, 45 (Gleicher Betreuungsunterhalt).

Übungsfälle zu I.: *Einiko Franz/Thomas Günther*, Grundfälle zu Art. 6 GG, JuS 2007, 626; **zu II.:** *Einiko Franz/Thomas Günther*, Grundfälle zu Art. 6 GG, JuS 2007, 716; *Franz Reimer/John Philipp Thurn*, Fortgeschrittenenhausarbeit – Öffentliches Recht: Homeschooling, JuS 2008, 424; **zu III.:** *Hanno Kube/Christian Seiler*, Bildung im Vorschulalter, Jura 2005, 567; **zu V.:** *Kyrill-A. Schwarz*, Grundfälle zu Art. 3 GG, JuS 2009, 417.

I. Der besondere Schutz von Ehe und Familie nach Art. 6 Abs. 1 GG

1. Allgemeines

Der Schutz von Ehe und Familie ist **kein klassisches Freiheitsrecht**. Einschlä- **1** gige Garantien zu diesem Lebensbereich lassen sich allerdings bis ins Mittelalter zurückverfolgen. Vorbild für die grundgesetzliche Regelung war die Behandlung in der Weimarer Verfassung, die im Rahmen ihrer Regelungen über das Gemeinschaftsleben die Ehe als eine konkrete Lebensordnung grundlegend ausgestalten wollte. Art. 6 GG gehört zu den wenigen Grundrechten, bei denen das Grundgesetz von seiner prinzipiellen Linie der Selbstbeschränkung auf die klassischen Freiheitsrechte abweicht und sich auch auf das Gebiet der Lebensordnungen begibt.

Art. 6 Abs. 1 GG enthält jedenfalls mit der dort genannten Ehe eines der wesentli- **2** chen Rechtsinstitute des Privatrechts, stellt also eine **Institutsgarantie** dar (dazu noch u. Rn. 24 f.). Mit diesem Institut in Verbindung stehende Rechte Einzelner sind aber **zugleich** Gegenstand individueller **Abwehrrechte** der Grundrechtsträger. Darüber hinaus deutet bereits die Formulierung des Art. 6 Abs. 1 GG darauf hin, dass auch positive Rechte in Betracht kommen können, die sich allerdings nach der bisherigen Entwicklung im Wesentlichen darauf beschränkt haben, einen im Ergebnis eher gleichheitsrechtlichen Schutz vor Benachteiligungen zu bieten (u. Rn. 19, 22).

2. Abwehrrechtliche Bedeutung

a) Schutzgegenstand

Der Schutzgegenstand der abwehrrechtlichen Seite des Art. 6 Abs. 1 GG wird maßgeb- **3** lich durch den **Begriff der Ehe** bestimmt, deren gesetzliche Ausgestaltung im Einzelnen Gegenstand der schon erwähnten Institutsgarantie ist. Unter Ehe als dem für alle abwehrrechtlichen Berechtigungen grundlegenden Element des grundrechtlichen Tatbestandes ist die rechtlich als solche anerkannte Form des auf Dauer angelegten Zusammenlebens von grundsätzlich einem Mann und einer Frau zu verstehen (u. Rn. 24).

Im Detail können sich dabei mancherlei Zweifelsfragen ergeben, insbesondere **4** im Zusammenhang mit der Beteiligung **ausländischer Ehepartner**. Insofern ist beispielsweise angenommen worden, dass eine Ehe, die nur nach dem Heimatrecht eines von beiden Ehegatten als gültig angesehen wird (sog. **hinkende Ehe**), ungeachtet ihrer Nicht-Anerkennung durch das andere (auch deutsche) Heimatrecht für den Grundrechtsschutz des Art. 6 Abs. 1 GG ausreichend ist.

> **Beispiel:**
>
> Eine deutsche Frau wurde 1947 in Deutschland mit einem britischen Soldaten von einem britischen Militärgeistlichen nach englischem Recht wirksam getraut und erwarb die englische Staatsangehörigkeit; nach deutschem Recht handelt es sich für die Frau um eine Nichtehe, da kein Standesbeamter mitgewirkt hat. Gleichwohl ist sie nach dem Tode ihres Mannes mit Rücksicht auf Art. 6 Abs. 1 GG rentenversicherungsrechtlich als seine Witwe anzuerkennen (vgl. BVerfGE 62, 323 [330 f.]).

5   Der Schutz der Ehe erstreckt sich im Übrigen auch auf **nach ausländischem Recht gültige Ehen**, die die nach deutschem Recht wesentlichen Grundstrukturen von Ehe nicht aufweisen. So ist es etwa denkbar, dass der Grundrechtsschutz für eine bestehende Ehe sich auch auf die **Mehr-Ehe** zwischen einem Muslimen und seiner zweiten Frau erstreckt, die nach deren Heimatrecht zulässigerweise geschlossen wurde (vgl. wegen Schutzes der Familie offen lassend BVerwGE 71, 228 [230 ff.]).

6   So genannte **Scheinehen**, die ohne den Willen zu ehelicher Lebensgemeinschaft und wechselseitiger Verantwortung füreinander geschlossen werden, sind nicht von vornherein ungültig, sondern müssen erst nach Maßgabe der § 1314 Abs. 2 Nr. 5, §§ 1315 ff. BGB aufgehoben werden. Damit ist ihr Bestand grundsätzlich durch Art. 6 Abs. 1 GG geschützt. Erfolgte die Eheschließung nur mit der Absicht, aufgrund der Ehe in den Genuss bestimmter günstiger Rechtsfolgen, etwa einer Einbürgerung oder eines Aufenthaltsrechtes zu kommen, können die so missbräuchlich erstrebten Vorteile allerdings wohl versagt werden (BVerwGE 65, 174 [179 ff.]).

7   In Bezug auf eine Ehe sind verschiedene Aspekte vom Grundrechtsschutz erfasst. Hierzu gehört zunächst die **Möglichkeit der Eheschließung** mit einem frei gewählten Partner, sofern auch dieser einverstanden ist. Allerdings erstreckt sich diese Schutzwirkung des Art. 6 Abs. 1 GG nicht darauf, Ehen zu schließen, die den verfassungsgemäßen Vorgaben der deutschen Rechtsordnung nicht entsprechen, selbst wenn derartige Ehen in ihrem Bestand geschützt sind. So besteht kein grundrechtsgeschütztes Recht darauf, in Deutschland Mehrehen oder Scheinehen (vgl. § 1310 Abs. 1 Satz 2 BGB) zu schließen.

8   Der sog. Eheschließungsfreiheit, die sich bei genauerer Betrachtung für das geltende Recht als beiden Heiratswilligen gemeinsam zustehendes Bewirkungsrecht nebst Anspruch auf die Mitwirkung des Standesbeamten darstellt (vgl. § 1310 BGB), entspricht als **negative Dimension** das Recht, nicht zwangsweise irgendeine oder gar eine bestimmte Ehe schließen zu müssen (negative Eheschließungsfreiheit). Dies gilt ungeachtet der in Art. 6 Abs. 1 GG deutlich hervortretenden positiven Bewertung der Ehe, weil sich diese eben nur auf die freiwillig eingegangene Ehe bezieht. Wer hier Art. 6 Abs. 1 GG nicht für anwendbar hält, wird sich nicht mit dem (schwachen) Schutz aus Art. 2 Abs. 1 GG begnügen können (so beiläufig BVerfGE 56, 363 [384]), sondern die Freiheit von jeglicher Zwangsehe als Teil des Persönlichkeitsrechts, ja der Menschenwürde sichern müssen.

Nach Schließung der Ehe besteht ein **Recht** jedes Ehegatten **am rechtlichen** 9
Fortbestand der Ehe, jedenfalls solange dies dem gemeinsamen Willen beider
Ehegatten entspricht. Andernfalls wird als Teil der negativen Schutzrichtung des
Art. 6 Abs. 1 GG die grundsätzliche Möglichkeit der **Ehescheidung** für jeden ein-
zelnen Ehegatten geschützt. Dies entspricht dem Befund bei anderen negativen
Freiheiten, die nicht nur das Eingehen von Bindungen freistellen, sondern auch die
Möglichkeit zur Trennung von eingegangenen Bindungen (etwa bei Vereinigungen,
insbesondere Religionsgesellschaften) garantieren. Demgegenüber scheint die
Begründung damit, dass durch eine Scheidung die Eheschließungsfreiheit wiederer-
öffnet wird (vgl. BVerfGE 53, 224 [245]), weniger überzeugend.

Während des Bestandes ihrer Ehe haben die Ehegatten das Recht, diese nach den 10
eigenen Vorstellungen zu führen. Art. 6 Abs. 1 GG **schützt vor staatlich verordne-
ten Modellen** für die Eheführung, etwa was die Frage der Arbeitsteilung innerhalb
der Ehe (Berufstätigkeit, Haushaltsführung, Kinderversorgung) angeht. Dies gilt für
einen Zwang zum früheren gesetzlichen Modell der Hausfrauenehe ebenso wie für
den zur Doppelverdienerehe (mit oder ohne Kinder).

Vom **Schutz der Eheführung** umfasst ist grundsätzlich auch das Zusammenleben 11
als Ehegatten, soweit es von den Partnern gewünscht wird. Dies bedeutet allerdings
nicht notwendig, dass das Zusammenleben im Inland stattfinden muss. Immerhin ist
auch dieses Interesse grundrechtlich relevant, so dass es bei einschlägigen
Ermessensentscheidungen (BVerfGE 76, 1 [42 ff.] zum Ausländerrecht) und bei
Auslegung unbestimmter Rechtsbegriffe berücksichtigt werden muss (BVerwGE
110, 99 [103 ff.] zum Vertriebenenrecht).

Beispiel:
Einem nach Art. 11 GG zum Aufenthalt im Inland berechtigten Deutschen kann
grundsätzlich die Eheführung mit seinem ausländischen Ehepartner im Ausland
nicht zugemutet werden; Einschränkungen des Ehegattennachzugs unterliegen
daher strengeren Anforderungen (BVerwGE 144, 141 Rn. 19 ff., 27 ff.).

Im Gegensatz zur rechtlich institutionalisierten Ehe weist die **Familie** als zweites 12
Element des Art. 6 Abs. 1 GG keine vergleichbar scharfen rechtlichen Konturen auf.
Insbesondere gibt es **kein** rechtlich umfassend **ausgestaltetes Rechtsinstitut** der
„Familie". Die in verschiedenen Zusammenhängen der Rechtsordnung festzustel-
lenden Regelungen über Verwandtschaftsbeziehungen reichen für die Annahme
eines solchen Instituts nicht aus. Mangels präziser rechtlicher Vorgaben muss der
Begriff der Familie nach der sozialen Wirklichkeit bestimmt werden.

Danach versteht man unter Familie im Sinne des Art. 6 Abs. 1 GG heute primär die 13
Kleinfamilie, bestehend aus **Eltern und ihren Kindern**, wobei schon ein Elternteil
mit Kindern bereits eine Familie ausmacht. Ob dasselbe auch für – etwa nach Verster-
ben der Eltern übrig bleibende – Geschwister gilt, ist nicht geklärt. Die Kleinfamilie bleibt
auch dann geschützt, wenn die Kinder erwachsen geworden sind und nicht mehr bei
den Eltern wohnen. Die Familie als Form der Zusammengehörigkeit von Menschen
bleibt auch nach dem Kindesalter schutzwürdig (BVerfGE 57, 170 [178]). Als Familie

ist auch die ohne verwandtschaftliche Grundlage längere Zeit bestehende Pflegefamilie anerkannt worden, die aus dem Kind und den Pflegeeltern besteht (BVerfGE 68, 176 [187]). Differenzierungen zwischen unterschiedlichen Formen von Familie müssen strengen gleichheitsrechtlichen Anforderungen genügen (BVerfGE 106, 166 [175 f.]; o. Kap. 15, Die Gleichheitssätze des Art. 3 GG, Rn. 32).

14   Die geschützte Familie wird man mit dem allgemeinen Sprachgebrauch andererseits auf einen **weiteren Kreis von Angehörigen** beziehen können, und zwar wohl nicht nur dann, wenn Verwandte in einer Hausgemeinschaft nach Art einer **Groß-familie** zusammenleben. Die Bedeutung der zwischen (Familien-) Angehörigen bestehenden Beziehungen für die Grundrechtsträger ist in der Rechtsordnung in vielen Bereichen weit über die Kleinfamilie hinaus anerkannt (vgl. etwa § 52 StPO, § 258 Abs. 6 StGB, auch §§ 1924 ff., § 1779 Abs. 2 sowie – enger – § 1601 BGB); sie tritt auch im Grundgesetz, Art. 104 Abs. 4 GG, ausdrücklich hervor.

> **Beispiel:**
> BVerfGE 136, 382 Rn. 21 ff. erstreckt den Schutz der Familie auf die Beziehung zwischen auch erwachsenen nahen Verwandten, insbes. Großeltern und Enkeln, und sieht davon ein Recht der nahen Verwandten umfasst, bei tatsächlichem Bestehen einer engeren familiären Bindung bei der Auswahl eines Vormundes vorrangig berücksichtigt zu werden.

15   Vor diesem Hintergrund wird man auch die **kinderlose Familie** nicht aus dem Grundrechtsschutz ausschließen können. Der kinderlosen Ehepaaren garantierte Schutz der Ehe erlaubt angesichts der Unabhängigkeit beider Elemente des Art. 6 Abs. 1 GG voneinander jedenfalls keinen Umkehrschluss dahin, dass nichteheliche Lebensgemeinschaften ohne Kinder keine Familien sein könnten.

> ▶ **Hinweis:** BVerfGE 117, 316 (329) sieht keine verfassungsrechtliche Pflicht, die *Entstehung einer Familie* durch medizinische Maßnahmen der künstlichen Befruchtung zu fördern; allerdings dürfte eine Pflicht zu solcher Förderung (ebenso wie bei Eheleuten) auch dann nicht bestehen, wenn man die nichteheliche Lebensgemeinschaft mit Kinderwunsch als Familie anerkennt.

Ein kinderunabhängiger Begriff von Familie ist außerhalb naher verwandtschaftlicher Beziehungen allerdings kaum verlässlich abzugrenzen.

16   Gegenstand des abwehrrechtlichen Schutzes der Familie kann entsprechend dem zur Ehe Gesagten zumal die (auch negative) Freiheit zur **Gründung** einer Familie sein. Mangels rechtlich vorgegebener Formen schließt dies auch die Freiheit ein, die **Form** der Familie (verheiratet/unverheiratet; mit oder ohne Kinder) zu bestimmen. Innerhalb einer Familie ist die freie **Gestaltung des Familienlebens**, insbesondere die Möglichkeit des Zusammenseins geschützt. So wird vom Grundrechtsschutz der Familie das Recht eines deutschen Elternteils umfasst, mit seinem ausländischen Ehegatten und gemeinsamen ehelichen minderjährigen Kindern deutscher Staatsangehörigkeit in Deutschland zusammenzuleben, ohne dass sich allerdings daraus ein unmittelbarer Anspruch auf Aufenthalt ergibt (vgl. BVerfGE 51, 386 [396 ff.] und u. Rn. 20).

b) Grundrechtsberechtigung

Grundrechtsberechtigte sind bei Ehe und Familie **nur natürliche Personen**, und   17
zwar unabhängig davon, ob sie Deutsche sind. Hinsichtlich bestehender Ehen ist
jeder Ehegatte grundrechtsberechtigt, bei Familien jedes Familienmitglied. Die
Altersgrenzen für die Eheschließung, vgl. § 1303 Abs. 1, 2 BGB, sind nicht
Ausdruck einer verfassungsrechtlich vorgegebenen Ehemündigkeit, sondern eine
im Rahmen des Instituts der Ehe zulässige Ausgestaltung (u. Rn. 18).

c) Beeinträchtigungen

Bei gesetzlichen Regelungen hinsichtlich der Ehe ist zu berücksichtigen, dass der   18
Gesetzgeber in den Grenzen der Institutsgarantie zur **gesetzlichen Ausgestaltung**
berechtigt ist. Wenn gesetzliche Regelungen die geschützten Elemente in einem
Ausmaß berühren, das über die noch mit der Institutsgarantie und sonstigen
objektiv-rechtlichen Gehalten zu vereinbarenden Grenzen der gesetzgeberischen
Regelungsbefugnis nicht hinausgeht (u. Rn. 24 f.), kann daher schon von einer
Beeinträchtigung von Rechten aus Art. 6 Abs. 1 GG durch den Gesetzgeber hin-
sichtlich des Eheschutzes nicht die Rede sein.

> **Beispiele:**
> Ein Verbot der Eheschließung mit einem Mann für (früher) männliche Trans-
> sexuelle wäre mit Art. 6 Abs. 1 GG unvereinbar, weil es sich rational nicht
> begründen lässt (BVerfGE 49, 286 [300]). BVerfGE 121, 175 (189 ff.) sieht
> Art. 6 Abs. 1 GG schon dadurch verletzt, dass einem Transsexuellen nach einer
> Geschlechtsumwandlung, die als solche den Bestand seiner Ehe ohnehin unbe-
> rührt lässt, die personenstandsrechtliche Anerkennung der neuen Geschlechts-
> zugehörigkeit ohne vorherige Scheidung versagt wurde. – Dagegen hält das
> BVerfG beim Eheverbot der Verwandtschaft (heute § 1307 BGB) medizinische
> und erbbiologische Gesichtspunkten offenbar für sachliche, verstandesgemäß
> fassbare Gesichtspunkte (BVerfGE 36, 146 [163, 166 f.]), obwohl dies allenfalls
> die Fortpflanzung betreffen kann, die weder auf die Ehe beschränkt noch mit ihr
> notwendig verbunden ist.

Gesetzliche Regelungen, die nicht zielgerichtet gerade eheliche Verhältnisse gestal-   19
ten, sondern sich als **allgemeingültige Regelungen** auch auf geschützte Elemente
der Ehe einschränkend auswirken, sind hingegen ohne weiteres rechtfertigungsbe-
dürftige Eingriffe.

> **Beispiel:**
> Einschränkungen von Besuchen für (verheiratete) Strafgefangene (vgl. BVerfGE
> 89, 315 [322 ff.]); Kontrolle der Post von Untersuchungshäftlingen (für die
> Familie: BVerfGE 57, 170 [178]).

Relevante Beeinträchtigungen können sich etwa durch steuerliche oder sozialrechtli-
che Regelungen ergeben, die – ohne entsprechende Imperative – die freie Gestaltung
der ehelichen (oder familiären) Beziehungen in eine bestimmte Richtung **lenken**.

Steuerrechtliche Regelungen, die zu einer höheren Belastung von Doppelver-
dienerehen führen, stellen im Hinblick auf den angestrebten Edukationseffekt,
die Ehefrau ins Haus zurückzuführen, eine relevante Beeinträchtigung dar
(BVerfGE 6, 55 [79 ff.]). – Dasselbe gilt für nur Müttern gewährte Erzie-
hungsurlaube oder Erziehungsgelder, weil sie geeignet sind, Elternpaare von
einer Entscheidung für die Übernahme der Erziehungsaufgaben durch die Väter
abzuhalten.

Besonders bedeutsam als relevante Beeinträchtigungen sind Regelungen, die an die
Existenz einer Ehe oder Familie **nachteilige Rechtsfolgen** knüpfen (BVerfGE 99, 216
[232] m.w.N.), und zwar auch unabhängig von Lenkungseffekten oder -absichten.

20   Beeinträchtigungen der abwehrrechtlichen Seite des Art. 6 Abs. 1 GG sind ferner
durch **exekutives oder richterliches Handeln** unter Verstoß gegen Gesetze, die im
verfassungsrechtlich notwendigen Umfang Ehe und Familie schützen, möglich oder
durch unzureichende Berücksichtigung der wertsetzenden Bedeutung des Grundrechts
im Rahmen von Handlungsspielräumen. Namentlich können **Ausweisungen und
Abschiebungen von Ausländern** Rechte aus Art. 6 Abs. 1 GG berühren, der bei der
Ermessensbetätigung maßgeblich zu beachten ist (o. Rn. 11, 16).

d) Begrenzungen und Anforderungen an Einschränkungen

21   Art. 6 Abs. 1 GG kennt **keinen Gesetzesvorbehalt**. Für die Ehe ergeben sich aber
weitgehende Regelungsbefugnisse aus der Möglichkeit, dieses Rechtsinstitut aus-
zugestalten. So nicht zu rechtfertigende Beeinträchtigungen der durch Ehe und
Familie geschützten Interessen können (nur) durch den begrenzenden Gehalt anderer Verfassungsnormen gerechtfertigt werden. Einschränkende Gesetze müssen sich
im Rahmen der dadurch vorgegebenen Ziele halten und den Grundsatz der
Verhältnismäßigkeit beachten; dessen Einhaltung kann gegebenenfalls bei der
Anwendung des Gesetzes sicherzustellen sein.

Eine Freiheitsentziehung ist auch bei verheirateten Personen grundsätzlich
gerechtfertigt, weil das Grundgesetz sie (etwa in Art. 104 GG) erkennbar als
zulässig voraussetzt; doch müssen mit Rücksicht auf Ehe und Familie hinreichende Besuchsmöglichkeiten sichergestellt sein (vgl. BVerfGE 42, 95 [100 ff.]).

3. Sonstige subjektiv-rechtliche Gehalte

22   Als andere subjektiv-rechtliche Gehalte sind in erster Linie **Leistungsansprüche** in
Betracht zu ziehen. Bei dem in Art. 6 Abs. 1 GG angesprochenen „Schutz" geht es –
anders als bei den grundrechtlichen Schutzpflichten im Allgemeinen – jedenfalls
nicht in erster Linie darum, Übergriffe anderer Privatpersonen auf grundrechtliche
Schutzgüter abzuwehren,

Beispiel:

Der Staat wird allerdings z. B. als verpflichtet angesehen, die Familien davor zu schützen, dass eine Religionsgesellschaft darauf hinarbeitet, dass ausgetretene oder ausgeschlossene Familienmitglieder von den in der Religionsgesellschaft verbliebenen Familienangehörigen ausgegrenzt werden (BVerwG, NVwZ 2001, 924 [925]).

sondern zumal um wirtschaftliche Förderung und Unterstützung. Allerdings hat der Gesetzgeber auch im Hinblick auf konkurrierende Gemeinschaftsbelange ein hohes Maß an Gestaltungsfreiheit. Originäre Ansprüche auf ganz bestimmte Leistungen werden daher kaum in Betracht kommen; am ehesten entfaltet noch in Verbindung mit dem Gleichheitssatz des Art. 3 Abs. 1 GG der Schutz vor Benachteiligungen greifbare Rechtsfolgen (BVerfGE 99, 216 [232]).

Beispiel:

Eine im Jahre 1983 vorgenommene Kürzung des Kindergeldes verletzte nicht die Pflicht zur Förderung der Familie, weil bei einer Gesamtbetrachtung der staatlichen Leistungen für Kinder nicht festgestellt werden konnte, dass die Familienförderung durch den Staat offensichtlich unangemessen war. Doch war die Verfassung dadurch verletzt, dass das Kindergeld die steuerliche Schlechterstellung von Unterhaltspflichtigen nicht hinreichend ausglich (BVerfGE 82, 60 [81 ff.]).

Dagegen bedeutet der „besondere" Schutz des Art. 6 Abs. 1 GG kein Gebot, die Ehe   **23**
besser zu stellen als ähnliche Formen des Zusammenlebens, wie namentlich die eingetragene **Lebenspartnerschaft** (**kein Abstandsgebot**); für den besonderen Schutz soll es schon genügen, dass nur die Ehe (neben der Familie) *von Verfassungs wegen* geschützt ist (BVerfGE 105, 313 [348]). Verbliebene Unterschiede des Gesetzesrechts sind in einer Serie von Entscheidungen als gleichheitswidrig eingestuft worden (Kap. 15, Die Gleichheitssätze des Art. 3 GG, Rn. 31). Doch hält das BVerfG begrifflich den anderwärts zum Teil aufgegebenen Charakter der Ehe als Verbindung von Mann und Frau aufrecht (o. Rn. 3 und 24). Dagegen wird eine Vorzugsbehandlung von Eheleuten gegenüber **nichtehelichen Lebensgemeinschaften** etwa bei der künstlichen Befruchtung gebilligt (BVerfGE 117, 316 [329]).

4. Weitere Grundrechtsgehalte

Die schon mehrfach erwähnte **Institutsgarantie der Ehe** entzieht die wesentlichen   **24**
Strukturen dieses im Zivilrecht ausgeprägten Rechtsinstituts dem Zugriff des gestaltenden Gesetzgebers. Im Einzelnen ist dabei nicht unproblematisch, welche Elemente als **Kerngehalte** der Einrichtung nicht geändert werden können. Die Rechtsprechung hält ungeachtet des gesellschaftlichen Wandels daran fest, dass die Ehe die Vereinigung eines Mannes mit einer Frau zu einer auf Dauer angelegten Lebensgemeinschaft ist, begründet auf freiem Entschluss unter Mitwirkung des

Staates (s. aber o. Rn. 4), in der Mann und Frau in gleichberechtigter Partnerschaft zueinander stehen und über die Ausgestaltung ihres Zusammenlebens frei entscheiden können (BVerfGE 105, 313 [344]; 137, 273 Rn. 178 m. w. N.). Ausgeschlossen aus dem Ehebegriff sind damit insbes. von vornherein auf Zeit eingegangene Verbindungen, solche zwischen Personen gleichen Geschlechts (s. aber o. Rn. 18) und mehr als zwei Personen (s. aber o. Rn. 5).

25   Keine Überschreitung der Institutsgarantie hat das BVerfG mit Rücksicht auf die besondere Verfassungsbestimmung des Art. 3 Abs. 2 GG in der Umstellung des früheren patriarchalisch geprägten Eherechts auf die **gleichberechtigte Ehe** gesehen (BVerfGE 10, 59 [66 ff.]). Ebenfalls keine Beeinträchtigung des Instituts der Ehe wurde beim Übergang des Ehescheidungsrechts vom früheren Verschuldensprinzip zum heute gültigen **Zerrüttungsprinzip** angenommen, und zwar auch mit Rücksicht auf solche Personen, deren Ehe noch unter Geltung des Verschuldensprinzips geschlossen worden war; sie müssen – den ursprünglichen Erwartungen zuwider – mit der Umstellung auf das Zerrüttungsprinzip leben (vgl. BVerfGE 53, 224 [245 ff., 253 ff.]).

26   Als **verbindliche Wertentscheidung** gebietet Art. 6 Abs. 1 GG auch den **Schutz der Ehe als solchen** (s. im Übrigen schon o. Rn. 19). Sie darf deshalb nicht insgesamt gegenüber anderen Lebensformen schlechter gestellt werden; der besondere Schutz der Ehe verlangt indes nicht umgekehrt die Benachteiligung anderer Lebensformen, begründet somit kein Abstandsgebot. Ausgeschlossen ist auch die Anerkennung rechtlich anerkannter Formen des Zusammenlebens, die mit der Ehe in Konkurrenz treten; dies ist für die Lebenspartnerschaft von Personen des gleichen Geschlechts verneint worden, weil sie keine Ehe miteinander schließen können (BVerfGE 105, 313 [350 f.]).

27   Die **Familie** ist anders als die Ehe kein weitgehend ausgeformtes Rechtsinstitut. Art. 6 Abs. 1 GG schützt vielmehr als „**wertentscheidende Grundsatznorm**" in eher diffuser Weise das von Verantwortung füreinander geprägte Verhältnis zwischen den Familienangehörigen (o. Rn. 12 ff.). Dabei können einzelne Rechtsbereiche in ihren strukturprägenden Merkmalen einen grundsätzlichen Bestandsschutz erfahren, der der Wirkung einer Institutsgarantie entspricht.

Beispiele:

Solchen Bestandsschutz genießt das zugleich durch das Erbrecht (u. Kap. 26, Die Grundrechte des Art. 14 GG, Rn. 67) geschützte Pflichtteilsrecht der Kinder gegenüber den Eltern als Erblassern (BVerfGE 112, 332 [352 ff.]). – Dagegen soll der Schutz der Familie Unterhaltspflichten der Kinder gegenüber den Eltern wohl nicht gebieten, jedenfalls genügt insoweit die vom Gesetzgeber ausgeformte zunehmend schwächere Rechtsposition (BVerfGE 113, 88 [109 ff.]).

BVerfGE 120, 224 (243 ff.) rechtfertigt das Inzestverbot für Geschwister nach § 173 StGB u. a. mit der Bewahrung der familiären Ordnung und der institutionellen Bedeutung der Familie, akzeptiert damit allerdings eine nur für die betroffenen Familienmitglieder geltende Strafdrohung. Auch Art. 6 Abs. 1 GG kann auch Ausstrahlungswirkung auf gesetzliche Regelungen entfalten.

> **Beispiel:**
> Lebt ein Kind mit beiden seiner getrennt lebenden Eltern faktisch in einer familiären Beziehung zusammen, ist das Tatbestandsmerkmal der häuslichen Gemeinschaft, das zu einem Haftungsprivileg gegenüber Sozialhilfeträgern führt, bei beiden Eltern als erfüllt anzusehen (BVerfGE 127, 263 [289]).

5. Zusammenfassung

- Art. 6 Abs. 1 GG schützt die Ehe als Institut des Privatrechts in ihren überkommenen Grundstrukturen als auf unbegrenzte Zeit angelegte Verbindung eines Mannes und einer Frau zu einer Lebensgemeinschaft. Als Familie ist in erster Linie die aus Eltern und ihren Kindern gebildete Kleinfamilie geschützt. Gewisse Schutzwirkungen werden auch für nahe Verwandte und zwischen erwachsenen nahen Verwandten anerkannt. **28**
- Art. 6 Abs. 1 GG begründet zugleich ein individuelles Abwehrrecht, das die freie Eheschließung, die frei gestaltete Eheführung, aber auch die Möglichkeit der Ehescheidung gewährleistet; entsprechend wird die Möglichkeit zur Gründung einer Familie und die Gestaltung des familiären Zusammenlebens garantiert.
- Umgestaltungen des Rechts der Ehe unter Beachtung der Institutsgarantie stellen keine Beeinträchtigung des Schutzgegenstandes dar.
- Der „besondere" Schutz der Ehe erfordert nicht zwingend eine Besserstellung gegenüber ähnlichen Formen des Zusammenlebens.
- Einschränkend wirksame Regelungen müssen mangels Gesetzesvorbehalts aufgrund begrenzend wirksamer anderer Verfassungsbestimmungen gerechtfertigt werden.
- Der ebenfalls garantierte positive Schutz von Ehe und Familie betrifft in erster Linie die wirtschaftliche Förderung, begründet aber keine Ansprüche auf ganz bestimmte Leistungen; praktisch wirksam wird am ehesten der Schutz vor Benachteiligungen.

II. Das Elternrecht, Art. 6 Abs. 2 GG

1. Allgemeines

Art. 6 Abs. 2 GG enthält ein durch mehrere Besonderheiten gekennzeichnetes Recht. **29** Die eine besteht in dem ausdrücklichen Rekurs auf den „natürlichen" Ursprung des Rechts, also eine **naturrechtliche Grundlegung**. Zum anderen wird das in Art. 6 Abs. 2 GG geschützte Recht zugleich ausdrücklich als Pflicht qualifiziert; es stellt sich also als ein sonst im grundrechtlichen Bereich nicht übliches **„Pflichtrecht"** dar, vergleichbar mit den Kompetenzen öffentlicher Rechtsträger. Insoweit ist daran

zu denken, hier einen der wenigen Fälle grundgesetzlicher Grundpflichten verankert zu sehen (vgl. Kap. 9, Grundrechtsbegrenzungen, Rn. 62 ff.). Unter dem Aspekt
unmittelbar ableitbarer Rechtsfolgen steht allerdings die Frage der Grundrechtsberechtigung im Vordergrund (s. auch u. Rn. 38).

2. Abwehrrechtliche Bedeutung

a) Schutzgegenstand

30   Der Grundrechtsschutz bezieht sich auf „Pflege und Erziehung der Kinder", also auf
alle diesen Zwecken dienenden Verhaltensweisen. Dadurch, dass die Möglichkeit
dieser **Einwirkungen auf die Kinder** als andere Personen in den Grundrechtsschutz
einbezogen wird, unterscheidet sich der Gegenstand des Rechts von dem (bloßer)
grundrechtlicher Freiheiten. Gleichwohl geht es auch hier darum, dass die Eltern
das ihnen zugestandene Recht prinzipiell nach ihren eigenen Vorstellungen selbst-
bestimmt, d. h. frei von staatlichem Zwang, ausüben können; damit sind wesentliche Ähnlichkeiten zu einem Freiheitsrecht gegeben.

31   Die **Pflege** der Kinder umfasst die tatsächliche Sorge für ihre Person, ihr physi-
sches und psychisches Wohlbefinden, und für ihr Vermögen. Daraus leitet sich auch
die umfassende Befugnis zur Wahrnehmung von Interessen des Kindes ab.
Erziehung meint die tatsächliche Anleitung der geistig-seelischen Persönlichkeitsentwicklung, die Vermittlung von Kenntnissen und Werthaltungen; in Verbindung
mit Art. 4 Abs. 1, 2 GG wird auch die religiöse Kindererziehung erfasst (BVerfGE
93, 1 [17]). Darüber hinaus erstreckt sich der Schutz des Art. 6 Abs. 2 Satz 1 GG
auch darauf, dass die Eltern über rechtlich anerkannte Möglichkeiten verfügen, die
genannten Aufgaben gegenüber den Kindern und nach außen wirksam wahrzunehmen; im Einzelnen sind die diesbezüglichen Rechte der Eltern allerdings von der
Ausgestaltung der rechtlichen Grundlagen abhängig (zum Zivilrecht BVerfGE 84,
168 [179 f.]; für das Jugendstrafverfahren BVerfGE 107, 104 [120 ff.]).

▶   **Hinweis:** Ob die gesetzliche Erstreckung der Personensorge auf die
Möglichkeit, in medizinisch nicht erforderliche Beschneidungen nicht
einsichtsfähiger Jungen in § 1631d BGB einzuwilligen, den Rahmen des
auch religiös fundierten Elternrechts nicht überschreitet, bleibt vor dem
Hintergrund des Kindesgrundrechts auf körperliche Unversehrtheit
problematisch (s. auch o. Kap. 8, Grundrechtseingriff und sonstige relevante
Grundrechtsbeeinträchtigungen, Rn. 41, Kap. 14, Die Grundrechte des Art. 2
GG, Rn. 106, Kap. 16, Die Grundrechte des Art. 4 GG, Rn. 26).

32   Das Elternrecht **beginnt** wohl schon zugleich mit der **Schwangerschaft** (vgl. auch
§ 1912 Abs. 2 BGB), erlangt seine praktische Bedeutung allerdings im Kern mit der
Geburt. Es **erlischt** mit der **Volljährigkeit** des Kindes. Auch wenn die Beziehung
zwischen Eltern und Kind als wichtigster Fall von Familie im Sinne des Art. 6
Abs. 1 GG noch danach verfassungsrechtliche Relevanz besitzt (o. Rn. 13), ist für
das einseitig strukturierte Elternrecht nach Art. 6 Abs. 2 GG nach diesem Zeitpunkt
kein Raum mehr. Die Regelung der Betreuung nach §§ 1896 ff. BGB berührt das
Elternrecht daher nicht mehr.

b) Grundrechtsberechtigung

Grundrechtsberechtigt aus Art. 6 Abs. 2 Satz 1 GG sind unabhängig davon, ob sie **33** Deutsche sind, die **Eltern**, also in der Regel (s. noch u. Rn. 36) der Vater und die Mutter des Kindes. Eltern sind diejenigen Personen, die nach den einschlägigen zivilrechtlichen Regeln (gegebenenfalls des ausländischen Rechts) als solche anerkannt werden. Allerdings macht der Hinweis der Verfassung auf das „natürliche" Recht deutlich, dass die gesetzliche Zuweisung der Elterneigenschaft nicht im Belieben des Gesetzgebers steht. Vielmehr ist das Elternrecht grundsätzlich an die **genetische Elternschaft** geknüpft; sie bleibt aber einer – im Endergebnis auch abweichenden – Ausgestaltung zugänglich. Doch soll das Elternrecht nur einer Mutter und einem Vater zustehen (BVerfGE 108, 82 [101]).

▶ **Hinweis:** Nicht ganz eindeutig insoweit BVerfGE 92, 158 (178), wo einerseits von der „Einbeziehung aller leiblichen Eltern in den Schutzbereich" die Rede ist, andererseits die Aufgabe des Gesetzgebers anerkannt wird, „zu bestimmen, wie die Vaterschaft – in Zweifelsfällen auch die Mutterschaft – festzustellen ist."

Namentlich bestimmt sich der **Vater** eines Kindes auch im verfassungsrechtlichen **34** Sinne nach § 1592 BGB. Die Ehelichkeitsvermutung wie die Anerkennung der Vaterschaft können dabei – vorbehaltlich wirksamer Anfechtung – auch unabhängig von der Begründung sozial-familiärer Beziehungen (BVerfGE 135, 48 Rn. 92 [für die Anerkennung]) dazu führen, dass ein Mann zum Träger des Elternrechts wird, der nicht der genetische Erzeuger des Kindes ist. In diesen Fällen ist zugleich die Vaterschaft des genetischen Erzeugers ausgeschlossen. Im Übrigen ist der genetische Erzeuger nur als Vater anzusehen, wenn seine Vaterschaft gerichtlich festgestellt ist. Die damit ermöglichten Abweichungen zwischen (verfassungs)rechtlicher und leiblicher Vaterschaft sind zum Schutz der Ehe bzw. zur Sicherung verlässlicher Verwandtschaftsverhältnisse grundsätzlich legitim.

▶ **Hinweis:** BVerfGE 108, 82 (109 ff.) sah Art. 6 Abs. 2 GG dadurch verletzt, dass der leibliche Vater nach § 1600 BGB selbst dann von der Anfechtung der Vaterschaft ausgeschlossen war, wenn zwischen dem Kind und seinem rechtlichen Vater keine sozial-familiäre Beziehung bestand. Dies hat § 1600 Abs. 1 Nr. 2 BGB 2004 geändert. – BVerfGE 117, 202 (235) erkennt eine Art negatives Elternrecht des rechtlichen Vaters dahin an, sich bei mangelnder Übereinstimmung mit der biologischen Vaterschaft von der Rechtsposition des Vaters lösen zu können.

Angesichts der Möglichkeiten einer sog. Leihmutterschaft ergeben sich heute auch **35** bei der Bestimmung der **Mutter** Schwierigkeiten. § 1591 BGB bestimmt dazu ohne Rücksicht auf die Herkunft der Eizelle, dass Mutter eines Kindes die Frau ist, die es geboren hat. Anfechtungsmöglichkeiten mit dem Ziel, die genetische Mutterschaft als maßgeblich festzustellen, sind nicht vorgesehen. Ob die eigentümliche Situation einer Schwangerschaft diese Ausblendung der genetischen Mutter legitimieren kann, scheint fraglich. Ebenso wenig wie beim Vater ist es freilich angezeigt, neben der zivilrechtlichen (Geburts-) Mutter eine zusätzliche (Eizellen-) Mutter als Elternteil im verfassungsrechtlichen Sinne anzuerkennen.

36   Kraft gesetzlicher Regelung sind auch die **Adoptiveltern** gegenüber der als Kind angenommenen Person Träger des Elternrechts aus Art. 6 Abs. 2 Satz 1 GG; sieht das Gesetz eine Adoption durch Personen gleichen Geschlechts vor (oder ermöglicht sonst die rechtliche Elternschaft zweier gleichgeschlechtlicher Partner), sind diese im verfassungsrechtlichen Sinne ebenfalls Eltern (BVerfGE 133, 59 Rn. 48 ff.). Da mit der Annahme das Verwandtschaftsverhältnis des Kindes zu seinen bisherigen Verwandten erlischt, § 1755 BGB, verlieren zugleich die bisherigen Eltern ihr verfassungsrechtliches Elternrecht. Keine Eltern sind bloße Pflegeeltern, die aber über Art. 6 Abs. 1 GG einen gewissen Grundrechtsschutz genießen (o. Rn. 13). BVerfGE 34, 165 (200) hat **Großeltern**, die zugleich Vormund des Kindes sind, wegen ihrer **Verantwortlichkeit anstelle der Eltern** den Schutz des Art. 6 Abs. 2 GG zugesprochen (unklar später BVerfGE 107, 104 [120]).

37   Die Zuweisung des Rechts an die Eltern ist grundsätzlich eine **an beide Eltern** zugleich; dabei bleibt es grundsätzlich auch im Falle einer Trennung (s. aber § 1671 BGB). Die gleichberechtigt sorgeberechtigten Eltern müssen grundsätzlich einvernehmlich handeln; notfalls ist das Familiengericht einzuschalten (vgl. §§ 1627 f. BGB). Eine Notwendigkeit, bei getrennt lebenden Eltern eine paritätische Betreuung des Kindes (auch nur) als Regelfall festzulegen, folgt aus Art. 6 Abs. 2 GG nicht (BVerfG [K], NJW 2015, 3366 Rn. 10 ff.). Der frühere völlige Ausschluss des nichtehelichen Vaters vom Sorgerecht ist zunächst vom BVerfG aufgelockert worden (BVerfGE 84, 168 [184 ff.]); seither hat der Gesetzgeber zunächst unzureichende, 2013 nachgebesserte Möglichkeiten der gemeinsamen Sorge nicht verheirateter Eltern geschaffen (näher u. Rn. 39).

38   Den **Kindern** wird ein **Recht gegen den Staat** auf die Gewährleistung elterlicher Pflege und Erziehung zuerkannt, für das – wohl zur Absicherung der subjektiv-rechtlichen Seite – Art. 2 Abs. 1 i. V. mit Art. 6 Abs. 2 Satz 1 GG angeführt wird (BVerfGE 133, 59 Rn. 41 ff.; 135, 48 Rn. 97 ff.; 136, 382 Rn. 18). Aus Art. 6 Abs. 2 Satz 1 GG ist sogar ein **unmittelbar gegen die Eltern** gerichtetes Recht des Kindes hergeleitet worden, das jedoch der gesetzlichen Ausgestaltung bedürftig sein soll (BVerfGE 121, 69 [92 ff.]); daher taugt es nur bedingt als weiterer Fall unmittelbarer Drittwirkung (o. Kap. 5, Grundrechtsverpflichtete, Rn. 39).

Beispiel:

BVerfGE 121, 69 (95) sieht das Recht des Kindes auf Umgang mit den Eltern erst durch § 1684 Abs. 1 BGB „eingeräumt", der das Recht des Kindes auf Pflege und Erziehung gegen die Eltern aus Art. 6 Abs. 2 Satz 1 GG „konkretisiert".

Dagegen folgen aus Art. 6 Abs. 2 Satz 1 GG für die Kinder **keine Pflichten** oder Verpflichtungsgrundlagen, die nicht mit den dort begründeten Elternrechten korrespondieren (BVerfGE 113, 88 [110] gegen Unterhaltspflichten; s. aber o. Rn. 27).

c) Beeinträchtigungen

39   Eingriffe in das Elternrecht können in **verschiedenen Rechtsakten** bestehen. Der Verlust des Elternrechts überhaupt kann mit dem Verlust der Grundrechtsträgerschaft

durch Adoption, deren Aufhebung oder aufgrund von Vaterschaftsanfechtung eintreten. Besonders gravierend ist auch der völlige Ausschluss von der elterlichen Sorge, wie er ursprünglich allgemein für den nichtehelichen Vater galt (o. Kap. 15, Die Gleichheitssätze des Art. 3 GG, Rn. 133).

▶ **Hinweis:** Das 1998 durch § 1626a BGB eingeführte gemeinsame Sorgerecht nicht miteinander verheirateter Eltern konnte zunächst nur durch dahingehende Erklärungen beider Eltern oder Heirat begründet werden. Eine Übertragung des Sorgerechts auf den Vater war grundsätzlich nur mit Zustimmung der Mutter möglich, § 1672 Abs. 1 BGB. BVerfGE 127, 132 (151 ff.) hat darin eine Verletzung des Elternrechts des Vaters gesehen, soweit ihm keine Möglichkeit eingeräumt war, eine gerichtliche Übertragung des Sorgerechts (auch) auf sich im Interesse des Kindeswohls herbeizuführen; allerdings wurde die generelle Teilhabe des Vaters am Sorgerecht bei wirksamer Anerkennung der Vaterschaft nicht als geboten angesehen (ebda, S. 148 ff.).

Ähnlich weitreichende Eingriffe sind die Entziehung der gesamten Personensorge, § 1666a BGB, deren Übertragung auf den anderen Elternteil, § 1671 BGB, oder ihr Ruhen, §§ 1673 ff. BGB. Begrenzter sind gesetzliche Beschränkungen hinsichtlich der Vermögenssorge, §§ 1638 ff. BGB, auch in Form von Vorbehalten familiengerichtlicher Genehmigung, § 1643 BGB. Punktuelle Eingriffe sind durch gerichtliche Entscheidungen zur Personen- oder Vermögenssorge möglich, §§ 1666, 1667 BGB.

▶ **Hinweis:** Einen Eingriff in das Elternrecht hat BVerfGE 135, 48 Rn. 90 ff. in der Behördenanfechtung durch Anerkennung begründeter Vaterschaften nach § 1600 Abs. 1 Nr. 5, Abs. 2 BGB gesehen, die nur dann verhältnismäßig sei, wenn die Anerkennung gerade auf aufenthaltsrechtliche Vorteile zielte.

Nicht ganz klar ist, ob auch Regelungen als Eingriffe in das Elternrecht anzusehen **40** sind, durch die minderjährigen **Kindern** in einzelnen Lebensbereichen ab einem bestimmten Lebensalter **eigene Entscheidungsfähigkeit** zugesprochen wird, so dass die Eltern insoweit die Entscheidungsmöglichkeit verlieren. Diese Konsequenz legt die Annahme von Eingriffen zumindest sehr nahe, auch wenn diese Regelungen zur Wahrung der sich entfaltenden Persönlichkeitsrechte des Kindes geradezu geboten sein können und nur der Tatsache entsprechen, dass das Elternrecht mit dem Erwachsenwerden des Kindes zunehmend überflüssig wird. Auch wer deshalb nicht von einem Eingriff sprechen will, muss jedenfalls die sachliche Berechtigung solcher Regelungen in gleicher Weise prüfen.

▶ **Hinweis:** Das BVerfG hat angenommen, derartige Regelungen stellten „keinen *unzulässigen* Eingriff in das Elternrecht dar, wenn sie unter Abwägung der dargelegten Gesichtspunkte sachlich gerechtfertigt sind" (BVerfGE 59, 360 [388]); etwas zuvor heißt es allerdings: „Abgestufte partielle Mündigkeitsregelungen, die an diesen Bezugspunkten ausgerichtet und sachlich begründet sind, stellen daher keine Eingriffe in das Elternrecht dar" (ebda., S. 382).

41   Nicht abschließend geklärt ist auch, inwieweit unmittelbar oder mittelbar **gegenüber Kindern wirksame staatliche Verbote** zugleich das elterliche Erziehungsrecht betreffen. So hat BVerfGE 83, 130 (139 f.) in Vorschriften zur jugendschutzrechtlichen Indizierung nur deshalb keinen Eingriff in das Elternrechts gesehen, weil diese frei blieben, indizierte Schriften selbst ihren Kindern verfügbar zu machen. Gegenüber dem Verbot für Solarienbetreiber, Minderjährige zur Nutzung der Sonnenbank zuzulassen, hat BVerfG (K), NJW 2012, 1062 Rn. 37 f., offengelassen, ob damit in das Elternrecht eingegriffen wird. Die Frage dürfte dahin zu lösen sein, dass das elterliche Erziehungsrecht jedenfalls nicht die Befugnis umfasst, ihren Kindern gesetzlich allgemein verbotenes Verhalten (wie Fahren ohne Führerschein) zu erlauben; ein Eingriff ist dagegen bei Verboten anzunehmen, die erzieherisch auf die Kinder einwirken sollen. Eine solche Zielsetzung wird nicht bei allen speziell auf Minderjährige zielenden Verboten bestehen.

d) Begrenzungen und Anforderungen an Einschränkungen

42   Als ausdrückliche Begrenzung des Elternrechts nach Art. 6 Abs. 2 Satz 1 GG ist vor allem die in Art. 6 Abs. 2 Satz 2 GG enthaltene Klausel über das **Wächteramt des Staates** zu nennen, die jedenfalls alle Regelungen rechtfertigen kann, die der Sicherung der Kindesinteressen gegenüber einem (nicht nur böswilligen oder überhaupt schuldhaften) Fehlgebrauch elterlicher Bestimmungsrechte dienen.

> **Beispiel:**
> BVerfGE 121, 69 (95) stützt die gesetzliche Verpflichtung der Eltern zum Umgang mit dem Kind nach § 1684 Abs. 1 BGB auf Art. 6 Abs. 2 Satz 2 GG.

Da auch hier der Vorbehalt des Gesetzes durchgreift, bedeutet das Wächteramt praktisch einen durch das Ziel der Sicherung des Kindeswohls gegenüber den Eltern qualifizierten Gesetzesvorbehalt, von dem der Staat allerdings Gebrauch zu machen verpflichtet ist. Auch die Anwendung bestehenden Rechts muss dem Wächteramt genügen.

> **Beispiel:**
> Ein Ehevertrag, nach dem der das Kind betreuende Ehegatte den anderen im Falle der Scheidung vom Kindesunterhalt freistellen muss, kann – wenn der betreuende Ehegatte zugleich auf seinen Unterhalt verzichtet und nicht über erhebliche finanzielle Mittel verfügt – für die Kindesinteressen de facto so nachteilig sein, dass er so nicht als gültig anerkannt werden darf (BVerfGE 103, 89 [107 ff.]); s. zu grundrechtlichen Grenzen der Vertragsfreiheit auch u. Rn. 58, allgemein o. Kap. 14, Die Grundrechte des Art. 2 GG, Rn. 48.

Daneben können **Begrenzungen durch kollidierendes Verfassungsrecht** gesetzli-   **43**
che Einschränkungen rechtfertigen (BVerfGE 107, 104 [118]). Der Rückgriff auf
begrenzende Wirkungen des Persönlichkeitsrechts der Kinder scheint allerdings entbehrlich, da genau dessen Schutz das Ziel des staatlichen Wächteramtes mit ausmacht. Bedenklich vage ist es, wenn BVerfGE 135, 48 Rn. 95 wie selbstverständlich
feststellt, dass die „Durchsetzung aufenthaltsrechtlicher Steuerungszwecke" als legitimes Ziel „eine verfassungsimmanente Schranke" des Elternrechts sei (allgemein o.
Kap. 9, Grundrechtsbegrenzungen, Rn. 46 f.). Die Regelung von Zuzugsmöglichkei-
ten mag das Gemeinwesen im Kern berühren und bedarf gewiss rechtlicher Steuerung; das allein rechtfertigt allerdings noch nicht, dabei das Elterngrundrecht
einzuschränken.

Eigenständige Bedeutung als Begrenzung des Elternrechts besitzt hingegen   **44**
Art. 7 Abs. 1 GG. Dabei nimmt das BVerfG an, dass der damit begründete staatli-
che Erziehungsauftrag dem der Eltern nicht nach-, sondern gleichgeordnet ist.
Jedenfalls ermöglicht Art. 7 Abs. 1 GG die Schulpflicht der Kinder, die den Eltern
die Entscheidung nimmt, ob das Kind überhaupt eine schulische Erziehung erfahren
und nicht besser zu Hause erzogen werden soll. Zum anderen gibt er auch Inhalt,
Umfang und Methoden der schulischen Erziehung prinzipiell in die Hand des
Staates, mag dieser auch in der Schule auf die elterliche Verantwortung für den
Gesamtplan der Erziehung ihrer Kinder Rücksicht nehmen und bei besonders sen-
siblen Materien seine Entscheidungen durch parlamentarisches Gesetz treffen müs-
sen. Die Eltern haben insoweit nur die ihnen im Rahmen des Art. 7 GG verbleibenden
Bestimmungsrechte im Einzelnen und beschränkbare Auswahlrechte zwischen ver-
schiedenen Schulen. Weitergehende Rechte können sich im Einzelfall aus dem
Elternrecht der religiösen Erziehung ergeben (s. auch Kap. 19, Die grundrechtlichen
Bestimmungen über das Schulwesen, Art. 7 GG, Rn. 4 ff.).

Beispiel:
Sexualkundeunterricht konnte in den Schulen auf gesetzlicher Grundlage ohne
Zustimmung der Eltern eingeführt werden (BVerfGE 47, 46). – Bei der
Rechtschreibreform war auch kein Gesetz erforderlich (BVerfGE 98, 218 [244 ff.]). –
Obwohl den Wünschen der Eltern hinsichtlich der integrativen oder separierenden
Beschulung ihrer behinderten Kinder großes Gewicht zukommen soll, kann doch die
Entscheidung der letztverantwortlichen Schulbehörde auch gegen den Willen der
Eltern ausfallen (BVerfGE 96, 288 [308 ff.]). – Eltern konnten aufgrund ihrer religi-
ösen Vorstellungen für ihr Kind keine Ausnahme vom Besuch des als Teil des
Schulunterrichts gezeigten Films „Krabat" verlangen, der sich mit der für sie anstö-
ßigen schwarzen Magie befasste (BVerwG, NJW 2014, 804 [805 ff.]).

3. Weitere Grundrechtsgehalte

Das Elternrecht ist in seinen wesentlichen Grundstrukturen der prinzipiell umfassen-   **45**
den elterlichen Sorge für Person und Vermögen des Kindes zugleich Gegenstand
einer **Institutsgarantie**. Diese schließt Detailänderungen, auch Verkürzungen, z. B.

durch erweiterte oder vorverlegte Teilmündigkeiten Jugendlicher oder durch zusätzliche Genehmigungstatbestände bei gewichtigen Rechtsgeschäften, nicht aus, würde es aber etwa nicht zulassen, den Eltern die gesetzliche Vertretung ihrer Kinder insgesamt zu nehmen. Aus dem Elternrecht sollen sich auch Vorgaben für die Gestaltung des Unterhaltsrechts ergeben (dafür offenbar BVerfGE 118, 45 [76 f.]).

46   Das Elternrecht wirkt sich auch in vielfältiger Weise auf **Organisation und Verfahren** staatlicher Stellen aus. Dies gilt etwa für Gerichtsverfahren in familienrechtlichen Fragen

Beispiele:

Die gesetzlich vorgesehene Nichtbeteiligung des nichtehelichen Vaters im Verfahren über die Adoption seines Kindes durch dessen Mutter oder deren Ehemann war verfassungswidrig (BVerfGE 92, 158 [181 f.]). – Bereits im familiengerichtlichen Verfahren um die Rückführung eines Kindes zum anderen Elternteil muss für Kinder, die ihre Verfahrensrechte noch nicht selbst wahrnehmen können, ein Pfleger bestellt werden; auch müssen die Kinder bei gegenläufigen Rückführungsanträgen wie in Sorgerechtsverfahren angehört werden (BVerfGE 99, 145 [162 ff.]).

oder im Bereich der Schule.

Beispiele:

So ist den Eltern bei Einführung des Sexualkundeunterrichts ein auf Art. 6 Abs. 2 GG gestützter Anspruch zuerkannt worden, rechtzeitig und umfassend über den Inhalt und den methodisch-didaktischen Weg der Sexualerziehung unterrichtet zu werden (BVerfGE 47, 46 [76]). – Bei der Entscheidung über einen sonderpädagogischen Förderbedarf soll die vorgeschriebene Erstellung verschiedener Gutachten und die Mitwirkung einer auch mit Eltern besetzten Förderkommission u. a. das Elternrecht angemessen zur Geltung bringen (BVerfGE 96, 288 [309]).

Ähnliche Konsequenzen können sich **auch zugunsten der Kinder** ergeben.

Beispiele:

Bereits im Verfahren um die Rückführung eines Kindes zum anderen Elternteil muss für Kinder, die ihre Verfahrensrechte noch nicht selbst wahrnehmen können, ein Verfahrenspfleger bestellt werden; auch müssen die Kinder bei gegenläufigen Rückführungsanträgen wie in Sorgerechtsverfahren angehört werden (BVerfGE 99, 145 [162 ff.]). – Ein Verfahrenspfleger ist auch zu bestellen, wenn das Verhalten des sorgeberechtigten Elternteils daran zweifeln lässt, dass er die Interessen des Kindes verfolgt (BVerfGE 121, 69 [107], für den Versuch der Mutter, den nichtehelichen Vater zum Umgang mit dem gemeinsamen Sohn zwingen zu lassen).

4. Zusammenfassung

- Art. 6 Abs. 2 GG gewährt den Eltern das auch verpflichtende Abwehrrecht **47** zur Pflege und Erziehung ihrer Kinder und ist zugleich Institutsgarantie.
- Berechtigt sind je für sich beide Elternteile nach Maßgabe der diesbezüglichen gesetzlichen Regelungen, für die (nur) grundsätzlich die genetische Elternschaft ausschlaggebend sein muss.
- Dieses Recht wird insbesondere durch das Wächteramt des Staates als qualifizierten Gesetzesvorbehalt begrenzt. Eine weitere verfassungsrechtliche Begrenzung ergibt sich aus dem in Art. 7 Abs. 1 GG verankerten Erziehungsauftrag des Staates für den Bereich der Schule.
- Auch für die Kinder bestehen Grundrechte aus Art. 6 Abs. 2 Satz 1 GG auf Gewährleistung der elterlichen Sorge durch den Staat.
- Objektiv-rechtliche Grundrechtsgehalte sind insbesondere in verfahrensrechtlicher Hinsicht von Bedeutung.

III. Das Verbot, Kinder von der Familie zu trennen, Art. 6 Abs. 3 GG

1. Verbotsgehalt

Art. 6 Abs. 3 GG enthält ein prinzipielles **grundrechtliches Verbot** eines bestimm- **48** ten staatlichen Eingriffs in das familiäre Zusammenleben von Kindern. Verboten ist die räumliche Trennung von **(minderjährigen) Kindern** von der **Familie, in der sie leben**. Dies kann wie bei Art. 6 Abs. 1 GG auch eine Pflegefamilie sein (o. Rn. 13).

Beispiel:

Die gerichtliche Anordnung, dass ein Kind bei einer Pflegefamilie bleiben kann, obwohl seine Eltern es dort wegnehmen wollen, § 1632 Abs. 4 GG, berührt zwar das Elternrecht nach Art. 6 Abs. 2 GG, nicht aber das Trennungsverbot, weil das Kind ja bei der Familie, in der es lebt, bleibt (anders BVerfGE 68, 176 [187] für den Fall gegen den Elternwillen begründeter Pflegeverhältnisse).

Der Begriff der Trennung umfasst deren tatsächliche Vornahme sowie die darauf **49** abzielenden Rechtsakte. Er wird inhaltlich in mehrfacher Hinsicht restriktiv bestimmt. Zum einen soll nur die Trennung von einer ungeachtet der vorgenommenen Trennung **weiter bestehenden Familie** gemeint sein.

Beispiel:

Damit liegt die Überführung des Kindes an seine neue Familie im Falle der Adoption außerhalb des Anwendungsbereichs der Vorschrift, weil hier das bisherige Eltern-Kind-Verhältnis insgesamt aufgehoben und nicht nur durch einen partiellen „Trennungs"-Eingriff gestört wird (vgl. BVerfGE 24, 119 [142]).

50 Zum andern wird als Zielrichtung einer Trennung verlangt, dass durch sie die elterliche Erziehungstätigkeit zugunsten eines unmittelbar staatlichen oder staatlich bestimmten Erziehungseinflusses zurückgedrängt werden soll; die aufgrund der Erfahrungen der NS-Zeit geschaffene Bestimmung solle **nur staatliche Zwangserziehung**, wie sie in totalitären Staaten üblich ist (Staatsjugend, Zwangsinternate, Schulungslager), **ausschließen** (BVerfGE 24, 119 [142]). Im Wortlaut des Art. 6 Abs. 3 GG kommt dies freilich nicht zum Ausdruck.

> **Beispiele:**
> Verkehrsregelungen bei getrennt lebenden Eltern fallen damit ebenso wenig unter Art. 6 Abs. 3 GG (BVerfGE 31, 194 [210]) wie ein Nachzugsverbot für Kinder von Ausländern (BVerfGE 76, 1 [48]).

51 Verboten ist die Trennung nur für den Fall, dass sie **gegen den Willen der Erziehungsberechtigten** geschieht. Der entgegenstehende Kindeswille macht eine Trennung nicht unzulässig. Auch auf den Willen der Eltern kommt es nicht an, wenn sie ausnahmsweise nicht zugleich die Erziehungsberechtigten sind. **Erziehungsberechtigte** können anstelle der Eltern der Vormund, ein für die Erziehung bestellter Pfleger und die damit betraute Pflegeperson im Fall von Familienpflege, §§ 1630, 1793 BGB, sein. Damit kommen auch ein Verein, § 1791a BGB, und das Jugendamt, § 1791b, c BGB, als Erziehungsberechtigte in Betracht; auch sonst müssen die Erziehungsberechtigten nicht als Teil der Familie mit den Kindern zusammenleben. Ordnet das Jugendamt als Amtsvormund die Trennung des Kindes von der Familie an, wird dies von Art. 6 Abs. 3 GG nicht erfasst, berührt aber den Schutz der Familie nach Art. 6 Abs. 1 GG.

> **Beispiel:**
> Wollen die erziehungsberechtigten Eltern einer Pflegefamilie ihr dort lebendes Kind wegnehmen, berührt eine entsprechende gerichtliche Anordnung Art. 6 Abs. 3 GG nicht, weil die Trennung von der Pflegefamilie mit Willen der Erziehungsberechtigten erfolgt (für eine gewisse Geltung des Art. 6 Abs. 3 GG aber unklar BVerfGE 79, 51 [59 f.], bei Herausgabeverlangen des Jugendamts).

2. Grundrechtsberechtigung

52 Die Grundrechtsberechtigung ist schwierig zu bestimmen. Da es um die Integrität des familiären Zusammenlebens geht, sollten die davon begünstigten **Familienmitglieder** (o. Rn. 17), also vor allem Eltern und Kinder, Träger des dem Trennungsverbot korrespondierenden subjektiven Grundrechts sein, unabhängig davon, ob sie Deutsche sind. Als Grundrechtsberechtigte kommen aber auch Großeltern und Geschwister in Betracht, zumal wenn sie mit dem Kind als Familie zusammenleben (wollen); auch ihre Interessen, dass das Kind nicht von der Familie, zu der auch sie gehören, getrennt wird, sollten als verfassungsrechtlich schutzwürdig durch subjektive Grundrechte geschützt sein.

> **Hinweis:** BVerfGE 136, 382 Rn. 23 begründet die Einbeziehung der Großeltern in die Familie nach Art. 6 Abs. 1 GG (o. Rn. 14) geradezu mit dem Wortlaut des Art. 6 Abs. 3 GG, zieht aber ein auf diese Bestimmung gestütztes Grundrecht auf Abwehr der Trennung gar nicht erst in Betracht.

Außerdem sollte im Interesse der geschützten Kinder auch den **Erziehungsberech-** **53** **tigten** als ihren Treuhändern die Grundrechtsberechtigung zustehen, und zwar nach Art. 19 Abs. 3 GG auch dazu bestellten inländischen juristischen Personen des Privatrechts. Sogar eine Grundrechtsberechtigung des Jugendamtes ist trotz seiner Zugehörigkeit zur öffentlichen Gewalt in Betracht zu ziehen, weil es in der Konstellation des Art. 6 Abs. 3 GG allein im Kindesinteresse der sonstigen Staatsgewalt entgegenzutreten hat; praktisch ist dies weniger relevant, weil es als Amtsvormund die Kindesgrundrechte vertretungsweise geltend machen kann.

> **Hinweis:** Kann allerdings ein Interessenkonflikt zwischen dem Kind und dem Erziehungsberechtigten, insbesondere dem Jugendamt als Amtsvormund, nicht ausgeschlossen werden, ist zur Wahrnehmung der Kindesgrundrechte, insbesondere im Verfassungsbeschwerdeverfahren, ein Ergänzungspfleger zu bestellen (BVerfGE 79, 51 [58]).

3. Abweichungen von dem Verbot

Die Trennung eines Kindes von der Familie gegen den Willen der Erziehungs- **54** berechtigten bedarf einer gesetzlichen Grundlage, die an die Voraussetzungen des zweiten Halbsatzes des Art. 6 Abs. 3 GG gebunden ist. Insoweit kann man diesen als weiteren **qualifizierten Gesetzesvorbehalt** (zu Art. 6 Abs. 1 und 2 Satz 1 GG) lesen (s. auch o. Rn. 42). Die entscheidende Anforderung ist die **drohende Verwahrlosung** des Kindes, also eine grob nachteilige Abweichung der körperlichen, geistigen oder seelischen Entwicklung des Kindes von seinen Möglichkeiten. Das Versagen der Erziehungsberechtigten, sei es vorwerfbar oder nicht, ist nur ein sicherlich praktisch besonders wichtiger Beispielsfall, aber keine notwendige Voraussetzung der Trennung (missverständlich BVerfGE 60, 79 [91]).

Auch wenn die Anforderungen des Art. 6 Abs. 3 GG erfüllt sind, bleibt der **55** Grundsatz der **Verhältnismäßigkeit** eigenständig bedeutsam. Namentlich muss die Trennung von der Familie überhaupt **geeignet** sein, die Verwahrlosung des Kindes zu verhindern; daran kann es etwa fehlen, wenn nicht das Leben mit der

Familie die Verwahrlosung auslöst, sondern andere Faktoren. Auch muss der Aufenthalt des Kindes nach der Trennung eine Besserung seiner Situation bewirken können. Außerdem darf es nach dem Gebot der **Erforderlichkeit** keine weniger einschneidenden Maßnahmen als die Trennung geben, die der Verwahrlosung ebenso effektiv entgegenwirken (vgl. § 1666a BGB). Die Proportionalität dürfte angesichts der strengen Anforderungen an die Verwahrlosung kaum zusätzlich relevant werden können.

56   Bestimmte gesetzlich vorgesehene **Fälle der räumlichen Entfernung** des Kindes von der Familie dürften aufgrund der genannten restriktiven Kriterien (o. Rn. 50) aus dem Anwendungsbereich des Verbots herausfallen. Bei der inzwischen im Normalfall ausgesetzten Wehrpflicht hat sich die Problematik dadurch erledigt, dass sie nach Herabsetzung des Volljährigkeitsalters keine Minderjährigen mehr betrifft. Einer seuchenrechtlichen Isolierungsmaßnahme fehlt die geforderte Tendenz zur verdrängenden Staatserziehung ganz. Zur Trennung von der Familie führende Erziehungsmaßregeln und Jugendstrafen gegen das Kind bleiben problematisch; hier lässt sich wohl nur die fehlende totalitäre Absicht anführen. Die Schulpflicht würde, soweit sie trotz ihrer zeitlichen Begrenzung einbezogen wird, über Art. 7 Abs. 1 GG gerechtfertigt sein.

4. Zusammenfassung

57   • Art. 6 Abs. 3 GG verbietet es grundsätzlich, Kinder gegen den Willen der Erziehungsberechtigten räumlich von der Familie zu trennen, in der sie leben.
         • Grundrechtsberechtigte sind die Mitglieder der betroffenen Familie, regelmäßig das Kind und die Eltern, gegebenenfalls auch von diesen verschiedene Erziehungsberechtigte; andere nahe Verwandte, zumal die Großeltern, sollen nur begrenzte (Verfahrens-) Rechte haben.
         • Das Verbot soll nur die Trennung von einer gleichwohl fortbestehenden Familie betreffen und nur eingreifen, wenn der Einfluss der Erziehungsberechtigten durch staatliche Erziehungsmaßnahmen überlagert werden soll.
         • Das Trennungsverbot kann aufgrund eines Gesetzes durchbrochen werden, um die drohende Verwahrlosung der Kinder zu verhindern; der Grundsatz der Verhältnismäßigkeit ist strikt zu beachten.

IV. Der Mutterschutz, Art. 6 Abs. 4 GG

58   Art. 6 Abs. 4 GG geht auf das Vorbild des Art. 119 Abs. 3 WRV zurück, die dieses spezielle soziale Recht erstmalig in den Kreis der verfassungsrechtlichen Grundrechte aufnahm. Art. 6 Abs. 4 GG mit seinem explizit formulierten Anspruch

auf Schutz und Fürsorge ist eines der wenigen ausdrücklich geregelten **sozialen Grundrechte**, die das Grundgesetz kennt. Auch dieser Spezialfall der sozialen Grundrechte teilt allerdings die **prinzipiellen Schwächen** dieser Kategorie von Grundrechten. Entgegen dem ersten Anschein vermittelt Art. 6 Abs. 4 GG nämlich keinesfalls unmittelbar Ansprüche auf irgendwelche konkreten Schutz- oder Fürsorgemaßnahmen, zumal als Verpflichteter der Norm nicht einmal der Staat, sondern eine noch weniger als Schuldner greifbare „Gemeinschaft" angesprochen wird. Daher ist Art. 6 Abs. 4 GG nur als Garantie einer gesetzlichen Sicherung von Schutz und Fürsorge zu lesen, also auf gesetzliche Verwirklichung angelegt. Allerdings ist auch die Anwendung des geltenden Rechts den Wertmaßstäben des Grundrechts unterworfen.

Beispiel:

Ein vor der Ehe geschlossener Ehevertrag, in dem eine Schwangere für den Fall der Scheidung auf alle Unterhaltsansprüche verzichtet und den Ehemann von der Unterhaltsleistung für gemeinsame Kinder freistellt, muss von den Zivilgerichten mit Blick auch auf Art. 6 Abs. 4 GG (s. im Übrigen Kap. 14, Die Grundrechte des Art. 2 GG, Rn. 47 f., ferner o. Rn. 42) einer Inhaltskontrolle unterzogen werden (BVerfGE 103, 89 [102 ff.]).

Grundrechtsberechtigt ist in diesem Rahmen jede deutsche und nichtdeutsche **59** **Mutter**. Mutter ist die Frau, die ein Kind geboren hat (§ 1591 BGB). Der Grundrechtsschutz besteht, weil sie aufgrund des biologischen Vorgangs der **Geburt** in deren zeitlichem Umfeld einschließlich der Phase des Stillens typischerweise besonders **schutzbedürftig** ist. Dasselbe trifft auch schon auf **Schwangere** zu, daher ist auch die erst werdende Mutter als Grundrechtsträgerin anzusehen.

Personen, die der **besonderen biologischen Situation** von Schwangerschaft, **60** Geburt und Stillzeit nicht ausgesetzt sind oder waren, wie Adoptiv-, Pflege- oder Stiefmütter sowie Väter kommen als Grundrechtsträger des Art. 6 Abs. 4 GG nicht in Betracht (str.). Zugleich wird auch die objektive Reichweite des Schutzauftrags entsprechend eingegrenzt. Soweit Schutz auch im Hinblick auf von der biologischen Mutterschaft unabhängige Notwendigkeiten, insbesondere solche der Sorge um die Kinder, angezeigt ist, steht er im Rahmen des Schutzes der Familie nach Art. 6 Abs. 1 GG jeder Person zu, die sich dieser Aufgabe annimmt, und zwar unabhängig von deren Geschlecht und eines Abstammungsverhältnisses zum Kind (Art. 3 Abs. 2, 3 GG).

Welches Maß an Schutz und welchen Umfang an Fürsorge der Gesetzgeber den **61** Müttern in ihrer besonderen Schutzsituation zu garantieren hat, ist – wiederum typisch für die Gattung der sozialen Grundrechte – dem Art. 6 Abs. 4 GG nicht zu entnehmen. Der Gesetzgeber besitzt insoweit einen **weiten Gestaltungsspielraum**, der außer durch Art. 6 Abs. 4 GG durch das Sozialstaatsprinzip bestimmt wird. Nicht jede sinnvolle oder wünschenswerte Begünstigung der Mutter ist schon verfassungsrechtlich geboten. Im Einzelnen ist namentlich ein wirksamer arbeitsrechtlicher **Kündigungsschutz für Schwangere und Mütter** nach der Entbindung verlangt worden, der durch das geltende Mutterschutzgesetz grundsätzlich hinreichend gewährleistet ist. Praktisch relevant ist der Grundrechtsschutz vor allem bei Abweichungen von diesem Standard geworden.

Beispiel:

Die gesetzliche Auflösung von Arbeitsverhältnissen bei abzuwickelnden öffentlichen Einrichtungen der DDR nach der Wiedervereinigung ohne Rücksicht auf Schwangerschaften oder Entbindungen von Beschäftigten verstieß insoweit gegen Art. 6 Abs. 4 GG, als damit von den Kündigungsschutzvorschriften des Mutterschutzrechtes abgewichen wurde (BVerfGE 84, 133 [155 f.]).

Auch soll die Gesetzgebung grundsätzlich verpflichtet sein, **wirtschaftliche Belastungen** der Mutter im Zusammenhang mit Schwangerschaft und Mutterschaft **auszugleichen**, insbesondere auf dem Gebiet der sozialen Sicherheit. Eine strikte Verpflichtung wird insbesondere angenommen, wenn sich wirtschaftliche Belastungen aus gesetzlichen Regelungen ergeben.

Beispiel:

BVerfGE 115, 259 (272), für die Nachteile, die sich für Mütter aus den gesetzlichen Verboten der Beschäftigung vor und nach der Geburt des Kindes beim sozialversicherungsrechtlichen Schutz im Falle der Arbeitslosigkeit ergeben.

---

62   Verstöße sind auch dann greifbar, wenn an die Schwangerschaft oder Geburt Nachteile für die (werdende) Mutter geknüpft werden. Schutz und Fürsorge für die Mütter verlangen zumindest, dass diese **nicht gezielt schlechter gestellt** werden als andere Personen. Differenzierungen innerhalb der Gruppe der geschützten Mütter als solche berühren den Grundrechtsschutz aus Art. 6 Abs. 4 GG nicht, unterliegen aber im Rahmen des Art. 3 Abs. 1 GG verschärften Anforderungen (o. Kap. 15, Die Gleichheitssätze des Art. 3 GG, Rn. 32).

Beispiele:

Im Rahmen des Art. 33 Abs. 2 GG darf mit Rücksicht auf Art. 6 Abs. 4 GG die Schwangerschaft nicht als (vorübergehender) Eignungsmangel behandelt werden (BVerfGE 44, 211 [215 f.]). – Der Ausschluss des während des sog. Mutterschaftsurlaubs gezahlten Mutterschaftsgeldes für Frauen, die zu Beginn der Mutterschutzfrist weder erwerbstätig noch arbeitslos waren, wurde mit Rücksicht auf hinreichend gewichtige Unterschiede zwischen den Vergleichsgruppen der Frauen vor Art. 3 Abs. 1 i.V.m. Art. 6 Abs. 4 GG gerechtfertigt (BVerfGE 65, 104 [112 ff.]); eine vergleichsunabhängige Notwendigkeit solcher Zahlungen mit Rücksicht auf Art. 6 Abs. 4 GG wurde nicht einmal ausdrücklich erwogen.

---

63   Die Inpflichtnahme der **Gemeinschaft** kann für den Grundrechtsschutz aus Art. 6 Abs. 4 GG Bedeutung erlangen, wenn der Gesetzgeber aus dem Mutterschutz resultierende Lasten nicht aus dem Staatshaushalt bestreitet, sondern sie Privatpersonen, etwa Arbeitgebern, aufbürdet. Dies soll die Inpflichtnahme der „Gemeinschaft"

verfassungsrechtlich legitimieren (BVerfGE 37, 121 [126]). Angesichts der geschlechtsspezifischen Ausrichtung des Mutterschutzes begründet eine derartige gesetzliche Verpflichtung zu Lasten Privater allerdings die Gefahr von Ausweichverhalten, das im Ergebnis zu Lasten der Beschäftigung suchenden Frauen (und potenziellen Müttern) geht. Diese Bedenken sind erst in der neueren Judikatur des BVerfG berücksichtigt worden.

Beispiel:

BVerfGE 109, 64 (89 ff.), hat die gesetzliche Verpflichtung des Arbeitgebers zur Zahlung eines Zuschusses zum Mutterschaftsgeld mangels geeigneter Vorkehrungen zur Vermeidung faktisch diskriminierender Auswirkungen wegen Art. 3 Abs. 2 GG verworfen (o. Kap. 15, Die Gleichheitssätze des Art. 3 GG, Rn. 127). BVerfGE 37, 121 (125 ff.) hatte die Regelung noch nur an Art. 3 Abs. 1 GG gemessen und gebilligt, weil Arbeitgeber mit mehr weiblichem Personal ja auf die Beschäftigung von Frauen verzichten könnten (nach BVerfGE 109, 64 [84]).

Besonders weitgehende Schutzpflichten hat das BVerfG zugunsten der Mutter während und nach der Schwangerschaft im Zusammenhang mit der **Abtreibungsproblematik** postuliert, wobei allerdings zusätzlich auf Art. 6 Abs. 1 GG und vor allem auf die Schutzpflicht gegenüber dem werdenden Leben zurückgegriffen wurde (BVerfGE 88, 203 [258 f.]).   **64**

Zusammenfassung

- Art. 6 Abs. 4 GG räumt als soziales Grundrecht jeder (werdenden) Mutter   **65**
  im Hinblick auf die besonderen Probleme von Schwangerschaft, Geburt
  und Stillzeit einen Schutz- und Fürsorgeanspruch ein, dessen Ausgestaltung
  einem weiten Gestaltungsspielraum des Gesetzgebers überlassen bleibt.
- Neben Schutzbestimmungen im Zusammenhang mit Arbeitsverhältnissen,
  die nicht zu faktischen Benachteiligungen führen dürfen, ist auch der
  Ausgleich wirtschaftlicher Belastungen geboten.
- Als Teil der verpflichteten „Gemeinschaft" können auch Private belastet
  werden.

V. Die Gleichstellung der unehelichen Kinder, Art. 6 Abs. 5 GG

Art. 6 Abs. 5 GG ist wie die Unterscheidungsverbote des Art. 3 Abs. 2 und 3 GG auf   **66**
ein bestimmtes Merkmal, hier das der Unehelichkeit, bezogen, gehört gleichwohl nicht zu den Unterscheidungsverboten. Anders als diese Art besonderer Gleichheitsrechte schreibt nämlich Art. 6 Abs. 5 GG keine unterschiedslose Behandlung unehelicher und ehelicher Kinder vor. Art. 6 Abs. 5 GG ist schon nicht

als unmittelbar eingreifende Gleichheitsregelung formuliert, sondern als **Auftrag an die Gesetzgebung**. Der Inhalt dieses Gesetzgebungsauftrags geht nicht dahin, alle bisher bestehenden Verschiedenheiten zwischen ehelichen und unehelichen Kindern abzuschaffen, vielmehr sollen den unehelichen Kindern „die gleichen Bedingungen" wie den ehelichen Kindern geschaffen werden.

67   Da die Verfassung an dem Status ehelicher Kinder festhält, der durch den besonderen Schutz der Ehe nach Art. 6 Abs. 1 GG legitimiert wird, kann der Gleichstellungsauftrag des Art. 6 Abs. 5 GG **keine Verpflichtung zur schematischen Gleichbehandlung** begründen. Andererseits genügt die bloße Annäherung der beiderseitigen Rechtsstellungen dem Ziel, wirklich gleiche Bedingungen zu schaffen, nicht. Unterschiede sind daran gemessen von vornherein nur ausnahmsweise aus überzeugenden sachlichen Gründen zulässig und müssen dann anderweitig im Sinne **materieller Gleichwertigkeit** ausgeglichen werden, soweit dies überhaupt möglich ist.

> **Beispiel:**
>
> Für die Frage eines Anspruchs des unehelichen Kindes gegen seine Mutter auf Benennung des Vaters ist Art. 6 Abs. 5 GG schon deshalb als bedeutungslos angesehen worden, weil der rechtliche Vater des in eine Ehe hineingeborenen Kindes nicht zwangsläufig der leibliche Vater sei (BVerfGE 96, 56 [63, 65]).

68   Der in Art. 6 Abs. 5 enthaltene **Verfassungsauftrag** ist vom Gesetzgeber sehr lange vernachlässigt worden. Das BVerfG hat sich schließlich veranlasst gesehen, auch hier – ähnlich wie bei Art. 117 Abs. 1 GG (o. Kap. 15, Die Gleichheitssätze des Art. 3 GG, Rn. 130) – die Gerichte als Ersatzgesetzgeber einzuschalten, um dem grundrechtlichen Gleichstellungsanliegen Rechnung zu tragen (BVerfGE 25, 167). Zwischenzeitlich ist die Gleichstellung durch die **Neugestaltung des Nichtehelichenrechts** weitgehend erfolgt. Das BVerfG hat aber auch danach noch in Einzelpunkten ein höheres Maß an Gleichstellung eingefordert.

> **Beispiel**
>
> Bei Streitigkeiten über gesetzliche Unterhaltspflichten gegenüber nichtehelichen Kindern war nur die Berufung zum Landgericht vorgesehen, während für entsprechende Streitigkeiten hinsichtlich ehelicher Kinder nach der Einführung der Familiengerichte die Berufung zu den Oberlandesgerichten und unter bestimmten Bedingungen auch die Revision zum BGH statthaft war. Das BVerfG hat die Angleichung der Instanzenzüge verlangt (BVerfGE 85, 80 [88 ff.]).

Der Gesetzgeber ist dadurch zu einer Reihe zum Teil **weitergehender Reformen** veranlasst worden.

> **Beispiel:**
>
> Die Beanstandung einer bestimmten Beschränkung der erbrechtlichen Position des nichtehelichen Kindes in BVerfGE 74, 33 ff., hat schließlich zur völligen

Angleichung auf diesem Gebiet durch das Erbrechtsgleichstellungsgesetz (ErbGleichG) vom 16.12. 1997 (BGBl. I, S. 2968) geführt.

Zu den anzugleichenden Bedingungen können auch gesetzliche Regelungen gegenüber den unehelichen Müttern gehören, die sich auf das Kind nur mittelbar auswirken.

Beispiel:

BVerfGE 118, 45 (63) hat die für geschiedene und uneheliche Mütter unterschiedliche Dauer des Anspruchs auf Unterhalt, der allein wegen der persönlichen Betreuung des gemeinsamen Kindes vorgesehen war, als Verletzung von Art. 6 Abs. 5 GG gewürdigt.

Erhöhte Aufmerksamkeit haben erst in jüngerer Zeit die **nichtehelichen Väter**   69
erlangt. Anfangs hatte das BVerfG deren Zurücksetzung im Bann überkommener Vorstellungen noch mehr oder weniger selbstverständlich akzeptiert. Es hat dann versucht, Differenzierungen zwischen den nichtehelichen Eltern anhand ihres Geschlechts mit den durch Art. 6 Abs. 5 GG geschützten grundrechtlichen Interessen des nichtehelichen Kindes zu rechtfertigen. Nachdem sich zwischenzeitlich das Bewusstsein für die Elternrechte auch des nichtehelichen Vaters geschärft hat, hat das BVerfG seine Grundrechtsbelange auch bei Regelungen nach Art. 6 Abs. 5 GG maßgeblich mitberücksichtigt.

Beispiel:

Nach § 1747 Abs. 2 Satz 1 und 2 BGB a.F. war die Adoption eines nichtehelichen Kindes durch die Mutter oder den Stiefvater möglich, ohne dass eine Einwilligung des leiblichen Vaters oder eine Abwägung mit seinen Belangen erforderlich gewesen wäre. Das BVerfG hat diese Vorschrift für unvereinbar mit Art. 6 Abs. 2 Satz 1 GG erklärt (BVerfGE 92, 158 ff.; s. auch o. Rn. 46).

Das BVerfG hat eine als mittelbar bezeichnete Benachteiligung nichtehelicher Kin- 70
der zutreffend darin gesehen, dass die für sie durch eine wegen aufenthaltsrechtlicher Vorteile erfolgte Anerkennung begründete Vaterschaft behördlich anfechtbar war, nicht aber die durch eine aus denselben Gründen geschlossene und später aufgehobene Ehe. Es hat dann aber angenommen, die Gründe für diese Ungleichbehandlung seien „hinreichend plausibel und darum verfassungsrechtlich nicht zu beanstanden" (BVerfGE 135, 48 Rn. 109 ff., 113). Ob die in der Tat anzunehmende **plausible Begründung als Rechtfertigung** ausreichen kann, ist nach den allgemeinen Maßstäben (o. Rn. 67) ebenso fraglich wie die Zulässigkeit des Verzichts darauf, auch die durch eine zu Aufenthaltszwecken geschlossene Ehe begründete Vaterschaft einer Anfechtung zu unterwerfen, was eine materielle Gleichstellung bedeutet hätte.

Zusammenfassung

71
- Art. 6 Abs. 5 GG ist kein striktes Unterscheidungsverbot, sondern ein inzwischen weitgehend erfüllter Gesetzgebungsauftrag.
- Dieser begründet keine Verpflichtung zur schematischen Gleichbehandlung, gibt aber das Ziel wirklich gleicher Bedingungen vor. Diese können sich auch auf das Kind nur mittelbar berührende Regelungen für die Mütter beziehen.
- Art. 6 Abs. 5 GG rechtfertigt keine grundsätzliche Zurücksetzung des Vaters des unehelichen Kindes.
- Unterschiedliche Regelungen sind von vornherein nur ausnahmsweise aus überzeugenden sachlichen Gründen zulässig und müssen dann im Sinne materieller Gleichwertigkeit anderweitig ausgeglichen werden, soweit dies überhaupt möglich ist.

Die grundrechtlichen Bestimmungen über das Schulwesen, Art. 7 GG

19

Inhalt

Literatur zu I.:

Matthias Jestaedt, § 156, Schule und außerschulische Erziehung, in: HStR VII³, 2009, S. 521; *Wolfgang Loschelder*, § 110, Schulische Grundrechte und Privatschulfreiheit, in: HGR IV, 2011, S. 1313; *Klaus Stern*, § 116, Die Verfassungsaussagen zu Schule und Bildung, in: ders., Staatsrecht IV/2, 2011, S. 376; *Ermano Geuer*, Schulpflicht ohne Unterrichtsbesuch?, VR 2011, 298; *Timo Hebeler*, Heimunterricht als Ausnahme von der Schulpflicht, JA 2003, 121; *Sonja Rademacher/ Norbert Janz*, Schulpflicht auch im Glauben?, Jura 2008, 223; *Christine Langenfeld*, Integration und kulturelle Identität zugewanderter Minderheiten: Eine Herausforderung für das deutsche Schulwesen – Einführung in einige grundrechtliche Fragestellungen, AöR 123 (1998), 375; **zu II.:** *Matthias Jestaedt*, § 156, Schule und außerschulische Erziehung, in: HStR VII³, 2009, S. 521; *Wolfgang Loschelder*, § 110, Schulische Grundrechte und Privatschulfreiheit, in: HGR IV, 2011, S. 1313 (1331 ff.); *Klaus Stern*, § 116, Die Verfassungsaussagen zu Schule und Bildung, in: ders.,

© Springer-Verlag Berlin Heidelberg 2017
M. Sachs, *Verfassungsrecht II - Grundrechte*, Springer-Lehrbuch,
DOI 10.1007/978-3-662-50364-5_19

Staatsrecht IV/2, 2011, S. 376 (415 ff., 489 ff.); *Walter Frenz,* Glaubensfreiheit und Schulpflicht, Jura 2013, 999; *Thomas Harks,* Islamischer Religionsunterricht und Art. 7 III GG, JA 2002, 875; *Peter Unruh,* Zur Verfassungsmäßigkeit des obligatorischen Ethikunterrichts, DÖV 2007, 625; *Hermann Weber,* Änderungsbedarf im deutschen Religionsrecht?, NJW 2010, 2475; **zu III.:** *Matthias Jestaedt,* § 156, Schule und außerschulische Erziehung, in: HStR VII³, 2009, S. 521 (555); *Wolfgang Loschelder,* § 110, Schulische Grundrechte und Privatschulfreiheit, in: HGR IV, 2011, S. 1313 (1345 ff.); *Klaus Stern,* § 116, Die Verfassungsaussagen zu Schule und Bildung, in: ders., Staatsrecht IV/2, 2011, S. 376 (519 ff.); *Bodo Pieroth/Siegmar Kemm,* Beurteilungsspielraum und verwaltungsgerichtliche Kontrolldichte bei der Anerkennung eines besonderen pädagogischen Interesses an privaten Grundschulen – BVerfGE 88, 40, JuS 1995, 780; *Thomas Schwabenbauer,* Privatschulfinanzierung unter Haushaltsvorbehalt, DÖV 2011, 672; *Johann Peter Vogel,* Zur Genehmigung von Ersatzschulen, DÖV 2008, 895.

Rechtsprechung zu I.:
BVerfGE 34, 165 (Förderstufe); BVerfGE 41, 29 – 65 – 88 (Gemeinschaftsschulen); BVerfGE 45, 400 (Gymnasiale Oberstufe); BVerfGE 47, 46 (Sexualkunde); BVerfGE 52, 223 (Schulgebet); BVerfGE 93, 1 (21 ff.) (Kreuz im Klassenzimmer); BVerfGE 98, 218 (Rechtschreibreform); BVerfGE 108, 282 (Kopftuch der Lehrerin I); BVerfGE 138, 296 (Kopftuch der Lehrerin II); BVerfG (K), NVwZ 2008, 72 (Ethik-Unterricht); BVerfG (K), NJW 2015, 44 (Strafbewehrung der Schulpflicht); BVerwGE 107, 75 (Ethikunterricht); BVerwGE 141, 223 (Verrichtung von Gebeten in der Schule); **zu II.:** BVerfGE 74, 244 (Religionsunterrichtsteilnahme Konfessionsfremder); BVerfGE 104, 305 (LER); BVerwGE 107, 75 (Ethikunterricht); BVerwGE 110, 326 (Islamischer Religionsunterricht I); BVerwGE 123, 49 (Islamischer Religionsunterricht II); **zu III.:** BVerfGE 75, 40 (Privatschulförderung I); BVerfGE 88, 40 (Freie Schule Kreuzberg); BVerfGE 90, 107 (Privatschulförderung II); BVerfGE 112, 74 (Landeskinderklausel); BVerwGE 23, 347 (Tanzschule); BVerwGE 27, 360 (Subventionierung genehmigter Ersatzschulen); BVerwG, NJW 2000, 1280 (Private Grundschule); BVerwGE 145, 333 (Monoedukative Ersatzschule).

Übungsfälle:
Urs Kramer, Grundfälle zu Art. 7 GG, JuS 2009, 1090.

I. Die Aufsicht des Staates über das gesamte Schulwesen, Art. 7 Abs. 1 GG

1. Bedeutung der Schulaufsicht

1   Art. 7 Abs. 1 GG gehört zu den Bestimmungen, deren Aussagewert jedenfalls auf den ersten Blick wenig von einer Grundrechtsgarantie an sich hat. So ist denn auch in der Tat zweifelhaft, ob Art. 7 Abs. 1 GG überhaupt subjektive Grundrechtsberechtigungen vermittelt. Sein Aussagegehalt richtet sich in erster Linie auf **Befugnisse des Staates**. Diesem wird mit der Aufsicht über das Schulwesen nicht nur eine Beaufsichtigung fremder schulischer Betätigung übertragen, sondern nach einem spezifischen überkommenen Sprachgebrauch die Veranstaltung des Schulwesens überhaupt, seine Organisation, Leitung, Planung, inhaltliche Ausrichtung. Lediglich gegenüber Privatschulen (u. Rn. 40) gilt der engere Begriff der Aufsicht.

2   Wenn **subjektive Rechte Einzelner** in Frage kommen sollen, können sie sich nur darauf richten, dass prinzipiell allein der Staat das gesamte Schulwesen betreibt. Ein solches Recht würde sich etwa den historischen Ursprüngen des

Artikels (vgl. § 153 Paulskirchenverfassung[1]) entsprechend **gegen** eine Übertragung des Schulwesens in **kirchliche Regie** richten können, gegen die die staatliche Schulaufsicht einmal durchgesetzt worden ist. Ebenso könnte aber auch ein Grundrechtsschutz gegenüber einer etwa aus Gründen der Kostenersparnis beabsichtigten **Privatisierung** des Schulwesens überhaupt durchgreifen.

▶   **Hinweis:**   Nicht von Art. 7 Abs. 1 GG gedeckt scheinen demgegenüber Ansprüche auf bestimmte Aufsichtsmaßnahmen beim Betrieb der Schule, etwa im Hinblick darauf, wie im Schulgebäude oder in Unterrichtspausen auf dem Schulhof die Aufsicht geführt wird.

Gegenständlich erstreckt sich die staatliche Aufsicht auf das gesamte Schulwesen.   3
Schulen im Sinne der Bestimmung sind Einrichtungen, die ein dauerhaftes zusammenhängendes Unterrichtsprogramm zu einer Mehrzahl von Gegenständen anbieten.

Beispiel:
Tanzschulen, die Kurse im Gesellschaftstanz o. Ä. anbieten, sind keine Schulen im verfassungsrechtlichen Sinne; keine Zweifel an der Schulqualität einer privaten Fachschule für Gymnastik und künstlerischen Tanz bei BVerwGE 23, 347 ff.

Hochschulen sowie Fachhochschulen sind nicht Schulen im Sinne des Art. 7 Abs. 1 GG. Dementsprechend greift die Wissenschaftsfreiheit nach Art. 5 Abs. 3 Satz 1 GG zugunsten der Lehrer an Schulen nicht ein (o. Kap. 17, Die Grundrechte des Art. 5 GG, Rn. 115).

2. Begrenzung von Grundrechten

Nach Wegfall des „besonderen Gewaltverhältnisses" (o. Kap. 9, Grundrechtsbegren-   4
zungen, Rn. 48 ff.) sind mit dem Schulverhältnis verbundene Beschränkungen der
Grundrechte der vom staatlichen Schulwesen betroffenen Menschen, namentlich der Schüler, ihrer Eltern und der Lehrer, nur durch Gesetze bzw. auf ihrer Grundlage zulässig. Solche Gesetze sind im Rahmen von Gesetzesvorbehalten grundsätzlich zur Verfolgung der Zwecke des Art. 7 Abs. 1 GG möglich; Art. 7 Abs. 1 GG bietet zudem eine Grundlage für **gesetzliche Beschränkungen vorbehaltlos garantierter Grundrechte**, namentlich der Religionsfreiheit und des (religionsbezogenen) Erziehungsrechts der Eltern.

Beispiel:
Ein Verbot des islamischen Schulgebets eines Schülers in der Schule während der Pausen wurde auf der Grundlage einer ganz allgemeinen gesetzlichen

---

[1]„§ 153 Das Unterrichts- und Erziehungswesen steht unter der Oberaufsicht des Staats, und ist, abgesehen vom Religionsunterricht, der Beaufsichtigung der Geistlichkeit als solcher enthoben".

Grundlage i. V. mit Bestimmungen der Schulordnung gebilligt, weil es um die Abwehr konkreter Gefahren für den von Art. 7 Abs. 1 GG vorausgesetzten Schulfrieden gegangen sei (BVerwGE 141, 223 Rn. 42 ff., 62) S. ferner o. Kap. 16, Die Grundrechte des Art. 4 GG, Rn. 27.

5 Dabei ist allerdings wegen Art. 4 GG strikte **religiös-weltanschauliche Neutralität** geboten (o. Kap. 16, Die Grundrechte des Art. 4 GG, Rn. 37). Die vom BVerfG (BVerfGE 41, 29; 41, 65; 41, 88) gebilligte christliche Gemeinschaftsschule ist daher fragwürdig, wenn sie nicht auf die Orientierung an durch das Christentum mitgeprägten Kulturgütern beschränkt bleibt. Art. 7 Abs. 5 GG kann gegenüber dem Neutralitätsgebot die Möglichkeit nicht neutraler Gestaltungen der öffentlichen Schule nur für den Fall belegen, dass sie im Einklang mit den Wünschen der betroffenen Eltern stehen; dagegen ist es nicht akzeptabel, wenn den nicht christlichen (atheistischen oder muslimischen) Teilen der Bevölkerung nur eine religiös geprägte christliche Gemeinschaftsschule zur Verfügung gestellt wird. Dementsprechend findet die Verwendung christlicher Symbolik in öffentlichen Schulen ihre Grenze an der Religionsfreiheit; problematisch ist auch die (allerdings vom BVerfG grundsätzlich gebilligte) Durchführung von Schulgebeten (o. Kap. 16, Die Grundrechte des Art. 4 GG, Rn. 10).

6 Wie bereits erwähnt (o. Kap. 18, Die Grundrechte des Art. 6 GG, Rn. 44), besitzt der **Staat** aufgrund von Art. 7 Abs. 1 GG ein **originäres Miterziehungsrecht** für den schulischen Bereich, das gleichgeordnet neben dem aus Art. 6 Abs. 2 Satz 1 GG abgeleiteten natürlichen Erziehungsrecht der Eltern steht. Diesem gegenüber rechtfertigt Art. 7 Abs. 1 GG als Grundrechtsbegrenzung die auch strafbewehrte gesetzliche Schulpflicht (BVerfG [K], NJW 2015, 44 [46 f.]). Staatliche und elterliche Erziehungsbefugnisse sind nicht gegenständlich voneinander abgegrenzt, sondern können sich überlagern. Namentlich ist der Erziehungsauftrag des Staates nicht auf Wissensvermittlung beschränkt, sondern erstreckt sich auch auf den Bereich von Wertüberzeugungen.

Beispiel:

So wird ein Fach „Ethikunterricht" als von Art. 7 Abs. 1 GG gedeckt angesehen (BVerwGE 107, 75 [78 ff.]); BVerfG (K), NVwZ 2008, 72 (73 ff.).

---

7 Besondere **gesetzliche Grundlagen** sind für die schulische Unterrichtung gegenüber dem elterlichen Erziehungsrecht nur in Bereichen notwendig, die es wegen ihrer Bedeutung für die kindliche Persönlichkeit (etwa: Sexualkunde), insbesondere auch mit Blick auf die religiöse Erziehung, besonders intensiv betreffen, während weniger sensible Bereiche (etwa die Rechtschreibung) von der Schulverwaltung eigenständig aufgegriffen werden können (o. Kap. 18, Die Grundrechte des Art. 6 GG, Rn. 44). Neben den Lehrinhalten bietet auch die Zuordnung von Kindern zu verschiedenen Bereiche des gegliederten Schulsystems (Sonderschulen, Gymnasien u. Ä.) immer wieder Anlass für Konflikte mit deren Eltern, deren prinzipielles Bestimmungsrecht mit Rücksicht auf die Fähigkeiten ihrer Kinder begrenzt ist.

Grundrechtsbeschränkungen der **Lehrer** durch die mit ihrem Dienst verbundenen   **8** Verpflichtungen sind aufgrund der einschlägigen Bestimmungen des Beamtenrechts grundsätzlich gerechtfertigt. Für Einschränkungen der Religionsfreiheit können spezielle gesetzliche Grundlagen notwendig sein, die auch für das Verhalten in Wahrnehmung des staatlichen Erziehungsauftrags nach Art. 7 Abs. 1 GG dem Grundsatz der Verhältnismäßigkeit genügen müssen.

Beispiel:

Ein Verbot für Lehrpersonen, im Unterricht religiös motivierte Kleidung (wie ein islamisches Kopftuch) zu tragen, bedarf nicht nur eines besonderen, hinreichend bestimmten Gesetzes (BVerfGE 108, 282 [306 ff.]), sondern auch der sachlichen Legitimation durch eine konkrete Gefahr für den zur Erfüllung des Erziehungsauftrags notwendigen Schulfrieden oder die staatliche Neutralität (BVerfGE 138, 296 Rn. 108 ff.). S. auch o. Kap. 16, Die Grundrechte des Art. 4 GG, Rn. 27.

---

3. Zusammenfassung

- Art. 7 Abs. 1 GG begründet die Kompetenz des Staates, nach seinen inhalt-   **9** lichen und organisatorischen Vorstellungen gestaltete Schulen zu betreiben.
- Schulen sind Einrichtungen mit auf gewisse Dauer angelegten, zusammenhängenden Unterrichtsprogrammen zu einer Mehrzahl von Gegenständen.
- Der Schulunterricht ist nicht auf Wissensvermittlung beschränkt, sondern kann sich bei strikter religiös-weltanschaulicher Neutralität auch auf Wertüberzeugungen beziehen.
- Der originäre staatliche Erziehungsauftrag steht gleichgeordnet neben dem Erziehungsrecht der Eltern.
- Art. 7 Abs. 1 GG kann als Grundrechtsbegrenzung gesetzliche Einschränkungen auch vorbehaltloser Grundrechtsgarantien rechtfertigen.

II. Der Religionsunterricht an den Schulen nach Art. 7 Abs. 2, 3 GG

1. Gewährleistungen des Art. 7 Abs. 3 Satz 1 und 2 GG

a) Gegenstand der Gewährleistung

Nach Art. 7 Abs. 3 Satz 1 GG ist der Religionsunterricht in den öffentlichen Schulen   **10** mit Ausnahme der bekenntnisfreien Schulen, die nach Maßgabe des Landesrechts eingerichtet werden können (s. noch u. Rn. 19), **ordentliches Lehrfach**. Dies

bedeutet, dass im Rahmen der staatlichen Schulaufsicht an den nicht bekenntnisfreien öffentlichen Schulen das Fach Religion grundsätzlich wie jedes andere
Lehrfach zum Lehrplan gehört. Einer Absetzung im Rahmen von Lehrplanänderungen,
denen andere Fächer im Rahmen staatlicher Gestaltungsfreiheit nach Art. 7 Abs. 1 GG
unterliegen, ist der Religionsunterricht von Verfassungs wegen entzogen. Der
Religionsunterricht ist damit **institutionell garantiert**.

> ▶ **Hinweis:** BVerfGE 122, 89 (110) sieht in Art. 7 Abs. 3 GG auch einen Beleg
> für die Zulässigkeit theologischer Fakultäten.

11   Die **Eigenart des Religionsunterrichts** und die spezifische Bedeutung der diesbezüglichen Verfassungsgarantie werden erst durch Art. 7 Abs. 3 Satz 2 GG hinreichend deutlich. Danach wird der Religionsunterricht nämlich „in Übereinstimmung
mit den Grundsätzen der Religionsgemeinschaften" erteilt. Aus dieser Verknüpfung
wird abgeleitet, dass es beim Religionsunterricht im Sinne des Art. 7 Abs. 2, 3 GG
nicht um eine neutrale Belehrung über religiöse Themen geht, wie etwa bestimmte
philosophische Gedanken Gegenstand eines Philosophieunterrichts sind. Vielmehr
ist Religionsunterricht dadurch gekennzeichnet, dass er an den **Glaubenssätzen
der jeweiligen Konfession orientiert** ist, wenn er auch nicht allein der Verkündigung
und Glaubensunterweisung dienen darf, sondern als Unterricht zugleich auf
Wissensvermittlung angelegt sein muss. Bloße neutrale Religionskunde erfüllt die
verfassungsrechtlichen Anforderungen an einen Religionsunterricht jedoch nicht.

> ▶ **Hinweis:** Das in Brandenburg vorgesehene Pflichtfach „Lebensge-
> staltung-Ethik-Religionskunde" dürfte daher den Erfordernissen eines
> „Religionsunterrichts" im Sinne des Art. 7 Abs. 3 GG nicht genügen; das
> BVerfG hatte in den diesbezüglichen Verfahren eine Vergleichsvorschlag
> unterbreitet, der Regeln für ein näher ausgestaltetes Nebeneinander
> von LER und Religionsunterricht beinhaltete (BVerfGE 104, 305 ff BVerfGE
> 106, 210 ff.); s. auch u. Rn. 19.

12   Nach Art. 7 Abs. 3 Satz 2 GG ist der Staat im Rahmen seiner Schulaufsicht über die
öffentlichen Schulen (o. Rn. 1 ff.) organisatorisch Träger des Unterrichts; er hat
dementsprechend die hierfür anfallenden Kosten zu übernehmen, insbesondere die
Lehrer zu bestellen. Insoweit begründet die Bestimmung **staatliche Leistungspflichten**. Die Reichweite dieser Pflichten ist nicht unbegrenzt, sondern steht unter
dem solchen Pflichten immanenten Vorbehalt dessen, was vernünftigerweise von
der Gesellschaft erwartet werden kann (o. Kap. 4, Subjektive Grundrechte und objektive Grundrechtsgehalte, Rn. 25). Religionsunterricht in einer Vielzahl von
Ausrichtungen selbst für kleinste Zahlen interessierter Schüler anzubieten, dürfte –
abgesehen von den Kosten – schon die Einbindung des Fachs in den schulischen
Organisationszusammenhang nicht zulassen.

13   Zugleich weist Art. 7 Abs. 3 Satz 2 GG den **Religionsgemeinschaften** (einschließlich der ihnen gleichgestellten Weltanschauungsgemeinschaften, Art. 140 GG/Art. 137

Abs. 7 WRV) für den Inhalt des Religionsunterrichts (ggf. Weltanschauungsunterrichts) die beherrschende Stellung zu; dies schließt auch die Befugnis ein, über die als Lehrer eingesetzten Personen mit zu entscheiden. Auch über die Teilnahme konfessionsfremder Schüler hat die Religionsgemeinschaft zu entscheiden (BVerfGE 74, 244 [253 ff.]). Die Qualität einer öffentlich-rechtlichen Körperschaft im Sinne des Art. 140 GG/Art. 137 Abs. 5 WRV (o. Kap. 16, Die Grundrechte des Art. 4 GG, Rn. 14 f.) ist nicht erforderlich; doch wird wie für die Anerkennung des Körperschaftsstatus die Gewähr dafür verlangt, dass die Gemeinschaften die Verfassungsprinzipien des Art. 79 Abs. 3 GG und die Grundprinzipien des freiheitlichen Religionsverfassungsrechts nicht gefährden (BVerwGE 123, 49 [72 f.]). Art. 7 Abs. 3 Satz 1 GG setzt zudem die Existenz bindender Grundsätze der Religionsgemeinschaften und deren Fähigkeit voraus, diese gegenüber dem staatlichen Träger des Religionsunterrichts maßgeblich zu artikulieren, und damit ein gewisses Maß an organisatorischer Geschlossenheit.

> ▶ **Hinweis:** An diesen Voraussetzungen ist islamischer Religionsunterricht lange gescheitert, der bei entsprechender Selbstorganisation islamischer Gruppen zu (einer) handlungsfähigen Religionsgemeinschaft(en) ebenso möglich ist wie christlicher Religionsunterricht; BVerwGE 123, 49 (61 ff.) hat recht lockere Maßstäbe formuliert und auch Dachverbände nicht ausgeschlossen.

Ob es auch nur übergangsweise zulässig ist, in Zusammenarbeit mit religiösen Organisationen, die keine Religionsgemeinschaften sind, Religionsunterricht an staatlichen Schulen zu veranstalten (so § 132a SchulG NRW), scheint fraglich.

b) Grundrechtsberechtigung

Die aus Art. 7 Abs. 3 Satz 2 GG folgende Befugnis der **Religionsgemeinschaften**, **14** den **Inhalt** des Religionsunterrichts zu **bestimmen**, ist ihnen jedenfalls auch zur Verfolgung ihrer eigenen Interessen aus der Religionsfreiheitsgarantie eingeräumt und begründet für sie eine subjektive Berechtigung.

Ob Art. 7 Abs. 3 Satz 1 GG auch **subjektive Grundrechte auf Durchführung** **15** **von Religionsunterricht als ordentliches Lehrfach** begründet und wem solche Rechte ggf. zustehen, ist **nicht unproblematisch**. Art. 7 Abs. 3 Satz 1 GG spezifiziert für einen thematischen Unterrichtsbereich die primär kompetenzrechtliche Zuweisung der Schulaufsicht nach Art. 7 Abs. 1 GG. Dabei spricht er etwa als Berechtigte in Frage kommende Personen (Kinder, Eltern, Religionsgemeinschaften) mit keinem Wort an, sondern richtet sich allein an den Staat als Schulträger, wie in der anschließenden Bezugnahme auf das staatliche Aufsichtsrecht deutlich wird.

Überwiegend wird gleichwohl jedenfalls ein ggf. nicht von Art. 19 Abs. 3 GG **16** abhängiges **Grundrecht der Religionsgemeinschaften** auf Durchführung von Religionsunterricht als ordentliches Lehrfach angenommen. Aus dem Bestimmungsrecht dieser Gemeinschaften nach Art. 7 Abs. 3 Satz 2 GG ist das allerdings nicht zwingend abzuleiten. Denn dieses behält auch ohne einen originären Anspruch auf Durchführung von Religionsunterricht seine substanzielle Bedeutung, indem es verhindert, dass der Staat für den Bereich einer bestimmten Religion einen Unterricht betreibt, mit dem sich diese Religionsgemeinschaften nicht einverstanden erklären würden.

17   Für **die Kinder**, die den Religionsunterricht genießen, und **ihre Eltern**, die dies aufgrund ihres Erziehungsrechts begehren, ist die erste Voraussetzung subjektiver (Grund-) Rechte (o. Kap. 4, Subjektive Grundrechte und objektive Grundrechtsgehalte, Rn. 5 und 7), nämlich die begünstigende Wirkung, gegeben. Aus der Bedeutung der Art. 4 Abs. 1, 2 und Art. 6 Abs. 2 GG dürfte folgen, dass die Garantie des Religionsunterrichts auch in ihrem Interesse von der Verfassung begründet ist. Fraglich bleibt aber, ob Art. 7 Abs. 3 Satz 1 GG Eltern und Kindern auch die Rechtsmacht geben will, den Religionsunterricht als ihr Recht einzufordern. Soweit auch für **Eltern und Kinder** subjektive Berechtigungen angenommen werden, die ggfs. unabhängig von der Deutscheneigenschaft bestehen, können diese jedenfalls nur insoweit durchgreifen, als eine Religionsgemeinschaft bereit ist, den gewünschten Unterricht inhaltlich zu verantworten.

c) Grundrechtsbegrenzungen

18   Art. 141 GG schließt die Anwendung des Art. 7 Abs. 3 Satz 1 GG aus, wenn in einem Land am 1. Januar 1949 eine andere landesrechtliche Regelung bestand. Da dieser Artikel insbesondere deshalb in das Grundgesetz aufgenommen wurde, um den Fortbestand der abweichenden Regelung in Bremen zu ermöglichen, wird er als **„Bremer Klausel"** bezeichnet. Betroffen ist aber auch (ganz) Berlin (BVerwGE 110, 326). Art. 141 GG sichert(e) nicht nur den Fortbestand damaliger Regelungen, sondern stellt die betroffenen Länder in ihren Gestaltungsmöglichkeiten nach Art. 7 Abs. 1 GG auch in Bezug auf religionsbezogenen Unterricht dauerhaft frei. Soweit und solange sie sich später dazu entschließen, in den öffentlichen Schulen Religionsunterricht im dargelegten Sinne durchzuführen, bleiben dessen Inhalte nach Art. 7 Abs. 3 Satz 2 GG gebunden, auf den sich Art. 141 GG nicht erstreckt (anders [für den Begriff der Religionsgemeinschaft] BVerwGE 110, 326 [337 ff.]); eine staatliche Festlegung religiöser Unterrichtsinhalte wäre ohnehin mit dem Gebot staatlicher Neutralität nicht zu vereinbaren.

19   Ob die **neuen Länder** im Bereich der früheren DDR durch Art. 141 GG von der Bindung an Art. 7 Abs. 3 Satz 1 GG frei sind, ist nach der Entstehungsgeschichte nicht unproblematisch. Zwar würde Art. 141 GG dem Wortlaut nach passen, soweit es um die dort am 1. Januar 1949 bestehenden landesrechtlichen Regelungen geht. Problematisch bleibt aber, ob die neu gebildeten Länder mit den seinerzeitigen, später in der DDR aufgelösten Ländern identisch sind oder ob es unabhängig davon nur darauf ankommt, dass im heutigen Landesgebiet seinerzeit eine andere landesrechtliche Regelung bestand. Angesichts des hohen Anteils religionsungebundener Menschen in den neuen Ländern dürfte es im Übrigen jedenfalls hier unbedenklich sein, dem schulischen Religionsunterricht dadurch auszuweichen, dass die öffentlichen Schulen grundsätzlich als **bekenntnisfreie Schulen** ausgestaltet werden, für die Art. 7 Abs. 3 Satz 1 GG tatbestandlich nicht eingreift. Nach sehr enger Auslegung soll eine Regelschulform, die neben anderen Elementen wie Antike, Humanismus u. Ä. auch das Christentum berücksichtigt, aber nicht weitergehend durch religiöse Bezüge geprägt ist, nicht als bekenntnisfrei qualifiziert sein (so für Berlin BVerwGE 110, 326 [330 f.]). Zur Problematik in Brandenburg s. o. Rn. 11.

2. Gewährleistungen des Art. 7 Abs. 2, 3 Satz 3 GG

Art. 7 Abs. 2 und Abs. 3 Satz 3 GG enthalten spezifische Grundrechte auf **Freiheit**   20
vom Religionsunterricht nach Art. 7 Abs. 3 GG. Damit wird sichergestellt, dass
durch den staatlich veranstalteten Religionsunterricht die individuelle Religionsfreiheit betroffener (deutscher oder nichtdeutscher) Personen nicht eingeschränkt
wird. Gegenüber weltanschaulich neutral gestaltetem Religionskunde- oder Ethikunterricht, der die Religionsfreiheit deshalb nicht berührt, greifen auch die Freistel-
lungsnormen nicht durch.

Beispiel:
Die Einführung des Unterrichtsfachs Ethik in Baden-Württemberg wurde bei
Wahrung weltanschaulicher Neutralität rechtlich gebilligt (BVerwGE 107, 75).

Art. 7 Abs. 2 GG formuliert dies für die Teilnahme des Kindes am Religionsunterricht   21
als ein **Bestimmungsrecht der Erziehungsberechtigten** (o. Kap. 18, Die Grundrechte
des Art. 6 GG, Rn. 44), das in der Praxis (restriktiv) als Befugnis verstanden wird,
das Kind vom Religionsunterricht abzumelden. Die Zuweisung dieses Rechts an die
Erziehungsberechtigten findet seine Grenze mit Rücksicht auf Art. 4 GG in dem
Zeitpunkt, in dem das Kind selbst die sog. Religionsmündigkeit erreicht. Legt man
insoweit die Grenzen des Gesetzes über die religiöse Kindererziehung zugrunde, so
erwirbt das Kind mit 12 Jahren das Recht, auch gegen den Willen seiner Eltern
weiterhin an einem bereits besuchten Religionsunterricht teilzunehmen, während es
mit 14 Jahren berechtigt ist, sich eigenständig, notfalls gegen den Willen seiner
Eltern, vom Religionsunterricht abzumelden. Das nach Art. 7 Abs. 2 GG allein den
Erziehungsberechtigten ausdrücklich zugesprochene Bestimmungsrecht geht damit
in dem jeweils maßgeblichen Zeitpunkt nicht etwa unter, sondern steht als Ausfluss
der Religionsfreiheit dem **religionsmündigen Kind** selbst zu.

 Beeinträchtigungen dieses Rechts können – abgesehen von Geboten zur Teil-   22
nahme trotz Abmeldung – auch dadurch eintreten, dass die abgemeldeten Schüler
kraft entsprechender Normen oder in der tatsächlichen Praxis anderweitigen Nachteilen ausgesetzt werden oder dass ihnen Vorteile vorenthalten werden, wenn dadurch
die freie Entscheidung über die Abmeldung beeinträchtigt wird.

Beispiele:
Werden die abgemeldeten Schüler verpflichtet, an Stelle des Religionsunterrichts
einen zweitklassigen Ersatzunterricht zu besuchen, der etwa nicht dieselben
Möglichkeiten im Hinblick auf den Notendurchschnitt bietet, kann das einen
Verstoß gegen die Teilnahmefreiheit bedeuten (BVerwGE 107, 75). – Proble-
matisch wäre aber auch schon eine Praxis, die zumal für junge Schüler unnötig
nicht beaufsichtigte Freistunden mit sich bringt, weil die damit drohenden
Gefahren die Eltern von der Abmeldung abhalten können.

Eine Beeinträchtigung dieser Freiheit dürfte es auch darstellen, für die Aufnahme in
eine staatliche Bekenntnisschule von den Eltern zu verlangen, für ihre Kinder eine
Verpflichtung zum Besuch des Religionsunterrichts zu übernehmen und einen späteren Widerruf mit der Verweisung an eine andere Schule zu sanktionieren.

▶ **Hinweis:** VG Minden, NWVBl 2014, 399 (400) hält die Nichteinhaltung
der Verpflichtung für treuwidrig und deshalb Art. 7 Abs. 2 GG für
unanwendbar. Dies ist allenfalls bei von vornherein bestehender Täu-
schungsabsicht denkbar. Problematisch scheint aber, dass es zulässig
sein soll, einen Verzicht auf das Grundrecht des Art. 7 Abs. 2 GG im
Hinblick auf die landesrechtlich vorgesehene Schulform der Bekenntnisschule zu verlangen.

23 Freiheit vom Religionsunterricht genießt nach Art. 7 Abs. 3 Satz 3 GG unabhängig
von seiner Deutscheneigenschaft auch der **Lehrer**, der nach dieser Vorschrift gegen
seinen Willen nicht verpflichtet werden darf, Religionsunterricht zu erteilen. Dies
bedeutet primär, dass kein Lehrer entsprechenden rechtlichen Verpflichtungen
unterworfen werden kann; als mittelbare Beeinträchtigungen sind aber auch anderweitige Nachteile ausgeschlossen, die einem Lehrer, der keinen Religionsunterricht
erteilen will, bereitet werden könnten (etwa bei Beförderungen, durch zusätzliche
Unterrichtsbelastungen u. Ä.). Auch ein Lehrer, der sich ursprünglich einmal dazu
verpflichtet hat, Religionsunterricht zu erteilen, kann seine Willensrichtung später
ändern; in diesem Fall greift für ihn ebenfalls die Gewährleistung des Art. 7 Abs. 3
Satz 3 GG ein. Dies gilt zumindest dann, wenn die fehlende Bereitschaft zur
Erteilung von Religionsunterricht auf religiöse Gründe zurückzuführen ist, ange-
sichts des unbedingt formulierten Weigerungsrechts aber wohl auch bei anderen
Motiven, etwa der bloßen Präferenz für die Erteilung von Unterricht in anderen
Fächern.

3. Zusammenfassung

24
- Religionsunterricht ist nur ein an den Glaubenssätzen einer Religions-
  gemeinschaft orientierter Unterricht, nicht die weltanschaulich neutrale
  Religionskunde.
- Während der Staat den Religionsunterricht auf seine Kosten durchführt,
  haben die jeweiligen Religionsgemeinschaften über den Inhalt des
  Unterrichts zu entscheiden.
- Inwieweit Art. 7 Abs. 3 Satz 1 GG subjektive Rechte auf Durchführung
  von Religionsunterricht begründet, ist problematisch; jedenfalls steht den
  Religionsgemeinschaften bei Durchführung von Religionsunterricht das
  inhaltliche Bestimmungsrecht nach Art. 7 Abs. 3 Satz 2 GG als Grund-
  rechtsberechtigung zu.
- Art. 7 Abs. 2 GG garantiert den Erziehungsberechtigten bzw. nach Maßgabe
  seiner Religionsmündigkeit dem Kind selbst das Recht zur Abmeldung
  vom Religionsunterricht.
- Art. 7 Abs. 3 Satz 3 GG schützt Lehrer unbedingt davor, gegen ihren Willen
  Religionsunterricht erteilen zu müssen.

III. Die Privatschulfreiheit nach Art. 7 Abs. 4–6 GG

1. Allgemeines

Wie im Bereich von Ehe und Familie ist das Grundgesetz auch im Zusammenhang   **25**
der Schule von seinem Grundsatz abgewichen, auf die nähere Regelung von sog.
Lebensordnungen zu verzichten und sich auf klassische Freiheitsrechte zu
beschränken. Dies erklärt auch die für das ursprüngliche Grundgesetz ungewöhnlich umfängliche Formulierung der einschlägigen Bestimmungen, ohne dass das
Grundgesetz allein die noch maßgeblich von **Landesverfassungen und Landes-
gesetzen** geprägten näheren Einzelheiten des Privatschulwesens determiniert. Die
Regelungen des Grundgesetzes knüpfen an Vorbilder insbesondere der Weimarer
Verfassung an (vgl. nur Art. 147 WRV).

2. Abwehrrechtliche Bedeutung

Art. 7 Abs. 4 Satz 1 GG ist – der Formulierung des Verfassungstextes entsprechend –   **26**
in erster Linie ein **Freiheitsrecht**. Ungeachtet der in Art. 7 Abs. 1 GG proklamierten
staatlichen Schulaufsicht, wonach regelmäßig der Staat die Schulen in eigener
Regie betreibt (o. Rn. 1), behalten auch Private das Recht, ihrerseits Schulen zu
betreiben. Gegenständlich umfasst die Privatschulfreiheit private Schulen aller Art
(o. Rn. 3); ausgeschlossen ist vor allem der durch Art. 5 Abs. 3 Satz 1 GG gesondert
erfasste Bereich der wissenschaftlichen Lehre (dazu schon o. Kap. 17, Die Grundrechte
des Art. 5 GG, Rn. 113 ff.).

> **Hinweis:** Private Einrichtungen, die Unterricht nicht-schulischer Qualität
> anbieten, können über andere Grundrechtsbestimmungen, namentlich
> Art. 12 Abs. 1, Art. 14 Abs. 1 GG, geschützt sein; mangels echter Spezialität
> sind diese gegebenenfalls auch neben Art. 7 Abs. 4, 5 GG anwendbar.

Die Privatschulfreiheit ist ein **Jedermann-Recht**, das allen natürlichen Personen   **27**
unabhängig von ihrer Eigenschaft als Deutschen eingeräumt ist. Da die Organisation
eines Schulbetriebs nicht nur natürlichen Personen möglich ist, kommen auch
inländische juristische Personen des Privatrechts und im Falle der Religionsgesellschaften solche des öffentlichen Rechts gem. Art. 19 Abs. 3 GG als Schulträger in
Betracht.

Art. 7 Abs. 4 Satz 2 enthält für private Schulen als Ersatz für öffentliche Schulen   **28**
(sog. **Ersatzschulen**) eine ausdrückliche Einschränkung der Privatschulfreiheit, die
die ihr gedanklich voraus liegende Begrenzung des Grundrechts einschließt und
sogleich verfassungsunmittelbar in ein Verbot (mit Erlaubnisvorbehalt) umsetzt.
Ersatzschulen sind Schulen, deren Besuch nach dem verfolgten Gesamtzweck den
der entsprechenden öffentlichen Schulen ersetzen soll, namentlich, aber nicht nur,
wenn dadurch die gesetzliche Schulpflicht erfüllt werden kann. Die zusätzliche
Unterwerfung dieser Schulen unter die Landesgesetze hat in erster Linie den Sinn

klarzustellen, dass unabhängig von den nachfolgenden Regelungen über die Genehmigungsvoraussetzungen die prinzipielle Kompetenz der **Landesgesetzgebung** unberührt bleiben soll.

29   Den Ersatzschulen gegenüberzustellen sind die sog. **Ergänzungsschulen**, deren Angebot nicht dazu bestimmt ist, an die Stelle staatlicher Regelschulen zu treten, und die regelmäßig die Schulpflicht unberührt lassen. Scheidet man Einrichtungen, die keine übergreifende, auf gewisse Dauer angelegte Ausbildung anstreben (wie Fahrschulen, Einrichtungen für Sprach- oder Computerkenntnisse), schon aus dem Schulbegriff aus (o. Rn. 3), sind die verbleibenden Fälle von Ergänzungsschulen eher begrenzt. Denkbar sind etwa Einrichtungen, die deshalb keine Ersatzschulen sind, weil sie sich vom Staat (noch) nicht aufgegriffenen Ausbildungsaufgaben widmen. Für Ergänzungsschulen gilt die Privatschulfreiheit ohne Genehmigungsvorbehalt.

30   Die Genehmigung von Ersatzschulen ist zu unterscheiden von der **Anerkennung von Schulabschlüssen** solcher Schulen. Die Genehmigung einer Ersatzschule als solche bedeutet nämlich noch nicht, dass auch ihre Abschlüsse staatlichen Abschlüssen gleichgestellt werden. Vielmehr können Schüler genehmigter Ersatzschulen für ihren Schulabschluss externen, von staatlichen Schulbehörden veranstalteten Prüfungen unterworfen werden. Stattdessen kann das Landesrecht durch eine besondere Anerkennung den Ersatzschulen das Recht einräumen, selbst die Abschlussprüfungen durchzuführen. Zu dieser Frage sagt das Grundgesetz unmittelbar nichts.

31   Gegenüber der verfassungsunmittelbaren Beschränkung der Privatschulfreiheit bei Ersatzschulen durch das Genehmigungserfordernis nach Art. 7 Abs. 4 Satz 2 GG stärkt das Grundgesetz die grundrechtlichen Interessen des Schulträgers dadurch, dass die notwendige Genehmigung unter den Voraussetzungen des Art. 7 Abs. 4 Satz 3 GG zwingend erteilt werden muss. Die hier normierte **Genehmigungspflicht** bedeutet auf der subjektiv-rechtlichen Seite, dass für den Bereich der Ersatzschulen an die Stelle der Errichtungsfreiheit des Art. 7 Abs. 4 Satz 1 GG ein **Genehmigungsanspruch** tritt. Dieser ist unter den Voraussetzungen des Art. 7 Abs. 4 Satz 3 Hs. 2 GG und unter Berücksichtigung des anschließenden Satzes 4 gegeben.

32   Der **Genehmigungsanspruch** kennt **drei positive Voraussetzungen:** Zum einen dürfen die privaten Schulen nach ihren Lehrzielen und -einrichtungen nicht hinter den öffentlichen Schulen zurückstehen.

Beispiel:

Zu den maßgeblichen Lehrzielen wird die Verinnerlichung der Gleichberechtigung der Geschlechter gezählt, was aber keine Festlegung auf bestimmte materielle Leitbilder zum Geschlechterverhältnis bedeuten soll. Angesichts der den Privatschulen zustehenden Methoden- und Formenwahl kann die Schulverwaltung auch nicht die Genehmigung einer monoedukativen Ersatzschule verweigern, nur weil sie koedukative Schulen insoweit für besser geeignet hält (BVerwGE 145, 333 Rn. 24 ff.).

An den Standard der öffentlichen Schulen gebunden ist außerdem die wissenschaftliche Ausbildung der Lehrkräfte der Privatschulen. Schließlich wird verlangt, dass durch den Betrieb der Privatschule eine Sonderung der Schüler nach den Besitzverhältnissen der Eltern nicht gefördert werden dürfe. Dies bedeutet praktisch insbesondere, dass der grundgesetzliche Genehmigungsanspruch ausgeschlossen ist, wenn der Besuch einer Privatschule von Schulgeldbeiträgen der Eltern abhängig ist, die nicht für jedermann erschwinglich sind. Liegen diese Voraussetzungen vor, **muss die Ersatzschule** vorbehaltlich des Genehmigungsverbots nach Satz 4 (u. Rn. 33) **genehmigt** werden; die Landesgesetzgebung kann insoweit keine zusätzlichen Anforderungen stellen.

Darüber hinaus fordert Art. 7 Abs. 4 Satz 4 GG, dass die wirtschaftliche und   33
rechtliche **Stellung der Lehrkräfte genügend gesichert** sein muss. Auch wenn hier die ausdrückliche Bezugnahme auf den Standard der staatlichen Schulen fehlt, ist mit dem Begriff der genügenden Sicherung doch eine gewisse Annäherung an den dortigen Standard gegeben. Die Besonderheit der in Satz 4 enthaltenen Anforderung besteht darin, dass bei fehlender Sicherung der Stellung der Lehrkräfte ein **zwingender Versagungsgrund** für die Genehmigung gegeben ist, den auch die zuständige Landesgesetzgebung respektieren muss. Subjektive Grundrechte der Lehrkräfte dürfte die Bestimmung nicht begründen, da die Versagung oder Aufhebung der Genehmigung ihre Situation nicht verbessern, sondern ggf. drastisch verschlechtern würde.

Die in Art. 7 Abs. 4 Satz 3 GG genannten Erfordernisse sind (o. Rn. 32) aufgrund   34
des pointierten Gegensatzes zur Regelung in Satz 4 und nach dem klaren Wortlaut der Bestimmung nur als Voraussetzungen des grundgesetzlichen Genehmigungs-*anspruchs* zu verstehen; sie sind nicht zugleich als notwendige Voraussetzungen für die Erteilung der Genehmigung festgeschrieben. Diese ist vielmehr von Grundgesetzes wegen auch möglich, wenn die genannten Voraussetzungen nicht (alle) erfüllt sind. Die Länder bleiben frei, auch bei **Nichterfüllung der Voraussetzungen des Art. 7 Abs. 4 Satz 3 GG** die Erteilung der Genehmigung zu ermöglichen oder unter anderen Voraussetzungen zwingend vorzuschreiben und ggf. entsprechende landesgesetzliche oder auch landesverfassungsrechtliche Ansprüche zu begründen.

▶ **Hinweis:** Demgegenüber geht das BVerfG ohne nähere Erläuterung davon aus, dass Art. 7 Abs. 4 Satz 3 GG „als verbindliche Verfassungsnorm dazu zwingt, die Ersatzschulgenehmigung zu versagen oder aufzuheben, wenn überhöhte Schulgelder eine Sonderung der Schüler nach den Besitzverhältnissen der Eltern auch nur fördern würden" (BVerfGE 75, 40 [64]; auch BVerfGE 90, 107 [115]). Eine weitere Entscheidung spricht insbesondere für die beiden anderen Anspruchsvoraussetzungen davon, dass Ersatzschulen nur genehmigt werden *können*, wenn sie diese Erfordernisse erfüllen (BVerfGE 88, 40 [47]). Ob diese vom Wortlaut des Art. 7 Abs. 5 GG nicht gedeckten Ergebnisse ersatzweise aus Art. 3 GG und dem Sozialstaatsprinzip herzuleiten wären, ist zumindest nicht unproblematisch.

Für die Zulassung einer **privaten Volksschule** als Sonderfall einer Ersatzschulge-   35
nehmigung sind neben den Anforderungen des Art. 7 Abs. 4 GG nach Art. 7

Abs. 5 GG weitere Voraussetzungen aufgestellt. Nach den Änderungen, die das Schulsystem seit Inkrafttreten des Grundgesetzes erlebt hat, gibt es die im Verfassungstext genannte „Volksschule" in der damaligen Form nicht mehr. Gemeint ist eine Schule, die grundsätzlich von der **Gesamtheit der Schüler** besucht wird. Dies ist heute jedenfalls noch die Grundschule; im Bereich der anschließenden Sekundarstufe I dürfte an die Stelle der Volksschule nunmehr die Hauptschule getreten sein. Die Bestimmung richtet sich als Ausdruck sozialstaatlichen und egalitär-demokratischen Gedankenguts dagegen, dass schon die Schüler nach Klassen, Ständen oder sonstigen Schichtungen getrennt werden.

> ▶ **Hinweis:** Ob ein Land die Reichweite der engeren Eingrenzungen der Privatschulfreiheit gem. Art. 7 Abs. 5 GG dadurch erweitern kann, dass es sein Schulsystem in einer Weise gestaltet, die den Bereich der für jedermann einheitlich maßgeblichen Schulen über das traditionelle Maß von 4 Jahren hinaus ausdehnt, indem etwa eine 6-jährige Grundschule eingeführt wird, scheint fraglich.

36   Die Wortwahl des Art. 7 Abs. 5 GG ist – ungeachtet der restriktiven Tendenz der Bestimmung – anders als in Art. 7 Abs. 4 Satz 3 und 4 GG hinsichtlich der Rechtsfolgen nicht eindeutig. Die Formulierung „ist nur zuzulassen" kann sowohl dahin verstanden werden, dass eine solche Schule nur unter den näher festgelegten Voraussetzungen zugelassen werden *darf*, oder aber dahin, dass sie nur dann zugelassen werden *muss*. In landeskompetenz- und grundrechtsfreundlicher Auslegung sollte diese Zweideutigkeit des grundgesetzlichen Textes dahingehend aufgelöst werden, dass Art. 7 Abs. 5 GG nur eine **weitere Voraussetzung für den Genehmigungsanspruch** vorschreibt, nicht aber einen weiteren, auch für die Länder verbindlichen Versagungsgrund aufstellt.

> ▶ **Hinweis:** Auch hier gibt das BVerfG offenbar der strengeren Lesart den Vorzug, wenn es den Zweck der Bestimmung dahin bestimmt, private Volks- oder Grundschulen nur zuzulassen, wenn die Bedingungen des Art. 7 Abs. 5 GG vorliegen (BVerfGE 88, 40 [49 f.]). Immerhin blieb offen, ob dann zugleich auch ein Zulassungsanspruch begründet ist. Nach dieser Lesart *müsste und dürfte* eine private Volksschule nur zugelassen werden, wenn die Voraussetzungen des Art. 7 Abs. 5 GG vorliegen.

37   Auf der Seite der **Zulassungsvoraussetzungen** kennt Art. 7 Abs. 5 GG zwei **alternativ** ausreichende Fälle. Der erste stellt auf die **Anerkennung eines besonderen pädagogischen Interesses durch die Unterrichtsverwaltung** ab, räumt damit der staatlichen Schulbehörde eine weitreichende Entscheidungsprärogative ein. Die Verfassung fragt nicht danach, ob objektiv ein besonderes pädagogisches Interesse vorliegt, sondern allein nach der Anerkennung eines solchen Interesses durch die Unterrichtsverwaltung, und nimmt damit auf deren spezifische Sichtweise Bezug.

Dennoch soll die behördliche Anerkennungsentscheidung hinsichtlich der Frage, ob ein besonderes pädagogisches Interesse besteht, der fachgerichtlichen Kontrolle unterworfen bleiben; andererseits soll die Anerkennung auch Elemente wertender Erkenntnis einschließen, für die mangels rechtlicher Maßstäbe auch die Gerichtskontrolle ausscheide.

Beispiel:

Im Falle der auf besonderen pädagogischen Prinzipien beruhenden Grundschule „Freie Schule Kreuzberg" hatten die Verwaltungsgerichte die Einschätzung des besonderen pädagogischen Interesses allein der Unterrichtsverwaltung überlassen und damit die Zulassung der Schule praktisch in das behördliche Belieben gestellt; das BVerfG sah damit Art. 19 Abs. 4 GG verletzt (BVerfGE 88, 40 [56 ff., 61 ff.]); s. auch u. Kap. 30, Die Rechtsweggarantie des Art. 19 Abs. 4 GG, Rn. 19.

Das für die Errichtung einer privaten Grundschule erforderliche besondere „pädagogische Interesse" fehlt (erst), wenn durch eine flächendeckende Zulassung privater Grundschulen mit entsprechender Kapazität der verfassungsrechtlich garantierte Vorrang der staatlichen Grundschulen gefährdet würde (BVerwG, NJW 2000, 1280 [1281 ff.]).

Eine stärkere Absicherung erfährt die Privatschulfreiheit in Bezug auf private **38** Volksschulen in der zweiten Alternative des Art. 7 Abs. 5 GG mit Rücksicht auf **religiöse bzw. weltanschauliche Zielsetzungen** der betroffenen Erziehungsberechtigten. Diesen soll die Möglichkeit gesichert werden, bei Fehlen entsprechender öffentlicher Schuleinrichtungen die von ihnen gewünschte Schule ersatzweise als Privatschule erhalten zu können. Gerade für diese Alternative scheint es im Interesse der berührten Grundrechtsinteressen aus Art. 4 GG angezeigt, dem Art. 7 Abs. 5 GG bei Vorliegen der Voraussetzungen einen **Anspruch auf die Zulassung** zu entnehmen.

Ob Art. 7 Abs. 6 GG allein in den Zusammenhang der Privatschulfreiheit gehört, **39** ist nicht unzweifelhaft. Die heute im Grunde gegenstandslose Bestimmung erklärt sich historisch aus der Absage an seinerzeit bestehende **Vorschuleinrichtungen**, die zur Vorbereitung auf das Gymnasium besucht werden konnten und den Besuch der allgemeinen öffentlichen Schulen entbehrlich machten. Ein solches System, das die späteren Gymnasialschüler von vornherein von den Schülern der allgemeinen Schulen trennte, soll durch Art. 7 Abs. 6 GG, der an die vorgängige Bestimmung in Art. 147 Abs. 3 WRV anknüpft, ausgeschlossen sein. Die Vorschrift stellt sich insoweit als ein Verbot bestimmter denkbarer Privatschulen dar, schließt aber wohl ebenso aus, dass der für das Schulwesen zuständige Landesgesetzgeber vergleichbare öffentliche Vorschulen schaffen kann.

Abschließend ist darauf hinzuweisen, dass auch für den Bereich der Privat- **40** schulfreiheit **Art. 7 Abs. 1 GG** eingreift, wobei sich hier die Aufgabe des Staates auf die Beaufsichtigung des privaten Schulwesens im engeren Sinne einer Rechtsaufsicht beschränkt.

3. Weitere Grundrechtsgehalte

a) Einrichtungsgarantie

41 Das BVerfG sieht in Art. 7 Abs. 4 GG auch eine institutionelle Garantie (BVerfGE 75, 40 [61 f.]), die verfassungskräftig unter Absage an ein staatliches Schulmonopol den Bestand der Privatschule und eine ihrer Eigenart entsprechende Verwirklichung sichert. In diese Bewertung ist auch Art. 7 Abs. 5 GG einzubeziehen (so wohl auch BVerfGE 88, 40 [47]). Ein normatives Substrat für eine **Einrichtungsgarantie**, in dem die Grundregeln des Privatschulwesens traditionell ausgeformt sind, ist in der Landesgesetzgebung ausreichend und wohl auch hinreichend homogen vorhanden. Welche über den Inhalt des Art. 7 Abs. 4, 5 GG hinausgehenden Grundstrukturen der Einrichtung jeder gesetzlichen Änderung entzogen sind, ist allerdings ungewiss. Nicht eindeutig geklärt ist, ob sich die institutionellen Rechtswirkungen auf eine **faktische Existenz- und Funktionsfähigkeitsgarantie** des Privatschulwesens erstrecken sollen.

▶ **Hinweis:** Immerhin hat BVerfGE 112, 74 (85 f.) bei unveränderten Maßstäben eine Verletzung der Garantie durch die Einführung einer Beschränkung der Förderung auf in die Ersatzschulen aufgenommene Landeskinder in Bremen mit Rücksicht darauf verneint, dass die Schülerzahlen sich danach nicht verringert hatten und somit die Institution Ersatzschule nicht gefährdet worden sei.

b) Förderungsanspruch

42 Die Frage, ob und inwieweit den Privatschulen ein grundgesetzlich gesicherter **Anspruch auf staatliche Förderung** zusteht, ist mit unterschiedlichen Konstruktionen zu beantworten gesucht worden. Vom Wortlaut her gibt Art. 7 Abs. 4 GG für ein solches Leistungsrecht keine Veranlassung. Er ist allein als abwehrrechtliche Freiheitsgarantie formuliert (Art. 7 Abs. 4 Satz 1 GG) und im Übrigen weitgehenden Einschränkungen unterworfen (Art. 7 Abs. 4 Satz 2 GG). Die Annahme **originärer Leistungsansprüche** auf finanzielle Förderung von Privatschulen findet in diesen Bestimmungen keine hinreichende Grundlage.

43 Doch hat sich in der Wirklichkeit gezeigt, dass Privatschulen, die mit dem Standard der öffentlichen Schulen mithalten sollen, **ohne staatliche Förderung** heute **kaum existenzfähig** sind. Angesichts dieses Befundes ist unter verschiedenen Blickwinkeln versucht worden, eine Verfassungsgarantie angemessener Privatschulförderung abzuleiten. So hat das BVerwG die Möglichkeit eines Anspruchs auf Subventionierung zunächst mit Rücksicht auf den Grundsatz der Chancengleichheit und die Wahrnehmung öffentlicher Bildungsaufgaben durch Ersatzschulen anerkannt (BVerwGE 23, 347 [350]). Wenig später hat es statt auf Art. 3 GG auf das Gebot abgestellt, die Einrichtung der privaten Ersatzschule zu erhalten und ergänzend im Zusammenhang mit der Sonderungsklausel des Art. 7 Abs. 4 Satz 3 GG auf das Sozialstaatsprinzip verwiesen (BVerwGE 27, 360 [364]).

44 Daran anschließend hat später auch das BVerfG angenommen, dass Art. 7 Abs. 4 Satz 1 GG unter anderem als eine **Verpflichtung** des Gesetzgebers verstanden werden müsse, die privaten **Ersatzschulen zu schützen und zu fördern**, um

die Bestimmung nicht zu einem wertlosen Individualgrundrecht auf Gründung existenzunfähiger Privatschulen und zu einer nutzlosen institutionellen Garantie zu lassen verkümmer. Es hat dabei entscheidend darauf abgestellt, dass die Privatschulen durch die von der Verfassung vorgegebenen Bedingungen gehindert seien, ohne staatliche Finanzierungshilfe funktionsfähig zu bleiben. Die Privatschulen seien nach Art. 7 Abs. 4 Satz 3 GG einerseits gehalten, den Standard der aus Steuergeldern finanzierten, schulgeldfreien öffentlichen Schulen einzuhalten, andererseits durch die Sonderungsklausel daran gehindert, kostendeckende Schulgelder zu erheben. Zudem habe der Staat den Standard der öffentlichen Schulen des Staates stetig gesteigert und damit die Gleichwertigkeitsforderungen fortlaufend verschärft. Der Staat müsse den schulischen Pluralismus auch gegen sich selbst in der Weise garantieren, dass er auf eigenen Akten beruhende Beeinträchtigungen dieses Pluralismus durch staatliche Förderung in ihrer Wirkung neutralisiere (BVerfGE 75, 40 [62 ff.]); der Staat schulde einen Ausgleich für die vom Grundgesetz errichteten Hürden (BVerfGE 90, 107 [115]).

Demgegenüber ist terminologisch zu betonen, dass es bei der „Schutzpflicht" des **45** Staates in diesem Zusammenhang **nicht** um **Schutzpflichten** im Sinne der allgemeinen Grundrechtsdogmatik geht, die den Staat zur Abwehr von Gefahren verpflichten, die den Grundrechtsgütern der Bürger von anderer Seite drohen (o. Kap. 4, Subjektive Grundrechte und objektive Grundrechtsgehalte, Rn. 27). In der Sache bestehen Bedenken dagegen, dass die Anforderungen des Art. 7 Abs. 4 Satz 3 GG als zwingende Voraussetzungen für die Erteilung einer Genehmigung behandelt werden, was sie nicht sind (o. Rn. 34); doch führt schon die faktische Maßgeblichkeit dieser verfassungsrechtlich immerhin zulässigen Anforderungen in der Tat zu der beschriebenen Situation für das Privatschulwesen. Entscheidend für die daran anknüpfende Förderpflicht scheint freilich weniger der Gedanke der Kompensation als die **Sicherung** der verfassungsrechtlich nicht nur als Gegenstand der grundrechtlichen Freiheit des Betreibers, sondern als **tatsächlich funktionierende Einrichtung** des pluralistischen Schulwesens gewollten Privatschule.

Der staatlichen Förderpflicht zugunsten des privaten Ersatzschulwesens ent-   **46** spricht grundsätzlich ein **Anspruch** aller bestehenden bedürftigen Ersatzschulen; im Interesse des angestrebten schulischen Pluralismus sind auch Neugründungen einzubeziehen. Der Anspruch richtet sich allerdings nicht unmittelbar auf eine staatliche Finanzhilfe, gar noch in bestimmter Höhe, sondern **nur auf** eine der Verfassung in diesem Punkt entsprechende **gesetzliche Regelung**. Eine Handlungspflicht für den Gesetzgeber soll erst entstehen, wenn andernfalls der Bestand des Ersatzschulwesens als Institution evident gefährdet wäre; auch dann soll der Gesetzgeber bei der Förderungsregelung im Einzelnen **weitgehende Gestaltungsfreiheit** haben. Einen Bestandsschutz einzelner Privatschulen gibt es nicht. Zudem gilt der Vorbehalt dessen, was vernünftigerweise von der Gesellschaft erwartet werden kann.

Beispiel:

Für die Förderung neu gegründeter Privatschulen sind Wartefristen mit dem Zweck, den Einsatz öffentlicher Mittel an einen Erfolgsnachweis zu binden, grundsätzlich zulässig. Allerdings darf sich die Wartefrist nicht als Sperre für die Errichtung neuer Schulen auswirken (BVerfGE 90, 107 [117 ff.]).

4. Zusammenfassung

47
- Art. 7 Abs. 4 Satz 1 GG garantiert jedermann das Recht, Schulen aller Art zu betreiben, und zugleich die Einrichtung der Privatschule.
- Private Ersatzschulen, die darauf angelegt sind, an Stelle staatlicher Schulen besucht zu werden, bedürfen der Genehmigung.
- Die Genehmigung ist nur im Falle des Art. 7 Abs. 4 Satz 4 GG grundgesetzlich ausgeschlossen; andernfalls besteht unter den in Art. 7 Abs. 4 Satz 3 GG genannten Voraussetzungen ein Genehmigungsanspruch.
- Bei privaten Volksschulen (Grund- und Hauptschulen) besteht ein Anspruch auf Genehmigung nur, wenn zusätzlich die Voraussetzungen nach Art. 7 Abs. 5 GG vorliegen.
- Für die Anerkennung eines besonderen pädagogischen Interesses kommt der Unterrichtsverwaltung, ein Entscheidungsspielraum zu.
- Weil private Ersatzschulen angesichts der an sie gestellten Anforderungen regelmäßig nicht zur Selbstfinanzierung in der Lage sind, ist der Staat grundsätzlich zu ihrer finanziellen Unterstützung verpflichtet.

Inhalt

Literatur: *Wolfgang Hoffmann-Riem,* § 106, Versammlungsfreiheit, in: HGR IV, 2011, S. 1117; *Michael Kloepfer,* § 164, Versammlungsfreiheit, in: HStR VII³, 2009, S. 977; *Michael Sachs,* Die Freiheit der Versammlung und der Vereinigung, in: Stern, Staatsrecht IV/1, 2006, S. 1170; *Nina Arndt/Michael Droege,* Versammlungsfreiheit versus Sonn- und Feiertagsschutz, NVwZ 2003, 906; *Ulrich Battis/Klaus Joachim Grigoleit,* Versammlungsverbot zur Durchführung des Sternmarsches am G8-Gipfel, NJW 2007, 2171; *Stephan Bredt,* Gemietete Demonstranten und Fuckparade – Der Versammlungsbegriff bleibt in Bewegung, NVwZ 2007, 1358; *Christoph Gröpl,* Grundstrukturen des Versammlungsrechts, Jura 2002, 18; *Christoph Enders,* Der Schutz der Versammlungsfreiheit (Teil I u. II), Jura 2003, 34, 103; *Wolfram Höfling/Gesine Krohne,* Versammlungsrecht in Bewegung, JA 2012, 734; *Johannes Koranyi/Tobias Singelnstein,* Rechtliche Grenzen für polizeiliche Bildaufnahmen von Versammlungen, NJW 2011, 124; *Hans-Werner Laubinger/Ulrich Repkewitz,* Die Versammlung in der verfassungs- und verwaltungsgerichtlichen Rechtsprechung, VerwArch 92 (2001), 585 u. 93 (2002), 149; *Fredrik Roggan,* Der Einsatz von Video-Drohnen bei Versammlungen, NVwZ 2011, 590; *Florian von Alemann/Fabian Scheffczyk,* Aktuelle Fragen der Gestaltungsfreiheit von Versammlungen, JA 2013, 407.

Rechtsprechung: BVerfGE 69, 315 (Brokdorf); BVerfGE 73, 206 (Sitzblockade I); BVerfGE 84, 203 (Republikaner); BVerfGE 85, 69 (Eilversammlung); BVerfGE 87, 399 (Versammlungsauflösung); BVerfGE 104, 92 (Strafbarkeit von Blockadeaktionen); BVerfGE 128,

M. Sachs, *Verfassungsrecht II - Grundrechte*, Springer-Lehrbuch,
DOI 10.1007/978-3-662-50364-5_20

226 (Fraport); BVerfG (K), NJW 2001, 2075 (Ostermontags-Demo); BVerfG (K), NJW 2001, 2459 („Loveparade", „Fuckparade"); BVerfG (K), NJW 2015, 2485 („Bierdosen-Flashmob"); BVerwGE 91, 135 (Hofgartenwiese); BVerwG, NVwZ 1999, 991 (Verbot nichtöffentlicher Versammlungen).

Übungsfälle: *Christoph Enders,* Der praktische Fall – Öffentliches Recht: „Frühling für Deutschland", JuS 2000, 883; *Sara Jötten/Christian Tams,* Referendarexamensklausur – Öffentliches Recht: Die Gefährderansprache, JuS 2008, 436; *Wolfgang Kahl,* Der praktische Fall – Öffentliches Recht: „Kurz entschlossener Protest", JuS 2000, 1090; *Ulrike Lembke,* Grundfälle zu Art. 8 GG, JuS 2005, 984; *Martin R. Otto,* Anfängerklausur – Öffentliches Recht: Grundrechte – Versammlungsfreiheit, JuS 2011, 143; *Jochen Rozek/Marc Lehr,* Klausur Öffentliches Recht: „Vermummte Weihnachtsmänner", JA 2004, 900; *Christoph Trurnit,* Grundfälle zum Versammlungsrecht, Jura 2014, 486.

I. Allgemeines

1   Das Grundrecht der Versammlungsfreiheit gehört seit der Paulskirchenverfassung (dort § 161) zum **festen Bestand deutscher Grundrechtskataloge.** Es schützt wie die Garantie der Vereinigungsfreiheit die Möglichkeit der Assoziation mit anderen, hier in weniger dauerhafter Form. Stärker als die Vereinigungsfreiheit wird die Versammlungsfreiheit heute als jedenfalls primär politisches Grundrecht verstanden, das in erster Linie für politische Demonstrationen Bedeutung hat. Verfassungsgerichtliche Konflikte um die Versammlungsfreiheit hatte es lange nicht gegeben; das BVerfG hat sich daher erstmals im Brokdorf-Beschluss (BVerfGE 69, 315), dann aber sehr grundsätzlich, mit dieser Materie beschäftigt.

II. Abwehrrechtliche Bedeutung

1. Schutzgegenstand

2   Die Versammlungsfreiheit schützt eine im Ausgangspunkt von rechtlicher Grundlegung unabhängige Form natürlicher Verhaltensfreiheit, was rechtliche Vorkehrungen zugunsten einer reibungslosen Ausübung des Grundrechts nicht ausschließt. Der grundrechtliche Kernbegriff der Versammlung umfasst zwei Elemente. Zum einen setzt eine Versammlung stets eine **Ansammlung mehrerer Menschen** voraus, so dass eine Ein-Mann-Demonstration nicht über die Versammlungsfreiheit, sondern lediglich über die Freiheit der Meinungsäußerung geschützt ist. Nicht abschließend geklärt ist nach wie vor die Frage, ob eine Versammlung bereits bei Beteiligung von **zwei Personen** anzunehmen ist. Überzeugende Gründe für die Annahme einer höheren Mindestzahl (etwa drei Teilnehmer) die praktisch ohnehin bedeutungslos sein dürfte, sind nicht erkennbar.

3   Über die bloße Ansammlung einer Mehrzahl von Menschen hinaus setzt der Versammlungsbegriff des Art. 8 GG als subjektives Element zusätzlich voraus, dass die Beteiligten mit ihrer Teilnahme an der Ansammlung einen wesensmäßig **gemeinsamen**

Zweck verfolgen, der nicht schon durch die Parallelität von Individualzwecken, die zugleich befriedigt werden, gegeben ist. Danach sind etwa Sport- oder Musikveranstaltungen, an denen Zuschauer als bloße Konsumenten beteiligt sind, mangels eines von ihnen gemeinsam verfolgten Zwecks nicht als Versammlung zu qualifizieren. Diese Ausgrenzung wird allerdings bereits dann zweifelhaft, wenn Zuschauer in mehr oder weniger weitgehend aktiver Weise in das Geschehen einbezogen werden oder selbsttätig gemeinsam agieren, wie etwa bei Sprechchören o. Ä.

Nicht gerechtfertigt ist eine Beschränkung des Versammlungsbegriffs auf **4** Menschenansammlungen, die sich mit **öffentlichen Angelegenheiten** befassen. Eine solche Sichtweise würde das Versammlungsgrundrecht auf seine sicherlich verfassungstheoretisch wie praktisch im Vordergrund stehende „demokratisch-funktionale" Bedeutung reduzieren (o. Kap. 3, Grundsatzfragen der Grundrechte des Grundgesetzes, Rn. 24 ff.), was als tatbestandliche Einengung durch den Verfassungswortlaut nicht hinreichend legitimiert ist. Vielmehr sind als Versammlungen auch solche Zusammenkünfte einzustufen, die sich in ihrer Bedeutung nur auf die zusammentreffenden Menschen selbst beschränken. Ebenso wenig ist der Versammlungsbegriff auf solche Zusammenkünfte zu beschränken, bei denen es um **Meinungsäußerungen** geht.

> **Hinweis:** Anders das BVerfG: Es hatte keine Bedenken dagegen, dass die „Love Parade" und die „Fuckparade" in Berlin nicht als Versammlungen eingestuft wurden; für die Annahme einer Versammlung soll es nicht einmal genügen, dass bei der Durchführung einer Musik- und Tanzveranstaltung auch Gelegenheit zu Meinungskundgaben gegeben wird (BVerfG [K], NJW 2001, 2459 f.). Immerhin soll es für die Grundrechtsgeltung genügen, wenn eine Zusammenkunft auch Elemente der öffentlichen Meinungsbildung enthält, solange andere Zwecke nicht erkennbar im Vordergrund stehen (BVerwGE 129, 42 Rn. 16 ff.).

Aktionen, die zwangsweise oder selbsthilfeähnlich eigene Forderungen durchsetzen sollen, liegen außerhalb der Versammlungsfreiheit; doch sollen auch Zwangsaktionen durch Art. 8 GG geschützt sein können, wenn sie nur ein untergeordnetes Mittel zur symbolischen Unterstützung eines kommunikativen Anliegens (Protestes) sind.

Beispiel:
Die Blockade eines Grenzübergangs an der Autobahn, um die Einreise in die Schweiz zu erzwingen, war nicht von Art. 8 GG gedeckt, wohl aber das Verhalten der vor dem Haupttor der geplanten Wiederaufarbeitungsanlage in Wackersdorf angeketteten Menschengruppe, die als Zeichen ihres Protestes die Zufahrt sperren und die Bauarbeiten unterbrechen wollte (so in haarscharfer Abgrenzung BVerfGE 104, 92 [104 f.]).

Die Beteiligung einzelner Personen an einer Versammlung wird vom Grundrecht **5** des Art. 8 Abs. 1 GG nicht erfasst, wenn Personen zwar körperlich bei einer

Veranstaltung anwesend sind, aber an der gemeinsamen Zielsetzung der Versammlung nicht teilhaben. Das tritt insbesondere dann hervor, wenn sie eine dem Versammlungszweck geradezu konträre Intention verfolgen, insbesondere eine **Störung der Versammlung** beabsichtigen. Solches Verhalten kann nicht als Ausübung des Grundrechts der Versammlungsfreiheit angesehen werden; allerdings ist zu bedenken, dass eine Versammlung im Rahmen ihrer typischen Ausrichtung auf Meinungsäußerungen nicht bereits dann gestört ist, wenn in ihrem Rahmen versucht wird, kontroverse Standpunkte zu Geltung zu bringen (BVerfGE 84, 203 [209 f.]).

6   Schutzgegenstand des Art. 8 Abs. 1 GG sind nur Versammlungen, die friedlich und ohne Waffen stattfinden. **Unfriedliche** oder **nicht waffenlose** Versammlungen nehmen am Grundrechtsschutz des Art. 8 Abs. 1 GG nicht teil, sind damit aber **nicht verfassungsrechtlich verboten**; daher sind auch solche Verhaltensweisen vom Auffanggrundrecht des **Art. 2 Abs. 1 GG** umfasst (o. Kap. 7, Der Grundrechtstatbestand, Rn. 11; Kap. 14, Die Grundrechte des Art. 2 GG, Rn. 14, 43).

7   Die **Friedlichkeit** einer Versammlung fehlt jedenfalls dann, wenn sie zu **Gewalttätigkeiten** oder gar zu Aufruhr führt. Die Charakterisierung einer Versammlung insgesamt als unfriedlich hängt dabei nicht notwendig von den Zielen der Veranstalter ab; vielmehr kann auch eine durchaus friedlich intendierte Versammlung im tatsächlichen Verlauf die Friedlichkeit einbüßen und dann aus dem Grundrechtsschutz des Art. 8 GG herausfallen. Das unfriedliche Verhalten einzelner Personen, die an der Versammlung teilnehmen, nimmt nur ihnen selbst den Schutz der Versammlungsfreiheit, nicht der Versammlung insgesamt; sonst hätten es Einzelne in der Hand, das Grundrecht auf Versammlungsfreiheit der anderen friedlichen Teilnehmer leer laufen zu lassen (vgl. BVerfGE 69, 315 [361]).

8   Die Friedlichkeit einer Versammlung entfällt nur bei Handlungen von einiger Gefährlichkeit, nicht notwendig schon bei jedem Rechtsverstoß oder auch nur jeder Verletzung von Strafgesetzen. So wird eine nur **passive Sitzblockade**, deren Teilnehmer sich ohne zusätzlichen Widerstand gegebenenfalls von den Staatsorganen aus dem Weg räumen lassen, nicht als unfriedlich angesehen, und zwar unabhängig davon, ob sie sich als Anwendung von Gewalt im Sinne des § 240 StGB darstellt (BVerfGE 87, 399 [406]).

> **Beispiel:**
> Auch wenn sich Teilnehmer einer Demonstration vor dem Tor einer Wiederaufbereitungsanlage anketten, wird dies noch nicht als unfriedlich angesehen (BVerfGE 104, 92 [105 f.]).

Gewalttätigkeiten lassen die Friedlichkeit allerdings nicht erst entfallen, wenn es zu erheblichen Körperverletzungen anderer kommen kann; vielmehr genügt etwa auch das Werfen mit **weichen Wurfgeschossen** (Eier, faule Früchte, Farbbeutel).

9   Die mit der Friedlichkeit eng verwandte, aber stärker als diese objektiv ausgerichtete und zugleich engere Variante des Art. 8 Abs. 1 Hs. 2 GG ist das Erfordernis, dass eine Versammlung „**ohne Waffen**" stattfinden muss. Als Waffen sind dabei jedenfalls die Waffen im technischen Sinne des Waffenrechts gemeint. Ob auch

sonstige Gegenstände als Waffen eingestuft werden können, wenn sie nach der Art ihres konkret beabsichtigten Gebrauchs gefährliche Werkzeuge darstellen, ist umstritten; doch ist in solchen Fällen stets auch Unfriedlichkeit gegeben, so dass diese Erweiterung des Waffenbegriffs jedenfalls ohne konstitutive Bedeutung bleibt.

Nicht unter den Waffenbegriff fällt eine bloße **Passivbewaffnung**, also 10 Schutzkleidung, Helme, Schilde u.Ä. Allerdings kann eine entsprechende Ausrüstung der Versammlungsteilnehmer, die im Hinblick auf erwartete Polizeiaktionen gewählt wird, ein Indiz für fehlende Friedlichkeit darstellen. Wo dies nicht der Fall ist, erfüllt allerdings die Versammlung mit „Schutzwaffen" ebenso wie die in Vermummung die tatbestandlichen Voraussetzungen für den Schutz des Art. 8 Abs. 1 GG; der diesbezügliche § 17a VersG muss insoweit als Eingriff gerechtfertigt werden.

Durch die Versammlungsfreiheit **geschützte Verhaltensweisen** sind in positiver 11 Hinsicht neben der Teilnahme an einer Versammlung auch die regelmäßig für einen geordneten Ablauf einer Versammlung erforderlichen Tätigkeiten zu ihrer **Vorbereitung, Organisation und Leitung**. Einschlägige Regelungen des Versammlungsgesetzes (vgl. nur §§ 2, 7 ff., 14) können das denkbare Spektrum der Verhaltensweisen, für die der Schutz der Versammlungsfreiheit eingreift, nicht konstitutiv einengen.

Die Veranstalter können **Gegenstand, Ort und Zeit** ihrer Versammlung, die 12 Teilnehmer Art und Ausmaß ihrer Beteiligung und ihre Aufmachung dabei frei bestimmen. Die Versammlungsfreiheit als Abwehrrecht verschafft kein Zutrittsrecht zu beliebigen Orten (vgl. o. Kap. 9, Grundrechtsbegrenzungen, Rn. 30, Kap. 17, Die Grundrechte des Art. 5 GG, Rn. 82), darf aber grundsätzlich überall dort ausgeübt werden, wo ein allgemeiner öffentlicher Verkehr eröffnet ist. Dies gilt nicht nur für den öffentlichen Straßenraum, sondern auch für sonstige, der Öffentlichkeit zugängliche **Orte allgemeiner Kommunikation** wie Einkaufszentren o.Ä. (BVerfGE 128, 226 [250 ff.]).

▶ **Hinweis** BGH NJW 2015, 2892 Rn. 16, sieht auch ein auf privaten Grundstücken eines öffentlichen Unternehmens ohne Widmung zur öffentlichen Straße betriebenes Straßen- und Wegenetz als für Versammlungen zugängliches Gelände an.

Inwieweit dies auch gegenüber materiell Privaten gilt, die solche Räume eröffnen, ist nicht abschließend geklärt; Stellen der öffentlichen Gewalt können auch verpflichtet sein, Versammlungen auf nicht allgemein für die Öffentlichkeit zugänglichen Geländen zu erlauben (u. Rn. 32). Von Art. 8 Abs. 1 GG geschützt ist auch die **negative Versammlungsfreiheit**.

2. Grundrechtsberechtigte

Das Grundrecht aus Art. 8 Abs. 1 GG greift als sog. **Deutschengrundrecht** nur 13 zugunsten von Deutschen im Sinne des Art. 116 Abs. 1 GG ein. Ausländer genießen den weniger weitreichenden Grundrechtsschutz aus Art. 2 Abs. 1 GG (siehe o. Kap. 14,

Die Grundrechte des Art. 2 GG, Rn. 45, Kap. 6, Die Grundrechtsberechtigten, Rn. 16 f.); weitergehende Gleichbehandlungsrechte der Bürger der EU setzen sich gegenüber etwaigen gesetzlichen Beschränkungen kraft des Anwendungsvorrangs des EU-Rechts durch.

14   Eine Anwendung des Art. 8 GG auf **inländische juristische Personen des Privatrechts** ist nach Art. 19 Abs. 3 GG für die Vorbereitung und Organisation von Versammlungen wesensmäßig möglich (BVerfGE 122, 342 [355]), für die körperliche Teilnahme an Versammlungen allerdings ausgeschlossen. Doch würde Art. 8 Abs. 1 GG zugunsten der natürlichen Personen eingreifen, die als Repräsentanten einer juristischen Person an einer Versammlung teilnehmen.

3. Beeinträchtigungen

15   Als Eingriffe in die Versammlungsfreiheit kommen in erster Linie **Versammlungsverbote** oder **Auflösungsanordnungen** gegenüber bereits stattfindenden Versammlungen in Betracht. Eingriffscharakter hat auch die Begründung einer **Erlaubnispflicht** für eine Versammlung, da sie ein Verbot nicht erlaubter Versammlungen impliziert. Die diesbezügliche Hervorhebung des Verfassungstextes („ohne [...] Erlaubnis") hat insoweit nur klarstellende Bedeutung. Dagegen ist die Freistellung von **Anmeldepflichten** („ohne Anmeldung") von konstitutiver Bedeutung, da die bloße Verpflichtung zur Anmeldung einer Versammlung ihrer ggfs. unangemeldeten Durchführung nicht entgegensteht. Ohne diesen Zusatz des Verfassungstextes könnte eine Anmeldepflicht nur als mittelbare oder faktische Beeinträchtigung Grundrechtsbedeutung erlangen, während nach der Fassung des Art. 8 GG eine Anmeldepflicht ohne weiteres als Grundrechtseingriff zu qualifizieren ist. Auch sog. Auflagen (§ 15 Abs. 1 VersG) in Bezug auf Ort, Zeit und sonstige Modalitäten der Versammlung greifen in die Versammlungsfreiheit ein. Dasselbe gilt für das Verbot des § 3 VersG, in Versammlungen Uniform zu tragen, da dies nicht notwendig zur Unfriedlichkeit (o. Rn. 7 f.) führt. Auch die Straf- und Bußgeldvorschriften der §§ 21 ff. VersG betreffen nicht nur von Art. 8 GG gar nicht erfasstes Verhalten, stellen insoweit als Verbotsnormen Eingriffe dar.

16   Der Grundrechtsbindung unterworfene privatrechtsförmige Rechtsträger (o. Kap. 5, Grundrechtsverpflichtete, Rn. 14 ff.) greifen in die Versammlungsfreiheit ein, wenn sie in deren Anwendungsbereich (o. Rn. 12) gestützt auf ihre Eigentümerbefugnisse (u. Rn. 20) **Hausverbote** erteilen (BVerfGE 128, 226 [255], wo primär die das Hausverbot bestätigenden gerichtlichen Entscheidungen als Eingriffe angesprochen werden).

17   Als sonstige relevante Beeinträchtigung der Versammlungsfreiheit erfasst der Grundrechtsschutz staatliche Aktivitäten, die ohne imperative Einwirkung auf die Grundrechtsträger darauf ausgerichtet oder doch zumindest dazu geeignet sind, sie von der Ausübung des Versammlungsgrundrechts abzuhalten. Namentlich lässt sich hierzu eine **extensive Überwachung** von Versammlungteilnehmern rechnen, die ihnen Anlass geben könnte, damit zu rechnen, dass ihnen aus der Versammlungsteilnahme Nachteile entstehen könnten (vgl. auch § 12a VersG).

Einwirkungen der Staatsgewalt, durch die die potenziellen Teilnehmer von Versammlungen **im Vorfeld** von einer Teilnahme abgebracht werden, können relevante Beeinträchtigungen darstellen, wie etwa weiträumige Absperrungen eines Versammlungsortes für den Kraftfahrzeugverkehr, die das Erreichen des Versammlungsortes unzumutbar erschweren (vgl. BVerfGE 69, 315 [349]). Eine Rechtsgrundlage dafür enthält das Versammlungsgesetz nicht.

> **Hinweis:** Eine behördliche Meldeauflage mit dem Ziel, den Betroffenen daran zu hindern, zu einer Demonstration zu reisen, ist auch gegenüber der nicht explizit angesprochenen Versammlungsfreiheit jedenfalls als relevante Beeinträchtigung zu bewerten (für einen Eingriff BVerwGE 129, 142 Rn. 38).

4. Begrenzungen und Anforderungen an Einschränkungen

Die Versammlungsfreiheit unterliegt nach Art. 8 Abs. 2 GG einem qualifizierten **18** Gesetzesvorbehalt, der nur auf Versammlungen **unter freiem Himmel** anwendbar ist. Grund für diese Qualifikation ist das besondere Gefahrenpotenzial, das von einer Versammlung ausgeht, die im unmittelbaren Kontakt mit der nichtteilnehmenden Bevölkerung steht bzw. einen solchen Kontakt ohne weiteres ermöglicht. Dementsprechend ist trotz der überkommenen Formulierung weniger das Fehlen eines Daches über der Versammlung entscheidend als das Fehlen seitlicher Begrenzungen. Eine Versammlung unterliegt dem Vorbehalt daher auch dann nicht, wenn sie in einem seitlich vollständig abgeschlossenen Innenhof ohne Überdachung oder in einem Stadion stattfindet, während andererseits ein Sonnensegel über einer auf einem unabgegrenzten Platz stattfindenden Versammlung kein Hindernis für die Anwendung des Gesetzesvorbehalts wäre.

> **Beispiel:**
> Eine Versammlung in den dem allgemeinen Flughafenpublikum offen stehenden Räumen der Landseite des Terminals des Frankfurter Flughafens mit seinen Läden, Gaststätten und Serviceeinrichtunge wurde trotz Überdachung als eine unter freiem Himmel qualifiziert (BVerfGE 128, 226 [228, 255 f.]).

Art. 8 Abs. 2 GG lässt Beschränkungen ausdrücklich **„durch Gesetz oder auf-** **19** **grund eines Gesetzes"** zu. Damit ist einerseits klargestellt, dass im Rahmen des Gesetzesvorbehalts auch Einschränkungen durch untergesetzliche Regelungen möglich sind (s. aber auch Kap. 9, Grundrechtsbegrenzungen, Rn. 11), andererseits aber auch, dass auch Beschränkungsermächtigungen an Verwaltungsbehörden zulässig sind. Gesetzesunmittelbare Einschränkungen enthalten etwa § 16 VersG und die Bannmeilengesetze der Länder, die Versammlungen im räumlichen Umfeld bestimmter Verfassungsorgane untersagen. Nach § 3 Abs. 1 BefBezG sind innerhalb der für Bundestag, Bundesrat und BVerfG gebildeten befriedeten Bezirke öffentliche Versammlungen bei Unbedenklichkeit zuzulassen. Ferner enthalten die Feiertagsgesetze der meisten Länder nicht unproblematische Verbote von Versammlungen an Sonn- und Feiertagen während der Hauptgottesdienstzeiten. Ermächtigungen zu behördlichen Einschränkungen der Versammlungsfreiheit finden sich insbesondere in den §§ 5, 13 und 15 VersG.

> **Hinweis:** Gegenüber gegenteiligen Ansätzen zumal des OVG NRW hat das BVerfG wiederholt seine restriktive Judikatur zu Versammlungsverboten nach § 15 VersG auch gegenüber Rechtsextremisten bekräftigt (vgl. im Anschluss an BVerfGE 69, 315 [352 f.] zumal BVerfGE 111, 147 [154 ff.] m.w.N.). Danach kann die Gefährdung allein der öffentlichen Ordnung ein Versammlungsverbot nach § 15 VersG im Allgemeinen nicht rechtfertigen, das nur zur Verteidigung elementarer Rechtgüter zulässig ist.

Jedenfalls untypische Einschränkungen der Versammlungsfreiheit bedürfen keiner spezialgesetzlichen Regelung, sondern können auch auf die polizeiliche Generalklausel gestützt werden (BVerwGE 129, 142 Rn. 39, für eine Meldeauflage).

20   Grundrechtsverpflichtete, die in Privatrechtsform organisiert sind (o. Kap. 5, Grundrechtsverpflichtete, Rn. 14), können sich für Beschränkungen der Versammlungsfreiheit auf die **Eigentümerbefugnisse des BGB** stützen (BVerfGE 128, 226 [255]).

21   Für Versammlungen **in geschlossenen Räumen** sieht Art. 8 GG keinen Gesetzesvorbehalt vor. Insoweit besteht lediglich die besondere Einschränkungsermächtigung im Zusammenhang mit Wehr- und Ersatzdienst nach Art. 17a Abs. 1 GG. Im Übrigen ist Art. 8 GG ein vorbehaltloses Grundrecht, so dass Einschränkungen der Versammlungsfreiheit für geschlossene Räume nach den allgemeinen Regeln für Grundrechtsbegrenzungen nur mit Rücksicht auf grundrechtsbegrenzende Gehalte anderer Verfassungsbestimmungen in Betracht zu ziehen sind (o. Kap. 9, Grundrechtsbegrenzungen, Rn. 33 ff.). Diese Konstruktion erlaubt es namentlich, dass Versammlungsverbote ausgesprochen werden können, wenn eine unmittelbare Gefahr für Leben und Gesundheit der Teilnehmer besteht (vgl. § 13 Abs. 1 Nr. 2 VersG).

22   Der Gesetzgeber hat im Versammlungsgesetz von dem Einschränkungsvorbehalt für Versammlungen unter freiem Himmel nach Art. 8 Abs. 2 GG insbesondere dadurch Gebrauch gemacht, dass er eine **allgemeine Anmeldepflicht** für solche Versammlungen vorgesehen hat, die spätestens 48 Stunden vor Durchführung der Versammlung erfüllt werden muss (vgl. § 14 VersG). Der Sinn dieser Regelung besteht darin, den Ordnungsbehörden die Möglichkeit zu geben, sich mit den aus der Versammlung resultierenden (Verkehrs-) Problemen rechtzeitig zu befassen; weil sich solche Notwendigkeiten nie ausschließen lassen, dürfte die Vorschrift trotz ihrer umfassenden Reichweite grundsätzlich verfassungsrechtlich haltbar sein (BVerfGE 69, 315 [350]).

23   Verfassungsrechtlich problematisch ist die Anmeldepflicht allerdings insoweit, als sie bei uneingeschränkter Anwendung keinen Raum für **Spontanversammlungen** lassen würde, zu denen es ohne Vorbereitung aufgrund von Reaktionen der

Bevölkerung kommen kann. In diesen Fällen ist anerkannt, dass im Wege der verfassungskonformen Auslegung die Anmeldepflicht ausgeschlossen ist (vgl. hierzu BVerfGE 69, 315 [350]).

An diese Ausnahme anknüpfend hat sich das Problem ergeben, inwieweit für **24** sogenannte **Eilversammlungen** die Erfüllung der Anmeldepflicht verlangt werden kann. Eilversammlungen sind im Gegensatz zu Spontanversammlungen solche, die nicht ohne jede Vorbereitung stattfinden, aber ohne Gefährdung des Versammlungszwecks nicht unter Einhaltung der Frist des § 14 VersG, also spätestens 48 Stunden vor der Bekanntgabe, angemeldet werden können. Derartige Eilversammlungen kommen insbesondere dann in Betracht, wenn aufgrund aktueller Ereignisse eine rasche Demonstration angestrebt wird, um gegebenenfalls anstehenden Entwicklungen noch zuvor zu kommen. Dabei muss es prinzipiell den Grundrechtsträgern selbst überlassen bleiben, über die Notwendigkeit einer schnell veranstalteten Versammlung bzw. einer entsprechend frühen Bekanntgabe zu befinden.

Welche Konsequenzen es hat, dass es bei Eilversammlungen unmöglich ist, die **25** gesetzlich vorgesehene Anmeldefrist einzuhalten, ist problematisch. Im Rahmen verfassungskonformer Auslegung des § 14 VersG scheint es zur Wahrung der grundrechtlichen Substanz der Versammlungsfreiheit ausreichend, die **Anmeldefrist** entsprechend den jeweiligen Notwendigkeiten zu **verkürzen** oder ganz auf die Frist zu verzichten. Der Wegfall der Anmeldepflicht wie bei den Spontanversammlungen ist hingegen nicht erforderlich, weil ja spätestens mit der Bekanntgabe auch die Anmeldung erfolgen kann. Danach ist § 14 VersG für Eilversammlungen dahingehend zu interpretieren, dass die Anmeldung so früh wie möglich, spätestens mit der Bekanntgabe zu erfolgen hat.

Eine besondere Schwierigkeit ergibt sich gegenüber dieser Lösung aller- **26** dings daraus, dass die Durchführung einer Versammlung ohne Anmeldung (§ 14 VersG) nach § 26 Nr. 2 VersG **mit Strafe bedroht** ist. Hier stellt sich die Frage, ob eine Bestrafung nach dieser Vorschrift wegen nicht rechtzeitiger Anmeldung der Eilversammlung – unter Berücksichtigung der verfassungskonform ausgelegten Fristanforderungen des § 14 VersG – zulässig sein kann, ohne den Bestimmtheitsgrundsatz nach Art. 103 Abs. 2 GG (u. Kap. 35, Die Grundrechte des Art. 103 GG, Rn. 20) zu verletzen. Die Bedenken stützen sich darauf, dass die für Eilversammlungen angenommene Anmeldepflicht ohne Bindung an die 48-Stunden-Frist im Gesetzeswortlaut der §§ 14, 26 Nr. 2 VersG nicht erkennbar wird. Das BVerfG war allerdings mehrheitlich der Auffassung, es komme in § 14 VersG noch hinreichend zum Ausdruck, dass bei Eilversammlungen keine Befreiung von der Anmeldepflicht überhaupt eintritt (BVerfGE 85, 69 [75 f.]; anders die abw. Meinung, ebda, S. 77 ff.).

Vom BVerfG geklärt wurde ferner die Frage, ob gegen denjenigen, der sich trotz **27** Auflösung einer öffentlichen Versammlung durch die zuständige Behörde nicht unverzüglich entfernt, eine Geldbuße wegen einer Ordnungswidrigkeit nach § 29 Abs. 1 Nr. 2 VersG auch dann verhängt werden kann, wenn die **nicht beachtete Auflösungsverfügung**, die im Rahmen des § 15 Abs. 2 VersG als besonders intensiver Eingriff nur bei strikter Wahrung der Verhältnismäßigkeit zulässig ist (BVerfGE 69, 315 [352 ff.]), **nicht rechtmäßig** war. Insofern ist auf der Ebene des

Verwaltungsrechts zu bedenken, dass im Interesse der öffentlichen Sicherheit die **sofortige Beachtung** einer Auflösungsverfügung grundsätzlich unabhängig von ihrer Rechtmäßigkeit, die sich in der Situation nicht klären lässt, geboten ist. Dementsprechend ist es auch zulässig, die Auflösungsverfügung unter **Einsatz staatlicher Zwangsmittel** unabhängig von ihrer Rechtmäßigkeit zunächst einmal durchzusetzen. Die Beeinträchtigung der Versammlungsfreiheit, die auch die spätere verwaltungsgerichtliche Feststellung, dass die Auflösungsverfügung rechtswidrig war, nicht ungeschehen machen kann, ist insoweit als unvermeidlich hinzunehmen.

28   Über die **nicht situationsgebundene Sanktionierung** durch ein Bußgeld kann hingegen im späteren Verfahren frei von irgendeinem Zeitdruck entschieden werden, so dass hier auch Raum bleibt, die **Rechtswidrigkeit einer Auflösungsverfügung zu berücksichtigen**, wenn es auf sie ankommt. Insoweit sah das BVerfG keine Anhaltspunkte dafür, dass nach § 29 Abs. 1 Nr. 2 VersG auch die Missachtung einer rechtswidrigen Auflösungsverfügung mit Bußgeld bedroht sein soll. Ob der Gesetzgeber eine derartige Sanktionierung schon der bloßen Unbotmäßigkeit – trotz der dann besonders weitreichenden Beeinträchtigung der Versammlungsfreiheit – vorsehen dürfte, konnte daher offen bleiben (vgl. BVerfGE 87, 399 [406 ff.]).

29   Von den **allgemeinen Anforderungen** an Grundrechtsbeschränkungen hat auch bei Art. 8 GG der Grundsatz der **Verhältnismäßigkeit** maßgebliche Bedeutung, kann insbesondere eine restriktive Auslegung der Beschränkungsvorschriften und ihre zurückhaltende Anwendung erfordern.

Beispiele:

Die Anmeldepflicht des § 14 Abs. 1 VersG ist nicht unverhältnismäßig, wenn sie nicht ausnahmslos durchgreift und ihre Verletzung nicht automatisch zu Auflösung und Verbot führt; § 15 VersG ist mit Art. 8 GG vereinbar, wenn bei seiner Auslegung und Anwendung die Wahrung der Verhältnismäßigkeit sichergestellt ist (BVerfGE 65, 315 [349 ff.]; o. Rn. 22 ff., 27). – Auch auf Eigentümerbefugnisse nach dem BGB gestützte Hausverbote grundrechtsgebundener privatrechtsförmiger Rechtsträger müssen verhältnismäßig sein (BVerfGE 128, 226 [258 ff.] bei primärem Bezug auf die bestätigenden Gerichtsentscheidungen).

Dem **Zitiergebot des Art. 19 Abs. 1 Satz 2 GG** soll § 20 VersG genügen, der sich aber nur auf die Bestimmungen des Abschnitts III (§§ 14 bis 20) bezieht, damit weder § 3 noch die Straf- und Bußgeldvorschriften der §§ 21 ff. VersG, soweit sie Art. 8 GG berühren (o. Rn. 15), betrifft. Die Einfügung des § 17a VersG von 1985 ohne Zitat im Änderungsgesetz dürfte das Zitiergebot verletzt haben, angesichts des damaligen Standes der Judikatur aber ohne Nichtigkeitsfolge (o. Kap. 10, Anforderungen an Grundrechtsbeeinträchtigungen, Rn. 14, 27). Beim ebenso eingefügten § 12a VersG mag es an einer Einschränkung des Grundrechts aus Art. 8 GG fehlen. Die Polizeigesetze enthalten hinsichtlich der Einschränkungen, die sie jenseits des Versammlungsgesetzes ermöglichen, durchweg auch kein Zitat.

5. Konkurrenzen

Art. 8 GG ist mangels Spezialität abgesehen von Art. 2 Abs. 1 GG stets **neben ande-** 30
ren einschlägigen Grundrechten anwendbar. Dies betrifft andere Freiheitsrechte,
die gerade durch die Durchführung der Versammlung betätigt werden, namentlich
Religionsfreiheit, Meinungsäußerungsfreiheit, Kunst- oder Wissenschaftsfreiheit,
Koalitionsfreiheit. Kommt es beim Vorgehen gegen Versammlungen zu Einwirkungen auf andere geschützte Grundrechtsgüter der Teilnehmer, gilt entsprechendes, so etwa für Körperverletzungen bei Auflösung von Versammlungen oder für
die Freiheit der Person bei Einkesselung der Teilnehmer. Dabei gelten prinzipiell
für jedes Grundrecht seine eigenen Schranken. Die Anmeldepflicht wird regelmäßig andere bei der Versammlung betätigte Grundrechte nicht einschränken. Im
Übrigen spricht manches dafür, dass die Bekämpfung versammlungsspezifischer
Gefahren auch insoweit auf Art. 8 Abs. 2 GG gestützt werden kann, als andere
Freiheitsrechte mitberührt werden (vgl. o. Kap. 11, Grundrechtskonkurrenzen, Rn. 12).

> **Beispiel:**
>
> Das BVerfG hält Versammlungsverbote wegen bei der Versammlung erfolgen-
> der, nicht die Strafbarkeitsgrenze überschreitender Meinungsäußerungen für
> unzulässig, weil diese auch im Rahmen des Art. 5 GG nicht unterbunden werden
> dürften (BVerfGE 111, 147 [154 ff.]). Dies entspricht im Ergebnis der Grundregel,
> dass das jeweils strengste Grundrecht ausschlaggebend ist (o. Kap. 11, Grund-
> rechtskonkurrenzen, Rn. 13). Doch soll ein Versammlungsverbot wegen aus den
> Modalitäten der Durchführung der Versammlung folgender Gefahren ungeachtet
> der mitberührten Meinungsäußerungsfreiheit unabhängig von den dafür grund-
> sätzlich maßgebenden Anforderungen zulässig sein.

III. Weitere Grundrechtsgehalte

Aus Art. 8 Abs. 1 GG ergibt sich wie bei anderen Grundrechten eine **staatliche** 31
Schutzpflicht, auf deren Grundlage Veranstalter und Teilnehmer von Versammlungen staatlichen Schutz gegen Stör- bzw. Verhinderungsaktionen von Seiten
anderer verlangen können. Die Staatsorgane werden insoweit durch Art. 8 Abs. 1 GG
grundsätzlich verpflichtet, Versammlungen prinzipiell gegen Störungen Dritter in
Schutz zu nehmen, haben allerdings für die Erfüllung dieser Schutzpflicht einen
Gestaltungsspielraum. Der Gesetzgeber ist seinen diesbezüglichen Verpflichtungen
durch das Störungsverbot des § 2 Abs. 2 VersG nachgekommen. Soweit die
Durchsetzung des Störungsverbots nach den einschlägigen Bestimmungen im
Ermessen der Behörden steht, haben sie sich bei ihrer Ermessensausübung von dem
gesetzlichen Ziel leiten zulassen, dass die Ausübung der Versammlungsfreiheit stö-
rungsfrei möglich sein soll. Daher müssen sich behördliche Maßnahmen primär
gegen die Störer richten; nur höchst ausnahmsweise darf gegen die grundrechtsgeschützte Versammlung selbst vorgegangen werden.

> **Beispiel:**
>
> Drohen aufgrund einer Gegendemonstration zu einer in sich friedlichen Versammlung Ausschreitungen, dürfen die behördlichen Maßnahmen grundsätzlich nur gegenüber der Gegendemonstration ergriffen werden (BVerfGE 69, 315 [360 f.]); zu Ausnahmen siehe BVerwG, NVwZ 1999, 991 [992 f.].

32 Für das Freiheitsrecht nach Art. 8 GG kommen objektiv-rechtliche Gehalte in erster Linie in Form der **Ausstrahlungswirkung** in Betracht, die alle rechtsanwendenden Behörden dazu verpflichtet, bei der Rechtsauslegung und bei der Ausübung von Ermessen auf die wertsetzende Bedeutung der Grundrechtsgarantie der Versammlungsfreiheit Rücksicht zu nehmen (allgemeiner o. Kap. 4, Subjektive Grundrechte und objektive Grundrechtsgehalte, Rn. 58 ff.).

> **Beispiel:**
>
> Eine Gewerkschaft wollte eine Großkundgebung auf der im Eigentum der Bonner Universität stehenden Hofgartenwiese durchführen, die in der Vergangenheit häufiger zu solchen Veranstaltungen genutzt worden war. Der Senat der Universität hatte aber einige Jahre zuvor beschlossen, dass die Wiese nicht mehr für Großveranstaltungen zur Verfügung stehen sollte, und lehnte dies auch bei dieser Gelegenheit ab. Das Bundesverwaltungsgericht stellte fest, dass Art. 8 GG als Abwehrrecht grundsätzlich keine Leistungsrechte gebe. Der Schutz der Entscheidung des Veranstalters über Ort und Zeit der Versammlung setze seine rechtliche Verfügungsbefugnis über den Versammlungsort als gegeben voraus (o. Rn. 12). Dies gelte auch für öffentliche Einrichtungen. Es hielt jedoch die Universität für verpflichtet, nach pflichtgemäßem Ermessen darüber zu entscheiden, ob der Gewerkschaft die Wiese ungeachtet ihrer begrenzten Zweckbestimmung für ihre Versammlung zur Verfügung gestellt werden sollte. Dabei sei der Stellenwert der Versammlungsfreiheit im Verfassungsgefüge zu berücksichtigen (s. BVerwGE 91, 135 [139 f.]).

Ob Art. 8 GG auch gegenüber materiell Privaten, die einen Ort öffentlicher Kommunikation eröffnen, **mittelbare Drittwirkung** entfaltet, die nicht weniger weit reicht als die unmittelbare Grundrechtsbindung, ist offen geblieben (BVerfGE 128, 226 [249 f.]).

▶ **Hinweis:** BVerfG (K), NJW 2015, 2485 f., hat allerdings in einer Eilentscheidung die zivilgerichtliche Bestätigung des gegen einen „Bierdosen-Flashmob" gerichteten Hausverbots des privaten Eigentümers eines Einkaufsplatzes mit Rücksicht auf Art. 8 GG aufgehoben (o. Kap. 5, Grundrechtsverpflichtete, Rn. 43).

33 Bedeutung wird dem Grundrecht aus Art. 8 GG vor allem auch im Hinblick auf besondere Vorkehrungen **verfahrens- bzw. organisationsmäßiger** Art beigemessen. Insbesondere sollen die staatlichen Behörden zu einer konstruktiven Zusammenarbeit mit den Veranstaltern einer Versammlung verpflichtet sein, um einen

störungsfreien Ablauf der Versammlung und damit letztlich die Möglichkeit unge-störter Ausübung des Grundrechts zu gewährleisten (BVerfGE 69, 315 [355 ff.]). Allerdings darf diese Sichtweise nicht dazu führen, auch den Grundrechtsträgern einschlägige Pflichten aufzubürden; für sie bedeutet die Kooperationspflicht der Behörden nur die Chance, die eigene Grundrechtsbetätigung zu optimieren.

IV. Zusammenfassung

- Eine Versammlung i. S. d. Art. 8 GG ist eine Ansammlung von mindestens zwei Menschen, die einen gemeinsamen Zweck verfolgen. Dieser muss weder eine öffentliche Angelegenheit betreffen, noch zwingend eine Meinungsäußerung zum Gegenstand haben (str.).
- Geschützt sind nur Versammlungen, die friedlich und ohne Waffen stattfinden.
- Die Versammlungsfreiheit umfasst die freie Wahl von Gegenstand, Ort und Zeit der Versammlung. Sie gibt kein Recht, fremde Grundstücke zu betreten, wenn es sich nicht um der Öffentlichkeit zugängliche Orte allge-meiner Kommunikation handelt.
- Die Versammlungsfreiheit schützt neben der Teilnahme Vorbereitung, Organisation und Leitung.
- Art. 8 Abs. 1 GG ist ein Deutschenrecht; Ausländer genießen für ihre Versammlungen Grundrechtsschutz über Art. 2 Abs. 1 GG.
- Relevante Beeinträchtigungen der Versammlungsfreiheit sind insbesondere Verbot und Auflösung, Einführung von Erlaubnis- oder Anmeldepflichten, aber auch extensive Überwachung und Behinderungen im Vorfeld.
- Der Gesetzesvorbehalt des Art. 8 Abs. 2 GG gilt nur für Versammlungen unter freiem Himmel. Andere Versammlungen können nur aufgrund begrenzender Gehalte anderer Verfassungsbestimmungen eingeschränkt werden.
- Die aus § 14 VersG folgende Anmeldepflicht gilt bei verfassungskonformer Auslegung nicht für Spontanversammlungen, für Eilversammlungen (nur) mit verkürzter Anmeldefrist.

34

Die Grundrechte des Art. 9 GG

21

Inhalt

Literatur zu I.: *Hans-Detlef Horn*, § 41, Verbände, in: HStR III[3], 2005, S. 357; *Detlef Merten*, § 165, Vereinsfreiheit, in: HStR VII[3], 2009, S. 1035; *Michael Sachs*, § 107, Die Freiheit der Versammlung und Vereinigung, in: Stern, Staatsrecht IV/1, 2006, S. 1170; *Jan Ziekow*, § 107, Vereinigungsfreiheit, in: HGR IV, 2011, S. 1213; *Philip Kunig*, Vereinsverbot, Parteiverbot, Jura 1995, 384; *Dietrich Murswiek*, Grundfälle zur Vereinigungsfreiheit – Art. 9 I, II GG, JuS 1992, 116; *Ralf Jahn*, Wirtschaftskammer statt Staat – Zur Verfassungsmäßigkeit der IHK-Pflichtmitgliedschaft, JuS 2002, 434; *Norbert Nolte/Markus Planker*, Vereinigungsfreiheit und Vereinsbetätigung, Jura 1993, 635; **zu II.:** *Thomas von Danwitz*, § 116, Koalitionsfreiheit, in: HGR V, 2013, S. 339; *Johannes Dietlein*, § 112, Die arbeits- und wirtschaftsrechtliche Vereinigungsfreiheit, in: Stern, Staatsrecht IV/1, 2006, S. 1949; *Rupert Scholz*, § 175, Koalitionsfreiheit, in: HStR VIII[3], 2010, S. 409; *Michael Coester*, Verfassungsrechtliche Gewährleistung der Aussperrung, Jura 1992, 84; *Sebastian*

© Springer-Verlag Berlin Heidelberg 2017
M. Sachs, *Verfassungsrecht II - Grundrechte*, Springer-Lehrbuch,
DOI 10.1007/978-3-662-50364-5_21

Heselhaus, Grundrechtlicher Schutz der Mitgliederwerbung durch die Koalitionen, JA 1996, 838; *Wolfram Höfling/Christian Burkiczak*, Die unmittelbare Drittwirkung gemäß Art. 9 Abs. 3 Satz 2 GG, RdA 2004, 263; *dies.*, Das Günstigkeitsprinzip – ein grundrechtsdogmatischer Zwischenruf, NJW 2005, 469; *Hansjörg Otto*, Zur Neutralität der Bundesanstalt für Arbeit bei Arbeitskämpfen, Jura 1997, 18; *Ulrich Preis/Daniel Ulber*, Tariftreue als Verfassungsproblem, NJW 2007, 465; *Helge Sodan/Markus Zimmermann*, Tarifvorrangige Mindestlöhne versus Koalitionsfreiheit, NJW 2009, 2001; *Markus Winkler*, Befugnis des Gesetzgebers zur Ausgestaltung der Koalitionsfreiheit, JA 1995, 839.

Rechtsprechung zu I.: BVerfGE 10, 89 (Erftverband); BVerfGE 30, 227 (Vereinsname); BVerfGE 50, 290 (353 ff.) (Mitbestimmung); BVerfGE 54, 237 (Sozietätsverbot I); BVerfGE 67, 26 (Krankenkassenleistungen für Schwangerschaftsabbrüche); BVerfGE 70, 1 (Orthopädietechniker-Innungen); BVerfGE 78, 320 (Abwehr der Krankenkassenfinanzierung von Abtreibungen); BVerfGE 80, 244 (Vollziehbares Vereinsverbot); 84, 372 (Lohnsteuerhilfevereinsverband); BVerfGE 98, 49 (Sozietätsverbot II); BVerfGE 99, 69 (Kommunale Wählervereinigung); BVerfGE 124, 25 (Krankenversicherung zum Basistarif); BVerfG (K), NVwZ 2000, 1281 (Grundrechtsschutz für Ausländervereine); BVerfG (K), NJW 2001, 2617 (Zwangsmitgliedschaft in Genossenschaftsverband); BVerfG (K), NVwZ 2002, 335 (IHK-Zwangsmitgliedschaft); BVerwGE 58, 26 (Taxizentrale); BVerwGE 59, 231 (Freie Mitarbeiter); BVerwGE 61, 218 (Wehrsportgruppe Hoffmann); BVerwGE 64, 115 (Steuerberaterkammern); BVerwGE 106, 177 (Parteinahe Stiftung); BVerwGE 109, 97 (Semesterticket); BVerwGE 107, 169 (Pflichtzugehörigkeit IHK); BVerwGE 108, 169 (Pflichtmitgliedschaft Handwerkskammer); BVerwGE 112, 69 (Aufgabe der IHK); BVerwG, NVwZ 2003, 986 (Kalifatsstaat); BVerwG, NVwZ 2011, 372 (Anfechtungsberechtigung bei Verbotsverfügung); BGHZ 130, 243 (Zwangsmitgliedschaft in Genossenschaftsverband); BGHZ 140, 74 (Aufnahmezwang bei Monopolvereinigung); **zu II.:** BVerfGE 18, 18 (Hausgehilfinnenverband); BVerfGE 20, 312 (Tariffähigkeit der Innungen); BVerfGE 38, 281 (Arbeitnehmerkammern); BVerfGE 50, 290 (Mitbestimmung); BVerfGE 59, 231 (Freie Mitarbeiter); BVerfGE 73, 162 (Barabgeltung für Hausbrandkohle); BVerfGE 84, 212 (Aussperrung); BVerfGE 88, 103 (Streikarbeit durch Beamte); BVerfGE 92, 26 (Zweitregister); BVerfGE 92, 365 (§ 116 AFG); BVerfGE 93, 352 (Gewerkschaftliche Mitgliederwerbung II); BVerfGE 94, 268 (Wissenschaftliches Personal); BVerfGE 100, 271 (Lohnabstandsklauseln); BVerfGE 100, 214 (Konkurrierende Listen); BVerfGE 103, 293 (Urlaubsanrechnung); BVerfGE 116, 202 (Tariftreue); BVerfG (K), NJW 2014, 1874 (Streikbegleitender Flashmob); BAG, NJW 1999, 2631 (Verbandsgründung durch Gewerkschaftsbeschäftigte); BVerwGE 149, 117 (Streikverbot für Beamte).

Übungsfälle: *Thomas Günther/Einiko Franz*, Grundfälle zu Art. 9 GG, JuS 2006, 788 und 873.

I.   Die Vereinigungsfreiheit nach Art. 9 Abs. 1 GG

1.   Allgemeines

1   Die Vereinigungsfreiheit ist seit der Paulskirchenverfassung (vgl. § 162) als Zwillingsgrundrecht der Versammlungsfreiheit anerkannt und stellt die auf **längere Dauer angelegten menschlichen Assoziationen** unter Grundrechtsschutz. Im Gegensatz zu Art. 8 GG kann Art. 9 Abs. 1 GG nicht im Schwerpunkt dem politischen Bereich zugeordnet werden, sondern ist für unterschiedliche Zwecke gleichermaßen von Bedeutung. Im Bereich politischer Zusammenschlüsse wird das Grundrecht partiell durch Art. 21 GG, der den politischen Parteien eine besondere

Rechtsstellung einräumt, verdrängt, steht aber im Übrigen auch für politische Vereinigungen (z. B. Bürgerinitiativen, kommunale Wählervereinigungen [BVerfGE 99, 69]) zur Verfügung. Daneben kann es für Vereinigungen zur Ausübung der verschiedensten Grundrechte eingreifen; besonders geregelt ist insoweit namentlich der Fall der religiösen Vereinigungen (Art. 140 GG/Art. 137 Abs. 2 WRV) (o. Kap. 16, Die Grundrechte des Art. 4 GG, Rn. 35 ff.). Erhebliche praktische Bedeutung hat Art. 9 Abs. 1 GG für die Betätigung der wirtschaftlichen Grundrechte, da er die grundrechtliche Basis des gesamten Gesellschaftsrechts darstellt. Darüber hinaus greift diese Grundrechtsnorm aber auch zugunsten der verschiedensten sonstigen Zwecke ein, gilt beispielsweise für Kaninchenzüchtervereine ebenso wie für Sportvereine oder den ADAC.

2. Abwehrrechtliche Bedeutung

a) Schutzgegenstand

Das Kernelement des Grundrechtsschutzes nach Art. 9 Abs. 1 GG ist in dem **2** Doppelbegriff „Vereine und Gesellschaften" enthalten. Dieser historisch gewachsene Normtext will **Vereinigungen jeder Art** einbeziehen. Vereinigungen im Sinne des Art. 9 Abs. 1 GG sind demnach unabhängig von ihrer Rechtsform im Einzelnen alle Zusammenschlüsse von Personen, die sich zur Verfolgung eines gemeinsamen Zwecks auf gewisse Dauer gebildet haben und einer organisierten Willensbildung unterworfen sind. Die **Freiwilligkeit** macht den Inhalt der auf den Zusammenschluss bezogenen Freiheitsgarantie aus, ist insoweit nicht Begriffselement der Vereinigung; Freiwilligkeit des Zusammenschlusses ist allerdings Voraussetzung für den einer bestehenden Vereinigung zukommenden Grundrechtsschutz (u. Rn. 8 ff.).

▶ **Hinweis:** Vgl. den Begriff des Vereins nach § 2 VereinsG: Verein im Sinn dieses Gesetzes ist ohne Rücksicht auf die Rechtsform jede Vereinigung, zu der sich eine Mehrheit natürlicher oder juristischer Personen für längere Zeit zu einem gemeinsamen Zweck freiwillig zusammengeschlossen und einer organisierten Willensbildung unterworfen hat. – Eine Stiftung weist keinen personellen Zusammenschluss auf und fällt deshalb nicht unter Art. 9 Abs. 1 GG (BVerwGE 106, 177 [180 f.]).

Die **inhaltliche Offenheit** der Vereinigungsfreiheit für die von den beteiligten Grundrechtsträgern verfolgten Zwecke lässt es nicht unbedenklich erscheinen, das Grundrecht für bestimmte Lebensbereiche, etwa im Hinblick auf wirtschaftliche Aspekte, als weniger bedeutsam abzuwerten oder gar für unanwendbar zu erklären (jedenfalls tendenziell anders für größere Kapitalgesellschaften BVerfGE 50, 290 [355 ff.]; offen lassend BVerfGE 124, 25 [34] für große Versicherungsvereine auf Gegenseitigkeit).

Der **Schutzgegenstand** der Vereinigungsfreiheit ist **weitgehend rechtlich** **3** **geprägt**. Zwar können Menschen sich ohne Rücksicht auf rechtliche vorgegebene Rechtsformen beliebig zu Vereinigungen zusammenschließen, auf deren Existenz die Rechtsordnung dann reagiert (vgl. z. B. die Vorschriften über den nichtrechtsfähigen Verein [§ 54 BGB] oder die BGB-Gesellschaft [§§ 705 ff. BGB]). Vielfach ist aber die Existenz geeigneter Rechtsformen Voraussetzung dafür, dass die Zwecke des Zusammenschlusses erreicht werden können. Die Frage, in welchem Umfang Art. 9 Abs. 1 GG die Existenz bestimmter Rechtsformen gewährleistet, greift allerdings über den abwehrrechtlichen Zusammenhang hinaus (dazu u. Rn. 25 f.). Als Abwehrrecht ist die Vereinigungsfreiheit nur im Rahmen der verfügbaren Rechtsformen geschützt; ein Anspruch, für eine bestimmte Vereinigung eine ganz bestimmte Rechtsform benützen zu dürfen, ergibt sich aus Art. 9 Abs. 1 GG hingegen nicht.

Beispiel:

Dem Zusammenschluss von Kraftdroschkenhaltern mit dem Ziel, eine Taxizentrale zu betreiben, kann die nur subsidiär verfügbare Rechtsform eines wirtschaftlichen Vereins nach § 22 BGB ohne Verstoß gegen Art. 9 Abs. 1 GG versagt werden, weil sie als eingetragene Genossenschaft oder als GmbH betrieben werden kann (BVerwGE 58, 26 [32 ff.]).

4   Die als Teil der Vereinigungsfreiheit geschützten Betätigungen erfasst Art. 9 Abs. 1 GG exemplarisch mit dem Begriff der Bildung einer Vereinigung. Hierzu gehört jedenfalls die von allen Beteiligten gewollte **gemeinschaftliche Begründung** einer Vereinigung, darüber hinaus aber auch der (nachträgliche) **Beitritt** eines Einzelnen zu einer bereits bestehenden Vereinigung. Letzteres ist allerdings nur für den Fall grundrechtlich garantiert, dass die Vereinigung – als der Zusammenschluss der schon vorhandenen Mitglieder – nach Maßgabe der vereinsrechtlichen Bedingungen zur Aufnahme des zusätzlichen Mitglieds bereit ist; es besteht prinzipiell keine Vereinigungsfreiheit zu Lasten Dritter.

5   Als **negative Seite** der Vereinigungsbildungsfreiheit schützt Art. 9 Abs. 1 GG auch die Freiheit, eine Vereinigung nicht zu gründen (oder sie aufzulösen), bestehenden Vereinigungen fernzubleiben oder aus ihnen auszutreten (BVerfGE 50, 290 [354]). Die Pflichtmitgliedschaft in einer privatrechtlichen Vereinigung greift somit in die Vereinigungsfreiheit ein.

Beispiel:

Nach § 54 GenG muss die Genossenschaft einem Prüfungsverband angehören, der als privatrechtliche Vereinigung von Genossenschaften und genossenschaftlichen Unternehmungen grundsätzlich in der Form eines eingetragenen Vereins gebildet ist (vgl. für eine „Ausgestaltung" BVerfG [K], NJW 2001, 2617 f. [dazu u. Rn. 21]; s. auch BGHZ 130, 243).

Für eine bestehende Vereinigung gehört hierher neben der Möglichkeit zur Selbstauflösung das Recht, keine neuen Mitglieder in die Vereinigung aufnehmen zu müssen (s. schon o. Rn. 4) und Mitgliedschaften beenden zu können (BVerfGE 124, 25 [34, 42]). Ein gesetzlicher Aufnahmezwang, wie er etwa für Monopolvereinigungen angenommen wird, stellt sich damit (auch) für sie als rechtfertigungsbedürftiger Grundrechtseingriff dar.

> **Beispiel:**
> Wenn ein Verein im wirtschaftlichen oder sozialen Bereich eine überragende Machtstellung innehat und ein wesentliches oder grundlegendes Interesse an dem Erwerb der Mitgliedschaft besteht, wird in Anlehnung an § 826 BGB und § 27 GWB eine Verpflichtung zur Aufnahme angenommen (BGHZ 140, 74).

Der Schutzgegenstand des Art. 9 Abs. 1 GG geht über den Bereich der Existenz der **6** Vereinigung und ihrer Zusammensetzung hinaus. Inwieweit die **Betätigung einer Vereinigung**, die ja letztlich den Grund für ihre Bildung darstellt, vom Grundrechtsschutz des Art. 9 Abs. 1 GG erfasst wird, erscheint freilich auch mit Blick auf die Grundrechtsbegrenzungen problematisch. **Zu weit gehen** würde es jedenfalls, das gesamte Verhalten, das die Mitglieder in Verfolgung der Vereinszwecke entfalten, unter den Schutzgegenstand der Vereinigungsfreiheit zu fassen. Der Umstand, dass Betätigungen im Rahmen eines Vereins und nicht von Einzelindividuen vorgenommen werden, soll nach dem Zweck des Grundrechts nicht zu einer Privilegierung solcher, im Übrigen gleichartiger Betätigungen führen. **Nach außen wirkende Tätigkeiten in Verfolgung des Vereinszweckes** (wie die geschäftliche Betätigung einer Kaufhaus-AG oder die Ausstellung eines Kunstvereins) fallen vielmehr nur unter den Schutz der für die fraglichen Aktivitäten einschlägigen Freiheitsgrundrechte (BVerfGE 70, 1 [25]). Soweit es um Verhaltensweisen geht, die als solche unter die Freiheit der Vereinsbildung fallen, bleibt allerdings (auch) Art. 9 Abs. 1 GG anwendbar.

> **Beispiel:**
> Das Verbot für Anwaltsnotare, sich mit Wirtschaftsprüfern in einer Sozietät zu verbinden, berührt die Freiheit der Vereinsbildung; dass diese zugleich in Wahrnehmung durch Art. 12 Abs. 1 GG geschützter Berufsinteressen erfolgt, ändert daran nichts (anders noch BVerfGE 54, 237 [251]; dagegen *Sachs,* MDR 1996, 1197 [1200 f.]; offen gelassen in BVerfGE 98, 49 [59]).

Der Betätigungsschutz zugunsten einer Vereinigung aus Art. 9 Abs. 1 GG ist auf **7** **vereinsspezifisches Handeln** zu begrenzen, d. h. auf solche Aktivitäten, die den Bestand der Vereinigung als solchen, die Führung ihrer Geschäfte, die Willensbildungsvorgänge, die Wahl ihrer Organe, Bestimmung von Namen und Sitz usw. betreffen. Im Einzelnen kann zweifelhaft sein, wo die Grenze zwischen vereinsspezifischen Betätigungen und sonstigen, nach außen gerichteten Freiheitsbetätigungen zu ziehen ist.

> **Beispiel:**
> Der öffentliche Hinweis eines Dachverbandes, ihm gehörten 60 Lohnsteuerhilfevereine an, wurde als werbewirksame Selbstdarstellung zur durch Art. 9 Abs. 1 GG geschützten vereinsspezifischen Betätigung der Mitgliederwerbung gezählt (BVerfGE 84, 372 [378]).

Ein wichtiges Sonderproblem im Rahmen des Art. 9 Abs. 1 GG stellt die Frage **8** dar, inwieweit die Vereinigungsfreiheit auch **Zwangsmitgliedschaften in öffentlich-rechtlichen Körperschaften** verbietet. Das BVerfG nimmt insoweit an, dass die negative Seite der Vereinigungsfreiheit hier nicht eingreifen könne; dafür lässt sich anführen, dass es auch die positive Entsprechung, nämlich die grundrechtlich freie Begründung öffentlich-rechtlicher Körperschaften, nicht gibt. Damit bleibt insoweit nur der Grundrechtsschutz aus Art. 2 Abs. 1 GG (st. Rspr. seit BVerfGE 10, 89 [102]); s. Kap. 14, Die Grundrechte des Art 2 GG, Rn. 26 ff.

9   Vom historisch wie entstehungsgeschichtlich belegten **Schutzzweck** der negativen Vereinigungsfreiheit her ist allerdings allein entscheidend zu verhindern, dass der Grundrechtsträger in einen von ihm nicht gewollten Personenverband zwangsweise einbezogen wird, nicht aber die Rechtsform einer Zwangsvereinigung. Grundlage der Ausgrenzung der Problematik aus dem Grundrecht des Art. 9 Abs. 1 GG war sicher nicht zuletzt die defizitäre Lage auf der Seite der Begrenzungen dieses Grundrechts (u. Rn. 19 ff.), die eine Legitimation der vielfältigen öffentlich-rechtlichen Zwangskörperschaften problematisch gemacht hätte, die das deutsche Recht – von den Wasserverbänden über die berufsständischen Kammern bis zur verfassten Studentenschaft – traditionell kennt. Nachdem inzwischen aber auch die Zwangsmitgliedschaft in privatrechtlichen Zusammenschlüssen höchstrichterliche Aufmerksamkeit gefunden hat (o. Rn. 5), die jedenfalls im Rahmen des Art. 9 Abs. 1 GG bewältigt werden muss, und die Einschränkbarkeit auch vorbehaltloser Grundrechte im Prinzip dogmatisch bewältigt ist (Kap. 9, Grundrechtsbegrenzungen, Rn. 33 ff.), sollte auch bei den öffentlich-rechtlichen Zwangsvereinigungen auf den der Sache nach eigentlich einschlägigen Art. 9 Abs. 1 GG zurückgegriffen werden.

10   Der nach der gegenwärtig maßgeblichen Rechtsprechung allerdings nur auf Art. 2 Abs. 1 GG gestützte **Grundrechtsschutz** vor Zwangsmitgliedschaft in öffentlich-rechtlichen Körperschaften betrifft nicht nur deren Bestand an sich, sondern greift – unabhängig von der Zuordnung zu Art. 2 Abs. 1 oder Art. 9 Abs. 1 GG – darüber hinaus auch ein, soweit es darum geht, die Zwangsmitglieder einer an sich legitimen öffentlich-rechtlichen Vereinigung davor zu schützen, dass diese unbegrenzt **Aktivitäten** entfaltet. Diese Schutzwirkung ergibt sich daraus, dass die Einbeziehung in einen öffentlich-rechtlichen Zwangsverband jedenfalls nur durch ein Gesetz möglich ist, das **einen legitimen öffentlichen Zweck** verfolgt.

Beispiele:

Die ausgewogene Einbringung der gebündelten und strukturierten Interessen und des Sachverstandes aus einem Wirtschaftsbereich in den wirtschaftspolitischen Willensbildungsprozess verbunden mit der Entlastung des Staates in der Wirtschaftsverwaltung soll trotz des entwickelten Verbandswesens auch heute noch eine legitime öffentliche Aufgabe darstellen (BVerfG [K], NVwZ 2002, 335 [336 f.]; BVerwGE 107, 169 [170 ff.]; für Handwerkskammern BVerwGE 108, 169 [172 ff.]). – Für Studierendenschaften stellt insbes. die Wahrung der sozialen Belange der Mitglieder eine legitime Aufgabe dar (BVerwGE 109, 97 [99 ff.]).

Die dementsprechend festgelegte gesetzliche Aufgabenstellung des Zwangsverbandes wiederum ist für die Begrenzung der Zwecke ausschlaggebend, die der Zwangsverband überhaupt nur verfolgen darf.

> **Beispiele:**
> Noch in die der IHK übertragene Wahrnehmung der Wirtschaftsinteressen fallen kann die Beteiligung an einer GmbH zum Flugplatzbetrieb (BVerwGE 112, 69 ff.). – Zur Wahrnehmung sozialer studentischer Belange kann ein beitragsfinanziertes Semesterticket zählen (BVerwGE 109, 97 [101 ff.]).

Für Aktivitäten außerhalb der gesetzlich gedeckten Zwecke fehlt gegenüber den zwangsvereinnahmten Mitgliedern die verfassungsrechtliche Legitimation. Bedeutung hat dieser Grundrechtsschutz insbesondere gegenüber dem allgemeinpolitischen Mandat von Zwangskörperschaften gefunden, wobei sowohl die Kammern freier Berufe (BVerwGE 64, 298 [301 f.]) als auch etwa die verfasste Studentenschaft (BVerwGE 59, 231 [237 ff.]) Beispiele bilden. Der Schutz kann sich aber auch gegen vom Zweck des maßgeblichen Gesetzes nicht gedeckte sonstige Aktivitäten einer solchen Zwangsvereinigung richten.

> **Beispiel:**
> Eine Steuerberaterkammer verpflichtet ihre Mitglieder zur Abnahme einer von ihr ausgewählten, mit Haushaltsmitteln finanzierten Fachzeitschrift (BVerwGE 64, 115 ff.). S. ferner u. Rn. 12.

11 Allerdings hat es das BVerfG abgelehnt, im Rahmen dieser Konstruktion Schutz vor Aktivitäten von Zwangskörperschaften zu bieten, für die zwar eine gesetzliche Grundlage besteht, die aber ihrerseits verfassungsrechtlichen Einwänden ausgesetzt ist. In wenig konsequenter Weise hat sich das Gericht vielmehr damit begnügt, dass ein Zweck überhaupt eine Grundlage in einem noch **nicht für nichtig erklärten Gesetz** findet.

> **Beispiel:**
> Das Zwangsmitglied einer gesetzlichen Krankenkasse wendete sich dagegen, dass seine Krankenkasse aus den auch von ihm entrichteten Beiträgen – wie gesetzlich vorgesehen – Abtreibungen ohne Vorliegen einer medizinischen Indikation finanzierte; dies blieb ohne Rücksicht auf die Verfassungsmäßigkeit des maßgeblichen Gesetzes zweimal ohne Erfolg (BVerfGE 67, 26 [38]; BVerfGE 78, 320 [330 f.]).

12 Diese Zurückhaltung des BVerfG scheint nicht tragfähig. Denn die Verkürzung der Rechtssphäre des Grundrechtsträgers stellt nur dann keine Grundrechtsverletzung dar, wenn sie eine Grundlage in einem Gesetz hat, das nicht nur äußerlich existent, sondern gültig, namentlich in jeder Beziehung verfassungsgemäß ist. Ein Grund, bei den Auswirkungen von Zwangsmitgliedschaften hiervon abzuweichen und **Aktivitäten von Zwangskörperschaften auf der Basis verfassungswidriger Aufgabennormen** gegenüber den Zwangsmitgliedern für zulässig zu erklären, ist nicht erkennbar. Diese sind daher, ebenso wie gesetzlich nicht gedeckte Tätigkeiten, als **Verletzungen der Grundrechte der Zwangsmitglieder** (ob aus Art. 9 Abs. 1 oder Art. 2 Abs. 1 GG) einzustufen.

Beispiel:

Räumt ein Gesetz der verfassten Studentenschaft unter Verstoß gegen die Verfassung ein allgemeinpolitisches Mandat ein, verletzt dessen Wahrnehmung das studentische Zwangsmitglied ebenso in seinem Grundrecht wie bei Fehlen einer einschlägigen gesetzlichen Grundlage überhaupt (BVerwGE 59, 231 [238 f.]).

b) Grundrechtsberechtigung

13   Grundrechtsberechtigt sind nach Art. 9 Abs. 1 GG nur **Deutsche** im Sinne des Art. 116 Abs. 1 GG. Für Ausländer greift (nur) der subsidiäre Grundrechtsschutz des Art. 2 Abs. 1 GG ein (o. Kap. 14, Die Grundrechte des Art. 2 GG, Rn. 45, Kap. 6, Die Grundrechtsberechtigten, Rn. 16 f.). Weitergehende Gleichbehandlungsrechte der Bürger der EU setzen sich gegenüber etwaigen gesetzlichen Beschränkungen kraft des Anwendungsvorrangs des EU-Rechts durch.

14   Das Grundrecht der Vereinigungsfreiheit gilt nach Art. 19 Abs. 3 GG auch für **inländische juristische Personen des Privatrechts,**

▶   **Hinweis:** Während die inländische Natur einer juristischen Person grundsätzlich allein durch den Sitz bestimmt wird und von der Staatsangehörigkeit ihrer Mitglieder unabhängig ist (oben Kap. 6, Die Grundrechtsberechtigten, Rn. 55 f.), soll Art. 9 Abs. 1 GG für sog. Ausländervereine (§ 14 Abs. 1 Satz 1 VereinsG: „Vereine, deren Mitglieder oder Leiter sämtlich oder überwiegend Ausländer sind") nicht gelten, auch wenn sie ihren Sitz in Deutschland haben (so ohne Begründung BVerfG [K], NVwZ 2000, 1281).

auf die es wesensmäßig anwendbar ist. Denn juristischen Personen ist es ebenso wie natürlichen Personen möglich, sich mit anderen (juristischen oder natürlichen) Personen zu einer Vereinigung zusammenzuschließen. Für religiöse Vereinigungen ist auch dieses Element des Grundrechtsschutzes in Art. 140 GG i.V.m. Art. 137 Abs. 2 Satz 2 WRV ausdrücklich anerkannt; es gilt in entsprechender Form auch für öffentlich-rechtliche Religionskörperschaften (Art. 14 GG/Art. 137 Abs. 5 Satz 3 WRV).

15   Unabhängig von der Möglichkeit, sich mit anderen Vereinigungen zusammenzuschließen, soll Art. 9 Abs. 1 GG für die Vereinigung als solche aber auch insoweit **Grundrechtsschutz** bewirken, als es um ihre selbstbestimmte **eigene Existenz und ihre vereinsspezifische Betätigung** geht (o. Rn. 6 f.). Aus dieser Sicht stellt sich Art. 9 Abs. 1 GG als sog. **„Doppelgrundrecht"** dar, das sowohl die der Vereinigung angehörenden Personen schützt, als auch zugunsten der von ihnen frei gebildeten Vereinigung selbst eingreift (BVerfGE 84, 372 [378]) (s. noch u. Rn. 16). Dieser Grundrechtsschutz der Vereinigung ist am ehesten mit dem allgemeinen **Persönlichkeitsrecht** der natürlichen Person zu vergleichen (vgl. etwa zum Schutz des Vereinsnamens BVerfGE 30, 227 [241 f.]), lässt sich dementsprechend über Art. 19 Abs. 3 GG begründen. Er greift nach der Rechtsprechung aber **unabhängig von Art. 19 Abs. 3 GG** ein, der seinerseits im Zusammenwirken mit den einschlägigen allgemeinen Freiheitsrechten die Vereinigung bei den Aktivitäten schützt, mit denen sie nach außen in Verfolgung der Vereinszwecke tätig wird.

> **Beispiel:**
> Eine Kaufhaus AG genießt für die Durchführung der Hauptversammlung danach den Schutz des Art. 9 Abs. 1 GG; hinsichtlich der Geschäftstätigkeit in den Kaufhäusern ist sie über Art. 12 Abs. 1 i.V. mit Art. 19 Abs. 3 GG geschützt.

c) Beeinträchtigungen

Relevante Beeinträchtigungen der Vereinigungsfreiheit des Art. 9 Abs. 1 GG sind in **16** erster Linie als **imperative Verkürzungen** der Vereinsbildungsfreiheit und der Vereinsbetätigungsfreiheit im dargelegten Sinne denkbar (vgl. für Beispiele bereits o. Rn. 5 f.).

> **Beispiel:**
> Keinen Eingriff in die Vereinigungsfreiheit großer Versicherungsvereine stellt die Verpflichtung dar, jedermann Versicherungsschutz im Basistarif der Krankenversicherung zu gewähren, weil dies auch durch Abschluss eines Versicherungsvertrags ohne Begründung eines Mitgliedschaftsverhältnisses möglich ist (BVerfGE 123, 186 [237]). Entsprechendes gilt für die Pflicht zur Leistung einer Abgabe an den anstaltlich verfassten Deutschen Weinfonds (BVerfGE 136, 194 Rn. 179).

Von Eingriffen, die sich gegen die Vereinigung insgesamt richten, sind im Hinblick auf die Vereinigungsfreiheit neben dieser selbst stets auch die Mitglieder betroffen, wenn man der Konstruktion des Doppelgrundrechts (o. Rn. 15) nicht folgt, nur die Mitglieder.

▶ **Hinweis:** Es überzeugt daher nicht, wenn nur der betroffenen Vereinigung, nicht aber ihren Mitgliedern die Klagebefugnis gegenüber Vereinigungsverboten zugesprochen wird (so etwa BVerwG, NVwZ 2011, 372 (374) m.w.N.).

Abgrenzungsprobleme können sich zu gesetzlichen Regelungen ergeben, die lediglich die Rechtsgrundlage von Vereinigungen ändern und dadurch gewisse, nach dem bisherigen Recht geschützte Handlungsmöglichkeiten verkürzen. Da Art. 9 Abs. 1 GG keinen Anspruch auf Existenz bestimmter Rechtsformen gewährt (dazu schon o. Rn. 3), sind derartige Regelungen als **bloße Ausgestaltungen** des rechtlichen Substrats der Vereinigungsfreiheit so lange hinzunehmen, wie nicht ein Minimum an verfassungsrechtlich gebotenen Vereinigungsmöglichkeiten in Frage gestellt ist (u. Rn. 25 f.). **17**

Sonstige relevante Beeinträchtigungen sind etwa dadurch möglich, dass rechtliche oder faktische Vor- oder Nachteile an Vereinsmitgliedschaften geknüpft oder Vereinsinterna ausspioniert werden, dass vor Vereinen gewarnt oder ihnen Konkurrenz durch staatliche oder staatlich geförderte Vereinigungen gemacht wird. **18**

> **Beispiel:**
> Als unerheblich hat BVerfGE 136, 194 Rn. 190 eine durch Einflussmöglichkeiten auf Einrichtungen der Absatzförderung allenfalls ausgelöste geringfügige

Lenkungswirkung zugunsten einer Mitgliedschaft in den diese tragenden privatrechtlichen Verbänden qualifiziert.

d) Begrenzungen und Anforderungen an Einschränkungen

19 Eine ausdrückliche Begrenzung der Vereinigungsfreiheit nach Art. 9 Abs. 1 GG enthält lediglich **Art. 9 Abs. 2 GG.** Diese Bestimmung ist als Verbot bestimmter
Vereinigungen formuliert, wird aber entgegen ihrem Wortlaut in nicht unproblematischer Weise dahingehend ausgelegt, dass sie **kein verfassungsunmittelbares
Verbot,** sondern lediglich einen für den Gesetzgeber allerdings verpflichtenden
Gesetzesvorbehalt für entsprechende Verbotsregelungen begründet, der durch die
drei alternativen Anlassfälle **qualifiziert** ist. Noch restriktiver wird insoweit sogar
angenommen, dass sich das maßgebliche Gesetz darauf beschränken müsse, eine
Verbotsermächtigung für die zuständigen Behörden im Einzelfall zu schaffen, da
nur auf diese Weise dem Rechtsstaatsprinzip genügende, hinreichend bestimmte
Ergebnisse erzielt werden könnten. Diesem Konzept entspricht auch die Regelung
des Vereinsverbots in § 3 VereinsG.

> ▶ **Hinweis:**   Mit Rücksicht auf die in Art. 9 Abs. 2 GG getroffene Entscheid-
> ung, dass den dort angesprochenen, von Vereinigungen drohenden
> Gefährdungen rechtzeitig und wirksam entgegengetreten werden muss,
> bestehen allerdings keine Bedenken dagegen, dass bereits mit der Fest-
> stellung der Verbotsvoraussetzungen (und nicht erst nach deren Unan-
> fechtbarkeit) die Anordnung der Vereinsauflösung erfolgt (BVerfGE 80, 244
> [254 f.]). Auch wird man bei Feststellung der Voraussetzungen des Art. 9
> Abs. 2 GG nach § 3 Abs. 1 S. 1 VereinsG kein Ermessen der Behörde hinsicht-
> lich des dann auszusprechenden Verbots annehmen dürfen (vgl. jeden-
> falls für den Regelfall BVerwGE 134, 275 Rn. 85 ff.).

20 Von den Merkmalen des Art. 9 Abs. 2 GG ist die **verfassungsmäßige Ordnung** im
Sinne der freiheitlichen demokratischen Grundordnung nach Art. 18 GG zu verstehen; dies ergibt sich aus der Parallele der Bestimmung zu den Verfassungsschutz-
vorschriften, namentlich auch des Art. 21 Abs. 2 GG. Der **Gedanke der
Völkerverständigung** wird inhaltlich verdeutlich aus dem engem Zusammenhang
mit dem Europa- und Friedensbekenntnis der Präambel, dem Bekenntnis zu den
Menschenrechten in Art. 1 Abs. 2 GG, dem Verbot des Angriffskriegs nach
Art. 26 GG sowie weiteren Bestimmungen des Grundgesetzes, in denen seine völ-
kerrechtsfreundliche Tendenz hervortritt. Art. 9 Abs. 2 GG setzt eine Gegnerschaft
zum Gedanken der Völkerverständigung überhaupt voraus. In beiden genannten
Fällen des Art. 9 Abs. 2 GG wird eine **aggressiv-kämpferische Haltung** der Vereinigung gefordert (BVerwGE 61, 218 [220]).

21   Besondere Auslegungsprobleme schafft das Verbot von Vereinigungen, deren
Zweck oder Tätigkeit den Strafgesetzen zuwiderlaufen. Diese Formulierung
könnte zu der Annahme verleiten, dass es jedenfalls dem Strafrechtsgesetzgeber
freistehe, beliebige Einschränkungen der Vereinigungsfreiheit vorzunehmen.
Demgegenüber scheint eine am Verständnis der allgemeinen Gesetze nach Art. 5
Abs. 2 GG orientierte restriktive Auslegung geboten: Danach erfasst Art. 9 Abs. 2 GG

nur **allgemeine Strafgesetze**, die sich unabhängig vom Vorliegen einer Vereinigung gegen bestimmte Aktivitäten richten; Vorschriften, die für Einzelpersonen straflose Aktivitäten bei Verübung im Rahmen einer Vereinigung unter Strafe stellen, sind von dem Vorbehalt nicht gedeckt. Diese Auslegung scheint geboten, da Art. 9 Abs. 2 GG mit dem Verbot strafgesetzwidriger Vereinigungen keine negative Privilegierung vereinsmäßiger Betätigung gegenüber dem Handeln von Individualpersonen bewirken will.

Beispiele:

Das strafrechtliche Verbot krimineller Vereinigungen (§ 129 StGB) ist gleichwohl unbedenklich, weil es an bereits individuell betrachtet strafbare Aktivitäten der Vereinigungsmitglieder anknüpft; für verschärfte Strafdrohungen bei Bandenkriminalität u. Ä., die Art. 9 Abs. 1 GG allenfalls mittelbar berühren, gilt Entsprechendes. Nicht zulässig wäre dagegen etwa eine Pönalisierung der Gründung von Sterbehilfevereinigungen, solange es Einzelpersonen in strafloser Weise gestattet bleibt, sich für Sterbehilfe einzusetzen bzw. solche zu leisten.

Abgesehen von Art. 9 Abs. 2 GG kennt die Vereinigungsfreiheit **keinen Gesetzes-** **22** **vorbehalt**. Anlass, auf Begrenzungen aufgrund anderer Verfassungsbestimmungen zurückzugreifen, besteht bei sachgerechter Bestimmung des Schutzgegenstandes des Grundrechts allerdings trotzdem kaum. Existenzbedingungen und vereinsspezifische Betätigungen, die unter Art. 9 Abs. 1 GG fallen (o. Rn. 3, 7), können durch gesetzliche Ausgestaltungen geregelt werden, die unabhängig von Grundrechtsbegrenzungen möglich sind. Für die externe Betätigung von Vereinigungen greift mit dem alleinigen Schutz der einschlägigen Spezialgrundrechte (o. Rn. 6) auch die jeweils zugehörige Begrenzungsregelung ein.

> **Hinweis:** Nicht unproblematisch ist es aber, wenn eine Pflichtmitgliedschaft in einer privaten Vereinigung nicht als Einschränkung, sondern als „Ausgestaltung" der negativen Vereinigungsfreiheit eingestuft wird (so BVerfG [K], NJW 2001, 2617 f., wo gleichwohl eine typische Verhältnismäßigkeitskontrolle erfolgt). Entsprechend für Anerkennungs- und Genehmigungspflichten bei Schießsportverbänden BVerfG (K), NVwZ 2003, 855. Zur entsprechenden Problematik bei Art. 9 Abs. 3 GG s. noch u. Rn. 41 ff.

Ein Anwendungsfall für aus dem sonstigen Verfassungsrecht abgeleitete Begren- **23** zungen könnte etwa der **Aufnahmezwang** sein, der von der Rechtsprechung für Vereinigungen mit Monopolcharakter angenommen wird (BGHZ 140, 74; s. schon o. Rn. 5). Eine Grundlage für diese in der Judikatur allenfalls mit vagen Formeln zur mittelbaren Drittwirkung legitimierte Grundrechtsbeschränkung lässt sich wohl am ehesten aus den durch die Nichtaufnahme beeinträchtigten Grundrechten der aufzunehmenden Personen ableiten; deren Vereinigungsfreiheit als solche kann dabei allerdings mit Rücksicht auf die dem Grundrecht wesensmäßige Freiwilligkeit aller Beteiligten keine Rolle spielen. Problematisch ist jedenfalls die Annahme, das Sozialstaatsgebot könne gesetzliche Eingriffe in die Vereinigungsfreiheit wie einen Aufnahmezwang rechtfertigen (o. Kap. 9, Grundrechtsbegrenzungen, Rn. 47).

Beispiel:

BVerfGE 124, 25 (36 f.) ließ die Rechtfertigung eines gesetzlichen Zwangs zur Aufnahme von jedermann in einem Basistarif der Krankenversicherung für kleine Versicherungsvereine auf Gegenseitigkeit auf der Grundlage des Sozialstaatsprinzip nur scheitern, weil er nicht erforderlich war.

e) Konkurrenzen

24 Art. 9 Abs. 1 GG tritt als **lex generalis** hinter spezialgrundrechtlich geschützte Sonderformen der Vereinigungsfreiheit nach Art. 9 Abs. 3 GG und Art. 140 GG i.V. mit Art. 137 Abs. 2 WRV, und auch die Parteiengründungsfreiheit nach Art. 21 Abs. 1 Satz 2 GG zurück. Dient die Vereinsbildung der Verwirklichung anderer Grundrechte, greift insoweit neben diesen Art. 9 Abs. 1 GG ein. Erfüllen vereinsspezifische Betätigungen die Voraussetzungen anderer Grundrechtsbestimmungen (z. B. bei der Durchführung einer Mitgliederversammlung Art. 8 GG), greifen diese zusätzlich ein; für die externe Vereinszweckbetätigung gelten nur die darauf zutreffenden Freiheitsgrundrechte (s. schon o. Rn. 6).

3. Weitere Grundrechtsgehalte

25 Obwohl die Vereinigungsfreiheit in hohem Maße auf rechtliche Grundlagen angewiesen ist, stellt Art. 9 Abs. 1 GG **keine Einrichtungsgarantie bestimmter Rechtsformen** für Vereine oder Gesellschaften dar. Der Verfassungstext begnügt sich mit der pauschalen Garantie der Freiheit zur Bildung von Vereinen und Gesellschaften überhaupt, bewahrt damit dem Gesetzgeber weitgehende Gestaltungsfreiheit bei der Ausgestaltung der Vereinigungsformen im Einzelnen. Wenn er als verpflichtet angesehen wird, bei dem Ausgleich mit sonst berührten Interessen die Voraussetzungen und zwingenden Bedürfnisse freier Assoziationen grundsätzlich zu wahren (BVerfGE 84, 372 [378 f.]), bleibt dies doch recht offen.

26 Immerhin ist als objektiver Gehalt der Vereinigungsfreiheit festzustellen, dass ein **Minimum an rechtsförmlichen Gestaltungsmöglichkeiten** als geboten anzusehen ist, die für eine sinnvolle Ausübung der Vereinigungsfreiheit in allen relevanten Lebensbereichen notwendig sind. Würde der Gesetzgeber in einem bestimmten Bereich jegliche geeignete Rechtsform für Vereinigungen beseitigen, wäre das ein objektiver Verfassungsverstoß und würde zugleich grundrechtliche Individualrechte der jeweils Betroffenen beeinträchtigen.

Beispiel:

Denkbar wäre dies etwa im Bereich der wirtschaftsbezogenen Vereinigungsfreiheit dann, wenn durch eine Umgestaltung des Vereins- und Gesellschaftsrechts jede Möglichkeit der Begrenzung persönlicher Haftung ausgeschlossen würde.

27 Art. 9 Abs. 1 GG dürfte auch **Schutzpflichten** begründen können. Praktisch relevant könnte dies etwa gegenüber wirtschaftlichen Pressionen sein, mit denen große Verbände Mitglieder gewinnen wollen. Insoweit könnten geeignete Schutzvorschriften

erforderlich sein. Im Rahmen der bestehenden Rechtsordnung wäre demselben Anliegen aufgrund der **Ausstrahlungswirkung** des Grundrechts Rechnung zu tragen.

4. Zusammenfassung

- Vereinigungen sind unabhängig von ihrer Rechtsform alle Zusammenschlüsse von Personen, die sich zur Verfolgung eines gemeinsamen Zwecks auf gewisse Dauer gebildet haben und einer organisierten Willensbildung unterworfen sind.
- Geschützt werden als Bildung der Vereinigung deren Gründung sowie der spätere Beitritt, negativ insbesondere das Fernbleiben und der Austritt.
- Die Vereinigungsfreiheit steht als sogenanntes Doppelgrundrecht den der Vereinigung angehörenden Personen und der Vereinigung selbst zu.
- Die Vereinigung ist in ihrer Existenz und ihrem vereinsspezifischen Verhalten geschützt; ihre Betätigung nach außen fällt nur unter den Schutz der für die fraglichen Aktivitäten jeweils einschlägigen Freiheitsrechte.
- Die negative Vereinigungsfreiheit schützt auch vor Zwangsmitgliedschaften in öffentlich-rechtlichen Körperschaften, die nach der Rechtsprechung des BVerfG nach Art. 2 Abs. 1 GG zu beurteilen sind.
- Der diesbezügliche Schutz richtet sich auch gegen Aktivitäten der Zwangsvereinigung, die nicht durch (gültige) gesetzliche Aufgabenzuweisungen gedeckt sind.
- Art. 9 Abs. 2 GG ist als für den Gesetzgeber allerdings verpflichtender qualifizierter Gesetzesvorbehalt zu lesen.
- Im Übrigen sind angesichts der Ausgestaltungsbefugnisse des Gesetzgebers für den engen Schutzgegenstand der vereinsspezifischen Betätigungen Einschränkungen kaum erforderlich; sie müssen gegebenenfalls mit begrenzenden Gehalten anderer Verfassungsbestimmungen gerechtfertigt werden.
- Die Vereinigungsfreiheit begründet keine Einrichtungsgarantie für bestimmte Rechtsformen der Vereinigung, gebietet jedoch objektiv-rechtlich ein Minimum an rechtsförmlichen Gestaltungsformen für die Ausübung der Vereinigungsfreiheit in allen relevanten Lebensbereichen.

28

II. Die Koalitionsfreiheit, Art. 9 Abs. 3 GG

1. Allgemeines

Die in den Verfassungsurkunden des 19. Jahrhunderts noch nicht enthaltene Koalitionsfreiheit hat **seit der Gewerbeordnung von 1869** mit der Beseitigung aller Koalitionsverbote immerhin (reichs-) gesetzliche Anerkennung gefunden. Die

29

damalige Regelung bezog sich auf Verbände von Arbeitnehmern oder Arbeitgebern, nahm Bezug auf die Kampfmittel Streik und Aussperrung und wendete sich gegen Zwangseinwirkungen durch andere Private (§§ 152, 153).[1] Nachdem die Weimarer Verfassung eine einschlägige Regelung im Rahmen eines umfassend angelegten, allerdings praktisch nicht verwirklichten Systems der Arbeitsverfassung aufgenommen hatte (vgl. Art. 159, 165 WRV), haben die Landesverfassungen nach dem Zweiten Weltkrieg die Koalitionsfreiheit aufgegriffen, dabei zum Teil ausdrücklich das Streikrecht garantiert (z. B. Art. 18 Abs. 3 BerlVerf., Art. 51 Abs. 3 BremVerf., Art. 29 Abs. 4 HessVerf.), andererseits aber auch explizit die Aussperrung als Kampfmittel verbieten wollen (Art. 29 Abs. 5 HessVerf.).

30   Demgegenüber ist die Garantie in **Art. 9 Abs. 3 GG** vom Wortlaut her eher **zurückhaltend gefasst**. In Satz 1 der Bestimmung werden weder der Arbeitskampf noch der Tarifvertrag angesprochen. Immerhin sind in dem 1968 mit der Notstandsverfassung eingefügten Art. 9 Abs. 3 Satz 3 GG nunmehr Arbeitskämpfe auch ausdrücklich erwähnt; im Übrigen ist eine an der historischen Entwicklung orientierte Auslegung geeignet, textliche Defizite weitgehend auszufüllen. Als verfassungsrechtliche Grundlage der Tarifautonomie und der Arbeitskampffreiheit ist Art. 9 Abs. 3 GG der Eckpunkt des kollektiven Arbeitsrechts. Dazu sind in diesem Rahmen nur wenige Hinweise möglich.

2.   Abwehrrechtliche Bedeutung

a) Schutzgegenstand

31   Kernbegriff des Schutzgegenstands des Art. 9 Abs. 3 Satz 1 GG sind **Vereinigungen** (im Sinne des Art. 9 Abs. 1 GG) **mit spezifischer Zielsetzung**, nämlich kumulativ der Wahrung und der Förderung der Arbeits- und der Wirtschaftsbedingungen (sog. **Koalitionen**). Während das Merkmal der Wahrung auf die Aufrechterhaltung des status quo bezogen ist, richtet sich das der Förderung auf Verbesserungen in der Zukunft. Mit Arbeitsbedingungen sind im Wesentlichen die Gegebenheiten gemeint, unter denen die individuelle Arbeitsleistung zu erbringen ist, während mit Wirtschaftsbedingungen insbesondere die überbetrieblichen, gegebenenfalls gesamtwirtschaftlichen Rahmenbedingungen angesprochen sind.

---

[1] Die Bestimmungen lauteten im Einzelnen:

   § 152: Alle Verbote und Strafbestimmungen gegen Gewerbetreibende, gewerbliche Gehülfen, Gesellen oder Fabrikarbeiter, wegen Verabredungen und Vereinigungen zum Behufe der Erlangung günstiger Lohn- und Arbeitsbedingungen, insbesondere mittels Einstellung der Arbeit oder Entlassung der Arbeiter, werden aufgehoben. Jedem Teilnehmer steht der Rücktritt von solchen Vereinigungen und Verabredungen frei, und es findet aus letzteren weder Klage noch Einrede statt.

   § 153: Wer andere durch Anwendung körperlichen Zwanges, durch Drohung, durch Ehrverletzung oder durch Verrufserklärung bestimmt oder zu bestimmen versucht, an solchen Verabredungen (§ 152) theil zu nehmen, oder ihnen Folge zu leisten, oder Andere durch gleiche Mittel hindert oder zu hindern versucht, von solchen Verabredungen zurückzutreten, wird mit Gefängnis bis zu drei Monaten bestraft, sofern nach dem allgemeinem Strafgesetz nicht eine härtere Strafe eintritt.

Ob und gegebenenfalls welche **weiteren Voraussetzungen** zum Koalitionsbegriff   **32**
nach Art. 9 Abs. 3 Satz 1 GG gehören, ist angesichts fehlender Aussagen des
Verfassungstextes nicht unzweifelhaft; ihr gemeinsamer Grundgedanke besteht
darin, dass Koalitionen dazu bestimmt sind, als Verbände von **Arbeitgebern oder
Arbeitnehmern** (Gewerkschaften) den **Interessengegensatz** zwischen diesen
Gruppen antagonistisch auszutragen. Probleme ergeben sich vor allem daraus, dass
in der einschlägigen Diskussion die Kriterien des Koalitionsbegriffes von denen der
Tariffähigkeit nach dem Tarifvertragsgesetz nicht immer klar getrennt werden.
Auch für den Koalitionsbegriff bedeutsam sind namentlich die **Gegnerfreiheit**,
durch die korporative Zusammenschlüsse von Arbeitnehmern und Arbeitgebern in
einer einzigen Vereinigung ausgegrenzt werden, und die **Gegnerunabhängigkeit**,
die von der jeweiligen Gegenseite gesteuerte oder maßgeblich zu beeinflussende
Verbände ausschließt.

Andere Anforderungen haben für den verfassungsrechtlichen Koalitionsbegriff   **33**
wohl keine (selbständige) Bedeutung. So wird man die **Durchsetzungsfähigkeit**
nicht zur Voraussetzung des Grundrechtsschutzes erheben können, auf dessen
Grundlage sie entwickelt werden könnte. Die **Überbetrieblichkeit** ist nur Indiz für
die Gegnerunabhängigkeit einer Vereinigung, im atypischen Fall (wie bei der
Deutschen Postgewerkschaft) aber entbehrlich. **Tarifwilligkeit** ist nicht zu fordern,
da Koalitionen nicht notwendigerweise tarifvertragliche Vereinbarungen anstreben
müssen. **Kampfbereitschaft** mag für eine wirkungsvolle Tarifpolitik wichtig sein,
ist aber nicht begriffliche Voraussetzung für eine Koalition, die frei entscheiden
kann, wie sie die Interessen ihrer Mitglieder durchsetzen will.

Beispiel:
Dem Verband katholischer Hausgehilfinnen und Hausangestellten, der jedenfalls
nicht erkennbar streikbereit war, war deshalb vom Bundesarbeitsgericht die
Tariffähigkeit nach dem TVG abgesprochen worden; das BVerfG sah in dem
Erfordernis der Kampfbereitschaft eine unzulässige Einschränkung der Koa-
litionsfreiheit des Verbandes (BVerfGE 18, 18 [26 ff.]).

Die Garantie der Koalitionsfreiheit umfasst im Hinblick auf die von ihr geschützten   **34**
Betätigungen die Möglichkeit, Koalitionen zu **gründen** und bereits bestehenden
Koalitionen **beizutreten,** sowie die Freiheit zur **koalitionsmäßigen Betätigung**.
Letzteres ist gegenüber der Vereinigungsfreiheit vor allem deswegen bedeutsam,
weil im Falle der Koalitionsfreiheit anders als bei Art. 9 Abs. 1 GG nicht nur das
Vereinsinnenleben erfasst ist, sondern auch die **Verfolgung des spezifischen Koa-
litionszwecks**, im Sinne der Wahrung und Förderung der Arbeits- und Wirtschaftsbedingungen tätig zu werden. Während dieses Element der Koalitionsfreiheit lange
Zeit nur in einem Kernbereich anerkannt zu werden schien, hat das BVerfG später
ausdrücklich ausgesprochen, dass die gesamte außenwirksame Verfolgung der Koa-
litionszwecke von Art. 9 Abs. 3 GG erfasst sei; die frühere **Kernbereichsjudikatur**
ist damit **überholt** (vgl. BVerfGE 93, 352 [358 ff.] m.w.N., allerdings für bloße
Klarstellung gegenüber der früheren Judikatur).

Beispiele:

Die Werbung für eine Gewerkschaft durch Betriebsangehörige während der Arbeitszeit ist als Betätigung der Koalitionsfreiheit durch Art. 9 Abs. 3 GG geschützt, auch wenn sie nicht für die Erhaltung und Sicherung des Bestandes der Gewerkschaft unerlässlich ist und deshalb nicht zum Kernbereich der Koalitionsfreiheit gehört (BVerfGE 93, 352). – Ein gesetzliches Verbot für Gewerkschaften, Mitglieder auszuschließen, die bei Betriebsratswahlen auf einer konkurrierenden Liste kandidieren, beeinträchtigt den Schutzgegenstand des Art. 9 Abs. 3 GG unabhängig davon, ob die Selbstbestimmung über die innere Ordnung zum Kernbereich der Koalitionsfreiheit gehört (BVerfGE 100, 214 [221 f.]). – Lohnabstandsklauseln greifen in die Tarifautonomie als koalitionsspezifische Verhaltensweise und damit in die Koalitionsfreiheit ein (BVerfGE 100, 271 [282 f]); Entsprechendes gilt für die gesetzlich geregelte Anrechnung von Fehlzeiten auf tarifvertraglich vereinbarten Urlaub (BVerfGE 103, 293 [304 f.]).

35 Wichtige Elemente koalitionsmäßiger Betätigung sind vor allem die **Kampfmaßnahmen** beider Seiten. Grundsätzlich garantiert ist namentlich der **Streik**, allerdings nur derjenige, der dem koalitionsmäßigen Zweck, Tarifverträge abzuschließen, entspricht (BVerfGE 88, 103 [114]). Nicht vom Grundrechtsschutz umfasst ist damit insbesondere der sog. politische Streik. Der Umfang des Streikrechts ist auf die Verweigerung der Arbeitsleistung beschränkt. Nicht vom Streikrecht gedeckt sind mit dessen Ausübung in der Praxis gelegentlich verbundene Rechtsbrüche, wie Betriebsblockaden und Ähnliches. Ebenso wie der Streik ist prinzipiell auch die **Aussperrung** als legitime koalitionsmäßige Betätigung vom Grundrechtsschutz des Art. 9 Abs. 3 GG umfasst. Dies wird insbesondere mit Argumenten der Kampfparität zwischen der Arbeitnehmerseite, die über das Streikrecht verfügt, und der Arbeitgeberseite begründet. Die Einzelheiten des Arbeitskampfrechts werden mangels gesetzlicher Regelungen durch die arbeitsgerichtliche Judikatur bestimmt (vgl. im Überblick *Höfling,* in: Sachs [Hrsg.], Grundgesetz, 7. Aufl. 2014, Art. 9 GG Rn. 101 ff.).

36 Die **negative Koalitionsfreiheit** wird insbesondere im Hinblick auf die Freiheit, einer Koalition fernzubleiben oder aus ihr auszutreten, gelegentlich bestritten. Dagegen wird geltend gemacht, dass ein Ausschluss von Mitgliedschaftspflichten die Kampfkraft der Koalitionen, insbesondere der der Arbeitnehmerseite, unzulässig einschränke. Der Einzelne könne nämlich der Gewerkschaft fernbleiben, gleichwohl aber die Erfolge der koalitionsmäßigen Betätigung als sog. Trittbrettfahrer mit einstreichen. Ungeachtet dieser praktischen Problematik ist der Freiheitsgehalt des Art. 9 Abs. 3 GG vorrangig, so dass eine Zwangsmitgliedschaft als Eingriff in das Grundrecht erscheinen muss (vgl. für die st. Rspr. etwa BVerfGE 73, 261 [270]).

37 Hervorzuheben ist bei den Schutzwirkungen des Art. 9 Abs. 3 GG die **unmittelbare Drittwirkung**, die im Rahmen des Grundgesetzes eine seltene Ausnahme darstellt. Sie ergibt sich aus Art. 9 Abs. 3 Satz 2 GG, weil die hier angesprochenen Abreden und Maßnahmen erkennbar nicht auf staatliches Handeln zielen, sondern auf Aktivitäten der Beteiligten.

Beispiele

Schwarze Listen der Arbeitgeber von Gewerkschaftsmitgliedern; selektive Aussperrung oder Kündigung von Gewerkschaftsmitgliedern; die Ausschüttung besonderer Gratifikationen nur für Nichtgewerkschaftsmitglieder; Gewährung von Vergünstigungen bei Gewerkschaftsaustritt; aber auch der Ausschluss nicht-organisierter Arbeitnehmer von der Beschäftigung (closed shop-System).

Obwohl sich die Rechtswidrigkeit bzw. Nichtigkeit derartiger Aktivitäten bzw. **38** Rechtsgeschäfte unmittelbar aus dem Grundgesetz ergibt, müssen die maßgeblichen rechtlichen Konsequenzen gleichwohl zwischen den beteiligten Personen vor den **allgemeinen Gerichten**, d. h. im Rahmen der Arbeitsgerichtsbarkeit, festgestellt werden. Eine **Verfassungsbeschwerde** gegen Maßnahmen Privater ist auch für den Fall des Art. 9 Abs. 3 Satz 2 GG, in dem sie ausnahmsweise Grundrechtsverletzungen darstellen, **nicht** vorgesehen; vielmehr ist diese Rechtsschutzform nur gegen die öffentliche Gewalt eröffnet, praktisch also dann, wenn die zuständigen Gerichte den Schutz gegen die nach Art. 9 Abs. 3 Satz 2 GG verbotenen Abreden und Maßnahmen verweigert haben.

b) Grundrechtsberechtigung

Grundrechtsberechtigt ist abweichend von Art. 9 Abs. 1 GG bei Art. 9 Abs. 3 GG **39** **jedermann**. Die Erwähnung aller Berufe stellt insbesondere klar, dass die Koalitionsfreiheit auch Beamten, Richtern und Soldaten zusteht; auch Gewerkschaftsbeschäftigte können sich gegenüber ihrem Arbeitgeber organisieren (BAG, NJW 1999, 2691 ff.). Gem. Art. 19 Abs. 3 GG können sich **inländische juristische Personen des Privatrechts** auf die Koalitionsfreiheit berufen, da sie sich als Arbeitgeber wesensmäßig ebenso mit den Arbeitnehmern auseinander zu setzen haben wie eine natürliche Person. Juristische Personen des öffentlichen Rechts allerdings sind nicht Grundrechtsträger des Art. 9 Abs. 3 GG, auch wenn sie als Arbeitgeber Tarifverträge abschließen können (BVerfGE 59, 231 [254 f.]).

▶ **Hinweis:** Neuerdings spricht das BVerfG auch mit Bezug auf öffentliche Rechtsträger davon, dass ihnen als Tarifvertragsparteien ein durch Art. 9 Abs. 3 GG geschützter Handlungsspielraum zustehe, was allerdings die Grundrechtsbindung nicht ausschließen soll (BVerfGE 124, 199 [218, 234]; 131, 66 [79]).

Bestehende Koalitionen haben als solche unmittelbar aus Art. 9 Abs. 3 GG das Recht an ihrer eigenen Existenz und auf koalitionsmäßige Betätigung; die Koalitionsfreiheit wird wie die Vereinigungsfreiheit (o. Rn. 15) als **Doppelgrundrecht** verstanden.

c) Beeinträchtigungen

Als relevante Grundrechtsbeeinträchtigungen kommen auch bei der Koalitionsfreiheit **40** primär klassische Eingriffe durch **imperative Einwirkungen** in Form von Gesetzen oder behördlichen Akten in Betracht. Daneben spielen aber auch **mittelbare Einwirkungen** eine Rolle. So wird die Koalitionsfreiheit beeinträchtigt, wenn staatlich eingerichtete Arbeitnehmerorganisationen den Gewerkschaften Konkurrenz machen (vgl. für gesetzlich errichtete Zwangskörperschaften B VerfGE 38, 281 [302]). Auch die Allgemeinverbindlicherklärung eines Tarifvertrags kann einer konkurrierenden Koalition grundrechtsgeschützte Möglichkeiten, abweichende Tarifverträge anzustreben, verkürzen (B VerwGE 136, 75 Rn. 39 ff., 46 ff.). Auch kann die Anknüpfung von Vor- oder Nachteilen an die Koalitionszugehörigkeit in grundrechtsrelevanter Weise Druck für oder gegen eine Mitgliedschaft erzeugen.

> **Beispiel:**
>
> Die Verleihung der Tariffähigkeit an Innungen führt dazu, dass der einzelne Handwerker als Arbeitgeber sich der Tarifmacht seiner Innung nur entziehen kann, wenn er zugleich auf die sonstigen Vorteile der Innungsmitgliedschaft verzichtet. Ein grundrechtsrelevanter Druck wurde im Hinblick darauf verneint, dass ein einzelner Arbeitgeber in der Regel ohnehin keine Wahl zwischen verschiedenen Arbeitgeberverbänden habe (B VerfGE 20, 312 [322]).

41 Relevante Beeinträchtigungen können sich ferner daraus ergeben, dass der Staat bei Arbeitskämpfen zugunsten der einen oder der anderen Seite unterstützend tätig wird oder umgekehrt ihre Handlungsmöglichkeiten behindert. Allerdings schließt dies nicht jede staatliche Ausgestaltung der Rahmenbedingungen von Arbeitskämpfen, insbesondere solche zur Wahrung der Kampfparität, aus. Die Grenze zwischen zulässigen **Ausgestaltungen** und einseitig wirksamen Eingriffen ist schwierig zu bestimmen; auch trennt die Rechtsprechung (jedenfalls bis zur Aufgabe der Kernbereichskonzeption, o. Rn. 34) nicht konsequent zwischen gar nicht beeinträchtigenden Ausgestaltungen und möglicherweise gerechtfertigten Beeinträchtigungen.

> **Beispiele:**
>
> Durch das Gesetz zur Sicherung der Neutralität der Bundesanstalt für Arbeit bei Arbeitskämpfen war § 116 AFG dahingehend geändert worden, dass auch außerhalb des räumlichen Geltungsbereichs des umkämpften Tarifvertrags tätige Arbeitnehmer kein Arbeitslosengeld erhalten, wenn ihr Betrieb mittelbar durch den Arbeitskampf betroffen wird. Das B VerfG sah zwar die Koalitionsfreiheit der Gewerkschaften beeinträchtigt, nahm aber noch keine den Gestaltungsspielraum des Gesetzgebers überschreitende Störung der Kampfparität an (B VerfGE 92, 365 [393 ff.]). – Aufgrund von § 21 Abs. 4 Satz 3 Flaggenrechtsgesetz hatten die Tarifverträge deutscher Gewerkschaften für Seeleute mit ausländischem Wohnsitz nur Gültigkeit, wenn für sie eine besondere Erstreckungsklausel vereinbart wurde; dies sah das B VerfG als unzulässige Schwächung der Verhandlungsposition der Gewerkschaften (B VerfGE 92, 26 [44 f.]). – Ein Gesetz, das die Befristung von Arbeitsverträgen mit wissenschaftlichem Personal der Regelung durch Tarifvertrag entzieht, greift in Regelungsbefugnisse der Gewerkschaften ein, ist aber verfassungsrechtlich gerechtfertigt (B VerfGE 94, 268 [282 f.]). Für weitere Beispiele s. o. Rn. 34.

d) Begrenzungen und Anforderungen an Einschränkungen

Als Grundrechtsbegrenzung ist **Art. 9 Abs. 2 GG** ungeachtet seiner Stellung auch   42
gegenüber dem nachfolgenden Art. 9 Abs. 3 GG wirksam. Ein umfassender
Gesetzesvorbehalt ist damit freilich nicht ersetzt; anders als bei Art. 9 Abs. 1 GG
(dazu o. Rn. 22) ist dieses Defizit für Art. 9 Abs. 3 GG von größerer Bedeutung, weil
der Schutz der in höherem Maße außenwirksamen koalitionsmäßigen Betätigung
dazu angetan ist, auch schutzwürdige Drittinteressen maßgeblich zu beeinträchtigen. Das BVerfG hat die Frage der Begrenzungen des Art. 9 Abs. 3 GG lange Zeit
weitgehend getrennt von der allgemeinen Grundrechtsbegrenzungsdogmatik behandelt. Es hat Art. 9 Abs. 3 GG **früher** namentlich auf einen **Kernbereichsschutz**
reduziert, der jedenfalls Raum für ausgestaltende Regelungen lassen sollte, ohne
dass diese von Einschränkungen klar hätten abgegrenzt werden können.

Mit der Aufgabe der Kernbereichsjudikatur (o. Rn. 34) hat das BVerfG die   43
Grundlage dafür geschaffen, zukünftig auch Art. 9 Abs. 3 GG als vorbehaltlos
gewährleistetes Grundrecht nach den Regeln der **allgemeinen Grundrechtsbegrenzungsdogmatik** zu behandeln. Danach müssen Einschränkungen des
grundrechtlichen Schutzgegenstandes, insbesondere der geschützten Betätigungsmöglichkeiten der Koalitionen, aufgrund der Begrenzungsgehalte anderweitiger
Verfassungsnormen legitimiert werden (allgemein o. Kap. 9, Grundrechtsbegrenzungen, Rn. 33 ff.).

> **Hinweis:**   Auch in der neueren Judikatur wird die Rechtfertigung von
> Beeinträchtigungen der Koalitionsfreiheit nach dem genannten Maßstab
> nicht immer konsequent von der Legitimation von Ausgestaltungsrege-
> lungen getrennt (vgl. etwa BVerfGE 92, 26 [41]). S. auch o. Rn. 41 und zu
> Art. 9 Abs. 1 GG o. Rn. 22.

Entsprechende Begrenzungsgehalte können sich namentlich aus **Grundrechten**   44
Dritter ergeben, wenn deren Schutzgüter durch Arbeitskampfmaßnahmen gefährdet werden, wie etwa Leben und körperliche Unversehrtheit der Patienten bei
Streiks des Krankenhauspersonals. Die Begrenzung der tarifvertraglichen Gestaltung der Befristung von Arbeitsverhältnissen im Wissenschaftsbereich ist mit der
objektiven Wertentscheidung aus Art. 5 Abs. 3 Satz 1 GG gerechtfertigt worden
(BVerfGE 94, 268 [285]). Auch die Koalitionsfreiheit anderer kann Einschränkungen rechtfertigen.

Beispiel:
Die Einschränkung der Koalitionsfreiheit einer Gewerkschaft durch das Verbot,
Mitglieder auszuschließen, die bei Betriebsratswahlen auf konkurrierenden
Listen kandidieren, kann grundsätzlich mit Rücksicht auf die Koalitionsfreiheit
der betroffenen Mitglieder gerechtfertigt sein; im Ergebnis erwies sich allerdings
die individuelle Koalitionsfreiheit insoweit als weniger gewichtig (BVerfGE
100, 214 [221 ff.]; anders als in dem dort angeführten Präjudiz BVerfGE 84, 212
[228] wird hier auch zu Art. 9 Abs. 3 GG die Ausgestaltung nicht angesprochen).

Für Einschränkungen tarifvertraglicher Regelungsbefugnisse dürften trotz des übereinstimmenden Gegenstandes die Möglichkeiten der (Bundes-) Gesetzgebung nach Art. 74 Abs. 1 Nr. 11 und 12 GG keine Grundlage bieten können (allgemein o. Kap. 9, Grundrechtsbegrenzungen, Rn. 39 f.). Die sonst in Frage kommenden Grundgesetzbestimmungen lassen sich wohl nicht abschließend erfassen; doch darf die Berufung auf begrenzende Verfassungsgehalte auch hier **nicht zur Leerformel** verkommen, die den Schutz wichtiger Gemeinschaftsgüter schlechthin erlaubt.

Beispiel:

Die Beeinträchtigung der Tarifautonomie durch Lohnabstandsklauseln und bei der Urlaubsanrechnung wird mit dem Ziel legitimiert, die Massenarbeitslosigkeit zu bekämpfen, das seinen Verfassungsrang aus dem Sozialstaatsprinzip sowie der Berufsfreiheit und dem Persönlichkeits(grund)recht ableitet (BVerfGE 100, 271 [284 f.], auch zum gesamtwirtschaftlichen Gleichgewicht nach Art. 109 Abs. 2 GG; BVerfGE 103, 293 [306 f.], auch zur finanziellen Stabilität des Systems der sozialen Sicherung als Gemeinwohlbelang von hoher Bedeutung).

45   Für den **Bereich des öffentlichen Dienstes** wird mit Rücksicht auf **Art. 33 Abs. 5 GG** – auch ohne besondere, ausdrückliche gesetzliche Regelung – angenommen, dass Beamte aufgrund ihrer besonderen Treuepflicht einem **Streikverbot** unterliegen (u. Kap. 32, Die grundrechtsgleichen Rechte des Art. 33 GG, Rn. 29).

▶   **Hinweis:** BVerwGE 149, 117 Rn. 23 ff., 56 ff. sieht eine nicht durch Uminterpretation des hergebrachten Grundsatzes, sondern nur gesetzlich aufzulösende Kollisionslage zwischen dem statusbezogenen verfassungsrechtlichen Streikverbot und einem vom EGMR aus Art. 11 EMRK hergeleiteten, nur funktionsbezogen gesetzlich einschränkbaren Streikrecht. S. allgemein zur Bedeutung der EMRK für die Grundrechtsauslegung Kap. 2, Grund- und Menschenrechtsgarantien des geltenden Rechts, Rn. 42.

Arbeitnehmer im öffentlichen Dienst sollen hingegen das Streikrecht auch dann haben, wenn sie im Rahmen des Funktionsvorbehalts des Art. 33 Abs. 4 GG tätig werden (so wohl BVerfGE 88, 103 [114]). Für die behördliche Praxis, bei Streik der Tarifkräfte, also der Arbeiter und Angestellten des öffentlichen Dienstes, **Beamte als „Streikbrecher"** einzusetzen, hat das BVerfG mit Rücksicht auf die Koalitionsfreiheit der am Arbeitskampf beteiligten Gewerkschaft eine spezielle gesetzliche Regelung verlangt, die es allerdings noch der Ausgestaltung der Koalitionsfreiheit durch die Rechtsordnung zurechnete (BVerfGE 88, 103 [115 ff.]).

46   Von den **allgemeinen Anforderungen** an Einschränkungen ist praktisch – wie meist – der Grundsatz der Verhältnismäßigkeit von herausragender Bedeutung. Besondere Probleme bereitet die auch bei fehlendem Gesetzesvorbehalt sonst anerkannte **Notwendigkeit**, dass jede Grundrechtseinschränkung durch oder aufgrund **eines Gesetzes** erfolgen muss (dazu Kap. 9, Grundrechtsbegrenzungen, Rn. 44 f.). Angesichts der weitgehenden Untätigkeit des Gesetzgebers auf dem Gebiet des Arbeitskampfrechts lässt das BVerfG grundsätzlich auch Einschränkungen der

Koalitionsfreiheit auf richterrechtlicher Grundlage zu. Zur Begründung verweist es – bei einem die Aussperrungsbefugnis eines Arbeitgebers beschränkenden Urteil – darauf, dass es um das Verhältnis gleich geordneter Grundrechtsträger gehe (BVerfGE 84, 212 [226 f.]; anders dann beim Streikeinsatz der Beamten, o. Rn. 45).

Art. 9 Abs. 3 Satz 3 GG schließt für Notstandssituationen Maßnahmen aus, die   47
sich gegen Arbeitskämpfe richten, allerdings nur, soweit diese Maßnahmen auf **Sonderbefugnissen** beruhen, die in den Art. 12a, 35 Abs. 2 und 3, Art. 87a Abs. 4 und Art. 91 GG begründet werden. Nach allgemeinen Regeln zulässige Einschränkungen bleiben auch dann möglich, wenn die in den genannten Artikeln vorausgesetzten besonderen Situationen gegeben sind.

e) Konkurrenzen

Während Art. 9 Abs. 1 GG als allgemeinere Norm neben Art. 9 Abs. 3 GG ausschei-   48
det, sind weitere Grundrechte, die auf einzelne koalitionsmäßige Betätigungen zutreffen, also etwa Art. 5 Abs. 1 GG oder auch Art. 8 GG, ebenso **zusätzlich anzuwenden** wie Grundrechte, deren Schutzgüter bei Einwirkungen auf Koalitionen beeinträchtigt werden (etwa Art. 13 GG bei Durchsuchungen der Gewerkschaftszentrale).

3. Weitere Grundrechtsgehalte

Die objektiv-rechtliche Bedeutung der Koalitionsfreiheit äußert sich in erster Linie   49
darin, dass die ausgestaltende Gesetzgebung (hilfsweise die gesetzesvertretende Judikatur, o. Rn. 46) gehalten ist, die für die Betätigung der Koalitionsfreiheit unerlässlichen **rechtlichen Grundlagen zu schaffen** (BVerfGE 50, 290 [368]) und ihre Funktionsfähigkeit nicht zu gefährden (BVerfGE 92, 365 [394 f.]). Bei der Rechtsanwendung ist auch im Falle des Art. 9 Abs. 3 GG die Ausstrahlungswirkung des Grundrechts im Wege notfalls verfassungskonformer Auslegung zu beachten.

> **Beispiel**
> Das Verbot des § 20 Abs. 2 BetrVG, die Wahl des Betriebsrats durch Zufügung oder Androhung von Nachteilen zu beeinflussen, konnte nicht ohne Rücksicht auf Art. 9 Abs. 3 GG auf den Ausschluss eines Gewerkschaftsmitglieds aus seiner Gewerkschaft wegen der Kandidatur für eine konkurrierende Liste bei der Betriebsratswahl angewendet werden (BVerfGE 100, 214 [221 ff.]).

4. Zusammenfassung

- Der Schutz des Art. 9 Abs. 3 GG gilt für Vereinigungen, die eine spezifische   50
  Zielsetzung verfolgen, nämlich kumulativ die Wahrung und Förderung der Arbeits- und Wirtschaftsbedingungen; sie müssen zudem gegnerfrei und gegnerunabhängig sein.

- Die Koalitionsbildungsfreiheit schützt die Möglichkeit, Koalitionen zu gründen und ihnen beizutreten, als negative Freiheit ferner die Möglichkeit, Koalitionen fernzubleiben und aus ihnen auszutreten.
- Umfassend und nicht nur in einem Kernbereich geschützt ist ferner die Freiheit koalitionsmäßiger Betätigung, insbesondere von Arbeitskampfmaßnahmen. Als Doppelgrundrecht steht diese Freiheit neben den Mitgliedern auch den Koalitionen selbst zu.
- Art. 9 Abs. 3 Satz 2 GG sieht einen der seltenen Fälle unmittelbarer Drittwirkung einer grundrechtlichen Garantie vor.
- Seit Aufgabe der Kernbereichsjudikatur durch das BVerfG richtet sich die Begrenzung der Koalitionsfreiheit nach den Regeln der allgemeinen Grundrechtsdogmatik; abgesehen von Art. 9 Abs. 2 GG müssen gesetzliche Einschränkungen daher durch Begrenzungsgehalte anderer Verfassungsbestimmungen legitimiert sein.

Inhalt

Literatur: *Hans-Detlef Horn*, § 149, Schutz der Privatsphäre, in: HStR VII³, 2009, S. 147 (199 ff.); *Klaus Stern*, § 99, Der Schutz der Persönlichkeit und der Privatsphäre, in: ders., Staatsrecht IV/1, 2006, S. 185 (217 ff.); *Rupert Stettner*, § 92, Schutz des Brief-, Post- und Fernmeldegeheimnisses, in: HGR IV, 2011, S. 335; *Gabriele Britz*, Schutz informationeller Selbstbestimmung gegen schwerwiegende Grundrechtseingriffe – Entwicklungen im Lichte des Vorratsdatenspeicherungs- urteils, JA 2011, 81; *Christian von Coelln*, Auskunft über Verbindungsdaten von Journalisten- telefonen, JA 2003, 843; *Bernd Geier/Stephan Schäl/Henning Twelmeier*, Die Entscheidung des BVerfG vom 9.10.2002 (BVerfGE 106, 28): Das Ende der Hörfalle?, Jura 2004, 121; *Thomas Groß*, Die Schutzwirkung des Brief-, Post- und Fernmeldegeheimnisses nach der Privatisierung, JZ 1999, 326; *Thomas Krüßmann*, Einschränkung des Fernmeldegeheimnisses durch das G 10, JA 2000, 104; *Ralf Müller-Terpitz*, Die strategische Kontrolle des internationalen Telekom- munikationsverkehrs durch den Bundesnachrichtendienst, Jura 2000, 296; *Alexander Rossnagel*, Die „Überwachungs-Gesamtrechnung" – Das BVerfG und die Vorratsdatenspeicherung, NJW 2010, 1238; *Friedrich Schoch*, Der verfassungsrechtliche Schutz des Fernmeldegeheimnisses (Art. 10 GG), Jura 2011, 194; *Heinrich Amadeus Wolff*, Vorratsdatenspeicherung – Der Gesetzgeber gefangen zwischen Europarecht und Verfassung?, NVwZ 2010, 751.

Rechtsprechung: BVerfGE 30, 1 (Abhörurteil); BVerfGE 33, 1 (Strafgefangene); BVerfGE 57, 170 (Briefe an Eltern aus der Untersuchungshaft); BVerfGE 67, 157 (Überwachung nach G 10); BVerfGE 85, 386 (Fangschaltungen); BVerfGE 100, 313 (Rasterfahndung); BVerfGE 106, 28

© Springer-Verlag Berlin Heidelberg 2017
M. Sachs, *Verfassungsrecht II - Grundrechte*, Springer-Lehrbuch,
DOI 10.1007/978-3-662-50364-5_22

(Mithören am Telefon); BVerfGE 107, 299 (Frontal); BVerfGE 120, 274 (Online-Durchsuchung); BVerfGE 124, 43 (E-Mail-Beschlagnahme); BVerfGE 125, 260 (Vorratsdatenspeicherung); BVerfGE 129, 208 (Verdeckte Ermittlungsmaßnahmen); BVerfGE 130, 151 (Telekommunikationsbestandsdaten); BVerfGE 133, 277 (Antiterrordatei).

Übungsfälle: *Andreas Funke/Jörn Lüdemann*, Grundfälle zu Art. 10 GG, JuS 2008, 780; *Petra Helbig*, Lauschangriff auf die Presse, Jura 2000, 255; *Heike Jochum*, Grundrechte, Strafverfolgung und Kommunikation – Einsatz eines IMSI-Catchers, JuS 2010, 719; *Christoph Werkmeister/ Stephan Pötters*, Anfängerklausur – Öffentliches Recht: Grundrechte – Verfassungsrechtliche Anforderungen an „Online-Durchsuchungen", JuS 2012, 223.

I. Allgemeines

1   Das Briefgeheimnis blickt auf eine **längere Geschichte** zurück. Zuerst in § 38 der Verfassung des Kurfürstentums Hessen von 1831 grundrechtlich geschützt und dann in § 142 der Paulskirchenverfassung gewährleistet, wurde es in Art. 117 WRV um das Post-, Telegrafen- und Fernsprechgeheimnis ergänzt. Daran schließt in modernisierter Sprache Art. 10 GG an. In der **Entwicklung seit 1949** hat sich die Änderung des Gesetzesvorbehalts in Abs. 2 im Jahre 1968 als äußerst problematisch erwiesen (u. Rn. 20 f.). Auch die Privatisierung der Deutschen Bundespost seit der 41. Änderung des Grundgesetzes von 1994 wirkt sich in noch nicht abschließend geklärter Weise auf die Bedeutung des Grundrechts aus.

2   Der **räumliche Geltungsbereich** des Grundrechts ist nicht auf das **Inland** beschränkt, sondern greift gegenüber allen Aktivitäten der grundrechtsgebundenen deutschen öffentlichen Gewalt ein, unabhängig davon, wo sie vorgenommen oder wirksam werden (vgl. allgemein Kap. 3, Grundsatzfragen der Grundrechte des Grundgesetzes, Rn. 6). Das BVerfG hat die Geltung des grundrechtlichen Fernmeldegeheimnisses jedenfalls für den Fall anerkannt, dass im **Ausland** stattfindende Telekommunikationsvorgänge mit inländischen Empfangsanlagen erfasst und aufgezeichnet werden (BVerfGE 100, 313 [362 ff.]). Es ist aber kein Grund ersichtlich, warum im Ausland agierende deutsche Stellen, etwa Nachrichtendienste, von der Bindung an Art. 10 GG befreit sein sollten, so dass sie etwa dort ohne Rücksicht auf Art. 10 GG Briefe öffnen dürften.

II.   Abwehrrechtliche Bedeutung

1.   Schutzgegenstände

3   Art. 10 GG schützt die **Vertraulichkeit individueller Kommunikationsvorgänge**. Er kann insoweit als spezielles Persönlichkeitsrecht angesehen werden, ist aber deshalb nicht auf Kommunikationsgehalte mit Bedeutung für das allgemeine Persönlichkeitsrecht zu beschränken. Der Schutzgegenstand der drei Geheimnisse des Art. 10 Abs. 1 GG ist so zu bestimmen, dass sie ihren Anwendungsbereich nebeneinander finden (u. Rn. 5 ff.).

Der Geheimnisschutz nach Art. 10 GG betrifft in erster Linie die **Inhalte** der   4
betroffenen Kommunikationsvorgänge, gleich ob sie (höchst-) persönlich, geschäft-
lich oder politisch sind. Außerdem bezieht sich der umfassend angelegte
Geheimnisschutz auf die **Umstände** der Kommunikationsvorgänge, wie Ort, Zeit,
Dauer, Häufigkeit usw. (BVerfGE 120, 274 [307]). Ferner wird auch die **Verwendung
erlangter Kenntnisse** einschließlich ihrer **Weitergabe** erfasst (BVerfGE 100, 313
[366 f.]; 125, 260 [309 f.]).

Das **Briefgeheimnis** betrifft schriftliche Mitteilungen einer Person an eine   5
andere – außerhalb des Postbetriebs -, auch wenn sie nicht verschlossen sind; verschlossene Briefumschläge sind auch dann geschützt, wenn sie keine schriftlichen
Mitteilungen enthalten. Nicht erfasst sind natürlich als solche veröffentlichte
„offene Briefe", auch wenn sie formal an eine bestimmte Person gerichtet sind.

Das **Postgeheimnis** erstreckt sich auf alle Sendungen innerhalb des Postbetriebs   6
überhaupt, auch solche ohne Mitteilungscharakter (Warensendungen u. Ä.); dabei
werden hier auch die äußeren Daten einer Postsendung wie der Adressat, der
Absender, die Art der Sendung und Ähnliches vom Geheimnis umfasst. Es hatte
seine Bedeutung jedenfalls gegenüber den mit der Abwicklung des gesamten
Postbetriebs befassten Stellen der Deutschen Bundespost, richtete sich aber nicht
allein gegen diese, sondern zugleich auch gegen die postfremde öffentliche Gewalt
im Übrigen (BVerfGE 67, 157 [172]).

Nach der **Privatisierung** des Sondervermögens Deutsche Bundespost (vgl.   7
Art. 143 b, 87f Abs. 2 GG; zur Grundrechtsbindung der Deutschen Post AG bis zum
materiellen Abschluss der Privatisierung s. o. Kap. 5, Grundrechtsverpflichtete, Rn. 14)
wird zum Teil behauptet, das **Postgeheimnis sei gegenstandslos** geworden, weil es
spezifisch auf den staatlichen Postbetrieb zugeschnitten war. Nimmt man dies an,
weitet sich der Anwendungsbereich der beiden anderen Geheimnisse entsprechend
aus. Verbleibende Lücken könnten auch durch das allgemeine Persönlichkeitsrecht
(etwa bei Beförderung von Waren mit Bezug zur Intimsphäre) oder sonst beein-
trächtigte Grundrechte (etwa die Informationsfreiheit beim Bezug von Presseerzeugnissen) geschlossen werden.

Mit Rücksicht auf die weiterhin erfüllte „**Postfunktion**" ist es allerdings wohl   8
richtiger, das weiter bestehende Postgeheimnis auf die **Unternehmen** zu beziehen,
die nach Art. 87 f Abs. 2 Satz 1 GG die bisher von der Post erbrachten **Dienstleistungen
im Bereich des Postwesens und der Telekommunikation** erbringen sollen, und
zwar einschließlich der originär privaten anderen Anbieter (vgl. auch § 206 StGB).
Damit würde nicht die Grundrechtsbindung auf diese Privatunternehmen erweitert
werden, sondern die Geltung des Postgeheimnisses gegenüber der außerpostalischen
öffentlichen Gewalt aufrechterhalten. Die Bedeutung dieser Grundrechtswirkung
hängt nicht entscheidend davon ab, ob die Beförderungsaufgabe hoheitlich von der
Post oder von privaten Anbietern erbracht wird, sondern von dem Umstand, dass
eine Sendung in den für die Kommunikationsbeteiligten nicht überschaubaren
Herrschaftsbereich (irgend-) einer Transportinstitution eingeliefert wird. Mit
Rücksicht auf die Geltung des Art. 10 GG im Ausland (o. Rn. 2) sind in diesem Sinne
auch die dortigen Posteinrichtungen einzubeziehen.

Das **Fernmeldegeheimnis** (oder modernisiert: Telekommunikationsgeheimnis)   9
betrifft – wiederum außerhalb des Postbetriebs – die „unkörperliche Übermittlung

von Informationen an individuelle Empfänger mit Hilfe des Telekommunikationsverkehrs" (BVerfGE 115, 166 [182]) (wie z. B. Telefon, Telefax, Telegramm, Fernschreiber), wobei mit dem Fortschritt der Technik gegebenenfalls auch neuartige Formen der Übermittlung (z. B. Lichtimpulse, E-Mail oder SMS) umfasst sind (BVerfGE 120, 274 [307]). Dabei greift Art. 10 GG wegen der hiermit verbundenen spezifischen Risiken **nur für den laufenden Übertragungsvorgang** (bis zum Endgerät) ein, erfasst aber nicht Vorgänge außerhalb desselben, so das von einem Gesprächspartner ermöglichte Mithören eines Telefongesprächs (BVerfGE 106, 28 [38] für von diesem geschaffene Mithöreinrichtungen). Auch die Auswertung im Computer des Empfängers gespeicherter Kommunikationsvorgänge soll nicht von Art. 10 GG erfasst sein (BVerfGE 115, 166 [183 ff.]), sogar wenn dies unter Nutzung einer Telekommunikationsverbindung geschieht (zur sog. Online-Durchsuchung BVerfGE 120, 274 [307 f.]); insoweit greift dann das allgemeine Persönlichkeitsrecht ein. Die Sicherstellung und Beschlagnahme von „auf dem Mailserver des Providers gespeicherten E-Mails" wird hingegen selbst nach der Kenntnisnahme des Empfängers an Art. 10 Abs. 1 GG gemessen, weil insoweit die für den Kommunikationsvorgang **spezifische Gefährdungssituation** (fort-)bestehe (BVerfGE 124, 43 [54 ff.]).

▶   Hinweis: Nach BVerfGE 130, 151 (180 ff.) berührt die Zuordnung einer Telekommunikationsnummer zu einem Anschlussinhaber mangels Bezugs zu einem einzelnen Kommunikationsvorgang Art. 10 GG nicht, wohl aber die Zuordnung einer „dynamischen IP-Adresse", die nur unter Zugriff auf die Verbindungsdaten eines solchen Vorgangs identifiziert werden kann. Im Ergebnis haben diese komplizierten Abgrenzungen angesichts konvergierender Maßstäbe der jeweils einschlägigen Grundrechte nur begrenzte Bedeutung.

10   **Nicht eingeschlossen** sind Vorgänge der **Massenkommunikation**, also namentlich Rundfunk und Fernsehen, deren Sendungen an die Allgemeinheit oder jedenfalls an eine beliebige Vielzahl von Personen gerichtet sind (o. Kap. 17, Die Grundrechte des Art. 5 GG, Rn. 42), daher öffentlich stattfinden und somit nicht geheimnisfähig sind. Angesichts neuartiger Kommunikationsformen ist einerseits die Abgrenzung zwischen individuellen und öffentlichen Kommunikationsformen als solche problematisch geworden, andererseits erweist sich eine Trennung anhand der benutzten Kommunikationsnetze zunehmend als unmöglich. Die Effektivität des Grundrechtsschutzes erfordert es, dass in den Grundrechtsschutz alle Kommunikationswege einbezogen werden, die zumindest auch zu individueller Kommunikation genutzt werden (vgl. auch BVerfGE 125, 260 [311]).

2.   Grundrechtsberechtigung

11   Das Grundrecht aus Art. 10 Abs. 1 GG steht für alle genannten Geheimnisse mangels personeller Begrenzungen **jedermann** unabhängig von seiner Eigenschaft als Deutscher zu. Auch der Grundrechtsschutz der Ausländer ist räumlich nicht auf das

Inland zu beschränken (o. Rn. 2); die hinreichende Verknüpfung mit der deutschen Verfassungsordnung wird für den Grundrechtsschutz allein durch das Handeln deutscher öffentlicher Gewalt hergestellt (offen gelassen in BVerfGE 100, 313 [362 ff.]; s. auch o. Kap. 3, Grundsatzfragen der Grundrechte des Grundgesetzes, Rn. 5).

Individuelle Kommunikation durch Briefe bzw. vermittelt durch die Post oder **12** über Fernmeldeeinrichtungen ist wesensmäßig nicht auf natürliche Personen beschränkt, zumal es auf den Inhalt der Sendung, insbesondere ihre persönlichkeitsrechtliche Qualität, nicht ankommt (o. Rn. 5 f.). Daher ist das Grundrecht gemäß Art. 19 Abs. 3 GG auch **auf inländische juristische Personen des Privatrechts** anwendbar. Diese sind in ihrer Kommunikation mit Dritten, aber auch zwischen Teilen ihrer Organisation geschützt. Juristische Personen des öffentlichen Rechts sind als Grundrechtsträger auch bei Art. 10 GG grundsätzlich ausgeschlossen. Nach BVerfGE 107, 299 (310) können aber öffentlich-rechtliche Rundfunkanstalten auch das Fernmeldegeheimnis nach Art. 10 GG in Anspruch nehmen (o. Kap. 6, Die Grundrechtsberechtigten, Rn. 80).

Die aus dem Sondervermögen Deutsche Bundespost hervorgegangenen **13** Unternehmen (**Deutsche Post AG, Deutsche Postbank AG, Deutsche Telekom AG**) sind Grundrechtsträger, da sie nicht nur rechtsförmlich privatisiert sind, sondern nach Art. 87f Abs. 2 GG auch materiell privatwirtschaftliche Dienstleistungen erbringen; der Fortbestand eines staatlichen (Mehrheits-)Kapitalanteils sollte daran nichts ändern (s. o. Kap. 6, Die Grundrechtsberechtigten, Rn. 91). Dieser Schutz bezieht sich nur auf die eigene interne wie externe Kommunikation dieser Unternehmen; **besonderen Grundrechtsschutz als Sachwalter** ihrer Kunden genießen die Deutsche Post AG und die Deutsche Telekom AG **nicht**. Die Formulierung des BVerfG, dass Art. 10 GG „Bürger und Post" gegenüber anderen staatlichen Stellen schützt (BVerfGE 67, 157 [172]; BVerfGE 85, 386 [396]), durfte weder für die staatliche Post im Sinne einer zugunsten der Postkunden begründeten Grundrechtsträgerschaft missverstanden werden, noch hat sich durch die Privatisierung hieran etwas geändert.

Im konkreten Fall kann sich jeder Grundrechtsträger auf die Grundrechte des **14** Art. 10 GG berufen, der an dem jeweiligen Kommunikationsvorgang mit Willen desjenigen beteiligt ist, der diesen initiiert hat; geschützt sind etwa **Absender und Adressat** eines Briefes, **Anrufer und Angerufener** eines Telefongesprächs usw. Dies hat namentlich zur Folge, dass die öffentliche Gewalt von ihren grundrechtlichen Bindungen nur dann befreit ist, wenn alle im aufgezeigten Sinne Kommunikationsbeteiligten damit einverstanden sind; denn jeder Grundrechtsträger kann nur auf den ihm selbst zustehenden Grundrechtsschutz „verzichten" (Kap. 8, Grundrechtseingriff und sonstige relevante Grundrechtsbeeinträchtigungen, Rn. 35 ff.).

Beispiel:

Eine Fangschaltung bleibt auch bei Einverständnis des Anschlussinhabers eine Grundrechtsbeeinträchtigung der Anrufer, die davon keine vorherige Kenntnis haben (vgl. BVerfGE 85, 386 [398]); anders dürfte es beim Mithören am Hörer eines Telefons und wohl auch über eine Raumsprechanlage liegen sowie dann, wenn der Inhaber des Anschlusses auf einem Anrufbeantworter aufgezeichnete Gespräche den Behörden offenbart.

3.   Beeinträchtigungen

15   Der Schutzrichtung des Geheimnisses entsprechend erfolgen die Beeinträchtigungen vor allem dadurch, dass sich die grundrechtsgebundenen Stellen von den geschützten Daten **Kenntnis verschaffen**. Dies kann durch Begründung von **Offenbarungspflichten** geschehen, vor allem aber durch (auch **heimliche**) **Kenntnisnahme**, die durch unmittelbaren Zugriff staatlicher Behörden erfolgen kann oder aufgrund einer imperativ oder auf andere Weise veranlassten Verschaffung durch Dritte.

> **Beispiele:**
> Die bekanntermaßen von Anstaltsbeamten vorgenommene Kontrolle eines Briefes, den ein Strafgefangener an einen Briefpartner außerhalb der Strafanstalt richtet (BVerfGE 33, 1 [11]). – Die gerichtlich angeordnete Auskunft eines privaten Telekommunikationsunternehmens über Verbindungsdaten von Fernsprechteilnehmern (BVerfGE 107, 299) und die gesetzliche Verpflichtung privater Unternehmen zur Datenspeicherung für staatliche Aufgabenerfüllung (BVerfGE 125, 260 [311]).

16   Das Postgeheimnis wird weiterhin durch **Kenntnisnahme, Registrierung und Verwendung** aller im Rahmen von Dienstleistungen im Bereich des Postwesens und der Telekommunikation nach Art. 87f Abs. 1, 2 GG geschützten Daten durch die (heute nur noch postfremde) öffentliche Gewalt beeinträchtigt, sei es, dass diese verdeckt im Bereich der heute privatwirtschaftlichen Dienstleister tätig wird, sei es, dass die Unternehmen entsprechend verpflichtet werden.

> **Beispiel:**
> Die in § 1 Abs. 2 G 10 a. F. vorgesehene Verpflichtung der Deutschen Bundespost, berechtigten Stellen auf Anordnung ihr zur Übermittlung auf dem Postweg anvertraute Sendungen auszuhändigen, beschränkte das Postgeheimnis des Absenders (BVerfGE 67, 157 [158, 171 f.]).

Hinfällig geworden ist mit dem Wegfall der hoheitlich betriebenen Post die Frage, ob es einen Grundrechtseingriff darstellt, wenn die Post die **für die Zustellung der Sendungen erforderlichen Daten** (die Adresse bzw. im Falle der Unzustellbarkeit den Absender) zu diesem Zweck zur Kenntnis nimmt (dafür BVerfGE 85, 386 [396]).

17   Das Fernmeldegeheimnis wird durch das **Abhören von Gesprächen** oder sonstige Kenntnisnahme übermittelter Fernmeldesendungen, durch deren Aufnahme oder auch durch das Registrieren von Fernmeldeverbindungen als solche beeinträchtigt. Daneben stellen die behördliche **Verwendung** oder die **Weitergabe ermittelter Daten** an andere Behörden oder an Dritte zur Verwertung Beeinträchtigungen des Fernmeldegeheimnisses dar.

> **Beispiel:**
> Die massenhafte Erfassung von Fernmeldevorgängen und die Nutzung der so gewonnenen Erkenntnisse im Rahmen der Rasterfahndung nach § 3 G 10 begründet zahlreiche Grundrechtsbeeinträchtigungen (BVerfGE 100, 313

[358 ff.]). – Es stellt einen Eingriff in das Telekommunikationsgeheimnis dar, wenn Daten, die durch Eingriffe in dieses Geheimnis erhoben wurden, in eine Antiterrordatei einbezogen werden (BVerfGE 133, 277 Rn. 224 ff.).

4. Begrenzungen und Anforderungen an Einschränkungen

Die Geheimnisse des Art. 10 Abs. 1 GG unterliegen seit jeher einem **Geset-** **18** **zesvorbehalt**, wie er jetzt in **Art. 10 Abs. 2 Satz 1 GG** ohne weitere Qualifikationen vorgesehen ist. Auf seiner Grundlage finden sich spezifische Ermächtigungen, wie namentlich zum Zwecke der Verbrechensbekämpfung im Rahmen des Strafprozessrechts, heute in Konsequenz des wegweisenden **Strafgefangenenbeschlusses** mit seiner Absage an das besondere Gewaltverhältnis (BVerfGE 33, 1; dazu o. Kap. 9, Grundrechtsbegrenzungen, Rn. 48) auch für die Überwachung des Briefverkehrs von Strafgefangenen aufgrund von § 29 StVollzG.

> Hinweis: Problematisch ist demgegenüber, wenn bei der Untersuchungshaft nur auf die Generalklausel des § 119 Abs. 3 StPO gestützte Einschränkungen der Geheimnisse des Art. 10 GG zugelassen werden, obwohl – wie das Beispiel des Strafvollzugsgesetzes zeigt – durchaus spezifisch auf die Geheimnisse des Art. 10 GG bezogene Einschränkungsregelungen möglich wären (vgl. das Sondervotum *Hirsch* zu BVerfGE 57, 170 [177], ebd., S. 182 ff.). S. auch u. Rn. 19.

Von den **allgemeinen Anforderungen** an Grundrechtsbeschränkungen kommt **19** neben dem auch hier zentral bedeutsamen Grundsatz der Verhältnismäßigkeit (etwa BVerfGE 125, 260 [316 ff.]) vor allem den rechtsstaatlichen Anforderungen an Normenklarheit und -bestimmtheit Bedeutung zu (BVerfGE 110, 33 [53 ff.]). Insbesondere ist auch hier (nur) soweit wie möglich sicherzustellen, dass keine Daten mit Bezug zum Kernbereich privater Lebensgestaltung erhoben werden und andernfalls ihre Auswertung unterbleibt (BVerfGE 129, 308 [245 f.]; auch o. Kap. 14, Die Grundrechte des Art. 2 GG, Rn. 59).

Anlass für einen großen Verfassungskonflikt hat die **Ergänzung des Art. 10** **20** **Abs. 2 GG um** den heutigen **Satz 2** im Rahmen der **Notstandsgesetzgebung** gegeben. Aufgrund dieses Vorbehaltes sind zum Schutze der freiheitlichen demokratischen Grundordnung oder des Staates auch Eingriffe in die durch Art. 10 Abs. 1 GG geschützten Geheimnisse zulässig, die dem Betroffenen nicht mitgeteilt werden und gegen die ihm ein Rechtsweg entgegen der regelmäßigen Garantie des Art. 19 Abs. 4 GG, die insoweit abbedungen ist (vgl. auch Satz 3 dieser Bestimmung), nicht zusteht.

Trotz erheblicher Bedenken gegen diese Regelung im Hinblick auf die Garantie **21** der Menschenwürde und das Rechtsstaatsprinzip hat das BVerfG in seinem ebenso berühmten wie viel kritisierten **Abhör-Urteil** diese Änderungen des Grundgesetzes trotz Art. 79 Abs. 3 GG gebilligt, allerdings nur in einer **restriktiven Auslegung**, verbunden mit einer entsprechenden verfassungskonformen Interpretation des dazu erlassenen Gesetzes zu Artikel 10 Grundgesetz (G 10) (BVerfGE 30, 1 [19 ff.]). Namentlich wurde der Ausschluss der Mitteilung auf den Rahmen des zwingend

Notwendigen beschränkt; auch müssen die den Rechtsweg ersetzenden Kontrollorgane gewissen Mindestanforderungen genügen. Im Übrigen wurden dem Grundsatz der Verhältnismäßigkeit eine Reihe weitgehender Anforderungen entnommen, und zwar sowohl hinsichtlich der Voraussetzungen einer solchen Überwachung als auch hinsichtlich ihres Gegenstandes und der Verwendung der gewonnenen Erkenntnisse sowie des anfallenden Materials.

> ▶   Hinweis: BVerwGE 149, 359 Rn. 15 ff. beschränkt den Ausschluss des Rechtswegs nach § 13 G 10 auf die im Gesetzeswortlaut angesprochenen Fälle.

22   Im Wesentlichen gebilligt hat das BVerfG auch die durch das Verbrechungsbekämpfungsgesetz von 1994 erheblich erweiterten Abhörmöglichkeiten des Bundesnachrichtendienstes im Rahmen einer **verdachtslosen Rasterfahndung.** Allerdings sind sowohl bei den Voraussetzungen derartiger Abhöraktionen als auch hinsichtlich der Verwendungsmöglichkeiten der gewonnenen Daten sowie schließlich bei den Befugnissen der vorgesehenen Kontrollkommission diverse Verfassungsverstöße festgestellt worden, zu deren Beseitigung der Gesetzgeber verpflichtet wurde (BVerfGE 100, 313 [366 ff.]).

5.   Konkurrenzen

23   Der Geheimnisschutz nach Art. 10 GG kann mit **unterschiedlichen Freiheitsrechten zusammentreffen,** soweit die Vertraulichkeit der Kommunikationsvorgänge für die Wahrnehmung dieser Freiheiten von maßgeblicher Bedeutung ist. Das BVerfG hat durch die Modalitäten der Verwendung der Daten aus der Rasterfahndung neben Art. 10 GG die Pressefreiheit als verletzt angesehen (BVerfGE 100, 313 [365]; zur Rundfunkfreiheit BVerfGE 107, 299 [329 f.]). Hinsichtlich der Gerichtskontrolle und ihrer Voraussetzungen kann zugleich Art. 19 Abs. 4 GG betroffen sein (BVerfGE 100, 313 [364 f.]). Da Art. 10 GG nicht nur persönlichkeitsrelevante Kommunikationsgehalte schützt, kann mangels Spezialität zusätzlich das allgemeine Persönlichkeitsrecht Anwendung finden (o. Kap. 14, Die Grundrechte des Art. 2 GG, Rn. 67); dieses greift im Übrigen ein, soweit die Kenntnisnahme außerhalb des Kommunikationsvorgangs erfolgt (o. Rn. 9).

III.   Weitere Grundrechtsgehalte

24   Seit das Briefgeheimnis als grundrechtliche Gewährleistung besteht, hat es Strafvorschriften gegeben, die als Ausdruck der **Schutzpflicht des Staates** für die Sicherung der kommunikativen Vertraulichkeit zu verstehen sind (vgl. heute § 202 StGB). Während dem Post- und Fernmeldegeheimnis im Rahmen des hoheitlichen Postbetriebes in erster Linie abwehrrechtliche Bedeutung zukam, besteht nach der

Privatisierung heute die Notwendigkeit, den Geheimnisschutz auch gegenüber den privaten Unternehmen und ihren Bediensteten sicherzustellen (vgl. jetzt § 206 StGB).

Verfahrensrechtliche Absicherungen der Kommunikationsgeheimnisse sind **25** namentlich die **Richtervorbehalte** für Postbeschlagnahme und Überwachung der Telekommunikation im Rahmen der Strafverfolgung (§§ 100, 100b StPO), die allerdings – angesichts der ausdrücklich nur bei Art. 13 Abs. 2 und Art. 104 Abs. 2, 3 GG vorgesehenen grundgesetzlichen Verankerung – prinzipiell zur Disposition des Gesetzgebers stehen.

> Hinweis: Das BVerfG hält es allerdings gelegentlich bei als besonders gravierend eingestuften Grundrechtseingriffen für geboten, diese gesetzlich unter den Vorbehalt richterlicher Anordnung zu stellen (zum Persönlichkeitsrecht BVerfGE 120, 274 [331 ff.]).

Die **organisations- und verfahrensrechtlichen Anforderungen** an die Kontrollgremien im Rahmen von Regelungen nach Art. 10 Abs. 2 Satz 2 GG (o. Rn. 20 f.) finden ihre Grundlage zugleich im Rechtsstaatsprinzip. Für die Verwendung der im Wege der strategischen Überwachung erlangten Daten ist die Überwachung durch Datenschutzbeauftragte für verfassungsrechtlich notwendig erklärt worden (BVerfGE 67, 157 [185]).

IV. Zusammenfassung

- Art. 10 GG schützt die Vertraulichkeit individueller Kommunikation **26** gegenüber der deutschen Staatsgewalt auch im Ausland.
- Das Briefgeheimnis umfasst schriftliche Mitteilungen und verschlossene Umschläge, das Fernmeldegeheimnis die individuelle Kommunikation mit Mitteln des auch moderne Übermittlungsmedien einbeziehenden Fernmeldeverkehrs. Beide Geheimnisse gelten nur, soweit nicht das Postgeheimnis eingreift.
- Das Postgeheimnis schützt auch nach der Privatisierung der Postfunktion alle einer Transportinstitution überlassenen Kommunikationsvorgänge, richtet sich aber nur noch gegen die außerpostalische öffentliche Gewalt.
- Die Jedermannrechte aus Art. 10 GG gelten wesensmäßig nach Art. 19 Abs. 3 GG auch für juristische Personen. Geschützt sind jeweils alle Beteiligten eines Kommunikationsvorganges.
- Der Grundrechtsschutz richtet sich gegen die Kenntnisnahme von Kommunikationsinhalten und -umständen, aber auch gegen Aufzeichnung und Wiedergabe solcher Daten.
- Art. 10 GG gilt auch in besonderen Gewaltverhältnissen; Einschränkungen bedürfen einer möglichst bestimmten gesetzlichen Grundlage.
- Art. 10 Abs. 2 Satz 2 GG hält nur in verfassungskonformer Auslegung den Anforderungen des Art. 79 Abs. 3 GG Stand.

Das Grundrecht der Freizügigkeit, Art. 11 GG

23

Inhalt

Literatur: *Kay Hailbronner,* § 152, Freizügigkeit, in: HStR VII³, 2009, S. 309; *Detlef Merten,* § 94, Freizügigkeit, in: HGR IV, 2011, S. 417; *Michael Sachs,* § 106, Die Freiheit der Bewegung, in: Stern, Staatsrecht IV/1, 2006, S. 1070 (1124 ff.); *Annette Guckelberger,* Die polizeiliche Wohnungsverweisung, JA 2011, 1; *Philip Kunig,* Das Grundrecht der Freizügigkeit, Jura 1990, 306; *Matthias Niedzwicki,* Das Grundrecht auf Freizügigkeit nach Art. 11 GG, VBlBW 2006, 384; *Bodo Pieroth,* Das Grundrecht der Freizügigkeit (Art. 11 GG), JuS 1985, 81; *Friedrich Schoch,* Das Grundrecht der Freizügigkeit (Art. 11 GG), Jura 2005, 34; *Alexander Wuttke,* Polizeirechtliche Wohnungsverweise, JuS 2005, 779.

Rechtsprechung: BVerfGE 2, 266 (Notaufnahme); BVerfGE 6, 32 (Elfes); BVerfGE 65, 116 (Residenzpflicht für Patentanwälte); BVerfGE 110, 177 (Spätaussiedler); BVerfGE 134, 242 (Rn. 249 ff.) (Garzweiler II); BVerwGE 12, 140 (Zweigstellensteuer); BVerwGE 110, 92 (Aufnahmebescheid); OVG Bremen, NVwZ 1999, 315 (Polizeiliches Aufenthaltsverbot); VGH Baden-Württemberg, NJW 2005, 88 (Wohnungsverweis mit Rückkehrverbot).

Übungsfälle: *Eike Michael Frenzel,* Grundfälle zu Art. 11 GG, JuS 2011, 595.

© Springer-Verlag Berlin Heidelberg 2017
M. Sachs, *Verfassungsrecht II - Grundrechte*, Springer-Lehrbuch,
DOI 10.1007/978-3-662-50364-5_23

I. Allgemeines

1   Das Grundrecht der Freizügigkeit ist ein seit langem in unterschiedlichen Zusammenhängen in den Verfassungsurkunden anerkanntes Grundrecht. Die spezifische Bedeutung, die dieses zumal in Verbindung mit Berufs- und Gewerbefreiheit garantierte Grundrecht in einem aus Einzelstaaten langsam **zusammenwachsenden bundesstaatlichen Gebilde** besaß, zeigte sich deutlich etwa in der einschlägigen Regelung der Paulskirchenverfassung (§ 133) sowie dann im Gesetz über die Freizügigkeit, das im Rahmen des Norddeutschen Bundes bereits 1867 erlassen wurde. Diese **Wurzeln** klingen noch heute in der Formulierung an, die das Grundrecht anknüpfend an Art. 111 WRV im Grundgesetz gefunden hat; die Verknüpfung mit der Berufsfreiheit ist allerdings entfallen (u. Rn. 4). Mit dem 17. Änderungsgesetz sind die Einschränkungsmöglichkeiten nach Art. 11 Abs. 2 GG (1968) um einige zusätzliche Fälle ergänzt worden.

II. Abwehrrechtliche Bedeutung

1. Schutzgegenstand

2   Das Grundrecht der Freizügigkeit betrifft die Möglichkeit des Grundrechtsträgers, seinen **Aufenthalt frei** zu wählen und seinen **Wohnsitz frei** zu bestimmen; auf die Gründe der diesbezüglich freien Entscheidung kommt es nicht an. Eingeschlossen ist in der Freizügigkeit nicht lediglich die freie Wahl des Zielortes, sondern auch der Weg dorthin, nicht aber die freie Wahl des dazu benutzten Verkehrsmittels (BVerfGE 80, 137 [150]). Allerdings werden – zumal in Abgrenzung zur Freiheit der Person (Kap. 14, Die Grundrechte des Art. 2 GG Rn. 122, 139; u. Rn. 12) – hier nur Ortswechsel von einem gewissen räumlichen oder zeitlichen Gewicht einzubeziehen sein. Generelle Einschränkungen dahingehend, dass nur der freie Zug über Gemeindegrenzen hinaus erfasst sein soll, scheinen allerdings angesichts der heutigen Ausdehnung von Gemeinden im Hinblick auf den Schutzzweck so allgemein, etwa für einen Wohnungswechsel, nicht gerechtfertigt (dagegen ausdrücklich auch BVerfGE 110, 177 [191]).

> **Beispiel:**
> Dass ein auf die Dauer von sechs Monaten ausgesprochenes polizeiliches Aufenthaltsverbot für die Umgebung des Bahnhofs einer Stadt den Art. 11 GG beeinträchtigt, lag für das OVG Bremen auf der Hand (NVwZ 1999, 315; dennoch str.).

3   Von der Freizügigkeit erfasst ist nach der Judikatur des Bundesverfassungsgerichts (vgl. BVerfGE 2, 266 [273]; 134, 242 Rn. 253 m.w.N.) auch die **Einreise** in das Bundesgebiet, damit zugleich die Einwanderung. Dagegen werden die **Ausreise** und die Auswanderung aufgrund der Formulierung „im Bundesgebiet" aus dem Schutzgegenstand des Grundrechts ausgeklammert. Historisch hat dies insoweit

eine Legitimation, als das Thema der Auswanderung und Ausreise vielfach eine
besondere, neben der Freizügigkeit stehende grundrechtliche Absicherung erfahren
hatte. Der Schutz dieser Bewegungsmöglichkeiten ist dann nur über Art. 2 Abs. 1 GG
garantiert (BVerfGE 6, 32 [34 f.]; 72, 200 [245]; für die Einreisemöglichkeit in die
Sudetengebiete auch BVerfGE 43, 203 [211]).

Ortswechsel aus **wirtschaftlichen Gründen sind nicht generell auszunehmen,**   4
da es auf die Motive für die Nutzung der Freizügigkeit nicht ankommt. Allerdings
spricht die Entstehungsgeschichte des Art. 11 GG dafür, dass historisch vorgegebene Zusammenhänge mit dem Recht, kraft des freien Zuges überall jeden Nahrungszweig betreiben zu können, bewusst nicht fortgeschrieben wurden. Jedenfalls
wurde die freie Wahl des Berufs und des Arbeitsplatzes, die zunächst noch mit der
Freizügigkeit zusammengefasst war, in den Verhandlungen des Parlamentarischen
Rates bald ohne räumlichen Bezug verselbständigt. Ob damit die **Freizügigkeit im
beruflichen Zusammenhang** ganz auf Art. 12 Abs. 1 GG verlagert wurde, ist allerdings keineswegs ausgemacht. Entscheidend ist letztlich ohnehin die Frage, welche
Begrenzungen maßgeblich sind (u. Rn. 16).

Beispiel:
Gegenüber einer Steuer für Zweigstellen, die ein Unternehmen in Gemeinden
unterhält, ohne dort seine Geschäftsleitung zu haben, wurde die Anwendung des
Art. 11 GG ausgeschlossen, weil anders als früher allein Art. 12 Abs. 1 GG das
Recht zur Errichtung einer gewerblichen Niederlassung schütze (BVerwGE 12,
140 [162]).

Die Freizügigkeit erstreckt sich auch darauf, **an einem bestimmten Ort bleiben** zu   5
können, also nicht zu einer Veränderung des Aufenthalts bzw. Wohnsitzes genötigt
zu werden (BVerfGE 134, 242 Rn. 254 f.); eingeschlossen ist damit auch das Recht,
das deutsche Staatsgebiet nicht verlassen zu müssen.

Beispiel:
Da Art. 11 GG für Deutsche das Recht zum Aufenthalt im Inland begründet, sind
auch Einschränkungen des Nachzugs ausländischer Ehegatten nur begrenzt
zulässig (BVerwGE 144, 141 Rn. 26 ff.).

Ob dies als negative Seite des Freizügigkeitsrechts bezeichnet wird oder als statische Variante seiner positiven Betätigung, ist in der Sache ohne Bedeutung. Ein
eigenständiges Recht auf Heimat ist damit nicht begründet (BVerfGE 134, 242
Rn. 263 ff.).

Allerdings besteht das Recht zum Zuzug wie zum Bleiben grundsätzlich **im**   6
Rahmen der allgemeinen Rechtsordnung, also nur dort, wo jeder Aufenthalt und
Wohnsitz nehmen kann. Damit liegen namentlich die die Bodennutzung regelnden
Vorschriften dem Freizügigkeitsgrundrecht jedenfalls grundsätzlich voraus, formen
seine Wahrnehmungsvoraussetzungen aus (BVerfGE 134, 242 Rn. 258, wo dann,
wenn solche Vorschriften „direkt auf die Einschränkung der Freizügigkeit" zielen,
eine Berührung des Schutzgegenstandes für möglich gehalten wird). Bei einem

gegenteiligen Verständnis wäre aufgrund der engen Qualifikation des Gesetzesvorbehalts (u. Rn. 12 f.) keine sinnvolle Steuerung der Bodennutzung möglich (zu diesem Argument o. Kap. 7, Der Grundrechtstatbestand, Rn. 25).

2. Grundrechtsberechtigung

7   Art. 11 GG ist als Grundrecht der **Deutschen** i. S. d. Art. 116 GG, nicht nur der deutschen Staatsangehörigen (ungenau BVerfGE 76, 1 [47]) ausgestaltet; eine zusätzliche Staatsangehörigkeit ändert daran nichts (BVerwGE 144, 141 Rn. 30). Für Minderjährige gelten keine Besonderheiten: Sie sind grundrechtsberechtigt, unterliegen aber bei der Ausübung des Grundrechts dem elterlichen Recht zur Aufenthaltsbestimmung im Rahmen des Art. 6 Abs. 2 GG. **Ausländer** genießen in diesem Bereich nur den Schutz des **Art. 2 Abs. 1 GG**. Daher sind ihnen gegenüber weitergehende Einschränkungen der Bewegungsfreiheit zulässig (s. etwa BVerwGE 145, 305 Rn. 18).

> **Beispiele:**
> Räumliche Beschränkungen der Aufenthaltsgestattung für Asylbewerber während des Asylverfahrens, §§ 55 ff. AsylG; Möglichkeit der (auch nachträglichen) räumlichen Beschränkung der Aufenthaltsgenehmigung für Ausländer, § 12 Abs. 2 Satz 2 AufenthG.

Für EU-Bürger greifen allerdings wegen des Anwendungsvorrangs der europarechtlichen Freizügigkeitsbestimmungen und des allgemeinen Diskriminierungsverbots derartige Sonderbestimmungen nicht durch.

8   **Inländische juristische Personen des Privatrechts** können durch die **Bestimmung ihres Sitzes** wesensmäßig von der Freizügigkeit Gebrauch machen und sind insoweit nach Art. 19 Abs. 3 GG taugliche Grundrechtsträger. Das Verhältnis zu Art. 12 Abs. 1 GG (o. Rn. 4 und u. Rn. 16) ist insoweit nicht entscheidend, weil die Sitzbestimmung jeder juristischen Person möglich ist, unabhängig davon, ob sie sich wirtschaftlich betätigt.

3. Beeinträchtigungen

9   Als Beeinträchtigungen kommen in erster Linie klassische Eingriffe in der Form **imperativer Anordnungen** in Betracht, die den Aufenthalt(swechsel) oder die Wohnsitznahme an einem bestimmten Ort generell oder im Einzelfall gebieten (z. B. bei einer Evakuierung) oder verbieten, insbesondere auch in Form eines Zustimmungsvorbehalts (so beim Notaufnahmegesetz, BVerfGE 2, 266 [274]). **Sonstige relevante Beeinträchtigungen** können sich daraus ergeben, dass mit dem Wohnungswechsel oder seiner Unterlassung Nachteile, wie die historische Abzugssteuer oder der Wegfall von Sozialleistungen, verknüpft werden; allerdings können hierfür nicht alle föderalen und kommunalen Rechtsverschiedenheiten genügen, die zu ungünstigen Konsequenzen führen. Vielmehr wird man – auch im

Hinblick auf die engen Begrenzungsregelungen – nur Fälle gezielter Einflussnahme auf die Aufenthaltswahl an Art. 11 GG messen können, wie ein Verbot, bei einer Ortsveränderung sein Eigentum mitzunehmen.

Beispiele:

Ob eine Regelung, die die Erlangung von Wohnraum für Einheimische wie für Zuziehende von der Genehmigung der Wohnungsbehörde abhängig macht, gegenüber letzteren das Grundrecht der Freizügigkeit einschränkt, ist offen geblieben (BVerfGE 8, 95 [97 f.]). – Sehr restriktiv will das BVerwG in mittelbaren Einwirkungen auf die Einreisefreiheit in der Regel keinen Verstoß gegen Art. 11 GG sehen; es lehnt damit offenbar schon relevante Beeinträchtigungen ab. Namentlich soll dies gelten, wenn der Erwerb des Aussiedlerstatus vom (zeitweiligen) Verbleiben im Aussiedlungsgebiet abhängig gemacht wird, weil (bzw. soweit) dies objektiv nicht geeignet sei, beherrschenden Einfluss auf die Willensbildung des Grundrechtsträgers zu haben (BVerwGE 110, 92 [97 f.]).

---

4. Begrenzungen und Anforderungen an Einschränkungen

Die Freizügigkeit ist nach Art. 11 Abs. 2 GG einem **qualifizierten Gesetzesvorbehalt** 10
unterworfen, der Einschränkungen nur für abschließend aufgezählte Fälle zulässt; Art. 117 Abs. 2 GG ist als Sonderbestimmung für die 1949 gegebene Raumnot längst obsolet. Daneben gelten die **allgemeinen Einschränkungsanforderungen**; neben der Verhältnismäßigkeit und dem Zitiergebot nach Art. 19 Abs. 1 Satz 2 GG hat in der Rechtsprechung auch die Wesensgehaltgarantie des Art. 19 Abs. 2 GG eine Rolle gespielt.

Beispiel:

Das Notaufnahmegesetz, das Anfang der 1950er-Jahre den Zuzug von Deutschen aus der sowjetischen Besatzungszone in die Bundesrepublik weitgehend einschränkte, wurde ohne allgemeingültige Aussagen zu Art. 19 Abs. 2 GG deswegen gebilligt, weil bei der Formulierung des Art. 11 Abs. 2 GG gerade an die Beschränkungsmöglichkeiten gegenüber diesem Personenkreis gedacht worden war; zuvor war aber (ohne Rückgriff auf Art. 19 Abs. 2 GG) in verfassungskonformer Auslegung des Notaufnahmegesetzes sichergestellt worden, dass die Freizügigkeit für die betroffenen Deutschen nicht so gut wie völlig abgeschafft oder auf eine Art von Asylrecht reduziert werden konnte (BVerfGE 2, 266 [274 ff., 284 ff.]).

Die spezifischen Anforderungen des Gesetzesvorbehalts betreffen zunächst den 11
Fall, dass „eine **ausreichende Lebensgrundlage nicht** vorhanden ist und **der Allgemeinheit daraus besondere Lasten** entstehen würden". Diese Vorschrift erinnert an die Zeit, in denen der Unterstützungswohnsitz einer Person in ihrer Heimatgemeinde ein wesentliches verfassungsrechtliches Anliegen war (s. noch Art. 3 Abs. 3 RV 1871). Ob heute auf dieser Basis Freizügigkeitsbeschränkungen etwa für Sozialhilfeempfänger denkbar wären, scheint grundsätzlich fraglich, da

besondere Lasten für die Allgemeinheit aus dem Aufenthalt an einem bestimmten Ort – vorbehaltlich lokaler Ausnahmesituationen – nicht erkennbar sind.

12   Außerdem ließ Art. 11 Abs. 2 GG schon in seiner Ursprungsform Einschränkungsgesetze mit dreierlei Zielsetzungen zu, von denen auch in einigen Fällen Gebrauch gemacht worden ist. Als Einschränkungen zur **Bekämpfung von Seuchengefahr** sind insbesondere §§ 28 ff. IfSG und mögliche Rechtsverordnungen gem. § 6 Abs. 1 Nr. 17 lit. a) TierGesG zu nennen. Regelungen zum **Schutze der Jugend vor Verwahrlosung** können namentlich Möglichkeiten zur staatlichen Aufenthaltsbestimmung gegenüber betroffenen Jugendlichen rechtfertigen; als einschlägige Regelungen lassen sich § 8 Abs. 1 Satz 2 JuSchG und § 42 SGB VIII anführen. Einschränkungen der Freizügigkeit, **um strafbaren Handlungen vorzubeugen**, werden wohl nur gegenüber den potenziellen Straftätern in Betracht kommen; insoweit ist auf Weisungen als Erziehungsmaßregeln gegenüber Jugendlichen, § 10 Abs. 1 S. 3 Nr. 1, 2 JGG, bei Bewährungsstrafen, § 56c Abs. 2 Nr. 1 StGB, und im Rahmen der Führungsaufsicht, § 68b Abs. 1 S. 1 Nr. 1 StGB, hinzuweisen. Inwieweit die genannten Einschränkungen im Einzelnen gerade den Art. 11 GG betreffen, ist insbesondere im Verhältnis zu Art. 2 Abs. 2 Satz 2 GG (o. Rn. 2) nicht immer leicht abzugrenzen.

13   Die 1968 nachträglich geschaffenen Möglichkeiten die Freizügigkeit einschränkender Gesetzgebung zur **Abwehr einer drohenden Gefahr** für den Bestand oder die **freiheitliche demokratische Grundordnung** des Bundes oder eines Landes einerseits, zur Bekämpfung von Naturkatastrophen oder besonders schweren Unglücksfällen andererseits sind, soweit ersichtlich, bis heute nicht genutzt worden.

14   Ein weiterer qualifizierter Gesetzesvorbehalt gegenüber dem Grundrecht der Freizügigkeit findet sich in **Art. 17a Abs. 2 GG**, der Einschränkungen durch Gesetze vorsieht, die der Verteidigung einschließlich des Schutzes der Zivilbevölkerung dienen. Anders als Art. 17a Abs. 1 GG bezieht sich diese Regelung nicht speziell auf die zu den genannten Zwecken eingesetzten Personen, sondern ermöglicht Einschränkungen gegenüber jedermann. Einschlägige Regelungen enthält etwa § 10 Abs. 1 Nr. 1 und 2 ZSKG (Erlaubnispflicht für das Verlassen des Aufenthaltsorts und das Betreten bestimmter Gebiete; Evakuierung der Bewohner besonders gefährdeter Gebiete).

15   Neben der ausdrücklich abschließenden Formulierung des Gesetzesvorbehalts in Art. 11 Abs. 2 GG („nur") ist der ergänzende Rückgriff auf **Begrenzungsgehalte anderer Grundgesetzbestimmungen** besonders heikel. Zwar zeigen der ursprüngliche Art. 117 Abs. 2 wie der später eingefügte Art. 17a GG, dass anderweitige Begrenzungen dennoch nicht schlechthin ausgeschlossen sein müssen, doch bliebe die Begrenzungswirkung gerade auch gegenüber der Freizügigkeit überzeugend zu belegen.

5. Konkurrenzen

16   Räumt man dem Art. 12 Abs. 1 GG nicht schon tatbestandlich alleinige Maßgeblichkeit für die berufliche Freizügigkeit ein (o. Rn. 4), spricht einiges dafür, dass zumindest solche Regelungen nach den **Begrenzungen des Art. 12 Abs. 1 GG** zu behandeln sind, bei denen es der Sache nach primär um die berufliche Betätigung und nicht um die Freizügigkeit an sich geht. Denn der Regelungsvorbehalt gerade für die

Berufsausübung war auch schon im Rahmen des ursprünglichen Vorschlags eines einheitlichen Grundrechts ausdrücklich vorgesehen gewesen, während der Gesetzesvorbehalt des Art. 11 GG erst nach der Verselbständigung der Berufsfreiheit für den verbleibenden Rumpfartikel zur Freizügigkeit neu formuliert wurde.

Beispiel:
Das BVerfG hat die Residenzpflicht für Patentanwälte – allerdings ohne Art. 11 GG auch nur zu erwähnen – als Regelung der Berufsausübung gebilligt (BVerfGE 65, 116 [125]).

Zum Verhältnis zu **Art. 2 Abs. 2 Satz 2 GG** s.o. Kap. 14, Die Grundrechte des Art. 2   **17**
GG, Rn. 139. Das Auslieferungsverbot des **Art. 16 Abs. 2 GG** geht als Spezialregelung zugunsten des Rechts, im Inland zu verbleiben, in seinem Anwendungsbereich vor. Entsprechendes dürfte für das Verbot gelten, Kinder von ihrer Familie zu trennen, **Art. 6 Abs. 3 GG**; jedenfalls ist die Bestimmung auch bei Einschränkungen aufgrund des Jugendschutzvorbehalts zu beachten, soweit sie strengere Anforderungen stellt. Für das Recht einer juristischen Person, ihren **Sitz zu bestimmen**, gelten Art. 11 und Art. 9 Abs. 1 GG nebeneinander (o. Kap. 21, Die Grundrechte des Art. 9 GG, Rn. 24). Entsprechendes gilt, wenn die Sitzbestimmung auch für die Verfolgung des Vereinszwecks von Bedeutung ist, für die diesbezüglich einschlägigen Grundrechte, z. B. Art. 5 Abs. 1 Satz 2 GG bei einem Presseunternehmen.

III.   Weitere Grundrechtsgehalte

Aufgrund der **Ausstrahlungswirkung** des Grundrechts ist bei der Auslegung und   **18**
Anwendung bestehender Gesetze, aber auch bei der Gesetzgebung darauf zu achten, dass Hemmnisse für den freien Zug möglichst vermieden werden. Zu denken ist auch an eine **Schutzpflicht** des Staats gegenüber privaten Versuchen, bestimmte Bevölkerungsgruppen zu vertreiben, möglicherweise auch gegenüber faktischen Zwängen zum Wechsel des Wohnorts aufgrund wirtschaftlicher Entwicklungen.

IV.   Zusammenfassung

- Das Deutschengrundrecht der Freizügigkeit schützt die freie Wahl von   **19**
  Aufenthalt und Wohnsitz im Bundesgebiet.
- Anders als die Einreise- und Bleibefreiheit ist die Ausreisemöglichkeit nicht mitgeschützt.
- Die Freizügigkeit ist nur für Orte garantiert, an denen jeder nach den allgemeinen Gesetzen zur Bodenordnung Aufenthalt und Wohnsitz nehmen kann.
- Das Grundrecht der Freizügigkeit ist einem qualifizierten Gesetzesvorbehalt und den Einschränkungsmöglichkeiten gemäß Art. 17a Abs. 2 GG unterworfen.

Inhalt

Literatur zu I.: *Rüdiger Breuer*, § 170, Freiheit des Berufs, in: HStR VIII³, 2010, S. 63; *ders.*, § 171, Staatliche Berufsregelung und Wirtschaftslenkung, in: HStR VIII³, 2010, S. 171; *Johannes Dietlein*, § 111, Berufs-, Arbeitsplatz- und Ausbildungsfreiheit, in: Stern, Staatsrecht IV/1, 2006, S. 1757; *Hans-Peter Schneider*, § 113, Berufsfreiheit, in: HGR V, 2013, S. 89; *Christoph Brüning*, Nichts geht mehr? – Zum grundrechtlichen Schutz der Berufsfreiheit vor staatlicher Wirtschaftstätigkeit, JZ 2009, 29; *Christoph Gusy*, Die Freiheit von Berufswahl und Berufsausübung, JA 1992, 257; *Timo Hebeler*, 50 Jahre Apotheken-Urteil des Bundesverfassungsgerichts – Was ist geblieben?, JA 2008, 413; *Jörn Ipsen*, „Stufentheorie" und Übermaßverbot – Zur Dogmatik des

© Springer-Verlag Berlin Heidelberg 2017
M. Sachs, *Verfassungsrecht II - Grundrechte*, Springer-Lehrbuch,
DOI 10.1007/978-3-662-50364-5_24

Artikels 12 GG, JuS 1990, 634; *Frank Kimms,* Das Grundrecht der Berufsfreiheit in der Fallbearbeitung, JuS 2001, 664; *Winfried Kluth,* Das Grundrecht der Berufsfreiheit – Art. 12 Abs. 1 GG, Jura 2001, 371; *Stefan Langer,* Strukturfragen der Berufsfreiheit, JuS 1993, 203; *Thomas Mann/Esther-Maria Worthmann,* Berufsfreiheit (Art. 12 GG) – Strukturen und Problemkonstellationen, JuS 2013, 385; *Thomas Reuter/Marcel Wiedmann,* Blauer Dunst ade, Jura 2009, 221; *Ulrike Rüssel,* Faktische Beeinträchtigungen der Berufsfreiheit, JA 1998, 406; *Leonid Shmatenko,* Verfassungsmäßigkeit von Einheitsverpackungen (Plain Packaging) bei Zigaretten, Jura 2013, 74; **zu II.:** *Rüdiger Breuer,* § 170, Freiheit des Berufs, in: HStR VIII³, 2010, S. 63 (Rn. 118 ff.); *Michael Sachs,* § 105, Der Schutz vor Arbeitszwang und Zwangsarbeit, in: Stern, Staatsrecht IV/1, 2006, S. 994; *Hans-Peter Schneider,* § 113, Berufsfreiheit, in: HGR V, 2013, S. 89 (Rn. 164 ff.); *Christoph Gusy,* Arbeitszwang, Zwangsarbeit, Strafvollzug, JuS 1989, 710; *Heinz Müller-Dietz,* Arbeit und Arbeitsentgelt für Strafgefangene – BVerfG, NJW 1998, 3337, JuS 1999, 952; *Dominik Richers/Matthias Köpp,* Wer nicht arbeitet, soll dennoch essen, DÖV 2010, 997; **zu III.:** *Michael Sachs,* § 105 Der Schutz vor Arbeitszwang und Zwangsarbeit, in: Stern, Staatsrecht IV/1, 2006, S. 1038 ff.; *Michael Sachs,* Frauen an die Front? Die deutsche Wehrverfassung nach dem Spruch des EuGH in Sachen Tanja Kreil, NWVBl 2000, S. 405.

Rechtsprechung zu I.: BVerfGE 7, 377 (Apothekenurteil); BVerfGE 9, 39 (Mindestmilchmenge); BVerfGE 9, 338 (Hebamme); BVerfGE 11, 30 (Kassenarzt); BVerfGE 11, 168 (Taxikonzessionen); BVerfGE 13, 97 (Handwerksordnung); BVerfGE 13, 181 (Schankerlaubnissteuer); BVerfGE 13, 237 (Ladenschluss); BVerfGE 17, 371 (Begrenzung der Notarstellen); BVerfGE 25,1 (Mühlengesetz); BVerfGE 30, 292 (Erdölbevorratung); BVerfGE 33, 125 (Facharzt); BVerfGE 33, 303 (Numerus clausus); BVerfGE 40, 196 (Güterkraftverkehr); BVerfGE 47, 285 (Notarielle Gebührenermäßigungspflicht); BVerfGE 50, 290 (Mitbestimmung); BVerfGE 54, 237 (Sozietätsverbot für Anwaltsnotare I); BVerfGE 54, 251 (Berufsvormund); BVerfGE 64, 72 (Prüfingenieur); BVerfGE 70, 1 (Orthopädietechniker-Innungen); BVerfGE 71, 183 (Ärztliche Werbung); BVerfGE 73, 280 (Notaranwärterauswahl); BVerfGE 76, 171 (Anwaltliches Standesrecht); BVerfGE 76, 196 (Werbeverbot für Anwälte); BVerfGE 78, 179 (Heilpraktikererlaubnis für Ausländer); BVerfGE 80, 269 (Sozietätsverbot für Anwaltsnotare II); BVerfGE 84, 34 (Prüfungsrecht I); BVerfGE 84, 133 (Warteschleife); BVerfGE 85, 191 (Nachtarbeitsverbot); BVerfGE 86, 28 (Öffentlich bestellter Sachverständiger); BVerfGE 92, 26 (Zweitregister); BVerfGE 94, 372 (Werbeverbot für Apotheker); BVerfGE 95, 173 (Warnhinweise auf Tabakverpackungen); BVerfGE 98, 49 (Sozietätsverbot für Anwaltsnotare III); BVerfGE 98, 218 (Rechtschreibreform); BVerfGE 98, 265 (Berufliche Abtreibung); BVerfGE 98, 365 (Versorgungsanwartschaften); BVerfGE 99, 367 (Montanmitbestimmung in Konzernobergesellschaften); BVerfGE 101, 312 (Berufsordnung Rechtsanwälte); BVerfGE 101, 331 (Vergütung für Berufsbetreuer); BVerfGE 102, 197 (Spielbanken BW); BVerfGE 103, 1 (Singularzulassung Rechtsanwälte); BVerfGE 103, 172 (Altersgrenze Vertragsarztzulassung); BVerfGE 104, 357 (Apothekenöffnung am Sonntag); BVerfGE 105, 252 (Glykol); BVerfGE 111, 10 (Ladenschluss II); BVerfGE 115, 276 (Sportwetten); BVerfGE 119, 59 (Hufbeschlag); BVerfGE 121, 317 (Rauchverbot in Gaststätten); BVerfGE 123, 186 (Gesundheitsreform); BVerfGE 128, 157 (Privatisierung von Universitätsklinikum); BVerfGE 134, 204 (Urheberrechtliche Vergütungsvereinbarung); BVerwGE 39, 329 (Konkurrenz der öffentlichen Hand); BVerwGE 65, 167 (Klett-Passage); BVerwGE 87, 37 (Produktwarnungen); BVerwGE 96, 302 (Spielbankbetrieb als Beruf); BVerwGE 114, 92 (Oddset-Wetten); BVerfG, ZIP 2016, 258 (Sozietätsverbot Rechtanwälte mit Ärzten/Apothekern); **zu II.:** BVerfGE 22, 380 (383) (Indienstnahme von Kreditinstituten); BVerfGE 74, 102 (Arbeitsverpflichtung als Erziehungsmaßregel); BVerfGE 83, 119 (Bewährungsauflagen gemeinnütziger Leistungen); BVerfGE 92, 91 (Feuerwehrabgabe); BVerfGE 98, 169 (Arbeitspflicht im Strafvollzug); **zu III.:** BVerfGE 48, 127 (Grundsätzliche Wehrdienstpflicht); BVerwGE 122, 331 (Einberufung zum Wehrdienst); BVerfGE 28, 243 (Kriegsdienstverweigernde Soldaten); BVerfGE 48, 127 (Grundsätzliche Wehrdienstpflicht); BVerfGE 69, 1 (Kriegsdienstverweigerungs-Neuordnungsgesetz).

Übungsfälle: *Guy Beaucamp*, Vertragsärztliche Zulassung und Berufsfreiheit, JA 2003, 51; *Christian von Coelln*, Übungsklausur – Öffentliches Recht: Die Verfassungsmäßigkeit der Ausbildungsplatzabgabe – Der aufgedrängte Azubi, JuS 2009, 335; *Michael Elicker*, Der Streit um die Anerkennung als medizinisch-psychologische Untersuchungsstelle, JA 2003, 311; *Martin Kellner*, Prüfungen ohne Ende: Qualitätskontrollen bei der Anwaltschaft?, Jura 2002, 775; *Christine Langenfeld/Oliver von Bargen/Thomas Müller*, Anfängerhausarbeit – Öffentliches Recht: Nichtraucherschutz in Gaststätten, JuS 2008, 795; *Jörn Lüdemann/Yoan Hermstrüwer*, Referendarexamensklausur – Öffentliches Recht: Das Verkaufsverbot für Schokoladenzigaretten, JuS 2012, 57; *Martin Nolte/Christian Tams*, Grundfälle zu Art. 12 I GG, JuS 2006, 31, 130, 218; *Annette Prehn*, „Alles Gute kommt von oben", JA 2010, 438; *Michael Sachs*, Der zu alte Prüfingenieur, Jura 1986, 598; *Christian Weinbruch*, „Du sollst nicht rauchen", JA 2013, 197; *Michael Goldhammer/Andreas Hofmann*, Anfängerklausur – Öffentliches Recht: Grundrechte – Gefährliche Bräune, JuS 2013, 704.

I. Die Berufsfreiheit des Art. 12 Abs. 1 GG

1. Allgemeines

Die Freiheit des Berufs ist in der Form, wie sie in Art. 12 Abs. 1 Satz 1 GG gewähr- **1** leistet ist, kein traditioneller Gehalt der Grundrechtskataloge. Zwar fanden sich seit langem Gewährleistungen zu Gunsten der freien Berufswahl, die sich aber keineswegs auch auf die Freiheit zur beruflichen Betätigung als solche bezogen. Insofern ist am ehesten die **Gewerbefreiheit vorbildlich** gewesen, die im Norddeutschen Bund in der Gewerbeordnung von 1869 garantiert wurde. In der Weimarer Verfassung war im Rahmen der Freizügigkeitsgarantie das Recht gewährleistet, im ganzen Reiche jeden Nahrungszweig zu betreiben (Art. 111 Satz 2 WRV), außerdem nach Maßgabe der Reichsgesetze die Freiheit des Handels und Gewerbes (Art. 151 Abs. 3 WRV).

Im Grundgesetz fasst Art. 12 Abs. 1 Satz 1 GG eine Reihe von Gewährleistungen **2** zusammen, die heute überwiegend als unselbständige Aspekte des **einheitlichen Grundrechts** der Berufsfreiheit angesehen werden. Abgesehen von dem sachlichen Zusammenhang, in dem die Garantien in der Tat stehen, war hierfür auch die Tatsache von Bedeutung, dass sich der in Art. 12 Abs. 1 Satz 2 GG enthaltene Regelungsvorbehalt von der Formulierung her nur auf die Freiheit der Berufsausübung bezieht, nicht aber auf die Berufswahl (u. Rn. 33, 42). Praktisch ist Art. 12 Abs. 1 Satz 1 GG heute neben der Eigentumsgarantie des Art. 14 GG die zentrale grundrechtliche Gewährleistung für den Bereich des wirtschaftlichen Lebens. Dementsprechend vielfältig und umfangreich sind die Problemstellungen sowie die einschlägige Judikatur und Diskussion, deren Ausmaß hier nur exemplarisch angedeutet werden kann.

2. Abwehrrechtliche Bedeutung

a) Schutzgegenstand

Zentralbegriff der als Berufsfreiheit zusammengefassten Gewährleistungen des **3** Art. 12 Abs. 1 Satz 1 GG ist der **Beruf**. Darunter wird in Anlehnung an den

überkommenen **Begriff** des Gewerbes jede nachhaltige (auf gewisse Dauer angelegte), auf Erwerb gerichtete (nicht notwendig damit erfolgreiche) Tätigkeit verstanden (vgl. nur BVerfGE 7, 377 [397 f.]). Geschützt sind damit nicht nur klassische
berufliche Betätigungen oder gar von einer „Berufung" getragene Aktivitäten, sondern eine in der Sache nicht einzugrenzende Vielfalt auch ganz untypischer Tätigkeiten.
Der Grundrechtsschutz ist auch unabhängig davon, ob die Tätigkeiten selbständig
oder unselbständig ausgeübt werden; ebenso wenig ist es von Bedeutung, ob es sich
um Zweit- oder Nebenberufe handelt. Unter den Berufsbegriff fallen insbesondere
auch Tätigkeiten, die sich als Wahrnehmung öffentlicher Funktionen darstellen;
insoweit ergeben sich allerdings Spezialfragen des Verhältnisses zu Art. 33 Abs. 2
GG (u. Rn. 61 und Kap. 32, Die grundrechtsgleichen Rechte des Art. 33 GG, Rn. 7).

▶   **Hinweis:** Nicht abschließend geklärt ist, ob die Berufsfreiheit bei Tätigkeiten
    ausscheidet, die von vornherein nur der öffentlichen Hand zugänglich und
    ihr vorbehalten sind (BVerfGE 115, 276 [301 f.]). Jedenfalls können Tätigkeiten
    durch das Grundgesetz selbst dem Anwendungsbereich des Art. 12 Abs. 1
    GG entzogen werden; so für das staatliche Gebäudeversicherungsmonopol
    BVerfGE 41, 205 (217 ff.) wegen der Beschränkung des Art. 74 (Abs. 1) Nr. 11
    GG auf „privatrechtliches Versicherungswesen".

4   Darüber hinaus gehört zum traditionellen Gewerbe- und Berufsbegriff das Merkmal,
    dass es sich um eine erlaubte bzw. **nicht verbotene Tätigkeit** handeln soll. Dieses
    Kriterium begegnet deswegen Bedenken, weil es dem Gesetzgeber die Möglichkeit
    zu eröffnen scheint, durch Erlass einschlägiger Verbotsgesetze bereits die Reich-
    weite des **Tatbestandes** der Berufsfreiheit **definitorisch zu verkürzen**, womit die
    an Grundrechtsbeschränkungen zu stellenden Anforderungen leer laufen würden.

▶   **Hinweis:** Das Betreiben einer Spielbank wird als Berufsausübung nach
    Art. 12 Abs. 1 GG eingestuft, solange diese Tätigkeit nicht schlechthin
    gesetzlich verboten und privaten Unternehmen zugänglich ist (so
    BVerfGE 102, 197 [213 f.]). – Für Berufsqualität der Veranstaltung von
    Sportwetten trotz grundsätzlichen gesetzlichen Verbots BVerfGE 115,
    276 (300 f.), weil die Rechtsordnung dies im Übrigen als erlaubte
    Betätigung kenne.

5   Um dieser Schwierigkeit aus dem Weg zu gehen, wird zum Teil vorgeschlagen, statt
    auf den Bestand gesetzlicher Verbote, die zur Disposition des Gesetzgebers stehen,
    darauf abzustellen, ob eine Tätigkeit als **schlechthin sozialschädlich** (und damit
    materiell gesehen verbotswürdig) erscheint (offen lassend BVerfGE 115, 276 [301]).
    Dieses Kriterium kann aufgrund seiner Unbestimmtheit und ausgeprägten Wer-
    tungsoffenheit **nicht überzeugen**. Es würde im Übrigen ebenso zum Leerlauf der
    Anforderungen an Einschränkungen führen, die Befugnis zu tatbestandlichen Aus-
    grenzungen wäre lediglich statt dem Gesetzgeber dem Rechtsanwender, damit ent-
    scheidend dem BVerfG, überlassen.

6   Eine Alternative könnte darin bestehen, an dem Merkmal fehlender gesetzlicher
    Verbote festzuhalten, diese aber (im Sinne der allgemeinen Gesetze des Art. 5 Abs. 2

GG, nach der Sonderrechtslehre o. Kap. 17, Die Grundrechte des Art. 5 GG, Rn. 55) **nur** auf **Verbote** zu beziehen, die **unabhängig** davon eingreifen, **ob** die verbotene **Tätigkeit beruflich ausgeübt** wird oder nicht. Dies würde dem allgemeinen Gedanken entsprechen, dass Grundrechte nicht die Aufgabe haben, gegenüber den allgemeinen Bindungen der Rechtsordnung zu privilegieren, sondern besonders schutzwürdige Bereiche menschlicher Tätigkeit vor staatlichen Eingriffen zu schützen (o. Kap. 9, Grundrechtsbegrenzungen, Rn. 30 ff.).

▶   **Hinweis:** In diesem Sinne lässt sich BVerfGE 115, 276 (300 f.) lesen, wonach die Berufsfreiheit nicht deswegen ausscheidet, weil das einfache Recht die „gewerbliche Ausübung" einer Tätigkeit verbietet.

Bei diesem Ansatz wären namentlich allgemein gültige **strafrechtliche Verbotsnor-**   7
men dazu geeignet, einschlägige Tätigkeiten von vornherein aus dem Schutzgegenstand des Art. 12 Abs. 1 GG herauszunehmen. Die Hehlerei wäre demnach von vornherein kein grundrechtsgeschützter Beruf, auch wenn sie „gewerbsmäßig" ausgeübt wird (vgl. §§ 260, 261 StGB); dasselbe würde etwa wegen des Verbots vorsätzlicher Tötungen, §§ 211, 212 StGB, für einen „Berufskiller" gelten. Strafnormen, die ein Verhalten nur erfassen, wenn es beruflich erfolgt (etwa: die nur dem Händler, nicht aber dem Liebhaber verbotene Weitergabe bestimmter Drogen), blieben demgegenüber als Einschränkungen der Berufsfreiheit dem Art. 12 Abs. 1 GG unterworfen.

▶   **Hinweis:** Praktisch bedeutsam ist dies für die Frage geworden, ob der Betrieb von Abtreibungskliniken oder Abtreibungsarztpraxen den Grundrechtsschutz nach Art. 12 Abs. 1 GG genießt. Das BVerfG hat die allgemeine Frage, „ob rechtswidriges berufsmäßiges Tun vom Gewährleistungsbereich des Art. 12 Abs. 1 GG generell umfasst wird", offen gelassen. Den Grundrechtsschutz für die Abtreibung als Gegenstand ärztlicher Erwerbstätigkeit hat es jedenfalls bejaht, weil diese Bestandteil des gesetzgeberischen Schutzkonzepts für das werdende Leben sei (BVerfGE 98, 265 [297]).

Nach dem gegenwärtigen Stand der allgemeinen Grundrechtsbegrenzungsdogma-   8
tik führen allerdings die Grundrechte im Gegensatz zum vorgenannten Verständnis schon dazu, dass **grundrechtlich gedecktes Verhalten** auch **gegenüber „allgemeinen Gesetzen"** geschützt und somit **privilegiert** wird (o. Kap. 9, Grundrechtsbegrenzungen, Rn. 32; Kap. 17, Die Grundrechte des Art. 5 GG, Rn. 63). Daher dürfte der (o. Rn. 6 f.) dargestellte Ansatz auch für Art. 12 Abs. 1 GG – vorbehaltlich grundsätzlich veränderter Sichtweisen – jedenfalls gegenwärtig nicht durchgreifen. Unter anderem Etikett werden allerdings durchaus entsprechende Ergebnisse erzielt, wenn nämlich im Zusammenhang mit den abzuwehrenden Eingriffen entweder eine gezielte Ausrichtung gegen die Ausübung der Berufsfreiheit oder doch zumindest eine objektiv berufsregelnde Tendenz verlangt wird (u. Rn. 27). Das Fehlen einer solchen Tendenz ist nämlich genau der Umstand, der eine Einschränkungsregelung als „allgemeines Gesetz" qualifiziert und Privilegierungswirkungen ausschließt.

Beispiele:

Der Ausschluss von Namensketten nach § 1355 Abs. 4 BGB hat ungeachtet denkbarer negativer Auswirkung im beruflichen Bereich keine berufsregelnde Tendenz (BVerfGE 123, 90 [110]). – Ermittlungsmaßnahmen ermöglichende Normen der StPO wie solche, die Mitwirkungspflichten bei Strafverfahren gegen andere einschränken, richten sich an jedermann unabhängig davon, ob und ggf. welchen Beruf er ausübt, haben daher keine berufsregelnde Tendenz (BVerfGE 129, 208 [266 f.]). – Von der Luftverkehrssteuer sind alle Fluggäste gleichermaßen betroffen; daher fehlt gegenüber berufsbedingt viel fliegenden Personen eine berufsregelnde Tendenz, nicht aber gegenüber den Luftverkehrsunternehmen, deren Verhalten gesteuert werden soll (BVerfGE 137, 350 Rn. 69 ff.). – Bedenklicher Weise hat BVerwG, NVwZ 2014, 243 (245), „keine Zweifel", dass die allen Eigentümern und Besitzern von Grundstücken auferlegte Pflicht, die Anbringung von Alarmeinrichtungen zu dulden, gegenüber Betreibern von dafür gern genutzten Funkmasten eine berufsregelnde Tendenz hat.

9   Im Ergebnis dürfte es dem Stand der einschlägigen Dogmatik am ehesten gerecht werden, im Rahmen des Berufsbegriffs auf das **Kriterium** eines fehlenden Verbots in welcher Form auch immer gänzlich **zu verzichten**. Die Einschränkungsmöglichkeiten des Grundrechts erlauben es zumal gegenüber sozialschädlichen und daher verbotswürdigen Aktivitäten, alle etwa erforderlich scheinenden Einschränkungsgesetze auch dann zu legitimieren, wenn das Grundrecht der Berufsfreiheit tatbestandsmäßig eingreift.

▶   **Hinweis:** Im Übrigen greift außerhalb der Berufsfreiheit Art. 2 Abs. 1 GG ein, der prinzipiell keine geringeren Anforderungen stellt als Art. 12 Abs. 1 GG an Berufsausübungsregelungen (daher offen lassend BVerfGE 125, 104 [133]).

10 Die Freiheit des Berufs umfasst nicht nur die in Art. 12 Abs. 1 GG genannten positiven Betätigungsmöglichkeiten, sondern ist auch in ihrer **negativen Dimension** geschützt. Diese ist insbesondere darauf gerichtet, dass **nicht ein bestimmter Beruf**, ein bestimmter Arbeitsplatz oder eine bestimmte Ausbildungsstätte gewählt oder ein bestimmter Beruf ausgeübt werden muss (vgl. dazu den begrenzenden Art. 12a Abs. 6 Satz 1 GG und u. Rn. 58). Darüber hinaus erfasst die negative Berufsfreiheit aber auch die Option, **überhaupt keinen Beruf** auszuüben.

Beispiele:

Die nach damaligem Recht nicht vorgesehene Bewährungsauflage, ein Arbeitsverhältnis zu begründen, verletzte die negative Berufsfreiheit (BVerfGE 58, 358 [364 f.]). – Ob die aus der Unterhaltspflicht gem. § 1609 BGB abgeleitete Nebenerwerbsobliegenheit als mittelbarer Zwang die negative Berufsfreiheit beeinträchtigt, blieb offen, da sie gegebenenfalls gerechtfertigt war (BVerfGE 68, 256 [267]).

11 Praktisch ist dieses insbesondere den Personen möglich, die auf Einkünfte aus einer Erwerbstätigkeit nicht angewiesen sind. Bei anderen Personen gilt zwar rechtlich auch die negative Berufsfreiheit, wirtschaftlich/faktisch allerdings besteht für sie

wegen der Notwendigkeit, Mittel für den Lebensunterhalt zu erwerben, durchaus ein Zwang, sich in irgendeiner Weise beruflich zu betätigen. Die Berufsfreiheit umfasst auch in ihrer negativen Dimension gegenüber diesen Gegebenheiten jedenfalls **keinerlei Ansprüche** des Einzelnen darauf, vom **Staat Unterhalt** zu verlangen, wenn er bedürftig ist, weil er eine berufliche Tätigkeit ablehnt.

> ▶ **Hinweis:** Die Verminderung des Anspruchs auf Hilfe zum Lebensunterhalt für Personen, die pflichtwidrig die Aufnahme einer Tätigkeit ablehnen, § 39a SGB XII, ist als bloße Nichtgewährung nicht berufsgrundrechtlich gebotener Leistungen keine relevante Beeinträchtigung der negativen Berufsfreiheit.

Als besondere Elemente des Grundrechtsfeldes der Berufsfreiheit spricht Art. 12 **12** Abs. 1 GG die **freie Wahl des Arbeitsplatzes** und der Ausbildungsstätte an. Insbesondere der Arbeitsplatz steht von vornherein schon begrifflich im engsten Zusammenhang mit der geschützten Berufsfreiheit. Dabei ist der Begriff **nicht nur örtlich** zu verstehen (o. Kap. 23, Das Grundrecht der Freizügigkeit, Art. 11 GG, Rn. 4), sondern bezeichnet vor allem einen zur Wahrnehmung durch eine Person – insbesondere im Rahmen eines Unternehmens aufgrund eines Arbeits- oder Dienstverhältnisses – **bestimmten Pflichtenkomplex**. Davon nicht zu trennen ist bei abhängig Beschäftigten ihr Vertragspartner, zumal Arbeitgeber (BVerfGE 128, 157 [176]). Auch die Ortswahl für die selbständige Berufstätigkeit dürfte hierher zu zählen sein, da kein Grund für eine unterschiedliche Behandlung ersichtlich ist; diese würde sich aufgrund der dann weitergehenden Einschränkungsmöglichkeiten ergeben, wenn man insoweit nur einen Schutz über die Berufsausübung annähme (u. Rn. 15 ff.).

Neben der freien Berufswahl und -ausübung hat die freie Wahl des Arbeitsplatzes **13** **lange Zeit kaum eine eigenständige Rolle** gespielt. Der Grund dafür dürfte in erster Linie darin liegen, dass der die Berufsfreiheit sonst in vielfältiger Weise reglementierende Staat auf die Zuordnung der Berufstätigen zu einzelnen Arbeitsplätzen kaum Einfluss nimmt, diese vielmehr den einzelnen Wirtschaftsbetrieben überlässt. Zu einer Entscheidung des BVerfG (vgl. BVerfGE 84, 133 [Warteschleife]) kam es dementsprechend erst, als nach der Wiedervereinigung Deutschlands eine Vielzahl von bislang in staatlichen oder quasistaatlichen DDR-Betrieben tätigen Personen bedingt durch die Abwicklung dieser Einrichtungen kraft Gesetzes ihre Arbeitsplätze verloren. Der hier anerkannte grundrechtliche Schutz des Interesses am Fortbestand dieser Arbeitsplätze durch Art. 12 Abs. 1 GG erscheint im Hinblick auf das Verhältnis von Arbeitsplatzbesitzern und arbeitsplatzsuchenden Arbeitslosen nicht unproblematisch. Im Rahmen des **privatwirtschaftlichen Systems** dürfte die Garantie der Freiheit der Arbeitsplatzwahl mangels staatlichen Zugriffs einerseits, fehlender unmittelbarer Drittwirkung andererseits in Zukunft wieder weitestgehend ohne Funktion sein.

Die **freie Wahl der Ausbildungsstätte** bezieht sich wegen des Zusammenhanges **14** mit der Freiheit der Berufswahl auf den Bereich der **beruflichen Ausbildung**, die sowohl im Zusammenhang eines wirtschaftlichen Unternehmens als auch in besonderen staatlichen oder privaten Einrichtungen stattfinden kann. Namentlich sind **Hochschulen**, unabhängig von ihrer engen Verknüpfung mit der Wissenschaftsfreiheit

(o. Kap. 17, Die Grundrechte des Art. 5 GG, Rn. 119), auch als Ausbildungsstätten im Sinne des Art. 12 Abs. 1 GG anzusehen. Die Wahlfreiheit umfasst auch den Ort der Ausbildungsstätte (BVerwGE 139, 210 Rn. 25). Allgemeinbildende **Schulen**, denen der Bezug zu einer auf der Ausbildung aufbauenden Berufstätigkeit fehlt, sind hingegen nicht erfasst; die Rechtsprechung misst allerdings schulischen Ausbildungsgängen berufliche Relevanz recht großzügig zu.

> **Beispiel:**
> Die Entlassung aus einem Gymnasium, insbesondere nach der Oberstufenreform, wurde als Eingriff in das Grundrecht der freien Wahl der Ausbildungsstätte angesehen (BVerfGE 58, 257 [273 f.]).

15 Im Hinblick auf den Beruf selbst unterscheidet Art. 12 Abs. 1 GG zwischen der in Satz 1 freigestellten **Berufswahl** und der in Satz 2 einem Regelungsvorbehalt unterworfenen **Berufsausübung**. Trotz der Zusammenfassung aller Aspekte des Art. 12 Abs. 1 GG zu einem einheitlichen Grundrecht der Berufsfreiheit bleibt die im Verfassungstext vorgegebene **Unterscheidung** dieser beiden Bereiche **wesentlich**, insbesondere im Hinblick auf die **Zulässigkeit von Einschränkungen**.

> ▶ **Hinweis:** Wegen dieser fortbestehenden Bedeutung der Unterscheidung kann es sich empfehlen, bereits beim Schutzgegenstand die im Verfassungstext vorgezeichneten Teilbereiche des Grundrechts, die jeweils betroffen sind, festzustellen und sich nicht mit der Berührung der Berufsfreiheit überhaupt zu begnügen; andernfalls muss jedenfalls im Zusammenhang der an die Einschränkung der Berufsfreiheit zu stellenden Anforderungen die notwendige Unterscheidung zwischen Berufswahl und Berufsausübung vorgenommen werden.

16 Die **freie Wahl des Berufs** umfasst die Entscheidung für oder gegen einen bestimmten Beruf überhaupt, betrifft also namentlich die Entscheidung darüber, ob ein bestimmter Beruf neu (erstmalig oder gegebenenfalls auch zum wiederholten Mal) ergriffen wird, daneben auch die Entscheidung darüber, ob ein ausgeübter Beruf aufgegeben oder ob die Tätigkeit fortgesetzt wird. Bei der Freiheit der Berufswahl geht es damit immer um das **„Ob" der beruflichen Betätigung** (für Beispiele s. u. Rn. 39 ff.). Entsprechendes gilt für die freie Wahl des Arbeitsplatzes und der Ausbildungsstätte.

17 Die **Ausübung eines Berufs** ist zum Schutzgegenstand des (einheitlichen) Grundrechts der Berufsfreiheit zu zählen, auch wenn sie nur im Rahmen des Regelungsvorbehalts nach Art. 12 Abs. 1 Satz 2 GG ausdrücklich angesprochen wird. Denn dieser Vorbehalt ist nur sinnvoll, wenn das der Regelung unterworfene Verhalten überhaupt Grundrechtsschutz genießt. Die Ausübungsfreiheit betrifft die Betätigung in einem Beruf in allen denkbaren Modalitäten; bei einschlägigen Fragen in diesem Bereich geht es nicht um das „Ob", sondern lediglich – im weitesten Sinne – um das **„Wie" einer beruflichen Betätigung**.

Beispiele:
Berufsausübungsregelungen können die Zeit der Tätigkeit betreffen (Laden-
schlussgesetze – BVerfGE 13, 237 [239 f.]; BVerfGE 110, 10 [50 ff.]), die dabei
zu tragende Kleidung (zur Amtstracht der Rechtsanwälte vor Gericht BVerfGE
28, 21 [31]), die Zusammenarbeit mit anderen (Sozietätsverbote – BVerfGE 98,
49 [59]; BVerfG, NJW 2016, 700), das beschäftigte Personal (BVerfGE 85, 191
[206] wendet allerdings Art. 2 Abs. 1 GG an), die Auswahl der Geschäftspartner
(BVerfGE 126, 112 [139]), den Umfang der Produktion (BVerfGE 25, 1 [11]),
das Warensortiment (für Apotheken BVerwGE 148, 28 [36]), die Verkaufsmethode
(zur Selbstbedienung bei Apotheken BVerwGE 144, 355 Rn. 12 ff.), die Vergütung
(BVerfGE 134, 204 Rn. 66), die Werbung für Dienste (zum ärztlichen Werbeverbot
BVerfGE 85, 248 [256]; zur Steuerberaterwerbung BVerfGE 111, 366 [378 ff.])
oder für Waren (zu Apotheken BVerfGE 94, 372 [389]), die Gestaltung von
Verpackungen (zu Warnhinweisen auf Tabakverpackungen BVerfGE 95, 173
[181, 183] – unter dem Aspekt der Werbung), die Tätigkeit nur bei bestimmten
Gerichten (BVerfGE 103, 1 [9 ff.]) usw.

Die **Abgrenzung zwischen Berufswahl und Berufsausübung** macht gelegentlich   **18**
nicht unerhebliche Schwierigkeiten, die im Hinblick auf die unterschiedlichen Einschränkungsmöglichkeiten für beide Bereiche (u. Rn. 33 ff.) zu sehen sind. Bei jedem
Verbot bestimmter beruflicher Betätigungen stellt sich die Frage, ob damit nur
bestimmte Teilelemente eines im Übrigen weiterhin frei wählbaren Berufs verboten
sind, so dass das Verbot nur eine Berufsausübungsregelung darstellt, oder ob der Ver-
botsumfang einen Beruf insgesamt umfasst, so dass das Verbot als Berufswahlbeschränkung erscheint. Entsprechendes gilt, wenn es darum geht, dass schon ausgeübte
berufliche Aktivitäten um **zusätzliche Tätigkeiten** ergänzt werden sollen – hierin
liegt entweder eine erweiterte Berufsausübung oder die Wahl eines Zweitberufs.

Für die Beurteilung dieser Fragen kommt es entscheidend darauf an, welchem   **19**
Komplex von Aktivitäten die Qualität eines (vollständigen) Berufs zugesprochen wird und welchen nicht. Die Verfassung enthält für die Fixierung bestimmter
Tätigkeiten als Berufe keinerlei Vorgaben (o. Rn. 1 ff.). Für die Abgrenzung zwischen Berufswahl und Berufsausübung kann gleichwohl auf **objektive Abgrenzungskriterien** nicht verzichtet werden. Dabei kommt es insoweit insbesondere auf
gesetzliche Regelungen an, die einen Komplex bestimmter Tätigkeiten als Beruf
qualifizieren und dadurch ein bestimmtes „**Berufsbild**" festlegen. Dies ist in vielen
Fällen, am deutlichsten ausgeprägt wohl im Bereich des Handwerks (vgl. § 1 Abs. 1
HandwO i. V. m. Anlage A und § 18 Abs. 2 HandwO i. V. m. Anlage B), geschehen,
indem der Gesetzgeber ganz bestimmte Tätigkeiten als eigenständige Berufe normiert, entsprechende Ausübungsberechtigungen vorsieht, einschlägige Ausbildungs-
gänge und Prüfungen regelt, den Angehörigen dieses Berufs bestimmte Tätigkeiten
vorbehält usw. Soweit derartige Regelungen bestehen, sind sie für die Abgrenzung
maßgeblich, ob ein Tätigkeitskomplex als ein abgeschlossener Beruf anzusehen ist
oder nicht. Mangels derartiger Regelung ist die **Verkehrsanschauung** zugrunde zu
legen, die insbesondere auf die Eigenarten der ausgeübten Tätigkeit, die für die

Tätigkeit erforderliche Vorbildung, dafür entstandene (private) Ausbildungseinrichtungen und ähnliche Umstände abstellen kann.

> **Beispiele:**
>
> Neben dem gesetzlich geregelten Beruf des Hufbeschlagsschmieds hatten sich in der Praxis, zum Teil landesrechtlich geregelt, die nicht mit dem Eisenbeschlag befassten Berufe der Hufpfleger und Huftechniker herausgebildet (BVerfGE 119, 59 [77 ff.]). – Andererseits ist vor allem aufgrund der übereinstimmenden Tätigkeiten ein selbständiger Beruf des Kassenarztes verneint, dieser vielmehr als besondere Ausübungsform des allgemeinen Berufs des frei praktizierenden Arztes qualifiziert worden (BVerfGE 11, 30 [41]). – Ebenso ist der öffentlich bestellte Sachverständige kein besonderer Beruf neben dem des Sachverständigen im Allgemeinen (BVerfGE 86, 28 [38]). – Neben dem Beruf des Autovermieters gibt es keinen eigenständigen Beruf des Vermieters von Rettungsdienstfahrzeugen (BVerwGE 141, 376 Rn. 21, zur eingeschränkten Zulässigkeit der Ausrüstung von Fahrzeugen mit Blaulicht).

b) Grundrechtsberechtigung

20 Art. 12 Abs. 1 GG schützt nur **Deutsche** i. S. des Art. 116 GG. Ausländer genießen für ihre beruflichen Interessen Grundrechtsschutz über Art. 2 Abs. 1 GG, der weitergehenden Begrenzungen unterworfen ist (BVerfGE 78, 179 [196 f.]). Gegenüber Bürgern der EU ist – auch unabhängig von einem europarechtlichen Grundrecht der Berufsfreiheit und den Grundfreiheiten des EU-Vertrags – jedenfalls durch das allgemeine Diskriminierungsverbot des Art. 18 AEUV sichergestellt, dass sie nicht schlechter gestellt werden können als Deutsche; sie nehmen so mittelbar an deren Grundrechtsschutz teil, werden aber dadurch nicht selbst zu Grundrechtsberechtigten aus Art. 12 Abs. 1 GG (o. Kap. 6, Die Grundrechtsberechtigten, Rn. 18).

21 Nach Maßgabe des Art. 19 Abs. 3 GG sind auch **inländische juristische Personen des Privatrechts** Grundrechtsträger, soweit sie die geschützten Freiheiten wesensmäßig ausüben können. Dies scheidet für die freie Wahl der Ausbildungsstätte und wohl auch des Arbeitsplatzes aus, die ganz auf natürliche Personen zugeschnitten ist. Hingegen sind juristische Personen im umfassenden Sinne des Art. 19 Abs. 3 GG (o. Kap. 6, Die Grundrechtsberechtigten, Rn. 44 ff.) durchaus zur Wahl und zur Ausübung eines Berufes im Sinne einer nachhaltigen Erwerbstätigkeit in der Lage.

> ▶ **Hinweis:** Die unternehmerische Handlungsfreiheit im Hinblick auf Zugang oder Rückzug von der Börse steht der emittierenden Aktiengesellschaft zu, nicht den beteiligten Aktionären (BVerfGE 132, 99 Rn. 88; s. allgemein o. Kap. 6, Die Grundrechtsberechtigten, Rn. 2).

22 Für **Großunternehmen** relativiert das BVerfG die Intensität des Grundrechtsschutzes, stellt aber die Grundrechtsträgerschaft nicht in Frage (zuletzt BVerfGE 137, 350 Rn. 70 ff.). Offen geblieben ist, ob auf politische Parteien neben Art. 21 GG auch Art. 12 GG anzuwenden ist (BVerfGE 121, 30 [68]).

Juristische Personen des öffentlichen Rechts einschließlich der von ihnen   23
getragenen privatrechtsförmlichen Unternehmen sind prinzipiell nicht Träger der
Berufsfreiheit, auch wenn sie sich erwerbswirtschaftlich betätigen. Ob die für Inter-
essenvertretungskörperschaften angenommene Grundrechtsträgerschaft (BVerfGE
70, 1 [19 ff., 25, 27] im Hinblick auf Art. 2 Abs. 1 GG) auch für die Berufsfreiheit
gelten kann, ist nicht unzweifelhaft. Wird mit Rücksicht auf die beteiligten
Privatpersonen die Grundrechtsträgerschaft **gemischtwirtschaftlicher Unternehmen** anerkannt (o. Kap. 6, Die Grundrechtsberechtigten, Rn. 90 f.), ist dies gerade
im Bereich des Art. 12 Abs. 1 GG von Bedeutung.

c) Beeinträchtigungen

Relevante Beeinträchtigungen sind auch bei der Berufsfreiheit als einem Grundrecht   24
der freien Betätigung in erster Linie **Imperative,** zumal Gebote oder Verbote beruflicher Tätigkeiten insgesamt oder einzelner Tätigkeiten im Rahmen eines Berufs.
Beispiele für **Verbote** sind etwa Altersgrenzen oder die Monopolisierung bestimmter
Tätigkeiten bei staatlichen Stellen. Eine wichtige Sonderform bilden die Verbote
unter dem **Vorbehalt staatlicher Genehmigung** der Tätigkeit, etwa mit Rücksicht
auf bestimmte persönliche Anforderungen, wie Vorbildung oder Zuverlässigkeit, oder
auf sachliche Voraussetzungen, etwa an die Beschaffenheit von Produktionsanlagen.

> **Hinweis:** Genehmigungsvorbehalte können auch die für berufliche
> Leistungen verlangten Vergütungen betreffen (vgl. BVerwGE 149, 94
> Rn. 51 ff., zum prinzipiellen Ausschluss der Rückwirkung solcher Geneh-
> migungen nach § 35 Abs. 5 TKG).

Verbote können sich aus der **Festlegung von Berufsbildern** ergeben, wenn die zu
dem geregelten Beruf gehörenden Tätigkeiten Personen mit bestimmten Qualifikationen vorbehalten werden; dies kann auch in der Form der Schließung eines Berufs
mit Wirkung auch für die bislang in ihm Tätigen geschehen.

Beispiel:
Durch das Hufbeschlaggesetz 2006 wurden die Berufe der Hufpfleger, Huftechniker
und der bis dahin allein zum Eisenhufbeschlag berechtigten Hufbeschlagsschmiede
zusammengeführt, so dass nur noch die letzteren berechtigt waren, überhaupt
Barhufpflege und Hufversorgung auszuführen; die Hufpfleger und Huftechniker
konnten ihren Beruf nur beim aufwendigen Erwerb der zusätzlichen Qualifikation
als Hufbeschlagsschmied weiter ausüben (BVerfGE 119, 59 ff.).

Als **Gebote** sind namentlich auch Verpflichtungen zur Übernahme beruflicher   25
Tätigkeiten zu nennen,

Beispiele:
Die Beförderungspflicht für Personenbeförderungsunternehmer nach § 22
PBefG; für Anwälte die Bestellung zum Pflichtverteidiger (BVerfGE 39, 238
[241] – dort als Sonderform von Indienstnahme bezeichnet).

ferner die Indienstnahme von Grundrechtsträgern dadurch, dass ihnen die Erledigung mit der Ausübung ihrer Berufsfreiheit verbundener staatlicher Aufgaben auferlegt wird.

> **Beispiele:**
> Die Verpflichtung zur Vorratshaltung für Mineralölimporteure (BVerfGE 30, 292 [310 ff.]); die Verpflichtung der Tabakhersteller und -händler, in Erfüllung einer Aufgabe staatlicher Gesundheitspolitik auf allen ihren Tabakprodukten Warnhinweise anzubringen (BVerfGE 95, 173 [187]). – Die Verpflichtung der Gastwirte, Verstöße gegen das Rauchverbot durch ihre Gäste zu unterbinden (BVerfGE 121, 317 [346]), wo (auch) das an die Raucher gerichtete Verbot als unmittelbarer Eingriff in die Berufsfreiheit der Gastwirte qualifiziert wird.

26 Ein Eingriff durch **rechtsgestaltende Anordnung** ist etwa der Austausch des selbst gewählten Arbeitgebers durch einen anderen bei Fortbestand des Arbeitsverhältnisses durch eine dahin gehende gesetzliche Regelung.

> **Beispiel:**
> Überleitung eines Arbeitsverhältnisses mit dem Land auf ein (dann privatisiertes) Universitätsklinikum (BVerfGE 128, 157 [176 ff.]).

27 Im Bereich klassischer Eingriffe ist bei Art. 12 Abs. 1 GG nicht abschließend geklärt, ob gesetzliche Regelungen, die nicht ausschließlich die Betätigung der Berufsfreiheit betreffen, sondern auch für andere Fälle gelten, an Art. 12 Abs. 1 GG zu messen sind, soweit es zu Beeinträchtigungen beruflicher Betätigung kommt. Dies wird verbreitet abgelehnt; vielmehr wird gefordert, dass die Regelung eine **spezifische Ausrichtung gerade gegen die Berufsfreiheit** hat oder bei engem Zusammenhang mit der Berufsfreiheit zumindest eine **objektiv berufsregelnde Tendenz** aufweist. Diese wird in der neueren Rechtsprechung dann angenommen, wenn eine Regelung sich typischerweise auf berufliche Betätigungen auswirkt.

> **Beispiele:**
> Verpflichtungen von Diensteanbietern zur Speicherung von Telekommunikationsdaten (BVerfGE 125, 260 [358 f.]); Regelungen des Gentechnikgesetzes zum Inverkehrbringen von Produkten und zur wirtschaftlichen Nutzung emittierender Grundstücke (BVerfGE 128, 1 [58, 81 f.]).

Bei Gesetzen, deren imperative Rechtswirkungen u. a. auch die Betätigung der Berufsfreiheit erfassen können, entspricht ein solches Erfordernis grundrechtsspezifischer Ausrichtung oder doch grundrechtstypischer Finalität nicht dem Stand der Grundrechtsdogmatik im Allgemeinen. Danach kommt es allein darauf an, ob eine Regelung einen grundrechtlichen Schutzgegenstand imperativ beeinträchtigt oder nicht. **Überzeugende Gründe**, gerade bei Art. 12 Abs. 1 GG hiervon abzuweichen, sind **nicht erkennbar**. S. aber auch o. Rn. 8.

Die genannten Anforderungen werden auch auf **Geldleistungspflichten** bezo- **28** gen. Sie sollen nur dann an Art. 12 Abs. 1 GG zu messen sein, wenn sie gerade auf die Berufstätigkeit bezogen sind oder zumindest in einem engen Zusammenhang mit der Ausübung eines Berufs stehen und objektiv berufsregelnde Tendenz haben (etwa BVerfGE 95, 267 [302]).

Beispiele:

Der allgemein für sämtliche Wirtschaftszweige und individuelle Darlehen gelten-den Regelung des Fortbestands in der DDR begründeter Altschulden hat BVerfGE 95, 267 [302 f.] die objektiv berufsregelnde Tendenz abgesprochen. Teilweise wird auch ein Bezug auf eine bestimmte Berufstätigkeit verlangt, BVerfG (K), NVwZ 2012, 1535 (1536). – Dagegen ist die Verpflichtung von Arbeitgebern zur Zahlung eines Zuschusses zum Mutterschaftsgeld als Folge der Beschäftigung der geschützten Arbeitnehmerinnen allgemein als relevante Beschränkung der Berufsfreiheit eingestuft worden; einer besonderen berufsregelnden Tendenz bedurfte es (daneben) nicht (BVerfGE 109, 64 [84 f.]).

In der Tat bezieht sich eine Geldzahlungspflicht (wenn es nicht etwa um die Verpflichtung zur Vornahme gewisser Bankgeschäfte geht) als Imperativ nicht gebietend oder verbietend auf eine berufliche Betätigung. Vielmehr handelt es sich bei der Geldzahlung (zu Art. 14 GG u. Kap. 26, Die Grundrechte des Art. 14 GG, Rn. 9 f.) grundsätzlich um ein nur von Art. 2 Abs. 1 GG gedecktes Verhalten, dessen Anordnung den **Art. 12 Abs. 1 GG nur mittelbar** betrifft, namentlich **über die Motivation** des Zahlungspflichtigen selbst. Daher stehen zusätzliche Anforderungen an die Relevanz der Beeinträchtigung – zumal ihre zwangsgleiche Wirkung oder ein Lenkungsziel – in diesen Fällen mit den allgemeinen grundrechtsdogmatischen Grundsätzen (o. Kap. 8, Grundrechtseingriff und sonstige relevante Grundrechtsbeeinträchtigungen, Rn. 30 zur Lenkungssteuer) in Einklang.

Beispiele:

Für eine bei Erteilung einer Gaststättenerlaubnis erhobene Schankerlaubnissteuer sind diese Voraussetzungen mit Rücksicht auf ihren Charakter als Sondersteuer für einen bestimmten Beruf und ihr erkennbares Ziel, die Eröffnung neuer Gaststätten zu hemmen, angenommen worden (BVerfGE 13, 181 [184 ff.]). – Die Versagung des Abzugs von Kosten eines häuslichen Arbeitszimmers soll nicht in die Berufsfreiheit eingreifen, weil ein Bezug auf bestimmte Berufe ebenso fehlt wie eine Lenkungswirkung; der Bezug auf jegliche zur Einnahmeerzielung gerichtete Tätigkeit (zumindest typischerweise einen Beruf) soll nicht genügen (BVerfGE 126, 268 [284]).

Bei den sonstigen Beeinträchtigungen der Berufsfreiheit haben insbesondere **29** **Warnungen oder Aufklärungsaktionen** staatlicher Stellen eine Rolle gespielt (allgemein o. Kap. 8, Grundrechtseingriff und sonstige relevante Grundrechtsbeeinträchtigungen, Rn. 32), die durch Einflussnahme auf das Verhalten der Abnehmer die Absatzchancen von Produkten negativ beeinflussen. Heute dürfte nicht mehr zweifelhaft sein, dass derartige Aufklärungsaktionen staatlicher Stellen als Grundrechtsbeeinträchtigungen rechtfertigungsbedürftig sind. Umstritten bleibt, inwieweit es in diesem Bereich einer gesetzlichen Grundlage für das Staatshandeln bedarf. Die zum Teil verfassungsunmittelbar aus den Aufgaben der Bundesregierung abgeleiteten, dabei auch noch der Kompetenzverteilung zwischen Bund und Ländern enthobenen exekutiven Sonderbefugnisse erscheinen problematisch.

> **Beispiele:**
>
> Eine Transparenzliste mit Preis-, Wirksamkeits- und Qualitätssicherungsangaben für Arzneimittel wurde mangels gesetzlicher Grundlage als Grundrechtsverletzung qualifiziert (BVerfGE 71, 183 [194 f.]). – Die Veröffentlichung einer Liste mit Diethylenglykol versetzter Weine durch den Bundesminister für Jugend, Familie und Gesundheit wurde dagegen schon gar nicht als Beeinträchtigung der Berufsfreiheit eingestuft, allerdings nur bei Wahrung diverser rechtlicher Anforderungen (BVerfGE 105, 252 [265 ff.]).

Ein funktionales Äquivalent eines Eingriffs können auch Regelungen sein, die über das geregelte Verhalten der Normadressaten auf die Ausübung der Berufsfreiheit Dritter einwirken sollen.

> **Beispiel:**
>
> Tariftreueregelungen, die öffentliche Auftraggeber daran hindern, nicht tariftreuen Unternehmen Aufträge zu erteilen, um so die Unternehmen als Arbeitgeber an die Inhalte der Tarifverträge zu binden (BVerfGE 116, 203 [222 f.]).

30   Problematisch ist auch die Frage, inwieweit eine relevante Grundrechtsbeeinträchtigung anzunehmen ist, wenn die Betätigung **staatlicher Stellen** dazu führt, dass die (erfolgreiche) Berufstätigkeit eines Grundrechtsträgers durch **Konkurrenz** erschwert wird. Insoweit ist grundsätzlich zu beachten, dass Art. 12 Abs. 1 GG von allseitiger Berufsfreiheit ausgeht, also prinzipiell keinen Schutz vor privaten Konkurrenten bietet; damit kann auch deren staatliche Zulassung durch den Staat, die ja für die Konkurrenten nur die prinzipiell jedem gleichermaßen zustehende Berufsfreiheit zur Geltung bringt, die Berufsfreiheit anderer Grundrechtsträger nicht beeinträchtigen. Überhaupt soll die Reichweite des Freiheitsschutzes unternehmerischer Betätigungen am Markt durch die rechtlichen Regeln, die den Wettbewerb ermöglichen und begrenzen, mitbestimmt sein; Auswirkungen des Staatshandelns auf die Wettbewerbssituation sollen daher insoweit grundsätzlich keine relevanten Beeinträchtigungen darstellen (BVerfGE 134, 204 Rn. 114 m.w.N.). Anderes muss allerdings gelten, wenn die staatliche Einwirkung, etwa durch einseitige Subventionen, zu **Verzerrungen der Wettbewerbssituation** führt.

> **Beispiele:**
>
> Die öffentliche Bestellung von Sachverständigen verschafft diesen einen Wettbewerbsvorsprung vor anderen Sachverständigen, beeinträchtigt daher deren Berufsfreiheit erheblich (BVerfGE 86, 28 [38 f.]). – Die Aufnahme von Krankenhäusern

in die Krankenhausbedarfsplanung, die ihnen die staatliche Übernahme von Investitionskosten sichert, bedeutet für andere Krankenhäuser einen als Beeinträchtigung der Berufsfreiheit erheblichen Konkurrenznachteil (BVerfGE 82, 209 [224]). – Die durch die Rechtschreibereform ausgelösten (wettbewerbsneutralen) Veränderungen von Marktdaten für die Tätigkeit von Buchunternehmen beeinträchtigen deren Berufsfreiheit nicht (BVerfGE 98, 218 [258 f.]). – Die Vergabe öffentlicher Aufträge berührt die Berufsfreiheit erfolgloser Bewerber grundsätzlich nicht (BVerfGE 116, 135 [151 ff.]).

Die **Offenlegung von Betriebs- und Geschäftsgeheimnissen** durch den Staat oder   31
die Verpflichtung zur Offenlegung, die als solche einen klassischen Eingriff darstellt, kann die Ausschließlichkeit der Nutzung des betroffenen Wissens beeinträchtigen und damit den Wettbewerb beeinflussen, so dass die berufliche Tätigkeit der Betroffenen und damit ihre Berufsfreiheit beeinträchtigt wird (BVerfGE 115, 205 [230]; 137, 185 Rn. 153 ff.). Dem trägt das BVerfG dadurch Rechnung, dass es die Geheimnisse als (oder wie) selbständige Schutzgegenstände des Art. 12 Abs. 1 GG behandelt (s. auch o. Kap. 17, Die Grundrechte des Art. 5 GG, Rn. 32, 35).

Beispiel:
Die Betriebs- und Geschäftsgeheimnisse auch von Kriegswaffenproduzenten sieht BVerfGE 137, 185 Rn. 182 durch Art. 12 Abs. 1 GG geschützt, da Art. 26 GG „allenfalls" die nicht genehmigte Durchführung von Kriegswaffenexportgeschäften missbillige; der Geheimnisschutz soll sogar für den Fall gelten, das eine Genehmigung versagt wird.

Auch die **Konkurrenz durch Wirtschaftshandeln staatlicher Stellen selbst** sieht   32
die Rechtsprechung nicht schlechthin, sondern nur unter besonderen Voraussetzungen als relevante Grundrechtsbeeinträchtigung privater Konkurrenten an. Warum Art. 12 Abs. 1 GG jedenfalls grundsätzlich nicht vor dem Wettbewerb der öffentlichen Hand schützen soll (so BVerwGE 39, 329 [336 f.]), ist allerdings durch den Verweis auf die fehlende Schutzwirkung gegenüber der Konkurrenz privater Wettbewerber nicht zu begründen, da es bei wirtschaftlicher Betätigung der öffentlichen Rechtsträger gerade nicht um gleichberechtigte Freiheitsbetätigung geht. Der Hinweis darauf, dass das Grundgesetz keine Entscheidung für ein allein privatwirtschaftliches System enthalte, beruht auf einem Zirkelschluss, weil genau diese Frage durch Art. 12 Abs. 1 GG gestellt ist. Damit bleiben hier zumindest erhebliche Zweifel.

d) Begrenzungen und Anforderungen an Einschränkungen

Art. 12 Abs. 1 Satz 2 GG sieht vor, dass die **Berufsausübung durch Gesetz oder**   33
aufgrund eines Gesetzes geregelt werden kann. Nach dem Wortlaut dieses Vorbehalts scheint sich die Regelungsmöglichkeit des Gesetzgebers nur auf die Ausübung des Berufs zu erstrecken, dagegen insbesondere die Berufswahl nicht zu erfassen. Geht man von diesem Wortlaut aus, so wäre die freie Wahl des Berufs (wie auch des Arbeitsplatzes und der Ausbildungsstätte) vorbehaltlos gewährleistet und müsste nach den Regeln für die Einschränkung solcher Grundrechte behandelt werden; Einschränkungen wären dann nur insoweit zulässig, als sie auf begrenzende

Inhalte anderweitiger Verfassungsnormen gestützt werden könnten (o. Kap. 9, Grundrechtsbegrenzungen, Rn. 33 ff. und u. Rn. 42).

34   Das BVerfG ist mit der Problematik einer Berufswahleinschränkung bereits früh konfrontiert worden. Zu diesem Zeitpunkt war die Konstruktion zusätzlicher Grundrechtsbegrenzungswirkungen primär anders ausgerichteter Verfassungsnormen noch nicht entwickelt (zu den Anfängen o. Kap. 9, Grundrechtsbegrenzungen, Rn. 21 ff., auch u. Rn. 42). Andererseits gab es zahlreiche Einschränkungen der Berufswahl, die das Grundgesetz auch nicht insgesamt hatte abschaffen wollen. Vor diesem Hintergrund bot sich der Ausweg an, den Vorbehalt des Art. 12 Abs. 1 Satz 2 GG auf das gesamte durch die Unterwerfung unter diesen Vorbehalt „**vereinheitlichte**" **Grundrecht Berufsfreiheit** zu erstrecken. Die Begründung, dass sich Berufswahl und Berufsausübung nicht strikt trennen lassen, da die Berufswahl unmittelbar auf die Berufsausübung ziele und der Beginn der Berufsausübung die Verwirklichung der Berufswahl darstelle, überzeugt freilich nur bedingt, zumal im Rahmen des danach einheitlich auf das gesamte Grundrecht erstreckten Vorbehaltes dann alsbald doch wieder differenziert wird. Unabhängig davon ist heute von der umfassenden Geltung des Regelungsvorbehaltes aus Art. 12 Abs. 1 Satz 2 GG für das gesamte Grundrecht der Berufsfreiheit nach Art. 12 Abs. 1 Satz 1 GG in all seinen Teilaspekten auszugehen.

35   Hierzu wurde im deshalb berühmten **Apothekenurteil** (BVerfGE 7, 377) die bis heute weitergeführte so genannte Drei-Stufen-Theorie entwickelt. Die **Drei-Stufen-Theorie** geht davon aus, dass für Gesetze aufgrund des Regelungsvorbehaltes nach Art. 12 Abs. 1 Satz 2 GG **unterschiedliche Anforderungen** gelten, je nachdem, welcher Bereich des Grundrechts der Berufsfreiheit von einer Regelung betroffen ist.

36   In Anlehnung an den Verfassungstext wird in erster Linie zwischen der Berufsausübung und der Berufswahl differenziert. **Regelungen der Berufsausübung**, also alle grundrechtsbeschränkenden Regelungen, die lediglich das „Wie" der beruflichen Tätigkeit betreffen (o. Rn. 17), lässt Art. 12 Abs. 1 Satz 2 GG schon seinem Wortlaut nach als schlichter Gesetzesvorbehalt zu. Sie sind danach prinzipiell unbedenklich, müssen lediglich von vernünftigen Erwägungen des Gemeinwohls getragen sein. Dies geht wohl nicht über das hinaus, was auch bei Art. 2 Abs. 1 GG zu fordern ist (o. Kap. 14, Die Grundrechte des Art. 2 GG, Rn. 38).

> **Beispiel:**
> Für die Versagung jeglicher Vergütung für die Führung von Betreuungen im Nebenberuf durch eine Justizangestellte konnte das BVerfG vernünftige Erwägungen des Gemeinwohls allerdings nicht entdecken (BVerfG [K], NJW 1999, 1621 [1622]).

37   Der über den Wortlaut hinaus unter den Regelungsvorbehalt gefasste Bereich der Berufswahl wird demgegenüber Einschränkungen nur unter strikteren Anforderungen unterworfen. **Einschränkungen der Berufswahl,** also Regelungen des „Ob" der beruflichen Betätigung (o. Rn. 16), betreffen die Zulassung zu der beruflichen Tätigkeit überhaupt, sei es zu Beginn der Tätigkeit, sei es auch in Form einer abschließenden Begrenzung (etwa: Höchstaltersgrenze). Sie werden deshalb auch als **Zulassungsvoraussetzungen** bezeichnet. Bei diesen insgesamt strikter zu behandelnden Einschränkungen wird weiter differenziert zwischen subjektiven und objektiven Zulassungsvoraussetzungen.

Subjektive Zulassungsvoraussetzungen betreffen Eigenschaften des Grund-   38
rechtsträgers, insbesondere bestimmte Fähigkeiten oder Ausbildungen, die für die Ausübung eines Berufs sinnvollerweise erforderlich sind, bzw. den formalen Nachweis solcher Qualifikationen. Doch gehören auch andere, in der Person des Grundrechtsberechtigten liegende Eigenschaften hierher, namentlich auch solche, auf die er keinen Einfluss hat, wie etwa das Lebensalter (BVerfGE 9, 338 [345]), die Körpergröße oder sein früheres Verhalten.

> **Hinweis:** Das Apothekenurteil hat insoweit zu manchem Missverständnis Anlass gegeben, indem es den fehlenden Einfluss des Einzelnen auf die Erfüllung einer Zulassungsvoraussetzung nur bei den objektiven Zulassungsvoraussetzungen angesprochen hat (BVerfGE 7, 377 [406, 407]).

Demgegenüber sind **objektive Zulassungsvoraussetzungen** solche, die von den per-   39
sönlichen Eigenschaften und Verhältnissen des Grundrechtsträgers unabhängig sind.

> **Beispiele:**
> Festlegung von Höchstzahlen (numerus clausus) für bestimmte Berufe; Nichtzu-lassung neuer Apotheken, wenn die Wirtschaftlichkeit der schon bestehenden in Frage gestellt wird (BVerfGE 7, 377 [393 f.]); absolut festgelegte Höchstkontin-gente für den Güterkraftverkehr (BVerfGE 40, 196 [218 ff.] zu § 9 GüKG a.F.); Bedürfnisklauseln für die Zulassung von Taxen (BVerfGE 11, 168 [183 ff.] zu § 9 Abs. 1 PBefG a.F.).

Als Grenzfall (zu einer noch höheren Stufe) gehören hierher auch **völlige Zulas-sungssperren** durch allgemeine Verbote einer beruflichen Betätigung überhaupt (vgl. BVerwGE 96, 302 [311]) oder durch staatliche Monopolisierung von Tätigkei-ten (BVerfGE 21, 245 [249 f.])

Bei dieser Unterscheidung sind die subjektiven Zulassungsvoraussetzungen,   40
schon weil sie sich vielfach aus der Natur der Sache, d.h. den beruflichen Anfor-derungen zwangsläufig ergeben, grundsätzlich die weniger bedenklichen, die deshalb nur mittelstrengen Anforderungen genügen müssen. Außerdem liegt der Gedanke zugrunde, dass der Einzelne auf seine persönlichen Eigenschaften Einfluss nehmen, insbesondere Fähigkeiten und Vorbildungen erwerben kann. Umgekehrt werden von den persönlichen Eigenschaften des Grundrechtsträgers unabhängige Einschrän-kungen mangels Rechtfertigung aus den Anforderungen der beruflichen Tätigkeit selbst und wegen der fehlenden **Einflussnahmemöglichkeiten** als besonders belas-tend empfunden.

Im Einzelnen entsprechen den drei genannten **Einschränkungsstufen** die fol-   41
genden, unterschiedlich strengen, in der Judikatur nicht stets einheitlich formulier-ten **Anforderungen**:

- Die (bloßen) Berufsausübungsregelungen sind grundsätzlich aus jeder vernünf-tigen Erwägung des Gemeinwohls zulässig.

- Subjektive Zulassungsvoraussetzungen dürfen demgegenüber nur zum Schutz (besonders, teils auch: überragend) wichtiger Gemeinschaftsgüter eingesetzt werden.
- Objektive Zulassungsvoraussetzungen schließlich setzen voraus, dass eine Regelung zur Abwehr nachweisbarer oder doch höchstwahrscheinlicher, schwerer Gefahren für überragend wichtige Gemeinschaftsgüter zwingend geboten erscheint.

42   Der ohnehin für jede staatliche Betätigung erforderliche **Gemeinwohlbezug** ist damit für die drei Stufen nach Gegenstand und Intensität schon im Ausgangspunkt unterschiedlich. Die größte Freiheit hat der Gesetzgeber bei den Berufsausübungsregelungen. Aber auch die mit subjektiven Zulassungsvoraussetzungen verfolgten Ziele kann er nach seinen politischen Vorstellungen im Rahmen der Verfassung (als „relative" Gemeinschaftswerte) frei festlegen. Dagegen sollen objektive Zulassungsvoraussetzungen nur allgemein anerkannte, von der jeweiligen Politik unabhängige „absolute" Gemeinwohlbelange sein können. Damit wird der Sache nach jedenfalls weitgehend auf Anliegen von Verfassungsrang verwiesen (vgl. für den Tierschutz nach Art. 20a GG BVerfGE 119, 59 [83]), so dass insoweit die Einschränkungsmöglichkeiten praktisch denen von vorbehaltlosen Grundrechten entsprechen.

▶   **Hinweis:** Insoweit würde die Trennung eines vorbehaltlos garantierten Grundrechts der Berufswahlfreiheit und eines der unter Regelungsvorbehalt gestellten Berufsausübungsfreiheit statt des einheitlichen Grundrechts der Berufsfreiheit (o. Rn. 2) im Ergebnis keinen Unterschied machen.

Beispiel:
Als überragend wichtiges Gemeinschaftsgut wurde (vor der Privatisierung) der Bestand, die Funktionsfähigkeit und die Wirtschaftlichkeit der deutschen Bundesbahn (vgl. damals Art. 87 Abs. 1 Satz 1 GG) qualifiziert, so dass die Kontingentierung des Güterkraftverkehrs auf der Straße als objektive Zulassungsvoraussetzung gerechtfertigt werden konnte (BVerfGE 40, 196 [218 ff.]); heute ließe sich dafür möglicherweise der Umweltschutz des Art. 20a GG anführen.

43   Im Übrigen wird der Gesetzgeber nach dem Grundsatz der Verhältnismäßigkeit als verpflichtet angesehen, seine Ziele grundsätzlich auf der **niedrigsten möglichen Stufe** zu verwirklichen (Einsatz des mildesten Mittels nach dem Grundsatz der Erforderlichkeit). Darüber hinaus ist **auf einer zulässigerweise beschrittenen Stufe** der **Verhältnismäßigkeitsgrundsatz** zu beachten, so dass stets zu prüfen ist, ob das konkret gewählte Mittel bezogen auf das verfolgte Ziel geeignet, erforderlich und proportional erscheint.

▶   **Hinweis:** Dem privaten Krankenversicherungen im Interesse der Sicherstellung eines ausreichenden Versicherungsschutzes für alle gesetzlich auferlegten Kontrahierungszwang fehlt die Erforderlichkeit nicht deshalb, weil die damit verbundene Belastung über öffentliche Haushalte der Allgemeinheit auferlegt werden könnte (BVerfGE 123, 186 [243]; o. Kap. 10, Anforderungen an Grundrechtsbeeinträchtigungen, Rn. 41).

Dem Gesetzgeber wird dabei gerade bei wirtschaftsgestaltenden Regelungen hinsichtlich der Eignung und Erforderlichkeit seiner Mittel ein großer Einschätzungs- und Gestaltungsspielraum eingeräumt (BVerfGE 30, 292 [319], o. Kap. 10, Anforderungen an Grundrechtsbeeinträchtigungen, Rn. 42), der ggf. nur eine Evidenz- oder Vertretbarkeitskontrolle zulässt. Namentlich bei Berufsausübungsregelungen soll dem Gesetzgeber auch hinsichtlich der Angemessenheit ein erheblicher Gestaltungsspielraum zur Verfügung stehen (BVerfGE 111, 10 [38, auch abw. Meinung, S. 43]).

Beispiele:
Bei der Überprüfung der Erforderlichkeit der Kontingentierung des Güterkraftverkehrs genügte die Feststellung, dass keiner der Alternativvorschläge die Voraussetzungen eines gleich wirksamen, aber weniger stark eingreifenden Mittels eindeutig erfüllte (BVerfGE 40, 196 [223]). – Das Mitbestimmungsurteil (BVerfGE 50, 290 [233 f.]) begnügte sich nach Hinweis auf die stark differenzierenden Prüfungsanforderungen der Judikatur mit einer vertretbaren Prognose, die es vor allem von der verfahrensrechtlichen Anforderung abhängig machte, dass die zugänglichen Erkenntnisquellen ausgeschöpft wurden.

Bei einer **Gesamtbetrachtung** wird zugleich deutlich, dass die Drei-Stufen-Theorie nichts anderes als einen spezifischen Ausdruck des Grundsatzes der **Verhältnismäßigkeit** darstellt, den Versuch, **typisierte Fälle** abgestufter Eingriffsintensität mit entsprechend zugeschnittenen Anforderungen zu verknüpfen. Gegenüber einer unmittelbaren Anwendung der allgemeinen Anforderungen des Grundsatzes der Verhältnismäßigkeit hat die Drei-Stufen-Theorie als heuristisches Modell den Vorteil, die Prüfungsanforderungen vorzustrukturieren; doch können die drei aufgezeigten Stufen als bloße Typisierungen nicht jeden Einzelfall der Verhältnismäßigkeitsproblematik sachgerecht erfassen. Daher können Modifikationen unter Rückgriff auf die allgemeinen Kriterien der Verhältnismäßigkeit nötig sein.   **44**

Beispiel:
Orientiert an der Intensität des Eingriffs stellt BVerwGE 149, 295 Rn. 38 an die persönlichen Voraussetzungen der Eintragung in die Handwerksrolle dieselben Anforderungen, unabhängig davon, ob sich die Regelung als subjektive Berufswahlbeschränkung oder als Berufsausübungsregelung darstellt.

Dies zeigt exemplarisch etwa der Fall der **Altersgrenzen**. Diese stellen zwar subjektive Zulassungsvoraussetzungen dar, weil sie persönliche Eigenschaften des Grundrechtsträgers betreffen, sind aber andererseits für die Betroffenen in keiner Weise zu beeinflussen. Altersgrenzen wirken damit für sie ebenso unausweichlich wie von ihrer Person unabhängige objektive Zulassungsvoraussetzungen, so dass unter dem Aspekt der Zumutbarkeit eine Behandlung nach den verschärften   **45**

Anforderungen der dritten Stufe angemessen erscheinen könnte (anders die Judikatur des BVerfG, bestätigt in BVerfGE 64, 72 [82]).

46   Allerdings wäre auch die **unterschiedliche Behandlung** subjektiver Zulassungsvoraussetzungen danach, ob eine persönliche Eigenschaft generell durch den Grundrechtsträger **zu beeinflussen** ist oder nicht (vgl. auch o. Kap. 15, Die Gleichheitssätze des Art. 3 GG, Rn. 30, 97), **nicht unproblematisch.** Denn auch eine Eigenschaft, die durchaus erworben werden kann, wie etwa eine durch Prüfungen nachzuweisende Fähigkeit, liegt doch für bestimmte Betroffene von vornherein außerhalb ihrer individuellen Möglichkeiten, weil sie etwa die entsprechenden Begabungen oder aber auch den notwendigen Fleiß nicht mitbringen. Der Gedanke der Unzumutbarkeit wegen fehlender Einflussmöglichkeit darf nicht einseitig überbewertet werden. Vielmehr scheint die Anknüpfung an persönliche Voraussetzungen für die Ausübung eines Berufs, selbst wenn der Betroffene sie nicht beeinflussen kann, weniger belastend als ein Ausschluss aus von der Person unabhängigen, externen Gründen.

47   Ein anderes Beispiel für die Relativität der Stufen bietet etwa der **Kassenarztbeschluss** des BVerfG (Beispiel o. Rn. 19). Obwohl der Ausschluss von der Zulassung als Kassenarzt lediglich eine Regelung der (ärztlichen) Berufsausübung darstellt, war zu berücksichtigen, dass aufgrund des beherrschenden Anteils sozialversicherter Patienten eine Praxis, die nur Privatpatienten behandeln durfte, in aller Regel nicht lebensfähig war. Die formal als Ausübungsregelung zu qualifizierende Nichtzulassung zur Kassenarztpraxis war demnach von den wirtschaftlichen Auswirkungen her einer objektiven Zulassungsvoraussetzung gleichzustellen und an den entsprechenden Anforderungen zu messen (BVerfGE 11, 30 [42 ff.]; die Bewertung einer Höchstaltersgrenze von 55 Jahren für die Zulassung als Vertragsarzt als Berufswahlregelung ist offen geblieben, s. BVerfGE 103, 172 [184]).

> **Beispiel:**
>
> Die Tatsache, dass die Mineralölbevorratungspflicht mittelständische, konzernunabhängige Unternehmen der Branche zur Aufgabe zwingen würde, genügte dem BVerfG nicht, um diese Berufsausübungsregelung den Anforderungen an objektive Zulassungsvoraussetzungen zu unterwerfen; dafür wäre nötig gewesen, dass Mineralölimporteure generell zur Berufsaufgabe genötigt worden wären (BVerfGE 30, 292 [314 f.]).

48   Wieder andere Wertungen erfordern Zulassungsvoraussetzungen, die an **individuelle Verhältnisse** des Grundrechtsberechtigten anknüpfen, die **außerhalb seiner Person** liegen, wie etwa das Vorhandensein für die Berufstätigkeit geeigneter Räumlichkeiten (§ 4 Abs. 1 Nr. 2 GaststättenG). Wegen ihres Bezuges auf den jeweiligen Grundrechtsträger handelt es sich zwar um subjektive Zulassungsvoraussetzungen, die jedoch der Sache nach (vorgezogene) **Sanktionen für die Nichtbeachtung von Berufsausübungsregelungen** darstellen. Damit geht es in erster Linie um deren Legitimität nach den dafür einschlägigen Maßstäben; die Anforderungen an subjektive Zulassungsvoraussetzungen gelten aber für die Frage, ob es legitim ist, für die Nichterfüllung der jeweiligen Ausübungsregelung die Sanktion des Berufsausschlusses vorzusehen.

Beispiel:
Das für Notare bestehende Verbot einer Sozietät mit Steuerberatern stellt eine Berufsausübungsregelung dar. Wird dem Anwalt in einer solchen Sozietät die Zulassung als Anwaltsnotar versagt oder wird ein Anwaltsnotar nach Begründung einer solchen Sozietät seines Notaramtes enthoben, betrifft diese Sanktion zwar die Ebene der Berufswahl, das Sozietätsverbot als solches wird damit aber nicht auf diese Stufe gehoben. Es ist vielmehr unabhängig davon nach den Maßstäben für Berufsausübungsregelungen zu beurteilen (BVerfGE 80, 269 [278]).

Bei sog. **Inkompatibilitätsregelungen,** die die gleichzeitige Ausübung zweier   **49** Berufe verbieten, hat das BVerfG ursprünglich objektive Zulassungsvoraussetzungen angenommen, aber die dafür geltenden strengen Anforderungen nicht in gleichem Maße für objektive Beschränkungen der Zuwahl eines zweiten Berufs durchgreifen lassen, da der Berufsbewerber ja immerhin einen der beiden Berufe frei wählen könne (BVerfGE 21, 173 [181]). Später hat es objektive und subjektive Elemente angenommen, entscheidend aber auf die wirtschaftlichen Folgen einer Inkompatibilitätsregelung abgestellt (BVerfGE 87, 287 [316 f.]). Tatsächlich dürfte es sich um allein subjektive Zulassungsvoraussetzungen handeln, da es nur darauf ankommt, ob der fragliche Grundrechtsträger selbst zugleich den anderen der beiden Berufe ausübt.

Vor dem Hintergrund solcher Unsicherheiten und **Relativierungen** kann sich die   **50** Frage stellen, ob es überhaupt noch angezeigt ist, die Kriterien der Drei-Stufen-Theorie heranzuziehen, die einerseits ohnehin durch allgemeine Kriterien der Verhältnismäßigkeit ergänzt werden müssen, andererseits je nach Lage des Falls doch keine verbindliche Kategorisierung der Fälle erlaubt. Da die Rechtsprechung bis heute prinzipiell an der Anwendung der Drei-Stufen-Theorie festhält,

Beispiel:
Vgl. zur Verwendung entsprechender Kategorien etwa noch BVerfGE 139, 19 Rn. 58, 75; ohne solchen Rückgriff etwa BVerfGE 135, 90 Rn. 57 ff.

sich diese auch in der Praxis der sonstigen Gerichte und im Schrifttum breiter Anerkennung erfreut, scheint es jedoch durchaus **sinnvoll,** bei einer Prüfung des Art. 12 Abs. 1 GG von den **Kriterien der Drei-Stufen-Theorie auszugehen,** dabei aber deren Relativität von vornherein in Rechnung zu stellen. Auch kann es nötig werden, bei Regelungen der Rechtsbeziehungen zwischen Privaten praktische Konkordanz zwischen den berührten Grundrechtsbelangen herzustellen (BVerfGE 134, 204 Rn. 68 f.; o. Kap. 10, Anforderungen an Grundrechtsbeeinträchtigungen, Rn. 46).

Abgesehen von dem Grundsatz der Verhältnismäßigkeit sind im Rahmen des   **51** Regelungsvorbehalts des Art. 12 Abs. 1 GG, der einen schlichten Gesetzesvorbehalt darstellt, auch die sonstigen **allgemeinen Anforderungen** (o. Kap. 10, Anforderungen an Grundrechtsbeeinträchtigungen) an grundrechtseinschränkende Regelungen zu beachten. Hierzu gehört, dass die beschränkende Regelung durch **Gesetz** erfolgt; insoweit ist durch die Verfassungsänderung von 1968 nur klargestellt worden, dass auch aufgrund eines Gesetzes erlassene **untergesetzliche Regelungen,** insbesondere Rechtsverordnungen und Satzungen, zulässig sind (o. Kap. 9, Grundrechtsbegrenzungen, Rn. 10 ff.).

52   Dabei ist ganz selbstverständlich, dass solche untergesetzlichen Regelungen **ordnungsgemäß ermächtigt** sein müssen. Namentlich müssen bundesgesetzliche Ermächtigungen zum Erlass von Rechtsverordnungen dem Art. 80 Abs. 1 GG, insbesondere den **Bestimmtheitsanforderungen** nach Satz 2, genügen. Auch berufsregelndes Satzungsrecht ist zulässig, muss aber den Rahmen der gesetzlichen Ermächtigung einhalten (BVerfGE 101, 312 [322 ff.]). Weiterhin hat das BVerfG im berühmten **Facharztbeschluss** klargemacht, dass auch grundrechtsbeschränkende Satzungen möglich sind, wenn sie auf formelle Gesetze gestützt sind, die Bestimmtheitsanforderungen genügen, die sich in Analogie zur Drei-Stufen-Theorie an der Intensität der vorgenommenen Beschränkung orientieren. Dies trifft sich mit den Anforderungen der in dieser Entscheidung mitbegründeten Wesentlichkeitstheorie. Diese erfordern namentlich, dass das formelle Gesetz die Regelungen über die Berufswahl bis auf technische Details selbst trifft und auch einschneidende, das Gesamtbild der beruflichen Tätigkeit prägende Vorschriften zumindest in den Grundzügen enthält (BVerfGE 33, 125 [159 f.]).

▶   Hinweis: Die allgemeine Satzungsbefugnis der Kommunen und die Ermächtigung, die Benutzung öffentlicher Einrichtungen zu regeln, wird als nicht ausreichend für Berufsausübungsregelungen angesehen (BVerwGE 148, 133 Rn. 25 ff., 28, für Anforderungen an auf Friedhöfen aufzustellende Grabmale). Zudem fehlte der Satzungsregelung die nötige Bestimmtheit, da nicht erkennbar war, welche Nachweise für die fehlende Herstellung durch Kinderarbeit anerkannt würden.

53   Besondere Bedeutung haben die Erfordernisse der **hinreichend bestimmten Gesetzlichkeit** auch gegenüber der Judikatur erlangt, die lange Zeit auf mehr oder weniger dürftiger formell gesetzlicher Grundlage zum Teil empfindliche Grundrechtseinschränkungen vorgenommen hatte. Solchem grundrechtsbeschränkenden **Richterrecht** hat das BVerfG seit den Entscheidungen zu den anwaltlichen Standesrichtlinien (BVerfGE 76, 171 [184 ff.]; BVerfGE 76, 196 [205 ff.]) deutlich **engere Schranken** gezogen.

Beispiel:
Das noch 1980 und 1989 vom BVerfG ausdrücklich gebilligte Vorgehen der Zivilgerichte, aus dem Gesamtzusammenhang des notariellen Berufsrechts und aus den hergebrachten Berufsbildern Sozietätsverbote für Anwaltsnotare herzuleiten, ist 1998 (für Sozietäten mit Wirtschaftsprüfern) ausdrücklich als nicht mehr dem Grundgesetz genügend disqualifiziert worden (BVerfGE 98, 49 [60 f.]).

54   Schon 1978 hat es das BVerfG aus entsprechenden Gründen dem Bundesgesetzgeber versagt, Berufsausübungsregelungen im Wege einer Bezugnahme auf landesrechtliche Vorschriften zu treffen, wenn diese sich als **dynamische Verweisung** auf die Bezugsvorschriften in ihrem jeweiligen Bestand darstellen; bei dieser Regelungstechnik fehle es an der notwendigen eigenverantwortlichen Prüfung und Entscheidung durch den zuständigen Gesetzgeber. Entsprechendes gilt für landesrechtliche Verweisungen auf Bundesrecht.

Beispiel:
Die Verweisung des früheren § 144 Abs. 3 KostO auf (auch) landesrechtliche Gebührenermäßigungsvorschriften für Notare musste deshalb verfassungskonform als statische Verweisung ausgelegt werden (BVerfGE 47, 285 [313 ff.]).

Erhebliche Bedeutung hat auch der rechtsstaatliche **Vertrauensschutz** (o. Kap. 10,   **55**
Anforderungen an Grundrechtsbeeinträchtigungen, Rn. 57), der grundsätzlich Übergangsregelungen zugunsten derjenigen, denen bisher zulässige Betätigungsmöglichkeiten entzogen werden, erfordert (BVerfGE 126, 112 [155]); dabei wird dem Gesetzgeber ein breiter Gestaltungsspielraum bei der Ausgestaltung zuerkannt (BVerfGE 131, 47 [57 f.]).

> **Hinweis:** Deutsche Gerichte können gegen die rückwirkende Unanwendbarerklärung deutscher Gesetze durch den EuGH wegen des Anwendungsvorrangs des Unionsrechts keinen Vertrauensschutz durch (vorübergehende) Weiteranwendung dieser Gesetze gewähren; zulässig soll allein eine Entschädigung von Vertrauensschäden sein (BVerfGE 126, 286 [314 f.]).

Soweit Abgabepflichten überhaupt als Eingriffe in die Berufsfreiheit qualifiziert   **56**
werden (o. Rn. 28), müssen sie in jeder Hinsicht dem Grundgesetz genügen, namentlich im Rahmen der **Gesetzgebungskompetenzen** erlassen sein (BVerfGE 124, 348 [364 ff.]) und den **finanzverfassungsrechtlichen Anforderungen** genügen (s. etwa BVerfGE 124, 235 [243 ff.]).

Nach der Judikatur des BVerfG greift das **Zitiergebot** des Art. 19 Abs. 1 Satz 2 GG   **57**
nicht ein (o. Kap. 10, Anforderungen an Grundrechtsbeeinträchtigungen, Rn. 20 ff.). Die ursprüngliche Begründung, dass es sich bei den Regelungen nach Art. 12 Abs. 1 Satz 2 GG nicht um Einschränkungen handele (vgl. BVerfGE 13, 97 [122]), überzeugt nicht, weil die Unterscheidung zwischen vorgegebenen, durch ein regelndes Gesetz lediglich aktualisierten immanenten Begrenzungen und von außen an die geschützte Grundrechtssubstanz herangetragene echten Einschränkungen nicht tragfähig ist. Die ergänzende Begründung, wonach im Bereich des Art. 12 Abs. 1 GG – jedenfalls für Regelungen der Berufsausübung und subjektive Zulassungsvoraussetzungen – die Beachtung des Zitiergebots die Gefahr begründet, dass ein solches Zitat allzu oft notwendig und dadurch die Warnfunktion des Zitiergebots in Frage gestellt wird (vgl. BVerfGE 64, 72 [79 f.]), vermag ebenso wenig zu überzeugen.

Einen besonderen qualifizierten Gesetzesvorbehalt gegenüber der negativen   **58**
Freiheit, die Ausübung eines Berufs oder den Arbeitsplatz aufzugeben (o. Rn. 10), sieht **Art. 12a Abs. 6 Satz 1 GG** für den Verteidigungsfall vor.

e) Konkurrenzen

Art. 12 Abs. 1 GG geht der allgemeinen Verhaltensfreiheit des **Art. 2 Abs. 1 GG** als   **59**
spezielleres Freiheitsrecht vor; dies gilt auch für die gerade im Bereich beruflicher Betätigung ausgeübte Vertragsfreiheit (BVerfGE 134, 204 Rn. 67). Art. 2 Abs. 1 GG

greift allerdings ein, wenn Art. 12 Abs. 1 GG mangels spezifischer Ausrichtung des Eingriffs gegen die Berufsfreiheit außer Anwendung bleibt (vgl. für Steuergesetze BVerfGE 87, 153 [169]). Soweit die tatbestandliche Abgrenzung zur Eigentumsgarantie, wonach **Art. 14 Abs. 1 GG** das bereits erworbene Eigentum in seinem Bestand schützt, Art. 12 Abs. 1 GG hingegen als Verhaltensfreiheit die Möglichkeit zum Erwerb (u. Kap. 26, Die Grundrechte des Art. 14 GG, Rn. 59), nicht durchführbar ist, greifen beide Grundrechte nebeneinander ein. **Art. 3 Abs. 1 GG** kann neben Art. 12 Abs. 1 GG bedeutsam werden, wenn an sich rechtfertigungsfähige Einschränkungen der Berufsfreiheit nicht gleichheitsgemäß erfolgen (BVerfGE 80, 269 [278 ff.]).

60   Wird ein **anderes Freiheitsrecht** (wie namentlich Pressefreiheit, Kunst- oder Wissenschaftsfreiheit, Privatschulfreiheit, auch Religionsfreiheit) mit nachhaltigem Erwerbszweck ausgeübt, ist zugleich Art. 12 Abs. 1 GG anwendbar. Die Bildung einer Vereinigung zu beruflichen Zwecken wird außer durch Art. 9 Abs. 1 GG (offengelassen in BVerfGE 98, 49 [59]) zugleich durch Art. 12 Abs. 1 GG geschützt, der für die Verfolgung des wirtschaftlichen Vereinigungszwecks allein maßgeblich ist. Wird die Unverletzlichkeit von Geschäftsräumen beeinträchtigt, gilt Art. 12 Abs. 1 GG neben Art. 13 GG; behindern Beeinträchtigungen der Kommunikationsgeheimnisse die Berufsausübung, gilt Entsprechendes. Zum Verhältnis zu Art. 11 GG siehe Kap. 23, Das Grundrecht der Freizügigkeit, Art. 11 GG, Rn. 16.

61   Für die zu Erwerbszwecken wahrgenommene **Ausübung öffentlicher Funktionen** ist neben Art. 12 Abs. 1 GG zugleich **Art. 33 Abs. 2 GG** maßgeblich, der – wegen seiner Geltung auch für Ehrenämter – dem Berufsfreiheitsgrundrecht nicht als Spezialbestimmung vorgeht. Allerdings wird die Bedeutung des Art. 12 Abs. 1 GG – zumal für den Bereich der Berufszulassung – maßgeblich modifiziert. Dies zeigt sich insbesondere daran, dass die für die berufliche Tätigkeit verfügbaren Stellen des öffentlichen Dienstes nur nach Maßgabe der im Rahmen der staatlichen Organisationshoheit getroffenen Entscheidungen zur Verfügung stehen. Für die Vergabe der vorhandenen Stellen sind primär allein die in Art. 33 Abs. 2 GG genannten Kriterien maßgeblich. Die verbleibende Bedeutung des Art. 12 Abs. 1 GG zeigt sich vor allem darin, dass einschränkende Regelungen nur auf gesetzlicher Grundlage zulässig sind (vgl. BVerfGE 73, 280 [294 f.]).

62   Die Sonderregeln für die Berufsfreiheit im Rahmen öffentlicher Funktionen sollen sich auch auf sog. **staatlich gebundene Berufe** erstrecken. Diese haben die berufliche Wahrnehmung originärer Staatsfunktionen zum Gegenstand, die der Staat nicht durch Angehörige seines öffentlichen Dienstes erledigen lässt, sondern Privatpersonen zur Ausübung überlässt. Das wichtigste Beispiel ist der **Notar**, dessen Tätigkeit jedenfalls auch die Wahrnehmung originärer Staatsfunktionen (Beurkundungen) umfasst (BVerfGE 17, 371 [376 ff.]). Das BVerfG nimmt an, dass im Bereich der staatlichen gebundenen Berufe Möglichkeiten einschränkender Gesetzgebung in Anlehnung an die nach Art. 33 Abs. 5 GG geltenden Grundsätze in weiterem Umfang gegeben sind als bei anderen Berufen. Letztlich dürften die besonderen sachlichen Gegebenheiten dieses Bereichs auch im Rahmen der allgemeinen Regeln zu Art. 12 Abs. 1 GG angemessen Berücksichtigung finden können.

Beispiel:

Den §§ 92, 93 BNotO kann ohne Verstoß gegen Art. 12 Abs. 1 GG ein (nicht explizit vorgesehenes) Weisungsrecht der Aufsichtsbehörden gegenüber den Notaren entnommen werden (BVerfG 131, 130 [144 f.], wo offen blieb, ob Art. 12 Abs. 1 GG überhaupt betroffen war).

3. Weitere Grundrechtsgehalte

Besondere Aufmerksamkeit hat im Rahmen des Art. 12 Abs. 1 GG die Frage gefunden, inwieweit das Grundrecht der freien Wahl der Ausbildungsstätte sich (auch) als **Leistungsgrundrecht** darstellt, das den Staat verpflichten würde, von den Grundrechtsträgern nachgefragte Ausbildungsstätten zu schaffen (oder zu erhalten). Das BVerfG hat diese Frage in seinem **ersten Numerus-Clausus-Urteil** (BVerfGE 33, 303) ausdrücklich offen gelassen. Es hat allerdings ein etwaiges originäres Leistungsrecht jedenfalls unter den **Vorbehalt des Möglichen** gestellt. Dabei bestimmt sich das Mögliche danach, was der Einzelne vernünftigerweise von der Allgemeinheit erwarten kann. Damit ist die Gestaltungsfreiheit des Gesetzgebers weitestgehend gewahrt, ein individueller Anspruch auf eine bestimmte Maßnahme praktisch ausgeschlossen (o. Kap. 4, Subjektive Grundrechte und objektive Grundrechtsgehalte, Rn. 23 ff.). **63**

Beispiel:

Die Frage, ob aus Art. 12 Abs. 1 GG in Verbindung mit dem Sozialstaatsprinzip eine Pflicht des Gesetzgebers folgt, staatliche Leistungen zur individuellen Ausbildungsförderung vorzusehen, konnte offen bleiben, weil sich der Gesetzgeber für die Sparmaßnahmen beim BAföG auf gewichtige Gründe des Gemeinwohls stützen konnte, im Einzelnen aber verfassungsgerichtlich nicht zu kontrollieren ist (BVerfGE 96, 330 [339 f.]).

Erhebliche praktische Bedeutung hat demgegenüber das zugleich mit Rücksicht auf das staatliche Ausbildungsmonopol anerkannte derivative Leistungsrecht oder **Teilhaberecht** erlangt, das aus Art. 12 Abs. 1 GG i. V. mit Art. 3 Abs. 1 GG abgeleitet wird (o. Kap. 4, Subjektive Grundrechte und objektive Grundrechtsgehalte, Rn. 26). Dieses subjektive Recht ist nicht darauf gerichtet, dass Ausbildungsplätze (oder Ausbildungsstätten) überhaupt geschaffen werden, sondern von vornherein auf den vorgegebenen Bestand von Ausbildungsstätten beschränkt und insoweit nur auf den Anspruch auf gleichheitsgerechte Teilhabe am vorhandenen Bestand gerichtet. Dabei wird wegen der Bedeutung des Grundrechts für den Einzelnen zugleich verlangt, dass die vorhandenen Kapazitäten, die zur Verteilung gelangen, umfassend ausgeschöpft werden müssen. Daran knüpfen sich vielfältige Einzelprobleme, die in diesem Zusammenhang nicht näher behandelt werden können (vgl. im Überblick *Mann*, in: Sachs [Hrsg.], Grundgesetz, 7. Aufl. 2014, Art. 12 Rn. 160 ff.). **64**

Beispiele:

OVG Schleswig, NVwZ-RR 1995, 279 (Anspruch auf Aufnahme in den juristischen Vorbereitungsdienst); VGH Mannheim, NVwZ-RR 1996, 506 (kein Anspruch auf Zulassung zu gewünschtem Oberlandesgerichtsbezirk zur Ableistung des Vorbereitungsdienstes).

65   In Verbindung **auch mit dem Sozialstaatsprinzip** soll das Teilhaberecht auch prohibitiv wirkende Studienabgaben ausschließen (BVerfGE 134, 1 Rn. 40), durch die freilich bereits das Abwehrrecht berührt wäre (nach BVerwGE 134, 1 Rn. 32 f. auf der Ebene einer Berufswahlregelung). Weitergehend verlangt BVerfGE 134, 1 Rn. 41 ff. zur Sicherung der Chancengleichheit aller Studierwilligen die Sicherung sozialer Durchlässigkeit zugunsten einkommensschwacher Bevölkerungskreise und Rücksichtnahme auf besondere persönliche Belastungen Einzelner (vgl. auch BVerwGE 134, 1 Rn. 19 ff., auch insoweit aus auch abwehrrechtlicher Perspektive, Rn. 32 ff.).

66   Auch für Art. 12 Abs. 1 GG kommen staatliche **Schutzpflichten,** insbesondere gegenüber den Arbeitnehmern (BVerfGE 97, 169 [175 ff.]; 137, 273 Rn. 111), in Betracht, die allerdings nur grundsätzlicher Natur sind und dem Gesetzgeber weitgehende Gestaltungsfreiheit lassen (o. Kap. 4, Subjektive Grundrechte und objektive Grundrechtsgehalte, Rn. 32).

Beispiel:

Ob Art. 12 Abs. 1 GG den Staat dazu verpflichtet, deutsche Seeleute vor einem Verdrängungswettbewerb ausländischer Kollegen zu schützen, blieb offen, da die vom Staat insoweit geleistete Unterstützung jedenfalls nicht völlig unzulänglich war (BVerfGE 92, 26 [46 f.]).

67   Die **Ausstrahlungswirkung** des Grundrechts bindet die **Rechtsanwendung** auf allen Rechtsgebieten, verpflichtet namentlich die Gerichte zur Beachtung des Grundrechts, wenn ihre Normauslegung zu Beeinträchtigungen der Berufsfreiheit führt.

Beispiel:

Die Sperrwirkung von Berufsbildregelungen für die Ausübung berufsbezogener Tätigkeiten durch Personen, die nicht für den Beruf qualifiziert sind (o. Rn. 24), ist, soweit möglich, im Wege der Auslegung auf das noch verhältnismäßige Ausmaß zu beschränken (BVerfGE 97, 12 [27 ff.]).

Auch die **Gesetzgebung** ist gehalten, den objektiven Gehalt des Grundrechts bei den die Berufsfreiheit betreffenden Regelungen zu beachten; insbesondere kann sie im Bereich des Privatrechts, zumal des Arbeitsrechts, verpflichtet sein, zum Schutz der Berufsfreiheit zwingende Rechtsnormen zu erlassen, die die Grundrechtsträger vor zu weitgehenden vertraglichen (Selbst-) Beschränkungen bewahren.

Beispiel:

Die Möglichkeit des Verfalls von Betriebsrenten muss so geregelt werden, dass sie nicht zu unangemessenen Bindungen des Arbeitnehmers an seinen Arbeitgeber führt (BVerfGE 98, 365 [395 ff.]).

Verfahrensrechtliche Bedeutung hat Art. 12 Abs. 1 GG insbesondere für das Prü- **68** fungsrecht erlangt. Berufsbezogene Prüfungsverfahren müssen so gestaltet sein, dass das Grundrecht der Berufsfreiheit effektiv geschützt wird. Auf die Bewertungsmaßstäbe wirkt Art. 12 Abs. 1 GG insoweit ein, als vertretbare und mit gewichtigen Argumenten folgerichtig begründete Lösungen nicht als falsch bewertet werden dürfen (BVerfGE 84, 34 [45 ff.]). Auch insoweit ergeben sich vielfältige Einzelfragen, die hier nicht näher behandelt werden können (vgl. für einen Überblick *Mann*, in: Sachs [Hrsg.], Grundgesetz, 7. Aufl. 2014, Art. 12 Rn. 25 ff.).

4. Zusammenfassung

- Art. 12 Abs. 1 GG garantiert als einheitliches Grundrecht die die Berufs- **69** wahl und die Berufsausübung umfassende Berufsfreiheit einschließlich ihrer negativen Dimension.
- Beruf ist jede nachhaltige, auf Erwerb gerichtete Tätigkeit; dass die Tätigkeit erlaubt ist, gehört nicht zu den tatbestandlichen Begriffsmerkmalen.
- Die Freiheit der Berufswahl betrifft das „ob", die der Berufsausübung das umfassend verstandene „wie" einer beruflichen Tätigkeit.
- Ob bestimmte berufliche Betätigungsformen einen selbstständigen Beruf ausmachen, ist primär nach gesetzlichen Regelungen zu beurteilen, die ein bestimmtes Berufsbild fixieren; hilfsweise ist auf die Verkehrsanschauung abzustellen.
- Als relevante Beeinträchtigungen kommen neben (imperativen) Geboten oder Verboten auch staatliche Warnungen und Aufklärungsaktionen in Betracht; inwieweit staatliche Konkurrenz erfasst wird, bleibt fraglich.
- Die Beschränkung des Grundrechtsschutzes auf Einwirkungen, die sich gezielt gerade auf die Berufsfreiheit beziehen oder zumindest eine objektiv berufsregelnde Tendenz aufweisen, ist problematisch.
- Das einheitliche Grundrecht der Berufsfreiheit unterliegt für die Berufsausübung, aber auch für die Berufswahl dem Regelungsvorbehalt des Art. 12 Abs. 1 Satz 2 GG. Die Regelungen müssen dem Grundsatz der Verhältnismäßigkeit genügen, der traditionell in der typisierenden Ausprägung der sog. Drei-Stufen-Theorie Anwendung findet.
- Danach sind Berufsausübungsregelungen grundsätzlich aufgrund jeder vernünftigen Erwägung des Gemeinwohls zulässig (erste Stufe).
- Subjektive Zulassungsvoraussetzungen schränken die Berufswahl aufgrund persönlicher Eigenschaften des Grundrechtsträgers ein; sie sind nur zum Schutz wichtiger Gemeinschaftsgüter zulässig (zweite Stufe).
- Objektive Zulassungsvoraussetzungen schränken die Berufswahl durch Anforderungen ein, die von persönlichen Eigenschaften des Grundrechtsträgers unabhängig sind; sie können nur zur Abwehr nachweisbarer oder doch höchstwahrscheinlicher schwerer Gefahren für überragend wichtige Gemeinschaftsgüter aufgestellt werden (dritte Stufe).

- Eine Regelung ist grundsätzlich auf der niedrigsten möglichen Stufe vorzunehmen. Auch bei Regelungen auf dieser Stufe bleiben weitere Verhältnismäßigkeitsaspekte zu prüfen.
- Einschränkungen der Berufsfreiheit sind auch aufgrund untergesetzlicher Rechtsnormen möglich; diese bedürfen einer hinreichend bestimmten Grundlegung in einem formellen Gesetz.
- Das Zitiergebot des Art. 19 Abs. 1 Satz 2 GG soll auf Begrenzungen der Berufsfreiheit keine Anwendung finden.
- Die Freiheit der Wahl der Ausbildungsstätte beinhaltet ein originäres Leistungsrecht allenfalls unter dem Vorbehalt des Möglichen; im Zusammenhang mit Art. 3 GG besteht aber ein Teilhaberecht an dem Bestand vorhandener Ausbildungsplätze.

II. Der Schutz vor Arbeitszwang und Zwangsarbeit, Art. 12 Abs. 2, 3 GG

1. Allgemeines

70 Nachdem die Art. 132, 133 WRV Pflichten zur Übernahme ehrenamtlicher Tätigkeiten und zur Leistung persönlicher Dienste für Staat und Gemeinde vorgesehen hatte, sind die Garantien des Art. 12 Abs. 2, 3 GG – lange nach der Beseitigung der Leibeigenschaft und anderer Formen persönlicher Abhängigkeit – in das Grundgesetz gelangt, um auch insoweit eine **Abkehr von** den diesbezüglichen **Exzessen der NS-Zeit** mit ihren Pflichtjahren, Arbeitsdiensten usw., ganz zu schweigen von den Fällen der Versklavung durch Zwangsarbeit (dazu B VerfGE 112, 93 ff.), festzuschreiben. Zugleich wurde Wert darauf gelegt, sich gegenüber entsprechenden Einrichtungen des sowjetischen Machtbereichs abzugrenzen.

71   Trotz der Stellung in Art. 12 GG betreffen die Garantien der Abs. 2 und 3 nicht die Berufsfreiheit, sind insbesondere **nicht Spezialfälle negativer Berufsfreiheit.** Sie schützen nämlich vorwiegend vor den angesprochenen Formen erzwungener Arbeit, unabhängig davon, ob diese die Kriterien des Berufsbegriffs (Dauerhaftigkeit, Ausrichtung auf Erwerb) erfüllen; das B VerfG hat allerdings für Art. 12 Abs. 3 GG von einer Ausnahme gegenüber Art. 12 Abs. 1 GG gesprochen (B VerfGE 98, 169 [205]).

72   Art. 12 Abs. 2, 3 GG enthalten bestimmte, auf den Schutz besonderer Aspekte der allgemeinen Handlungsfreiheit ausgerichtete **Eingriffsverbote.** Der damit geschützte Gegenstand der Grundrechtsgarantie ist für die Anwendung der Norm praktisch ohne Bedeutung. Die Prüfung sollte sich daher allein an dem im dem Verfassungstext verbotenen staatlichen Zwangsverhalten orientieren.

2. Abwehrrechtliche Bedeutung

a) Verbotsgehalt

73 Art. 12 Abs. 2 GG richtet sich gegen den vom Staat ausgeübten **Zwang zu einer bestimmten Arbeit.** Als Arbeit ist eine Tätigkeit angesprochen, die einen nicht ganz unerheblichen Aufwand erzeugt, üblicherweise entgeltlich verrichtet wird und persönlich sowie nicht als bloße Begleiterscheinung zu anderweitigen Pflichten zu erbringen ist.

Mit diesen Begriffsbestimmungen ist der **Anwendungsbereich** der Bestimmung   **74** bereits **erheblich eingeengt.** So werden alle Verpflichtungen, die durch die Arbeit anderer Personen erfüllbar sind, nicht erfasst, ebenso wenig mit Berufstätigkeiten verknüpfte Nebenpflichten. Damit sind die oft recht weitreichenden „Indienstnahmen" (o. Rn. 25), etwa von Arbeitgebern im Hinblick auf die Abwicklung der Erhebung von Lohnsteuer und Sozialversicherungsbeiträgen, allein an Art. 12 Abs. 1 GG zu messen. Ferner ist die Ausübung staatsbürgerlicher Ehrenämter und ehrenamtlicher Tätigkeiten ausgeschlossen, weil diese als Aspekte des status activus in Art. 132 WRV getrennt von den in Art. 12 Abs. 2 GG allein aufgegriffenen Dienstleistungspflichten des Art. 133 Abs. 1 WRV geregelt gewesen waren.

Nicht von Art. 12 Abs. 2 GG **verboten** ist schließlich der **Zwang zur Arbeit**   **75** **überhaupt**, weil nur der Zwang zu einer bestimmten, vom Staat für den Einzelnen festgelegten Arbeit ausgeschlossen wird.

Vom Verbot erfasster **Zwang** erfolgt insbesondere durch staatliche Imperative,   **76** also namentlich durch Gesetze oder behördliche Anordnungen. Einzubeziehen sind auch Fälle mittelbaren Zwangs, insbesondere solche auf wirtschaftlicher Grundlage. Wird etwa bei bedürftigen Personen der Empfang der existenznotwendigen Unterstützung davon abhängig gemacht, dass sie bestimmte Arbeiten verrichten, kann die Zwangseinwirkung kaum verneint werden.

Beispiel:

Wegfall bzw. Kürzung des Anspruchs auf Grundsicherung für Arbeitssuchende nach § 31a SGB II bei der Weigerung der leistungsberechtigten Person, zumutbare Arbeit nach § 2 Abs. 1 Satz 3, § 10 SGB II auszuführen, dürften Zwangscharakter besitzen; ähnliches gilt für die Einschränkung der Sozialhilfe nach § 39a Abs. 1 SGB XII. Art. 12 Abs. 2 GG setzt zudem voraus, dass Zwang zu einer *bestimmten* Arbeit erfolgt.

Unter der nach Art. 12 Abs. 3 GG nur für einen Ausnahmefall zugelassenen, damit   **77** implizit im Übrigen verbotenen **Zwangsarbeit** ist in Abgrenzung zum Arbeitszwang nach Art. 12 Abs. 2 GG wohl die Unterwerfung unter ein erzwungenes Arbeitsprogramm zu verstehen, wie es insbesondere in Zwangslagern und ähnlichen Einrichtungen, unter den Bedingungen der Freiheitsentziehung, stattfindet.

Das BVerfG, das sich mit den beiden **Verboten erzwungener Arbeit** lange kaum   **78** zu beschäftigen hatte, hat sich zu den tatbestandlichen Voraussetzungen der beiden Absätze nicht näher geäußert. Es hat vielmehr **beide in einer Gesamtbetrachtung sehr eng ausgelegt** und angenommen, dass sie lediglich gegen die Formen extensiven Arbeitszwangs gerichtet seien, wie sie insbesondere in der NS-Zeit üblich waren (vgl. BVerfGE 22, 380 [383]; BVerfGE 74, 102 [116]; BVerfGE 83, 119 [126]).

Auf diese Weise hat es zunächst die nach dem JGG vorgesehene Möglichkeit aus   **79** dem Tatbestand des Verbotes ausgeklammert, straffälligen Jugendlichen die Weisung zur Verrichtung bestimmter Arbeiten zu erteilen (vgl. BVerfGE 74, 102 [115]). Später hat das BVerfG diesen Ansatz auch auf **Bewährungsauflagen** gegenüber erwachsenen Straftätern ausgedehnt, denen die Aufnahme einer bestimmten Arbeit zur Bedingung ihrer Freilassung gemacht wurde (vgl. BVerfGE 83, 119 [125 ff.]).

> ▶ **Hinweis:** Diese Judikatur ist insbesondere insofern bemerkenswert, als das BVerfG in seiner frühen Rechtsprechung ausdrücklich den klassisch liberalen Standpunkt bezogen hatte, dass es nicht Aufgabe des Staates sein könne, auf seine Bürger erzieherisch einzuwirken (vgl. BVerfGE 22, 180 [219 f.]; dann o. Kap. 10, Anforderungen an Grundrechtsbeeinträchtigungen, Rn. 32, 37).

80   Ob danach noch Anwendungsfälle der Bestimmung verbleiben, die der Rechtfertigung nach den Ausnahmeregelungen des Art. 12 Abs. 2, 3 GG fähig und bedürftig sind, scheint fraglich, weil auch die nach dieser Bestimmung zugelassenen Dienstpflichten ebenso wenig wie die gerichtliche angeordnete Freiheitsentziehung solche der beschriebenen, durch NS-Methoden bestimmten Art sind. Dies weckt **Zweifel an der Richtigkeit** der bundesverfassungsgerichtlichen Interpretation, würde zudem die Bedeutung der hierzu aufgestellten Anforderungen (u. Rn. 82 ff.) entwerten.

b) Grundrechtsberechtigte

81   Grundrechtsberechtigt sind – anders als bei Art. 12 Abs. 1 GG – **alle Menschen**, unabhängig von ihrer Deutscheneigenschaft. Auf juristische Personen passen Art. 12 Abs. 2, 3 GG wesensmäßig nicht, vgl. Art. 19 Abs. 3 GG.

c) Begrenzungen und Anforderungen an Ausnahmen

82   Das Grundgesetz lässt – abgesehen von in Art. 12a Abs. 1 bis 5 GG vorgesehenen Dienstverpflichtungen (u. Rn. 88 ff.) – Zwang zu einer bestimmten Arbeit in **Art. 12 Abs. 2 GG** nur ausnahmsweise unter der **Voraussetzung** zu, dass er sich im Rahmen einer herkömmlichen, allgemeinen, für alle gleichen öffentlichen Dienstleistungspflicht bewegt. Dies bedeutet einen qualifizierten Gesetzesvorbehalt, weil Dienstverpflichtungen schon mit Rücksicht auf den rechtsstaatlichen Vorbehalt des Gesetzes eine gesetzliche Grundlage brauchen.

83   **Herkömmlich** ist eine Pflicht nur, wenn sie bereits vor dem Grundgesetz (unter Vernachlässigung der NS-Zeit) bekannt gewesen ist. Neuartige Dienstpflichten sind durch die Ausnahmeklausel nicht gedeckt; wenn in neueren Landesverfassungen auf dieses Kriterium verzichtet wird (z. B. Art. 49 Abs. 2 BrandVerf.), bleibt dies gegenüber dem weiterreichenden Verbot des Bundesgrundrechts praktisch ohne Auswirkungen. Der Gesetzgeber ist aber nicht gehindert, eine ihrer Art nach herkömmliche Dienstleistungspflicht – wie die Feuerwehrpflicht – nur in persönlicher Hinsicht zu erweitern, sie etwa auch den zuvor ausgenommenen Frauen aufzuerlegen (BVerfGE 92, 91 [111]).

84   Die Pflicht muss ferner **allgemein** sein, d. h. für jedermann gelten. Diesem Erfordernis ist nicht schon dann genügt, wenn die Dienstpflichtigen nach irgendwelchen abstrakt-generellen Maßstäben bestimmt sind. Doch lässt die Formulierung Raum für Differenzierungen, die der Sache nach geboten sind. Sie geht allerdings

nicht hinter die Erfordernisse des allgemeinen Gleichheitssatzes zurück, die in diesem Falle nach Maßgabe der „neuen Formel" jedenfalls streng sind (o. Kap. 15, Die Gleichheitssätze des Art. 3 GG, Rn. 9 ff.); außerdem sind besondere Gleichheitssätze zu beachten.

Beispiel:

Die herkömmlich nur für Männer geltende Feuerwehrpflicht einzelner Länder, die vom BVerfG – trotz wiederholter früherer Verfassungsbeschwerden – erst als verfassungswidrig anerkannt wurde, nachdem der EGMR (vgl. EGMR, NVwZ 1995, 365) endlich tätig geworden war (vgl. BVerfGE 92, 91 [108 ff.]), scheiterte deshalb an Art. 3 Abs. 2 GG; eine Berufung auf diesbezügliche Spielräume im Rahmen der Allgemeinheit der Pflicht ist ausgeschlossen.

Die Pflicht muss ferner **für alle** gleich sein, d. h. für alle Pflichtigen einen im We-   **85**
sentlichen gleichen Inhalt und Umfang haben. Schließlich muss die Dienstpflicht
öffentlich, d. h. im Rahmen der Aufgaben eines öffentlichen Rechtsträgers zu erfüllen sein.

Art. 12 Abs. 3 GG begrenzt das in ihm implizierte grundsätzliche Verbot des   **86**
Arbeitszwangs durch einen **qualifizierten Gesetzesvorbehalt**. Da jedenfalls seit
dem Strafgefangenenbeschluss (BVerfGE 33, 1) anerkannt ist, dass der rechtsstaatliche Vorbehalt des Gesetzes auch für die sog. besonderen Gewaltverhältnisse durchgreift (o. Kap. 9, Grundrechtsbegrenzungen, Rn. 48), ist die Zwangsarbeit trotz der
Formulierung („ist zulässig") nicht verfassungsunmittelbar erlaubt, sondern bedarf
einer gesetzlichen Grundlage. Diese darf nur Zwangsarbeit zulassen, die **im Rahmen
einer Freiheitsentziehung** zu leisten ist; dazu ist zumindest erforderlich, dass dem
Resozialisierungsgedanken Genüge getan wird und dass die Vollzugsbehörden die
öffentlich-rechtliche Verantwortung für die ihnen anvertrauten Gefangenen behalten
(BVerfGE 98, 169 [199 ff.]). Das Erfordernis, dass die ihrerseits gesetzlich vorgesehene Freiheitsentziehung **richterlich angeordnet** sein muss, trifft mit dem Gebot
des Art. 104 Abs. 2 GG zusammen.

3. Zusammenfassung

- Der Schutz vor Arbeitszwang und Zwangsarbeit aus Art. 12 Abs. 2, 3 GG   **87**
  wird vom BVerfG in nicht unbedenklicher Weise auf die Abkehr von einschlägigen Methoden des NS-Staates verengt.
- Unabhängig davon muss Zwang zu einer bestimmten Arbeit auf die Fälle
  der in Art. 12 Abs. 2 GG näher qualifizierten Dienstleistungspflichten begrenzt bleiben. Zwangsarbeit darf es nur nach Maßgabe des Art. 12 Abs. 3
  GG geben.

III. Wehrpflicht und andere Dienstpflichten, Art. 12a Abs. 1, 3 bis 5 GG

88 **Art. 12a Abs. 1 bis 5 GG** ermöglicht die gesetzliche Begründung von Dienstpflichten, namentlich der Wehrpflicht, der für Kriegsdienstverweigerer vorgesehenen Ersatzdienstpflicht (o. Kap. 16, Die Grundrechte des Art. 4 GG, Rn. 83 ff.) und weiterer im Zusammenhang mit dem Verteidigungsfall stehender Dienstpflichten, die als gesetzesvorbehaltsähnliche Ermächtigungen Einschränkungen der von den Dienstpflichten betroffenen Grundrechte ermöglichen (zu Art. 12a Abs. 6 GG o. Rn. 58).

89 **Art. 12a Abs. 1 GG** sieht die Möglichkeit vor, erwachsene Männer (in Durchbrechung des Unterscheidungsverbots nach Art. 3 Abs. 2 Satz 1, Abs. 3 Satz 1 GG; dazu Kap. 15, Die Gleichheitssätze des Art. 3 GG, Rn. 131) zum Dienst in den Streitkräften, im Bundesgrenzschutz oder in einem Zivilschutzverband zu verpflichten. Der Dienst in den Streitkräften ist traditionelle Grundpflicht (o. Kap. 9, Grundrechtsbegrenzungen, Rn. 61 ff.); diese wird teils so begrenzt, teils auch übergreifend als **Wehrpflicht** bezeichnet. Sie greift nicht verfassungsunmittelbar ein, sondern kann (nur) gesetzlich begründet werden; allerdings soll ein solches Gesetz nicht dem Grundsatz der Verhältnismäßigkeit unterliegen (BVerfGE 105, 61 [71 ff.]), was nur für die grundsätzlich vom Grundgesetz selbst gebilligte Entscheidung zugunsten einer Wehrpflichtarmee überzeugt, nicht aber für die gesetzlichen Regelungen im Einzelnen. Seit 2011 ist die in § 1 WPflG aufrecht erhaltene Pflicht nach § 2 des Gesetzes nur noch für den Spannungs- und Verteidigungsfall von praktischer Bedeutung.

90 Ähnlich beschränkt sind von Verfassungs wegen die Möglichkeiten, (wiederum nur männliche) **Wehrpflichtige** nach Art. 12a Abs. 3, 5 GG zu anderen Dienstleistungen zu verpflichten. Auch eine Dienstverpflichtung von Frauen ist nach Art. 12a Abs. 4 Satz 1 GG nur im Verteidigungsfall vorgesehen; ihre Verpflichtung zum Dienst mit der Waffe ist nach Satz 2 ausgeschlossen (zur Vorgeschichte o. Kap. 15, Die Gleichheitssätze des Art. 3 GG, Rn. 132).

Die Unverletzlichkeit der Wohnung, Art. 13 GG

25

Inhalt

Literatur: *Hans-Detlef Horn,* § 149, Schutz der Privatsphäre, in: HStR VII³, 2009, S. 147 (192 ff.); *Hans-Jürgen Papier,* § 91, Schutz der Wohnung, in: HGR IV, 2011, S. 291; *Klaus Stern,* § 99, Schutz der Persönlichkeit und Privatsphäre, in: ders., Staatsrecht IV/1, 2006, S. 177 (239 ff.); *Jörg Ennuschat,* Behördliche Nachschau in Geschäftsräumen und die Unverletzlichkeit der Wohnung gem. Art. 13 GG, AöR 127 (2002), 252; *Philip Kunig,* Grundrechtlicher Schutz der Wohnung, Jura 1992, 476; *Oliver Lepsius,* Die Unverletzlichkeit der Wohnung bei Gefahr im Verzug, Jura 2002, 259; *Heribert Ostendorf/Janique Brüning,* Die gerichtliche Überprüfbarkeit der Voraussetzungen von „Gefahr im Verzug" – BVerfG, NJW 2001, 1121, JuS 2001, 1063; *Josef Ruthig,* Die Unverletzlichkeit der Wohnung (Art. 13 GG n. F.), JuS 1998, 506.

Rechtsprechung: BVerfGE 17, 232 (Mehrbetrieb von Apotheken); BVerfGE 32, 54 (Nachschau bei Handwerksbetrieben); BVerfGE 51, 97 (Vollstreckungsdurchsuchung); BVerfGE 65, 1 (40) (Volkszählung); BVerfGE 75, 318 (Wohnungsbetreten durch Sachverständige); BVerfGE 76, 83 (Mittelbare Durchsuchungsnutzung); BVerfGE 83, 82 (Eigenbedarfskündigung); BVerfGE 89, 1 (11 ff.) (Besitzrecht des Mieters); BVerfGE 96, 27 (Erledigte Durchsuchungsanordnung); BVerfGE 96, 44 (Gültigkeitsdauer richterlicher Durchsuchungsanordnungen); BVerfGE 97, 228 (265 f.) (Kurzberichterstattung); BVerfGE 103, 142 (Gefahr im Verzug); BVerfGE 109, 279 (Großer Lauschangriff); BVerfGE 120, 274 (309 ff.) (Online-Durchsuchung); BVerfGE 133, 277

© Springer-Verlag Berlin Heidelberg 2017
M. Sachs, *Verfassungsrecht II - Grundrechte,* Springer-Lehrbuch,
DOI 10.1007/978-3-662-50364-5_25

(Antiterrordatei); BVerfG (K), NJW 1996, 2643 (Betreten von Hafträumen); BVerfG (K), NJW 2000, 943 (Richterliche Durchsuchungsanordnung); EuGH, EuGRZ 1989, 395 (Hoechst).

I. Allgemeines

1 Art. 13 GG ist wie Art. 10 GG eine frühe spezielle **Ausprägung des Persönlichkeitsschutzes** auf Verfassungsebene. In deutsche Verfassungsurkunden ist er nach dem Vorbild der belgischen Verfassung von 1831 gelangt und hat sich seither in seiner klassischen Formulierung erhalten. Der durch Art. 13 Abs. 1 GG gewährte Schutz ist zu unterscheiden von dem sozialen Grundrecht auf Wohnung, mit dem das Interesse an der Erlangung und Erhaltung (ausreichenden) Wohnraums geschützt werden soll. Art. 13 Abs. 1 GG betrifft demgegenüber nur den **Integritätsschutz** einer bereits **bestehenden Wohnung**. Das Grundrecht umfasste ursprünglich nur die heutigen Absätze 1, 2 und 7. Die komplizierten Regelungen der Abs. 3 bis 6 sind mit dem 43. Änderungsgesetz erst 1998 in das Grundgesetz aufgenommen worden, um weitergehende Möglichkeiten der Überwachung von Wohnungen zu ermöglichen, insbesondere den sog. **Großen Lauschangriff**.

II. Abwehrrechtliche Bedeutung

1. Schutzgegenstand

2 Schutzgegenstand des Art. 13 Abs. 1 GG ist die **Integrität** „der Wohnung". Die Wohnung bezeichnet zum Aufenthalt von Menschen geeignete Räume als **räumliche Lebenssphäre** einer Person, also Räume, die von ihr erkennbar zu Wohnzwecken bestimmt und als ihr privater Bereich auch anerkannt sind. Dabei genügt nach dem Schutzzweck des Grundrechts bereits die tatsächliche Anerkennung, weil die Privatsphäre als tatsächliche Gegebenheit geschützt werden soll.

> **Beispiele:**
> Ausgeschlossen ist das Wohnungsgrundrecht für bloße Behältnisse (Schränke, Schreibtische u. Ä.), ferner mangels räumlicher Abgrenzung für Lagerplätze in der Öffentlichkeit, etwa in Ecken von Bahnhofsgebäuden, Tiefgaragen, U-Bahn-Stationen u. Ä. Verneint wurde das Wohnungsgrundrecht auch für die Zellen einer Strafvollzugsanstalt, denen wegen der permanenten Möglichkeit zur Beobachtung der Gefangenen die Anerkennung als Privatbereich fehlen soll (so nicht unproblematisch BVerfG [K], NJW 1996, 2643).

3 Dagegen muss **nicht notwendig** ein **Recht zur Nutzung als Wohnung** bestehen. So bleiben Mieträume auch dann, wenn der Mieter kein Besitzrecht mehr hat, insbesondere zur Räumung verurteilt ist, seine durch Art. 13 Abs. 1 GG geschützte Wohnung. Ob die Durchsetzung der Räumung an Art. 13 GG zu messen ist, scheint fraglich, weil eine für diese Standardsituation in Frage kommenden Begrenzung

jedenfalls für echte Wohnräume (im Übrigen u. Rn. 33) fehlt. Das BVerfG sieht aber den Schutzgegenstand des Art. 13 GG berührt, wenn der Mieter die Wohnung nicht freiwillig räumt und der Gerichtsvollzieher im Vollstreckungsverfahren in die Wohnung eindringt, um den Mieter zwangsweise herauszusetzen (BVerfGE 89, 1 [12 f.]). Welche Begrenzung des Art. 13 GG eingreifen soll, wird jedoch nicht verraten. In Betracht kommt wohl das zu schützende Eigentumsgrundrecht des Vermieters aus Art. 14 GG.

Problematisch ist auch, inwieweit der Schutz des Wohnungsgrundrechts für bei **4** **Hausbesetzungen** rechtswidrigerweise in Besitz genommene Räume durchgreifen kann. Vom persönlichkeitsrechtlichen Schutzzweck her scheint eine Anwendung gegenüber der Ausforschung der Bewohner auch auf diese Fälle angezeigt, sobald und solange ein – wenn auch illegaler – Zustand des Wohnens als jedenfalls vorübergehend bestehend akzeptiert ist. Die Räumung illegal besetzter Räume oder Gebäude wird dadurch ebenso wenig ausgeschlossen wie nach abgelaufenen Mietverhältnissen u. Ä. (o. Rn. 3).

Für das deutsche Verfassungsrecht hat das BVerfG aufgrund primär histori- **5** scher und rechtsvergleichender Auslegung und ausdrücklich ohne Rücksicht auf die dann kaum angemessene Ausgestaltung der Begrenzungen früh den Schutz der Unverletzlichkeit der Wohnung auch auf **Betriebs- und Geschäftsräume** erstreckt (vgl. BVerfGE 32, 54 [69 ff.]). Demgegenüber hat der EuGH – bemerkenswerterweise – später einen entsprechenden Grundrechtsschutz auf gemeinschaftsrechtlicher Ebene verneint, da es entsprechende allgemeine Rechtsgrundsätze der Mitgliedstaaten nicht gebe (vgl. EuGH, EuGRZ 1989, 395 [401] – Hoechst).

Im Ergebnis ist der Unterschied allerdings weniger gravierend, als es auf den **6** ersten Blick scheinen könnte, da sich das BVerfG alsbald gezwungen gesehen hat, im Hinblick auf die **Geschäftsräume** bei der Grundrechtsbeschränkung **andere Maßstäbe** anzulegen als für die zum persönlichen Gebrauch genutzten Wohnungen im engeren Sinne (zuletzt BVerfGE 97, 228 [265 f.]; in diese Richtung dann auch EuGH, C-94/00 Rn. 29 [Roquette Frères] mit Rücksicht auf EGMR, NJW 1993, 718 [Niemietz] für Art. 8 EMRK) (näher u. Rn. 32 f.). Auch sind Geschäftsräume, die zugleich zum persönlichen Wohnen im engeren Sinne benutzt werden, nach den dem entsprechenden, strengen Anforderungen geschützt. Dasselbe gilt, wenn Maßnahmen gegen Geschäftsräume notwendig die Unverletzlichkeit von Wohnräumen im engeren Sinne in Mitleidenschaft ziehen.

Die Unverletzlichkeit der Wohnung greift auch dann ein, wenn der Wohnungs- **7** inhaber die geschützten Räume für die **Öffentlichkeit zugänglich** gemacht hat. Auch dann gilt prinzipiell der Schutz gegenüber Beeinträchtigungen, die dem Inhaber im Einzelnen dennoch unerwünscht sind.

Beispiele:

Die gesetzliche Verpflichtung, jedem Fernsehveranstalter Zugang zu Veranstaltungen und Ereignissen zu gewähren, die öffentlich zugänglich und von allgemeinem Informationsinteresse sind, beeinträchtigt die Unverletzlichkeit der „Wohnung" des Veranstalters hinsichtlich betroffener Betriebsräume (BVerfGE

97, 228 [265 f.], dabei nicht recht eindeutig zur Einbeziehung auch „umfriedeten Besitztums"). – Eine als Vereinslokal dienende öffentliche Teestube ist als Wohnung grundrechtsgeschützt (BVerwGE 121, 345 [348]).

2. Grundrechtsberechtigung

8 Abstrakt ist aufgrund des objektiv formulierten Art. 13 Abs. 1 GG **jedermann** unabhängig davon, ob er Deutscher ist, grundrechtsberechtigt. Für **inländische juristische Personen des Privatrechts** kommt das Wohnungsgrundrecht nach Maßgabe des Art. 19 Abs. 3 GG wesensmäßig in Betracht, weil die Geschäftsräume in den Wohnungsbegriff einbezogen werden.

9 Konkret steht das Wohnungsgrundrecht dem jeweiligen **Inhaber einer Wohnung** im erwähnten Sinne zu.

> **Beispiel:**
> Der Eingriff in das Wohnungsgrundrecht des Providers bei Beschlagnahme bei ihm gespeicherter E-Mails betrifft die Empfänger der E-Mails nicht in *ihrem* Wohnungsgrundrecht.

Dies ist zumal für die Frage der Einwilligung von Bedeutung (o. Kap. 8, Grundrechtseingriff und sonstige relevante Grundrechtsbeeinträchtigungen, Rn. 35). Haben mehrere Personen zusammen eine Wohnung (Ehegatten, Familien, sonstige Lebensgemeinschaften), steht das Grundrecht jedem Einzelnen zu. Bei je teilweiser Nutzung ist jeder Bewohner für seinen Teil der Gesamtwohnung und etwaige Gemeinschaftsräume berechtigt; dies gilt auch für Kinder. Gäste können bei nicht ganz flüchtigem Aufenthalt gleichfalls Wohnungsinhaber des ihnen etwa zur Übernachtung überlassenen Zimmers sein. Wohnungsinhaber sind für die ihnen überlassenen Räume auch Bewohner von Einrichtungen wie Krankenhäusern, Obdachlosenheimen, Asylbewerberheimen, Internaten u. Ä., auch wenn sie nur Besitzdiener sind. Entsprechendes gilt für Arbeitsräume, die einer beschäftigten Person zu Arbeitszwecken individuell überlassen sind.

3. Beeinträchtigungen

10 Die Unverletzlichkeit der Wohnung ist als Integritätsschutz gegen jedes **Eindringen oder Verweilen** gegen den Willen des Wohnungsinhabers gerichtet. Das Eindringen kann körperlich erfolgen, namentlich durch Betreten oder durch eingebrachte Aufzeichnungsgeräte. Nach dem grundrechtlichen Schutzzweck genügt es aber auch, wenn **von außen die Privatheit** der Wohnung **aufgehoben** wird, insbesondere durch geeignete Geräte. Dies ist jedenfalls seit der Einfügung der Abs. 3 bis 6 nicht mehr zu bezweifeln, die als neue Grundrechtsbegrenzungen gerade geschaffen wurden, um Maßnahmen der akustischen und optischen Überwachung zu legitimieren.

▶   **Hinweis:** Eine Beeinträchtigung kann auch durch Messung elektro-
    magnetischer Strahlung eines Computers in der Wohnung erfolgen;
    andererseits kann der Computer über integrierte Mikrofone und Kameras
    als Instrument der Überwachung dienen. Dagegen ist die Integrität des
    Computers selbst durch Art. 13 GG auch dann nicht geschützt, wenn er
    sich in einer Wohnung befindet (BVerfGE 120, 274 [310]). S. im Übrigen o.
    Kap. 14, Die Grundrechte des Art. 2 GG, Rn. 59.

Doch sollte auch Hineinschauen durch eine dazu geöffnete Tür genügen, nicht aber
die bloße Wahrnehmung nach außen dringender Kommunikation (BVerfGE 109,
279 [327]). Keinen Eingriff in die Unverletzlichkeit der Wohnung stellen Einwirkungen dar, die dem Einzelnen die Wohnung als ganze entziehen, indem sie zerstört
oder für ihn gesperrt wird, solange die Integrität der Privatheit nicht berührt wird.

▶   **Hinweis:** Werden lediglich Auskünfte über die Beschaffenheit von
    Wohnräumen verlangt, berührt dies die Unverletzlichkeit der Wohnung
    nicht (BVerfGE 65, 1 [40]). – Es stellt aber einen Eingriff in die Unver-
    letzlichkeit der Wohnung dar, wenn Daten, die zuvor durch Eingriffe in
    das Grundrecht erhoben wurden, in eine Antiterrordatei einbezogen
    werden (BVerfGE 133, 277 Rn. 224 ff.).

4. Begrenzungen und Anforderungen an Beschränkungen

Die Begrenzungsregelungen des Art. 13 GG differenzieren von jeher zwischen ver-   **11**
schiedenen Kategorien von Grundrechtsbeeinträchtigungen, die je **unterschiedli-**
chen Anforderungen unterworfen werden. Gegenüber den in Abs. 2 bis 6 geregelten
spezifischen Beeinträchtigungsformen enthält Abs. 7 einen Auffangtatbestand für
Eingriffe und Beschränkungen im Übrigen. Daneben gelten die allgemeinen
Anforderungen an Grundrechtsbeschränkungen (o. Kap. 10, Anforderungen an Grundrechtsbeeinträchtigungen), zumal der Grundsatz der Verhältnismäßigkeit (etwa
BVerfGE 115, 166 [197 f.]); auch das Zitiergebot des Art. 19 Abs. 1 Satz 2 GG findet grundsätzlich Anwendung.

▶   **Hinweis:** Nach BVerfGE 130, 1 (38 f.) muss § 261 StPO, der die Verwertung
    mittels Eingriff in Art. 13 GG erlangter Informationen zulässt, nicht dem
    Zitiergebot genügen, solange die für die Erhebung der Informationen
    maßgebliche Rechtsgrundlage (etwa des [Landes-] Polizeirechts) dem
    Art. 19 Abs. 1 Satz 2 GG Rechnung trägt, weil die Verwertung nur den
    Zweck des ursprünglichen Grundrechtseingriffs verwirkliche, die Grund-
    rechtseinschränkung nicht erweitere. Die Besinnungsfunktion gegen-
    über dem jeweils zuständigen Gesetzgeber wird damit nicht gewahrt.

a) Der Gesetzesvorbehalt für Durchsuchungen, Art. 13 Abs. 2 GG

Art. 13 Abs. 2 GG ist der **Durchsuchung** gewidmet, die einen herkömmlichen,   **12**
besonders bedeutsamen Eingriff in die Unverletzlichkeit der Wohnung darstellt. Bei

einer Durchsuchung geht es dem Wortsinn entsprechend um ein zielgerichtetes Suchen der handelnden Staatsorgane nach in der Wohnung Verborgenem, ohne dass es auf dessen nähere Qualität (Sachen, Personen) ankommt.

Beispiele:

Wenn Vollstreckungsorgane eine Wohnung betreten, um deren Inhaber ein Kind wegzunehmen, dass dieser nicht herausgeben will, wird (ohne Bezug auf das „Verborgene") eine Durchsuchung angenommen (BVerfG [K], NJW 2000, 943 [944]), ohne dass es darauf ankommt, ob das Kind überhaupt versteckt oder seine Anwesenheit in der Wohnung auch nur geleugnet wird. – Dagegen soll das Betreten öffentlich zugänglicher Vereinsräume mit anschließender Personenkontrolle der dort Anwesenden mangels hinreichender Nähe zum Hausrechtsinhaber (diesem gegenüber) keine Durchsuchung sein (BVerwGE 121, 345 [350]).

Dabei geht Art. 13 GG davon aus, dass die Durchsuchung, bevor sie faktisch vorgenommen wird, **durch einen Rechtsakt angeordnet** wird.

13   Art. 13 Abs. 2 GG, der **missverständlich** auch als **Richtervorbehalt** bezeichnet wird, lässt in seiner Formulierung den Charakter eines Gesetzesvorbehaltes nicht eindeutig erkennen. Doch ist schon aufgrund des Zusammenhangs mit dem allgemeinen rechtsstaatlichen Vorbehalt des Gesetzes klar, dass die Anordnung der Durchsuchung nach Art. 13 Abs. 2 GG dem Richter oder den im Eilfall zuständigen Organen nicht etwa freigestellt ist; vorausgesetzt wird vielmehr immer, dass derartige Anordnungen nur auf gesetzlicher Grundlage ergehen.

14   Der **Gesetzesvorbehalt** für die Durchsuchung von Wohnungen ist in **formeller** Hinsicht **qualifiziert**, und zwar hinsichtlich des **handelnden Organs**. Die Anordnung der Untersuchung kann das Gesetz grundsätzlich nicht einer beliebigen staatlichen Stelle überlassen, vielmehr muss regelmäßig ein **Richter** tätig werden, der als neutrale, unabhängige Instanz präventiver Kontrolle eine wichtige verfahrensmäßige Sicherung des Grundrechts darstellt.

▷   **Hinweis:** Wird der Richtervorbehalt gröblich missachtet, kann dies ein Verwertungsverbot für die erlangten Informationen zur Folge haben (BVerwGE 132, 100 Rn. 32 ff.).

15   Nur bei **Gefahr im Verzug**, wenn also der Durchsuchungserfolg gefährdet wäre, falls erst die Entscheidung des Richters eingeholt würde, kann die Durchsuchung ausnahmsweise (BVerfGE 103, 142 [143]) auch von anderen, gesetzlich dafür vorgesehenen Organen angeordnet werden, z. B. nach § 105 Abs. 1 Satz 1 StPO durch die Staatsanwaltschaft und ihre Hilfsbeamten (vgl. § 152 GVG). Das Merkmal „Gefahr im Verzug" muss dabei mit Tatsachen begründet werden, die auf den Einzelfall bezogen sind. Nicht ausreichend sind reine Spekulationen, hypothetische Erwägungen oder lediglich auf kriminalistische Alltagserfahrung gestützte, fallunabhängige Vermutungen.

16   Im Hinblick auf das **Verfahren** müssen die Behörden in aller Regel zumindest versuchen, eine richterliche Entscheidung herbeizuführen (BVerfGE 103, 142 LS 2,

3, 155 f.; s. auch u. Rn. 38). Ist ein Richter einmal befasst, sind Eilentscheidungen anderer Behörden nur noch aufgrund neuer oder neu bekannt gewordener Tatsachen möglich (BVerfGE 139, 245 Rn. 77 ff.). Halten die Behörden die rechtzeitige Befassung eines Richters für ausgeschlossen, müssen sie zur Gewährleistung effektiven Rechtsschutzes die Umstände dokumentieren, die sie veranlasst haben, selbst die Eilentscheidung zu treffen (ebda., Rn. 72 ff.).

> **Hinweis:** Das zur Gefahr im Verzug für Art. 13 Abs. 2 GG Gesagte hat entsprechend auch für die Bedeutung des Begriffs im Rahmen der Abs. 3, 4 und 5 (u. Rn. 22–24) zu gelten.

Ein vom BVerfG recht spät geklärter Sonderfall betrifft die **Vollstreckungsdurchsu-** 17
chung, insbesondere nach § 758 ZPO. Diese Fälle waren lange gegenüber Art. 13 Abs. 2 GG nicht als problematisch empfunden worden, obwohl das Gesetz hier keine besondere richterliche Anordnung vorsah. Teils wurde der Durchsuchungsbegriff von vornherein auf den Bereich des Strafprozesses begrenzt, teils nahm man an, dass der Vollstreckungstitel hinreichende Basis für eine Wohnungsdurchsuchung sein könne. Das BVerfG hat demgegenüber klargestellt, dass auch die Wohnungsdurchsuchung zum Zwecke der Zwangsvollstreckung von Art. 13 Abs. 2 GG umfasst ist (BVerfGE 51, 97 [106]). Gleichwohl erklärte es die gesetzlichen Grundlagen der Vollstreckungsdurchsuchung nach der ZPO nicht für nichtig, sondern nahm an, dass die Anordnung der Vollstreckungsdurchsuchung angesichts der fehlenden gesetzlichen Regelung **unmittelbar kraft des Art. 13 Abs. 2 GG vom Richter** zu treffen war (vgl. inzwischen die 1997 eingefügte Regelung des § 758a ZPO).

> **Hinweis:** Der durch eine richterliche Durchsuchungsanordnung zur Durchsuchung der Wohnung des Vollstreckungsschuldners ermächtigte Gerichtsvollzieher darf in der Wohnung ohne zusätzliche Durchsuchungsanordnung Vollstreckungshandlungen zugunsten weiterer Vollstreckungsgläubiger vornehmen, wenn dadurch der Grundrechtseingriff nicht verschärft wird, sich insbesondere der Aufenthalt in der Wohnung nicht verlängert (BVerfGE 76, 83 [89 ff.]).

In nicht unproblematischer Weise werden von der Rechtsprechung die Fälle der so 18
genannten **Nachschau** behandelt, wie es sie insbesondere, aber nicht nur, nach gewerberechtlichen Bestimmungen für Geschäftsräume gibt.

Beispiele:
§ 16 Abs. 2 IfSG, § 52 Abs. 2 BImSchG; § 22 Abs. 2 GastG; § 139b GewO; § 17 Abs. 2 HandwO; § 101 Abs. 1 Satz 1 Nr. 4–6 WHG; s. auch die u. Rn. 34 genannte Vorschrift.

Das BVerfG hat sich in einem entsprechenden Fall nach der Handwerksordnung dafür ausgesprochen, diese Fälle **nicht als Durchsuchungen** zu qualifizieren (vgl. BVerfGE 32, 54 [73]). Diese Einschätzung ist **zu undifferenziert**, weil es im

Rahmen von Nachschaumaßnahmen durchaus darum gehen kann, dass Behörden nach Dingen forschen, die vom Betroffenen vor den Behörden verborgen werden; dies ist allerdings nicht notwendig der Fall. Zwischen beiden Konstellationen wurde bei den Beratungen des Parlamentarischen Rates sogar ausdrücklich im Hinblick auf ihre Qualität als Durchsuchung differenziert.

> ▶ **Hinweis:** Der Abg. *Carlo Schmid* stellte wörtlich fest: „Wenn aber ein Beamter des Wohnungsamtes kommt und in der Wohnung nachsieht, ob sie überbelegt oder unterbelegt ist, so ist das keine Durchsuchung. Wenn die Polizei Nachschau hält, ob ein Milchhändler gepanschte Milch in seinem Eisschrank hat, so ist das eine Durchsuchung." (JöR 1 [1951], 140).

19 Kann eine Nachschau aber je nach den Gegebenheiten **Durchsuchungscharakter** haben oder nicht, muss eben **dementsprechend unterschieden** werden. Eine behördliche Nachschau ist daher dann als Durchsuchung nach Art. 13 Abs. 2 GG einzustufen, wenn sie im Einzelfall darauf angelegt ist, in den von der Nachschau betroffenen Räumen Verborgenes aufzufinden. Eine Nachschau mit anderem Zweck, etwa der bloßen Besichtigung von Räumen, ist demgegenüber nicht als Durchsuchung zu qualifizieren. Vor einer durchsuchenden Nachschau muss eine richterliche Anordnung (durch das dem Rechtsweg nach berufene Verwaltungsgericht) eingeholt werden; der in den diversen Nachschauregelungen fehlende Vorbehalt für die Einschaltung eines Richters bei Durchsuchungscharakter der Nachschau ist – wie bei der Vollstreckungsdurchsuchung (o. Rn. 17) – durch ergänzenden Rückgriff unmittelbar auf Art. 13 Abs. 2 GG zu ersetzen.

20 Art. 13 Abs. 2 GG bindet die **Durchführung von Durchsuchungen** nicht nur an eine entsprechend qualifizierte gesetzliche Grundlage, sondern verlangt ergänzend, dass die darauf gestützte Durchsuchung im Einzelfall in der **gesetzlich vorgeschriebenen Form** durchgeführt wird. Damit wird – wie bei Art. 104 Abs. 1 Satz 1 GG (o. Kap. 14, Die Grundrechte des Art. 2 GG, Rn. 126) – die Grundrechtsbeeinträchtigung unter Verletzung der (einfach-) gesetzlichen Formvorschriften zum **Grundrechtsverstoß** erhoben.

21 Auch darüber hinaus werden in der Rechtsprechung mit Rücksicht auf **allgemeine rechtsstaatliche Anforderungen** Verhältnismäßigkeit und Bestimmtheit der Anordnung und der Durchführung von Durchsuchungen betont. So kann eine Durchsuchung nur angeordnet werden, wenn sie im konkreten Fall auch im Hinblick auf das Gewicht der Angelegenheit verhältnismäßig ist. Der Richter muss sich hiervon aufgrund eigenverantwortlicher Prüfung der Ermittlungen überzeugen und den Durchsuchungsbeschluss präzise abgrenzen.

Beispiel:

Eine Durchsuchung nach Selbstanzeige wegen Anbaus von Cannabis bei erlaubter Eigenverwendung von Medizinalhanf im Rahmen einer ärztlich begleiteten Schmerztherapie erscheint unangemessen (BVerfG [K], NJW 2015, 1585 f.).

Ob behördliche oder gerichtliche Durchsuchungen den Anforderungen eines verfassungsunmittelbaren Richtervorbehalts wie des Art. 13 Abs. 2 GG genügen, prüft

das BVerfG über die allgemeine Kontrolldichte hinausgehend (o. Kap. 5, Grundrechtsverpflichtete, Rn. 21) umfassend nach (BVerfGE 139, 245 Rn. 66). Mit Rücksicht auf diese Anforderungen wird ferner angenommen, dass eine richterliche
Durchsuchungsanordnung nicht unbegrenzt lange gültig bleibt, sondern grundsätzlich spätestens nach einem halben Jahr ihre rechtfertigende Kraft verliert (BVerfGE
96, 44 [51 ff.]).

b) Die Regelungen zur Überwachung mit technischen Mitteln, Art. 13 Abs. 3 bis 6 GG

Die 1998 mit Art. 13 Abs. 3–6 GG in das Grundgesetz eingefügten Möglichkeiten,   **22**
den Menschen auch in seiner Wohnung zu überwachen, verstoßen nach BVerfGE
109, 279 [310 ff.] nicht gegen die **Anforderungen des Art. 79 Abs. 3 GG**. Dies
beruht maßgeblich darauf, dass das BVerfG die neuen Beschränkungsmöglichkeiten
in Art. 13 GG gegenüber der unmittelbar geltenden Garantie des Art. 1 Abs. 1 GG
nicht durchgreifen lässt (s. Kap. 13, Die Garantie der Würde des Menschen, Art. 1
Abs. 1 GG, Rn. 40). Die Grundsätze des Art. 1 GG werden nicht berührt, weil die
ermöglichte gesetzliche Regelung von Lausch- und Spähangriffen den zur
Menschenwürde gehörenden absolut geschützten Kernbereich privater Lebensgestaltung respektieren muss.

Die neue **Gesamtregelung** umfasst in Abs. 3 und 4 zwei weitere qualifizierte   **23**
Gesetzesvorbehalte, auch wenn dieser Charakter der Begrenzungen wie in Abs. 2 (o.
Rn. 13) nicht ausdrücklich hervortritt. Diese Gesetzesvorbehalte mit unterschiedli-
chem Anwendungsbereich ermöglichen es, unter näher bestimmten formellen wie
materiellen Anforderungen verschiedene Überwachungsmaßnahmen gesetzlich vorzusehen. Zur Verwertbarkeit so erlangter Erkenntnisse enthalten sie keine ausdrückliche Regelung. Abs. 5 erlaubt Abweichungen von diesen Anforderungen und regelt die
Verwertbarkeit der unter diesen Bedingungen erlangten Erkenntnisse. Abs. 6 trifft
eine ergänzende Regelung zur generellen Sicherung der parlamentarischen Kontrolle
über die auf der Grundlage solcher Gesetze entfalteten Überwachungsaktivitäten.

Im Einzelnen ermöglicht **Art. 13 Abs. 3 GG** die akustische Überwachung von   **24**
Wohnungen mittels technischer Mittel. Diese ist nur zur Verfolgung besonders
schwerer Straftaten zulässig, deren Kreis durch Gesetz im Einzelnen bestimmt
wird. Der diesbezügliche Verdacht muss durch bestimmte Tatsachen begründet
sein; damit wird noch kein dringender Tatverdacht verlangt. Restriktiv wirken ferner die Begrenzung auf Fälle, in denen andernfalls die Erforschung des Sachverhalts
unverhältnismäßig erschwert würde, und die zwingend vorgeschriebene Befristung
(Satz 2). Verfahrensrechtlich wird stets eine richterliche Anordnung, und zwar im
Regelfall durch einen Spruchkörper von drei Richtern verlangt (Satz 3), nur bei
Gefahr im Verzug (o. Rn. 15) darf ein Einzelrichter tätig werden (Satz 4). Keine
Einengung bedeutet der Bezug auf Wohnungen, in denen sich der Beschuldigte ver-
mutlich aufhält; vielmehr wird hier deutlich, dass nicht nur dessen eigene Wohnung,
sondern auch die völlig unbeteiligter Personen dem sog. Großen Lauschangriff
unterworfen werden dürfen. Auf der Grundlage der neuen Begrenzung sind entsprechende Regelungen in die StPO eingefügt worden, vgl. §§ 100c – e und § 101.

Der weitergehende **Art. 13 Abs. 4 GG** erlaubt die Überwachung von Wohnraum   **25**
mit technischen Mitteln schlechthin, also ohne die Begrenzung auf akustische

Mittel. Damit wird neben dem Lauschangriff insbesondere der Spähangriff gedeckt, erfasst sind aber auch sonstige Möglichkeiten technischer Überwachung. Die Überwachung ist nur zur Abwehr dringender Gefahren für die öffentliche Sicherheit zulässig; diese Formulierung ist auf Ausmaß und Wahrscheinlichkeit des Schadens zu beziehen (BVerfGE 130, 1 [32]). Die beispielhaft angeführten Fälle der gemeinen Gefahr oder Lebensgefahr dürften zu einer restriktiven Bestimmung der geschützten Sicherheitsgüter Anlass geben. Verfahrensrechtlich ist die einfache richterliche Anordnung vorgeschrieben, die bei Gefahr im Verzuge (o. Rn. 14) ersetzt werden kann, dann aber (von Amts wegen, also ohne Rechtsbehelf des Betroffenen) unverzüglich nachzuholen ist.

26   Für die nach Art. 13 Abs. 3 und 4 GG möglichen Eingriffe bringt **Art. 13 Abs. 5 Satz 1 GG** eine Durchbrechung der Richtervorbehalte; für den Fall, dass die technischen Mittel ausschließlich zum Schutz in Wohnungen eingesetzter Personen Anwendung finden, kann dies eine gesetzlich bestimmte Stelle anordnen. Der Einsatz der verdeckten Ermittler als solcher ist auf der Grundlage dieser Bestimmung nicht möglich, sondern bedarf der Legitimation im Rahmen anderweitiger Begrenzungen, namentlich Art. 13 Abs. 2 oder 7 GG. Die Erkenntnisse, die beim reinen Schutzeinsatz technischer Überwachungsmittel anfallen, können nur zu Zwecken der Strafverfolgung oder der Gefahrenabwehr eingesetzt werden, und auch das nur, wenn die Rechtmäßigkeit der Überwachungsmaßnahme durch im Regelfall, wiederum außer bei Gefahr im Verzuge (o. Rn. 14), vorherige richterliche Feststellung geklärt ist, die andernfalls auch hier nachzuholen ist.

27   Die parlamentarische Kontrolle, die **Art. 13 Abs. 6 GG** sicherstellen will, berührt die abwehrrechtliche Wirkung des Grundrechts des Einzelnen auf den ersten Blick nicht, sondern scheint sich in mittelbaren, generalpräventiven Schutzwirkungen zugunsten der Allgemeinheit zu erschöpfen. Die insoweit systemfremde Aufnahme in den Grundrechtsabschnitt legt aber die Erwägung nahe, die Einhaltung der Anforderungen des Abs. 6 als qualifizierende Voraussetzung für alle nach Art. 13 Abs. 3 bis 5 GG gedeckten Staatsakte anzusehen. Dies würde bedeuten, dass mit der Vernachlässigung der Berichtspflicht oder der Störung der darauf gestützten parlamentarischen Kontrolle alle Überwachungsmaßnahmen als grundrechtswidrig anzusehen wären.

c) Der Auffangtatbestand auf der Begrenzungsseite, Art. 13 Abs. 7 GG

28   Art. 13 Abs. 7 GG, der ebenso wie nach der Ursprungsfassung (damals als Abs. 3) den Abschluss der Grundrechtsbestimmung bildet, ist durch diese Stellung in Verbindung mit seiner Formulierung („im Übrigen") als **Auffangtatbestand auf der Begrenzungsseite** ausgewiesen, der (nur) außerhalb des Anwendungsbereichs der in Abs. 2 bis 5 speziell geregelten Beeinträchtigungsformen eingreift.

29   In seiner ersten Variante enthält Art. 13 Abs. 7 GG den seltenen Fall eines **verfassungsunmittelbaren Exekutivvorbehaltes**, indem er zu Eingriffen und Beschränkungen zur Abwehr einer gemeinen Gefahr oder einer Lebensgefahr ermächtigt, die **ohne gesetzliche Ermächtigung** zulässig sein soll. Dem rechtsstaatlichen Vorbehalt des Gesetzes widerspricht dies nicht, wenn man dessen Anforderungen durch Art. 13 Abs. 7 GG selbst erfüllt sieht. Dieser ist als verfassungsgesetzliche Ermächtigung der allgemein zuständigen Behörden zu verstehen, in den genannten extremen Gefahrenlagen die zur Abwehr gebotenen **konkreten Eingriffe** und Beschränkungen der

Unverletzlichkeit der Wohnung vorzunehmen. Tatsächlich greifen allerdings stets Gesetze, notfalls die polizeiliche Generalklausel, ein, die jedenfalls hier als ausreichend bestimmt anzuerkennen ist.

Im Rahmen der zweiten Variante sind Eingriffe und Beschränkungen „auf Grund **30** eines Gesetzes" vorgesehen, allerdings auch hier nur im Falle **abschließend** aufgezählter, immer noch recht **eng begrenzter Qualifikationen.** Zwar werden in der sachlichen Breite alle **polizeilichen Gefahren** abgedeckt, einschließlich sogar solche für die in ihrer Unbestimmtheit heute als problematisch empfundene „öffentliche Ordnung". Qualifizierend verlangt wird aber die **Dringlichkeit** der Gefahren, die auf eine besonders hohe Wahrscheinlichkeit des baldigen Schadenseintritts oder auf dessen Ausmaß bezogen werden kann. Dringlichkeit der Gefahr ist auch bei den anschließend aufgeführten **Beispielen** nicht schlechthin vorauszusetzen, sondern muss jeweils konkret gegeben sein.

Angesichts der Bedeutung des Wohnungsgrundrechts für die Sicherung der **31** Privatsphäre des Einzelnen scheinen diese Anforderungen an Einschränkungen durchaus gerechtfertigt. Die **ausschließlich polizeirechtliche Ausrichtung** des Art. 13 Abs. 7 GG ist **zu respektieren;** sie kann nicht Anlass sein, unabhängig von jeder verfassungsrechtlichen Grundlage auch anders motivierte Eingriffe zuzulassen. Für den Schutz der privaten Wohnung (im engeren Sinne) müssen – vorbehaltlich kaum in Frage kommender Begrenzungsgehalte anderer Verfassungsbestimmungen – von Art. 13 Abs. 2 bis 7 GG nicht gedeckte Eingriffe und Beschränkungen konsequent ausgeschlossen bleiben.

▶ **Hinweis:** Bedenklich ist es daher, dass das BVerfG dies (zu Art. 13 Abs. 2, 3 GG a.F.) für die erzwungene Beweisaufnahme durch Schallmessungen eines Sachverständigen in einer Privatwohnung offengelassen hat (BVerfGE 75, 318 [328]).

Da auch die **Geschäftsräume** (als Wohnungen im weiteren Sinne) in den Schutzge- **32** genstand des Art. 13 Abs. 1 GG einbezogen werden (o. Rn. 5 f.), ergeben sich indes **Schwierigkeiten,** weil insoweit weitergehende Einschränkungen für nötig gehalten werden. Dies ist namentlich im Fall der schon erwähnten, traditionellen **Nachschauregelungen** (o. Rn. 18) hervorgetreten, die aufgrund ihrer Ausgrenzung aus dem für Durchsuchungen vorgesehenen Art. 13 Abs. 2 GG dem Anwendungsbereich des qualifizierten Auffanggesetzesvorbehaltes nach Art. 13 Abs. 7 GG unterfallen sollen, ohne aber stets dessen recht eng gefassten Anforderungen genügen zu können.

Beispiele:
Das BVerfG hat zur Nachschau im Apothekenrecht eine in diesem Zusammenhang vielleicht gerade noch zu rechtfertigende dringende Gefahr für die öffentliche Sicherheit angenommen (vgl. BVerfGE 17, 232 [251 f.]); dies ließ sich für die Nachschau aufgrund der Handwerksordnung aber nicht mehr halten (vgl. BVerfGE 32, 54 [74]).

Das BVerfG hat diese Problematik dadurch bewältigt, dass es den Art. 13 Abs. 7 GG **33** jedenfalls **für die Nachschau** bei Geschäftsräumen für nicht einschlägig erklärt hat, allerdings in der Sache nur hinsichtlich seiner qualifizierten Anforderungen. Dies müsste methodisch wohl als teleologische Reduktion der Qualifikation des Gesetzesvorbehalts gerechtfertigt werden. **Im Ergebnis** wird so **ein schlichter Gesetzesvorbehalt** des Art. 13 GG anerkannt, der die mit der Nachschau verbundenen Beeinträchtigungen der Integrität von Geschäftsräumen deckt, so dass diese lediglich den allgemeinen Anforderungen, namentlich solchen der **Bestimmtheit** und der **Verhältnismäßigkeit** (vgl. BVerfGE 32, 54 [76 f.]), wohl auch des Zitiergebots, genügen müssen.

> ▷ **Hinweis:** Ob Ähnliches auch für die erzwungene Beweisaufnahme durch Schallmessungen eines Sachverständigen in einer Privatwohnung gelten kann, ist später mit Rücksicht auf verletzte Verfahrensanforderungen (u. Rn. 38) offen gelassen worden (BVerfGE 75, 318 [328]).

34 Insoweit ist der durch Art. 13 GG vermittelte Grundrechtsschutz daher materiell auf dasselbe Maß reduziert, das sich **auch aus Art. 2 Abs. 1 GG** ergeben würde. Die Subsumtion der Geschäftsräume unter den Wohnungsbegriff behält allerdings ihre Bedeutung insoweit, als es um den Schutz vor (zweifelsfreien) Durchsuchungen und Akten technischer Überwachung geht (Art. 13 Abs. 2 bis 6). Insgesamt ist die Behandlung von Nachschauakten im Rahmen des Art. 13 GG nach dem Gesagten (o. Rn. 18 f., 32 ff.) mit nicht unerheblichen Unsicherheiten belastet.

> **Beispiel:**
> Das BVerwG hat einmal angenommen, Prüfungen und Besichtigungen nach dem früheren § 11 Abs. 2 AbsatzfondsG, einer zumindest in der Regel nicht auf Durchsuchungen abzielenden Nachschauregelung, bedürften auf der Grundlage der Judikatur des BVerfG einer richterlichen Anordnung, wenn die betroffenen Geschäftsräume nur über Wohnräume (i.e.S.) zugänglich seien (BVerwG, NVwZ 1986, 831). Dies macht das Ausmaß der erzeugten Verwirrung wohl recht deutlich: Mangels Durchsuchung war Art. 13 Abs. 2 GG mit dem sog. Richtervorbehalt nicht einschlägig, sondern Art. 13 Abs. 3 GG a.F. (= Art. 13 Abs. 7 GG), dessen Voraussetzungen auch durch richterliche Anordnung nicht zu ersetzen sind.

35 Als zusätzlicher Gesetzesvorbehalt ist auch bei Art. 13 GG der **Art. 17a Abs. 2 GG** zu erwähnen, der Einschränkungen durch Gesetze zulässt, die der Verteidigung einschließlich des Schutzes der Zivilbevölkerung dienen. Damit sind Einschränkungen aller Art ermöglicht, die nur durch den weiten Rahmen der beiden Zweckbestimmungen eingeengt, aber insbesondere nicht den verfahrensbezogenen Bindungen der Art. 13 Abs. 2 bis 6 GG unterworfen sind.

5. Konkurrenzen

36 Bei Erstreckung seines Schutzgegenstandes auf Geschäftsräume ist Art. 13 GG **nicht** im strengen Sinne **lex specialis** gegenüber dem Persönlichkeitsrecht des wohnenden Menschen hinsichtlich seiner räumlichen Privatsphäre, mag dieses

gleichwohl durch ausnahmsweise anzunehmende Konsumtion (o. Kap. 11, Grundrechtskonkurrenzen, Rn. 8) verdrängen. Art. 13 GG greift ferner neben Grundrechten
ein, die in der weit verstandenen Wohnung ausgeübt und durch deren Verletzung
mit beeinträchtigt werden, z. B. neben Presse- und Rundfunkfreiheit bei Durchsuchung von Redaktionsräumen oder neben der Berufsfreiheit bei der Nachschau in
Geschäftsräumen. Auch Art. 14 GG ist neben Art. 13 GG anwendbar, wenn durch
den Wohnungseingriff eigentumsrechtlich geschützte Nutzungsmöglichkeiten oder
Ausschließungsrechte verkürzt werden. Für die Beschlagnahme von Sachen gilt
auch bei Wohnungsdurchsuchungen nur Art. 14 GG (BVerfGE 124, 43 [57]). Zum
Persönlichkeitsgrundrecht beim Zugriff auf Computer o. Rn. 10.

III. Objektiv-rechtliche Bedeutung

Von Bedeutung ist namentlich die **Ausstrahlungswirkung** des Grundrechts auf alle   37
Bereiche des Rechts. Das BVerfG hat sie für die Auslegung zivilrechtlicher und
prozessrechtlicher Bestimmungen im Zusammenhang mit der Zwangsvollstreckung
aus Räumungstiteln und gegenüber verbotener Eigenmacht des Vermieters, ferner
für die Inhaltskontrolle von Mietverträgen im Hinblick auf jederzeitige
Betretungsrechte des Vermieters betont, eine Bedeutung schon im Räumungsprozess
aber ausgeschlossen, weil die Kündigung des Mietverhältnisses die Privatheit der
Wohnung nicht berührt (BVerfGE 89, 1 [11 ff.]). Damit dürfte die Annahme überholt sein, dass die Grundsatznorm des Art. 13 GG auch für die Beurteilung von
Kündigungsschutzvorschriften des sozialen Mietrechts aussagekräftig sei (so
BVerfGE 83, 82 [86 f.]).

Als Ausdruck der **staatlichen Schutzpflicht** lässt sich namentlich die überkom-   38
mene Strafbarkeit des Hausfriedensbruchs, § 123 StGB, auffassen. Entsprechend
dürfte die Grundrechtsbestimmung den Staat auch zu Schutzbestimmungen gegenüber privater Bespitzelung in Wohnräumen verpflichten. Zu **Organisation und
Verfahren** enthalten die Begrenzungsregelungen des Art. 13 GG spezifische
Vorgaben; aber auch darüber hinaus ist bei der Verfahrensgestaltung bei allen
Beeinträchtigungen der Integrität von Wohnungen der Bedeutung des Grundrechts
stets Rechnung zu tragen.

Beispiel:
Vor einer erzwungenen Beweisaufnahme in einer Wohnung durch Schallmessungen eines Sachverständigen ist zumindest eine Anhörung des Betroffenen
grundrechtlich geboten (BVerfGE 75, 318 [328]). – Zur Sicherung der Effektivität
des „Richtervorbehalts" sind die Gerichte verpflichtet, die Erreichbarkeit eines
Ermittlungsrichters, auch durch einen Eil- oder Notdienst, sicherzustellen, die
zuständigen Stellen dazu, die Gerichte auch personell angemessen auszustatten
(BVerfGE 103, 142 [152, 156]; s. auch o. Rn. 14).

Wichtig für die Effektivität des Grundrechtsschutzes sind auch Anforderungen an
den Rechtsschutz gegen Durchsuchungen im Rahmen des Art. 19 IV GG (u. Kap. 30,
Die Rechtsweggarantie des Art. 19 Abs. 4 GG, Rn. 32, 33) und die in Art. 13 Abs. 4, 5

GG vorgesehene Nachholung der ausnahmsweise unterbliebenen richterlichen Entscheidung (o. Rn. 25 f.). **Art. 13 Abs. 6 GG** zielt in erster Linie auf generalpräventive Schutzwirkungen zugunsten der Allgemeinheit, die von der parlamentarischen Kontrolle der Exekutive erwartet werden.

IV. Zusammenfassung

39

- Schutzgegenstand des Art. 13 GG ist die Wohnung als räumliche Privatsphäre einer Person. Dieser Schutz wird auch auf Betriebs- und Geschäftsräume erstreckt.
- Grundrechtsberechtigt ist der jeweilige Inhaber der Wohnung; dies kann bei Betriebs- und Geschäftsräumen auch eine inländische juristische Person des Privatrechts sein.
- Der Schutz gilt der Integrität der Wohnung, richtet sich daher gegen jedes körperliche Eindringen oder Verweilen gegen den Willen des Inhabers, außerdem gegen Überwachungsmaßnahmen von außen.
- Art. 13 Abs. 2 bis 4 GG enthalten qualifizierte Gesetzesvorbehalte für Durchsuchungen und Überwachungsmaßnahmen mit technischen Mitteln. Der dabei grundsätzlich zu beachtende Richtervorbehalt greift bei fehlender gesetzlicher Regelung unmittelbar von Verfassungs wegen durch.
- Der gleichfalls qualifizierte Auffanggesetzesvorbehalt des Art. 13 Abs. 7 GG lässt nur Eingriffe und Beschränkungen mit polizeilicher Zielsetzung zu.
- Die Nachschau in Geschäftsräumen wird vom BVerfG zu undifferenziert generell nicht als Durchsuchung qualifiziert und auch von den Anforderungen des Art. 13 Abs. 7 GG freigestellt; die einschlägigen Gesetze müssen danach im Ergebnis nur allgemeinen rechtsstaatlichen Anforderungen genügen.

Die Grundrechte des Art. 14 GG

26

Inhalt

Literatur zu I. II.: *Otto Depenheuer,* § 111, Eigentum, in: HGR V, 2013, S. 3; *Johannes Dietlein,* § 113, Die Eigentumsfreiheit und das Erbrecht, in: Stern, Staatsrecht IV/1, 2006, S. 2114; *Walter Leisner,* § 173, Eigentum, in: HStR VIII³, 2010, S. 301; *Wilfried Berg,* Entwicklung und Grundstrukturen der Eigentumsgarantie, JuS 2005, 961; *David Bruch/Holger Greve,* Atomausstieg 2011 als Verletzung der Grundrechte der Kernkraftwerksbetreiber?, DÖV 2011, 794; *Christoph Brüning,* Die Aufopferung im Spannungsfeld von verfassungsrechtlicher Eigentumsgarantie und richterrechtlicher Ausgestaltung, JuS 2003, 2; *Hans-Georg Dederer,* Atomausstieg und Art 14 GG, JA 2000, 819; *Jürgen Eschenbach,* Die Enteignung, Jura 1997, 519; *Michael Fehling/Florian Faust,* Durchblick: Grund und Grenzen des Eigentums- und Vermögensschutzes, JuS 2006, 18; *Wolff Heintschel v. Heinegg/Ulrich R. Haltern,* Keine Angst vor Art. 14 GG!, JuS 1993, 121; *Hans D. Jarass,* Inhalts- und Schrankenbestimmung oder Enteignung, NJW 2000, 2841; *Iris Kemmler,* Ersatzansprüche wegen Beeinträchtigungen des Eigentums, JA 2005, 156; *dies.,* Allgemeiner Aufopferungsanspruch und öffentlich-rechtlicher

© Springer-Verlag Berlin Heidelberg 2017

M. Sachs, *Verfassungsrecht II - Grundrechte*, Springer-Lehrbuch,
DOI 10.1007/978-3-662-50364-5_26

Erstattungsanspruch, JA 2005, 659; *Michael Kloepfer*, 13. Atomgesetznovelle und Grundrechte, DVBl 2011, 1437; *Ruth König*, Inhalts- und Schrankenbestimmung oder Enteignung?, JA 2001, 345; *Hanno Kube*, Die Eingriffsqualität: Angelpunkt der verfassungsrechtlichen Eigentumsdogmatik – zugleich Besprechung des BVerfG-Beschlusses vom 10. 10. 1997, NJW 1998, S. 367, Jura 1999, 465 ff.; *Christoph Külpmann*, Der Schutz des Eigentumsbestandes durch Art. 14 I GG – BVerfGE 100, 226, JuS 2000, 646; *Joachim Lege*, Das Eigentumsgrundrecht aus Art. 14 GG, Jura 2011, 507, 826; *ders.*, Eigentum als Verfassungsbegriff (Art. 14 GG), AD LEGENDUM 2016, 9; *Lerke Osterloh*, Die Abgrenzung zwischen Sozialbindung und Enteignung – Grundprobleme der Systematik des grundrechtlichen Eigentumsschutzes, JuS 1992, L 9; *Alexander Peters*, Art. 15 GG und die Notverstaatlichung von Banken, DÖV 2012, 64; *Christina Reuss*, Eigentum – Eigentumsbeschränkung – Entschädigung, JuS 1998, L 89–96; *Reimund Schmidt-De Caluwe*, Der Eigentumsschutz sozialer Rechtspositionen – zu einer funktionsgesteuerten Auslegung des Art. 14 I GG, JA 1992, 129; *Friedrich Schoch*, Die Eigentumsgarantie des Art. 14 GG, Jura 1989, 113; *Hans-Dieter Sproll*, Verfassungsrechtliche Eigentumsgarantie und Enteignungsentschädigung, JuS 1995, 1080; *Josef Stangl*, Die Enteignung, JA 2000, 574; **zu III.:** *Johannes Dietlein*, § 113, Die Eigentumsfreiheit und das Erbrecht, in: Stern, Staatsrecht IV/1, 2006, S. 2114 (2320 ff.); *Paul Kirchhof*, § 112, Erbrecht, in: HGR V, 2013, S. 45; *Walter Leisner*, § 174, Erbrecht, in: HStR VIII³, 2010, S. 393; *Werner Hoppe*, „Herrenloses" Eigentum im Zugriff des Staates – Verfassungsrechtliche Anforderungen an staatliche Erbenermittlung (Art. 14 Abs. 1 GG) –, DVBl 2009, 865.

Rechtsprechung zu I., II.: BVerfGE 24, 367 (Deichordnung); BVerfGE 31, 229 (Urheberrecht und Schulbücher); BVerfGE 37, 132 (Wohnraumkündigungsschutzgesetz); BVerfGE 38, 175 (Rückenteignung); BVerfGE 46, 325 (Zwangsversteigerung); BVerfGE 48, 403 (Wohnungsbauprämie); BVerfGE 50, 290 (Mitbestimmung); BVerfGE 51, 193 (Lagenamen in der Weinbergsrolle); BVerfGE 52, 1 (Kleingärten); BVerfGE 56, 249 (Dürkheimer Gondelbahn); BVerfGE 58, 137 (Pflichtexemplar); BVerfGE 58, 300 (Nassauskiesung); BVerfGE 69, 272 (Sozialversicherungsrechtliche Eigentumspositionen); BVerfGE 70, 191 (Fischereirechte); BVerfGE 74, 264 (Boxberg); BVerfGE 78, 205 (Schatzregal); BVerfGE 79, 292 (Eigenbedarfskündigung); BVerfGE 83, 201 (Vorkaufsrecht); BVerfGE 84, 90 (SBZ-Enteignungen I); BVerfGE 89, 1 (Besitzrecht des Mieters); BVerfGE 93, 121 (Vermögensteuer); BVerfGE 95, 1 (Südumfahrung Stendal); BVerfGE 97, 89 (Wegfall des Enteignungszwecks nach Beitritt der DDR); BVerfGE 100, 226 (Denkmalschutzgesetz Rheinland-Pfalz); BVerfGE 100, 289 (Unternehmensverträge und Eingliederung); BVerfGE 102, 1 (Zustandshaftung Altlasten); BVerfGE 112, 1 (20 f.) (SBZ-Enteignungen II); BVerfGE 114, 1 und 73 (Übertragung von Lebensversicherungsverträgen); BVerfGE 115, 97 (Kein Halbteilungsgrundsatz); BVerfGE 128, 138 (Rentenkürzung Invalidenrente); BVerfGE 132, 99 (Widerruf der Börsenzulassung); BVerfGE 134, 242 (Garzweiler II); BVerfG (K), NJW 2001, 1783 (Klinische Arzneimittelversuche); BVerwGE 67, 93 (Aufforstung von Niedermoorwiesen); BVerwGE 81, 49 (Milchmengenbegrenzung); BGHZ 90, 17 (Enteignungsgleicher Eingriff); BGHZ 91, 20 (Enteignender Eingriff); BGHZ 111, 349 (Kakaoverordnungen); **zu III.:** BVerfGE 58, 377 (Vorzeitiger Erbausgleich); BVerfGE 67, 329 (Hoferben); BVerfGE 91, 346 (Ertragswertabfindung); BVerfGE 93, 165 (Erbschaftsteuer); BVerfGE 97, 1 (Vorweggenommene Erbfolge); BVerfGE 99, 341 (Testiermöglichkeit schreib- und sprechunfähiger Personen); BVerfGE 112, 332 (Pflichtteil); BVerfGE 126, 331 (Miterben-Entschädigungsfonds).

Übungsfälle zu I., II.: *Andreas Glaser*, Übungsklausur – Öffentliches Recht: Grundrechtsschutz gegen Steuern, JuS 2008, 341; *Jörg Gundel/Daniel Schubert*, Der Atomkonsens auf dem Prüfstand, Jura 2001, 847; *Reinhard Hendler/Jan Duikers*, Eigentum und Naturschutz, Jura 2005, 409; *Lars Hummel*, Grundfälle zu Art. 15 GG, JuS 2008, 1065; *Heike Jochum/Wolfgang Durner*, Grundfälle zu Art. 14 GG, JuS 2005, 220, 320, 412; *Michael Goldhammer/Andreas Hofmann*, Anfängerklausur – Öffentliches Recht: Grundrechte – Gefährliche Bräune, JuS 2013, 704.

I. Allgemeines

Art. 14 GG gehört, jedenfalls soweit er das Eigentum garantiert, zu den klassischen **1** Grundrechtsgarantien. Auch wenn es unzulässig verkürzend wäre, bereits im dritten Element der Gütertrias bei John Locke („life, liberty und property") einen direkten Vorläufer (nur) der **Eigentumsgarantie** zu sehen, so war sie doch bereits der **Déclaration von 1789** in Frankreich bekannt und von Anfang an Bestandteil der **frühkonstitutionellen Verfassungsurkunden** in Deutschland. Nach der Beseitigung der Reste einer feudalen Güterordnung ist die Eigentumsgarantie im weiteren Verlauf des 19. Jahrhunderts zunehmend von größerem Gewicht für die Verfassungs- und Wirtschaftsordnung geworden und hat diese Relevanz bis heute behalten.

Eigentum und Erbrecht hängen insoweit zusammen, als einerseits das Erbrecht **2** es dem Eigentümer bzw. Erblasser ermöglicht, über sein Eigentum auch über den Tod hinaus noch wirksam zu verfügen, während andererseits aus Sicht der Erbberechtigten in gewissem Umfang nur Aussichten auf den Erwerb bestimmten Eigentums garantiert sind. Ungeachtet dieser **Interdependenzen** handelt es sich **aber** um je **getrennte Grundrechtsgewährleistungen**.

II. Die Eigentumsgarantie

1. Allgemeines

Die Garantie des Eigentums nach Art. 14 Abs. 1 GG ist objektiv gefasst, die **3** Gewährleistung gilt dem Eigentum, ein Berechtigter wird nicht ausdrücklich genannt. Dieser Formulierung entspricht der Charakter des **Art. 14 Abs. 1 GG** als eine **Institutsgarantie** des überkommenen Privateigentums. Zugleich enthält diese Garantie aber auch ein **individuelles Recht** des Einzelnen an dem ihm zustehenden Eigentum, das sich im Wesentlichen als Abwehrrecht darstellt (vgl. BVerfGE 24, 367 [389]).

2. Abwehrrechtliche Bedeutung

a) Schutzgegenstand

Das Eigentum als individuelles Recht schützt die Berechtigung des einzelnen **4** Grundrechtsträgers an den ihm durch die Rechtsordnung normativ zugeordneten Eigentumsgegenständen. Im Gegensatz zur Verhaltensfreiheit und zu Schutzgütern wie Leben oder körperliche Unversehrtheit ist dem Menschen sein **Eigentum** nicht schon von Natur aus gegeben, sondern **wird erst durch** die **Rechtsordnung**, sei sie auch noch so rudimentär, **hervorgebracht**, indem sie dem Einzelnen bestimmte Güter als die seinigen zuweist. Dieser Einsicht entspricht die Formulierung des Verfassungstextes, wonach der Inhalt des Eigentums durch die Gesetze bestimmt wird (vgl. Art. 14 Abs. 1 Satz 2 Alt. 1 GG).

> **Beispiel:**
>
> Das Grundwasser steht nicht kraft einer natürlichen Beziehung zum Grund-
> eigentum im verfassungsrechtlichen Eigentum des Eigentümers des darüber lie-
> genden Grundstücks, sondern ist durch die gesetzliche Regelung im WHG der
> Privatrechtsordnung entzogen und einer öffentlich-rechtlichen Ordnung unter-
> stellt (BVerfGE 58, 300 [339]).

Dies schließt nicht aus, dass auch der durch Art. 1 Abs. 3 GG gebundene Gesetzgeber
prinzipiell verpflichtet wird, vorhandenes Eigentum zu respektieren (u. Rn. 25 ff).

5   Mit dem Begriff des Eigentums wird im allgemeinen juristischen Sprachgebrauch
das Eigentum an Sachen bezeichnet, wie es heute im BGB geregelt ist. Für die
Bedeutung des Eigentums ist dementsprechend § 903 Satz 1 BGB paradigmatisch,
wonach der Eigentümer mit seiner Sache nach Belieben verfahren und andere von
jeder Einwirkung ausschließen kann. Das **Sacheigentum**, insbesondere das
Grundstückseigentum, stand zu Beginn der Epoche im Mittelpunkt auch der verfassungsrechtlichen Eigentumsgarantie. Sinn und Zweck des Art. 14 Abs. 1 Satz 1 Alt. 1
GG entsprechend, der dem Einzelnen das wirtschaftliche Substrat seiner selbstbestimmten Existenz sichern will, wurde die Eigentumsgarantie bald auch auf **alle privaten Vermögensrechte** sonstiger Art erstreckt. Diese Konsequenz der Fortentwicklung
der wirtschaftlichen Verhältnisse war bereits in der Weimarer Zeit anerkannt.

> **Beispiele:**
>
> Zum Schutzgegenstand des Eigentums zählen etwa Aktien, Urheberrechte,
> Forderungen und dergleichen. – Auch der berechtigte Besitz wird als Eigentum
> anerkannt (so für das Besitzrecht des Wohnungsmieters BVerfGE 89, 1 [5 ff.]). –
> Für die Auflassungsvormerkung als Eigentum nach Art. 14 GG BVerwGE 145,
> 96 Rn. 11 ff.

6   Bis heute **zweifelhaft** geblieben ist allerdings, ob hierzu auch das **Recht am eingerichteten und ausgeübten Gewerbebetrieb** gehört, das erweiternd nunmehr auch
als Recht am Unternehmen bezeichnet wird. Dafür könnte sprechen, dass dieses
Recht im Rahmen der deliktsrechtlichen Judikatur vor Eingriffen anderer Privatpersonen ebenso in Schutz genommen wird wie das zivilrechtliche Sacheigentum,
indem es als sonstiges Recht im Sinne des § 823 Abs. 1 BGB anerkannt ist. Dementsprechend haben die Fachgerichte seit langem die Eigentumsqualität dieses Rechts
angenommen (vgl. etwa BGHZ 111, 349 [355 f.]; BVerwGE 67, 93 [96]; BVerwGE
81, 49 [54]).

7   Das **BVerfG** hat dagegen in mehreren Entscheidungen (vgl. BVerfGE 51, 193
[221 f.]; 105, 252 [278]) bis heute ausdrücklich **offen gelassen**, ob der eingerichtete
und ausgeübte Gewerbebetrieb – neben den in ihm zusammengefassten einzelnen
Rechten der verschiedensten Art (Eigentum an Grundstücken und Maschinen,
Forderungen usw.) – zusätzlich auch als solcher Eigentum i.S. des Art. 14 Abs. 1
GG darstellt. Diese Zurückhaltung korrespondiert mit der Annahme, dass Art. 14
Abs. 1 Satz 2 GG die Bestimmung des Eigentumsinhalts dem Gesetz vorbehält, weil
eine gesetzliche Anerkennung eines Rechts am Unternehmen bislang fehlt.

▶ **Hinweis:** Gleichwohl hat das BVerfG offen gelassen, ob (nicht durch besonderes Gesetz als Rechtspositionen geschützte) Betriebs- und Geschäftsgeheimnisse als Eigentum durch Art. 14 Abs. 1 GG geschützt sind (BVerfGE 137, 185 Rn. 192).

Soweit ein Recht am Unternehmen anerkannt wird, ergibt sich die Notwendigkeit, **8** bereits hinreichend konkretisierte Elemente, etwa Geschäftsverbindungen, Kundenstamm o. Ä., von bloßen mit dem Betrieb verbundenen Erwerbsaussichten abzugrenzen. Aber auch über diesen Sonderfall hinaus ist für den Umfang des geschützten Eigentums festzuhalten, dass stets nur der **Bestand schon vorhandener Güter** geschützt ist, nicht aber bloße Aussichten auf einen späteren Erwerb.

Beispiel:
Ein gesetzlich angeordnetes Schatzregal zugunsten des Staates berührt für Finder wie Eigentümer lediglich eine bis dahin bestehende Erwerbschance, die vom Schutzgegenstand des Art. 14 Abs. 1 GG nicht erfasst wird (BVerfGE 78, 205 [211 f.]). – Die Börsenzulassung einer Aktie gehört als bloßer wertbildender Faktor nicht zur Substanz des Aktieneigentums; daher berührt ihr Widerruf Art. 14 GG trotz negativer Auswirkungen auf die Verkehrsfähigkeit der Aktie nicht (BVerfGE 132, 99 Rn. 51 ff., offen für den Fall eines regelhaft eintretenden Kursverfalls, Rn. 68).

Aus dem Schutzgegenstand des Eigentums **ausgeschlossen** ist jedenfalls das **Ver- 9 mögen als solches**. Eigentum ist auf einer niedrigeren Abstraktionsstufe angesiedelt, es bezieht sich immer auf konkrete Vermögensgegenstände. Ein Schutz des Vermögens insgesamt ist dagegen von Art. 14 Abs. 1 Satz 1 GG nicht bezweckt. Bedeutung hat dies insbesondere für die **Auferlegung von Geldleistungspflichten**, die sich nicht auf einen bestimmten Eigentumsgegenstand beziehen.

Beispiel:
Die Verpflichtung privater Krankenversicherer zur Übertragung von Altersrückstellungen auf eine neue Versicherung ihres Versicherungsnehmers ist als bloße Zahlungspflicht der Unternehmen qualifiziert worden; mit maßgeblich war auch, dass die Unternehmen grundsätzlich keinen Zugriff auf das Sicherungsvermögen hatten (BVerfGE 123, 186 [258 f.]).

Zumal für die **Besteuerung** hat das BVerfG angenommen, dass sie nur das Vermögen als solche betrifft und deshalb die Maßgeblichkeit des Art. 14 GG ausgeschlossen. Soweit eine Steuer an den „Hinzuerwerb von Eigentum" anknüpft, sieht der Zweite Senat allerdings Art. 14 Abs. 1 GG betroffen (BVerfGE 115, 97 [111] für Einkommen- und Gewerbesteuer; offen lassend für die Zweitwohnungsteuer der Erste Senat, BVerfGE 135, 126 Rn. 42).
Das BVerfG sieht aber eine Besteuerung, obwohl es sie nicht als Eingriff in **10** Art. 14 GG qualifiziert, als Verletzung des Eigentums an, wenn sie übermäßig weit geht und **erdrosselnde Wirkung** entfaltet (BVerfGE 82, 159 [190]; 95, 267 [300]

jeweils m. w. N.). Dies überzeugt nicht, weil eine Beeinträchtigung besonderer Intensität nur für Einwirkungen in Betracht kommt, die überhaupt eine relevante Beeinträchtigung darstellen.

11   Nicht unproblematisch ist die **Eigentumsqualität vermögenswerter subjektiver öffentlicher Rechte**. Das BVerfG hat sie nach anfänglich uneingeschränkter Ablehnung zunächst nur in Ausnahmefällen anerkennen wollen. Immerhin wurden schon damals maßgebliche Kriterien zur Bewältigung dieser Frage entwickelt. Danach kommt es entscheidend darauf an, dass das subjektive öffentliche Recht dem Berechtigten eine Position verschafft, die der **eines Sacheigentümers vergleichbar** ist. Maßgeblich hierfür ist insbesondere, dass die fragliche öffentlich-rechtliche Rechtsposition sich als **Äquivalent nicht unerheblicher eigener Leistungen** des Berechtigten darstellt (BVerfGE 128, 90 [101]). Dabei können die eigenen Leistungen sowohl in Tätigkeiten als auch in wirtschaftlichen Aufwendungen liegen (vgl. nur BVerfGE 45, 142 [170]).

> **Beispiele:**
>
> Ein Anspruch auf künftige Gewährung einer Wohnungsbauprämie stellt kein Eigentum dar (BVerfGE 48, 403 [413]).

12   Die anfangs offen gebliebene Frage, ob auch **sozialversicherungsrechtliche Ansprüche** durch Art. 14 GG geschützt sein können (vgl. schon erkennbar positiv BVerfGE 40, 65 [82 ff.] m.w.N.), ist in der Rechtsprechung des Gerichts unter **Anknüpfung an die überkommenen Kriterien** unter dem Einfluss eines frühen Sondervotums der Richterin *Rupp-v. Brünneck* (BVerfGE 32, 119, 129 [141 ff.]) grundsätzlich positiv, im Einzelnen nach den Gegebenheiten differenzierend entschieden worden. Dabei sind neben bereits erworbenen Ansprüchen auch entsprechende Anwartschaften zu berücksichtigen (BVerfGE 128, 138 [147]).

> **Beispiele:**
>
> Ansprüche auf Versichertenrenten aus der gesetzlichen Rentenversicherung (BVerfGE 53, 257 [291]), nicht aber Ansprüche auf die von Bedürftigkeit abhängige, aus Steuermitteln finanzierte Arbeitslosenhilfe (BVerfGE 128, 90 [101 ff.]). – Kein Eigentum sind mangels Leistungen in eine bundesdeutsche Rentenversicherung Rentenansprüche nach dem Fremdrentengesetz, die ausschließlich auf Beitrags- und Beschäftigungszeiten außerhalb dieser Rentenversicherung beruhen (BVerfGE 126, 369 [390 f.]); dagegen wurde durch den Eintritt der Bundesrepublik in die Leistungsbeziehungen der Versorgungssysteme der DDR Eigentum an den dort entstandenen Rechtspositionen begründet (BVerfGE 116, 96 [123]).

Auch ähnliche Anrechte aus Zusatzversorgungen des öffentlichen Dienstes sind einbezogen (BVerfGE 136, 152 Rn. 34 f.).

> ▶   **Hinweis:** *Rupp-v. Brünneck* hatte für den Eigentumsschutz solcher Positionen plädiert, weil im heutigen Sozialstaat subjektiv-öffentliche Rechte weitgehend die früher vom bürgerlichen Eigentum wahrgenommene

Funktion der Existenzsicherung für die Bürger übernommen hätten. Während im 19. Jahrhundert der Bürger wirtschaftliche Sicherung in den Wechselfällen des Lebens von seinem Eigentum habe erwarten können (freilich nur, sofern er solches hatte), hätten sich die wirtschaftlichen Gegebenheiten nach Geldentwertung und Kriegen dahingehend geändert, dass einem Großteil der Bevölkerung keine wirtschaftliche Existenzgrundlage im privaten Eigentum mehr zugestanden habe.

In der Rechtsprechung wird das weitere Erfordernis aufgestellt, dass eine sozialversi- **13** cherungsrechtliche Rechtsposition dem **Zweck der Existenzsicherung dienen** müsse, um den Eigentumsschutz des Art. 14 Abs. 1 GG zu genießen (BVerfGE 69, 272 [300]; 128, 90 [101]). Mit diesem Postulat wird der Eigentumsschutz für diesen Bereich **in problematischer Weise verengt**. Für den Bereich der *privaten* Vermögensrechte hängt der Eigentumsschutz nämlich nicht davon ab, dass bestimmten Vermögensrechten existenzsichernde Bedeutung attestiert werden kann; eine dahingehende Ausdehnung des Kriteriums kann wohl als ausgeschlossen angesehen werden. Eine Begründung, warum sozialversicherungsrechtliche Ansprüche, auch wenn sie allein durch eigene Leistungen erworben sind, das zusätzliche Kriterium erfüllen müssten, ist nicht erkennbar.

▶ **Hinweis:** Insbesondere geht der Rückgriff auf das Sondervotum *Rupp-v. Brünneck* fehl. Bei ihrer Argumentation ging es darum darzulegen, dass der gewandelten Bedeutung ganzer Güterkategorien für die grundsätzliche Existenzsicherung der Bevölkerung überhaupt Rechnung zu tragen sei (nur so wieder etwa BVerfGE 131, 66 [80]); dagegen geht es bei der Existenzsicherungsfunktion als Zusatzerfordernis von Eigentum darum, einzelne Berechtigungen aus dem Eigentumsschutz auszuklammern, weil ihnen angesichts ihrer begrenzten Bedeutung die existenzsichernde Funktion abgesprochen wird.

Von der Eigentumsgarantie umfasst wird neben dem (bloßen) Innehaben einer **14** Eigentumsposition prinzipiell auch die **Nutzung eines Vermögensgegenstandes**. Bei der Nutzung durch eigenes Verhalten dürften nach dem Schutzzweck des Art. 14 GG schon tatbestandlich nur Nutzungen mit wirtschaftlichem oder vermögensmäßigem Bezug einzuschließen sein, weil die Eigentumsgarantie nicht dazu bestimmt ist, Grundrechtsschutz für beliebige Verhaltensweisen im Zusammenhang mit eigenen Sachen zu gewährleisten.

Beispiele:
Ansehen eigener Videokassetten, Fahren mit dem eigenen Auto. – Dagegen wäre die Vermietung in beiden Fällen ebenso vom Eigentumsschutz erfasst wie etwa bei Wohnungen, deren Nutzung zu eigenen Wohnzwecken gleichfalls unter die Eigentumsgarantie fällt.

Geschützt ist zudem die Möglichkeit, über vorhandene Eigentumspositionen **rechtsgeschäftlich zu verfügen**.

b) Grundrechtsberechtigte

15   **Grundrechtsfähig** in Bezug auf das Grundrecht aus der objektiv formulierten
Eigentumsgarantie ist **jedermann** unabhängig von seiner Deutscheneigenschaft (o.
Kap. 6, Die Grundrechtsberechtigten, Rn. 5). Inländische juristische Personen des
Privatrechts sind nach Art. 19 Abs. 3 GG Träger des Eigentumsgrundrechts, das
wesensmäßig auf sie passt; durch die Diskriminierungsverbote der europäischen
Verträge kommt es zudem zu einer Anwendungserweiterung auf juristische
Personen mit Sitz in der (außerdeutschen) EU (BVerfGE 129, 78 [95 ff.]; o. Kap. 6,
Die Grundrechtsberechtigten, Rn. 54). Juristische Personen des öffentlichen Rechts
scheiden – von nach Art. 140 GG inkorporierten Religionsgesellschaften abgesehen – als Träger auch des Eigentumsgrundrechts aus (o. Kap. 6, Die Grundrechtsberechtigten, Rn. 81 ff.). **Grundrechtsberechtigt** ist der (grundrechtsfähige)
Inhaber der geschützten vermögensrechtlichen Position; so schützt Art. 14 GG
zugleich das Besitzrecht des Mieters und das zivilrechtliche Eigentum des vermie-
tenden Eigentümers (BVerfGE 89, 1).

c) Beeinträchtigungen

16   Das durch Art. 14 GG geschützte Eigentum bietet aufgrund seiner verschiedenen
Schutzrichtungen unterschiedliche Angriffsflächen für Beeinträchtigungen durch
Imperative und in sonstiger Weise (o. Kap. 8, Grundrechtseingriff und sonstige relevante Grundrechtsbeeinträchtigungen, Rn. 10, 15 ff.). Die **Zuordnung eines**
Eigentumsobjekt zur Rechtssphäre des Eigentümers kann durch Rechtsakte ganz
oder teilweise (rechtsgestaltend) **aufgehoben** werden; dasselbe Ergebnis wird auch
durch Imperative erreicht, die den Einzelnen dazu verpflichten, sein Eigentum an
dem betreffenden Eigentumsgegenstand im entsprechenden Umfang aufzugeben,
oder auch durch zwangsgleich zur (partiellen) Eigentumsaufgabe motivierende
sonstige Einwirkungen.

> **Beispiele:**
>
> Legal- oder Administrativenteignung eines Grundstücks (u. Rn. 19 f.); prohibi-
> tive Besteuerung von Luxuseigentum, wie Privatflugzeugen, Yachten o. Ä.;
> Duldung fernmeldetechnischer Anlage als Voraussetzung für die Einrichtung
> eines Fernsprechanschlusses (BVerwGE 71, 99 [102 ff.]).

17   Die vom Grundrechtsschutz umfassten **Verfügungs- und Nutzungsmöglichkeiten**
können gleichfalls durch staatliche **Imperative**, insbesondere entsprechende gesetzliche Regelungen, aber auch behördliche Anordnungen eingeschränkt werden.

> ▶ **Hinweis:**   Jedermann unabhängig von seinem Sacheigentum treffende
> Einschränkungen der Sachnutzung (etwa: Fahrverbote in Fußgän-
> gerzonen) berühren die Eigentumsgarantie nicht.

In sonstiger Weise können derartige Beeinträchtigungen etwa durch zwangsgleich
motivierende Einflussnahme auf den Eigentümer selbst oder durch Beeinflussung
Dritter (als Vertragspartner angestrebter Eigentumsnutzungen) verursacht werden.

Das Eigentum an Sachen ist zudem der **unmittelbar faktischen Einwirkung** auf die einzelnen Eigentumsobjekte (etwa: ihre Wegnahme oder Beschädigung) ausgesetzt; dies kann unmittelbar durch staatliches Handeln geschehen, aber auch mit den Modalitäten sonstiger Beeinträchtigung durch Vermittlung des Betroffenen oder anderer Akteure (o. Kap. 8, Grundrechtseingriff und sonstige relevante Grundrechtsbeeinträchtigungen, Rn. 29 ff.) zusammentreffen.

Beispiele:

Denkmalschutzrechtliche Bestimmungen, die Veränderungen eines Gebäudes untersagen; Manöverschäden an landwirtschaftlichen Grundstücken; Zerstörung eigener oder fremder Sachen aufgrund staatlicher Warnungen. – Keine relevante Eigentumsbeeinträchtigung sieht BVerfGE 123, 186 (232) darin, dass es aufgrund des durch eine gesetzliche Regelung veranlassten Verhaltens anderer Versicherungsnehmer zur Erhöhung der Prämien einer Krankenversicherung kommt; dafür scheint weniger wichtig, dass es sich dabei „um die Konsequenz eines Marktgeschehens" handelt. Vielmehr betreffen erhöhte Prämienverpflichtungen kein bestimmtes Eigentumsobjekt, sondern nur das Vermögen (o. Rn. 9).

Die **klassischen Eingriffe,** also die einer Rechtfertigung zugänglichen Grund-   **18** rechtsbeeinträchtigungen (o. Kap. 8, Grundrechtseingriff und sonstige relevante Grundrechtsbeeinträchtigungen Rn. 9), lassen sich **ihrer Struktur nach in zwei Kategorien** einteilen, die im Hinblick auf die in Art. 14 Abs. 1 Satz 2 GG einerseits, Art. 14 Abs. 3 GG andererseits enthaltenen Begrenzungsregelungen gebildet werden, voneinander durch weitgehend formale Kriterien unterschieden sind und daher nur alternativ in Betracht kommen. Dieser Ansatz ist allerdings relativ neu. Er hat sich erst im Anschluss an den so genannten **Naßauskiesungsbeschluss** des BVerfG (BVerfGE 58, 300 ff.) allmählich durchzusetzen vermocht, ohne dass bis heute Einigkeit über die maßgeblichen Abgrenzungsmaßstäbe besteht.

▶   **Hinweis:** Bis zu diesem Zeitpunkt hatten der BGH und das BVerwG keine strukturelle Unterscheidung zwischen verschiedenen Eingriffen mit den Regelungen der Art. 14 Abs. 1 Satz 2, Abs. 3 GG in Verbindung gebracht, sondern die Differenzierung zwischen entschädigungslos zulässigen Inhalts- und Schrankenbestimmungen einerseits, Eingriffen mit Enteignungsqualität, die nur unter den (in den fraglichen Fällen nicht erfüllten) engen Voraussetzungen des Art. 14 Abs. 3 GG zulässig gewesen wären, andererseits nach materiellen Kriterien vorgenommen, etwa nach der Schwere, der Zumutbarkeit oder dem Sonderopfercharakter des Eingriffs.

Eine spezielle Form des Eingriffs in das Eigentum ist die **Enteignung** als die Ent-   **19** ziehung konkreter Eigentumsrechte, die in ihrer klassischen Variante **zum Zwecke der Güterbeschaffung** für öffentliche Aufgaben auf Grund eines Gesetzes **durch** einen **administrativen Einzelakt** erfolgt. Dabei muss ein betroffenes Recht nicht notwendig vollständig entzogen werden, vielmehr genügt auch eine Entziehung begrenzter Befugnisse. Die Enteignung ist jedenfalls nach Art. 14 Abs. 3 GG unter den dort genannten Voraussetzungen zulässig.

> **Beispiel:**
>
> Eine solche sog. Administrativenteignung liegt namentlich vor, wenn das Eigentum an Grundstücken, die für Vorhaben – etwa der Infrastruktur (Flughafenbau, Straßenbahnbau usw.) – benötigt werden, oder begrenzte Rechte an Grundstücken – wie Dienstbarkeiten für Strommasten, Pipelines oder auch den Betrieb einer Gondelbahn (BVerfGE 56, 249 [260]) – durch eine dafür gesetzlich vorgesehene Entscheidung der Enteignungsbehörde (z. B. durch Enteignungsbeschluss nach § 30 EEG NRW) beschafft werden. Ob neben dem Entzug verselbständigter Teilberechtigungen auch bloße Nutzungsbeschränkungen hierher gehören, ist umstritten.

20 Die Enteignung ist allerdings unter dem Grundgesetz nicht auf die genannten Fälle der Administrativenteignung zu beschränken. Vielmehr ist darüber hinaus nach dem ausdrücklichen Wortlaut des Art. 14 Abs. 3 Satz 2 GG (als Enteignung „durch Gesetz") auch die so genannte **Legalenteignung** vorgesehen, bei der der Gesetzgeber selbst die Entziehung der subjektiven Rechtsposition des Eigentümers anordnet.

> **Beispiel:**
>
> Enteignung aller Deichgrundstücke durch eine entsprechende gesetzliche Regelung, um diese im Interesse eines verbesserten Hochwasserschutzes einer Sonderregelung zu unterstellen (BVerfGE 24, 367 [393 ff.]).

> ▶ **Hinweis:** Mit Blick auf verkürzte Rechtsschutzmöglichkeiten (u. Kap. 30, Die Rechtsweggarantie des Art. 19 Abs. 4 GG, Rn. 11) soll die Legalenteignung nur in eng begrenzten Fällen zulässig sein (BVerfGE 95, 1 [22]).

Einbezogen werden auch gesetzliche Regelungen, die zwar die Durchführung der konkret erforderlichen Enteignungen einem behördlichen Verfahren überlassen, aber bereits für diese Verfahren abschließend verbindliche Entscheidungen über die Zulässigkeit der Enteignungen einzelner Grundstücke treffen und dadurch **enteignungsrechtliche Vorwirkungen** erzeugen.

> **Beispiel:**
>
> Gesetzesförmliche Planfeststellung für den Abschnitt einer Bahnstrecke (BVerfGE 95, 1 [21 ff.]); für entsprechende Vorwirkungen dem Enteignungsvollzug vorgelagerter behördlicher (Planfeststellungs-) Entscheidungen s. BVerfGE 45, 297 [319 f.]).

21 Ob der Tatbestand einer Enteignung **auf** den Fall der **Güterbeschaffung** für Staatsaufgaben zu **beschränken** ist (dafür BVerfGE 126, 331 [359] m.N.) oder auch die (bloße) Entziehung konkreter Eigentumspositionen im Interesse anderweitiger Gemeinwohlzwecke umfassen kann, ist nicht abschließend geklärt (offen BVerfGE 134, 242 Rn. 162). Wird auf dieses Kriterium verzichtet (pointiert BVerfGE 83, 201

[211 f.]), wird vor allem die Abgrenzung der Entziehung begrenzter Befugnisse oder Nutzungsmöglichkeiten von anderweitigen Beschränkungen problematisch (u. Rn. 23, 29 ff.). Für ein Festhalten an dem engen Enteignungsbegriff spricht zudem, dass verschiedene Fälle des nicht der Güterbeschaffung dienenden Vollentzugs eines Eigentumsobjekts, die in ihrer Legitimität kaum zu bezweifeln sind, den Anforderungen an Enteignungen nicht genügen oder nach ihrer Zielsetzung gar nicht genügen können.

Beispiele:
Vgl. gegen die Enteignungsqualität der Tötung seuchenverdächtiger Tiere unter diesem Aspekt BVerfGE 20, 351 (359); als Inhalts- und Schrankenbestimmungen sieht BVerfGE 110, 1 (24 ff.) die Regelungen (sogar) über den erweiterten Verfall nach § 73d StGB.

Als zweite Form des Eingriffs neben der Enteignung werden vielfach die so genann- **22** ten **„Inhalts- und Schrankenbestimmungen"** angesprochen (s. nur BVerfGE 128, 1 [70 ff.]; in der Sache auch BVerfGE 136, 152 Rn. 35). Mit dieser Formulierung wird der gesamte Art. 14 Abs. 1 Satz 2 GG in Bezug genommen.

> **Hinweis:** Die zusammenfassende Verwendung dieses Begriffs geht auf die frühere Konzeption (o. Rn. 18) zurück, die anhand materieller Kriterien zwischen der verfassungsrechtlich unbedenklichen, nicht entschädigungspflichtigen Inhalts- und Schrankenbestimmung und der Enteignung als der allein verfassungsrechtlich problematischen Einwirkung abgrenzen wollte, und mochte in diesem Rahmen durchaus plausibel scheinen.

Die **Problematik dieser zusammenfassenden Ausdrucksweise** liegt einerseits darin, dass die Bestimmung des Eigentumsinhalts eine dem Gesetzgeber übertragene Ausprägung des Schutzgegenstandes der Eigentumsgarantie darstellt, die als solche gerade keinen beschränkenden Charakter hat. Andererseits impliziert die einheitliche Konzeption einer „Inhalts- und Schrankenbestimmung", dass auch durch Bestimmung von „Schranken" (zu diesem etwas unglücklichen Begriff Kap. 9, Grundrechtsbegrenzungen, Rn. 1, 45) vorgenommene Verkürzungen keine echten Grundrechtseinschränkungen darstellen, weil sie letztlich nur herausarbeiten, was ohnehin bereits vom Inhalt des Rechts her mit vorgegeben ist.

> **Hinweis:** In der Formulierung „Inhalts- und Schrankenbestimmung" lebt noch ein Stück weit die Innentheorie der Einschränkung von Rechtspositionen fort, wonach diese überhaupt nur soweit reichen, wie es die von innen her zu entfaltenden, damit zugleich den Inhalt bestimmenden Schranken der Berechtigung vorgeben. Vgl. insoweit auch o. Kap. 10, Anforderungen an Grundrechtsbeeinträchtigungen, Rn. 18 wegen Art. 19 Abs. 1 Satz 2 GG.

Der Bereich relevanter Grundrechtsbeeinträchtigungen ist auf diese Weise nicht **23** sachgerecht zu erfassen. Vielmehr ist es geboten, neben der spezifischen Eingriffsform

der Enteignung die **Schrankenbestimmung** als **Auffangtatbestand für alle sonstigen gesetzlichen Eingriffe** in das Eigentum anzuerkennen.

> ▶ **Hinweis:** Wie bei der Enteignung können auch sonstige Einschrän-
> kungen des Eigentums nicht nur unmittelbar durch Gesetz angeordnet,
> sondern ebenso auch auf Grundlage entsprechender gesetzlicher
> Ermächtigung im konkreten Fall durch behördliche und gerichtliche
> Entscheidung bewirkt werden. Auch dann ist die gesetzliche Ermächti-
> gung als Variante einer Schrankenbestimmung zu sehen.

Demgegenüber ist im Einklang mit allgemeinen grundrechtsdogmatischen Grundsätzen (o. Kap. 8, Grundrechtseingriff und sonstige relevante Grundrechtsbeeinträchtigungen, Rn. 2 ff.) die den Schutzgegenstand des Eigentums erst ausformende, auf
Tatbestandsebene „konkretisierende" **Inhaltsbestimmung überhaupt kein Fall von
Eigentumsbeeinträchtigung** und dementsprechend von der Schrankenbestimmung
begrifflich scharf zu trennen (zu den zu beachtenden Anforderungen u. Rn. 60 f.).

24   Die bisherige Diskussion zu dieser Frage ist allerdings von Schwierigkeiten
geprägt, die **Grenze zwischen Inhalts- und Schrankenbestimmungen** festzulegen. In der Tat bestimmt jede Festlegung des Eigentumsinhalts zugleich, wie weit
das Eigentum reichen und wo es somit seine Schranken finden soll. Umgekehrt hat
die Festlegung äußerer Schranken immer zugleich die Abgrenzung des Inhalts des
Eigentums, seiner sich danach ergebenden Reichweite zum Gegenstand. Daher
stößt eine **Abgrenzung** mit den dafür vielfach verwendeten **qualitativen Kriterien**
(etwa der Verfolgung privater oder öffentlicher Belange) **ebenso auf Schwierigkeiten** wie bei Rückgriff auf **regelungstechnische Zufälligkeiten** der Normge-
staltung (etwa: umfassende Gewährleistung eines Rechts mit Ausnahmen oder von
vornherein auf die letztlich verbleibenden Fälle bezogene Garantie).

25   Auch die Unterscheidung zwischen Inhalts- und Schrankenbestimmung **allein
anhand der zeitlichen Dimension** (so die Vorauflage) überzeugt nicht voll. Generelle
Bestimmungen über die Befugnisse der Eigentümer bestimmter Güter(kategorien)
betreffen nicht nur die bei ihrem Inkrafttreten bestehenden Eigentumspositionen und
deren Inhaber, sondern gelten auch für spätere Erwerber der Eigentumspositionen.
Diese erwerben das Eigentum mit dem Inhalt, den es nach den beim Erwerb gültigen
gesetzlichen Regelungen hat, allerdings nur, soweit diese den Inhalt des Eigentums
(mit-) bestimmen (dazu noch u. Rn. 27). **Vor der Begründung des je individuellen
Eigentums getroffene Regelungen** wirken **insoweit** für die Eigentümer als
Inhaltsbestimmungen desselben. Inhaltsbestimmungen sind ohnehin auch
Regelungen, die neu(artig)e Eigentumspositionen begründen oder bestehende nur
erweitern, weil diese keinerlei einschränkende Wirkungen auslösen können.

Beispiel:

Das Versuchsprivileg nach § 11 Nr. 2 PatG, wonach das Verbietungsrecht des
Patentinhabers nicht für wissenschaftliche Versuche zur Verifizierung und
Weiterentwicklung der patentierten Erfindung gilt, ist 1979 mit Wirkung nur für
seit dem 1.1.1981 angemeldete Patente eingeführt worden; diese Regelung hat

damit nicht in bestehende Rechte eingegriffen, sondern nur den Inhalt neu entstehender Patente von vornherein entsprechend eingeengt bestimmt (BVerfG [K], NJW 2001, 1783 [1784]).

Dies gilt auch für nach Art. 123 Abs. 1 GG fortgeltende vorkonstitutionelle Gesetze (vgl. BVerfGE 52, 1 [28 f.]).

Soweit neue gesetzliche Regelungen Eigentumsgüter betreffen, die **bereits im**   26 **Eigentum eines Grundrechtsberechtigten** stehen und dessen bis zum Inkrafttreten der Regelung bestehende Eigentümerbefugnisse verkürzen, wirken sie sich ihm gegenüber jedenfalls als **Einschränkungen** seines grundrechtsgeschützten Eigentums aus.

▶   **Hinweis:**   Dies kann grundsätzlich dadurch vermieden werden, dass es für die schon vorhandenen Berechtigten beim Altrecht verbleibt.

Aufgrund dieser einschränkenden Wirkung haben solche Regelungen den Charakter von **Schrankenbestimmungen**, sofern nicht der Sonderfall einer Enteignung vorliegt. Insoweit greift die allein zeitbezogene Abgrenzung durch.

▶   **Hinweis:**   BVerfGE 128, 138 [147 f.] nimmt an, dass eine „Inhalts und Schrankenbestimmung für das nach altem Recht begründete Eigentum der Beschwerdeführer zugleich einen Grundrechtseingriff" darstelle.

Doch überzeugt es nicht, den abwehrrechtlichen Eigentumsschutz gegenüber *allen*   27 im Zeitpunkt des Eigentumserwerbs vorgefundenen, das Eigentum verkürzenden Regelungen auszuschließen. Vielmehr bestimmt gegenüber einem **späteren Erwerber** eine das Eigentum verkürzende Regelung nur dann dessen Inhalt mit, wenn sie nach der objektiven Zielsetzung des Gesetzes die bisherige **Reichweite des Eigentums** grundsätzlich in Frage stellt. Lässt sie sie **prinzipiell unberührt**, stellt sie sich auch gegenüber einem späteren Erwerber noch als Einschränkung dar. Nur so kann gegen diese Regelungen als Schrankenbestimmungen noch abwehrrechtlicher Grundrechtsschutz zugunsten neuer Eigentümer gewährleistet werden (im Anschluss an Vorschläge von *Wendt* näher *Sachs,* Festschrift Wendt, 2015, S. 385 ff.). Die Abgrenzung bleibt allerdings problematisch.

Beispiel:
Die erst durch behördliche Verfügung zu aktualisierende Pflicht aller Grundstückseigentümer nach § 28 Abs. 1 FSHG NRW, die Anbringung von Alarmeinrichtungen zu dulden (dazu BVerwG, NVwZ 2014, 243), ist auch für den Grundstückseigentümer, der das Grundstück erst nach Inkrafttreten dieses Gesetzes erworben hat, noch eine am Abwehrrecht aus Art. 14 GG zu messende Beschränkung seines Eigentums.

Nach dem Gesagten kann ein Gesetz, das Eigentümerbefugnisse gegenüber der   28 bestehenden Rechtslage einengend neu regelt, **sowohl Inhaltsbestimmung** sein, namentlich gegenüber nicht schon zuvor berechtigten Neueigentümern, **als auch Schrankenbestimmung**, und zwar stets für die Alteigentümer, deren Rechtspositionen verkürzt werden, bei das Eigentum durch eine Verkürzung insoweit nicht prinzipiell negierenden Regelungen auch für Neueigentümer. Beim Zusammentreffen beider Bedeutungen bei demselben, gegenüber verschiedenen Personen bedeutsamen Gesetz hat die zusammenfassende Formulierung von der Inhalts- und Schrankenbestimmung einen insoweit unbedenklichen Sinn. Sie sollte aber im Interesse begrifflicher Klarheit gleichwohl besser vermieden werden, um die durchaus unterschiedliche Bedeutung **für die verschieden betroffenen Personengruppen** mit Blick auf die unterschiedlichen Maßstäbe (u. Rn. 32 ff., 60 f.) nicht zu verdecken.

29   Unabhängig von dieser begrifflichen Klarstellung bleibt die Aufgabe, **zwischen** der **Enteignung** einerseits, der **Schrankenbestimmung** andererseits **abzugrenzen**. Soll die Schrankenbestimmung als Sammelbegriff alle Einschränkungen erfassen, die nicht Enteignung sind, kann es sinnvollerweise nur um eine **Präzisierung des Enteignungsbegriffs** gehen. Dies erweist sich dann als wenig problematisch, wenn ein durch sachhaltige Merkmale geprägter Begriff der Enteignung zugrunde gelegt wird, sei es, dass nur der Vollentzug von Rechten oder doch verselbständigungsfähigen Teilrechten erfasst wird, sei es, dass am klassischen Kriterium der Güterbeschaffung festgehalten wird (o. Rd. 19 ff.).

30   Das **BVerfG** stellt in seiner Judikatur gelegentlich Enteignung und (Inhalts- und) Schrankenbestimmung mit je eigenen, konträr ausgerichteten Begriffselementen gegenüber. Danach ist die Enteignung auf die vollständige oder teilweise Entziehung konkreter subjektiver Eigentumspositionen zur Erfüllung bestimmter öffentlicher Aufgaben gerichtet, während die Schrankenbestimmung auf der Ebene des objektiven Rechts generell und abstrakt die Rechte und Pflichten des Eigentümers bestimmter Güter für die Zukunft festlegt, aber gleichwohl in diesem Rahmen zu Verkürzungen bestehender Eigentümerbefugnisse führt (etwa BVerfGE 72, 66 [76]; 83, 201 [211 f.]). Angesichts der in beiden Fällen eintretenden objektiven Wirkung des Entzugs des Eigentums, des Rechtsverlustes, bedarf es freilich eines zusätzlichen **Abgrenzungskriteriums**, das – wenn man nicht auf die Güterbeschaffung abstellt und damit zum klassischen Enteignungsbegriff zurückkehrt (o. Rn. 19 ff.) – wohl in der **Zielsetzung des Gesetzgebers** gesehen werden muss. Ist der Entzug des Eigentums der eigentliche Zweck des Gesetzes, liegt eine Enteignung vor, geht es bei einem Gesetz primär um rechtliche Gestaltung der Rechte und Pflichten in Bezug auf Eigentumspositionen, bleiben rechtsverkürzende Nebeneffekte oder Begleiterscheinungen – unabhängig von der Reichweite der jeweils bewirkten Einbußen – im Bereich der Schrankenbestimmung.

Beispiele:

Ein Gesetz, das die Bildung gemeinschaftlicher Fischereibezirke und -genossenschaften und die Übertragung der (bisher individuellen) Fischereirechte auf letztere vorsieht, ist nicht als Enteignung i. S. d. Art. 14 Abs. 3 GG, sondern als eine Schrankenbestimmung i. S. d. Art. 14 Abs. 1 Satz 2 GG gewürdigt worden, weil der Gesetzgeber nicht darauf abgezielt habe, zur Realisierung bestimmter öffentlicher Aufgaben entgegenstehende Rechtspositionen zu überwinden, sondern darauf, durch die Neugestaltung eigentumsrechtlicher Positionen generell-abstrakt gesetzgeberische Ziele zu verwirklichen (BVerfGE 70, 191 [200]). – Die Anordnung der Entziehung von zivilrechtlich wirksam erworbenen Gegenständen bei deliktischem Erwerb in § 73d StGB hat BVerfGE 110, 1 (24) als Inhalts- und Schrankenbestimmung qualifiziert.

Auch das Eigentum ist neben den klassischen Eingriffen in verschiedenster Hin-   **31**
sicht **sonstigen Beeinträchtigungen** (o. Kap. 8, Grundrechtseingriff und sonstige relevante Grundrechtsbeeinträchtigungen, Rn. 15 ff.) ausgesetzt, gegen die grundsätzlich der Schutz des Art. 14 Abs. 1 GG durchgreift.

> **Hinweis:** Staatshandeln mit negativen Folgewirkungen auf die Geldwertstabilität meint BVerfGE 135, 317 Rn. 131 allenfalls in Grenzfällen an Art. 14 GG messen zu können.

d) Begrenzungen und Anforderungen an Einschränkungen

Art. 14 GG enthält in Abs. 1 Satz 2 und in Abs. 3 bezogen auf die beiden diskutier-   **32**
ten Einschränkungsformen der Schrankenbestimmung und der Enteignung **zwei Grundrechtsbegrenzungsbestimmungen** mit je **unterschiedlichen Anforderungen**, zu denen an anderer Stelle des Grundgesetzes angesiedelte Einzelbestimmungen hinzutreten, namentlich Art. 15 GG (u. Rn. 51 ff.).

> **Hinweis:** Zu den speziellen Anforderungen an bloße Inhaltsbestimmungen, die wie jedes Gesetz auch nicht in Widerspruch zu anderen Verfassungsbestimmungen stehen dürfen, s. u. Rn. 35, 60 f. – Zur Sonderregelung des Art. 143 Abs. 3 GG im Hinblick auf die Enteignungen in der SBZ zwischen 1945 und 1949 auf besatzungsrechtlicher und besatzungshoheitlicher Grundlage s. BVerfGE 84, 90 (117 ff.); 112, 1 (24 ff.).

aa) Der Gesetzesvorbehalt für Schrankenbestimmungen nach Art. 14 Abs. 1 Satz 2 GG

Art. 14 Abs. 1 Satz 2 GG enthält neben dem Vorbehalt des Gesetzes für die   **33**
Inhaltsbestimmung des Eigentums die Ermächtigung, gesetzlich Schranken des Eigentums zu bestimmen, damit einen außerhalb von Sonderregelungen (wie Art. 14 Abs. 3, Art. 15 GG) umfassend auf Einschränkungen des Eigentums anwendbaren **schlichten Gesetzesvorbehalt**, dem qualifizierende Anforderungen fehlen (o. Kap. 9, Grundrechtsbegrenzungen, Rn. 16).

Insbesondere stellt Art. 14 Abs. 2 GG keine solche Qualifizierung dar, da er   **34**
die durch Art. 14 Abs. 1 Satz 2 GG eröffneten Einschränkungsmöglichkeiten nicht einengt. Art. 14 Abs. 2 GG zielt vielmehr gerade umgekehrt darauf ab, dass von den in Art. 14 Abs. 1 Satz 2 GG begründeten Möglichkeiten der Gesetzgebung bei der Inhalts- wie bei der Schrankenbestimmung im Sinne der sog. **Sozialpflichtigkeit** des Eigentums Gebrauch gemacht wird, ohne allerdings ein entsprechendes Grundrecht für dadurch begünstigte Personen zu begründen (vgl. BVerfGE 89, 1 [5]).

▶ **Hinweis:** Aus dem Wort „zugleich" in Art. 14 Abs. 2 Satz 2 GG lässt sich
kein Grundsatz der **„Halbteilung"** für die maximale Steuerbelastung
ableiten; es bleibt beim allgemeinen Grundsatz der Verhältnismäßigkeit
(BVerfGE 115, 97 [114] gegen BVerfGE 92, 121 [138] [dort für Grenze einer
etwa hälftigen Teilung des Sollertrags zwischen Staat und Grundrechtsträger für Vermögensteuer neben Ertragsteuern]).

35 Welche objektiv-rechtlichen **Anforderungen an die Gesetzgebung** sich **aus** der
Sozialpflichtigkeit im Einzelnen ergeben, ist angesichts des weiten Gestaltungsspielraums des Gesetzgebers nicht abstrakt, sondern anhand des Einzelfalls zu
bestimmen. Immerhin dürfte eine grundsätzliche Abkehr der eigentumsrelevanten
Gesetzgebung von der Sozialpflichtigkeit als Verfassungsverstoß anzusehen sein.
Vor allem haben die durch **Art. 14 Abs. 2 GG** begründeten Festlegungen zur Eigen-
tumsgestaltung **Relevanz für die Abwägung** im Rahmen der Anforderungen an die
Grundrechtseinschränkungen, die sich insbesondere aus dem Grundsatz der Verhältnismäßigkeit, ggf. aber auch aus Art. 19 Abs. 2 GG ergeben können (u. Rn. 357 ff.).
Verglichen mit anderen Grundrechten ist das Eigentum durch Art. 14 Abs. 2 GG von
vornherein stärkerer sozialstaatlicher Inanspruchnahme ausgesetzt. Das nur inhaltsbestimmende Gesetz hat wegen Art. 14 Abs. 2 GG schutzwürdige Interessen sonstiger Beteiligter mit den durch die von dieser Bestimmung mitgeprägten Institutsgarantie
geschützten Belangen des Eigentümers (u. Rn. 60 f.) in einen gerechten Ausgleich
und ein ausgewogenes Verhältnis zu bringen (u. Rn. 41).

36 Von den allgemeinen Anforderungen an Grundrechtseinschränkungen soll nach
der allerdings nicht überzeugenden Judikatur des BVerfG das **Zitiergebot** des
Art. 19 Abs. 1 Satz 2 GG nicht einschlägig sein (o. Kap. 10, Anforderungen an Grundrechtsbeeinträchtigungen, Rn. 15, 20).

37 Die **Wesensgehaltgarantie** des Art. 19 Abs. 2 GG trifft in ihrer generellen
Reichweite mit der **Institutsgarantie** des Eigentums (u. Rn. 60 f.) zusammen, deren
Beachtung sie gegenüber dem beschränkenden Gesetzgeber auch zugunsten des
einzelnen Grundrechtsträgers sicherstellt (vgl. auch BVerfGE 58, 300 [348]).
Allerdings ist für das Wesen des grundgesetzlichen Eigentums auch die Sozi-
alpflichtigkeit des Art. 14 Abs. 2 GG (o. Rn. 34 f.) von maßgeblicher Bedeutung.
Aktualisierungen der Sozialpflichtigkeit sind dem Eigentumsgrundrecht grundsätz-
lich wesensgemäß und tasten daher seinen Wesensgehalt prinzipiell nicht an.

38 Die praktisch wichtigste Anforderung an einschränkende Regelungen ist – wie
bei anderen Grundrechten – der **Grundsatz der Verhältnismäßigkeit**. Dabei spielt
auch in diesem Zusammenhang der Art. 14 Abs. 2 GG eine maßgebliche Rolle. So
ist zunächst davon auszugehen, dass die Aktualisierung der **Sozialpflichtigkeit**
prinzipiell ein verfassungsrechtlich unbedenkliches gesetzgeberisches **Gestal-
tungsziel** als Grundlage der Verhältnismäßigkeitsprüfung darstellt. Darüber hinaus
ist insbesondere für die Proportionalität einer Einschränkung die Sozialbindung des
Eigentums von vornherein ein Gegengewicht zu den in die Abwägung einzustellen-
den Eigentümerinteressen. Die **Proportionalitätsprüfung** ist durch Art. 14 Abs. 2
GG stärker als bei anderen Grundrechten von Verfassungs wegen im Sinne einer
weitergehenden Einschränkbarkeit zugunsten des Allgemeinwohls **vorgeprägt**.
Praktisch bedeutsam kann dies etwa im Hinblick auf die Eigenart eines betroffenen
Eigentumsobjekts werden.

Beispiele:

In Bezug auf Wohnungen sind wegen ihrer sozialen Funktion für die Mieter weitergehende Einschränkungen des Eigentümers als bei anderen Grundstücken möglich (vgl. BVerfGE 37, 132 [140 f.]). – Dagegen hat das BVerfG dem Kleingarten keine vergleichbare Relevanz einräumen mögen (BVerfGE 52, 1 [35 f.]). – Eine erhöhte Sozialbindung ergibt sich für Eigentum an Produktionsmitteln daraus, dass es nur unter der Mitwirkung von Arbeitnehmern genutzt werden kann (BVerfGE 50, 290 [348 f.]). – Urheberrechte sollen einer erhöhten Sozialpflichtigkeit unterliegen, weil sie an der letztlich von der Allgemeinheit getragenen kulturellen Sphäre der Gesellschaft teilhaben (BVerfGE 31, 229 [242 ff.]; 58, 137 [148 ff.]).

Spezifische Instrumente zur Sicherung der grundsätzlich nach den allgemeinen **39** Regeln (o. Kap. 10, Anforderungen an Grundrechtsbeeinträchtigungen, Rn. 36 ff.) zu behandelnden Verhältnismäßigkeit finden sich insbesondere zur Proportionalität. Hierher gehören namentlich gesetzlich als Kompensation für Einbußen vorgesehene, nicht notwendig vom Staat zu erbringende **Ausgleichsleistungen**, die die Härte eines Eingriffs für die Betroffenen abmildern, etwa durch Geldzahlungen oder Ähnliches.

Beispiel:

Gesetze können vorsehen, dass Minderheitsaktionäre im Interesse der Konzernentwicklung zum Ausscheiden aus der AG gezwungen werden können; doch müssen die Ausscheidenden den vollen (zumindest: Verkehrs-) Wert ihrer Aktien (unter Berücksichtigung auch der Börsenkurse) erhalten (BVerfGE 100, 289 [302 ff.]).

Allerdings ist der Gesetzgeber in erster Linie verpflichtet, unverhältnismäßige Belastungen des Eigentümers real zu vermeiden; er darf sich nicht darauf beschränken, Härtefälle einfach hinzunehmen und nur eine Geldentschädigung vorzusehen (BVerfGE 100, 226 [241]).

Eine besondere Bedeutung haben auch **Übergangsregelungen**, die den Eintritt **40** der Beeinträchtigung für einen gewissen Zeitraum hinausschieben und damit für den Eigentümer die Möglichkeit schaffen, sich auf die bevorstehende Rechtsänderung einzurichten. Sie tragen zugleich rechtsstaatlichen Anforderungen der Rechtssicherheit, des **Vertrauensschutzes** (o. Kap. 10, Anforderungen an Grundrechtsbeeinträchtigungen, Rn. 54 ff.) Rechnung. Soweit Übergangsregelungen bestimmte Eigentümer ganz von den Wirkungen eines Gesetzes ausnehmen, fehlt es bereits an einem das Eigentum berührenden Eingriff.

Beispiel:

Das BVerfG hat etwa eine Entschädigungs- oder Übergangsregelung im Falle der Beseitigung von in der Vergangenheit begründeten Vorkaufsrechten im Zuge der gesetzlichen Neuregelung für grundsätzlich erforderlich gehalten (BVerfGE 83, 201 [212 f.]).

41 Im Rahmen seiner zusammenfassenden Behandlung von **Inhalts- und Schranken-bestimmungen** (o. Rn. 22), durch die ja auch Regelungen ohne grundrechtsbeschränkende Wirkung erfasst sein können, verwendet das BVerfG eine in ihrer Bedeutung nicht recht klare, abweichende Diktion, indem es davon spricht, dass „die Interessen der Beteiligten und das Gemeinwohl in einen gerechten Ausgleich und in ein ausgewogenes Verhältnis gebracht" sein müssen (so BVerfGE 128, 1 [75] m.w.N.; in diesem Rahmen für Beachtung der Verhältnismäßigkeit aber BVerfGE 126, 331 [360]). Trennt man die Bestimmung von Inhalt und Schranken, bleibt es für Schrankenregelungen bei den angesprochenen Anforderungen der Verhältnismäßigkeit, während reine Inhaltsbestimmungen den durch Art. 14 Abs. 2 GG mitgeprägten Anforderungen der Institutsgarantie genügen müssen (o. Rn. 35, u. Rn. 60 f.).

bb) Der Gesetzesvorbehalt für Enteignungen, Art. 14 Abs. 3 GG

42 Einen auf eine spezielle Form der Einschränkung bezogenen **Gesetzesvorbehalt** enthält **Art. 14 Abs. 3 Satz 2 GG** für die Enteignung in dem dargelegten Sinne (o. Rn. 19, 29 f.); dieser Gesetzesvorbehalt ist in Art. 14 Absätze 1 bis 3 GG sowohl formell wie inhaltlich **qualifiziert**.

43   In formeller Hinsicht macht Art. 14 Abs. 3 Satz 2 GG als so genannte **Junktimklausel** die Zulässigkeit einer Enteignung davon abhängig, dass das zugrunde liegende Gesetz eine Regelung über Art und Ausmaß der Entschädigung enthält; ausreichend und praktisch weit verbreitet ist auch die Verweisung auf ein allgemeines Entschädigungsgesetz. Salvatorische Entschädigungsregelungen, also solche, die nur für den Fall des Vorliegens einer Enteignung eingreifen, dürften jedenfalls regelmäßig nicht genügen (offenlassend BVerfGE 58, 300 [346]). Sofern eine definitive Entschädigungsregelung fehlt, ist die entsprechende gesetzliche Regelung jedenfalls grundsätzlich allein deshalb nichtig und stellt eine Grundrechtsverletzung dar. Als förmliche Anforderung an die Gestaltung eines Gesetzes gilt die Junktimklausel allerdings nicht für schon vor dem Grundgesetz erlassene (vorkonstitutionelle) Gesetze (vgl. BVerfGE 46, 268 [287 f.]).

44   Hinzu kommen materielle Qualifikationen des Gesetzesvorbehalts aufgrund des Art. 14 Abs. 3 Sätze 1 und 3 GG. Satz 1 stellt auch für die Enteignung die Beziehung zum **Wohl der Allgemeinheit** her; dieses ist die allein zulässige Zielsetzung solcher Grundrechtseingriffe. Eine Enteignung aus anderen Gründen wäre unzulässig. Das Gemeinwohlziel muss durch **förmliches Gesetz** näher bestimmt und **von besonderem Gewicht** sein (BVerfGE 134, 242 Rn. 171 ff.). Nicht zum Wohl der Allgemeinheit gehört das nur fiskalische Ziel, staatliche Einkünfte zu erzielen; ebenfalls außerhalb des Allgemeinwohls angesiedelt sind rein private Zwecke (BVerfGE 134, 242 Rn. 172). Nicht ausgeschlossen ist dagegen, dass eine **Enteignung** überhaupt **privatnützig** erfolgt, sofern nur der private Nutzen zugleich dem Wohl der Allgemeinheit entspricht und dies auf Dauer abgesichert ist.

Beispiel:

Die Enteignung von Grundstücken zugunsten der Daimler Benz AG, die dort eine Teststrecke errichten wollte, konnte der Sache nach dem Wohl der

Allgemeinheit i. S. d. Art. 14 Abs. 3 Satz 1 GG dienen, da auf diese Weise die regionale Wirtschaftsstruktur verbessert und Arbeitsplätze geschaffen werden sollten. Allerdings fehlte es an einer hinreichenden gesetzlichen Fixierung des Enteignungszwecks, gesetzlichen Regelungen zu Enteignungsvoraussetzungen und Verfahren ihrer Ermittlung sowie an genügenden gesetzlichen Vorkehrungen zur Sicherung des Enteignungszwecks (BVerfGE 74, 264 [285 ff.]).

Eine zweite inhaltliche Qualifikation betrifft die **Höhe der** zu regelnden **Entschä- 45 digung**. Diese muss nach Satz 3 „unter gerechter Abwägung der Interessen der Allgemeinheit und der Beteiligten" bestimmt werden, wobei die dafür maßgeblichen Kriterien nicht völlig der Rechtsanwendung im Einzelfall überlassen bleiben können. Maßstab für die einschlägige Gesetzgebung und Rechtsanwendung muss sein, dass es sich bei der Enteignung um ein dem Einzelnen im Interesse des Allgemeinwohls abverlangtes **Sonderopfer** handelt, das aus Gründen der Lastengleichheit der Staatsbürger **prinzipiell in vollem Umfang auszugleichen** ist. Dabei ist insbesondere zu berücksichtigen, dass der Eigentümer durch die Enteignung zur Aufgabe eines für Zwecke des Allgemeinwohls benötigten konkreten Eigentumsobjekts gezwungen wird und allein dadurch schon mit einer ungleichen Belastung belegt ist. Daher ist es im besonderen Maße angezeigt, über die Höhe der Entschädigung zumindest eine Wertgarantie des Eigentums sicherzustellen (vgl. auch BVerfGE 24, 367 [420 ff.]; BVerfGE 46, 268 [286 ff.]), wenn schon die prinzipielle Bestandsgarantie durchbrochen wird.

Art. 14 Abs. 3 Satz 4 GG steht demgegenüber selbständig neben dem Geset- 46 zesvorbehalt für die Enteignung. Diese Verfassungsnorm eröffnet für Streitigkeiten über die Höhe der Entschädigung als **lex specialis zu Art. 19 Abs. 4 Satz 2 GG** den Rechtsweg zu den ordentlichen Gerichten, der auch durch die Möglichkeit anderweitigen gerichtlichen Rechtsschutzes nicht ausgeschlossen werden darf.

Von den allgemeinen Anforderungen an Grundrechtsbeschränkungen ist die 47 Anwendung des **Art. 19 Abs. 1 Satz 2 GG** aufgrund der Junktimklausel **entbehrlich**, da der Zwang zur Festlegung einer Enteignungsentschädigung den mit dem Zitiergebot verfolgten Warneffekt in spezifischer Weise erfüllt. Auch das Verbot von Einzelfallgesetzen gem. **Art. 19 Abs. 1 Satz 1 GG** greift nicht durch, da mit der Legalenteignung gem. Art. 14 Abs. 3 Satz 2 GG zumindest auch die konkretindividuell wirksame gesetzliche Eigentumsentziehung im Einzelfall zugelassen ist (BVerfGE 95, 1 [26]).

Für die **Wesensgehaltgarantie des Art. 19 Abs. 2 GG** ist wichtig, dass Art. 14 48 Abs. 3 GG durch die Zulassung der Enteignung überhaupt von vornherein klarstellt, dass auch der völlige Verlust konkreter Eigentumsobjekte den Wesensgehalt des Eigentums jedenfalls dann unberührt lässt, wenn aufgrund einer entsprechenden Entschädigungsregelung dem Eigentümer der Wert des entzogenen Gutes erhalten wird. Bei Einhaltung der Anforderungen des Art. 14 Abs. 3 GG scheint für eine Verletzung der Wesensgehaltgarantie des Art. 19 Abs. 2 GG danach kaum Raum.

Der **Grundsatz der Verhältnismäßigkeit** ist bei Enteignungen im Rahmen des 49 Art. 14 Abs. 3 Satz 1 GG zu würdigen, da dort das für die Verhältnismäßigkeitsprüfung grundlegende, allein zulässige Regelungsziel festgelegt ist (o. Rn. 44).

In Bezug auf das verfolgte Anliegen des Allgemeinwohls muss jede Enteignung geeignet, erforderlich und proportional sein. Die einzelne Enteignungsmaßnahme ist nur erforderlich, wenn sie zur Durchführung des Vorhabens unverzichtbar ist; demgegenüber muss das Vorhaben als Ganzes nur „vernünftigerweise geboten", nicht aber alternativlos sein (BVerfGE 134, 242 Rn. 182 ff.). Im Hinblick auf die Proportionalität ist bei komplexen Vorhaben (wie einem Braunkohlentagebau) von Verfassungs wegen eine umfassende Gesamtabwägung aller erheblichen Belange geboten.

> **Beispiel:**
>
> Bei der Zulassung des Rahmenbetriebsplans für den Braunkohletagebau Garzweiler müssen auch die besonderen Belange von Eigentümern oder Mietern zu ihrem Wohnumfeld bei der Gesamtabwägung maßgeblich berücksichtigt werden (BVerfGE 134, 242 Rn. 328 f.).

50 Stellt sich später heraus, dass das angestrebte Ziel des Allgemeinwohls nicht erreichbar oder auch ohne Inanspruchnahme des enteigneten Objekts durchführbar ist, hat der Wegfall des Eignungszwecks bzw. der Erforderlichkeit der Enteignung zur Folge, dass dem betroffenen Eigentümer ein Anspruch auf Rückgabe des Eigentums zusteht (Fall der sog. **Rückenteignung**).

> **Beispiel:**
>
> Ein Anspruch auf Rückübereignung eines für Zwecke des Straßenbaus enteigneten Grundstücks aus Art. 14 Abs. 1 Satz 1 GG kommt in Betracht, wenn dieses über einen längeren Zeitraum nicht für den Enteignungszweck verwendet worden ist (BVerfGE 38, 175 [180 f.]). Das gilt aber nur für Enteignungen, die unter der Geltung des Grundgesetzes durchgeführt worden sind (vgl. BVerfGE 97, 89 [96]).

cc) Die sog. Sozialisierung nach Art. 15 GG

51 Art. 15 GG betrifft eine Sonderform des Eingriffs in das Eigentum, die in ihrer Wirkung wie in ihren Voraussetzungen viele **Parallelen zur Enteignung** aufweist. Art. 15 Satz 1 GG ermöglicht es, bestimmte, näher bezeichnete Objekte des privaten Eigentums in Gemeineigentum oder in andere Formen der Gemeinwirtschaft zu überführen. Die **Rechtswirkung** der Bestimmung besteht also darin, den prinzipiell zur Achtung des Privateigentums verpflichteten Gesetzgeber zur Vornahme sog. Sozialisierungen zu **ermächtigen**; ein paralleler Verfassungsauftrag ist damit nicht verbunden, so dass gerade umgekehrt ausgerichtete Vorgänge der Privatisierung nicht auf Bedenken stoßen (BVerfGE 12, 354 [364]). Die Sozialisierung stellt eine Sonderform der Eigentumsentziehung dar, die – wenn man den verfolgten Zweck (u. Rn. 53) als solchen des Wohls der Allgemeinheit sieht – als Spezialfall der Enteignung angesprochen werden kann. Jedenfalls stellt sich Art. 15 GG als weiterer, **qualifizierter Gesetzesvorbehalt** gegenüber der Eigentumsgarantie des Art. 14 GG dar.

52 Hinsichtlich der **Voraussetzungen einer Sozialisierung** gem. Art. 15 Satz 1 GG ist freilich vieles unklar, was vor allem daran liegt, dass im Rahmen des Grundgesetzes von der Ermächtigung des Art. 15 GG jedenfalls bislang kein Gebrauch

gemacht worden ist. Mangels näherer Klärung durch die Judikatur sind daher konkrete Aussagen von vornherein nur bedingt verlässlich.

Mit **Gemeineigentum** und **anderen Formen der Gemeinwirtschaft** als den   53
Zielen einer Sozialisierung sind heute nicht bestehende Formen von Eigentum gemeint, die sich vom Privateigentum wesensmäßig unterscheiden. Als Träger des Gemeineigentums kommen namentlich der Staat und andere Körperschaften des öffentlichen Rechts in Betracht. Die Öffnung für andere Formen der Gemeinwirtschaft lässt auch an Lösungen genossenschaftlicher Art denken. Zu den Wesensmerkmalen von Gemeinwirtschaft dürfte neben der öffentlichen Trägerschaft auch gehören, dass sie nicht rein erwerbswirtschaftlich mit dem Ziel der Profitmaximierung betrieben wird, sondern unmittelbar Gemeinwohlzielen verpflichtet ist.

Die der **Sozialisierung unterworfenen Eigentumsobjekte** lassen sich weitge-   54
hend unproblematisch feststellen, soweit es um **Grund und Boden** geht. Mit dem Merkmal „Naturschätze" sind zumal Bodenschätze erfasst, möglicherweise auch Gewässer, ferner wild lebende Tiere, wie Fische, Wild und ähnliches. Die meisten Probleme bereitet demgegenüber der Fall der „**Produktionsmittel**". Diese umfassen jedenfalls die bei der Produktion eingesetzten Anlagen, Maschinen oder Vergleichbares. Umstritten ist dagegen, inwieweit der Begriff auch auf Kapital im Sinne von Geldmitteln zu beziehen ist, wobei letzteres die Möglichkeit schaffen könnte, namentlich Großbanken oder Versicherungen in Gemeineigentum zu überführen. Nach dem Gesamtansatz des Art. 15 GG dürfte es näher liegen, diesen Bereich nicht einzubeziehen, da es an dem sonst vorausgesetzten konkreten Bezug zu einer Produktion fehlt. Praktisch schien die Frage lange schon wegen des Entschädigungsgebots (u. Rn. 56) ohne Bedeutung; die Vorgänge im Zusammenhang mit der Bankenkrise haben aber deutlich gemacht, dass dies allein kein zwingender Hinderungsgrund sein müsste.

Darüber hinaus bindet Art. 15 GG die von ihm zugelassenen Eingriffe daran,   55
dass sie „zum Zwecke der Vergesellschaftung" erfolgen. Diese Zielsetzung deckt sich mit der bereits als Element von Gemeinwirtschaft anerkannten Gemeinwohlorientierung der Produktion (o. Rn. 53), die **als verfassungsrechtlich legitimer Selbstzweck**, als im Grundgesetz authentisch festgelegtes Anliegen des Gemeinwohls, anerkannt ist.

Die Vorschrift ist darüber hinaus formell qualifiziert, indem auch hier – wie bei   56
der Enteignung – bereits das die Sozialisierung regelnde Gesetz Art und Ausmaß der Entschädigung regeln muss (**Junktimklausel**). Daran knüpft sich über die in Art. 15 Satz 2 GG angeordnete entsprechende Anwendung des Art. 14 Abs. 3 Satz 3 GG eine inhaltliche Anforderung an die **Höhe der Entschädigung**, die auch hier unter gerechter Abwägung der Interessen der Allgemeinheit und der Betroffenen zu bestimmen ist.

Schließlich dürfte aus der von Art. 14 Abs. 3 Satz 2 GG abweichenden For-   57
mulierung des Art. 15 Satz 1 GG, wonach die Überführung in Gemeineigentum oder andere Formen der Gemeinwirtschaft nur „**durch ein Gesetz**", also nicht auch „auf Grund eines Gesetzes" erfolgen darf, zu schließen sein, dass sich das Gesetz hier nicht darauf beschränken kann, eine Ermächtigung zur Vornahme von Sozialisierungen durch behördlichen Einzelakt zu erteilen. Ob damit auch die

Möglichkeit einer hinreichend bestimmten Ermächtigung zur Sozialisierung im
Wege der Rechtsverordnung ausgeschlossen ist, scheint allerdings angesichts des
prinzipiell nicht auf förmliche Gesetze beschränkten Gesetzesbegriffes fraglich.

58   **Problematisch** ist auch, ob im Rahmen des Art. 15 GG Raum für eine
Prüfung zusätzlicher allgemeiner Anforderungen an den Grundrechtseingriff
besteht, **ob** insbesondere der **Grundsatz der Verhältnismäßigkeit beachtet
werden muss.** Die für die Verhältnismäßigkeitsprüfung grundlegende Zweck-
Mittel-Relation ist bei Art. 15 GG jedenfalls dadurch vorentschieden, dass die
Überführung in Gemeineigentum oder Ähnliches nur auf den Zweck der
Vergesellschaftung als verfassungsrechtlich legitimierten Selbstzweck ausgerichtet sein muss; Eignung und Erforderlichkeit von Akten der Sozialisierung
sind damit schon definitorisch gegeben.

e) Konkurrenzen

59   Die Eigentumsgarantie ist **neben besonderen Freiheitsgarantien** anwendbar,
wenn deren eigentumsgestützte Betätigung durch Eigentumsbeschränkungen (mit)
beeinträchtigt wird. Außer speziellen Grundrechten, etwa aus Art. 4 Abs. 1, 2 GG,
wobei auch Art. 140 GG i.V. mit Art. 138 Abs. 2 WRV zu beachten sind (o. Kap. 16, Die
Grundrechte des Art. 4 GG, Rn. 46), oder Art. 5 Abs. 1 Satz 2 GG, ist **insbesondere
Art. 12 Abs. 1 GG** zu nennen. Bei diesem liegt freilich der Akzent mehr auf dem
Schutz der Möglichkeiten zum Erwerb, während Art. 14 GG das bereits Erworbene
garantiert; Regelungen beruflicher Tätigkeit sind auch bei mittelbaren Folgen für
Verwendung und Wert mitbetroffener Vermögensgüter nur an Art. 12 Abs. 1 GG zu
messen (BVerfGE 126, 112 [135]). Im Ergebnis gilt für beide Grundrechte aller-
dings ohnehin oft dasselbe. Die Beschlagnahme von Sachen ist auch bei einer
Wohnungsdurchsuchung nur an Art. 14 GG zu messen (BVerfGE 124, 43 [57]).
Zum Verhältnis zu Art. 33 Abs. 5 GG s. Kap. 32, Die grundrechtsgleichen Rechte des
Art. 33 GG, Rn. 30.

3.   Weitere Grundrechtsgehalte

a) Die Institutsgarantie des Privateigentums

60   Das Eigentum als Institut der Rechtsordnung ist, wie schon das Privateigentum an
Sachen nach dem BGB, dadurch gekennzeichnet, dass der Güterbestand **prinzipiell** der **privaten Verfügungsgewalt** und **Nutzungsmöglichkeit des jeweiligen
Eigentümers unterworfen**, zugleich aber nach Art. 14 Abs. 2 GG sozialpflichtig
ist. Diese Vorgaben der Institutsgarantie sind vom nur inhaltsbestimmenden
Gesetzgeber bei Regelungen nach Art. 14 Abs. 1 Satz 2 GG auch dann zu beachten,
auch wenn er keine abwehrrechtlich geschützten individuellen Eigentumsrechte
verkürzt (o. Rn. 22 ff., 35, 41). Im Rahmen der Institutsgarantie besteht die
Möglichkeit, Privateigentum an bestimmten Gütern gar nicht zuzulassen; eine
grundsätzliche Durchbrechung der privaten Verfügbarkeit über den Güterbestand
insgesamt ist hingegen ausgeschlossen.

Beispiele:

Die Institutsgarantie wird nicht verletzt durch eine Ausgrenzung bestimmter Gewässer, etwa des Grundwassers (BVerfGE 58, 300 [339]), bestimmter Gegenstände, etwa von Hochwasserschutzanlagen (BVerfGE 24, 367 [389 f.]), oder bestimmter immaterieller Güter aus dem Privateigentum.

Tangiert wird die Institutsgarantie auch durch Regelungen, die das **Privateigentum**   61
um eines seiner beiden Kernelemente der Verfügungsgewalt und der Nutzungsmöglichkeit **verkürzen.** So dürfte beispielsweise die Institutsgarantie des Eigentums dann berührt sein, wenn man das Eigentum an Produktionsmitteln darauf
beschränkt, dass dem Eigentümer lediglich die gezogenen Nutzungen zustehen,
während er nicht mehr befugt ist, über den Einsatz seines Produktivvermögens
selbst zu entscheiden; allerdings sah das BVerfG diese Grenze im Mitbestimmungsurteil noch nicht überschritten (BVerfGE 50, 290 [339 ff.]). Im Übrigen lässt die
Institutsgarantie Raum für einzelne, im Hinblick auf Art. 14 Abs. 2 GG u. U. gebotene (o. Rn. 35) verengende Bestimmungen des Eigentumsinhalts, solange nur die
Nutzungs- und Verfügungsmöglichkeit nicht als solche beseitigt wird.

Beispiele:

Die im Interesse des Fortschritts von Wissenschaft und Technik eingeführte inhaltsbestimmende Ausnahme vom Ausschließungsrecht des Patentinhabers durch das
Versuchsprivileg nach § 11 Nr. 2 PatG (o. Rn. 25) bestimmt zwar die Reichweite
eines Patents für neu erteilte Patente enger, tastet aber dessen Zuordnung zur alleinigen Verfügung nicht an (BVerfG [K], NJW 2001, 1783 [1784 f.]). – Die unionsrechtlich inspirierte gerichtliche Auslegung der §§ 17, 96 UrhG dahin, dass das
Verbreitungsverbot nicht die bloße Gebrauchsüberlassung nachgeahmter
Möbelstücke erfasst, ist mit Art. 14 Abs. 1 GG vereinbar (BVerfGE 129, 78 [104 f.]).

b) Sonstige objektiv-rechtliche Grundrechtsgehalte

Neben der Institutsgarantie, allerdings mit dieser eng verbunden, sind auch die   62
sonstigen objektiv-rechtlichen Grundrechtsgehalte für die Eigentumsgarantie von
Bedeutung. So erfordert die staatliche **Schutzpflicht** ein Mindestmaß an
Vorkehrungen gegen Übergriffe anderer Privater nicht nur im Strafrecht (vgl.
§§ 242 ff., 303 StGB), sondern vor allem im Zivilrecht (§ 1004 BGB). Insoweit kann
die Schutzpflicht auch die Gestaltung von Vertragsbeziehungen betreffen.

Beispiele:

BVerfGE 114, 73 (97 ff.) sieht den Gesetzgeber zu hinreichenden Vorkehrun-
gen verpflichtet, damit die Prämienzahlungen der Versicherungsnehmer der
kapitalbildenden Lebensversicherung bei der Ermittlung eines zuzuteilenden
Schlussüberschusses angemessen berücksichtigt werden. – Die sogar rückwir-
kende Einführung einer gerichtlichen Angemessenheitskontrolle für
Vereinbarungen zwischen Urhebern und Verwertern ist angesichts gestörter
Vertragsparität durch die Schutzpflicht zugunsten des geistigen Eigentums der
Urheber zu rechtfertigen (BVerfGE 134, 204 Rn. 72 ff., 100).

Entsprechendes gilt bei öffentlich-rechtlicher Überlagerung privater Rechtsbeziehungen auch in diesem Bereich. Dies berührt zugleich bereits die Bedeutung der Grundrechtsgarantie für **Organisation und Verfahren** der Verwaltungsbehörden und Gerichte.

Beispiel:

Bei der Anwendung der Vorschriften über die Zwangsversteigerung ist sicherzustellen, dass es nicht zu einer unverhältnismäßigen Verschleuderung des Grundvermögens des Schuldners kommt (BVerfGE 46, 325 [333 ff.]).

Auch ein dem Art. 14 GG (neben Art. 19 Abs. 4 GG entbehrlicher Weise; u. Kap. 30, Die Rechtsweggarantie des Art. 19 Abs. 4 GG, Rn. 18) zugeschriebener Rechtsschutzanspruch ist wohl in diesem Zusammenhang zu sehen. Schließlich ist die **Ausstrahlungswirkung** zu erwähnen, die etwa im Bereich des Mietrechts praktisch wichtig geworden ist.

Beispiel:

Bei der Auslegung des mieterschützenden Wohnungskündigungsrechts darf der Wille des Vermieters, seine Wohnung selbst zu nutzen, nicht als grundsätzlich unbeachtlich außer Betracht bleiben (BVerfGE 79, 292 [302 ff.]).

Das BVerfG hat mit Rücksicht auf Art. 14 GG eine restriktive Auslegung und Anwendung der Vorschriften über die Zustandsverantwortlichkeit des Grundstückseigentümers im Zusammenhang mit Altlastensanierungen gefordert, die sich im Rahmen des Zumutbaren halten müsse (BVerfGE 102, 1 [19 ff.]).

4. Entschädigung bei Eigentumsbeeinträchtigungen

63 Die Entschädigung bei Eigentumseingriffen ist in Art. 14 Abs. 3 und Art. 15 GG für Fälle der Enteignung und Sozialisierung auf der Grundlage des dafür notwendigen Gesetzes abschließend geregelt. Demgegenüber bietet **Art. 14 Abs. 3 GG kein tragfähiges Fundament für** die Konstruktion darüber hinausgehender, von gesetzlichen Regelungen unabhängiger **Entschädigungspflichten** für die Beeinträchtigung von Eigentumsobjekten, etwa eine ungeschriebene Entschädigungspflicht aufgrund enteignenden oder enteignungsgleichen Eingriffs im Sinne der früheren zivilgerichtlichen Judikatur. Vielmehr behält Art. 14 Abs. 3 GG die Regelung der Entschädigung dem Gesetzgeber vor. Enteignungen ohne gesetzliche Entschädigungsregelungen sind rechts- und verfassungswidrig; der Betroffene kann sich dementsprechend aufgrund seines Eigentumsgrundrechts dagegen gerichtlich zur Wehr setzen. Einen wahlweise verfügbaren Entschädigungsanspruch des rechtsbündig Enteigneten begründet Art. 14 Abs. 3 GG nicht (BVerfGE 58, 300 [322 ff.] – Naßauskiesung).

64   Nicht ausgeschlossen ist allerdings, dass im Rahmen der allgemeinen Rechtsordnung Rechtsgrundlagen für entsprechende Ansprüche bestehen, die – wie bei anderen Grundrechten auch – nicht notwendig auf einem geschriebenen Gesetz beruhen müssen. Insbesondere ist insoweit an den **Aufopferungsanspruch** zu

denken, der nach der Naßauskiesungsentscheidung des BVerfG als zunächst in den §§ 74, 75 Einl. ALR (für dessen räumlichen Geltungsbereich) niedergelegtes, inzwischen (für ganz Deutschland) **gewohnheitsrechtliches Institut** vom BGH als Alternative zu früheren Ableitungen einschlägiger Entschädigungsansprüche aus Art. 14 Abs. 3 GG herangezogen wird (vgl. BGHZ 90, 17; 91, 20). Raum für solche Entschädigungsansprüche ist insbesondere dann gegeben, wenn es nicht möglich war, den Eingriff im Wege des Primärrechtsschutzes abzuwehren. Im Einzelnen handelt es sich bei diesen Fragen um einen Aspekt des Problemkreises der öffentlich-rechtlichen Entschädigungsleistungen, die gesonderter Behandlung bedürfen.

5. Zusammenfassung

- Als Eigentum im Sinne des Art. 14 GG ist der Bestand aller durch das inhaltsbestimmende Gesetz begründeten privaten Vermögensrechte einer Person geschützt, nicht hingegen das Vermögen als solches. Ob auch der eingerichtete und ausgeübte Gewerbebetrieb Eigentum darstellt, ist mangels gesetzlicher Regelung fraglich.
- Öffentlich-rechtliche Vermögensrechte genießen eigentumsrechtlichen Schutz nur, wenn sie dem Berechtigten eine eigentümerähnliche Position verschaffen. Maßgebliches Kriterium hierfür ist insbesondere, ob sich eine Rechtsposition als Gegenwert eigener Leistungen des Berechtigten darstellt. Bei sozialversicherungsrechtlichen Berechtigungen verlangt das BVerfG zusätzlich, dass sie eine existenzsichernde Funktion zu erfüllen haben.
- Das Eigentumsgrundrecht schützt den Bestand der Berechtigung sowie die Möglichkeit des Berechtigten, den Gegenstand seiner Berechtigung nach seinen Vorstellungen zu nutzen und über ihn zu verfügen.
- Bei Art. 14 GG sind zwei Kategorien der Rechtfertigung fähiger und bedürftiger Grundrechtsbeeinträchtigungen zu unterscheiden, nämlich die spezielle Eingriffsform der Enteignung und sonstige Beeinträchtigungen durch oder aufgrund gesetzlicher Schrankenbestimmungen.
- Die Enteignung ist nach ihrer Zielsetzung auf den Entzug bestehender Eigentumspositionen des Einzelnen gerichtet. Sie kann durch behördlichen Einzelakt oder unmittelbar durch Gesetz erfolgen. Zusätzlich dürfte im Sinne eines klassischen Enteignungsbegriffs zu verlangen sein, dass die Güterbeschaffung zur Erfüllung öffentlicher Zwecke erfolgt.
- Die gesetzliche Schrankenbestimmung bedarf als Auffangtatbestand für alle sonstigen, durch sie oder auf ihrer Grundlage vorgenommenen Eingriffe in das Eigentum keiner weiteren positiven Kriterien; in der Judikatur wird im Kontrast zur Enteignung darauf abgestellt, dass es hier um abstrakt-generelle Neuregelungen eines Rechtsgebiets geht.
- Gesetzliche Inhaltsbestimmungen des Eigentums konstituieren den Tatbestand der Eigentumsgarantie mit und bedürfen daher keiner Rechtfertigung als Einschränkungen der Eigentumsgarantie.

65

- Inhaltsbestimmungen und Schrankenbestimmungen sind danach zu unterscheiden, ob sie sich auf bestehende Eigentumspositionen Einzelner verkürzend auswirken oder nicht. Gesetzliche Neuregelungen, die die Reichweite bereits bestehender Eigentumspositionen verkürzen, stellen gegenüber den bisherigen Eigentümern Schrankenbestimmungen dar, gegenüber Personen, die das Eigentum später erwerben, handelt es sich um Inhaltsbestimmungen; dies gilt jedenfalls dann, wenn die Regelungen die bisherige Reichweite der Eigentumsposition grundsätzlich in Frage stellen.
- Schrankenbestimmungen können im Rahmen des Art. 14 Abs. 1 Satz 2 GG gerechtfertigt werden, der einen schlichten Gesetzesvorbehalt darstellt. Art. 14 Abs. 2 GG stellt keine qualifizierenden Anforderungen an die Einschränkungsgesetzgebung auf, sondern fordert gerade umgekehrt Grundrechtsbeschränkungsregelungen im Sinne der Sozialpflichtigkeit des Eigentums.
- Von den allgemeinen Anforderungen an grundrechtsbeschränkende Gesetze ist auch bei den Schrankenbestimmungen vor allem der Grundsatz der Verhältnismäßigkeit von Bedeutung; dabei ist die Abwägung hinsichtlich der Proportionalität maßgeblich von Art. 14 Abs. 2 GG mitbestimmt.
- Spezifische Mittel zur Wahrung der Verhältnismäßigkeit sonst grundrechtlich bedenklicher Schrankenbestimmungen sind namentlich Ausgleichsleistungen und Übergangsregelungen.
- Für Enteignungen sieht Art. 14 Abs. 3 GG einen mehrfach qualifizierten Gesetzesvorbehalt vor. Inhaltlich sind Enteignungen nach Art. 14 Abs. 3 Satz 1 GG nur zum Wohl der Allgemeinheit unter Berücksichtigung der Anforderungen der Verhältnismäßigkeit zulässig; dies schließt (auch) privatnützige Enteignungen für Vorhaben, die zugleich im Allgemeininteresse liegen, nicht aus.
- Formal muss das Enteignungsgesetz selbst eine Entschädigungsregelung enthalten (Art. 14 Abs. 3 Satz 2 – sog. Junktimklausel), die inhaltlich den Anforderungen des Art. 14 Abs. 3 Satz 3 GG entsprechend grundsätzlich vollen Wertersatz sicherstellen muss.
- Art. 15 Satz 1 GG erlaubt als weitere spezielle Form der Einschränkung der Eigentumsgarantie die sog. Sozialisierung, die nur durch ein gegenständlich und nach seiner Zwecksetzung qualifiziertes Gesetz zulässig ist.
- Die Institutsgarantie des Eigentums verlangt, dass der Güterbestand prinzipiell der privaten Verfügungsgewalt und Nutzungsmöglichkeit des jeweiligen Eigentümers unterworfen ist. Diese Vorgaben sind auch für die inhaltsbestimmende Gesetzgebung bindend.
- Im Übrigen greifen für die Eigentumsgarantie die allgemeinen objektiv-rechtlichen Grundrechtsgehalte (Schutzpflicht, Ausstrahlungswirkung, Wirkungen für Organisation und Verfahren) durch.
- Entgegen der früheren Judikatur bietet Art. 14 Abs. 3 GG selbst kein tragfähiges Fundament für verfassungsunmittelbare Entschädigungspflichten. Vielmehr sind Entschädigungspflichten gesetzlicher Regelung vorbehalten; diesem Erfordernis soll aber auch der gewohnheitsrechtlich fundierte Aufopferungsanspruch genügen.

III.   Die Gewährleistung des Erbrechts

1.   Allgemeines

Das Erbrecht ist in Art. 14 Abs. 1 Satz 1 GG in engsten Zusammenhang mit der   **66**
Eigentumsgarantie gerückt worden, weil es die Möglichkeit bedeutet, dass das
Eigentum über den Tod des Grundrechtsträgers hinaus garantiert bleibt. Das
Erbrecht kann in gewissem Sinne als **Verlängerung der Eigentumsgarantie über
den Tod des Berechtigten hinaus** verstanden werden. Wie die Eigentumsgarantie
beinhaltet auch die Gewährleistung des Erbrechts sowohl individuelle Grund-
rechtsberechtigungen als auch eine Institutsgarantie, die hier stärker in den
Vordergrund tritt. Dabei ist das Erbrecht wie das Eigentum auf gesetzliche
Ausgestaltung angewiesen.

2.   Institutsgarantie des Erbrechts

Als Institutsgarantie hat das Erbrecht die Bedeutung, dass die im bürgerlichen Recht   **67**
vorgezeichneten Grundstrukturen des Erbrechts in ihrem Kern erhalten bleiben
müssen, auch wenn der Gesetzgeber im Detail über weitgehende Gestaltungsmöglichkeiten verfügt (o. Kap. 4, Subjektive Grundrechte und objektive Grundrechtsgehalte, Rn. 52, 54). Zu den verfassungsrechtlich gesicherten Grundstrukturen zählt
zumal die rechtliche Möglichkeit des Eigentümers, durch einseitiges Rechtsgeschäft
(Testament) oder durch Erbvertrag (§§ 1937, 1941) als Erblasser über seinen Tod
hinaus nach seinen Vorstellungen über sein bisheriges Eigentum zu verfügen (verkürzt **Testierfreiheit**). Darüber hinaus gehört zur Institutsgarantie das **Prinzip der
gesetzlichen Privaterbfolge**, die sich an familienrechtlichen Verwandtschaftsbeziehungen zu orientieren hat. In diesem Zusammenhang ist auch das Minimum
eines **Pflichtteilsrechts**, das den völligen Ausschluss eines sonst berechtigten
Familienmitglieds von der Erbfolge durch letztwillige Verfügung grundsätzlich verhindert, zur Institutsgarantie zu rechnen (BVerfGE 112, 232 [349 ff.]; auch o. Kap. 18,
Die Grundrechte des Art. 6 GG, Rn. 27).

3.   Individuelles Erbrecht

Als **Individualrecht** greifbar ist jedenfalls die **Testierfreiheit** (o. Rn. 67). Sie   **68**
garantiert jeder zur Selbstbestimmung fähigen natürlichen Person das Recht, zu
Lebzeiten durch letztwillige Verfügung (oder durch Erbvertrag) in den dafür gesetzlich vorgesehenen Formen über ihr Eigentum zu bestimmen. Bei der inhaltsbestimmenden Gesetzgebung hat der Gesetzgeber auch insoweit einen allerdings nicht
unbeschränkten Gestaltungsspielraum.

Beispiel:
Der Gesetzgeber kann Mindestaltersgrenzen für Minderjährigentestamente vorsehen und Personen von der Errichtung eines Testaments ausschließen, die nicht
in der Lage sind, die Bedeutung eigener Willenserklärungen zu erkennen und

dementsprechend zu handeln, § 2229 Abs. 1, 4 BGB. Schreibunfähige Stumme sind demgegenüber zur Selbstbestimmung fähig; ihr Ausschluss von jeder Testiermöglichkeit infolge des Zusammenspiels der Formvorschriften der §§ 2247, 2232, 2233 BGB, § 31 BUrkG erwies sich als unverhältnismäßig, weil zum Schutz von nicht selbstbestimmungsfähigen Menschen nicht erforderlich (BVerfGE 99, 341 [350 f.]).

Die Beschränkungen der Testierfreiheit durch die Bestimmungen über den grundrechtlich gleichfalls garantierten **Pflichtteil** bestimmter Angehöriger, § 2303 BGB, bewegen sich im Rahmen des Gestaltungsspielraums des Gesetzes (BVerfGE 112, 332 [354 f.]).

69   In Bezug auf die **prospektiven Erben** ist die individualrechtliche Bedeutung der Erbrechtsgarantie, die insoweit nach Art. 19 Abs. 3 GG auch für inländische juristische Personen wesensmäßig in Betracht kommen kann, eher begrenzt. Anzuerkennen sein dürfte ein Grundrecht an der **eigenen Erbfähigkeit** als Sonderfall der Rechtsfähigkeit überhaupt, ferner ein individuelles Recht an **Erhalt und Realisierung der** nach der Institutsgarantie bestehenden **gesetzlichen Erbrechte und Pflichtteilsansprüche** (o. Rn. 67).

▶   **Hinweis:** Das BVerfG spricht vom Eigentumserwerbsrecht des Erben, BVerfGE 112, 332 (349) m.N.

70   Für den gesetzlichen oder durch letztwillige Verfügung bestimmten Erben ist auch der **Zugriff des Staates auf die Erbmasse,** namentlich im Wege der Besteuerung, als Eingriff in das Erbrecht zu erfassen, der im Rahmen der Schrankenbestimmungsbefugnis des Gesetzgebers prinzipiell zulässig ist; er muss aber verfassungsrechtlichen Anforderungen genügen, darf insbesondere nicht unverhältnismäßig sein (BVerfGE 93, 165 [172 ff.]; 97, 1 [6 f.]). Auch die allerdings eher schwach ausgeprägten Anforderungen des allgemeinen Gleichheitssatzes sind zu beachten (BVerfGE 117, 1 [30 ff.]; 138, 136 Rn. 119 ff.; o. Kap. 15, Die Gleichheitssätze des Art. 3 GG, Rn. 18). Mit dem Erbfall tritt der Erbe in die ihm aufgrund der Rechtsnachfolge zustehenden Berechtigungen als Eigentümer im grundrechtlichen Sinne ein und genießt von diesem Zeitpunkt an insoweit den Schutz der Eigentumsgarantie.

4. Zusammenfassung

71   • Wie das Eigentum ist auch das Erbrecht zugleich Institutsgarantie und individuelles Abwehrrecht.
          • Die Institutsgarantie umfasst als Grundstrukturen der vom Grundgesetz vorgefundenen Erbrechtsordnung die Testierfreiheit des Erblassers, das Prinzip der gesetzlichen Privaterbfolge in Orientierung an familienrechtlichen Beziehungen, wohl auch ein Pflichtteilsrecht naher Angehöriger.

- Die Testierfreiheit garantiert jeder zur Selbstbestimmung fähigen natürlichen Person das Recht, zu Lebzeiten rechtsgeschäftlich für die Zeit nach ihrem Tod in den dafür gesetzlich vorgesehenen Formen über ihr Eigentum zu bestimmen.
- Zugunsten der Erben ist der Zugriff des Staates auf die Erbmasse, namentlich im Wege der Besteuerung, nur begrenzt zulässig, darf insbesondere nicht unverhältnismäßig sein.

Die Grundrechte des Art. 16 GG

27

Inhalt

Literatur zu I.: *Michael Sachs,* § 101, Der Schutz der deutschen Staatsangehörigkeit, in: Stern, Staatsrecht IV/1, 2006, S. 650; *Kirsten Schmalenbach,* § 122, Verbot der Auslieferung und des Entzugs der Staatsangehörigkeit, in: HGR V, 2013, S. 613 (Rn. 1–50); *Klaus Stern,* § 8, Die Staatsangehörigkeit, in: ders., Staatsrecht I, 2. Aufl. 1984, S. 250; *Yvonne Becker,* Rückwirkender Wegfall der deutschen Staatsangehörigkeit – Entziehung oder Verlust?, NVwZ 2006, 304; *Peter Huber/Kirsten Beitzke,* Das neue Staatsangehörigkeitsrecht und sein verfassungsrechtliches Fundament, NJW 1999, 2769; *Ulrich Hufeld,* Art. 16 GG: Ausbürgerung und Auslieferung im Kontext, JA 2007, 41; *Jörn Axel Kämmerer,* Die Rücknahme erschlichener Einbürgerungen – Tor zur Staatenlosigkeit?, NVwZ 2006, 1015; *Anders Leopold,* Einführung in das Staatsangehörigkeitsrecht,

JuS 2006, 126; *Gertrude Lübbe-Wolf,* Entziehung und Verlust der deutschen Staatsangehörigkeit –
Art. 16 Abs. 1 GG, Jura 1996, 57; *Andreas Meßmann/Thorsten Kornblum,* Grundfälle zu Art.
16, 16a GG, JuS 2009, 688; *Friedrich E. Schnapp/Michael Neupert,* Grundfragen des Staatsangehö-
rigkeitsrechts, Jura 2004, 167; *Rupert Scholz/Arnd Uhle,* Staatsangehörigkeit und Grundgesetz,
NJW 1999, 1510; **zu II.:** *Michael Sachs,* § 103, Das Auslieferungsverbot und das Asylrecht, in:
Stern, Staatsrecht IV/1, 2006, S. 793; *Kirsten Schmalenbach,* § 122, Verbot der Auslieferung und des
Entzugs der Staatsangehörigkeit, in: HGR V, 2013, S. 613 (Rn. 1 f., 51 ff.); *Ulrich Hufeld,* Der
Europäische Haftbefehl vor dem BVerfG – NJW 2005, 2289, JuS 2005, 865; *Andreas Meßmann/
Thorsten Kornblum,* Grundfälle zu Art. 16, 16a GG, JuS 2009, 688 (690 ff.); *Wolfgang Mitsch,* Der
Europäische Haftbefehl, JA 2006, 448; *Andreas Zimmermann,* Die Auslieferung Deutscher an
Staaten der Europäischen Union und internationale Strafgerichtshöfe, JZ 2001, 233.

Rechtsprechung zu I.: BVerfGE 36, 1 (29 ff.) (Grundlagenvertrag); BVerfGE 77, 137 (Teso);
BVerfGE 116, 24 (Rücknahme einer durch Täuschung erschlichenen Einbürgerung); BVerfGE
135, 48 (Behördliche Vaterschaftsanfechtung); BVerfG (K), NJW 1990, 2193 (Verlust bei
Erwerb fremder Staatsangehörigkeit); BVerwGE 137, 47 (§ 25 StAG – Einbürgerung im
Ausland); **zu II.:** BVerfGE 8, 81 (Klärung der Deutscheneigenschaft vor Auslieferung);
BVerfGE 10, 136 (Durchlieferung); BVerfGE 29, 183 (Rücklieferung); BVerfGE 113, 273
(Europäischer Haftbefehl); BVerfG (K), EuGRZ 2009, 691 (Verfolgungsverjährung).

Übungsfälle zu I.: *Karsten Hoof,* Ausbürgerung eines Polygamisten, JA 2009, 617.

I.   Der Schutz der deutschen Staatsangehörigkeit, Art. 16 Abs. 1 GG

1.   Allgemeines

1   Der Schutz des Bestandes der deutschen Staatsangehörigkeit in dem vom Grundgesetz gewährleisteten Umfang ist, trotz vereinzelter, eher entfernt damit zusam-
menhängender Ansätze in frühkonstitutionellen Verfassungsurkunden, ein
Grundrecht neueren Datums, das sich aufgrund der nationalsozialistischen
Ausbürgerungen historisch erklärt. Die nicht recht glückliche Textfassung wirft
bis heute nicht abschließend gelöste Fragen auf, zu denen grundsätzliche
Unsicherheiten darüber hinzutreten, ob die Staatsangehörigkeit als **Rechts-
verhältnis** weitergehende staatsrechtliche Rechtswirkungen unmittelbar impliziert **oder** nur einen bloßen **Status** begründet, an den Rechtsfolgen erst durch
zusätzliche Regelungen geknüpft werden.

2.   Abwehrrechtliche Bedeutung

a) Schutzgegenstand

2   Art. 16 Abs. 1 GG schützt als Abwehrrecht die **deutsche Staatsangehörigkeit** als
eine Rechtsposition des Einzelnen, dem sie nach Maßgabe der Rechtsordnung,
namentlich des Staatsangehörigkeitsgesetzes (StAG) (bis 1999: Reichs- und
Staatsangehörigkeitsgesetzes [RuStAG] von 1913), zusteht, der sie also wirksam

erworben und nicht wieder verloren hat, unabhängig vom jeweiligen Erwerbsgrund in ihrem **Bestand**. Geschützt wird die Staatsangehörigkeit auch, wenn sie nach der einfachrechtlichen Konstruktion aufgrund rückwirkenden Wegfalls von Anfang an nicht bestanden hat, solange sie in der Realität zwischenzeitlich Anerkennung gefunden hatte (BVerfGE 135, 48 Rn. 24; auch u. Rn. 4).

> **Hinweis**: Mit Rücksicht auf das Wiedervereinigungsgebot führte auch der Erwerb der Staatsbürgerschaft der DDR zugleich zum Erwerb der deutschen Staatsangehörigkeit mit Wirkung für die Rechtsordnung der Bundesrepublik Deutschland (BVerfGE 77, 137 [147 ff.]).

Die Eigenschaft des Deutschen im Sinne des Art. 116 Abs. 1 GG, die den deutschen Staatsangehörigen und sog. Statusdeutschen zusteht (o. Kap. 6, Die Grundrechtsberechtigten, Rn. 11), wird durch Art. 16 Abs. 1 GG nicht erfasst. Nicht abschließend geklärt ist, ob sich unmittelbar aus der Staatsangehörigkeit weitere verfassungsrechtliche Berechtigungen, etwa ein Aufenthaltsrecht im Inland (o. Kap. 23, Das Grundrecht der Freizügigkeit, Art. 11 GG, Rn. 17), ergeben.

> **Beispiel:**
> Mit der Staatsangehörigkeit (und der Deutscheneigenschaft nach Art. 116 GG) wird eine staatliche Schutzpflicht des Heimatstaates verbunden, der Ansprüche auf vollen Rechtsschutz gegenüber dem Ausland und vollen Grundrechtsschutz im Inland entsprechen; ferner wird eine zumindest objektive Schutzpflicht gegenüber auswärtigen Mächten angenommen (BVerfGE 36, 1 [30]).

b) Grundrechtsberechtigung

Art. 16 Abs. 1 GG steht **nur deutschen Staatsangehörigen** zu, ist also personell   **3**
enger als die sog. Deutschengrundrechte, die auch den Statusdeutschen gemäß Art. 116 Abs. 1 GG zukommen. Da die deutsche Staatsangehörigkeit nur für natürliche Personen vorgesehen ist, scheidet die Anwendung des Art. 16 Abs. 1 GG auf inländische juristische Personen des Privatrechts nach Maßgabe des Art. 19 Abs. 3 GG wesensmäßig aus.

c) Beeinträchtigungen

Das Abwehrrecht aus Art. 16 Abs. 1 GG ist beeinträchtigt, wenn das Verhalten der   **4**
grundrechtsgebundenen Staatsgewalt zur Folge hat, dass ein Grundrechtsberechtigter seine **deutsche Staatsangehörigkeit verliert**.

> **Hinweis**: Als Verlust wird **auch die Beseitigung mit ex tunc-Wirkung** erfasst, nach der rechtlich konstruktiv die Staatsangehörigkeit nie bestanden hat (o. Rn. 2), und zwar sowohl bei Aufhebung der unmittelbar die Staatsangehörigkeit begründenden Einbürgerung (BVerfGE 116, 24 [46]) als auch bei Beseitigung einer Voraussetzung für einen Staatsangehörigkeitserwerb kraft Gesetzes (durch Vaterschaftsanfechtung nach

§ 1600 Abs. 1 Nr. 1 BGB durch den rechtlichen Vater, BVerfG [K] NJW
2007, 425 Rn. 13, 15, oder nach § 1600 Abs. 1 Nr. 5 BGB [2008] durch eine
Behörde, BVerfGE 135, 48 Rn. 25 f.)

Neben **imperativen Einwirkungen** durch behördlichen oder gerichtlichen Einzelakt oder gesetzliche Regelungen ist namentlich denkbar, dass ein Grundrechtsträger durch zwangsgleich wirksames Staatshandeln veranlasst wird, selbst
seine deutsche Staatsangehörigkeit aufzugeben. Erstreckt man die abwehrrechtliche Garantie auf Folgeberechtigungen der Staatsangehörigkeit (o. Rn. 2), kommen ferner Maßnahmen, die diese Garantieelemente mindern oder verkürzen
(BVerfGE 36, 1 [30]), in Betracht.

d) Begrenzungen und Anforderungen an Einschränkungen

5   Die abwehrrechtliche Garantie der deutschen Staatsangehörigkeit ist durch Art. 16
Abs. 1 Satz 2 GG einem **Gesetzesvorbehalt** unterworfen, der auch im Zusammenhang mit Art. 16 Abs. 1 Satz 1 GG **doppelt qualifiziert** ist. Gegenstand der Einschränkungsermächtigung ist nur der Bestand der Staatsangehörigkeit an sich; etwa
mitgeschützte Folgeberechtigungen (o. Rn. 2) werden von der Begrenzung nicht
erfasst. Den Bestand der deutschen Staatsangehörigkeit darf der Gesetzgeber nach
Art. 16 Abs. 1 Satz 1 GG **nicht** in der Weise einschränken, dass die deutsche
Staatsangehörigkeit **entzogen** wird. Überhaupt darf ein **Verlust** nach Art. 16 Abs. 1
Satz 2 GG nur aufgrund eines Gesetzes eintreten, gegen den Willen des Betroffenen
allerdings nur, wenn er dadurch nicht staatenlos wird.

▶   **Hinweise:**   BVerfGE 135, 48 Rn. 71 ff. wendet Art. 16 Abs. 1 Satz 2 GG auch
auf ohnehin nach Satz 1 verfassungswidrige Entziehungen an. – In Fällen
sonst relevanter Beeinträchtigungen wäre darauf abzustellen, ob sich die
Situation für den Betroffenen wie eine Entziehung darstellt.

6   Die **Abgrenzung** zwischen dem **Entzug** bzw. der **Entziehung** der deutschen Staatsangehörigkeit nach Art. 16 Abs. 1 Satz 1 GG, die absolut verboten ist, und der Verursachung des **Verlustes** derselben in sonstiger Weise, die nach Maßgabe von Satz
2 möglich ist, ist schwierig und war lange Zeit vom BVerfG nicht grundsätzlich
geklärt.

7   Eine nach dem wohlverstandenen Normtext nahe liegende Lösung besteht darin,
die **Entziehung** im Sinne des Satzes 1 **allein auf Einzelakte** zu beziehen, während
der **Verlust** nach Satz 2 nur „auf Grund eines Gesetzes" eintreten würde. Diese
Formulierung meint hier ersichtlich – wenn auch im genauen Gegensatz zur
Bedeutung dieser Formulierung in der Alternative „durch und/oder auf Grund eines
Gesetzes" (o. Kap. 9, Grundrechtsbegrenzungen, Rn. 5) – gerade den Verlust als
unmittelbare Folge der Verwirklichung eines gesetzlichen Tatbestandes, d. h.
ohne zwischengeschalteten behördlichen oder gerichtlichen Entzugsakt.

8   Doch zeigt die historische Auslegung, die insbesondere Vorsorge gegen
Missbräuche nationalsozialistischer Art als Ziel der Verfassungsnorm ausweist,

dass sich das stringente Entziehungsverbot gerade auch gegen **gesetzliche Ausbürgerungen** missliebiger Personenkreise richten muss. Umgekehrt besteht kein überzeugender Grund, warum der durch **Einzelfallentscheidung** herbeigeführte Verlust schlechterdings unzulässig sein müsste, namentlich wenn er **mit Willen des Betroffenen** verfügt wird.

Beispiele:

Die Entlassung aus der Staatsangehörigkeit auf Antrag gem. § 18 StAG oder die behördliche Genehmigung eines Verzichts auf die deutsche Staatsangehörigkeit nach § 26 Abs. 2 StAG.

Sinn und Zweck der Begrenzungsregelung des Art. 16 Abs. 1 GG erfordern eine   **9** Abgrenzung mit Rücksicht darauf, dass im Gesamtkontext der Bestimmung die nach dem ersten Satz schlechthin verbotene **Entziehung ersichtlich die schwerer wiegende Variante** des Eingriffs darstellt, der die Verfassung in jedem Fall entgegentreten will. Als Kriterium hierfür bietet sich namentlich der Wille des betroffenen Grundrechtsträgers an; doch zeigt der in Satz 2 enthaltene Hinweis auf den Verlust „gegen den Willen des Betroffenen", dass **nicht jeder unfreiwillige Verlust** eine Entziehung im Sinne des Satzes 1 darstellt. Der entgegenstehende Wille ist zwar notwendige, aber nicht hinreichende Voraussetzung einer Entziehung.

Diesem Einwand entgeht die Annahme einer Entziehung unter der Voraussetzung,   **10** dass der Betroffene den **Verlust seiner Staatsangehörigkeit nicht beeinflussen kann**. Die Entziehung ist danach nur *der* Verlust der Staatsangehörigkeit, der Folge eines allein auf dem Willen des Staates zur Wegnahme der deutschen Staatsangehörigkeit beruhenden Aktes ist. Eine Entziehung ist nicht gegeben, wenn der gesetzlich vorgesehene Verlust der Staatsangehörigkeit aufgrund von Handlungen des Betroffenen eintritt, die auf einem selbstverantwortlichen und freien Willensentschluss begründet sind (BVerfG [K], NJW 1990, 2193), auch wenn dieser Wille die Folge des Staatsangehörigkeitsverlustes nicht umfasst.

Beispiele:

Verlust der deutschen Staatsangehörigkeit nach § 25 Abs. 1 Satz StAG aufgrund des auf eigenen Antrag hin erfolgten Erwerbs einer fremden Staatsangehörigkeit (BVerfG [K], NVwZ 2001, 1393 – hier trotz Irrtums über den Zeitpunkt des Erwerbs). – Als ungeschriebene Voraussetzung des § 25 Abs. 1 StAG wird die Kenntnis oder das qualifizierte Kennenmüssen der deutschen Staatsangehörigkeit als Voraussetzung eines freien und selbstverantwortlichen Willensentschlusses angenommen (BVerwGE 137, 47 Rn. 14).

Das Kriterium des freien Willensentschlusses bietet Raum dafür, auch solche   **11** gesetzlichen Verlusttatbestände als **Entziehungsregelungen** zu qualifizieren, bei denen sich der Verlust der Staatsangehörigkeit namentlich mit Rücksicht auf andere Grundrechte als **unzumutbare Konsequenz** der Tatbestandsverwirklichung durch den Grundrechtsträger darstellt.

> **Beispiel:**
>
> Die Regelung des Verlustes der deutschen Staatsangehörigkeit durch Eheschließung mit einem Ausländer (so § 17 Nr. 6 RuStAG 1913, beschränkt auf Frauen) dürfte mit Rücksicht auf die Eheschließungsfreiheit unzumutbar und daher unzulässige Entziehung gewesen sein.

Unter diesem Gesichtspunkt ist es jedenfalls möglich, alle Fälle willkürlicher Ausbürgerung nach dem Muster nationalsozialistischer Ausbürgerungen als schlechthin verbotene Entziehungen zu qualifizieren.

> **Beispiel:**
>
> Der Verlust der deutschen Staatsangehörigkeit durch freiwilligen Wehrdienst für den zweiten Heimatstaat eines Doppelstaatlers, § 28 Satz 1 StAG, oder aufgrund der Entscheidung eines optionspflichtigen Doppelstaatlers für die Beibehaltung der zweiten Staatsangehörigkeit nach § 29 Abs. 2 StAG, ist kaum als unzumutbar zu qualifizieren; in § 29 Abs. 4 StAG ist vorgesehen, eine Beibehaltungsgenehmigung zu erteilen, wenn die nach § 29 Abs. 3 StAG für den Erhalt der deutschen Staatsangehörigkeit vorgesehene Aufgabe der anderen Staatsangehörigkeit nicht zumutbar ist.

12   Entsprechend hat BVerfGE 116, 24 (44) in einer recht komplizierten Formel die Entziehung definiert, als „jede **Verlustzufügung**, die die [...] Funktion der Staatsangehörigkeit als verlässliche Grundlage gleichberechtigter Zugehörigkeit beeinträchtigt", und dies „insbesondere" dann angenommen, wenn der Betroffene die Verlustzufügung **„nicht oder nicht auf zumutbare Weise beeinflussen kann** [...]"" (Hervorhebungen hinzugefügt).

> **Beispiel:**
>
> Die Behördenanfechtung der durch Vaterschaftsanerkennung begründeten Vaterschaft stellt nach BVerfGE 135, 48 Rn. 29 ff. eine Entziehung dar, weil weder die Kinder selbst noch in der Regel ihre Eltern, deren Verhalten den Kindern zurechenbar sein soll, überhaupt bzw. zumutbarer Weise Einfluss auf den Verlust nehmen konnten. Als Einflussnahme auf den Verlust wurde dabei der Verzicht auf die die Staatsangehörigkeit überhaupt erst begründende Vaterschaftsanerkennung gesehen, das Fehlen der Möglichkeit dazu schon mangels Vorhersehbarkeit der erst später gesetzlich ermöglichten Anfechtbarkeit angenommen. Abgesehen von Missbrauchsfällen wurde der Verzicht auf eine den Staatsangehörigkeitserwerb begründende Vaterschaftsanerkennung als unzumutbar angesehen, weil die Möglichkeit der Anerkennung als Form familienrechtlicher Status-begründung allen Paaren in sonst gleicher Lage offen stehe.

13   Gesetzlich zugelassen werden kann der **Verlust** der deutschen Staatsangehörigkeit gem. **Art. 16 Abs. 1 Satz 2 GG** danach grundsätzlich nur, soweit keine Entziehung gegeben ist, nach dem Gesagten also dann, wenn die deutsche Staatsangehörigkeit

mit Zustimmung des Grundrechtsberechtigten oder in zumutbarer Weise als Konsequenz seiner freiwilligen Verwirklichung eines Tatbestandes wegfällt. Ob diese Rechtsfolge gesetzesunmittelbar oder aufgrund einer gesetzlich vorgesehenen Einzelfallentscheidung eintritt, ist nicht entscheidend.

▶ **Hinweis:**   Nach BVerfG (K) NJW 2007, 425 Rn. 19 ff. stellt die gerichtliche Feststellung des Nichtbestehens der vom Vater angefochtenen Vaterschaft keine Entziehung dar, wenn das betroffene Kind sich in einem Alter befindet, in dem Kinder üblicherweise ein eigenes Vertrauen auf den Bestand ihrer Staatsangehörigkeit noch nicht entwickelt haben. Dies ist wohl als teleologische Reduktion des Entziehungsbegriffs mit Rücksicht auf das fehlende Vertrauensschutzmoment zu verstehen.

Die **partielle Qualifikation** des Gesetzesvorbehaltes für die Fälle, in denen der   14
Verlust der Staatsangehörigkeit **gegen den Willen** des Betroffenen eintritt, greift durch, soweit der Verlust nicht als solcher gewollt ist, sondern als unerwünschte Konsequenz eigenen, einen Verlusttatbestand ausfüllenden Verhaltens eintritt. Der in diesem Sinne nicht gewollte Verlust der deutschen Staatsangehörigkeit wird im Hinblick auf die besonders belastenden Wirkungen bei **Eintritt von Staatenlosigkeit** ausgeschlossen. Diese Konsequenzen darf der Gesetzgeber grundsätzlich nur in Kauf nehmen, wenn gerade der Verlust der Staatsangehörigkeit als solcher vom Betroffenen gewollt ist (s. aber u. Rn. 20); eine verfassungsrechtliche Notwendigkeit dazu besteht auch in diesen Fällen nicht.

Beispiele:
Die Entlassung aus der deutschen Staatsangehörigkeit auf eigenen Antrag ist nur in Verbindung mit dem Erwerb einer anderen Staatsangehörigkeit vorgesehen, vgl. §§ 18, 24 StAG. – Der infolge behördlicher Anfechtung der Vaterschaftsanerkennung nach § 1600 Abs. 1 Nr. 5 BGB (2008) mögliche Eintritt von Staatenlosigkeit des Kindes führte zur Verfassungswidrigkeit der Vorschrift (BVerfGE 135, 48 Rn. 71 ff.).

Neben den Qualifikationen des Gesetzesvorbehalts sind die **allgemeinen Anforde-**   15
rungen an Einschränkungsgesetze zu beachten, wie Verhältnismäßigkeit und Bestimmtheit. Auch das Zitiergebot greift ein (insgesamt BVerfGE 135, 48 Rn. 78 ff.).

e) Aufhebung der Einbürgerung
Von Art. 16 Abs. 1 GG geschützt ist auch die durch **Einbürgerung** erlangte deut-   16
sche Staatsangehörigkeit. Voraussetzung ist allerdings, dass die Einbürgerung **wirksam erfolgt** ist: Eine nach § 44 VwVfG nichtige oder sonst nicht wirksame Einbürgerung ist nicht geeignet, die grundrechtlich geschützte Staatsangehörigkeit zu begründen. Andererseits fehlt jeder Ansatzpunkt dafür, dass eine wirksame und rechtmäßig erfolgte Einbürgerung nach Maßgabe des § 49 VwVfG widerrufen

werden kann, weil es dann um eine zweifelsfrei **vollwertig erlangte deutsche Staatsangehörigkeit** geht.

> **Hinweis:** Ein Widerruf kommt dagegen verfassungsrechtlich in Betracht, wenn der Eingebürgerte zwischenzeitlich freiwillig einen verfassungsgemäßen Verlusttatbestand verwirklicht hat (o. Rn. 10 ff.), der für diesen Fall den Widerruf zulässt.

17   Problematisch sind die Fälle **schlicht rechtswidriger Einbürgerungsakte**, die trotz ihrer rechtlichen Fehlerhaftigkeit wirksam sind und damit die deutsche Staatsangehörigkeit des Eingebürgerten begründen. Obwohl auch hier die geschützte Staatsangehörigkeit entstanden ist, wird doch mit unterschiedlicher Begründung angenommen, dass eine **Rücknahme** des rechtswidrigen Einbürgerungsaktes nach § 48 VwVfG **verfassungsrechtlich zulässig** sein soll.

18   Die Annahme, dass aufgrund teleologischer Reduktion des Art. 16 Abs. 1 GG **nur die fehlerfrei erworbene Staatsangehörigkeit** den verfassungsrechtlichen Schutz genießt, begegnet jedenfalls in dieser Breite erheblichen verfassungsrechtlichen Bedenken, weil der Rückgriff auf beliebige, vom Betroffenen unverschuldete oder ganz unabhängig von seinem Verhalten entstandene Rechtsfehler einer im Ernstfall übelwollenden öffentlichen Gewalt allzu leicht möglich wäre.

19   Dagegen ist es überzeugend, **durch Täuschung, Bestechung, Bedrohung** oder ähnliche Methoden **erwirkte Einbürgerungen aus dem Schutzgegenstand auszugrenzen**, weil insoweit der allgemeine Grundsatz von Treu und Glauben eine zusätzliche Rechtsgrundlage für das einschränkende Verständnis bietet.

Beispiel:

Ein seit 1984 bereits mit einer Deutschen verheirateter Pakistani heiratete im Januar 1989 in seinem Heimatland eine pakistanische Staatsangehörige. Obwohl aufgrund der zweiten Eheschließung die Einbürgerungsvoraussetzungen nach §§ 8, 9 (seinerzeit: Ru)StAG objektiv nicht gegeben waren, wurde er auf seinen Antrag vom April 1989 hin, bei dem er die zweite Eheschließung verschwieg, im September 1989 rechtswidriger Weise eingebürgert. Die Rücknahme der so erschlichenen Einbürgerung soll ohne Verstoß gegen Art. 16 Abs. 1 GG möglich gewesen sein (nach OVG Münster, NWVBl 1997, 71).

20   BVerfGE 116, 24 (45 ff.) hat in diesen Fällen jedenfalls eine **Entziehung** nach Art. 16 Abs. 1 Satz 1 GG **ausgeschlossen** und dabei auf die fehlende Beeinträchtigung von Vertrauen hingewiesen; allerdings passt insoweit problemlos das vorgenannte Kriterium, dass der Betroffene von vornherein (durch Verzicht auf Täuschung etc.) zumutbarer Weise die Rücknahme verhindern konnte. Zudem hat das BVerfG den **Schutz vor Staatenlosigkeit** nach Art. 16 Abs. 1 Satz 2 GG nicht durchgreifen lassen, weil er in den genannten Fällen der Täuschung usw. nicht vom Schutzzweck der Norm gedeckt sei. Dies kommt der Ausgrenzung aus dem Schutzgegenstand praktisch gleich, weil nur die Notwendigkeit einer gesetzlichen Grundlage bestehen bleibt, die sich auch unabhängig von Art. 16 Abs. 1 Satz 2 GG aus dem Vorbehalt des Gesetzes ergibt.

> **Hinweise:** Die zwischen den dazu hälftig gespaltenen Richtern des Senats umstrittene Frage, ob die allgemeine Regelung des § 48 VwVfG als gesetzliche Grundlage für die Rücknahme der Einbürgerung ausreichend war, ist mit der Einfügung des § 35 StAG gegenstandslos geworden. Die dargelegten Grundsätze gelten auch für die Rücknahme einer Spätaussiedlerbescheinigung nach § 15 Abs. 1 BVFG, deren Ausstellung nach § 7 StAG zum Erwerb der deutschen Staatsangehörigkeit führt (BVerwGE 143, 171).

3. Weitere Grundrechtsgehalte

a) Institutionelle Garantie

Ob in Art. 16 Abs. 1 und Art. 116 Abs. 1 GG auch die **deutsche Staatsangehörigkeit** 21
als **Institution** verfassungsrechtlich garantiert ist, ist umstritten. Relevant ist die
Frage vor allem für gesetzliche Regelungen, die die deutsche Staatsangehörigkeit
für die Zukunft abschaffen oder grundlegend umgestalten würden, ohne dabei die
bestehende Staatsangehörigkeit von Einzelpersonen in Frage zu stellen. Nachdem
das BVerfG die Volkssouveränität mit dem Begriff des deutschen Volkes und damit
mit der deutschen Staatsangehörigkeit in Zusammenhang gebracht hat (vgl.
BVerfGE 83, 37 [50 ff.]), spricht einiges dafür, dass diese selbst für die Zukunft
nicht gänzlich aufgehoben werden kann. Eine andere Frage ist, inwieweit tragende
Einzelelemente des bestehenden Staatsangehörigkeitsrechts, etwa das bislang
dominierende Abstammungsprinzip (ius sanguinis), gegen Änderungen durch den
Gesetzgeber gesichert sind.

> **Hinweis:** Dementsprechend wird die Reform des Staatsangehörigkeitsrechts von 1999 im Sinne einer stärkeren Berücksichtigung des ius soli, § 4 Abs. 3 StAG, im Schrifttum unterschiedlich beurteilt; vgl. ohne verfassungsrechtliche Bedenken *Kokott*, in: Sachs (Hrsg.), Grundgesetz, 7. Aufl. 2014, Art. 16 Rn. 2, 3 m.w.N.   .

b) Andere objektiv-rechtliche Gehalte

Soweit man den Schutz der Staatsangehörigkeit nicht auf Folgeberechtigungen auf 22
ihrer Grundlage erstreckt, können objektiv-rechtliche Gehalte im Übrigen nur
begrenzt bedeutsam werden. Als verfahrensrechtliche Wirkung kann sich insbesondere die Notwendigkeit ergeben, einen zum Nachweis der Staatsangehörigkeit
erforderlichen Staatsangehörigkeitsausweis auszustellen.

4. Zusammenfassung

- Art. 16 Abs. 1 GG schützt den Bestand der deutschen Staatsangehörigkeit 23
  als individuelles Abwehrrecht.
- Eine Entziehung der deutschen Staatsangehörigkeit ist nach Art. 16 Abs. 1
  Satz 1 GG nicht zulässig. Als Entziehung der deutschen Staatsangehörigkeit

kann man jeden Akt verstehen, der allein auf dem Willen des Staates zur Aufhebung der deutschen Staatsangehörigkeit beruht.

- Ein (sonstiger) Verlust der deutschen Staatsangehörigkeit gem. Art. 16 Abs. 1 Satz 2 GG liegt demgegenüber vor, wenn er auch vom Willen des Grundrechtsberechtigten abhängt; ist er als Folge der bewussten Verwirklichung eines Verlusttatbestandes durch den Betroffenen vorgesehen, muss diesem diese Konsequenz auch mit Rücksicht auf andere Grundrechte zumutbar sein.
- Ein Verlust der Staatsangehörigkeit als unerwünschte Konsequenz bewussten eigenen Verhaltens erfolgt im Rahmen des Art. 16 Abs. 1 Satz 2 GG „gegen den Willen des Betroffenen" und darf nicht zur Staatenlosigkeit führen.
- Auch die durch wirksame Einbürgerung erlangte deutsche Staatsangehörigkeit ist durch Art. 16 Abs. 1 GG geschützt; eine Rücknahme kommt wohl nur bei erschlichener Einbürgerung in Betracht.
- Die deutsche Staatsangehörigkeit an sich dürfte auch institutionell geschützt sein; inwieweit dies auch für Grundprinzipien ihrer bisherigen Ausgestaltung gilt, ist nicht abschließend geklärt.

II. Das Auslieferungsverbot, Art. 16 Abs. 2 GG

1. Allgemeines

24   Das Verbot, Inländer an das Ausland auszuliefern, findet sich als Konsequenz des **Aufenthaltsrechts der Staatsangehörigen** in ihrem Heimatland und spezifischer Ausdruck der Schutzpflicht des Staates für seine Bürger im Verhältnis zu auswärtigen Mächten schon früh auf einzelstaatlicher Verfassungsebene (Art. 7 Satz 2 Grundgesetz Sachsen-Meiningen 1829). Nach Aufnahme in §9 StGB 1871 ist das Verbot, Deutsche an das Ausland auszuliefern, erstmals in Art. 112 Abs. 3 WRV – im offenen Gegensatz zu einer vorrangigen Bestimmung des Versailler Vertrages im Hinblick auf Kriegsverbrecher – auf gesamtstaatlicher Ebene als grundrechtliche Garantie verankert worden. Daran konnte das Grundgesetz anschließen. Der Ende 2000 eingefügte Satz 2 lässt jetzt in den genannten Fällen **Regelungen zur Auslieferung Deutscher** zu (u. Rn. 31).

25   Konstruktiv gehört Art. 16 Abs. 2 GG zu den grundrechtlichen Verbotsnormen, die sich ausdrücklich **gegen bestimmte Einwirkungen** der Staatsgewalt richten, ohne das vor diesen Einwirkungen geschützte (abwehr)grundrechtliche Gut des Betroffenen explizit anzusprechen. Ob insoweit ein aus der Staatsangehörigkeit abzuleitendes oder ungeschriebenes grundgesetzliches Aufenthaltsrecht oder ein Aspekt der Freizügigkeit geschützt wird, ist für die praktische Anwendung des Verbots ohne Bedeutung, kann aber außerhalb seiner Reichweite, namentlich für die vor Art. 11 GG kaum zu rechtfertigende Rücklieferung (u. Rn. 29), wichtig werden.

2. Abwehrrechtliche Bedeutung

a) Verbotsgehalt

Art. 16 Abs. 2 GG verbietet der Staatsgewalt die Auslieferung der Grundrechtsträ- **26** ger an das Ausland. Unter **Auslieferung** ist die Entfernung eines Menschen aus dem Staatsgebiet und die Zuführung an eine fremde Hoheitsgewalt als Akt der Rechtshilfe zu verstehen. Herkömmlich erfolgt eine Auslieferung zum Zwecke der Strafverfolgung; doch soll Art. 16 Abs. 2 GG auch Überstellungen zur Durchführung anderer Verfahren ausschließen. Damit ist die Auslieferung zu **unterscheiden von der Ausweisung** und der gegebenenfalls folgenden Abschiebung, deren Inhalt allein darin besteht, den Aufenthalt des Betroffenen im Inland zu beenden. Diese werden von Art. 16 Abs. 2 GG nicht betroffen.

Beim Kriterium des **Auslands** sind die Sonderprobleme, die sich aus der Tatsa- **27** che der deutschen Teilung im Hinblick auf Überstellungen an die DDR ergeben haben, hinfällig geworden. Erfasst ist heute jede andere, **nicht deutsche Staatsgewalt**. Ob darüber hinaus auch Auslieferungen an völkerrechtliche Institutionen vom Verbot betroffen sind, ist eine mit Rücksicht auf Entwicklungen zu internationalen Kriegsverbrechertribunalen aktuell gewordene, bislang nicht abschließend beantwortete Frage (s. aber u. Rn. 31).

Als Fall der Auslieferung wird auch die so genannte **Durchlieferung** betrachtet, **28** bei der eine Person von einem Staat an einen anderen ausgeliefert und dabei durch das Hoheitsgebiet der Bundesrepublik Deutschland befördert wird. Handelt es sich bei der durchgelieferten Person um einen Deutschen, begründet seine Weitergabe durch deutsche Staatsorgane an den dritten Staat dessen Verfügungsmacht über den Betroffenen und ist deshalb eine Auslieferung, gegen die er durch das Grundrecht nach Art. 16 Abs. 2 GG geschützt ist. Dasselbe soll für die Rückführung an den Ursprungsstaat gelten, weil dieser mit Einleitung der Durchlieferung seine Befugnisse gegenüber dem Betroffenen verloren habe und die Auslieferung an den Zielstaat auf anderem Wege veranlasst werde (BVerfGE 10, 136 [139]).

Dagegen ist nach der Rechtsprechung die so genannte **Rücklieferung** vom **29** Auslieferungsverbot ausgenommen. In diesen Fällen wird der Betroffen von einer ausländischen Staatsgewalt, in deren Gewahrsam er sich befindet, an die deutsche Staatsgewalt nach Deutschland insbesondere zum Zwecke der Strafverfolgung ausgeliefert, wobei sich vorher die Bundesrepublik zur Rücklieferung des Betreffenden verpflichten muss. Würde dieser Vorgang als Auslieferung dem Art. 16 Abs. 2 GG unterstellt, könnte eine derartige Rücklieferungszusage nicht abgegeben werden. Damit wäre die Möglichkeit eigener Strafverfolgung gegen im Ausland befindliche Deutsche ausgeschlossen bzw. behindert. Sinn und Zweck des Art. 16 Abs. 2 GG richten sich aber nur gegen die Unterwerfung eines Deutschen unter von fremder Staatsgewalt durchgeführte Verfahren, nicht jedoch dagegen, eine vorübergehende Zuführung nach Deutschland zu ermöglichen. Die nicht unproblematische Judikatur geht dementsprechend davon aus, dass durch eine unter Rücklieferungsvorbehalt erfolgte Auslieferung an die deutsche Staatsgewalt keine Grundlage geschaffen wird, die als eigenständiger, gefestigter Gewahrsam der Bundesrepublik eine für das Auslieferungsverbot taugliche Basis darstellt (vgl. BVerfGE 29, 183 [193 f.]).

b) Grundrechtsberechtigung

30 Grundrechtsberechtigt aus Art. 16 Abs. 2 sind alle **Deutschen** im Sinne des Art. 116 Abs. 1 GG. Eine Auslieferung juristischer Personen scheidet wesensmäßig aus, so dass Art. 16 Abs. 2 GG nicht nach Art. 19 Abs. 3 GG anwendbar ist.

c) Begrenzungen

31 Grundrechtsbegrenzungen, die Ausnahmen vom Auslieferungsverbot begründen, waren zunächst nicht vorgesehen. Ende 2000 hat das 47. Änderungsgesetz zum Grundgesetz mit Satz 2 einen **qualifizierten Gesetzesvorbehalt** eingefügt. Dieser ermöglicht abweichende Regelungen für Auslieferungen an einen Mitgliedstaat der Europäischen Union und an einen internationalen Gerichtshof, so dass die Bundesrepublik Deutschland entsprechenden völkerrechtlichen Vereinbarungen genügen kann. Das Erfordernis der **Wahrung rechtsstaatlicher Grundsätze** (vor allem wohl: strafprozessualer Verfahrensgarantien) ist auf die durch die Auslieferung ermöglichten Verfahren zu beziehen; dies gilt nicht nur bei Auslieferung an einen internationalen Gerichtshof, sondern auch bei Auslieferung an EU-Staaten (so trotz insoweit nicht eindeutiger Formulierung selbstverständlich BVerfGE 113, 273 [299]).

32 Neben der Qualifikationsanforderung greifen auch die **allgemeinen Anforderungen an grundrechtsbeschränkende Gesetze**, namentlich die Wesensgehaltgarantie und die Grundsätze der Verhältnismäßigkeit und Rechtssicherheit (o. Kap. 10, Anforderungen an Grundrechtsbeeinträchtigungen) durch. Diese sind auch bei der Ausführung unionsrechtlicher Richtlinien zu beachten, soweit diese dafür Raum lassen. BVerfGE 113, 273 (301 ff.) hat das zur Umsetzung der Richtlinie über den europäischen Haftbefehl ergangene Gesetz als unverhältnismäßig angesehen, weil es dem nationalen Recht verbliebene Spielräume zugunsten der Nichtauslieferung Deutscher, namentlich bei Taten mit maßgeblichem Inlandsbezug, mit Rücksicht auf deren Vertrauen in die eigene Rechtsordnung nicht genutzt hatte.

3. Weitere Grundrechtsgehalte

33 Objektiv-rechtliche Gehalte des Auslieferungsverbots haben im Zusammenhang mit Fragen der **Beweislast** eine gewisse Rolle gespielt. Im Unterschied zu früher entschiedenen Fällen zur Ausweisung (im Hinblick auf Art. 11 GG) und zur Rechtslage bei anderen Grundrechten geht das BVerfG für die Auslieferung davon aus, dass sie nur in Betracht kommen kann, wenn feststeht, dass der Betroffene kein Deutscher ist. Bis dahin wird die Auslieferung als ausgeschlossen angesehen. Wird diese Frage im Auslieferungsverfahren nicht abschließend geklärt, soll darin eine Verletzung des Grundrechts aus Art. 16 Abs. 2 GG liegen, die nur auf **verfahrensrechtlichem Gebiet** liegen kann (vgl. BVerfG [K], NJW 1990, 2193 f.).

34 Im praktischen Ergebnis, dass die Auslieferung zu unterbleiben hat, ist dem BVerfG mit Rücksicht auf die schweren und möglicherweise unumkehrbaren Folgen einer Auslieferung zuzustimmen. Die Begründung einer individuellen Grundrechtsverletzung über Verfahrenswirkungen scheint indes fraglich, da auf diese Weise im Ergebnis der **Grundrechtsschutz des Art. 16 Abs. 2 GG** auch einem tatsächlich Nichtdeutschen und damit **Nichtberechtigten** zugesprochen wird. Demgegenüber scheint es jedenfalls für die Fälle, in denen die Aufklärung noch nicht endgültig unmöglich ist, eher zutreffend, die Angelegenheit als eine Frage des einstweiligen Rechtsschutzes zu betrachten, wobei im Interesse der bedrohten Grundrechtsgüter und der möglichen Unumkehrbarkeit der Auslieferung im Sinne des Betroffenen zu entscheiden ist (näher dazu *Sachs*, Grundrechtsverletzung bei ungeklärter Grundrechtsberechtigung, NVwZ 1991, 637 ff.).

4. Zusammenfassung

- Art. 16 Abs. 2 GG verbietet die Auslieferung von Deutschen an das Ausland, nicht sonstige Akte der Entfernung aus dem Staatsgebiet.
- Auslieferung ist die als Akt der Rechtshilfe erfolgende Überstellung einer Person durch die deutsche Staatsgewalt an eine fremde Hoheitsgewalt.
- Als Ausland sind alle fremden Staaten erfasst; noch nicht geklärt ist, ob auch internationale Organisationen hierher zu zählen sind.
- Vom Auslieferungsverbot erfasst ist auch die sog. Durchlieferung, bei der eine Person der deutschen Staatsgewalt zur Weiterübermittlung an einen dritten Staat überstellt wird.
- Dagegen soll die sog. Rücklieferung, bei der eine Person der deutschen Staatsgewalt zur Durchführung eines (Straf-)Verfahrens überstellt war und nach dessen Abschluss an den Ausgangsstaat zurückzuliefern ist, nach Sinn und Zweck des Verbots nicht ausgeschlossen sein.

35

Das Asylrecht nach Art. 16a GG

28

Inhalt

Literatur: *Kay Hailbronner,* § 123, Asylrecht, in: HGR V, 2013, S. 673; *Albrecht Randelzhofer,* § 153, Asylrecht, in: HStR VII³, 2009, S. 369; *Michael Sachs,* § 103, Das Auslieferungsverbot und das Asylrecht, in: Stern, Staatsrecht IV/1, 2006, S. 793 (815 ff.); *Christian Biermann,* Der „Asylkompromiss" und das Bundesverfassungsgericht, Jura 1997, 522; *Ulrike Bumke,* Zur Problematik frauenspezifischer Fluchtgründe – dargestellt am Beispiel der Genitalverstümmlung, NVwZ 2002, 423; *Christoph Gusy,* Neuregelung des Asylrechts, Jura 1993, 505; *Horst Heberlein,* Grundfragen des Asyl- und Asylprozeßrechts, JuS 1998, 1019, 1117; *Michael Sachs,* Das Asylgrundrecht, JuS 1989, 537; *Michael Wollenschläger/Gregor Herler,* Das Asylrecht auf dem Prüfstand des Bundesverfassungsgerichts, JA 1997, 591.

© Springer-Verlag Berlin Heidelberg 2017
M. Sachs, *Verfassungsrecht II - Grundrechte*, Springer-Lehrbuch,
DOI 10.1007/978-3-662-50364-5_28

Rechtsprechung: BVerfGE 9, 174 (Politisch Verfolgte); BVerfGE 54, 341 (Rückkehr früher politisch Verfolgter); BVerfGE 56, 216 (Aufenthaltsbeendigung bei Asylsuchenden); BVerfGE 65, 76 (Offensichtlich unbegründete Klagen); BVerfGE 74, 51 (Selbstgeschaffene Nachfluchttatbestände); BVerfGE 76, 143 (Ahmadiyya-Glaubensgemeinschaft); BVerfGE 80, 315 (Tamilen); BVerfGE 83, 216 (Jeziden); BVerfGE 94, 49 (Sichere Drittstaaten); BVerfGE 94, 115 (Sichere Herkunftsstaaten); BVerfGE 94, 166 (Flughafenverfahren); BVerfGE 97, 49 (Verbot der Beförderung von Ausländern ohne Visum); BVerfG (K), NVwZ 2000, 1165 (Verfolgung durch Bürgerkriegspartei); BVerwGE 49, 202 (Opfergrenze beim Asylrecht); BVerwGE 79, 143 (Homosexualität als Verfolgungsgrund); BVerwGE 87, 52 (Ausreise nach Verfolgungsbeendigung); BVerwGE 87, 141 (Prognose künftiger Verfolgung); BVerwGE 89, 162 (Zwangsbeschneidung christlicher Wehrpflichtiger); BVerwGE 108, 84 (Kurden im Nordirak); BVerwGE 109, 1 (Ausschluss des Abschiebungsschutzes); BVerwGE 109, 12 (Terrorismusvorbehalt); BVerwGE 109, 174 (Einreise auf dem Luftweg); BVerwGE 114, 16 (De-facto-Staatsgebiet).

Übungsfälle: *Andreas Meßmann/Thorsten Kornblum,* Grundfälle zu Art. 16, 16a GG, JuS 2009, 810.

I.   Allgemeines

1   Das Asylrecht geht auf **älteste antike Wurzeln** zurück. Es bezeichnete damals das Recht bestimmter Tempel, Flüchtenden Zuflucht zu gewähren. In dieser Bedeutung ist das Asylrecht im Mittelalter auch für Kirchen anerkannt gewesen. Mit der Herausbildung der modernen Staaten ist das Asylrecht zu einer völkerrechtlichen Angelegenheit geworden. Auch hier ging es darum, dass ein Staat das Recht hat, Flüchtenden vor deren eigenen Staatsgewalt Zuflucht zu gewähren. In den Grundrechtskatalog hat das Asylrecht erst nach der NS-Zeit Eingang gefunden, nicht zuletzt aufgrund der zum Teil schlechten Erfahrungen, die aus Deutschland Flüchtende anderswo in der Welt machen mussten. Die Verfassunggebung der Nachkriegszeit gab Gelegenheit, aufgrund dieser Erfahrungen Selbstverpflichtungen für die Zukunft zu formulieren.

2   Erst etliche Jahre später ist das zunächst als Art. 16 Abs. 2 Satz 2 GG verankerte Asylrecht **allmählich zum Problem** geworden, weil es aufgrund vielfältiger Verfolgungsmaßnahmen, kriegerischer Auseinandersetzungen sowie sonstiger Notlagen überall in der Welt immer stärker in Anspruch genommen wurde. Als Reaktion hierauf wurde vereinzelt seine Verfassungswidrigkeit postuliert, von anderen seine Abschaffung verlangt. Im Übrigen wurde durch restriktive Gesetzgebung und eine recht eng angelegte Rechtsanwendungspraxis durch die Behörden und Verwaltungsgerichte versucht, den Zustrom von Asylsuchenden zu drosseln. Andererseits hat das BVerfG trotz der genannten Schwierigkeiten auch erweiternde Akzente gesetzt, insbesondere im Hinblick auf die Verfahrensbedeutung des Grundrechts (u. Rn. 32 ff.); zudem hat es die (hier verwaltungs-) gerichtliche Fach-Judikatur im Hinblick auf die grundgesetzlichen Tatbestandsmerkmale der „politisch Verfolgten" hinsichtlich der Sachverhaltsermittlung und der rechtlichen Bewertung eingehender als in anderen Rechtsbereichen (o. Kap. 5, Grundrechtsverpflichtete, Rn. 21) überprüft (BVerfGE 76, 143 [161 f.] m.w.N.).

Die **Neuregelung des Asylrechts in Art. 16a GG von 1993** (u. Rn. 35 ff.) lässt 3
die materiellen Grundlagen der Garantie rechtlich weitgehend unberührt, engt aber
die Möglichkeiten, sie in Anspruch zu nehmen, durch formalisierende und prozedu-
rale Vorkehrungen weitgehend ein. Unbeschadet der Möglichkeit **völkervertrags-
rechtlicher Regelungen** auch mit Staaten außerhalb der Europäischen Union ist
das Asylrecht zunehmend unter unionsrechtliche Kontrolle gestellt worden (näher
Will, in Sachs [Hrsg.], Grundgesetz, 7. Aufl. 2014, Art. 16a Rn. 108 ff.; *Dörig*,
NVwZ 2014, 106 ff.; *Huber*, NVwZ 2014, 548 ff.). Das Grundrecht als solches hat
heute neben den vorrangigen unionsrechtlichen Vorgaben und deren gesetzlicher
Umsetzung (s. etwa BVerwGE 129, 272 Rn. 53 f.; 140, 114 Rn. 32 f. und u. Rn. 52)
und Anforderungen aus der EMRK nur noch begrenzte Bedeutung, auch wenn es
weiterhin zu nicht ganz wenigen Verfahren vor dem BVerfG kommt. Angesichts der
nicht abgeschlossenen tatsächlichen und rechtlichen Entwicklungen, die das Jahr
2015 in der Flüchtlingsfrage gebracht hat (zum Asylverfahrensbeschleunigungsgesetz
vom 20.10.2015, BGBl. I, 1722, etwa *Thym*, NVwZ 2015, 1625), bleibt die weitere
Entwicklung abzuwarten.

Das Asylrecht ist seinem Wesen nach **im Kern ein Abwehrrecht**, das vor 4
staatlichen Eingriffen schützt; die verfahrensrechtliche Seite des Grundrechts
(u. Rn. 32 ff.) hat demgegenüber wie auch sonst nur flankierende Bedeutung.
Darüber hinaus wird unter verschiedenen Aspekten über eine leistungsrechtliche
Dimension des Asylrechts diskutiert. Teils werden bereits **Zulassung und Duldung**
von Fremden zum bzw. im eigenen Staatsgebiet als grundrechtlich garantierte **Leistung** angesehen. Das überzeugt **nicht**, weil ein qualitativer Unterschied zu dem
abwehrrechtlich geschuldeten Unterlassen der Fernhaltung von oder der Entfernung
aus dem eigenen Staatsgebiet nicht erkennbar ist.

Andererseits wird angenommen, dass neben dem abwehrrechtlich garantierten 5
Kern des Asylrechts **ergänzende Leistungsrechte** aus Art. 16a GG herzuleiten
sind, die über die Pflicht zur Duldung des Aufenthalts hinaus gewisse grundlegende
Fürsorgeelemente einschließen. Überzeugend ist diese Ergänzung **nicht**. Vielmehr
genießen im Inland lebende Ausländer, unabhängig vom Grund ihrer Anwesenheit,
unbeschadet gesetzlich eingeräumter Berechtigungen, von Verfassungs wegen die
allen Menschen zustehenden Mindestrechte, insbesondere auf Sicherung ihrer
Menschenwürde (o. Kap. 13, Die Garantie der Würde des Menschen, Art. 1 Abs. 1
GG, Rn. 24); zudem werden sie von den Schutzwirkungen des Sozialstaatsprinzips
erfasst.

II. Abwehrrechtliche Bedeutung

1. Schutzgegenstand und Tatbestandsvoraussetzungen

Der Grundtatbestand des Asylgrundrechts ist in Art. 16a Abs. 1 GG gegenüber 6
Art. 16 Abs. 2 Satz 2 GG a. F. unverändert erhalten geblieben. Sein abwehrrechtlich
geschützter **Schutzgegenstand** besteht in der tatsächlichen Möglichkeit zum

Aufenthalt im Inland und bedarf als solcher keiner weiteren Subsumtion (zu den Beeinträchtigungen aber u. Rn. 28 ff.).

7   Die abwehrrechtlichen Schutzwirkungen des Grundrechts greifen aber nur für politisch Verfolgte ein, die nach Art. 16a Abs. 1 GG das Asylrecht genießen. Nach dieser subjektivierend, auf die Grundrechtsberechtigten bezogenen, Formulierung wird das Asylrecht dann wirksam, wenn ein nach allgemeinen Kriterien Grundrechtsberechtigter (u. Rn. 25 f.) **politischer Verfolgung** ausgesetzt ist; diese ist das **maßgebliche Tatbestandsmerkmal** für die Geltung des Asylrechts. Bei normtextbezogener Auslegung lassen sich die dazu entwickelten, vielfältigen Anforderungen den beiden Kriterien der Verfolgung einerseits (u. Rn. 8 ff.) und ihres politischen Charakters andererseits (u. Rn. 18 ff.) zuordnen. Die unüberschaubare Kasuistik zu den einschlägigen Fragen kann hier nicht aufgegriffen werden, steht wegen der unionsrechtlichen Überlagerungen heute auch nicht mehr im Mittelpunkt.

a) Verfolgung

8   Die Situation der Verfolgung stellt sich aus der Sicht der Betroffenen als eine **Situation der Flucht**, und zwar der Flucht **vor gezielten Übergriffen**, dar. Dies machen die neu eingefügten Absätze des Art. 16a GG dadurch besonders deutlich, dass sie wiederholt, namentlich in Art. 16a Abs. 2 Satz 1 GG und in Art. 16a Abs. 5 GG, auf die Genfer Flüchtlingskonvention Bezug nehmen. Im Einzelnen lassen sich an den Begriff der Verfolgung eine Reihe von Detailanforderungen knüpfen, die in der einschlägigen Rechtsprechung im Laufe der Zeit herausgearbeitet worden sind.

9   Eine Situation der Verfolgung setzt auf der passiven Seite des Betroffenen voraus, dass **auf seine Grundrechtsgüter zugegriffen** wird, und zwar in einer solchen Intensität, dass zugleich seine **Menschenwürde tangiert** ist; dies lässt sich auch dahin umschreiben, dass für den Betroffenen das Leben in dem betreffenden Lande unzumutbar sein muss. Davon wird vor allem bei Zugriffen auf existentiell bedeutsame Güter wie Leben, körperliche Unversehrtheit und persönliche Freiheit auszugehen sein; doch können auch Ehrkränkungen die geforderte Intensität erreichen, ebenso wie die entsprechend sanktionierte Beschränkung unterschiedlicher Verhaltensfreiheiten, von der Religionsfreiheit bis zur Freiheit der Berufsausübung.

> **Beispiele:**
> Genitalverstümmelungen von Frauen; Zwang, diskriminierende Zeichen auf der Kleidung zu tragen (s. aber u. Rn. 10); Beseitigung jeder zumutbaren existenzsichernden beruflichen Betätigungsmöglichkeit; Verbot selbst der einfachen Hausandacht – insoweit zum Unionsrecht weitergehend BVerwGE 146, 67 Rn. 22 ff. im Anschluss an EuGH, NVwZ 2012, 1612.

10   Zu den Einwirkungen auf die Grundrechtsgüter der Betroffenen muss als verfolgungsbegründendes Merkmal auf der aktiven Seite die **Intentionalität des Zugriffs** hinzukommen. Die bloße Beeinträchtigung von Grundrechtsgütern genügt also auch bei höchster Intensität nicht; vielmehr kommt es darauf an, dass sie gezielten Eingriffen ausgesetzt sind.

Beispiel:

Daher begründet eine Hungersnot im Heimatland, auch wenn sie das Leben der Betroffenen bedroht und die Menschenwürde Verhungernder sicherlich in Mitleidenschaft gezogen ist, keine Verfolgung i. S. des Art. 16a Abs. 1 GG.

Ausgeklammert aus dem Verfolgungsbegriff werden gelegentlich auch in einem Land allgemein verbreitete Praktiken, denen aufgrund ihrer **Ortsüblichkeit** der Verfolgungscharakter fehlen soll.

Beispiel:

Es soll die Menschenwürde muslimischer (!) Frauen nicht verletzen, in Afghanistan entsprechend den Regeln der dort geltenden hergebrachten islamischen Ordnung einen Schleier tragen zu müssen (um nicht im Weigerungsfalle ausgepeitscht zu werden), selbst wenn sie seit ihrer Flucht in Deutschland westliche Ideale verinnerlicht haben (so – sehr fragwürdig – OVG Koblenz, NVwZ-Beilage I 9/2002, S. 100 f.).

Eine solche Restriktion scheint jedenfalls im Zusammenhang der Intentionalität von Verfolgung nicht gerechtfertigt, kann aber anderweitig Relevanz erlangen (s.u. Rn. 20 ff.).

Die Verfolgung, also der intentionale, die Menschenwürde berührende Zugriff **11** auf Grundrechtsgüter, muss aktuell sein, d. h. Verfolgungsaktivitäten müssen gegenwärtig stattfinden, oder es muss zumindest eine **gegenwärtige Gefahr** des gezielten Zugriffs auf die Grundrechtsgüter bestehen. Es genügt nicht, dass eine solche Gefahr einmal bestanden hat oder auch realisiert worden ist; ebenso wenig reicht es aus, dass eine solche Gefahr irgendwann einmal oder auch demnächst entstehen könnte.

Der erstgenannte Aspekt einer **bereits überwundenen Gefahr** hat zu der Nicht- **12** geltung des Asylrechts für die Personen geführt, die bereits **anderweitig in Sicherheit** gelangt waren, weil damit die Verfolgungssituation beendet war. Dieses Element der bereits zu Art. 16 Abs. 2 Satz 2 GG entwickelten Judikatur ist heute in Art. 16a Abs. 2 GG in formalisierter Form verselbständigt, wonach die Berufung auf das Asylrecht bei Einreise aus einem sicheren **Drittstaat** ausgeschlossen ist (u. Rn. 38 ff.). Daneben besteht die Möglichkeit fort, in einem sonstigen Drittstaat vor Verfolgung sicher zu sein, vgl. § 27 AsylG.

> **Hinweis:** Aufgrund europarechtlicher Vorgaben soll es eine materiellrechtliche Subsidiarität des Flüchtlingsschutzes (aufgrund der in einem sonstigen Drittstaat gefundenen Sicherheit) insoweit nicht geben (BVerwGE 144, 127 Rn. 14).

Die Verfolgungssituation kann ferner durch **Veränderungen im Herkunftsstaat**, etwa die Ablösung eines Verfolgerregimes, entfallen (u. Rn. 16).

Der zweite Aspekt einer **noch nicht gegenwärtigen Gefahr** wirft das Problem **13** der **Prognoseunsicherheit** auf, die neben anderen Schwierigkeiten der Tatbestandsfeststellung gerade beim Asylrecht praktisch besonders große Bedeutung besitzt.

Wie erwähnt, setzt Verfolgung nur die gegenwärtige Gefahr voraus, nicht aber einen bereits erfolgten Übergriff. Schon derjenige, der aktuell mit Verfolgungshandlungen zu rechnen hat, erfüllt also die tatbestandlichen Voraussetzungen von Verfolgung. Insoweit wird grundsätzlich eine bei Würdigung aller Umstände beachtliche Wahrscheinlichkeit verlangt, die den Aufenthalt im Heimatstaat unzumutbar macht. Damit bleibt Raum für Abstufung nach der Schwere der zu befürchtenden Übergriffe. Außerdem soll der **Wahrscheinlichkeitsmaßstab** abzusenken sein, wenn eine Person bereits einmal Verfolgungsmaßnahmen ausgesetzt war. Die Wahrscheinlichkeit individueller Verfolgung kann sich auch aus der Zugehörigkeit zu einer Gruppe ergeben, die als solche Verfolgung ausgesetzt ist.

14   Als ungeschriebenes Element des Verfolgungsbegriffs, das nicht zuletzt aus der engen Verknüpfung mit dem völkerrechtlichen Flüchtlingsrecht abgeleitet wird, ist in der Judikatur die Voraussetzung betont worden, dass sich der politisch Verfolgte auf einer **durch die Verfolgung verursachten Flucht** befinden muss. In klassischer Weise ist dies der Fall, wenn der Betreffende in seinem Herkunftsland Verfolgungsmaßnahmen ausgesetzt ist bzw. wenn für ihn eine entsprechende gegenwärtige Gefahr besteht und er sich dieser Verfolgung bzw. dieser Gefahr durch Flucht nach Deutschland entzieht (sog. **Vorfluchtgründe**).

15   Allerdings soll es in solchen Fällen an verfolgungsbedingter Flucht fehlen, wenn Betroffene in anderen Teilen ihres Heimatstaates hinreichende Sicherheit hätten finden können (sog. **inländische Fluchtalternative**); dies kommt auch in Betracht, wenn der Verfolgerstaat seine Gebietsgewalt über einen Teil seines Gebiets vorübergehend faktisch verloren hat (BVerwGE 108, 84 [88 ff.], für den Nordirak). Entsprechendes hat zu gelten, wenn eine Person außerhalb ihres Heimatlandes verfolgt wird, sofern ihr die Rückkehr dorthin möglich ist. Ferner wird die Fluchtsituation bei Personen verneint, die von Deutschland aus **terroristische Aktivitäten** gegen ihren Heimatstaat fortsetzen wollen (BVerfGE 81, 142 [152 f.]; BVerwGE 109, 12 [15 ff.] – Terrorismusvorbehalt).

16   Eine Situation der Flucht ist auch gegeben, wenn sich eine Person bereits in Deutschland befindet, aber inzwischen Veränderungen der Situation im Heimatland eingetreten sind, die im Falle der Rückkehr dorthin zur Verfolgung führen würden. Bei diesen sog. Nachfluchtgründen kann zwischen objektiven und subjektiven Gründen unterschieden werden. Bei den **objektiven Nachfluchtgründen** handelt es sich um Veränderungen der allgemeinen rechtlichen oder tatsächlichen Verhältnisse im Heimatland, die für den Betroffenen veränderte Umstände haben entstehen lassen, durch die er im Falle der Rückkehr mit hinreichender Wahrscheinlichkeit verfolgt werden würde. Objektive Nachfluchtgründe sind ebenso wie die Vorfluchtgründe uneingeschränkt geeignet, eine asylrechtsrelevante Verfolgung zu begründen.

> ▶ **Hinweis:** Umgekehrt kann eine Verfolgungssituation auch durch Veränderungen im Heimatstaat, etwa einen Regimewechsel, entfallen (Rn. 12); dann ist auch eine bereits erfolgte Anerkennung als Asylberechtigter zu widerrufen, s. § 73 Abs. 1 AsylG.

17   Problematischer sind die sog. **subjektiven Nachfluchtgründe**, also Veränderungen, die in der Person der Betroffenen liegen. Insbesondere dann, wenn der Betroffene in Deutschland bewusst Aktivitäten entfaltet, die ihn der Gefahr der Verfolgung im

Heimatland aussetzen, stellt sich die Frage, inwieweit solches Verhalten das Asylrecht begründen kann. Entscheidend dürfte es darauf ankommen, ob das Verhalten
des Betroffenen allein den Zweck verfolgt, sich durch Verfolgungsprovokation den
Genuss des Asylrechts zu verschaffen, was als **missbräuchlich** einzustufen ist und
eine Situation echter Flucht ausschließt. Die Ausübung grundrechtlicher Befugnisse
ist allerdings grundsätzlich nicht allein deswegen Missbrauch, weil sie die Macht-
haber im Heimatstaat zu Verfolgungsaktivitäten veranlasst. Für die Abgrenzung im
Einzelfall kann es wesentlich sein, wie sich die (namentlich politischen) Nachflucht-
aktivitäten zur Gesamtentwicklung des Betroffenen, insbesondere zu seinem früheren Verhalten im Heimatland, verhalten.

b) Politischer Charakter der Verfolgung

Weitere Anforderungen lassen sich mit der Qualifikation der Verfolgung als „poli-   **18**
tisch" in Verbindung bringen. Dies gilt primär für die Notwendigkeit, dass die Verfolgung grundsätzlich vom Herkunftsstaat ausgehen muss. Dabei muss es sich nicht
um die offiziellen **Staatsorgane** handeln, vielmehr kommen je nach den politischen
Gegebenheiten in dem betreffenden Land auch **quasistaatliche Einrichtungen**,
wie insbesondere Staatsparteien und deren Gliederungen in Betracht.

Beispiel:
Die SA im Falle des nationalsozialistischen Deutschland.

In vielfach praktisch relevanten **Bürgerkriegssituationen** kann es darauf ankommen, ob in dem Gebiet, aus dem der Betreffende flieht, die Machtverhältnisse noch
oder schon wieder so gefestigt sind, dass von einer Staatlichkeit oder doch Staats-
ähnlichkeit die Rede sein kann. Dabei kann es genügen, wenn eine Bürgerkriegspartei
nach dem Wegfall der bisherigen Staatsgewalt zumindest in einem Kernterrito-
rium ein Herrschaftsgefüge mit gewisser Stabilität (i. S. einer übergreifenden Frie-
densordnung) errichtet hat; dies ist nicht dadurch notwendig ausgeschlossen, dass
der Kampf mit anderen Bürgerkriegsparteien um die Vorherrschaft im Gesamtterri-
torium des (ursprünglichen) Staates andauert (so zu Afghanistan [zum Jahr 2000]
BVerfG [K], NVwZ 2000, 1165 [1166 f.]; dem folgend BVerwGE 114, 16 [19 ff.]).

Beispiel:
Konkurrieren in einem Gebiet nach der Beseitigung der bisherigen Staatsgewalt
verschiedene bewaffnete Banden, stellt deren Treiben keine staatliche und deshalb keine politische Verfolgung dar, auch wenn sie die betroffenen Menschen
noch so grausam drangsalieren.

Eine staatliche Verfolgung kann schließlich auch dann vorliegen, wenn die unmit-   **19**
telbaren grundrechtsbeeinträchtigenden **Übergriffe von Privatpersonen** ausgehen,
dies aber **dem Staat zuzurechnen** ist. Dazu kommt es, wenn er entweder zu solchem Handeln anstiftet oder es auch nur unter Vernachlässigung der jedem Staat
aufgegebenen Schutzpflicht für seine Bürger hinnimmt. Die planmäßige Nichtgewährung von Schutz soll lediglich dann keine mittelbar staatliche Verfolgung

darstellen, wenn die Schutzgewährung die Fähigkeiten des betreffenden Staates objektiv überschreitet. In derartigen Fällen, in denen ein Staat seine effektive Gebietshoheit jedenfalls teilweise weitgehend verloren hat, können allenfalls die Verfolger selbst oder andere Instanzen als neubegründete Quasi-Staatsgewalt als unmittelbar für politische Verfolgung verantwortlich in Betracht kommen.

20   Weitergehend hat das BVerfG eine politische Verfolgung i. S. des Art. 16a Abs. 1 GG davon abhängig gemacht, dass die Verfolgungshandlung **an asylerhebliche Merkmale anknüpft**. Hintergrund dieses Kriteriums ist namentlich die **Genfer Flüchtlingskonvention**, die ausdrücklich auf Verfolgung wegen persönlicher Merkmale abstellt. In der Tat lassen sich viele Fälle politischer Verfolgung auf diese Weise zutreffend erfassen, weil Verfolgungshandlungen häufig gegen missliebige Minderheiten gerichtet sind, die sich durch Rasse, Nationalität, Zugehörigkeit zu einer sozialen Gruppe oder politische Überzeugungen von der Gesamtbevölkerung abheben. Allerdings macht ein solches Kriterium es zumindest problematisch, politische Verfolgung anzunehmen, wenn ein Terrorregime die gesamte Bevölkerung mit Verfolgungsaktionen überzieht.

21   Die **Anknüpfung** an die relevanten Merkmale wird dabei vom BVerfG nicht auf die subjektiven Gründe oder Motive bezogen, die die Verfolgenden leiten, sondern soll „nach der **erkennbaren Gerichtetheit** der Maßnahme selbst zu beurteilen" sein (BVerfGE 80, 315 [335]). Anders als bei Art. 3 Abs. 3 GG (o. Kap.15, Die Gleichheitssätze des Art. 3 GG, Rn. 94) wird insoweit nicht allein darauf abgestellt, dass Verfolgungsmaßnahmen in ihrer personellen Reichweite tatbestandlich an das Vorliegen „asylerheblicher" Merkmale anknüpfen, vielmehr soll wohl doch eine allerdings objektivierte Finalität im Sinne einer gegenüber den Gruppenangehörigen feindseligen, diskriminierenden Haltung vorliegen müssen. Klare Abgrenzungen sind damit problematisch.

Beispiele:

Die Zwangsbeschneidung eines christlichen Wehrpflichtigen durch Stellen der türkischen Armee wurde als Anknüpfung an seine religiöse Überzeugung gewertet, ohne zu prüfen, ob einem aus beliebigen Gründen nicht beschnittenen Moslem diese Behandlung erspart bleiben würde (BVerwGE 89, 162 [166]). – Die Inhaftierung und Misshandlung einer Person wegen politisch motivierter gewaltfreier Aktivitäten wurde als Anknüpfung an seine politischen Überzeugungen gewertet (BVerwGE 87, 141 [145]; demgegenüber hat BVerfGE 39, 334 [368]) zu Art. 3 Abs. 3 GG nur die Anknüpfung an das bloße Haben der politischen Anschauungen genügen lassen; (o. Kap. 15, Die Gleichheitssätze des Art. 3 GG, Rn. 111).

---

22   Neben den Kriterien der Genfer Flüchtlingskonvention dürften auch die **anderen Merkmale des Art. 3 Abs. 3 GG** als asylerhebliche Merkmale einzustufen sein. Nicht abschließend geklärt ist dies bisher insbesondere für das **Geschlecht**, das als prinzipiell unabänderliches persönliches Merkmal Schutz vor Verfolgungsmaßnahmen ebenso gerechtfertigt erscheinen lässt. Die Anerkennung des Geschlechts als asylerhebliches Merkmal würde angesichts der vielfältigen weitreichenden Verkürzung der Grundrechte von Frauen in der Welt (s. auch o. Rn. 9, 10) jedenfalls dann ein weites Anwendungsfeld für die Asylrechtsgarantie bieten, wenn nicht

neben der tatbestandlichen Anknüpfung an das Geschlecht weitergehende Finalitätsanforderungen aufgestellt werden.

▶ **Hinweis:** Auf der gesetzlichen Ebene ist inzwischen vorgesehen, dass Handlungen, die an die Geschlechtszugehörigkeit anknüpfen, als Verfolgungshandlungen gelten können, § 3a Abs. 2 Nr. 6 AsylG; zudem wird eine allein an das Geschlecht anknüpfende Zugehörigkeit zu einer sozialen Gruppe als verfolgungsrelevantes Kriterium einbezogen, § 3b Abs. 1 Nr. 4 HS 4 AsylG.

Als persönliches Kriterium, das eine asylwürdige Motivation von Verfolgungshandlungen darstellt, hat das BVerwG die **Homosexualität** anerkannt, die inzwischen zwar nicht in Art. 3 Abs. 3 Satz 1 GG aufgenommen wurde (o. Kap. 15, Die Gleichheitssätze des Art. 3 GG, Rn. 30, 31), aber doch in landesverfassungsrechtliche Diskriminierungsverbote (vgl. etwa Art. 12 Abs. 2 BrandVerf: sexuelle Identität; Art. 2 Abs. 2 ThürVerf.: sexuelle Orientierung).   23

▶ **Hinweis:** Demgegenüber sei daran erinnert, dass das BVerfG noch 1957 die Strafnormen der §§ 175 f. StGB mit ihren Freiheitsstrafen als grundgesetzkonform gebilligt hat, wobei es selbstverständlich davon ausging, dass homosexuelle Betätigung gegen das Sittengesetz verstößt (BVerfGE 6, 389 [434 ff.]). Gegen die damals aufrechterhaltenen Verurteilungen deutscher Gerichte könnte heute gegenüber dem Ausland der Schutz des Asylrechts vor politischer Verfolgung reklamiert werden.

Allerdings wurde dies nur für den Fall angenommen, dass seine Homosexualität den Betreffenden **schicksalhaft prägt** und daher als unabänderliches persönliches Merkmal erscheint (vgl. BVerwGE 79, 143 [146 f.]). Damit wird wiederum die Frage der Anknüpfung der Verfolgung an das asylerhebliche Merkmal problematisch.

▶ **Hinweis:** Die vom BVerwG als Verfolgung gewerteten Strafen des islamischen Rechts (von 100 Peitschenhieben bis zur Todesstrafe im Wiederholungsfall) knüpfen nämlich nicht an das Vorliegen schicksalhafter homosexueller Prägung an, sondern an den Geschlechtsverkehr unter erwachsenen Männern schlechthin, gelten also auch dann, wenn er aufgrund einer bloßen Neigung erfolgt, der nachzugeben mehr oder weniger im Belieben der Beteiligten steht. Selbst Finalitätsanforderungen dürften hier nicht weiterhelfen, da die Strafnorm sicherlich nicht nur schicksalhaft geprägte, sondern ebenso auch Gelegenheitshomosexuelle erfassen soll. Ohne eine solche Beschränkung zum Unionsrecht EuGH, NVwZ 2014, 132.

Methodisch befriedigt es nicht, die vorgenannten Anforderungen an die Verfolgungssituation ohne jede Grundlage im Verfassungstext allein wegen der Beziehung zur Genfer Flüchtlingskonvention in den Tatbestand des Asylrechts   24 einzubeziehen. Ergänzend bietet sich zur Begründung der Rückgriff auf eine Wortauslegung an, die den *politischen* Charakter der Verfolgung als **Gegensatz zu einer** *rechtlichen* **Verfolgung** versteht, wie sie etwa in der ordnungsgemäßen Anwendung legitimer Strafvorschriften auf Terroristen zu sehen ist. Wird politisch in diesem Sinne als Gegenbegriff zu rechtlich, d. h. im Sinne der Rechtlosigkeit verstanden, lässt sich dies mit (ohne Grundlage im Gesetz stattfindender) **Willkür** gleichsetzen und würde damit **jede diskriminierende Verfolgung**, insbesondere, aber nicht ausschließlich in den von der Judikatur anerkannten Fällen, abdecken.

2. Grundrechtsberechtigung

25 Das Asylgrundrecht steht mangels einer Einschränkung des Kreises der Grundrechtsberechtigten als **Jedermannrecht** jedem Menschen zu, der politisch verfolgt wird. Überwiegend wird allerdings angenommen, dass nur Ausländer bei politischer Verfolgung das Asylrecht genießen. Das Asylrecht wäre damit als singuläre Erscheinung ein **Ausländergrundrecht**. In der Tat entspricht es der aus dem Völkerrecht stammenden Tradition des Asylrechts, dass es nicht von eigenen Staatsangehörigen, sondern von Fremden in Anspruch genommen wird. Auch die gesetzlichen Regelungen des Asylrechts beziehen sich nur auf Ausländer. Aus grundrechtlicher Sicht macht es aber keinen Unterschied, ob ein politisch verfolgter Mensch Deutscher oder Ausländer ist. Der Schutzzweck des Asylgrundrechts trifft auf beide Fälle gleichermaßen zu. Auch wenn praktisch heute allein die Geltung für Ausländer von Bedeutung ist, ist daher an der Geltung auch für Deutsche festzuhalten.

26 Als Grund für die Beschränkung des Asylrechts auf Ausländer wird teilweise angenommen, dass eine Anwendung des Grundrechts auf **Deutsche wegen anderweitigen Schutzes** entbehrlich sei. Einschlägig ist jedenfalls Art. 11 GG, der die Einreise in das Bundesgebiet und den Verbleib dort als negatives Element einschließt (o. Kap. 23, Das Grundrecht der Freizügigkeit, Art. 11 GG, Rn. 3, 5); doch lässt Art. 11 Abs. 2 GG einschränkende Gesetze zu, für die gegenüber den politisch Verfolgten nach Art. 16a GG kein Raum ist. Im Ergebnis **ungerechtfertigte Schlechterstellungen politisch verfolgter Deutscher** müssten erst über Anforderungen an solche Gesetze (Wesensgehaltgarantie, Verhältnismäßigkeit) umständlich vermieden werden. Bei Annahme eines ungeschriebenen Aufenthaltsrechts Deutscher aus dem Grundgesetz wäre zumindest die Möglichkeit der Verfassungsbeschwerde in Frage gestellt; eine Einbeziehung in den Schutz der Staatsangehörigkeit ist jedenfalls nicht unproblematisch. Damit spricht alles dafür, das Asylrecht im Einklang mit seiner Formulierung auch für Deutsche anzuerkennen, auch wenn dies in aller Regel zumal heute bedeutungslos bleiben mag.

27 Die im Rahmen der Grundgesetzänderung von 1993 in Art. 16a Abs. 3 Satz 2 GG aufgenommene Bezugnahme auf die Verfolgung von Ausländern erklärt sich zwanglos aus der praktisch allein für sie relevanten Bedeutung der Garantie, erlaubt jedenfalls keinen zwingenden Schluss darauf, dass der verfassungsändernde Gesetzgeber die Asylrechtsgarantie für ein reines Ausländergrundrecht hielt. Jedenfalls wird im neuen Art. 16a GG keine Tendenz erkennbar, die personelle Reichweite des

Art. 16a Abs. 1 GG gegenüber dem hier unverändert übernommenen früheren Art. 16 Abs. 2 Satz 2 GG hinsichtlich deutscher politisch Verfolgter zu verkürzen. Daher scheint es naheliegend, dass nur die restriktive Neuregelung zum Asylrecht in Abs. 3, vielleicht auch in den übrigen Absätzen, auf Ausländer zu beschränken ist, während es für **Deutsche** bei dem **vorbehaltlos** garantierten Asylrecht des Art. 16a Abs. 1 GG bleibt.

3. Beeinträchtigungen

Als Eingriffe in das Asylrecht, welches politisch Verfolgte genießen, kommen alle Handlungen der Staatsgewalt in Betracht, die darauf abzielen oder sonst dazu führen, dass eine Person das **deutsche Staatsgebiet verlassen** muss. Darunter fallen namentlich Ausweisung, Abschiebung oder Auslieferung (BVerfG [K], NVwZ 2015, 1204 Rn. 10 ff. m. Anm. *Huber*), ferner natürlich auch nur faktische, in sich rechtswidrige Verbringungen von Ausländern ins Ausland.   **28**

Problematisch ist, ob auch schon die **Verhinderung der Einreise** einen Eingriff in das Asylrecht darstellt. Nach dem Sinn der Grundrechtsnorm, der gerade darin besteht, flüchtenden Personen zu garantieren, dass sie in Deutschland Asyl finden, muss jedenfalls eine Abweisung von politisch Verfolgten an der deutschen Grenze ausgeschlossen sein. Der unmittelbare **räumliche Grenzkontakt** dürfte indes **nicht erforderlich** sein. Speziell das Asylrecht verlangt nach seiner Zielsetzung eine solche Einengung nicht. Allgemein ist die deutsche Staatsgewalt an die Grundrechte räumlich umfassend gebunden, auch dann, wenn sie ausnahmsweise außerhalb des eigenen Territoriums tätig wird (o. Kap. 3, Grundsatzfragen der Grundrechte des Grundgesetzes, Rn. 6), etwa bei der Erteilung vorgeschriebener Visa o. Ä. Wird Dritten (Fluggesellschaften) die Beförderung politisch Verfolgter nach Deutschland verboten oder erschwert, liegt darin gleichfalls eine relevante Beeinträchtigung der Verfolgten (offen geblieben in BVerfGE 97, 49 [66]).   **29**

4. Begrenzungen

Das Asylrecht des Art. 16 Abs. 2 Satz 2 GG a.F. hatte keinerlei ausdrückliche Begrenzungen, insbesondere **keinen Gesetzesvorbehalt**. Die mit der Neuregelung des Art. 16a GG hinzugefügten Absätze 2 bis 5 GG (u. Rn. 35 ff.) haben hieran allenfalls punktuell etwas geändert, auch wenn sie praktisch die Asylrechtsgarantie ihrer bisherigen Bedeutung weitgehend beraubt haben. Im Übrigen kommen nach der allgemeinen Judikatur des BVerfG als Grundrechtsbegrenzung nur andere Bestimmungen des Grundgesetzes in Betracht, denen zu entnehmen ist, dass sie Einschränkungen des Asylgrundrechts zulassen sollen (o. Kap. 9, Grundrechtsbegrenzungen, Rn. 33 ff.). Daran anschließend ist in der Judikatur eine **nicht unproblematische Opfergrenze** im Hinblick auf Sicherheitsinteressen des Staates und seiner Bevölkerung postuliert worden, vor denen das Asylrecht nach Maßgabe der Gesamtumstände im Einzelfall zurückzutreten habe.   **30**

Beispiel:

Ausweisung eines politisch Verfolgten nach Verurteilung wegen versuchten Totschlags bei Gefahr weiterer schwerer Straftaten (so recht weitgehend BVerwGE 49, 202 [209]); Wegfall des Abschiebungsschutzes bei terroristischen Aktivitäten (BVerwGE 109, 1 [3 ff.], unter Hinweis auf die davon unberührten Schutzwirkungen der Menschenwürdegarantie gegenüber einer Auslieferung, die zu Folter, Todesstrafe o.Ä. führt; zum tatbestandlichen Ausschluss des Asylrechts für Terroristen s. auch o. Rn. 15).

Keinesfalls kann die missverständliche Formulierung von der Opfergrenze auf die zumal finanziellen Lasten übertragen werden, die durch die berechtigte oder unberechtigte Inanspruchnahme des Asylrechts entstehen. Letzterer müsste anderweitig begegnet werden; erstere steht nicht unter Finanzierbarkeitsvorbehalt. Eine diesbezügliche Änderung des Grundgesetzes müsste sich in den Grenzen des Art. 79 Abs. 3 GG halten.

5. Konkurrenzen

31 Das Asylrecht tritt, wenn man es auf Deutsche erstreckt (o. Rn. 26), neben andere Grundrechte, die ihren Inlandsaufenthalt generell, Art. 11 GG, oder gegenüber bestimmten Maßnahmen, Art. 16 Abs. 2 GG, sichern. Auch bei der Anwendung auf Ausländer können zugleich die Jedermann-Grundrechte eingreifen, deren **Schutzgüter Gegenstand der politischen Verfolgung** im Ausland sind (neben Art. 1 Abs. 1 GG etwa Art. 2 Abs. 2, Art. 4 Abs. 1, 2 GG), soweit sich das abzuwehrende Verhalten der deutschen Staatsgewalt als durch die fremde Staatsgewalt vermittelte **relevante Fremdbeeinträchtigung** dieser Grundrechte (o. Kap. 8, Grundrechtseingriff und sonstige relevante Grundrechtsbeeinträchtigungen, Rn. 33) darstellt.

III. Weitere Grundrechtsgehalte

32 Als objektive Grundrechtsgehalte spielen beim Asylrecht insbesondere die Wirkungen für das **Verfahren** eine maßgebliche Rolle. Insoweit hat das BVerfG mancherlei Anforderungen an die Prüfungsintensität der mit asylrechtsrelevanten Verfahren jeder Art befassten Behörden und Gerichte formuliert. Dies führt praktisch dazu, dass Defizite in der Verfahrensführung, die zur Verweigerung des Asylrechts geführt haben, als Verstoß gegen das Asylgrundrecht behandelt werden, obwohl dessen Voraussetzungen (nur) möglicherweise gegeben sind (vgl. BVerfGE 56, 216 [238]). Inwieweit derzeit diskutierte Änderungen des Asylverfahrensrechts und deren Anwendung vor Art. 16a GG bestehen können, bleibt abzuwarten.

33 Im Ergebnis können im Hinblick auf die Verfahrenswirkungen der Asylrechtsgarantie auch Personen in ihrem Grundrecht aus Art. 16a Abs. 1 GG verletzt sein, die nie politisch verfolgt worden sind. Pointiert ausgedrückt erkennt das Gericht

insoweit das **Asylrecht auch Personen** zu, **die politisch nicht verfolgt** sind. Dieses so dem Verfassungstext zuwiderlaufende Ergebnis lässt sich ohne substanzielle Veränderungen wohl sachgerechter dadurch erreichen, dass das BVerfG bei Verfahrensmängeln dem Asylsuchenden im Wege des einstweiligen Rechtsschutzes vorläufigen Schutz gewährt, für den die tatsächlich vorliegende politische Verfolgung nicht Voraussetzung ist (vgl. entsprechend Kap. 27, Die Grundrechte des Art. 16 GG, Rn. 34). Im Übrigen müsste es die befassten Behörden und Gerichte anweisen, die angefallenen Verfahrensfehler zu beheben und Klarheit über das Vorliegen der materiellen Voraussetzungen des Asylrechts zu schaffen, auf deren Grundlage allein eine materielle Grundrechtsverletzung festgestellt werden kann.

In den Zusammenhang der Verfahrenswirkung gehört auch das **vorläufige Bleiberecht,** das schon dem Asylsuchenden unabhängig von der noch zu klärenden Frage seiner Asylberechtigung für die Dauer der dafür vorgesehenen Verfahren eingeräumt wird. Dieses kann nicht unmittelbar Ausdruck des subjektiven Asylgrundrechts politisch Verfolgter sein, sondern stellt eine zur Sicherung der Durchsetzbarkeit des Asylrechts geschaffene Position des einfachen Rechts dar, die auch zugunsten nicht wirklich politisch Verfolgter wirksam wird. **34**

IV. Die Neuregelungen in Art. 16a Abs. 2 bis 5 GG

Durch die Einfügung der Art. 16a Abs. 2 bis 5 GG hat der verfassungsändernde Gesetzgeber 1993 jedenfalls zunächst mit einigem Erfolg versucht, die als **übermäßig empfundene Inanspruchnahme des Asylrechts** und die dadurch bewirkten Belastungen auch der Behörden und Gerichte mit Anerkennungsverfahren zu reduzieren. Dies ist geschehen, ohne dass der Kern des materiellen Asylgrundrechts gezielt verkürzt worden ist; dessen Grundanliegen, dass politisch Verfolgte, soweit sie darauf angewiesen sind, schützendes Asyl finden sollen, hat vielmehr nach wie vor (auch) von Grundgesetzes wegen Bestand. **35**

Die Regelungen zielen demgegenüber einerseits darauf ab, **politisch Verfolgte** auf **vorrangige Schutzmöglichkeiten im Ausland** zu verweisen; zum anderen werden die auch auf die Bedeutung der Asylrechtsgarantie gestützten **Möglichkeiten im behördlichen und gerichtlichen Verfahren verkürzt**, die bislang von zumeist nicht wirklich politisch Verfolgten genutzt werden konnten. Zudem wird die verfassungsrechtliche Grundlage für völkerrechtliche Verträge zur Bewältigung der Asylproblematik geschaffen. Die neuen Bestimmungen sind in einer Reihe von Grundsatzentscheidungen vom BVerfG ausführlich gewürdigt worden; nachfolgend kann nur auf einige Kernpunkte hingewiesen werden. **36**

Bedenken gegen die Verfassungsmäßigkeit der restriktiven Neuregelung insgesamt hat das BVerfG mit Recht schon deshalb als **unzutreffend** zurückgewiesen, weil das Asylgrundrecht als solches auch ganz aufgehoben werden könnte. Auch soweit die nach Art. 79 Abs. 3 GG unberührbaren Grundsätze des Art. 1 und 20 GG es gebieten, dass politisch Verfolgten Schutz durch Gewährung von Asyl gewährt wird, muss dies nicht durch eine besondere Grundrechtsbestimmung geschehen (BVerfGE 94, 49 [103 f.]). **37**

1. Sichere Drittstaaten, Art. 16a Abs. 2 GG

38   In seiner einschlägigen **Grundsatzentscheidung zu Art. 16a Abs. 2 GG** (BVerfGE
94, 49 ff.) hat das BVerfG wesentliche Grundlagen zum Verständnis der Neuregelung
hinsichtlich der Einreise aus sicheren Drittstaaten gelegt.

39   Als materieller Kernbestandteil der Regelung schließt Art. 16a Abs. 2 Satz 1 GG
Personen von der Berufung auf das Asylrecht aus, die aus einem Mitgliedstaat der
Europäischen Gemeinschaften (heute: Union) oder aus einem anderen Drittstaat
einreisen, in dem die Anwendung der Genfer Flüchtlingskonvention und der EMRK
sichergestellt sind. Der Grundgedanke ist dabei, dass Personen, die sich in **sicheren
Drittstaaten** befunden haben, bereits dort der Situation der Flucht, der Verfolgung
entkommen sind und daher in diesem Augenblick die Möglichkeit verloren haben,
in Deutschland anderweitiges Asyl zu suchen (o. Rn. 12). Durch das verwendete
Konzept der normativen Vergewisserung wird vor allem angestrebt und im Regelfall erreicht, dass eine Prüfung der Voraussetzungen politischer Verfolgung nach
Art. 16a Abs. 1 GG und verwandter Abschiebungshindernisse im Einzelfall entbehrlich wird.

40   Art. 16a Abs. 2 Satz 1 GG geht über die frühere Rechtslage wohl hinaus, indem
er sich für den Ausschluss des Asylrechts mit der **bloßen Einreise** aus den sicheren
Drittstaaten begnügt. Ob der Betroffene dort tatsächlich Sicherheit gefunden hatte,
ist nicht entscheidend; es genügt die allerdings nicht nur theoretische Möglichkeit,
dass der so Einreisende seit seiner Flucht in dem Drittstaat Schutz vor politischer
Verfolgung hätte finden können, auch wenn er sie nicht genutzt hat. Damit ist zu den
Anforderungen des Art. 16a Abs. 1 Satz 1 GG eine spezielle negative Tatbestands-
voraussetzung hinzugetreten; gleichbedeutend spricht das BVerfG davon, dass der
persönliche Geltungsbereich des Asylrechts beschränkt worden ist.

> ▶   **Hinweis:**   Bei Unaufklärbarkeit des Einreisewegs soll der Asylbewerber
> die materielle Beweislast dafür tragen, ohne Berührung eines sicheren Dritt-
> staates auf dem Luft- oder Seeweg eingereist zu sein; dies sei eine für ihn
> günstige, den Asylanspruch begründende Tatsache (BVerwGE 109, 174
> [180 ff.]).

41   **Unmittelbar durch das Grundgesetz** sind die Mitgliedstaaten der Europäischen
Gemeinschaften (heute: Union) zu **sicheren Drittstaaten** bestimmt, ohne dass es
dafür auf die Anforderungen des nachfolgenden Relativsatzes ankommt. dafür setzt
die Verfassung ein entsprechendes Schutzniveau als gegeben voraus. Dem Beitritt
neuer Mitgliedstaaten darf der Gesetzgeber nur (nach Art. 59 Abs. 2 GG) zustimmen, wenn sie die an sichere Drittstaaten zu stellenden materiellen Anforderungen
erfüllen. Für den Fall, dass sich diese Erwartung als nicht zutreffend erweist, ist eine
Korrektur zugunsten der insoweit ohne (verfassungsrechtlichen) Schutz bleibenden
politisch Verfolgten ohne Änderung des Art. 16a GG zumindest problematisch.
Immerhin setzen notfalls die Mindestanforderungen an die Verfassungshomogenität
gem. Art. 23 Abs. 1 GG der deutschen Mitgliedschaft in der Union Grenzen.

Unabhängig davon hat das BVerfG anerkannt, dass es in Sondersituationen, die von der „normativen Vergewisserung" nicht erfasst sein können, auch im Einzelfall Hinderungsgründe für eine Zurückweisung oder Zurückverbringung in den Drittstaat geben kann.

▶ **Hinweis:** Unabhängig davon kann eine Zurückverweisung in einen vermeintlich sicheren EU-Drittstaat wegen Verstoßes gegen die EMRK ausgeschlossen sein; vgl. gegen Abschiebungen nach Griechenland EGMR GK, NVwZ 2011, 413 ff.; auch BVerfGE 128, 224 ff., zum Absehen von Überstellungen nach Griechenland.

Nicht zur Union gehörende **Drittstaaten** sind nicht ipso iure sichere Drittstaaten, 42 wenn sie die Bedingungen der Sicherstellungsklausel materiell erfüllen. Vielmehr müssen sie nach Art. 16a Abs. 2 Satz 2 GG **durch Gesetz,** das – für den Grundrechtsbereich ganz untypisch – an die Zustimmung des Bundesrates gebunden ist, als solche bestimmt werden. Der Gesetzgeber ist dabei nicht frei, sondern an die verfassungsunmittelbar aufgestellten Anforderungen gebunden. Drittstaaten, die diesen Kriterien nicht genügen, werden auch durch eine gesetzliche Regelung nicht zu sicheren Drittstaaten. Allerdings soll dem **Gesetzgeber** ein Einschätzungs- und **Entscheidungsspielraum** zustehen, Vertretbarkeit seiner Entscheidung genügend sein. Neben der so beschränkten Möglichkeit zur Gesetzesüberprüfung verbleibt auch hier der eng begrenzte Raum zur Berücksichtigung von Sonderfällen wie bei den Staaten der EU (o. Rn. 41).

▶ **Hinweis:** Anlage I (zu § 26a AsylG) hat lange nur Norwegen und die Schweiz als sichere Drittstaaten bezeichnet; doch werden derzeit nicht unbedenkliche Ausweitungen des Kreises dieser Staaten diskutiert.

Art. 16a Abs. 2 Satz 3 GG lässt den **Vollzug aufenthaltsbeendender Maßnahmen** 43 gegen Personen, die nach Satz 1 vom Asylgrundrecht ausgeschlossen sind, unabhängig von einem hiergegen eingelegten Rechtsbehelf zu. Dies soll nicht nur als Ermächtigung an den Gesetzgeber, sondern als verfassungsunmittelbare verfahrensrechtliche Anweisung an Behörden und Gerichte zu verstehen sein. Diese Reduzierung des Rechtsschutzes gilt allerdings nur, wenn es um die Zurückweisung in einen sicheren Drittstaat geht, weil nur insoweit eine Gefährdung des Betroffenen als ausgeschlossen angesehen werden kann; eine Abschiebung in den Verfolgerstaat oder sonstige, nicht „sichere" Staaten bleibt im Rahmen des sog. kleinen Asyls nach Art. 60 AufenthG im Einklang mit dem Refoulement-Verbot des Art. 33 GFK verboten. Im Übrigen sind auch hier Abweichungen mit Rücksicht auf Ausnahmefälle möglich, die vom Konzept normativer Vergewisserung nicht gedeckt sind (o. Rn. 41). Dagegen soll Art. 16a Abs. 2 Satz 3 auch durchgreifen, wenn – sogar durch konkrete Normenkontrolle – geltend gemacht wird, dass die verfassungsrechtlichen Voraussetzungen für die gesetzliche Bestimmung zum sicheren Drittstaat nicht beachtet sind.

2. Sichere Herkunftsstaaten, Art. 16a Abs. 3 GG

44   Zur Regelung über die sicheren Herkunftsstaaten in **Art. 16a Abs. 3 GG** hat das
BVerfG gleichfalls in einer **Grundsatzentscheidung** maßgebliche Auslegungs-
grundsätze entwickelt (BVerfGE 94, 115 ff.); danach wird hier nicht der persönliche Geltungsbereich des Grundrechts eingeengt, sondern sein verfahrensbezogener
Gewährleistungsgehalt. Die angestrebte Entlastung der Behörden und Gerichte soll
dadurch erreicht werden, dass ein wesentlicher, generalisierbarer Teil der sonst notwendigen Prüfungen durch die Gesetzgebung geleistet wird.

45   Im Einzelnen sieht Art. 16a Abs. 3 Satz 1 GG vor, dass durch Gesetz, das wiederum
der Zustimmung des Bundesrats bedarf, sog. **sichere Herkunftsstaaten** bestimmt
werden können, bei denen auf Grund der Rechtslage, der Rechtsanwendung und der
allgemeinen politischen Verhältnisse gewährleistet scheint, dass dort weder politische Verfolgung noch unmenschliche oder erniedrigende Bestrafung oder Behandlung stattfinden. Bei Erlass dieses Gesetzes ist der Gesetzgeber nicht frei, sondern
an die weitreichenden verfassungsrechtlichen Vorgaben gebunden. Allerdings
erkennt das BVerfG auch hier erhebliche Spielräume des Gesetzgebers bei seiner
Entscheidung und ihrer Vorbereitung an und nimmt die verfassungsgerichtliche
Prüfung auf eine Vertretbarkeitskontrolle zurück (BVerfGE 94, 115 [141 ff.]).

▷   **Hinweis:** Angesichts hoher Bewerberzahlen aus Staaten des westli-
    chen Balkan ist die Anlage II (zu § 29a AsylG) gezielt erweitert worden.

46   Die **normative Bedeutung** dieser Regelungsmöglichkeit ergibt sich zunächst aus
der in Satz 2 enthaltenen **Nichtverfolgungsvermutung** zu Lasten der Ausländer
aus einem solchen Staat. Eine solche Vermutung könnte die Konsequenz haben,
dass einem Ausländer, der gleichwohl in einem solchen Staat verfolgt wird, das
Asylrecht zu Unrecht abgesprochen wird. Dem wirkt der Nachsatz entgegen, der
die Vermutung **nicht durchgreifen** lässt, sobald der Ausländer Tatsachen vorträgt,
die die Annahme begründen, dass er der Vermutung zuwider individuell doch politisch verfolgt wird.

47   Zudem beschränkt das BVerfG die **Reichweite der Vermutung** auf fehlende
politische Verfolgung im Sinne des Art. 16a Abs. 1 GG als solche, nicht auch darauf,
dass keine unmenschliche oder erniedrigende Behandlung stattfindet, obwohl dies
Voraussetzung der gesetzlichen Bestimmung zum sicheren Herkunftsland ist.
Insoweit bleibt die Prüfung einschlägiger gesetzlicher Abschiebungshindernisse
von der Vermutung unberührt. Maßgebliche Bedeutung hat auch die **weitere Folge-
wirkung**, die **Abs. 4** u. a. in den Fällen des Abs. 3 vorsieht (näher Rn. 49).

3. Aussetzung der Vollziehung aufenthaltsbeendigender Maßnahmen, Art. 16a Abs. 4 GG

48   Die in Art. 16a Abs. 4 GG getroffene verfahrensrechtliche Regelung **beschränkt** die
Rechtsschutzmöglichkeiten von Asylbewerbern gegenüber der Vollziehung

aufenthaltsbeendender Maßnahmen und damit ihr als Vorwirkung der Asylrechtsgarantie angenommenes **vorläufiges Bleiberecht** (o. Rn. 34) zum Teil
verfassungsunmittelbar, zum Teil werden gesetzliche Einschränkungen der Gerichtskontrolle zugelassen. Einschränkungen des Asylrechts können sich nur in Ausnahmefällen ergeben, da die Vorschrift prinzipiell nur gegenüber Personen wirksam
werden soll, die nicht politisch verfolgt werden oder trotzdem kein Asylrecht genießen. Auch zu dieser Vorschrift hat das BVerfG in einer Grundsatzentscheidung klä-
rend Stellung genommen (BVerfGE 94, 166 ff.).

    Anwendbar ist Art. 16a Abs. 4 GG in **drei Fallgruppen**: Seine Geltung in den   **49**
Fällen des **Absatzes 3** betrifft Asylbewerber aus einem sicheren Herkunftsland,
soweit es ihnen nicht gelingt, die Vermutung fehlender Verfolgung zu widerlegen.
Die beiden weiteren Fälle betreffen sonst eindeutig aussichtslose Asylanträge, nämlich Anträge, die **offensichtlich unbegründet** sind oder als offensichtlich unbegründet gelten. Das BVerfG geht für beide Bereiche davon aus, dass der Gesetzgeber
im Rahmen der Regelung des Näheren nach Art. 16a Abs. 4 Satz 2 GG befugt ist,
die Voraussetzungen hierfür abstrakt und typisierend zu umschreiben, solange
damit die Bedeutung der Asylrechtsgarantie nicht verkürzt wird. Unklar bleibt allerdings, für welche Fälle **fingiert** werden darf, dass ein Antrag **offensichtlich unbegründet** ist; das BVerfG hebt insoweit auf einen vergleichbaren Vorrang der
staatlichen Interessen an einer vorzeitigen Beendigung des Bleiberechts ab.

    In den genannten Fällen darf das gegen aufenthaltsbeendende Maßnahmen (ein-   **50**
schließlich Einreiseverweigerungen) angerufene Gericht von Grundgesetzes wegen
die Vollziehung nur ausnahmsweise aussetzen, nämlich dann, wenn **ernstliche Zweifel an der Rechtmäßigkeit** der Maßnahme bestehen. Damit wird deutlich, dass
entgegen der missglückten Formulierung des Art. 16a Abs. 4 Satz 1 GG die Asylanträge nicht wirklich offensichtlich unbegründet sein oder als offensichtlich unbegründet gelten müssen; vielmehr geht es um behördliche Maßnahmen, die auf diese
Gründe gestützt ergehen. Das Gericht hat insoweit zu prüfen, ob die Behörden zu
Recht offensichtliche Unbegründetheit angenommen haben. „Ernstliche Zweifel"
daran liegen – objektiv interpretiert – dann vor, wenn erhebliche Gründe dafür sprechen, dass die Maßnahme einer rechtlichen Prüfung nicht standhält. Im Einzelnen
ist das Konzept der Bestimmung durch das parallel mit der Grundgesetzänderung
neugestaltete Asylverfahrensgesetz (jetzt: Asylgesetz) umgesetzt worden.

    Im Hinblick auf das sog. **Flughafenverfahren** nach § 18 a AsylG hat das BVerfG   **51**
verlangt, dass in Anwendung der einschlägigen Regelung die Erlangung des gerichtlichen Rechtsschutzes nicht durch die Umstände unzumutbar erschwert oder gar
vereitelt werden dürfe, und dazu eine Reihe von Einzelanforderungen aufgestellt.

4. Vorbehalt abweichender völkervertraglicher Regelung, Art. 16a Abs. 5 GG

Art. 16a Abs. 5 GG stellt die Asylrechtsgarantie des Art. 16a Abs. 1 GG und die   **52**
Regelungen der Art. 16a Abs. 2–4 GG unter den **Vorbehalt abweichender völker-
vertraglicher Regelungen** der Zuständigkeit für die Prüfung von Asylbegehren

einschließlich der gegenseitigen Anerkennung von Asylentscheidungen. Solche Verträge müssen die Genfer Flüchtlingskonvention und die EMRK beachten, deren Anwendung in den Vertragsstaaten zudem auch de facto sichergestellt sein muss. Während damit materiell der Schutz politisch Verfolgter im Wesentlichen sichergestellt ist, sind verfahrensrechtliche Standards nicht näher festgeschrieben. Auf unionsrechtliche Regelungen bezieht sich Abs. 5 nicht; insoweit gelten die allgemeinen Regeln über deren Verhältnis zum deutschen Verfassungsrecht (o. Rn. 3, Kap. 5, Grundrechtsverpflichtete, Rn. 24 ff.).

53   Die völkervertraglichen **Zuständigkeitsregelungen** verfolgen das Ziel, durch die Begründung alleiniger Zuständigkeit eines Vertragsstaates für einen Asylsuchenden Mehrfachverfahren zu vermeiden und die Lasten der Inanspruchnahme sachgerecht zu verteilen. Sie können dazu führen, dass ein verfassungsrechtlich eigentlich in Deutschland durchzuführendes Anerkennungsverfahren mit Rücksicht auf die anderwärts durchgeführte Prüfung zumindest zunächst unterbleibt. Denkbar ist auch, dass vertraglich die deutsche Zuständigkeit zur Prüfung von Asylbegehren vorgesehen wird, wenn die Antragsteller nach Deutschland aus einem sicheren Drittstaat einreisen (vgl. § 26a Abs. 1 Satz 3 Nr. 2 AsylG); in diesem Fall ist bei dieser Prüfung Art. 16a Abs. 2 GG nicht anzuwenden.

54   Vereinbarungen über die **gegenseitige Anerkennung von Asylentscheidungen** betreffen namentlich auch negative Entscheidungen, so dass nach einer Ablehnung durch den zuständigen Vertragsstaat die Gewährung von Asyl durch Deutschland ausgeschlossen ist. Soweit die zugrunde liegenden ausländischen Anerkennungsverfahren grundgesetzlichen Verfahrensanforderungen nicht entsprechen, die sich nicht (nur) aus dem abbedungenen Art. 16a Abs. 1 GG, sondern aus Art. 19 Abs. 4, Art. 101 Abs. 1 Satz 2, 103 Abs. 1 GG oder dem Rechtsstaatsprinzip (faires Verfahren) ergeben, wäre ein einschlägiger völkerrechtlicher Vertrag verfassungswidrig.

V. Zusammenfassung

55   • Das grundgesetzliche Asylrecht ist heute durch unions- und völkerrechtliche Vorgaben weitgehend seiner praktischen Bedeutung beraubt.
      • Das Asylgrundrecht ist im Kern ein Abwehrrecht, das die Möglichkeit zum tatsächlichen Aufenthalt im Inland garantiert.
      • Die tatbestandlichen Voraussetzungen des Asylrechts sind in dem Begriff des politisch Verfolgten zusammengefasst.
      • Verfolgung setzt gezielte Übergriffe auf Grundrechtsgüter voraus, die in ihrer Intensität die Menschenwürde der Betroffenen beeinträchtigen.
      • Die Verfolgung muss aktuell sein, es muss also zumindest eine gegenwärtige Gefahr von Verfolgungsakten bestehen; regelmäßig ist hierfür eine beachtliche Wahrscheinlichkeit zu fordern.
      • Eine Verfolgung liegt nicht mehr vor, wenn die Person schon vor der Einreise nach Deutschland anderweitig in Sicherheit gelangt war.

- Die Verfolgung muss zur Flucht des Betroffenen nach Deutschland geführt haben, was bei den sog. Vorfluchtgründen problemlos anzunehmen ist, sofern keine inländische Fluchtalternative in Betracht kommt.
- Anzuerkennen sind aber auch sog. objektive Nachfluchtgründe, die unabhängig vom Verhalten des Verfolgten eingetreten sind. Problematisch sind sog. subjektive Nachfluchtgründe, die der Verfolgte durch eigenes Verhalten bewusst verursacht hat.
- Politisch ist eine Verfolgung nur, wenn sie von staatlichen oder zumindest von quasistaatlichen Einrichtungen des Herkunftsstaates ausgeht; ausreichend ist auch, wenn der Staat Übergriffe Privater planmäßig nicht verhindert. Wo es an jeder effektiven Staatsgewalt fehlt, kann es keine politische Verfolgung geben.
- Zur politischen Verfolgung soll weiter gehören, dass sie an asylerhebliche Merkmale anknüpft, wie sie in der Genfer Flüchtlingskonvention festgelegt sind und sich in ähnlicher Form in Art. 3 Abs. 3 Satz 1 GG finden.
- Zu den asylerheblichen Merkmalen gehört neben Rasse, religiösen und politischen Anschauungen auch das Geschlecht; einbezogen wurde ferner die den Einzelnen schicksalhaft prägende Homosexualität.
- Die Anknüpfung wird nicht in dem bei Art. 3 Abs. 3 Satz 1 GG inzwischen anerkannten formalen Sinn verstanden, sondern soll nach der erkennbaren Gerichtetheit der Verfolgung zu beurteilen sein, jedoch nicht nach den Motiven der Verfolger.
- Statt dieser in der Judikatur entwickelten Kriterien könnte darauf abgestellt werden, dass Verfolgungshandlungen dann politisch sind, wenn sie rechtlos, damit willkürlich und diskriminierend, erfolgen.
- Grundrechtsberechtigt ist jeder Mensch, bei dem der Tatbestand politischer Verfolgung verwirklicht ist; es besteht kein überzeugender Grund, deutsche politisch Verfolgte auszunehmen.
- Relevante Beeinträchtigungen des Asylrechts sind vor allem die staatlichen Imperative, die einen politisch Verfolgten verpflichten, das deutsche Staatsgebiet zu verlassen, oder ihm – unabhängig von bereits bestehendem Gebietskontakt – die Einreise untersagen.
- Das Asylrecht ist – abgesehen von den Neuregelungen der Abs. 2 bis 5 – unbegrenzt garantiert; eine Opfergrenze aufgrund begrenzender Gehalte anderer Verfassungsbestimmungen ist allenfalls im Hinblick auf Sicherheitsbelange zu erwägen.
- Objektiv-rechtliche Bedeutung entfaltet das Asylgrundrecht insbesondere in verfahrensrechtlicher Hinsicht; namentlich hat sie grundsätzlich ein vorläufiges Bleiberecht Asylsuchender zur (gesetzlich festgelegten) Folge.
- Art. 16a Abs. 2 GG schließt diejenigen von der Berufung auf das Asylrecht aus, die aus einem Mitgliedstaat der Europäischen Gemeinschaften (heute: Union) oder einem anderen, durch Gesetz festgelegten sicheren Drittstaat einreisen.

- Art. 16a Abs. 3 GG statuiert eine Nichtverfolgungsvermutung für Asylbewerber aus sog. sicheren Herkunftsländern, die gesetzlich zu bestimmen sind. Die Vermutung ist im Einzelfall widerlegbar.
- Art. 16a Abs. 4 GG schränkt die Aussetzung der Vollziehung aufenthaltsbeendender Maßnahmen durch die Gerichte in den Fällen des Abs. 3 und bei anderen offensichtlich unbegründeten Asylbegehren ein.
- Art. 16a Abs. 5 GG lässt völkervertragliche Regelungen der Zuständigkeit in Asylfällen und zur gegenseitigen Anerkennung von Asylentscheidungen zu, die von Abs. 1 bis 4 abweichen.

Das Petitionsrecht nach Art. 17 GG

29

Inhalt

Literatur: *Hartmut Bauer,* § 117, Petitionsrecht, in: HGR V, 2013, S. 389; *Johannes Dietlein,* § 115, Die Teilhabe an der staatlichen Willensbildung, in: Stern, Staatsrecht IV/2, 2011, S. 160 (285 ff.); *Christine Langenfeld,* § 39, Das Petitionsrecht, in: HStR III³, 2005, S. 263; *Wolfgang Graf Vitzthum/Wolfgang März,* Das Grundrecht der Petitionsfreiheit, JZ 1985, 809; *Christian Burkiczak,* Rechtsfragen der Behandlung von Petitionen mit rechtswidrigem Inhalt oder rechtswidriger Intention durch den deutschen Bundestag, NVwZ 2005, 1391; *Annette Guckelberger,* Neue Erscheinungen des Petitionsrechts: E-Petitionen und öffentliche Petitionen, DÖV 2008, 85; *Günther Krings,* Die Petitionsfreiheit nach Art. 17 GG, JuS 2004, 474; *Ulli F. H. Rühl*, Der Umfang der Begründungspflicht von Petitionsbescheiden, DVBl 1993, 14.

Rechtsprechung: BVerfGE 2, 225 (Umfang des Petitionsrechts); BVerfGE 49, 24 (Kontaktsperre); BVerfGE 122, 190 (203) (Gegenvorstellung); BVerfG (K), NJW 1991, 1475 (Unterlassung herabsetzender Äußerungen); BVerfG (K), NJW 1992, 3033 (Begründung des Petitionsbescheids).

© Springer-Verlag Berlin Heidelberg 2017
M. Sachs, *Verfassungsrecht II - Grundrechte*, Springer-Lehrbuch,
DOI 10.1007/978-3-662-50364-5_29

I. Allgemeines

1   Das in Art. 17 GG garantierte sog. Petitionsrecht erklärt sich aus **der Absage an die Verhältnisse im Obrigkeitsstaat**, in dem es den Untertanen nicht einmal erlaubt war, sich gegenüber der Obrigkeit zu beschweren oder Bitten zu äußern. Dem wurden zuerst 1819 in Württemberg und seit 1831 in weiteren deutschen Einzelstaaten im Einzelnen unterschiedlich gefasste verfassungsrechtliche Garantien von Beschwerdemöglichkeiten entgegengesetzt, die vor allem die **Freiheit zur Petition** garantierten, teilweise aber auch schon **Begründungspflichten** der angerufenen Stellen vorsahen.

2   Die abwehrrechtliche Seite des Grundrechts ist **im demokratischen Rechtsstaat** unserer Tage nahezu eine Selbstverständlichkeit; die Frage weitergehender, leistungsrechtlicher Wirkungen ist hingegen durchaus problematisch geblieben (dazu u. Rn. 19 ff.). Allerdings hat das Petitionsrecht neben den heute bestehenden umfassenden Möglichkeiten des individuellen Rechtsschutzes (u. Kap. 30, Die Rechtsweggarantie des Art. 19 Abs. 4 GG) insoweit **nicht denselben Stellenwert** wie unter vorrechtsstaatlichen Bedingungen.

II. Abwehrrechtliche Bedeutung

1. Schutzgegenstand

3   Das von Art. 17 GG abwehrrechtlich geschützte Verhalten besteht in **Bitten oder Beschwerden**. Die Abgrenzung beider Begriffe, die aufgrund traditioneller Formulierungen in das Grundgesetz gelangt sind, ist unklar. Denkbar ist etwa, den Begriff der Bitten auf zukünftiges staatliches Verhalten zu beziehen, Beschwerden dagegen auf bereits vergangenes. Nach der historischen Entwicklung ist es andererseits naheliegend, mit Beschwerden die Anliegen angesprochen zu sehen, mit denen ein Beschwerdeführer sich gegen ihn selbst betreffendes staatliches Verhalten wendet, während sich der Begriff der Bitten auf von dem Bittsteller und seinen persönlichen Angelegenheiten unabhängiges Staatshandeln beliebiger Art bezieht. Angesichts der völlig einheitlichen Wirkungen des Grundrechts ist die Abgrenzung allerdings ohne praktische Bedeutung und kann daher offen bleiben.

4   Bitten und Beschwerden sind gleichermaßen dadurch gekennzeichnet, dass sie ein **bestimmtes Anliegen**, ein Petitum, verfolgen. **Formal auszugrenzen** sind dabei die Fälle, in denen die **Verletzung eigener Rechte** durch gerichtliche Rechtsbehelfe geltend gemacht wird, die unter den spezielleren **Schutz des Art. 19 Abs. 4 GG** fallen. Dem Grundrechtsberechtigten steht es allerdings frei, auch zugleich mit einem solchen Rechtsbehelf die Möglichkeit der Petition nach Art. 17 GG zu nutzen (s. aber Rn. 9, 21). Sonstige, auch formalisierte Rechtsschutzmöglichkeiten (etwa eine Verbands- oder Popularklage) sind demgegenüber von Art. 17 GG umfasst, der allerdings nicht den Fortbestand gerade dieser Möglichkeiten garantiert, ein Begehren zu verfolgen. Außerhalb des Tatbestandes liegen bloße Mitteilungen oder Datenübermittlungen (BVerwGE 128, 295 Rn. 39).

Inhaltlich ist das Petitionsrecht prinzipiell für Begehren jeder Art **offen**. Eine 5
Grenze wird zum Teil gezogen, soweit ein gesetzlich verbotenes Verhalten gefordert
wird oder die Petition selbst **gegen Strafgesetze** verstößt, etwa beleidigend oder
erpresserisch (bzw. nötigend) ist; solche Petitionen sollen **unzulässig** sein (BVerfGE 2,
225 [229]). Beides ist mangels Grundlage im Verfassungswortlaut nicht unproblematisch: Im ersteren Fall scheint es ausreichend, dass die angerufene Stelle das Begehren
mit Rücksicht auf die Rechtslage zurückweisen kann. Im zweiten Fall ist dem Ergebnis
zuzustimmen, dass Art. 17 GG keinen Freibrief für Straftaten im Gewande der Petition
schaffen soll. Doch ist diesem Anliegen wohl adäquater auf der Ebene der Begrenzungen Rechnung zu tragen (u. Rn. 15 ff., insbes. 17). Im Übrigen bietet es sich im
Sinne des effektiven Grundrechtsschutzes an, zwischen der strafbaren Form der
Petition, die entsprechend sanktioniert werden darf, und einem daneben vorhandenen
sachlichen Begehren zu unterscheiden, das als Petition zu behandeln ist.

Grundrechtsschutz nach Art. 17 GG besteht für Bitten oder Beschwerden nur, 6
wenn diese **schriftlich eingelegt** werden. Dieses Erfordernis stellt eine tatbestandliche Verengung des Schutzgegenstandes dar. Nicht schriftlich vorgebrachte Bitten
oder Beschwerden genießen von vornherein nicht den Schutz des Petitionsgrundrechts;
für sie greift lediglich die Freiheit der Meinungsäußerung ein. Die genaue Bedeutung
der Schriftlichkeit im Rahmen des Art. 17 GG ist nicht abschließend geklärt. Kraft
impliziter Bezugnahme dürfte auf die Anforderungen abgestellt werden, die sonst
bei Schriftformerfordernissen im Verkehr mit Behörden bestehen.

Keine einschränkende Bedeutung haben die Tatbestandsmerkmale „einzeln oder in 7
Gemeinschaft mit anderen", weil beide Möglichkeiten nebeneinander gleichermaßen
geschützt sind. Immerhin verdeutlicht dieser Aspekt die **auch kollektive Dimension**
des Petitionsrechts. Bedeutsam geworden ist diese Differenzierung im Zusammenhang
mit der Begrenzungsregelung des Art. 17a GG (u. Rn. 15). Die Vorbereitung einer
Sammelpetition sollte schon mit Rücksicht auf die fehlenden Begrenzungen als solche nicht zum Schutzgegenstand gezählt werden; der Grundrechtsschutz ist hinreichend dadurch gewährleistet, dass auch Behinderungen in dieser Phase als relevante
Beeinträchtigungen des letztlich angestrebten Einbringens der Petition erfasst werden
(u. Rn. 18).

Eine **Einengung des Schutzgegenstandes** ergibt sich allerdings hinsichtlich der 8
Adressaten daraus, dass die Bitten oder Beschwerden nach Art. 17 GG an die zuständigen Stellen oder an die Volksvertretung zu richten sind. Eine Petition, die an
sonstige Stellen adressiert ist, genießt nach dem Verfassungstext nicht den Schutz
des Petitionsgrundrechts. Im Interesse größerer Effektivität des Grundrechts nimmt
die Rechtsprechung allerdings an, dass eine unzuständige Stelle verpflichtet ist,
Petitionen weiterzuleiten oder doch zumindest dem Petenten die zuständige Stelle
zu nennen. Ob diesen Pflichten, die jedenfalls außerhalb der abwehrrechtlichen
Wirkungen des Grundrechts stehen, ein grundrechtlicher Anspruch aus Art. 17 GG
entspricht, ist allerdings fraglich.

Stellen, die nach Art. 17 GG Petitionsadressaten sein können, sind – abgesehen 9
von der Volksvertretung (u. Rn. 10) – alle Gliederungen **der deutschen öffentlichen Gewalt**, die nach Art. 1 Abs. 3 GG der Grundrechtsbindung unterliegen, also
alle Behörden und Organe des Staates (Bund und Länder) wie der von ihnen

getragenen mittelbaren Staatsverwaltung (Kommunen wie andere Körperschaften, Anstalten und Stiftungen des öffentlichen Rechts), auch privatrechtsförmliche Träger öffentlicher Verwaltung. Die jeweilige **Zuständigkeit** bemisst sich nach den allgemeinen Regelungen der Kompetenzverteilung, die für das mit der Petition geforderte oder beanstandete Verhalten einschlägig sind. Ob die Anrufung der Gerichte mit einer Gegenvorstellung außerhalb der einschlägigen Verfahrensordnung von Art. 17 GG erfasst wird, hat BVerfGE 122, 190 (203) offen gelassen.

10   Daneben besteht auch die ganz generell formulierte, alternativ oder kumulativ wahrzunehmende Möglichkeit, sich „an die Volksvertretung" zu wenden. Entsprechend der Bindung der gesamten Staatsgewalt auf allen ihren Ebenen an die Grundrechte des Grundgesetzes (o. Kap. 5, Grundrechtsverpflichtete, Rn. 1) ist trotz dieses Singulars nicht allein der **Bundestag** angesprochen, sondern ebenso die **Landesparlamente** sowie wohl die – ansonsten als zuständige Stellen zu erfassenden – **Volksvertretungen auf kommunaler Ebene** (vgl. Art. 28 Abs. 1 S. 2 GG).

11   Weil im Gegensatz zur Regelung über die „Stellen" insoweit in Art. 17 GG jeder Hinweis auf die Zuständigkeit fehlt, ist damit die Frage aufgeworfen, ob jede Volksvertretung für jede Petition zuständig ist. Doch geht es auch bei der Anrufung der Volksvertretungen letztlich darum, dass dem Petitum ggf. Rechnung getragen werden kann; daher ist trotz des defizitären Wortlauts nur die nach der Verbandskompetenz **jeweils zuständige Volksvertretung** als tauglicher Adressat anzusehen.

12   Der Bundestag ist danach nur für Angelegenheiten zuständig, die in die **Bundeskompetenz** fallen, also jedenfalls für Fragen, die die Bundesgesetzgebungskompetenz berühren, im Hinblick auf die parlamentarische Kontrolle der Bundesregierung auch für deren gesamte Aktivitäten, namentlich solche, die nach Art. 83 ff. GG die Verwaltung des Bundes und die Aufsicht des Bundes über die Ausführung der Bundesgesetze betreffen. Entsprechend sind die **Landtage** die zuständige Volksvertretung für alle im jeweiligen Land anfallenden Angelegenheiten oder sonst von Landesorganen wahrgenommenen Aufgaben. Die **kommunalen Volksvertretungen** sind für sämtliche Aktivitäten der Kommunalverwaltung, zumal die kommunalen Selbstverwaltungsangelegenheiten, richtige Adressaten.

2. Grundrechtsberechtigung

13   Das Grundrecht aus Art. 17 GG steht unabhängig von seiner Eigenschaft als Deutschem **jedermann** zu. Es kann wesensmäßig nicht nur von natürlichen Personen ausgeübt werden, steht daher nach Art. 19 Abs. 3 GG auch inländischen juristischen Personen des Privatrechts zu.

3. Beeinträchtigungen

14   Als Eingriffe in das Abwehrrecht aus Art. 17 GG sind insbesondere **Petitionsverbote** denkbar. Relevante Beeinträchtigungen sind aber auch sonstige gegenüber Petenten errichtete **Hindernisse** mittelbarer oder faktischer Art, etwa Behinderungen bei der Vorbereitung einer Sammelpetition oder Sanktionen, die an die Ausübung des Petitionsrechts anknüpfen, einschließlich rein tatsächlicher Nachteile.

4. Begrenzungen und Anforderungen an Einschränkungen

Art. 17 GG selbst kennt keinen ausdrücklichen Gesetzesvorbehalt. Ein solcher fin- **15** det sich indes in **Art. 17a Abs. 1 GG** für den dort geregelten Spezialbereich gegenüber der Sammelpetition. Dies dürfte dahin restriktiv auszulegen sein, dass nur gemeinschaftliche Beschwerden mit anderen Zivil- oder Wehrdienstleistenden einschränkbar sein sollen, nicht aber die Beteiligung an Sammelpetitionen mit Personen außerhalb dieser Sonderverhältnisse. Einschränkungsregelungen aufgrund dieses Gesetzesvorbehaltes unterliegen den allgemeinen Anforderungen, namentlich dem **Zitiergebot nach Art. 19 Abs. 1 S. 2 GG** sowie materiell dem Verhältnismäßigkeitsgrundsatz.

Abgesehen von Art. 17a Abs. 1 GG fehlt es an ausdrücklichen Begrenzungen. **16** Die prinzipiell fragwürdige Übertragung von Begrenzungen anderer Grundrechte (s. auch schon o. Kap. 9, Grundrechtsbegrenzungen, Rn. 28 ff.) bietet sich auch im speziellen Zusammenhang nicht an (s. aber wegen Art. 5 Abs. 1 GG noch u. Rn. 18). Vielmehr sind Einschränkungen auch des Petitionsrechts nur **aufgrund zusätzlicher Begrenzungsgehalte sonstiger Verfassungsbestimmungen** anzuerkennen. Praktisch angenommen worden ist dies namentlich im Zusammenhang mit dem Kontaktsperregesetz, das bestimmten Untersuchungshäftlingen jede Zusammenkunft, auch zum Zweck der Abfassung einer Sammelpetition, versagte; dies wurde mit Rücksicht auf das Grundrecht auf Leben legitimiert, das für eine unbestimmte Vielzahl von Personen durch Aktivitäten der Terroristen in Gefahr gebracht wurde. Für zulässig erklärt wurden auch die sich zwingend aus dem Haftzweck ergebenden Begrenzungen (BVerfGE 49, 24 [55 ff.]).

In diesem Rahmen ist es ferner möglich, **Petitionen mit strafbarem**, insbesondere **17** beleidigendem **Inhalt** zu unterbinden bzw. zu sanktionieren, ohne sie aus dem Schutzgegenstand des Grundrechts ausgrenzen zu müssen. Abweichend von der frühen Judikatur hat eine Kammer des BVerfG eine Verurteilung zu Widerruf und Unterlassung ehrkränkender Äußerungen trotz ihrer Zugehörigkeit zu einer Petition gebilligt, weil Art. 17 GG durch den persönlichkeitsgrundrechtlichen Ehrenschutz begrenzt werde. Dabei blieb – anders als bei der tatbestandlichen Ausgrenzung – Raum für eine **Abwägung der beteiligten Grundrechtsinteressen** im Einzelfall (BVerfG [K], NJW 1991, 1475 [1476]; s. noch u. Rn. 18). Bei der auf Nötigung abzielenden Petition ist wohl eher an einen abstrakten Vorrang der geschützten Selbstbestimmung der bedrohten Stelle zu denken, weil die notwendige Abwägung im Rahmen der tatbestandlichen Voraussetzungen des § 240 StGB vorgenommen werden kann.

5. Konkurrenzen

Soweit im Rahmen einer Petition Meinungen geäußert werden, ist neben Art. 17 GG **18** zugleich Art. 5 Abs. 1 Satz 1 GG einschlägig. Gegenüber der **Meinungsäußerungsfreiheit** zulässige Einschränkungen sollen auch vor Art. 17 GG gerechtfertigt sein (BVerfG [K], NJW 2004, 354 [356]; BVerfGK 9, 245 [258]); dies wird sich durchweg gegenüber Art. 17 GG selbst mit kollidierendem Verfassungsrecht, etwa verletzten Persönlichkeitsrechten, begründen lassen (o. Rn. 17). Für Verhalten mit dem Ziel, eine **Sammelpetition** vorzubereiten, greift primär das unmittelbar einschlägige Grundrecht

(z. B. Art. 8 GG) mitsamt seinen Begrenzungen ein. Art. 19 Abs. 4 GG verdrängt in seinem Anwendungsbereich den Art. 17 GG als lex specialis (o. Rn. 4).

III. Weitere Grundrechtsgehalte

19   Im demokratischen Rechtsstaat der Gegenwart kann sich das Petitionsgrundrecht kaum auf die geradezu selbstverständliche bloße Freiheit beschränken, Bitten und Beschwerden an die Staatsorgane zu richten. Dementsprechend wird heute fast allgemein angenommen, dass über die abwehrrechtliche Wirkung hinaus das Petitionsrecht auch **leistungsrechtliche Gehalte** beinhaltet, namentlich einen Anspruch auf sachliche Prüfung und vorschriftsmäßige Erledigung der Petition durch die in Frage kommenden Grundrechtsadressaten. Dieses Leistungsrecht kann mit den einschlägigen Rechtsmitteln geltend gemacht werden, notfalls auch mit der Verfassungsbeschwerde.

20   Der Umfang des grundrechtlichen Leistungsanspruchs ist allerdings begrenzt. Keinesfalls richtet sich der Anspruch auf die vom Petenten angestrebte Sachentscheidung selbst. Notwendig ist ein **schriftlicher Petitionsbescheid**, der die **Art der Erledigung** der Petition **angeben** muss (BVerfGE 2, 225 [230]). Zumindest zweckmäßig erscheint es auch, einen Petitionsbescheid jedenfalls in knapper Form zu **begründen**; allerdings ist eine dahingehende grundrechtliche Verpflichtung vom BVerfG bislang nicht anerkannt worden (vgl. BVerfG [K], NJW 1992, 3033).

21   Die beim Petitionsausschuss des Bundestages nach dessen Grundsätzen bestehende Möglichkeit, dass sog. **öffentliche Petitionen** im Internet zur Diskussion und Mitzeichnung veröffentlicht werden, ist nicht durch Art. 17 GG garantiert.

▶   **Hinweis:** BVerfG (K), NVwZ-RR 2012, 1, hat allerdings eine diesbezügliche Klage vor den Verwaltungsgerichten nicht von vornherein für aussichtslos gehalten. BVerfG (K), Beschl. v. 17. 2. 2014 – 2 BvR 57/13 –, juris, hat die Ablehnung eines solchen Anspruchs im Rahmen eines Prozesskostenhilfeverfahrens missbilligt.

Wenn der **Bundestag eine Petition** entsprechend einer Beschlussempfehlung des Petitionsausschusses der **Bundesregierung zur Erwägung** überweist, ergibt sich daraus kein Anspruch des Petenten darauf, dass die Bundesregierung eine den parlamentarischen Erwägungen folgende Entscheidung in seiner Angelegenheit trifft (BVerfGK 7, 133 [134 f.]).

22   Soweit Art. 17 GG an **Gerichte** adressierte Gegenvorstellungen erfasst (o. Rn. 4, 9), berechtigt er sie jedenfalls **nicht zu Entscheidungen, die ihren verfahrensrechtlichen Bindungen widersprechen**, namentlich nicht dazu, etwa als solche erkannte Fehlentscheidungen freihändig, zumal im Gegensatz zur Selbstbindung nach § 318 ZPO oder durch materielle Rechtskraft, zu korrigieren. Die gesetzliche Lösung des Zielkonflikts zwischen Rechtsrichtigkeit und Rechtssicherheit ist von den Gerichten zu respektieren (BVerfGE 122, 190 [203]). Ebenso wenig werden Verwaltungsbehörden durch Art. 17 GG ermächtigt, zugunsten der Petenten von ihrer Bindung an Gesetz und Recht nach Art. 20 Abs. 3 GG abzuweichen; insoweit bleibt es bei den gesetzlichen Möglichkeiten der Rücknahme von Verwaltungsakten und den begrenzten Pflichten zum Wiederaufgreifen des Verfahrens, vgl. §§ 48, 51 VwVfG.

Die Weiterleitungs- oder Informationspflichten fälschlich angerufener unzustän- **23** diger Stellen oder Volksvertretungen (o. Rn. 8) lassen sich wohl am ehesten als objektiv-rechtliche **Verfahrenswirkungen des Petitionsgrundrechts** verstehen. Die besonderen Regelungen über Petitionsausschüsse (vgl. Art. 45c GG), den Wehrbeauftragten (Art. 45b GG) oder ähnliche Stellen, die für Petitionen in besonderen Bereichen eingerichtet sind, haben ggf. ihre eigene verfassungsrechtliche Fundierung; sie werden aber in ihrem Bestand **nicht** – etwa im Sinne einer **institutionellen Garantie** – von Art. 17 GG erfasst.

IV. Zusammenfassung

- Art. 17 GG bietet seiner historischen Herkunft entsprechend in erster Linie **24** abwehrrechtlichen Freiheitsschutz.
- Geschützt ist die Möglichkeit, sich allein oder mit anderen schriftlich mit bestimmten Begehren an die dafür zuständigen Stellen der öffentlichen Gewalt und an die zuständigen Volksvertretungen zu wenden.
- Inhaltlich ist das Petitionsrecht offen; selbst strafbare oder auf verbotenes Verhalten gerichtete Petitionen sind nicht aus dem Schutzgegenstand auszugrenzen (str.).
- Als Beschränkungen des Petitionsrechts sind nicht nur Petitionsverbote, sondern als sonstige Beeinträchtigungen auch Behinderungen bei der Vorbereitung sowie jegliche Sanktionierung der Erhebung einer Petition anzusehen.
- Abgesehen vom qualifizierten Gesetzesvorbehalt für den Spezialbereich des Art. 17a Abs. 1 GG ist das Petitionsgrundrecht nur durch begrenzende Gehalte anders ausgerichteter Verfassungsbestimmungen begrenzt.
- Als leistungsrechtlicher Gehalt des Art. 17 GG ist ein Anspruch auf sachliche Prüfung und vorschriftsmäßige Erledigung der Petition anerkannt. Ob auch eine Begründungspflicht besteht, ist nicht abschließend geklärt.
- Aus der objektiv-rechtlichen Verfahrenswirkung des Art. 17 GG ergibt sich die Pflicht unzuständiger Stellen oder Volksvertretungen, fälschlich an sie gerichtete Petitionen weiterzuleiten.

Die Rechtsweggarantie des Art. 19 Abs. 4 GG

30

Inhalt

Literatur: *Johannes Dietlein,* § 123, Grundrechtliche Aspekte des Rechtsschutzes und der Staatshaftung, in: Stern, Staatsrecht IV/2, 2011, S. 1849 ff.; *Hans-Jürgen Papier,* § 177, Rechtschutzgarantie gegen die öffentliche Gewalt, in: HStR VIII[3], 2010, S. 507; *Arnd Uhle,* § 129, Rechtsstaatliche Prozeßgrundrechte und -grundsätze, in: HGR V, 2013, S. 1087; *Oliver Dörr,* Rechtsschutz gegen den Richter, Jura 2004, 334; *Matthias Knauff,* Vertragsschließende Verwaltung und verfassungsrechtliche Rechtsschutzgarantie, NVwZ 2007, 546; *Sylvia Kürschner,* Rechtsschutz im Fraktionsrecht, JuS 1996, 306; *Christian Pestalozza,* Art. 19 IV GG – nur eine Garantie des Fachgerichtsweges gegen die Verletzung von Bundesgrundrechten i. S. der Art. 1–17 GG, NVwZ 1999, 140; *Rainer Pitschas,* Der Kampf um Art. 19 IV GG, ZRP 1998, 96; *Wolf-Rüdiger Schenke,* Rechtsschutz gegen normatives Unrecht, JZ 2006, 1004; *ders.,* Verfassungsrechtliche Garantie eines Rechtsschutzes gegen Rechtsprechungsakte?, JZ 2005, 116; *Daniela Schroeder,* Die Justizgrundrechte des Grundgesetzes, JA 2010, 167; *Andreas Voßkuhle/Anna-Bettina Kaiser,* Der allgemeine Justizgewährungsanspruch, JuS 2014, 312.

Rechtsprechung: BVerfGE 24, 33 (AKU); BVerfGE 25, 352 (Justitiabilität von Gnadenentscheidungen); BVerfGE 35, 382 (Araberausweisung); BVerfGE 40, 237 (Vorschaltverfahren im Strafvollzug); BVerfGE 60, 253 (Anwaltsverschuldete Fristversäumung); BVerfGE 49, 252 (Rechtliches Gehör/Prüfung durch Instanzgerichte); BVerfGE 49, 329 (Erledigte Durchsuchungsanordnung)I; BVerfGE 61, 82 (Sasbach); BVerfGE 66, 252 (Anwaltsverschuldete Fristversäumung); BVerfGE 73, 339 (Solange II); BVerfGE 76, 93 (Kein Rechtsschutz gegen den Richter); BVerfGE

© Springer-Verlag Berlin Heidelberg 2017
M. Sachs, *Verfassungsrecht II - Grundrechte,* Springer-Lehrbuch,
DOI 10.1007/978-3-662-50364-5_30

83, 182 (Pensionistenprivileg); BVerfGE 84, 34 (Prüfungsrecht I); BVerfGE 89, 155 (Maastricht); BVerfGE 96, 27 (Erledigte Durchsuchungsanordnung II); BVerfGE 96, 100 (Überstellung ausländischer Strafgefangener); BVerfGE 101, 106 (in camera-Verfahren); BVerfGE 101, 275 (Strafrechtliche Rehabilitierung); BVerfGE 101, 397 (Richterliche Kontrolle von Rechtspflegerentscheidungen); BVerfGE 107, 395 (Plenum) (Rechtsprechung keine öffentliche Gewalt); BVerfGE 115, 81 (Rechtsweg gegen Rechtsverordnungen); BVerfGE 116, 1 (Insolvenzverwalter); BVerfGE 116, 135 (Vergabe keine öffentliche Gewalt); BVerfGE 129, 1 (20 ff.) (Letztentscheidungsbefugnisse der Verwaltung); BVerfG [K], NJW 2002, 2456 f. (Nachträglicher Rechtsschutz bei Abschiebehaft); BVerwGE 80, 355 (361) (Allgemeinverbindlichkeitserklärung); BVerwGE 112, 135 (Sperrgrundstück).

Übungsfälle: *Christian Bickenbach,* Grundfälle zu Art. 19 IV GG, JuS 2007, 813, 910.

I. Allgemeines

1   Verfassungsrechtliche Garantien des **Rechtsschutzes auch gegenüber dem Staat**, dessen Unterwerfung unter seine eigenen Gerichte bis dahin nicht gesichert war, finden sich in Deutschland seit den ersten Verfassungsurkunden des 19. Jahrhunderts, zuerst beschränkt auf den Fiskus in Privatrechtssachen, seit 1831 auch gegenüber behördlichen Rechtsverletzungen. In der Praxis dominierte zunächst die **sog. Verwaltungsrechtspflege**, eine Form der Selbstkontrolle der Verwaltung, die § 182 Paulskirchenverfassung durch **echte Gerichtskontrolle ablösen** wollte. Diese wurde seit 1863 zunächst ohne verfassungsrechtliche Grundlage in Einzelstaaten eingeführt und war Kernelement des formalen Rechtsstaats des ausgehenden Konstitutionalismus. Der Gesetzgebungsauftrag des Art. 107 WRV zugunsten von Verwaltungsgerichten in den Ländern führte insoweit nicht entscheidend weiter; im Hinblick auf das Reich blieb er im Kern unerfüllt.

2   **Vollendet** wurde die Gerichtsunterwerfung der staatlichen Verwaltung, die in der NS-Zeit weitgehend beseitigt war, **erst nach dem 2. Weltkrieg**. Eine dem Art. 19 Abs. 4 Satz 1 GG weitgehend entsprechende Formulierung brachte schon Art. 2 Abs. 3 der hessischen Verfassung von 1946, die dann im Grundgesetz im Interesse effektiver Verwirklichung durch die verfassungsunmittelbare subsidiäre Eröffnung des ordentlichen Rechtswegs ergänzt wurde, Art. 19 Abs. 4 Satz 2 GG (u. Rn. 34). Art. 19 Abs. 4 Satz 3 GG wurde 1968 im Zusammenhang mit der problematischen Zulassung gerichtlicher Kontrolle entzogener Abhörmöglichkeiten· durch Art. 10 Abs. 2 Satz 2 GG (o. Kap. 22, Das Brief-, Post- und Fernmeldegeheimnis nach Art. 10 GG, Rn. 20 f.) eingefügt und hat nur klarstellende Bedeutung. Nach der zumal den Rechtsschutz verkürzenden Neuregelung des Asylrechts in Art. 16a Abs. 2 Satz 3, Abs. 3 und 4 GG (o. Kap. 28, Das Asylrecht nach Art. 16a GG, Rn. 35 ff.) wurde auf eine solche Klausel verzichtet.

3   Im Gesamtkontext der Verfassung stellt Art. 19 Abs. 4 GG nur einen Ausschnitt aus der umfassenderen Pflicht des Rechtsstaates zur **„Justizgewährung"** dar, die sich – vor dem Hintergrund des staatlichen Gewaltmonopols, das prinzipiell die eigenmächtige Durchsetzung von Rechten ausschließt – außerdem auf die Möglichkeiten des Bürgers erstreckt, seine privatrechtlichen Rechte gegenüber anderen Bürgern gerichtlich geltend zu machen. Trotz seiner rechtsstaatlichen Verwurzelung

begründet Art. 19 Abs. 4 GG keine Abwehrrechte, sondern ist ein spezifisch auf das Gerichtsverfahren bezogenes Grundrecht, das auf staatliche Leistungen (Einrichtung der Gerichte, Durchführung der Gerichtsverfahren, auch: Erlass der notwendigen gesetzlichen Regelungen) gerichtet ist. Wie es der Eigenart von **Leistungsrechten** im Allgemeinen entspricht (o. Kap. 4, Subjektive Grundrechte und objektive Grund-rechtsgehalte, Rn. 21 ff.), ist sein konkreter Inhalt auf gesetzliche Ausgestaltungen angewiesen, die im Einzelnen festlegen, was der verfügbare „Rechtsweg" bedeutet (u. Rn. 26).

▶ **Hinweise:** Missverständlich ist es, wenn BVerfGE 129, 208 (238) die gesetzliche Eingrenzung einer aus Art. 19 Abs. 4 GG hergeleiteten Infor-mationspflicht über eine akustische Wohnraumüberwachung (im Kon-text der Prüfung einer Verletzung des Zitiergebots in Bezug auf Art. 13 GG) als Grundrechtseingriff bezeichnet und diesen offenbar im Rahmen der zulässigen gesetzlichen Ausgestaltung für rechtfertigungsfähig hält. – Eine negative Seite im Sinne eines Rechts auf „Verschonung vor der Justiz'" hat das Grundrecht nicht (so für die Justizgewährungsgarantie BVerfGE 132, 99 Rn. 89).

II. Objektive Voraussetzungen der Rechtswegeröffnung

1. Öffentliche Gewalt

Die Rechtsschutzgarantie des Art. 19 Abs. 4 GG greift nur insoweit ein, als jemand   **4** „durch die öffentliche Gewalt" in seinen Rechten verletzt wird. Diese recht umfas-sende Formulierung ist grundsätzlich ebenso wie die Grundrechtsbindung nach Art. 1 Abs. 3 GG nur auf die **deutsche** öffentliche Gewalt zu beziehen. Ob nach der Formulierung des Maastricht-Urteils des BVerfG von 1993 (BVerfGE 89, 155 [174]) auch die in Deutschland ausgeübte supranationale Gewalt der **Europäischen Union** einzuschließen ist, bleibt ungewiss (o. Kap. 5, Grundrechtsverpflichtete, Rn. 24 f.). Vorrangig greift insoweit jedenfalls der Rechtsschutz auf der Ebene der Union selbst ein, den – im Anschluss an frühere Postulate des BVerfG (vgl. BVerfGE 73, 339 [376]) – Art. 23 Abs. 1 Satz 1 GG mit der Struktursicherungsklausel zugunsten rechtsstaatlicher Grundsätze ausdrücklich einfordert. Für den indirekten Vollzug des Unionsrechts durch deutsche Behörden ist Art. 19 Abs. 4 GG jedenfalls maß-geblich. S. noch u. Rn. 12.

Religionsgesellschaften üben, auch wenn sie den Status einer Körperschaft des   **5** öffentlichen Rechts haben (o. Kap. 16, Die Grundrechte des Art. 4 GG, Rn. 35 ff.) **keine öffentliche Gewalt** i. S. des Art. 19 Abs. 4 GG aus (BVerwGE 149, 139 Rn. 10 f.).

▶ **Hinweis:** Allerdings soll der rechtsstaatliche Justizgewährungsanspruch Geistlichen und Beamten solcher Religionsgesellschaften Rechtsschutz durch staatliche Gerichte garantieren, dessen Umfang und Intensität mit Rücksicht auf das Selbstbestimmungsrecht nach Art. 140 GG/Art. 137 Abs. 3 WRV eingeschränkt sind (BVerwGE 149, 139 Rn. 12 ff.).

6 Zur (deutschen) öffentlichen Gewalt wird – anders als es inzwischen bei der Grundrechtsbindung nach Art. 1 Abs. 3 GG gesehen wird (o. Kap. 5, Grundrechtsverpflichtete, Rn. 1 und 17) – nicht jedes Verhalten der Staatsgewalt gezählt; vielmehr wird der Anwendungsbereich des Art. 19 Abs. 4 GG im Einklang mit den verfassungsgeschichtlichen Hintergründen grundsätzlich **auf die vollziehende Gewalt beschränkt** (BVerfGE 107, 395 [403 ff.] (Plenum); 122, 248 [270 f.]). Dabei wird der Begriff der vollziehenden Gewalt auch in Abgrenzung zu den anderen Gewalten allerdings nur teilweise im materiellen Sinn (u. Rn. 7, 8), teils im organisatorischen Sinn (u. Rn. 12) verstanden; diese Inkonsistenz bleibt auch hinsichtlich der fehlenden Harmonisierung mit der Reichweite der Grundrechtsbindung nach Art. 1 Abs. 3 GG unbefriedigend.

7 Aufgrund eines materiellen Verständnisses von vollziehender Gewalt wird traditionsgemäß der Bereich des Staatshandelns **nicht erfasst**, der in der Durchführung auch materiell privatrechtlicher, also nicht unmittelbar auf die Erfüllung öffentlicher Aufgaben gerichteter Geschäfte besteht, und ohne Rückgriff auf hoheitliche Gewalt auskommt. Dies gilt zum einen für die sog. **Beschaffungsverwaltung**. Entsprechendes hat für das allein auf Gewinnerzielung gerichtete, nur **wirtschaftende Verhalten öffentlicher Stellen** zu gelten.

> **Beispiele:**
>
> Für die Vergabe von Bauaufträgen für Verkehrssicherungsanlagen an Autobahnen BVerfGE 116, 135 (149 f.), weil der Staat als Nachfrager am Markt nicht auf seine übergeordnete öffentliche Rechtsmacht zurückgreife. – Die Verwaltung und die Veräußerung von Liegenschaftsvermögen des Bundes nach wirtschaftlichen Gesichtspunkten soll keine Ausübung öffentlicher Gewalt i. S. des Art. 19 Abs. 4 GG darstellen (BVerwGE 150, 383 Rn. 48 f.).

Dagegen ist die Erledigung materieller Verwaltungsaufgaben grundsätzlich vom Begriff der öffentlichen Gewalt auch dann erfasst, wenn sie nicht öffentlich-rechtlich, sondern in privatrechtlichen Organisations- und Handlungsformen erfolgt (sog. Verwaltungsprivatrecht).

8 Nach traditioneller Auffassung und st. Rspr. des BVerfG (vgl. BVerfGE 76, 93 [98]) wird die **Rechtsprechung** aus dem Begriff der öffentlichen Gewalt nach Art. 19 Abs. 4 GG **ausgeschlossen**. In der Tat erscheint es kaum sinnvoll, durch die Rechtsweggarantie einen sich in einem endlosen Zirkel immer wieder erneuernden Anspruch auf Rechtsschutz gegen die Entscheidungen der Judikative selbst zu gewährleisten. Das Plenum des BVerfG hat an diesem einengenden Verständnis der öffentlichen Gewalt in einer Grundsatzentscheidung festgehalten (BVerfGE 107, 395 [403 ff.]). Es hat dabei einen **materiellen Begriff** der Rechtsprechung zugrunde gelegt, der von Gerichten getroffene Entscheidungen nicht erfasst, wenn sie nicht zur Rechtsprechung gehören, sondern sich funktional als Ausübung vollziehender Gewalt darstellen. Insoweit kann Art. 19 Abs. 4 GG entgegen einem überkommenen Schlagwort nicht nur Rechtsschutz durch den Richter, sondern durchaus auch gegen den Richter bieten.

Beispiele:
Keine Rechtsprechung, sondern öffentliche Gewalt i. S. des Art. 19 Abs. 4 GG sind danach nicht nur Akte des Rechtspflegers, Justizverwaltungsakte von Kostenbeamten der Geschäftsstellen der Gerichte, Anordnungen der Staatsanwaltschaft als Strafverfolgungsbehörden, sondern auch Entscheidungen der Gerichte aufgrund von Richtervorbehalten außerhalb ihrer spruchrichterlichen Tätigkeit, bei denen sie zwar unabhängig, aber nicht als Instanzen unbeteiligter Streitentscheidung handeln (BVerfGE 107, 395 [406] m.w.N.). – Keine Rechtsprechung stellt die richterliche Bestellung des Insolvenzverwalters dar (BVerfGE 116, 1 [10 f.]). – Die gerichtliche Mitteilung von Informationen aus schwebenden Rechtsprechungsverfahren an nicht verfahrensbeteiligte Behörden, die sie zur Erfüllung ihrer Aufgaben benötigen, gehört nicht zur Rechtsprechung (BVerfG, NJW 2015, 610 Rn. 20 f.). – BVerfG (K), NJW 2015, 2175 Rn. 14, zieht Art. 19 Abs. 4 GG gegenüber sitzungspolizeilichen Anordnungen nach § 176 GVG heran.

Die gerichtliche Durchsetzung von Verfahrensgrundrechten, die erstmals durch ein Gericht im Rahmen seiner Rechtsprechungstätigkeit verletzt werden, wird angesichts der Unanwendbarkeit des Art. 19 Abs. 4 GG durch den Rückgriff auf den aus dem Rechtsstaatsprinzip folgenden **Justizgewährungsanspruch** sichergestellt (BVerfGE 107, 395 [406 ff.]).

Umstritten ist auch, ob und inwieweit die **Gesetzgebung** von der Rechtsweggarantie des Art. 19 Abs. 4 GG erfasst wird. Die traditionelle Auffassung, die in Deutschland während der Entstehung der Rechtsweggarantie vorherrschte, ging dahin, dass ein Rechtsschutz gegen die Gesetzgebung ebenso **ausgeschlossen** sei wie die Verletzung subjektiver Rechte durch die Gesetzgebung. Im Rahmen des Grundgesetzes hat sich allerdings nicht zuletzt aufgrund der in Art. 1 Abs. 3 GG ausdrücklich bestätigten Grundrechtsbindung der Gesetzgebung und ihrer Bewehrung mit der Verfassungsbeschwerde die Überzeugung durchgesetzt, dass auch die Gesetzgebung durchaus subjektive öffentliche Rechte Einzelner verletzen kann. **9**

Ob dies außer der durch Art. 93 Abs. 1 Nr. 4a GG garantierten Möglichkeit der Verfassungsbeschwerde auch die Rechtswegeröffnung nach Art. 19 Abs. 4 GG zur Folge hat, bleibt gleichwohl fraglich. Dagegen spricht neben den traditionellen Hintergründen der Rechtsweggarantie vor allem, dass im Grundgesetz für die **Normenkontrolle besondere verfassungsgerichtliche Verfahren** vorgesehen sind. Zumal Art. 100 Abs. 1 GG lässt erkennen, dass die Frage der Normgültigkeit in (nicht verfassungs-)gerichtlichen Verfahren jedenfalls prinzipiell nur als Vorfrage aufgeworfen ist, nicht aber einen selbständigen Gegenstand solcher Verfahren darstellen soll; ähnliches gilt auch für Art. 93 Abs. 1 Nr. 2 GG, was § 76 Abs. 1 Nr. 2 BVerfGG verdeutlicht. Außerdem sind die mit Normenkontrollentscheidungen sinnvollerweise verbundenen **Wirkungen für und gegen jedermann** (vgl. auch Art. 94 Abs. 2 GG: Gesetzeskraft) solche, die über die Gewährleistung individuellen Rechtsschutzes hinausgehen, dem Art. 19 Abs. 4 GG dient. **10**

Aus den genannten Gründen spricht vieles dafür, die Gesetzgebung im materiellen Sinne als Staatsfunktion insgesamt **nicht zur öffentlichen Gewalt** i. S. des Art. 19 **11**

Abs. 4 GG zu zählen. Jedenfalls für **formelle Gesetze** hält das BVerfG (s. schon BVerfGE 24, 33 [49 ff.], st. Rspr.) daran bis heute fest und sieht insoweit ganz selbstverständlich nur die Verfassungsbeschwerde als Rechtsschutzmöglichkeit eröffnet (BVerfGE 139, 321 Rn. 130).

> ▶ **Hinweis:** Aus dem insoweit angenommenen, in den Zusammenhang der Gewaltenteilung gestellten Rechtsschutzdefizit leitet das BVerfG umgekehrt Grenzen für die Einsatzmöglichkeiten des Gesetzes zur Einzelfallregelung (o. Kap. 10, Anforderungen an Grundrechtsbeeinträchtigungen, Rn. 10) ab.

Dies wird aufgrund eines organisatorisch-formellen Gesetzgebungsbegriffs auch dann angenommen, wenn das Grundgesetz wie bei den Legalenteignungen des Art. 14 Abs. 3 GG Raum für Einzelfallentscheidungen in Gesetzesform, also für materielles Verwaltungshandeln, lässt (BVerfGE 95, 1 [22]; o. Kap. 26, Die Grundrechte des Art. 14 GG, Rn. 20).

> ▶ **Hinweis:** Sonstige nicht normsetzende Handlungen von Legislativorganen oder ihren Teilen stellen als materielles Verwaltungshandeln öffentliche Gewalt i. S. des Art. 19 Abs. 4 GG dar, wie etwa Verwaltungsakte des Bundestagspräsidenten im Rahmen der Parteienfinanzierung, aber auch Rechtsakte von Untersuchungsausschüssen (BVerfGE 77, 1 [51 f.]). Dazu noch u. Rn. 35.

12　Die **Rechtsetzung der Exekutive**, also zumal den Erlass von Rechtsverordnungen und Satzungen, hat das BVerfG nach dem Vorgang der Fachgerichtsbarkeit inzwischen als Ausübung öffentlicher Gewalt im Sinne des Art. 19 Abs. 4 GG eingestuft, obwohl es sich dabei um Gesetzgebung im materiellen Sinne handelt, die nur organisatorisch der vollziehenden Gewalt zuzuordnen ist. Es hat dabei aber zugleich festgestellt, dass der Rechtsschutzgarantie **im Regelfall durch die inzidente Überprüfung** der Rechtmäßigkeit dieser Normen in Verfahren über ihre Anwendbarkeit im Einzelfall Genüge getan werde. Nur wo dies nicht möglich oder zur Beseitigung von Grundrechtsverstößen nicht ausreichend ist, hat es (außerhalb des Anwendungsbereichs des § 47 VwGO) eine **Klage auf Feststellung der Verletzung individueller Rechte durch die fraglichen Normen** für geboten erklärt (BVerfGE 115, 81 [92 ff.]).

> ▶ **Hinweis:** Diese Möglichkeit ist wie die verfassungsgerichtliche Normenkontrolle (dazu BVerfGE 118, 79 [95]) ausgeschlossen, soweit eine solche Rechtsvorschrift Unionsrecht umsetzt, das der nationalen Ebene keinen Umsetzungsspielraum lässt; s. allgemein o. Rn. 4.

2. Verletzung eigener Rechte

13　Die Rechtswegeröffnung des Art. 19 Abs. 4 GG gilt nur für denjenigen, der die Verletzung eigener Rechte durch die öffentliche Gewalt geltend macht. Dabei kommen **nicht nur Grundrechte** in Betracht. Dies könnte die Stellung der

Rechtsweggarantie in Art. 19 GG nahelegen, der im Übrigen allgemeinen Grundrechtsfragen gewidmet ist. Doch enthält Art. 19 GG nur in seinen Abs. 1 bis 3 unmissverständlich so formulierte Ergänzungsbestimmungen zu den „Grundrechten", während der im Kontrast dazu allgemein auf „Rechte" bezogene Art. 19 Abs. 4 GG grundsätzlich bei Verletzungen von **Individualrechten jeder Art** eingreift (anders *Pestalozza*, NVwZ 1999, 140 ff.). Dabei bleiben allerdings Rechte des staatsorganisationsrechtlichen Rechtskreises außer Betracht, die ihrem Inhaber, selbst wenn er Grundrechtsträger ist, nicht als menschlichem Individuum, sondern kraft seiner organschaftlichen Stellung zustehen.

> **Beispiel:**
> Mitglieder der Bundesversammlung können sich hinsichtlich ihrer im Organstreit wahrzunehmenden organschaftlichen Rechte nicht auf Art. 19 Abs. 4 GG berufen (BVerfGE 136, 277 Rn. 60). S. auch u. Rn. 24.

Nicht garantiert ist die von eigener Rechtsverletzung unabhängige Möglichkeit einer sog. Popularklage; nicht selbst verletzten Personen steht von Verfassungs wegen lediglich das Petitionsrecht nach Art. 17 GG zu. Ein allgemeiner Gesetzesvollziehungsanspruch besteht nicht (BVerfGE 135, 317 Rn. 130).

> ▶ **Hinweis:** Wird ein Grundstück nur erworben, um die formalen Voraussetzungen für eine Prozessführung (etwa gegen ein Planvorhaben) zu schaffen, schließt das BVerwG die Klagebefugnis wegen missbräuchlicher Begründung der Eigentümerstellung aus (so BVerwG, NVwZ 2012, 567 Rn. 13 m. N.). BVerfGE 134, 242 Rn. 156 ist dem „jedenfalls" für die Verfassungsbeschwerde nicht gefolgt.

Mit der Abhängigkeit der Rechtsweggarantie von der geltend gemachten Verletzung eigener subjektiver Rechte ist eine erste **offene Flanke** der verfassungsrechtlichen Gewährleistung angesprochen. Die Frage, wann einer Person ein subjektives Recht zusteht, ist nämlich nicht von Art. 19 Abs. 4 GG her zu beantworten; die Rechtsweggarantie begründet die geschützten **Rechte des Einzelnen** nicht, sondern setzt ihren Bestand voraus. Damit hängt die Reichweite der Rechtsschutzgarantie davon ab, dass **anderweitig** subjektive Rechte **normativ festgelegt** sind. **14**

> ▶ **Hinweis:** Die normative Grundlegung aller subjektiven Rechte schließt nicht aus, dass sie unmittelbar (auf normativer Grundlage) durch Rechtsgeschäft, Urteil oder Verwaltungsakt begründet werden.

Die Voraussetzungen, unter denen Gesetze subjektive öffentliche Rechte des Einzelnen begründen, sind nach der (o. Kap. 4, Subjektive Grundrechte und objektive Grundrechtsgehalte, Rn. 5 ff.) für die Grundrechte näher dargestellten **„Schutznormlehre"**, die für das gesamte öffentliche Recht gilt, in drei Punkten zusammenzufassen: Damit ein subjektives Recht entsteht, muss das Gesetz eine Person objektiv begünstigen, diese individuelle Begünstigung muss als solche vom Gesetz bezweckt sein und die Durchsetzbarkeit der Rechtsfolge für die gezielt begünstigte Person muss vom Gesetz intendiert sein. In diesem **15**

Sinne verstanden lässt sich knapper formulieren, dass ein subjektives Recht durch eine Norm immer dann begründet wird, wenn die Norm auf diese Wirkung angelegt ist. Entscheidend ist dabei nicht die subjektive Sicht der jeweiligen Rechtsetzungsorgane, sondern die durch Auslegung ermittelte objektive Normbedeutung.

16   Die **Entstehung subjektiver Rechte** kann dementsprechend von der Gesetzgebung **auf dreifache Weise vermieden** werden. Aus dem Blickwinkel der Rechtsweggarantie unproblematisch ist der Fall, dass auf die Begründung rechtlicher Vorteile ganz verzichtet wird. Problematischer sind die beiden anderen Fälle, dass die Gesetzgebung dem Einzelnen Vorteile gewährt, ohne seine Begünstigung zu bezwecken, oder sogar gezielt Vorteile zuwendet, den dadurch gezielt Begünstigten dabei jedoch ebenso gezielt die Möglichkeit vorenthält, diese Begünstigung einfordern zu können. Auch in diesen Fällen greift die Rechtsweggarantie nicht ein, weil keine subjektiven Rechte bestehen und somit auch nicht verletzt sein können.

17   Allerdings ergeben sich **Grenzen derartiger Ausgestaltung** begünstigender Normen aus der grundgesetzlichen Grundrechtsordnung insgesamt, die den Einzelnen als Grundrechtsträger und Subjekt der Menschenwürde prinzipiell als für seine eigenen Interessen und ihre Wahrnehmung selbst verantwortlich betrachtet. Die Annahme, dass begünstigende normative Wirkungen nur Reflexcharakter haben oder eigene Durchsetzungsmöglichkeiten gezielt zugewendeter Begünstigungen ausgeschlossen sein sollen, stößt damit auf enge Grenzen aus der Verfassung. Diese wirken ggf. im Wege verfassungskonformer Auslegung unmittelbar auf das einfache Recht ein und können dazu führen, dass trotz gegenteiliger Absichten des historischen Normsetzers subjektive Rechte anzuerkennen sind. Im Übrigen sind die Grundsätze der Bestimmtheit und Normenklarheit zu beachten (BVerfGE 129, 1 [22 f.]).

18   Die Reichweite der aufgezeigten Problematik wird zudem dadurch begrenzt, dass für die jedenfalls durch Art. 2 Abs. 1 GG umfassend garantierte abwehrrechtliche Sphäre die **Grundrechte selbst** als verletzte Rechte die Geltung der Rechtsweggarantie auslösen. Im Hinblick auf den Gleichheitssatz gilt dies auch für begünstigendes Verwaltungshandeln.

> **Hinweis:** Beeinträchtigte materielle Grundrechte sollen – wohl aufgrund ihrer objektiv-rechtlichen Wirkungen für das Verfahren (o. Kap. 4, Subjektive Grundrechte und objektive Grundrechtsgehalte, Rn. 64) – auch selbst einen Anspruch auf effektiven Rechtsschutz begründen können; namentlich wird dies für Art. 14 GG angenommen (BVerfGE 134, 242 Rn. 190 ff.).

Im Übrigen hängt der Bestand subjektiver Rechte des Einzelnen wie auch ihre Reichweite von den zugrunde liegenden Rechtsnormen und ihren im Lichte des Grundgesetzes zu lesenden objektiven Intentionen ab. Damit ergeben sich im Einzelnen vielfältige Unsicherheiten und Abgrenzungsprobleme zur Reichweite der verfassungsrechtlich garantierten Rechtskontrolle, die hier nicht im Detail gewürdigt werden können. Einige Problemfelder seien immerhin angesprochen:

Stellt ein Gesetz Entscheidungen in das **Ermessen** der Behörden, greift Art. 19   **19**
Abs. 4 GG ein, wenn die Ermessensnorm subjektive Rechte begründet. Dafür genügt
es, wenn bei der Ermessensausübung rechtlich geschützte Interessen des Betroffenen
zu berücksichtigen sind.

Beispiele:

Dies ist etwa bei Entscheidungen über die Überstellung verurteilter Personen an
ihr Heimatland zum Zwecke der dortigen Strafverbüßung mit Rücksicht auf
deren Resozialisierungsinteressen der Fall (BVerfGE 96, 100 [114 ff.]). – Auch
die früher als rein außenpolitisch bewertete und dem Art. 19 Abs. 4 GG entzogene behördliche Entscheidung über die Bewilligung der Auslieferung ist nach
der Verrechtlichung des Verfahrens mit Rücksicht auf nunmehr bei der Bewilligung zu berücksichtigende Grundrechte Betroffener der Rechtsweggarantie
unterworfen (BVerfGE 113, 273 [310 ff.]).

Auch wenn Ermessensbestimmungen allein öffentlichen Interessen zu dienen bestimmt sind, und im Rahmen **gesetzesfreier Verwaltung** bestehen Ansprüche auf
nicht gegen den Gleichheitssatz verstoßende Behandlung.

Gerichtlicher Kontrolle entzogene **Beurteilungsspielräume** für Prüfungs- **20**
behörden können nur insoweit anerkannt werden, als es um prüfungsspezifische
Wertungen geht; außerhalb dieses Bereichs besteht ein Recht auf zutreffende
Prüfungsentscheidungen, so dass die Rechtsweggarantie durchgreift (BVerfGE 84,
34 [49 ff.]; vgl. auch o. Kap. 19, Die grundrechtlichen Bestimmungen über das Schulwesen, Art. 7 GG, Rn. 37). Grundsätzlich können gerichtlich nur beschränkt nach-
prüfbare Entscheidungsspielräume der Verwaltung nur durch insoweit deutliche
Gesetze begründet werden; solche gesetzlichen Beurteilungsermächtigungen bedürfen stets eines hinreichend gewichtigen Sachgrundes und dürfen nicht zu zahlreich
oder weitreichend sein (BVerfGE 129, 1 [22 f.]).

Das sog. Pensionistenprivileg, wonach eine Kürzung des Ruhegehalts eines **21**
geschiedenen Ehegatten (erst) dann erfolgt, wenn aus der Versicherung des berechtigten Ehegatten eine Rente zu gewähren ist, soll ohne Verfassungsverstoß so verstanden werden können, dass es allein darauf ankommt, dass die Rente tatsächlich
gewährt wird (Fall der sog. **Tatbestandswirkung**). Danach besteht kein subjektives
Recht des Pensionisten darauf, dass die gegenüber seinem Ehegatten zu treffende
Entscheidung über die Gewährung der Rente rechtmäßig erfolgt. Dementsprechend
soll Art. 19 Abs. 4 GG trotz der sich für den Pensionisten ergebenden Konsequenz
der Kürzung seiner Bezüge nicht seine Möglichkeit schützen, diesen Rentenbescheid
gerichtlich überprüfen zu lassen (BVerfGE 83, 182 [195 ff.]).

Der Ausschluss des Rechtsschutzes im Bereich von **Gnadenentscheidungen** ist **22**
ohne Rückgriff auf die Figur eines justizfreien Hoheitsaktes dadurch zu erklären,
dass die Regelungen des Begnadigungsrechts (vgl. Art. 60 Abs. 2 GG) keine subjektiven Rechte der zu begnadigenden Personen begründen (vgl. BVerfGE 25, 352
[358 ff. und 363 ff. – Abw. M.]); Verletzungen des Gleichheitsgrundrechts sind
damit allerdings auch in diesem Bereich nicht vom Rechtsschutz ausgeschlossen.

III. Grundrechtsberechtigung

23 Die Rechtsweggarantie des Art. 19 Abs. 4 GG engt den Kreis der Grundrechtsberechtigten nicht ein, so dass **jede natürliche Person** als Grundrechtsberechtigter
in Betracht kommt. Da auch juristische Personen wesensmäßig Träger von verlet-
zungsfähigen Rechten sind, gilt nach Art. 19 Abs. 3 GG die Rechtsweggarantie auch
für **inländische juristische Personen des Privatrechts.**

24   Aus dem Charakter des Art. 19 Abs. 4 GG als prozessualem Grundrecht folgt
nicht, dass er auch auf **ausländische juristische Personen** des Privatrechts bzw.
auf **juristische Personen des öffentlichen Rechts** anzuwenden wäre (BVerfGE
129, 108 [118]; s. auch o. Rn. 13). Anders als bei Art. 101 Abs. 1 und 103 Abs. 1 GG
(o. Kap. 6, Die Grundrechtsberechtigten, Rn. 57 ff.) lässt sich für diese wortlaut- und
systemwidrige Auffassung nicht das Argument anführen, dass mit der Zulassung
einer Person zu einem gerichtlichen Verfahren auch die prozessimmanenten Grundrechte gelten müssen. Denn Art. 19 Abs. 4 GG greift eben nicht erst ein, wenn ein
Prozess bereits geführt wird, sondern betrifft die vorgelagerte Frage, ob überhaupt
der Zugang zum Rechtsweg eröffnet werden muss.

IV. Inhalt des eröffneten Rechtswegs

25 Liegen die Voraussetzungen des Art. 19 Abs. 4 S. 1 Hs. 1 GG vor, steht kraft verfassungsrechtlicher Garantie der Rechtsweg offen. Dies bedeutet für den Betroffenen
die Möglichkeit, eine **gerichtliche Entscheidung** über das Vorliegen der fraglichen
Rechtsverletzung herbeiführen zu können. Dabei muss es sich grundsätzlich um
eine gerade der geltend gemachten Rechtsverletzung gewidmete prinzipale Entscheidung handeln, während die bloße Prüfung als Vorfrage anders ausgerichteter
Verfahren grundsätzlich nicht genügt (s. aber auch o. Rn. 9 ff., 12).

26   Das für die Entscheidung zuständige Gericht, weitere Sachentscheidungsvor-
aussetzungen und die verfahrensrechtliche Ausgestaltung im Einzelnen sind **gesetzlicher Regelung** überlassen. Dabei hat der Gesetzgeber einen weitgehenden
Spielraum. Namentlich kann er restriktive Ausgestaltungen vornehmen, wenn dies
im Hinblick auf die **Wahrung anderer Verfassungsgrundsätze** gerechtfertigt ist,
wie zumal im Interesse des rechtsstaatlichen Anliegens der Rechtssicherheit.

27   Insbesondere genügt es den Anforderungen des Art. 19 Abs. 4 GG, wenn nur
eine **einzige gerichtliche Instanz** eröffnet wird, gegen deren Entscheidung ein
Rechtsmittel nicht gegeben ist (BVerfGE 136, 382 Rn. 32); sieht das Gesetz aber
mehrere Instanzen vor, ist Art. 19 Abs. 4 GG für alle maßgeblich (BVerfGE 125,
104 [137]). Keine besonderen Anforderungen (jenseits des Art. 97 GG) stellt diese
Verfassungsnorm an die Besetzung der Spruchkörper, so dass auch gegen einen
Einzelrichter prinzipiell keine Bedenken bestehen.

28   Ebenso wenig zu beanstanden sind **verfahrensrechtliche Anforderungen** an
die ordnungsgemäße Vertretung, die Form von Klagen, die Einhaltung von Rechts-
mittelfristen, die Durchführung von Vorverfahren, das Rechtsschutzbedürfnis, die
Erhebung von (nicht prohibitiven) Gerichtsgebühren und Ähnliches, soweit sie
nicht zu unzumutbaren Erschwerungen des Rechtsschutzes führen.

Beispiele:
Die Unzulässigkeit einer Klage wegen einer vom Prozessbevollmächtigen ver-
schuldeten Versäumung der Klagefrist ist selbst in Asylsachen als unbedenklich
angesehen worden (BVerfGE 60, 253 [266 ff.]). – Der Ausschluss der gerichtlichen Klagemöglichkeit für im vorhergehenden Verwaltungsverfahren nicht geltend gemachte Einwendungen (sog. Präklusion) verletzt Art. 19 Abs. 4 GG nicht
(BVerfGE 61, 82 [109 ff.]). – Die Möglichkeit von Rechtsbehelfen gegen
Rechtsverletzungen im Strafvollzug konnte von der Durchführung eines Vorver-
fahrens abhängig gemacht werden, dessen Regelung durch bloße Verwaltungsvorschriften als ausreichend qualifiziert wurde (BVerfGE 40, 237 [248 ff.]). – Das
nach Erledigung grundsätzlich fehlende Rechtsschutzbedürfnis kann nicht nur bei
Wiederholungsgefahr, sondern auch bei heimlichen, besonders schweren und solchen Grundrechtseingriffen fortbestehen, gegen die typischerweise Rechtsschutz
zuvor nicht zu erlangen ist (Nachw. bei *Sachs*, in: ders. [Hrsg.], Grundgesetz,
7. Aufl. 2014, Art. 19 Rn. 139a; auch u. Rn. 32).

Insbesondere sind Regelungen ausgeschlossen, die darauf ausgerichtet sind, den
Rechtsschutz der Betroffenen zu vereiteln.

Beispiel:
Einsprüche gegen Kartellbußen, die nur zwecks Zinsgewinns eingelegt, dann
planmäßig zurückgenommen werden, stehen als Rechtsmissbrauch außerhalb
des Schutzes von Art. 19 Abs. 4 GG; eine solchen Praktiken entgegenwirkende
Pflicht zur Verzinsung der Geldbußen ist in diesen Fällen unbedenklich. Soweit
dadurch rechtsschutzhemmende Wirkungen gegenüber ernst gemeinten Ein-
sprüchen eintreten, stellt dies nach der näheren Ausgestaltung der Pflicht noch
keine unzumutbare Erschwerung des Zugangs zu den Gerichten dar (BVerfGE
133, 1 Rn. 69 ff.).

Die gesetzliche Ausgestaltung genügt den Anforderungen des Art. 19 Abs. 4 GG,   **29**
wenn sie sicherstellt, dass in jedem Falle ein **effektiver Rechtsschutz** des Bürgers
garantiert ist. Es muss gewährleistet werden, dass der Bürger mit seinem Anliegen
in einer Weise Gehör findet, die die Feststellung und, soweit nicht vornherein ausgeschlossen, die Abwehr der Rechtsverletzung ermöglicht. Dazu gehört vor allem,
dass das Gericht über eine grundsätzlich **umfassende Prüfungsbefugnis** hinsichtlich der tatsächlichen und rechtlichen Voraussetzungen sowie über eine **zurei-
chende Entscheidungsmacht** verfügt.

Beispiel:
Die zur Kontrolle von Entscheidungen notwendige Aktenvorlage an die Gerichte
darf auch aus legitimen Gründen des Geheimnisschutzes nicht völlig ausgeschlossen werden; vielmehr ist es eine für den Bürger weniger belastende
Alternative, dass die Akten – unter Ausschluss des an sich durch Art. 103 Abs. 1
GG geforderten Akteneinsichtsrechts der Beteiligten – allein dem Gericht
zugänglich gemacht werden (sog. in camera-Verfahren) (BVerfGE 101, 106
[124 ff.]); s. auch u. Kap. 35, Die Grundrechte des Art. 103 GG, Rn. 10.

Die Gerichte sind durch Art. 19 Abs. 4 GG verpflichtet, die ihnen eröffneten Möglichkeiten der Rechtsschutzgewährung auszuschöpfen.

> **Beispiel:**
> Ein Rehabilitationsgericht darf nicht Tatsachenfeststellungen eines DDR-Gerichts ungeprüft übernehmen, obwohl der Vortrag politischer Verfolgung Anlass zur Überprüfung gibt (BVerfGE 101, 275 [294 ff.] – im Rahmen des Rechts auf wirkungsvolle Gerichtskontrolle nach Art. 2 Abs. 1 GG i.V.m. dem Rechtsstaatsprinzip).

30 Um die Effektivität der Gerichtskontrolle zu sichern, entfaltet Art. 19 Abs. 4 GG **Vorwirkungen** hinsichtlich der gesetzlichen Gestaltung und behördlichen Handhabung vorhergehender **Verwaltungsverfahren**.

> **Beispiele:**
> Planmäßige Zwangsbehandlungen untergebrachter Menschen müssen aufgrund hinreichender gesetzlicher Regelungen vorher angekündigt werden; geboten sind auch gesetzlich geregelte Pflichten zur Dokumentation des Behördenhandelns (BVerfGE 133, 112 Rn. 68, 70). – Bei der Vergabe öffentlicher Ämter müssen die wesentlichen Auswahlerwägungen schriftlich festgehalten werden (BVerfG [K], NJW 2016, 309 Rn. 14). – Bei heimlicher Datenverwendung muss gesetzlich die zumindest nachträgliche Information unmittelbar Betroffener geregelt sein; bei schwerwiegenden, heimlichen Grundrechtseingriffen soll ein gesetzlicher Richtervorbehalt notwendig sein können (BVerfGE 125, 260 [335 ff.]; o. Kap. 10, Anforderungen an Grundrechtsbeeinträchtigungen, Rn. 45).

Das Gesetz kann gerade für komplexe Lebenssachverhalte Verfahrensstufen vorsehen, die zu einer verbindlichen Abschichtung des Sach- und Streitstoffes führen, solange die bindende Wirkung von Vorentscheidungen klar geregelt wird und gegen diese effektiver Rechtsschutz unter zumutbaren Bedingungen gewährleistet ist. Umgekehrt kann grundsätzlich der Rechtsschutz, wie nach § 44a VwGO, auf einen verfahrensabschließenden Hoheitsakt beschränkt sein, sofern er dann noch tatsächlich wirksam werden kann (BVerfGE 134, 242 Rn. 193 ff.).

31 Zum effektiven Rechtsschutz zählt insbesondere die Garantie eines **raschen Rechtsschutzes.** Diese betrifft zum einen die nicht unangemessen lange Dauer gerichtlicher Verfahren überhaupt. Außerdem sind Verfahren des **einstweiligen Rechtsschutzes** erforderlich, um schwere, anders nicht abwendbare Nachteile zu verhindern, die die Entscheidung in der Hauptsache nicht mehr beheben könnte. Dabei sind unterschiedliche Gestaltungsformen denkbar, wie die prinzipielle aufschiebende Wirkung von Rechtsbehelfen gegenüber Verwaltungsakten (§ 80 VwGO) oder der Erlass einstweiliger Anordnungen des Gerichts (§ 123 VwGO).

32 Obwohl der Wortlaut des Art. 19 Abs. 4 S. 1 GG von der Situation der bereits eingetretenen Verletzung ausgeht, auf die nachträglich zu reagieren ist, umfasst die Garantie auch den **vorbeugenden Rechtsschutz**, wenn Schäden drohen, die durch die nachgehende Gerichtskontrolle gegenüber der schon eingetretenen

Rechtsverletzung nicht mehr zu beheben wären. Umgekehrt kann die Gerichtskontrolle mit Rücksicht auf die Bedeutung zumal von Grundrechtsverletzungen
auch dann geboten sein, wenn eine **Rechtsverletzung bereits abgeschlossen** und
im konkreten Fall nicht mehr reparabel ist (o. Rn. 28).

> **Beispiele:**
>
> Unter Aufgabe seiner früheren Judikatur (BVerfGE 49, 329 [343]) hat das BVerfG
> namentlich für die ihrer Natur nach häufig bereits vor gerichtlicher Überprüfung
> abgeschlossenen Wohnungsdurchsuchungen (aufgrund richterlicher, aber man-
> gels Anhörung der Betroffenen unzureichenden Durchsuchungsanordnung)
> angenommen, dass dagegen eingelegte Rechtsmittel nicht mangels Rechtsschut-
> zinteresses als unzulässig behandelt werden dürfen (BVerfGE 96, 27 [40]). –
> Diese Judikatur ist inzwischen auf andere tief greifende Grundrechtseingriffe,
> namentlich Freiheitsentziehungen, ausgedehnt worden; auch das Kriterium des
> typischerweise ausgeschlossenen rechtzeitigen Rechtsschutzes gilt nicht mehr
> ausnahmslos (vgl. zur Abschiebehaft BVerfG [K], NJW 2002, 2456 f. m.w.N.).

Der im Rahmen des effektiven Rechtsschutzes zu gewährleistende Prüfungsumfang   **33**
ist in tatsächlicher wie in rechtlicher Hinsicht prinzipiell umfassend. Namentlich
unterliegen unbestimmte Rechtsbegriffe uneingeschränkter gerichtlicher Überprüfung; um die Kontrolle auch praktisch zu ermöglichen, können Behörden zu Dokumentation und Begründung ihres Vorgehens verpflichtet sein (vgl. für die Gefahr im
Verzug i. S. des Art. 13 GG BVerfGE 103, 142 [159 f.]; o. Rn. 30). Soweit die sog.
Kontrolldichte der Gerichte als reduziert angesehen wird, wie im Falle behördlichen Ermessens oder bei ausnahmsweise zulässigen Beurteilungsspielräumen,
dürfte sich die Rechtfertigung hierfür vor allem daran ergeben, dass bereits die
Reichweite des betroffenen subjektiven Rechtes eine entsprechende Einschränkung
erfährt (s. schon o. Rn. 16 ff.).

V. Subsidiärer ordentlicher Rechtsweg

Im Hinblick auf die Mehrheit von Rechtswegen, die das Grundgesetz von Anfang   **34**
an voraussetzte, sieht Art. 19 Abs. 4 Satz 2 GG ausdrücklich vor, dass mangels
anderweitiger Zuständigkeitsregelungen **der ordentliche Rechtsweg** gegeben ist.
Der ordentliche Rechtsweg ist der überkommene Kernbereich der Gerichtsbarkeit,
der die von der Justizgewährungspflicht umfasste Klärung der Rechtsverhältnisse
der Bürger untereinander und die ebenfalls rechtsstaatlich unverzichtbare
Strafgerichtsbarkeit einschließt. Es bot sich daher an, dass zum Ausschluss negativer Kompetenzkonflikte gerade er als subsidiärer Rechtsweg zur Verfügung gestellt
wurde. Angesichts der Gleichwertigkeit der im Rahmen der grundgesetzlichen
Vorgaben realisierten Rechtswege ist von der Auffangzuständigkeit der Justizgerichte
zurückhaltend Gebrauch zu machen; wenn möglich, ist im Wege der Auslegung
eine Zuständigkeit des sachnächsten Fachgerichts festzustellen, um Rechts-
schutzlücken zu vermeiden.

VI.   Grundrechtsbegrenzungen

35   Art. 19 Abs. 4 GG kennt keinen Gesetzesvorbehalt, der auch seinem Charakter als Leistungsgrundrecht nicht entspräche, unterliegt aber grundgesetzlichen Begrenzungen (o. Kap. 9, Grundrechtsbegrenzungen, Rn. 2) in der Form, dass seine **Geltung für bestimmte Fälle ausgeschlossen** ist oder gesetzlich ausgeschlossen werden kann. Dies ist für die Abhörmaßnahmen nach Art. 10 Abs. 2 Satz 2 GG ausdrücklich in Art. 19 Abs. 4 Satz 3 GG festgestellt. Für die rechtsschutzverkürzenden Konsequenzen des Art. 16a Abs. 2 bis 5 GG (o. Kap. 28, Das Asylrecht nach Art. 16a GG Rn. 35 f., 43, 48 ff.) gilt auch ohne eine solche Klausel in der Sache nichts Anderes. Schließlich durchbricht Art. 44 Abs. 4 Satz 1 GG die Rechtsweggarantie im Hinblick auf die Beschlüsse der Untersuchungsausschüsse des deutschen Bundestages; entsprechende Regelungen dürften auch auf der Ebene des Landesverfassungsrechts als zulässig anzusehen, weil das Grundgesetz insoweit Raum für die Verfassungsautonomie der Länder lässt.

> ▶   **Hinweis:** Anders zuletzt mangels Landeskompetenz OVG Hamburg, NVwZ 2014, 1386 Rn. 10 für den Ausschluss der Gerichtskontrolle nach Art. 26 Abs. 5 HambVerf an der BVerfG (K), NVwZ 2016, 1169f.

Ähnliches wird für die grundsätzlich unabhängig von der Verletzung individueller Rechte geregelte Wahlprüfung aufgrund von Art. 41 GG angenommen (BVerfGE 66, 232 [234]; st. Rspr.); die inzwischen geschaffenen Möglichkeiten individuellen Verfassungsrechtsschutzes für Wahlberechtigte, § 48 Abs. 3 BVerfGG, und die Anerkennung als Partei für die Wahl anstrebende Vereinigungen, Art. 93 Abs. 1 Nr. 4c GG, ändern am Ausschluss der Rechtsweggarantie des Art. 19 Abs. 4 GG nichts.

36   Gesetzlich ausgeschlossen werden darf der (auch einstweilige) Rechtsschutz auch mit Rücksicht auf insoweit **(anspruchs-)begrenzend wirksame Grundrechte** anderer.

Beispiel:
Gegen die gerichtliche Bestellung eines Insolvenzverwalters ist sowohl die Drittanfechtung anderer Interessenten als auch deren einstweiliger Rechtsschutz trotz möglicher Beeinträchtigung der Berufsfreiheit ausgeschlossen, um dem als vorrangig bewerteten, durch Art. 14 GG geschützten Interesse der Gläubiger an einer zügigen Abwicklung des Insolvenzverfahrens Rechnung zu tragen (BVerfGE 116, 1 [21 f.]).

Ob man hierin noch eine (wegen der betroffenen Drittgrundrechte) zumutbare Ausgestaltung (o. Rn. 27) oder eine Verkürzung des grundrechtlichen Rechtsschutzanspruchs sieht, ist ohne praktische Bedeutung.

VII. Zusammenfassung

- Zur öffentlichen Gewalt gehört das gesamte öffentlich-rechtliche Handeln **37**
  der Exekutivorgane sowie das Verwaltungsprivatrecht; nicht erfasst sind
  die Beschaffungsverwaltung und nur wirtschaftendes Verwaltungshandeln.
- Für Akte der Rechtsprechung gilt Art. 19 Abs. 4 GG nicht, greift aber
  gegenüber richterlicher Ausübung vollziehender Gewalt durch; bei erstmaligen Grundrechtsverletzungen im Rahmen der Rechtsprechung greift die
  rechtsstaatliche Justizgewährungspflicht ein.
- Auch für die Gesetzgebung gilt Art. 19 Abs. 4 GG traditionsgemäß nicht.
  Dies gilt unbeschränkt nur noch für die formelle Gesetzgebung. Gegenüber
  der Rechtssetzung durch Exekutivorgane soll Art. 19 Abs. 4 GG anwendbar
  sein; insoweit soll aber regelmäßig die Möglichkeit einer Inzidentkontrolle
  ausreichen.
- Eigene Rechte, gegen deren Verletzung der Rechtsweg eröffnet ist, sind
  nicht nur die Grundrechte, sondern grundsätzlich alle Individualrechte.
  Die so geschützten subjektiven Rechte werden in Art. 19 Abs. 4 Satz 1 GG
  nicht begründet, sondern vorausgesetzt; sie ergeben sich nach Maßgabe
  der Schutznormlehre aus den einschlägigen Rechtsnormen.
- Die Rechtsweggarantie ist als Leistungsgrundrecht nach Maßgabe gesetzlicher Ausgestaltung garantiert. Restriktive Anforderungen mit Rücksicht
  auf andere Verfassungswerte wie die Rechtssicherheit sind im Rahmen des
  Zumutbaren zulässig.
- Der Rechtsweggarantie genügt nur die Gewährleistung effektiven Rechtsschutzes. Dieser erfordert umfassende Prüfungsmöglichkeiten in rechtlicher
  und tatsächlicher Hinsicht und ausreichende Entscheidungszuständig-
  keiten der Gerichte. Er schließt auch die Gewährung raschen, einstweiligen und vorbeugenden Rechtsschutzes ein.

Das Widerstandsrecht, Art. 20 Abs. 4 GG 31

Inhalt

Literatur: *Wolfram Höfling,* § 121, Widerstand im Rechtsstaat, in: HGR V, 2013, S. 593; *Kyrill-A. Schwarz,* § 282, Widerstandsfall: in: HStR XII³, 2014; *Klaus Stern,* § 57, Die Regelung des Widerstandsrechts, in: ders., Staatsrecht II, 1980, S. 1487.

Rechtsprechung: BVerfGE 5, 85 (KPD-Verbot).

I. Allgemeines

Das Widerstandsrecht hat weit in die Geschichte zurückreichende Wurzeln. Lange   **1** vor der Anerkennung von Grundrechten wurde seit der Antike verbreitet ein Widerstandsrecht gegen den Herrscher angenommen, der die ihm gegenüber seinen Untertanen obliegenden Pflichten nicht einhielt. Nach den Lehren der Aufklärung eröffnete das Widerstandsrecht den Untertanen zum Schutz ihrer fundamentalen Interessen als ultima ratio die Möglichkeit der **Aufkündigung des Staatsvertrages**,

© Springer-Verlag Berlin Heidelberg 2017   661
M. Sachs, *Verfassungsrecht II - Grundrechte*, Springer-Lehrbuch,
DOI 10.1007/978-3-662-50364-5_31

wenn die Staatsgewalt ihre Pflichten aus diesem Vertrag nicht einhielt. In diesem Sinne waren Widerstandsrechte noch in den frühen Verfassungsdokumenten in den USA und in Frankreich bekannt.

2   In der Entwicklung der Verfassungen in Deutschland vom Beginn des 19. Jahrhunderts bis zur Weimarer Zeit hat ein Widerstandsrecht keine Bedeutung mehr gehabt. An seine Stelle trat die Bindung der Herrschenden an die Verfassung, die durch darin verankerte, anderweitige Sanktionen sichergestellt werden sollte. Erst die **Erfahrungen mit dem NS-System** haben dazu geführt, dass in einzelnen Landesverfassungen ein Widerstandsrecht, ja sogar eine Widerstandspflicht gegen verfassungswidrige, insbesondere menschenrechtsverletzende Ausübung der öffentlichen Gewalt festgelegt wurde (vgl. Art. 147 HessVerf, Art. 19 BremVerf).

3   Der Parlamentarische Rat lehnte allerdings die Aufnahme eines Widerstandsrechts in das Grundgesetz wegen der Schwierigkeiten seiner praktischen Ausführung recht lapidar ab. Unabhängig davon hat das BVerfG im KPD-Urteil ein **ungeschriebenes Widerstandsrecht** gegen ein evidentes Unrechtsregime zumindest als Denkmöglichkeit in Betracht gezogen (vgl. BVerfGE 5, 85 [376 f.]). Dies beruht auf der bis heute weitgehend vorherrschenden Auffassung, dass ein Widerstandsrecht klassischer Prägung von jeder Positivierung wesensmäßig unabhängig ist, ja letztlich **nicht zu positivieren** ist.

4   Das im Rahmen der Notstandsgesetzgebung von 1968 dennoch als Art. 20 Abs. 4 in das Grundgesetz aufgenommene Widerstandsrecht unterscheidet sich trotz der übereinstimmenden Bezeichnung in wesentlichen Punkten von seinen historischen Vorbildern (nachstehend Rn. 5 ff.). Auch Formen des sog. zivilen Ungehorsams, die heute gelegentlich mit dem Widerstandsrecht in Verbindung gebracht werden (dazu für Sitzblockaden BVerfGE 73, 206 [250]), sind nicht von Art. 20 Abs. 4 GG gedeckt. Die Regelung ist in erster Linie ein Stück **symbolischer Verfassunggebung**, mit der das Grundgesetz die Möglichkeit anerkennt, dass seine immanenten Vorkehrungen zum Schutz der Verfassung versagen könnten; für diesen Extremfall verweist es die Mitglieder des **souveränen Volkes** auf ihre **Selbstschutzmöglichkeit**. Dementsprechend geht es bei Art. 20 Abs. 4 GG vor allem um Voraussetzungen und Rechtsfolgen des Widerstandsrechts, während seine Bedeutung als Abwehrrecht eher hypothetisch bleibt.

II.   Voraussetzungen des Widerstandsrechts

1. Berechtigung

5   Die Berechtigung steht – anders als etwa in den frühen Landesverfassungen (o. Rn. 2) – beim Widerstandsrecht des Art. 20 Abs. 4 GG (nur) **„allen Deutschen"** im Sinne des Art. 116 GG zu. Im Hinblick auf das Ziel des zugelassenen Widerstandes, die Rettung der Verfassungsordnung, ist es überraschend, dass Ausländern, die sich dafür einsetzen, die Rechtsfolgen des Widerstandsrechts vorenthalten bleiben sollen. Zu erklären ist es wohl daraus, dass die Rettung der

Verfassungsordnung als ureigene Angelegenheit des Staatsvolkes angesehen wird, auf dessen verfassunggebender Gewalt sie beruht.

2. Objektive Tatbestandsmerkmale

a) Verfassungsmäßige Ordnung

Zu den objektiven Voraussetzungen des Widerstandsrechts gehört in erster Linie **6** das Unternehmen der Beseitigung dieser Ordnung. Mit dem Begriff „diese Ordnung" schließt Art. 20 Abs. 4 GG schon textlich an die in Art. 20 Abs. 3 GG genannte, für die Gesetzgebung verbindliche **verfassungsmäßige Ordnung** an. Diese ist aber nicht gegen jegliche Veränderung im Detail, sondern nur in ihrer Gesamtheit geschützt. Einzeleinwirkungen können nur ausreichen, wenn sie zumindest einen der wesensprägenden **Kernbestandteile** der Ordnung betreffen, die wegen Art. 79 Abs. 3 GG auch einer Verfassungsänderung nicht zugänglich sind.

b) Unternehmen der Beseitigung dieser Ordnung

Unter **Beseitigung** ist die **Abschaffung** der verfassungsmäßigen Ordnung, d. h. **7** zumindest eines ihrer Kernelemente, zu verstehen, insbesondere ihre Ersetzung durch eine Diktatur. Geschehen kann dies durch einen Putsch, einen Staatsstreich oder auch durch Revolutionen, also sowohl aus dem Staatsapparat heraus von oben nach unten als auch von der Straße her von unten nach oben.

Die Widerstandssituation tritt bereits dann ein, wenn es jemand **unternimmt**, **8** die verfassungsmäßige Ordnung zu beseitigen. „Unternehmen" bedeutet dem strafrechtlichen Sprachgebrauch entsprechend sowohl die Vollendung als auch schon den Versuch der entsprechenden Handlung (s. § 11 Abs. 1 Nr. 6 StGB). Das Widerstandsrecht setzt damit nicht erst dann ein, wenn die Beseitigung der Ordnung zu einem (jedenfalls vorläufigen) Erfolg geführt hat, sondern bereits **im Versuchsstadium**. Das grundgesetzliche Widerstandsrecht entfällt, wenn die Beseitigung der verfassungsmäßigen Ordnung des Grundgesetzes beendet, also „erfolgreich" abgeschlossen ist.

c) Unmöglichkeit anderer Abhilfe

Weitere Voraussetzung des Widerstandsrechts nach Art. 20 Abs. 4 GG ist allerdings, **9** dass **andere Abhilfe nicht möglich** ist. Andere Abhilfe bezeichnet den Fall, dass die dafür eingerichteten Staatsorgane der Polizei, sonstige Stellen des Staates, auch das BVerfG, notfalls die Bundeswehr, im Rahmen ihrer jeweiligen Befugnisse den Angriff auf die verfassungsmäßige Ordnung abwehren. Nur wenn diese Möglichkeit objektiv nicht besteht oder nicht ausreicht, wird das Widerstandsrecht wirksam; das Risiko der Fehleinschätzung trägt der Handelnde. Insbesondere diese **Subsidiaritätsklausel** führt dazu, dass das Widerstandsrecht kaum praktische Bedeutung erlangen kann.

▶ **Hinweis:** BVerfGE 89, 155 (180) hat auf Art. 20 Abs. 4 GG gestützte Anträge an das BVerfG, zur Vermeidung des Eintritts einer Widerstandslage „andere Abhilfe" (gegen das Zustimmungsgesetz zum

Maastricht-Vertrag) zu schaffen, für unzulässig erklärt, weil es andere
Abhilfemöglichkeiten auch ohne dies gab; ähnlich auch BVerfGE 112,
363 (367 f.), 123, 267 (333); 135, 317 Rn. 132 m.w.N. Einen grundrechtsgleichen Anspruch Einzelner auf Abhilfe durch in Frage kommende
Staatsorgane begründet Art. 20 Abs. 4 GG nicht.

III.   Rechtsfolgen des Widerstandsrechts

10   Liegen die genannten Voraussetzungen vor, haben alle Deutschen das Recht zum
Widerstand gegen denjenigen, der die Beseitigung der verfassungsmäßigen Ordnung anstrebt. Das Recht zum Widerstand erlaubt dem Berechtigten, gegenüber
dem Angreifer im Einzelnen nicht näher bestimmte Handlungen vorzunehmen, die
andernfalls verboten wären; es hat damit die Wirkung, an sich **verbotenes Verhalten zu rechtfertigen**.

> ▶   **Hinweis**: Wenn die Widerstandshandlung keinen Erfolg hat und die
> verfassungsmäßige Ordnung beseitigt wird, bleibt natürlich für den
> Handelnden faktisch das Risiko, dass die Rechtfertigungswirkung von den
> Organen der neuen Ordnung nicht anerkannt wird.

11   Die gerechtfertigten Handlungen sind nicht nach ihrer objektiven Beschaffenheit,
sondern nur dadurch bestimmt, dass sie **„zum Widerstand"** erfolgen. Dies bedeutet, dass sie von der Absicht getragen sein müssen, die Beseitigung der verfassungsmäßigen Ordnung zumindest zu behindern. Die Rechtfertigung umfasst also nur
solche Handlungen, von deren Eignung und Erforderlichkeit zur Abwehr des objektiv vorliegenden Angriffs der Handelnde jedenfalls subjektiv ausgeht. Ob darüber
hinaus noch (die Annahme von) Proportionalität verlangt werden kann, scheint
zweifelhaft. Eine solche Einschränkung ist entbehrlich, wenn man die Richtung der
Widerstandshandlungen angemessen beschränkt (u. Rn. 12 f.).

12   Nach der Formulierung des Art. 20 Abs. 4 GG muss sich der Widerstand „gegen"
den Angreifer richten; gerechtfertigt werden daher **nur Beeinträchtigungen der
Rechte des Angreifers selbst**. Zusätzlich mögen Verstöße legitimiert sein, die sich
nur gegen Elemente der objektiven staatlichen Rechtsordnung und die Funktion
ihrer Einrichtungen richten, ohne irgendeine Person in ihren subjektiven Rechten zu
beeinträchtigen. Erforderliche Widerstandshandlungen gegen Angreifer der verfassungsmäßigen Ordnung dürften auch bei **höchster Intensität**, etwa bei Tötung und
wohl sogar bei Folter oder sonstiger Beeinträchtigung der Menschenwürde (zur
Rechtfertigungsmöglichkeit o. Kap. 13, Die Garantie der Würde des Menschen, Art. 1
Abs. 1 GG, Rn. 29), nicht außer Verhältnis zu dem verfolgten Ziel des Widerstandes
stehen.

13   Dagegen bietet Art. 20 Abs. 4 GG **für Übergriffe in Rechte anderer keine
Grundlage**. Andernfalls würden sämtliche subjektiven Rechte aller unbeteiligten
Personen dem durch das Widerstandsrecht gerechtfertigten beliebigen Verhalten
jedes Deutschen ausgesetzt. Ungeachtet des höchstrangigen Schutzgutes, dem das

Widerstandsrecht dienen soll, erscheint eine so grenzenlose Freigabe der individuellen Rechte der anderen Grundrechtsträger, soweit sie nicht selbst Angreifer gegen die verfassungsmäßige Ordnung sind, mit dem Gesamtsystem des Grundgesetzes unvereinbar.

Wo es an anderer Stelle um die Verteidigung der Verfassungsordnung und den **14** Bestand des Staates selber geht, hält das Grundgesetz nämlich an der Grundrechtsbindung der zur Verteidigung der Ordnung eingesetzten Staatsorgane fest; diese wird selbst im Verteidigungsfall nicht etwa schlechthin preisgegeben, sondern nur gelockert (vgl. sehr begrenzt Art. 115c Abs. 2 GG). Auch wenn die Effektivität des Widerstandsrechts dadurch leidet, scheint es danach doch **nicht vertretbar**, dass gegenüber dem Widerstandsleistenden die **Grundrechte anderer vollständig preisgegeben** werden, zumal diese letztlich ein entscheidendes Element der zu verteidigenden Ordnung darstellen.

> **Beispiel:**
> Demnach kann Art. 20 Abs. 4 GG zwar den Tyrannenmord rechtfertigen, bietet aber keine Legitimation dafür, auch das Kleinkind mit in die Luft zu sprengen, das der Tyrann gerade auf dem Arm hält.

IV. Abwehrrechtliche Bedeutung

Abwehrrechtlich schützt Art. 20 Abs. 4 GG davor, dass der Gesetzgeber das **15** Widerstandsrecht einschränkt. Ausgeschlossen sind auch behördliche oder gerichtliche **Verbote von Widerstandshandlungen**, ferner nachträglich verhängte Sanktionen, insbesondere durch Strafurteile (s. aber o. Rn. 10). Begrenzungen des Widerstandsrechts kennt das Grundgesetz nicht.

V. Zusammenfassung

- Das Widerstandsrecht des Art. 20 Abs. 4 GG verweist für den Fall, dass die **16** regulären Vorkehrungen zum Schutz der Verfassung versagen, die Mitglieder des souveränen Volks darauf, selbst die grundgesetzliche Ordnung zu verteidigen.
- Das Widerstandsrecht setzt voraus, dass die Abschaffung der verfassungsmäßigen Ordnung zumindest in einem der nach Art. 79 Abs. 3 GG ewigkeitsgarantierten Kernbestandteile unternommen wird und die Staatsorgane dies nicht verhindern wollen oder können.
- Das Widerstandsrecht rechtfertigt jedes Verhalten zum Zwecke der Verteidigung der verfassungsmäßigen Ordnung, das sich gegen den Angreifer richtet, nicht aber die Beeinträchtigung der Rechte unbeteiligter Dritter.

Die grundrechtsgleichen Rechte des Art. 33 GG

32

Inhalt

Literatur zu I.: *Michael Sachs,* § 182, Besondere Gleichheitsgarantien, in: HStR VIII³, 2010, S. 839 (Rn. 129 ff., 166 ff.); *ders.,* § 122, Die sonstigen besonderen Gleichheitssätze, in: Stern, Staatsrecht IV/2, 2011, S. 1702 (1786, 1796, 1807); *Rudolf Wendt,* § 127, Spezielle Gleichheitsrechte, in: HGR V, 2013, S. 1015 (Rn. 35 ff.); *Jürgen Kühling/Klaus Bertelsmann,* Höchstaltersgrenzen bei der Einstellung von Beamten, NVwZ 2010, 87; *Bodo Pieroth,* Wohnsitzabhängige Studienbeitragspflicht, WissR 2007, 229; s. auch zu Kap. 15, Die Gleichheitssätze des Art. 3 GG, II; **zu II.:** *Helmut Lecheler,* § 110, Der öffentliche Dienst, in: HStR V³, 2007, S. 559 (Rn. 39 ff.); *Detlef Merten,* § 114, Berufsfreiheit des Beamten und Berufsbeamtentum, in: HGR V, 2013, S. 209 (Rn. 72 ff.); *Wolfram Höfling/Christian Burkiczak,* Die Garantie der hergebrachten Grundsätze des Berufsbeamtentums unter Fortentwicklungsvorbehalt, DÖV 2007, 328; *Markus Kenntner,* Sinn und Zweck der Garantie des hergebrachten Berufsbeamtentums, DVBl 2007, 1321; *Josef Franz Lindner,* Dürfen Beamte doch streiken?, DÖV 2011, 305; *Stefan Werres,* Der Einfluss der Menschenrechtskonvention auf das Beamtenrecht, DÖV 2011, 873; *Heinrich Amadeus Wolff,* Führungsposition auf Zeit, JA 2008, 908; *ders.,* Zur Frage der Arbeitszeitregelung für Beamte, JA 2009, 79.

Rechtsprechung zu I.: BVerfGE 33, 303 (351 ff.) (Numerus Clausus – Landeskinder); BVerfGE 39, 334 (Radikalenerlass); BVerfGE 73, 301 (315 ff., 321 f.) (Öffentlich bestellter Vermessungsingenieur [Hessen]); BVerfGE 96, 189 (Verhalten in der DDR und Verfassungstreue); BVerfGE 108, 282 (Lehrerin mit Kopftuch I); BVerfGE 139, 19 (Einstellungshöchstaltersgrenzen); **zu II.:** BVerfGE 8, 1 (Teuerungszulage); BVerfGE 99, 300 (Familiengerechte Alimentation); BVerfGE 114, 258 (Private

© Springer-Verlag Berlin Heidelberg 2017
M. Sachs, *Verfassungsrecht II - Grundrechte*, Springer-Lehrbuch,
DOI 10.1007/978-3-662-50364-5_32

Altersvorsorge für Beamte); BVerfGE 117, 330 (Ballungsraumzulage für Beamte); BVerfGE 117, 372 (Versorgung aus dem letzten Amt); BVerfGE 119, 247 (Keine antraglose Teilzeitbeschäftigung); BVerfGE 121, 205 (Führungsamt nicht auf Zeit); BVerfGE 130, 263 (W2-Besoldung); BVerfGE 139, 64 (Richterbesoldung); BVerfG, NVwZ 2016, 223 (A-Besoldung); BVerwGE 149, 117 (Streikverbot für Beamte und EMRK).

I. Die Gleichheitsrechte nach Art. 33 Abs. 1 bis 3 GG

1   Art. 33 enthält in seinen Abs. 1 bis 3 GG **besondere Gleichheitssätze**, die für ihren Anwendungsbereich dem allgemeinen Gleichheitssatz des Art. 3 Abs. 1 GG vorgehen. Die bei Art. 3 GG dargestellten Besonderheiten, die sich aus der Struktur der Gleichheitsrechte ergeben, gelten auch für die grundrechtsgleichen Garantien dieses Artikels.

1. Die Inländergleichheit, Art. 33 Abs. 1 GG

2   Art. 33 Abs. 1 GG steht als Deutschenrecht in der Tradition **früherer Bestimmungen zur Gleichstellung der Angehörigen** verschiedener Einzelstaaten in Deutschland, die nach eng begrenzten Anfängen in der Deutschen Bundesakte von 1815 auf immer weitergehende Anwendungsbereiche ausgedehnt wurde, bis sie schließlich in der Weimarer Verfassung, Art. 110, gegenständlich umfassend garantiert war. Die vielfältigen Unterschiede nach der Einzelstaatsangehörigkeit waren damit endgültig beseitigt.

▶   **Hinweis:** Eine Parallele findet sich heute auf supranationaler Ebene in Art. 18 AEUV mit dem Verbot jeder Diskriminierung aus Gründen der Staatsangehörigkeit. Bemerkenswert scheint auch, dass die sonst grundrechtsabstinente RV 1871 mit dem gemeinsamen Indigenat nach Art. 3 Abs. 1 eine einschlägige Garantie kannte.

Art. 33 Abs. 1 GG ist vor dem Hintergrund dieser historischen Entwicklung als **Verbot von Unterscheidungen zwischen Deutschen nach der Zugehörigkeit zu einem bestimmten Land** zu verstehen. Im Einzelnen wirft die Bestimmung vor allem zwei Probleme auf.

3   Zum einen verlangt sie dem Wortlaut nach nur die Gleichheit der *„staatsbürgerlichen* **Rechte und Pflichten"**. Diese Gleichstellung bei den politischen Mitwirkungsrechten des status activus (o. Kap. 4, Subjektive Grundrechte und objektive Grundrechtsgehalte, Rn. 43) hatte in der historischen Entwicklung den 1919 mit Art. 110 Abs. 2 WRV erreichten krönenden Abschluss einer übergreifenden Entwicklung ausgemacht. Die Gleichstellung in allen übrigen („bürgerlichen") Beziehungen war weit früher vorausgegangen. Da jeder Anhaltspunkt dafür fehlt, dass das Grundgesetz hinter den schon im 19. Jahrhundert erreichten Standard bundesstaatlicher Egalität zurückfallen wollte, ist Art. 33 Abs. 1 GG über seinen

Wortlaut hinaus **auch** auf die Gleichstellung bei **den „bürgerlichen"**, d. h. bei den nicht politischen öffentlich-rechtlichen Rechten und Pflichten zu erstrecken.

Probleme bereitet Art. 33 Abs. 1 GG ferner dadurch, dass es anders als zur Zeit **4** der früheren deutschen Verfassungen heute in den Ländern **keine normativ fixierte Einzelstaatsangehörigkeit** mehr gibt, auf die sich die abzuwehrenden Differenzierungen beziehen könnten. Diese lässt sich auch **nicht aus der Wahlberechtigung im Lande** ableiten, die als zentrales staatsbürgerliches Recht ja gerade allen Deutschen in jedem Lande zustehen soll. Um Art. 33 Abs. 1 GG nicht obsolet sein zu lassen, ist die fehlende normativ begründete Staatsangehörigkeit in den Ländern als unzulässiges Differenzierungskriterium zu ersetzen durch **andere Formen der Landeszugehörigkeit**, die durch anderweitige dauerhafte personale Bindungen (wie Geburt oder sonstige „Heimat" [o. Kap. 15, Die Gleichheitssätze des Art. 3 GG, Rn. 106] im Lande, Abstammung von [zuvor] Staatsangehörigen des Landes, Tätigkeit in Ämtern des Landes, nicht bloßer Wohnsitz oder nur vorübergehende Sesshaftigkeit) begründet wird. Auf das Wahlrecht im Lande wirkt sich Art. 33 Abs. 1 GG danach dahin aus, dass den nicht einem Lande zugehörigen deutschen Einwohnern des Landes die Möglichkeit der Wahlteilnahme nicht (übermäßig lange) vorenthalten werden darf.

Inwieweit Art. 33 Abs. 1 GG eine Handhabe gegen sog. **Landeskinderklauseln** **5** bietet, wie sie in Art. 36 Abs. 1 GG sogar mit Verfassungsrang vorgesehen sind (u. Rn. 17), ist in der hierzu sehr zurückhaltenden Rechtsprechung bislang nicht abschließend geklärt. Die Anwendung des Art. 33 Abs. 1 GG setzt allerdings voraus, dass eine Regelung an die Landeszugehörigkeit anknüpft, deren maßgebliche Kriterien bislang nicht näher bestimmt worden sind. Ggf. können besondere Beziehungen zu einem Land als nicht leicht zu beeinflussende persönliche Merkmale auch über Art. 3 Abs. 1 GG im Rahmen der sog. neuen Formel (o. Kap. 15, Die Gleichheitssätze des Art. 3 GG, Rn. 28) erfasst werden.

Beispiele:

Bei der Prüfung, ob die Begünstigung der Landeskinder durch das bayerische Hochschulgesetz verfassungsmäßig war, wurde nicht auf Art. 33 Abs. 1 GG, sondern auf Art. 12 Abs. 1 i.V. mit Art. 3 Abs. 1 GG abgestellt (vgl. BVerfGE 33, 303 [351 ff.]). – Entsprechend wurden bei der Frage, ob die Zulassung als öffentlich bestellter Vermessungsingenieur in Hessen von einer vorherigen praktischen Tätigkeit bei einer hessischen Vermessungsstelle abhängig gemacht werden darf, nur Art. 12 Abs. 1 und Art. 3 Abs. 1 GG geprüft (BVerfGE 73, 301 [315 ff., 321 f.]); ähnlich (mit Art. 33 Abs. 2 GG) für die als „Landeskinderklausel" qualifizierte Regelung des § 7 Abs. 1 BNotO BVerfG (K), NJW-RR 2005, 998 (999 f.).

---

2. Gleicher Zugang zu öffentlichen Ämtern, Art. 33 Abs. 2 GG

Art. 33 Abs. 2 GG ist mit der Gewähr „gleichen Zugangs" als **Gleichstellungsbe-** **6** **stimmung** gefasst, die für ihren Anwendungsbereich die alleinige Maßgeblichkeit der näher bestimmten Kriterien positiv festlegt und damit entsprechende

Differenzierungen im Sinne einer Bestenauslese (u. Rn. 10) **gebietet**. Gegenstand der Regelung ist der Zugang zu jedem öffentlichen Amt. Insofern steht die Bestimmung in der Tradition älterer Verfassungsbestimmungen, die in Abkehr von der früheren ständestaatlichen Reservierung bestimmter Positionen für den (Hof-) Adel grundsätzlich die **Ämterfähigkeit aller Staatsbürger** bzw. Untertanen anerkennt.

7   Art. 33 Abs. 2 GG verleiht weitergehend **jedem Deutschen** einen **Anspruch auf gleichheitsgemäße Berücksichtigung** bei der Vergabe der betroffenen öffentlichen Ämter anhand der dort genannten Kriterien (Bewerbungsverfahrensanspruch, BVerwGE 149, 153 Rn. 27; zum Rechtsschutz o. Kap. 30, Die Rechtsweggarantie des Art. 19 Abs. 4 GG, Rn. 30), aber nicht einen Anspruch darauf, ein öffentliches Amt auch zu erhalten. Die Vergabe des öffentlichen Amtes überhaupt bleibt dem Staat freigestellt; entschließt er sich allerdings dazu, muss dies nach den Gleichheitsanforderungen des Art. 33 Abs. 2 GG erfolgen.

> ▶ **Hinweis:** Auch nach Beginn eines Auswahlverfahrens bleibt es dem
> Organisationsermessen des Dienstherrn überlassen, auf die Neubesetzung
> zu verzichten und das Verfahren zu beenden (BVerwGE 149, 153 Rn. 29).

Soweit die Ämter, wie meist, beruflich ausgeübt werden, ist zugleich Art. 12 Abs. 1 GG berührt, dessen freiheitsrechtliche Ausrichtung durch Art. 33 Abs. 2 GG überlagert wird (o. Kap. 24, Die Grundrechte des Art. 12 GG, Rn. 61). Nach Art. 45 Abs. 4 AEUV gilt die Freizügigkeit der Arbeitnehmer innerhalb der Union für die Beschäftigung in der öffentlichen Verwaltung nicht.

8   Der gleiche Zugang zu jedem öffentlichen Amt nach Maßgabe des Art. 33 Abs. 2 GG betrifft grundsätzlich den **gesamten öffentlichen Dienst** in Bund und Ländern einschließlich der Kommunen, also insbesondere alle Ämter im Bereich der Verwaltung, sowohl die von Beamten wie auch die von Angestellten und Arbeitern des öffentlichen Dienstes, einzubeziehen sind ferner Richter und Soldaten; **auch Ehrenämter** gehören hierher. Der **Zugang** meint nicht nur den erstmaligen Eintritt in den öffentlichen Dienst, sondern auch den Übergang auf andere Positionen innerhalb dieses Bereichs durch Beförderungen u. Ä.

9   Die Besetzung der Verfassungsorgane (wie Parlament, Regierung, Verfassungsgericht) wird **von Art. 33 Abs. 2 GG nicht erfasst**; auch wenn das Grundgesetz insoweit teilweise von Ämtern spricht (Art. 54 Abs. 2, Art. 69 Abs. 2 GG), will es insoweit ersichtlich politische Entscheidungen zulassen. Auch für die Volkswahl von Beamten, wie namentlich Bürgermeistern, kann es keine Bindung an die Kriterien der Bestenauslese geben. Vormund und Insolvenzverwalter (BVerfGE 116, 1 [13]) üben kein öffentliches Amt aus.

10   Die positiv als maßgeblich festgelegten **Kriterien** der Eignung, Befähigung und fachlichen Leistung sind für die Besetzungsentscheidung nicht nur im Sinne der Sicherung von Mindestanforderungen bindend, sondern verlangen eine an diesen Eigenschaften ausgerichtete **Bestenauslese** (BVerfGE 130, 263 [296]). Damit ist die grundrechtsgleiche Garantie auch auf die effektive Wahrnehmung der öffentlichen Aufgaben ausgerichtet, dient somit zugleich öffentlichen Interessen. Bei der Feststellung der Kriterien ist den für die Vergabe des Amtes zuständigen Stellen ein

gerichtlich (nur) begrenzt überprüfbarer **Beurteilungsspielraum** (o. Kap. 30, Die Rechtsweggarantie des Art. 19 Abs. 4 GG, Rn. 20) eingeräumt. Hier liegt jedenfalls eine der Ursachen dafür, dass die ebenso verbreitete wie verfassungswidrige Parteienpatronage gerichtlich kaum wirksam zu bekämpfen ist.

Im Einzelnen bedeuten die Merkmale, die mit dem Begriff der **Qualifikation**   **11** zusammengefasst werden können, Folgendes:

- **Eignung** meint allgemeine persönliche Voraussetzungen für die Ausübung eines Amtes, wie gesundheitliche oder charakterliche Voraussetzungen (vgl. § 2 Abs. 2 BLV);
- **Befähigung** umfasst die für die dienstliche Verwendung wesentlichen Eigenschaften, namentlich diesbezügliche Fähigkeiten, Kenntnisse, Fertigkeiten (vgl. § 2 Abs. 3 BLV);
- **fachliche Leistung** zeigt sich in den nach den dienstlichen Anforderungen bewerteten Arbeitsergebnissen (vgl. § 2 Abs. 4 BLV).

Zu den danach relevanten Eigenschaften gehören namentlich die durch Unterscheidungsverbote, insbes. Art. 3 Abs. 3 GG, **verpönten Kriterien** zumindest **grundsätzlich nicht,** weil sie für die Qualifikation für öffentliche Ämter prinzipiell irrelevant sind. Soweit dies ausnahmsweise anders ist, würde die jeweilige persönliche Eigenschaft wohl zu den Qualifikationsmerkmalen des Art. 33 Abs. 2 GG zu zählen sein. Doch muss jeweils geprüft werden, ob es gegenüber den Unterscheidungsverboten überhaupt zulässig ist, Ämter zu schaffen, deren Qualifikationsvoraussetzungen sonst verbotene Unterscheidungskriterien einschließen.   **12**

Beispiele:

Trotz Art. 3 Abs. 3 Satz 1 und Art. 33 Abs. 3 Satz 1 GG soll bei Lehrern an konfessionellen Schulen deren Konfession berücksichtigt werden können, trotz Art. 3 Abs. 2 Satz 1 und Abs. 3 Satz 1 GG soll es zulässig sein, bei der Berufung des Leiters einer Mädchenschule einer weiblichen Direktorin den Vorrang zu geben (für beides beiläufig BVerfGE 39, 334 [368]). – Das Amt des Hochschullehrers an einer theologischen Fakultät ist grundgesetzlich nicht verboten und kann funktionsgerecht als bekenntnisgebundenes Amt ausgestaltet werden (BVerfGE 122, 89 [108 ff.]).

In der Frage der Zulassung von so genannten **Extremisten** zum öffentlichen Dienst hat das BVerfG angenommen, dass es zur Eignung nach Art. 33 Abs. 2 GG gehört, dass der Bewerber die Gewähr dafür bietet, jederzeit für die freiheitliche demokratische Grundordnung einzutreten. Einen Konflikt mit Art. 3 Abs. 3 GG hat es von vornherein dadurch ausgeschlossen, dass es die Wirkungsmöglichkeiten des Unterscheidungsverbots auf das bloße Haben politischer Überzeugungen beschränkt hat (BVerfGE 39, 334 [368]; bestätigt in BVerfGE 124, 300 [338]).   **13**

Nachdem der EGMR die Parteimitgliedschaft in der DKP allein nicht als Hindernis für eine Zugehörigkeit zum öffentlichen Dienst in Deutschland hat ausreichen lassen (NJW 1996, 375), ist diese Frage jedenfalls offen. Auch der EGMR hat aber nicht in Frage gestellt, dass es grundsätzlich legitim ist, von Inhabern   **14** öffentlicher Ämter Verfassungstreue zu verlangen. Im Hinblick auf die Bewertung **früheren Verhaltens in der DDR** hat das BVerfG statt pauschaler Schlussfolgerungen die Prüfung jedes Einzelfalls verlangt (BVerfGE 96, 189 [197 ff.]).

15   Wenn zwei Bewerber in Bezug auf die Kriterien des Art. 33 Abs. 2 GG völlig **gleiche Voraussetzungen bieten** und nur dann, können **andere (Hilfs-) Kriterien** herangezogen werden, die allerdings ihrerseits verfassungsrechtlich unbedenklich sein müssen. Eine geschlechtsbezogene Quotenregelung, die nur für völlig gleichqualifizierte männliche und weibliche Bewerber gilt, würde Art. 33 Abs. 2 GG nicht tangieren, wäre aber wegen des Verstoßes gegen Art. 3 Abs. 2 S. 1 und Abs. 3 S. 1 GG verfassungswidrig (o. Kap. 15, Die Gleichheitssätze des Art. 3 GG, Rn. 134 f.).

16   Auch nach Einfügung des Benachteiligungsverbots nach Art. 3 Abs. 3 S. 2 GG steht Art. 33 Abs. 2 GG weiterhin einer **Bevorzugung Behinderter** bei der Vergabe öffentlicher Ämter entgegen, solange sie nicht nach Eignung, Befähigung und fachlicher Leistung ebenso qualifiziert sind wie nicht behinderte Bewerber. Das Sozialstaatsprinzip ist in seiner Unbestimmtheit ungeeignet, die präziseren grundrechtlichen Anforderungen des Art. 33 Abs. 2 GG zu relativieren. Bei gleicher Qualifikation kann allerdings die Behinderung auf der Ebene der dann maßgeblichen Hilfskriterien eine Rolle spielen.

17   Dagegen dürfte Art. 36 Abs. 1 Satz 1 GG es im Interesse des zwingend vorgeschriebenen **bundesstaatlichen Proporzes** rechtfertigen, jenseits der notwendigen Mindestqualifikation für das Amt von Art. 33 Abs. 2 GG abweichende Auswahlentscheidungen zu treffen, wenn die bestqualifizierten Bewerber nicht aus nicht mehr angemessen berücksichtigten Ländern kommen. Art. 36 Abs. 1 Satz 2 GG als nur regelmäßig maßgebliche Sollvorschrift wird hingegen von dem Gebot der Bestenauslese nicht dispensieren können.

18   Begrenzungen kann Art. 33 Abs. 2 GG auch durch **hergebrachte Grundsätze des Berufsbeamtentums** nach Art. 33 Abs. 5 GG als kollidierendes Verfassungsrecht erfahren.

Beispiel:

Lebenszeitprinzip und Alimentationsprinzip sollen geeignet sein, nicht eignungsrelevante Einstellungshöchstaltersgrenzen zu rechtfertigen; diese bedürfen aber einer hinreichend bestimmten Grundlage im formellen Gesetz (BVerfGE 139, 19 Rn. 52 ff., 59, 77 ff.).

3. Religionsbezogene Gleichstellungsrechte, Art. 33 Abs. 3 GG, Art. 140 GG i.V. mit Art. 136 Abs. 1 und 2 GG

19   Art. 33 Abs. 3 GG und Art. 140 GG i.V. mit Art. 136 Abs. 1 und 2 GG enthalten als Jedermann-Rechte ausgestaltete **Unterscheidungsverbote**, die sich in unterschiedlichen Formulierungen auf Religion und Weltanschauung beziehen. **Art. 33 Abs. 3 Satz 1 GG** richtet sich – wie der insoweit übereinstimmende **Art. 136 Abs. 2 WRV** – gegen alle Unterscheidungen nach dem religiösen Bekenntnis im Hinblick auf den Genuss bürgerlicher und staatsbürgerlicher Rechte, also aller

öffentlich-rechtlichen Rechtspositionen, und auf die (allerdings primär von Art. 33 Abs. 2 GG beherrschte) Zulassung zu öffentlichen Ämtern. Zusätzlich sind die im öffentlichen Dienst erworbenen Rechte einbezogen.

Art. 33 Abs. 3 S. 2 GG enthält noch einmal ein gegenständlich umfassendes, allerdings nur gegen Benachteiligungen gerichtetes Unterscheidungsverbot im Hinblick auf Zugehörigkeit oder Nichtzugehörigkeit zu einem Bekenntnis oder einer Weltanschauung. Die etwas ungewöhnliche Formulierung des **Art. 136 Abs. 1 WRV** enthält – neben dem umstrittenen Gesetzesvorbehalt gegenüber der Freiheit der Religionsausübung (u. Kap. 16, Die Grundrechte des Art. 4 GG, Rn. 19 ff.) – ein weiteres Verbot, bürgerliche und staatsbürgerliche Rechte und Pflichten von der Ausübung der Religionsfreiheit abhängig zu machen. **20**

Die Aufnahme dieser **mit Art. 3 Abs. 3 S. 1 GG** hinsichtlich der Kriterien Glauben und religiöse Anschauungen **inhaltlich übereinstimmenden Gleichheitsgarantien** in das Grundgesetz ist nur durch entstehungsgeschichtliche Zufälligkeiten erklärbar. In ihrem jeweiligen Anwendungsbereich gehen die genannten Bestimmungen dem allgemeinen Unterscheidungsverbot des Art. 3 Abs. 3 Satz 1 GG als – allerdings insoweit gleichbedeutende – **Spezialregelungen** vor. **21**

▶ **Hinweis:** Die Judikatur wendet ohne praktische Konsequenzen die Bestimmungen teilweise nebeneinander an. So hat BVerfGE 138, 296 Rn. 123 ff. die schulgesetzliche Freistellung vom Verbot äußerer religiöser Bekundungen für christliche und jüdische Lehrer als Verstoß gegen Art. 3 Abs. 3 Satz 1 GG und Art. 33 Abs. 3 Satz 2 GG eingestuft.

4. Zusammenfassung

- Das Unterscheidungsverbot des Art. 33 Abs. 1 GG betrifft die mangels geregelter Staatsangehörigkeit in den Ländern kaum klar zu bestimmende Landeszugehörigkeit Deutscher. **22**
- Der sachliche Anwendungsbereich erfasst nach der historischen Entwicklung über den Wortlaut hinaus auch die bürgerlichen Rechte und Pflichten.
- Art. 33 Abs. 2 GG garantiert den gleichen Zugang zu grundsätzlich allen öffentlichen Ämtern, die im Wege einer Bestenauslese nach den Kriterien der Eignung, Befähigung und fachlichen Leistung zu vergeben sind. Nur bei danach völlig gleicher Qualifikation darf auf andere Eigenschaften zurückgegriffen werden. Solche Hilfskriterien müssen im Übrigen verfassungsgemäß sein.
- Die religionsbezogenen Gleichstellungsbestimmungen des Art. 33 Abs. 3, Art. 140 GG i.V. mit Art. 136 Abs. 1, 2 WRV stimmen mit Art. 3 Abs. 3 S. 1 GG sachlich überein, dem sie innerhalb ihres engeren Anwendungsbereichs vorgehen.

II. Die Bindung an die hergebrachten Grundsätze des Berufsbeamtentums nach Art. 33 Abs. 5 GG

23 Während der Funktionsvorbehalt des Art. 33 Abs. 4 GG keine grundrechtsgleichen Rechte begründet, weil er nur öffentlichen Interessen verpflichtet ist und keine Individualrechte begründen soll (o. Kap. 2, Grund- und Menschenrechtsgarantien des geltenden Rechts, Rn. 9), hat das BVerfG nach anfänglichem Zögern doch schon recht früh aus Art. 33 Abs. 5 GG ein mit der Verfassungsbeschwerde zu rügendes **grundrechtsgleiches Recht** hergeleitet. Zwar bleibt das Grundgesetz hinter Art. 129 WRV, der die wohlerworbenen Rechte der Beamten für unverletzlich erklärte, deutlich zurück. Doch ist zu berücksichtigen, dass die hauptsächlich von der Gewährleistung des Art. 33 Abs. 5 GG betroffenen Beamten sonst keine Möglichkeit haben, die Gestaltung ihrer Dienstverhältnisse zu beeinflussen (BVerfGE 8, 1 [11 ff., 17 f.]). Der Annahme eines subjektiven Rechts steht nicht entgegen, dass die Garantie der hergebrachten Grundsätze kein Selbstzweck ist, sondern eine politisch unabhängige und gesetzestreue Verwaltung sichern soll (BVerfGE 121, 241 [263]); denn dies schließt einen **auch individualschützenden Normzweck** nicht aus (s. aber noch u. Rn. 29).

24 In erster Linie allerdings wird Art. 33 Abs. 5 GG als eine **institutionelle Garantie** (o. Kap. 4, Subjektive Grundrechte und objektive Grundrechtsgehalte, Rn. 51 ff., insb. 53) verstanden, die die wesentlichen Kernelemente des Berufsbeamtentums gegen Änderungen sichert. Die so geschützten **Strukturprinzipien des Berufsbeamtentums** müssen „hergebracht" sein, wobei eine zumindest bis **in die Weimarer Zeit zurückreichende Tradition** verlangt wird (BVerfGE 121, 205 [219]).

Beispiel:

Das beamtenrechtliche System der Beihilfegewährung zählt das BVerfG nicht zu den hergebrachten Grundsätzen des Berufsbeamtentums, weil es erst nach dem 2. Weltkrieg entstanden ist (BVerfGE 58, 68 [76 f.]).

---

25 **Bezugspunkt** der hergebrachten Grundsätze ist das **Recht der Berufsbeamten**, also nicht das der Ehrenbeamten oder der Arbeiter und Angestellten des öffentlichen Dienstes; grundsätzlich nicht einbezogen sind ferner Berufssoldaten sowie Bedienstete öffentlich-rechtlicher Religionsgesellschaften (BVerwGE 149, 139 Rn. 38). Dagegen soll die Bestimmung auch für **Berufsrichter** und Staatsanwälte im Hinblick auf für sie einschlägige Grundsätze gelten. Die Bindung kann sich nicht nur auf allgemeine beamtenrechtliche Prinzipien beziehen, sondern zudem auch auf besondere hergebrachte Grundsätze für bestimmte Gruppen von Berufsbeamten, namentlich die Hochschullehrer (BVerfGE 126, 1 [28]), wobei für wissenschaftsrelevante Regelungen Art. 5 Abs. 3 GG vorrangiger Prüfungsmaßstab ist (BVerfGE 122, 89 [106]).

26 Die institutionelle Garantie des Art. 33 Abs. 5 GG wirkt in erster Linie gegenüber der **Gesetzgebung**, deren einschlägige Regelungen der Verfassungstext ja auch ausdrücklich anspricht. Neben den 1949 bestehenden beamtenrechtlichen Normen, vgl. Art. 123 Abs. 1 GG, ist zumal die seitherige beamtenrechtliche Gesetzgebung auf die **Berücksichtigung** der hergebrachten Grundsätze verpflichtet; diese Formulierung bringt erhebliche Gestaltungsspielräume des Gesetzgebers zum Ausdruck. Die 2006 erfolgte Ergänzung der Bestimmung um den Auftrag, das Recht des öffentlichen Dienstes (nicht: die hergebrachten Grundsätze) auch **fortzuentwickeln**, ist demgegenüber ohne konstitutive Bedeutung (BVerfGE 119, 247 [272 f.]). Ist ein hergebrachter Grundsatz von zentralem Gewicht für die Institution des Berufsbeamtentums in der freiheitlichen rechts- und sozialstaatlichen Demokratie, bleibt der Gesetzgeber weiterhin zu seiner strikten **Beachtung** verpflichtet.

> **Beispiele:**
> Zu beachtende Grundsätze betreffen etwa die (hauptberufliche) Beschäftigung auf Lebenszeit (BVerfGE 119, 247 [263]; 121, 205 [220 ff.]); die amtsangemessene Alimentation des Beamten und seiner Familie (BVerfG, NVwZ 2016, 223 Rn. 71 ff.); die amtsangemessene Versorgung (BVerfGE 131, 20 [40]); das auch in Art. 33 Abs. 2 GG verankerte Leistungsprinzip (BVerfGE 130, 296 [296]). Weitere begünstigende Grundsätze sind etwa der Anspruch auf amtsangemessene Beschäftigung (BVerwGE 132, 40 Rn. 8) und die Fürsorgepflicht des Dienstherrn (BVerwGE 148, 106 Rn. 24 f.).

Die danach bestehenden **Bindungen** sind **von unterschiedlicher Stringenz.** So soll das Beamtenverhältnis auf Lebenszeit als verfassungsrechtliche Regel Ausnahmen nur zulassen, wenn die besondere Sachgesetzlichkeit und die Natur der wahrgenommenen Aufgabe dies erfordern (BVerfGE 121, 205 [223 f.]). Dagegen werden dem Gesetzgeber zur Regelung der Alimentation weite Gestaltungsspielräume bis zur Grenze der evidenten Sachwidrigkeit eingeräumt; zugleich wird er prozeduralen Anforderungen, namentlich Begründungspflichten, unterworfen (zur evident unzureichenden Richterbesoldung BVerfGE 139, 64 Rn. 94 ff., 129 f.; für Beamte BVerfG, NVwZ 2016, 223 Rn. 70 ff., 75, 112 ff.). Auch Änderungen des Besoldungssystems sind nicht ausgeschlossen (BVerfGE 130, 263 [295 ff.]), wohl aber grundsätzlich dauerhafte Einebnungen des Abstands von Besoldungsgruppen (BVerwGE 148, 328 Rn. 35 ff.). Erhebliche Spielräume bestehen auch gegenüber dem in Verbindung mit Art. 3 Abs. 1 GG angenommenen hergebrachten Grundsatz der gleichen Besoldung (BVerfGE 130, 52 [66 ff.]).

Neben der Gesetzgebung werden aber **auch Verwaltung und Rechtsprechung** durch die institutionelle Garantie des Berufsbeamtentums verfassungsunmittelbar in die Pflicht genommen, was namentlich bei unvollständigen gesetzlichen Regelungen oder solchen mit Entscheidungsspielräumen materielle Bedeutung gewinnen kann; ferner kann eine verfassungskonforme Gesetzesauslegung erforderlich werden.

> **Beispiele:**
> Ein Entlassungsbescheid, der ohne ordentliches Verfahren erlassen worden war, und die ihn bestätigenden verwaltungsgerichtlichen Entscheidungen wurden wegen Verstoßes gegen Art. 33 Abs. 5 GG aufgehoben, weil der hergebrachte Grundsatz der Fürsorgepflicht des Dienstherrn nicht beachtet worden war (BVerfGE 43,

154 [165 ff.]). – Gesetzliche Bestimmungen über die Einstellung von Beamten in Teilzeitarbeit sind mit Rücksicht auf die hergebrachten Grundsätze der Vollzeitbeschäftigung auf Lebenszeit und der amtsangemessenen Vollalimentation dahin auszulegen, dass der Bewerber die freie Wahl zwischen der regelmäßigen Vollzeit- und einer Teilzeitbeschäftigung haben muss (BVerwGE 110, 363 [366 ff.]).

29 **Subjektive Berechtigungen** kommen wesensmäßig nur bei hergebrachten Grundsätzen in Betracht, deren **Wirkung für die Betroffenen günstig** ist. Die Beamten verpflichtende Grundsätz wie etwa die Pflicht zu Treue und Gehorsam gegenüber dem Dienstherrn (BVerwGE 150, 366 Rn. 30 scheiden insoweit aus. Dasselbe gilt für das Verbot kollektiver Kampfmaßnahmen, insbesondere des Streiks (BVerwGE 149, 117 Rn. 31 ff.), dessen Geltung im Hinblick auf eine nach der Judikatur des EGMR anzunehmende partielle Unvereinbarkeit mit Art. 11 EMRK problematisch ist; die Möglichkeit einer konventionskonformen Auslegung hat das BVerwG (ebda. Rn. 56 ff.) ausgeschlossen und eine gesetzliche Auflösung des Normwiderspruchs verlangt (auch o. Kap. 21, Die Grundrechte des Art. 9 GG, Rn. 45).

> ▶ **Hinweis:** Subjektive Berechtigungen der vom Streikverbot begünstigten Bürger scheiden gleichfalls aus, auch wenn diese günstige Wirkung von Art. 33 Abs. 5 GG mitbeabsichtigt sein mag; denn jedenfalls fehlt der Verfassungsbestimmung die Ausrichtung darauf, subjektive Rechte der Mitglieder der Allgemeinheit auf Einhaltung entsprechender Grundsätze zu begründen (vgl. allg. o. Kap. 4, Subjektive Grundrechte und objektive Grundrechtsgehalte, Rn. 5, 11).

Als aufgrund begünstigender Grundsätze Berechtigte kommen neben den **Beamten** selbst namentlich ihre **Hinterbliebenen** in Bezug auf die ihnen zu gewährende standesgemäße Versorgung in Betracht. Art. 33 Abs. 5 GG gilt – anders als die Gleichheit beim Ämterzugang nach Art. 33 Abs. 2 GG – **nicht nur für Deutsche**, zumal Beamte nicht notwendig Deutsche sein müssen (vgl. § 7 Abs. 1, 3 BeamtStG).

30 Gesonderte **Grundrechtsbegrenzungen** sind im Rahmen der institutionellen Garantie des Art. 33 Abs. 5 GG entbehrlich, da die Berücksichtigung gegenläufiger Belange schon für die Reichweite der Bindungswirkung der Grundsätze mit ausschlaggebend ist.

> ▶ **Hinweis:** BVerfGE 139, 64 Rn. 126 f., zieht die Rechtfertigung einer Unteralimentation durch kollidierendes Verfassungsrecht in Betracht, lässt aber im Hinblick auf Art. 109 Abs. 3, Art. 143d GG bestehende finanzielle Problemlagen nur ausnahmsweise und unter besonderen Bedingungen ausreichen.

In Bezug auf vermögensrechtliche Ansprüche geht Art. 33 Abs. 5 GG als **lex specialis** der Eigentumsgarantie vor. Zugleich mit Art. 33 Abs. 5 GG anwendbar ist neben dem allgemeinen Gleichheitssatz auch Art. 6 Abs. 1 GG.

Zusammenfassung

- Art. 33 Abs. 5 GG enthält eine institutionelle Garantie des Berufsbeamten-   **31**
  tums und begründet zugleich subjektive grundrechtsgleiche Rechte der
  dadurch begünstigten Beamten.
- Die grundsätzlich aus der Weimarer Zeit hergebrachten Grundsätze des
  Berufsbeamtentums sind vor allem von der Gesetzgebung zumindest zu
  berücksichtigen, was die Fortentwicklung des öffentlichen Dienstrechts nicht
  ausschließt; zentral bedeutsame Strukturprinzipien (wie etwa die amtsange-
  messene Alimentation und die Fürsorgepflicht des Dienstherrn) müssen bei
  allerdings zum Teil erheblichen Spielräumen beachtet werden.

Die grundrechtsgleichen Rechte des Art. 38 GG

33

Inhalt

Literatur: *Johannes Dietlein*, § 115, Die Teilhabe an der staatlichen Willensbildung, in: Stern, Staatsrecht IV/2, 2011, S. 185 (203); *Markus Kotzur*, § 120, Freiheit und Gleichheit der Wahl, in: HGR V, 2013, S. 555; *Hans Meyer*, § 45, Demokratische Wahl und Wahlsystem, in: HStR III[3], 2005, S. 521; *ders.*, § 46, Wahlgrundsätze, Wahlverfahren, Wahlprüfung, in: HStR III[3], 2005, S. 543; *Michael Sachs*, § 182, Besondere Gleichheitsgarantien, in: HStR VIII[3], 2010, S. 839 (Rn. 163 ff.); *Klaus Stern*, § 10 Grundlagen des Wahlrechts, in: ders., Staatsrecht I, 2. Aufl. 1984, S. 286 (302); *Rudolf Wendt*, § 127, Spezielle Gleichheitsrechte, in: HGR V, 2013, S. 1018; *Christian Burkiczak*, Die verfassungsrechtlichen Grundlagen der Wahl des Deutschen Bundestages, JuS 2009, 805; *Annette Guckelberger*, Wahlsystem und Wahlrechtsgrundsätze, JA 2012, 561, 641; *Stephan Hobe*, Die Verfassungsmäßigkeit von Grundmandatsklausel und Überhangmandaten, JA 1996, 391; *ders.*, Alte und neue Probleme der Wahlrechtsgleichheit, JA 1998, 50; *Julian Krüper*, Wahlrechtsmathematik als gesetzgeberische Gestaltungsaufgabe, Jura 2013, 1147; *Philip Kunig*, Fragen zu den Wahlrechtsgrundsätzen, Jura 1994, 554; *Dominik Laufs*, Das Recht auf freie Wahlen nach deutschem und europäischem Recht, JuS 2013, 788; *Walter Pauly*, Das Wahlrecht in der neueren Rechtsprechung des Bundesverfassungsgerichts, AöR 123 (1998), 232; *Stephanie Schiedermair*, Zum Einsatz von Wahlcomputern – Anforderungen an die öffentliche Überprüfbarkeit, JZ 2009, 572; *Christian Tietje*, Die Wahlrechtsgleichheit im Verfassungsprozeßrecht – BVerfG, NJW 1999, 43, JuS 1999, 957; *Andreas Voßkuhle/Ann-Katrin Kaufhold*, Die Wahlrechtsgrundsätze, JuS 2013, 1078.; *Wolf Reinhard Wrege*, Ende der Überhangmandate im Bundestag, Jura 1997, 113.

© Springer-Verlag Berlin Heidelberg 2017
M. Sachs, *Verfassungsrecht II - Grundrechte*, Springer-Lehrbuch,
DOI 10.1007/978-3-662-50364-5_33

Rechtsprechung: BVerfGE 1, 14 (Südweststaat); BVerfGE 12, 73 (Inkompatibilität nach Art. 137 Abs. 1 GG); BVerfGE 44, 125 (Öffentlichkeitsarbeit der Regierung im Wahlkampf); BVerfGE 58, 202 (Wahlrechtsausschluss deutscher Europabeamter); BVerfGE 59, 119 (Briefwahl); BVerfGE 83, 37 (Ausländerwahlrecht Schleswig-Holstein); BVerfGE 83, 60 (Ausländerwahlrecht Hamburg); BVerfGE 95, 335 (Überhangmandate); BVerfGE 95, 408 (Grundmandatsklausel); BVerfGE 97, 317 (Listennachfolge für Wahlkreisabgeordnete); BVerfGE 98, 145 (Inkompatibilität bei leitenden Angestellten öffentlicher Unternehmen); BVerfGE 99, 1 (Wahlrechtsgrundsätze in den Ländern); BVerfGE 120, 82 (Fünf-Prozent-Sperrklausel bei Kommunalwahlen); BVerfGE 121, 266 (Negatives Stimmgewicht I); BVerfGE 123, 39 (Wahlcomputer); BVerfGE 130, 212 (Einteilung des Wahlgebiets); BVerfGE 124, 1 (Nachwahl); BVerfGE 131, 316 (Negatives Stimmgewicht II); BVerfGE 129, 124 (Finanz- und Staatsschuldenkrise); BVerfGE 132, 39 (Wahlberechtigung von Auslandsdeutschen); BVerfGE 135, 259 (Europawahl Drei-Prozent-Sperrklausel).

Übungsfälle: *Peter Szczekalla,* Anfängerhausarbeit – Öffentliches Recht: Der „Schleier des Nichtwissens" im Staatsorganisationsrecht, JuS 2006, 901; *Philipp Kircher/Florian Nagel/ Christine Thümmler/Julia Washausen,* Der frustrierte Wähler, Jura 2014, 436.

I. Allgemeines

1   Die **fünf Wahlrechtsgrundsätze** des Art. 38 Abs. 1 Satz 1 GG stehen in engstem Zusammenhang mit dem **Bundestagswahlrecht**; sie gehören damit insgesamt in den Bereich des Staatsorganisationsrechts und sind in dessen Kontext im Einzelnen zu behandeln.

> ▶ **Hinweis:** Zusätzlich hat BVerfGE 123, 39 (68 ff.) einen Grundsatz der Öffentlichkeit der Wahl, gestützt auf die „verfassungsrechtlichen Grundentscheidungen für Demokratie, Republik und Rechtsstaat (Art. 38 i. V. m. Art. 20 Abs. 1 und Abs. 2 GG)", angenommen und den Einsatz von Wahlcomputern für damit weitgehend unvereinbar erklärt. Ein für das zugrunde liegende Wahlprüfungsverfahren nicht erforderliches grund-rechtsgleiches Recht ist insoweit ·jedenfalls nicht explizit postuliert worden.

In den Grundzügen sollen sie auch hier berücksichtigt werden, weil die Wahlrechts-grundsätze zugleich die demokratischen Grundbedingungen des individuellen Wahl-rechts schützen, das das wichtigste Element des status activus (o. Kap. 4, Subjektive Grundrechte und objektive Grundrechtsgehalte, Rn. 43) darstellt. Dementsprechend begründet Art. 38 Abs. 1 Satz 1 GG **grundrechtsgleiche**, nach Art. 93 Abs. 1 Nr. 4a GG mit der Verfassungsbeschwerde zu verfolgende **Rechte** des Einzelnen darauf, nach den Bedingungen der Wahlrechtsgrundsätze sein Wahlrecht ausüben zu kön-nen; dies schließt das Recht auf Durchführung fälliger Wahlen ein (BVerfGE 1, 14 [33]). Die neuere Rechtsprechung erstreckt das Recht aus Art. 38 Abs. 1 Satz 1 GG sehr weitgehend zudem auf die „Gewährleistung wirksamer Volksherrschaft", nament-lich gegenüber der Verlagerung von Befugnissen des Bundestags auf die supranati-onale Ebene (etwa BVerfGE 129, 124 [167 f.]).

▶ **Hinweise:** Demgegenüber ist das ebenfalls in Art. 38 GG begründete freie Mandat des Abgeordneten, Art. 38 Abs.1 Satz 2 GG, als organschaftliches Recht nur im **Organstreitverfahren** geltend zu machen (vgl. für das Rederecht im Bundestag BVerfGE 60, 374 [379 f.]). – Neuerdings lässt das BVerfG die **Verfassungsbeschwerde** auch gegen Beeinträchtigungen des freien Mandats zu, im Organstreit die nicht abgewehrt werden können (BVerfGE 108, 251 [266 f.]; sogar für Landtagsabgeordnete BVerfGE 134, 141 Rn. 88, 103 ff.). Mit dem Ausschluss des Art.19 Abs.4 GG für organschaftliche Rechte (o. Kap. 30, Die Rechtsweggarantie des Art.19 Abs.4 GG, Rn.13) passt das kaum zusammen. Richtig wäre es, die durch Art. 46, 47, 48 oder auch Art. 38 Abs.1 Satz 2 GG selbst dem Abgeordneten als Menschen eingeräumten Rechtspositionen gegenüber der öffentlichen Gewalt jenseits der Organbeziehungen oder auch gegenüber Privaten (insbesondere Art.48 Abs.2 GG) in den Schutz der individuellen Rechtsstellung einzubeziehen, der nach Art.2 Abs.1 GG jedem Grundrechtsträger zusteht (o. Kap.14, Die Grundrechte des Art. 2 GG, Rn.17). Die Wirkungsmöglichkeiten der Verfassungsbeschwerde sind dadurch beschränkt, dass über Fehler im Wahlverfahren und die Gültigkeit von Bundestagswahlen auch im Hinblick auf Verletzungen der Wahlrechtsgrundsätze nur im **Wahlprüfungsverfahren** nach Art.41 GG entschieden wird (vgl. § 49 BWahlG; BVerfGE 14, 154 f.).

Für die **Wahlen in den Ländern, Kreisen und Gemeinden** gelten nach Art. 28 **2** Abs. 1 Satz 2 GG schon von Grundgesetzes wegen dieselben Wahlrechtsgrundsätze. Diese können aber nicht mit der Verfassungsbeschwerde zum BVerfG geltend gemacht werden, begründen somit keine grundrechtsgleichen Rechte aus dem Grundgesetz. Für Allgemeinheit und Gleichheit der Wahl hat das BVerfG allerdings lange Zeit, gestützt auf Art. 3 Abs. 1 GG, auch bei diesen Wahlen die Verfassungsbeschwerde zugelassen, diese Rechtsprechung aber später mit Recht aufgegeben (BVerfGE 99, 1 [8 ff.]), weil es insoweit um den eigenständigen Verfassungsbereich der Länder geht (auch o. Kap. 15, Die Gleichheitssätze des Art. 3 GG, Rn. 154). Entsprechendes müsste für Volksabstimmungen in den Ländern gelten, für die die Wahlrechtsgrundsätze entsprechend gelten (u. Rn. 3). Für die **Wahlen zum Europäischen Parlament** greift das BVerfG weiterhin auf Art. 3 Abs. 1 GG als Garantie einer formalen Wahlrechtsgleichheit zurück (BVerfGE 129, 300 [317]).

Im Einzelnen handelt es sich bei den Wahlrechtsgrundsätzen der Allgemein- **3** heit und der Gleichheit der Wahl um spezielle gleichheitsrechtliche Garantien, die in ihrer Grundstruktur anderen Gleichheitsrechten (o. Kap. 15, Die Gleichheitssätze des Art. 3 GG) entsprechen. Sie stehen in engem Zusammenhang mit dem Grundsatz der Chancengleichheit der Parteien (BVerfG, NVwZ 2015, 1361 Rn. 63), der gelegentlich sogar auch auf Art. 38 GG gestützt wird (BVerfGE 136, 323 Rn. 22), aber mit weiterreichendem Umfang unabhängig davon durch Art. 21 GG (i. V. mit Art. 3 Abs. 1 GG) begründet ist (o. Kap. 15, Die Gleichheitssätze des Art. 3 GG, Rn. 155). Die Gewährleistung unmittelbarer, freier und geheimer Wahlen stellt weitere Anforderungen an eine entsprechend gestaltete Wahlrechtsgesetzgebung und die Beachtung der Grundsätze bei der Durchführung der Bundestagswahlen. Die Wahlrechtsgrundsätze gelten gleichermaßen für das **aktive** und das **passive Wahlrecht**, die

Wählbarkeit. Eine entsprechende Anwendung kommt auch für die im Grundgesetz – allerdings nur ausnahmsweise (vgl. Art. 29 GG) vorgesehenen – **Abstimmungen des Volkes** in Betracht (BVerfGE 13, 54 [91 f.]; für die Länder s. Rn. 2).

> ▶ **Hinweise:** Auch das nach Art. 21 Abs. 1 Satz 3 GG „demokratischen Grundsätzen" unterworfene **innerparteiliche Wahlsystem** muss den Wahlrechtsgrundsätzen folgen, die aber modifiziert gelten. So bleibt mit Rücksicht auf die programmatische Freiheit der Parteien Raum etwa für im staatlichen Bereich unzulässige (o. Kap. 15, Die Gleichheitssätze des Art. 3 GG, Rn. 134 f., 140) Frauenquoten (ohne Begründung zu entsprechenden Stimmen aus der Literatur BVerfG [K], Beschl. v. 1. 4. 2015 –, 2 BvR 3058/14 –, juris, Rn. 25). – Auf **Wahlen außerhalb des allgemeinpolitischen Bereichs** sind die Wahlrechtsgrundsätze nicht schematisch zu übertragen (BVerfGE 111, 289 (300 f.).

4   Die **Grundrechtsberechtigung** ergibt sich auch für die vier anderen Grundsätze aus dem Grundsatz der allgemeinen Wahl und Art. 38 Abs. 2 GG (u. Rn. 5 ff.). Allgemein für Art. 38 Abs. 1 Satz 1 GG geltende **Grundrechtsbegrenzungen** sind im Grundgesetz nicht ausdrücklich geregelt. Zumal Art. 38 Abs. 3 GG ermächtigt nur zu ausgestaltenden Regelungen des Näheren, die keine einschränkende Wirkung haben (o. Kap. 9, Grundrechtsbegrenzungen, Rn. 19). Die vom BVerfG gelegentlich recht pauschal gebilligte Möglichkeit des Wahlrechtsgesetzgebers, Abweichungen von einzelnen Wahlrechtsgrundsätzen zuzulassen (vgl. etwa BVerfGE 59, 119 [124 f.]), ist nur auf der Grundlage anderer Verfassungsbestimmungen mit begrenzenden Nebeninhalten zu rechtfertigen (u. Rn. 5).

II.   Die einzelnen Grundsätze

1. Allgemeinheit der Wahl

5   Der Grundsatz der Allgemeinheit der Wahl bezieht sich auf die grundsätzlich jedem offenstehende aktive und passive **Teilnahme an der Wahl** überhaupt. Er steht immer dann in Frage, wenn Personen von der Teilnahme an der Wahl ausgeschlossen werden. Dabei enthält dieser besondere Gleichheitssatz keine Absage an ein bestimmtes Differenzierungskriterium oder mehrere, sondern postuliert die Wahlteilnahme **für jedermann**, der nicht von Verfassungs wegen hiervon ausgeschlossen ist. Das BVerfG geht allerdings in st. Rspr. davon aus, dass die Allgemeinheit der Wahl aus durch die Verfassung legitimierten Gründen von mindestens gleichem Gewicht durchbrochen werden darf (s. etwa BVerfGE 132, 39 Rn. 25); die früher verwendete Formulierung des „zwingenden Grundes" soll keine weitergehende Bedeutung gehabt haben (BVerfGE 120, 83 [107]). Damit gelten auch hier die allgemeinen Grundsätze der Begrenzung durch kollidierendes Verfassungsrecht (o. Kap. 9, Grundrechtsbegrenzungen, Rn. 33 ff.).

▶ **Hinweis:** Das Wahlrecht auch der Frauen war im Rahmen der schon in Art. 20 RV 1871 vorgeschriebenen allgemeinen Wahlen noch nicht anerkannt gewesen; demgegenüber sprach Art. 22 Abs. 1 Satz 1 WRV ausdrücklich aus, dass die Abgeordneten in allgemeiner Wahl von Männern und Frauen gewählt werden. Zumal angesichts des Art. 3 Abs. 2 GG bedurfte es in Art. 38 GG einer solchen Betonung des längst selbstverständlichen **Frauenwahlrechts** nicht mehr.

Eine ausdrückliche (quasi-) tatbestandliche Begrenzung des allgemeinen Wahlrechts **6** begründet Art. 38 Abs. 2 GG, der ein **Mindestwahlalter** aufstellt, das für das aktive Wahlrecht verfassungsunmittelbar bei dem vollendeten 18. Lebensjahr liegt, für die Wählbarkeit bei der nach § 2 BGB zur Zeit auf dieselbe Altersgrenze festgelegten Volljährigkeit.

▶ **Hinweis:** Das BVerfG hält die Mindestaltersgrenze im Wahlrecht von 18 Jahren auch weiterhin für verfassungsgemäß (BVerfG, NVwZ 2002, 69 f.), ohne die verfassungsunmittelbare Verankerung auch nur anzusprechen; explizit darauf abhebend aber BVerfGE 122, 304 [309]).

Mittelbar ergibt sich hieraus, dass das Wahlrecht höchstpersönlich, also nicht durch Vertreter (etwa Eltern für ihre Kinder) auszuüben ist, ferner die demokratische Selbstverständlichkeit, dass das **Wahlrecht nur für natürliche Personen** in Betracht kommen kann; dies gilt jedenfalls für das eigentliche Wahlrecht als das Recht der Stimmabgabe auf der aktiven, die Möglichkeit, ein Abgeordnetenmandat erwerben zu können, auf der passiven Seite.

▶ **Hinweis:** In einem weiteren Sinn können auch wahlgesetzlich begründete Befugnisse, namentlich zur Einreichung von Wahlvorschlägen, vgl. §§ 18 ff. BWahlG, als Aspekte des Wahlrechts aufgefasst werden. Insoweit steht nach Art. 19 Abs. 3 GG auch Wählervereinigungen die Möglichkeit der Verfassungsbeschwerde wegen einer Verletzung des Art. 38 Abs. 1 Satz 1 GG zu; für politische Parteien soll im Hinblick auf ihre Sonderstellung nach Art. 21 GG die Möglichkeit des Organstreits vorrangig sein (BVerfGE 4, 27 [30 f.]).

Weniger eindeutig auf den Verfassungstext zurückzuführen ist die Begrenzung des **7** wahlberechtigten Personenkreises auf **Deutsche**. Wie das BVerfG nach langem Streit entschieden hat, folgt dies aus dem Charakter des Bundestages als Vertretung des Volkes, Art. 20 Abs. 2 Satz 1 GG. Dabei ist das hier angesprochene „Volk", von dem die Staatsgewalt ausgeht, das in der Präambel gleich zweimal, ferner insbesondere in Art. 146 GG, aber auch in Art. 1 Abs. 2 GG so angesprochene deutsche Volk. Damit ist die Gesamtheit der Staatsbürger, also aller Deutschen im Sinne des Art. 116 GG, gemeint (vgl. BVerfGE 83, 37 [51 ff.]; 83, 60 [71 f.]).

Eine ausdrückliche **Beschränkungsmöglichkeit**, und zwar einen Gesetzesvor- **8** behalt, enthält Art. 137 Abs. 1 GG für die Wählbarkeit von Beamten, Angestellten des öffentlichen Dienstes, Berufssoldaten, freiwilligen Soldaten auf Zeit und Richtern. Um die Abweichungen vom Grundsatz der Allgemeinheit der Wahl möglichst gering zu halten, hat das BVerfG diese Bestimmung dahin ausgelegt, dass sie nur Regelungen einer **Inkompatibilität** erlaubt (vgl. entsprechend verfassungsunmittelbar Art. 55 Abs. 1, Art. 94 Abs. 1 Satz 2 GG). Damit ist die Gesetzgebung darauf beschränkt, die Unvereinbarkeit von Amt und Mandat vorzusehen, sie kann hingegen die angesprochenen Personengruppen nicht schon von der Wahlbeteiligung ausschließen (sog. Ineligibilität) (vgl. BVerfGE 12, 73 [77 f.]; 58, 177 [192]). Außerdem soll zumindest typischerweise die Gefahr eines Interessenkonfliktes aufgrund des Mandatserwerbs bestehen müssen; dieses Kriterium dürfte aus dem Grundsatz der Verhältnismäßigkeit, namentlich der Erforderlichkeit, abzuleiten sein.

Beispiel:

Als Angestellte des öffentlichen Dienstes können auch leitende Angestellte von der öffentlichen Hand beherrschter privatrechtlicher Unternehmen Inkompatibilitätsregelungen unterworfen werden, wenn ihre Stellung zumindest typischerweise die Gefahr von Interessenkonflikten für den Fall eines gleichzeitig wahrgenommenen Parlamentsmandats mit sich bringt (BVerfGE 98, 145 [161], dort für alle in Art. 137 Abs. 1 GG genannten Gruppen).

9 Über diese Fälle hinaus kennt das Bundeswahlgesetz **weitere Ausgrenzungen**, für die es im Text des Grundgesetzes keine ausdrückliche Grundlage gibt. Zu diesen gehört etwa die heute nur noch eingeschränkt notwendige **Sesshaftigkeit im Inland**, § 12 Abs. 1 Nr. 2, Abs. 2 BWahlG. Sie wurde teilweise nur durch die Tradition des Wahlrechts legitimiert (BVerfGE 58, 202 [205]). Zuletzt wurde auf die fehlende kommunikative Teilnahme an der politischen Meinungsbildung abgestellt; die Rechtfertigungsfähigkeit unterschiedlicher Betroffenheit durch deutsche Hoheitsakte, fehlender Korrelation von Rechten und Pflichten sowie etwaiger Loyalitätskonflikte blieb offen (BVerfGE 132, 39 Rn. 32 ff.).

> **Hinweis:** BVerfGE 132, 39 Rn. 35 ff. sah den Grundsatz der Allgemeinheit der Wahl dadurch verletzt, dass jeder frühere dreimonatige Aufenthalt in Deutschland ohne weitere Bedingungen für das Wahlrecht Auslandsdeutscher ausreichte. Die damit erhobene Forderung eines weitergehenden Ausschlusses des Wahlrechts kann aber mit dem gerade umgekehrt ausgerichteten Gebot der Allgemeinheit der Wahl nicht begründet werden (krit. auch die Abw. M., ebda, Rn. 59 ff., 68). Vielmehr kommt insoweit allenfalls eine Verletzung des allgemeinen Gleichheitssatzes bzw. ein Verstoß gegen das rechtsstaatliche Willkürverbot wegen mangelnder Differenzierung (o. Kap. 15, Die Gleichheitssätze des Art. 3 GG, Rn. 52 ff.) beim Ausschluss vom Wahlrecht in Betracht.

Bedenklich scheint insbesondere auch der Wahlrechtsausschluss derjenigen Personen, die **infolge Richterspruchs das Wahlrecht nicht** besitzen, § 13 Nr. 1 BWahlG; auch insoweit hat sich die beiläufige Judikatur damit begnügt, dass dies schon immer so gewesen sei (BVerfGE 36, 139 [141 f.]).

Soweit vom Wahlrecht gem. § 13 Nr. 2, 3 BWahlG diejenigen Personen ausge- **10** schlossen sind, die nach den Regeln des Zivilrechts ihre eigenen Angelegenheiten nicht besorgen können oder sich aufgrund einer Anordnung nach §§ 63, 20 StGB in einem psychiatrischen Krankenhaus befinden, dürften diese Ausnahmen mit dem durch die Mindestaltersregelung des Art. 38 Abs. 2 GG belegten Gedanken zu recht-fertigen sein, dass wegen der Bedeutung der Parlamentswahl im demokratischen System nur Personen das Wahlrecht ausüben sollten, die **zu einer sachgerechten Willensbildung fähig** sind.

> **Hinweis:** Damit entfallen auch Bedenken wegen Art. 3 Abs. 3 Satz 2 GG gegen den Ausschluss geistig entsprechend Behinderter (o. Kap. 15, Die Gleichheitssätze des Art. 3 GG, Rn. 147).

2. Gleichheit der Wahl

Der Grundsatz der Gleichheit der Wahl bezieht sich auf das **Gewicht** der vom ein- **11** zelnen Wähler abzugebenden **Stimme**. Die Regelung ist historisch zu erklären als Abkehr von früheren Systemen eines Mehrklassenwahlrechts, in dem bestimmte, insbesondere durch ihr Vermögen qualifizierte Bevölkerungsgruppen Stimmen von höherem Gewicht als andere besaßen. Der Grundsatz der Wahlrechtsgleichheit bezieht sich uneingeschränkt auf die Gleichheit des **Zählwertes** jeder Stimme, das heißt, dass jede Stimme bei den nach dem jeweiligen Wahlsystem vorzunehmenden Auszählungen gleich zu behandeln ist (one man – one vote).

Weitergehend wird – auch vom BVerfG – postuliert, dass jede Stimme die **gleiche** **12** **rechtliche Erfolgschance** haben muss. Die Bedeutung dieser „Erfolgschance" hängt allerdings vom **Wahlsystem** ab, dessen Ausgestaltung nach Art. 38 Abs. 3 GG dem Gesetzgeber überlassen ist. Die Bedeutung der Wahlrechtsgleichheit ist im Hinblick auf die Erfolgschancen einer Stimme daher nur systemimmanent feststellbar.

> **Hinweis:** Art. 22 Abs. 1 Satz 2 WRV hatte demgegenüber für die Reichstagswahl vorgeschrieben, dass die Abgeordneten „nach den Grund-sätzen der Verhältniswahl gewählt" werden sollten. Das Grundgesetz hat abweichend davon die Systementscheidung als materielles Verfassungs-recht bewusst der Bundesgesetzgebung überlassen, die sich für ein gemischtes System mit Elementen des Mehrheits- und des Verhält-niswahlrechts (sog. personalisierte Verhältniswahl) entschieden hat, vgl. §§ 4 ff. BWahlG.

Wenn im Rahmen des **Mehrheitswahlsystems** der Kandidat einen Parlamentssitz **13** erhält, der in einem Wahlkreis die meisten Stimmen erhält (vgl. § 5 BWahlG), ist die gleiche Erfolgschance für den Wahlkreis als solchen bereits mit der **Zählwert-gleichheit** gewährleistet. Bezogen auf die Zusammensetzung des Parlaments insge-samt ist weiter erforderlich, dass die **Wahlkreise möglichst gleich groß** sind, weil die Wähler nur dann mit annähernd gleichem Stimmengewicht am Kreationsvor-gang teilnehmen (vgl. zur Wahlkreiseinteilung § 3 BWahlG).

> **Hinweis:** BVerfGE 130, 212 (229 ff.) hält grundsätzlich eine Wahlkreiseinteilung auf der Grundlage der Zahl nur der Wahlberechtigten für geboten, so dass bei deutlich ungleichmäßigem Anteil Minderjähriger die Orientierung an der Zahl der deutschen Wohnbevölkerung überhaupt, § 3 Abs. 1 Satz 2 BWahlG, nicht genügt.

14   Von anderen Bedingungen hängt die gleiche Erfolgschance der Stimmen bei der **Verhältniswahl** ab. Diese zielt darauf, dass die Verteilung der Parlamentssitze dem Verhältnis der Stimmenanteile entspricht, die auf die an der Wahl beteiligten Listen politischer Parteien entfallen sind (vgl. § 6 BWahlG). Dementsprechend ist hier die **Erfolgswertgleichheit** jeder abgegebenen Stimme erforderlich, die sicherstellt, dass jeder Wähler mit seiner Stimme den gleichen Einfluss auf die **parteipolitische Zusammensetzung des Gesamtparlaments** hat. Insoweit sind allerdings einige Einschränkungen festzustellen, die vom BVerfG akzeptiert worden sind.

15   Der wichtigste Fall einer solchen Abweichung ist die **5 %-Klausel,** heute § 6 Abs. 3 Satz 1, 1. Alt. BWahlG. Dadurch sind die Parteien, die einen geringeren Prozentsatz der Gesamtstimmenzahl auf sich vereinigen, vom Erwerb der Mandate ausgeschlossen, die sich ohne die Sperrklausel aufgrund der Auszählung der Stimmen ergeben würden. Da Art. 38 Abs. 1 Satz 1 GG nicht durch einen Gesetzesvorbehalt begrenzt ist, kann diese Einschränkung der Erfolgswertgleichheit nur aufgrund begrenzender (Neben-) Wirkungen anderer Verfassungsnormen begründet werden. Das BVerfG verweist insoweit auf die Aufgabe des Wahlrechts, für ein zumal bei Gesetzgebung und Regierungsbildung **funktionsfähiges Parlament** zu sorgen (vgl. etwa BVerfGE 51, 222 [237]). Dabei müssen Funktionsstörungen nach den rechtlichen und tatsächlichen Verhältnissen mit einiger Wahrscheinlichkeit zu erwarten sein; weil es daran fehlte, hat das BVerfG für die Wahlen zum Europäischen Parlament eine 5 %- und später eine 3 %-Sperrklausel verworfen (BVerfGE 129, 300 [317 ff.]; 135, 259 Rn. 38 ff.).

> **Hinweis:** Auch für Kommunalwahlen wird die Legitimität der 5 %-Klausel verbreitet verneint, s. etwa für Schleswig-Holstein BVerfGE 120, 82 (106 ff.).

16   Probleme mit der Wahlrechtsgleichheit hatten sich wegen der sog. **Überhangmandate** ergeben, die noch heute nach § 6 Abs. 4 BWahlG aufgrund einer überproportionalen Zahl von Erstmandaten anfallen können. Das BVerfG hat diese Regelung als Konsequenz der dem Gesetzgeber überlassenen Entscheidung hinsichtlich des (gemischten) Wahlsystems (o. Rn. 12) nicht schlechthin verworfen (vgl. BVerfGE 95, 335 [348 ff., 354]), aber schließlich nur für hinnehmbar erklärt, soweit der Charakter der Wahl als Verhältniswahl gewahrt bleibe (BVerfGE 131, 316 [357 ff.]). Dies ist dann 2013 durch die Einführung sog. Ausgleichsmandate in § 6 Abs. 5 BWahlG sichergestellt worden.

> **Hinweis:** Erst spät hat das BVerfG festgestellt, dass entgegen der jahrzehntelang unumstrittenen Auslegung des § 48 BWahlG und der entsprechenden Staatspraxis ein Ersatz ausscheidender Wahlkreisabgeordneter durch Listennachfolger ausgeschlossen ist, soweit die betroffene

Partei in dem jeweiligen Land über Überhangmandate verfügt, weil das Zweitstimmenergebnis nur die auf seiner Grundlage errechnete Abgeordnetenzahl deckt (BVerfGE 97, 317 [322 ff.]).

Unbeanstandet geblieben ist auch die **Grundmandatsklausel** (heute § 6 Abs. 3 S. 1, **17** 2. Alt. BWahlG), nach der bei der Verteilung der Parlamentssitze Listen, die mindestens drei Direktmandate erworben haben, berücksichtigt werden. Obwohl Parteien ohne (drei) Direktmandate mit einem u. U. weitaus höheren Stimmenanteil an der 5%–Klausel scheitern würden, hat das BVerfG auch hierin eine durch Art. 38 Abs. 3 GG gedeckte Ausgestaltung des Wahlrechtssystems gesehen. Der Gesetzgeber könne das zulässigerweise für eine Berücksichtigung bei der Sitzvergabe geforderte politische Mindestgewicht einer Partei im Mischsystem der personalisierten Verhältniswahl von unterschiedlichen Kriterien abhängig machen, auch von ihrem Erfolg bei der Wahl in den Wahlkreisen (vgl. BVerfGE 95, 408 [417 ff.]).

Die nach § 6 Abs. 4, 5 BWahlG a.F. bestehende Möglichkeit, dass im Rahmen der **18** Verteilung der Sitze auf die Landeslisten ein Zuwachs an Zweitstimmen zu einem Verlust an Sitzen der Landesliste führen konnte (oder umgekehrt) (Effekt des **negativen Stimmgewichts**), hat BVerfGE 121, 266 (298 ff.); 131, 316 (346 ff.) für verfassungswidrig erklärt.

Ob die Möglichkeit, sich bei einer **Nachwahl** (§ 43 BWahlG) in Kenntnis des **19** Ergebnisses der Hauptwahl nach taktischen Überlegungen auszurichten, die Wahlrechtsgleichheit beeinträchtigt, hat BVerfGE 124, 1 (21 ff.) offengelassen, weil dies ggf. durch die Allgemeinheit der Wahl, die Chancengleichheit von Parteien und Wahlbewerbern sowie die Öffentlichkeit der Wahl gerechtfertigt wäre.

3. Unmittelbarkeit der Wahl

Der Grundsatz der unmittelbaren Wahl ist das Ergebnis der Absage an früher ver- **20** breitete mehrstufige Wahlsysteme, in denen die Urwähler lediglich Wahlmänner bestimmen konnten, denen erst die Aufgabe zukam, die Mitglieder des Parlaments zu wählen. Eine Filterung des Wählerwillens durch solche Zwischeninstanzen wurde in Deutschland verfassungsrechtlich schon in Art. 20 Abs. 1 RV 1871, dann in Art. 22 Abs. 1 WRV ausgeschlossen. **Unzulässig** ist aber nicht nur die Rückkehr zu einem System der indirekten Wahl durch Wahlmänner, sondern jede **Einschaltung irgendeines fremden Willens** bei der Bestimmung der Abgeordneten; diese muss ausschließlich durch die Stimmabgabe der Wähler erfolgen.

Beispiele:
Die Wahl einer (starren) Liste stellt eine unmittelbare Wahl nicht nur der zunächst in den Bundestag einrückenden Listenbewerber dar, sondern schließt auch die nachrangig platzierten Bewerber ein, so dass deren Nachrücken im Falle des Ausscheidens des ursprünglichen Abgeordneten, vgl. § 48 Abs. 1 Satz 1 BWahlG, dem Grundsatz der unmittelbaren Wahl genügt (BVerfGE 7, 63 [68 f.]).
–Unzulässig wäre es dagegen, wenn die Partei des ausscheidenden Abgeordneten

frei wäre, dessen Nachfolger zu bestimmen (vgl. BVerfGE 47, 253 [280]). Daher ist § 48 Abs. 1 Satz 2 BWahlG, der aus der Partei ausgeschiedene Listenbewerber als Nachrücker ausschließt, problematisch, sofern sie die Partei nicht freiwillig verlassen haben, sondern ausgeschlossen worden sind (§ 10 Abs. 4, 5 PartG).

4. Freiheit der Wahl

21 Der Grundsatz der freien Wahl verlangt in erster Linie, dass die **Stimmabgabe frei von Zwang** und unzulässigem Druck erfolgt (BVerfGE 44, 125 [139]; 124, 1 [24]). Auf Wahlbeeinflussung gerichtete, parteiergreifende Einwirkungen von Staatsorganen auf die Willensbildung der Bürger missbilligt das BVerfG allerdings primär im Hinblick auf die Chancengleichheit der Parteien (BVerfGE 137, 29 Rn. 10). Die Wahlfreiheit wird auch auf das Wahlvorschlagsrecht erstreckt, so dass seine Monopolisierung bei den politischen Parteien den Grundsatz verletzen würde (BVerfGE 41, 399 [417]).

22 Problematisch ist, ob neben dem Inhalt der Wahlentscheidung auch die Teilnahme an der Wahl durch den Grundsatz geschützt ist; dies würde die Einführung einer **Wahlpflicht**, wie es sie in anderen Staaten gibt, ausschließen. Solange im Rahmen des Wahlvorgangs die Möglichkeit zur Stimmenthaltung besteht, dürfte eine Wahlpflicht dem **Sinn der Wahlfreiheit nicht widersprechen**. Wie der Grundsatz der Geheimheit (s. u. Rn. 24) der Wahl zeigt, geht es bei der Wahlfreiheit nicht darum, die Möglichkeit zur öffentlichen Bekundung eines politischen Willens zu schützen; vielmehr soll sichergestellt werden, dass der individuelle Wille frei in die kollektive Entscheidung über die Zusammensetzung des Bundestages eingehen kann.

23 Darüber hinaus begründet der Grundsatz der Wahlfreiheit **auch eine Schutzpflicht** des Staates gegenüber Beeinträchtigungen der Entscheidungsfreiheit des Wählers durch andere Privatpersonen, der die Strafvorschrift gegen Wählernötigung, § 108 StGB, Rechnung trägt. Allerdings muss die Freiheit aller Bürger und ihrer Gruppierungen, im Rahmen des politischen Meinungskampfes mit legitimen Mitteln um Wählerstimmen zu werben, hiervon unberührt bleiben.

5. Geheimheit der Wahl

24 Die Geheimheit der Wahl verlangt, dass ausschließlich der einzelne Wähler wissen kann, wie er seine Stimme abgegeben hat. Sie ist der wichtigste institutionelle **Schutz der freien Wahl** (BVerfGE 134, 25 [30]), weil sie es ausschließt, dass an die Wahlentscheidung des Einzelnen irgendwelche Sanktionen von staatlicher oder von privater Seite geknüpft werden können. Damit dieses Ziel erreicht werden kann, muss die Geheimhaltung des Inhalts der individuellen Stimmabgabe **unabhängig vom Willen des Wählers** sichergestellt sein; denn schon die Möglichkeit zur Offenbarung würde Ansatzpunkte für die Anknüpfung von Sanktionen bieten. Die Formulierung von § 33 Abs. 1 Satz 1 BWahlG trägt dem mit dem Gebot von

Vorkehrungen, die eine geheime Stimmabgabe ermöglichen, nur unzureichend Rechnung.

> **Hinweise**: Aussagen der Wähler über ihr Abstimmungsverhalten sind solange unbedenklich, wie sich ihr Wahrheitsgehalt nicht überprüfen lässt; dagegen ist zu verhindern, dass Wähler ihre gekennzeichneten Stimmzettel anderen Personen zeigen. Die Bekanntgabe von Wahlergebnissen berührt auch vor einer Nachwahl die Geheimheit der Wahl nicht (BVerfGE 124, 1 [25]).

Weil das Wahlgeheimnis für den einzelnen Wähler nicht disponibel ist, stellen die   **25**
Regelungen über die **Wahl durch Hilfspersonen** sowie die **Briefwahl**, § 33 Abs. 2,
§ 36 BWahlG, Einschränkungen der geheimen Wahl dar, obwohl der Wähler von
den genannten Möglichkeiten freiwillig Gebrauch macht. Diese Einschränkungen
sind durch den Grundsatz der Allgemeinheit der Wahl insoweit gerechtfertigt, als
sie Personen die Wahlteilnahme ermöglichen, die dazu sonst nicht in der Lage wären.
Von der Möglichkeit der Briefwahl können allerdings praktisch auch andere Personen Gebrauch machen. Das BVerfG hat die einschlägigen Regelungen gleichwohl
gebilligt, die Staatsorgane aber verpflichtet, die Handhabung der Briefwahl im Hinblick auf sich ergebende Gefahren für die Integrität der Wahl ständig zu überprüfen
und die Regelungen gegebenenfalls nachzubessern (BVerfGE 59, 119 [124 ff.]),
dazu aber bislang auch nach Wegfall der Pflicht, Verhinderungsgründe anzugeben,
noch keinen Anlass gesehen (BVerfGE 134, 25 Rn. 13 ff.).

III. Zusammenfassung

- Art. 38 Abs. 1 GG gewährt ein grundrechtsgleiches Recht auf die Durch-   **26**
  führung fälliger Bundestagswahlen unter Beachtung der angesprochenen
  fünf Wahlrechtsgrundsätze. Daneben nimmt das BVerfG einen Grundsatz
  der Öffentlichkeit der Wahl an.
- Das Recht aus Art. 38 Abs. 1 GG ist keinem Gesetzvorbehalt unterworfen;
  Art. 38 Abs. 3 GG ermöglicht nur ausgestaltende Regelungen ohne ein-
  schränkende Wirkung.
- Der Grundsatz der Allgemeinheit der Wahl schützt die Teilnahmemöglich-
  keit aller Angehörigen des deutschen Staatsvolkes an der Wahl. Gegenüber
  den strikten Anforderungen formaler Gleichheit sind Ausnahmen ohne
  Grundlage in der Verfassung unzulässig, die Anerkennung traditioneller
  Durchbrechungen als solcher ist fragwürdig.
- Der Grundsatz der Gleichheit der Wahl garantiert zumindest den gleichen
  Zählwert jeder Stimme. Grundsätzlich muss auch die gleiche rechtliche
  Erfolgschance gewährleistet sein, allerdings nur im Rahmen des jeweili-
  gen gesetzlich festgelegten Wahlsystems.
- Für die Verhältniswahl ist daher Erfolgswertgleichheit im Hinblick auf
  die Sitzverteilung im Parlament insgesamt geboten. Ausnahmen wie die

5 %-Klausel können aufgrund anderer Verfassungsbestimmungen gerechtfertigt sein, die die Wahlrechtsgleichheit begrenzen. Die Regelung über die früher ausgleichslosen Überhangmandate und die Grundmandatsklausel sollen sich grundsätzlich im Rahmen des Wahlsystems der personalisierten Verhältniswahl halten.

- Der Grundsatz der Unmittelbarkeit der Wahl schließt es aus, dass zwischen die Entscheidung der Wähler und die Bestimmung der Parlamentsabgeordneten irgendein fremder Wille eingeschaltet wird.
- Der Grundsatz der Freiheit der Wahl verbietet jeden staatlichen Zwang oder unzulässigen Druck auf den Inhalt der Wahlentscheidung einschließlich der Wahlvorschläge, aber wohl nicht die Einführung einer Wahlpflicht. Er begründet zudem eine Schutzpflicht gegenüber unzulässigen Einwirkungen privater Dritter.
- Der Grundsatz der Geheimheit der Wahl soll die Freiheit der Wahl sichern; er muss deshalb unabhängig vom Willen des Wählers durchgesetzt werden. Daher ist die im Hinblick auf die Allgemeinheit der Wahl rechtfertigungsfähige Briefwahl in ihrer praktischen Durchführung nicht unproblematisch.

Die Garantie des gesetzlichen Richters, Art. 101 Abs. 1 Satz 2 GG

34

Inhalt

Literatur: *Christoph Degenhart,* § 114, Gerichtsorganisation, in: HStR V³, 2007, S. 725 (748 ff.); *Hans-Detlef Horn,* § 132, Verbot von Ausnahmegerichten und Anspruch auf den gesetzlichen Richter, in: HGR V, 2013, S. 1271 (1285 ff.); *Arnd Uhle,* § 129, Rechtsstaatliche Prozeßgrundrechte und -grundsätze, in: HGR V, 2013, S. 1087 (Rn. 36 ff.); *Gabriele Britz,* Das Grundrecht auf den gesetzlichen Richter in der Rechtsprechung des BVerfG, JA 2001, 573; *Daniela Schroeder,* Die Justizgrundrechte des Grundgesetzes, JA 2010, 167 (169 f.).

Rechtsprechung: BVerfGE 3, 359 (Willkürkontrolle); BVerfGE 73, 339 (EuGH als gesetzlicher Richter); BVerfGE 82, 159 (Vorlagepflicht zum EuGH); BVerfGE 95, 322 (Plenum – Überbesetzte Spruchkörper); BVerfGE 118, 212 (Strafzumessungsfehler); BVerwGE 102, 7 (Mitwirkung von Richtern auf Probe); BVerfGE 138, 64 (Nichtvorlage wegen zu weitgehender verfassungskonformer Auslegung).

Übungsfälle: *Martin R. Otto,* Grundfälle zu den Justizgrundrechten, JuS 2012, 21.

© Springer-Verlag Berlin Heidelberg 2017
M. Sachs, *Verfassungsrecht II - Grundrechte*, Springer-Lehrbuch,
DOI 10.1007/978-3-662-50364-5_34

I. Allgemeines

1   Art. 101 GG enthält in seinen beiden Absätzen eine Reihe von Aussagen, die ihr Zentrum in dem **grundrechtsgleichen Recht** auf den gesetzlichen Richter nach Art. 101 Abs. 1 Satz 2 GG finden. Art. 101 Abs. 1 Satz 1 GG wendet sich gegen Ausnahmegerichte, die ohne abstrakt-generelle gesetzliche Regelungen eingerichtet werden und deshalb keinen gesetzlichen Richter darstellen. Art. 101 Abs. 2 GG stellt demgegenüber nur klar, dass das Verbot von Ausnahmegerichten nicht der Begründung von Gerichten für besondere Sachgebiete entgegensteht, wie sie im Rahmen der grundgesetzlichen Ordnung etwa in Gestalt von Berufs- oder Ehrengerichten durchaus bekannt sind.

2   Art. 101 Abs. 1 Satz 2 GG will sicherstellen, dass in jedem Gerichtsverfahren (etwa auch bei Popularklagen, BVerfGE 69, 112 [120]) die zuständigen **Richter im Voraus nach abstrakt-generellen Regeln bestimmt** sind, nicht aber erst ad hoc festgelegt werden. Damit soll gewährleistet werden, dass die entscheidenden Gerichtspersonen unparteilich sind. Art. 101 Abs. 1 Satz 2 GG wendet sich nach seiner Formulierung in erster Linie gegen staatliche Akte der Entziehung des gesetzlich vorgesehenen Richters (u. Rn. 4), stellt aber vor allem auch positive Anforderungen an dessen gesetzliche Bestimmung (u. Rn. 5 f.), die ebenfalls vom grundrechtsgleichen Schutz erfasst sind.

II. Berechtigung

3   Art. 101 Abs. 1 Satz 2 GG ist ein **Jedermannrecht** der Prozessbeteiligten (nicht des Richters), das nach Art. 19 Abs. 3 GG wesensmäßig auch auf inländische juristische Personen des Privatrechts anwendbar ist, da sie zur Teilnahme an Gerichtsverfahren befähigt sind. Über den Wortlaut des Art. 19 Abs. 3 GG hinaus wird die Bestimmung auf alle an einem Gerichtsverfahren Beteiligten überhaupt erstreckt, greift also auch für ausländische juristische Personen und für juristische Personen des öffentlichen Rechts ein (o. Kap. 6, Die Grundrechtsberechtigten, Rn. 57 ff. und 72).

> **Hinweis:**   BVerfGE 138, 64 Rn. 54 ff., hat auch eine Behörde als solche für Art. 101 Abs. 1 Satz 2 GG als beschwerdefähig anerkannt.

III. Der gesetzliche Richter

4   Von den Anforderungen des Art. 101 Abs. 1 Satz 2 GG an den **Richter** erfasst sind alle Abstufungen innerhalb der deutschen Gerichtsbarkeit, beginnend mit dem Rechtsweg, über das örtlich und sachlich zuständige Gericht und den innerhalb einer Gerichtsbehörde zur Entscheidung berufenen Spruchkörper bis zu den einzelnen Richtern, die im Rahmen eines Spruchkörpers tätig werden. Einzubeziehen ist aufgrund der funktionellen Verschränkung mit der deutschen Gerichtsbarkeit auch

der EuGH, soweit es darum geht, dass die deutsche Staatsgewalt seine innerstaatlich verbindlichen Zuständigkeiten beachtet (BVerfGE 73, 339 [366 ff.]).

Art. 101 Abs. 1 Satz 2 GG verlangt die **Gesetzlichkeit** des Richters. Dies erfor- 5 dert im Ausgangspunkt ein förmliches Gesetz, das insbesondere die grundlegenden Zuständigkeitsregeln enthalten muss, schließt aber Delegationen zur Regelung organisatorischer Einzelfragen durch Rechtsverordnung nicht aus. Für die Verteilung der Aufgaben auf die verschiedenen Spruchkörper innerhalb des Gerichts sind nach Maßgabe formell gesetzlicher Bestimmungen auch Geschäftsverteilungspläne ausreichend, die von dem jeweiligen Gericht selbst im Rahmen richterlicher Unabhängigkeit aufgestellt werden. In jedem Fall muss aber der zur Entscheidung berufene Richter, so weit wie möglich, im Voraus abstrakt-generell, also durch zumindest materielles, zudem geschriebenes Gesetz, festgelegt sein.

> **Beispiel:**
> Während BVerfGE 69, 112 (120 f.) die Bestimmung der bei übersetzten Spruchkörpern jeweils entscheidenden Richter dem Ermessen des Vorsitzenden überlassen hatte, hat das Plenum des BVerfG auch insoweit eine vorherige Festlegung in Mitwirkungsplänen verlangt (BVerfGE 95, 322 [327 ff.]).

Um ihre rechtsstaatliche Funktion wirksam erfüllen zu können, müssen alle Rege- 6 lungen zur Festlegung des gesetzlichen Richters **hinreichend bestimmt** sein. Dies schließt nicht aus, dass in den einschlägigen Regelungen auslegungsbedürftige Begriffe verwendet werden. Dem Ziel, jede Manipulationsmöglichkeit von vornherein zu verhindern, wird aber nur genügt, wenn die Regelungskriterien Spielräume für subjektive Wertungen möglichst weitgehend vermeiden (BVerfGE 95, 322 [327 ff.]).

„Übergeordnete rechtliche Interessen" (BVerfGE 118, 212 [240]) sollen es ge- 7 bieten können, die Bestimmung des zuständigen Gerichts einem Organenger der Rechtspflege zu überlassen. Diese müssten im Sinne einer einheitlichen Begrenzungsdogmatik ihre Grundlage wohl im **kollidierenden Verfassungsrecht** haben.

> **Beispiele:**
> Namentlich hat BVerfGE 20, 236 (345 f.) zur Sicherung einer gerechten Entscheidung die Möglichkeit des Revisionsgerichts gebilligt, nach § 354 Abs. 2 StPO bei der Zurückverweisung zwischen mehreren Gerichten und Spruchkörpern zu wählen. – BVerfGE 118, 212 (240 f.) hat für die Wahlmöglichkeit des Revisionsgerichts nach § 354 Abs. 1a StPO, selbst zu entscheiden oder zurückzuverweisen, die Prozessökonomie ausreichen lassen.

Mit dem gesetzlichen Richter ist zugleich der **verfassungsmäßige Richter** garan- 8 tiert, weil nur ein verfassungsmäßiges Gesetz eine gültige Bestimmung des gesetzlichen Richters darstellt. Auf diese Weise sind mittelbar auch die Anforderungen an ein Gericht nach Art. 92 GG einschließlich der auch rechtsstaatlich gebotenen Neutralität des Richters (BVerfGE 133, 168 Rn. 62) und insbesondere die Voraussetzungen der Unabhängigkeit des Richters nach Art. 97 GG grundrechtsgleich garantiert.

> **Hinweis:** Allerdings soll die Reichweite des grundrechtsgleichen Rechts hinter der der Garantie der richterlichen Unabhängigkeit zurückbleiben können, insbes. keinen Schutz gegen eine Überlastung der Richter bieten, die diese nach Art. 97 GG abwehren könnten (BVerfG [K], NJW 2012, 2334 Rn. 14 ff.).

Am verfassungsgemäßen Richter fehlt es auch, wenn untergesetzliche Rechtsnormen bei der Festlegung des zuständigen Richters von vorrangigen formell gesetzlichen Regelungen abweichen.

IV. Die Entziehung des gesetzlichen Richters

9 Ist der Richter, der im Einzelfall tätig werden soll, den grundgesetzlichen Anforderungen entsprechend gesetzlich bestimmt, kann den Beteiligten ihr gesetzlicher Richter dadurch entzogen werden, dass unter **Verstoß gegen die maßgeblichen Regelungen** ein anderer Richter tätig wird. Insoweit kommt heute der ursprünglichen Zielrichtung der Verfassungsgarantie gegen Manipulationen **durch die Exekutive kaum mehr Bedeutung** zu; immerhin bleiben Versuche gezielter Einflussnahme bei der Ernennung von Richtern mit Rücksicht auf ganz bestimmte Angelegenheiten denkbar.

10 In erster Linie geht es allerdings darum, eine fehlerhafte Anwendung des Prozessrechts **durch die Gerichte selbst** zu vermeiden. Dies kann durch Verletzung der Vorschriften über den Rechtsweg, die Zuständigkeit oder die Besetzung der einzelnen Spruchkörper, auch über den Ausschluss von Richtern, erfolgen, ferner durch Vernachlässigung von Verweisungs- oder insbesondere Vorlagepflichten.

> **Hinweis:** Als Gericht ist auch das BVerfG selbst durch Art. 101 Abs. 1 Satz 2 GG verpflichtet, seine ordnungsgemäße Besetzung von Amts wegen zu prüfen (BVerfGE 131, 230 [233 ff.] zur indirekten Richterwahl durch den Bundestag nach § 6 BVerfGG a.F.).

Fehlerhafte **Anwendung des Prozessrechts** wird allerdings vom BVerfG grundsätzlich **nur einer Willkürkontrolle** unterworfen (so schon BVerfGE 3, 359 [363 f.]; BVerfGE 136, 382 Rn. 34); im Übrigen wird Art. 101 Abs. 1 Satz 2 GG verletzt, wenn seine Bedeutung und Tragweite grundlegend verkannt werden (BVerfGE 138, 64 Rn. 71). Dies entspricht der Begrenzung der Kontrolldichte auf die Verletzung spezifischen Verfassungsrechts bei Rechtsanwendungsfehlern im Übrigen (o. Kap. 5, Grundrechtsverpflichtete, Rn. 21).

> **Hinweis:** Für die Auslegung von Geschäftsverteilungsplänen soll zwar die gewachsene Übung ihrer Anwendung maßgebend sein; doch darf sich

die Gerichtspraxis nicht über eine aus sich heraus eindeutige Regelung hinwegsetzen (BVerwG, NVwZ 2015, 1695 Rn. 14).

Art. 101 Abs. 1 Satz 2 GG kann auch durch willkürliche Nichterfüllung von **Vor-** **11** **lagepflichten** verletzt werden. So soll die Nichtvorlage nach Art. 100 Abs. 1 GG den gesetzlichen Richter nur entziehen, wenn sie auf Willkür beruht (BVerfGE 130, 1 [42]).

> **Hinweis:** BVerfGE 139, 1 Rn. 53, begnügt sich damit, dass das nicht vorlegende Gericht das Gesetz nicht für verfassungswidrig gehalten hat, was aber wohl nur ungenau formuliert ist. BVerfGE 138, 64 Rn. 71, sieht Art. 101 Abs. 1 Satz 2 GG verletzt, wenn eine Vorlage unterbleibt, weil das Gericht das Gesetz in nicht vertretbarer Weise verfassungskonform auslegt.

Bei den Vorlagepflichten zum EuGH überprüft das BVerfG, ob die dafür maßgeblichen Regelungen in offensichtlich unhaltbarer Weise gehandhabt werden; das geht über eine Willkürkontrolle nicht hinaus (ausdrücklich gleichsetzend BVerfGE 126, 286 [315 f.]; 128, 157 [187]). Dagegen sieht BVerfGE 109, 13 (23 f.) bei einer Nichtvorlage nach Art. 100 Abs. 2 GG trotz ernstzunehmender Zweifel im Hinblick auf eine allgemeine Regel des Völkerrechts das Recht auf den gesetzlichen Richter regelmäßig verletzt.

Darüber hinaus wird eine Verletzung des Art. 101 Abs. 1 Satz 2 GG wegen eines **12** **verfassungsrechtlich relevanten Begründungsdefizits** angenommen, wenn eine den entscheidenden Richter (mit)bestimmende Entscheidung ohne nähere Begründung getroffen wird, obwohl die gegenteilige Entscheidung nahegelegen hätte (BVerfG [K], NJW 2014, 2417 Rn. 23 ff. für die Nichtzulassung von Rechtsmitteln).

V. Zusammenfassung

- Art. 101 Abs. 1 Satz 2 GG will zur Vermeidung von Manipulationen im **13** Interesse der Unparteilichkeit des Gerichts sicherstellen, dass in jedem Gerichtsverfahren im Voraus nach abstrakt-generellen Regeln bestimmte Richter tätig werden.
- Das Recht aus Art. 101 Abs. 1 Satz 2 GG gilt auch für ausländische juristische Personen sowie solche des öffentlichen Rechts.
- Art. 101 Abs. 1 Satz 2 GG erfordert hinreichend bestimmte gesetzliche Regelungen, die in den wesentlichen Bereichen durch formelles Gesetz erfolgen müssen, auf dieser Grundlage im Übrigen aber auch durch Rechtsverordnung und gerichtliche Geschäftsverteilungspläne vervollständigt werden können.

- Der gesetzliche Richter ist nur der verfassungsmäßige Richter; dadurch können insbesondere die Anforderungen an Gerichte und Richter nach Art. 92, 97 GG mittelbar Bedeutung erlangen.
- Die Entziehung des gesetzlich bestimmten Richters droht heute weniger von der Exekutive als aufgrund fehlerhafter Anwendung des Prozessrechts durch die Judikative selbst. Insoweit findet von Verfassungs wegen nur eine Willkürkontrolle des BVerfG statt.

Die Grundrechte des Art. 103 GG

Inhalt

Literatur zu I.: *Christoph Degenhart,* § 115, Gerichtsverfahren, in: HStR V[3], 2007, S. 761; *Karin Graßhof,* § 133, Rechtliches Gehör, in: HGR V, 2013, S. 1325; *Franz-Ludwig Knemeyer,* § 178, Rechtliches Gehör im Gerichtsverfahren, in: HStR VIII[3], 2010, S. 555; *Arnd Uhle,* § 129, Rechtsstaatliche Prozeßgrundrechte und -grundsätze, in: HGR V, 2013, S. 1087 (Rn. 44 ff.); *Ivo Appel,* Grundrechtsgleiche Rechte, Prozessgrundrechte oder Schranken-Schranken? Zur grundrechtsdogmatischen Einordnung von Art. 103 Abs. 2 und 3 GG, Jura 2000, 571; *Martin R. Otto,*

© Springer-Verlag Berlin Heidelberg 2017
M. Sachs, *Verfassungsrecht II - Grundrechte,* Springer-Lehrbuch,
DOI 10.1007/978-3-662-50364-5_35

Grundfälle zu den Justizgrundrechten. Art. 103 I GG – Der Anspruch auf rechtliches Gehör vor Gericht, JuS 2012, 412; *Daniela Schroeder,* Die Justizgrundrechte des Grundgesetzes, JA 2010, 167 (171 f.); **zu II.:** *Markus Möstl,* § 179, Grundrechtliche Garantien im Strafverfahren, in: HStR VIII³, 2010, S. 587 (Rn. 56); *Heinrich Amadeus Wolff,* § 134, Nullum crimen, nulla poena sine lege, in: HGR V, 2013, S. 1373; *Bernd von Heintschell-Heinegg,* Noch einmal, weil es so wichtig ist: Der mögliche Wortsinn markiert im Strafrecht die äußerste Grenze zulässiger Auslegung, JA 2009, 68; *Michael Hettinger,* Die zentrale Bedeutung des Bestimmtheitsgrundsatzes (Art. 103 Abs. 2 GG), JuS 1997 L17; *Silke Laskowski,* Unrecht – Strafrecht – Gerechtigkeit, Die Probleme des Rechtsstaats mit dem DDR-Unrecht, JA 1994, 151; *Daniela Schroeder,* Die Justizgrundrechte des Grundgesetzes, JA 2010, 167 (172 ff.); *Andreas Voßkuhle/Ann-Katrin Kaufhold,* Grundwissen – Öffentliches Recht: Vertrauensschutz, JuS 2011, 794; **zu III.:** *Markus Möstl,* § 179, Grundrechtliche Garantien im Strafverfahren, in: HStR VIII³, 2010, S. 587 (Rn. 57); *Georg Nolte,* § 135, Ne bis in idem, in: HGR V, 2013, S. 1425; *Friedrich-Christian Schroeder,* Die Rechtsnatur des Grundsatzes „ne bis in idem", JuS 1997, 227; *Thomas Streinz,* „Ne bis in idem" bei Sanktionen nach deutschem und europäischem Kartellrecht, Jura 2009, 412.

Rechtsprechung zu I.: BVerfGE 9, 89 (Rechtliches Gehör bei Untersuchungshaft); BVerfGE 9, 124 (Armenrecht); BVerfGE 42, 128 (Hausbriefkasten); BVerfGE 54, 117 (Präklusion im Zivilprozess); BVerfGE 89, 381 (Adoption Volljähriger); BVerfGE 99, 145 (Gegenläufige Kindesrückführungsanträge); BVerfGE 101, 106 (in camera-Verfahren); BVerfGE 107, 395 (Plenum – fachgerichtliche Abhilfemöglichkeit); BVerfGE 109, 279 (370 f.) (Großer Lauschangriff); BVerfGE 119, 292 (Anhörungsrüge); **zu II.:** BVerfGE 25, 269 (Rückwirkende Verjährungsänderung); BVerfGE 73, 206 (Sitzblockade I); BVerfGE 92, 1 (Sitzblockade II); BVerfGE 95, 96 (Mauerschützen); BVerfGE 104, 92 (Blockadeaktion); BVerfGE 105, 135 (Vermögensstrafe); BVerfGE 109, 133 (Sicherungsverwahrung II); BVerfGE 128, 326 (Sicherungsverwahrung III); EGMR, NJW 2010, 2495 (Sicherungsverwahrung); **zu III.:** BVerfGE 3, 248 (Verbrauch der Strafklage bei Freispruch); BVerfGE 12, 62 (Vorentscheidung durch deutsches Gericht); BVerfGE 23, 191 (Wiederholte Ersatzdienstverweigerung); BVerfGE 56, 22 (Tateinheit und Doppelbestrafung); BVerfGE 65, 377 (Doppelbestrafung nach Strafbefehl); BVerfGE 75, 1 (Ne bis in idem im Völkerrecht).

Übungsfälle: *Dominik Brodowski,* Grundfälle zu den Justizgrundrechten. Art. 103 II, III GG – nulla poena sine lege, ne bis in idem, JuS 2012, 892.

I.   Das rechtliche Gehör, Art. 103 Abs. 1 GG

1. Allgemeines

1   Art. 103 Abs. 1 GG begründet eine mit der Verfassungsbeschwerde geltend zu machende, **grundrechtsgleiche Garantie** einer alten prozessrechtlichen Maxime, die in engem Zusammenhang mit der Funktion der Gerichte überhaupt steht, dem Einzelnen eine ihm gerecht erscheinende Entscheidung zu vermitteln. Die Gewährung rechtlichen Gehörs ist eine spezielle Ausprägung des rechtsstaatlichen Gebots eines fairen Verfahrens; es trägt zugleich der Menschenwürde Rechnung, indem es den Einzelnen auch im Verfahren als Subjekt anerkennt. Wie es die Anspruchsformulierung nahelegt, handelt es sich um ein auf das Gerichtsverfahren bezogenes grundrechtsgleiches **Leistungsrecht**.

2. Berechtigung

Das Recht auf rechtliches Gehör nach Art. 103 Abs. 1 GG ist ein **Jedermannrecht**,   2
das ungeachtet der nur für die natürlichen Personen bestehenden Verbindungslinien
zur Menschenwürde wesensmäßig auch inländischen juristischen Personen des Privatrechts zustehen kann. **Über den Wortlaut des Art. 19 Abs. 3 GG hinaus** soll
auch diese prozessuale Garantie auch für ausländische juristische Personen und solche des öffentlichen Rechts gelten (o. Kap. 6, Die Grundrechtsberechtigten, Rn. 57 ff.
und 72).

> **Hinweis:** BVerfGE 138, 64 Rn. 54 ff., hat auch eine Behörde als solche für
> Art. 103 Abs. 1 GG als beschwerdefähig anerkannt.

„Vor Gericht" befinden sich in erster Linie die an einem Verfahren **förmlich Beteilig-**   3
ten, an die sich die gerichtliche Entscheidung richtet. Während Kinder grundsätzlich
durch ihre Eltern gesetzlich vertreten werden, kann es im Falle von Interessenkonflikten geboten sein, eine eigenständige Wahrnehmung der Kindesinteressen
sicherzustellen.

> **Beispiel:**
> Im familiengerichtlichen Verfahren über die Rückführung eines von beiden Eltern
> gegenläufig entführten Kindes, das selbst noch nicht in der Lage ist, seine Verfah-
> rensrechte wahrzunehmen, ist für das Kind zur Sicherung seines rechtlichen
> Gehörs ein Verfahrenspfleger zu bestellen (BVerfGE 99, 145 [162 f.]).

Soweit gerichtliche Entscheidungen auch gegenüber anderen Personen verbindliche
Wirkungen entfalten, die unmittelbar auf ihre Rechtssphäre einwirken, steht der Anspruch auf Gehör auch ihnen als **materiell Beteiligten** zu.

> **Beispiel:**
> Bei einer Erwachsenenadoption ist den Kindern der Beteiligten rechtliches Gehör
> zu gewähren, deren Interessen nach § 1769 BGB bei der Entscheidung des Vor-
> mundschaftsgerichts zu berücksichtigen sind (BVerfGE 89, 381 [390 f.]).

3. Sachliche Anspruchsvoraussetzungen

Art. 103 Abs. 1 GG gilt **„vor Gericht"**, also grundsätzlich in jedem Verfahren vor   4
den staatlichen Gerichten, in dem Richter im Sinne des Art. 92 GG entscheiden, und
zwar unabhängig davon, ob es sich um materielle Rechtsprechung handelt. Dagegen
gilt Art. 103 Abs. 1 GG nicht in Verfahren vor Verwaltungsbehörden. Dies schließt
nicht aus, dass dort aus rechtsstaatlichen Gründen im Sinne eines fairen Verfahrens
ebenfalls Gehör zu gewähren ist, wie es gesetzlich etwa in § 28 VwVfG verankert ist.

▶ **Hinweis:** Entscheiden Gerichte durch Rechtspfleger, gilt Art. 103 Abs. 1
   GG nicht; doch ergibt sich dort eine Anhörungspflicht aus dem rechtsstaatlichen Grundsatz des fairen Verfahrens (BVerfGE 101, 397 [404 ff.]).

4. Anspruchsinhalt

5   Das zu gewährende **rechtliche Gehör** umfasst eine Reihe von Teilelementen, für
    deren Ausgestaltung im Einzelnen der Prozessrechtsgesetzgeber über einen Gestal-
    tungsspielraum verfügt. Entscheidend ist, dass den Beteiligten dem Ziel eines effek-
    tiven Rechtsschutzes **angemessene Möglichkeiten zur** (nicht notwendig
    mündlichen oder höchstpersönlichen) **Äußerung** zustehen, die sich auf die Prob-
    lematik des Verfahrens, also auf die gesamte einschlägige Sach- und Rechtslage
    erstrecken.

6   Grundsätzlich ist das Gehör **vor der Entscheidung** zu gewähren, damit es sei-
    nen Zweck erfüllen kann. Nicht ausgeschlossen ist jedoch trotz Art. 103 Abs. 1 GG,
    dass in Eilverfahren aufgrund der besonderen Notwendigkeiten zunächst ohne
    Anhörung des Betroffenen entschieden wird, weil dieser im Anschluss an die unauf-
    schiebbare Eilmaßnahme rechtliches Gehör erhalten kann.

Beispiel:

Vor Erlass eines Haftbefehls ist die vorherige Anhörung des Beschuldigten nicht
erforderlich (BVerfGE 9, 89 [96 ff.]).

Auch sonst kann das Gehör, wenn es nicht sofort gewährt worden ist, noch nachge-
holt werden, und zwar auch in einer späteren Instanz; dies gilt allerdings nur vor
Rechtskraft, also bis zum Eintritt der Unanfechtbarkeit der Entscheidung.

7   Damit die Beteiligten ihre Äußerungsbefugnis adäquat wahrnehmen können, ist
    das Gericht darüber hinaus zu positiven Handlungen verpflichtet, insbesondere zur
    Information der Beteiligten über das Vorbringen anderer Beteiligter, ggf. auch zur
    Unterrichtung über seine eigenen Auffassungen. Haben sich Beteiligte geäußert,
    schließt das rechtliche Gehör auch einen Anspruch auf **Berücksichtigung** des Vor-
    bringens ein, das daher nicht unbeachtet bleiben darf. Dies wird sich regelmäßig in
    der Begründung der gerichtlichen Entscheidung niederzuschlagen haben.

8   Ob das rechtliche Gehör auch ein Recht darauf vermittelt, sich durch einen
    Rechtsanwalt vertreten lassen zu können, ist nicht unzweifelhaft. Jedenfalls bei
    rechtlich schwierigen Verfahren, in denen der Laie zu einer sachgerechten Äußerung
    zur Rechtslage ohne den Rechtsbeistand gar nicht in der Lage ist, dürfte ein solcher
    Anspruch aber grundsätzlich zu bejahen sein. Jedenfalls dürfte mit Rücksicht auf
    die Schwere der drohenden Sanktionen in einem Strafverfahren ein Recht auf einen
    Verteidiger ebenfalls von Art. 103 Abs. 1 GG umfasst sein. In Verfahren mit Anwalts-
    zwang ist zur Sicherung des rechtlichen Gehörs die Vertretung durch einen Anwalt
    auch zugunsten unbemittelter Personen sicherzustellen, z. B. durch Prozess-
    kostenhilfe (vgl. in Verbindung mit Art. 3 Abs. 1 GG BVerfGE 9, 124 [132]; gene-
    rell wird die Garantie auch faktischer Rechtsschutzgleichheit Unbemittelter auf
    Art. 3 Abs. 1 GG i. V. mit dem Sozial- und Rechtsstaatsprinzip gestützt, vgl.
    BVerfGE 122, 39 [48 ff.]).

5. Verletzungen des grundrechtsgleichen Rechts

Verkürzungen des rechtlichen Gehörs können sich aus für die Gerichte bindenden **9** **Vorgaben der Prozessgesetze** ergeben, die der Gewährung des Gehörs in dem verfassungsrechtlich gebotenen Ausmaß entgegenstehen; dies ist allerdings vorrangig durch verfassungskonforme Auslegung zu verhindern.

> **Beispiele:**
> Unzumutbar kurze Äußerungsfristen (vgl. zur Auslegung einschlägiger Vorschriften BVerfGE 42, 128 [130 ff.]), unzumutbar weitgehende Präklusionsregelungen (BVerfGE 54, 117 [123 f.)).

Wo es nur an positiven Regelungen des Prozessrechts über die Gewährung des gebotenen Gehörs fehlt, werden die Gerichte unmittelbar durch Art. 103 Abs. 1 GG dazu verpflichtet (aber u. Rn. 12). Werden Gesetze, die ordnungsgemäßes rechtliches Gehör vorschreiben, gerade in dieser Beziehung fehlerhaft angewendet, wird vielfach zugleich eine Verletzung spezifischen Verfassungsrechts vorliegen, auf die sich die verfassungsgerichtliche Kontrolle der Rechtsanwendung beschränkt (o. Kap. 5, Grundrechtsverpflichtete, Rn. 21).

Ausdrückliche **Begrenzungen** kennt Art. 103 Abs. 1 GG **nicht**. Doch können **10** begrenzende Nebengehalte anderer Verfassungsnormen es ausnahmsweise rechtfertigen, das rechtliche Gehör zu versagen.

> **Beispiele:**
> Das rechtliche Gehör durch Einsichtnahme in dem Gericht vorgelegte Akten darf ausgeschlossen werden, wenn nur auf diesem Wege überhaupt der von Art. 19 Abs. 4 GG garantierte Rechtsschutz ermöglicht werden kann, der sonst aus übergeordneten Gesichtspunkten ganz ausgeschlossen werden müsste (so BVerfGE 101, 106 [in camera-Verfahren]). S. auch o. Kap. 30, Die Rechtsweggarantie des Art. 19 Abs. 4 GG, Rn. 29. – In Strafverfahren verstößt es allerdings gegen Art. 103 Abs. 1 GG, wenn geheim zu haltende Tatsachen nur dem Gericht, aber nicht dem Angeklagten offenbart werden (BVerfGE 109, 279 [370 f.]).

Eine **Entscheidung**, die unter Verletzung des rechtlichen Gehörs ergangen ist, muss **11** wegen dieses Fehlers grundsätzlich **aufgehoben** werden; anderes gilt, wenn die unter Verletzung des rechtlichen Gehörs getroffene Entscheidung nicht darauf beruht.

6. Objektivrechtliche Gehalte

Der Bedeutung des Art. 103 Abs. 1 GG als objektivrechtliches Verfahrensprinzip hat **12** das BVerfG in einer Plenarentscheidung die Notwendigkeit gesetzlicher Regelungen entnommen, die **fachgerichtlichen Rechtsschutz** gegen Verletzungen des rechtlichen Gehörs vorsehen. Die zuvor von den Gerichten entwickelten ungeschriebenen außerordentlichen Rechtsbehelfe hat es wegen fehlender Rechtsmittelklarheit nicht ausreichen lassen (BVerfGE 107, 395 [408 ff.]). Daraufhin ist in die Prozessordnungen eine Gehörsrüge (wie in § 321a ZPO) aufgenommen worden.

▶ **Hinweis:** Zur entsprechenden Regelung des § 78a ArbGG hat BVerfGE 119, 292 (295 ff.) dem BAG bescheinigt, die Vorschrift in verfassungsrechtlich nicht vertretbarer Weise so verengt ausgelegt zu haben, dass eine nicht hinnehmbare Rechtsschutzlücke im fachgerichtlichen Verfahren fortbestanden habe.

7. Zusammenfassung

13 • Art. 103 Abs. 1 GG ist ein grundrechtsgleiches Leistungsrecht, welches in jedem gerichtlichen Verfahren gebietet, die beteiligten Personen anzuhören. Davon umfasst ist auch ein Anspruch auf die hierfür erforderliche Information der Beteiligten und die Berücksichtigung ihres Vorbringens.
• Das Recht aus Art. 103 Abs. 1 GG gilt für auch für ausländische juristische Personen sowie solche des öffentlichen Rechts.
• Gesetze verletzen den Art. 103 Abs. 1 GG dann, wenn sie die Gewährung des verfassungsrechtlich gebotenen rechtlichen Gehörs durch die Gerichte ausschließen. Fehlt es an hinreichenden positiven gesetzlichen Regelungen, verpflichtet Art. 103 Abs. 1 GG die Gerichte unmittelbar.
• Eine Grundrechtsbegrenzung wird aus Art. 19 Abs. 4 GG hergeleitet, wonach ein in camera-Verfahren unter Versagung vollen rechtlichen Gehörs zulässig sein kann, wenn sonst die Rechtsschutzgarantie ganz leerliefe.
• Die Nichtgewährung des gebotenen rechtlichen Gehörs stellt eine Grundrechtsverletzung dar, die die Aufhebung der auf dem Verstoß beruhenden Entscheidung zur Folge hat.
• Aus Art. 103 Abs. 1 GG hat das BVerfG zudem abgeleitet, dass es gesetzlich geregelten fachgerichtlichen Rechtsschutz gegen Verletzungen des rechtlichen Gehörs durch die Gerichte geben muss.

II. Keine Strafe ohne Gesetz, Art. 103 Abs. 2 GG

1. Allgemeines

14 Art. 103 Abs. 2 GG erhebt in knapper Form eine Reihe **traditioneller, grundlegender Rechtsgrundsätze des Strafrechts** (vgl. § 1 StGB), die unter dem lateinischen Schlagwort „nulla poena sine lege" zusammengefasst werden, in den Rang grundrechtsgleicher Rechte. Die Verfassungsnorm stellt an staatliche Eingriffe mit bestrafendem Charakter Anforderungen hinsichtlich der gesetzlichen Grundlagen. Die subjektive Berechtigung ist kein Abwehrrecht an einem bestimmten Schutzgegenstand, sondern ein gegen den bestrafenden staatlichen Eingriff ausgerichtetes Recht (o. Kap. 7, Der Grundrechtstatbestand, Rn. 8 ff.). Berechtigter ist **jedermann**, auf den sich staatliche Strafsanktionen beziehen, also grundsätzlich alle natürlichen, ggf. aber auch juristische Personen.

> **Hinweis:** Weitere Anforderungen an die staatliche Strafgewalt können sich aus den von Sanktionen betroffenen materiellen Grundrechten (vgl. o. Kap. 14, Die Grundrechte des Art. 2 GG, Rn. 54 – nulla poena sine culpa –; Kap. 14, Die Grundrechte des Art. 2 GG, Rn. 133 zur lebenslangen Freiheitsstrafe) oder – insbes. in verfahrensrechtlicher Hinsicht – aus dem Rechtsstaatsprinzip ergeben (vgl. insbes. zur Unschuldsvermutung o. Kap. 14, Die Grundrechte des Art. 2 GG, Rn. 19).

2. Der strafende Eingriff

Das von Art. 103 Abs. 2 GG erfasste strafende Staatshandeln umfasst **alle Straf-**   **15** **sanktionen**, die dem Einzelnen Nachteile wegen schuldhaft begangenen Unrechts zufügen, einschließlich derjenigen, die sich nach dem Recht der Ordnungswidrigkeiten (als Nachfolger der früher im StGB geregelten Übertretungen) und (wohl auch) nach dem Disziplinarrecht (BVerfGE 116, 69 [82 f.] für das Analogieverbot) richten.

> **Beispiel:**
> Die Verzinsung der Geldbuße nach § 81 Abs. 6 GWB fällt nicht unter Art. 103 Abs. 2 GG, weil ihr nach dem Willen des Gesetzgebers keine zusätzliche Ahndungswirkung zukommt (BVerfGE 133, 1 Rn. 92 ff.).

Die **Sicherungsverwahrung** hat BVerfGE 109, 133 (167 ff.) mangels Strafcharakter   **16** nicht dem Art. 103 Abs. 2 GG unterstellt. Nachdem EGMR, NJW 2010, 2495 Rn. 120 ff., darin eine Strafe i. S. des „autonom" ausgelegten Art. 7 EMRK gesehen hatte, hat BVerfGE 128, 326 (366 ff.) daran festgehalten, die Sicherungsverwahrung nicht als Strafe i. S. des Art. 103 Abs. 2 GG einzustufen, hat sie aber in völkerrechtsfreundlicher Auslegung in Anlehnung an die Entscheidung des EGMR wegen Unverhältnismäßigkeit (auch der rückwirkenden Einführung) als Verstoß gegen Art. 2 Abs. 2 Satz 2 GG eingestuft (o. Kap. 14, Die Grundrechte des Art. 2 GG, Rn. 136).

> **Hinweis:** BVerfGE 134, 33 Rn. 66 ff. hat die Neuregelung des Therapieunterbringungsgesetzes nur in mit Rücksicht auf Vertrauensschutzbelange restriktiver verfassungskonformer Auslegung vor Art. 2 Abs. 2 Satz 2 GG gebilligt.

3. Die Anforderungen an den strafenden Eingriff

Voraussetzung der Zulässigkeit des staatlichen Strafeingriffs ist gemäß Art. 103   **17** Abs. 2 GG, dass die **Strafbarkeit** gesetzlich bestimmt war, bevor die Tat begangen wurde. Die Notwendigkeit gesetzlicher Bestimmtheit bezieht sich auf **die materiellen Kriterien** für die Möglichkeit, ein bestimmtes Handeln zu bestrafen, also insbesondere auf die einzelnen Straftatbestände, die das strafbare Verhalten festlegen, aber grundsätzlich auch auf allgemeine materielle Strafbarkeitsvoraussetzungen, wie etwa Rechtfertigungsgründe; außerdem wird auch die Strafandrohung erfasst (BVerfGE 105, 135 [153]). Nicht eingeschlossen sind dagegen formelle Anforderungen an die Strafbarkeit, wie etwa Regelungen über die Verjährung (vgl. hierzu BVerfGE 25, 269 [287]) und Ähnliches, sowie das Strafverfahrensrecht (BVerfGE 112, 304 [315]).

18   Die Strafbarkeit muss gesetzlich, d. h. durch ein **geschriebenes Gesetz** bestimmt sein. Damit ist namentlich eine gewohnheitsrechtlich begründete Strafbarkeit ausgeschlossen. Ferner findet hier das im Strafrecht gültige **Verbot der Analogie** zum Nachteil des Angeklagten (u. Rn. 20) seine verfassungsrechtliche Grundlage.

> ▶ **Hinweis:** Die Analogie wird dabei nicht im technischen Sinne verstanden; vielmehr erfasst das Verbot jede über die Wortlautgrenze hinausgehende tatbestandsausweitende Rechtsanwendung (BVerfGE 130, 1 [43 f.]).

19   Im Gegensatz zu Art. 104 Abs. 1 GG (o. Kap. 14, Die Grundrechte des Art. 2 GG, Rn. 126) verlangt Art. 103 Abs. 2 GG nicht ausdrücklich ein **förmliches Gesetz.** Daher kann die gesetzliche Bestimmung aufgrund einer entsprechenden Delegation von Rechtssetzungsmacht im förmlichen Gesetz **auch durch Rechtsverordnungen oder Satzungen** erfolgen. Allerdings sind an die Bestimmtheit der Ermächtigung strenge Anforderungen zu stellen. Während es prinzipiell möglich ist, die Nichtbeachtung von **Verwaltungsakten** mit Strafe zu bedrohen, hat es das BVerfG für mit dem Grundsatz der Bestimmtheit der Strafnorm unvereinbar erklärt, wenn das Gesetz das Zuwiderhandeln gegen Verwaltungsakte unter Strafe stellt, deren **Inhalt im Gesetz** nur pauschal vorgegeben und nicht in hinreichend **präzisierter Weise vorgezeichnet** ist.

> **Beispiel:**
> Eine Bestrafung wegen Betreibens einer Fernmeldeanlage unter Verletzung der mit der Genehmigung verbundenen Verleihungsbedingungen gemäß § 15 Abs. 2 lit. a FAG a.F. verletzte Art. 103 Abs. 2 GG, weil die Bestimmung nicht selbst regelte, welche Verbote und Gebote im Einzelnen als Verleihungsbedingungen aufgestellt werden konnten (BVerfGE 78, 374 [381 ff.]).

20   Die Anforderung, dass die Strafbarkeit gesetzlich bestimmt sein muss, bezieht sich nicht nur auf die Festlegung der Strafbarkeit durch Gesetz überhaupt, sondern wird auch im Sinne **strenger Bestimmtheitsanforderungen an das Strafgesetz** verstanden, die über die allgemeinen rechtsstaatlichen Anforderungen an Grundrechtsbeschränkungen (o. Kap. 10, Anforderungen an Grundrechtsbeeinträchtigungen, Rn. 53) hinausgehen. Bezogen auf die Rechtsanwendung durch die Gerichte flankiert das in Art. 103 Abs. 2 GG enthaltene Bestimmtheitsgebot das ebenfalls dort angelegte **Analogieverbot** (o. Rn. 18). Es verhindert so allzu weitgehende Auslegungen und zwingt die Gerichte zur restriktiven Handhabung von Strafnormen. Allerdings schließt das Gebot der Bestimmtheit die Verwendung auslegungsbedürftiger Begriffe nicht aus, solange ihr Sinn mit den üblichen Auslegungsmethoden zu ermitteln ist.

> **Beispiel:**
> Die Strafbarkeit der Nötigung gem. § 240 StGB ist als solche sowohl hinsichtlich des Gewaltbegriffs wie in Bezug auf die Verwerflichkeitsklausel mit Art. 103 Abs. 2 GG vereinbar, doch wurde die weite Auslegung im Sinne des (vergeistigten) Gewaltbegriffes den Bestimmtheitsanforderungen nicht gerecht (BVerfGE 92, 1 [13 ff.] gegenüber BVerfGE 73, 206 [233 ff.]; erneut BVerfGE 104, 92 [101 ff.]). – Auch § 130 Abs. 4 StGB wurde als hinreichend bestimmt angesehen (BVerfGE 124, 300 [338 ff.]).

Die Gerichte werden dabei als verpflichtet angesehen, Unklarheiten über die Reichweite einer Strafnorm nach Möglichkeit durch Präzisierung auszuräumen (BVerfGE 126, 170 [198 f.] zu § 266 StGB).

Der letzte Halbsatz des Art. 103 Abs. 2 GG richtet sich gegen eine nach der Tat   **21** (ex post facto) gesetzlich begründete Strafbarkeit. Dieses nur für Änderungen des materiellen Strafrechts (o. Rn. 17) geltende **strikte Rückwirkungsverbot**

> ▶ **Hinweis:** BVerfGE 113, 273 (308) nimmt zwar das Auslieferungsrecht als Verfahrensrecht grundsätzlich aus, erwägt aber eine Gleichstellung, wenn ein bislang vor Auslieferung sicherer Deutscher ohne maßgeblichen Auslandsbezug nach seiner Auslieferung in einen anderen Staat der EU dort wegen in Deutschland nicht strafbarer Taten strafrechtlich belangt werden könnte.

geht über die diesbezüglich aus dem Rechtsstaatsprinzip folgenden Beschränkungen zugunsten des Vertrauensschutzes der Betroffenen (o. Kap. 10, Anforderungen an Grundrechtsbeeinträchtigungen, Rn. 54 ff.) deutlich hinaus. Seine Stringenz soll (nur) in extremen Ausnahmefällen durchbrochen werden können.

> **Beispiel:**
> Für in der DDR begangene Straftaten ist auch nach der Wiedervereinigung grundsätzlich das dort zum Tatzeitpunkt gültige DDR-Recht einschließlich seiner über das bundesdeutsche Strafrecht hinausgehenden Rechtfertigungsgründe anwendbar. Ausgenommen blieb aber in den Fällen der sog. Mauerschützen und ihrer Auftraggeber im Nationalen Verteidigungsrat ein aus der Handhabung des Grenzregimes der DDR abzuleitender Rechtfertigungsgrund für den Schießbefehl, weil er wegen schwerwiegender Missachtung der Menschenrechte in unerträglichem Widerspruch zur materiellen Gerechtigkeit stand und daher von Anfang – ungeachtet der entgegengesetzten Staatspraxis – kein gültiges Recht war (vgl. mit ähnlicher Begründung BVerfGE 95, 96 [130 ff.])

4. Verletzungen des grundrechtsgleichen Rechts

Verstöße gegen Art. 103 Abs. 2 GG können vom Gesetzgeber ausgehen, insbeson-   **22** dere wenn er rückwirkende Strafbestimmungen erlässt oder wenn seine Regelungen den Bestimmtheitsanforderungen nicht genügen. Im Übrigen kommen Eingriffe durch die Gerichte in Betracht, wenn sie Strafen festlegen, für die eine gesetzliche Grundlage fehlt. Entsprechendes gilt im Rahmen des Ordnungswidrigkeiten- und Disziplinarrechts für die mit der Verhängung von Sanktionen befassten Behörden. Art. 103 Abs. 2 GG enthält keine ausdrückliche Begrenzung; begrenzende Neben-gehalte anderer Verfassungsnormen, die zu Abweichungen von Art. 103 Abs. 2 GG führen könnten, sind nicht erkennbar. Wird gegen die Anforderungen des Art. 103 Abs. 2 GG verstoßen, stellt dies daher **stets eine Verletzung des grundrechtsglei-chen Rechts** dar.

> ▶ **Hinweis:** Im erwähnten Mauerschützenfall spricht das BVerfG allerdings von einem Konflikt zwischen den unverzichtbaren rechtsstaatlichen Geboten des Grundgesetzes hinsichtlich der materiellen Gerechtigkeit und dem absoluten Rückwirkungsverbot des Art. 103 Abs. 2 GG (BVerfGE 95, 96 [133]). Doch liegt ein solcher Konflikt nur scheinbar vor, wenn man den für den Schießbefehl reklamierten Rechtfertigungsgrund als gesetzli-ches Unrecht für von vornherein ungültig erklärt (o. Rn. 21).

5. Zusammenfassung

23
- Art. 103 Abs. 2 GG richtet sich als grundrechtgleiches Jedermannrecht gegen Strafsanktionen des Staates einschließlich solcher des Ordnungs-widrigkeiten- und Disziplinarrechts.
- Die Sicherungsverwahrung stellt keine Strafe i. S. des Art. 103 Abs. 2 GG dar, unterliegt aber aufgrund völkerrechtsfreundlicher Auslegung in Ori-entierung an der Judikatur des EGMR weithin übereinstimmenden Anfor-derungen im Rahmen von Art. 2 Abs. 2 Satz 2 GG.
- Art. 103 Abs. 2 GG verlangt eine geschriebene gesetzliche Grundlage hin-sichtlich der materiellen Voraussetzungen der Strafbarkeit.
- Strafbestimmungen müssen besondere Bestimmtheitsanforderungen erfül-len und dürfen keine Rückwirkung entfalten. Die Gerichte dürfen Straf-gesetze nicht über die Grenze des Wortlauts hinaus erweiternd auslegen.

III.   Ne bis in idem, Art. 103 Abs. 3 GG

1. Allgemeines

24   Art. 103 Abs. 3 GG erhebt wie Art. 103 Abs. 2 GG einen **überkommenen Grundsatz,** hier: das strafprozessuale Verbot des „**ne bis in idem**", zu einem grundrechtsgleichen Recht. Auch insoweit handelt es sich nicht um ein Abwehrrecht an einem bestimmten Schutzgegenstand, sondern um eine gegen strafende Eingriffe

des Staates gerichtete Verbotsnorm (o. Kap. 7, Der Grundrechtstatbestand, Rn. 8 ff.),
die **jedem Betroffenen**, also allen natürlichen und ggf. juristischen Personen ein
entsprechendes Unterlassungsrecht gewährt.

2. Voraussetzungen und Inhalt des Verbots

Voraussetzung für das Eingreifen des Verbots ist zunächst das Vorliegen **derselben**   25
Tat. Damit ist das geschichtliche Verhalten des Täters gemeint, an das der Vorwurf
strafbaren Verhaltens geknüpft wird. Mit diesem Begriff ist die strafprozessuale
Kategorie des Gegenstandes der Rechtskraft angesprochen (vgl. § 264 Abs. 1 StPO),
der nicht ausnahmslos mit dem Tatbegriff des materiellen Strafrechts nach §§ 52, 53
StGB übereinstimmt.

> **Beispiel:**
> So hat das BVerfG angenommen, dass trotz materiell-rechtlicher Tateinheit i. S.
> des § 52 StGB bei zeitlich weit auseinanderliegenden Einzelakten im Zusam-
> menhang mit der Mitgliedschaft in einer kriminellen Vereinigung gem. § 129
> StGB mehrere unterschiedliche Taten i. S. des Strafprozessrechts vorliegen kön-
> nen, so dass Art. 103 Abs. 3 GG nicht eingreift (vgl. BVerfGE 56, 22 [34 f.]).

In besonderen Fällen kann der Begriff „derselben Tat" aber auch über den strafprozessualen Begriff des Rechtskraftgegenstandes hinaus ausgedehnt werden.

> **Beispiel:**
> So muss – abweichend von den allgemeinen Rechtskraftregeln des Straf-
> prozesses – die erneute Verweigerung des Ersatzdienstes aus unverändert fortbe-
> stehenden Gewissensgründen nach Verbüßung einer ersten Strafe mit Rücksicht
> auf die von vornherein bestehende und fortwirkende einheitliche Gewissens-
> entscheidung als dieselbe Tat im Sinne des Art. 103 Abs. 3 GG angesehen wer-
> den, so dass eine erneute Bestrafung unter diesem Aspekt ausgeschlossen ist
> (BVerfGE 23, 191 [203 ff.]).

Art. 103 Abs. 3 GG betrifft seinem Wortlaut nach als tatbestandliche Voraussetzung   26
und als Verbotsinhalt staatliche **Bestrafungen**, die nicht mehrmals erfolgen dürfen.
Der Begriff der Strafe entspricht dem des Art. 103 Abs. 2 GG (BVerfGE 128, 326
[392 f.]; o. Rn. 15 f.). Ausgenommen sein sollen Strafbefehle, die im vereinfachten
Verfahren ergehen und nur beschränkt rechtskraftfähig sein sollen; allerdings werden sie teilweise über Art. 3 Abs. 1 GG gleichgestellt (BVerfGE 65, 377 [382 ff.]).

Über den Normtext hinaus wird im Anschluss an die mit dem Verfassungsgrundsatz   27
rezipierten einschlägigen strafprozessualen Grundsätze über den **Verbrauch der**
Strafklage jede rechtskräftige gerichtliche Sachentscheidung in einem Strafverfahren erfasst, also **auch der Freispruch** (vgl. BVerfGE 3, 248 [250 ff.]). Damit
ist im Ergebnis nach einer Verurteilung und einem Freispruch gleichermaßen ein
erneutes Strafverfahren (nicht nur: eine Verurteilung) hinsichtlich derselben Tat
ausgeschlossen (BVerfGE 12, 62 [66 f.]).

28   Erfasst werden nur Bestrafungen **„aufgrund der allgemeinen Strafgesetze"**.
Nicht von Art. 103 Abs. 3 GG berührt werden daher Ordnungswidrigkeiten sowie
disziplinarrechtliche oder von Berufsgerichten verhängte Sanktionen. Diese bleiben
neben bzw. unabhängig von allgemeinen Strafverfahren möglich; allerdings kann
mit Rücksicht auf den Schuldgrundsatz eine Anrechnung der Sanktionen in einem
vorangegangenen Parallelverfahren geboten sein. Nicht von dem Verbot des Art. 103
Abs. 3 GG tangiert werden staatliche Eingriffe ohne Strafcharakter, insbesondere
Verwaltungseingriffe, wie etwa die Entziehung der Fahrerlaubnis, soweit sie in ihrer
Zielrichtung durch Zwecke der Gefahrenabwehr, nicht aber zur Sanktionierung
eines missbilligten Verhaltens bestimmt sind.

> ▶ **Hinweis:**   Nach EuGH, NJW 2013, 1415 Rn. 34 ff., wird Art. 50 EUGrCh
> nicht verletzt, wenn für eine Tat der Steuerhinterziehung eine Strafe und
> eine steuerrechtliche Sanktion ohne Strafcharakter verhängt werden.

29   Eine im Verfassungstext nicht ausdrücklich hervortretende weitere Einschränkung
besteht darin, dass Art. 103 Abs. 3 GG **nur Entscheidungen deutscher Gerichte**
betrifft, und zwar sowohl was die erste, als wohl auch was die zweite, verbotene
Verurteilung angeht. Eine frühere strafrechtliche Verfolgung im Ausland schließt
also ein erneutes Strafverfahren in Deutschland nicht aus; umgekehrt ist die Bundesrepublik Deutschland auch nicht durch Art. 103 Abs. 3 GG daran gehindert,
einen bereits einmal (wohl auch) von deutschen Gerichten Abgeurteilten durch
Auslieferung oder Abschiebung einem erneuten Strafverfahren wegen derselben
Tat in einem anderen Staat auszusetzen. Begrenzungen können sich allerdings unter
dem Aspekt des rechtsstaatlichen Grundsatzes der Verhältnismäßigkeit mit Rücksicht auf das Ausmaß der Strafsanktionen insgesamt ergeben.

> ▶ **Hinweis:**   Weitergehende Anforderungen ergeben sich auch nicht auf
> Grund eines allgemeinen Grundsatzes des Völkerrechts (Art. 25 GG), wie
> das BVerfG in einem Normenverifikationsverfahren nach Art. 100 Abs. 2 GG
> ausdrücklich festgestellt hat (vgl. BVerfGE 75, 1 [18], zur Auslieferung
> eines im Ausland Vorverurteilten).

30   Eine nicht unproblematische Durchbrechung des Art. 103 Abs. 3 GG besteht darin,
dass nach § 362 StPO eine **Wiederaufnahme des Strafverfahrens** auch zuungunsten des Angeklagten möglich sein soll. Zur Begründung wird auf das vom Grundgesetz vorgefundene vorverfassungsrechtliche Gesamtbild der Wiederaufnahme im
Strafprozess verwiesen, dem die Möglichkeit der Wiederaufnahme zu Lasten des
Angeklagten in begrenzten Fällen bereits bekannt war, ohne dass der Verfassungsgesetzgeber hieran erkennbar etwas ändern wollte. Diese Argumentation dürfte deshalb hinzunehmen sein, weil sich die Erweiterung des Art. 103 Abs. 3 GG von dem
nach dem Wortlaut bestehenden Verbot der doppelten Bestrafung zum umfassend
verstandenen Grundsatz des Verbrauchs der Strafklage (o. Rn. 27 f.) nur aus der
Übernahme der strafprozessualen Tradition rechtfertigen lässt; es ist dann konsequent, dass diese mit den ihr immanenten Einschränkungen rezipiert wird.

Jedenfalls für die Zukunft sollte eine **Erweiterung der Wiederaufnahmegründe** 31
zuungunsten des Angeklagten **ausgeschlossen** sein, insbesondere eine Möglichkeit
der Wiederaufnahme wegen neu festgestellter Tatsachen, die nach einem ungerecht-
fertigten Freispruch nunmehr die Verurteilung ermöglichen würde. Die dahingehende Neuregelung der Wiederaufnahme nach Strafbefehl in § 373a StPO
widerspricht dem Grundgesetz insoweit nur dann nicht, wenn man Art. 103 Abs. 3
GG nicht auf vorangegangene Strafbefehle anwendet (o. Rn. 26).

3. Verletzungen des grundrechtsgleichen Rechts

Verstöße gegen das grundrechtsgleich garantierte ne bis in idem können sich durch 32
Gesetze ergeben, die solche Möglichkeiten entgegen den verfassungsrechtlichen
Vorgaben vorsehen, und durch die Einleitung und Durchführung eines erneuten
Strafverfahrens durch **Anklagebehörden und Gerichte**.

> **Hinweis:** Die ablehnende Entscheidung über die Aussetzung der lebens-
> langen Freiheitsstrafe nach § 57a StGB gründet in der ursprünglichen Ver-
> urteilung, stellt daher keine erneute Bestrafung dar (BVerfGE 117, 71 [115]).

Art. 103 Abs. 3 GG enthält keine ausdrückliche Begrenzung; auch begrenzende 33
Inhalte anderer Verfassungsnormen, die Abweichungen von Art. 103 Abs. 3 GG rechtfertigen könnten, sind nicht erkennbar. Daher ist ein Verstoß gegen die Anforderungen des Art. 103 Abs. 3 GG **stets** als **Verletzung** des grundrechtsgleichen Rechts zu
qualifizieren.

4. Zusammenfassung

- Art. 103 Abs. 3 GG enthält als grundrechtsgleiches Jedermannrecht den über- 34
  kommenen strafprozessualen Grundsatz des „ne bis in idem" als Beschränkung der staatlichen Strafgewalt auf Grund der allgemeinen Strafgesetze.
- Über den Wortlaut hinaus richtet sich das Verbot nicht nur gegen eine dop-
  pelte Bestrafung, sondern schon gegen jedes neue Strafverfahren nach einer
  rechtskräftigen richterlichen Sachentscheidung über dieselbe Tat im strafprozessualen Sinne; auch ein Freispruch führt zum Verbrauch der Strafklage.
- Art. 103 Abs. 3 GG gilt nur, wenn es sich bei der ersten und wohl auch bei der
  erneuten Entscheidung um solche der deutschen Gerichtsbarkeit handelt.
- Die Wiederaufnahme zuungunsten des Angeklagten ist im bestehenden
  Rahmen des § 362 StPO als immanenter Bestandteil des in traditioneller
  Form rezipierten Verbrauchs der Strafklage gerechtfertigt.

Sachregister

(Die halbfetten Zahlen bezeichnen Kapitel, die kursiven Ziffern verweisen auf Randnummern.)

A

ABGABENERHEBUNG. *Siehe auch*
  Steuererhebung
  und Gewissensfreiheit, **16**, 60
ABGEORDNETENRECHTE, **33**, 1
Abhörmöglichkeiten, **22**, 21; **30**, 2
Abhör-Urteil, **13**, 11 *ff*, **22**, 21
Abschiebung, **14**, 89; **28**, 28; **35**, 29. *Siehe auch* Ausweisung
ABSTAMMUNG
  Recht auf Kenntnis der eigenen ~, **14**, *54*
  als Unterscheidungsmerkmal, **15**, *103*
ABSTANDSGEBOT, **18**, *23*
Abstimmung
  Wahlrechtsgrundsätze, **33**, *3*
ABTREIBUNG, **14**, *97*; **18**, *64*. *Siehe auch* Schwangerschaft
  Beitragsfinanzierung, **16**, *60*
  als Beruf, **24**, *7*
ABTREIBUNGSKLINIKEN, **24**, *7*
ABWÄGUNG, **9**, *33 ff*; **10**, *44 ff*, *54 ff*
ABWÄGUNGSLEHRE, allgemeine Gesetze, **17**, *57 ff*
ABWEHRRECHTE, **3**, *6*; **4**, *13 ff*
  Begriff, **4**, *14*
  Anspruch auf Beseitigung und Unterlassung, **4**, *15*
ADMINISTRATIVENTEIGNUNG, **26**, *16*, *19*
ADOPTION, **18**, *46*, *49*. *Siehe auch* Sukzessivadoption
ADOPTIVELTERN, **18**, *36*
ADRESSAT von Briefsendungen, **22**, *6*, *14*
ÄMTERFÄHIGKEIT
  aller Staatsbürger, **32**, *6*
ÄMTERZUGANG, GLEICHER, **32**, *6 ff*
  Konkurrenz zur Berufsfreiheit, **24**, *61*

ÄUSSERUNGEN, MEHRDEUTIGE, **17**, *17*
ALIMENTATION DER BEAMTEN, **32**, *26 ff*
ALLGEMEINE HANDLUNGSFREIHEIT. *Siehe* allgemeine Verhaltensfreiheit
ALLGEMEIN ZUGÄNGLICHE QUELLEN, **17**, *20*
ALLGEMEINE GESETZE. *Siehe auch* Privilegierungswirkung
  Abwägungslehre, **17**, *57 ff*
  für alle geltende Gesetze, **16**, *23*, *39*
  Kommunikationsfreiheiten, **17**, *54 ff*
  Rechtsordnungsvorbehalt, **9**, *30 ff*
  Sonderrechtslehre, **17**, *55 f*
  Zitiergebot, **10**, *20*
ALLGEMEINER GLEICHHEITSSATZ, **15**, *1 ff*. *Siehe auch* Gleichheitsprüfung, Neue Formel, Rechtsanwendungsgleichheit, Rechtsetzungsgleichheit, Selbstbindung, Stichtagsregelungen, Systemgerechtigkeit, Willkürformel
  Ansprüche, **15**, *72 ff*
  als eigenständiges Grundrecht, **15**, *2 f*
  Immaterielles Persönlichkeitsrecht, **15**, *3*
ALLGEMEINE STRAFGESETZE, **35**, *28*
  und Vereinigungsverbot, **21**, *21*
ALLGEMEINES PERSÖNLICHKEITSRECHT, **14**, *49 ff*. *Siehe auch* Ehrenschutz, Intimsphäre, Privatsphäre
  Ausstrahlungswirkung auf die Zivilrechtsordnung, **14**, *69*
ALLGEMEINE VERHALTENSFREIHEIT, **14**, *3 ff*
ALLGEMEINHEIT DER WAHL, **33**, *3*, *5 ff*
ALLGEMEINWOHL
  bei Beschränkungen der Berufsfreiheit, **24**, *36 ff*
  bei Enteignungen, **26**, *44 f.*, *49f*
  und Grundrechtsbeschränkungen, **10**, *37*

© Springer-Verlag Berlin Heidelberg 2017
M. Sachs, *Verfassungsrecht II - Grundrechte*, Springer-Lehrbuch,
DOI 10.1007/978-3-662-50364-5